Langohr-Plato · Rechtshandbuch
Betriebliche Altersversorgung

Rechtshandbuch Betriebliche Altersversorgung

- Allgemeine Grundlagen
- Kommentierung des BetrAVG
- Praxisrelevante Sonderfragen
- Gestaltungshinweise
- Mustertexte
- Rechtsprechungsdokumentation

Von
Rechtsanwalt Dr. Uwe Langohr-Plato

2., überarbeitete und wesentlich erweiterte Auflage

ZAP
Verlag für die
Rechts- und
Anwaltspraxis

Die Deutsche Bibliothek – CIP-Einheitsaufnahme

Langohr-Plato, Uwe:
Rechtshandbuch betriebliche Altersversorgung / Uwe Langohr-Plato. –
2. Aufl.. – Recklinghausen : ZAP-Verl., 2002

ISBN 3-89655-084-5

ISBN 3-89655-084-5

Druck: Koninklijke Wöhrmann B. V., Niederlande

Vorwort

Das Recht der betrieblichen Altersversorgung ist schon bislang ein äußerst komplexes und kompliziertes System gewesen, das nicht nur durch die arbeitsrechtlichen Bestimmungen des Betriebsrentengesetzes geprägt wird. Maßgeblichen Einfluss auf die Gestaltung betrieblicher Versorgungssysteme haben vor allem auch die steuer- und sozialversicherungsrechtlichen Rahmenbedingungen sowie betriebswirtschaftliche und personalpolitische Erwägungen.

Diese Komplexität ist durch den Gesetzgeber durch diverse rechtliche Änderungen im Jahre 2001, zuvorderst durch die im Altersvermögensgesetz (AVmG) integrierte Novellierung des Betriebsrentengesetzes gesteigert worden.

Das Altersvermögensgesetz begründet eine Strukturverschiebung von der umlagenfinanzierten gesetzlichen hin zur kapitalgedeckten privaten und betrieblichen Altersversorgung. Durch entsprechende steuerliche Anreize (Fördermaßnahmen) soll die private, aber vor allem auch die betriebliche Altersversorgung belebt werden. Im Bereich der betrieblichen Altersversorgung erfolgt diese „Frischzellenkur" durch eine umfangreiche Novellierung des Betriebsrentengesetzes, und zwar sowohl hinsichtlich der arbeits-, als auch der steuerrechtlichen Rahmenbedingungen, die weit über den fiskalischen Förderaspekt hinausgeht und grundlegende Änderungen mit sich bringt.

Vor diesem Hintergrund wird vielfach schon von einer Renaissance der betrieblichen Altersversorgung gesprochen. Doch welche Konsequenzen hat die Gesetzesnovelle letztendlich für den einzelnen Arbeitnehmer, aber auch für den Arbeitgeber? Ist der neue Durchführungsweg „Pensionsfonds" der künftige Königsweg für die betriebliche Altersversorgung? Gerade der durch den Gesetzgeber eingeführte Rechtsanspruch auf Entgeltumwandlung, d.h. auf eine gesetzlich zwingende arbeitnehmerfinanzierte betriebliche Altersversorgung, und deren steuerliche Förderung nach § 10a EStG stellt viele Unternehmen, die sich bislang mit betrieblicher Altersversorgung nicht beschäftigen mussten, aber auch deren juristische Berater vor vielfältige rechtliche und administrative Fragen. Welche Rechtsnormen gelten schon heute, welche Übergangsregelungen existieren? Welche Rolle spielen Gewerkschaften und Betriebsräte zukünftig bei der Einrichtung betrieblicher/tariflicher Versorgungssysteme?

All diese Fragen greift die zweite Auflage des an praktischen Problemen orientierten Handbuchs auf. Im Mittelpunkt der Darstellung stehen neben der Kommentierung des novellierten Betriebsrentengesetzes und einer systematischen Einführung in die Konzeption betrieblicher Versorgungssysteme vor allem aktuelle, praxisrelevante Spezialthemen. Insbesondere werden auch die vielfältigen und zum Teil ebenfalls umfangreich geänderten steuer- und sozialversicherungsrechtlichen Rahmenbedingungen der betrieblichen Altersversorgung dargestellt und erläutert. Zur Erleichterung der Umsetzung in der Praxis wird die theoretische Darstellung sowohl durch zahlreiche Text- und Berechnungsbeispiele sowie durch umfangreiche

Arbeits- und Beratungshilfen ergänzt. Das bereits in der Vorauflage enthaltene Rechtsprechungslexikon wird ergänzt und auf den aktuellen Stand fortgeschrieben.

Das Handbuch richtet sich daher nicht nur als juristischer Ratgeber an betriebsrentenrechtlich interessierte Anwälte und Richter, sondern wendet sich gleichermaßen an alle anderen mit der Durchführung und Betreuung betrieblicher Versorgungssysteme befassten Personenkreise. Hierzu zählen u.a. Steuerberater, Personalleiter, versicherungsmathematische Gutachter, Finanzdienstleister sowie Mitarbeiter von im Bereich der betrieblichen Altersversorgung tätigen Versicherungsunternehmen.

Allen Beteiligten, die mich bei der Konzeption und Erstellung der 2. Auflage unterstützt haben, sei an dieser Stelle ganz herzlich gedankt. Dieser Dank gilt insbesondere den Mitarbeitern des Verlags für die Rechts- und Anwaltspraxis hinsichtlich der technischen Umsetzung sowie meiner Frau Martina, die mich – wie bei der Vorauflage – wiederum mit ihrem beispiellosen Einsatz unterstützt und motiviert hat. Hierzu zählte nicht nur die redaktionelle Mithilfe, sondern vor allem die Tatsache, dass sie mir im privaten Bereich den Rücken frei gehalten und mir dadurch den zeitlichen Freiraum verschafft hat, um überhaupt die Neuauflage umsetzen zu können. Ein ganz besonderer Dank gilt aber auch meinen beiden Söhnen Tobias und Fabian, denen ich mich in den letzten Monaten nicht immer in dem von ihnen erwünschten zeitlichen Umfang widmen konnte, für ihr Verständnis. Euer fröhliches Wesen hat manchen Stress leichter erträglich gemacht. Bedanken möchte ich mich aber auch bei all denjenigen Kollegen und Geschäftspartnern, die mich mit Anregungen und Hinweisen konstruktiv unterstützt und auf praxisrelevante Themen hingewiesen haben. Viele Ideen, die in diese Auflage eingeflossen sind, sind im fachlich kollegialen Dialog entstanden. Ein letzter Dank gilt all denjenigen, die die erste Auflage erworben und damit erst die wirtschaftliche Grundlage für eine Neuauflage geschaffen haben.

Köln, im Januar 2002 — Uwe Langohr-Plato

Inhaltsverzeichnis

A. Allgemeine Grundlagen

C. Spezialfragen

Literaturverzeichnis

Adler/Düring/Schmaltz, Rechnungslegung und Prüfung der Unternehmen, Kommentar zum HGB, 6. Aufl., Stuttgart 1995 ff.

Ahrend/Förster/Rößler, Steuerrecht der betrieblichen Altersversorgung mit arbeitsrechtlicher Grundlegung, 4. Aufl., Köln 1995

Ahrend/Förster, Gesetz zur Verbesserung der betrieblichen Altersversorgung, 7. Aufl., München 1999

Andresen/Förster/Rößler/Rühmann, Arbeitsrecht der betrieblichen Altersversorgung, Köln 1999

Arbeitsgemeinschaft für betriebliche Altersversorgung (Hrsg.), Handbuch der betrieblichen Altersversorgung 8. Aufl., Wiesbaden 1993

ders., Betriebliche Altersversorgung in Europa aus, deutscher Sicht, Heidelberg 1997

Bauer/Lingemann, Das neue Umwandlungsrecht und seine arbeitsrechtlichen Auswirkungen, NZA 1994, S. 1057

Berger/Kiefer, Das Versorgungsrecht für die Arbeitnehmer des öffentlichen Dienstes, Loseblatt-Ausg., München

Beyer, Entwicklung der betrieblichen Altersversorgung in Deutschland, BB 1994, S. 653

Blomeyer, Insolvenzsicherung für Versorgungsanwartschaften vor Eintritt der gesetzlichen Unverfallbarkeit, DB 1977, S. 586

ders., Kündigung und Neuabschluss einer Betriebsvereinbarung über teilmitbestimmungspflichtige Sozialleistungen, DB 1985, S. 2506

ders., Nachwirkung und Weitergeltung abgelaufener Betriebsvereinbarungen über „freiwillige" Sozialleistungen, DB 1990, S. 173

ders., Der Entgeltumwandlungsanspruch des Arbeitnehmers in individual- und kollektivrechtlicher Sicht, DB 2001, S. 1413

Blomeyer/Otto, Gesetz zur Verbesserung der betrieblichen Altersversorgung, 2. Aufl., München 1997/98

Blumenstein/Krekeler, Auswirkungen des neuen Betriebsrentenrechts auf die Praxis, DB 1998, S. 2600

Bode/Grabner/May, Teuerungsanpassung der Betriebsrenten in 2001, DB 2001, S. 198

Boecken, Der Übergang von Arbeitsverhältnissen bei Spaltung nach dem neuen Umwandlungsrecht, ZIP 1994, S. 1087

Boehringer, Einführung der Zusatzversorgung für die Arbeitnehmer des öffentlichen Dienstes in den neuen Bundesländern, BetrAVG, S. 221

Borchardt, Die Rechtsprechung des EuGH auf dem Prüfstand, BetrAV 1993, S. 1

Braun, Besonderheiten bei Abfindungen aus betrieblicher Altersversorgung, NJW 1983, S. 1590

Cisch, Neue Bundesländer: Pensionsrückstellungen für Zusatzrenten aufgrund der Anordnung v. 9.3.1954, DB 1991, S. 2301

Derleder, Ist der Übergang der Arbeitnehmerrechte bei der Betriebsveräußerung im Konkurs ausgeschlossen?, AuR 1976, S. 129

Dieterich, Aktuelle Rechtsprechung des BAG zur betrieblichen Altersversorgung, NZA 1987, S. 545

Doetsch, Erhaltung der Gestaltungsfreiheit bei der betrieblichen Altersversorgung, DB 1993, S. 981

ders., Steuerliche Anerkennung von Pensionszusagen gegenüber GmbH-Gesellschafter-Geschäftsführern, BB 1994, S. 327

ders., Möglichkeiten der Differenzierung bei der betrieblichen Altersversorgung, BetrAV 1997, S. 25

ders., Steuerliche Behandlung von Versorgungszusagen an (Gesellschafter-) Geschäftsführer einer GmbH, 2. Aufl., Karlsruhe 1999

Doetsch/Förster/Rühmann, Änderungen des Betriebsrentengesetzes durch das Rentenreformgesetz 1999, DB 1998, S. 258

Everhardt, Die Bedeutung des § 613a BGB für die Insolvenzsicherung der betrieblichen Altersversorgung, BB 1976, S. 1611

ders., Der Geltungsbereich des Betriebsrentengesetzes im Hinblick auf die Insolvenzsicherung für Geschäftsleiter-Pensionen, BB 1981, S. 681

ders., Schuldübernahme von Ruhegeldverbindlichkeiten, BB 1982, S. 314

ders., Insolvenzschutz für durch den Arbeitgeber zugesagte Altersversorgung aus Gehaltsumwandlung?, DB 1994, S. 780

ders., Insolvenzschutz für Direktversicherungen mit unwiderruflichem Bezugsrecht bei verringerter Versicherungsleistung wegen Prämienrückständen, DB 1994, S. 1470

Fischer/Meyer, Privatrechtlicher Insolvenzschutz für Arbeitnehmeransprüche aus deferred compensation, DB 2000, S. 1861

Flecken, Die DDR-Anordnung über die Zusatzrentenversorgung 1954 – eine Form der betrieblichen Altersversorgung, BetrAV 1990, S. 213

Frielingsdorf, Zur Problematik der Wertsicherungsklauseln, DB 1982, S. 789

Frotscher, Kommentar zum Einkommensteuergesetz, Freiburg 1996

Förster/Rühmann/Recktenwald, Auswirkungen des Altersvermögensgesetzes auf die betriebliche Altersversorgung, BB 2001, S. 1406

Gilbert/Hesse, Die Versorgung der Angestellten und Arbeiter des öffentlichen Dienstes, Loseblatt-Ausg., München 1999

Giloy, Aktuelle Fragen zur Direktversicherung, BetrAV 1985, S. 4

Glockner/Uebelhack, Die betriebliche Altersversorgung im Versorgungsausgleich, Bielefeld 1993

Gohdes/Haferstock/Schmidt, Pensionsfonds nach dem AVmG aus heutiger Sicht, DB 2001, S. 1558

Gosch, Neuere Rechtsprechung des BFH zur betrieblichen Altersversorgung, BetrAV 1994, S. 268

Grabner/Bode, Betriebliche Altersversorgung aus Entgeldumwandlung, DB 2001, S. 481

Griebeling, Betriebliche Altersversorgung, Neuwied, Kriftel, Berlin 1996

ders., Abänderung von Versorgungszusagen, NZA 1989, Beil. 3, S. 26

ders., Die Änderung und Ablösung betrieblicher Versorgungszusagen, ZIP 1993, S. 1055

Gumpert, Mitbestimmung bei betrieblicher Altersversorgung in Form von Ruhegeldzusagen und Direktversicherungen?, BB 1976, S. 605

Günther, Die betriebliche Altersversorgung für Gesellschafter-Geschäftsführer einer GmbH, AnwBl. 1991, S. 400

Haack, Das neue Nachhaftungsbegrenzungsgesetz, NWB 1994, F. 18, S. 3325

Hanau, Die Mitbestimmung in der betrieblichen Altersversorgung nach der neueren Rechtsprechung des Bundesarbeitsgerichts, BB 1976, S. 91

ders., Arbeitsrecht und Mitbestimmung in Umwandlung und Fusion, ZGR 1990, S. 548

Hanau/Arteaga, Gehaltsumwandlung zur betrieblichen Altersversorgung, Köln 1999

Hanau/Preis, Der Übergang von der Gesamtversorgung zu einer von der Sozialversicherung abgekoppelten Betriebsrente, RdA 1988, S. 65

dies., Beschränkung und Rückwirkung neuer Rechtsprechung zur Gleichberechtigung im Recht der betrieblichen Altersversorgung, DB 1991, S. 1276

Heidenhain, Sonderrechtsnachfolge bei der Spaltung, ZIP 1995, S. 801

Heiss, Gläubigerschutz bei der Unternehmensspaltung, DZWiR 1993, S. 12

Hennerkes/Binz/Rauser, Zur Übernahme von Ruhegeldverbindlichkeiten bei Unternehmensveräußerung und Betriebsaufspaltung, BB 1982, S. 930

Hennrichs, Zum Formwechsel und zur Spaltung nach dem neuen Umwandlungsgesetz, ZIP 1995, S. 794

Heissmann, Zur Frage des Entgeltcharakters betrieblicher Ruhegeldverpflichtungen, RdA 1957, S. 251

Heither, F. H., Aktuelle Rechtsprechung zu Fragen der betrieblichen Altersversorgung bei individualrechtlicher Ausgestaltung, DB 1991, S. 165

ders., Die Rechtsprechung des BAG zur Beteiligung des Betriebsrats bei der Ausgestaltung der betrieblichen Altersversorgung, DB 1991, S. 700

Heither, U., Ergänzende Altersvorsorge durch Direktversicherung nach Entgeltumwandlung, Diss., Berlin 1998

Hess, Die Betriebsmittelveräußerung des Konkursverwalters als Veräußerung im Sinne des § 613a BGB, DB 1976, S. 1154

Heubeck, Die Altersversorgung der Geschäftsführer bei GmbH und GmbH & Co. 3. Aufl., Köln 1991

ders., Betriebsrentenrecht in: Picot, Unternehmenskauf und Restrukturierung, München 1998

Hilger, Das betriebliche Ruhegeld, Heidelberg 1959

Hill, Das neue Umwandlungsrecht und seine Auswirkungen auf die betriebliche Altersversorgung, BetrAV 1995, S. 114

Höfer, Gesetz zur Verbesserung der betrieblichen Altersversorgung Band I (Arbeitsrecht), 4. Aufl., München 1999

ders., Gesetz zur Verbesserung der betrieblichen Altersversorgung Band II (Steuerrecht), 3. Aufl., München 2000

ders., Die Besteuerung der betrieblichen Altersversorgung von Kapitalgesellschaftern, München 1996

ders., Die Neuregelung des Betriebsrentenrechts durch das Altersvermögensgesetz (AVmG), DB 2001, S. 1145

Höfer/Küpper, Zur Geltung des Betriebsrentengesetzes in den neuen Bundesländern, DB 1991, S. 1569

Homberg, Arbeitnehmerfinanzierte Pensionszusagen als Gestaltungsform einer aufgeschobenen Vergütung, Stbg. 1996, S. 516

ifo-Institut für Wirtschaftsforschung (Hrsg.), Betriebliche Altersversorgung – Sechstes Forschungsvorhaben zur Situation und Entwicklung der betriebliche Altersversorgung, München 1993

ders., Betriebliche Altersversorgung – Siebtes Forschungsvorhaben zur Situation und Entwicklung der betriebliche Altersversorgung, München, 1996

Kallmeyer, Umwandlungsgesetz, Köln 2001

Kemper, Die Unverfallbarkeit betrieblicher Versorgungsanwartschaften von Arbeitnehmern, Düsseldorf 1977 *ders.*, Neuordnung der Berufs- und Erwerbsfähigkeit – Auswirkungen auf die Invalidenrente in der betrieblichen Altersversorgung, BetrAV 1998, S. 289

Kemper/Kisters-Kölkes, Arbeitsrechtliche Grundzüge der betrieblichen Altersversorgung, Neuwied 2001

Kolvenbach/Langohr-Plato, Deferred Compensation: Altersversorgung gegen Verzicht auf Bezüge, Teil I, INF 1995, S. 651, Teil II, INF 1995, S. 685

dies., Outsourcing betrieblicher Versorgungsverpflichtungen, PersW 1999, S. 32

Körber, Rahmenbedingungen für die betriebliche Direktversicherung nach dem Einigungsvertrag, BetrAV 1991, S.7

Küttner, Personalbuch 2001, 8. Auflage, München 2001

Langohr-Plato, Nachhaftungsbegrenzung und betriebliche Altersversorgung, BB 1990, S. 486

ders., Einführung des Betriebsrentengesetzes in den neuen Bundesländern zum 1.1.1992, ZAP-DDR, 1991, F. 17, S. 77

ders., Gleichbehandlungsgrundsatz und betriebliche Altersversorgung, MDR 1992, S. 838

ders., Aktuelle Tendenzen der Finanzverwaltung bei der Prüfung von Pensionszusagen an GmbH-Gesellschafter-Geschäftsführer, GmbHR 1992, S. 597

ders. Steuerbegünstigte Abfindungsregelungen bei Auflösung des Dienstverhältnisses, ZAP 1992, F. 20, S. 109

ders., Betriebsübergang – Voraussetzungen, Rechtsfolgen, Sonderfälle, ZAP 1993, F. 17, S. 203

ders., Europäisierung des deutschen Arbeitsrechts durch den EuGH, ZAP 1993, F. 17, S. 213

ders., Die Direktversicherung in der aktuellen Entwicklung des Insolvenzrechts, DB 1994, S. 325

ders., Die rückgedeckte Unterstützungskasse als soziale Einrichtung, Stbg. 1994, S. 321

ders., Tendenzen zum Gleichbehandlungsgrundsatz in der betrieblichen Altersversorgung, Teil (1), MDR 1994, S. 19, Teil (2), MDR 1994, S. 119

ders., Rechtliche Rahmenbedingungen bei Eingriffen in betriebliche Rentensysteme, MDR 1994, S. 853

ders., Auswirkungen des europarechtlichen Lohngleichheitsgrundsatzes auf das deutsche Betriebsrentenrecht, EuZW 1995, S. 239

ders., Gleichbehandlung in der betrieblichen Altersversorgung, MDR 1995, S. 649

ders., Pensionszusagen an GmbH-Gesellschafter-Geschäftsführer, Teil (1), INF 1995, S. 171, Teil (2), INF 1995, S. 206

ders., Umwandlung und Nachhaftung: neue rechtliche Aspekte in der betrieblichen Altersversorgung, MDR 1996, S. 325

ders., Betriebliche Altersversorgung am Scheideweg – Zur Zukunft betrieblicher Versorgungsleistungen, FR 1996, S. 229

ders., Beratungsempfehlungen zur Angemessenheit der Bezüge geschäftsführender Gesellschafter nach der neueren BFH-Rechtsprechung, INF 1996, S. 141

ders., Betriebliche Altersversorgung in den neuen Bundesländern, ZAP-Ost 1997, F. 17, S. 257

ders., Die rechtlichen Rahmenbedingungen von Ehegatten-Arbeitsverhältnissen, ZAP 1997, F. 20, S. 307

ders., Die rechtlichen Rahmenbedingungen der Anpassungsprüfung laufender Betriebsrenten nach § 16 BetrAVG, BB 1997, S. 1635

ders., Pensionszusagen an Gesellschafter-Geschäftsführer von Kapitalgesellschaften, Stbg. 1997, S. 535

ders., Steuerrechtliche Besonderheiten beim Gehaltsverzicht des GmbH- Gesellschafter-Geschäftsführers, ZAP 1998, F. 15, S. 249

ders., Änderungen im Bereich der betrieblichen Altersversorgung, ZAP 1998, F. 17, S. 449

ders., Die Novellierung des Betriebsrentengesetzes – Konsequenzen für die betriebliche Praxis, INF 1998, S. 592

ders., Die Direktversicherung in der aktuellen Rechtswicklung, BetrAV 1999, S. 4

ders., Aktuelle steuerrechtliche Entwicklungen im Bereich, der Gesellschafter-Geschäftsführer-Versorgung, StuB 2000, S. 1023

ders., Die Abfindung betrieblicher Versorgungsansprüche, unter besonderer Berücksichtigung von GmbH-Gesellschafter-Geschäftsführern, INF 2001, S. 257

Langohr-Plato/Teslau, Das Verpfändungsmodell: Privatrechtliche Insolvenz-Sicherung durch Verpfändung einer Rückdeckungsversicherung, INF 1999, S. 400

Limmer (Hrsg.), Handbuch der Unternehmensumwandlung, 2. Aufl., Recklinghausen 2002

Löwisch, Kommentar zum Sprecherausschußgesetz, 2. Aufl., Heidelberg 1994

ders., Regelung der betrieblichen Altersversorgung in Richtlinien nach § 28 SprAuG, BetrAV 1990, S. 222

Lubnow, Die betriebliche Altersversorgung – Fakten, Zahlen, Perspektiven, BB 1991, S. 337

Ludewig/Kube, Zur Berücksichtigung einer angemessenen Eigen-Kapitalverzinsung und der Ertragssteuern im Rahmen der Anpassungsprüfung nach § 16 BetrAVG, DB 1998, S. 1725

Lutter, Die GmbH-Novelle und ihre Bedeutung für die GmbH, die GmbH & Co. KG und die Aktiengesellschaft, DB 1980, S. 1317

Lutz, Die richtige betriebliche Altersversorgung, 2. Aufl., Ehningen 1993

Lutz/Langohr-Plato, Geschäftsführer-Altersversorgung, 8. Aufl., Freiburg 1996

Martens, Zur Haftung des Erwerbers bei Betriebsveräußerung durch den Konkursverwalter nach § 613 a BGB, insbesondere für Versorgungsanwartschaften, DB 1977, S. 495

Ott, Das neue Umwandlungs- und Umwandlungssteuerrecht, INF 1995, S. 143

Niemeyer, Rahmenbedingungen für die betriebliche Direktversicherung nach dem Einigungsvertrag, BetrAV 1991, S. 9

Palandt, Bürgerliches Gesetzbuch, 60. Aufl., München 2001

Paulsdorff, Kommentar zur Insolvenzsicherung der betrieblichen Altersversorgung, 2. Aufl., Heidelberg 1996

Reichold, Das neue Nachhaftungsgesetz, NJW 1994, S. 1617

Richardi, Übergang von Arbeitsverhältnissen bei Zwangsvollstreckungsmaßnahmen im Rahmen einer Konkursabwicklung, RdA 1976, S. 56

Riedel, § 613 a BGB und die Betriebsveräußerung durch den Konkursverwalter, NJW 1975, S. 765

Riemer, Fragen zur steuerlichen Praxis der betrieblichen Altersversorgung, BetrAV 2000, S. 425

Rößler, Entwicklungen und Tendenzen zur steuerrechtlichen Behandlung der Direktversicherung, BetrAV 1981, S. 7

ders., Einzelfragen zur steuerrechtlichen Behandlung der Direktversicherung, BetrAV 1983, S. 16

Roßmanith, Die Kündigung von Betriebsvereinbarungen über betriebliche Altersversorgung, DB 1999, S. 634

Schaub, Die betriebliche Altersversorgung, NWB 1989, F. 26, S. 2149

Schaumburg/Rödder, Umwandlungsgesetz und Umwandlungssteuergesetz, Köln 1995

Schliemann, Tarifrechtliche Gestaltungsmöglichkeiten bei Betriebsrenten, BetrAV 2001, S. 732

Schmahl/Neubauer, Erfolge mit deferred compensation, Personalführung 1994, S. 298

Schmidt, K. Grundzüge der GmbH-Novelle, NJW 1980, S. 1769

ders., Gläubigerschutz bei der Unternehmensspaltung – Zum Referentenentwurf eines Umwandlungsgesetzes, ZGR 1993, S. 366

Schoden, Betriebliche Altersversorgung, 3. Aufl., Köln 1994

Schöne, Auf- und Abspaltung nach den §§ 123 ff. UmwG – ein Überblick unter Berücksichtigung der Rechtslage für die GmbH, ZAP 1995, F. 15, S. 157

Schulin, Änderungen von betrieblichen Ruhegeldzusagen, DB 1984, Beilage Nr. 10

Schumann, Wie sicher ist die Betriebsrente?, Teil (1): DB 1990, S. 2118, Teil (2): DB 1990, S. 2165

Schwedhelm/Streck/Mack, Die Spaltung der GmbH nach neuem Umwandlungsrecht (I), GmbHR 1995, S. 7

Seibert, Nachhaftungsbegrenzungsgesetz, Haftungsklarheit für den Mittelstand, DB 1994, S. 461

Spitaler/Niemann, Die Angemessenheit der Bezüge geschäftsführender Gesellschafter einer GmbH, 5. Aufl., Köln 1988

Steinmeyer, Betriebliche Altersversorgung und Arbeitsverhältnis, München 1991

ders., Die Reichweite tariflicher Regelungsmacht nach dem neuen Altersvermögensgesetz, BetrAV 2001, S. 727

Straub, Geschäftsführer-Sozialversicherung, 8. Aufl., Freiburg 1995

ders., Die Sozialversicherung des GmbH-Geschäftsführers, DB 1992, S. 1087

Stuhrmann, Arbeitsverhältnisse zwischen Ehegatten, NWB 1990, F. 3, S. 7607

Teichmann, Die Spaltung von Rechtsträgern als Akt der Vermögensübertragung, ZGR 1993, S. 396

Ulmer/Wiesner, Die Haftung ausgeschiedener Gesellschafter aus Dauerschuldverhältnissen, ZHR 1980, S. 393

Westhoff, Die Änderung in der Versorgungsform in der betrieblichen Altersversorgung, RdA 1979, S. 412

Willemsen, Arbeitsrechtliche Aspekte der Reform des Umwandlungsrechts, RdA 1993, S. 133, 137

*ders.*Arbeitsrecht im Umwandlungsgesetz, NZA 1996, S. 791

Wlotzke, Arbeitsrechtliche Aspekte des neuen Umwandlungsrechts, DB 1995, S. 40

Wochinger, Pensionszusagen an Gesellschafter – Geschäftsführer von Kapitalgesellschaften, BetrAV 1999, S. 86

Wohlleben, Neuregelungen zur Insolvenzsicherung der Betriebsrenten, DB1998, S. 1230

Abkürzungsverzeichnis

a.A.	anderer Ansicht
ABA	Arbeitsgemeinschaft für betriebliche Altersversorgung
AIB	Allgemeine Versicherungsbedingungen für die Insolvenzsicherung der betrieblichen Altersversorgung
AktG	Aktiengesetz
AltZertG	Altersvorsorge Zertifizierungsgesetz
Anm.	Anmerkung
AO	Abgabenordnung
AO 54	Anordnung des Ministers für Arbeit zur Einführung einer Zusatzrentenversorgung für die Arbeiter und Angestellten in den wichtigsten volkseigenen Betrieben vom 9.3.1954
AP	Arbeitsrechtliche Praxis; Nachschlagewerk des BAG
AnwBl.	Anwaltsblatt (Zeitschrift)
ArbPlSchG	Arbeitsplatzschutzgesetz
ArbG	Arbeitsgericht oder Arbeitgeber
ArbN	Arbeitnehmer
ArbR	Arbeitsrecht
ArbRHandb.	Arbeitsrechts-Handbuch
ArEV	Arbeitsentgeltverordnung
ART	Allgemeiner rechtlicher Teil
Art.	Artikel
AuA	Arbeit und Arbeitsrecht (Zeitschrift)
Aufl.	Auflage
AuR	Arbeit und Recht (Zeitschrift)
AVG	Angestelltenversicherungsgesetz
AVmG	Gesetz zur Reform der gesetzlichen Rentenversicherung und zur Förderung eines kapitalgedeckten Altersvorsorgevermögens (Altersvermögensgesetz)
AVmEG	Altersvermögensergänzungsgesetz
Az.	Aktenzeichen
BAG	Bundesarbeitsgericht
BAV	Betriebliche Altersversorgung
BB	Betriebs Berater (Zeitschrift)

BBG	Beitragsbemessungsgrenze
BetrAV	Betriebliche Altersversorgung (Zeitschrift)
BetrAVG	Gesetz zur Verbesserung der betrieblichen Altersversorgung/ Betriebsrentengesetz
BewG	Bewertungsgesetz
BFH	Bundesfinanzhof
BFH/NV	Sammlung amtlich nicht veröffentlichter Entscheidungen des BFH
BGB	Bürgerliches Gesetzbuch
BGH	Bundesgerichtshof
BKKG	Bundeskindergeldgesetz
BMF	Bundesminister der Finanzen
BSG	Bundessozialgericht
BStBl.	Bundessteuerblatt
BT	Bundestag
BT-Drucks	Bundestags Drucksache
BU	Berufsunfähigkeit
BVerfG	Bundesverfassungsgericht
BVerwG	Bundesverwaltungsgericht
bzw.	beziehungsweise
ca.	circa
DB	Der Betrieb (Zeitschrift)
DDR	Deutsche Demokratische Republik
ders.	derselbe
d.h.	das heißt
Drucks.	Drucksache
DStR	Deutsches Steuerrecht (Zeitschrift)
DZWiR	Deutsche Zeitschrift für Wirtschaftsrecht (Zeitschrift)
EFG	Entscheidungssammlung der Finanzgerichte
EG	Europäische Gemeinschaft
EGInsO	Einführungsgesetz zur Insolvenzordnung
EGV	EG-Vertrag
EheRG	Erstes Gesetz zur Reform des Ehe- und Familienrechts

EStG	Einkommensteuergesetz
EStR	Einkommensteuer-Richtlinien
EU	Erwerbsunfähigkeit
EuGH	Europäischer Gerichtshof
EuZW	Europäische Zeitschrift für Wirtschaftsrecht (Zeitschrift)
e.V.	eingetragener Verein
EV	Einigungsvertrag
EWiR	Entscheidungen zum Wirtschaftsrecht (Zeitschrift)
f.	folgende
F.	Fach
FAS	Financial Accounting Standard
FamRZ	Zeitschrift für das gesamte Familienrecht (Zeitschrift)
ff.	fort folgende
FG	Finanzgericht
FinMin	Finanzministerium
FR	Finanzrundschau (Zeitschrift)
gem.	gemäß
GG	Grundgesetz
GGF	Gesellschafter-Geschäftsführer
ggf.	gegebenenfalls
GmbH	Gesellschaft mit beschränkter Haftung
GmbHG	Gesetz betreffen die Gesellschaft mit beschränkter Haftung
GmbHR	GmbH-Rundschau (Zeitschrift)
gRV	gesetzliche Rentenversicherung
GS	Großer Senat
HFR	Höchstrichterliche Finanzrechtsprechung (Entscheidungssammlung)
HGB	Handelsgesetzbuch
h.M.	herrschende Meinung
Hrsg.	Herausgeber
HwBAR	Handwörterbuch des Arbeitsrechts

i.d.R.	in der Regel
INF	Die Information über Steuer und Wirtschaft (Zeitschrift)
InsO	Insolvenzordnung
i.S.d.	im Sinne des
i.S.v.	im Sinne von
i.V.m.	in Verbindung mit
KG	Kommanditgesellschaft
KO	Konkursordnung
KSchG	Kündigungsschutzgesetz
KStDV	Körperschaftsteuer-Durchführungsverordnung
KStG	Körperschaftsteuergesetz
KStR	Körperschaftsteuer-Richtlinien
KVdR	Krankenversicherung der Rentner
LAG	Landesarbeitsgericht
LG	Landgericht
LohnFG	Lohnfortzahlungsgesetz
LSG	Landessozialgericht
LStDV	Lohnsteuer-Durchführungsverordnung
LStR	Lohnsteuer-Richtlinien
MDR	Monatsschrift für Deutsches Recht (Zeitschrift)
MSchG	Mutterschutzgesetz
m.w.N.	mit weiteren Nachweisen
NachhBG	Nachhaftungsbegrenzungsgesetz
NachwG	Nachweisgesetz
NJW	Neue Juristische Wochenschrift (Zeitschrift)
Nr.	Nummer
n.rkr.	nicht rechtskräftig
n.v.	nicht veröffentlicht
NWB	Neue Wirtschafts Briefe (Zeitschrift)
NZA	Neue Zeitschrift für Arbeits- und Sozialrecht (Zeitschrift)

OFD	Oberfinanzdirektion
OHG	offene Handelshgesellschaft
o.Verf.	ohne Verfasser
p.a.	per annum
phG	persönlich haftender Gesellschafter
PSV a.G.	Pensions-Sicherungs-Verein auf Gegenseitigkeit
RdA	Recht der Arbeit (Zeitschrift)
Rdn.	Randnummer
Rev.	Revision
rkr.	rechtskräftig
RÜG	Rentenüberleitungsgesetz
RVO	Reichsversicherungsordnung
S.	Seite
SGB	Sozialgesetzbuch
s.o.	siehe oben
SprAuG	Sprecherausschußgesetz
StÄndG	Steueränderungsgesetz
Stbg	Die Steuerberatung (Zeitschrift)
StR	Steuerrecht
st. Rspr.	ständige Rechtsprechung
s.u.	siehe unten
TVG	Tarifvertragsgesetz
UmwG	Umwandlungsgesetz
UmwStG	Umwandlungssteuergesetz
Urt.	Urteil
v.	vom
VAG	Versicherungsaufsichtsgesetz
VAHRG	Gesetz zur Regelung von Härten im Versorgungsausgleich
VAwMG	Gesetz über weitere Maßnahmen auf dem Gebiete des Versorgungsausgleichs

VBL	Versorgungsanstalt des Bundes und der Länder
Verf.	Verfasser
VersTV	Versorgungs-Tarifvertrag
VersTV EZV-O	Versorgungs-Tarifvertrag zur Einführung der Zusatzversorgung-Ost
vgl.	vergleiche
vgl. a.	vergleiche auch
VVaG	Versicherungsverein auf Gegenseitigkeit
VVG	Versicherungsvertragsgesetz
ZAP	Zeitschrift für die Anwaltspraxis
z. B.	zum Beispiel
ZfA	Zeitschrift für Arbeitsrecht (Zeitschrift)
ZGR	Zeitschrift für Unternehmens- und Gesellschaftsrecht (Zeitschrift)
ZHR	Zeitschrift für das gesamte Handels- und Wirtschaftsrecht (Zeitschrift)
ZIP	Zeitschrift für Wirtschaftsrecht (Zeitschrift)
ZVK	Zusatzversorgungskasse
zzgl.	zuzüglich

A. Allgemeine Grundlagen

Literatur: *Ahrend/Förster/Rößler*, Steuerrecht der betrieblichen Altersversorgung mit arbeitsrechtlicher Grundlegung, 4. Aufl., Köln 1995; *Ahrend/Förster*, Gesetz zur Verbesserung der betrieblichen Altersversorgung, 7. Aufl., München 1999; *Andresen/Förster/Rößler/Rühmann,* Arbeitsrecht der betrieblichen Altersversorgung, Köln, 1999; *Arbeitsgemeinschaft für betriebliche Altersversorgung* (Hrsg.), Handbuch der betrieblichen Altersversorgung, 8. Aufl., Wiesbaden 1993; *Blomeyer/Otto*, Gesetz zur Verbesserung der betrieblichen Altersversorgung, 2. Aufl., München 1997/98; *Griebeling*, Betriebliche Altersversorgung, Neuwied, Kriftel, Berlin 1996; *Hanau/Arteaga,* Gehaltsumwandlung zur betrieblichen Altersversorgung, Köln, 1999; *Höfer*, Gesetz zur Verbesserung der betrieblichen Altersversorgung, Band I (ArbR), 4. Aufl., München 1999, Band II (StR), 3. Aufl., München 2000; *Kemper/Kisters-Kölkes,* Arbeitsrechtliche Grundzüge der betrieblichen Altersversorgung, Neuwied, 2001; *Paulsdorff*, Kommentar zur Insolvenzsicherung der betrieblichen Altersversorgung, 2. Aufl., Heidelberg 1996; *Schoden*, Betriebliche Altersversorgung, 3. Aufl., Köln 1994; *Steinmeyer*, Betriebliche Altersversorgung und Arbeitsverhältnis, München 1991

I. Entwicklung und Bedeutung betrieblicher Versorgungsleistungen

1 Betriebliche Leistungen zur Alterssicherung sind grundsätzlich **freiwillige Sozialleistungen** der Arbeitgeber. Ihre Existenz ist älter als das System der gesetzlichen Sozialversicherung in Deutschland. Bereits rund 40 Jahre bevor 1891 die gesetzliche Invalidenversicherung eingeführt wurde, hatten Großunternehmen wie z. B. die Gutehoffnungshütte (1850), Krupp/F. Henschel (1858), Siemens (1872), Hoechst (1882) oder die Dresdner Bank (1890) die Notwendigkeit erkannt, eigene Sozialleistungen für ihre Arbeitnehmer gewähren zu müssen (*Griebeling, Rn. 6; Steinmeyer, S. 11*). Basis dieser betrieblichen Versorgungsidee war damals allerdings noch eine rein patriarchalische Philosophie ohne gesetzliche Reglementierungen. Diese erfolgte zumindest für den arbeitsrechtlichen Bereich erstmalig mit dem **Gesetz zur Verbesserung der betrieblichen Altersversorgung (Betriebsrentengesetz/BetrAVG) vom 19.12.1974**. Dieses Gesetz galt bis 1999 unverändert und wurde seither durch diverse Neuregelungen, u.a. durch Art. 8 des Rentenreformgesetzes 1999 (*BGBl. I, S. 2998*) vom 16.12.1997, durch Art. 91 EGInsO vom 5.10.1994 (*BGBl. I, S. 2911*), Art. 15 des Steuerbereinigungsgesetzes 1999 vom 22.12.1999 (*BGBl. I, S. 2601*), durch das Erste Gesetz zur Änderung des Gesetzes zur Verbesserung der betrieblichen Altersversorgung vom 21.12.2000 (*BGBl. I, S. 1914*) und zuletzt durch Art. 9 des Altersvermögensgesetzes vom 26.6.2001 (*BGBl. I, S. 1310*) modifiziert.

2 Mit der Kodifizierung gesetzlicher **Mindestnormen** (u.a. Unverfallbarkeit, Insolvenzsicherung und Anpassungsprüfung) sollte der Inhalt der betrieblichen Altersversorgung „berechtigten sozialpolitischen Interessen" angepasst werden (*BT-Drucks. 7/1281, S.19; vgl. a.: BAG v. 30.11.1982 – 3 AZR 1266/79 – BB 1983, S. 904 = DB 1983,999 = AuR 1983, S. 91*). Durch das Betriebsrentengesetz sowie durch die nachfolgende BAG- und EuGH-Rechtsprechung (insbesondere zum Besitzstandsschutz und zum Gleichbehandlungsgrundsatz) ist somit in erster Linie die Rechtsposition derjenigen Arbeitnehmer in Deutschland, die über eine betriebliche Altersversorgung verfügen, erheblich verbessert worden. Demgegenüber ist jedoch

Betriebliche Altersversorgung
– historischer Überblick –

1850	Gute Hoffnungshütte
1858	Krupp/Friedrich Henschel
1882	Farbwerke Hoechst
1890	Dresdner Bank
1891	ges. Invaliditäts- und Alterssicherung für Arbeiter
1911	Einbeziehung der Angestellten in die gRV
1934	Erste ges. Reglementierung bei Pensionskassen; Gründung von Unterstützungskassen
1948	Währungsreform: Umstellung der Vermögen
1957	Rentenreform: Abkehr von Existenz- zur Lebensstandsicherung
1974	Gesetz zur Verbesserung der betr. Altersversorgung
1999	Insolvenzrechtsreform: 1. BetrAVG-Novelle
2001	Altersvermögensgesetz: 2. BetrAVG-Novelle

mit diesem Gesetz eine Verbreitung betrieblicher Versorgungszusagen insgesamt nicht eingetreten. Während in den ersten Jahren nach dem Inkrafttreten des Gesetzes noch eine geringfügige Ausweitung betrieblicher Versorgungszusagen feststellbar war, trat im weiteren Verlauf eine deutliche Stagnation ein. Mitte 1984 betrug der Anteil der versorgungsberechtigten Arbeitnehmer in der Industrie ca. 72% und im Handel ca. 26%. Nach einer im Jahre 1990 durchgeführten statistischen Untersuchung haben sich diese Zahlen kaum verändert, wobei im Bereich der Industrie allerdings ein leichter Rückgang auf 70% notiert wurde. Dieser Trend hat sich nach einer weiteren statistischen Studie aus dem Jahr 1993 fortgesetzt und verstärkt. Danach ist der Verbreitungsgrad der betrieblichen Altersversorgung in der Industrie nach Unternehmen (64%) gegenüber 1990 zwar konstant geblieben, nach Beschäftigten jedoch auf 66% weiter abgesunken (*Langohr-Plato, FR 1996, S. 229, 230*).

3 Insbesondere die seit Anfang der 80er Jahre zunehmend eingetretenen Verschlechterungen der wirtschaftlichen Rahmenbedingungen haben viele Unternehmen veranlasst, ihre Versorgungswerke für den Neuzugang zu schließen. Dessen ungeachtet belaufen sich die **Deckungsmittel** der betrieblichen Altersversorgung auf rund **664 Mrd. DM** (s.u. Graphik Deckungsmittel) und der jährliche Aufwand der Unternehmen für die betrieblichen Versorgungsverpflichtungen auf ca. 60 – 70 Mrd. DM. Hiervon entfallen rund 40% als Baraufwand auf Versorgungsleistungen an die Betriebsrentner; der Rest findet sich als Finanzierungsaufwand in den Bilanzen der Unternehmen wieder. Als Prozentsatz der Lohnsumme ausgedrückt entspricht der jährliche Versorgungsaufwand rund 9%. Die genannten Zahlen beschränken sich auf den Bereich der Privatwirtschaft. Nicht erfasst sind der gesamte Block der **Zusatzversorgung** für Angestellte im öffentlichen Dienst sowie die **Beamtenpensio-**

Deckungsmittel der betrieblichen Altersversorgung
Stand: 2000, insgesamt ca. 664,- Mrd. DM

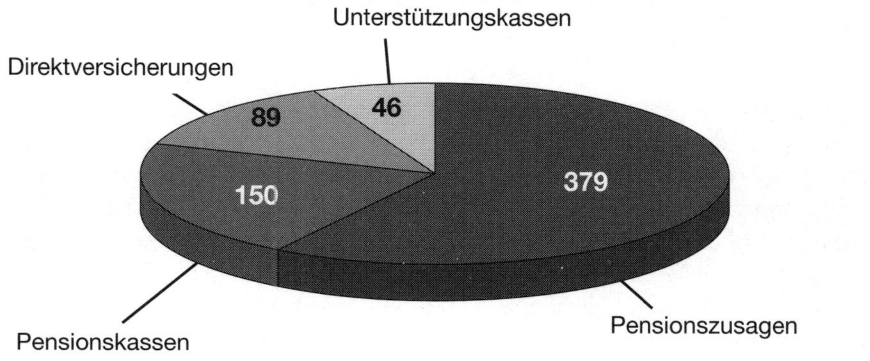

Quelle: Bundesbank Report

nen, die im Regelfall ohne jegliche Vorausfinanzierung durch direkte Zahlungen zu Lasten der öffentlichen Haushalte finanziert werden.

Dem Aufwand der Arbeitgeber steht der **Versorgungsbedarf** der Arbeitnehmer 4
gegenüber, der sich in Deutschland aus dem sog. „**Drei-Säulen-Konzept**" ergibt. Danach setzt sich die Altersversorgung aus den drei Säulen gesetzliche Rentenversicherung, betriebliche Altersversorgung und der privaten Eigenvorsorge zusammen. Dieses dreigliedrige Alterssicherungssystem soll dem Arbeitnehmer eine **Vollversorgung** ermöglichen, die dem Arbeitnehmer ein Versorgungsniveau auf der Basis seines im aktiven Erwerbsleben erzielten Lebensstandards gewährt.

Maßstab für den **Versorgungsbedarf** des Arbeitnehmers ist somit das letzte Net- 5
to-Aktiveinkommen. Unter Bedarfsgesichtspunkten kann davon ausgegangen werden, dass die Aufrechterhaltung des erreichten Lebensstandards im Ruhestand auch schon dann erreicht wird, wenn die Netto-Versorgungsbezüge das letzte Netto-Aktiveinkommen nicht ganz erreichen. Der Wegfall berufsbedingter Aufwendungen, dringenden Anschaffungsbedarfs oder der Ausbildungskosten für Kinder werden dabei ebenso zur Begründung herangezogen wie der Konsumverzicht zur Ansparung einer privaten Eigenvorsorge. Diese Aufwendungen entfallen mit der Pensionierung, so dass eine „**Gesamtversorgung**" von **90%** des letzten Netto-Aktiveinkommens aus allen drei Versorgungssäulen als erstrebenswertes und bedarfsgerechtes **Versorgungsziel** anzusehen ist (*Ahrend/Förster, BetrAVG, Einf. S. XVII; Höfer, BetrAVG, ArbR, ART Rn. 6; Langohr-Plato, INF 1995, S. 172; Lutz, S. 5; Lutz/Langohr-Plato, S. 17*). Daraus ergibt sich folgende Kalkulation:

- letzte Netto-Aktivbezüge
- ./. Renten der gesetzlichen Rentenversicherung (netto)
- ./. Eigenvorsorge und berufsbedingte Aufwendungen (netto)
- = Obergrenze des Netto-Versorgungsbedarfs für betriebliche Versorgungsleistungen

6 Bei Einführung des Betriebsrentengesetzes ist daher auch der Gesetzgeber davon ausgegangen, „dass betriebliche Altersversorgung einem großen Teil der Arbeitnehmer eine wertvolle und notwendige **Ergänzung** der durch die Sozialversicherung gewährten Alterssicherung bietet" (*BT-Drucks. 7/1281, S. 19*). Diese Annahme basierte auf der Erkenntnis, dass die Leistungen aus der gesetzlichen Rentenversicherung unter Berücksichtigung der Beiträge zur Krankenversicherung der Rentner regelmäßig nur zwischen 40 und 50% der vor Rentenbeginn zuletzt bezogenen Bruttogehälter lagen und folglich den Versorgungsbedarf der Rentner nur teilweise abdecken konnten (*Ahrend/Förster, BetrAVG, Einf. S. XVI f.*). Aus Sicht einer nach Steuern betrachteten **Nettoversorgung** ergab sich ein **Versorgungsniveau** von maximal 65 – 70% des letzten Nettoaktiveneinkommens (*vgl. den Rentenanpassungsbericht des Jahres 1990, BT-Drucks. 11/1540, Teil A, S. 13 ff., S. 125 f.*) Dieses Versorgungsniveau war zudem für Arbeitnehmer mit Bezügen oberhalb der Beitragsbemessungsgrenze (BBG) zur gesetzlichen Rentenversicherung aufgrund der Tatsache, dass diese Bezugsteile nicht rentensteigernd berücksichtigt werden, nicht erreichbar. Dies führt bei Eintritt des Versorgungsfalls zu einer **Versorgungslücke**, die nur durch zusätzliche Vorsorgemaßnahmen der betrieblichen und privaten Vorsorge geschlossen werden kann. Diese Versorgungslücke ist in den letzten Jahren u.a. durch die Maßnahmen in der Rentenreform 1992 sowie die jüngsten Regelungen zur Sicherstellung der Liquidität der gesetzlichen Rentenversicherung (Anhebung der Altersgrenzen, Kürzung der Anrechnung von Ausbildungs- und Studienzeiten) und die dadurch bedingten Eingriffe in das Leistungsniveau der gesetzlichen Rentenversicherung noch weiter gestiegen. Dies bedeutet aber zugleich, dass die Ergänzungsfunktion betrieblicher Versorgungsleistungen für die Arbeitnehmer zunehmend an Bedeutung gewinnt.

7 Die **durchschnittliche** monatliche **Betriebsrente** liegt derzeit bei ca. 350 bis 400 DM (*Lubnow, BB 1991, S. 338*), wobei allerdings gravierende firmen- und branchenspezifische Abweichungen festzustellen sind.

8 Vor diesem Hintergrund hat die Bundesregierung in der **Koalitionsvereinbarung** zu Beginn der 13. Legislaturperiode im November 1994 zur Förderung und Fortentwicklung der betrieblichen Altersversorgung folgendes vereinbart:

„Die Rahmenbedingungen der betrieblichen Altersversorgung sollen verbessert werden, damit die betriebliche Altersversorgung weiterhin einen wichtigen Beitrag zur Alterssicherung leisten kann und um den Anreiz zu verstärken, auch zukünftig neue Betriebsrentenzusagen zu geben."

Diesen Handlungsauftrag hat der Gesetzgeber versucht durch zwei Novellierungen des BetrAVG zu realisieren: Zum einen durch die zum 1.1.1999 in Kraft getretene 1. BetrAVG-Novelle (Art. 8 des Rentenreformgesetzes 1999 vom 16.12.1997, Art. 91 EG InsO vom 5.10.1994 und Art. 15 des St.BereinigungsG 1999 vom 22.12.1999) sowie zum anderen durch die im Rahmen der Verabschiedung des Altersvermögensgesetzes erfolgte 2. BetrAVG-Novelle (Art. 7 AVmG vom 11.5.2001)

Inwieweit durch diese Neuregelungen die betriebliche Altersversorgung tatsächlich 9
von der betrieblichen Praxis so akzeptiert wird, dass hierdurch eine verstärkte Verbreitung dieser Form der Alterssicherung erreicht werden kann, bleibt der zukünftigen Entwicklung vorbehalten.

II. Begriff und Rechtsnatur der betrieblichen Altersversorgung

Nach der gesetzlichen Regelung in **§ 1 Abs. 1 S. 1 BetrAVG** wird betriebliche Al- 10
tersversorgung als **Leistungen der Alters-, Invaliditäts- oder Hinterbliebenenversorgung** definiert, die einem **Arbeitnehmer aus Anlass seines Arbeitsverhältnisses** zugesagt worden sind. Diese arbeitsrechtliche Definition des Begriffs der betrieblichen Altersversorgung ist mangels anderweitiger Definition auch für das Steuerrecht maßgeblich (*Frotscher, EStG, § 6a Rn. 14 f.*).

1. Kennzeichnende Merkmale der betrieblichen Altersversorgung

Zu den Merkmalen einer betrieblichen Altersversorgung gehören somit das **Ver-** 11
sprechen einer Leistung zum **Zweck der Versorgung**, ein das Versprechen auslösendes **biologisches Ereignis** wie Alter, Invalidität oder Tod sowie die **Zusage** an einen **Arbeitnehmer** durch einen **Arbeitgeber aus Anlass des Arbeitsverhältnisses** (*BAG v. 26.4.1988 – 3 AZR 411/86 – BB 1988, S. 1671 = DB 1988, S. 1019 = NZA 1989, S. 182; BAG v. 8.5.1990 – 3 AZR 121/89 – BB 1990, S. 2410 = DB 1990, S. 2375 = NZA 1990, S. 931*). Darüber hinaus existieren **keine weiteren einschränkenden**, ungeschriebenen **Tatbestandsmerkmale**. Insbesondere ist es nicht erforderlich, dass es sich bei der betrieblichen Versorgungsleistung um eine „zusätzlich zum Barlohn entrichtete, freiwillige Arbeitgeberleistung" handeln muss (*vgl.: BAG v. 26.6.1990 – 3 AZR 641/88 – BB 1991, S. 482 = DB 1990, S. 2475 = ZAP 1991, F 17 R, S. 13 m. Anm. Langohr-Plato; BAG v. 10.3.1992 – 3 AZR 153/91 – BB 1992, S. 2008 = DB 1993, S. 490 = NZA 1992, S. 25; BAG v. 10.8.1993 – 3 AZR 69/83 – BB 1994, S. 360 = DB 1994, S. 539 = NZA 1994, S. 757; Heither, DB 1991, S. 165*). Das **Motiv** des Arbeitgebers **für die Zusageerteilung** ist damit für die rechtliche Qualifizierung betrieblicher Versorgungsleistungen nach § 1 BetrAVG **irrelevant**. Damit fallen auch alle durch einen vom Mitarbeiter erklärten **Gehaltsverzicht** finanzierten Versorgungsleistungen unter den Begriff der betrieblichen Altersversorgung und damit auch unter den Schutz des Betriebsrentengesetzes (*Heither, DB 1991, S. 165; Kemper/Kisters-Kölkes, Rn. 7 ff.*). Die Parteien des Arbeitsverhältnisses können nämlich selbst entscheiden, ob und in welchem Umfang eine vereinbarte Vergütung als **Barlohn** oder als **Versorgungslohn** ausbezahlt werden soll. Mithin sind Barlohn und Versorgungslohn austauschbare Vergütungsbestandteile, so dass die rechtliche Qualifikation

einer Vergütung als betriebliche Altersversorgung nicht von den Anlässen und Gründen abhängt, die zu der konkreten Zusagegestaltung geführt haben. Gerade im Interesse der Rechtssicherheit ist in diesem Zusammenhang eine **formalrechtliche Abgrenzung** zwingend notwendig (*BAG v. 26.6.1990 – 3 AZR 641/88 – BB 1991, S. 482 = DB 1990, S. 2475 = ZAP 1991, F. 17 R, S. 13*).

12 Dies hat der Gesetzgeber bereits mit der BetrAVG-Novelle 1999 in dem 1999 neu eingeführten § 1 Abs. 5 BetrAVG so auch ausdrücklich klargestellt und mit der aktuellen Fassung von § 1 Abs. 2 Nr. 3 BetrAVG nochmals bestätigt. Demnach wird eine durch Entgeltumwandlung finanzierte betriebliche Altersversorgung – unabhängig davon über welchen Durchführungsweg sie letztendlich umgesetzt wird – vom Anwendungsbereich des BetrAVG erfasst.

13 Die **Einordnung einer zugesagten Leistung** des Arbeitgebers als Leistung der betrieblichen Altersversorgung ist eine **Rechtsfrage**. Die rechtlichen Konsequenzen dieser Einordnung stehen nicht zur Disposition der Vertragsparteien, die nur den Vertragsinhalt festlegen können. Bei der rechtlichen Würdigung des Vertragsinhaltes kommt es dann entscheidend nur auf eine objektive Wertung und nicht auf subjektive Vorstellungen an (*BAG v. 8.5.1990 – 3 AZR 121/89 – BB 1990, S. 2410 = DB 1990, S. 2375 = NZA 1990, S. 931*). Irrelevant ist demnach auch die Bezeichnung einer Leistung durch die Vertragsparteien (*Kemper/Kisters-Kölkes, Rn. 8).*

2. Ausgestaltung betrieblicher Versorgungsleistungen

14 Für die Gewährung betrieblicher Versorgungsleistungen gilt grundsätzlich der **Grundsatz der Vertragsfreiheit**. Das Betriebsrentengesetz enthält als **Arbeitnehmerschutzgesetz** zwar einige einschränkende Regelungen (z. B. Unverfallbarkeit, Auszehrungs-, Anrechnungs- und Abfindungsverbot, Anpassungsprüfung), die der Arbeitgeber beachten muss, wenn er sich einmal zur Zusage entsprechender Leistungen entschlossen hat, und von denen nach § 17 Abs. 3 S. 3 BetrAVG auch **nicht zuungunsten** des Arbeitnehmers, und zwar auch nicht mit dessen Zustimmung, **abgewichen** werden darf. Darüber hinaus sind jedoch nur solche Vereinbarungen unzulässig, die entweder gegen ein gesetzliches Verbot (§ 134 BGB) oder gegen die guten Sitten (§ 138 BGB) verstoßen.

15 Der Abschluss eines **Tatsachenvergleichs** über die tatsächlichen Voraussetzungen eines Anspruchs auf betriebliche Versorgungsleistungen wird durch die Regeln des BetrAVG nicht ausgeschlossen (*BAG v. 18.12.1984 – 3 AZR 125/84 – BB 1985, S. 1603 = DB 1985, S. 1949 = NZA 1986, S. 95; BAG v. 23.8.1994 – 3 AZR 825/93 – DB 1995, S. 52*).

16 Im Übrigen empfiehlt es sich den Inhalt und Umfang betrieblicher Versorgungsleistungen so genau wie möglich zu erfassen und bei der vertraglichen Ausgestaltung betrieblicher Versorgungsordnung **Auslegungs**varianten zu vermeiden. Im Zweifelsfall gilt nämlich die sog. „**Unklarheitenregel**“, nach der der Arbeitgeber bei mehrdeutigen Verträgen die für ihn ungünstigere Auslegungsmöglichkeit gegen sich gelten lassen muss, wenn er ein entsprechendes Vertrauen bei seinen Arbeitnehmern erweckt

hat (*BAG v. 25.5.1973 – 3 AZR 405/72 – BB 1973, S. 1171 = DB 1973, S. 1355 = NJW 1973, S. 1948; BAG v. 25.9.1979 – 3 AZR 1096/77 – BB 1979, S. 784 = DB 1979, S. 1182; BAG v. 16.3.1982 – 3 AZR 843/79 – BB 1982, S. 1940 = DB 1982, S. 1728; Höfer, BetrAVG, ART. Rn. 199, 593 ff.; Kemper/Kisters-Kölkes, Rn. 77*).

a) Leistungen zur Altersversorgung

Voraussetzung für die Gewährung von Leistungen der **Altersversorgung** ist u.a. regelmäßig das Erreichen einer bestimmten **Altersgrenze**, in der Regel das 65. Lebensjahr. Hinsichtlich der Festlegung dieser Altersgrenze steht den Vertragsparteien ein gewisser Handlungsspielraum zu. Der insoweit zur Anwendung kommende **Grundsatz der Vertragsfreiheit** wird allerdings begrenzt durch den Gleichbehandlungsgrundsatz (gleiche Altersgrenzen für männliche und weibliche Arbeitnehmer) sowie die anhand objektiver Kriterien vorzunehmende Ausfüllung des Begriffs der betrieblichen Altersversorgung. Danach wird eine **Altersgrenze** von **60 Jahren** regelmäßig nicht unterschritten werden dürfen, es sei denn, dass für eine niedrigere Altersgrenze sachliche Gründe vorliegen (*vgl.: BGH v. 16.3.1981 – II ZR 222/79 – BB 1981, S. 1524 = DB 1981, S. 1561 = NJW 1981, S. 2410; BAG v. 2.8.1983 – 3 AZR 370/81 – BB 1984, S. 1047 = DB 1984, S. 1201; BAG v. 28.1.1986 – 3 AZR 312/84 – BB 1987, S. 690 = DB 1987, S. 52 = NZA 1987, S. 126; BAG v. 26.4.1986 – 3 AZR 411/86 – BB 1988, S. 1672 = DB 1988, S. 2007; Blomeyer/Otto, BetrAVG, Einl., Rn. 16; Höfer, BetrAVG, ART Rn. 18 ff.; Paulsdorff, BetrAVG, § 7, Rn. 241*). Für die **Direktversicherung** ergibt sich die Altersgrenze 60 zudem unter steuerlichen Aspekten aus § 40b EStG. Danach gilt die Steuervergünstigung der Pauschalbesteuerung nur für solche Versicherungen, in denen die Erlebensfallleistung nicht vor dem 60. Lebensjahr fällig wird. Bei der **Unterstützungskasse** ist zwar gemäß § 4d Abs. 1 Nr. 1c S. 2 EStG eine Altersgrenze von 55 Jahren zulässig. Nach Abschnitt R 27a Abs. 2 S.2 EStR 93 wird von der Finanzverwaltung gleichwohl als generelle Altersgrenze die Vollendung des 60. Lebensjahres angenommen und ein früherer Rentenbezug zwischen dem 55. und 60. Lebensjahr nur für berufsspezifische Ausnahmefälle anerkannt. 17

Überbrückungshilfen bis zum Erreichen eines in der Versorgungszusage festgelegten Versorgungsfalles „Alter" sind keine Leistungen der betrieblichen Altersversorgung im Sinne des Betriebsrentengesetzes, selbst wenn sie in der Zusage als Ruhegehälter bezeichnet worden sind. Mithin entfällt für derartige Übergangsgelder auch der gesetzliche Insolvenzschutz (*BAG v. 3.11.1998 – 3 AZR 454/97 – BB 1999, S. 905 = NZA 1999, S. 594 = ZIP 1999, S. 1145*). 18

Für eine Zuordnung zum Bereich der betrieblichen Altersversorgung ist nach ständiger Rechtsprechung des BAG entscheidend, dass die zugesagten Leistungen zur „Alterssicherung" bestimmt sind. Die Leistung muss also gerade dazu dienen, die Versorgung des Arbeitnehmers nach seinem Ausscheiden aus dem Erwerbs- oder Berufsleben sicherzustellen. Aus dieser allgemeinen Begriffsbestimmung des BAG lässt sich kein fester Zeitpunkt bestimmen, etwa der der Vollendung des 65. Lebensjahres, von dem an betriebliche Versorgungsleistungen überhaupt nur in Be- 19 tracht kommen. Die Wahl einer früheren Altersgrenze muss jedoch auf sachlichen, nicht außerhalb des Arbeitsverhältnisses liegenden Gründen beruhen. Auch bei der Wahl einer früheren Altersgrenze muss der Zweck gewahrt bleiben, dass die Versorgungsleistung dazu dienen soll, einem aus dem aktiven Arbeitsleben ausscheidenden Arbeitnehmer bei der Sicherung des Lebensstandards im Alter zu helfen. Dies ist regelmäßig nur bei der Festlegung einer Altersgrenze der Fall, die auch nach der allgemeinen Verkehrsanschauung als Beginn des Ruhestandes gilt. Ausgehend von diesen Grundüberlegungen hat das BAG Überbrückungsleistungen oder Überbrückungshilfen stets aus dem Schutzbereich des BetrAVG ausgenommen (*so bereits BAG, Urteil v. 28.1.1986 – 3 AZR 312/84 – BB 1987, S. 690 = DB 1987, S. 52 = NZA 1987, S.126*). Solche Leistungen dienen lediglich dazu den Übergang in einen anderen Beruf oder in den Ruhestand zu erleichtern und sind selbst dann nicht als betriebliche Altersversorgung zu qualifizieren, wenn sie sich der Höhe nach an einer in Aussicht gestellten Betriebsrente orientieren.

20 Von einer Überbrückungshilfe und nicht von einer Leistung der betrieblichen Altersversorgung ist auch auszugehen, wenn die betreffenden Zahlungen zwar nur für den Fall versprochen werden, dass das Arbeitsverhältnis nach Vollendung des 60. Lebensjahres des Arbeitnehmers aufgehoben worden ist, zugleich aber unter die Bedingung gestellt werden, dass das Arbeitsverhältnis unter Mitwirkung des Arbeitgebers aufgelöst wurde und die Leistungen davon abhängig sind, dass der Arbeitnehmer keine anderweitigen Lohn-/Gehaltszahlungen bezieht (*BAG v. 3.11.1998 – 3 AZR 454/97 – BB 1999, S. 905 = NZA 1999, S. 594 = ZIP 1999, S. 1145*).

b) Leistungen für den Fall der Invalidität

21 Das Arbeitsrecht kennt keinen eigenständigen Begriff der Invalidität. Daher wird dieser Begriff auch im Arbeitsrecht regelmäßig im Sinne der sozialversicherungsrechtlichen Definition verstanden und angewandt (*BAG v. 19.4.1983 – 3 AZR 4/81 – AuR 1983, S. 312 = BetrAV 1984, S. 44 = BB 1984, S. 279 = DB 1983, S. 2255 = NJW 1983, S. 2959; BAG v. 24.6.1998 – 3 AZR 288/97 – DB 1998, S. 1969; Höfer, BetrAVG, Bd. I, ArbR, ART., Rn. 637*). Abzustellen ist folglich auf die entsprechenden sozialrechtlichen Begriffsdefinitionen der Erwerbs- bzw. Berufsunfähigkeit. Nach § 44 SGB-VI ist **Erwerbsunfähigkeit** zu bejahen, wenn ein Arbeitnehmer nicht mehr in der Lage ist, eine Erwerbstätigkeit auszuüben oder er durch seine Erwerbstätigkeit nur noch geringe Einkünfte erzielen kann. Gemäß § 43 SGB-VI liegt eine **Berufsunfähigkeit** dann vor, wenn der Arbeitnehmer nicht mehr in der Lage ist, zu 50% eine Tätigkeit in seiner Berufsgruppe, in der er bislang tätig war, auszuüben. Soweit eine Versorgungsordnung ohne jegliche weitere Differenzierung nur auf den „Invaliditätsfall" abstellt, werden hiervon sowohl Erwerbs-, als auch Berufsunfähigkeit erfasst (*Blomeyer/Otto, BetrAVG, Einl., Rn. 19 f., 306 f.*).

22 Durch das Gesetz zur Reform der Renten wegen verminderter Erwerbsfähigkeit vom 20.12.2000 (*BGBl I 2000, 1827*) wurde das System der Invalidenrente mit Wirkung ab 1.1.2001 umfassend geändert. Die bisherigen Renten wegen Berufs- oder Erwerbsunfähigkeit sind durch eine zweistufige Erwerbsminderungsrente ersetzt wor-

den, die grundsätzlich nur befristet gewährt wird. Dies führt in vielen Fällen zu einer Verschlechterung der Versorgung aus der gesetzlichen Rentenversicherung.

Nach dem neuen Recht ist für die Bewilligung einer Rente allein ausschlaggebend, in welchem Umfang der Versicherte in einem beliebigen Beruf erwerbstätig sein kann. Wenn die verbliebene Erwerbsfähigkeit auf dem allgemeinen Arbeitsmarkt auf einen Wert zwischen 3 und 6 Stunden pro Tag herabgesunken ist, besteht ein Anspruch auf eine halbe Erwerbsminderungsrente. Die volle Erwerbsminderungsrente kann erst beansprucht werden, wenn das Restleistungsvermögen weniger als 3 Stunden täglich beträgt. Die volle Erwerbsminderungsrente kann auch beansprucht werden, wenn der Versicherte trotz eines Restleistungsvermögen zwischen 3 und 6 Stunden wegen der konkreten Arbeitsmarktsituation arbeitslos ist. Nach dem neuen Recht spielt es jedoch generell keine Rolle, welchen Beruf der Versicherte erlernt und bislang ausgeübt hat. Der Versicherte kann also auf jede andere und damit auch auf eine nicht gleichwertige Tätigkeit verwiesen werden. 23

Im Vergleich zur bisherigen Berufsunfähigkeitsrente führt die halbe Erwerbsminderungsrente zu einem durchschnittlichen Rentendefizit von 26 %. Die volle Erwerbsminderungsrente liegt durchschnittlich 2 % unter der früheren Erwerbsunfähigkeitsrente. 24

Versicherte, die bei In-Kraft-Treten der Reform am 1.1.2001 mindestens 40 Jahre alt waren, erhalten die halbe Erwerbsminderungsrente, wenn sie ihren bisherigen Beruf nur noch zwischen 3 und 6 Stunden pro Tag ausüben können. Der Verweis auf eine andere beliebige Tätigkeit ist also ausgeschlossen.

Betrachtet man diese Regelungen aus der gesetzlichen Rentenversicherungen, so stellt sich die Frage, ob seit dem 1.1.2001 die nunmehrigen Begriffe der teilweisen oder vollen Erwerbsminderung oder die bisherigen Begriffe der Berufsunfähigkeits- bzw. Erwerbsunfähigkeitsrente zugrunde zu legen sind. 25

Insoweit geht die Rechtsprechung des BAG, wie oben dargestellt, grundsätzlich davon aus, dass für den Fall, dass der Arbeitgeber eine Rente wegen Berufsunfähigkeit zusagt, ohne die Berufsunfähigkeit zu definieren, in der Regel der sozialversicherungsrechtlichen Begriff gelten soll. Dies gilt nach der Rechtsprechung auch insoweit, als in der gesetzlichen Rentenversicherung die Berufsunfähigkeit von den Verhältnissen auf dem Arbeitsmarkt abhängt. Eine ausschließlich medizinische Betrachtung der Berufsunfähigkeit scheidet jedenfalls dann aus, wenn die Versorgungszusage nach dem Bekanntwerden des Beschlüsse des Großen Senats des Sozialgerichts vom 11.12.1969 erteilt wurde (*BAG, 14.12.1999 – 3 AZR 742/98 – BB 2001, S. 366 = DB 2001, S. 823*). 26

Die Rechtsprechung sagt jedoch nichts darüber aus, welchen Anspruch der Arbeitnehmer bei einer materiellen Änderung der Vorschriften in der gesetzlichen Rentenversicherung hat. 27

Diesbezüglich findet sich in der Literatur eine Ansicht, die unter Heranziehung der genannten Rechtsprechung immer auf den bei Eintritt der „Berufsunfähigkeit" maß- 28 geblichen gesetzlichen Begriff abstellen will (*vgl. u.a. Höfer, BetrAVG, Bd. I, ArbR, Rn. 636 ff.; Kemper, BetrAV 1998, 289 ff.*).

29 Wird in einer Versorgungszusage auf den Invaliditätsbegriff in der gesetzlichen Rentenversicherung Bezug genommen oder sich an diesen Begriff angelehnt, so führt nach dieser Ansicht eine Neuregelung dazu, dass ab deren Geltung die neuen sozialversicherungsrechtlichen Tatbestände auch für die betriebliche Altersversorgung maßgeblich seien. Dies soll nicht nur bei Versorgungszusagen, die nach Inkrafttreten der Neuregelung in der gesetzlichen Rentenversicherung erteilt werden, gelten, sondern auch für „Altzusagen". Bei „Neuzusagen" soll diese Konsequenz auch eintreten, wenn „aus Versehen" die bisherigen Begriffe noch weiter verwendet werden (*Kemper, BetrAV 1998, 289 ff.*).

30 Auch wenn für diese Ansicht mit dem seitens des Arbeitgebers gewünschten Gleichklangs von betrieblicher Altersversorgung und gesetzlicher Rentenversicherung gute Gründe sprechen, ist diese Auffassung nicht zwingend. Man könnte genauso argumentieren, dass immer der bei Erteilung der Zusage zugrundeliegende Begriff der Berufsunfähigkeit maßgeblich ist, damit der Arbeitnehmer sich auf die ggf. zu erwartenden Ansprüche einstellen und erforderlichenfalls privat ergänzenden Schutz erreichen kann.

31 Für die letztgenannte Ansicht spricht auch die Argumentation, dass dem Arbeitnehmer bei einer Verschlechterung des gesetzlichen Begriffs bei wirtschaftlicher Betrachtung eine Art „Besitzstand" entzogen würde. Der Arbeitnehmer, bei dem der Versorgungsfall der „Invalidität" noch vor Änderung des Begriffs in der gesetzlichen Rentenversicherung eingetreten ist, erhielte mehr, als der Arbeitnehmer, bei dem der Versorgungsfall erst nach der Änderung eintritt.

32 Demgegenüber könnte man argumentieren, dass von Anfang an nur eine Leistung im Versorgungsfall „Invalidität" nach der jeweils bei Eintritt des Versorgungsfalls geltenden Definition zugesagt worden ist. Insoweit stellt sich dann allerdings die Frage, ob die in der Ruhegeldordnung verwendeten Formulierungen einen solchen Willen auch ausreichend zum Ausdruck bringen, oder ob nicht Unklarheiten vorliegen, die zu Lasten des Arbeitgebers gehen.

33 Gleichwohl wird man mit der zuerst genannten Auffassung auf den Invaliditätsbegriff bei Eintritt des Versorgungsfalls abstellen können. Für diese Ansicht spricht nämlich insbesondere die zitierte und in ihrer bisherigen Tendenz eindeutige BAG-Rechtsprechung. Insoweit wird man auch eventuell für den Arbeitnehmer schlechtere Regelungen akzeptieren müssen. Entsprechende Invaliditätsregelungen sind damit als eine „dynamische Verweisung" zu interpretieren.

34 Bei diesen „Altzusagen" wird man die bisherigen Begriffe Berufs- und Erwerbsunfähigkeit im Wege der Auslegung in den neuen Begriff der Erwerbsminderung transformieren müssen. Aufgrund dieser Transformation dürfte es sachgerecht sein, die bisherige Berufsunfähigkeit i.S.d. neuen „teilweisen Erwerbsminderung" auszulegen. Die bisherige Erwerbsunfähigkeit wird i.S.d. neuen „vollen Erwerbsminderung" auszulegen sein.

Aufgrund der damit verbundenen materiellen Eingriffe in den Leistungsumfang der Anwartschaften auf die Invalidenrente und der dem Arbeitgeber nach wie vor nach dem Grundsatz der Vertragsfreiheit (*grundlegend hierzu: Höfer, BetrAVG, Bd. I, ArbR, ART, Rn. 505 ff.*) verbleibenden Möglichkeit, eine eigenständige Definition des Invaliditätsbegriffs in der Versorgungsordnung ausdrücklich zu verankern, ist eine entsprechende inhaltliche Präzisierung der Versorgungsverpflichtung zu überdenken. Dies gilt insbesondere dann und dort, wo die Verpflichtung, Invaliditätsleistungen zu erbringen, bereits durch entsprechende Kapitalverwendung (z. B. Rückdeckungsversicherungen) aus- bzw. vorfinanziert worden ist. In diesen Fällen empfiehlt es sich, den von den Versicherern in ihren Versicherungsbedingungen zugrunde gelegten Invaliditätsbegriff in die Versorgungszusage zu übernehmen. 35

Verwendet eine „Altzusage" als Invaliditätsbegriff die bisherige Berufs- oder die Erwerbsunfähigkeit oder eine „Neuzusage" die teilweise oder volle Erwerbsminderung, so löst auch eine „Zeitrente" in der gesetzlichen Rentenversicherung einen Leistungsfall aus, weil auch bei einer Zeitrente der Invaliditätsbegriff erfüllt ist. 36

Da im Gegensatz zur bisherigen Rechtslage die gesetzliche Rentenversicherung die Erwerbsminderungsrente nur noch als Zeitrente gewährt, sollte allerdings vertraglich ausgeschlossen werden, dass während eines bestehenden Arbeitsverhältnisses, auch wenn es ruht oder Teilzeitarbeit ausgeübt wird, eine betriebliche Invaliditätsleistung erbracht wird. Dies kann dadurch erfolgen, dass man – wie auch bei den Leistungsvoraussetzungen für eine Altersrente üblich – als zusätzliche Anspruchsvoraussetzung die formelle Beendigung des Arbeitsverhältnisses vorsieht. Dann wird ein Leistungsfall nur ausgelöst durch eine Invalidität auf Zeit, wenn das Arbeitsverhältnis auch tatsächlich beendet wird. 37

Im Rahmen einer Vereinbarung über eine Invaliditätsversorgung ist es nicht zu beanstanden, wenn der Arbeitgeber zwischen einer beruflich und privat bedingten Invalidität differenziert. Dies kann z. B. durch den Verzicht von **Wartezeiten** oder die **Gewährung von Zurechnungszeiten** (analog zur gesetzlichen Rentenversicherung) bei beruflich bedingter Invalidität geschehen. Zu beanstanden ist es aber auch nicht, wenn der Arbeitgeber nach den Regelungen der Versorgungsordnung Invaliditätsleistungen nur nach Vollendung eines bestimmten **Mindestalters** (*BAG v. 20.10.1987 – 3 AZR 208/86 – BB 1988, S. 836 = DB 1988, S. 815 = NZA 1988, S. 394*) oder nach **Beendigung der Pflicht zur Lohnfortzahlung** erbringen muss (*BAG v. 6.6.1989 – 3 AZR 401/87 – BB 1989, S. 2119 = DB 1989, S. 2618 = NZA 1990, S. 147*). 38

c) Leistungen an Hinterbliebene

Hinterbliebenenleistungen an **Witwen/Witwer** werden in aller Regel in Höhe von 60 % der erdienten oder erdienbaren Anwartschaft auf Altersversorgung gewährt. Lediglich in älteren Versorgungsordnungen findet man vereinzelt noch einen Versorgungsgrad von 50%. 39

Soweit **Waisenrenten** zugesagt sind, wird die Dauer des Rentenbezugs in der Regel analog zum Bezugs des gesetzlichen Kindergelds nach dem Bundeskinder- 40 geldgesetz (BKKG) bis zum 18., bei einer Berufsausbildung bis maximal zum 27. Lebensjahr begrenzt. Die Höhe von betrieblichen Waisenrenten beträgt im Normalfall 10 % (Halbwaisen) bzw. 20% (Vollwaisen) der erdienten bzw. erdienbaren Altersrente. Witwen-/Witwerrenten und Waisenrenten werden zudem regelmäßig dadurch begrenzt, dass sie zusammen nicht mehr als 100% der zugesagten Altersrente ausmachen dürfen.

41 Rechtsdogmatisch gesehen ist die Zusage auf Hinterbliebenenversorgung ein Vertrag zugunsten Dritter. Versprechensempfänger ist allerdings ausschließlich der Arbeitnehmer. Seine Hinterbliebenen sind lediglich Begünstigte, die erst mit seinem Tod ein Recht auf die versprochene Leistung erwerben (*BAG v. 26.8.1997 – 3 AZR 235/96 – BAGE 86, 216, 219; BAG v. 21.11.2000 – 3 AZR 91/00 – DB 2001, S. 2455*). Bis zu diesem Zeitpunkt haben die Hinterbliebenen keine gefestigte Rechtsstellung. Dies hat dann auch zur Konsequenz, dass weder die Einschränkung oder Änderung des begünstigten Personenkreises noch die Aufstockung der eigenen Versorgung des Arbeitnehmers gegen einen teilweisen oder vollständigen Verzicht auf Hinterbliebenenversorgung der Zustimmung der Hinterbliebenen bedürfen *(BAG v. 21.11.2000 – 3 AZR 91/00; vgl. ferner: Blomeyer/Otto, BetrAVG, Einl. Rn. 313; Höfer, BetrAVG, Bd. I, ArbR, ART Rn. 646*).

42 Die Gewährung einer Hinterbliebenenversorgung kann davon abhängig gemacht werden, dass die Ehe des versorgungsberechtigten Arbeitnehmers im Zeitpunkt seines Todes bereits einen bestimmten Zeitraum bestanden hat und vor der Pensionierung bzw. vor Vollendung eines bestimmten Alters geschlossen worden ist (sog. **Spätehenklausel**; *vgl. u.a.: BVerfG v. 11.9.1979 – 1 BvR 92/79 – AP Nr. 182 zu § 242 BGB-Ruhegehalt; BAG v. 18.7.1972 – 3 AZR 472/71 – BB 1972; S. 1372 = DB 1972; S. 2067; BAG v. 11.8.1987 – 3 AZR 6/86 – BB 1988, S. 834 = DB 1988, S. 347 = NZA 1988, 158; BAG v. 9.11.1978 – 3 AZR 784/77 – BB 1979, S. 273 = DB 1979, S. 410*). Hierdurch wird ein Leistungsausschluss bei „**Versorgungsehen**" bzw. „bei Verdacht einer Versorgungsehe" zugelassen (*BAG v. 4.7.1989 – 3 AZR 772/87 – BB 1990, S. 494 = DB 1989, S. 2435 = NZA 1990, 273*). Ein Leistungsausschluss ist ferner zulässig, bei einer erheblichen **Altersdifferenz** zwischen den Eheleuten (*BAG v. 9.11.1978 – 3 AZR 784/77 – BB 1979, S. 273 = DB 1979, S. 410*) sowie für den Fall des **Getrenntlebens** im Zeitpunkt des Todesfalls des Versorgungsberechtigten (*BVerfG v. 29.2.1980 – 1 BvR 1231/79 – AP Nr. 183a zu § 242 BGB Ruhegehalt; BAG v. 6.9.1979 – 3 AZR 358/78 – BB 1979, S. 1719 = DB 1980, S. 112; Höfer, BetrAVG, ART. 10 Rn. 656*).

43 Aus § 1 Abs. 1 BetrAVG ergibt sich zudem kein Anspruch darauf, dass auch Angehörige bei der Hinterbliebenenversorgung berücksichtigt werden, die erst nach Beendigung des Arbeitsverhältnisses diesen Status erlangt haben. Es ist zulässig, den Umfang der Hinterbliebenenversorgung dem Grunde nach auf die während des Bestehens des Arbeitsverhältnisses existierenden Angehörigen zu begrenzen. Dies hat letztendlich auch das BAG bestätigt, dass die Revision gegen ein entsprechen-

des Urteil des Hessischen LAG (v. *3.11.1999 – 8 Sa 1808/98 – DB 2001, S. 712*) zurückgewiesen hat (*BAG v. 19.12.2000 – 3 AZR 186/00 – DB 2001, S. 2303*).

Zulässig sind außerdem sog. „**Wiederverheiratungsklauseln**", die einen Wegfall 44
der Hinterbliebenenrente bei Wiederverheiratung des überlebenden Ehegatten zulassen (*Blomeyer/Otto, BetrAVG, Einl.; Rn. 325; Höfer, BetrAVG, ART Rn. 655*). Dagegen verstößt eine Klausel, die eine **Waisenrente** bei Heirat des Waisen entfallen lässt, gegen Art. 6 GG (*LAG Hamm v. 20.5.1980 – 6 Sa 177/80 – BB 1981, S. 54 = DB 1980, S. 1550; Höfer, BetrAVG, ART Rn. 586*).

Sind **beide Ehepartner beim selben Arbeitgeber beschäftigt**, so darf nicht einer 45
von der betrieblichen Altersversorgung ausgeschlossen werden, weil er nach dem anderen eine Hinterbliebenenversorgung erhält (*BAG v. 10.1.1989 – 3 AZR 308/87 – BB 1989, S. 1556 = DB 1989, S. 1472 = NZA 1989, S. 683; vgl. a.: Höfer, BetrAVG, ART, Rn. 659*). Dies hat zur Konsequenz, dass der Versorgungsberechtigte ggf. einen eigenen Anspruch auf Altersrente und einen zusätzlichen, aus der Versorgungszusage an seinen Ehegatten abgeleiteten Anspruch auf Hinterbliebenenrente hat, eine Situation, die auch dann eintrifft, wenn beide Ehepartner bei verschiedenen Arbeitgebern arbeiten und ein jeder Begünstigter eines betrieblichen Versorgungssystems ist.

Rechtlich bedenklich sind in betrieblichen Versorgungswerken auch die in allge- 46
meinen Versicherungsverträgen gem. § 169 VVG üblichen „**Selbstmordklauseln**" (vgl. die Bedenken bei: *BAG v. 12.2.1975 – 4 AZR 205/74 – RdA 1975, S. 207 = BB 1975, S. 651; BAG v. 29.1.1991 – 3 AZR 85/90 – AP Nr. 13 zu § 1 BetrAVG-Hinterbliebenenversorgung; a.A. LAG Rheinland-Pfalz v. 16.9.1996 – 6 Sa 267/96 – rkr. – DB 1997, S. 1140; Höfer, BetrAVG, ART Rn. 653*). Gegen ihre Zulässigkeit spricht insbesondere das mit dem **Entgeltprinzip** (*s.u. Rn. 54 ff.*) verbundene Wesen betrieblicher Versorgungsleistungen, da auch im Falle der Selbsttötung der verstorbene Mitarbeiter seine Gegenleistung zumindest in der Vergangenheit vollständig erbracht hat und von daher auch ein Widerruf der Versorgungszusage regelmäßig unzulässig wäre. Andererseits beruhen betriebliche Versorgungsleistungen auf dem Grundsatz der Freiwilligkeit und damit auf dem Grundsatz der Vertragsfreiheit. Ist aber der Arbeitgeber grundsätzlich in der Entscheidung frei, ob er neben einer Altersversorgung zugleich auch eine Hinterbliebenenversorgung gewährt, so kann er auch deren Ausgestaltung und Leistungsvoraussetzungen im Rahmen des Gleichbehandlungsgrundsatzes und der allgemeinen Billigkeitsgrundsätze (§§ 242, 315 BGB) grundsätzlich frei gestalten (*LAG Rheinland-Pfalz v. 16.9.1996 – 6 Sa 267/96 – rkr. – DB 1997, S. 1140*). Dies könnte dafür sprechen, dass es zulässig ist, die Selbsttötung anders zu behandeln als sonstige Versorgungstatbestände. Letztendlich wird man diesbezüglich im konkreten Einzelfall (z. B. Selbsttötung nach langer Betriebszugehörigkeit bei schwerer Krankheit) eine nach Billigkeitserwägungen zu treffende Einzelfallentscheidung vornehmen bzw. den Versorgungsanspruch über eine in Versorgungsordnungen regelmäßig anzutreffende allgemeine **Härtefallklausel** prüfen müssen (*vgl. a.: Griebeling,*

Rn. 56; Höfer, BetrAVG, ArbR, ART, Rn. 653). Von daher empfiehlt sich eine Regelung, die

- einen Selbstmord nicht generell als Ausschlusstatbestand für eine Hinterbliebenenversorgung definiert;
- den Zeitfaktor zwischen Zusageerteilung und Todesfall berücksichtigt;
- eine Einzel- bzw. Härtefallentscheidung zulässt.

Formulierungsvorschlag: Ausschluss von Versorgungsleistungen

„Bei Selbsttötung vor Ablauf von drei Jahren seit Zusageerteilung/Aufnahme in den Kreis der Versorgungsberechtigten besteht ein Anspruch auf Hinterbliebenenversorgung nur dann, wenn nachgewiesen wird, dass die Tat in einem die freie Willensbestimmung ausschließenden Zustand krankhafter Störung der Geistestätigkeit begangen worden ist. Im Übrigen behält sich der Arbeitgeber/die Unterstützungskasse/die Pensionskasse im Einzelfall eine nach allgemeinen Billigkeitskriterien sowie unter Berücksichtigung des Grundsatzes von Treu und Glauben zu treffende Entscheidung vor."

47 Fraglich ist vielfach auch, ob neben den klassischen Hinterbliebenen, den überlebenden Ehegatten und Kindern, auch ein **nichtehelicher Lebensgefährte** Begünstigter eines betrieblichen Versorgungsversprechens sein kann. Im Gegensatz zum Begriff des „Angehörigen", der in § 15 AO enumerativ definiert wird, fehlt nämlich im Steuerrecht eine entsprechende Definition des „Hinterbliebenen". Da sich außereheliche Lebensgemeinschaften in der Rechtsüberzeugung durchzusetzen beginnen, wird das Arbeitsrecht – auch im Hinblick auf den zur Anwendung kommenden **Grundsatz der Vertragsfreiheit** – nicht umhin können, derartige zwischenmenschliche Lebensbeziehungen **anzuerkennen** (*Doetsch, BB 1994, S. 327, 331 f.; Höfer, BetrAVG, ART. Rn. 658*), wenn sie eine gewisse **Beständigkeit** erlangt haben und in rechtlich relevanter Weise in Erscheinung getreten sind (*BAG v. 16.8.1983 – 3 AZR 34/81 – BB 1984, S. 1168 = DB 1984, S. 887 = NJW 1984, S. 1712; LAG Hamm v. 13.8.1996 – 6 Sa 1638/95 – DB 1996, S. 1986; Blomeyer/Otto, BetrAVG, Einl., Rn. 328*). Insoweit wird man die Grundsätze der BGH-Rechtsprechung (*vgl. u.a. BGH v. 10.11.1982 – IVa ZR 83/81 – DB 1983, S. 712 = NJW 1983, S. 674 m.w.N.*) zur Anerkennung letztwilliger Verfügungen bei nichtehelichen Lebensgemeinschaften entsprechend anwenden müssen (*BAG v. 16.8.1983 – 3 AZR 34/81 – BB 1984, S. 1168 = DB 1984, S. 887 = NJW 1984, S. 1712*). Eine Hinterbliebenenversorgung zugunsten eines nichtehelichen Lebensgefährten ist danach dann unzulässig, wenn sie im Sinne von § 138 BGB gegen die guten Sitten verstößt (*Höfer, BetrAVG, ART. Rn. 585, 658*). Dies ist z. B. dann der Fall, wenn durch die konkrete Zusagegestaltung Ansprüche eines noch lebenden Ehegatten beeinträchtigt werden (*BAG v. 16.8.1983 – 3 AZR 34/81 – BB 1984, S. 1168 = DB 1984, S. 887 = NJW 1984, S. 1712*).

48 Der Arbeitgeber ist nicht verpflichtet, alle biologischen Risiken abzusichern. Er kann seine Zusage auch auf einzelne dieser gesetzlich definierten Risiken (z. B. Alter und Tod) beschränken und andere Risiken (z. B. eine Invalidenversorgung) gänzlich ausschließen (*BAG v. 9.11.1978 – 3 AZR 784/77 – BB 1979, S. 273 = DB 1979, S. 410 = AuR 1979, S. 283; Blomeyer/Otto, BetrAVG, Einl.; Rn. 12*). Der Arbeitgeber kann

jedoch nicht den Kreis der Versorgungsfälle auf andere als in § 1 BetrAVG genannte biologische Risiken ausdehnen. So ist z. B. die Absicherung des „**Pflegefalls**" oder langandauernder Krankheiten keine betriebliche Altersversorgung im Sinne der gesetzlichen Definition (*vgl. a.: BMF v. 9.9.1996 – IV B 2 – S 2176 – 68/96 – BB 1996, S. 2243 = DB 1996, S. 2103; Blomeyer/Otto, BetrAVG, Einl.; Rn. 13*).

Betriebliche Versorgungsleistungen werden regelmäßig als Geldleistungen in Form 49
laufender **Renten** oder einmaliger **Kapitalzahlungen** (*BAG v. 30.9.1986 – 3 AZR 22/85 – BB 1987, S. 1390 = DB 1987, S. 1304 = NZA 1987, S. 456*) erbracht. Aber auch **Sach-** (z. B. Deputate) und **Nutzungsrechte** (z. B. Werkswohnung) können unter den Begriff der betrieblichen Altersversorgung subsumiert werden, wenn sie dem ehemaligen Mitarbeiter unter Versorgungsaspekten auch nach seiner aktiven Dienstzeit weiter gewährt werden (*BAG v. 11.8.1981 – 3 AZR 395/80 BB 1981, S. 1835 = DB 1981, S. 2331 = SAE 1983, S. 29; BAG v. 2.12.1986 – 3 AZR 123/86 – BB 1987, S. 1461 = DB 1987, S. 1442 = NZA 1987, S. 555; LAG Düsseldorf v. 5.5.1977 – 14 Sa 1374/76 – DB 1977, S. 2054; Höfer, BetrAVG, ART. Rn. 29 ff.*).

Es ist nicht erforderlich, dass der Arbeitgeber die zugesagten Versorgungsleistun- 50
gen selbst erbringt. Er kann die eingegangene Leistungsverpflichtung auch auf einen Dritten (Lebensversicherung, Pensions- oder Unterstützungskasse) übertragen. Wird für die Ausgestaltung der betrieblichen Altersversorgung ein entsprechender externer, **mittelbarer** Durchführungsweg gewählt, so ist der Arbeitgeber verpflichtet, deren Finanzierung sicherzustellen. Bei Eintritt des abgesicherten Versorgungsfalls muss die externe Versorgungseinrichtung also über die zur Erfüllung der Leistungsverpflichtung erforderlichen Mittel verfügen können.

3. Abgrenzung zu anderen Arbeitgeberleistungen

Leistungen, die generell nur in Notfällen gewährt werden sollen (**Notfallleistungen**) 51
dienen in der Regel nicht der Versorgung und sind nicht von einem biologischen Ereignis, sondern einer finanziellen Notlage abhängig. Sie dienen damit nicht der Versorgung des Arbeitnehmers und werden nicht von § 1 BetrAVG erfasst (*BAG v. 25.10.1994 – 3 AZR 279/94 – BB 1995, S. 573 = NZA 1995, S. 373 = AuR 1995, S. 103*). Gleiches gilt grundsätzlich für **Übergangsgelder**, die als Überbrückungshilfe den Wechsel des Arbeitsplatzes oder den Eintritt in den Ruhestand erleichtern sollen. Hier wird in aller Regel eine Abfindung für den Verlust des Arbeitsplatzes und damit keine Versorgungsleistung im Sinne von § 1 BetrAVG vorliegen (*BAG v. 10.3.1992 – 3 AZR 153/91 – BB 1992, S. 2008 = DB 1993, S. 490 = NZA 1992, S. 25; BAG v. 10.8.1993 – 3 AZR 69/83 – BB 1994, S. 360 = BetrAV 1994, S. 53 = NZA 1994, S. 757; Blomeyer/Otto, BetrAVG, Einl., Rn. 69; Höfer, BetrAVG, ART. Rn. 63*).

Leistungen der **Vermögensbildung** sind Ausfluss der staatlichen Eigentumspoli- 52
tik. Ein Versorgungszweck ist damit nicht unmittelbar verbunden. Dies folgt schon daraus, dass die Leistungen der Vermögensbildung nach einem bestimmten Fristablauf fällig und verfügbar werden, also nicht vom Eintritt eines biologischen Risikos abhängig sind. Dies hat zur Konsequenz, dass für derartige Leistungen das BetrAVG nicht zur Anwendung kommt (*LAG Hamm v. 6.4.1982 – 6 Sa 412/81 –*

DB 1981, S. 1900; Ahrend/Förster, BetrAVG, § 1 Anm. 3; Höfer, BetrAVG, ART Rn. 70 ff.). Entsprechendes gilt auch für **Treueprämien** und **Jubiläumszuwendungen**, die regelmäßig keinem Versorgungszweck dienen und damit keine Leistungen der betrieblichen Altersversorgung darstellen (*Ahrend/Förster, BetrAVG, § 1 Anm. 3; Blomeyer/Otto, BetrAVG, Einl., Rn. 58, 67; Höfer, BetrAVG, ART Rn. 53 ff.*).

53 Dagegen erfüllen Leistungen, die der Arbeitgeber einem ausscheidenden Mitarbeiter gewährt, um eine durch das vorzeitige Ausscheiden entstehende Versorgungslücke abzumildern, den Begriff der betrieblichen Altersversorgung. Hierbei handelt es sich selbst dann um Leistungen zum Zweck der Altersversorgung, wenn die Leistungszusage erstmals im Aufhebungsvertrag vereinbart wird (*BAG v. 8.5.1990 – 3 AZR 121/89 – BB 1990, S. 2410 = DB 1990, S. 2375 = NZA 1990, S. 931*).

4. Rechtsnatur betrieblicher Versorgungsleistungen

54 In der Vergangenheit war die Rechtsnatur betrieblicher Versorgungsleistungen lange umstritten. Ursprünglich hatte das Reichsarbeitsgericht betriebliche Versorgungsleistungen als „**nachträgliche Vergütung für die Gesamtheit der in der Vergangenheit gewährten Dienstleistungen**" qualifiziert (*RAG v. 9.11.1932 – RAG 293/32 – ARS 16, S. 281 ff., 283*). Demgegenüber wurde unter nationalsozialistischer Auffassung, und hier insbesondere im Hinblick auf die in § 2 Abs. 2 des Gesetzes zur Ordnung der nationalen Arbeit vom 20.1.1934 (*RGBl. I S. 45*) normierte Pflicht, „daß der Führer des Betriebs für das Wohl der Gefolgschaft zu sorgen habe", die Verpflichtung zur Gewährung betrieblicher Versorgungsleistungen der **Fürsorgepflicht** des Arbeitgebers zugeordnet (*LAG Dortmund v. 22.6.1937 – 12 Sa 152/36 – ARS 30, S. 44 ff., 46; RAG v. 19. 1.1938 – RAG 153/37 – ARS 33, S. 172; vgl. ferner die Nachweise bei Blomeyer/Otto, BetrAVG, Einl., Rn. 134 sowie bei Steinmeyer, S. 15 ff.*).

55 Auch nach dem Ende der nationalsozialistischen Ära war es lange Zeit streitig, ob den Leistungen der betriebliche Altersversorgung **Entgeltcharakter**, **Fürsorgecharakter** oder **Versorgungscharakter** beizumessen sei. Die Rechtsprechung des BAG hat diese Frage lange Zeit offengelassen und später zunächst die These vom **Doppelcharakter** der betrieblichen Altersversorgung vertreten, wonach betriebliche Versorgungsleistungen sowohl unter Fürsorge- als auch Entgeltaspekten zu bewerten seien (*BAG v. 10.2.1968 – 3 AZR 4/67 – AP Nr. 2 zu § 119 BGB; BAG v. 12.2.1971 – 3 AZR 83/70 – AP Nr. 3 zu § 242 BGB Ruhegehalt-Unterstützungskassen;* vgl. ferner: *Heissmann, RdA 1957, S. 251 ff.; Hilger, S. 23 ff.; Steinmeyer, S. 18 ff., S. 37 ff.*). Das betriebliche Ruhegeld ist danach aber in jedem Fall **Gegenleistung** aus dem Arbeitsvertrag und damit auch eine **besondere Art der Vergütung** für die vom Arbeitnehmer erbrachte **Betriebstreue** (*BAG v. 12.2.1971 – 3 AZR 83/70 – AP Nr. 3 zu § 242 BGB Ruhegehalt-Unterstützungskassen*). Vor diesem Hintergrund ist aus heutiger Sicht der **Entgeltcharakter** betrieblicher Versorgungsleistungen in Rechtsprechung (*vgl. u.a.: BAG v. 10.3.1972 – 3 AZR 278/71 – BB 1972, S. 1005 = DB 1972, S. 1486; BAG v. 30.3.1973 – 3 AZR 26/72 – BB 1973, S. 522 = DB 1973, S. 773; BAG v. 16.12.1976 – 3 AZR 7671/75 – BB 1977, S. 146 = DB 1977, S. 169; BAG v. 17.1.1980 – 3 AZR 614/78 – BB 1980, S. 263 = DB 1980, S. 306; BAG v. 28.9.1981*

– 3 AZR 181/80 – BB 1982, S. 1303 = DB 1982, S. 126; BAG v. 17.4.1985 – 3 AZR 72/83 – BB 1986, S. 1159 = DB 1986, S. 228; BAG v. 5.9.1989 – 3 AZR 575/88 – DB 1989, S. 2615 = BB 1989, S. 2400 m. Anm. Höfer/Reiners) und Literatur (*vgl. u.a.: Blomeyer/Otto, BetrAVG, Einl., Rn. 138 ff.; Grabner/Bode, DB 2001, S. 481; Griebeling, Rn. 17, 18; Höfer, BetrAVG, ART, Rn. 40 ff.; Kemper/Kisters-Kölkes, Rn. 101*) unbestritten und auch vom BVerfG anerkannt (*Urteil v. 19.10.1983 – 2 BvR 298/81 – BB 1984, S. 341 = DB 1984, S. 190*).

Zu beachten ist allerdings, dass betriebliche Versorgungsleistungen **zweckgebunden** 56
gewährt werden. Sie können – im Gegensatz zum in aller Regel monatlich fällig werdenden aktuellen Gehalt – nur bei Eintritt eines vorher definierten Versorgungsfalls vom Arbeitnehmer verlangt werden. Betriebliche Altersversorgung ist daher ein **aufgeschobenes Entgelt** für die Summe der während der Betriebszugehörigkeit vom Arbeitnehmer geleisteten Dienste und steht als solches in einem vertraglichen **Austauschverhältnis**, d.h. sie ist die Gegenleistung für die vom Arbeitnehmer durch seine Betriebstreue erbrachte Vorleistung (*Griebeling, Rn. 18*). Dies hat dann auch rechtliche Konsequenzen für den **Bestandsschutz** betrieblicher Versorgungszusagen. Das Äquivalenzverhältnis von Leistung und Gegenleistung würde nämlich erheblich gestört, wenn man dem Arbeitgeber als Schuldner der betrieblichen Versorgungsleistung unter erleichterten Rahmenbedingungen einen einseitigen Ausstieg aus seiner Zahlungsverpflichtung ermöglichen würde. Alles andere käme einer entschädigungslosen Enteignung gleich (so ausdrücklich: *Griebeling, Rn. 22*). Vor diesem Hintergrund sind auch die gesetzlichen Regelungen zur Unverfallbarkeit (§§ 1, 2 BetrAVG), zum Auszehrungsverbot (§ 5 Abs. 1 BetrAVG), zum Insolvenzschutz (§§ 7 ff. BetrAVG) und zur Anpassungsprüfung (§ 16 BetrAVG) zu verstehen. Der hieraus abgeleitete generelle Bestandsschutz betrieblicher Versorgungsversprechen hat zur Folge, dass eine Einschränkung oder gar ein vollständiger Entzug der einmal zugesagten Versorgungsleistung nur in Ausnahmefällen zulässig ist (*vgl. hierzu die ausführliche Darstellung unter Rn. 833 ff.*). Der Arbeitnehmer hat durch seine Betriebstreue seine vertraglich geschuldete Vorleistung erbracht, er darf daher auch auf die Erfüllung des Versorgungsversprechens vertrauen.

III. Durchführungswege der betrieblichen Altersversorgung

Für die Gewährung betrieblicher Versorgungsleistungen stehen nach der gesetz- 57
lichen Definition in § 1 BetrAVG insgesamt fünf verschiedene **Durchführungswege/Gestaltungsoptionen** zur Verfügung, und zwar die

- **unmittelbare Versorgungszusage** (§ 1b Abs. 1 BetrAVG);
- **Direktversicherung** (§ 1b Abs. 2 BetrAVG);
- **Pensionskasse** (§ 1b Abs. 3 BetrAVG);
- **Unterstützungskasse** (§ 1b Abs. 4 BetrAVG) sowie den
- **Pensionsfonds** (§ 1b Abs. 3 BetrAVG).

Sie unterscheiden sich deutlich in ihren institutionellen, versicherungstechnischen, versicherungsrechtlichen, steuerlichen und arbeitsrechtlichen Rahmenbedingungen.

1. Unmittelbare Versorgungszusagen

58 Am weitesten verbreitet ist die unmittelbare Versorgungszusage, auch Direktzusage oder Pensionszusage genannt, die dem Arbeitnehmer im Regelfall einen unmittelbaren Rechtsanspruch gegen den Arbeitgeber auf Zahlung der zugesagten Versorgungsleistungen einräumt. Mit Erteilung der Pensionszusage übernimmt der Arbeitgeber die Verpflichtung, im Versorgungsfall (Alter, Invalidität, Tod) die jeweils zugesagten Leistungen zu erbringen (*Griebeling, Rn. 567*). Diese Rechtsbeziehungen werden auch nicht dadurch beeinflusst, dass der Arbeitgeber einen Dritten (z. B. Bochumer-/Essener-Verband) mit der technischen Abwicklung der Auszahlung der Betriebsrenten beauftragt.

59 Sofern die Pensionszusage ohne Rechtsanspruch ausgestaltet sein sollte, was ein für die betriebliche Praxis eher atypischer Fall ist, hätte dies zur Konsequenz, dass der Arbeitgeber für die sich hieraus ergebenden Versorgungsverpflichtungen keine Pensionsrückstellungen nach § 6a Abs. 1 Nr. 3 EStG bilden dürfte, obwohl er arbeitsrechtlich auch bei einer solchen Vertragskonstruktion letztendlich für die Erfüllung des Versorgungsversprechens haftet. Die ohne Rechtsanspruch erteilte Versorgungszusage ist nämlich unter arbeitsrechtlichen Aspekten nichts anderes, als ein an sachliche Widerrufsgründe gebundenes Widerrufsrecht.

60 In rechtlicher Hinsicht ist die Pensionszusage der konstruktiv einfachste der im BtrAVG geregelten Durchführungswege, da sich sämtliche Rechte und Pflichten aus der Versorgungsvereinbarung auf der Ebene des zwischen Arbeitgeber und Versorgungsberechtigten bestehenden Arbeitsverhältnisses abspielt. Dagegen ist sie unter betriebswirtschaftlichen Aspekten – im Hinblick auf die nachfolgend beschriebenen steuerlichen Passivierungsmöglichkeiten – nur unbefriedigend ausgestaltet. Dies gilt insbesondere bzgl. des zugrundegelegten Rechnungszinses und der anzuwendenden (im Versicherungswesen bereits überarbeiteten) Sterbetafeln. Dies hat zur Konsequenz, dass der steuerliche Barwert im Regelfall nicht ausreicht, um die Versorgungsverpflichtung zu finanzieren.

a) Passivierungspflicht/Passivierungswahlrecht

61 Nach § 249 HGB müssen für unmittelbare Pensionszusagen grundsätzlich Rückstellungen in der Handelsbilanz und nach dem Grundsatz der Maßgeblichkeit der handelsrechtlichen **Passivierungspflicht** entsprechende Pensionsrückstellungen auch in der Steuerbilanz ausgewiesen werden, und zwar gem. § 6a EStG unter den dort genannten Voraussetzungen. Diese Passivierungspflicht gilt allerdings nur für solche Versorgungsverpflichtungen, die nach dem 31.12.1986 (= im Bilanzrichtliniengesetz 1986 festgelegter Stichtag) erteilt worden sind. Bei zuvor, d.h. vor dem 1.1.1987 erteilten Versorgungszusagen gilt gem. Art. 28 Abs. 1 EG-HGB nach wie vor das **Passivierungswahlrecht**, das sich auch auf alle späteren Erhö-

hungen der vor dem 1.1.1987 erteilten Pensionszusage bezieht (*Ahrend/Förster/Rößler, 8. Teil, Rn. 21; Höfer, BetrAVG, ArbR, ART Rn. 432*). Der Arbeitgeber kann in diesen Fällen Pensionsrückstellungen bilden, ist hierzu aber nicht gezwungen. Wurden dementsprechend Zuführungen zur Pensionsrückstellung unterlassen, so dürfen sie erst bei Eintritt des Versorgungsfalls oder in dem Zeitpunkt nachgeholt werden, in dem der Versorgungsberechtigte mit einer unverfallbaren Versorgungsanwartschaft aus dem Unternehmen ausscheidet (sog. „**Nachholungsverbot**"). Allerdings müssen Kapitalgesellschaften **Fehlbeträge**, die sich aus der Nichtpassivierung oder nicht vollständigen Passivierung von Versorgungspflichten ergeben, gem. Art. 28 Abs. 2 EG-HGB im Anhang zur Handelsbilanz **offen legen**. Die bilanziellen Belastungen des Arbeitgebers steigen hierdurch nicht an; er muss lediglich eine vorhandene finanzielle Verpflichtung offen legen, was allenfalls die Kreditwürdigkeit des Unternehmens tangieren kann.

b) Grundsätze der Rückstellungsbildung

Die „Pensionsrückstellung" belastet die Passivseite der Bilanz. Sie wird durch jähr- 62
liche „Zuführungen" bis zum Altersrentenbeginn allmählich aufgebaut. Diese Zuführungen mindern als buchmäßiger Aufwand den Gewinn des Unternehmens. Die Summe aller Zuführungen zur Pensionsrückstellung (Teilwert) ergibt den bei Altersrentenbeginn voraussichtlichen Kapitalbetrag für die lebenslängliche Zahlung der zugesagten Altersrente (*ausführlich hierzu: Ahrend/Förster/Rößler, 2. Teil, Rn. 21 ff.; Höfer, BetrAVG, StR, Rn. 15 ff.*). Dabei ist aber zu beachten, dass die Pensionsrückstellung lediglich die Offenlegung einer eingegangenen Verpflichtung ist und nicht als Kapital bewertet werden darf, das bei Eintritt des Versorgungsfalls tatsächlich zur Auszahlung zur Verfügung bereitsteht. Vielmehr ist die Finanzierung der Versorgungsleistung völlig von der Rückstellungsbildung zu trennen; diese muss auf andere Weise, z. B. aus der Unternehmenssubstanz oder durch externe Finanzierung (Rückdeckungsversicherung, Wertpapierdepot etc.) erfolgen.

Pensionsrückstellungen sind erstmals für das Jahr der Zusageerteilung möglich, 63
frühestens jedoch für das Jahr, bis zu dessen Mitte der Versorgungsberechtigte das 30. Lebensjahr vollendet, § 6a EStG.

Sie dürfen höchstens mit dem nach versicherungsmathematischen Grundsätzen zu berechnenden Teilwert der Versorgungsverpflichtung angesetzt werden. Wird eine Pensionszusage erst nach Diensteintritt erteilt, so sind für die nach Alter 30 bis zum Zusagejahr zurückgelegten Dienstjahre die „unterlassenen" Pensionsrückstellungen entweder in einem einmaligen Betrag zu passivieren oder gleichmäßig auf das Jahr der Zusage und die beiden Folgejahre zu verteilen. Im Rahmen der BetrAVG-Novelle 2001 ist diese Altersgrenze bei arbeitgeberfinanzierten Zusagen für diejenigen Zusagen, die nach dem 31.12.2000 erteilt worden sind, auf 28 Jahre abgesenkt worden. Im Falle einer Entgeltumwandlung wird für die Rückstellungsbildung sogar gänzlich auf eine Altersgrenze verzichtet. Hier kann also vom ersten Tag der Entgeltumwandlung an eine steuerliche Finanzierung vorgenommen werden. Für die Entgeltumwandlung gilt zudem eine weitere Modifikation. Die Rückstellung ist hier alternativ nach dem Teilwertverfahren oder dem Barwertverfahren zu berechnen und der sich dabei ergebende höhere Betrag als Rückstellungsbetrag in der Bilanz zu passivieren (*vgl. a.: Förster/Rühmann/Recktenwald, BB 2001, S. 1408*).

64 Die Pensionszusage ist ab Rentenbeginn wieder sukzessive, bei Fortfall der Verpflichtung (z. B.: Verzicht oder mangels vorhandener Leistungsempfänger) in einem Betrag **gewinnerhöhend** aufzulösen.

65 Im Versorgungsfall vor Altersrentenbeginn (Tod/Invalidität) ist die Pensionsrückstellung, sofern sie eine entsprechende Zusage auf Invaliden- oder Hinterbliebenenrente enthält, grundsätzlich auf den Barwert der sofort beginnenden Invaliden- bzw. Hinterbliebenenrente aufzufüllen (*vgl. a.: Ahrend/Förster/Rößler, 2. Teil, Rn. 273 ff.; Höfer, BetrAVG, StR, Rn. 166 f.*). Dieses sog. „**Bilanzsprungrisiko**" kann bei einer bestehenden Passivierungspflicht zu einer bilanziellen Überschuldung und damit zum Konkurs des Unternehmens führen, wenn nicht das entsprechende Versorgungskapital durch eine Versicherung, deren Wert und Auszahlungen bilanziell zu aktivieren wären, abgesichert ist. Beruht allerdings die Versorgungsleistung auf einer Zusage, die vor dem 1.1.1987 erteilt worden ist, so gilt auch hier das oben dargestellte Passivierungswahlrecht, so dass die Gesellschaft hier die Auffüllung der Pensionsrückstellung (Teilwert) auf den vollen Rentenbarwert in der Handels- und Steuerbilanz nicht nachvollziehen muss. Das Bilanzsprungrisiko realisiert sich dann „nur" im Anhang zur Handelsbilanz, in der die volle Rentenverpflichtung ausgewiesen werden muss.

66 Durch die Bildung von Pensionsrückstellungen verbleiben dem Unternehmen nicht gezahlte Steuern in Höhe der geltenden Ertrags- und Vermögensteuersätze (i.d.R. mehr als 60 % der Rückstellungsbeträge), d.h. das Unternehmen erhält zusätzliche Liquidität in Form gestundeter bzw. ersparter Steuern.

67 Grundlage der Berechnung von Pensionsrückstellungen sind sowohl für die Handels-, als auch für die Steuerbilanz die „anerkannten Regeln der Versicherungsmathematik". Darüber hinausgehende zwingende Berechnungsgrundlagen enthält nur § 6a EStG für die Steuerbilanz, so z. B. das Mindestalter von 30 (28) Jahren oder den anzuwendenden Rechnungszinsfuß von 6%.

68 Zu den wesentlichen Kriterien der anerkannten Regeln der Versicherungsmathematik gehören die Statistiken über die Sterbens- und Invaliditätswahrscheinlichkeiten der versorgungsberechtigten Mitarbeiter, die in Deutschland mit ausdrücklicher Anerkennung durch die Finanzverwaltung in Form der jeweiligen „Heubeck'schen Richttafeln" verwendet werden. Diese zuletzt im Jahre 1983 überarbeiteten Richttafeln sind durch die im Oktober 1998 von Prof. Dr. Klaus Heubeck herausgegebenen neuen Richttafeln an die aktuellen statistischen Erkenntnisse angepasst worden. Hierbei wurden insbesondere das statistische Datenmaterial der gesetzlichen Rentenversicherungsträger herangezogen und ausgewertet.

69 Das BMF hat mit Schreiben vom 31.12.1998 (*Az.: IV C 2 – S 2176 – 25/98, DB 1999, S. 24 = StuB 1999, S. 93*) die neuen Heubeck'schen Richttafeln als mit den versicherungsmathematischen Grundsätzen des § 6a EStG vereinbar anerkannt.

Als Ergänzung sieht § 6a Abs. 4 EStG nunmehr vor, dass der sich aus der Anwendung neuer oder geänderter biometrischer Rechnungsgrundlagen nach § 6a Abs. 3 EStG ergebende Mehrbetrag nicht in einem Einmalbetrag der Pensionsrückstellung nach § 6a Abs. 4 Satz 1 EStG zuzuführen ist, sondern auf eine angemessene Zeitspanne von mindestens drei Wirtschaftsjahren gleichmäßig verteilt werden kann. Dementsprechend sieht der Gesetzgeber in der Neufassung von § 52 EStG vor, dass die 1998 veröffentlichten neuen oder geänderten biometrischen Rechnungsgrundlagen erstmals für das Wirtschaftsjahr anzuwenden sind, das nach dem 31.12.1998 endet. § 52 EStG schränkt zudem die zuvor beschriebene Verteilungsmöglichkeit dergestalt ein, dass die Verteilung für den sich aus der erstmaligen Anwendung der 98er-Richttafeln ergebenden Mehraufwand zwingend auf die Jahre 1999 bis 2001 zu gleichen Teilen vorzunehmen ist. 70

In handelsrechtlicher Hinsicht ist nach den Grundsätzen des Bilanzrichtliniengesetzes grundsätzlich davon auszugehen, dass die neuen Richttafeln als aktuelle und bekannte Rechnungsgrundlagen bereits bei der Berechnung der Pensionsrückstellungen für die 98er-Bilanz zu berücksichtigen waren. Dies hat in einer ersten Stellungnahme so auch ausdrücklich der Hauptfachausschuss der Wirtschaftsprüfer (HFA) bestätigt. Wörtlich heißt es in dieser Stellungnahme (*HFA-Fachnachrichten 10/98*): 71

„*Nach Auffassung des HFA sind aufgrund der geänderten biometrischen Grundlagen notwendige Erhöhungen der Pensionsrückstellungen zum 31.12.1998 vollständig ergebniswirksam zu berücksichtigen. Eine mehrperiodige Verteilung der Rückstellungszuführung kommt nicht in Betracht.*“

Hinsichtlich der Zulässigkeit einer mehrperiodigen Verteilung des Erhöhungsbetrages hat der HFA allerdings in seiner Sitzung vom 16.11.1998 eine modifizierte Auffassung vertreten (*DB 1998, S. 2383*). Danach hat die Anpassung an die neuen Richttafeln stufenweise über einen Zeitraum von maximal 4 Jahren (1998–2001) erfolgen. Im Ergebnis führt diese Regelung dazu, dass der Übergang auf die neuen Richttafeln sowohl in der Steuer-, als auch in der Handelsbilanz spätestens bis zum 31.12.2001 gleichermaßen vollzogen ist. 72

c) Liquiditätsaspekte

Eine finanzielle Belastung (Liquiditätsabfluss) aus den Versorgungsverpflichtungen beginnt erst dann, wenn ein **Versorgungsfall** (Tod, Invalidität, Pensionierung) eintritt, also erst, wenn die Leistungen tatsächlich erbracht werden müssen. 73

Zur Absicherung dieser innerbetrieblichen Pensionsverpflichtungen kann der Arbeitgeber „**Rückdeckungsversicherungen**“ abschließen und so die betriebsfremden Risiken (vorzeitiger Tod, Invalidität) vom Unternehmen auf einen externen Risikoträger verlagern. Gleichzeitig wird das Unternehmen in die Lage versetzt, auch bei Liquiditätsschwierigkeiten die zugesagten Leistungen erfüllen zu können. 74

d) Konsequenzen für den Versorgungsberechtigten

75 Für den Arbeitnehmer hat die Versorgungszusage während seiner aktiven Dienstzeit keine steuerlichen Auswirkungen, da insoweit kein Lohnzufluss vorliegt. Hingegen unterliegen die Versorgungsleistungen (Renten- oder Kapitalleistungen) bis auf einen Freibetrag der individuellen **Lohnsteuer**.

2. Direktversicherungen

76 Im Falle der Direktversicherung schließt der Arbeitgeber als Versicherungsnehmer bei einer der Versicherungsaufsicht (Finanz- und Missbrauchsaufsicht; seit dem 1.7.1994 keine Tarifgenehmigung mehr erforderlich) unterliegenden Lebensversicherungsgesellschaft eine Versicherung auf das Leben des Arbeitnehmers ab. Den Arbeitnehmern oder deren Hinterbliebenen wird ganz oder teilweise das Bezugsrecht aus dem Versicherungsvertrag eingeräumt, so dass ihnen ein unmittelbarer Leistungsanspruch gegen den Versicherer zusteht. Die Versicherungsprämien sind regelmäßig vom **Versicherungsnehmer**, d.h. dem **Arbeitgeber**, zu erbringen; es ist aber auch eine Eigenbeteiligung der Arbeitnehmer (Gehaltsumwandlung) zulässig.

Rechtsbeziehungen bei der Direktversicherung

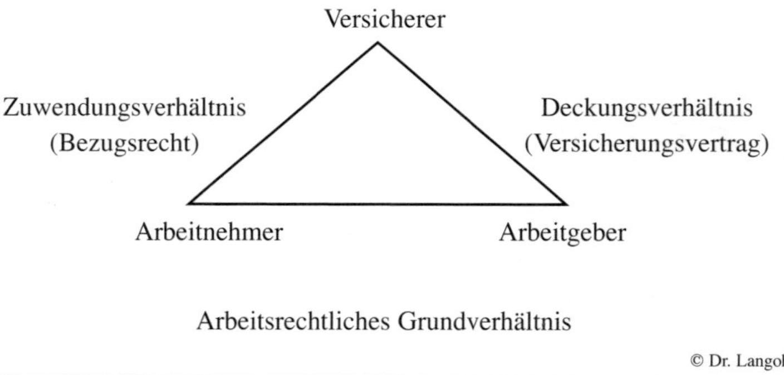

77 Der Vorteil der Direktversicherung liegt in ihrer **Pauschalversteuerung**. Nach derzeitigem Steuerrecht werden die Versicherungsprämien gem. § 40b EStG nur mit einem Steuersatz von 20 % zzgl. Kirchensteuer belastet. Diese Vergünstigung gilt allerdings nur bis zu einem jährlichen Prämienhöchstaufwand von **1.752,- €** (bis 31.12.2001 von 3.408 DM) pro Arbeitnehmer bzw. bei **Durchschnittsbildung** von **2.148,- €** p.a., wenn insgesamt gesehen im Durchschnitt aller begünstigter Mitarbeiter der Betrag von 1.752 € nicht überschritten wird.

78 Die vom Unternehmen gezahlten Versicherungsprämien sind als Betriebsausgaben absetzbar.

79 Sofern aus der Direktversicherung **Kapitalleistungen** an den Arbeitnehmer erbracht werden, fließen sie ihm incl. Gewinnbeteiligung (Zinserträgnisse) steuerfrei

zu, wenn die Versicherungsdauer mindestens 12 Jahre betragen hat. **Rentenzahlungen** werden nur mit ihrem Ertragsanteil besteuert. Der Ertragsanteil richtet sich nach dem Alter bei Rentenbeginn und beträgt z. B. bei einem Rentenbeginnalter von 65 Jahren 27 % der Rente. Der größte Teil der Rente bleibt also steuerfrei.

Nach dem BFH-Urteil vom 2.7.1997 (*II R 43/94 – BB 1997, S. 1781*) sind laufen- 80
de und einmalige Leistungen aus Direktversicherungen auf den besonderen Versorgungsfreibetrag gemäß § 17 ErbStG anzurechnen.

§ 40b Abs. 2 EStG sieht darüber hinaus eine besondere Vergünstigung vor für Prä- 81
mien zu einer Direktversicherung, die anlässlich der Beendigung eines Dienstverhältnisses – frühestens 3 Monate vor der Beendigung – gezahlt werden (**Vervielfältigungsregelung**). Nach dieser Regelung vervielfältigt sich die Pauschalierungshöchstgrenze von 1752,- € mit der Anzahl der Kalenderjahre, in denen das Dienstverhältnis des versorgungsberechtigten Arbeitnehmers zu dem betreffenden Unternehmen bestanden hat. Von diesem Betrag sind die pauschalbesteuerten Prämien abzuziehen, die das Unternehmen im Kalenderjahr des Ausscheidens und in den sechs vorangegangenen Kalenderjahren erbracht hat.

Die Vervielfältigungsregelung kann bei planmäßiger Pensionierung zum Zuge kom- 82
men, sie kann jedoch auch bei vorzeitiger Auflösung des Dienstverhältnisses angewendet werden. In letzterem Fall können Verluste aus der betrieblichen Altersversorgung durch Anwendung der Vervielfältigungsregelung aufgefangen werden.

Der einmalige Prämienaufwand für eine solche Direktversicherung kann aus Tei- 83
len von den in der Regel gewährten – nicht steuerfreien – Abfindungen oder gemäß Abschn. 129 Abs. 12 S. 2 EStG aus regulären Gehaltsteilen, Sonderzahlungen oder Tantiemen finanziert werden, wodurch der individuelle Steuersatz auf den pauschalen Steuersatz reduziert und damit eine erhebliche Steuerersparnis erzielt wird (*ausführlich hierzu: Langohr-Plato, ZAP 1992, F. 20, S. 109, 113 f.*).

Nach § 40b Abs. 2 Satz 3 EStG müssen die Beiträge im Rahmen einer Vervielfäl- 84
tigungsregelung **„aus Anlass der Beendigung“** des Dienstverhältnisse erbracht werden. Die Zahlung muss also in einem sachlichen Zusammenhang mit der Beendigung des Dienstverhältnisses stehen. Frühester Zeitpunkt für die Anwendung der Vervielfältigungsregelung ist nach Abschn. 129 Abs. 12 Satz 1 LStR 1996 ein Zeitraum von drei Monaten vor Beendigung des Dienstverhältnisses.

Bis zu welchem Zeitpunkt die Vervielfältigungsregelung **spätestens** durchgeführt 85
worden sein muss, ist dagegen weder im Gesetz noch in den Steuerrichtlinien oder Durchführungsverordnungen geregelt.

Nach einer Verfügung der OFD Köln v. 4.6.1980 (*Az.: S 2373 – 18 – St 122*) ist in 86
diesem Zusammenhang die Frage des zeitlichen Zusammenhangs zwischen der Beitragsleistung durch den Arbeitgeber und der Beendigung des Arbeitsverhältnisses wie folgt zu beantworten:

„Beiträge des Arbeitgebers für eine Direktversicherung des Arbeitnehmers ... die aus Anlass der Beendigung des Dienstverhältnisses erbracht werden, sind nach

§ 40b EStG begünstigt, wenn sie vom Zeitpunkt der Kündigung oder einer einvernehmlichen Aufhebung des Arbeitsvertrages an geleistet werden. Eine andere zeitliche Begrenzung ist nicht gegeben."

Nach dieser Ansicht existiert also keine weitere zeitliche Begrenzung, so dass die Anwendung der Vervielfältigungsregelung auch noch Jahre nach der Beendigung des Dienstverhältnisses erfolgen könnte (*im Ergebnis zustimmend: Ahrend/ Förster/Rößler, Steuerrecht der betrieblichen Altersversorgung, 4. Teil, Rn. 129; Giloy, BetrAV 1985, S. 4; Rößler, BetrAV 1981, S. 7; Rößler, BetrAV 1983, S. 16*).

87 Diese Auffassung ist in der Praxis nicht unumstritten. So will Höfer eine angemessene Grenze bei 3 Jahren nach Beendigung des Dienstverhältnisses ziehen (*Höfer, BetrAVG, Bd. II, StR, Rn. 1539*). Für eine solche zeitliche Begrenzung bzw. die zeitliche Festlegung von 3 Jahren gibt es aber keine logisch zwingende Begründung. Letztendlich kann jedoch hierzu nur die für Ihr Unternehmen zuständige Finanzverwaltung Rechtssicherheit verschaffen. Es ist daher eine Anfrage auf verbindliche Auskunft zu empfehlen, die mit dem Hinweis auf die veröffentlichte Ansicht der OFD Köln begründet werden sollte.

3. Pensionskassen

88 Der Arbeitgeber kann auch eine Pensionskasse als rechtlich selbständige Versicherungseinrichtung – meist in der Rechtsform des Versicherungsvereins auf Gegenseitigkeit gemäß § 7 VAG – gründen. Durch Erwerb der Mitgliedschaft in einer Pensionskasse erlangt der Arbeitnehmer einen **Rechtsanspruch** auf Leistungen dieser Versorgungseinrichtung. Deswegen unterliegen die Pensionskassen als Versicherungsunternehmen der Überwachung durch das Bundesaufsichtsamt für das Versicherungswesen, das die Betriebserlaubnis u.a. davon abhängig macht, dass eine Risikogemeinschaft von mindestens 200 versicherten Personen entsteht. Pensionskassen finanzieren sich in der Hauptsache aus Beiträgen der Trägerunternehmen, aber auch – und dies unterscheidet sie von Pensionszusagen und Unterstützungskassen – aus Beiträgen der versorgungsberechtigten Arbeitnehmer.

89 Pensionskassen können auf **privat-** oder auf **öffentlich-rechtlicher Grundlage** errichtet werden. Öffentlich rechtlich ausgestaltete Pensionskassen sind insbesondere die Versorgungsanstalt des Bundes und der Länder (VBL) sowie die einzelnen kommunalen Zusatzversorgungskassen (ZVK) des öffentlichen Dienstes.

90 Hinsichtlich der Finanzierung und Besteuerung sind die Pensionskassen grundsätzlich den Direktversicherungen gleichgestellt. Es gelten insbesondere die gleichen pauschalsteuerbegünstigten Höchstbeiträge. Im Gegensatz zur Direktversicherung ist allerdings bei Pensionskassen § 3 Nr. 63 EStG anwendbar. Danach sind im Rahmen des ersten Dienstverhältnisses Beiträge bis zu 4% der BBG steuerfrei. Erst nach Ausschöpfung dieses steuerfreien Beitrags kann es daher bei der Pensionskasse zur Pauschalbesteuerung kommen.

91 In arbeitsrechtlicher Hinsicht ist auch hierbei zu beachten, dass sich die rechtliche Verpflichtung zur Gewährung der zugesagten betrieblichen Versorgungsleistungen

aus dem arbeitsvertraglichen Grundverhältnis ergibt. Im übrigen besteht ein zur Direktversicherung vergleichbares Dreiecksverhältnis zwischen Arbeitgeber, Pensionskasse und Mitarbeiter. Der wesentliche Unterschied zur Direktversicherung liegt jedoch darin, dass der versorgungsberechtigte Mitarbeiter als Mitglied der Pensionskasse selbst Versicherungsnehmer wird, so dass sein Bezugsrecht auf die versicherten Leistungen stets unwiderruflich ausgestaltet ist (*vgl. a.: Griebeling, Rn. 603*).

4. Unterstützungskassen

Der Arbeitgeber kann eine Unterstützungskasse als rechtsfähige, **rechtlich selbständige Versorgungseinrichtung** (Firmen oder Konzern-Unterstützungskasse) in der Rechtsform eines eingetragenen Vereins, einer GmbH oder aber auch einer *Stiftung (Griebeling, Rn. 608; Höfer, BetrAVG, ArbR, ART, Rn. 169*) gründen oder sich einer sog. „überbetrieblichen" Unterstützungskasse (Gruppen-Unterstützungskasse, in der Regel von der Versicherungswirtschaft angeboten und auch verwaltet) anschließen, deren ausschließlicher Zweck die Durchführung der betrieblichen Versorgung ist. Durch Aufnahme in die Unterstützungskasse werden den Arbeitnehmern Versorgungsleistungen versprochen, die von der Unterstützungskasse zu zahlen, aber von dem Trägerunternehmen durch freiwillige Zuwendungen zu finanzieren sind. 92

a) Arbeitsrechtliche Besonderheiten

Bei der Versorgung über eine Unterstützungskasse handelt es sich um eine Alters- 93
versorgung in Form einer sog. „mittelbare Versorgungszusage" des Arbeitgebers. Die Unterstützungskasse darf kraft gesetzlicher Definition (§ 1 Abs. 4 BetrAVG) allerdings **keinen Rechtsanspruch** auf die zugesagten Leistungen gewähren. Nur bei freiwilliger Leistungsgewährung unterliegt sie nicht der Versicherungsaufsicht sowie der persönlichen Steuerpflicht. Nach der Rechtsprechung des BAG (*BAG v. 17.5.1973 – 3 AZR 381/72 – BB 1973, S. 1308 = DB 1973, S. 1704 = NJW 1973, S. 1946; BAG v. 28.4.1977 – 3 AZR 300/76 – BB 1977, S. 1202 = DB 1977, S. 1656 = AuR 1978, S. 123; BAG v. 28.11.1989 – 3 AZR 818/87 – BB 1990, S. 1067 = DB 1990, S. 938 = NZA 1990, S. 557*) ist dieser Ausschluss des Rechtsanspruchs aber nahezu bedeutungslos geworden; es besteht vielmehr ein **faktischer Anspruch** auf die zugesagten Leistungen (*vgl. a.: Griebeling, Rn. 613 f.*). Diese Rechtsauffassung ist zwischenzeitlich auch vom BVerfG im Hinblick auf den **Entgeltcharakter** betrieblicher Versorgungsleistungen ausdrücklich anerkannt worden (*BVerfG v.14.1.1987 – 1 BvR 1052/79 – BB 1987, S. 616 = DB 1987, S. 638 = NJW 1987, S. 1689*). Das bedeutet, dass der Arbeitgeber für den Fall der Leistungsunfähigkeit oder Unwilligkeit der Unterstützungskasse für die Erfüllung der zugesagten Leistungen haftet, so dass die Verpflichtungen aus einer Unterstützungskassenzusage und einer unmittelbaren Pensionszusage in ihrer Rechtswirkung nahezu gleichgestellt sind. Dies hat ferner zur Konsequenz, dass der Arbeitnehmer zunächst nur von der Unterstützungskasse als originären Versorgungsschuldner Leistungen zu erwarten hat, und nur bei deren Leistungsunfähigkeit bzw. –unwilligkeit an den Arbeitgeber herantreten und diesen aus der arbeitsvertraglichen Grundverpflichtung auf Erfüllung des Versorgungsversprechens in Anspruch nehmen kann (*sog.:* „Subsidiärhaftung des Arbeitgebers", *vgl.: BAG v. 3.2.1987 – 3 AZR 208/85 – BB 1987,*

S. 2307; BAG v. 11.2.1992 – 3 AZR 138/91 – DB 1992, S. 1937; Griebeling, Rn. 623; Höfer, BetrAVG, Bd. I – ArbR, ART, Rn. 175).

94 Diese Subsidiärhaftung des Arbeitgebers greift auch dann ein, wenn er als **Trägerunternehmen** aus der Unterstützungskasse **ausscheidet**, da in diesem Fall zwar die Leistungspflicht der Unterstützungskasse endet, von diesem Ausscheiden allerdings seine Leistungsversprechen gegenüber den Arbeitnehmern nicht berührt werden (*BAG v. 3.2.1987 – 3 AZR 208/85 – BB 1987, S. 2307 = DB 1987, S. 2414 = AuR 1987, S. 377*).

95 Eine Gruppenunterstützungskasse, die das satzungsmäßige Ziel verfolgt, Arbeitnehmer ihrer Trägerunternehmen zu versorgen, muss die entsprechenden Renten nämlich nur solange zahlen, wie die Arbeitgeber der versorgungsberechtigten Arbeitnehmer zu ihren Trägerunternehmen gehören. Scheidet ein Arbeitgeber aus dem Kreis der Trägerunternehmen aus, so muss er die laufenden Rentenzahlungen anstelle der Gruppenunterstützungskasse selbst übernehmen. Konsequenz ist also, dass ab dem Zeitpunkt des Ausscheidens der Arbeitgeber selbst und damit unmittelbar für die Erfüllung der zugesagten Versorgungsverpflichtungen haftet (*BAG v. 3.2.1987 – 3 AZR 208/85 – BB 1987, S. 2307 = DB 1987, S. 2414 = AuR 1987, S. 377*). Die Unterstützungskasse muss keine Zahlungen mehr an die Arbeitnehmer eines ehemaligen Trägerunternehmens zahlen (*vgl.: BAG v. 22.10.1991 – 3 AZR 486/90 – DB 1992, S. 2095; BAG v. 11.2.1992 – 3 AZR 138/91 – DB 1992, S. 1937*).

96 Diese Rechtsfolge gilt auch für den Fall eines Betriebsübergangs nach § 613a BGB, wenn der neue Arbeitgeber nicht ebenfalls Trägerunternehmen der beim abgebenden Unternehmen bestehenden Unterstützungskasse wird (*BAG v. 15.3.1979 – 3 AZR 859/77 – DB 1979, S. 1462*).

Rechtsbeziehungen bei der Unterstützungskasse

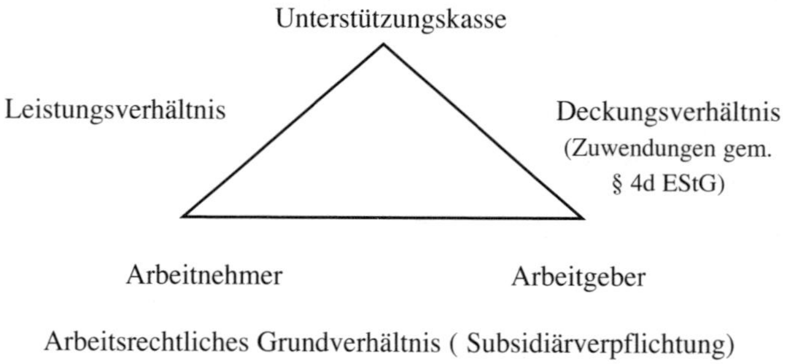

b) Steuerrechtliche Rahmenbedingungen

97 Die Unterstützungskasse wird in § 1 Abs. 4 BetrAVG als „rechtsfähige Versorgungseinrichtung“ definiert, „die auf ihre Leistungen keinen Rechtsanspruch gewährt“. Diese arbeitsrechtliche Definition ist auch steuerrechtlich verbindlich, da

das Steuerrecht selbst keine eigene Begriffsbestimmung der Unterstützungskasse enthält (*vgl. a.: Abschn. 27a Abs. 1 EStR*). Dies gilt auch für die körperschaftsteuerrechtlich zu beurteilende Frage der Steuerfreiheit bzw. Steuerpflicht des Vermögens der Unterstützungskasse nach § 5 KStG, dessen Regelungsumfang in der Praxis vielfach verkannt wird. Die steuerrechtlichen Rahmenbedingungen der Unterstützungskassenversorgung reduzieren sich nicht auf die in § 4d EStG normierten Zuwendungsvoraussetzungen, sondern werden durch die „sozialen Auflagen" des § 5 KStG ergänzt.

Hinsichtlich der steuerlichen Behandlung eines betrieblichen Versorgungskonzeptes, das die Gewährung seiner Versorgungsleistungen über eine Unterstützungskasse abwickelt, sind in steuerrechtlicher Hinsicht folglich drei verschiedene Ebenen mit unterschiedlicher Relevanz zu berücksichtigen: 98

- ➪ die steuerliche Behandlung der Zuwendungen des Arbeitgebers an die Unterstützungskasse als Betriebsausgaben (§ 4d EStG);
- ➪ die Steuerfreiheit des Vermögens der Unterstützungskasse (§ 5 KStG) sowie
- ➪ die Besteuerung der Versorgungsleistungen beim Leistungsempfänger als nachträgliche Einkünfte aus nichtselbständiger Arbeit (§ 19abs. 1 S. 1 Nr. 2 EStG).

Die Leistungen der Unterstützungskasse werden aus den Zuwendungen des Arbeitgebers (Liquiditätsabfluss) finanziert. Diese Zuwendungen sind gem. § 4d EStG beim Trägerunternehmen in unterschiedlicher Höhe **Betriebsausgaben**, und zwar je nachdem, ob die Unterstützungskasse zur Absicherung der Versorgungsleistungen Rückdeckungsversicherungen abschließt oder nicht (*ausführlich hierzu: Ahrend/Förster/Rößler, Steuerrecht der Betrieblichen Altersversorgung, 3. Teil, Rn. 30 ff.; Höfer, BetrAVG, StR, Rn. 763 ff.*). 99

Sofern der Leistungsplan der Unterstützungskasse lebenslänglich laufende Leistungen vorsieht, kann das Trägerunternehmen gem. § 4d Abs. 1 Nr. 1 EStG folgende Beträge (Zuwendungen) als Betriebsausgaben abziehen, soweit die Leistungen der Kasse, wenn sie vom Trägerunternehmen unmittelbar erbracht würden, bei diesem betrieblich veranlasst wären: 100

- ➪ Für jeden Leistungsempfänger während der Zeit des Rentenbezuges einmalig oder in mehreren Raten gezahlte Leistungen insgesamt also das Deckungskapital für die laufenden Leistungen; dieses wird ermittelt durch Multiplikation der Jahresrente mit dem altersabhängigen Faktor nach der Tabelle in Anlage 1 zum EStG. Dabei wird das bei Rentenbeginn erreichte Alter zugrunde gelegt.

  Leistungsempfänger i. S. dieser Bestimmung ist jeder ehemalige Arbeitnehmer bzw. jeder Hinterbliebene eines ehemaligen Arbeitnehmers des Trägerunternehmens, der von der Unterstützungskasse bereits Leistungen erhält.

  Dem ehemaligen Arbeitnehmer gleichgestellt sind Personen, denen aus Anlass ihrer ehemaligen Tätigkeit für das Trägerunternehmen Versorgungsleistungen zugesagt worden sind, z. B. Handelsvertreter, Steuerberater, Rechtsanwälte u. a. (§ 17 Abs. 1 Satz 2 BetrAVG).

➪ Für jeden Leistungsanwärter 25 % der jährlichen Versorgungsleistungen, die der Leistungsanwärter oder dessen Hinterbliebene erhalten können. Leistungsanwärter i. S. dieser Bestimmung ist jeder Arbeitnehmer oder ehemalige Arbeitnehmer des Trägerunternehmens, der von der Unterstützungskasse schriftlich zugesagte Leistungen erhalten kann und das 30. Lebensjahr vollendet hat.

Alternativ darf auch der Durchschnittsbetrag der im Wirtschaftsjahr an die Leistungsempfänger tatsächlich gezahlten Leistungen zugrunde gelegt werden; dann sind als Leistungsanwärter aber nur die Arbeitnehmer zu berücksichtigen, die das 50. Lebensjahr vollendet haben.

Den Arbeitnehmern oder ehemaligen Arbeitnehmern stehen andere Personen gleich, denen aus Anlass ihrer Tätigkeit für das Trägerunternehmen schriftlich Versorgungsleistungen zugesagt worden sind.

Falls die Unterstützungskasse nach ihrem Leistungsplan ausschließlich Invaliden- oder nur Hinterbliebenenversorgung gewährt, reduziert sich der genannte Satz von 25 % auf 6 %.

Die Zuwendungen gelten für das Trägerunternehmen nur solange als steuermindernder Aufwand, wie das Vermögen der Unterstützungskasse das „zulässige Kassenvermögen" **nicht** übersteigt. Dieses ist gem. § 4d EStG die Summe aus dem Deckungskapital für alle am Schluss des Wirtschaftsjahres laufenden Leistungen und dem Achtfachen der nach Buchstabe b) abzugsfähigen Zuwendungen.

Diese Bestimmungen bewirken, dass einer reservepolsterfinanzierten Unterstützungskasse nur etwa 20 % der zur Finanzierung der Altersrente erforderlichen Mittel bis zum Rentenbeginn zugeführt werden können (*ausführlich hierzu: Ahrend/Förster/Rößler, Steuerrecht der Betrieblichen Altersversorgung, 3. Teil, Rn. 101 ff.; Höfer, BetrAVG, StR, Rn. 907 ff.*). Die Ausfinanzierung der Versorgungsverpflichtung muss dann bei bzw. nach Eintritt des Versorgungsfalls erfolgen.

101 Soweit die Rückdeckung (**rückgedeckte Unterstützungskasse**) praktiziert wird, wird der steuerlich begünstigte Dotierungsrahmen erheblich erweitert und eine 100%-ige Vorfinanzierung der Versorgungsverpflichtungen ermöglicht. Die Unterstützungskasse kann die zukünftigen Versorgungsverpflichtungen – soweit die Mitarbeiter das 30. Lebensjahr vollendet haben – in vollem Umfang durch den Abschluss eines Versicherungsvertrages auf das Leben der Versorgungsberechtigten gegen **laufende und der Höhe nach gleichbleibende oder steigende Prämien** (§ 4d Abs. Nr. 1c EStG) vorfinanzieren, während für bereits laufende Versorgungsverpflichtungen auch eine Finanzierung über Einmalprämienversicherungen zulässig ist (Abschn. 27d Abs. 7 EStR). Bei einer derartigen Rückdeckungskonzeption ist die Unterstützungskasse Versicherungsnehmer, Prämienzahler und Bezugsberechtigter in einer Person. Durch den Abschluss derartiger Versicherungsverträge entstehen also keinerlei Rechtsbeziehungen zwischen dem Versicherer und dem Trägerunternehmen bzw. den versorgungsberechtigten Mitarbeitern.

Die vorgenannte Altersgrenze von 30 Jahren ist durch die BetrAVG-Novelle 2001 modifiziert worden. Bei arbeitgeberfinanzierten Versorgungsleistungen gilt hier ebenfalls – wie bei der Pensionszusage – ein Finanzierungsalter von 28 Jahren. Im Falle der Entgeltumwandlung entfällt diese Altersgrenze völlig. Damit können auch jüngere Arbeitnehmer im Wege der Entgeltumwandlung eine betriebliche Altersversorgung über eine Unterstützungskasse aufbauen. 102

Die Versicherungen werden von der Unterstützungskasse (diese ist Versicherungsnehmer) als sog. „**kongruente**" Rückdeckungsversicherungen (*vgl. a.: Höfer, BetrAVG, StR., Rn. 1028 ff.*) abgeschlossen, so dass die garantierten Versicherungsleistungen sowohl art- (Rente/Kapital) als auch wertmäßig den nach der Versorgungsvereinbarung über die Unterstützungskasse zugesagten Versorgungsleistungen entsprechen. 103

Rechtsbeziehungen bei der rückgedeckten Unterstützungskasse

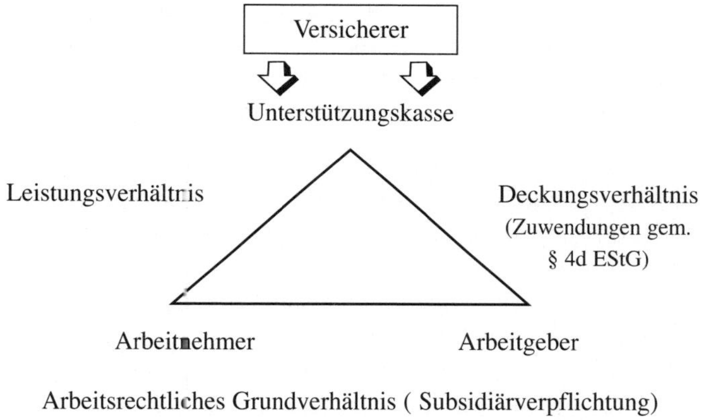

© Dr. Langohr-Plato 1997

Als Leistungsempfänger der Unterstützungskasse im steuerlichen Sinn kommen grundsätzlich alle Personen in Betracht, „denen die Leistungen der Kasse zugute kommen oder zugute kommen sollen" (§ 5 Abs. 1 Nr. 3a Satz 1 KStG). Der Kreis der Leistungsempfänger wird jedoch für die Steuerbefreiung der Unterstützungskasse eingegrenzt. Voraussetzung hierfür ist u.a. nach § 5 Abs. 1 Nr. 3a EStG, dass sich die Leistungen der Kasse auf die folgenden Personen beschränken: 104

- ➪ Zugehörige oder frühere Zugehörige einzelner oder mehrerer wirtschaftlicher Geschäftsbetriebe;
- ➪ Zugehörige oder frühere Zugehörige von Wohlfahrtsverbänden oder
- ➪ Arbeitnehmer sonstiger Körperschaften, Personenvereinigungen und Vermögensmassen im Sinne der §§ 1 und 2 KStG.

105 Durch diese Reglementierung wird die sog. „Betriebsbezogenheit“ der Unterstützungskasse angesprochen und zu einer Grundvoraussetzung für die Steuerfreiheit der Unterstützungskasse gemacht (*vgl.: Ahrend/Förster/Rößler, 3. Teil, Rn. 266*). Leistungsempfänger dürfen daher nur Personen sein, die in einer Beziehung zu dem Träger der Kasse stehen oder gestanden haben oder Hinterbliebene solcher Personen sind.

106 Der Begriff des wirtschaftlichen Geschäftsbetriebs im vorgenannten Sinne entspricht im Verhältnis zur Unterstützungskasse der Begriff des **Trägerunternehmens.** Mit dem Hinweis auf mehrere Geschäftsbetriebe ist die Vielzahl von Trägerunternehmen bei Gruppen- bzw. Konzern-Unterstützungskassen angesprochen. Trägerunternehmen kann jedes Unternehmen sein oder werden, das die Unterstützungskasse errichtet und/oder finanziert. Nach der gesetzlichen Definition des § 4d Abs. 1 Satz 1 EStG 1975 ist Trägerunternehmen jedes Unternehmen, das die Zuwendung leistet. Das Trägerunternehmen muss folglich weder an der Gründung der Unterstützungskasse beteiligt gewesen noch deren Gesellschafter oder Mitglied sein (*BFH v. 5.11.1992 – I R 61/89 – DB 1993, S. 663; Abschn. 27a Abs. 10 EStR 1990; Ahrend/Förster/Rößler, 3. Teil, Rn. 15; Höfer, BetrAVG, Bd. 2 – StR, Rn. 759*). Die Trägereigenschaft ist daher auch schon dann zu bejahen, wenn die Kassenleistungen vom Unternehmen seinen Arbeitnehmern versprochen werden und die Kasse dieses Leistungsversprechen im Verhältnis zum Unternehmen und zum Begünstigten erfüllen will (*BFH v. 5.11.1992 – I R 61/89 – DB 1993, S. 663*).

107 Besondere Bedeutung kommt darüber hinaus dem Körperschaftsteuerrecht zu, das unter bestimmten, gesetzlich in § 5 KStG definierten Voraussetzungen die Steuerfreiheit der Unterstützungskasse und damit die Steuerfreiheit des in der Unterstützungskasse vorhandenen Vermögens einschließlich seiner Erträge garantiert. Maßgeblich ist insoweit, dass die Unterstützungskasse dauerhaft ihren Charakter als „**Sozialeinrichtung**“ wahrt (ausführlich hierzu: *Langohr-Plato, Stbg. 1994, S. 321*). Die Beurteilung, ob eine Unterstützungskasse eine soziale Einrichtung im Sinne des Körperschaftsteuerrechts ist, unterliegt nicht dem subjektiven Empfinden der handelnden Parteien, sondern ist an objektive, gesetzlich normierte Kriterien gebunden, die in den §§ 1 – 3 KStDV abschließend normiert sind. Von daher besteht für die Finanzverwaltung bei einer entsprechenden Überprüfung der Unterstützungskasse auch kein Ermessensspielraum. Nur wenn die gesetzlich geregelten Voraussetzungen auch tatsächlich erfüllt werden, ist die Unterstützungskasse steuerbefreit. Verstößt die Unterstützungskasse auch nur gegen eine der ihren Sozialcharakter regelnden Auflagen, so führt dies zwingend zur vollen Steuerpflicht des Kassenvermögens.

108 Insoweit sind folgende Bedingungen zu erfüllen:

- Die **Mehrzahl der Leistungsempfänger** darf sich nicht aus dem Unternehmer bzw. den Gesellschaftern und deren Angehörigen zusammensetzen, § 1 Nr. 1 KStDV. Damit scheidet die Unterstützungskasse als Versorgungsmedium aus, sofern im Trägerunternehmen ausschließlich der Gesellschafter (-Geschäftsführer) und/oder dessen Familienangehörige (mitarbeitende Ehegatten/Kinder) versorgt werden soll. Nur bei einer überwiegenden Mit-Versorgung familienfremder Mitarbeiter kann somit der Inhaber des Trägerunternehmens über die Unterstützungskasse versorgt werden.

Zur Erlangung und Erhaltung der Steuerbefreiung muss die Unterstützungskasse zudem sicherstellen, dass ihr Vermögen und ihre Einkünfte ausschließlich, unmittelbar und auf Dauer für die Zwecke der Kasse gesichert sind. Diese **Zweckbindung** muss sich gemäß § 5 Abs. 1 Nr. 3c KStG sowohl aus der Satzung als auch aus der tatsächlichen Geschäftsführung ergeben.

Durch diese Zweckbindung soll verhindert werden, dass der Unterstützungskasse aus rein steuerlichen Erwägungen heraus Beträge zugewendet werden, um sie dort „steuerfrei" zu parken und sie bei Bedarf wieder ans Unternehmen zurück zu übertragen. Damit soll also eine Vermögensverlagerung ausgeschlossen werden, die nicht durch die sozialen Aufgaben der Kasse geboten ist, sondern im wesentlichen aus steuerlichen Gründen vorgenommen wird. Es soll also eine willkürliche, aus rein steuerlichen Aspekten erfolgte Vermögensverlagerung vermieden werden (*Ahrend/Förster/Rößler, BetrAVG, 3. Teil, Rn. 295; Höfer, BetrAVG, Bd. 2 – StR, Rn. 1734*).

Die Zweckbindung soll nach § 5 Abs. 1 Nr. 3c KStG nach „Satzung und tatsächlicher Durchführung" gesichert sein. Eine ausdrückliche Satzungsbestimmung ist jedoch entbehrlich, wenn der begünstigte Zweck abschließend in der Satzung geregelt ist und sich aus der Satzung unmissverständliche ergibt, welche Leistungen von der Kasse erbracht werden.

➪ Die **Vermögensverwendung** ist für den Fall der **Liquidation** gesetzeskonform zu regeln und darf nur den Leistungsempfängern bzw. deren Angehörigen zugute kommen oder zugunsten mildtätiger Zwecke verwendet werden, § 1 Nr. 2 KStDV (vgl. zu den Anforderungen an eine gesetzeskonforme „Verwendungsregelung": *Langohr-Plato, Stbg. 1994, S. 321* sowie *§ 61 AO; Abschn. 6 Abs. 8 S.2 KStR*).

➪ Die Leistungsempfänger dürfen gem. § 1 Nr. 3 i.V.m. § 3 Nr. 1 KStDV weder zu laufenden Beiträgen noch zu sonstigen Zuschüssen verpflichtet werden.

➪ Den Leistungsempfängern oder den Arbeitnehmer-Vertretungen des Trägerunternehmens muss satzungsgemäß und tatsächlich ein Recht zur **beratenden Mitwirkung** an der Vermögensverwaltung eingeräumt werden, § 1 Nr. 3 i.V.m. § 3 Nr. 2 KStDV (*vgl. a.: BFH v. 24.6.1981 – I R 147/78 – BB 1981, S. 1757; BFH v. 10.6.1987 – I R 253/83 – BB 1987, S. 2431 = DB 1987, S. 2441*). Die Mitwirkung kann auch von den Arbeitnehmervertretungen wahrgenommen werden (*Ahrend/Förster/Rößler, 3. Teil, Rn. 290*). Der BFH hat dieses Mitwirkungsrecht allerdings dahingehend präzisiert, dass die Vertreter der Leistungsempfänger die „Gesamtheit der Betriebszugehörigen repräsentieren und von diesen mittelbar oder unmittelbar gewählt werden müssen. Eine Abordnung bzw. Bestimmung der mitwirkungsberechtigten Vertreter durch den Arbeitgeber ist nicht zulässig (*BFH v. 24.6.1981 – I R 147/78 – BB 1981, S. 1757; BFH v.*

10.6.1987 – I R 253/83 – BetrAV 1988, S. 75; BFH v. 18.7.1990 – I R 22-23/87; BetrAV 1991, S. 24; Ahrend/Förster/Rößler, a.a.O., 3. Teil, Rn. 292; Langohr-Plato, Stbg. 1994, S. 322).

Ein Verstoß gegen das Mitwirkungsrecht, das strikt vom arbeitsrechtlichen Mitbestimmungsrecht nach § 87 Abs. 1 Nr. 8 bzw. Nr. 10 BetrVG zu trennen ist, hat den **Verlust der Steuerfreiheit der Kasse** zur Folge (*Langohr-Plato, Stbg. 1994, S. 322 f.*).

➪ Die zugesagten Leistungen dürfen in Abhängigkeit von der Anzahl der versorgten Mitarbeiter bestimmte, in § 2 KStDV genau definierte **Leistungsgrenzen** nicht überschreiten. Immer zulässig ist danach derzeit eine Zusage über eine monatliche Altersrente von bis zu **2.148,— €** (bis 31.12.2001: 4200.– DM).

5. Pensionsfonds

109 Mit der BetrAVG-Novelle 2001 ist in § 1b Abs. 3 BetrAVG der Pensionsfonds als neuer, fünfter Durchführungsweg der betrieblichen Altersversorgung installiert worden. Der Pensionsfonds ist wie eine Pensionskasse eine rechtlich selbständige Einrichtung, die gegen Zahlung von Beiträgen betriebliche Altersversorgung für den Arbeitgeber durchführt. Der Pensionsfonds findet seine Ausprägung in einem neuen Abschn. des Versicherungsaufsichtsgesetzes (§§ 112 ff. VAG), dem novellierten BetrAVG sowie in flankierenden steuerrechtlichen Bestimmungen im EStG. Pensionsfonds sollen nach dem Willen des Gesetzgebers ein zusätzliches Angebot an Arbeitgeber und Arbeitnehmer für die Durchführung der betrieblichen Altersversorgung sein, das zudem die Möglichkeit bietet, die Vorteile der unterschiedlichen steuerlichen Förderungen zu nutzen.

a) Der Pensionsfonds im Aufsichtsrecht

110 Der Gesetzgeber hat den Pensionsfonds als im Grundsatz versicherungsförmigen Durchführungsweg ausgestaltet, der im Wege des Kapitaldeckungsverfahrens das Risiko der Langlebigkeit sowie ggf. auch das Risiko der Invalidität oder der Hinterbliebenenversorgung und bei laufenden Renten auch das Kapitalanlagerisiko absichert. Das Gesetz sieht deshalb vor, Pensionsfonds weitgehend wie Versicherungsunternehmen zu behandeln und überträgt die Aufsicht dem Bundesaufsichtsamt für das Versicherungswesen (BAV).

(1) Definition von Pensionsfonds und Pensionsplan

111 In § 112 Abs. 1 VAG sind die Begriffe Pensionsfonds und Pensionsplan definiert.

- Der **Pensionsfonds** ist danach eine **rechtsfähige Vereinigung in Form einer Aktiengesellschaft** (AG) oder eines **Pensionsfondsvereins auf Gegenseitigkeit** (PfVaG) – §§ 112 Abs. 1, 113 Abs. 2 Nr. 3 VAG. Für den Pensionsfonds im Sinne des § 112 Abs. 1 VAG gelten gemäß § 113 Abs. 1 VAG die auf Lebensversicherungsunternehmen anzuwendenden Vorschriften des VAG, soweit das VAG keine abweichenden Regelungen oder Maßgaben enthält. Für PfVaG gelten gemäß § 113 Abs. 2 Nr. 3 VAG zusätzlich die Vorschriften über Versicherungsvereine auf Gegenseitigkeit entsprechend, soweit nichts anderes bestimmt ist. Pensionsfonds bedürfen zum Geschäftsbetrieb der Erlaubnis des Bundesaufsichtsamts für das Versicherungswesen (BAV) – § 112 Abs. 2 VAG.

Rechtsbeziehungen beim Pensionsfonds

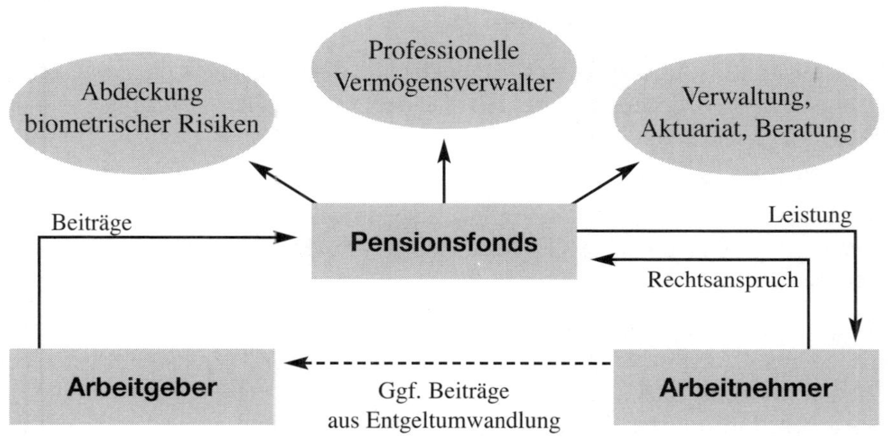

- **Pensionspläne** sind die im Rahmen des Geschäftsplans ausgestalteten Bedingungen zur planmäßigen Leistungserbringung im Versorgungsfall.
- Der **Pensionsfonds** erbringt beitragsbezogen mit der Zusage einer Mindestleistung oder leistungsbezogen ausschließlich Altersversorgungsleistungen (ggf. auch in Form der Invaliditäts- oder Hinterbliebenenversorgung) für einen oder mehrere Arbeitgeber zugunsten von Arbeitnehmern – § 112 Abs. 1 S. 1 Nr. 1 VAG. Dementsprechend sind auch die Pensionspläne entweder beitragsbezogen mit der Zusage einer Mindestleistung oder leistungsbezogen ausgestaltet – § 112 Abs. 1 S. 4 Nr. 1 u. 2 VAG.

  Im Fall des Pensionsplans „Beitragszusage" ist die Höhe der Beiträge während der Ansparphase dem absoluten Betrag nach oder in Abhängigkeit von einer objektiven Bemessungsgrundlage (z. B. Monatseinkommen, Gewinn des Unternehmens) festgelegt; eine Ablaufleistung über die Mindestleistung hinaus jedoch nicht garantiert.

  Die **Mindestleistung im Rahmen der Beitragszusage** bedeutet, dass dem Arbeitnehmer im Versorgungsfall für die Altersversorgungsleistung zumindest die Summe der zu seinen Gunsten dem Pensionsplan zugeführten Beiträge, soweit sie nicht rechnungsmäßig für einen biometrischen Risikoausgleich verbraucht wurden, zur Verfügung steht.

  Der Arbeitnehmer trägt das eigentliche Anlagerisiko. Die aus dem Pensionsplan dem Arbeitnehmer gegenüber resultierende (und für den Pensionsfonds zu bilanzierende) Verpflichtung kann daher nur aus dem aktuellen Markt-/Zeitwert des auf die ihm zurechenbare Beitragsleistung entfallenden Anteils am Vermögen des Pensionsfonds bestehen.

Im Fall des Pensionsplans „Leistungszusage" ist eine bestimmte monatliche Altersleistung garantiert. Sofern sich die zur Erfüllung dieser Leistung vereinbarten Zuführungen (Pensionsfondsbeiträge) wegen Veränderungen der ursprünglichen Kalkulationsgrundlagen als nicht mehr angemessen erweisen, sind sie den veränderten Verhältnissen anzupassen.

- Pensionsfonds sind verpflichtet, zugunsten des Arbeitnehmers die Altersversorgungsleistung in jedem Fall als lebenslange Altersrente zu erbringen – § 112 Abs. 1 S. 2 Nr. 4 VAG.

  Zusätzlich kann im Rahmen des Pensionsplans vorgesehen sein, dass Altersversorgungsleistungen Leistungen in Form der Invaliditäts- oder Hinterbliebenenversorgung beinhalten – § 112 Abs. 1 S. 3 VAG. Hier sollen auch Kapitalleistungen möglich sein.

- Sowohl bei **Leistungszusagen** als auch bei **Beitragszusagen** können entsprechend arbeitsrechtlicher Vorschriften zusätzliche Zuwendungen des Arbeitgebers an den Pensionsfonds in der Ansparphase erforderlich werden, z. B. weil die versprochene Leistung bei der Leistungszusage oder die Mindestleistung bei der Beitragszusage durch die bisherigen Pensionsfondsbeiträge nicht finanziert wurden. Fraglich erscheint jedoch, ob diese **„Nachschusspflicht"** sich auf die Fälle von geänderten biometrischen Rechnungsgrundlagen beschränkt oder ob auch das vollständige Kapitalanlagerisiko in der Ansparphase letztlich auf den Arbeitgeber abgewälzt werden kann. Die Gesetzesbegründung geht offensichtlich davon aus, dass das Kapitalanlagerisiko regelmäßig bei laufenden Renten beim Pensionsfonds liegt und bei leistungsbezogenen Pensionsplänen für den Teil der Leistung, für den bereits Beiträge entrichtet wurden, beim Arbeitgeber liegen kann.

  Zu beachten ist in diesem Zusammenhang aus arbeitsrechtlicher Sicht auch der nunmehr klarstellend in das BetrAVG aufgenommene und vom Durchführungsweg unabhängige Verschaffungsanspruch des Arbeitnehmers gegen den Arbeitgeber – § 1 Abs. 1 S. 3 BetrAVG.

- Die Vorschrift des § 113 Abs. 2 Nr. 4 VAG sieht vor, dass anstelle der Verbraucherinformation in der Lebensversicherung eine Unterrichtung des Arbeitnehmers nach § 10a VAG i.V.m. der neu eingefügten Anlage Teil D zum VAG Abschn. III zu erfolgen hat. Im Wesentlichen beinhalten die Informationen, die dem Versorgungsanwärter jährlich zu erteilen sind, Angaben zum Pensionsfonds selbst, zu der voraussichtlichen Höhe der dem Versorgungsanwärter zustehenden Leistungen, den geltenden Steuerregelungen, zur wirtschaftlichen Situation des Pensionsfonds sowie zu den Anlagemöglichkeiten und der Struktur des Anlagenportfolios, den Anlagerisiken und Kosten, sofern es sich um Beitragszusagen handelt. Versorgungsempfänger erhalten angemessene Informationen über die Versorgungsleistungen und die Zahlungsmodalitäten.

Darüber hinaus muss der Pensionsfonds gemäß § 115 Abs. 4 VAG die Versorgungsberechtigten schriftlich darüber informieren, ob und wie er ethische, soziale und ökologische Belange bei der Verwendung der eingezahlten Beträge berücksichtigt.

(2) Anlage und Aufsicht

Beim Pensionsfonds kann nicht nur die Kapitalanlage, sondern auch die Versiche- 112
rung **durch Dritte** erfolgen. Durch Liberalisierung von Anlageschutzregelungen bekommt er größere Anlagefreiheiten, die sich grundsätzlich nach dem Vorsichtsprinzip und allgemeinen Regelungen zur Streuung, Mischung und dem Grundsatz der Erfüllbarkeit von Verpflichtungen richten werden. Damit soll nach den Vorstellungen des Gesetzgebers bereits eine Anpassung an den Vorschlag für eine Richtlinie des Europäischen Parlaments und des Rates über Tätigkeiten von Einrichtungen der betrieblichen Altersversorgung vorgenommen und im europäischen Wettbewerb ein europataugliches Instrument zur kapitalgedeckten betrieblichen Altersversorgung angeboten werden.

Die Vorschrift des § 115 Abs. 1 VAG sieht in Bezug auf die Vermögensanlage vor, 113
dass Pensionsfonds unter Berücksichtigung der jeweiligen Pensionspläne Deckungsstöcke zu bilden haben. Die Bestände eines Deckungsstocks und des übrigen gebundenen Vermögens sind in einer der Art und Dauer der zu erbringenden Altersversorgung entsprechenden Weise unter Berücksichtigung der Festlegungen des jeweiligen Pensionsplans so anzulegen, dass möglichst große Sicherheit und Rentabilität bei ausreichender Liquidität des Pensionsfonds unter Wahrung angemessener Mischung und Streuung insgesamt erreicht wird.

Mit der größeren Freiheit der Vermögensanlage ist für den Pensionsfonds die Ver- 114
pflichtung verbunden, ein internationalen Standards entsprechendes **Risiko-Management** einzurichten, um die Anlagestrategie auf das Profil der Verpflichtungen gegenüber Versorgungsanwärtern bzw. Rentnern abzustimmen. In § 115 Abs. 3 VAG ist bestimmt, dass die Pensionsfonds verpflichtet sind, jährlich, nach einer wesentlichen Änderung der Anlagepolitik zudem unverzüglich, ihre Anlagepolitik gegenüber dem BAV darzulegen. Hierzu haben sie eine **Erklärung über die Grundsätze der Anlagepolitik** zu übersenden, die Angaben über das Verfahren zur Risikobewertung, zum Risiko-Management sowie zur Strategie in Bezug auf den jeweiligen Pensionsplan, insbesondere die Aufteilung der Vermögenswerte je nach Art und Dauer der Altersversorgungsleistungen enthält.

Um die Sicherheit der für die Vermögensanwärter angelegten Gelder zu gewähr- 115
leisten, werden Geschäftsbetrieb und die Ausstattung mit Eigenkapital (Solvabilität) durch das BAV überwacht – vgl. § 114 VAG.

Die Einzelheiten in Bezug auf die aufsichtsrechtliche Behandlung von Pensions- 116
fonds, insbesondere hinsichtlich der Vermögensanlage, der Solvabilität und der Berechnung der Deckungsrückstellung sollen per Rechtsverordnungen geregelt werden. Die Ermächtigungsgrundlagen werden bereits am Tag nach der Verkündung

des Gesetzes in Kraft treten, um einen frühzeitigen Erlass der Rechtsverordnungen zu ermöglichen.

117 Die Verordnungsermächtigung in § 114 Abs. 2 VAG zur Kapitalausstattung besagt, dass das Bundesministerium der Finanzen zur Sicherstellung einer ausreichenden Solvabilität von Pensionsfonds ermächtigt wird, Vorschriften über die Berechnung und die Höhe der Solvabilitätsspanne unter Berücksichtigung der Einstandspflicht des Arbeitgebers gemäß § 1 Abs. 1 Satz 3 BetrAVG, über den für Pensionsfonds maßgeblichen Mindestbetrag des Garantiefonds und darüber, was als Eigenmittel im Sinne von § 114 Abs. 1 VAG anzusehen ist und in welchem Umfang sie auf die Solvabilitätsspanne angerechnet werden dürfen, zu erlassen.

118 Im Rahmen der Verordnungsermächtigung nach § 115 Abs. 2 VAG zur Sicherstellung der dauernden Erfüllbarkeit des jeweiligen Pensionsplans ist zunächst erwähnenswert, dass dort nicht auf die mit Wirkung zum 1.1.2002 aufgehobene Vorschrift des § 54a VAG, sondern auf die Anlageformen des Art. 21 der Dritten Richtlinie Lebensversicherung verwiesen wird. Die Ermächtigung der Bundesregierung zum Erlass der Verordnung beinhaltet insbesondere quantitative und qualitative Vorgaben nach Maßgabe des Art. 21 der Dritten Richtlinie Lebensversicherung zur Anlage des gebundenen Vermögens, zu seiner Kongruenz und Belegenheit sowie Einschränkungen der Anlage beim Trägerunternehmen.

119 Die **dauernde Erfüllbarkeit eines Pensionsplans** kann auch bei einer vorübergehenden Unterdeckung als gewährleistet angesehen werden, wenn diese 5% des Betrags der Rückstellungen nicht übersteigt und die Belange der Versorgungsanwärter und -empfänger gewährleistet sind. Zur Absicherung der vollständigen Bedeckung der Rückstellungen ist eine Vereinbarung zwischen Arbeitgeber und Pensionsfonds erforderlich, die der Genehmigung des BAV bedarf. Die Genehmigung ist zu erteilen, wenn durch den Arbeitgeber die Erfüllung der Nachschusspflicht zur vollständigen Deckung der Rückstellungen durch Bürgschaft oder Garantie eines geeigneten Kreditinstituts oder in anderer geeigneter Weise sichergestellt ist. Der Pensionsfonds hat dem PSVaG die Vereinbarung unverzüglich zur Kenntnis zu geben.

120 Die weiteren Verordnungsermächtigungen betreffen die Berechnung der Deckungsrückstellung (§ 116 VAG) sowie sonstige Vorschriften des VAG (vgl. § 118 VAG).

b) Der Pensionsfonds im Betriebsrentenrecht

121 Der Pensionsfonds als fünfter Durchführungsweg ist eine rechtsfähige Versorgungseinrichtung, die dem Arbeitnehmer oder seinen Hinterbliebenen einen eigenen, unmittelbaren Rechtsanspruch gegen den Pensionsfonds gewährt.

122 Über den Pensionsfonds können sowohl (beitragsorientierte) Leistungszusagen als auch Beitragszusagen mit Mindestleistungen abgebildet werden. Interessant ist im Zusammenhang mit der Beitragszusage mit Mindestleistung insbesondere die **Möglichkeit der flexiblen Gestaltung von Beiträgen**. So ist es z. B. denkbar, dass sich der Arbeitgeber verpflichtet, einen bestimmten Teil des Betriebsergebnisses pro Geschäftsjahr in den Pensionsfonds einzuzahlen. Damit ist der Pensionsfonds auf der einen Seite planungssicher auf der anderen Seite aber auch flexibel. Wegen der wei-

teren Einzelheiten zu den Zusagearten und zum Pensionsfonds wird auf die nachfolgende Kommentierung des BetrAVG verwiesen.

c) Der Pensionsfonds im Steuer- und Sozialversicherungsrecht

Im Rahmen der BetrAVG-Novelle 2001 sind vor allem ein Großteil der Vorschrif- 123
ten über die steuerliche und sozialversicherungsrechtliche Behandlung der betrieblichen Altersversorgung geändert worden. Diese Änderungen betreffen auch den neu eingeführten Pensionsfonds.

(1) Aus Sicht des Arbeitgebers

Für den Arbeitgeber ist vor allem die Frage der **Betriebsausgaben im Hinblick** 124
auf die steuerliche Behandlung von Pensionsfonds von Interesse.

Für den Arbeitgeber stellen die **Beiträge zum Pensionsfonds** nach § 4e Abs. 1 EStG 125
Betriebsausgaben dar, soweit sie auf einer festgelegten Verpflichtung beruhen oder der Abdeckung von Fehlbeträgen bei dem Pensionsfonds dienen. Gemäß § 4e Abs. 2 EStG dürfen Pensionsfondsbeiträge nicht als Betriebsausgaben abgezogen werden, soweit die Leistungen des Fonds, wenn sie vom Trägerunternehmen unmittelbar erbracht würden, bei diesem nicht betrieblich veranlasst wären. Die Vorschrift ist erstmals anzuwenden für das Wirtschaftsjahr, das nach dem 31.12.2001 endet. **Maßgeblich** ist insoweit die **arbeitsrechtliche Verpflichtung des Arbeitgebers**. Bei einer **Beitragszusage mit Mindestgarantie** entspricht die festgelegte Verpflichtung in der tatsächlichen Erbringung der zugesagten planmäßigen Beiträge. Bei einer **Leistungszusage** ergibt sich die Verpflichtung des Arbeitgebers aus dem arbeitsrechtlichen Verschaffungsanspruch, d.h. der Verpflichtung des Arbeitgebers, die zugesagten Leistungen auch tatsächlich zu erbringen und damit auch zu finanzieren. Berücksichtigt man insoweit, dass eventuelle Unterdeckungen des Fondsvermögens jederzeit vom Arbeitgeber mit steuerlicher Anerkennung ausgeglichen werden können, so ermöglicht § 4e EStG einen höchst flexiblen Finanzierungsrahmen.

Fraglich und bislang noch nicht geklärt ist insoweit allerdings **die Frage der lohn-** 126
steuerlichen Behandlung von Einmalzahlungen zur Abdeckung eines Fehlbetrages. § 3 Nr. 63 EStG erlaubt nämlich nur eine steuerfreie Zuwendung des Arbeitgebers von bis zu 4% im jeweiligen Kalenderjahr. Der Fall eines nachschießenden Beitrags ist hierbei nicht geregelt. Dies hätte zur Konsequenz, dass ein solchen nachschießender Beitrag, soweit er den Grenzwert von 4% der BBG übersteigt, lohnsteuerlich beim Arbeitnehmer zu erfassen wäre und demnach auch zu einer Beitragszahlung an die Sozialversicherung führen würde. Damit würde im Extremfall, d.h. bei entsprechend hohen Arbeitgeberzuwendungen, die betriebliche Versorgungsleistung durch die dann fällig werdenden Steuern und Sozialversicherungsbeiträge entwertet werden. Der Versorgungsberechtigte würde also durch die Nachschusspflicht bestraft, wohin gegen der Arbeitgeber den vollen Betrag als Betriebsausgabe nach § 4e EStG geltend machen kann.

Aus dieser Problematik kann man nur die Konsequenz ziehen, schnellstmöglich die 127
gesetzlichen Regelungen dahingehend abzuändern, dass auch der Nachschussbe-

trag des Arbeitgebers steuerfrei gestellt wird. Dies müsste zumindest dann gelten, wenn bei einer nachträglichen Verteilung des nachzuschießenden Betrages auf die Jahre, in denen die Versorgungszusage bestanden hat, der Grenzwert von 4% der BBG nicht überschritten würde.

128 Darüber hinaus müsste ein Steuerfreistellung auch für solche Nachschussbeträge vorgesehen werden, die auf einer **unvorhersehbaren Änderung der Kalkulationsgrundlagen** (z. B. Änderung des Rechnungszinses oder der Sterbetafeln) beruhen. Solange eine solche gesetzliche Klarstellung fehlt sollte man daher bei der inhaltlichen Gestaltung von Leistungszusagen sowie der Wahl der Kapitalanlage und deren Kalkulationsgrundlagen besondere Umsicht walten lassen.

129 Gemäß § 4e Abs. 3 EStG kann der Steuerpflichtige zudem auf Antrag die insgesamt erforderlichen Leistungen an einen Pensionsfonds zur teilweisen oder vollständigen Übernahme einer bestehenden Versorgungsverpflichtung oder Versorgungsanwartschaft durch den Pensionsfonds erst in den dem Wirtschaftsjahr der Übertragung folgenden zehn Wirtschaftsjahren gleichmäßig verteilt als Betriebsausgaben abziehen. Der Antrag ist unwiderruflich; der jeweilige Rechtsnachfolger ist an den Antrag gebunden. Ist eine Pensionsrückstellung nach § 6a EStG gewinnerhöhend aufzulösen, ist Satz 1 mit der Maßgabe anzuwenden, dass die Leistungen an den Pensionsfonds im Wirtschaftsjahr der Übertragung in Höhe der aufgelösten Rückstellung als Betriebsausgaben abgezogen werden können; der die aufgelöste Rückstellung übersteigende Betrag ist in den dem Wirtschaftsjahr der Übertragung folgenden zehn Wirtschaftsjahren gleichmäßig verteilt als Betriebsausgaben abzuziehen. Satz 3 gilt entsprechend, wenn es im Zuge der Leistungen des Arbeitgebers an den Pensionsfonds zu Vermögensübertragungen einer Unterstützungskasse an den Arbeitgeber kommt.

130 Werden **Zuwendungen zur Unterstützungskasse** zur Übertragung von Versorgungsverpflichtungen von dieser auf einen Pensionsfonds erbracht, so können abweichend von § 4d Abs. 1 S. 1 Nr. 1 S. 1 Buchstabe d und Abs. 2 EStG auf Antrag die insgesamt erforderlichen Zuwendungen an die Unterstützungskasse für den Betrag, den die Kasse an einen Pensionsfonds zahlt, der eine ihr obliegende Versorgungsverpflichtung ganz oder teilweise übernommen hat, nicht im Wirtschaftsjahr der Zuwendung, sondern erst in den dem Wirtschaftsjahr der Zuwendung folgenden zehn Wirtschaftsjahren gleichmäßig verteilt als Betriebsausgaben abgezogen werden. Der Antrag ist unwiderruflich; der jeweilige Rechtsnachfolger ist an den Antrag gebunden.

(2) Aus Sicht des Arbeitnehmers

131 Für den Arbeitnehmer ist die steuerliche und sozialversicherungsrechtliche Situation insbesondere im Hinblick auf die Leistungen des Pensionsfonds von Bedeutung. Vor allem die neuen Förderungsmöglichkeiten waren nach der Gesetzesbegründung einer der wesentlichen Gründe für die Einführung des Pensionsfonds. Im Rahmen des Pensionsfonds können mehrere der vorgesehenen Förderwege genutzt werden. Jeder Pensionsfondsbeitrag kann jedoch nur einmal gefördert werden.

- **Förderung nach § 3 Nr. 63 EStG**

Nach § 3 Nr. 63 EStG sind **Beiträge aus dem ersten Dienstverhältnis** an einen Pensionsfonds steuerfrei, soweit sie insgesamt im Kalenderjahr 4 % der Renten-BBG nicht übersteigen. 132

Die neue Steuerfreiheit setzt ein bestehendes (erstes) Dienstverhältnis voraus. Begünstigt sind nach der Gesetzesbegründung Arbeitgeberbeiträge im Sinne des § 1 Abs. 2 BetrAVG. Danach spielt es keine Rolle, ob die (Arbeitgeber-)Beiträge auch wirtschaftlich durch den Arbeitgeber oder durch den Arbeitnehmer über den Weg der Entgeltumwandlung finanziert werden.

In der Rentenbezugsphase unterliegen die Leistungen aus dem Pensionsfonds der Besteuerung nach § 22 Nr. 5 EStG. Sie werden als sonstige Einkünfte besteuert und unterliegen als solche der vollen (nachgelagerten) Besteuerung, sofern sie auf Beiträgen beruhen, die nach § 3 Nr. 63 EStG von der Einkommenssteuer befreit waren.

Anders als Renten aus Pensionszusagen oder Unterstützungskassen erhält der Arbeitnehmer nicht den Arbeitnehmer-Pauschbetrag aus § 9a Nr. 1 EStG von 1.044,– € sondern nur einen Pauschbetrag von 102,– € aus § 9a Nr. 3 EStG. Darüber hinaus kommt dem Versorgungsempfänger nicht der Versorgungsfreibetrag des § 19 Abs. 2 EStG (40% der Rente, max. 3.072,– € p.a.) zugute.

Die Vorschrift des § 3 Nr. 63 EStG gilt nach deren Satz 2 nicht für Beiträge an eine Zusatzversorgungseinrichtung für eine betriebliche Altersversorgung im Sinne des § 10a Abs. 1 Satz 4 EStG oder soweit der Arbeitnehmer nach § 1a Abs. 3 BetrAVG verlangt hat, dass die Voraussetzungen für eine Förderung nach §§ 10a, 79 ff. EStG erfüllt werden.

Arbeitgeberfinanzierte Beiträge an einen Pensionsfonds sind gemäß § 2 Abs. 2 Nr. 5 ArEV ab 2002 bis zu 4 % der Renten-BBG beitragsfrei. Bei Entgeltumwandlungen besteht ab 2009 Beitragspflicht zur Sozialversicherung. In einer Übergangszeit von 2002 bis 2008 bleiben Beiträge an einen Pensionsfonds im Rahmen der Entgeltumwandlung bis zu 4 % der Renten-BBG beitragsfrei.

- **Förderung nach § 10a EStG**

Zusätzlich kann – ebenso wie bei Direktversicherungen und Pensionskassen – im Rahmen der neuen Förderung nach § 10a EStG eine Zulage bzw. Sonderausgabenabzug (siehe unten Ziffer 3) geltend gemacht werden, wenn die Beiträge zum Pensionsfonds individuell versteuert und ggf. verbeitragt werden. Der Pensionsfonds bzw. die vorgesehenen Leistungen müssen darüber hinaus die festgelegten Förderkriterien (lebenslange, mindestens gleichbleibende Leistungen, garantierter Kapitalerhalt) erfüllen. 133

In der Rentenbezugsphase unterliegen die Leistungen aus dem Pensionsfonds der vollen nachgelagerten Besteuerung nach § 22 Nr. 5 EStG.

Keine Besteuerung der Leistungen aus einem Pensionsfonds erfolgt, soweit diese auf Beiträgen beruhen, für welche die Förderung nach § 10a EStG oder die besondere Steuerfreistellung des § 3 Nr. 63 EStG nicht in Anspruch genommen wurde oder werden konnte.

(3) Übertragung von Anwartschaften aus Direktzusage oder Unterstützungskasse

134 Die **Übertragung von Versorgungsverpflichtungen oder Versorgungsanwartschaften aus Direktzusagen des Arbeitgebers** oder aus **Unterstützungskassen** auf die neu eingeführten Pensionsfonds im Sinne des BetrAVG führt nach Maßgabe der Ausnahmevorschrift des § 3 Nr. 66 EStG nicht zu steuerpflichtigem Arbeitslohn, obwohl der Arbeitnehmer einen Rechtsanspruch auf die Versorgungsleistungen erwirbt. Grund hierfür ist laut Gesetzgeber, dass die Versorgungsleistungen des Pensionsfonds als sonstige Einkünfte nach § 22 Nr. 5 EStG der vollen Besteuerung unterliegen.

135 Laut Gesetzesbegründung hat der Gesetzgeber aus Vereinfachungsgründen darauf verzichtet, die im Rahmen der Pensionszusage oder Unterstützungskasse geltende Besteuerung als Arbeitslohn gemäß § 19 EStG beizubehalten. Für Fälle, in denen der Steuerpflichtige aus einem Pensionsfonds Einnahmen erzielt, die auf einer Pensionszusage oder einer Zusage über eine Unterstützungskasse beruhen und bereits vor dem 1.1.2002 zu entsprechenden Leistungen geführt hatten, verbleibt es bei den bisherigen Pauschbeträgen der §§ 9a S. 1 Nr. 1, 19 Abs. 2 EStG – vgl. Übergangsregelung des § 52 Abs. 34 b EStG.

Dies eröffnet insbesondere für Unternehmen, die sich am internationalen Kapitalmarkt finanzieren, die Möglichkeit, über die **Auslagerung von Pensionsrückstellungen** und die damit verbundene Verbesserung ihrer Eigenkapitalrelationen günstigere Finanzierungskonditionen zu erhalten. Dies hat vor dem Hintergrund der Internationalisierung der Rechnungslegungsstandards für viele Unternehmen eine besondere Bedeutung. Für die Arbeitnehmer ist damit der Vorteil verbunden, dass sie einen Rechtsanspruch gegenüber dem Pensionsfonds erhalten. Darüber hinaus können Sie auf diesem Wege die Förderung nach § 10a EStG erlangen.

136 **Voraussetzung für die Steuerfreiheit** der Beiträge für den Arbeitnehmer ist nach § 3 Nr. 63 EStG, dass ein Antrag nach § 4d Abs. 3 EStG oder § 4e Abs. 3 EStG (s.o.) gestellt worden ist.

137 Die **Sozialversicherungsfreiheit** der Leistungen eines Arbeitgebers oder einer Unterstützungskasse an einen Pensionsfonds zur Übernahme bestehender Versorgungsverpflichtungen oder -anwartschaften durch den Pensionsfonds ist nach § 2 Abs. 2 Nr. 6 Arbeitsentgeltverordnung (ArEV) auf den nach § 3 Nr. 66 EStG steuerfreien Betrag beschränkt.

138 **Arbeitsrechtlich** stellt eine derartige Übertragung eine Schuldübernahme dar, die den Regeln des § 4 BetrAVG i.V.m. §§ 415 ff. BGB folgt. Dies führt nach der derzeitigen Gesetzeslage dazu, dass eine solche Übertragung nur im laufenden Arbeitsverhältnis zulässig ist (*vgl. hierzu Rn. 381 ff.*). Hinsichtlich der übrigen Versorgungsverpflichtungen bzw. -anwartschaften fehlt es an der arbeitsrechtlichen Zu-

lässigkeit für die Übertragung; § 3 Nr. 66 EStG läuft insoweit ins Leere. Damit ist die steuerliche Übertragungsmöglichkeit für die Praxis nur eingeschränkt möglich.

IV. Anspruchsgrundlagen

Der Anspruch des Arbeitnehmers auf Zahlung betrieblicher Versorgungsleistungen 139
bedarf stets einer besonderen Rechts-/Anspruchsgrundlage, dem Versorgungsversprechen. Eine entsprechende **Rechtspflicht** zur Gewährung betrieblicher Versorgungsleistungen besteht in Deutschland – mit Ausnahme im Bereich der Entgeltumwandlung und des hierzu mit Wirkung vom 1.1.2002 an eingeführten „Obligatoriums“ (Rechtsanspruch auf Entgeltumwandlung, *s.u. Rn. 229 ff.*) – **kraft Gesetzes nicht**. Insbesondere ist auch die allgemeine **Fürsorgepflicht** des Arbeitgebers keine ausreichende Rechtsgrundlage (*so bereits BGH v. 8.12.1954 – II ZR 281/53 – BB 1955,166 = DB 1955, 118; BAG v. 13.7.1956 – 1 AZR 492/54 – AP Nr. 15 zu § 242 BGB Ruhegehalt; Blomeyer/Otto, BetrAVG, Einl., Rn. 134; Höfer, BetrAVG, ART Rn. 186*).

Das Wesen der betrieblichen Altersversorgung als „freiwillige Sozialleistung“ wird 140
auch nicht durch das Betriebsrentengesetz eingeschränkt. Der Arbeitgeber ist nach wie vor nicht verpflichtet, seinen Mitarbeitern eine von ihm selbst, d.h. arbeitgeberfinanzierte betriebliche Altersversorgung zu gewähren. Das BetrAVG stellt nur einen gesetzlichen **Mindeststandard** dar, der **zwingend** zu beachten ist, wenn Versorgungszusagen erteilt worden sind, regelt also nur bestimmte Rahmenbedingungen der Ausgestaltung bestehender Versorgungszusagen (*Höfer, BetrAVG, ART Rn. 35, 186; Langohr-Plato, MDR 1994, S. 853, 854*). Das BetrAVG begründet somit keine Versorgungsverpflichtungen, sondern setzt deren Existenz voraus.

Vielmehr beruht die Zahlungspflicht des Arbeitgebers entweder auf einer **kollek-** 141
tivrechtlichen Vereinbarung (Tarifvertrag, Betriebsvereinbarung, Richtlinien und Vereinbarungen nach dem Sprecherausschussgesetz), einem **individualrechtlichen** Vertrag (Einzelzusage, Gesamtzusage, vertragliche Einheitsregelung) oder einem **allgemeinen arbeitsrechtlichen Rechtsgrundsatz** (Gleichbehandlung, betriebliche Übung), und kann ausdrücklich oder stillschweigend begründet werden (*Höfer, BetrAVG, ART Rn. 186; Langohr-Plato, MDR 1994, S. 853, 854*).

1. Tarifvertrag

Grundsätzlich ist ein Tarifvertrag geeignet, Ansprüche auf betriebliche Versor- 142
gungsleistungen zu begründen. Tarifverträge zur Begründung und Gestaltung betrieblicher Versorgungsleistungen spielen in der Praxis allerdings nur eine untergeordnete Bedeutung und sind in der Privatwirtschaft als Verbandstarifvertrag nur für den Bereich der Bauwirtschaft, im Pressewesen sowie im Bäcker- und Lackierergewerbe bekannt. Darüber hinaus ist die Zusatzversorgung der Kirchen und des öffentlichen Dienstes tarifvertraglich geregelt.

Für diese Tarifverträge gilt das **allgemeine Tarifvertragsrecht**, d.h. insbesondere 143
das Tarifvertragsgesetz. Danach haben Tarifverträge **normative Wirkung**, wirken

also unmittelbar und zwingend zwischen den Tarifvertragsparteien (§ 4 TVG), ohne jedoch Inhalt des individuellen Arbeitsvertrages zu werden. Eine **Änderung** eines tarifvertraglich geregelten Versorgungswerkes ist nur über die Kündigung des bestehenden und den Abschluss eines neuen Tarifvertrages zu realisieren.

144 Durch einen Tarifvertrag kann nach § 17 Abs. 3 BetrAVG von einigen Mindestnormen des BetrAVG auch **zu Lasten** des **Arbeitnehmers abgewichen** werden, und zwar bei der Berechnung der Höhe unverfallbarer Anwartschaften nach § 2 BetrAVG (nicht aber bei den Unverfallbarkeitsfristen gem. § 1b Abs. 1 BetrAVG), bei der Abfindung und Übertragung betrieblicher Versorgungsanwartschaften (§§ 3, 4 BetrAVG) beim Auszehrungs- und Anrechnungsverbot (§ 5 BetrAVG) sowie bei der Anpassungsprüfung (§ 16 BetrAVG).

2. Betriebsvereinbarung

145 In der Praxis häufiger vorzufinden sind dagegen Versorgungsregelungen, die auf einer Betriebsvereinbarung basieren. Auf den Abschluss einer solchen Betriebsvereinbarung hat der Betriebsrat allerdings keinen Rechtsanspruch soweit es um die grundsätzliche Frage der Einführung betrieblicher Versorgungsleistungen geht. Die Einführung von Leistungen der betrieblichen Altersversorgung gehört ebenso zur **freiwilligen** Mitbestimmung i.S.v. § 88 BetrVG wie die Auswahl des begünstigten Personenkreises, die Wahl des Durchführungsweges und die Festsetzung des finanziellen Umfangs (**Dotierungsrahmen**) der Versorgungsansprüche. Demgegenüber unterliegt die darüber hinausgehende konkrete Ausgestaltung des Versorgungswerkes (Verteilung des Dotierungsrahmens) der Mitbestimmung des Betriebsrates nach § 87 Abs. 1 Nr. 8 oder Nr. 10 BetrVG *(ausführlich hierzu unter Rn. 959 ff.).*

146 Durch den Abschluss einer Betriebsvereinbarung kann allerdings nicht in bereits bestehende günstigere individualrechtliche Ansprüche der versorgungsberechtigten Arbeitnehmer eingegriffen werden und diese beschränken. Dagegen sind auch nach Abschluss einer Betriebsvereinbarung günstigere individualvertragliche Abreden zulässig. Insoweit gilt das sog. „**Günstigkeitsprinzip**“ (*BAG v. 16.9.1986 – GS 1/82 – BB 1987, S. 265 = DB 1987, 383 = NZA 1987, 168*).

147 Soweit die Versorgungsansprüche des Arbeitnehmers auf individualrechtlichen Grundlagen mit kollektivem Bezug (Gesamtzusage bzw. vertragliche Einheitsregelung) beruhen, können diese Ansprüche durch eine **nachfolgende Betriebsvereinbarung** in den Grenzen von Recht und Billigkeit abgeändert werden, wenn die Neuregelung insgesamt bei kollektiver Betrachtung (**kollektiver Günstigkeitsvergleich**) nicht ungünstiger (**umstrukturierende Neuordnung**) ist (*BAG v. 16.9.1986 – GS 1/82 – BB 1987, S. 265= DB 1987, S. 383 = NZA 1987, S. 168; ausführlich hierzu unter Rn. 867 ff.*). Das bedeutet, das der bisherige **Dotierungsrahmen** grundsätzlich nicht angetastet werden darf (*Langohr-Plato, MDR 1994, S. 853, 854 f.).* Demgegenüber ist eine **verschlechternde Betriebsvereinbarung** nur zulässig, wenn die Gesamtzusage bzw. vertragliche Einheitsregelung **betriebsvereinbarungsoffen** ist, d.h. den Vorbehalt enthält, dass die Versorgungsordnung „durch eine nachfolgende Betriebsvereinbarung auch zum Nachteil der

Versorgungsberechtigten abgeändert werden kann" (*BAG v. 16.9.1986 – GS 1/82 – BB 1987, S. 265= DB 1987, S. 383 = NZA 1987, S. 168; Doetsch, DB 1993, S. 981, 985; Höfer, BetrAVG, ART Rn. 317 ff.; Langohr-Plato, MDR 1994, S. 854 f.*).

Formulierungsvorschlag:

„Die vorliegende Versorgungsordnung kann durch eine nachfolgende Betriebsvereinbarung abgelöst und abgeändert werden, und zwar auch zum Nachteil der versorgungsberechtigten Mitarbeiter".

3. Sprecherausschussgesetz

Seit dem 1.1.1989 regelt das Sprecherausschussgesetz (SprAuG) die **kollektivrechtliche Interessenvertretung** derjenigen **leitenden Angestellten**, die nach § 5 Abs. 3 BetrVG von der Vertretung durch den Betriebsrat ausgeschlossen sind. Die Wahrnehmung eigener Interessen durch den einzelnen leitenden Angestellten selbst wird durch diese gesetzliche Interessenvertretung allerdings nicht ausgeschlossen, § 25 Abs. 1 S. 2 SprAuG. 148

Der Sprecherausschuss kann mit dem Arbeitgeber gem. § 28 SprAuG **Richtlinien** und **Vereinbarungen** über den Inhalt der Arbeitsverhältnisse leitender Angestellter und damit auch über deren betrieblicher Altersversorgung (*Löwisch, BetrAV 1990, S. 220)* treffen. Hierbei handelt es sich allerdings um keine erzwingbare Mitbestimmung (*Löwisch, SprAuG, § 28 Rn. 1*), sondern um einen auf dem Grundsatz der vertrauensvollen Zusammenarbeit (§ 2 SprAuG) basierenden **Gestaltungsfreiraum** der Verhandlungsparteien. 149

Darüber hinaus hat der Arbeitgeber den Sprecherausschuss gem. § 30 Nr. 1 SprAuG rechtzeitig über Änderungen der Gehaltsgestaltung zu unterrichten und diese mit ihm zu beraten. Dieses **Mitwirkungsrecht** umfasst auch die Neu-/Umgestaltung betrieblicher Versorgungsregelungen (*Löwisch, SprAuG, § 30 Rn. 5*). 150

Richtlinien und Vereinbarungen nach dem SprAuG unterliegen ebenso wie Betriebsvereinbarungen der **gerichtlichen Billigkeitskontrolle**. 151

4. Individual-/Einzelzusage

Bei der Individual- bzw. Einzelzusage handelt es sich um einen **Vertrag**, der nach den allgemeinen zivilrechtlichen Grundlagen (§§ 145 ff. BGB) durch **Angebot** des Arbeitgebers und **Annahme** durch den versorgungsberechtigten Arbeitnehmer rechtswirksam zustande kommt. Dabei kann die Annahmeerklärung nach § 151 BGB auch **stillschweigend** erfolgen, da durch die Gewährung betrieblicher Versorgungsleistungen der Arbeitnehmer ausschließlich begünstigt wird (*BAG v. 12.6.1957 – 4 AZR 5/55 – RdA 1958, S. 38*). Für die **Auslegung** streitiger Vertragsbestimmungen gelten die §§ 133, 157, 242 BGB) Danach sind der übereinstimmende Wille der Vertragsparteien sowie der Grundsatz von Treu und Glauben die maßgeblichen Auslegungsmaßstäbe. 152

Die Einzelvereinbarung kann im Arbeitsvertrag selbst oder in einem gesonderten Dokument (Pensionszusage) enthalten sein. Versorgungszusagen bedürfen aller- 153 dings **nicht** zwingend der **Schriftform**. Auch lediglich mündlich erklärte Versorgungsversprechen führen zu einer arbeitsrechtlich wirksamen Versorgungsverpflichtung. Das bei unmittelbaren Versorgungszusagen steuerrechtlich gem. § 6a Abs. 1 Nr. 3 EStG nur dann Pensionsrückstellungen in der Steuerbilanz gebildet werden können, wenn die Zusage schriftlich erteilt worden ist *(vgl. Rn. 62 ff.)*, ist in arbeitsrechtlicher Hinsicht irrelevant (*BAG v. 10.3.1972 – 3 AZR 278/71 – BB 1972, S. 1005 = DB 1972, S. 1486 = MDR 1972, S. 899; BAG v. 5.2.1981 – 3 AZR 748/79 – BB 1981, S. 1708*). Unter dem Aspekt der **Rechtssicherheit** und aus **Beweisgründen** ist aber eine schriftliche Fixierung der für die betriebliche Altersversorgung maßgeblichen Rahmenbedingungen (Leistungsarten, Leistungshöhe, Leistungsvoraussetzungen etc.) in jedem Fall zu empfehlen (so auch: *Höfer, BetrAVG, Rn. 197*). Hinzu kommt, dass nach dem seit dem 20.7.1995 geltenden **Nachweisgesetz** (NachwG) der Arbeitgeber verpflichtet ist, die wesentlichen Vertragsbedingungen des Arbeitsverhältnisses schriftlich niederzulegen und in unterschriebener Form dem Arbeitnehmer auszuhändigen. Zu den gesetzlich geforderten Mindestangaben gehört gem. § 2 Abs. 1 Nr. 5 NachwG auch die **Zusammensetzung des Arbeitsentgelts**, das nach heute allgemein geltender Auffassung (*BAG v. 10.3.1972 – 3 AZR 278/71 – BB 1972, S. 1005 = DB 1972, S. 1486 = SAE 1972, S. 193; BAG v. 30.3.1973 – 3 AZR 26/72 – BB 1973, S. 522 = DB 1973, S. 773 = NJW 1973, S. 959; BAG v. 16.12.1976 – 3 AZR 761/75 – BB 1977, S. 146 = DB 1977, S. 169; BGH v. 28.9.1981 – II ZR 181/80 – BB 1982, S. 1303 = DB 1982, S. 126; Blomeyer/Otto, BetrAVG, Einl., Rn. 138 ff.; Höfer, BetrAVG, ART Rn. 40; Langohr-Plato, MDR 1994, S. 853, 854*) auch betriebliche Versorgungsleistungen umfasst. Kommt der Arbeitgeber dieser Pflicht nicht nach, ist der Arbeitsvertrag gleichwohl wirksam.

154 Soweit es vor diesem Hintergrund zu Streitigkeiten über Inhalt und Umfang bzw. die Auslegung eines Versorgungsversprechens kommt, gilt nach allgemeiner Ansicht die sog. „**Unklarheitenregelung**“ (analog § 5 AGBG). Danach gehen im Interesse des Arbeitnehmerschutzes Unklarheiten in der Versorgungszusage grundsätzlich **zu Lasten des Arbeitgebers** (*BAG v. 25.10.1983 – 3 AZR 357/81 – BB 1984, S. 213 = DB 1984, S. 193; BAG v. 29.9.1987 – 3 AZR 248/86 – n.v.; Höfer, BetrAV, ART. Rn. 199, 594*). Unter **Vertrauensschutzaspekten** ist nämlich in besonderem Maße darauf zu achten, dass die Versorgungsordnung mit **äußerster Sorgfalt** erstellt (*BAG v. 25.5.1973 – 3 AZR 405/72 – BB 1973, S. 1171 = DB 1973, S.* 2147) und der versorgungsberechtigte Arbeitnehmer **eindeutig** und **unmissverständlich** über seine hieraus abgeleitete Rechtsstellung unterrichtet wird (*BAG v. 25.1.1979 – 3 AZR 1096/77 – BB 1979, S. 784 = DB 1979, S. 1183 = AuR 1980, S. 183*).

5. Gesamtzusage

155 Der Arbeitgeber kann seinen Willen, unter bestimmten, näher geregelten Voraussetzungen Versorgungsleistungen zu gewähren, auch durch eine einseitige Erklärung an die **gesamte Belegschaft** zum Ausdruck bringen. Auch bei einer derartigen **Gesamtzusage** werden **vertragliche Ansprüche** begründet. Das Angebot wird in allgemeiner Form, in aller Regel durch Rundschreiben oder durch Aushang am schwarzen Brett, bekannt gemacht. Eine ausdrückliche Vertragsannahme durch den

einzelnen Arbeitnehmer wird hierbei nicht erwartet und ist nach § 151 BGB auch nicht erforderlich (*BAG v. 12.3.1963 – 3 AZR 266/62 – BB 1964, S. 599 = DB 1963, S. 1191 = NJW 1963, S. 1996; BAG v. 17.5.1966 – 3 AZR 477/66 – BB 1966, S. 984; Ahrend/Förster; BetrAVG, § 1 Anm. 4*).

Gesamtzusagen sind von ihrer Systematik her eine **Bündelung gleichlautender Einzelzusagen**, für deren Behandlung (Vertragsbegründung, Auslegung, Billigkeitskontrolle etc.) die allgemeinen Grundsätze des Individualvertragsrechts gelten (*BAG v. 16.9.1986 – GS 1/82 – BB 1987, S. 265 = DB 1987, S. 383 = NZA 1987, S.168*). 156

Im Hinblick auf ihren **kollektiven Einschlag** ergeben sich für Gesamtzusagen jedoch Besonderheiten bei der Kollision mit echten kollektivrechtlichen Versorgungsvereinbarungen, und zwar insbesondere im Zusammenhang mit der Zulässigkeit sog. „ablösender Betriebsvereinbarungen". So können Individualzusagen grundsätzlich nur durch eine **Änderungskündigung** zum Nachteil der Versorgungsberechtigten abgeändert werden, wohingegen bei Gesamtzusagen auch eine nachfolgende Betriebsvereinbarung zulässig ist, sofern die Gesamtzusage den ausdrücklichen **Vorbehalt der Betriebsvereinbarungsoffenheit** enthält *(vgl. hierzu Rn. 862 ff.).* 157

6. Vertragliche Einheitsregelung

Bei einer **vertraglichen Einheitsregelung** schließt der Arbeitgeber mit allen bzw. einer Vielzahl von Mitarbeitern inhaltlich gleichlautende Versorgungsvereinbarungen. Die vertragliche Einheitsregelung ist demnach ebenso wie die Gesamtzusage eine Bündelung vieler Versorgungsvereinbarungen unter dem Dach einer einheitlichen Versorgungssystematik. Die sich hieraus ergebenden Versorgungsansprüche sind **vertraglicher Natur** (*BAG v. 16.9.1986 – GS 1/82 – BB 1987, S. 265 = DB 1987, S. 383 = NZA 1987, S. 168).* Einen **kollektivrechtlichen Charakter** wird der vertraglichen Einheitsregelung nur dann beigemessen, wenn ein solcher kollektivrechtlicher Bezug für die Arbeitnehmer erkennbar ist (*BAG v. 16.9.1986 – GS 1/82 – unter C II 4d der Gründe, BB 1987, S. 265 = DB 1987, S. 383 = NZA 1987, S.168*). Nur dann gelten bezüglich ihrer Abänderbarkeit die bei der Gesamtzusage dargestellten Besonderheiten *(s.o. Rn. 157)*; ansonsten unterliegt sie wie alle Individualvereinbarungen dem allgemeinen Kündigungsschutz, d.h. als Änderungsakt ist eine Änderungskündigung erforderlich (*Langohr-Plato, MDR 1994, S. 853, 854, 855*). 158

7. Allgemeine arbeitsrechtliche Rechtsgrundsätze

a) Betriebliche Übung

Vertragliche Ansprüche individualrechtlicher Natur liegen auch dann vor, wenn sich der Arbeitnehmer zur Begründung seines Versorgungsanspruchs auf eine **betriebliche Übung** berufen kann. Hierbei handelt es sich nach allgemeiner Ansicht in Rechtsprechung (*BAG v. 16.9.1986 – GS 1/82 – BB 1987, S. 265 = BB 1987, S. 265 = DB 1987, S. 383 = NZA 1987, S. 168*) und Literatur (*Blomeyer/Otto, BetrAVG, Einl., Rn. 179 ff.; Höfer, BetrAV, ART Rn. 210*) um einen **stillschweigend** zustande gekommenen Vertrag bzw. eine **Vertrauenshaftung**. 159

Als Anspruchsgrundlage ist die betriebliche Übung in § 1 Abs. 1 S. 4 BetrAVG ausdrücklich aufgeführt.

160 Ein auf einer betrieblichen Übung begründeter Rechtsanspruch setzt eine **regelmäßige Wiederholung gleichförmiger Verhaltensweisen** im Betrieb voraus, die denjenigen, der sich gleichmäßig verhält, gegenüber seinen Vertragspartnern rechtlich bindet (*BAG v. 4.9.1985 – 7 AZR 262/83 – DB 1986, S. 1627; LAG Köln v. 17.1.1985 – 8 Sa 1019/84 – Rev. nicht zugelassen, BB 1985, S. 664*). Eine entsprechende betriebliche Übung hinsichtlich der Gewährung betrieblicher Versorgungsleistungen wird dann bejaht, wenn ein verständiger Arbeitnehmer nach Treu und Glauben mit Rücksicht auf die Verkehrssitte aus dem Verhalten des Arbeitgebers schließen durfte, dass er wie andere Arbeitnehmer des Betriebes ebenfalls betriebliche Versorgungsleistungen erhalten werde (*BAG v. 29.10.1985 – 3 AZR 462/83 – DB 1986, S. 2189 = NZA 1986, S. 786*). Dies ist z.B dann der Fall, wenn ein Arbeitgeber jahrelang ein **13. Ruhegehalt** (Weihnachtsgeld) zahlt, das in der Versorgungsordnung nicht vorgesehen ist. Die Versorgungsberechtigten erwerben dann kraft betrieblicher Übung eine entsprechende Versorgungsanwartschaft, und zwar bereits vor Eintritt des Versorgungsfalls (*BAG v. 30.10.1984 – 3 AZR 236/82 – BB 1985, S. 1605 = DB 1985, S. 1747 = NZA 1985, S. 531*).

161 Besteht die betriebliche Übung bereits bei Eintritt des Mitarbeiters in das Unternehmen, so entsteht deren **Bindungswirkung** mit Aufnahme des Arbeitsverhältnisses; ist sie jünger, so beginnt die entsprechende Bindungswirkung mit dem Zeitpunkt der Entstehung der betrieblichen Übung (*LAG Köln v. 17.1.1985 – 8 Sa 1019/84 – BB 1985, S. 664; Ahrend/Förster, BetrAVG, § 1 Anm. 4*).

162 Liegt bei einer Versorgungszusage aufgrund betrieblicher Übung die betriebliche Übung gerade darin, dass die Höhe der Betriebsrente am Ende des Arbeitsverhältnisses vom Arbeitgeber festgelegt wird, dann kann der Arbeitnehmer eine Bestimmung der Rentenhöhe nach **billigem Ermessen** gemäß § 315 Abs. 1 BGB erwarten. Bei der Ausübung des billigen Ermessens ist jedenfalls im Arbeitsrecht erforderlich, dass frühere Rentenfestsetzungsmodalitäten in ähnlichen Fällen berücksichtigt werden (*LAG Köln – 7 Sa 597/85 – rkr., BB 1986, S. 2064*).

163 Eine betriebliche Übung, wonach alle Arbeitnehmer innerhalb bestimmter Fristen übereinstimmende schriftliche Versorgungszusagen erhalten, begründet eine Versorgungsanwartschaft und setzt die Unverfallbarkeitsfristen des § 1 Abs. 1 BetrAVG in Lauf. Ob und wann die schriftliche Zusage im Einzelfall erteilt wird, ist rechtlich unerheblich (*BAG v. 29.10.1985 – 3 AZR 462/83 – BB 1986, S. 1647 = DB 1986, S. 2189*).

164 Eine Versorgungsverpflichtung aus betrieblicher Übung kann allerdings nur dann angenommen werden, wenn die umstrittene Leistung nicht bereits anderweitig individual- oder kollektivrechtlich geregelt ist (vgl. für den Fall des Zusatzurlaubs an Jubilare: *BAG v. 27.6.1985 – 6 AZR 392/81 – DB 1986, S. 596*). Durch den Abschluss einer **unwirksamen Betriebsvereinbarung** wird **keine betriebliche Übung** begründet, wenn und solange der Arbeitgeber rechtsirrtümlich unterstellte,

zu einer Leistung entsprechend dem Regelungsinhalt und -umfang der Betriebsvereinbarung verpflichtet zu sein (*BAG v. 13.8.1980 – 5 AZR 325/78 – BB 1981, S. 551 = DB 1981, S. 274*).

b) Gleichbehandlungsgrundsatz

165 Versorgungsansprüche der Arbeitnehmer können sich ferner auch aus dem **arbeitsrechtlichen Gleichbehandlungsgrundsatz** ergeben, der als Anspruchsgrundlage ebenfalls in § 1 Abs. 1 S. 4 BetrAVG ausdrücklich erwähnt wird. Danach ist es dem Arbeitgeber **untersagt**, „in seinem Betrieb einzelne oder Gruppen von Arbeitnehmern **ohne sachlichen Grund** von allgemein begünstigenden Regelungen im Arbeitsverhältnis **auszuschließen** und **schlechter zu stellen**" (*BAG v. 27.7.1988 – 5 AZR 244/87 – BB 1988, S. 2178 = DB 1988, S. 2519*).

Darüber hinaus kommen als Anspruchsgrundlagen für eine Gleichbehandlung bei der Gewährung betrieblicher Versorgungsleistungen (ausführlich hierzu: *Langohr-Plato, MDR 1992, S. 838 ff.; vgl. ferner Rn. 779*) in Betracht:

- Art. 119 EGV – **europarechtlicher Lohngleichheitsgrundsatz** (Gleiches Entgelt für Männer und Frauen) incl. der hierzu ergangenen Gleichbehandlungsrichtlinien (*vgl. hierzu: Langohr-Plato, ZAP 1993, F.17, S. 213, 216f.; ders., MDR 1995, S. 649 ff.*). Art. 119 EGV ist zwischenzeitlich durch den Vertrag von Amsterdam vom 2.10.1997 in Art. 141 EGV überführt worden.
- Art. 3 Abs. 1 GG – Gleichheitsgrundsatz
- Art. 3 Abs. 2 GG – Gleichberechtigungsgrundsatz
- Art. 3 Abs. 3 GG – Benachteiligungs-/Diskriminierungsverbot
- § 75 Abs. 1 BetrVG – betriebsverfassungsrechtliches Diskriminierungsverbot
- § 2 Abs. 1 BeschFG – Verbot der unterschiedlichen Behandlung teilzeitbeschäftigter Arbeitnehmer
- § 611a BGB – sog. „Gleichbehandlungsgesetz" v. 13.8.1980 (*BGBl. I 1980, S.1308*) bzw. 24.6.1994 (*BGBl. I 1994, S. 1406*).

166 Die sich hieraus ergebenden Spezialfragen im Bereich der betrieblichen Altersversorgung u.a) im Bereich der **Leistungsvoraussetzungen** (Altersgrenze), des **Leistungsumfangs** (Witwen-/Witwerrente) und des **begünstigten Personenkreises** (Teilzeitbeschäftigte; geringfügig Beschäftigte; Heimarbeiter; allgemeine Abgrenzung bestimmter Personengruppen) werden an anderer Stelle *(s.u. Rn. 779 ff.)* ausführlich behandelt.

V. Versorgungskonzepte

167 Das Betriebsrentengesetz hat mit seinen Bestimmungen lediglich für erteilte Versorgungsversprechen einen gesetzlichen Mindeststandard geregelt (§ 17 Abs. 3

BetrAVG). Daher besteht weder eine Verpflichtung zur Gewährung betrieblicher Versorgungsleistungen, noch eine über die allgemeinen arbeitsrechtlichen Rahmenbedingungen hinausgehender gesetzlicher Zwang hinsichtlich der materiellen Ausgestaltung betrieblicher Versorgungssysteme. Dies gilt sowohl für die Art der zugesagten Leistungen (Rente oder Kapital), die abgesicherten Risiken (Alter und/oder Tod und/oder Invalidität) und die Höhe der zugesagten Leistungen. Damit gilt – im Rahmen des Gleichbehandlungsgrundsatzes *(vgl. hierzu: Rn. 779 ff.)* und unter Wahrung der Mitbestimmungsrechte nach dem Betriebsverfassungsgesetz *(vgl. hierzu: Rn. 959 ff.)* – insbesondere hinsichtlich der Bestimmung der Leistungshöhe, der sog. „**Rentenformel**" der allgemeine Grundsatz der **Vertragsfreiheit**.

Die Gestaltung der betrieblichen Altersversorgung hängt daher letztendlich maßgeblich von den mit der Gewährung betrieblicher Versorgungsleistungen verbundenen individuellen Zielsetzungen des jeweiligen Arbeitgebers ab. Da die Entscheidung über die Gewährung betrieblicher Versorgungsleistungen in der Regel sehr langfristige Auswirkungen auf die finanzielle Situation des Unternehmens (bilanzielle Auswirkungen; Liquidität; Finanzplanung etc.) hat, ist insoweit eine sorgfältige Vorbereitung und Abwägung der Rahmenbedingungen erforderlich.

Vor diesem Hintergrund finden sich in der Praxis eine Vielzahl unterschiedlicher Versorgungskonzepte.

1. Gesamtversorgung

168 Ausgehend vom sog. „**Drei-Säulen-Konzept**" *(s.o.: Rn. 4)* wurde in der Vergangenheit betriebliche Versorgungssysteme vielfach als Ergänzung zur gesetzlichen Rentenversicherung konzipiert. Diese **Ergänzungsfunktion** (*vgl. a.: Ahrend/Förster/Rößler, BetrAVG, 1. Teil, Rn. 123*) war regelmäßig so ausgestaltet, dass zum selben Zeitpunkt, unter den selben Leistungsvoraussetzungen und bei Eintritt identischer biologischer Versorgungsrisiken wie in der gesetzlichen Rentenversicherung die vom Arbeitgeber zugesagte Versorgungsleistung fällig wurde. Daneben wurde die Konzeption einer bedarfsgerechten Altersversorgung von der Höhe der staatlichen Beamtenversorgung beeinflusst. Vor diesem Hintergrund ist es nicht verwunderlich, dass viele Versorgungsordnungen, insbesondere bei Unternehmen, die dem öffentlichen Dienst nahe stehen, die Höhe ihrer Versorgungsleistungen unmittelbar mit den Leistungen der gesetzlichen Rentenversicherung gekoppelt haben. Entsprechende Rentenformeln, die eine bestimmte Leistungshöhe, in der Regel 75% des letzten Bruttogehalts, unter Berücksichtigung der individuellen Ansprüche aus der gesetzlichen Rentenversicherung gewähren, werden allgemein als „Gesamtversorgungssysteme" bezeichnet.

169 Gesamtversorgungssysteme sind **bedarfsorientiert** ausgerichtet. Die betriebliche Altersversorgung hat dabei den Sinn und Zweck, die **Versorgungslücke** zwischen dem zuletzt als Aktiver bezogenem Einkommen und den Leistungen aus der gesetzlichen Rentenversicherung aufzufüllen.

170 Derartige Gesamtversorgungssysteme findet man in der Praxis in zwei verschiedenen Ausgestaltungen vor, den sog. „**Anrechnungssystemen**" sowie den sog.

„Limitierungssystemen“ *(vgl. a.: Ahrend/Förster/Rößler, BetrAVG, 1. Teil, Rn. 124; Lutz, S. 31 f.).*

a) Anrechnungssystem

Bei einem Anrechnungssystem wird die Sozialversicherungsrente auf die nach einem bestimmten Leistungsschema zu berechnende Betriebsrente angerechnet. 171

> ***Beispiel:***
>
> *Die Firma gewährt ihren Mitarbeitern betriebliche Versorgungsleistungen (Alters-, Invaliden – und eine 60%-ige Hinterbliebenenrenten) deren Höhe sich aus einem pauschalen Grundbetrag (15%) nach Ablauf der vereinbarten Wartezeit (5 Jahre) und darüber hinausgehenden dienstzeitabhängigen Steigerungsbeträgen (2% pro Jahr) bezogen auf ein definiertes Gehalt zusammensetzt. Angerechnet werden maximal 35 Dienstjahre, so dass die erreichbare Anwartschaft auf Altersrente nach mindestens 35 Dienstjahren 75% des definierten Gehalts (letzte Aktivbezüge) beträgt.*
>
> *Auf den sich danach ergebenden Rentenbetrag wird die aus der gesetzlichen Rentenversicherung gezahlte Rente angerechnet, d.h. der Aufwand des Arbeitgebers mindert sich in dem Umfang, in dem der Betriebsrentner anderweitige gesetzliche Renten erhält. Insgesamt gesehen erhält der Versorgungsberechtigte aus beiden Rentenbezugsquellen nach 35 Dienstjahren eine Gesamtversorgung von 75% der letzten Aktivenbezüge, die bei nur 25 Dienstjahren lediglich 55% (20 x 2% zzgl. 15% Grundbetrag) beträgt.*

b) Limitierungssystem

Bei einem Limitierungssystem wird die sich aus Betriebsrente und Sozialversicherungsrente zusammensetzende Gesamtversorgung auf einen bestimmten Prozentsatz (z. B. 75%) des letzten Brutto- oder Nettogehalts begrenzt. Im Gegensatz zur Anrechnung, die stets zu einer Reduktion der Betriebsrente führt, erfolgt beim Limitierungsverfahren eine Reduktion der Betriebsrente nur dann, wenn diese zusammen mit der Sozialversicherungsrente den in der Versorgungsordnung vorgegebenen Grenzwert (75%) übersteigt. 172

c) Vorteile/Nachteile

Der Vorteil derartiger Gesamtversorgungssysteme liegt eindeutig auf Seiten des Arbeitnehmers, der im Versorgungsfall eine relativ hohe Absicherung garantiert. 173

Demgegenüber trägt der Arbeitgeber das alleinige und volle Nachfinanzierungsrisiko, das sich dann realisiert, wenn die bei Erteilung der Versorgungszusage prognostizierten Werte der anzurechnenden bzw. zu berücksichtigenden Sozialversicherungsrente niedriger ausfallen als erwartet. So haben die in der jüngeren Vergangenheit vom Gesetzgeber vorgenommenen Eingriffe in das gesetzliche Sozialversicherungssystem stets zu einer Reduktion der Rentenhöhe geführt. Jede Mark, die der Arbeitnehmer aber aus der gesetzlichen Rentenversicherung weniger erhält, muss bei einem Gesamtversorgungssystem vom Arbeitgeber übernommen werden. 174

Die hieraus resultierende **Kalkulationsunsicherheit** hinsichtlich der mit einem derartigen Versorgungssystem verbundenen und vom Unternehmen nicht beeinflussbaren Kosten hat dazu geführt, dass viele Gesamtversorgungssysteme zwischenzeitlich umstrukturiert worden sind und eine Neueinrichtung eines Gesamtversorgungssystems nicht empfehlenswert ist (*vgl. a.: Ahrend/Förster/Rößler, 1. Teil, Rn. 127; Griebeling, Rn. 475; Lutz, S. 33 f.*).

2. Festrentenzusage

175 Bei einer Festrentenzusage wird dem versorgungsberechtigten Mitarbeiter ein **Festbetrag** als Versorgungsleistung zugesagt, und zwar regelmäßig in Form einer fest definierten monatlichen Rente in Höhe von z. B. 50,— €. Unter die Festrentenzusage wird man auch noch dienstzeitabhängige, aber ansonsten nicht dynamische Steigerungsbeträge subsumieren können, also eine Zusage die pro anrechnungsfähigem Dienstjahr einen Rentensteigerungsbetrag von z. B. 5,— € gewährt.

176 Derartige Festrentenzusagen sind vielfach nicht bedarfsgerecht und berücksichtigen – zumindest bei der Grundform eines dienstzeitunabhängigen Festbetragssystems – weder die Betriebstreue des Mitarbeiters, noch seine individuelle Tätigkeit im bzw. Leistung für das Unternehmen. Hinzu kommt, dass der Arbeitnehmer bei derartigen starren Festbetragsregelungen bereits in der Anwartschaftsphase, bedingt durch die allgemeine Inflation, einen erheblichen Wertverlust seiner Altersversorgung in Kauf nehmen muss. Demgegenüber weiß der Arbeitnehmer aber auch von Anfang an genau, welche Versorgungsleistung er bei Alter, Invalidität bzw. seine Familie im Todesfall erwarten kann, so dass er die Versorgungsleistungen des Arbeitgebers bei seiner individuellen Versorgungsplanung entsprechend berücksichtigen kann.

177 Aus Arbeitgebersicht gewährleisten Festrentenzusagen dem Unternehmen eine langfristige **Kalkulationssicherheit** hinsichtlich des mit einer solchen Zusage verbundenen Finanzierungsbedarfs. Die Leistungen hängen nicht von externen Faktoren ab, auf die der Arbeitgeber keinen Einfluss hat. Als statisches Versorgungssystem unterliegt die Festrentenzusage damit keiner Eigendynamik. Verbesserungen der Leistungsstruktur liegen in der alleinigen Entscheidungsfreiheit des Arbeitgebers, und zwar sowohl hinsichtlich des Zeitpunkts der Anhebung des Leistungsniveaus, als auch bezüglich seines finanziellen Umfangs.

178 Vor diesem Hintergrund wird in der Praxis gerne auf sog. „**Rentengruppenpläne**" zurückgegriffen, die neben der Einordnung des Mitarbeiters in bestimmte Gehalts- oder Tarifgruppen auch die Dienstzugehörigkeit und damit die tatsächlich erbrachte Betriebstreue berücksichtigen können, wobei jeder definierten Gruppe ein unterschiedlicher Nominalbetrag zugeordnet wird.

Beispiel: Gruppenbildung nach Gehaltsstufen

Versorgungsgruppe	*Gehaltsstufen in €*	*Monatliche Altersrente pro Dienstjahr in €*
1	*bis 1.750,–*	*5,00*
2	*1.751,– bis 2.000,–*	*6,25*
3	*2.001,– bis 2.250,–*	*7,50*
4	*2.251,– bis 2.500,–*	*9,00*
5	*2.501,– bis 2.875,–*	*10,50*
6	*2.876,– bis 3.250,–*	*12,00*
7	*3.251,– bis 3.750,–*	*14,00*
8	*3.751,– bis – BBG*	*16,00*
9	*oberhalb BBG*	*19,00*

Bei einer Gruppenbildung nach Tarifgruppen wird einfach die Gehaltsstufentabelle im vorstehenden Beispiel durch die Tarifgruppen des maßgeblichen Tarifvertrages ausgetauscht. 179

Neben der bereits erwähnten Kalkulationssicherheit bietet ein solcher Rentengruppenplan, dass aus Anlass seiner von Zeit zu Zeit erfolgten Leistungsanpassungen das soziale Engagement des Unternehmens gegenüber seinen Mitarbeitern herausgestellt **(Sozialmarketing)** und damit gleichzeitig zur **Mitarbeitermotivation** beigetragen werden kann. 180

Andererseits ist zu beachten, dass bei einer derartigen Einteilung leicht eine Vielzahl von Rentengruppen mit ggf. recht hohen Nominalbeträgen in den Endstufen entstehen können, was im Endeffekt dem Arbeitgeber unter Kostenaspekten eine spätere Anpassung der Nominalbeträge unter Umständen nicht gerade erleichtert. Werden aber solche Anpassungen nicht vorgenommen, so hat dies zur Konsequenz, dass die Mitarbeiter bedingt durch ihre Gehaltsentwicklung und Karriere langfristig betrachtet in eine der höchsten Versorgungsstufen hineinwachsen, zumal Gehaltssteigerungen sich stets auf die gesamte Dienstzeit auswirken und so die betriebliche Altersversorgung um so mehr aufwerten, je näher sie zur Pensionierung hin erfolgen. 181

3. Gehaltsabhängige Zusagen

Zusagen, die an das Gehalt des Versorgungsberechtigten gekoppelt werden, vermeiden die inflationsbedingte Auszehrung der Versorgungsanwartschaft. Bei derartigen gehaltsabhängigen Zusagen ist unter dem Aspekt der Rechtssicherheit und Rechtsklarheit stets besonders darauf zu achten, dass das **pensionsfähige Gehalt** exakt definiert wird. Regelmäßig wird man als pensionsfähige Bezüge nur die nicht variablen Geldleistungen (Grundgehalt zzgl. Urlaubs- und Weihnachtsgeld), d.h. 182

ohne Gratifikationen, Tantiemen, Zuschüsse, Sachbezüge und ähnliche Vergütungsbestandteile in eine solche Versorgungsformel einbeziehen. Aber auch hier gilt der Grundsatz der Vertragsfreiheit, so dass es den Vertragsparteien obliegt, wie sie die Versorgungsformel gestalten und welche Gehaltsbestandteile sie hierbei berücksichtigen wollen.

183 In der Praxis kommen gehaltsabhängigen Versorgungssysteme überwiegend als End- oder Durchschnittsgehaltspläne, teilweise aber auch als Renten-Eckwertssysteme vor.

a) Endgehaltsplan

184 Beim Endgehaltsplan richtet sich die Höhe der Versorgungsleistungen nach einem bestimmten Prozentsatz, ggf. nach Dienstjahren gestaffelt, des bei Eintritt des Versorgungsfalls zuletzt bezogenen Gehalts.

***Beispiel** für eine endgehaltsbezogene Rentenformel:*

Rente = Gehalt * x% (* Dienstjahre)

185 Der wesentliche Vorteil des Endgehaltsplans liegt in der kontinuierlichen Sicherstellung des angestrebten Versorgungsniveaus. Von daher finden wir derartige Rentenformeln insbesondere bei solchen Personenkreisen, die ein bestimmtes Versorgungsniveau erreichen wollen und bei denen eine Anpassung der Versorgungsleistungen unter Umständen auf steuerrechtliche Restriktionen stößt. Bestes Beispiel hierfür sind die Gesellschafter-Geschäftsführer, die unter Berücksichtigung der steuerrechtlichen Grundsätze zum Nachholungsverbot, zur Erdienbarkeit und zur 75%-Grenze *(ausführlich hierzu unter Rn. 1134 ff.)* nur einen eingeschränkten Gestaltungsspielraum bei der Festsetzung ihrer Altersversorgung und deren späteren Anpassung haben.

186 Demgegenüber muss man bei solchen Systemen berücksichtigen, dass eine automatische Indexierung der Versorgungsanwartschaft über die Gehaltssteigerung erfolgt, die der Arbeitgeber zumindest im Tariflohnbereich nicht kalkulieren und steuern kann. Dies bedingt zugleich einen stetig ansteigenden Nachfinanzierungsbedarf. Endgehaltspläne sind zudem stark karrierelastig und berücksichtigen nicht die individuell unterschiedliche Entwicklung des Versorgungsberechtigten. Der erst kurz vor Pensionierung beförderte Mitarbeiter wird, was die Höhe der Versorgung anbelangt, einem Mitarbeiter gleichgestellt, der von Anfang an mit dem gleichen Gehalt eingestellt worden ist. Andererseits erleidet derjenige Mitarbeiter Verluste hinsichtlich seiner Altersversorgung, der gegen Ende seiner Tätigkeit von einer Vollzeit- auf eine Teilzeitbeschäftigung umwechselt.

b) Durchschnittsgehaltsplan

187 Die individuellen Ungerechtigkeiten des Endgehaltsplans vermeidet der Durchschnittsgehaltsplan, bei dem sich die Versorgungsleistungen nach einem bestimm-

ten Prozentsatz, ggf. nach Dienstjahren gestaffelt, des durchschnittlich während einer bestimmten Periode (z. B. der letzten 10 Jahre) oder der gesamten Dienstzeit bezogenen Gehalts.

> ***Beispiel** für eine durchschnittsgehaltsbezogene Rentenformel:*
>
> $$\textit{Rente} = \sum \textit{Gehalt}\,(j) * x\%$$

Mit einer auf das Durchschnittsentgelt abgestellten Rentenformel wird zudem die Eigendynamik der Leistungsentwicklung erheblich eingegrenzt, so dass auch das Nachfinanzierungsrisiko vermindert wird. 188

Wer sich allerdings für einen Durchschnittsgehaltsplan entscheidet, muss sich auch über den damit verbundenen erheblichen **administrativen Aufwand** bewusst sein, der daraus resultiert, dass bei diesem System die historische Gehaltsentwicklung dokumentiert werden muss. 189

c) Renten-Eckwertsystem

Beim Renten-Eckwertsystem werden die Versorgungsleistungen über verschiedene Faktoren definiert, die miteinander zu multiplizieren sind. Maßgeblich für die Rentenformel ist dabei neben einem fest definierten **Eckwert** und der anrechnungsfähigen **Dienstzeit** eine **individuelle Verdienstrelation**, die sich aus dem Verhältnis des individuellen Einkommens zu einer festgelegten Einkommensbasis (Beitragsbemessungsgrenze der gesetzlichen Rentenversicherung; Tarifecklohn etc.) ergibt. 190

> ***Beispiel** für eine Rentenformel eines Renten-Eckwertsystems:*
>
> $$\textit{Rente} = \frac{\textit{individuelles Gehalt}}{\textit{Einkommensbasis}} * \textit{Dienstjahre} * \textit{Eckwert}$$

Die Festlegung des Eckwertes kann hierbei z. B. in Anbindung an die Beitragsbemessungsgrenze der gesetzlichen Rentenversicherung (2002 = 4.586,- €), einer vorgestellten Zielrente im Alter 65 (z. B. 15% des Einkommens) und der maximal anrechenbaren Dienstjahre (z. B. 40 Jahre) nach folgender Formel ermittelt werden: 191

> ***Beispiel** für Festlegung des Renten-Eckwerts (2002):*
>
> $$\textit{Rente} = \frac{4.586,\text{-}\ € * 15\%}{40} = 17{,}20\ €$$

Hieraus lässt sich dann die individuelle monatliche Versorgungsleistung berechnen. 192

***Beispiel 1** für eine Rentenberechnung nach dem Renten-Eckwertsystems:*

Einkommen < Einkommensbasis (z. B. 3.000,- €)

$$\textbf{Rente} = \frac{\textbf{3.000,- €}}{\textbf{4.586,- €}} * 40 * 17{,}20 = 450{,}07\ €$$

***Beispiel 2** für eine Rentenberechnung nach dem Renten-Eckwertsystems:*

Einkommen > Einkommensbasis (z. B. 5.000,- €); Bezügeteile oberhalb der BBG werden als Ausgleich dafür, dass diese Bezügeteile in der gRV nicht berücksichtigt werden, zweifach gewertet.

$$\textbf{Rente} = \frac{\textbf{4.586,- € + 2 * 414,- €}}{\textbf{4.586,- €}} * 40 * 17{,}20 = 812{,}22\ €$$

193 Das Renten-Eckwertsystem ist in administrativer Hinsicht durchaus als pflegeleicht zu bezeichnen. Insbesondere ist keine aufwendige Dokumentation von Gehältern wie beim Durchschnittsgehaltsplan bzw. Einteilung und von Rentengruppen wie beim Rentengruppenplan erforderlich. Lediglich der vorgegebene Eckwert ist von Zeit zu Zeit an veränderte Verhältnisse anzupassen, sofern man ihn nicht durch Inbezugnahme auf die jeweilige Einkommensbasis (BBG; Tarifecklohn) dynamisiert.

4. Beitragsorientierte Versorgungspläne

194 Das Betriebsrentengesetz, aber auch die zu den einzelnen Durchführungswegen der betrieblichen Altersversorgung geregelten steuerrechtlichen Rahmenbedingungen gehen grundsätzlich von leistungsorientierten Versorgungsleistungen aus. Dies zeigt sich insbesondere im Zusammenhang mit der Unverfallbarkeit *(s.u. Rn. 237 ff.)* und beim gesetzlichen Insolvenzschutz *(s.u. Rn. 480 ff.)*, die die Aufrechterhaltung bzw. den Insolvenzschutz unverfallbarer Anwartschaften regeln und dabei zwangsläufig von einer zu sichernden (zukünftigen) Leistung ausgehen.

195 Ein echtes Beitragsprimat, d.h. eine Versorgungsverpflichtung des Arbeitgebers, die sich ausschließlich auf die Bereitstellung zur Finanzierung nicht garantierter Versorgungsleistungen beschränkt, ist somit nach dem derzeitigen Regelungscharakter des Betriebsrentengesetzes nicht möglich. Gleichwohl ist aber vielfach ein Interesse der Arbeitgeber festzustellen, unter Kalkulations- und Sicherheitsaspekten den mit der Altersversorgung verbundenen Aufwand vorgeben zu können. Dies hat in der Praxis zu sog. „**beitragsorientierten Versorgungssystemen**" geführt, bei denen die zugesagte Versorgungsleistung unmittelbar aus einem definierten Beitrag abgeleitet wird. Dies gilt insbesondere für die Direktversicherung, bei der viele Versorgungspläne von einem im Rahmen der pauschalierungsfähigen Höchstbeträge (§ 40b EStG) Beitragsgruppenplan geprägt werden, bei denen also der Arbeitgeber in Abhängigkeit von Gehaltsgruppen oder funktionaler Einordnung (z. B.: Ge-

schäftsführung, Direktoren, Prokuristen, AT-Mitarbeiter, Tarifangestellte) unterschiedliche Beitragszuwendungen vorgibt, sei es als Festbeitrag oder als fester Prozentsatz des Einkommens.

5. Bausteinsysteme

Im Rahmen eines **leistungsorientierten Bausteinsystems** wird für den Mitarbeiter in jedem Jahr der anrechnungsfähigen Dienstzeit eine Leistung in Form eines Versorgungsbausteins ermittelt. Dieser Baustein kann entweder als fester Euro-Betrag oder als Prozentsatz in Abhängigkeit vom Einkommen im jeweils anrechnungsfähigen Dienstjahr zugesagt werden. Veränderungen wie z. B. Erhöhungen des Einkommens wirken lediglich auf zukünftige Versorgungsbausteine, so dass eine jederzeitige Kalkulierbarkeit sichergestellt ist. Bei Eintritt eines Versorgungsfalles erhält der Mitarbeiter die Summe der erworbenen Versorgungsbausteine als Kapital- oder Rentenleistung. 196

Im Falle eines **beitragsorientierten Bausteinmodells** gewährt das Unternehmen entweder einen festen Euro-Betrag oder einen Prozentsatz des jeweiligen Einkommens als Beitrag für eine betriebliche Altersversorgung. Im Gegensatz zum leistungsorientierten Bausteinsystem werden hierbei der Aufwand für die betriebliche Altersversorgung definiert und daraus werden die Versorgungsleistungen abgeleitet. Die Ableitung erfolgt nach versicherungsmathematischen Grundsätzen mittels einer Faktorentabelle oder eines Versicherungstarifes. Bei Eintritt eines Versorgungsfalles steht ebenfalls die Summe der Versorgungsbausteine als Versorgungsleistung zur Verfügung. Als besonderes vorteilhaft erweist sich die problemlose Einbindung der betrieblichen Altersversorgung in eine Gesamtvergütungsbetrachtung, was u. a. im Falle von Gehaltsverhandlungen von Bedeutung sein kann. 197

Sowohl das leistungsorientierte als auch das beitragsorientierte Versorgungssystem können ohne weiteres auf **flexible Beschäftigungen** (z. B. Wechsel von Voll- zu Teilzeitbeschäftigung) reagieren und eröffnen die Möglichkeit, z. B. als Leistungsanreiz in ertragsstarken Jahren Zusatzversorgungsbausteine zu gewähren. 198

Beide Systeme schaffen damit klar **kalkulierbare Rahmenbedingungen für die Finanzierung** der betrieblichen Versorgungsverpflichtungen und erhalten dem Arbeitgeber ein Höchstmaß an Steuerungsmöglichkeiten. 199

6. Besonderheiten bei Teilzeitbeschäftigung

Viele Versorgungsregelungen berücksichtigen nicht, dass auch das Arbeitsleben eines Mitarbeiters individuellen Schwankungen unterworfen ist. Dies gilt u.a. für das individuelle Arbeitszeitverhalten. So ist ein Wechsel von Vollzeit- in Teilzeitbeschäftigung – oder umgekehrt – je nach den persönlichen Verhältnissen nichts ungewöhnliches. Unterschiedliche Beschäftigungsgrade während eines Arbeitsverhältnisses führen aber bei ausschließlich am Endgehalt oder ausschließlich an der Dienstzeit orientierten Versorgungsformeln zu Ungerechtigkeiten. So wird es einem Mitarbeiter, der stets in einem Vollzeitarbeitsverhältnis beschäftigt war, nur schwer zu erklären sein, warum er bei einem dienstzeitabhängigen System die glei- 200 che Betriebsrente erhält, wie ein Mitarbeiter, der bei der gleichen Anzahl von Dienstjahren ständig nur teilzeitbeschäftigt war. Genauso ungerecht ist es, einen Mitarbeiter im Rahmen eines endgehaltsabhängigen Versorgungssystems zu bestrafen/begünstigen, der aus persönlichen Gründen seine Arbeitszeit kurz vor Eintritt des Versorgungsfalls reduziert/erhöht hat und aufgrund dessen seine Altersversorgung auf einer niedrigeren/höheren Bemessungsgrundlage erhält.

201 Insoweit verlangt die Rechtsprechung auch entsprechende Korrekturen, die ggf. im Wege der ergänzenden Vertragsauslegung in die Versorgungszusage interpretiert werden. Konsequenterweise sollten daher die Teilzeitbeschäftigung bzw. wechselnde unterschiedliche Arbeitszeiten entsprechend ihrem tatsächlichen Anteil an der individuellen Lebensarbeitszeit des Mitarbeiters bewertet und ein **individueller Beschäftigungsgrad** über die gesamte Dienstzeit als Korrekturfaktor für die Versorgungsformel ermittelt werden. Zulässig wäre es aber auch, von dem durchschnittlichen Beschäftigungsgrad der letzten 5 oder 10 Jahre auszugehen (*BAG v. 3.11.1998 – 3 AZR 432/97 – BB 1999, S. 1334 = DB 1999, S. 1809; BAG v. 27.9.1983 – 3 AZR 297/81 – BB 1984, S. 1430 = DB 1984, S. 1940*).

***Beispiel** für eine Beschäftigungsgradformel:*

$$\textit{Korrekturfaktor} = \frac{\textit{individuelle Arbeitszeit p.a. * Dj.}}{\textit{mögliche Arbeitszeit eines Vollzeitbeschäftigten}}$$

Hat also ein Arbeitnehmerin zu Beginn ihrer Tätigkeit 20 Jahre als Halbtagsbeschäftigte gearbeitet, ist dann für 10 Jahre auf Vollzeitbeschäftigung umgestiegen, um schließlich in den letzten 5 Jahren vor Pensionierung ihre Arbeitszeit auf 30% zu reduzieren, so hätte dies nach vorstehender Formel folgende Auswirkungen:

***Beispiel** für eine Beschäftigungsgradformel:*

$$Kf = \frac{(20 * 50\%) + (10 * 100\%) + (5 * 30\%)}{(35 * 100\%)} = \frac{2150\%}{3500\%} = 61{,}4\%$$

Die sich nach der allgemeinen Rentenformel des entsprechenden Versorgungssystems für einen vollzeitbeschäftigten Mitarbeiter ergebende Rente würde demnach im vorstehenden Beispiel mit dem Korrekturfaktor 61,4% modifiziert, so dass der betreffende Mitarbeiter 61,4% der Rente eines vollzeitbeschäftigten Mitarbeiters erhalten würde.

B. Regelungsbereich des Betriebsrentengesetzes

I. Durchführung der betrieblichen Altersversorgung (§§ 1 – 4 BetrAVG)

1. Zusage des Arbeitgebers auf betriebliche Altersversorgung (§ 1 Abs. 1 BetrAVG)

§ 1 Abs. 1 BetrAVG ist durch die BetrAVG-Novelle 2001 zunächst dahingehend abgeändert worden, dass die gesetzliche Definition der betrieblichen Altersversorgung *(s.o. Rn. 10)* um einen sog. „**arbeitsrechtlichen Verschaffungsanspruch**" erweitert worden ist. Danach haftet der Arbeitgeber immer, d.h. auch dann, wenn er die betriebliche Altersversorgung über einen mittelbaren Versorgungsträger (Unterstützungskasse, Pensionskasse, Pensionsfonds oder Direktversicherung) durchführt, für die Erfüllung der von ihm zugesagten Versorgungsleistungen. Letztendlich haftet damit der Arbeitgeber für die Solvenz des Versorgungsträgers. 202

Dabei handelt es sich im Wesentlichen um die gesetzliche Verankerung des bereits in der BAG-Rechtsprechung aufgestellten **Grundsatzes der arbeitsrechtlichen Durchgriffshaftung des Arbeitgebers bei Unterstützungskassen** (*vgl. hierzu: BAG v. 17.5.1973 – 3 AZR 381/72 – BB 1973, S. 1308 = DB 1973, S. 1704 = NJW 1973, S. 1946; BAG v. 28.4.1977 – 3 AZR 300/76 – BB 1977, S. 1202 = DB 1977, S. 1656 = AuR 1978, S. 123; BAG v. 28.11.1989 – 3 AZR 818/87 – BB 1990, S. 1067 = DB 1990, S. 938 = NZA 1990, S. 557*) und der **generellen Erfüllungspflicht des Arbeitgebers** bei mittelbaren Versorgungszusagen (*vgl. u.a.: BAG v. 28.7.1992 – 3 AZR 173/92 – DB 1993, S. 169 = NZA 1993, S. 215 = NJW 1993, S. 874; BAG v. 7.3.1995 – 3 AZR 282/94 – BB 1995, S. 2217 = DB 1995, S. 2020 = RdA 1995, S. 377*). Damit erhält insbesondere der „Quasi-Rechtsanspruch" im Rahmen von Unterstützungskassen, die ja auf ihre Leistungen nach dem Gesetzeswortlaut keinen Rechtsanspruch gewähren dürfen *(s.o. Rn. 93)*, eine neue, verbesserte Qualität. 203

2. Leistungsformen (§ 1 Abs. 2 BetrAVG)

§1 Abs. 2 BetrAVG in der durch die BetrAVG-Novelle 2001 modifizierten Fassung, regelt drei Leistungsformen, die neben der in § 1 Abs. 1 BetrAVG geregelten Leistungszusage des Arbeitgebers ebenfalls den Begriff der betrieblichen Altersversorgung erfüllen. Hierbei handelt es sich um die **beitragsorientierte Leistungszusage**, die **Beitragszusage mit Mindestleistung** sowie die **Entgeltumwandlung**. Dabei sind die Zusagearten der beitragsorientierten Leistungszusage (§ 1 Abs. 2 Nr. 1 BetrAVG) und der Zusage aufgrund einer Entgeltumwandlung (§ 1 Abs. 2 Nr. 3 BetrAVG) schon mit der letzten BetrAVG-Novelle 1999 in das Gesetz eingeführt und somit bereits bisher als betriebliche Altersversorgung anerkannt worden. 204

a) Beitragsorientierte Leistungszusagen (§ 1 Abs. 2 Nr. 1 BetrAVG)

Gemäß § 1 Abs. 2 Nr. 1 BetrAVG (= § 1 Abs. 6 BetrAVG a.F.) wird auch eine beitragsorientierte Leistungszusage, d.h. eine Zusage, bei der sich die Höhe der Versorgungsleistungen aus einem zuvor definierten Versorgungsbeitrag ableitet, als betriebliche Altersversorgung ausdrücklich anerkannt. 205

b) Beitragszusage mit Mindestleistung (§ 1 Abs. 2 Nr. 2 BetrAVG)

206 Für die **Durchführungswege,** in denen eine tatsächliche Beitragszahlung erfolgt (Direktversicherung, Pensionskasse, Pensionsfonds), wird die Beitragszusage mit Mindestleistung mit Wirkung zum 1.1.2002 als neue Zusageform in das Betriebsrentengesetz eingeführt. Bei der Beitragszusage mit Mindestleistung steht dem Arbeitnehmer im Versorgungsfall das ihm aufgrund der Beitragszusage planmäßig zuzurechnende Versorgungskapital, mindestens aber die Summe der zugesagten Beiträge, soweit sie nicht rechnungsmäßig für einen biometrischen Risikoausgleich verbraucht werden, zu.

207 Mit dieser neuen Leistungsform erhält der Arbeitgeber eine Möglichkeit, seine Haftung nach § 1 Abs. 1 BetrAVG letztendlich auf die Gewährung der zugesagten Beiträge zu beschränken. Lediglich über die „**Mindestleistungsgarantie**", d.h. die Verpflichtung, die Summe der zugesagten Beiträge (Nominalwerterhalt) bei Eintritt des Versorgungsfalls als Versorgungskapital zur Verfügung stellen zu müssen, verbleibt ein entsprechendes Restanlagerisiko beim Arbeitgeber (*vgl. a.: Förster/Rühmann/Recktenwald, BB 2001, S. 1406; Höfer, DB 2001, S. 1145*). Dieser übernimmt letztendlich eine „Null-Zins-Garantie" für den von ihm gezahlten Versorgungsbeitrag (*so auch: Gohdes/Haferstock/Schmidt, DB 2001, S. 1558, 1561*).

> ***Beispiel:***
>
> *Die X-AG hat für ihre Mitarbeiter einen betriebsinternen Pensionsfonds eingerichtet und gewährt den Mitarbeitern eine Beitragszusage mit Mindestleistung. Für den 45-jährigen Abteilungsleiter A soll bis zum Rentenbeginn, der nach Vollendung des 65. Lebensjahres vorgesehen ist, jährlich ein Beitrag in Höhe von 10.000 Euro in den Fonds eingezahlt werden. In der Summe bedeutet dies nach 20 Jahren ein Mindestversorgungskapital von 200.000 Euro. Hiervon abzuziehen sind die Beiträge für die Tragung der biometrischen Risiken, die hier einmal mit 15 % (= 30.000 Euro) angesetzt werden sollen. Mithin verbleibt eine vom Arbeitgeber zu garantierende Mindestleistung von 170.000 Euro. Verfügt der Pensionsfonds nun aufgrund einer schlechten Kapitalanlage nur über 150.000 Euro, so haftet der Arbeitgeber für den Differenzbetrag von 20.000 Euro.*

208 Die **Beitragszusage mit Mindestleistung** ist auch im Rahmen der Entgeltumwandlung zulässig, wie sich aus § 16 Abs. 3 Nr. 3 BetrAVG ergibt (*Blomeyer, DB 2001, S. 1413; Höfer, DB 2001, S. 1146*). Die Beitragszusage mit Mindestleistung erfasst dagegen aufgrund der enumerativen und abschließenden Aufzählung in § 1 Abs. 2 Nr. 2 BetrAVG **nicht** die Durchführungswege der Pensionszusage und der Unterstützungskasse. Dies ist im Hinblick auf die für diese Leistungsform anwendbare Sonderregelung des § 2 Abs. 5b BetrAVG (*vgl. hierzu Rn. 316 ff.*) von besonderer Bedeutung. Darüber hinaus ist die Anwendbarkeit der Beitragszusage mit Mindestleistung auch bei den **Durchführungswegen der Pensionskasse** und der **Direktversicherung** zweifelhaft (*a.A.: Höfer, DB 2001, S. 1145*). Zwar werden diese Durchführungswege in § 1 Abs. 2 Nr. 2 BetrAVG ausdrücklich als Medium für die Beitragszusage mit Mindestleistung angeführt. Zu beachten ist allerdings, dass es sich bei diesen Durchführungswegen um Lebensver-

sicherungsprodukte handelt, die im Hinblick auf die im VAG zwingend vorgeschriebene Mindestverzinsung immer eine bestimmte Garantieleistung versprechen. Diese Garantieleistung kann im Einzelfall höher oder niedriger sein, als die Summe der eingezahlten Beiträge.

Vor diesem Hintergrund wird sich der Anwendungsbereich der Beitragszusage mit 209
Mindestgarantie im Wesentlichen auf den neuen Durchführungsweg Pensionsfonds fokussieren.

c) Entgeltumwandlung (§ 1 Abs. 2 Nr. 3 BetrAVG)

§ 1 Abs. 2 Nr. 3 BetrAVG (= § 1 Abs. 5 BetrAVG a.F.) enthält eine sog. „**Legaldefinition**" des Begriffs der Entgeltumwandlung, die für alle fünf in § 1 Abs. 1 bis 4 BetrAVG definierten Durchführungswege der betrieblichen Altersversorgung – Pensionszusage, Direktversicherung, Pensionskasse und Unterstützungskasse sowie den neu eingeführten Pensionsfonds – gilt. 210

(1) Arbeitsrechtliche Voraussetzungen der Entgeltumwandlung

Nach der gesetzlichen Definition in § 1 Abs. 1 Nr. 2 BetrAVG setzt eine rechtlich zulässige Entgeltumwandlung voraus, dass „**künftige Entgeltansprüche** in eine **wertgleiche** Anwartschaft auf Versorgungsleistungen umgewandelt werden". Was unter den Tatbestandsmerkmalen „künftige Entgeltansprüche" bzw. „wertgleiche Anwartschaft" zu verstehen ist, regelt das BetrAVG allerdings nicht. 211

Im Rahmen des Aspektes **„Wertgleichheit"** richten sich die Fragen in der Praxis in aller Regel nach der anzuwendenden Berechnungsmethode und der Einbeziehung von Kosten. Da betriebliche Altersversorgung sehr stark von versicherungsmathematischen Rahmenbedingungen geprägt ist, liegt es nahe, auch im Bereich der Entgeltumwandlung von einer **versicherungsmathematischen Äquivalenz** auszugehen (so: *Blomeyer, DB 2001, S. 1414; vgl. a.: Grabner/Bode, DB 201, S. 481*). Zwingend ist dies aber nicht. Denkbar ist auch eine rein arbeitsvertragliche Äquivalenz (*vgl.: Doetsch/Förster/Rühmann, DB 1998, S. 258*), wobei sich Arbeitgeber und Arbeitnehmer über die Rahmenbedingungen der Umrechnungsmethode einigen und insoweit die Regelungsbefugnis der Vertragsparteien nur durch § 242 BGB sowie durch gesetzlich zwingende Verbote begrenzt wird. So würde z. B. eine Abwälzung der Beiträge auf den PSV, die auch bei einer Entgeltumwandlung ggf. zu entrichten sind, gegen zwingende gesetzliche Regeln verstoßen. § 10 BetrAVG normiert nämlich insoweit eine alleinige und ausschließliche Beitragspflicht des Arbeitgebers, von der gemäß § 17 Abs. 3 BetrAVG nicht zum Nachteil des Arbeitnehmers abgewichen werden darf. Entgegenstehende Vereinbarungen sind nach § 134 BGB nichtig. 212

Dieses Verbot gilt allerdings nicht für sonstige, mit der Durchführung und Abwicklung betrieblicher Versorgungsleistungen verbundener Verwaltungskosten. Eine somit grundsätzlich zulässige Abwälzung dieser Kosten auf den Arbeitnehmer wird sich allerdings an den Grundsätzen von Treu und Glauben, dem Verhältnismäßigkeitsgrundsatz sowie einer allgemeinen Missbrauchskontrolle messen lassen 213 müssen. Danach wird es u.a. erforderlich sein, bei einer Kostenverteilung zu Lasten des Arbeitnehmers auch eventuelle Ersparnisse des Arbeitgebers (z. B. ersparte Sozialversicherungsbeiträge) zu berücksichtigen und dem Arbeitnehmer gut zu schreiben. Jedenfalls unterliegen die entsprechenden arbeitsvertraglichen Vereinbarungen zumindest einer Rechts- und Billigkeitskontrolle durch die Arbeitsgerichte.

214 Hinsichtlich des **Tatbestandsmerkmals „künftige Entgeltansprüche"** ist fraglich, bis zu welchem Zeitpunkt Entgelt umgewandelt werden kann. Nach dem hierzu bislang einzigen vorliegenden höchstrichterlichen Urteil setzt eine Entgeltumwandlung i.S. des § 1 Abs. 5 BetrAVG a.F. insoweit voraus, dass im Umwandlungszeitpunkt bereits eine Rechtsgrundlage für den betroffenen Entgeltanspruch bestand (*BAG v. 8.6.1999 – 3 AZR 136/98 – DB 1999, S. 2069 = BB 1999, S. 2195 = NZA 1999, S. 1103*). Das BAG führt insoweit allerdings nur aus, dass eine **bloße Chance auf einen höheren Verdienst**, letztendlich also eine in Aussicht gestellte Gehaltserhöhung, nicht ausreicht, um einen künftigen Entgeltanspruch annehmen zu können. Mit anderen Worten geht das BAG davon aus, dass eine Entgeltumwandlung nur in den Fällen unter das BetrAVG zu subsumieren ist, in denen im Umwandlungszeitpunkt bereits eine Rechtsgrundlage für den betroffenen Entgeltanspruch bestanden hat (*Blomeyer, DB 2001, S. 1413; Doetsch/Förster/Rühmann, DB 1998, S. 258; Höfer, BetrAVG, Bd. I – ArbR, § 1 Rn. 1630.9 ff.; Wohlleben, DB1998, S. 1230*). Betroffen von § 1 Abs. 2 Nr. 2 BetrAVG sind somit nur solche Entgeltansprüche, die im Zeitpunkt der Entgeltumwandlung zwar auf einer individual- oder kollektivrechtlichen Vereinbarung beruhen, aber in diesem Zeitpunkt noch nicht erdient und damit auch noch nicht fällig sind (*Blomeyer, DB 20001, S. 1413; Blomeyer/Otto, BetrAVG, 2. Aufl., Ergänzungsheft, Stand: 1.5.1998, Einl. zu Rz 55; Höfer, BetrAVG, Bd. I – ArbR, § 1 Rn. 1630.9 ff.*). Eine entsprechende Definition findet man auch in der steuerrechtlich maßgeblichen Verlautbarung der Finanzverwaltung, die im koordinierten Ländererlass aus dem Jahre 1995 (*vgl.: FinMin Brandenburg, Erlass v. 31.5.1995 – 36 – S 2332 – 7/95 – BB 1995, S. 133; FinMin NRW, Erlass v. 15.5.1995 – S 2332 – 75 – V B 3 – DB 1995, S. 1150; FinMin Schleswig-Holstein, Erlass v. 2.3.1995 – VI 340 b – S 2332 – 110 – DStR 1995, S. 49*) darauf abstellt, dass die in Betracht kommenden Bestandteile weder dem Grunde noch der Höhe nach bereits erdient sind.

215 In Frage kommen also grundsätzlich alle Vergütungsbestandteile, die noch nicht die Unternehmenssphäre in Richtung Privatsphäre des Arbeitnehmers verlassen haben, d.h. zukünftige monatliche Gehaltszahlungen sowie variable Vergütungen wie Tantiemen, erfolgsabhängige Bezüge etc., die jährlich neu festgelegt werden bzw. sich nach jährlich schwankenden Maßstäben ergeben, soweit sich der Verzicht lediglich auf künftige Abrechnungsperioden erstreckt. Fraglich ist somit im Einzelfall, wann der Anspruch auf z. B. Zahlung von Weihnachtsgeld erdient wird. Dies wiederum hängt entscheidend davon ab, welche rechtliche Qualität dem jeweiligen Zahlungsanspruch beizumessen ist (*grundlegend hierzu: Küttner, Stichwort: Weihnachtsgeld*).

Über die Voraussetzung, dass der Zeitraum, für den die umzuwandelnde Vergütung gezahlt wird, noch nicht begonnen haben darf, hinaus bestehen keine einschränkenden Anforderungen an den Inhalt einer Entgeltumwandlungsvereinbarung. Es können laufende Bezüge oder auch Sonderzahlungen umgewandelt werden. Der Gehaltsverzicht des Arbeitnehmers kann einmalig, befristet oder unbefristet erfolgen. Auch bestehen keine Vorgaben, in welcher Höhe der Gehaltsverzicht zu erklären ist (*vgl. Hanau/Arteaga, B Rn. 16*). 216

Demnach können also **zukünftige monatliche Gehaltsansprüche**, für welche die Arbeitsleistung als Gegenleistung noch nicht erbracht ist und welche noch nicht fällig sind, Gegenstand einer Entgeltumwandlungsvereinbarung sein. Mangels bestehender gesetzlicher Vorgaben für die Höhe einer anzuerkennenden Gehaltsumwandlung kann folglich auch auf einen Teil des Gehalts eines bestimmten Monats verzichtet werden. Da alleinige Voraussetzung einer wirksamen Umwandlung ist, dass der umzuwandelnde Anspruch noch nicht erdient und fällig ist und da im übrigen eine inhaltliche Gestaltungsfreiheit der Arbeitsvertragsparteien besteht, kann die Vereinbarung der Umwandlung von Gehaltsteilen, die z. B. dem nicht umwandlungsfähigen Weihnachtsgeld oder der bereits erdienten Tantieme der Höhe nach entsprechen, zulässigerweise vereinbart werden. Eine Umgehung der Vorschriften, die einer zulässigen Umwandlung von bereits erdienten Sonderzahlungen entgegenstehen, ist vor dem Hintergrund, dass sowohl laufende Bezüge als auch Sonderzahlungen umgewandelt werden können, nicht gegeben. 217

Mit Schreiben vom 14.12.2001 *(IV C 5 – S 2333 – 115/01 – zur Veröffentlichung vorgesehen)* hat das BMF seine bisherige Auffassung allerdings insoweit modifiziert, das zukünftig die Umwandlung von Einmal- und Sonderzahlungen (z. B. Urlaubs- und Weihnachtsgeld, Tantiemen des laufenden Jahres) zugunsten der betrieblichen Altersversorgung auch dann als steuerfrei anerkannt werden soll, wenn die Gehaltsänderungsvereinbarung bereits erdiente, aber noch nicht fällig gewordene Anteile umfasst. Dies gilt ab dem 1.1.2002 und gilt für alle Durchführungswege der betrieblichen Altersversorgung. 217a

Ab dem Jahr 2002 kann somit ohne steuerlich negative Auswirkungen zu jedem Zeitpunkt des Kalenderjahres eine Entgeltumwandlungsvereinbarung unter Einbeziehung des ganzen, laufenden Jahres geschlossen werden. Dies gilt sowohl für die bereits bisher nachgelagert besteuerten Durchführungswege (Direktzusage und Unterstützungskasse) als auch für die Durchführungswege Direktversicherung, Pensionskasse und Pensionsfonds, für die verschiedene steuerliche Vergünstigungen (§ 3 Nr. 63 EStG, § 10a EStG bzw. § 40b EStG – je nach Tatbestand der einzelnen Vorschrift) genutzt werden können. 217b

Damit ist die im BMF-Schreiben vom 4.2.2000 *(s.o. Rn. 214)* getroffenen Aussage überholt, dass Vereinbarungen zwischen Arbeitgeber und Arbeitnehmer über die Herabsetzung der Arbeitslohnansprüche, die für die betriebliche Altersversorgung verwandt werden sollen, (nur) dann nicht zum Zufluss des Teils des Arbeitslohnes führen, wenn es sich um Arbeitslohnansprüche handelt, die dem Grunde nach rechtlich noch nicht entstanden sind (künftiger Arbeitslohn). 217c

218 Zu beachten ist ferner § 4 TVG, der nur bei Regelungen aufgrund eines (Firmen-) Tarifvertrages oder auf der Grundlage einer tariflichen Öffnungsklausel i.S.v. § 4 Abs. 3 TVG eine entsprechende Umwandlung von Tarifgehältern als rechtlich unbedenklich zulässt (*Heither, S. 82 ff.*). Dies hat der Gesetzgeber auch so gesehen und durch die Neuregelung in § 17 Abs. 5 BetrAVG *(siehe hierzu die Ausführungen unter Rn. 669)* durch die Aufnahme eines entsprechenden Tarifvorrangs bestätigt.

(2) Steuerrechtliche Rahmenbedingungen

219 Der insoweit maßgebliche Ländererlass *(s.o. Rn. 214)* stammt allerdings aus der Zeit vor dem In-Kraft-Treten der BetrAVG-Novelle 1999 und richtet sich seinem Wortlaut nach auch nur an die in der Praxis bereits seit längerem üblichen Modelle der „deferred compensation" (*grundlegend hierzu: Langohr-Plato, Rechtshandbuch BAV, 1. Auflage, Rn. 781 ff.*), betrifft also streng genommen nur durch einen Entgeltverzicht finanzierte unmittelbare Pensionszusagen.

220 Die Finanzverwaltung hat aber bereits im Jahre 1998 durch diverse Verlautbarungen die Entgeltumwandlung auch im Bereich der Unterstützungskassen für steuerlich unbedenklich erklärt. So hat das Bundesfinanzministerium mit Schreiben vom 23.6.1998 (*Az.: IV B7 – S 2723 – 20/98, BetrAV 1998, S. 232)* ebenso wie die OFD Hannover mit Verfügung vom 3.9.1998 *(Az.: S 2723 – 26 – StO 214/S 2723 – 39 StH 231, BetrAV 1998, S. 304*) die Auffassung vertreten, dass durch den Entgeltverzicht zugunsten von Beitragsleistungen (Zuwendungen) des Arbeitgebers an eine Versorgungseinrichtung, die dem Arbeitnehmer keinen Rechtsanspruch auf die zugesagten Versorgungsleistungen gewährt (Unterstützungskasse), keinen Lohnzufluss beim Arbeitnehmer auslöst und auch die Steuerfreiheit der Unterstützungskasse durch den Entgeltverzicht nicht gefährdet wird.

221 Darüber hinaus hat das BMF mit Schreiben vom 7.9.1998 (*Az.: IV B 2 – S 2144c – 36/98, BB 1998, S. 2244*) ebenso wie die OFD Frankfurt a.M. in ihrer Verfügung vom 1.10.1998 (*Az.: S 2144c A – 15 – St II 20, DB 1998, S. 2345*) die im Zusammenhang mit einer durch Entgeltumwandlung finanzierten Unterstützungskassenzusage vorgenommenen Verpfändung der zur Finanzierung der Versorgungsverpflichtungen abgeschlossenen Rückdeckungsversicherung für steuerlich unbedenklich erklärt und zwar sowohl hinsichtlich der Zulässigkeit des steuerlichen Betriebsausgabenabzugs der Zuwendungen nach § 4d EStG, als auch hinsichtlich der nach § 5 KStG zu beurteilenden Frage der Befreiung der Unterstützungskasse von der Körperschaftsteuer.

222 Bedingt durch die Novellierung des BetrAVG und die bereits seinerzeit in § 1 Abs. 5 BetrAVG a.F. zum 1.1.1999 ausdrücklich geschaffene Möglichkeit der Entgeltumwandlung hat sich die Finanzverwaltung im Laufe des Jahres 1999 erneut intensiv mit der generellen lohnsteuerlichen Behandlung von „Gehaltsumwandlungsmodellen" im Zusammenhang mit Zusagen auf Leistungen der betrieblichen Altersversorgung auseinandergesetzt. Diese Überlegungen sind in den BMF-Schreiben vom 4.2.2000 (*DB 2000, S. 353*) und vom 6.1.2001 (*DB 2001, S. 357*) zusammengefasst worden, die – neben der nochmaligen Bestätigung der bisherigen Interpre-

tation des Begriffs „künftiger Arbeitslohn" – folgende, für die Praxis wesentliche Eckpunkte vorsehen:

(a) Absicherung biometrischer Risiken

Nach Ansicht der Finanzverwaltung handelt es sich nur dann um eine betriebliche Altersversorgung nach dem BetrAVG, wenn der Arbeitgeber **mindestens** ein biometrisches Risiko (Langlebigkeit, Invalidität **oder** Tod) übernimmt und die entsprechenden Leistungsansprüche erst mit Eintritt des jeweiligen biologischen Ereignisses fällig werden. Dabei soll als Untergrenze für die Gewährung von Altersversorgungsleistungen im Regelfall die Vollendung des 60. Lebensjahres gelten. 223

(b) Erweiterte Definition des Begriffs der Hinterbliebenenversorgung

Die Hinterbliebenenversorgung soll neben den **klassischen Hinterbliebenen** im sozialversicherungsrechtlichen Sinn (Witwe/Witwer/Waise) zumindest in **Einzelfällen** auch **die Lebensgefährtin/den Lebensgefährten** des Versorgungsberechtigten begünstigen können. Problematisch könnte sich in der praktischen Handhabung insoweit die im Erlassentwurf nicht näher definierte Einschränkung „im Einzelfall" erweisen. Welche konkreten Nachweise will/wird die Finanzverwaltung an den Nachweis des Bestandes einer (eheähnlichen) Lebensgemeinschaft stellen? Reicht hier eine erst kurze Zeit bestehende Lebensgemeinschaft voraus? Setzt Lebensgemeinschaft eine gemeinsame Wohnung voraus oder welcher sonstigen Art und Güte muss die steuerlich anzuerkennende Lebensgemeinschaft sein? Nach ersten, allerdings bislang nicht veröffentlichten Reaktionen aus der Finanzverwaltung ist damit zu rechnen, dass ein Kriterium für die steuerliche Anerkennung der Hinterbliebenenversorgung für einen Lebensgefährten die nachprüfbare Tatsache sein soll, ob dieser Lebensgefährte seinen Wohnsitz in der Wohnung des Verstorbenen hatte. Hier bleibt jedenfalls die weitere Entwicklung durch die Finanzverwaltung abzuwarten. 224

Eine darüber hinausgehende **Ausweitung des Anwendungsbereichs der Hinterbliebenenversorgung** durch die Finanzverwaltung z. B. an den gesetzlichen bzw. testamentarischen Erben ist nicht zu erwarten. Vielmehr enthält der Erlassentwurf ausdrücklich den Hinweis, dass eine Vererblichkeit der betrieblichen Versorgungsleistungen keine betriebliche Altersversorgung nach dem BetrAVG ist. 225

(c) Zulässigkeit eines sog. „Schattengehalts"

Eine Entgeltumwandlungsvereinbarung soll auch dann steuerlich anerkannt werden, wenn der bisherige ungekürzte Arbeitslohn, also das Entgelt vor Umwandlung (= Schattengehalt) auch nach der Umwandlung als Bemessungsgrundlage für künftige Gehaltserhöhungen oder sonstige gehaltsabhängige Arbeitgeberleistungen (Tantieme, Weihnachtsgeld, betriebliche Altersversorgung etc.) herangezogen wird. Steuerlich unschädlich ist ebenfalls die Vereinbarung einer zeitlichen Begrenzung der Entgeltumwandlung (im Extremfall begrenzt auf einen Zahlungstermin) oder der jederzeitigen einseitigen Abänderbarkeit der Umwandlungsvereinbarung durch den Arbeitnehmer. Diese Regelungen, die in der anfänglichen Diskussion in der Fi- 226 nanzverwaltung nicht unumstritten waren, sind aus praktischer Sicht nur zu begrüßen. Gerade die **Anerkennung des Schattengehalts** ist aus arbeitsrechtlicher und personalpolitischer Sicht zwingende Voraussetzung für die Akzeptanz von Entgeltumwandlungskonzepten. Der umwandlungsbereite Mitarbeiter will nämlich gerade nur einen exakt bestimmten Teil seines Gehaltes, der dann in eine wertgleiche Altersversorgung umgerechnet werden kann, aufwenden. Müsste er allerdings diesen „Gehaltsverzicht" konsequent durchziehen, so würde er nicht nur sein Gehalt reduzieren, sondern zugleich auch alle anderen jetzigen und zukünftigen gehaltsabhängigen Arbeitgeberleistungen. Dies hätte zur Konsequenz, dass der tatsächliche Betrag der Entgeltumwandlung in vielen Fällen überhaupt nicht berechnet werden könnte oder spätestens bei jeder Gehaltserhöhung nachkalkuliert werden müsste, so dass jegliche Basis für die Bestimmung einer wertgleichen Altersversorgung fehlen würde. Das von der Finanzverwaltung nunmehr ausdrücklich akzeptierte Schattengehalt wird daher praktischen Belangen gerecht, fördert die Akzeptanz der Entgeltumwandlung und ermöglicht damit eine rasche Verbreitung dieses neuen Versorgungskonzeptes.

(d) Generelles Abfindungsverbot

227 Es gilt ein generelles Abfindungsverbot. Steuerlich zulässig ist nur eine Abfindung gesetzlich unverfallbarer Versorgungsanwartschaften im Rahmen des § 3 BetrAVG (*BMF Schreiben v. 6.1.2001 – IV C 5 – S 2332 – 1/01 – DB 2001, S. 357*).

(e) Früheste Altersgrenze

228 Als **Untergrenze für betriebliche Altersversorgungsleistungen** ist die **Vollendung des 60. Lebensjahres** maßgeblich. Nur in besonderen, regelmäßig berufsgruppenbedingten Ausnahmefällen (z. B. Piloten) können betriebliche Altersversorgungsleistungen auch schon vor Vollendung des 60. Lebensjahres gewährt werden. Ob ein solcher Ausnahmefall vorliegt, ist anhand von gesetzlichen oder tariflichen Regelungen zu überprüfen. Die in Einzelfällen z. B. aufgrund einer Individualvereinbarung vor Vollendung des 60. Lebensjahres gezahlten Versorgungsleistungen stellen dagegen keine betriebliche Altersversorgung dar.

3. Rechtsanspruch auf Entgeltumwandlung (§ 1a BetrAVG)

229 Durch die Vorschrift des mit der BetrAVG-Novelle 2001 eingeführten § 1a BetrAVG wird ein **einklagbarer Rechtsanspruch** der Arbeitnehmer auf betriebliche Altersversorgung durch Entgeltumwandlung begründet.

Danach kann der Arbeitnehmer vom Arbeitgeber verlangen, dass von seinen künftigen Entgeltansprüchen bis zu 4% der jeweiligen Beitragsbemessungsgrenze in der gesetzlichen Rentenversicherung der Arbeiter und Angestellten durch Entgeltumwandlung für den Aufbau einer betrieblichen Altersversorgung verwendet werden. Insoweit gilt eine einheitliche Beitragsbemessungsgrenze (West) für die alten und die neuen Bundesländer. Würde für die neuen Bundesländer eine andere Beitragsbemessungsgrenze gelten, müsste dies ausdrücklich aufgeführt werden. Ist im Gesetz lediglich die Beitragsbemessungsgrenze erwähnt, ist damit immer West gemeint.

Der Anspruch besteht auch bei **Teilzeitbeschäftigten** in Höhe von 4 % der Beitragsbemessungsgrenze. Ansonsten würde das Gesetz ausdrücklich etwas anderes vorsehen. Der Höhe nach ist der Anspruch somit unabhängig vom individuellen Gehalt. 230

Die Durchführung des Anspruchs auf Entgeltumwandlung ist durch eine Vereinbarung zwischen den Vertragsparteien zu regeln. Insoweit besteht allerdings ein **„Wahlvorrecht“** des Arbeitgebers: Ist der Arbeitgeber zu einer Durchführung über einen Pensionsfonds oder eine Pensionskasse bereit, ist die Entgeltumwandlung dort durchzuführen. Ist dies nicht der Fall und kommt auch keine Einigung über einen anderen Durchführungsweg zustande, kann der Arbeitnehmer verlangen, dass eine Direktversicherung abgeschlossen wird. 231

Dabei ist zu beachten, dass dem Arbeitgeber als Vertragspartner eines externen Versorgungsträgers (überbetriebliche Versorgungseinrichtung oder Lebensversicherung) das Recht zusteht, sich diesen Vertragspartner aussuchen. Der Arbeitnehmer hat insoweit kein eigenes Bestimmungsrecht und muss die Wahl des Arbeitgebers grundsätzlich hinnehmen. Der Arbeitgeber muß jedoch seine Wahl nach billigem Ermessen im Rahmen des § 315 BGB ausüben. Seine Auswahl des Vertragspartners unterliegt der Inhaltskontrolle durch die Gerichte. 232

Wenn der Arbeitnehmer seinen Rechtsanspruch auf Entgeltumwandlung geltend machen will, muss er jährlich einen Betrag in Höhe von mindestens einem Hundertsechzigstel der Bezugsgröße für die gesetzliche Rentenversicherung (Bezugsgröße in 2001: 28.150,- € West, 23.520,- € Ost; Beitrag = 175,94/147,00 €) in betriebliche Altersversorgung umwandeln. Der Anspruch besteht ab dem 1.1.2002 und – im Gegensatz zur Förderung nach § 10a EStG – von Anfang an in Höhe von 4 % der BBG. 233

Nach § 1a Abs. 3 BetrAVG kann der Arbeitnehmer zusätzlich verlangen, dass Leistungen zugesagt werden, die den Voraussetzungen für eine Förderung nach §§ 10a, 82 Abs. 2 EStG entsprechen, wenn die Versorgung über einen Pensionsfonds, eine Pensionskasse oder eine Direktversicherung durchgeführt wird. Nach § 82 Abs. 2 EStG ist für eine Förderung nach diesen Vorschriften eine individuelle Versteuerung der Beiträge durch den Arbeitnehmer erforderlich. Dies hat wiederum eine Beitragspflicht in der Sozialversicherung nach den allgemeinen Regeln zur Folge. 234

Zu beachten ist, dass gemäß § 1a Abs. 2 BetrAVG **Zusagen auf betriebliche Altersversorgung aus Entgeltumwandlung,** die vor dem Inkrafttreten des neuen Gesetzes erteilt worden sind, den Anspruch auf Entgeltumwandlung entsprechend ihrem bestehenden Umfang („Soweit ... bestehen...“) einschränken. Das hat z. B. im Falle einer bereits bestehenden und aus einer Entgeltumwandlung finanzierten Direktversicherung mit dem derzeit höchstzulässigen pauschalierungsfähigen Beitrag von 1.752,- € zur Konsequenz, dass der Mitarbeiter nur noch die Differenz zwischen Direktversicherungsbeitrag und 4% der BBG (in 2002 = 2.160,- €), d.h. 408,- € im Rahmen seines Rechtsanspruchs auf Entgeltumwandlung zum Aufbau einer weiteren, zusätzlichen betrieblichen Altersversorgung verwenden kann. Die 235

Vorschrift ist zum 1.1.2002 in Kraft getreten; seit diesem Datum kann der Anspruch auf Entgeltumwandlung geltend gemacht werden.

236 Eine Einschränkung erfährt der Rechtsanspruch auf Entgeltumwandlung allerdings durch § 17 Abs. 5 BetrAVG. Danach kann für Tariflohn nur dann eine Entgeltumwandlung vereinbart werden, soweit dies durch einen Tarifvertrag vorgesehen (tarifvertraglicher Anspruch auf Entgeltumwandlung) oder durch Tarifvertrag zugelassen (sog. „Öffnungsklausel") ist. Die Regelung gilt nur für Entgeltumwandlungen, die auf Neuzusagen beruhen (§ 30h BetrAVG). Sie ist mit der Verkündung des Gesetzes in Kraft getreten. Entgeltumwandlungen im Bereich außer- bzw. übertariflicher Bezüge sind von dieser Einschränkung nicht betroffen.

4. Unverfallbarkeit (§ 1b BetrAVG)

237 Im Zeitraum zwischen der Erteilung der Versorgungszusage und dem Eintritt eines der durch die Versorgungszusage abgesicherten Versorgungsfälle besteht eine sog. „**Versorgungsanwartschaft**". Sie ist ein **aufschiebend bedingter Versorgungsanspruch**, der mit Eintritt des Versorgungsfalls zum Vollrecht erstarkt (*Griebeling, Rn. 345; Höfer, BetrAVG, ArbR, ART Rn. 715; Schaub, NWB 1989, F. 26, S. 2156*). Diese Versorgungsanwartschaft genießt unter bestimmten Voraussetzungen den besonderen Schutz von Rechtsprechung und Gesetz.

a) Vorgesetzliche Rechtsprechung

238 Bereits vor dem In-Kraft-Treten des Betriebsrentengesetzes hatte sich die Rechtsprechung mit der Frage des Bestandsschutzes betrieblicher Versorgungsanwartschaften auseinander zu setzen. Seinerzeit war es regelmäßig so, dass Versorgungsleistungen nur dann fällig wurden, wenn sich der Versorgungsfall während der aktiven Dienstzeit beim zusagenden Unternehmen realisierte, d.h. **Leistungsvoraussetzung** war der **Bestand des Arbeitsverhältnisses bis zum Eintritt eines** nach der Versorgungsordnung abgesicherten **Versorgungsfalles**. Dies hatte zur Konsequenz, dass bei einem Arbeitsplatzwechsel die Versorgungsanwartschaft endgültig und in vollem Umfang unterging, ohne dass der Arbeitnehmer hierfür einen finanziellen Ausgleich erhielt (sog. „**Verfallklausel**", *vgl. a.: Höfer, BetrAVG, § 1 Rn. 1288; Kemper, S. 30 ff.*). Die betriebliche Altersversorgung war somit seinerzeit eine „**goldene Fessel**" (*Ahrend/Förster, BetrAVG, § 1 Anm. 1; Schaub, NWB 1989, F. 26, S. 2156*) zur Bindung der Mitarbeiter an das Unternehmen.

239 Die Rechtsprechung hatte zunächst derartige Verfallklauseln für rechtlich zulässig erachtet (*vgl. u.a.: BAG v. 14.12.1956 – 1 AZR 29/55 – BB 1957, S. 221 = DB 1957, S. 1211; BAG v. 25.2.1960 – 3 AZR 446/57 – BB 1960, S. 783 = DB 1960, S. 879; BAG v. 10.12.1965 – 3 AZR 204/65 – BB 1966, S. 165 = DB 1966, S. 231*). In seinem **Grundsatzurteil** aus dem Jahre 1972 hat das BAG jedoch im Wege richterlicher **Rechtsfortbildung** entschieden, dass einem Arbeitnehmer, der vor Vollendung des 65. Lebensjahres aus dem Unternehmen ausgeschieden war, eine Versorgungsanwartschaft erhalten blieb, wenn der Arbeitnehmer bis zu seinem Ausschei-

den eine mindestens **20-jährige Betriebszugehörigkeit** nachweisen konnte (*BAG v. 10.3.1972 – 3 AZR 278/71 – BB 1972, S. 1005 = DB 1972, S. 1486 = MDR 1972, S. 899; vgl. ferner: BAG v. 20.2.1975 – 3 AZR 514/73 – BB 1975, S. 881 = DB 1975, S. 1274 = MDR 1975, S. 788; BAG v. 7.8.1975 – 3 AZR 12/75 – BB 1975, S. 1437 = DB 1975, S. 2088 = AuR 1976, S. 29; BAG v. 11.3.1976 – 3 AZR 334/75 – BB 1976, S. 841 = DB 1976, S. 1236 = NJW 1976 , S. 154*). Diese **richterrechtliche Unverfallbarkeit** wurde jedoch auf die Fälle begrenzt, in denen das **Arbeitsverhältnis nach dem 1.1.1969 beendet** wurde (*BAG v. 10.3.1972 – 3 AZR 278/71 – BB 1972, S. 1005 = DB 1972, S. 1486 = MDR 1972, S. 899*) und hielt auch einer verfassungsrechtlichen Überprüfung stand (*BVerfG v. 13.10.1976 – 1 BvR 163/76 – AP Nr. 14 zu § 242 BGB Ruhegehalt-Unverfallbarkeit; BAG v. 29.9.1975 – 3 AZR 484/75 – AP Nr. 13 zu § 242 BGB Ruhegehalt-Unverfallbarkeit*).

Diese Unverfallbarkeitsrechtsprechung gilt auch heute noch für alle vor dem In- 240
Kraft-Treten des BetrAVG beendeten Arbeitsverhältnisse (*Höfer, BetrAVG, ArbR; § 1 Rn. 1293*).

Soweit eine rechtsverbindlich erteilte, d.h. mit einem **Rechtsanspruch** ausgestat- 241
tete Versorgungsanwartschaft nach der vorgesetzlichen Rechtsprechung unverfallbar geworden ist, unterliegt sie generell dem erst später eingeführten **gesetzlichen Insolvenzschutz** nach den §§ 7 ff. BetrAVG (*BVerfG v. 10.3.1988 – 1 BvR 1118/86 – BB 1988, S. 2469; BGH v. 16.6.1980 – II ZR 195/79 – BB 1980, S. 1425 = DB 1980, S. 1991 = NJW 1980, S. 2471; BAG v. 16.10.1980 – 3 AZR 1/80 – BB 1981, S. 850 = DB 1981, S. 644 = AuR 1981, S. 122; vgl. ferner die Nachweise unter Rn. 503*). Etwas anderes gilt allerdings für eine **Unterstützungskassenversorgung** im Hinblick auf den satzungsmäßigen Ausschluss des Rechtsanspruchs. Aufgrund der sich aus dem fehlenden Rechtsanspruch ergebenden Unverbindlichkeit der Versorgungszusage genießen diese „Altfälle" **keinen gesetzlichen Insolvenzschutz** nach den Vorschriften des BetrAVG (*BVerfG v. 19.10.1983 – 2 BvR 298/81 – BB 1984, S. 341 = DB 1984, S. 190 = NJW 1984, S. 476*).

b) Gesetzliche Unverfallbarkeitsfristen

Nach § 1 Abs. 1 S. 1 BetrAVG a.F., der gemäß § 30f BetrAVG für einen Über- 242
gangszeitraum von fünf Jahren für all diejenigen Zusagen weiterhin Geltung entfaltet, die vor dem 1.1.2001 erteilt worden sind, behält ein Arbeitnehmer, dem aus Anlass seines Arbeitsverhältnisses Leistungen der betrieblichen Altersversorgung zugesagt worden sind, seine Anwartschaft auf Zahlung einer Betriebsrente auch dann, wenn sein **Arbeitsverhältnis vor Eintritt des Versorgungsfalls endet**, sofern der Arbeitnehmer im Zeitpunkt der Beendigung des Arbeitsverhältnisses

- das **35. Lebensjahr** vollendet hat **und**
- entweder die **Versorgungszusage** für ihn **mindestens 10 Jahre bestanden** hat **oder**
- der Beginn der **Betriebszugehörigkeit mindestens 12 Jahre** zurückliegt **und** die **Versorgungszusage** für ihn **mindestens 3 Jahre bestanden** hat.

243 Eine auf diesen Voraussetzungen begründete Unverfallbarkeit gilt für alle Durchführungswege und Leistungsarten der betrieblichen Altersversorgung (*Ahrend/Förster, BetrAVG, § 1 Anm. 2*); kommt gemäß der §§ 26, 32 BetrAVG allerdings nur für diejenigen Arbeitsverhältnisse in Betracht, die **nach dem Inkrafttreten des BetrAVG**, also frühestens am 23.12.1974, beendet worden sind (*vgl. a.: BVerfG v. 30.1.1978 – 2 BvR 1057/75 – BB 1978, S. 309 = DB 1978, S. 403 = NJW 1978, S. 2023*). Bei allen zuvor beendeten Arbeitsverhältnissen bleibt es bei den dargestellten Regelungen der vorgesetzlichen BAG-Rechtsprechung.

244 Der Eintritt der gesetzlichen Unverfallbarkeit ist ausschließlich abhängig von der **Erfüllung** der in § 1 Abs. 1 BetrAVG genannten **Fristen**. Auf welcher **Rechtsgrundlage** die Versorgungszusage beruht ist hierfür ebenso **irrelevant** wie der **Grund** aus dem Arbeitsverhältnis beendet worden ist. § 1 BetrAVG erfasst somit nicht nur die Beendigung des Arbeitsverhältnisses aufgrund einer **Arbeitgeberkündigung**, sondern auch die **einvernehmliche Beendigung** des Arbeitsverhältnisses (Fristablauf; Aufhebungsvertrag) sowie die **Eigenkündigung** durch den Arbeitnehmer (*vgl. a.: Blomeyer/Otto, BetrAVG, § 1 Rn. 158; Griebeling, Rn. 358; Höfer, BetrAVG, ArbR, § 1 Rn. 1547*).

245 Wird das Arbeitsverhältnis beendet, ohne dass die vorgenannten Unverfallbarkeitsvoraussetzungen erfüllt sind, so **verfällt die Versorgungsanwartschaft endgültig** und ohne sonstigen Wertausgleich (*Griebeling, Rn. 431*), sofern die Vertragsparteien nicht zugunsten des Mitarbeiters eine entsprechende Sonderregelung treffen. Derartige **Sonderregelungen**, die **zugunsten** des Versorgungsberechtigten eine von § 1 BetrAVG abweichende Regelung bezüglich der Aufrechterhaltung von Versorgungsanwartschaften bestimmen, sind nach § 17 Abs. 3 S. 3 BetrAVG ohne weiteres zulässig (*Ahrend/Förster, BetrAVG, § 1 Anm. 2; Höfer, BetrAVG, ArbR, § 1 Rn. 1300*), unterliegen als solche vom Gesetz abweichende Vereinbarungen allerdings nicht dem gesetzlichen Insolvenzschutz.

246 Erfolgt die Finanzierung der betrieblichen Versorgungsleistungen durch **Eigenbeiträge des Arbeitnehmers**, so kann im Regelfall zugunsten des Mitarbeiters eine **von vornherein unentziehbare Rechtsposition** und damit eine **sofortige vertragliche Unverfallbarkeit** auch ohne entsprechende ausdrückliche Vereinbarung unterstellt werden (*BAG v. 8.6.1993 – 3 AZR 670/92 – BB 1994, S. 73 = DB 1993, S. 2538 = NZA 1994, S. 507 = ZAP 1994, F 17 R, S. 61 m. Anm. Langohr-Plato*).

(1) Vollendung des 35. Lebensjahres

247 Unabhängig von der Dauer der tatsächlich zurückgelegten Dienstzeit, die bei einem mit der Lehre begründeten Arbeitsverhältnis im Einzelfall durchaus 15 Jahre oder mehr betragen kann, scheidet eine Unverfallbarkeit nach § 1 BetrAVG dann aus, wenn das Arbeitsverhältnis des Mitarbeiters **vor Vollendung des 35. Lebensjahres** beendet wird.

248 Inwieweit diese rein **personengebundene** Voraussetzung mit dem **Entgeltcharakter** *(vgl. hierzu Rn. 54 ff.)* der betrieblichen Altersversorgung und dem **Lohn-**

gleichheitsgebot vereinbar ist erscheint höchst fraglich (*vgl. a.: Griebeling, Rn. 359*). Zwar hat die Rechtsprechung in dieser Regelung **keine mittelbare Frauendiskriminierung** und damit auch keinen Verstoß gegen das Grundgesetz und gegen Art. 119 EWG-Vertrag gesehen (*LAG Hamm v. 19.12.1989 – 6 Sa 115/89 – BB 1990, S. 496 = DB 1990, S. 590; vgl. a.: Ahrend/Förster, BetrAVG, § 1 Anm. 9; Höfer, BetrAVG, ArbR, § 1 Rn. 1317 f.*). Dieses Ergebnis wird für die Frage der mittelbaren Diskriminierung auch durch statistische Untersuchungen belegt, die im Zusammenhang mit der Altersgrenze 35 **keine signifikante Schlechterstellung** weiblicher Mitarbeiter ergeben haben (*vgl. die Nachweise bei Beyer, BB 1994, S. 657* sowie bei *ifo, Betriebliche Altersversorgung 1993, S. 25 ff. und 1996, S. 18 f.*). Die Bedenken ergeben sich vielmehr im Hinblick auf die Tatsache, dass geschlechtsunabhängig betrachtet eine **zeitlich identische Tätigkeit** nach Vollendung des 35. Lebensjahres einen **besseren gesetzlichen Schutz** gegenüber einer vor Vollendung des 35. Lebensjahres abgeleisteten Dienstzeit genießt.

(2) Zusagedauer

Die erste Unverfallbarkeitsvariante von § 1 BetrAVG setzt neben der Vollendung des 35. Lebensjahres eine mindestens **10-jährige Existenz** der Versorgungszusage bis zur Beendigung des Arbeitsverhältnisses voraus. Lediglich für den Fall eines **vorruhestandsbedingten Ausscheidens** reicht es nach § 1 Abs. 1 S. 2 BetrAVG aus, wenn die 10-Jahres-Frist bei einer fiktiven Weiterbeschäftigung bis zum Erreichen der festen Altersgrenze hätte erfüllt werden können. 249

Die 10-Jahres-Frist beginnt mit dem **Abschluss der Versorgungsvereinbarung**. Soweit die Versorgungsverpflichtungen ausschließlich vom Arbeitgeber finanziert werden, kommt der Versorgungsvertrag nach § 151 BGB ohne ausdrückliche Annahmeerklärung bereits mit dem Zugang des Versorgungsversprechens beim Arbeitnehmer zustande. Dies gilt auch für Gesamtzusagen (*Ahrend/Förster, BetrAVG, § 1 Anm. 6*). 250

Beruht der Anspruch auf die Versorgungsleistung auf einer **kollektivrechtlichen Vereinbarung** (Betriebsvereinbarung, Tarifvertrag), so ist grundsätzlich deren **Inkrafttreten** für den Fristbeginn maßgeblich, frühestens jedoch der **Beginn des Arbeitsverhältnisses** des versorgungsberechtigten Mitarbeiters (*Ahrend/Förster, BetrAVG, § 1 Anm. 6; Höfer, BetrAVG, ArbR, § 1 Rn. 1387 ff.*). 251

Ist Anspruchsgrundlage für die Versorgungsleistungen eine **betriebliche Übung**, so beginnt die Frist frühestens mit der Aufnahme der Tätigkeit für das zusagende Unternehmen bzw. in dem Zeitpunkt, in dem der Arbeitgeber nicht mehr frei über das „ob" der Leistungsgewährung entscheiden und der Mitarbeiter aufgrund des bisherigen Verhaltens seines Arbeitgebers auf eine auch zukünftige Gewährung betrieblicher Versorgungsleistungen vertrauen kann (*BAG v. 5.2.1971 – 3 AZR 28/70 – BB 1971, S. 822 = DB 1971, S. 1117 = NJW 1971, S. 1422; BAG v. 19.6.1980 – 3 AZR 958/79 – BB 1981, S. 911 = DB 1981, S. 431 = AuR 1981, S. 91; BAG v. 29.10.1985 – 3 AZR 462/83 – BB 1986, S. 1647 = DB 1986, S. 2189 = NZA 1986, S. 786; LAG Köln v. 17.1.1985 – 8 Sa 1019/84 – BB 1985, S. 664 = NZA 1985, S. 398; Ahrend/Förster, BetrAVG, § 1 Anm. 6; Griebeling, Rn. 362; Höfer, BetrAVG, ArbR, § 1 Rn. 1383 ff.*). 252

253 Bei einer auf dem **Gleichbehandlungsgrundsatz** beruhenden Verpflichtung zur Gewährung betrieblicher Versorgungsleistungen ist für den Fristbeginn der Zeitpunkt maßgeblich, in dem der Arbeitgeber den Tatbestand der unzulässigen Differenzierung gesetzt hat (*Ahrend/Förster, BetrAVG, § 1 Anm. 6; Blomeyer/Otto, BetrAVG, § 1 Rn. 49; Griebeling, Rn. 362; Höfer, BetrAVG, ArbR, § 1 Rn. 1386*). Dies kann im Einzelfall zu einer **unbegrenzten Rückwirkung** der Einbeziehung bislang nicht begünstigter Mitarbeiter führen (*BAG v. 14.10.1986 – 3 AZR 66/83 – BB 1987, S. 829 = DB 1987, S. 994 = NZA 1987, S. 445 = NJW 1987, S. 2183*).

254 Unabhängig von den einzelnen Begründungsakten einer betrieblichen Versorgungsverpflichtung steht es den Vertragsparteien frei, vertraglich einen früheren, d.h. vor dem Inkrafttreten der Versorgungsvereinbarung bzw. dem Beginn des Arbeitsverhältnisses liegenden Zusagezeitpunkt zu fingieren. Wird eine solche **Vordienstzeit** angerechnet, so wirkt sie sich im Zweifel nicht nur auf den Zusagezeitpunkt, sondern auch auf die anzurechnende Betriebszugehörigkeit aus (*BAG v. 16.3.1982 – 3 AZR 843/79 – BB 1982, S. 1490 = DB 1982, S. 1728 = AuR 1982, S. 291; BAG v. 6.3.1984 – 3 AZR 82/82 – BB 1984, S. 2004 = DB 1984, S. 2516 = NZA 1984, S. 356; BAG v. 27.2.1990 – 3 AZR 213/88 – BB 1990, S. 1706 = DB 1990, S. 1870 = NZA 1990, S. 689; Griebeling, Rn. 364, 405 ff.*).

255 Werden dem versorgungsberechtigten Arbeitnehmer im Laufe seiner Tätigkeit für ein und dasselbe Unternehmen **verschiedene Versorgungszusagen** erteilt, so ist hinsichtlich der Unverfallbarkeitsfrist eine **differenzierte Bewertung** erforderlich: Stehen die Zusagen ersichtlich in keinem **inneren Zusammenhang**, so ist die später erteilte Zusage nicht als **Änderung der bestehenden Zusage** i.S.v. § 1 Abs. 1 S. 3 BetrAVG zu bewerten. In einem solchen Fall beginnt die Zusagefrist für das später erteilte Versorgungsversprechen neu und damit **unabhängig** von der bestehenden und möglicherweise bereits unverfallbaren Versorgungsanwartschaft zu laufen (*BAG v. 28.4.1992 – 3 AZR 354/91 – BetrAV 1992, S. 229; Ahrend/Förster, BetrAVG, § 1 Anm. 6; Griebeling, Rn. 395*). Um diese Rechtsfolge zu erreichen ist ein **ausdrücklicher Hinweis**, „dass die neue Zusage in keinem unmittelbaren sachlichen Zusammenhang zu bereits existierenden Versorgungsversprechen steht und völlig unabhängig von bereits existierenden Versorgungsversprechen erteilt wird“ dringendst zu empfehlen, damit der Arbeitnehmer nicht auf ein „Durchlaufen“ der Unverfallbarkeitsfrist vertrauen kann. Sinnvollerweise ist dieser Hinweis um den Zusatz zu erweitern, dass die Unverfallbarkeitsfrist für die neue Zusage mit deren Erteilung zu laufen beginnt.

Formulierungsvorschlag:

„Die vorliegende Versorgungszusage steht in keinem unmittelbaren sachlichen oder rechtlichen Zusammenhang zu etwa schon bestehenden oder künftigen Versorgungszusagen und wird unabhängig von derartigen weiteren Zusagen erteilt. Rechte, Anwartschaften und Unverfallbarkeitsfristen aus verschiedenen Versorgungszusagen sind daher ausschließlich nach dem Inhalt der jeweiligen Versorgungszusage zu beurteilen“.

Werden dagegen im Laufe des Arbeitsverhältnisses lediglich die **Leistungsbeträge** einer Versorgungszusage **erhöht**, so liegt nach der Theorie von der **Einheit der Versorgungszusage** (Einheitstheorie) eine Änderung i.S.v. § 1 Abs. 1 S. 2 BetrAVG vor, die **keine neue Unverfallbarkeitsfrist** in Lauf setzt. Der Eintritt der Unverfallbarkeit richtet sich dann nach dem zeitlichen Bestand der ursprünglichen Versorgungszusage (*BAG v. 12.2.1981 – 3 AZR 163/80 – BB 1981, S. 1338 = DB 1981, S. 1622 = NJW 1982, S. 463; BAG v. 28.4.1981 – 3 AZR 184/80 – BB 1982, S. 677 = DB 1982, S. 856 = AuR 1982, S. 163; Griebeling, Rn. 391 ff.; Höfer, BetrAVG, ArbR, § 1 Rn. 1403*). Eine solche reine **Leistungserhöhung** ist auch dann anzunehmen, wenn anstelle der Erhöhung einer bereits bestehenden Direktversicherung ein weiterer Direktversicherungsvertrag abgeschlossen wird (*BAG v. 12.2.1981 – 3 AZR 163/80 – BB 1981, S. 1338 = DB 1981, S. 1622 = NJW 1982, S. 463; Höfer, BetrAVG, § 1 Rn. 1407*) oder wenn bei der Zuschaltung eines anderen Durchführungsweges eine **Gesamtpension** (**Einheit der Versorgungszusagen**) im Wege der Anrechnung des ursprünglichen Versorgungsversprechens zugesagt wird (*BAG v. 28.4.1981 – 3 AZR 184/80 – BB 1982, S. 677 = DB 1982, S. 856 = AuR 1982, S. 163; Höfer, BetrAVG, ArbR, § 1 Rn. 1404, 1409, 1416*). 256

Die 10-Jahres-Frist muss in vollem Umfang erfüllt sein, um die Unverfallbarkeit begründen zu können. Ein Unterschreiten der Frist auch nur um einen Tag verhindert das Entstehen einer unverfallbaren Anwartschaft (*BAG v. 7.8.1975 – 3 AZR 12/75 – BB 1975, S. 1437 = DB 1975, S. 2088 = AuR 1976, S. 29; BAG v. 29.3.1983 – 3 AZR 26/81 – BB 1983, S. 2119 = DB 1983, S. 1879 = AuR 1983, S. 248; Ahrend/Förster, BetrAVG, § 1 Anm. 7*). Für die Fristberechnung gelten die allgemeinen zivilrechtlichen Bestimmungen der §§ 187 ff. BGB. 257

(3) Betriebszugehörigkeit

Die zweite Unverfallbarkeitsvariante von § 1 BetrAVG setzt neben der Vollendung des 35. Lebensjahres eine **Betriebszugehörigkeit** von **mindestens 12 Jahren** sowie eine mindestens **3-jährige Existenz** der Versorgungszusage bis zur Beendigung des Arbeitsverhältnisses voraus. 258

Betriebszugehörigkeit ist die Zeit der **ununterbrochenen Tätigkeit** für ein Unternehmen vom vertraglich vereinbarten Beginn des Arbeitsverhältnisses bis zu dessen Beendigung. Maßgeblich ist somit der **rechtliche Bestand** des Arbeitsverhältnisses (*Griebeling, Rn. 365*). Dies hat zur Konsequenz, dass auch solche Zeiten bei der Betriebszugehörigkeit anzurechnen sind, in denen die Pflichten aus dem Arbeitsverhältnis kraft Gesetzes oder vertraglicher Vereinbarung ruhen, ohne dass hierdurch das Arbeitsverhältnis selbst unterbrochen oder beendet wird. Solche **anrechnungspflichtigen** Zeiten eines **ruhenden Arbeitsverhältnisses** sind u.a. Zeiten des Wehr- und Ersatzdienstes (§ 1 ARbPlSchG, § 78 ZivildienstG), des Erziehungsurlaubs (§ 18 BErzGG), der Krankheit und des unbezahlten Urlaubs (*BAG v. 10.3.1992 – 3 AZR 140/91 – BB 1992, S. 2220 = DB 1992, S. 2251 = NZA 1992, S. 932; BAG v. 15.2.1994 – 3 AZR 708/93 – BB 1994, S. 1360 = DB 1994, S. 1479 = NZA 1994, S. 794*). 259

260 Auf die Dauer der Betriebszugehörigkeit sind die Zeiten des **Dienstes bei der Bundeswehr** anzurechnen. Die Anrechnung richtet sich bei Soldaten auf Zeit, die sich für mehr als zwei Jahre verpflichtet haben, nach den Vorschriften des SVG, vgl. § 8 VI SVG. Danach können sich folgende anrechnungsfähigen Wehrdienstzeiten ergeben:

- zwei Jahre der Wehrdienstzeit (§ 8 Abs. 2 S. 1 SVG) und zusätzlich die volle Dauer einer Fachausbildung, die während oder unmittelbar nach der Wehrdienstzeit zurückgelegt wird, zuzüglich
- ein Drittel der Dienstzeit, die nach Abzug der gemäß § 8 Abs. 2 S. 1 SVG anzurechnenden Wehrdienstzeit verbleibt, § 8 Abs. 2 S. 2 SVG (*vgl. Höfer, BetrAVG, § 1 Rn. 1497*).

261 Der Arbeitgeber ist allerdings nicht gehindert, **nicht entgeltpflichtige Dienstzeiten** bei einer dienstzeitabhängigen oder beitragsorientierten Versorgungszusage als **anrechnungsfähige** bzw. **leistungssteigernde Dienstzeiten auszuklammern**. Dies gilt insbesondere auch für Zeiten des **Erziehungsurlaubs**. Allerdings ist eine solche Nichtberücksichtigung nicht entgeltpflichtiger Dienstzeiten nur dann rechtlich zulässig, wenn die Nichtberücksichtigung **ausdrücklich** in der Versorgungszusage **geregelt** ist.

Formulierungsvorschlag:

„Die Beiträge zur Direktversicherung, d.h. die Prämienzahlung an den Lebensversicherer trägt ausschließlich und in vollem Umfang der Arbeitgeber.

Diese Zahlungsverpflichtung besteht allerdings nur insoweit ein entgeltpflichtiges Arbeitsverhältnis besteht. Das hat zur Konsequenz, dass in allen Fällen, in denen die Pflichten aus dem Arbeitsverhältnis kraft Gesetzes oder kraft vertraglicher Vereinbarung suspendiert sind und eine Entgeltfortzahlungspflicht des Arbeitgebers nicht besteht, so z. B. bei der Inanspruchnahme von Erziehungsurlaub oder sonstigem unbezahlten Urlaub, sowie nach Ablauf der gesetzlichen/tarifvertraglichen Lohnfortzahlungsverpflichtung im Krankheitsfall für die Dauer der Krankheit, der Arbeitgeber für den Zeitraum des ruhenden Arbeitsverhältnisses nicht zur Fortzahlung der Versicherungsprämie verpflichtet ist, sofern gesetzlich nichts anderes geregelt ist.

Der versorgungsberechtigte Arbeitnehmer hat in einem derartigen Fall allerdings das Recht, den Versicherungsvertrag mit eigenen Beiträgen fortzuführen; andernfalls wird der Versicherungsvertrag für den Zeitraum, in dem der Arbeitnehmer keine Gehaltszahlungen erhält, beitragsfrei gestellt. Hierdurch würde sich der aus dem Versicherungsvertrag bei Versicherungsabschluss ergebende Versicherungsschutz ebenso reduzieren, wie die sich aus der Versicherungszusage ergebenden Versorgungsleistungen“.

262 Ohne entsprechende Regelung sind auch solche nicht entgeltpflichtigen Dienstzeiten grundsätzlich leistungssteigernd zu berücksichtigen (*BAG v. 15.2.1994 – 3 AZR 708/93 – BB 1994, S. 1360 = DB 1994, S. 1479 = NZA 1994, S. 794*).

Soweit die betriebliche Altersversorgung über eine **Direktversicherung** gewährt wird, und der Arbeitgeber beabsichtigt, die **nicht entgeltpflichtigen Dienstzeiten** von der Beitragspflicht wirksam **auszuklammern**, sollte er allerdings beachten, dass auch eine **Beitragseinstellung** auf Zeit den **Versicherungsschutz beeinträchtigt**. Dies kann u.U. zu einem erheblichen Nachfinanzierungsrisiko führen, wenn ein vorzeitiger Versorgungsfall (Tod oder Invalidität) während der Zeit des ruhenden Arbeitsverhältnisses ausgelöst wird. Zur Vermeidung eines solchen Risikos ist dem Arbeitgeber die Weiterzahlung der **Risikoprämie** für den Zeitraum des ruhenden Arbeitsverhältnisses in jedem Fall zu **empfehlen**. 263

Ist ein Mitarbeiter im Rahmen eines **Saisonarbeitsverhältnisse** (z. B. im Gaststätten- oder Baugewerbe oder in der Landwirtschaft) tätig, so kann trotz tatsächlicher Beendigung des Arbeitsverhältnisses eine **durchgehende Betriebszugehörigkeit** angenommen werden, wenn der Mitarbeiter über einen längeren Zeitraum hinweg immer wieder saisonbedingt eingestellt wird und auch zukünftig ein Anspruch auf Wiedereinstellung besteht (*BAG v. 29.1.1987 – 2 AZR 109/86 – BB 1987, S. 1744 = DB 1987, S. 1742 = AuR 1987, S. 309; Ahrend/Förster, BetrAVG, § 1 Anm. 11; Blomeyer/Otto, BetrAVG, § 1 Rn. 136; Griebeling, Rn. 368; Höfer, BetrAVG, ArbR, § 1 Rn. 1525 ff.; Kemper, S. 83 f.*). 264

Ansonsten endet mit der Beendigung des Arbeitsverhältnisses sowohl die Zusagedauer als auch die Betriebszugehörigkeit (*Griebeling, Rn. 368*). Dienstzeiten aus **unterbrochenen Arbeitsverhältnissen** können daher grundsätzlich **nicht zusammengerechnet** werden (*BAG v. 14.4.1980 – 3 AZR 1123/78 – BB 1981, S. 367 = DB 1981, S. 429 = NJW 1981, S. 1112; BAG v. 29.9.1987 – 3 AZR 99/86 – BB 1988, S. 830 = DB 1988, S. 507 = NZA 1988, S. 311 m.w.N.; Griebeling, Rn. 368, 413*), sofern eine solche Zusammenrechnung nicht ausdrücklich vereinbart worden ist. 265

Eine solche **Anrechnung von Vordienstzeiten** ist ohne weiteres als Besserstellung i.S.v. § 17 Abs. 3 S. 3 BetrAVG zulässig (*BAG v. 3.8.1978 – 3 AZR 19/77 – BB 1978, S. 1571 = DB 1978, S. 2127 = NJW 1979, S. 446; BAG v. 9.3.1982 – 3 AZR 389/79 – BB 1982, S. 1733 = DB 1982, S. 2089 = AuR 1982, S. 291; Ahrend/Förster/Rößler, Teil 1, Rn. 367; Höfer, BetrAVG, ArbR, § 1 Rn. 1337 ff., 1456 ff.*), kann jedoch nur unter bestimmten Voraussetzungen zugleich auch den PSV als Träger der gesetzlichen Insolvenzsicherung binden (*BAG v. 11.1.1983 – 3 AZR 212/80 – BB 1984, S. 65 = DB 1984, S. 195; BAG v. 27.2.1990 – 3 AZR 213/88 – BB 1990, S. 1706 = DB 1990, S. 1870 = NZA 1990, S. 689; vgl. hierzu auch die Ausführungen und Anmerkungen unter Rn. 505*)

Auch Dienstzeiten in einer „**Vorgründungs-GmbH**“ können bei der Berechnung der Betriebszugehörigkeit für die GmbH zu berücksichtigen sein, wenn sie unmittelbar ineinander übergehen und die Tätigkeit in der Vorgründungs-GmbH bereits **auf Dauer angelegt** war, einen **nicht unerheblichen Umfang** erreichte und aufgrund einer **vertraglichen Bindung** erbracht worden ist (*BAG v. 21.8.1990 – 3 AZR 429/89 – BB 1991, S. 420 = DB 1991, S. 601 = NZA 1991, S. 311 = NJW 1991, S. 1197 = ZAP 1991, F 17R, S. 21 m. Anm. Langohr-Plato; Höfer, BetrAVG,* 266

ArbR, § 1 Rn. 1440). Aus Gründen der Rechtssicherheit ist es daher jedem für eine Vorgründungsgesellschaft Tätigen zu empfehlen, den Inhalt um Umfang seiner Tätigkeit so exakt wie nur möglich schriftlich festzulegen, um so möglichen späteren Rechtsstreitigkeiten vorbeugen zu können.

267 Soweit diese Unverfallbarkeitsvariante neben der Betriebszugehörigkeit noch auf eine bestimmte Dauer der Zusageexistenz von mindestens 3 Jahren abstellt, gelten die rechtlichen Rahmenbedingungen und Auslegungskriterien zur 10-Jahres-Frist entsprechend. Dies gilt auch für die Frage der **Unterbrechung der Unverfallbarkeitsfrist** durch eine **Änderung** der Versorgungszusage. Die in § 1 Abs. 1 S. 3 BetrAVG enthaltene Begrenzung der Änderungsregel auf die 10-jährige Unverfallbarkeitsfrist ist insoweit von der Rechtsprechung als redaktionelles Versehen gewertet worden (*BAG v. 12.2.1981 – 3 AZR 163/80 – BB 1981, S. 1338 = DB 1981, S. 1622 = NJW 1982, S. 463*; *vgl. a.: Griebeling, Rn. 392; Höfer, BetrAVG, ArbR, § 1 Rn. 1401 ff.; Kemper, S. 71*).

c) Neuregelung der Unverfallbarkeitsfristen durch die BetrAVG-Novelle 2001

268 Gab es bislang zwei Unverfallbarkeitsfristen, eine **zukunftsbezogene** (10-jähriger Bestand der Zusage) und eine vergangenheitsbezogene (3-jähriger Bestand der Zusage und 12-jährige Betriebszugehörigkeit) Frist, so gibt es zukünftig nur noch eine vom Bestand der Zusage, d.h. von der Zusagedauer abhängige **Unverfallbarkeitsfrist**. Zu unterscheiden ist allerdings die Unverfallbarkeit bei **arbeitgeberfinanzierten Zusagen** und bei **Entgeltumwandlungsvereinbarungen.**

(1) Arbeitgeberfinanzierte Zusagen

269 Bei der **arbeitgeberfinanzierten betrieblichen Altersversorgung** wird die Unverfallbarkeitsfrist von 10 auf 5 Jahre verkürzt und gleichzeitig die ebenfalls maßgebliche Altersgrenze von 35 auf 30 Jahre herabgesetzt. Gesetzliche Unverfallbarkeit tritt somit dann ein, wenn das Arbeitsverhältnis vor Eintritt des Versorgungsfalls, jedoch nach Vollendung des 30. Lebensjahres endet und die Versorgungszusage zu diesem Zeitpunkt mindestens 5 Jahre bestanden hat. Diese Regelung gilt allerdings nur für solche Zusagen, die erstmals nach dem 31.12.2000 erteilt worden sind.

270 Gemäß § 30f BetrAVG besteht für **Altzusagen,** d.h. für solche Zusagen, die vor dem 1.1.2001 erteilt worden sind, eine Übergangsregelung. Für diese Altzusagen gelten die bisherigen Unverfallbarkeitsfristen mit der Maßgabe weiter, dass die entsprechenden Versorgungsanwartschaften auch dann erhalten bleiben, wenn die Zusage ab dem In-Kraft-Treten der BetrAVG Novelle 5 Jahre bestanden hat und bei Beendigung des Arbeitsverhältnisses das 30. Lebensjahres vollendet ist. Für bestehende Zusagen wird also der 1.1.2001 als neuer Zusagezeitpunkt fingiert, so dass – sofern das 30. Lebensjahr vollendet ist – alle Altzusagen spätestens im Jahre 2006 unverfallbar werden.

(2) Unverfallbarkeit bei Entgeltumwandlung

Für Entgeltumwandlungsmodelle wird in § 1b Abs. 5 BetrAVG die **gesetzliche Unverfallbarkeit** ab Beginn eingeführt. 271

Für Altzusagen die aus Entgeltumwandlung finanziert werden gilt die gleiche **Übergangsregelung** wie für die arbeitgeberfinanzierte betriebliche Altersversorgung. Gemäß § 30f S. 2 BetrAVG findet § 1b Abs. 5 BetrAVG auf Anwartschaften aus Zusagen, die vor dem 1.1.2001 erteilt worden sind, keine Anwendung. Die Vorschriften über die Unverfallbarkeitsfristen sind rückwirkend zum 1.1.2001 in Kraft getreten und erfassen somit auch solche Zusagen, die im Jahre 2001 vor Verkündung des Gesetzes und damit noch im rechtlichen Anwendungsbereich des BetrAVG a.F. erteilt worden sind. 272

Bei der Entgeltumwandlung wird in § 1b Abs. 5 BetrAVG zudem das **Recht des Versorgungsberechtigten zur Fortsetzung der Versorgung** (nicht nur wie bisher „der Versicherung“) mit eigenen Beiträgen festgeschrieben. Damit hat nach dieser Vorschrift der Arbeitnehmer auch im Durchführungsweg Pensionsfonds das Recht, wie bei der Direktversicherung nach seinem Ausscheiden die Versorgung mit eigenen Beiträgen fortzuführen. 273

d) Besonderheiten bei der Direktversicherung

Hat ein Arbeitnehmer, dem eine betriebliche Altersversorgung in Form einer Direktversicherung zugesagt worden ist, die gesetzlichen Unverfallbarkeitsfristen erfüllt, so hat dies nach § 1b Abs. 2 BetrAVG folgende Konsequenzen: 274

- Die Bezugsberechtigung des Direktversicherungsvertrages darf gemäß § 1b Abs. 2 S. 1 BetrAVG vom Arbeitgeber nicht mehr widerrufen werden, wandelt sich also spätestens im Zeitpunkt der Unverfallbarkeit von einem grundsätzlich widerruflichen in ein **unwiderrufliches Bezugsrecht** um. Widerruft der Arbeitgeber gleichwohl gegenüber dem Versicherer die Bezugsberechtigung, macht er sich dem Arbeitnehmer gegenüber **schadenersatzpflichtig** (*BAG v. 28.7.1987 – 3 AZR 694/85 – DB 1988, S. 507 = NZA 1988, S. 159 = AuR 1988, S.57; Ahrend/Förster, BetrAVG, § 1 Anm. 13; Blomeyer/Otto, BetrAVG, § 1 Rn. 287; Höfer, BetrAVG, ArbR, § 1 Rn. 1584 ff., 1604 ff.*). Dieses Widerrufsverbot erstreckt sich auch auf die bis zur Beendigung des Arbeitsverhältnisses im Versicherungsvertrag erwirtschafteten **Überschussanteile**, wohingegen die nach der Beendigung des Arbeitsverhältnisses erwirtschafteten Überschussanteile durchaus vom Arbeitgeber für eigene Zwecke verwertet werden, so dass insoweit ein Bezugsrechtswiderruf zulässig ist (*BAG v. 29.7.1986 – 3 AZR 15/85 – BB 1987, S. 692 = DB 1987, S. 743; Höfer, BetrAVG, ArbR, § 1 Rn. 1591, 1766 ff.*). 275
- Hat der Arbeitgeber die Versicherung beliehen, verpfändet oder abgetreten, also über den Wert der Versicherung **wirtschaftlich verfügt**, so ist der Arbeitgeber nach § 2 Abs. 2 S. 3 BetrAVG verpflichtet, diese Verfügungen **rückgängig zu**

machen. Ist dies – aus welchen Gründen auch immer – nicht möglich, so ist der Arbeitgeber im Wege der Naturalrestitution (§ 249 BGB) **schadenersatzpflichtig** und muss den Arbeitnehmer so stellen, als ob die wirtschaftliche Verfügung nicht erfolgt wäre (*Höfer, BetrAVG, ArbR, § 1 Rn. 1596 ff., 1604 ff.*).

- Werden bei einer betrieblichen Altersversorgung in Form einer Direktversicherung die Prämien der Versicherung vereinbarungsgemäß anstelle einer Vergütung gezahlt (Versicherung nach **Gehaltsumwandlung**), so war bereits in der Vergangenheit regelmäßig davon auszugehen, dass der Arbeitgeber dem Arbeitnehmer eine von vornherein unentziehbare Rechtsposition einräumen und damit die Unverfallbarkeit der Anwartschaft zusagen wollte (*BAG v. 8.6.1993 – 3 AZR 670/92 – BB 1994, S. 73 = DB 1993, S. 2538 = MDR 1994, S. 1130 = NZA 1994, S. 507 = ZAP 1994, F. 17R, S. 61 m. Anm. Langohr-Plato*). Dies hat der Gesetzgeber nunmehr so auch ausdrücklich in § 1b Abs. 5 BetrAVG geregelt.

e) Besonderheiten bei Pensions- und Unterstützungskassen

276 Wird die betriebliche Altersversorgung über eine **Pensionskasse** abgewickelt, ist der Arbeitnehmer stets selbst Bezugsberechtigter der in der Pensionskasse versicherten Versorgungsleistungen. Nach § 1b Abs. 3 BetrAVG gelten für das Entstehen einer unverfallbaren Versorgungsanwartschaft die Voraussetzungen von **§ 1b Abs. 1 BetrAVG entsprechend**. Zu beachten ist allerdings, dass ein eventueller Eigenbeitrag des Versorgungsberechtigten stets in vollem Umfang erhalten bleibt.

Die über eine **Unterstützungskasse** zugesagten Versorgungsleistungen werden hinsichtlich ihrer Unverfallbarkeit nach § 1b Abs. 4 BetrAVG unmittelbaren Versorgungszusagen gleichgestellt. Die Versorgungszusage gilt dabei in dem Zeitpunkt als erteilt, von dem an der Arbeitnehmer zum **Kreis der Begünstigten** der Unterstützungskasse gehört. Insoweit sind die Bestimmungen der Satzung der Unterstützungskasse maßgeblich.

f) Wartezeiten und Vorschaltzeiten

277 Eine Vielzahl insbesondere älterer Versorgungszusagen steht unter dem Vorbehalt der Erfüllung sog. „**Wartezeiten**“ bzw. „**Vorschaltzeiten**“, d.h. der Anspruch auf die Versorgungsleistung entsteht frühestens mit Ablauf dieser Fristen. Insoweit sind die als **Anspruchsvoraussetzungen** ausgestalteten Warte- und Vorschaltzeiten streng von den Unverfallbarkeitsfristen zu unterscheiden (*vgl. a.: BGH v. 25.1.1993 – II ZR 45/92 – BB 1993; S. 679 = ZIP 1993, S. 379; Ahrend/Förster, BetrAVG, § 1 Anm. 8; Griebeling, Rn. 398*).

278 Dem **Grundsatz der Vertragsfreiheit** folgend, können Wartezeiten **uneingeschränkt** vereinbart werden. So hat die Rechtsprechung Wartezeiten mit einer **über die** Dauer der gesetzlichen **Unverfallbarkeitsfristen** hinausgehenden Laufzeit von bislang **bis zu 35 Jahren** (zukünftig 30 Jahren) nicht als unbillige Regelung oder gar Knebelung des Arbeitnehmers gewertet (*BAG v. 9.3.1982 – 3 AZR 389/79 – BB 1982, S. 1733 = DB 1982, S. 2089 = AuR 1982, S. 291; LAG Frankfurt v. 20.4.1988 – 8 Sa 923/87 – BB 1988, S. 2179 = DB 1988, S. 2650; LAG Köln v. 10.11.1992 –*

4 Sa 238/92 – LAGE Nr. 14 zu § 1 BetrAVG; Ahrend/Förster, BetrAVG, § 1 Anm. 8; Höfer, BetrAVG, ArbR, § 1 Rn. 619). In diesen Fällen kann allerdings die Wartezeit nach § 1b Abs. 1 S. 5 BetrAVG auch **außerhalb des Arbeitsverhältnisses** und auch noch nach Eintritt des Versorgungsfalls erfüllt werden (*BAG v. 14.1.1986 – 3 AZR 473/84 – BB 1986, S. 2340 = DB 1986, S. 2551 = NZA 1986, S. 782; BAG v. 18.3. 1986 – 3 AZR 641/84 – BB 1986, S. 1577 = DB 1986, S. 1930 = NZA 1986, S. 715; BAG v. 28.2.1989 – 3 AZR 470/87 – BB 1989, S. 1348 = DB 1989, S. 1579 = NZA 1989, S. 676; Ahrend/Förster, BetrAVG, § 1 Anm. 8; Griebeling, Rn. 401 f.; Höfer, BetrAVG, ArbR, § 1 Rn. 1568*).

Moderne Versorgungszusagen gehen allerdings immer mehr zu einer **verkürzten Wartezeit** von maximal 3 bis 5 Jahren über, wobei – unter sozialen Aspekten – vielfach auf die Erfüllung der **Wartezeit** gänzlich **verzichtet** wird, wenn der Eintritt des Versorgungsfalls auf einer berufsbedingten Krankheit oder einem Berufsunfall beruht (*Lutz/Langohr-Plato, S. 33*). 279

Im Gegensatz zur Wartezeit, die eine bereits bestehende Versorgungszusage voraussetzt, bezweckt die sog. „**Vorschaltzeit**", dass erst nach Ablauf einer bestimmten Frist die Versorgungszusage formell wirksam erteilt werden soll. Dies hätte unmittelbare Konsequenzen für den Beginn der Zusagedauer und damit auch für den Beginn der Unverfallbarkeitsfristen. Durch eine entsprechende vertragliche Gestaltung könnte sogar der gesetzliche Unverfallbarkeitsschutz völlig umgangen werden. Um derartige missbräuchliche Gestaltungsvarianten auszuschließen, hat die Rechtsprechung eine entsprechende „**Zusage auf den Abschluss einer zukünftigen Versorgungszusage**" stets selbst als Versorgungszusage i.S.v. § 1 BetrAVG a.F. gewertet, wenn dem Arbeitgeber nach Ablauf der vereinbarten Vorschaltzeit **kein Entscheidungsspielraum** mehr über den Inhalt und Umfang der zu erteilenden Versorgungszusage verbleibt (*BAG v. 13.7.1978 – 3 AZR 278/77 – BB 1979, S. 477 = DB 1979, S. 551 = AuR 1979, S. 218; BAG v. 20.3.1980 – 3 AZR 697/78 – BB 1980, S. 1048 = DB 1980, S. 1352 = NJW 1980, S. 2428; BAG v. 21.8.1980 – 3 AZR 143/80 – BB 1981, S. 671 = DB 1981, S. 430 = NJW 1981, S. 1855; BAG v. 15.12.1981 – 3 AZR 1100/78 – BB 1982, S. 1488 = DB 1982, S. 855 = AuR 1982, S. 163; BGH v. 4.5.1981 – II ZR 100/80 – AP Nr. 9 zu § 1 BetrAVG Wartezeit; Ahrend/Förster, BetrAVG, § 1 Anm. 6; Griebeling, Rn. 306; Höfer, BetrAVG, ArbR, ART, Rn. 607 f., § 1 Rn. 1355, 1359; Schaub, NWB 1989, F. 26, S. 2157*). In diesen Fällen, in denen die Zusageerteilung ausschließlich vom Ablauf einer bestimmten Frist abhängt, wirkt sich die Vorschaltzeit also lediglich wie eine Wartezeit aus. Die **förmliche Erteilung** der Versorgungszusage nach Ablauf der Mindestdienstzeit ist daher für den Zeitpunkt der Unverfallbarkeit **ohne** jegliche **Bedeutung** (*BAG v. 7.7.1977 – 3 AZR 572/76 – BB 1977, S. 1305 = DB 1977, S. 1704 = NJW 1977, S. 2376; Ahrend/Förster, BetrAVG, § 1 Anm. 6*). Dies gilt auch für Versorgungszusagen, die über eine **Unterstützungskasse** gewährt werden (*BAG v. 13.7.1978 – 3 AZR 278/77 – BB 1979, S. 477 = DB 1979, S. 551 = AuR 1979, S. 218; BAG v. 20.3.1980 – 3 AZR 697/78 – BB 1980, S. 1048 = DB 1980, S. 1352 = NJW 1980, S. 2428; Ahrend/Förster, BetrAVG, § 1 Anm. 6*). 280

281 Etwas anderes gilt allerdings dann, wenn die Erteilung der Versorgungszusage nicht vom Ablauf einer bestimmten Frist, sondern vom im Zeitpunkt der Ankündigung einer Zusageerteilung noch **ungewissen Erreichen** einer bestimmten **Funktion** oder **Position** abhängig gemacht wird. Eine solche **statusbezogene Aufnahmevoraussetzung** stellt **keine Vorschaltzeit** im Sinne der vorgenannten Rechtsprechung dar, da dem Arbeitgeber seine Entscheidungsfreiheit über die Erteilung der Versorgungszusage verbleibt. Der Arbeitgeber hat es allein in der Hand, das ob und den Zeitpunkt einer entsprechenden Beförderung zu bestimmen und damit die Versorgungszusage zu gewähren. Für die Unverfallbarkeitsfrist ist damit in derartigen Fallkonstellationen auf die formelle Zusageerteilung abzustellen (*BAG v. 20.4.1982 – 3 AZR 1118/79 – BB 1982, S. 1426 = DB 1982, S. 1879 = NJW 1983, S. 414; Griebeling, Rn. 310; Höfer, BetrAVG, § 1 Rn. 1355; Schaub, NWB 1989, F. 26, S. 2157*).

282 Hat der Arbeitgeber seinen Mitarbeitern zwar die Erteilung von Versorgungszusagen angekündigt, diese Ankündigung jedoch hinsichtlich Leistungsumfang und Leistungsvoraussetzungen nicht konkretisiert, liegt eine sog. „**Blankettzusage**" vor. Diese ist nach § 315 BGB im Rahmen der Billigkeit zu konkretisieren, ggf. durch richterlichen Entscheid (*BAG v. 13.3.1975 – 3 AZR 446/74 – BB 1975, S. 1113 = DB 1975, S. 1563 = AuR 1975, S. 378; BAG v. 23.11.1978 – BB 1979, S. 273 = DB 1979, S. 364 = AuR 1979, S. 316; BAG v. 19.6.1980 – 3 AZR 958/79 – BB 1981, S. 911 = DB 1981, S. 431 = AuR 1981, S. 81; Griebeling, Rn. 290 f.; Höfer, BetrAVG, ArbR, ART Rn. 194*). Bei einer solchen Blankettzusage beginnt die Unverfallbarkeitsfrist ebenso wie bei der Vorschaltzeit nicht bei der späteren Konkretisierung, sondern bereits mit der **Ankündigung des Versorgungsversprechens** (*BAG v. 23.11.1978 – 3 AZR 708/77 – BB 1979, S. 273 = DB 1979, S. 364 = AuR 1979, S. 316; Ahrend/Förster, BetrAVG, § 1 Anm. 6; Höfer, BetrAVG, ArbR, § 1 Rn. 1358*).

g) Aufklärungspflichten

283 Im Zusammenhang mit der Beendigung eines Arbeitsverhältnisses besteht für den Arbeitgeber grundsätzlich **keine Aufklärungspflicht** bezüglich eines möglichen Verlustes der betrieblichen Versorgungsanwartschaften aufgrund der Nichterreichung der gesetzlichen Unverfallbarkeitsfristen (*Höfer, BetrAVG, ArbR, § 1 Rn. 1327*). Vielmehr ist **es alleinige Angelegenheit des Arbeitnehmers**, sich über die möglichen **rechtlichen Konsequenzen** der Beendigung des Arbeitsverhältnisses **Klarheit zu verschaffen**. Dies gilt auch dann, wenn die Unverfallbarkeitsfristen nur knapp verfehlt werden (so bereits: *BAG v. 7.8.1975 – 3 AZR 12/75 – BB 1975, S. 1437 = DB 1975, S. 2088 = AuR 1976, S. 29*). Eine Ausnahme besteht allenfalls dann, wenn der Arbeitgeber in **treuwidriger Weise** die Erfüllung der Unverfallbarkeitsfrist verhindert (*BAG v. 7.8.1975 – 3 AZR 12/75 – BB 1975, S. 1437 = DB 1975, S. 2088 = AuR 1976, S. 29*) oder wenn der Arbeitnehmer aufgrund besonderer Umstände darauf **vertrauen** kann, dass der Arbeitgeber bei einer vorzeitigen Beendigung des Arbeitsverhältnisses auch die Interessen des Arbeitnehmers wahren und in redlicher Weise vor unbedachten nachteiligen Folgen des vorzeitigen Ausscheidens u.a. auch im Hinblick auf seine betriebliche Altersversorgung

bewahren wird. (*BAG v. 3.7.1990 – 3 AZR 382/89 – BB 1990, S. 142 = DB 1990, S. 2431 = NZA 1990, S. 971*).

5. Höhe der unverfallbaren Anwartschaft (§ 2 BetrAVG)

Arbeitnehmer die vor Eintritt eines durch ihre Versorgungszusage abgesicherten 284
Versorgungsfalls aus dem Unternehmen ausscheiden, haben aufgrund dieses **vorzeitigen Ausscheidens** konsequenterweise auch keinen Anspruch auf eine Versorgungsleistung in voller Höhe. Vielmehr steht den Versorgungsberechtigten in einem solchen Fall nur eine **Teilleistung** zu, deren Höhe sich ausschließlich aus den in **§ 2 BetrAVG** für alle Durchführungswege normierten **zwingenden** gesetzlichen **Berechnungsgrundsätzen** ergibt. Bei dieser Berechnungsvorschrift handelt es sich, wie bei allen anderen Vorschriften des BetrAVG auch, um eine **Mindeststandardnorm**, so dass abweichende Vereinbarungen zugunsten des Versorgungsberechtigten stets zulässig sind (*BAG v.21.6.1979 – 3 AZR 806/78 – BB 1979, S. 1663 = DB 1979, S. 2431 = AuR 1980, S. 90; BAG v. 4.10.1994 – 3 AZR 215/94 – NZA 1995, S. 788; Ahrend/Förster, BetrAVG, § 2 Anm. 1; Griebeling, Rn. 481; Höfer, BetrAVG, ArbR, § 2 Rn. 1632*).

a) Ratierliches Berechnungsverfahren/Quotierungsprinzip

Gemäß § 2 Abs. 1 BetrAVG hat der mit einer gesetzlich unverfallbaren Versor- 285
gungsanwartschaft ausgeschiedene Mitarbeiter einen zukünftig fällig werdenden Versorgungsanspruch in Höhe eines **ratierlich** zu berechnenden **Anteils** der ihm **ohne das vorherige Ausscheiden zustehenden Versorgungsleistung**. Diese zunächst einmal **für unmittelbare Versorgungszusagen** geltende Berechnungsvorschrift gilt gemäß § 2 Abs. 4 BetrAVG für **Unterstützungskassen** entsprechend.

(1) Berechnungsgrundsätze

Nach diesem auch als „**pro rata temporis-Verfahren**" oder „**m/n-tel-Verfahren**" 286
bezeichneten **Quotierungsprinzip** ist die bis zum Ausscheiden **tatsächlich zurückgelegte Dienstzeit** (= „m") zu der bis zur vertraglich normierten festen Altersgrenze **möglichen Dienstzeit** (= „n") ins Verhältnis zu setzen. Mithin ist zunächst die Höhe der Versorgungsleistung zu ermitteln, die sich bei einem fiktiven Fortbestand des beendeten Arbeitsverhältnisses bis zum Erreichen der Altersgrenze ergeben hätte. Dieser hypothetische Rentenwert ist dann entsprechend um die nicht abgeleisteten Dienstzeiten zu kürzen. Dies geschieht dadurch, dass man den Quotienten zwischen tatsächlicher und möglicher Betriebszugehörigkeit („m/n") bildet und anschließend die hypothetisch erreichbare Versorgungsleistung mit diesem „**Unverfallbarkeitsfaktor**" kürzt (*vgl. a.: BAG v. 12.11.1991 – 3 AZR 520/90 – BB 1992, S. 360 = DB 1992, S. 638 = NZA 1992, S. 466; Ahrend/Förster, BetrAVG, § 2 Anm. 2; Heither, HwBAR, Nr. 540 – BAV, Rn. 96*). Maßgeblich für die Höhe der unverfallbaren Versorgungsanwartschaft ist somit folgende **Formel**:

$$\frac{\text{tatsächlich erreichte Betriebszugehörigkeit (m)}}{\text{bis zur Altersgrenze mögliche Betriebszugehörigkeit (n)}} = \text{\% der Versorgung}$$

287 Der Unverfallbarkeitsfaktor ist grundsätzlich **auf den Tag genau** zu berechnen. Die Rechtsprechung akzeptiert allerdings auch eine Berechnung der Dienstzeiten nach vollendeten Monaten (*BAG v. 22.2.1983 – 3 AZR 546/80 – BB 1983, S. 1668 = DB 1983, S. 2254 = NJW 1984, S. 996; Ahrend/Förster, BetrAVG, § 2 Anm. 2; Griebeling, Rn. 487; Höfer, BetrAVG, ArbR, § 2 Rn. 1691*).

288 Bei der Berechnung der **erdienbaren Versorgungsanwartschaft** bleiben Änderungen der Bemessungsgrundlage, die nach dem Ausscheiden des Versorgungsberechtigten eintreten, nach § 2 Abs. 5 BetrAVG unberücksichtigt (**Veränderungssperre**). Die erdienbare Versorgungsleistung ist also auf der Basis der im **Zeitpunkt des Ausscheidens aktuellen Bemessungsfaktoren** (ruhegeldfähiges Einkommen) zu ermitteln. Dies hat insbesondere zur Konsequenz, dass sich eine gehaltsabhängige und damit dynamisch gestaltete Versorgungsanwartschaft (**Endgehalts-** oder **Durchschnittsgehaltsplan**) in einen **statischen** unverfallbaren **Anwartschaftswert** umwandelt. Demgegenüber ist bei einer rein dienstzeitabhängigen Versorgungsformel die unverfallbare Anwartschaft auf der Basis der bis zum vereinbarten Pensionsalter erdienbaren Versorgungsleistung zu berechnen, und zwar inklusive möglicher, aber erst nach dem Ausscheiden einsetzender Steigerungsbeträge (z. B. dienstzeitabhägig gestaffelte Steigerungsbeträge). Das hat zur Konsequenz, dass der Versorgungsberechtigte bei der Berechnung seiner unverfallbaren Versorgungsanwartschaft auch an einer entsprechenden Dynamik partizipiert.

289 Diese Berechnungsgrundsätze gelten auch bei einem sog. „**Gesamtversorgungssystem**" oder „**Limitierungssystem**", bei dem die Höhe der Versorgungsleistung unter Anrechnung der gesetzlichen Sozialversicherungsrente ermittelt wird. Hinsichtlich der Hochrechnung der fiktiven Sozialversicherungsrente sind dabei nach § 2 Abs. 5 S. 2 BetrAVG zwei Berechnungsverfahren zulässig: das **steuerliche Näherungsverfahren** sowie die **individuelle**, auf eine fiktive Beitragszahlung abgestellte **Hochrechnung** (*BAG v. 12.11.1991 – 3 AZR 520/90 – BB 1992, S. 360 = DB 1992, S. 638 = NZA 1992, S. 466; Ahrend/Förster, BetrAVG, § 2 Anm. 2; Griebeling, Rn. 483; Schaub, NWB 1989, F. 26, S. 2158*).

290 Dem **steuerlichen Näherungsverfahren** liegt folgende **Berechnungsformel** zugrunde (vgl. hierzu: *BMF v. 10.12.1990 – DB 1990, S. 2562 = BetrAV 1990, S. 264; Höfer, BetrAVG, § 2 Rn. 1950 ff.*):

> **Maßgebliche Bezüge** (mB) x Anzahl der **Versicherungsjahre** (Vj) x
> **bezügeabhängiger Steigerungssatz** (St) = Betrag der Sozialversicherungsrente

291 Im Rahmen dieses Näherungsverfahrens – wird abweichend von dem im aktuellen Rentenwert enthaltenen Steigerungssatz in der gesetzlichen Rentenversicherung von 1,5% – ein **Mittelwert** von **1,1 %** als **bezügeabhängiger Steigerungssatz** pauschal eingerechnet. Im übrigen berücksichtigt das Näherungsverfahren die individuellen Bezüge und Beitragsjahre (*BMF v. 10.12.1990 – DB 1990, S. 2562 = BetrAV 1990, S. 264*).

Soweit die Versorgungszusage lediglich einen Hinweis auf die „anzurechnende Sozialversicherungsrente“ enthält, so ist dieser Hinweis im Zweifel als der Betrag der **Bruttorente** auszulegen. Der Arbeitnehmer kann also nicht ohne entsprechende vertragliche Grundlage beanspruchen, dass bei der Ermittlung des anzurechnenden Rentenbetrages Abschläge, u.a. in Höhe des Beitrags zur Krankenversicherung der Rentner, zu berücksichtigen sind (*BAG v. 10.3.1992 – 3 AZR 352/91 – BB 1992, S. 1432 = DB 1993, S. 283 = NZA 1992, S. 935; BAG v. 6.4.1993 – 3 AZR 527/92 – BetrAV 1993, S. 27; Ahrend/Förster, BetrAVG, § 2 Anm. 2; Griebeling, Rn. 484*). 292

Bei einer in der Versorgungszusage enthaltenen **Höchstbegrenzungsklausel** bzw. **Gesamtversorgungsobergrenze** ist nach den von der Rechtsprechung aufgestellten Auslegungsregeln die erreichbare Versorgungsleistung unter Berücksichtigung der Begrenzungsklausel zu ermitteln (*BAG v. 12.11.1991 – 3 AZR 520/90 – BB 1992, S. 360 = DB 1992, S. 638 = NZA 1992*). Der sich danach ergebende Wert ist dann nochmals ratierlich zu kürzen (*BAG v. 25.10.1983 – 3 AZR 357/81 – BB 1984, S. 213 = DB 1984, S. 193 = AuR 1984, S. 53*). 293

Das nach § 2 BetrAVG vorgeschriebene Berechnungsverfahren gilt nicht nur für die Ermittlung der unverfallbaren Anwartschaft auf Altersversorgung, sondern entsprechend auch für die sonstigen Versorgungsleistungen (**Invaliden – und Hinterbliebenenversorgung**) und ist sowohl für Renten-, wie auch für Kapitalzusagen zugrunde zu legen. Die gesetzlich unverfallbare Versorgungsanwartschaft auf Invaliditäts- oder Hinterbliebenenversorgung ist der Höhe nach jedoch gemäß § 2 Abs. 1 S. 2 BetrAVG auf den Wert **begrenzt**, der sich bei einem fiktiven Eintritt des entsprechenden Versorgungsfalls im Zeitpunkt des Ausscheidens ergeben hätte. Durch diese Begrenzung soll erreicht werden, dass der mit einer unverfallbaren Anwartschaft ausgeschiedene Mitarbeiter nicht gegenüber einem bis zum Eintritt des Versorgungsfalls im Unternehmen verbleibenden Mitarbeiter besser gestellt wird (*BT-Drucks. 7/1281, Teil B zu § 2 BetrAVG, S. 25; vgl. a.: Ahrend/Förster, BetrAVG, § 2 Anm. 2; Höfer, BetrAVG, ArbR, § 2 Rn. 1720; Schaub, NWB 1989, F. 26, S. 215*). 294

(2) Berechnungsbeispiele

Den nachfolgenden Beispielen liegt folgende einheitliche Ausgangssituation zugrunde: 295

Arbeitnehmer A ist im Alter 25 in das Unternehmen eingetreten. Die Versorgungsordnung sieht als feste Altersgrenze die Vollendung des 65. Lebensjahres vor. Die Beendigung seiner Tätigkeit erfolgt im 47. Lebensjahr. Zu diesem Zeitpunkt betrug sein monatliches Gehalt 5000 €. Für die Berechnung der unverfallbaren Anwartschaft auf Invalidenrente wird ein Eintritt der Invalidität im Alter 52 unterstellt.

Aufgrund dieser Ausgangswerte ergibt sich unter Zugrundelegung der dargestellten **ratierlichen Berechnungsformel** ein **Unverfallbarkeitsquotient** von 22 tatsächlich erbrachten Dienstjahren zu 40 möglichen Dienstjahren. Das entspricht einem für alle Anwartschaftswerte maßgeblichen **Unverfallbarkeitsfaktor** von 55%.

Beispiel 1: Festrentensystem:

– Rentenformel:	10 € pro Dienstjahr	
– Erdienbare Anwartschaft bis zum 65. Lebensjahr:	40 x 10 € =	400,00 €
– Unverfallbare Anwartschaft auf Altersrente:	400 € x 55% =	220,00 €
– Invalidenrente im Alter 52:	27 x 10 € =	270,00 €
– Unverfallbare Anwartschaft auf Invalidenrente:	270 € x 55% =	148,50 €

Beispiel 2: Endgehaltsplan:

– Rentenformel:	30% des letzten pensionsfähigen Gehalts	
– Erdienbare Anwartschaft bis zum 65. Lebensjahr:	30% x 5000 € =	1.500,00 €
– Unverfallbare Anwartschaft auf Altersrente:	1.500 € x 55% =	825,00 €
– Invalidenrente im Alter 52:	30% x 5000 € =	1.500,00 €
– Unverfallbare Anwartschaft auf Invalidenrente:	1.500 € x 55% =	825,00 €

Beispiel 3: Dienstzeit- und gehaltsabhängiges System:

– Rentenformel:	0,8% des letzten pensionsfähigen Gehalts pro anrechnungsfähigem Dienstjahr (max. 35 Dienstjahre)	
– Erdienbare Anwartschaft bis zum 65. Lebensjahr:	(35 x 0,8%) x 5000 € =	1.400,00 €
Unverfallbare Anwartschaft auf Altersrente:	1.400 € x 55% =	770,00 €
– Invalidenrente im Alter 52:	(27 x 0,8%) x 5000 € =	1.080,00 €
– Unverfallbare Anwartschaft auf Invalidenrente:	1.080 € x 55% =	594,00 €

Beispiel 4: Gesamtversorgungssystem:

– Rentenformel:	2,5% des letzten pensionsfähigen Gehalts pro anrechnungsfähigem Dienstjahr bis max. 75% nach 30 Dienstjahren unter Anrechnung der Sozialversicherungsrente	
– Erdienbare Anwartschaft bis zum 65. Lebensjahr ohne Berücksichtigung der Sozialversicherungsrente:	(30 x 2,5%) x 5000 € =	3.750,00 €

– Sozialversicherungsrente nach dem steuerlichen Näherungsverfahren (mB x Vj x St):	5000 € x 45 x 1,1% =	2.475,00 €
– Erdienbare Anwartschaft bis zum 65. Lebensjahr unter Berücksichtigung der Sozialversicherungsrente:	3.750 € – 2475 € =	1.275,00 €
– Unverfallbare Anwartschaft auf Altersrente:	1.275 € x 55% =	701,25 €
– Invalidenrente im Alter 52 ohne Berücksichtigung der Sozialversicherungsrente:	(27 x 2,5%) x 5000 € =	3.375,00 €
– Sozialversicherungsrente im Alter 52 und unter Berücksichtigung der Zurechnungszeit bis zum Alter 55 nach dem steuerlichen Näherungsverfahren (mB x Vj x St):	5000 € x 35 x 1,1% =	1.925,00 €
– Invalidenrente im Alter 52 unter Berücksichtigung der Sozialversicherungsrente:	3.375 € – 1.925 € =	1.450,00 €
– Unverfallbare Anwartschaft auf Invalidenrente:	1.450 € x 55% =	797,50 €

b) Versicherungsvertragliche Lösung

Für **Direktversicherungen** und bei **Pensionskassen** sieht § 2 BetrAVG neben dem ratierlichen Berechnungsverfahren zur Ermittlung der unverfallbaren Versorgungsanwartschaft **alternativ** eine **versicherungsvertragliche Abwicklung** der unverfallbaren Versorgungsanwartschaft vor. Nach dieser sog. **„versicherungsvertraglichen Lösung“** kann der Arbeitnehmer unter bestimmten Voraussetzungen, nämlich der im Gesetz vorgesehenen Erfüllung bestimmter „**sozialer Auflagen**“, auf **Verlangen des Arbeitgebers** auf die vom Versicherer aufgrund des Versicherungsvertrages zu erbringende Versicherungsleistung verwiesen werden. 296

Nach § 2 Abs. 2 S. 2 BetrAVG ist hierfür bei einer **Direktversicherung** erforderlich, dass 297

- spätestens **nach 3 Monaten** seit dem Ausscheiden des Arbeitnehmers das **Bezugsrecht unwiderruflich** ist und eine **wirtschaftliche Beeinträchtigung** des Versicherungsvertrages (Beleihung, Verpfändung, Abtretung) durch den Arbeitgeber **rückgängig** gemacht worden ist und auch **keine Betragsrückstände** vorliegen;
- vom Beginn der Versicherung, frühestens jedoch vom Beginn der Betriebszugehörigkeit an, nach dem Versicherungsvertrag die **Überschussanteile aus-**

schließlich nur **zur Verbesserung der Versicherungsleistung** (= Leistungserhöhung) verwendet worden sind **und**

- der ausgeschiedene Arbeitnehmer nach dem Versicherungsvertrag das **Recht zur Fortsetzung** der Versicherung **mit eigenen Beiträgen** hat.

298 Problematisch kann diese versicherungsvertragliche Lösung vor allem im Hinblick auf die zweite Auflage, der ausschließlichen Verwendung der Gewinnanteile zur Leistungserhöhung, sein. Die Lebensversicherung kennt nämlich unterschiedliche Formen der Gewinnverwendung. Von daher ist vor dem Hintergrund von § 2 Abs. 2 S. 2 BetrAVG besonders sorgfältig zu prüfen, ob der jeweilige Versicherungsvertrag im Fall des vorzeitigen Ausscheidens eine versicherungsvertragliche Lösung überhaupt zulässt. Dies ist z. B. bei dem **System der „Sofortgewinnverrechnung"** nicht der Fall (*vgl. a.: Höfer, BetrAVG, Bd. I – ArbR, § 2 Rn. 1826*). Bei dieser Art der Gewinnverwendung wird im Hinblick auf die kalkulierten Gewinne von Beginn an ein Nachlass auf die zu zahlende Prämie gewährt, was zu einer sofort erhöhten Versicherungsleistung führt. Die dabei entstehende Finanzierungslücke wird in einer versicherungsinternen Abrechnung aus der beim Lebensversicherungsunternehmen zu bildenden Rückstellung für Beitragsrückerstattungen entnommen, die ihrerseits wiederum aus den später anfallenden Überschussanteilen ausgeglichen wird, was im Lichte des § 2 Abs. 2 S. 2 BetrAVG gerade zu einem Fehlgebrauch der Gewinne führt.

299 Gleiches gilt für solche **Gruppen- oder Kollektivverträge**, bei denen der **Lebensversicherer mit technischen Durchschnittsprämien** kalkuliert, da in diesen Fällen keine individualisierbaren Überschussanteile anfallen, die dem einzelnen Versorgungsberechtigten zugerechnet werden können. Vielmehr sind bei derartigen Vertragsgestaltungen die Überschussanteile bereits bei der Berechnung der Durchschnittsprämie „verbraucht" worden (*Ahrend/Förster, BetrAVG, § 2 Rn. 17*).

300 Ferner verstoßen alle übrigen Verrechnungsmethoden, die letztendlich dazu führen, dass die Überschussanteile unmittelbar oder mittelbar dem Arbeitgeber zufließen gegen die zweite soziale Auflage. Hierzu zählen u.a. Barausschüttungen und die Verrechnung anfallender Gewinne mit fällig werdenden weiteren Beitragszahlungen (*so ausdrücklich die Gesetzesbegründung in BT-Drucks. 7/1281, Teil B, S. 25*) sowie die Abkürzung des vereinbarten Prämienzahlungszeitraums, wenn nicht zugleich der Versicherungsschutz erhöht oder der Fälligkeitszeitpunkt vorgezogen wird (*Höfer, BetrAVG, Bd. I – ArbR, § 2 Rn. 1825*).

301 Werden die o.g. sozialen Auflagen nicht bzw. nicht fristgerecht erfüllt, erlischt das **Wahlrecht** des Arbeitgebers. Es bleibt dann bei dem ratierlichen Berechnungsverfahren nach § 2 Abs. 1 BetrAVG. Soweit der Wert der unverfallbaren Versorgungsanwartschaft durch den Versicherungsvertrag nicht ausfinanziert ist, steht dem Arbeitnehmer in Höhe der Differenz gemäß § 2 Abs. 2 S. 1 BetrAVG ein entsprechender **Ergänzungsanspruch** unmittelbar gegen den Arbeitgeber zu (*vgl. a.: Ahrend/Förster, BetrAVG, § 2 Anm. 4*). Enthält die Versorgungszusage eine Regelung, wonach die Überschussanteile aus dem abgeschlossenen Versicherungsver-

trag zur Leistungserhöhung verwendet werden sollen, so ist das **bis zum** Ausscheiden erwirtschaftete Gewinnguthaben bei der ratierlichen Berechnung der Versorgungsanwartschaft ungekürzt zu berücksichtigen. Demgegenüber hat der Arbeitnehmer keinen Anspruch auf die nach Beendigung seines Arbeitsverhältnisses noch anfallenden Gewinnanteile (*BAG v. 29.7.1986 – 3 AZR 15/85 – BB 1987, S. 692 = DB 1987, S. 743 = AuR 1987, S. 148*).

Die Ausübung des Wahlrechts ist ein **einseitiges**, vom Arbeitnehmer nicht beeinflussbares **Gestaltungsrecht** des Arbeitgebers. Hat sich der Arbeitgeber für die versicherungsvertragliche Lösung entschieden, so ist der Arbeitnehmer an diese Entscheidung gebunden. 302

Darüber hinaus unterliegt der Arbeitnehmer nach § 2 Abs. 2 S. 3 bis 6 BetrAVG hinsichtlich der durch **Beiträge** des **Arbeitgebers finanzierten Versicherungsleistung** bestimmten, gesetzlich zwingenden **Verfügungsbeschränkungen**. Insbesondere ist es dem Arbeitnehmer nach Durchführung der versicherungsvertraglichen Lösung verwehrt, vor Eintritt eines Versorgungsfalls den Versicherungsvertrag zu beleihen, zu verpfänden, abzutreten oder das Versicherungskapital (Rückkaufswert) durch Kündigung des Versicherungsvertrages in Anspruch zu nehmen. Eine **Kündigung der Direktversicherung** durch den Arbeitnehmer hat deren Umwandlung in eine **prämienfreie Versicherung** zur Konsequenz (*Ahrend/Förster, BetrAVG, § 2 Anm. 4.4; Höfer, BetrAVG, ArbR, § 2 Rn. 1856*). 303

Ein **Verstoß** gegen die Verfügungsbeschränkungen führt nach **§ 134 BGB** zur **Nichtigkeit** der entsprechenden Verfügung. Leistet der Versicherer gleichwohl Zahlungen aus dem Versicherungsvertrag, so wird er hierdurch nicht von seiner Leistungsverpflichtung befreit (*Höfer, BetrAVG, § 2 Rn. 1857 m.w.N.*). 304

Die Berechnung einer von einer **Pensionskasse** aufrechtzuerhaltenden unverfallbaren Anwartschaft erfolgt gemäß § 2 Abs. 3 BetrAVG weitestgehend nach den gleichen Berechnungsvorschriften wie bei der Direktversicherung. Da die Pensionskasse ein Lebensversicherungsunternehmen ist, ist auch bei ihr ein Wahlrecht in Form einer versicherungsvertraglichen Abwicklung möglich. Die versicherungsvertragliche Lösung bei der Pensionskasse unterscheidet sich von der bei der Direktversicherung nur insoweit, als bei Pensionskassen ein Bezugsrecht des Arbeitgebers von vornherein ausgeschlossen ist und eine wirtschaftliche Beeinträchtigung der Versicherungsverträge durch, Beleihung, Verpfändung oder Abtretung grundsätzlich ausgeschlossen ist und damit die erste soziale Auflage i.S.v. § 2 Abs. 2 S. 2 BetrAVG entfällt. 305

Ein weiterer Unterschied besteht hinsichtlich der **Verwendung der Gewinnanteile** aus dem Versicherungsvertrag. Bei der Pensionskasse ist die entsprechende soziale Auflage gemäß § 2 Abs. 3 S. 2 Nr. 1 BetrAVG auch dann gewahrt, wenn anstelle der Verwendung der Gewinnanteile zur Leistungserhöhung die **Versorgungsanwartschaften** des Arbeitnehmers während seiner Tätigkeit entsprechend der Entwicklung seines Arbeitsentgelts **dynamisiert** worden sind. Eine entsprechende Dynamisierung ist allerdings nur für Einkommensbestandteile bis zur Bei- 306 tragsbemessungsgrenze der gesetzlichen Rentenversicherung erforderlich. Im übrigen ist es nicht zwingend erforderlich, dass die Versorgungsanwartschaft beständig mit dem gleichen Prozentsatz und zum selben Zeitpunkt wie das Arbeitsentgelt dynamisiert wird. Zulässig sind vielmehr auch sog. „**halbdynamische Versorgungszusagen**“, bei denen den Arbeitnehmern bei Eintritt des Versorgungsfalls ein bestimmter Prozentsatz ihres zuletzt bezogenen pensionsfähigen Gehalts zugesichert wird (*Ahrend/Förster, BetrAVG, § 2 Anm. 5.1; Ahrend/Förster/Rößler, 1. Teil, Rn. 452; Blomeyer/Otto, BetrAVG, § 2 Rn. 351; a.A. Höfer, BetrAVG, ArbR, § 2 Rn. 1884*).

c) Veränderungssperre

307 Gemäß § 2 Abs. 5 BetrAVG bleiben bei der Berechnung der unverfallbaren Versorgungsanwartschaft **Veränderungen** der **Versorgungsregelung** und der **Bemessungsgrundlagen** für die Leistungen der betrieblichen Altersversorgung, soweit sie nach dem Ausscheiden eintreten, außer Betracht (sog. „Konstanz der Bemessungsgrundlagen“). Dies gilt auch für die Bemessungsgrundlagen anderer Versorgungsbezüge, die bei der Berechnung der Versorgungsleistungen zu berücksichtigen sind.

308 Die unverfallbare Versorgungsanwartschaft wird damit von dynamischen Bezugsgrößen (Gehaltstrend) abgekoppelt und in eine statische Versorgungsanwartschaft umgewandelt (*Ahrend/Förster, BetrAVG, § 2 Anm. 7; Griebeling, Rn. 483, Höfer, BetrAVG, ArbR, § 2 Rn. 1912 ff.*).

309 Bei Berücksichtigung der gesetzlichen Rentenversicherung kann das **steuerliche Näherungsverfahren** angewendet werden, wenn nicht der Arbeitnehmer seine tatsächlichen Entgeltpunkte nachweist, § 2 Abs. 5 S. 2 BetrAVG.

d) Sonderregelungen bei der Entgeltumwandlung und bei beitragsorientierten Leistungszusagen

310 Wird die Altersversorgung durch eine Entgeltumwandlung finanziert oder liegt ihr eine beitragsorientierte Leistungszusage zugrunde, so gilt für die Durchführungswege der unmittelbaren Versorgungszusage und der Unterstützungskasse – aber auch nur für diese Durchführungswege – die Sonderregelung des § 2 Abs. 5a BetrAVG, der insoweit das Quotierungsverfahren verdrängt und als Sonderrecht („lex specialis“) diesem vorgeht. Danach ist die so genannte **„finanzierte“ Anwartschaft** zu bestimmen.

Damit wird im Bereich der Entgeltumwandlung und der beitragsorientierten Leistungszusage das bisher geltende Quotierungsprinzip (m/n-tel Verfahren) abgelöst und durch die **„finanzierte Anwartschaft“** (= erreichte Anwartschaft aus den Finanzierungsbeiträgen) ersetzt. Dabei enthält die Vorschrift des § 2 Abs. 5a BetrAVG keine eigene Berechnungsformel für die finanzierte Anwartschaft. Vielmehr wird insoweit durch den Gesetzestext auf die zur Berechnung der Leistung im Versorgungsfall existierende Formel betr. der konkreten Versorgungszusage abgestellt. Die finanzierte Anwartschaft stellt eine Teilmenge der für den Versorgungsfalls berechneten Anspruchs dar. Die Teilmenge besteht aus der vom Zeitpunkt der Zusage auf betriebliche Altersversorgung bis zum Ausscheiden des Arbeitnehmers durch entsprechende Beitragszahlungen erreichten Anwartschaft.

Die Formulierung in § 2 Abs. 5a BetrAVG der **„erreichten" Anwartschaft** führt 311
nicht in allen Fällen zu eindeutige Antworten. Probleme ergeben sich, wenn der Arbeitgeber seine Versorgungszusage bei einem Versicherer rückdeckt oder wenn die Unterstützungskasse eine solche Rückdeckungsversicherung abschließt. Es stellt sich als erstes die Frage, ob Arbeitgeber und Arbeitnehmer vereinbaren können, dass als „erreicht" gilt, was im Ausscheidenszeitpunkt in der **Rückdeckungsversicherung** zur Verfügung steht. Damit könnte der Arbeitgeber in seiner Versorgungszusage die Höhe der Anwartschaft bei Ausscheiden auf den in der Rückdeckungsversicherung vorhandenen Betrag begrenzen, wenn er eine kongruent rückgedeckte Versicherung abschließt. Ob eine solche Abrede arbeitsrechtlich zulässig ist, ist rechtlich nicht geklärt. Für diese Ansicht spricht, dass der Gesetzgeber in der Vorschrift lediglich davon spricht, dass der Anspruch auf die bis zum Ausscheiden erreichte Anwartschaft aus den bis dahin umgewandelten Entgeltbestandteilen begrenzt ist. Ob sich diese Auffassung in der Praxis durchsetzen wird, bleibt abzuwarten.

Scheidet der Arbeitnehmer vorzeitig aus, kann – insbesondere bei Zusage von Be- 312
rufsunfähigkeitsleistungen – der Fall eintreten, dass die Rückdeckungsversicherung nichts oder weniger zur Verfügung stellt, als der Arbeitnehmer an Beiträgen für seine Altersversorgung umgewandelt hat. An diesem Ergebnis ändert sich auch nicht deshalb etwas, weil der Arbeitgeber nach § 1 Abs. 2 BetrAVG dem Arbeitnehmer im Falle der Entgeltumwandlung eine wertgleiche Anwartschaft zur Verfügung zu stellen hat. Die Tatsache, dass Versicherer Kosten für den Versicherungsvertrag erheben und dass je nach Versicherer das Überschussverfahren bei der Kalkulation variiert, so dass sich die Leistungen und die Deckungsmittel je nach der Wahl des Rückdeckungsversicherers unterscheiden, kollidiert nicht mit dem Wertgleichheitsgebot. Diese unterschiedlichen Konditionen gelten auch bei Direktversicherungen und auch bei privaten Lebensversicherungen.

Die Grenze des Gebots, die erreichte Anwartschaft (§ 2 Abs. 5a BetrAVG) zur Ver- 313
fügung zu stellen, liegt in der Vorschrift des § 242 BGB (Treu und Glauben). In extremen Fallkonstellationen kann ein hoher Entgeltumwandlungsbetrag wegen der Kürze der Vertragsdauer einen extrem niedrigen Rückkaufswert ergeben. Hier gebietet der Grundsatz von Treu und Glauben, die Anwartschaft durch den Arbeitgeber als Versorgungsschuldner – entsprechend dem Wertgleichheitsgebot – anzuheben. Entscheidend ist die Differenz zwischen den umgewandelten Entgeltbestandteilen und dem in der Rückdeckungsversicherung vorhandenen Betrag vor allem bei Arbeitgeberwechsel. Denn zukünftig haben Arbeitnehmer gegenüber dem Arbeitgeber einen Anspruch darauf, dass der Arbeitgeber die Versorgungszusage auf den neuen Arbeitgeber überträgt (vgl. § 4 Abs. 4 BetrAVG). Scheidet der Arbeitnehmer dagegen aus, ohne dass er bei dem neuen Arbeitgeber die Versorgungszusage fortführen will, bleibt die Anwartschaft bis zum Eintritt des Versorgungsfalls beim alten Arbeitgeber erhalten. Ein Rückkaufswert würde dann nicht in Anspruch

genommen werden. Keine Anwendung findet die Vorschrift des § 2 Abs. 5a BetrAVG nach dem reinen Wortlaut des Gesetzes auf den Pensionsfonds; hier gilt nach derzeitiger Rechtslage ausschließlich das Quotierungsverfahren.

314 In den Durchführungswegen Direktversicherung und Pensionskasse gelten auch im Bereich der Entgeltumwandlung sowie bei der beitragsorientierten Leistungszusage die oben beschriebenen Vorschriften, was regelmäßig zur Anwendung der versicherungsvertraglichen Lösung führt.

315 In den Durchführungswegen Direktversicherung, Pensionskasse und Pensionsfonds enthält darüber hinaus die Vorschrift des § 1b Abs. 5 Nr. 2 BetrAVG eine Aussage, die auf die Höhe der unverfallbaren Anwartschaft Auswirkungen haben kann. Danach dürfen im Fall der Entgeltumwandlung die Überschüsse nur zur Verbesserung der Leistung verwendet werden.

e) Sonderregelung für Beitragszusagen mit Mindestleistung

316 Bei einer Beitragszusage mit Mindestleistung trägt im Wesentlichen der Arbeitnehmer das Kapitalanlagerisiko; eine Mindestleistung erhält er jedoch in jedem Fall. Dies gilt ebenso für die Höhe der unverfallbaren Anwartschaft. Für die Höhe der unverfallbaren Anwartschaft bei einer Beitragszusage mit Mindestleistung enthält § 2 Abs. 5b BetrAVG eine alle anderen Berechnungsmethoden verdrängende Spezialvorschrift. Da eine Beitragszusage mit Mindestleistung nach § 1 Abs. 2 Nr. 2 BetrAVG nur in den Durchführungswegen Pensionsfonds, Direktversicherung und Pensionskasse erteilt werden kann, kann folglich § 2 Abs. 5b BetrAVG auch nur im Rahmen dieser Durchführungswege Anwendung finden, auch wenn in § 2 Abs. 5b BetrAVG auf alle Durchführungswege verwiesen wird. Dementsprechend wird auch die Sonderregelung für Entgeltumwandlungszusagen und beitragsorientierte Leistungszusagen (§ 2 Abs. 5a BetrAVG) durch die Spezialvorschrift des § 2 Abs. 5b BetrAVG verdrängt, wenn eine Beitragszusage mit Mindestleistung erteilt wird. Die Zulässigkeit einer Entgeltumwandlung in Form einer Beitragszusage mit Mindestleistung ergibt sich aus § 16 Abs. 3 Nr. 3 BetrAVG (*vgl. a.: Blomeyer DB 2001, S. 1413; Höfer, DB 2001, S. 1146*).

317 Nach § 2 Abs. 5b BetrAVG beschränkt sich bei der Beitragszusage mit Mindestleistung im Falle des Ausscheidens die Anwartschaft auf das dem Arbeitnehmer planmäßig zuzurechnende Versorgungskapital auf der Grundlage der bis zu seinem Ausscheiden geleisteten Beiträge (Beiträge und die daraus erzielten Erträge). Hierbei handelt es sich mindestens um die Summe der bis dahin zugesagten Beiträge, soweit sie nicht rechnungsmäßig für einen biometrischen Risikoausgleich verbraucht wurden. Dem Arbeitnehmer stehen also im Falle des Ausscheidens mindestens die eingezahlten Beiträge zur Verfügung. Diese bleiben bis zum Ausscheiden als Versorgungsanwartschaft erhalten.

318 Die Garantie der bis zum Ausscheiden zugesagten Beiträge bezieht sich allerdings nur auf den Zeitpunkt des Eintritts des Versorgungsfalls. Bis dahin bleibt die Anwartschaft erhalten. Die Anwartschaft nimmt am Wertzuwachs teil, kann anderer-

seits aber auch in dieser Zeit (das gilt für den Durchführungsweg des Pensionsfonds) im Wert sinken. Zum Zeitpunkt des Versorgungsfalls muss dann der Arbeitgeber aber mindestens die bis zum Ausscheiden zugesagten Beiträge dem Arbeitnehmer auszahlen. Das ergibt sich aus der Vorschrift des § 2 Abs. 5 i.V.m. § 2 Abs. 1 BetrAVG.

Kosten, die bei Begründung einer externen Versorgungsanwartschaft anfallen, 319
können nach dem Wortlaut der Vorschrift die Anwartschaft nicht mindern. Eine Zillmerung des Versicherungsvertrages ist demnach bei der Direktversicherung nicht ohne weiteres mehr möglich.

Für die Durchführungswege Pensionskasse und Direktversicherung wird dies jedoch kaum praktische Bedeutung haben, da insoweit die Möglichkeit der versicherungsvertraglichen Lösung besteht und folglich der Arbeitgeber über diese Durchführungswege eine Beitragszusage mit Mindestleistung kaum erteilen wird.

f) Konsequenzen für Pensionsfonds

Angesichts der Tatsache, dass für den Pensionsfonds weder die bei der Direktver- 320
sicherung und bei Pensionskassen übliche versicherungsvertragliche Lösung, noch die für Entgeltumwandlungszusagen und beitragsorientierte Leistungszusagen geltende Sonderreglung des § 2 Abs. 5a BetrAVG zur Anwendung gelangt und somit insoweit das Quotierungsverfahren uneingeschränkt Anwendung findet, dürfte sich der Anwendungsbereich des Pensionsfonds sehr stark auf die Versorgungsform der Beitragszusage mit Mindestleistung fokussieren.

g) Auskunftspflichten

Der Arbeitgeber oder sonstige Versorgungsträger ist gemäß § 2 Abs. 6 BetrAVG 321
verpflichtet, dem ausgeschiedenen Mitarbeiter eine **Auskunft** darüber zu erteilen, **ob** er die Voraussetzungen für eine unverfallbare betriebliche Altersversorgung erfüllt hat und **in welcher Höhe** er Versorgungsleistungen bei Erreichen der in der Versorgungszusage vereinbarten festen Altersgrenze beanspruchen kann. Auf Erteilung dieser Auskunft hat der ausgeschiedene Mitarbeiter einen einklagbaren **Rechtsanspruch**.

Diese gesetzliche Auskunftspflicht beschränkt sich ihrem Wortlaut nach ausschließ- 322
lich auf eine Mitteilung der zu erwartenden **Altersrente** (*Heither, HwBAR, Nr. 540 – BAV, Rn. 97*); eine Auskunftspflicht über die Höhe der zu erwartenden Leistungen bei Eintritt eines sonstigen nach der Versorgungsordnung abgesicherten Versorgungsfalls (vorzeitige Altersrente, Invalidität oder Tod) besteht dagegen nicht (*Ahrend/Förster, BetrAVG, § 2 Anm. 8; Blomeyer/Otto, BetrAVG, § 2 Rn. 453 ff.; Griebeling, Rn. 420; Höfer, BetrAVG, ArbR, § 2 Rn. 2053*).

Sind bei der Berechnung der Anwartschaft Renten der gesetzlichen Rentenversi- 323
cherung zu berücksichtigen, so kann nach § 2 Abs. 5 Satz 2 BetrAVG das bei der Berechnung von Pensionsrückstellungen allgemein zulässige Verfahren (sog. **Näherungsverfahren**) zugrunde gelegt werden, wenn nicht der ausgeschiedene Ar-

beitnehmer die Anzahl der im Zeitpunkt des Ausscheidens erreichten Entgeltpunkte nachweist.

324 **Weder der Arbeitgeber noch die ausgeschiedenen Arbeitnehmer können das Näherungsverfahren gegen den Willen ihres Vertragspartners durchsetzen** *(BAG, Urteil vom 9.12.1997 – 3 AZR 695/96 – BB 1998, S. 1537 = BetrAV 1998, S. 220).*

325 Wenn der Arbeitnehmer die Anzahl der im Zeitpunkt seines Ausscheidens erreichten sozialversicherungsrechtlichen Entgeltpunkte nachweist, darf der Arbeitgeber das Näherungsverfahren nicht mehr anwenden. Wenn der Arbeitnehmer diesen Nachweis nicht erbringt, steht dem Arbeitgeber ein Wahlrecht zu, das er gemäß § 315 BGB nach billigem Ermessen ausüben muss *(BAG, Urteil vom 9.12.1997 – 3 AZR 695/96 – BB 1998, S. 1537 = BetrAV 1998, S. 220).*

326 Hat der Arbeitgeber die individuelle Berechnung gewählt, so trifft den Arbeitnehmer die arbeitsvertragliche Nebenpflicht, dem Arbeitgeber die benötigten sozialversicherungsrechtlichen Unterlagen auf dessen Kosten zu beschaffen. Solange der Arbeitnehmer dieser Pflicht nicht nachkommt, kann der Arbeitgeber die Auskunft nach § 2 Abs. 6 BetrAVG verweigern. Streiten ausgeschiedene Arbeitnehmer mit dem Arbeitgeber über den Inhalt ihrer Versorgungsansprüche, so darf der Arbeitgeber bei der Auskunft nach § 2 Abs. 6 BetrAVG von den seiner Ansicht nach geltenden Bestimmungen ausgehen. Ein Anspruch auf Erteilung einer neuen Auskunft kommt erst in Betracht, wenn der Inhalt der Versorgungsansprüche durch rechtskräftige gerichtliche Entscheidung oder durch Einigung der Parteien geklärt ist.

327 Die nach § 2 Abs. 6 BetrAVG vom Arbeitgeber dem ausgeschiedenen Mitarbeiter pflichtgemäß erteilte Auskunft über den Umfang einer unverfallbaren Anwartschaft ist **kein** abstraktes oder deklaratorisches **Schuldanerkenntnis**, sondern hat lediglich einen **informatorischen Aussagegehalt** bezüglich eines erloschenen oder fortbestehenden Schuldverhältnisses (*Ahrend/Förster, BetrAVG, § 2 Anm. 8; Blomeyer/Otto, BetrAVG, § 2 Rn. 458, 485; Höfer, BetrAVG, ArbR, § 2 Rn. 2057*). Erteilt der Arbeitgeber jedoch eine inhaltlich **falsche Auskunft** und richtet der Arbeitnehmer im Vertrauen auf die Richtigkeit der Auskunft die Planung seiner Altersversorgung ein, in dem er z. B. weitere private Vorsorgemaßnahmen unterlässt, so kann dies ggf. einen **Schadenersatzanspruch** des Arbeitnehmers begründen (*BAG v. 8.11.1983 – 3 AZR 511/81 – BB 1984, S. 601 = DB 1984, S. 836 = AuR 1984, S. 120; BAG v. 12.3.1991 – 3 AZR 86/90 – BetrAV 1992, S. 49 = ZIP 1991, S. 1446; Blomeyer/Otto, BetrAVG, § 2 Rn. 485; Griebeling, Rn. 419; Höfer, BetrAVG, ArbR, § 2 Rn. 2064*).

328 Im Zusammenhang mit der Auskunftserteilung ist es fraglich, ob die Auskunftspflicht eine Bringschuld des Arbeitgebers oder eine Holschuld des Arbeitnehmers ist. Da der Gesetzgeber die Auskunftspflicht weder mit besonderen Formerfordernissen noch mit einer Fristsetzung verknüpft hat, wird man zugunsten des Arbeitgebers davon ausgehen können, dass er seiner Auskunftspflicht nur **auf Nachfrage** seitens des Arbeitnehmers nachkommen muss (*vgl. a.: Höfer; BetrAVG, § 2 Rn. 2033 f., 2066;* a.A.: *Blomeyer/Otto, BetrAVG, § 2 Rn. 467*).

Verweigert der Arbeitgeber die Auskunftserteilung, so kann der Arbeitnehmer die begehrte Auskunft im Wege der **Feststellungsklage** erstreiten (*BAG v. 18.3.1986 – 3 AZR 641/84 – BB 1986, S. 1577 = DB 1986, S. 1930 = NZA 1986, S. 715; LAG Berlin v. 27.11.1978 – 9 Sa 47/78 – BB 1979, S. 940 = BetrAV 1979, S. 166; LAG Hamm v. 7.3.1989 – 6 Sa 270/88 – BB 1989, S. 1412 = DB 1989, S. 1141 = ZIP 1989, S. 1215; Ahrend/Förster, BetrAVG, § 2 Anm. 8; Blomeyer/Otto, BetrAVG, § 2 Rn. 487; Griebeling, Rn. 421; Höfer, BetrAVG, ArbR, § 2 Rn. 2067*). 329

6. Abfindungsverbot (§ 3 BetrAVG)

Gesetzlich unverfallbare Anwartschaften können nach § 3 BetrAVG nur unter sehr restriktiven Voraussetzungen abgefunden werden. 330

a) Inhalt und Umfang des gesetzlichen Abfindungsverbots

Bestand bis zum 31.12.1998 ein generelles Abfindungsverbot (*LAG Düsseldorf v. 5.5.1977 – 14 Sa 1374/76 – DB 1977, S. 2054; Ahrend/Förster, § 3 Anm. 2; Langohr-Plato, Vorauflage BAV, Rn. 192 ff.*) für solche Versorgungsanwartschaften, bei denen die zugrunde liegende Versorgungszusage 10 Jahre oder länger bestanden hatte, so stellt sich nach der Novellierung des Betriebsrentengesetzes die seit dem 1.1.1999 geltende Rechtslage wie folgt dar: 331

- ➪ Die bislang vorgesehene Einschränkung der Abfindbarkeit von Versorgungsanwartschaften, auf solche Zusagen, die weniger als 10 Jahre vor dem Ausscheiden aus dem Unternehmen erteilt worden sind, entfällt. Anstelle der Dauer des Bestandes der Versorgungszusage kommt es zukünftig nur noch auf die Höhe der abzufindenden Versorgungsanwartschaft an.
- ➪ Zulässig ist danach die Abfindung auf Verlangen des Arbeitgebers oder des Versorgungsberechtigten (**einseitiges Abfindungswahlrecht**) immer dann, wenn der bei Erreichen der vorgesehenen Altersgrenze maßgebliche Monatsbetrag der laufenden Versorgungsleistung 1 % der monatlichen Bezugsgröße nach § 18 SGB IV (2002: 2345 € x 1% = 23,45 € in den alten Bundesländern bzw. 1.960 € x 1% = 19,60 € in den neuen Bundesländern) nicht übersteigt.
- ➪ Ein wertmäßig doppelt so hoher Abfindungsbetrag, d.h. bis zu 2 % der vorgenannten Bezugsgröße, ist realisierbar, wenn der Versorgungsberechtigte einer ihm auf Verlangen des Arbeitgebers angebotenen Abfindung zustimmt (**zustimmungspflichtige Abfindung**).
- ➪ Ebenfalls mit Zustimmung des Arbeitnehmers kann eine bis zu 4 % der vorgenannten Bezugsgröße betragende Abfindung realisiert werden, wenn der Abfindungsbetrag vom Arbeitgeber unmittelbar zur Zahlung von Beiträgen zur gesetzlichen Rentenversicherung oder zum Aufbau einer Versorgungsleistung bei einer Direktversicherung, Pensionskasse oder einem Pensionsfonds verwendet wird.

Zu beachten ist bei allen Abfindungen, die nach den vorstehenden Ausführungen 332
eine Vereinbarung zwischen Arbeitgeber und Arbeitnehmer voraussetzen, dass die-

se Vereinbarung nicht nur die Höhe der zu zahlenden Abfindung regeln, sondern auch eine Bestimmung darüber enthalten sollte, welche der Vertragsparteien die auf die Abfindung ggf. zu zahlenden Lohnsteuern und Sozialversicherungsabgaben zu tragen hat.

333 Eine Ausnahme von dem im Übrigen weiterhin geltenden gesetzlichen Abfindungsverbot besteht gemäß § 3 Abs. 1 S. 3 Nr. 3 BetrAVG nur für den Fall, dass dem ausgeschiedenen Mitarbeiter die Beiträge aus der Sozialversicherung erstattet worden sind.

334 Im Rahmen der BetrAVG-Novelle 2001 wurde § 3 Abs. 1 S. 3 BetrAVG zudem um eine neue Nr. 4 ergänzt. Danach kann die Anwartschaft nur mit Zustimmung des Arbeitnehmers abgefunden werden, wenn *„sie auf einer Entgeltumwandlung beruht und die Grenzwerte nach den Nummern 1 und 2 nicht überschritten werden."* Dadurch soll ausgeschlossen werden, dass eine Anwartschaft, die über eine Entgeltumwandlung des Arbeitnehmers finanziert wurde, auf einseitiges Verlangen des Arbeitgebers abgefunden werden kann. Dies soll wiederum sicherstellen, dass sich aufgrund einer einseitigen Entscheidung des Arbeitgebers im Bereich der steuerlich nach § 10a EStG geförderten Entgeltumwandlung kein „Störfall" eintritt, der den Arbeitnehmer verpflichtet, eine bisher nach § 10a EStG gewährte Förderung zurückzahlen zu müssen.

335 Diese Neuregelung ist rückwirkend zum 1.1.2001 in Kraft getreten. Sie gilt nach § 30g Abs. 2 BetrAVG nur für Anwartschaften, die auf Zusagen beruhen, die ab dem 1.1.2001 erteilt worden sind.

336 Eine Versorgungsanwartschaft, die nach § 3 Abs. 1 BetrAVG dem Abfindungsverbot unterliegt, kann auch nicht wirksam erlassen werden. § 3 BetrAVG erfasst damit nicht nur Abfindungs-, sondern auch **Erlassverträge** und **Verzichtsvereinbarungen** (*BAG v. 22.9.1987 – 3 AZR 194/86 – BB 1988, S. 831 = DB 1988, S. 656 = NZA 1988, S. 470; Ahrend/Förster, BetrAVG, § 3 Anm. 2; Griebeling, Rn. 426*).

337 § 3 Abs. 1 BetrAVG erfasst nur **gesetzlich unverfallbare Anwartschaften**, die **bei Beendigung des Arbeitsverhältnisses** aufrechtzuerhalten sind. Dies ermöglicht zunächst einmal die Abfindung von Versorgungsanwartschaften die noch verfallen können sowie von Anwartschaften, die nach der vorgesetzlichen Rechtsprechung des BAG unverfallbar geworden sind (*Ahrend/Förster, BetrAVG, § 3 Anm. 2*). Darüber hinaus können Anwartschaften, deren Unverfallbarkeit auf einer **vertraglichen Vereinbarung** beruhen solange abgefunden werden, wie die „10-Jahres-Frist" noch nicht erfüllt ist (*Ahrend/Förster, BetrAVG, § 3 Anm. 2*).

338 Ferner ist auch eine Abfindungs- bzw. Verzichtsvereinbarung **im laufenden Arbeitsverhältnis** zulässig, da sie nicht im Zusammenhang mit der Beendigung des Arbeitsverhältnisse erfolgen (*BAG v. 14.8.1990 – 3 AZR 301/89 – DB 1991, S. 501 = NZA 1991, S. 174 = MDR 1991, S. 181; Ahrend/Förster, BetrAVG, § 3 Anm. 2; Griebeling, Rn. 427*). Zu beachten ist insoweit allerdings ein nach § 77 Abs. 4 S. 1 BetrVG bestehendes Zustimmungsrecht des Betriebsrats, wenn die Versorgungszusage auf einer Betriebsvereinbarung beruht.

Nach Eintritt des Versorgungsfalls ist eine Abfindung stets zulässig (*Ahrend/Förster, BetrAVG, § 3 Anm. 2; Braun, NJW 1983, S. 1590; Griebeling, Rn. 428*). 339

Eine gesetzlich zulässige Abfindung setzt – mit Ausnahme der nach § 3 Abs. 1 Satz 2 BetrAVG bestehenden einseitigen Abfindungsmöglichkeit – in jedem Fall eine **Zustimmung** des Mitarbeiters voraus, kann also nicht einseitig vom Arbeitgeber durchgeführt werden. Auf den Abschluss einer entsprechenden Abfindungsvereinbarung besteht für die Vertragsparteien **kein Rechtsanspruch** (*LAG Düsseldorf v. 13.6.1989 – 3 Sa 449/89 – BetrAV 1989, S. 179; Ahrend/Förster, BetrAVG, § 3 Anm. 4; Blomeyer/Otto, BetrAVG, § 3 Rn. 78; Höfer, BetrAVG, ArbR, § 3 Rn. 2093, 2101, 2106; Kemper, S. 131*). 340

Ein **gerichtlicher Vergleich** über die **tatsächlichen Voraussetzungen** eines Versorgungsanspruchs verstößt nicht gegen zwingende Grundsätze des Betriebsrentengesetzes, insbesondere nicht gegen § 3 BetrAVG. Dies gilt auch für eine Vereinbarung nach der keine Versorgungsansprüche zwischen den ehemaligen Vertragsparteien bestehen (*BAG v. 18.12.1984 – 3 AZR 125/84 – BB 1985, S. 1603 = DB 1985, S. 1949 = NZA 1986, S. 95; BAG v. 23.8.1994 – 3 AZR 825/93 – DB 1995, S. 52 = NZA 1995, S. 421; Griebeling, Rn. 430*). 341

Von einem solchen Tatsachenvergleich streng zu unterscheiden ist die **allgemeine Ausgleichsquittung** im Rahmen eines gerichtlichen Vergleichs über die Beendigung des Arbeitsverhältnisses, mit der beide Seiten erklären, dass mit Erfüllung des Vergleichs sämtliche Ansprüche aus dem beendeten Arbeitsverhältnis abgegolten sind. Eine solche Ausgleichsklausel **enthält generell keinen Verzicht** des Arbeitnehmers auf seine Ansprüche aus betrieblicher Altersversorgung, und zwar unabhängig von der Höhe einer in der Aufhebungsvereinbarung ausgehandelten Abfindungszahlung. Eine andere Annahme ist nur dann gerechtfertigt, wenn der Verzicht des Arbeitnehmers auf seine Versorgungsansprüche rechtlich zulässig war, in der Ausgleichsklausel der Verzicht auf die betrieblichen Versorgungsansprüche **ausdrücklich geregelt** und vor Abschluss des Vergleichs ausdrücklich **erörtert** worden ist (*BAG v. 9.11.1973 – 3 AZR 66/73 – BB 1974, S. 280 = DB 1974, S. 487 = AuR 1974, S. 155; BAG v. 27.2.1990 – 3 AZR 213/88 – BB 1990, S. 1706 = DB 1990, S. 1870 = NZA 1990, S. 689; LAG Hamm v. 30.10.1979 – 6 Sa 91/79 – DB 1980, S. 113 = BetrAVG 1980, S. 209; Ahrend/Förster, BetrAVG, § 3 Anm. 4*). 342 343

Diese Auslegungsregelung, wonach Ausgleichsklauseln in Aufhebungsverträgen im Zweifel Ansprüche auf betriebliche Altersversorgung nicht umfassen, ist auch dann anzuwenden, wenn der Anspruch auf betriebliche Altersversorgung auf einem sog. „Verschaffungsanspruch" gegen den Arbeitgeber beruht, der Arbeitgeber die Altersversorgung also als Schadensersatz für ein nicht eingehaltenes Versorgungsversprechen schuldet. Ein solcher Verschaffungsanspruch tritt an die Stelle des Versorgungsanspruchs, der ohne die zum Schadenersatz verpflichtende Handlung des Arbeitgebers entstanden wäre. Er hat die gleiche wesentliche Bedeutung für die wirtschaftliche Absicherung des Arbeitnehmers im Alter wie der originär geschuldete Anspruch auf Erfüllung der Versorgungsverbindlichkeit. Es kann daher nicht ohne weiteres davon ausgegangen werden, dass ein Arbeitnehmer durch Abschluss 344 eines Aufhebungsvertrages mit Ausgleichsklausel auch auf einen solchen Anspruch verzichten will (*BAG v. 17.10.2000 – 3 AZR 69/99 – DB 2001, S. 391 = BB 2001, S. 315 = ZIP 2001, S. 168*).

b) Berechnung des Abfindungsbetrags

345 Die Höhe der zu zahlenden Abfindung ist nach § 3 Abs. 2 BetrAVG zwingend festgelegt und berechnet sich bei unmittelbaren Pensionszusagen und Unterstützungskassenleistungen nach dem **Barwert** (Anwartschaftsbarwert) der nach § 2 BetrAVG bemessenen künftigen Versorgungsleistungen bzw. bei Direktversicherungszusagen und Pensionskassenleistungen nach dem **geschäftsplanmäßigen Deckungskapital** jeweils **im Zeitpunkt der Beendigung des Arbeitsverhältnisses**. Hierbei sind der bei dem jeweiligen Durchführungsweg vorgeschriebene Rechnungszins sowie die anerkannten Regeln der Versicherungsmathematik; bei Direktversicherungen und Pensionskassen deren Geschäftsplan oder Geschäftsunterlagen zu berücksichtigen. Das hat zur Konsequenz, dass, trotz identischem Leistungsanspruch (z. B. Festrentenbetrag), der Abfindungsbetrag bei den Durchführungswegen Pensionszusagen (Rechnungszins 6%) und Unterstützungskasse (Rechnungszins 5,5%) im Hinblick auf die anzuwendenden verschiedenen Zinssätze entsprechend unterschiedlich ausfällt.

346 **Verstößt** die Abfindungsvereinbarung gegen die Berechnungsvorschrift des § 3 Abs. 2 BetrAVG zum Nachteil des Arbeitnehmers, so ist die Vereinbarung **hinsichtlich der Höhe** des festgelegten Abfindungsbetrages **unwirksam**. Aufgrund der nach wie vor rechtsgültigen Abfindungsvereinbarung dem Grunde nach hat der Arbeitnehmer einen Anspruch auf **Ausgleich der Differenz** zwischen dem gezahlten und dem nach § 3 Abs. 2 BetrAVG geschuldeten Abfindungsbetrag (*BAG v. 30.9.1986 – 3 AZR 22/85 – BB 1987, S. 1390 = DB 1987, S. 1304 = NZA 1987, S. 456; Höfer, BetrAVG, ArbR, § 3 Rn. 2157*).

347 Im Streitfalle kann die Höhe der Abfindungszahlung grundsätzlich durch einen **gerichtlichen Vergleich** festgelegt werden (*BAG v. 18.12.1984 – 3 AZR 125/84 – BB 1985, S. 1603 = DB 1985, S. 1949 = NZA 1986, S. 95; BAG v. 23.8.1994 – 3 AZR 825/93 – DB 1995, S. 52 = NZA 1995, S. 421*). Sieht ein solcher Vergleich allerdings einen Kapitalbetrag vor, der ohne ersichtlichem Grund nur einem geringfügigen Bruchteil der zeitanteilig erdienten Versorgungsanwartschaft entspricht, so kann aus diesem **groben Missverhältnis** ein **Verstoß gegen die guten Sitten** gefolgert werden, mit der Konsequenz der **Nichtigkeit** des Vergleichs nach § 138 BGB (*BAG v. 30.7.1985 – 3 AZR 401/83 – BB 1986, S. 531 = NZA 1986, S. 519; Ahrend/Förster, BetrAVG, § 3 Anm. 5; Höfer, BetrAVG, ArbR, § 3 Rn. 2157*).

c) Rechtsfolgen eines Verstoßes gegen das Abfindungsverbot

348 Eine gegen § 3 BetrAVG verstoßende Abfindung betrieblicher Versorgungsanwartschaften ist nach **§ 134 BGB nichtig** (*BAG v. 22.3.1983 – 3 AZR 499/80 – BB 1984, S. 1168 = DB 1984, S. 727 = NJW 1984, S. 1783; Ahrend/Förster, BetrAVG, § 3 Anm. 6; Blomeyer/Otto, BetrAVG, § 3 Rn. 91; Braun, NJW 1983, S. 1591; Grie-*

beling, Rn. 423; Heither, HwBAR, Nr. 540 – BAV, Rn. 98; Höfer, BetrAVG, ArbR, § 3 Rn. 2119; Kemper, S. 131). Dies hat zur Konsequenz, dass mit der Abfindungszahlung die Versorgungsverpflichtung **nicht** nach § 362 BGB im Wege der Erfüllung **entfällt**, sondern der Versorgungsberechtigte bzw. seine Hinterbliebenen bei Eintritt des Versorgungsfalls die Versorgungsleistung „noch einmal" beanspruchen können. In diesem Fall muss der Arbeitgeber damit rechnen, dass seinem grundsätzlich bestehenden **Bereicherungsanspruch** nach § 812 Abs. 1 BGB der **Arglisteinwand** nach § 817 S. 2 BGB entgegengehalten werden kann und der Arbeitgeber somit ohne Verrechnungsmöglichkeit mit der bereits geleisteten Abfindungszahlung zur nochmaligen Zahlung der Versorgungsleistung verpflichtet ist (*Ahrend/Förster, BetrAVG, § 3 Anm. 6; Ahrend/Förster/Rößler, 1. Teil, Rn. 480; Blomeyer/Otto, BetrAVG, § 3 Rn. 94; Braun, NJW 1983, S. 1591; Höfer, BetrAVG, ArbR, § 3 Rn. 2125; Langohr-Plato, ZAP 1992, F. 20, S. 114*).

d) Die Besteuerung der Abfindungszahlung

Kapitalabfindungen aus unmittelbaren Pensionszusagen und Unterstützungskassenzusagen sind **steuerpflichtiger Arbeitslohn aus nichtselbständiger Tätigkeit** gemäß § 19 Abs. 1 Nr. 2 EStG. Daher unterliegen sie beim Arbeitnehmer, ebenso wie laufende Versorgungsleistungen aus diesen Durchführungswegen der betrieblichen Altersversorgung, grundsätzlich der **individuellen Lohn- bzw. Einkommensteuer** (*Braun, NJW 1983, S. 1593; Lutz/Langohr-Plato, S. 46*). Zu beachten sind allerdings die geltenden Steuerfreibeträge (§ 3 Nr. 9 EStG) und Abfindungsbegünstigungen (§ 34 Abs. 1, Abs. 2 Nr. 4 EStG). Die **Besteuerung** der Abfindungszahlung obliegt, sofern keine anderweitige Vereinbarung getroffen worden ist, grundsätzlich dem Versorgungsberechtigten (*BAG v. 30.10.1980 – 3 AZR 364/79 – BB 1981, S. 555 = DB 1981, S. 699 = NJW 1981, S. 1632; Ahrend/Förster, BetrAVG, § 3 Anm. 5; Höfer, BetrAVG, ArbR, § 3 Rn. 2174; Langohr-Plato, INF 2001, S. 259*). 349

Sofern der Abfindungszahlung eine **Direktversicherung** oder **Pensionskassenzusage** zugrunde liegt, bei der bereits während der aktiven Dienstzeit eine Besteuerung der Beiträge erfolgt (**vorgelagerte Besteuerung**), **entfällt** grundsätzlich eine **Lohn- bzw. Einkommensbesteuerung** des Abfindungsbetrages. Besteuert werden hier nur in Form der Kapitalertragsteuer die rechnungs- und außerrechnungsmäßigen Zinsen gemäß der §§ 43 Abs. 1, 20 Abs. 1 EStG (*Braun, NJW 1983, S. 1593; Lutz/Langohr-Plato, S. 46*). 350

(1) Steuerliche Anerkennung der Abfindungsvereinbarung

Grundsätzlich muss die Finanzverwaltung arbeitsrechtlich zulässige Abfindungsvereinbarungen anerkennen und darauf das geltende Steuerrecht anwenden. Eine Ausnahme besteht insoweit lediglich hinsichtlich der einem beherrschenden Gesellschafter-Geschäftsführer gezahlten Abfindung. Hier ist unter dem Aspekt der „verdeckten Gewinnausschüttung" (§ 8 Abs. 3 S. 2 KStG) eine missbräuchliche Gestaltung auszuschließen (*vgl. hierzu die ausführliche Darstellung im Kapitel C 7, Rn. 1213 ff.*). 351

(2) Vervielfältigungsregelung

352 § 40b EStG sieht als besondere Vergünstigung bei Direktversicherungen, die aus Anlass der Beendigung eines Dienstverhältnisses abgeschlossen werden, vor, dass sich die Pauschalierungshöchstgrenze von derzeit 1.752 € mit der Anzahl der Kalenderjahre, in denen das Dienstverhältnis des versorgungsberechtigten Arbeitnehmers zu dem betreffenden Unternehmen bestanden hat, vervielfältigt wird. Von diesem Betrag sind allerdings die pauschalbesteuerten Prämien abzuziehen, die das Unternehmen im Kalenderjahr des Ausscheidens und in den sechs vorangegangenen Kalenderjahren erbracht hat.

Beispiel:

Nach 30 Dienstjahren soll im Laufe des Jahres 2001 das Arbeitsverhältnis beendet werden. Es ergibt sich dann ein pauschalierungsfähiger Betrag in Höhe von 30 x 3.408 DM = 102.240 DM. Hat für den betreffenden Mitarbeiter vor Beendigung des Dienstverhältnisses noch keine Direktversicherung bestanden, so bleibt es bei diesem Betrag. Hat der Mitarbeiter bereits eine Direktversicherung, so sind die in den letzten 7 Jahren tatsächlich pauschal besteuerten Direktversicherungsbeiträge abzuziehen. Unterstellt man hier einen Fall, in dem die Höchstbeträge (1995 lag dieser bei 3.000 DM, ab 1996 bei 3.408 DM) immer voll ausgeschöpft worden sind, so ergibt sich ein Abzugsposten von 23.448 DM (6 x 3.408 DM + 1 x 3.000 DM), so dass dann immerhin noch 78.792 DM mit dem Pauschalsteuersatz begünstigt in eine Direktversicherung eingezahlt werden könnten.

Die mit der Vervielfältigung einhergehende pauschale Versteuerung ist allerdings nur dann eine Vergünstigung, wenn der Steuerpflichtige keine niedrigeren Steuersätze beanspruchen kann. Insoweit sind die mit dem Steuerentlastungsgesetz 1999/2000/2002 verabschiedeten Neuregelungen zu berücksichtigen, die zu erheblichen Einschränkungen bei den früher bei Abfindungszahlungen gewährten steuerlichen Vergünstigungen geführt haben.

(3) Steuerfreibeträge nach § 3 Nr. 9 EStG

353 Diese Vervielfältigungsmöglichkeit besteht auch nach dem Steuerentlastungsgesetz 1999/2000/2002 weiterhin in dem vorbeschriebenen Umfang, ist jedoch durch eine steuerliche Einschränkung aufgewertet worden. Mit dem Steuerentlastungsgesetz 1999/2000/2002 ist aber die für Abfindungszahlungen bislang geltende Vergünstigungsmöglichkeit des halben Durchschnittssteuersatzes nach §§ 24 Nr. 1, 34 Abs. 1 und 2 EStG entfallen. Gleichzeitig wurden auch die Steuerfreibeträge für Abfindungszahlungen nach § 3 Nr. 9 EStG erheblich reduziert. Einen Überblick über die Auswirkungen der Neuregelung gibt das nachfolgende Schaubild.

Alter des Arbeitnehmers	Betriebs-zugehörigkeit	Freibetrag alt	Freibetrag neu
ohne Bedeutung	ohne Bedeutung	12.271 €	8.181 €
mindestens 50 Jahre	mindestens 15 Jahre	15.339 €	10.226 €
mindestens 55 Jahre	mindestens 20 Jahre	18.407 €	12.271 €

Ursprünglich war sogar ein Absenken der Freibetragsgrenzen um 50% vorgesehen.

Der die vorgenannten Freibeträge übersteigende Abfindungsbetrag wird nunmehr nach einer Fünftelregelung besteuert, die sich systematisch an der früheren Drittelungsregelung des § 34 Abs. 3 EStG orientiert, d.h. die Steuer für die Abfindung wird nach den für Einmalzahlungen geltenden Grundsätzen ermittelt. Für die Berechnung der Steuer auf den zu versteuernden Abfindungsbetrag wird der Abfindungsbetrag durch fünf dividiert und dann dem zu versteuernden Einkommen hinzugerechnet. Der sich danach ergebende Steuersatz wird auf den gesamten zu versteuernden Betrag angewendet. Bei diesem Verfahren handelt es sich also lediglich um eine rechnerische Verteilung; die Abfindung ist somit in dem Jahr zu versteuern, in dem sie dem Arbeitnehmer zufließt. 354

Die sich hieraus ergebenden Unterschiede zur bisherigen Besteuerung verdeutlicht das folgende Beispiel.

Beispiel:

Bei einer im Jahr 2001 bezahlten Abfindung von 100.000 DM und einem zu versteuernden sonstigen Jahreseinkommen von 120.000 DM waren bislang unter Berücksichtigung des Mindeststeuerfreibetrages von 24.000 DM Einkommensteuer von ca. 11.600 DM zu zahlen. Der Steuersatz auf den steuerpflichtigen Teil der Abfindung (76.000 DM) belief sich dabei auf rund 15%. Nach der Neuregelung der Abfindungsfreibeträge und unter Berücksichtigung des aktuellen Steuertarifs beläuft sich die in dem gewählten Beispielsfall zu zahlende Einkommensteuer auf ca. 29.600 DM, ist also um rund 18.000 DM höher, als in der Vergangenheit. Der Steuersatz auf den steuerpflichtigen Teil der Abfindung (84.000 DM) beläuft sich dabei auf rund 36%, was einen Anstieg um 21% bedeutet.

Vor diesem Hintergrund sollte im Einzelfall geprüft werden, ob nicht der Abschluss einer Direktversicherung nach der oben beschriebenen Vervielfältigungsregelung zu günstigeren Ergebnissen führt. In dem genannten Beispiel könnte nämlich nach Ausnutzung des individuellen Steuerfreibetrags der gesamte restliche Abfindungsbetrag steuerbegünstigt an den ausscheidenden Mitarbeiter gezahlt werden, so dass sich allein aus der insoweit reduzierten Einkommensteuer (20 % Pauschalsteuer statt 36% Individualsteuer) eine Steuerersparnis von 16% bzw. 13.120 DM ergeben würde. 355

Generell betrachtet steht für Aufhebungsvereinbarungen bei entsprechender Betriebszugehörigkeit des ausscheidenden Mitarbeiters im Einzelfall ein Spielraum für steuerbegünstigte Abfindungszahlungen bis zu ca. 120.000 DM (Freibetrag + Vervielfältigungsregelung) zur Verfügung. 356

(4) Voraussetzungen der Steuerbefreiung (§ 3 Nr. 9 EStG)

Unter Abfindungen i.S.v. § 3 Nr. 9 EStG werden Entschädigungen verstanden, die der Arbeitnehmer als Ausgleich für die mit der Auflösung des Dienstverhältnisses verbundenen materiellen und immateriellen Nachteile, insbesondere des Arbeitsplatzes als sozialen Besitzstand, erhält (*BFH v. 13.10.1978 – VI R 91/77 – BStBl. II 1979, S. 155*). 357

§ 3 Nr. 9 EStG bezieht sich nicht auf das Kündigungsschutzgesetz (KSchG), so dass auch dann, wenn die Voraussetzungen des § 9 KSchG nicht vorliegen oder der 358

Arbeitnehmer auf Veranlassung seines Arbeitgebers selbst das Arbeitsverhältnis aufgelöst hat, die Abfindung steuerfrei zufließen kann.

359 Alle Arbeitnehmer im Sinne des Lohnsteuerrechts können diese Steuervergünstigung beanspruchen, also auch leitende Angestellte, Vorstände und Geschäftsführer von Kapitalgesellschaften sowie Arbeitnehmer-Ehegatten (*Langohr-Plato, INF 2001, S. 260*).

360 Die Auflösung des Dienstverhältnisses ist vom Arbeitgeber „veranlasst", wenn der Arbeitgeber für die Auflösung die entscheidenden Ursachen gesetzt hat und dem Arbeitnehmer im Hinblick auf dieses Verhalten eine weitere Zusammenarbeit mit dem Arbeitgeber nicht mehr zugemutet werden kann (*BFH v. 11.1.1980 – VI R 165/77 – BStBl. II 1980, S. 205*). § 3 Nr. 9 EStG kann somit auch bei einer durch den Arbeitnehmer ausgesprochenen Kündigung des Dienstverhältnisses angewendet werden, wenn die Kündigung auf das Verhalten des Arbeitgebers zurückzuführen ist.

361 Besonderheiten für einen Gesellschafter-Geschäftsführer ergeben sich dann, wenn die Abfindung im zeitlichen Zusammenhang mit der Übertragung seiner Kapitalbeteiligung erfolgt. Die Steuerfreiheit einer Abfindung nach § 3 Nr. 9 EStG setzt nämlich voraus, dass die Auflösung des Arbeitsverhältnisses durch den Arbeitgeber veranlasst worden ist. Dies ist dann jedoch nicht der Fall, wenn der Arbeitnehmer als Gesellschafter zugleich mit dem Abfindungsvertrag seine Mehrheitsbeteiligung überträgt. Der Gesetzgeber wollte mit der Steuerfreiheit nach § 3 Nr. 9 EStG einen Ausgleich für den von dritter Seite veranlassten und damit für den Arbeitnehmer unfreiwilligen Arbeitsplatzverlust schaffen. Diese letztendlich auf dem Interessengegensatz von Arbeitnehmer und Arbeitgeber beruhende Zwangssituation liegt aber dann nicht vor, wenn der Gesellschafter-Geschäftsführer selbst, nämlich aufgrund seiner autonomen gesellschaftsrechtlichen Entscheidung seine Geschäftsanteile zu veräußern, die Ursache für die Beendigung seines Dienstverhältnisses setzt (*FG Niedersachsen v. 14.10.1999 – 5 K 43/99 – DStRE 2000, S. 785, rkr.*).

362 Des weiteren sind Zuwendungen zur Abgeltung vertraglicher Ansprüche aus dem beendeten Dienstverhältnis keine Abfindungen. Daraus folgt, dass die Abfindung laufender Versorgungsleistungen und unverfallbarer Anwartschaften nicht als Abfindung i.S.v. § 3 Nr. 9 EStG bewertet werden kann, da in beiden Fällen der Arbeitnehmer auf die laufende bzw. zu einem späteren Zeitpunkt fällig werdende Versorgungsleistung einen Rechtsanspruch hat. Entsprechende Abfindungszahlungen sind somit vom Arbeitnehmer in jedem Fall zu versteuern (*BFH v. 11.1.1980 – VI R 165/77 – BStBl. II 1980, S. 205; Doetsch, S. 103*).

363 Erhält dagegen der Arbeitnehmer für eine noch verfallbare Anwartschaft bei Beendigung des Dienstverhältnisses eine Abfindungszahlung, so entschädigt diese Leistung für eine „noch nicht endgültig erdiente Rechtsposition". Insoweit werden also Nachteile abgegolten, die durch den Verlust des Arbeitsplatzes entstehen, so dass § 3 Nr. 9 EStG anwendbar ist (*so auch Doetsch, S. 103*). Gleiches gilt für solche Abfindungsbeträge, die den Wert einer unverfallbaren Anwartschaft übersteigen und somit ersichtlich als Ausgleich dafür gezahlt werden, dass der Arbeitneh-

mer seine bisherige Altersversorgung nicht verbessern kann, insbesondere nicht mehr in den Genuss zukünftiger (bislang noch nicht erdienter) Steigerungsbeträge kommt.

Beispiel 1:

Dem 48-jährigen Arbeitnehmer wird zum 31.12.2000 von seinem Arbeitgeber nach 9-jähriger Tätigkeit gekündigt. Zur Abfindung der zugesagten aber gesetzlich noch nicht unverfallbaren Versorgungszusage erhält der Arbeitnehmer eine Zahlung von 95.000,– DM. Dieser Betrag entspricht dem Barwert der Anwartschaft per 31.12.2000.

Zufluss 2000:	*95.000,– DM*
./. Freibetrag gem. § 3 Nr. 9 EStG	*16.000,– DM*
zu versteuern	*79.000,– DM*

§ 3 Nr. 9 EStG ist anwendbar, da auf die Versorgungsanwartschaft mangels gesetzlicher Unverfallbarkeit kein Rechtsanspruch besteht, so dass durch die Abfindung Nachteile aus dem Verlust des Arbeitsplatzes ausgeglichen werden.

Beispiel 2:

Dem 56-jährigen Arbeitnehmer wird vom Arbeitgeber zum 31.12.2000 gekündigt. Das Dienstverhältnis hat seit der Lehrzeit, d.h. über 20 Jahre bestanden. Für die vor 7 Jahren erteilte und damit gesetzlich unverfallbare Anwartschaft zahlt der Arbeitgeber eine Abfindung von 120.000,– DM, obwohl der Barwert der unverfallbaren Anwartschaft nur 100.000,– DM beträgt.

Zufluss 1995:	*120.000,– DM*
./. Freibetrag gemäß § 3 Nr. 9 EStG	*20.000,– DM*
zu versteuern	*100.000,– DM*

§ 3 Nr. 9 EStG kommt hier nur in Höhe des dem Barwert der unverfallbaren Anwartschaft übersteigenden Betrages (= 20.000 DM) zur Anwendung, da im übrigen ein Rechtsanspruch auf die Versorgungsleistung besteht und insoweit kein Nachteil aus der Beendigung des Arbeitsverhältnisses ausgeglichen wird.

(5) Voraussetzungen der Entschädigungsregelung (§§ 34, 24 Nr. 1a EStG)

Sofern und soweit die Abfindung von Versorgungsrechten nach den vorstehenden 364
Ausführungen nicht nach § 3 Nr. 9 EStG steuerfrei in Anspruch genommen werden kann, kommt als letzte Steuervergünstigung die §§ 34, 24 EStG in Betracht. Danach erfolgt die Besteuerung zwar zum „normalen" individuellen Steuersatz, jedoch unter Abmilderung der Steuerprogression nach der sog. „Fünftelungsregelung". Voraussetzung für die Anwendung dieser Sonderregelungen ist entweder das Vorliegen einer „Vergütung für mehrjährige Tätigkeit" (§§ 24 Nr. 1, 34 Abs. 2 Nr. 2 u. Nr. 4 i.V.m. § 34 Abs. 1 EStG) oder einer „Entschädigung" (§ 24 Nr. 1a EStG).

Die Abfindung von Versorgungsleistungen stellt grundsätzlich eine Vergütung für 365
eine mehrjährige Tätigkeit dar (*Doetsch, S. 91*).

Eine Entschädigung wird allerdings nur dann bejaht, wenn durch die Abfindungs- 366
zahlung ein Schaden ausgeglichen werden soll, der durch den Verlust von Einnah-

men entstanden ist bzw. zukünftig entstehen wird. Dabei darf die Zahlung nicht in Erfüllung eines gesetzlichen oder vertraglichen Anspruchs des Empfängers erfolgen, sondern muss stets auf einer „neuen Rechtsgrundlage" beruhen (*BFH v. 7.3.1995 – XI R 54/94 – GmbHR 1995, S. 688*). Ist somit bereits in der die Versorgungszusage regelnden vertraglichen Vereinbarung ein „Kapitalwahlrecht", d.h. die Befugnis des Arbeitgebers geregelt, bei Beendigung des Dienstverhältnisses bzw. bei Eintritt des Versorgungsfalls die zugesagte Versorgungsleistung bzw. die bislang erdiente Versorgungsanwartschaft durch eine einmalige Kapitalzahlung abzufinden, so erfolgt diese Abfindungszahlung gerade nicht aus Anlass der Beendigung des Arbeitsverhältnisses, sondern aufgrund der bei Zusageerteilung getroffenen vertraglichen Vereinbarung. Das Recht, die Versorgungszusagen durch eine einmalige Kapitalzahlung abzugelten, steht hier dem Arbeitgeber nach dem Inhalt der Versorgungszusage von Anfang an zu, so dass die Ausübung des Kapitalwahlrechts nicht zu einer neuen Rechtsgrundlage für die Abfindungszahlung führt (*BFH v. 16.4.1980 – VI R 86/77 – BStBl. II 1980, S. 393*).

367 Sofern also die Entschädigungsleistung auf einer neuen Rechtsgrundlage beruht, ist es nach der Rechtsprechung des BFH seit der Entscheidung vom 20.7.1978 (*IV R 43/74 – BStBl. II 1979, S.9*) für die Anwendung von § 24 Nr. 1 EStG nicht mehr erforderlich, dass es sich bei der Entschädigung ausschließlich um eine Leistung ohne oder gegen den Willen des Steuerpflichtigen handeln muss (BFH v. 11.12.1970 – VI R 218/66 – BStBl. II 1971, S. 266). Eine Entschädigung i.S.v. § 24 Nr. 1 EStG liegt nach heute gefertigter BFH-Rechtsprechung vielmehr auch dann vor, wenn der Steuerpflichtige an der Herbeiführung des Schadens zwar mitwirkte, dabei aber unter einem „erheblichen rechtlichen, wirtschaftlichen oder tatsächlichen Druck" des Arbeitgebers handelte (*BMF Schreiben v. 21.1.1987 – IV B 4 – S 2258 – 4/87 – DB 1987, S. 513*). Damit ist der Begriff der Entschädigung i.S.v. § 24 Nr. 1 EStG im wesentlichen mit dem Abfindungsbegriff i.S.v. § 3 Nr. 9 EStG identisch; d.h. immer wenn eine Abfindung nach § 3 Nr. 9 EStG vorliegt, ist die den steuerfreien Höchstbetrag übersteigende Abfindungsleistung nach §§ 24 Nr. 1, 34 Abs. 1 u. 2 EStG steuerbegünstigt.

368 Voraussetzung für die Steuerermäßigung ist nach § 34 Abs. 1 EStG weiterhin das Vorliegen von außerordentlichen Einkünften. Folglich sind Entschädigungen nur dann steuerbegünstigt, wenn es sich um eine Zusammenballung von Einkünften handelt, die bei normalem Geschehensablauf auf mehrere Jahre verteilt zugeflossen wären. Dies ist bei einer Kapitalabfindung einer Versorgungszusage durch einen Einmalbetrag zu bejahen, so dass hier der ermäßigte Steuersatz zur Anwendung kommt. Dabei spielt es keine Rolle, ob bereits laufende Versorgungsleistungen oder unverfallbare und verfallbare Anwartschaften bei fortbestehendem Arbeitsverhältnis abgefunden werden.

369 Letztendlich spielt die Entschädigungsfrage heute keine so große Rolle mehr, da der mit ihr früher verbundene Vorteil der Besteuerung mit dem halben Durchschnittssteuersatzes nicht mehr existiert und auch bei Entschädigungen nur die bereits im Zusammenhang mit der „Vergütung für mehrjährige Tätigkeit" bejahte

Fünftelungsregelung zur Anwendung gelangt. Damit führt die Annahme einer Entschädigung zu keiner steuerlichen Besserstellung.

Die Berechnung der Steuer nach der Fünftelungsregelung soll nachfolgendes Beispiel verdeutlichen: 370

Der Arbeitnehmer erhält eine einmalige Kapitalabfindung von 125.000,— €. Dieser Betrag wird durch 5 dividiert, der sich danach ergebende Betrag (vorliegend: = 25.000 €) wird als Bemessungsgrundlage genommen und die sich hieraus ergebende Steuerlast mit 5 multipliziert, so dass die Versteuerung im aktuellen Veranlagungszeitraum erfolgt (die Steuer auf 5 x 25.000,— € ist geringer als auf 1 x 125.000,— €).

Das interessante an dieser Regelung ist, dass die auf die Einkünfte aus mehrjähriger Tätigkeit entfallende Einkommenssteuer umso geringer ist, je niedriger die nach dem geltenden Steuertarif zu versteuernden Gesamteinkünfte sind. 371

Gestaltungsempfehlung:

Wer die Möglichkeit hat, den Zeitpunkt des Zuflusses der Abfindungszahlung zu beeinflussen, sollte Wert darauf legen, dass die Auszahlung zu einem Zeitpunkt erfolgt, in dem die sonstigen Einkünfte möglichst gering sind. Am günstigsten wäre, es liegen gar keine oder negative sonstige Einkünfte vor. Vor diesem Hintergrund ist bei Abfindungen, die aus Anlass der Beendigung der aktiven Dienstzeit gezahlt werden, eine Fälligkeitsvereinbarung zu empfehlen, wonach die Auszahlung des Abfindungsbetrages „erst zum 1.1. des auf die Pensionierung folgenden Jahres" erfolgen soll, da durch den Wegfall des Aktiveneinkommens vielfach der individuelle Steuersatz erheblich gesenkt wird.

Abfindungen von Versorgungsansprüchen sind Einkünfte, die eine Entlohnung für mehrere Jahre darstellen, wobei es sich um Vorauszahlungen oder um eine nachträgliche Entlohnung handeln kann, so dass § 34 Abs. 3 EStG stets zur Anwendung kommt (*BFH v. 23.7.1974 – VI R 116/72 – BStBl. II 1976, S. 694*). 372

e) Sozialversicherungsrechtliche Konsequenzen der Abfindung

Nach § 14 Abs. 1 SGB IV sind alle laufenden Einnahmen aus einem Arbeitsverhältnis, egal ob ein Rechtsanspruch auf diese Einnahmen besteht, unter welcher Bezeichnung oder in welcher Form sie geleistet werden, beitragspflichtiges Arbeitsentgelt. 373

Bei einmaligen Leistungen haben sich die Spitzenverbände der Kranken- und Rentenversicherungsträger darauf geeinigt (*DB 1994, S. 984*), dass die beitragsrechtliche Beurteilung entscheidend von der Anspruchsgrundlage abhängt. Während Kapitalleistungen (ausgenommen Abfindungen für bereits erworbene Ansprüche auf Betriebsrenten) keine beitragspflichtigen Versorgungsbezüge darstellen, sind laufende Rentenzahlungen grundsätzlich den beitragspflichtigen Versorgungsbezügen i.S. des § 229 SGB V zuzurechnen. Dementsprechend liegen keine beitragspflichtigen Versorgungsbezüge i.S.v. § 229 SGB-V vor, wenn von vornherein keine laufende Rentenzahlung, sondern eine Kapitalzahlung vereinbart wird. 374

375 Das gilt entsprechend auch dann, wenn bei einem Wahlrecht zwischen Kapitalleistung und laufender Rentenzahlung vom Arbeitnehmer die Kapitalleistung gewählt wird. Der Beitragspflicht unterliegen nämlich nicht zukünftige Ansprüche auf Versorgungsbezüge, sondern nur die Versorgungsbezüge, auf deren Zahlung ein konkreter Anspruch besteht und die tatsächlich auch gezahlt werden. Eine Kapitalabfindung tritt aber nur dann i.S.v. § 229 Abs. 1 Satz 3 SGB V an die Stelle der Versorgungsbezüge, wenn eine bereits geschuldete Rente durch die Kapitalleistung ersetzt wird. Geschuldet wird eine Rentenzahlung aber erst bei bzw. ab Eintritt des Versorgungsfalls.

376 Wird dagegen die Abfindungsvereinbarung erst nachträglich, d.h. bei oder nach Rentenbeginn vereinbart, führt dies nicht zur Beitragsfreiheit der Kapitalabfindung (*BSG v. 30.3.1995 – 12 RK 10/94 – BetrAV 1995, S. 255*). In diesem Fall gilt für die Dauer von maximal 120 Monaten gemäß § 229 Abs. 1 Satz 3 SGB V ein Einhundertzwanzigstel der Leistung als monatlicher Zahlbetrag der Versorgungsbezüge. Dies entspricht einer rechnerischen Verteilung der Abfindungszahlung auf einen Zeitraum von 10 Jahren.

7. Übertragung unverfallbarer Anwartschaften (§ 4 BetrAVG)

377 Nach § 4 BetrAVG kann **mit Zustimmung des Arbeitnehmers** die **Verpflichtung**, bei Eintritt des Versorgungsfalls Versorgungsleistungen aus einer unverfallbaren Versorgungsanwartschaft zu gewähren, nur in einem begrenzten Umfang auf einen **anderen Versorgungsträger übertragen** werden. Gemäß § 4 Abs. 1 S. 2 BetrAVG ist eine vertragliche Schuldübernahme durch andere als in § 4 Abs. 1 S. 1 BetrAVG genannte Versorgungsträger dem Arbeitnehmer gegenüber unwirksam. Die in § 4 BetrAVG enthaltene Regelung der Übernahme unverfallbarer Anwartschaften ist somit in erster Linie als eine **Verbotsnorm** auszulegen und enthält als solche ein **Übertragungsverbot**, von dem nur in den im Gesetz abschließend genannten Fällen ausnahmsweise abgewichen werden darf (*Ahrend/Förster, § 4 Anm. 1; Griebeling, Rn. 656*). Insoweit ist § 4 BetrAVG nach dem Willen des Gesetzgebers als **lex specialis** gegenüber § 415 BGB vorrangig (*BT-Drucks. 7/1281, S. 28; Höfer, BetrAVG, ArbR, § 4 Rn. 2197*).

Ausnahmsweise zulässig ist die Übertragung von Versorgungsanwartschaften auf einen **Folgearbeitgeber**, eine **Pensionskasse**, ein **Lebensversicherungsunternehmen** oder einen **öffentlich-rechtlichen Versorgungsträger**. Soweit die betriebliche Altersversorgung beim alten Arbeitgeber über eine **Unterstützungskasse** durchgeführt worden ist, kann eine aufrechtzuerhaltende Versorgungsverpflichtung nach § 4 Abs. 2 BetrAVG neben den in § 4 Abs. 1 BetrAVG genannten Versorgungsträgern auch von einer anderen Unterstützungskasse übernommen werden.

378 Darüber hinaus erfasst das Übertragungsverbot nicht die Fälle, in denen ein Schuldübergang und eine Vermögensübernahme kraft Gesetzes stattfinden, wie z. B. den Betriebsübergang nach § 613a BGB und die gesellschaftsrechtlichen Umstrukturierungstatbestände der Verschmelzung, Spaltung oder Fusion von Unternehmen nach dem Umwandlungsgesetz sowie die Erbfolge (*BAG v. 11.11.1986 – 3 AZR*

194/85 – BB 1987, S. 1392 = DB 1987, S. 1696 = NZA 1987, S. 559; Ahrend/Förster, BetrAVG, § 4 Anm. 1; Griebeling, Rn. 656).

Das Übertragungsverbot des § 4 BetrAVG dient nicht in erster Linie der Erhaltung 379
des gesetzlichen Insolvenzschutzes, sondern bezweckt vorrangig die **Sicherung der Haftungsmasse**. Insoweit dient das Übertragungsverbot dem Schutz des PSV vor unerwünschten bzw. außerplanmäßigen Haftungsrisiken (*BAG v. 17.3.1987 – 3 AZR 605/85 – BB 1987, S. 2233 = DB 1988, S. 122 = NZA 1988, S. 21; Blomeyer/Otto, BetrAVG, § 4 Rn. 4; Griebeling, Rn. 654; Höfer, BetrAVG, ArbR, § 4 Rn. 2177, 2234*). Das BAG hat daher eine über den Ausnahmetatbestand des § 4 BetrAVG hinausgehende Übertragung von Versorgungsverpflichtungen grundsätzlich unter der Voraussetzung für zulässig erachtet, dass der **PSV** dieser Übertragung **zustimmt** (*BAG v. 26.6.1980 – 3 AZR 156/79 – BB 1980, S. 1641 = DB 1980, S. 2141 = NJW 1981, S. 189; BAG v. 17.3.1987 – 3 AZR 605/85 – BB 1987, S. 2233 = DB 1988, S. 122 = NZA 1988, S. 21; vgl. a.: BVerfG v. 18.12.1987 – 1 BvR 1242/87 – DB 1988, S. 1905 = BetrAV 1989, S. 67; Ahrend/Förster, BetrAVG, § 4 Anm. 3; Blomeyer/Otto, BetrAVG, § 4 Rn. 78; Höfer, BetrAVG, ArbR, § 4 Rn. 2235*). Aufgrund verfassungsrechtlicher Bedenken hat der **PSV** im Rahmen einer geschäftsplanmäßigen Erklärung die **Zustimmung** zu einem nicht vom Wortlaut des § 4 BetrAVG gedeckten Übergang der Versorgungsverpflichtungen jedoch **generell verweigert** (*PSV-Merkblatt 300/M 10/2.91; Everhardt, BB 1982; S. 314; Paulsdorff, § 7 Rn. 124*). Lediglich für vor dem 1.1.1981 vorgenommene Übertragungen hat der PSV diese ohne Anerkennung einer Rechtspflicht aus Gründen der Rechtssicherheit und Praktikabilität gebilligt (*PSV-Erklärung v. 12.11.1981 – BB 1982, S. 120 = DB 1982, S. 230*).

Soweit eine Versorgungszusage **nicht insolvenzgesichert** ist, z. B. bei noch nicht 380
erreichter oder lediglich vertraglich zugesagter Unverfallbarkeit oder mangels Anwendbarkeit des gesetzlichen Insolvenzschutzes im Hinblick auf die Person des Versorgungsberechtigten *(vgl. hierzu Rn. 653 ff.)*, ist eine Übertragung der Versorgungsanwartschaft **unbeschränkt zulässig** (*BAG v. 4.8.1981 – 3 AZR 441/80 – BB 1982, S. 51 = DB 1981, S. 2544 = AuR 1982, S. 69; Ahrend/Förster, BetrAVG, § 4 Anm. 2; Blomeyer/Otto, BetrAVG, § 4 Rn. 18; Griebeling, Rn. 659; Höfer, BetrAVG, ArbR, § 4 Rn. 2180*).

a) Anwendungsbereich des Übertragungsverbots

§ 4 BetrAVG erfasst seinem Wortlaut nach grundsätzlich nur **gesetzlich unver-** 381
fallbare Anwartschaften ausgeschiedener Mitarbeiter vor Eintritt des Versorgungsfalls. Über seinen Wortlaut hinaus erfasst das Übertragungsverbot aber auch die kraft der **vorgesetzlichen Rechtsprechung unverfallbaren Versorgungsanwartschaften** (*Ahrend/Förster, BetrAVG, § 4 Anm. 2; Ahrend/Förster/Rößler, 1. Teil, Rn. 483; Blomeyer/Otto, BetrAVG, § 4 Rn. 17; Everhardt, BB 1982, S. 315; Höfer, BetrAVG, § 4 Rn. 2186*) sowie die nach Eintritt des Versorgungsfalls **fälligen Versorgungsansprüche** der **Betriebsrentner** (*BAG v. 26.6.1980 – 3 AZR 156/79 – BB 1980, S. 1641 = DB 1980, S. 2141 = NJW 1981, S. 189; Ahrend/Förster, BetrAVG, § 4 Anm. 6; Griebeling, Rn. 657; Kemper/Kister-Kölkes, Rn. 161*).

382 Soweit das BAG in seiner Entscheidung vom 14.12.1999 (*3 AZR 675/98 – DB 2000, S. 1719 = BB 2000, S. 1892 mit Hinweis auf Andresen/För-ster/Rühmann, Arbeitsrecht der betrieblichen Altersversorgung, Teil 1, Kap. 4 A, Rn. 75; Höfer, BetrAVG, Bd. I – ArbR, § 4 Rn. 2185; Blomeyer/Otto, BetrAVG, § 4 Rn. 17 und 37*) in einem obiter dictum angedeutet hat, dass der Schutzbereich des § 4 BetrAVG ggf. auch auf das laufende Arbeitsverhältnis anzuwenden ist (*so auch: Ahrend/Förster, BetrAVG, § 4 Anm. 14*), kann dem nicht gefolgt werden.

383 Soweit sich dies auf einen vom Arbeitgeber beabsichtigten **Wechsel des Durchführungsweges** bezieht, ist dieser Ansicht nicht zu folgen. Zum einen widerspricht sie der Rechtsprechung des BAG, wonach der Arbeitgeber ohne Beachtung von Mitbestimmungsrechten, nicht nur die Wahl, sondern auch den Wechsel des Durchführungsweges bestimmen kann (*vgl. BAG v. 12.6.1975 – 3 ABR 137/73 – BB 1975, S. 1064 = AuR 1975, S. 377*). Zum anderen verschlechtert sich bei einer wertgleichen Übertragung aufgrund der nach wie vor unverändert bestehenden **Grundverpflichtung** des Arbeitgebers aus dem Arbeitsverhältnis die Rechtsposition des Arbeitnehmers ebenso wenig, wie das wirtschaftliche Risiko des PSV, der nach wie vor für die Insolvenz des gleichen Arbeitgebers haftet.

384 Gerade der vom Gesetzgeber in § 1 Abs. 1 BetrAVG neu aufgenommene Verschaffungsanspruch verdeutlicht, dass die letztendliche Haftung für die Erfüllung der Versorgungsverbindlichkeiten nicht beim Versorgungsträger, sondern beim Arbeitgeber liegt. Bleibt dessen Identität gewahrt, bedeutet ein Austausch des Versorgungsträgers weder für den Versorgungsgläubiger (Arbeitnehmer) noch für den PSV als Träger der gesetzlichen Insolvenzsicherung ein zusätzliches Risiko. Mithin kann der Arbeitgeber **ohne Verstoß gegen § 4 BetrAVG** den **Durchführungsweg** seiner betrieblichen Altersversorgung **wechseln** (*im Ergebnis letztendlich zustimmend: Höfer, BetrAVG, Bd. I – ArbR, § 4 Rn. 2204 der damit seinen eigenen Ausführungen in Rn. 2185 widerspricht; Kemper/Kisters-Kölkes, Rn. 161*) und zwar auch von einer mit einem Rechtsanspruch ausgestatteten unmittelbaren Pensionszusage auf eine Unterstützungskasse, die satzungsgemäß auf ihre Leistungen keinen Rechtsanspruch gewähren darf (*Höfer, BetrAVG, ArbR, § 4 Rn. 2204*). Vor diesem Hintergrund bestätigt der PSV auch auf Anfrage, dass er keine Bedenken gegen eine Übertragung von Versorgungsanwartschaften innerhalb der verschiedenen Durchführungswege der betrieblichen Altersversorgung im bestehenden Arbeitsverhältnis hat.

385 Bei einer wirksamen Übertragung der Versorgungsverpflichtung tritt ein **Schuldnerwechsel** ein. Der neue Versorgungsschuldner tritt nach § 415 BGB an die Stelle des alten Schuldners, der von seiner Leistungspflicht befreit wird (*Ahrend/Förster, BetrAVG, § 4 Anm. 3*). Dies hat zur Konsequenz, dass die Unverfallbarkeitsfristen nicht unterbrochen werden und der neue Schuldner auch für die Anpassungsprüfung nach § 16 BetrAVG sowie die Beitragszahlung an den PSV haftet (*Höfer, BetrAVG, ArbR, § 4 Rn. 2271, 2273 ff., 2278*).

b) Inhalt der Übertragungsvereinbarung

386 Zu übertragen ist grundsätzlich die bestehende Versorgungsvereinbarung und zwar inhaltsgleich, d.h. mit exakt den dem Grunde und der Höhe nach bislang beste-

henden Versorgungsleistungen. Da eine solche deckungsgleiche Übertragung im Einzelfall nicht immer möglich ist – so kennt zum Beispiel die Direktversicherung keine lebenslangen Berufsunfähigkeitsrenten und lässt die Invaliditätsabsicherung nur bis zu einem bestimmten Beitrittsalter zu – wird es nach h.M. als ausreichend angesehen, wenn die Übertragung zu einem wirtschaftlich wertgleichen Anspruch des Versorgungsberechtigten führt (*vgl. u.a.: Ahrend/Förster, BetrAVG, § 4 Rn. 8; Blomeyer/Otto, BetrAVG, § 4 Rn. 107 ff.; Höfer, BetrAVG, Bd. I – ArbR., § 4 Rn. 2252 ff.*).

Maßgeblich ist demnach ein Barwertvergleich zwischen alter und übernommener 387
Versorgungszusage. Ist der Barwert nach der Übernahme unverändert, so ist die Übertragung arbeitsrechtlich nicht zu beanstanden. Dies zeigt letztendlich auch der Vergleich mit § 3 BetrAVG der in seinem Absatz 2 bei der Berechnung des Abfindungsbetrages ebenfalls auf den versicherungsmathematischen Barwert abstellt.

Erfolgt die Übertragung aus einer Direktversicherung oder Pensionskasse heraus, 388
so wird – ebenfalls in Analogie zu § 3 Abs. 2 BetrAVG – eine Übertragung auf der Basis des geschäftsplanmäßigen Deckungskapitals auch bei inhaltlicher Umgestaltung der Zusage arbeitsrechtlich zulässig sein.

c) Übertragung im Falle der Unternehmensliquidation

Sofern ein Unternehmen seine Liquidation oder die Einstellung seiner Betriebstä- 389
tigkeit beabsichtigt, sah die BetrAVG-Novelle 1999 in § 4 Abs. 3 und 4 BetrAVG zunächst die Möglichkeit vor, laufende Rentenleistungen und unverfallbare Versorgungsanwartschaften mit schuldbefreiender Wirkung und ohne Zustimmung des betroffenen Versorgungsberechtigten bzw. Leistungsempfängers auf eine kongruent rückgedeckte Unterstützungskasse zu übertragen.

War damit die Übertragung von Versorgungsverpflichtungen für den Fall der Unter- 390
nehmensliquidation in arbeitsrechtlicher Hinsicht vereinfacht worden, so hätte sie in steuerrechtlicher Hinsicht aber nur dann Sinn gemacht, wenn das zu liquidierende Unternehmen die für die Übertragung und die daraus abgeleitete Rückdeckung erforderliche Versicherungsprämie als Einmalbetrag der Unterstützungskasse zuwenden kann, und zwar auch mit der Möglichkeit, den vollen Betrag als Betriebsausgabe im Jahr der Zuwendung geltend zu machen. Eine entsprechende Ausfinanzierung erlaubt § 4d Abs. 1 Nr. 1c EStG allerdings nur für bereits laufende Rentenleistungen; für Versorgungsanwartschaften ist eine solche Ausfinanzierung nach der vorgenannten Regelung ausdrücklich verboten.

Vor diesem Hintergrund hat es im Jahre 1999 zwar vereinzelt Gründungen von „Li- 391
quidationsunterstützungskassen“ gegeben, deren praktische Umsetzung in vielen Einzelfällen aber vor dem Hintergrund bestehender Versorgungsanwartschaften und damit noch nicht fälliger Versorgungsleistungen an den gegebenen steuerlichen Restriktionen gescheitert ist. Die echte Rentnergesellschaft, d.h. eine Gesellschaft die ausschließlich laufende Rentenverpflichtungen vorweisen kann, ist nämlich in der Praxis der Ausnahmefall.

392 Diese Problematik hat auch der Gesetzgeber gesehen und mit dem zum 1.1.2000 in Kraft getretenen Steuerbereinigungsgesetz 1999 (StBereinG) kurzfristig Abhilfe geschaffen. Art. 1 und 15 StBereinG schaffen die gerade erst kreierte Liquidationsunterstützungskasse wieder ab und statuieren statt dessen eine auch steuerlich flankierte Übertragungsmöglichkeit auf eine Direktversicherung oder Pensionskasse. Konkret wird dies durch eine entsprechende Neuregelung des § 4 Abs. 3 BetrAVG umgesetzt, der folgende Fassung erhält:

„Wird die Betriebstätigkeit eingestellt und das Unternehmen liquidiert, kann eine Versorgungsleistung aufgrund einer Zusage oder einer unverfallbaren Anwartschaft nach § 1 Abs. 1 oder eine Versorgungsleistung, die gemäß § 1 Abs. 4 von einer Unterstützungskasse erbracht wird oder zu erbringen ist, von einer Pensionskasse oder einem Unternehmen der Lebensversicherung ohne Zustimmung des Versorgungsempfängers oder Arbeitnehmers übernommen werden, wenn sichergestellt ist, dass die Überschussanteile ab Rentenbeginn entsprechend § 16 Abs. 3 Nr. 2 verwendet werden. § 2 Abs. 2 Satz 4 bis 6 gilt entsprechend."

393 Voraussetzung für die Übertragung der Versorgungsverpflichtung gemäß § 4 Abs. 3 BetrAVG ist demzufolge, dass die Betriebstätigkeit eingestellt wird und das Unternehmen liquidiert wird.

394 Bei der **„Liquidation"** handelt es sich um einen gesetzlichen Begriff, der rechtsformspezifisch ausgeprägt ist. So regeln die §§ 145 ff. HGB die Liquidation für die OHG und für die KG. Das Aktiengesetz spricht zwar nicht von der Liquidation; es behandelt jedoch den gleichen Tatbestand in seinen Vorschriften zur Abwicklung. Das GmbHG spricht wieder von der Liquidation. Unter Liquidation versteht man die „Verflüssigung" der Besitzposten des Unternehmens, nachdem seine Auflösung beschlossen worden ist (*Höfer, BetrAVG, Bd. I, ArbR, § 4 Rn. 2285.14*).

395 Einstellung der Betriebstätigkeit bedeutet die Beendigung der laufenden Geschäfte des Unternehmens im Sinne des HGB bzw. AktG oder GmbHG. In der Praxis werden die Einstellung der Betriebstätigkeit und die Liquidation Hand in Hand gehen. Man wird davon ausgehen können, dass die Betriebstätigkeit dann eingestellt ist, wenn die Liquidatoren die laufenden Geschäfte beendet haben (*Höfer, BetrAVG, Bd. I, ArbR, § 4 Rn. 2285.15*).

396 Fraglich ist in diesem Zusammenhang, ob die Vorschrift ebenfalls auf den Fall Anwendung findet, wenn ein ausländisches Unternehmen seine Betriebsstätte oder eine Zweigniederlassung in Deutschland schließt. Dabei ist die Fragestellung auf die Fälle begrenzt, in denen gemäß Rechtswahl der Parteien oder nach Art. 30 EGBGB das BetrAVG überhaupt Anwendung findet.

397 Es kommt insoweit maßgeblich auf die Auslegung der Formulierung „... und das Unternehmen liquidiert" an.

398 Hinsichtlich des Wortlauts ist aufgrund der Formulierung davon auszugehen, dass lediglich die komplette Liquidation eines Unternehmens im handels- bzw. gesellschaftsrechtlichen Sinn damit gemeint sein dürfte und nicht die Aufhebung einer

Zweigniederlassung. Insoweit bestehen keine Bedenken, wenn man davon ausgeht, dass lediglich Unternehmen mit Hauptsitz in Deutschland von der Regelung des § 4 Abs.3 BetrAVG betroffen sind. Fraglich ist, ob der Gesetzgeber auch den Fall bedacht hat, in dem die Vorschrift auf ausländische Unternehmen Anwendung findet.

Aus der Entstehungsgeschichte des Gesetzes heraus ergeben sich keine konkreten 399
Argumente hinsichtlich der Auslegung der Formulierung. Vielmehr spricht einiges dafür, dass der Fall des ausländischen Arbeitgebers nicht bedacht wurde. Erreicht werden sollte mit der Vorschrift bzw. der Vorgänger-Regelung der Liquidations-Unterstützungskasse, dass die Liquidation von Unternehmen erleichtert und somit ein Hemmnis für die betriebliche Altersversorgung aus Sicht von Unternehmen (Unmöglichkeit der Liquidation) beseitigt wird.

Sinn und Zweck der Vorschrift und auch der Vorgänger-Regelung ist es, die Hemm- 400
nisse für die betriebliche Altersversorgung zu beseitigen und damit deren Verbreitung zu fördern. Folglich war Ziel der Gesetzesänderungen, Unternehmensliquidationen außerhalb der Insolvenz zu erleichtern bzw. zu ermöglichen. Unternehmer sollten nicht mit Blick auf den Zwang zur Aufrechterhaltung von Rentnergesellschaften bei Bestehen einer betrieblichen Altersversorgung von der Einrichtung einer solchen abgehalten werden. Darüber dürfte die konkrete Ausgestaltung der Regelung auch zum Inhalt haben, mit der Regelung einen Insolvenzschutz des Arbeitnehmers außerhalb des Schutzes durch den PSVaG zu erreichen. Damit wird auch der PSVaG davor geschützt, dass er von den betroffenen Versorgungsberechtigten in Anspruch genommen wird. Schließlich wird mit der Liquidation des Unternehmens eine Beitragszahlung an den PSVaG unmöglich. Betrachtet man den Sinn und Zweck im Hinblick auf die konkrete Ausgestaltung des § 4 Abs. 3 BetrAVG, so spricht einiges dafür, auch die Fälle der Aufhebung einer deutschen Zweigniederlassung eines ausländischen Unternehmens als „Liquidation des Unternehmens" im Sinne des § 4 Abs. 3 BetrAVG zu verstehen.

Aus der Stellung der Regelung als Abs. 3 des § 4 BetrAVG lässt sich möglicher- 401
weise weiter der Wille des Gesetzgebers dahingehend ableiten, dass der gegenüber den allgemeinen Vorschriften über die Schuldübernahme (§§ 414 ff. BGB) erreichte stärkere Schutz der Versorgungsberechtigten aber vor allem auch des PSVaG aus §§ 4 Abs. 1 und 2 BetrAVG auch im Rahmen der Unternehmensliquidation außerhalb der Insolvenz gemäß § 4 Abs. 3 BetrAVG erhalten bleiben soll. Die bisherige Haftungsmasse soll also zugunsten des Versorgungsberechtigten erhalten bleiben, so dass sich das Insolvenzrisiko zumindest nicht vergrößert (*Blomeyer, BetrAVG, § 2, Rd. 4*). Darüber hinaus soll § 4 BetrAVG aufgrund des systematischen Zusammenhangs mit § 7 BetrAVG vor allem eine Übertragung der Versorgungsverbindlichkeit auf Dritte, für die kein Insolvenzschutz nach § 7 BetrAVG besteht, grundsätzlich ausschließen. Beide Ziele werden für den Fall der klassischen Unternehmensliquidation durch § 4 Abs. 3 BetrAVG erreicht. Beachtenswert ist in diesem Zusammenhang aber auch, dass von § 4 BetrAVG nicht der gesetzliche Übergang einer Verpflichtung infolge Gesamtrechtsnachfolge erfasst ist, durch die die Haftungsmasse nicht verkürzt wird (*vgl. Blomeyer, BetrAVG, § 4 Rd. 11*). Aus dem

zuletzt Gesagten könnte man zunächst herleiten, dass in dem geschilderten Fall der ausländische Arbeitgeber als Rechtssubjekt nicht erlischt. Allerdings entspricht die Aufhebung der deutschen Zweigniederlassung in diesem Fall faktisch und wirtschaftlich der Liquidation des Unternehmens. Auch wenn es gemäß Art. 30 EGBGB zur Anwendbarkeit deutschen Rechts und damit des BetrAVG kommt, führt die Tatsache, dass das ausländische Unternehmen als Versorgungsschuldner in Deutschland weder für den Versorgungsberechtigten hinsichtlich der Leistungen aus der betrieblichen Altersversorgung noch für den PSVaG hinsichtlich der Beiträge greifbar sein wird, zu den gleichen unerwünschten Folgen wie im Falle der Unternehmensliquidation eines deutschen Unternehmens. Dementsprechend ließe sich aus der Systematik durchaus der Wille des Gesetzgebers herleiten, auch diese Fälle von § 4 Abs. 3 BetrAVG als erfasst anzusehen.

402 Im Ergebnis wird man festhalten können, dass einiges dafür spricht, den Fall der Aufhebung einer deutschen Zweigniederlassung eines ausländischen Unternehmens als „Liquidation" im Sinne des § 4 Abs. 3 BetrAVG anzusehen.

403 In steuerlicher Hinsicht wird die Neuregelung des § 4 Abs. 3 BetrAVG durch eine entsprechende Änderung in § 3 Nr. 65 EStG flankiert. Danach werden die Beiträge *„eines Arbeitgebers oder einer Unterstützungskasse zur Übernahme von Versorgungsleistungen oder unverfallbaren Versorgungsanwartschaften durch eine Pensionskasse oder ein Unternehmen der Lebensversicherung in den in § 4 Abs. 3 BetrAVG bezeichneten Fällen"* ausdrücklich steuerfrei gestellt, d.h. sie werden beim Arbeitnehmer lohnsteuerlich nicht berücksichtigt. Erst die von der Pensionskasse bzw. dem Lebensversicherer gewährten späteren Versorgungsleistungen sind danach lohnsteuerpflichtig.

404 Mit dieser auch steuerlich durchdachten und konsequent umgesetzten Neuregelung ermöglicht der Gesetzgeber nunmehr im Falle der Unternehmensliquidation eine vollständige und damit an den tatsächlichen praktischen Erfordernissen orientierte Ausfinanzierung sämtlicher Versorgungsverpflichtungen einschließlich noch nicht fälliger, aber gesetzlich unverfallbarer Versorgungsanwartschaften. Dies führt zugleich die nachgelagerte Besteuerung für diesen Sondertatbestand auch bei Direktversicherungen und Pensionskassen ein.

Fraglich ist lediglich die Anwendung dieser Gestaltungsmöglichkeit für die einem beherrschenden Gesellschafter-Geschäftsführer erteilte Versorgungszusage. Die steuerfreie Übertragung von Versorgungsleistungen nach § 3 Nr. 65 EStG ist nämlich ausdrücklich auf die in § 4 Abs. 3 BetrAVG geregelten Fälle beschränkt. Dies hat zur Konsequenz, dass § 3 Nr. 65 EStG auch nur im Geltungsbereich des § 4 Abs. 3 BetrAVG Anwendung findet. § 4 BetrAVG ist allerdings auf beherrschende Gesellschafter-Geschäftsführer, die nicht dem Schutzbereich des BetrAVG unterfallen (*vgl. Rn. 653 ff.*), nicht anwendbar, so dass in diesen Fällen auch die Anwendbarkeit von § 3 Nr. 65 EStG zu verneinen wäre.

405 Eine so weitgehende Rechtsfolge hat die Finanzverwaltung ursprünglich nicht angenommen. In seinem Schreiben vom 2.1.2001 (*IV C 5 – S 2333 – 53/00 – n.v.*) hat das BMF vielmehr wie folgt differenziert:

§ 4 Abs. 3 BetrAVG hat zum Ziel, die vollständige Liquidation eines Unternehmens zu ermöglichen. Die Vorschrift soll verhindern, dass Unternehmen nur deshalb weitergeführt werden müssen, weil noch Versorgungsleistungen zu erbringen sind. Deshalb wird auch eine Übertragung gegen den Willen des Versorgungsberechtigten zugelassen. Diese Situation ist allerdings bei einem beherrschenden-Gesellschafter-Geschäftsführer regelmäßig nicht gegeben. Der beherrschende Gesellschafter-Geschäftsführer bestimmt nämlich regelmäßig selbst, ob das Unternehmen liquidiert wird. Entscheidet er sich für die Liquidation, liegt es in seinem eigenen Interesse, die ihm zustehende Versorgungsanwartschaft auf einen anderen Versorgungsträger zu übertragen oder sich diese sogar abfinden zu lassen. Für diesen Fall Bedarf es keiner Einbeziehung des beherrschenden Gesellschafter-Geschäftsführers in den Anwendungsbereich des § 4 Abs. 3 BetrAVG, so dass insoweit auch die Anwendung des § 3 Nr. 65 EStG ausscheidet.

Etwas anderes soll allerdings im Falle der Insolvenz gelten, wenn das Insolvenzverfahren eröffnet ist und der Insolvenzverwalter die Liquidation des Unternehmens anstreben muss. In diesem Fall erkennt die Finanzverwaltung die Anwendbarkeit der § 3 Nr. 65 EStG, § 4 Abs. 3 BetrAVG mit der Begründung an, dass der beherrschende Gesellschafter-Geschäftsführer im Insolvenzverfahren keine Verfügungsmacht über das Unternehmen mehr hat. Sofern das Insolvenzverfahren zur Liquidation des Unternehmens führt, wird die Liquidation vom Insolvenzverwalter durchgeführt. Dieser hat ein berechtigtes Interesse an einer vollständigen Liquidation des Unternehmens. Würde man in dieser Situation eine Anwendung des § 4 Abs. 3 BetrAVG verweigern, so hätte dies zur Konsequenz, dass der Gesellschafter-Geschäftsführer bei mangelnder Kooperationsbereitschaft die Liquidation des Unternehmens boykottieren könnte und das Unternehmen ausschließlich wegen dessen Versorgungsverpflichtung fortgeführt werden müsste. Eine solche Situation soll aber gerade durch § 4 Abs. 3 BetrAVG verhindert werden. Mithin ist § 4 Abs. 3 BetrAVG im Falle der Unternehmensliquidation ausnahmsweise auch auf den beherrschenden Gesellschafter-Geschäftsführer anwendbar. 406

Mit Schreiben vom 7.11.2001 (*Az.: S 2121 – 8a – V B 3 - DB 2001, S. 2423*) hat nunmehr das Finanzministerium NRW nach Abstimmung mit den obersten Finanzbehörden des Bundes und der Länder allerdings zu erkennen gegeben, dass man auf fiskalischer Seite bereit ist, § 4 Abs. 3 BetrAVG ohne jegliche Einschränkung auch auf beherrschende Gesellschafter-Geschäftsführer anzuwenden. Grundsätzliches Ziel der Regelung in § 4 Abs. 3 BetrAVG sei es, zu verhindern, dass Unternehmen **ausschließlich** wegen der Existenz betrieblicher Versorgungsverpflichtungen weiter geführt werden müssen. Eine enge Auslegung der Steuerbefreiungsvorschrift des § 3 Nr. 65 S. 2 EStG würde daher diesem arbeitsrechtlichen Ziel widersprechen. Aufgrund dessen sowie der Tatsache, dass dem Willen des Gesetzgebers zum Übergang auf die nachgelagerte Besteuerung auch im Bereich der betrieblichen Altersversorgung durch eine weite Auslegung von § 3 Nr. 65 EStG Rechnung getragen wird, bestehen somit zukünftig gegen eine Einbeziehung von Gesellschafter-Geschäftsführern in den Anwendungsbereich des § 3 Nr. 65 Satz 2 EStG keine Bedenken mehr. 406a

d) Rechtsfolgen bei Verstößen gegen das Übertragungsverbot

407 Verstößt dagegen die Übertragungsvereinbarung gegen § 4 BetrAVG ist sie in vollem Umfang nach § 134 BGB **nichtig** (*Ahrend/Förster, BetrAVG, § 4 Anm. 5*). Bei Eintritt des Versorgungsfalls kann der Versorgungsberechtigte daher den ursprünglichen Schuldner, d.h. seinen früheren Arbeitgeber bezüglich seiner Versorgungsansprüche in Anspruch nehmen.

e) Neuregelungen durch die BetrAVG-Novelle 2001

408 Bemerkenswert an der Novellierung des § 4 BetrAVG ist zunächst, dass eine bestimmte Änderung, die ursprünglich im Gesetzgebungsverfahren vorgesehen war, letztlich nicht erfolgt ist. Entgegen dem noch vom Bundestag am 26.1.2001 beschlossenen und vom Bundesrat abgelehnten Gesetzestext ist nach dem nunmehr beschlossenen Gesetz eine Übertragung von Versorgungsanwartschaften im Wege der Schuldübernahme nach § 4 Abs. 1 BetrAVG bzw. im Fall der Liquidation nach § 4 Abs. 3 BetrAVG auf den Pensionsfonds nicht möglich. Es fehlt sogar an einer Vorschrift zur Übertragung von Versorgungsanwartschaften eines Pensionsfonds auf einen anderen Pensionsfonds analog zur Unterstützungskasse.

(1) Übertragung von Versorgungsverpflichtungen auf einen Pensionsfonds

409 Damit ist nach dem reinen Wortlaut der Vorschrift die Schuldübernahme von Versorgungsverpflichtungen durch einen Pensionsfonds im Anwendungsbereich des § 4 BetrAVG gänzlich ausgeschlossen.

410 Problematisch ist dieses Ergebnis im Zusammenhang mit der in § 3 Nr. 66 EStG vorgesehenen Möglichkeit zur steuerfreien Übertragung von Leistungen eines Arbeitgebers oder einer Unterstützungskasse an einen Pensionsfonds zur Übernahme bestehender Versorgungsverpflichtungen oder Versorgungsanwartschaften durch den Pensionsfonds. Da im Anwendungsbereich des § 4 BetrAVG nach dem Vorhergesagten eine Schuldübernahme und damit jegliche – auch eine steuerfreie – Übertragung auf den Pensionsfonds ausgeschlossen ist, läuft die Vorschrift des § 3 Nr. 66 EStG insoweit ins Leere. Fraglich ist, ob Möglichkeiten der Übertragung außerhalb des Anwendungsbereichs des § 4 BetrAVG bestehen.

411 Der Anwendungsbereich des § 4 BetrAVG umfasst nach seinem Wortlaut zunächst nur die mit einer unverfallbaren Anwartschaft ausgeschiedenen Versorgungsberechtigten. Über seinen Wortlaut hinaus erfasst das Übertragungsverbot nach der Rechtsprechung aber auch die nach Eintritt des Versorgungsfalls fälligen Versorgungsansprüche der Betriebsrentner (*BAG v. 26.6.1980 – 3 AZR 156/79 – BB 1980, 1641 = DB 1980, 2141; BAG v. 17.3.1987 – 3 AZR 605/85 – BB 1987, 2233 = DB 1988, 122*). Zu beachten ist bei einer solchen Übertragung allerdings, dass § 4 BetrAVG grundsätzlich eine als Verbotsnorm ausgestaltete Regelung ist. Danach ist die Übertragung von unverfallbaren Versorgungsanwartschaften ausgeschiedener Mitarbeiter grundsätzlich ebenso unzulässig, wie eine Übertragung bereits laufender Rentenverpflichtungen (*BAG v. 26.6.1980 – 3 AZR 156/79 – BB 1980, S. 1641 = DB 1980, S. 2141; BAG v. 17.3.1987 – 3 AZR 605/85 – BB 1987, S. 2233 = DB 1988, S. 122*).

Nur in den im Gesetz enumerativ, d.h. abschließend aufgezählten Ausnahmetatbeständen ist hier eine Übertragung zulässig. Ursprünglich war im Gesetzgebungsverfahren vorgesehen in § 4 Abs. 1 BetrAVG auch den Pensionsfonds als übernahmefähigen Versorgungsträger einzufügen. Diese Regelung ist allerdings im Vermittlungsausschussverfahren wieder gestrichen worden. Dies verdeutlicht, dass der Gesetzgeber bewusst den Pensionsfonds als Übertragungsträger ausgeschlossen hat. Danach ist eine Übertragung auf einen Pensionsfonds arbeitsrechtlich nur noch im laufenden Arbeitsverhältnis möglich, da insoweit keine arbeitsrechtliche Übertragung, sondern nur ein Wechsel des Durchführungsweges vorliegt, auf den § 4 BetrAVG keine Anwendung findet. 412

Soweit das BAG in seiner Entscheidung vom 14.12.1999 (*Az.: 3 AZR 675/98 – DB 2000, S. 1719 = BB 2000, S. 1892 mit Hinweis auf Andresen/Förster/Rühmann, Arbeitsrecht der betrieblichen Altersversorgung, Teil 1, Kap. 4 A, Rn. 75; Höfer, BetrAVG, Bd. I – ArbR, § 4 Rn. 2185; Blomeyer/Otto, BetrAVG, § 4 Rn. 17 und 37*) in einem obiter dictum angedeutet hat, dass der Schutzbereich des § 4 BetrAVG ggf. auch auf das laufende Arbeitsverhältnis anzuwenden ist (*so auch: Ahrend/Förster, BetrAVG, § 4 Anm. 14*), kann dem nicht gefolgt werden. 413

Soweit sich dies auf einen vom Arbeitgeber beabsichtigten **Wechsel des Durchführungsweges** bezieht, widerspricht sie der Rechtsprechung des BAG, wonach der Arbeitgeber ohne Beachtung von Mitbestimmungsrechten, nicht nur die Wahl, sondern auch den Wechsel des Durchführungsweges bestimmen kann (vgl.: *BAG v. 12.6.1975 – 3 ABR 137/73 – BB 1975, S. 1064 = AuR 1975, S. 377*). Zum anderen verschlechtert sich bei einer wertgleichen Übertragung aufgrund der nach wie vor unverändert bestehenden **Grundverpflichtung** des Arbeitgebers aus dem Arbeitsverhältnis die Rechtsposition des Arbeitnehmers ebenso wenig, wie das wirtschaftliche Risiko des PSV, der nach wie vor für die Insolvenz des gleichen Arbeitgebers haftet. 414

Das Übertragungsverbot des § 4 BetrAVG dient nämlich nicht in erster Linie der Erhaltung des gesetzlichen Insolvenzschutzes, sondern bezweckt vorrangig die Sicherung der Haftungsmasse. Insoweit dient das Übertragungsverbot dem Schutz des PSV vor unerwünschten bzw. außerplanmäßigen Haftungsrisiken (*BAG v. 17.3.1987 – 3 AZR 605/85 – BB 1987, S. 2233 = DB 1988, S. 122 = NZA 1988, S. 21; Blomeyer/Otto, BetrAVG, § 4 Rn. 5; Griebeling, Rn. 654; Höfer, BetrAVG, Bd. I – ArbR, § 4 Rn. 2177, 2234*). 415

Dieses Risiko besteht allerdings bei einem Wechsel des Durchführungsweges nicht, da hier nach wie vor der gleiche Arbeitgeber für die Erfüllung der Versorgungsverbindlichkeiten haftet. Gerade der vom Gesetzgeber neu in § 1 Abs. 1 BetrAVG aufgenommene Verschaffungsanspruch verdeutlicht, dass die letztendliche Haftung für die Erfüllung der Versorgungsverbindlichkeiten nicht beim Versorgungsträger, sondern beim Arbeitgeber liegt. Bleibt dessen Identität gewahrt, bedeutet ein Austausch des Versorgungsträgers weder für den Versorgungsgläubiger (Arbeitnehmer) noch für den PSV als Träger der gesetzlichen Insolvenzsicherung ein zusätzliches Risiko. 416

417 Mithin kann der Arbeitgeber **ohne Verstoß gegen § 4 BetrAVG** den **Durchführungsweg** seiner betrieblichen Altersversorgung **wechseln** (*im Ergebnis letztendlich zustimmend: Höfer, BetrAVG, Bd. I – ArbR, § 4 Rn. 2204 der damit seinen eigenen Ausführungen in Rn. 2185 widerspricht; Kemper/Kisters-Kölkes, Rn. 161*). Vor diesem Hintergrund bestätigt der PSV auch auf Anfrage, dass er keine Bedenken gegen eine Übertragung von Versorgungsanwartschaften innerhalb der verschiedenen Durchführungswege der betrieblichen Altersversorgung im bestehenden Arbeitsverhältnis hat. Im Ergebnis ist damit nach der hier vertretenen Ansicht eine Übertragung auf einen Pensionsfonds nur im laufenden Arbeitsverhältnis zulässig.

418 Letztendlich müsste man mit dieser Argumentation sogar einen Wechsel des Durchführungsweges bei Betriebsrentnern und mit unverfallbarer Versorgungsanwartschaft Ausgeschiedenen rechtfertigen können. Auch gegenüber diesem Personenkreis bleibt nach wie vor der ursprüngliche Arbeitgeber in der Haftung bezüglich der Erfüllung der zugesagten Versorgungsleistungen (§ 1 Abs. 2 S. 3 BetrAVG) sowie hinsichtlich der dem PSV geschuldeten Insolvenzsicherungsbeiträge.

419 Als Lösungsmöglichkeit wäre im Rahmen der weiteren Entwicklung jedoch auch zu prüfen, ob insoweit nicht im Rahmen von Tarifverträgen zur betrieblichen Altersversorgung eine Abweichung von der Vorschrift des § 4 BetrAVG zulässig ist, nach welcher die Übertragung auf einen Pensionsfonds im Anwendungsbereich des § 3 Nr. 66 EStG in jedem Fall zugelassen wird. Die Vorschrift des § 17 Abs. 3 BetrAVG ermöglicht grundsätzlich Abweichungen von § 4 BetrAVG.

(2) Übernahme unverfallbarer Versorgungsanwartschaften durch einen neuen Arbeitgeber

420 Darüber hinaus wird § 4 BetrAVG um einen neuen Absatz 4 ergänzt. Danach wird die Übertragung der durch eine Entgeltumwandlung erworbenen Versorgungsanwartschaften auf einen neuen Arbeitgeber auf Verlangen des Arbeitnehmers erleichtert, soweit der neue Arbeitgeber bzw. neue Versorgungsträger zustimmt. Dies ist nach dem Gesetzgeber erforderlich, damit die im Rahmen von Entgeltumwandlungen erworbenen Versorgungsanwartschaften bei Arbeitgeberwechsel des Arbeitnehmers mitgenommen werden können. Der Arbeitnehmer kann verlangen, dass der alte Arbeitgeber den Barwert der bei ihm erworbenen Anwartschaften auf den neuen Arbeitgeber bzw. einen Versorgungsträger des neuen Arbeitgebers überträgt, wenn der neue Arbeitgeber bereit ist, im Ergebnis die Zusage zu übernehmen. Hierbei ist nicht erforderlich, dass der neue Arbeitgeber eine inhaltsgleiche Zusage erteilt. Ausreichend ist eine wertgleiche Zusage, also zum Beispiel anstelle einer Zusage auf Alters- und Invalidenleistungen eine – allerdings betragsmäßig höhere – Zusage nur auf Altersrente. Die Höhe der Beträge, die mitgenommen werden können, bestimmt sich nach der Regelung des § 3 Abs. 2 BetrAVG mit der Maßgabe, dass an die Stelle des Zeitpunktes der Beendigung des Arbeitsverhältnisses der Zeitpunkt der Übertragung tritt.

421 Die Übertragung muss nicht schon mit dem Arbeitsplatzwechsel gefordert werden. Der Arbeitnehmer kann beispielsweise durch spätere Geltendmachung des Übertragungsanspruchs mehrere unverfallbare Anwartschaften bei einem Arbeitgeber bündeln.

Die Regelung ist rückwirkend zum 1.1.2001 in Kraft getreten. Sie gilt gemäß § 30g Abs. 2 BetrAVG nur für Anwartschaften die auf Zusagen beruhen die ab dem 1.1.2001 erteilt worden sind. 422

f) Sonstige Handlungsalternativen

Im Hinblick auf die somit nur sehr eingeschränkt bestehenden Übertragungsmöglichkeiten sind in der Vergangenheit vielfach beabsichtigte Übertragungen von Versorgungsverpflichtungen an den aufgezeigten gesetzlichen Rahmenbedingungen gescheitert. Dabei kommt noch hinzu, dass auch im Rahmen der rechtlich zulässigen Übertragungsmöglichkeiten steuerliche Restriktionen bestehen, die die Übertragung unattraktiv machen. So ist z. B. die Übertragung auf einen Lebensversicherer im Regelfall in voller Höhe nach dem lohnsteuerlichen Zuflussprinzip im Zeitpunkt der Übertragung ebenso mit dem individuellen Steuersatz – bezogen auf den Barwert der übertragenen Verpflichtungen – zu versteuern, wie eine nach Rentenbeginn an sich zulässige Abfindung der Versorgungsleistungen durch Auszahlung eines einmaligen Barkapitals. 423

Die sich hieraus ergebenden zusätzlichen finanziellen Belastungen haben insbesondere im Zusammenhang mit beabsichtigten Unternehmensliquidationen, die erst dann abgeschlossen werden können, wenn das zu liquidierende Unternehmen keinerlei Verbindlichkeiten mehr hat, dazu geführt, dass die Liquidation nicht durchgeführt wurde. So existieren heute eine Vielzahl von reinen „Rentnergesellschaften" bei denen nur Versorgungsverbindlichkeiten verwaltet und abgewickelt werden. Erst wenn der letzte Betriebsrentner gestorben ist und damit dann keine Verbindlichkeit besteht, können diese Gesellschaften liquidiert werden. Vor diesem Hintergrund findet man in der Praxis folgende Lösungsansätze: 424

(1) Schuldbeitritt

Neben der Schuldübernahme kommt auch ein **Schuldbeitritt** in Betracht, der dem Versorgungsberechtigten einen **zusätzlichen Schuldner** verschafft. Dieser Schulbeitritt fällt, da der zusätzliche Schuldner nicht Arbeitgeber des Versorgungsberechtigten wird, nicht unter den Anwendungsbereich von § 4 BetrAVG, sondern richtet sich ausschließlich nach den allgemeinen zivilrechtlichen Bestimmungen der §§ 414 ff. BGB. Im Verhältnis zum Versorgungsberechtigten, der hinsichtlich des Schuldbeitritts **keinen gesetzlichen Insolvenzschutz** genießt, bleibt dabei die Haftung des Arbeitgebers bestehen (*BAG v. 17.3.1987 – 3 AZR 605/85 – BB 1987, S. 2233 = DB 1988, S. 122 = NZA 1988, S. 21; Griebeling, Rn. 658; Höfer, BetrAVG, ArbR, § 4 Rn. 2194 f.*). Im Falle des Schuldbeitritts erhält der Versorgungsberechtigte also neben seinem Arbeitgeber einen weiteren, zusätzlichen Versorgungsschuldner, den er bei Eintritt des Versorgungsfalls auf Erfüllung des Versorgungsversprechens in Anspruch nehmen kann. 425

Soweit der Schuldbeitretende, der Sinnvollerweise zugleich auch die Administration und das Asset-Management des Versorgungswerkes übernimmt, in diesem Zusammenhang den Arbeitgeber im Innenverhältnis von den Leistungsansprüchen der Versorgungsberechtigten in vollem Umfang freistellt führt dies zu einer bilanziel- 426 len Verlagerung der Rückstellungen aus der Handelsbilanz des Arbeitgebers in die Handelsbilanz des Schuldbeitretenden (*Kolvenbach/Langohr-Plato, PersW 1999, S. 32 ff.*). Beim Arbeitgeber, der im Außenverhältnis nach wie vor haftet, darf auf die Bilanzierung der Versorgungsverpflichtung nämlich dann verzichtet werden, wenn seine Inanspruchnahme so gut wie ausgeschlossen ist (*vgl.: Adler/Düring/ Schmaltz, § 249 HGB, Rn. 101 f.*). Diese Voraussetzung ist beim Schuldbeitritt mit interner Haftungsfreistellung bei wirtschaftlicher Betrachtung erfüllt, so dass bereits gebildete Rückstellungen zu „entpassivieren" sind (*vgl. a.: Hennerkes/Binz/ Rauser, BB 1982, S. 930, 934; Adler/Düring/Schmaltz, Rn. 92; FN-IDW (HFA) 1996, S. 528, 529*). Faktisch führt diese bilanzielle Enthaftung auch zu einer weitestgehenden rechtlichen Enthaftung.

(2) Treuhandkonzept

427 Bei dieser Variante werden unmittelbare Versorgungsverpflichtungen einschließlich der ihrem Wert entsprechenden finanziellen Mittel treuhänderisch auf einen externen Rechtsträger (e.V. oder GmbH) übertragen, der die vollständige Administration und das Asset-Management des Versorgungswerkes übernimmt. Zur insolvenzrechtlichen Absicherung der Versorgungsberechtigten wird der Anspruch des Arbeitgebers gegen den Treuhänder auf Rückübertragung des Treuhandvermögens an die Versorgungsberechtigten verpfändet.

428 Letztendlich bleibt auch bei dieser Variante die arbeitsrechtliche Haftung für die Erfüllung der Versorgungsverpflichtungen beim Arbeitgeber bestehen.

429 Aufgrund der Auslagerung der finanziellen Mittel an einen Treuhänder hat dieses Konzept allerdings zur Konsequenz, dass nach US-amerikanischen Bilanzierungsgrundsätzen (FAS) für diese unmittelbaren Pensionszusagen keine Rückstellungen in der Handelsbilanz auszuweisen sind. Dagegen sind in der deutschen Bilanz nach wie vor Rückstellungen nach § 6a EStG zu passivieren und das Treuhandvermögen als Vermögen des Arbeitgebers zu aktivieren. Mithin hat das Konzept im wesentlichen nur Vorteile für solche Unternehmen, die ihre Handelsbilanz nach FAS erstellen.

II. Auszehrungs- und Anrechnungsverbot (§ 5 BetrAVG)

430 § 5 BetrAVG **schränkt** in zweifacher Weise, nämlich durch das in § 5 Abs. 1 BetrAVG normierte **Auszehrungsverbot** und das nach § 5 Abs. 2 BetrAVG bestehende **Anrechnungsverbot**, die **Vertragsfreiheit** der Parteien **ein**.

431 Beide Verbotsnormen haben ihre rechtliche Grundlage in dem von der Rechtsprechung entwickelten **Entgeltcharakter** betrieblicher Versorgungsleistungen und dem sich daraus ergebenden **Bestands- und Vertrauensschutz** (*vgl. a.: Ahrend/ Förster/Rößler, Steuerrecht der betrieblichen Altersversorgung, 1. Teil, Rn. 513; Blomeyer/Otto, BetrAVG, § 5 Rn. 2*). Sie gelten grundsätzlich für alle fünf Durchführungswege der betrieblichen Altersversorgung, wirken sich in der Praxis jedoch nur bei solchen Versorgungssystemen aus, die eine Gesamtversorgung vorsehen

(**Gesamtversorgungssysteme**), d.h. die vom Arbeitgeber zu erbringende Versorgungsleistung dem Grunde und der Höhe nach unter Anrechnung anderer Versorgungsbezüge definieren oder limitieren (*vgl.: Ahrend/Förster, BetrAVG, § 5 Anm. 1; Ahrend/Förster/Rößler, 1. Teil, Rn. 513; Griebeling, Rn. 506; Höfer, BetrAVG, ArbR, § 5 Rn. 2286 f.*).

Das gesetzliche Auszehrungs- und Anrechnungsverbot bezieht sich ausdrücklich nur auf den Zeitpunkt der **erstmaligen Festsetzung** der betrieblichen Versorgungsleistung und auf deren **Bestand nach Eintritt des Versorgungsfalls**. Damit sind die Verbotsnormen nicht in der Anwartschaftsphase zu berücksichtigen, so dass aufgrund entsprechend vereinbarter Anrechnungs- und Limitierungsklauseln bei Rentenbeginn eine „Null-Leistung" erzielt werden kann, d.h. ein Rentenanspruch erst gar nicht entsteht. (*LAG Hamm v. 23.11.1977 – 11 Sa 953/77 – DB 1978, S. 304 = BetrAV 1978, S. 63; LAG Düsseldorf v. 7.5.1980 – 16 Sa 29/80 – DB 1980, S. 2090; Ahrend/Förster, BetrAVG, § 5 Anm. 1; Griebeling, Rn. 507; a.A.: Höfer, BetrAVG, ArbR, § 5 Rn. 2299, der in einer auszehrungsbedingten Nullleistung einen Verstoß gegen Treu und Glauben sowie allgemeine Vertrauensschutzaspekte sieht*). 432

1. Inhalt und Umfang des gesetzlichen Auszehrungsverbots

Nach § 5 Abs. 1 BetrAVG dürfen die **bei Eintritt des Versorgungsfalls festgesetzten Leistungen** der betrieblichen Altersversorgung **nicht** mehr dadurch **gemindert** oder **entzogen** werden, dass sich **anderweitige Versorgungsbezüge** aus wirtschaftlichen Gründen erhöhen. 433

Anderweitige Versorgungsleistungen sind alle **gesetzlichen Versorgungsleistungen** sowie **betriebliche Versorgungsleistungen**, die von einem anderen Arbeitgeber erbracht werden (*Ahrend/Förster, BetrAVG, § 5 Anm. 2; Blomeyer/Otto, BetrAVG, § 5 Rn. 39 ff.*). Im Ergebnis wird durch das Auszehrungsverbot ein **Bestandsschutz** hinsichtlich des betragsmäßigen Wertes der **ersten Betriebsrentenzahlung** erreicht (*vgl. a.: Griebeling, Rn. 506*). 434

Bei einem **Gesamtversorgungssystem** dürfen die Leistungen der betrieblichen Altersversorgung auch dann nicht den bei Eintritt des Versorgungsfalls erstmals ermittelten Rentenbetrag unterschreiten, wenn die Gesamtversorgung selbst **dynamisch** ausgestaltet ist (*BAG v. 13.7.1978 – 3 AZR 873/77 – BB 1978, S. 1620 = DB 1978, S. 2274 = NJW 1979, S. 831*). 435

Das Auszehrungsverbot gilt gemäß § 18 Abs. 1 BetrAVG nicht für die in den Zusatzversorgungskassen des öffentlichen Dienstes pflichtversorgten **Mitarbeiter des öffentlichen Dienstes**, die einen Anspruch auf eine dynamische Gesamtversorgung haben (*vgl. a.: BAG v. 28.6.1983 – 3 AZR 94/81 – BB 1983, S. 1989 = DB 1983, S. 2786 = AuR 1983, S. 379*). 436

Das Auszehrungsverbot greift nur bei einer Erhöhung der anderweitigen Versorgungsbezüge an die **wirtschaftliche Entwicklung** ein. Erfasst werden hierdurch in erster Linie sämtliche **Erhöhungen der Sozialversicherungsrenten** aufgrund der jeweiligen Rentenanpassungsgesetze werden (*Ahrend/Förster, BetrAVG, § 5* 437

Anm. 2). Demgegenüber dürfen nicht aufgrund einer Anpassung an die wirtschaftliche Entwicklung bedingte Leistungserhöhungen, z. B. bei der Umstellung von einer Berufs- auf eine Erwerbsunfähigkeits- oder Altersrente, ohne Verstoß gegen das betriebsrentenrechtliche Auszehrungsverbot leistungsmindernd berücksichtigt werden (*Ahrend/Förster, BetrAVG, § 5 Anm. 2; Höfer, BetrAVG, ArbR, § 5 Rn. 2411*).

438 Soweit die Vertragsparteien eine gegen § 5 Abs. 1 BetrAVG verstoßende Auszehrungsklausel vereinbaren, ist diese nach § 134 BGB **nichtig.**

2. Inhalt und Umfang des gesetzlichen Anrechnungsverbots

439 Gemäß § 5 Abs. 2 BetrAVG dürfen Leistungen der betrieblichen Altersversorgung durch eine **Anrechnung** oder Berücksichtigung **anderer Versorgungsbezüge**, soweit diese **auf eigenen Beiträgen des Versorgungsberechtigten** beruhen, **nicht gekürzt** werden. Damit soll erreicht werden, dass sich der Arbeitgeber nicht durch eine **Eigenvorsorge** des Arbeitnehmers seiner Versorgungsverpflichtung entledigen kann (so bereits: *BAG v. 26.10.1973 – 3 AZR 377/72 – BB 1974, S. 696 = DB 1974, S. 294 = AuR 1974,S. 124; vgl. a.: Blomeyer/Otto, BetrAVG, § 5 Rn. 55; Griebeling, Rn. 511*).

440 Voraussetzung für eine **zulässige Anrechnung** anderweitiger Versorgungsbezüge ist zunächst einmal eine entsprechende **ausdrückliche, eindeutige** und **unmissverständliche** Anrechnungsklausel in der individual- oder kollektivrechtlich vereinbarten Versorgungszusage. Fehlt eine solche Anrechnungsklausel, ist die Anrechnung auch nicht zulässig. § 5 Abs. 2 BetrAVG enthält insoweit kein gesetzliches Anrechnungsrecht, sondern regelt nur die rechtlichen Rahmenbedingungen für eine vertraglich zulässige Anrechnungsvereinbarung (*BAG v. 10.8.1982 – 3 AZR 334/79 – BB 1983, S. 578 = DB 1982, S. 2627 = AuR 1983, S. 58; BAG v. 16.8.1988 – 3 AZR 183/87 – BB 1989, S. 153 = DB 1989, S. 279 = NZA 1989, S. 180; BAG v. 5.9.1989 – 3 AZR 654/87 – BB 1990, S. 143 = DB 1990, S. 1143 = NZA 1990, S. 269; BAG v. 10.8.1993 – 3 AZR 69/93 – BB 1994, S. 360 = DB 1994, S. 539 = NZA 1994, S. 757; Ahrend/Förster, BetrAVG, § 5 Anm. 3; Griebeling, Rn. 517; Höfer, BetrAVG, ArbR, § 5 Rn. 2310*).

Formulierungsvorschlag: Anrechnungsklausel

„1. Soweit sich Versorgungsempfänger (ehemalige Mitarbeiter) durch das Eingehen von Dienstverhältnissen oder durch regelmäßige geschäftliche oder berufliche Tätigkeit vor Erreichen der Altersgrenze bzw. vor Inanspruchnahme der vorgezogenen Altersrente Einnahmen verschaffen, werden diese vom Unternehmen auf die betrieblichen Versorgungsleistungen angerechnet. Der Versorgungsberechtigte ist verpflichtet, die anzurechnenden Einkünfte eines jeden Jahres bis zum ...... des Folgejahres dem Unternehmen durch Vorlage entsprechender Unterlagen nachzuweisen.

2. Ist die Invalidität oder der Tod eines Mitarbeiters auf das schadenersatzpflichtige Verhalten eines Dritten zurückzuführen, so werden die dem Mitarbeiter oder seinen Hinterbliebenen zustehenden Schadenersatzansprüche auf die betrieblichen Versorgungsleistungen angerechnet. Der Mitarbeiter kann die Anrechnung vermeiden, wenn er die Ersatzansprüche an das Unternehmen abtritt.

3. Auf die Versorgungsleistungen werden Leistungen einer befreienden Lebensversicherung angerechnet, wenn die Beiträge hierzu mindestens zur Hälfte vom Arbeitgeber mitfinanziert worden sind. Dabei werden Kapitalleistungen nach den im jeweiligen Zeitpunkt geltenden versicherungsmathematischen Grundlagen mit einem Rechnungszins von derzeit 6%, Richttafeln Klaus Heubeck, in eine Versorgungsrente umgerechnet".

Alternativformulierung:
„Auf die Leistungen nach dieser Versorgungszusage werden keine anderweitigen Leistungen angerechnet. Dieser Anrechnungsausschluss gilt insbesondere für Leistungen der deutschen oder einer ausländischen gesetzlichen Rentenversicherung. Soweit der Versorgungsberechtigte betriebliche Versorgungsleistungen aus einem früheren Arbeitsverhältnis erhält, bleiben diese ebenfalls unberücksichtigt."

Angerechnet werden dürfen aber nur solche Versorgungsbezüge, soweit sie nicht 441
auf eigenen Beiträgen des Versorgungsberechtigten beruhen. Aus der Formulierung **„soweit"** ergibt sich, dass eine **teilweise Anrechnung** zulässig ist, nämlich in Höhe der einer Arbeitgeberbeteiligung entsprechenden Anteil (*Blomeyer/Otto, BetrAVG, § 5 Rn. 71 ff.; Höfer, BetrAVG, ArbR, § 5 Rn. 2328*). Dieser Arbeitgeberanteil ist, soweit eine eindeutige Verifizierung der daraus resultierenden Versorgungsleistung nicht möglich ist, nach versicherungsmathematischen Grundsätzen zu berechnen.

Eine **Ausnahme** von diesem Anrechnungsverbot gilt gemäß § 5 Abs. 2 S. 2 442
BetrAVG für **Renten aus der gesetzlichen Sozialversicherung**. Diese Renten dürfen, soweit sie auf **Pflichtbeiträgen** beruhen, **in voller Höhe angerechnet** werden (*Ahrend/Förster, BetrAVG, § 5 Anm. 3*), da andernfalls **Gesamtversorgungssysteme** nicht realisierbar wären. Der Teil der gesetzlichen Altersrente, der auf einer **Höherversicherung** basiert, fällt dagegen nicht unter diese Ausnahmeregelung, da die Höherversicherung nicht auf Pflichtbeiträgen beruht. Eine Anrechnung der Höherversicherung ist daher nur in dem Umfang zulässig, wie sich der Arbeitgeber an den Beiträgen hierzu beteiligt hat (*Blomeyer/Otto, BetrAVG, § 5 Rn. 106 ff.; Höfer, BetrAVG, ArbR, § 5 Rn. 2333 f.*).

Das Anrechnungsverbot gilt ferner nicht für solche Versorgungsbezüge, die **min-** 443
destens zur Hälfte auf Beiträgen oder Zuschüssen des Arbeitgebers beruhen (*vgl. a.: BAG v. 19.2.1976 – 3 AZR 215/75 – BB 1976, S. 841 = DB 1976, S. 1237 = AuR 1976, S. 282*). Dies ist insbesondere bei **befreienden Lebensversicherungen** und den **berufsständischen Versorgungswerken** regelmäßig der Fall. Wird aus der befreienden Lebensversicherung ein Kapitalbetrag fällig, so ist dieser zu verrenten. Hierzu besteht hinsichtlich der für die Anrechnung erforderlichen ausdrücklichen Regelung in der Versorgungsordnung eine **Wahlmöglichkeit** zwischen der **versicherungsmathematischen Verrentung** des tatsächlich in der befreienden Lebensversicherung erzielten Kapitalbetrages oder der Berechnung einer **fiktiven**, auf entsprechenden Beitragszahlungen beruhenden **Sozialversicherungsrente** (*BAG v. 16.12.1986 – 3 AZR 631/84 – n.v.; BAG v. 17.10.1989 – 3 AZR 788/87 – n.v.; LAG Frankfurt v. 9.11.1990 – 9 Sa 514/89 – BB 1991, S. 143; Ahrend/Förster, BetrAVG, § 5 Anm. 3; Höfer, BetrAVG, ArbR, § 5 Rn. 2347 ff.*).

444 Soweit andere Versorgungsbezüge anrechenbar sind, bezieht sich die Anrechnungsmöglichkeit **im Zweifel**, d.h. soweit sich aus der Versorgungsordnung nicht eindeutig und unmissverständlich eine Anrechnung des Nettoversorgungsbetrages ergibt, auf den **Bruttobetrag** der gezahlten anderweitigen Versorgungsbezüge. Der von dem Versorgungsträger einzubehaltende **Beitrag zur Krankenversicherung der Rentner** bleibt dann ohne Einfluss auf die Höhe der Gesamtversorgung (*BAG v. 10.3.1992 – 3 AZR 352/91 – BB 1992, S. 1432 = DB 1993, S. 283 = NZA 1992, S. 935; Ahrend/Förster, BetrAVG, § 5 Anm. 3; Griebeling, Rn. 519*).

445 Angerechnet werden dürfen auch **ausländische Sozialversicherungsrenten**, soweit diese Renten auf einer gesetzlichen Pflichtversicherung beruhen, dienstzeit- und beitragsabhängig gestaltet sind und je zur Hälfte durch Arbeitgeber- und Arbeitnehmerbeiträge finanziert worden sind (*BAG v. 27.11.1984 – 3 AZR 436/81 – BB 1985, S. 1795 = DB 1985, S. 2698 = NZA 1985, S. 665; BAG v. 24.4.1990 – 3 AZR 309/ 88 – BB 1990, S. 1776 = DB 1990, S. 2172 = NZA 1990, S. 936; Ahrend/Förster, BetrAVG, § 5 Anm. 3; Griebeling, Rn. 516; Höfer, BetrAVG, ArbR, § 5 Rn. 2329 f.*).

446 Einen Sonderfall bei der Anrechnung anderweitiger Versorgungsbezüge nehmen die **gesetzlichen Unfallrenten** ein. Hier ist eine Anrechnung unter **Gleichbehandlungsaspekten** nur dann zulässig, wenn und soweit die Rente einen erlittenen Verdienstausfall bzw. eine Verdienstminderung ausgleichen soll. Wird die Unfallrente dagegen als Ausgleich für immaterielle Schäden oder sonstige Einbußen gezahlt, ist eine Anrechnung nach ständiger Rechtsprechung untersagt. Dies ist mindestens die Rente nach dem Bundesversorgungsgesetz (*vgl. u.a.: BAG v. 19.7.1983 – 3 AZR 241/82 – BB 1983, S. 1474 = DB 1983, S. 1659 = NJW 1984, S. 83; BAG v. 2.2.1988 – 3 AZR 115/86 – BB 1988, S. 1396 = DB 1988, S. 1273 = NZA 1988, S. 611; BAG v. 23.2.1988 – 3 AZR 100/86 – BB 1988, S. 1394 = DB 1988, S. 1274 = NZA 1988, S. 609; BAG v. 6.6.1989 – 3 AZR 668/87 – BB 1989, S. 2119 = DB 1990, S. 435 = NZA 1990, S. 274; Griebeling, Rn. 515*).

447 Obwohl nicht ausdrücklich in § 5 Abs. 2 BetrAVG angesprochen, sind anderweitige **Erwerbseinkünfte**, die der Versorgungsbeschäftigte nach Eintritt des Versorgungsfalls aufgrund einer freiberuflichen Tätigkeit oder eines zulässigen Nebenverdienstes in einem neuen Arbeitsverhältnis erzielt, grundsätzlich auf die betriebliche Versorgungsleistung anrechenbar, soweit hierfür eine vertragliche Rechtsgrundlage in der Versorgungsordnung existiert. Entsprechendes gilt für die Anrechnung von Karenzentschädigungszahlungen aus einem nachvertraglichen Wettbewerbsverbot (*vgl.: BAG v. 26.2.1985 – 3 AZR 162/84 – BB 1985, S. 1467 = DB 1985, S. 2053 = NZA 1985, S. 809; BAG v. 9.7.1991 – 3 AZR 337/90 – BB 1991, S. 2164 = DB 1991, S. 2447 = NZA 1992, S. 65; Ahrend/Förster, BetrAVG, § 5 Anm. 3*).

448 **Voll angerechnet** werden können ebenfalls **Versorgungsleistungen fremder Arbeitgeber**, soweit die Arbeitgeberbeteiligung an der Finanzierung der Versorgungsbezüge mindestens hälftig war (*BAG v. 20.11.1990 – 3 AZR 31/90 – BB 1991, S. 1718 = DB 1991, S. 1839 = NZA 1991, S. 850; Blomeyer/Otto, BetrAVG, § 5*

Rn. 171; Höfer, BetrAVG, ArbR, § 5 Rn. 2378 ff.). Bei einer Arbeitgeberbeteiligung von unter 50% – z. B. im Rahmen einer Direktversicherungs- oder Pensionskassenversorgung – ist nur der auf den Arbeitgeberanteil beruhende Versorgungsbetrag anrechenbar. In diesem Zusammenhang ist allerdings zusätzlich die sich aus **§ 2 Abs. 5 S. 3 BetrAVG** ergebende **Restriktion** zu berücksichtigen (*Blomeyer/Otto, BetrAVG, § 5 Rn. 1173*). Danach darf eine aufrechtzuerhaltende unverfallbare Versorgungsanwartschaft nicht um solche Versorgungsbezüge gekürzt werden, die der Arbeitnehmer nach seinem Ausscheiden erwirbt. Dies hat zur Konsequenz, dass bei einem anderen Arbeitgeber erworbene Versorgungsansprüche nur dann angerechnet werden dürfen, wenn sie **vor** der **Erteilung** der mit einer entsprechenden Anrechnungsklausel versehenen Versorgungszusage erworben worden sind (*vgl. a.: Ahrend/Förster, BetrAVG. § 5 Anm. 3; Griebeling, Rn. 518; Höfer, BetrAVG, ArbR, § 5 Rn. 2380*).

Eine Besonderheit besteht zudem noch bei den **Ausgleichsansprüchen** von **Handelsvertretern**. Diese entstehen nach § 89b Abs. 1 Nr. 3 HGB grundsätzlich nur, wenn und soweit dies unter Berücksichtigung aller Umstände der Billigkeit entspricht, wobei im Rahmen der Billigkeitserwägungen insbesondere Ansprüche aus einer betrieblichen Altersversorgung zu berücksichtigen sind. Die Existenz einer betrieblichen Altersversorgung ist somit sowohl dem Grunde, als auch der Höhe nach für den Umfang des Ausgleichsanspruch maßgeblich. Dies hat zur Konsequenz, dass der Ausgleichsanspruch insoweit überhaupt nicht entsteht, als der kapitalisierten Wert der betrieblichen Versorgungsleistungen den Ausgleichsanspruch unterschreitet (*BGH v. 23.5.1966 – VII ZR 268/64 – BetrAV 1966, S. 140 = BB 1966, S. 794 = DB 1966, S. 1130; BGH v. 18.2.1982 – I ZR 20/80 – BetrAV 1982, S. 217 = DB 1982, S. 1269; BGH v. 17.11.1983 – I ZR 139/81 – BetrAV 1984, S. 53 = BB 1984, S. 168 = DB 1984, S. 556; Ahrend/Förster, BetrAVG, § 5 Anm. 3; Blomeyer, BetrAVG, § 5 Rn. 168; Höfer, BetrAVG, ArbR, § 5 Rn. 2400 ff.*). Insoweit bedarf es noch nicht einmal einer ausdrücklichen Anrechnungsklausel; ein entsprechender klarstellender Hinweis in der einem Handelsvertreter erteilten Versorgungszusage ist dennoch unter dem Aspekt der Rechtssicherheit in jedem Fall zu empfehlen. Es erfolgt hier also eine „umgekehrte Anrechnung", d.h. die betriebliche Altersversorgung wird auf den Ausgleichsanspruch angerechnet und nicht umgekehrt. 449

Deckt der Kapitalwert der Altersversorgung den Ausgleichsanspruch nur teilweise ab, verbleibt dem Handelsvertreter der Differenzbetrag als Ausgleichsanspruch. Dabei kommt es nicht darauf an, ob das vertretene Unternehmen selbst Versorgungsschuldner ist (unmittelbare Versorgungszusage) oder die zugesagten Versorgungsleistungen über einen externen Versorgungsträger (Unterstützungskasse, Pensionskasse oder Lebensversicherer) erbracht werden. Unerheblich ist auch, in welchem Umfang die Versorgungsleistungen nach Eintritt des Versorgungsfalls tatsächlich erbracht werden. Stirbt der Handelsvertreter schon kurz nach Fälligkeit der Altersrente, lebt der durch die Anrechnung des Kapitalwertes untergegangene Ausgleichsanspruch des Handelsvertreters nicht wieder auf. Die Hinterbliebenen können somit keine über eine eventuell mit vereinbarte Hinterbliebenenrente hinausgehenden weiteren Ansprüche gelten machen, und zwar auch dann nicht, wenn die tatsächlich gezahlten Rentenleistungen in keinem adäquaten Gegenwert zu dem 450 untergegangenen Ausgleichsanspruch stehen (*BGH v. 17.11.1983 – I ZR 139/81 – BetrAV 1984, S. 53 = BB 1984, S. 168 = DB 1984, S. 556*). Demgegenüber trägt das vertretene Unternehmen das Risiko der Langlebigkeit des Handelsvertreters, muss also die Betriebsrente auch dann noch zahlen, wenn diese den Gegenwert des Ausgleichsanspruchs bereits ausgeschöpft hat.

451 Soweit dem Handelsvertreter infolge vorzeitiger Beendigung seines Vertragsverhältnisses aus der betrieblichen Altersversorgung nur eine **unverfallbare Versorgungsanwartschaft** zusteht, die erst zu einem späteren Zeitpunkt fällig wird, als der Ausgleichsanspruch, ist der anzurechnende Kapitalwert dieser Versorgungsleistung, der auf den Ausscheidezeitpunkt **abgezinste Barwert der unverfallbaren Anwartschaft** (*BGH v. 17.11.1983 – I ZR 139/81 – BetrAV 1984, S. 53 = BB 1984, S. 168 = DB 1984, S. 556*).

III. Vorzeitiger Bezug von Altersleistungen (§ 6 BetrAVG)

452 Gemäß § 6 S. 1 BetrAVG sind einem Arbeitnehmer, der die **Altersrente aus der gesetzlichen Rentenversicherung vor Vollendung des 65. Lebensjahres in voller Höhe** in Anspruch nimmt, auf sein Verlangen nach Erfüllung der Wartezeit und sonstiger Leistungsvoraussetzungen auch die zugesagten Leistungen aus der betrieblichen Altersversorgung zu gewähren. Der Gesetzgeber koppelt also den Bezug der betrieblichen Altersrente an den Bezug einer **Vollrente** aus der gesetzlichen Rentenversicherung und trägt damit der Intention eines flexiblen Übergangs in den Ruhestand, der in der gesetzlichen Rentenversicherung seit 1972 (*Gesetz v. 16.10.1972, BGBl. I, S. 1965*) verfolgt wird, Rechnung. Durch das Rentenreformgesetz 1992 vom 18.12.1989 (*BGBl. I., S. 2261*) wirkt sich der Zusammenhang zwischen dem Bezug vorzeitigen Bezug gesetzlicher und betrieblicher Leistungen der Altersversorgung über § 6 BetrAVG unmittelbar auf die betriebliche Altersversorgung aus.

453 Soweit sich hieraus unterschiedliche Altersgrenzen für männliche und weibliche Versorgungsberechtigte ergeben, führt dies nicht zu einem Verstoß gegen das aus Art. 119 EG-Vertrag abgeleitete **europarechtliche Lohngleichheitsgebot**. Dieser Lohngleichheitsgrundsatz verbietet nur unterschiedliche Altersgrenzen, die unmittelbar auf vertraglichen Versorgungsvereinbarungen beruhen. § 6 BetrAVG steht jedoch nicht zur Disposition der Vertragsparteien, sondern ist eine gesetzlich zwingende Regelungsvorgabe, die als solche durch Art. 6 Abs. 3 des Abkommens über die Sozialpolitik vom 7.2.1992 (Maastrichter Verträge – *Amtsblatt der EG Nr. C 191/92*) i.V.m. Art. 3 Abs. 2 GG zulässig ist (*vgl. a.: Ahrend/Förster, BetrAVG, § 1 Anm. 5*). Danach sind die Mitgliedstaaten durch den europarechtlichen Lohngleichheitsgrundsatz nicht daran gehindert, zur Erleichterung der Berufstätigkeit der Frauen oder zur Verhinderung bzw. zum Ausgleich von Benachteiligungen in ihrer beruflichen Laufbahn **spezifische Vergünstigungen** beizubehalten oder zu beschließen.

1. Leistungsvoraussetzungen

454 Generelle Voraussetzung für den Bezug einer vorzeitigen betrieblichen Altersversorgungsleistung ist die Inanspruchnahme einer **gesetzlichen Vollrente** vor Vollendung des 65. Lebensjahres. Der entsprechende Hinweis im Gesetz auf den Be-

zug der gesetzlichen Altersrente „in voller Höhe" hat zur Konsequenz, dass beim Bezug einer **gesetzlichen Teilrente** nach § 42 SGB VI **kein gesetzlicher Anspruch auf eine betriebliche Teilrente** entsteht. Den Vertragsparteien steht es allerdings frei, über den Mindestschutz des Betriebsrentengesetzes hinaus im Rahmen einer Versorgungsordnung auch eine betriebliche Teilrente als Versorgungsleistung zu vereinbaren und damit entsprechende **vertragliche Leistungsansprüche** zu begründen. Demgegenüber ist die mit versicherungsmathematischen Abschlägen belegte vorgezogene gesetzliche Altersrente eine Vollrente i.S.v. § 6 BetrAVG.

§ 6 BetrAVG regelt nur die Pflicht zur Gewährung vorzeitiger betrieblicher Alters- 455
versorgungsleistungen bei Bezug einer vorzeitigen Altersrente aus der gesetzlichen Rentenversicherung. Damit werden vom Anwendungsbereich des § 6 BetrAVG auch nur solche Mitarbeiter erfasst, die in der deutschen gesetzlichen Rentenversicherung **versichert** sind. Versorgungsberechtigte, die nicht der gesetzlichen Rentenversicherung der Bundesrepublik Deutschland unterfallen, haben folglich **keinen gesetzlichen Anspruch** auf eine vorgezogene betriebliche Altersrente. Dies gilt auch 456
für die Versorgungsberechtigten, die sich durch den Abschluss einer **befreienden Lebensversicherung** von der gesetzlichen Sozialversicherungspflicht „freigekauft" haben (*vgl. a.: LAG Rheinland-Pfalz v. 24.7.1990 – 3 Sa 254/90 – BetrAV 1991, S. 44 = NZA 1991, S. 939; Ahrend/Förster, BetrAVG, § 1 Anm. 1; Höfer, BetrAVG, ArbR, § 6 Rn. 2535*) oder die Mitglied in einem **berufsständischen Versorgungswerk** sind. Um diesem Personenkreis gleichwohl einen flexiblen Übergang in den Ruhestand ermöglichen zu können, empfiehlt es sich, in der Versorgungsordnung entsprechende Regelungen aufzunehmen, die einen **vertraglichen Anspruch** auf eine vorgezogene Betriebsrente begründen. Insoweit kann auf das Ausscheiden des Versorgungsberechtigten und der fiktiven Prüfung eines bei bestehender Pflichtversicherung gegebenen gesetzlichen Leistungsanspruchs abgestellt werden.

Weitere Voraussetzungen für den Bezug der vorgezogenen betrieblichen Altersrente 457
ist die Erfüllung einer in der Versorgungsordnung eventuell vorgesehenen **Wartezeit** sowie der sonstigen **allgemeinen Leistungsvoraussetzungen**. § 6 BetrAVG führt zwar zu einer vorzeitigen Fälligkeit der zugesagten Versorgungsleistungen, schränkt im übrigen aber nicht die vertraglichen Anspruchsvoraussetzungen ein. Der Arbeitnehmer kann diese Anspruchsvoraussetzungen, und zwar auch eine vereinbarte Wartezeit, auch nach seinem vorzeitigen Ausscheiden aus dem Arbeitsverhältnis, d.h. **außerhalb des Unternehmens** erfüllen (*BAG v. 28.2.1989 – 3 AZR 470/87 – BB 1989, S. 1348 = DB 1989, S. 1579 = NZA 1989, S. 676*).

Der Anspruch auf die vorzeitige betriebliche Altersversorgung ist von einem aus- 458
drücklichen **Leistungsbegehren des Arbeitnehmers** („auf sein Verlangen") abhängig. Erforderlich ist somit ein entsprechender **Antrag** des Versorgungsberechtigten gegenüber dem Arbeitgeber die Versorgung durchführende selbständigen Versorgungsträger (Unterstützungskasse, Pensionskasse, Lebensversicherer). Ist der Arbeitgeber zwischenzeitlich insolvent geworden, ist der Anspruch gegen den PSV zu richten (*BGH v. 9.6.1980 – II ZR 255/78 – BB 1980, S. 1215 = DB 1980, S. 1588 = NJW 1980, S. 2257*).

459 Eine bestimmt **Form** oder **Frist** für den Leistungsantrag des Arbeitnehmers ist nicht erforderlich (*BGH v. 9.6.1980 – II ZR 255/78 – BB 1980, S. 1215 = DB 1980, S. 1588 = NJW 1980, S. 2257*). Allerdings ist der Arbeitnehmer verpflichtet, die Anspruchsvoraussetzungen für die vorgezogene Leistungsgewährung nachzuweisen. Hierzu ist im Regelfall die Vorlage eines die gesetzliche Rentenzahlung bestätigenden Rentenbescheides des Sozialversicherungsträgers erforderlich (*vgl.: Andresen/Förster/Rößler/Rühmann, Arbeitsrecht der betrieblichen Altersversorgung, Teil 9 A, Rn. 565 ff.; Blomeyer/Otto, BetrAVG, § 6 Rn. 54; Höfer; BetrAVG, Bd. I – ArbR, § 6 Rn. 2502 ff.*).

460 Der Anspruch auf die vorgezogene betriebliche Altersversorgung besteht gemäß § 6 S. 2 BetrAVG nur, **wenn** und **solange** die vorgezogene Altersrente aus der gesetzlichen Rentenversicherung bezogen wird. Diese Regelung hat vor allem Bedeutung für eine nach Rentenbeginn ausgeübte Erwerbstätigkeit. Werden durch das hierbei erzielte Einkommen die in § 34 SGB VI geregelten gesetzlichen Hinzuverdienstgrenzen überschritten, so entfällt der Anspruch auf die vorgezogene gesetzliche Altersrente. In einem solchen Fall **kann** dann der Arbeitgeber auch die Zahlung der vorgezogenen betrieblichen Altersrente ebenso einstellen, wie bei der Umstellung der vorgezogenen gesetzlichen Altersrente auf eine gesetzliche Teilrente. Diese Rechtsfolge ist – ausgehend von der Verwendung der Möglichkeitsform „kann" allerdings nicht zwingend; vielmehr steht hier dem Arbeitgeber bzw. dem Versorgungsträger ein entsprechendes **Wahlrecht** zu.

2. Leistungsumfang

461 § 6 BetrAVG regelt einen Versorgungsfall kraft Gesetzes (*Griebeling, Rn. 494*). Dabei beschränkt sich die gesetzliche Bestimmung allerdings auf die Regelung des Anspruchs **dem Grunde nach**. Über die **Höhe** des Anspruchs auf vorzeitige betriebliche Altersversorgung hat der Gesetzgeber bewusst **keine Regelungen** getroffen, sondern dies grundsätzlich der Disposition der Vertragsparteien überlassen (*so auch: BAG v. 23.1.2001 – 3 AZR 164/00 – DB 2001, S. 1887 = ZIP 2001, S. 1971*).

462 Soweit betriebliche Versorgungsleistungen über eine **Pensionskasse** erbracht werden, sind die vorgezogenen Versorgungsleistungen allerdings der Höhe nach auf das für den einzelnen Versorgungsberechtigten zum Zeitpunkt des Abrufs **vorhandenen Deckungsmittel** beschränkt (vgl. *Rundschreiben des Bundesaufsichtsamtes für das Versicherungswesen Nr. 5/72 v. 28.11.1972 – VerBAV 1972, S. 321; Höfer, BetrAVG, ArbR, § 6 Rn. 2632 ff.*). Entsprechendes gilt für **Direktversicherungen**, bei denen sich die Höhe der vorgezogenen Versorgungsleistungen nach dem jeweiligen Geschäftsplan des Versicherers regelmäßig auf das **geschäftsplanmäßige Deckungskapital** ohne Stornoabschläge beschränkt (vgl.: *Bundesaufsichtsamt für das Versicherungswesen, VerBAV 1979, S. 346; Ahrend/Förster, BetrAVG, § 6 Anm. 1; Blomeyer/Otto, BetrAVG, § 6 Rn. 146 ff.; Höfer, BetrAVG, ArbR, § 6 Rn. 2625*).

463 Ausgehend von der Tatsache, dass durch die vorgezogene Altersrente einerseits die **tatsächliche Dienstzeit** und damit die Betriebstreue des Versorgungsberechtigten **reduziert** und andererseits die **Rentenlaufzeit** entsprechend **verlängert** wird, ist

als Ausgleich hierfür bei unmittelbaren **Pensionszusagen** und **Unterstützungskassenzusagen** allgemein die Zulässigkeit von **Leistungskürzungen** anerkannt (*vgl.: Ahrend/Förster, BetrAVG, § 1 Anm. 6; Blomeyer/Otto, BetrAVG, § 6 Rn. 99 ff.; Griebeling, Rn. 497 f.; Höfer, BetrAVG, § 6 Rn. 2617 ff.*).

Soweit die Vertragsparteien individual- oder kollektivrechtliche entsprechende Leistungskürzungen vereinbaren, unterliegen diese Vereinbarungen den **Grundsätzen von Recht und Billigkeit** (*BAG v. 20.4.1982 – 3 AZR 1137/79 – BB 1982, S. 1795 = DB 1982, S. 1830 = NJW 1982, S. 1015*). Unbillige Leistungskürzungen sind gemäß § 315 Abs. 3 BGB unwirksam (*BAG v. 1.6.1978 – 3 AZR 216/77 – BB 1979, S. 789 = DB 1978, S. 1793 = NJW 1979, S. 124*). 464

Kürzungen bei der Inanspruchnahme der vorgezogenen betrieblichen Altersversorgung entsprechen den Grundsätzen von Recht und Billigkeit, wenn hierdurch lediglich der durch die vorzeitige Inanspruchnahme bedingte **finanzielle Mehraufwand** des Arbeitgebers **ausgeglichen** wird (*BAG v. 1.6.1978 – 3 AZR 216/77 – BB 1979, S. 789 = DB 1978, S. 1793 = NJW 1979, S. 124*). Zu berücksichtigen sind dabei neben der **verkürzten Betriebszugehörigkeit** und der **verlängerten Rentenlaufzeit** auch die **Zinsverluste** aufgrund des vorzeitigen Abrufs der betrieblichen Versorgungsleistung und die Zusatzbelastungen aus der **Anpassungsprüfung** nach § 16 BetrAVG (*vgl.: Arend/Förster, BetrAVG, § 6 Anm. 6; Blomeyer/Otto, BetrAVG, § 6 Rn. 100; Höfer, BetrAVG, ArbR, § 6 Rn. 2617 ff.*). Danach sind solche Kürzungsregelungen zulässig, die entweder auf den zum Zeitpunkt des Ausscheidens **erdienten Anspruch** abstellen oder einen **versicherungsmathematischen Abschlag** in der Größenordnung von **0,3 bis 0,6%** pro Monat der vorgezogenen Inanspruchnahme vorsehen (*BAG v. 20.4.1982 – 3 AZR 1137/79 – BB 1982, S. 1795 = DB 1982, S. 1830 = NJW 1982, S. 1015; BAG v. 26.3.1985 – 3 AZR 236/83 – BB 1986, S. 877 = DB 1985, S. 2617 = NZA 1986, S. 232; BAG v. 25.2.1986 – 3 AZR 485/84 – BB 1987, S. 199 = DB 1987, S. 53 = NZA 1987, S. 199; BAG v. 13.3.1990 – 3 AZR 338/89 – BB 1990, S. 480 = DB 1990, S. 1619 = NZA 1990, S. 692; BAG v. 23.5.2000 – 3 AZR 228/99 – BB 2001, S. 154; BAG v. 23.1.2001 – 3 AZR 164/00 – DB 2001, S. 1887 = ZIP 2001, S. 1971; ArbG Ludwigshafen/Mainz v. 6.5.1976 – 6 Ca 95/76 M – BB 1976, S. 975 = DB 1976, S. 1630; ArbG Köln v. 24.4.1979 – 1 Ca 1170/79 – BB 1979, S. 1096; Ahrend/Förster, BetrAVG, § 6 Anm. 6; Ahrend/Förster/Rößler, 1. Teil, Rn. 570; Blomeyer/Otto, BetrAVG, § 6 Rn. 126 f.; Griebeling, Rn. 501; Höfer, BetrAVG, ArbR, § 6 Rn. 2643*). 465

Zulässig sind ferner solche Regelungen, die hinsichtlich der Höhe der nach § 6 BtrAVG zu zahlenden vorgezogenen Altersrente auf das ratierliche Berechnungsverfahren gemäß § 2 BetrAVG abstellen (*BAG v. 1.6.1978 – 3 AZR 216/77 – BB 1979, S. 789 = DB 1978, S. 1793 = NJW 1979, S. 124*). Die versicherungsmathematischen Abschläge können auch **zusätzlich** zu der dienstzeitabhängigen ratierlichen Kürzung nach § 2 BetrAVG vereinbart werden (*BAG v. 23.1.2001 – 3 AZR 164/00 – DB 2001, S. 1887 = ZIP 2001, S. 1971; Höfer, BetrAVG, ArbR, § 6 Rn. 2643*). 466

Demgegenüber sind solche Regelungen unzulässig, die über einen Ausgleich der finanziellen Mehrbelastungen des Arbeitgebers hinaus durch überhöhte Abschläge 467 zu einer **Aushöhlung** des vom Arbeitnehmer erworbenen **Besitzstandes** führen. Insbesondere wird sich der Arbeitgeber in diesem Zusammenhang nicht darauf berufen können, dass er nicht rechtzeitig für eine entsprechende Finanzierung der Versorgungsverpflichtung vorgesorgt hat bzw. hinsichtlich der vor Erteilung einer Versorgungszusage zurückgelegten Dienstzeiten (past service) und der sich daraus ergebenden relativ hohen Anwartschaften nicht habe ausfinanzieren können. Die **nicht erfolgte Finanzierung** ist zumindest bei **leistungsorientierten** Versorgungsplänen **kein rechtlich billigenswerter Grund**, die vorgezogene Altersversorgung auf die vorhandenen Finanzierungsmittel zu beschränken (so auch: *Höfer, BetrAVG, ArbR, § 6 Rn. 2628 für den Fall einer nach dem ratierlichen Berechnungsverfahren aufrechterhaltenen unverfallbaren Direktversicherungsanwartschaft*).

468 Die Höhe der vorgezogenen betrieblichen Altersversorgung und damit auch die Art und Weise der Berechnung eventueller Leistungskürzungen muss in der **Versorgungsordnung ausdrücklich** geregelt werden, wobei die bei kollektivrechtlich geregelten Versorgungsordnungen bestehenden **zwingenden Mitbestimmungsrechte** des Betriebsrates (*BAG v. 1.6.1978 – 3 AZR 216/77 – BB 1978, S. 1312 = DB 1978, S. 1713 = NJW 1979, S. 124*) gewahrt werden müssen. Fehlt es an einer solchen ausdrücklichen Kürzungsregelung, so ist der Arbeitgeber nach der ständigen Rechtsprechung des BAG nur zu einer unter entsprechender Anwendung der Berechnungsgrundsätze des § 2 BetrAVG **dienstzeitabhängigen ratierlichen** Kürzung berechtigt, da mit einer solchen Mindestkürzung der Arbeitnehmer generell rechnen muss (*BAG v. 1.6.1978 – 3 AZR 216/77 – BB 1979, S. 789 = DB 1978, S. 1793 = NJW 1979, S. 124; BAG v. 11.9.1980 – 3 AZR 185/80 – BB 1981, S. 737 = DB 1981, S. 944; Griebeling, Rn. 500*). Dagegen sind alle anderen Kürzungsmethoden nur bei ausdrücklicher Vereinbarung in der Versorgungsordnung zulässig (*BAG v. 11.9.1980 – 3 AZR 185/80 – BB 1981, S. 737 = DB 1981, S. 944; BAG v. 13.3.1990 – 3 AZR 338/89 – BB 1991, S. 480 = DB 1990, S. 1619 = NZA 1990, S. 692; Griebeling, Rn. 502*).

469 Die vorstehend genannten Grundsätze zur Berechnung der Höhe einer vorgezogenen betrieblichen Altersgrenze gelten grundsätzlich auch für den mit einer **unverfallbaren Versorgungsanwartschaft** ausgeschiedenen Versorgungsberechtigten. Macht dieser von seinem Anspruch auf Zahlung einer vorgezogenen Altersrente Gebrauch, so kam es auf der Grundlage der bisherigen Rechtsprechung zu einer **doppelten Kürzung**. Dabei wurde zunächst fiktiv die Höhe der vorgezogenen Altersrente bei unterstelltem Verbleib im Unternehmen berechnet, d.h. ggf. unter Berücksichtigung dienstzeitabhängiger und versicherungsmathematischer Abschläge. Der Wert dieses Rentenbetrages wurde dann nochmals mit dem beim Ausscheiden des Mitarbeiters ermittelten Unverfallbarkeitsquotienten zu kürzen (*BAG v. 13.3.1990 – 3 AZR 338/89 – BB 1991, S. 480 = DB 1990, S. 1619 = NZA 1990, S. 692; BAG v. 12.3.1991 – 3 AZR 102/90 – BB 1991, S. 1420 = DB 1991, S. 1784 = NZA 1991, S. 771; Ahrend/Förster, BetrAVG, § 6 Anm. 6; Ahrend/Förster/Rößler, 1. Teil, Rn. 577; Griebeling, Rn. 504; Höfer, BetrAVG, ArbR, § 6 Rn. 2681 ff.*).

Der 3. Senat des BAG hat diese Rechtsprechung allerdings aufgegeben bzw. modifiziert (*BAG v. 23.1.2001 – 3 AZR 164/00 – DB 2001, S. 1887 = ZIP 2001, S. 1971*). Diese Änderung wird damit begründet, dass der Vorzeitige Ruhestand kein Versorgungsfall i.S.v. § 2 Abs. 1 BetrAVG ist und diese Vorschrift keinerlei Regelung für die Berechnung einer vorgezogenen Altersrente enthält. Nach den Überlegungen des BAG muss die Höhe der vorgezogenen Betriebsrente den allgemeinen Grundsätzen des BetrAVG entnommen werden. Dabei ist davon auszugehen, dass in der Versorgungsordnung die vom Arbeitgeber zu erbringende Versorgungsleistung nach Höhe, erstmaliger Fälligkeit und Bezugsdauer ebenso privatautonom und maßgeblich festgelegt wird, wie die Gegenleistung, die der Arbeitnehmer hierfür erbringen muss. In das so festgelegte Äquivalenzverhältnis wird durch die vorgezogene Inanspruchnahme der Betriebsrente eingegriffen. Zum einen erbringt der Mitarbeiter nicht die volle, bis zur festen Altersgrenze von ihm erwartete Betriebstreue. Zum anderen muss der Arbeitgeber die Rente früher und länger zahlen, was zu entsprechenden Mehrkosten führt. 470

Insoweit soll es allerdings ausreichend sein, die durch die vorzeitige Renteninanspruchnahme ausgelöste finanzielle Mehrbelastung allein mit Hilfe eines in der Versorgungsordnung festzulegenden versicherungsmathematischen Abschlags auszugleichen, der die zeitliche Mehrbelastung des Arbeitgebers zu der allgemeinen Lebenserwartung seiner Betriebsrentner ins Verhältnis setzt. Damit soll – nach Ansicht des BAG – das komplizierte doppelte ratierliche Berechnungsverfahren durch ein einfacheres versicherungsmathematisches Berechnungsverfahren ersetzt werden (*BAG, Urteil vom 21.3.2000 – 3 AZR 93/99 – BetrAV 2001, S. 190*). 471

Dies hat zur Konsequenz, dass zukünftig zum Ausgleich für den vorzeitigen Rentenbezug nur noch die beiden folgenden Berechnungsmethoden anerkannt werden (*BAG v. 23.1.2001 – 3 AZR 164/00 – DB 2001, S. 1887 = ZIP 2001, S. 1971*): 472

Die bis zum vorzeitigen Ausscheiden erdiente Versorgungsanwartschaft ist in entsprechender Anwendung von § 2 BetrAVG ausgehend von der Vollrente bis zum Erreichen der festen Altersgrenze zu ermitteln. Im Hinblick auf dessen frühere und längere Inanspruchnahme der Betriebsrente kann das Erdiente im zweiten Rechenschritt gekürzt werden, wobei ein versicherungsmathematischer Abschlag dem Aspekt der vorgezogenen Inanspruchnahme am ehesten entspricht. 473

Ist eine solche Kürzung in der Versorgungsordnung nicht vorgesehen, kann grundsätzlich auch die fehlende Betriebstreue zwischen dem vorzeitigen Ruhestand und dem erreichen der festen Altersgrenze ein zweites Mal als sog. „untechnischer versicherungsmathematischer Abschlag" leistungsmindernd berücksichtigt werden. Insoweit bleibt es also bei der bisherigen Rechtsprechung. 474

Enthält die Versorgungsordnung allerdings die Möglichkeit eines versicherungsmathematischen Abschlags, ist eine zweite ratierliche Kürzung zukünftig nicht mehr zulässig. Die Änderung der Rechtsprechung erstreckt sich somit nur auf die Fälle, in denen die Versorgungsordnung einen versicherungsmathematischen Abschlag enthält (*BAG v. 23.1.2001 – 3 AZR 164/00 – DB 2001, S. 1887 = ZIP 2001, S. 1971*). 475

476 Soweit aufgrund eines **Insolvenzfalles** i.S.v. § 7 Abs. 1 BetrAVG der **PSV** in die Versorgungsverpflichtungen eintritt, gelten folgende Besonderheiten:

477 Der **PSV** haftet in **vollem Umfang** für die bereits **laufenden Rentenzahlungen**. Dies gilt auch für bereits laufende vorgezogene Altersrenten. Diese können vom PSV nicht mehr nachträglich durch vom Arbeitgeber nicht angewandte Reduktionsfaktoren gekürzt werden (*BAG v. 20.4.1982 – 3 AZR 1137/79 – BB 1982, S. 1795 = DB 1982, S. 1830 = NJW 1982, S. 1015; Höfer, BetrAVG, ArbR, § 6 Rn. 2686*).

478 Im Rahmen seiner Haftung nach § 7 Abs. 2 BetrAVG für **unverfallbare Versorgungsanwartschaften** ist der **PSV** zunächst an die Regelungen in der jeweiligen **Versorgungsordnung gebunden** und damit auch an eine in der Versorgungsordnung wirksam vereinbarte Berechnungsmethode zur Ermittlung von vorgezogenen Altersrenten (*BAG v. 20.4.1982 – 3 AZR 1137/79 – BB 1982, S. 1795 = DB 1982, S. 1830 = NJW 1982, S. 1015*). Enthält die Versorgungsordnung keine entsprechende Berechnungsvorschrift, so gestaltet der PSV mit Billigung der Rechtsprechung das **Berechnungsverfahren** wie folgt: Ausgangsfaktor ist die im Zeitpunkt der vorzeitigen Inanspruchnahme **leistungsplanmäßig erreichte Altersversorgung**, die dann mit einem **Reduktionsfaktor** von **0,5%** pro Monat der vorgezogenen Inanspruchnahme gekürzt wird (*vgl.: § 4 Abs. 2 a/b der Allgemeinen Versicherungsbedingungen für die Insolvenzsicherung der betrieblichen Altersversorgung; BAG v. 20.4.1982 – 3 AZR 1137/79 – BB 1982, S. 1795 = DB 1982, S. 1830 = NJW 1982, S. 1015; Ahrend/Förster, BetrAVG, § 6 Anm. 6*).

3. Berechnungsbeispiele

479 Die Versorgungsordnung der Muster-GmbH sieht eine dienstzeitabhängige Altersrente von 10,— € pro Dienstjahr bei maximal 40 anrechenbaren Dienstjahren vor. Bei vorzeitiger Inanspruchnahme der Altersrente erfolgt neben der ratierlichen Kürzung nach § 2 BetrAVG eine zusätzliche versicherungsmathematische Kürzung um 0,3 % pro Monat der vorgezogenen Inanspruchnahme.

(1) Arbeitnehmer A ist mit 15 Jahren als Lehrling in die Firma eingetreten und beabsichtigt, mit Vollendung des 63. Lebensjahres, d.h. nach **48 Dienstjahren** in den vorzeitigen Ruhestand zu treten.

Aufgrund seiner langen Dienstzugehörigkeit hat A die maximale Versorgungsanwartschaft von 40 x 10,— € = **400,— €** erreicht.

Diese Versorgungsanwartschaft ist nun zunächst **ratierlich** gemäß § 2 BetrAVG, d.h. im Verhältnis von tatsächlicher (= 48 Dj.) zu möglicher (= 50 Dj.) Dienstzeit (= 48/50 = 96 %) zu kürzen. Danach ergibt sich ein Wert von **384,— €** (= 400,— € x 96%).

Dieser Wert wird nunmehr nochmals, nämlich **versicherungsmathematisch** um 0,3% pro Monat der vorgezogenen Inanspruchnahme gekürzt. Bei 2 Jahren entspricht dies einem Kürzungsfaktor von 24 x 0,3 = 7,2%, so dass sich der

Betrag der vorgezogenen Altersrente auf **356,35 €** (= 384,— € x 92,8%) reduziert.

(2) Arbeitnehmer B ist im Alter 50 nach **20-jähriger Dienstzeit** aus dem Unternehmen ausgeschieden und begehrt im Alter 63 seine vorgezogene Betriebsrente.

Im Zeitpunkt seines Ausscheidens hatte B eine **unverfallbare Versorgungsanwartschaft** i.S.v. § 1 BetrAVG erworben. Der gemäß § 2 BetrAVG ratierlich im Verhältnis von tatsächlicher (= 20 Dj.) zu möglicher (= 35 Dj.) Dienstzeit zu berechnende **Unverfallbarkeitsquotient** (20/35) beläuft sich auf **57,14%**, was bezogen auf die bis zum 65. Lebensjahr erdienbare Höchstanwartschaft von **350,— €** (= 35 x 10,— €) einer unverfallbaren Altersrentenanwartschaft ab dem 65. Lebensjahr in Höhe von **200,00 €** entspricht.

Diese Versorgungsanwartschaft ist anders als in der Darstellung in der Vorauflage bei der Inanspruchnahme der vorgezogenen Altersrente nach § 6 BetrAVG nicht mehr unter der fiktiven Annahme einer Weiterbeschäftigung bis zur Inanspruchnahme der vorgezogenen Altersrente zunächst ratierlich gemäß § 2 BetrAVG neu zu berechnen. Vielmehr wird der Wert der unverfallbaren Anwartschaft nur um den in der Versorgungsordnung geregelten **versicherungsmathematischen Abschlag** von 0,3% pro Monat der vorgezogenen Inanspruchnahme gekürzt. Bei 2 Jahren entspricht dies einem Kürzungsfaktor von 24 x 0,3 = 7,2%, so dass sich der Betrag der vorgezogenen Altersrente auf **185,60 €** (= 200,— € x 92,8%) reduziert.

Bei Anwendung der früheren Rechtsprechung, d.h. der doppelten ratierlichen Kürzung, hätte sich nur ein Betrag von **175,— €** ergeben *(vgl. das Beispiel in der Vorauflage unter Rn. 258)*.

IV. Gesetzliche Insolvenzsicherung (§§ 7 – 15 BetrAVG)

Die in den §§ 7 – 15 BetrAVG geregelte Insolvenzsicherung betrieblicher Versor- 480
gungsansprüche und -anwartschaften ist eine **gesetzliche Pflichtversicherung**, die die versorgungsberechtigten Arbeitnehmer und Betriebsrentner **in der Insolvenz des Arbeitgebers** gegenüber anderen Gläubigern **privilegiert** und dadurch vor einem insolvenzbedingten Verlust ihrer (zukünftigen) betrieblichen Versorgungsleistungen schützt.

Mit Eintritt eines der in § 7 BetrAVG geregelten Insolvenzsicherungsfälle findet 481
ein **Schuldnerwechsel** auf Seiten des Leistungsverpflichteten statt und es wird ein **gesetzliches Schuldverhältnis** zwischen dem Pensions-Sicherungs-Verein (**PSV**) als Träger der gesetzlichen Insolvenzsicherung (§ 14 Abs. 1 BetrAVG) und den Versorgungsberechtigten begründet (*vgl.: Griebeling, Rn. 697; Heither, HwBAR, Nr. 540 – BAV, Rn. 100*).

Der PSV wurde am 7.10.1974 durch die Bundesvereinigung der Arbeitgeberver- 482
bände, den Bundesverband der Deutschen Industrie und den Verband der Lebens-

versicherungsunternehmen in der Rechtsform eines **privatrechtlichen Versicherungsvereins auf Gegenseitigkeit** (VVaG) gegründet und hat seinen **Sitz** in 50969 Köln, Berlin-Kölnische-Allee 2-4.

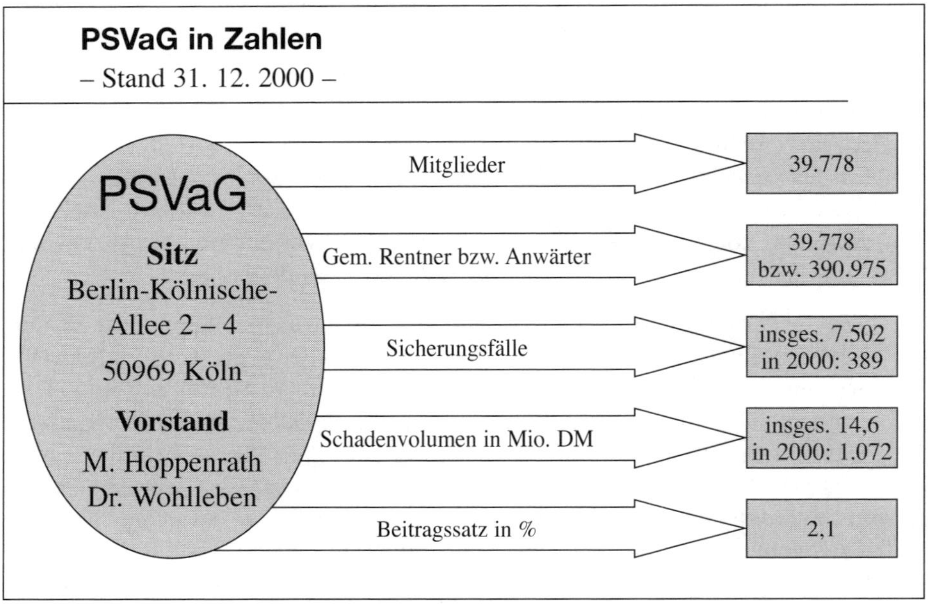

1. Voraussetzungen des gesetzlichen Insolvenzschutzes

483 Eine **Eintrittspflicht** des PSV kommt nur in den in § 7 Abs. 1 S. 1, S. 3 Nr. 1 – 5 BetrAVG ausdrücklich und **abschließend normierten** folgenden **vier Sicherungsfällen** in Betracht:

- Eröffnung des **Insolvenzverfahrens** über das Vermögen des Arbeitgebers. Maßgeblich sind hier die in der Insolvenzordnung (InsO) geregelten sachlichen und formellen Insolvenzvoraussetzungen. Maßgeblicher Zeitpunkt für die Eintrittspflicht des PSV ist gem. § 27 InsO der Tag, der sich aus dem **gerichtlichen Eröffnungsbeschluss** ergibt.

- **Abweisung** des Antrags auf Insolvenzeröffnung **mangels Masse**. Zeitpunkt des Sicherungsfalls ist hier der Zeitpunkt der **Verkündung des Beschlusses** nach § 26 InsO.

- **Außergerichtlicher Vergleich** des Arbeitgebers mit seinen Gläubigern nach vorausgegangener Zahlungseinstellung im Sinne der Insolvenzordnung, wenn ihm der **PSV zustimmt**. Der **PSV** kann allerdings **nicht zur Zustimmung gezwungen** werden, und zwar auch nicht im Klagewege (*Griebeling, Rn. 716, 717; Höfer, BetrAVG, ArbR, § 7 Rn. 2773*).

  Zeitpunkt des Sicherungsfalls ist nach dem Wortlaut des Gesetzes, der Zeitpunkt, in dem der außergerichtliche Vergleich von allen Beteiligten vereinbart wird. Um den Versorgungsberechtigten nicht durch zeitlich bedingte Verzögerungen beim Vergleichsabschluss zu benachteiligen, hat sich der PSV gemäß § 3 Abs. 3 seiner Allgemeinen Versicherungsbedingungen für die Insolvenzsicherung der betrieblichen Altersversorgung (AIB) bereit erklärt, den Zeitpunkt als maßgeblichen Insolvenzstichtag anzuerkennen, an dem der **Arbeitgeber seine Zahlungsunfähigkeit** seinen sämtlichen Gläubigern gegenüber **mitgeteilt** hat. Diese für die Rentenempfänger gegenüber der gesetzlichen Regelung günstigere Bestimmung des Insolvenzstichtags ist vom BAG ausdrücklich als zulässig anerkannt worden (*BAG v. 14.12.1993 – 3 AZR 618/93 – BB 1994, S. 652 = DB 1994, S. 686 = NZA 1994, S. 554; vgl. a.: Höfer, BetrAVG, ArbR, § 7 Rn. 2775*).

- Vollständige **Beendigung der Betriebstätigkeit** im Geltungsbereich des Betriebsrentengesetzes, wenn ein Antrag auf Insolvenzeröffnung nicht gestellt worden ist und ein Insolvenzverfahren offensichtlich mangels Masse nicht in Betracht kommt.

  Da den Versorgungsberechtigten eine Prüfung der gesetzlichen Voraussetzungen nicht zugemutet werden kann, ist – soweit äußere Tatsachen einen entsprechenden, auf eine Masseunzulänglichkeit hinweisenden Eindruck begründen – der **PSV** einzuschalten. Dieser muss dann als Auffangstation die **Interessen der Versorgungsberechtigten** wahrnehmen (*BAG v. 11.9.1980 – 3 AZR 544/79 – BB 1981, S. 792 = DB 1981, S. 1141 = AuR 1981, S. 123; BAG v. 20. 11.1984 – 3 AZR 444/82 – BB 1985, S. 1072 = DB 1985, S. 1479 = AuR 1985, S. 228; Griebeling, Rn. 724; Höfer, BetrAVG, ArbR, § 7 Rn. 2786*).

Der früher ebenfalls geltende Insolvenzgrund der Kürzung oder Einstellung von Versorgungsleistungen wegen **wirtschaftlicher Notlage** des Arbeitgebers ist durch die BetrAVG-Novelle zum 1.1.1999 gestrichen worden.

Vor dem Hintergrund einer bezüglich der Anerkennung eines Widerrufs von Versorgungsleistungen äußerst restriktiven Rechtsprechung sowie des von ihr hergestellten untrennbaren Zusammenhangs zwischen dem Widerrufsrecht einerseits und der gleichzeitigen Übernahme des widerrufenen Anwartschaftsteils durch den PSV andererseits (*vgl. u.a.: BAG v. 6.12.1979 – 3 AZR 274/78 – BB 1980, S. 992 = DB 1980, S. 1172 = NJW 1980, S. 2589; BAG v. 26.6.1980 – 3 AZR 156/79 – BB 1980, S. 1641 = DB 1980, S. 2041 = NJW 1981, S. 189; BAG v. 20.1.1987 – 3 AZR 313/85 – BB 1987, S. 2307 = DB 1987, S. 1947 = NZA 1987, S. 664*) hat der einseitige Widerruf durch den Arbeitgeber wegen wirtschaftlicher Notlage in der Vergangenheit auch nur eine untergeordnete Bedeutung erlangt *(vgl. die Nachweise bei: Langohr-Plato, DB 1994, S. 325 f.)*. Die Streichung der wirtschaftlichen Notlage als Sicherungsfall berührt somit keine gravierenden praktischen Belange, zumal dem Arbeitgeber im Falle einer solchen Notlage nach wie vor die Möglichkeit offen steht, sich im Wege des außergerichtlichen Vergleichs oder des neuen Insolvenzverfahrens der Versorgungsverpflichtungen zu entledigen.

Entscheidungsrelevant für die Eintrittspflicht des PSV ist stets die Insolvenz des Arbeitgebers; eine gleichzeitige **Insolvenz des Versorgungsträgers ist nicht er-**

forderlich. Dies gilt insbesondere dann, wenn die betriebliche Altersversorgung über eine aus dem Unternehmen **ausgegliederte juristisch selbständige** und mit entsprechendem, im Zeitpunkt der Insolvenz ggf. sogar noch in ausreichendem Maße zur Erfüllung der bestehenden Versorgungsverpflichtungen vorhandenem Vermögen ausgestattete und damit **leistungsfähige** Versorgungseinrichtung wie z. B. eine **Unterstützungskasse** durchgeführt wird (*BAG v. 12.2.1991 – 3 AZR 30/90 – BB 1991, S. 1420 = DB 1991, S. 1735 = NZA 1991, S. 723; Ahrend/Förster, BetrAVG, § 7 Anm. 2; Griebeling, Rn. 751; Höfer, BetrAVG, ArbR, § 7 Rn. 2847 f.*).

2. Insolvenzsicherungspflichtige Durchführungswege

484 Insolvenzsicherungspflichtig sind **nicht alle** Durchführungswege der betrieblichen Altersversorgung. Ausgehend von dem je nach Durchführungsweg unterschiedlichen **Insolvenzrisiko** hat der Gesetzgeber nur dort eine gesetzliche Insolvenzsicherung vorgesehen, wo eine **Gefährdung der Deckungsmittel** (*vgl. a.: Höfer, BetrAVG, ArbR, § 7 Rn. 2817*) zur Erfüllung der betrieblichen Altersversorgungsverpflichtungen dem Grunde nach überhaupt eintreten kann. Dies hat u.a. auch dazu geführt, dass nicht insolvenzfähige Arbeitgeber im öffentlichen Dienst generell vom gesetzlichen Insolvenzschutz befreit worden sind.

485 Vor diesem Hintergrund unterliegen **unmittelbare Pensionszusagen** und Versorgungszusagen, die über **Unterstützungskassen** finanziert werden, nach § 7 Abs. 2 BetrAVG **generell** und **uneingeschränkt** der **gesetzlichen Insolvenzsicherung** (*vgl. a.: Ahrend/Förster, BetrAVG, § 7 Anm. 3; Griebeling, Rn. 751; Höfer, BetrAVG, ArbR, § 7 Rn. 2819, 2844*), und zwar unabhängig davon, ob die Versorgungsverpflichtungen z. B. durch den Abschluss von Rückdeckungsversicherungen vorfinanziert sind oder nicht (*vgl. a.: Höfer, BetrAVG, ArbR, § 7 Rn. 2822 f., 2845*).

486 Demgegenüber hat der Gesetzgeber Versorgungszusagen, die über **Pensionskassen** abgewickelt werden, nicht in den gesetzlichen Insolvenzschutz aufgenommen. Der **generelle Ausschluss** für solche Versorgungszusagen (*vgl. a.: Ahrend/Förster, BetrAVG, § 7 Anm. 3; Griebeling, Rn. 750*) wird damit begründet, daß es sich bei Pensionskassen um **externe Versorgungseinrichtungen** in Form von Versicherungsgesellschaften handelt, die als solche bei der Anlage ihres Vermögens den strengen **aufsichtsrechtlichen Anforderungen** des Bundesaufsichtsamtes für das Versicherungswesen unterliegen (*vgl.: Höfer, BetrAVG, ArbR, § 7 Rn. 2851*).

487 Komplizierter ist die Rechtslage bei der **Direktversicherung**. Dies hängt im wesentlichen mit den unterschiedlichen Gestaltungsmöglichkeiten hinsichtlich des **Bezugsrechts** der versicherten Leistungen zusammen. Immer dann, wenn dieses Bezugsrecht **unwiderruflich** ausgestaltet ist **und** die Ansprüche aus der Direktversicherung **nicht** durch Beleihung, Verpfändung oder Abtretung **wirtschaftlich beeinträchtigt** sind, ist die Rechtsposition des versorgungsberechtigten Arbeitnehmers umfassend und uneinschränkbar geschützt (*Griebeling, Rn. 752; Höfer, BetrAVG, ArbR, § 7 Rn. 133 f.*), so dass ein gesetzlicher Insolvenzschutz nicht erforderlich ist. Ist dagegen das Bezugsrecht der Direktversicherung zugunsten des Mitarbeiters nur **widerruflich** ausgestaltet **oder** sind die Ansprüche aus dem Di-

rektversicherungsvertrag **beliehen**, **verpfändet** bzw. **abgetreten**, so ist der gesetzliche **Insolvenzschutz zwingend erforderlich**.

Die Ansprüche aus einer mit einem lediglich **widerruflichen Bezugsrecht** ausgestattete Direktversicherung fallen in der Insolvenz des Arbeitgebers in die **Insolvenzmasse**, d.h. der Insolvenzverwalter kann die Versorgungszusage widerrufen und den Rückkaufswert zur Insolvenzmasse einziehen ohne sich damit der Gefahr einer Regresshaftung nach § 60 InsO auszusetzen (*BAG v. 28.3.1995 – 3 AZR 373/94 – DB 1995, S. 2174 = ZIP 1995, S. 2012; OLG Hamm v. 21.4.1995 – 20 U 344/94 – ZAP 1995, F 14, S. 293 m. Anm. Langohr-Plato; Ahrend/Förster, BetrAVG, § 7 Anm. 4*). 488

Obwohl es sich ebenfalls um eine der Beleihung vergleichbare wirtschaftliche Beeinträchtigung handelt, wird der **Prämienverzug** bzw. **Prämienrückstand** des Arbeitgebers und die daraus **resultierende beitragsgeschädigte Direktversicherung** nach einer nicht unumstrittenen Ansicht des BAG mangels ausdrücklicher Regelung im BetrAVG **nicht** vom gesetzlichen Insolvenzschutz **erfasst** (*vgl.: BAG v. 17.11.1992 – 3 AZR 51/92 – BB 1993, S. 943 = DB 1993, S. 986 = NJW 1994, S. 276 = NZA 1993, S. 843; Everhardt, DB 1994, S. 1470 ff.; Griebeling, Rn. 754 f.;* sowie die detaillierte Kritik bei *Langohr-Plato, DB 1994, S. 325, 327 ff.;* vgl. ferner die Ansichten bei *Ahrend/Förster, BetrAVG, § 7 Anm. 3; Blomeyer, BetrAVG, § 7 Rn. 64; Höfer, BetrAVG, ArbR, § 7 Rn. 2835 ff.*). 489

Da der Gesetzgeber diese in der Literatur diskutierte Thematik gekannt hat, sie aber gleichwohl weder in der BetrAVG-Novelle 1999 noch in der BetrAVG-Novelle 2001 einen entsprechenden Regelungsbedarf erkannt hat, muss man davon ausgehen, dass eine entsprechende Ausdehnung des Insolvenzschutzes auch bewusst nicht gewollt war. Damit steht aber auch fest, dass der Beitragsrückstand bei der Direktversicherung zu einem echten, weil gesetzlich nicht erfassten Insolvenzrisiko für den Versorgungsberechtigten führt (*Langohr-Plato, BetrAV 1999, S. 7*). 490

Zur Vermeidung dieses Insolvenzrisikos bietet sich eine Beleihung der Direktversicherung an. Ein solches „Policendarlehen“ verschafft dem Arbeitgeber die für die weitere Prämienzahlung erforderliche Liquidität und führt automatisch zum gesetzlichen Insolvenzschatz, da die Beleihung als „wirtschaftliche Beeinträchtigung“ der Versicherung vom Anwendungsbereich des gesetzlichen Insolvenzschutzes – wie dargestellt – ausdrücklich erfasst wird. 491

Da die geplante größere Anlagefreiheit bei Pensionsfonds nicht nur für Beitragszusagen mit Mindestleistung sondern auch für Leistungszusagen gilt, ist der mit der BetrAVG-Novelle 2001 in das Gesetz eingeführte Pensionsfonds als Durchführungsweg – unabhängig von der Zusageart – ebenfalls dem gesetzlichen Insolvenzschutz unterstellt worden. 492

3. Insolvenzgesicherte Versorgungsleistungen und -anwartschaften

Der gesetzliche Insolvenzschutz erstreckt sich nach § 7 Abs. 1 BetrAVG auf bereits **fällige Versorgungsleistungen** und gemäß § 7 Abs. 2 BetrAVG auf **unverfallbare Versorgungsanwartschaften**. 493

a) Versorgungsleistungen

494 Die **Versorgungsempfänger** sind vom PSV so zustellen, als wenn der Sicherungsfall nicht eingetreten wäre. Der PSV ist also verpflichtet, **laufende Versorgungsleistungen** sowie **einmalige Kapitalzahlungen** in dem Umfang zu übernehmen, wie sie sich aus dem Inhalt der Versorgungszusage des Arbeitgebers ergeben (*BAG v. 22.11.1994 – 3 AZR 767/93 – BB 1995, S. 679 = DB 1995, S. 582 = NZA 1995, S. 887 = ZAP 1995, F 17 R, S. 127 m. Anm. Langohr-Plato; Ahrend/Förster, BetrAVG, § 7 Anm. 3*). Die Einstandspflicht des PSV erstreckt sich demnach auch auf eine **vertraglich zugesicherte Rentendynamik** (*BAG v. 3.8.1978 – 3 AZR 19/77 – BB 1978, S. 1571 = DB 1978, S. 2127 = NJW 1979, S. 446; BAG v. 3.2.1987 – 3 AZR 330/85 – BB 1987, S. 1673 = DB 1987, S. 2046 = NZA 1987, S. 666; BAG v. 15.2.1994 – 3 AZR 705/93 – BB 1994, S. 1222 = NZA 1994, S. 943; BAG v. 22.11.1994 – 3 AZR 767/93 – NZA 1995, S. 887 = ZAP 1995, F 17 R, S. 127 m. Anm. Langohr-Plato*). Dagegen wird die gesetzliche Anpassungsverpflichtung nach § 16 BetrAVG vom Insolvenzschutz nicht erfasst, da der PSV die Versorgungsleistungen nicht in der Funktion als Arbeitgeber übernimmt (*BAG v. 22.3.1983 – 3 AZR 574/81 – BB 1983, S. 1730 = DB 1983, S. 1982 = NJW 1983, S. 2902; BAG v. 5.10.1993 – 3 AZR 698/92 – BB 1994, S. 864 = DB 1994, S. 687 = NZA 1994, S. 459 = NJW 1994, S. 1894; Griebeling, Rn. 768; Höfer, BetrAVG, ArbR, § 7 Rn. 2859*).

495 Versorgungsempfänger ist auch derjenige **Versorgungsberechtigte**, der zwar alle Leistungsvoraussetzungen erfüllt hat, aber im Zeitpunkt der Insolvenz noch keine Versorgungsleistungen bezieht, z. B. bei erst rückwirkend festgestellter Invalidität (*BAG v. 26.1.1999 – 3 AZR 464/97 – E-BetrAV Insolvenzsicherung 140*).

496 Im Gegensatz zu § 7 Abs. 2 BetrAVG, der PSV-Haftung für Versorgungsanwartschaften, differenziert das Gesetz hinsichtlich bereits laufender Versorgungsleistungen nicht danach, ob diese auf einer gesetzlich unverfallbaren oder verfallbaren Versorgungsanwartschaft beruhen. Dies hat zur Konsequenz, dass der PSV unabhängig von der Erfüllung der Unverfallbarkeitsfristen in § 1 Abs. 1 BetrAVG für bereits laufende Betriebsrenten dem Grunde nach immer haftet (*vgl.: Blomeyer, BetrAVG, § 7 Rn. 25; Blomeyer, DB 1977, S. 586; Höfer, BetrAVG, ArbR., § 7 Rn. 2726*). Mithin sind auch solche Betriebsrenten vom PSV zu übernehmen, die erst bei Pensionierung erteilt werden, für die also überhaupt keine Anwartschaftsphase existiert hat.

b) Haftung des PSV für rückständige Rentenansprüche

497 Neben den laufenden Versorgungsleistungen übernimmt der PSV für einen Zeitraum von **6 Monaten** vor dem Insolvenzstichtag auch die Zahlung **rückständiger Versorgungsansprüche** (*BVerfG v. 10.4.1981 – 1 BvR 992/80 – BB 1981, S. 1276 = BetrAV 1981, S. 177; BGH v. 14.7.1980 – II ZR 106/79 – BB 1980, S. 1377 = DB 1980, S. 1992 = NJW 1980, S. 2468; BAG v. 30.10.1980 – 3 AZR 805/79 – BB 1981, S. 1153 = DB 1981, S. 644 = NJW 1981, S. 1470; BAG v. 22.11.1994 – 3 AZR 767/93 – NZA 1995, S. 887; Griebeling, Rn. 746; Heither, HwBAR, Nr. 540 – BAV, Rn. 100; Höfer, BetrAVG, ArbR, § 7 Rn. 2714 ff.*).

Der PSV haftet somit auch für Betriebsrenten, die vor dem Insolvenzstichtag fällig geworden sind, soweit diese für einen Zeitraum von maximal sechs Monaten vor dem Sicherungsfall geschuldet werden. Diese Haftung hat die Rechtsprechung ursprünglich aus einer Analogie zu §§ 59 Abs. 1 Nr. 3, 61 Abs. 1 Nr. 1 KO abgeleitet (*BAG v. 30.10.1980 – 3 AZR 805/79 – DB 1981, S. 644*). Zwischenzeitlich ist diese Haftungserweiterung in das novellierte BetrAVG integriert worden, § 7 Abs. 1a S. 2 BetrAVG. 498

Zu beachten ist dabei allerdings, dass der für den Haftungseintritt des PSV maßgebliche Zeitpunkt nicht derjenige ist, in dem der Antrag auf Eröffnung eines Insolvenzverfahrens gestellt wird. **Maßgeblich** ist vielmehr erst **der Zeitpunkt**, in dem das Gericht über diesen Antrag entscheidet (= **gerichtlicher Eröffnungsbeschluss**). Die sich hieraus ergebende Problematik soll nachfolgendes Beispiel verdeutlichen: 499

Beispiel:

*Der Geschäftsführer der X-GmbH, die die Zahlung ihrer Betriebsrenten bereits mit Ablauf des Jahres 2000 eingestellt hat, stellt am **5.6.2001** beim zuständigen Amtsgericht (AG) den Antrag auf Eröffnung des Insolvenzverfahrens. Das AG bestimmt nunmehr einen Sachverständigen (SV), der die wirtschaftliche Lage der GmbH prüfen soll. Aufgrund von Arbeitsüberlastung und urlaubsbedingter Abwesenheit kommt der SV erst Ende Juli dazu, sein Gutachten abzufassen. Das Gutachten geht am 7.8.2001 beim AG ein. Der Richter weist daraufhin mit Beschluss vom **4.9.2001** die Eröffnung des Insolvenzverfahrens mangels Masse ab.*

In diesem Fall haftet der PSV für alle Rentenzahlungen ab September 2001 sowie für die seit März 2001 (= 6-Monats-Zeitraum) rückständigen Renten. Für die im Januar und Februar 2001 nicht gezahlten Rentenbeträge haftet der PSV dagegen nicht. Insoweit erleidet der Betriebsrentner also – bedingt durch die Abweisung des Verfahrens mangels Masse – einen endgültigen Forderungsausfall. Bei Durchführung eines Insolvenzverfahrens könnten die rückständigen und vom PSV nicht übernommenen Rentenansprüche lediglich als normale Insolvenzforderung geltend gemacht werden. 500

Letztendlich verdeutlicht das Beispiel aber auch, dass das Risiko des Betriebsrentners vom vielfach doch recht willkürlichen Zeitablauf (Sichtung der Unterlagen; Arbeitsüberlastung; Urlaub; Krankheit etc.) abhängt. Hätte der Sachverständige seine Stellungnahme noch im Juni abgegeben und das AG seinen Beschluss noch im Juli verkündet, so hätte der PSV sämtliche rückständigen Rentenzahlungen ausgleichen müssen. 501

c) Versorgungsanwartschaften

Neben den bereits fälligen Versorgungsleistungen sind auch **unverfallbare Versorgungsanwartschaften** i.S.v. § 1 Abs. 1 S. 1 BetrAVG gegen eine Insolvenz des Arbeitgebers gesichert, und zwar unabhängig davon, ob der Versorgungsberechtigte im Zeitpunkt der Insolvenz bereits aus dem Unternehmen ausgeschieden war, oder erst in Folge der Insolvenz sein Arbeitsverhältnis beendet wird. 502

503 Neben den gesetzlich unverfallbaren Versorgungsanwartschaften erstreckt sich der gesetzliche Insolvenzschutz nach ständiger höchstrichterlicher Rechtsprechung auch auf die vorgesetzlichen, **kraft Richterrechts** (*vgl. hierzu die Ausführungen unter Rn. 238 f.*) für unverfallbar erklärten Versorgungsanwartschaften aus rechtsverbindlichen, d.h. mit einem **Rechtsanspruch** ausgestatteten Versorgungszusagen (*vgl. u.a.: BVerfG v. 10.3.1988 – 1 BvR 1118/86 – BB 1988, S. 2469; BVerfG v. 10.3.1988 – 1 BvR 894/87 – BB 1988, S. 2469 = SAE 1989, S. 57; BVerfG v. 10.3.1988 1 BvR 915/87 – AP Nr. 38a zu § 7 BetrAVG; BGH v. 16.6.1980 – II ZR 195/79 – BB 1980, S. 1425 = DB 1980, S. 1991 = NJW 1980, S. 2471; BGH v. 16.3.1981 – II ZR 222/79 – BB 1981, S. 1524 = DB 1981, S. 1561 = NJW 1981, S. 2410; BGH v. 7.7.1986 – II ZR 238/75 – BB 1987, S. 199 = DB 1986, S. 2339 = MDR 1987, S. 121; BAG v. 16.10.1980 – 3 AZR 1/80 – BB 1981, S. 850 = DB 1981, S. 644 = AuR 1981, S. 122; BAG v. 20.1.1987 – 3 AZR 313/85 – BB 1987, S. 2307 = DB 1987, S. 1947 = NZA 1987, S. 664 = NJW 1988, S. 1044; Ahrend/Förster, BetrAVG, § 7 Anm. 4; Griebeling, Rn. 437; 756; Höfer, BetrAVG, ArbR, § 7 Rn. 2728*). Etwas anderes gilt allerdings für eine **Unterstützungskassenversorgung** im Hinblick auf den satzungsmäßigen Ausschluss des Rechtsanspruchs. Aufgrund der sich aus dem fehlenden Rechtsanspruch ergebenden Unverbindlichkeit der Versorgungszusage genießen diese „Altfälle" **keinen gesetzlichen Insolvenzschutz** nach den Vorschriften des BetrAVG (*BVerfG v. 19.10.1983 – 2 BvR 298/81 – BB 1984, S. 341 = DB 1984, S. 190 = NJW 1984, S. 476*).

504 Dagegen werden vom gesetzlichen Insolvenzschutz solche Anwartschaften **nicht erfasst**, die lediglich aufgrund **einer vertraglichen Vereinbarung** zwischen Arbeitgeber und Arbeitnehmer für unverfallbar bestimmt worden sind, zum Insolvenzstichtag aber noch nicht die Unverfallbarkeitsfristen des § 1 Abs. 1 BetrAVG erfüllen (*BAG v. 3.8.1978 – 3 AZR 19/77 – BB 1978, S. 1571 = DB 1978, S. 2127 = NJW 1979, S. 446; Ahrend/Förster, BetrAVG, § 7 Anm. 4; Blomeyer/Otto, BetrAVG, § 7 Rn. 162; Griebeling, Rn. 757; Höfer, BetrAVG, ArbR, § 7 Rn. 2729; Paulsdorff, § 7 Rn. 218 m.w.N.*).

505 Eine Ausnahme gilt nur dann, wenn die Vertragsparteien sog. **Vordienstzeiten anrechnen** wollen, sofern diese Vordienstzeiten **unmittelbar** an das aktuelle Arbeitsverhältnis **heranreichen** und selbst von einer **Versorgungszusage begleitet** worden sind, die ihrerseits noch **nicht gesetzlich unverfallbar** geworden ist (*BAG v. 3.8.1978 – 3 AZR 19/77 – BB 1978, S. 1571 = DB 1978, S. 2127 = NJW 1979, S. 446; BAG v. 11.1.1983 – S. AZR 212/80 – BB 1984, S. 65 = DB 1984, S. 195 = NJW 1984, S. 1199; BAG v. 19.7.1983 – 3 AZR 397/81 – DB 1983, S. 2255 = BetrAV 1984, S. 74; BAG v. 26.9.1989 – 3 AZR 814/87 – BB 1990, S. 636 = DB 1990, S. 383 = NZA 1990, S. 348; BAG v. 26.9.1989 – 3 AZR 815/87 – DB 1990, S. 284 = NZA 1990, S. 189 = SAE 1991, S. 43; BAG v. 28.3.1995 – 3 AZR 496/94 – BB 1995, S. 2326 = DB 1995, S. 1867 = NZA 1996, S. 258; Ahrend/Förster, BetrAVG, § 7 Anm. 4; Griebeling, Rn. 757; Heither, HwBAR, Nr. 540 – BAV, Rn. 112; Höfer, BetrAVG, ArbR, § 7 Rn. 2879*).

506 Des Weiteren erstreckt sich der gesetzliche Insolvenzschutz auch auf die Vereinbarung der Anrechnung sog. „**Nachdienstzeiten**", d.h. solcher Zeiten, die nach ei-

nem vorzeitigen Ausscheiden aus dem Unternehmen weiterhin als leistungserhöhende Dienstzeiten berücksichtigt werden sollen (*BAG v. 10.3.1992 – 3 AZR 140/91 – BB 1992, S. 2220 = DB 1992, S. 2251 = NZA 1992, S. 932; Ahrend/Förster, BetrAVG, § 7 Anm. 4*).

Der Umfang des gesetzlichen Insolvenzschutzes bei unverfallbaren Anwartschaften knüpft allerdings nicht, wie bei den laufenden Versorgungsleistungen, an die Zusage des früheren Arbeitgebers, sondern ausschließlich an die **gesetzlichen Vorschriften** an. § 7 Abs. 2 BetrAVG schreibt insoweit bestimmte Berechnungsgrundsätze vor, die nicht zur Disposition der Vertrags-, Betriebs- und Tarifpartner stehen. Maßgebliche Berechnungsvorschriften sind insoweit die §§ **2 Abs. 1, 2** und **5 BetrAVG** (*BAG v. 22.11.1994 – 3 AZR 767/93 – NZA 1995, S. 887 = ZAP 1995, F. 17 R, S. 127 m. Anm. Langohr-Plato; BAG v. 14.12.1999 – 3 AZR 684/98 – DB 2000, S. 2536*), wobei lediglich die bis zum Eintritt des Sicherungsfalls zurückgelegten Dienstzeiten ratierlich berücksichtigt werden (*Höfer, BetrAVG, ArbR, § 7 Rn. 2866*). Diese Regelung beschränkt somit die Insolvenzsicherung auf den gesetzlichen Mindestschutz unverfallbarer Versorgungsanwartschaften (*BAG v. 14.12. 1999 – 3 AZR 684/98 – DB 2000, S. 2536*). 507

Für den Umfang der insolvenzgeschützten Anwartschaft kommt es damit auf die **Verhältnisse zum Zeitpunkt der Insolvenz** an. Bei der ratierlichen Berechnung der auf den Insolvenzstichtag abgestellten Anwartschaft ist von einem unveränderten Fortbestand des Arbeitsverhältnisses und seiner Bemessungsgrundlagen auszugehen. **Veränderungen nach Eintritt der Insolvenz** sind für den Umfang des Insolvenzschutzes **unerheblich** (*BAG v. 12.3.1991 – 3 AZR 63/90 – BB 1991, S. 2532 = DB 1991, S. 2552 = NZA 1992, S. 132*). Die **zwingend** wirkende **Veränderungssperre** des § 2 Abs. 5 BetrAVG, die **künftig ungewisse Ereignisse** aus der Berechnung der insolvenzgeschützten Anwartschaft ausschließt, hat zur Konsequenz, dass auch eine **einzelvertraglich** vereinbarte Anwartschafts- und/oder Renten**dynamik** nach **variablen Bezugsgrößen** (z. B. Spannungs- oder Indexklauseln) vom PSV **nicht zu übernehmen** ist (*BAG v. 18.4.1989 – 3 AZR 299/87 – BB 1989, S. 1984 = DB 1989, S. 1876 = NZA 1989, S. 845; BAG v. 22.11.1994 – 3 AZR 767/93 – NZA 1995, S. 887 = ZAP 1995, F. 17 R, S. 127 m. Anm. Langohr-Plato; BAG v. 4.4.2000 – 3 AZR 458/98*). 508

Diese Veränderungssperre ist nicht auf den Zeitraum zwischen Insolvenzeröffnung und Eintritt des Versorgungsfalls beschränkt. Auch Änderungen der Bemessungsgrundlage **nach Eintritt** des **Versorgungsfalls** sind für die Berechnung des Teilanspruchs gegenüber dem PSV unbeachtlich (*BAG v. 22.11.1994 – 3 AZR 767/93 – NZA 1995, S. 887 = ZAP 1995, F. 17 R, S. 127 m. Anm. Langohr-Plato*). Folglich sind die **Bemessungsgrundlagen endgültig** in der Höhe **festgeschrieben**, wie sie im Insolvenzfall bestanden. 509

Zu **beachten** ist allerdings, dass die Veränderungssperre des § 2 Abs. 5 BetrAVG nur bei **variablen Dynamiksätzen** anwendbar ist, da deren künftige Veränderungen beim Insolvenzeintritt nicht bekannt und damit für den Haftungsumfang des PSV auch nicht **berechenbar** sind. Etwas anderes muss allerdings bei einer ver- 510 traglich vereinbarten **festen Dynamik** (**volldynamische Zusage**) gelten, bei der sich die Versorgungsverpflichtung jährlich um einen exakt definierten und damit bestimmten Prozentsatz erhöht. In einem solchen Fall ist die Dynamik Bestandteil der Bemessungsgröße selbst und ändert sich zukünftig nicht mehr; die zukünftige Entwicklung der Versorgungsverpflichtung ist somit auch für den PSV im Zeitpunkt seiner Haftungsübernahme in vollem Umfang berechenbar und kalkulierbar, so dass § 2 Abs. 5 BetrAVG nicht tangiert wird (*Griebeling, Rn. 769; Langohr-Plato in Anm. zu BAG v. 22.11.1994 – 3 AZR 767/93 – NZA 1995, S. 887 = ZAP 1995, F. 17 R, S. 128*).

511 Soweit die Versorgungszusage aufgrund einer **einschränkenden Neuordnung** vor Eintritt der Insolvenz zum Nachteil der Versorgungsberechtigten abgeändert worden ist, hat der PSV als **Mindestanwartschaft** in jedem Fall die bis zum Neuordnungsstichtag auf der Basis der alten Versorgungsordnung **erdiente** Versorgungsanwartschaft abzusichern (*BAG v. 22.9.1987 – 3 AZR 662/85 – DB 1988, S. 291 = NZA 1988, S. 732 = SAE 1989, S. 79; BAG v. 21.1.1992 – 3 AZR 21/91 – BB 1992, S. 860 = DB 1992, S. 1051 = NZA 1992, S. 659; Ahrend/Förster, BetrAVG, § 7 Anm. 4; Griebeling, Rn. 770; Höfer, BetrAVG, Bd. I – ArbR, § 7 Rn. 2868 ff.*).

d) Besonderheiten bei der Direktversicherung

512 Wird die betriebliche Altersversorgung über eine Direktversicherung, d.h. einen externen Lebensversicherer durchgeführt, so ist dieser infolge der Regelungen im **Deckungsverhältnis** nur verpflichtet, dem Versorgungsberechtigten diejenige Versorgungsleistung zu gewähren, die nach dem Versicherungsvertrag geschuldet wird. Vor diesem Hintergrund hat der Gesetzgeber auch den Insolvenzschutz besonders ausgestaltet.

513 Gemäß § 7 Abs. 2 S. 3 BetrAVG richtet sich die Einstandspflicht des PSV grundsätzlich nach § 2 Abs. 2 S. 2 BetrAVG. Anders als der Arbeitgeber kann der PSV jedoch weder auf das Quotierungsverfahren noch auf die sog. „**versicherungsrechtliche Lösung**“ (vgl. hierzu die Ausführungen unter Rn. 296 ff.) zurückgreifen (*Griebeling, Rn. 778; Höfer, BetrAVG, § 7 Rn. 2889*). Der PSV ist vielmehr nur verpflichtet, dem Versorgungsberechtigten den **versicherungsvertraglichen Sollwert** (*Blomeyer/Otto, BetrAVG, § 7 Rn. 247 f.; Höfer, BetrAVG, ArbR, § 7 Rn. 2889*) zu verschaffen, d.h. einen Ausgleich dafür zu schaffen, dass der tatsächlich vorhandene Wert des Versicherungsvertrages aufgrund einer wirtschaftlichen Verfügung des Arbeitgebers von dem vereinbarten und damit geschuldeten Wert abweicht.

e) Besonderheiten beim Pensionsfonds

514 Es besteht gemäß § 7 Abs.1 Nr. 2 BetrAVG für Leistungsempfänger und gemäß § 7 Abs. 2 BetrAVG für Versorgungsberechtigte mit gesetzlich unverfallbaren Anwartschaften bei Eintritt eines Sicherungsfalls Schutz über den PSVaG. Der Umfang des Insolvenzschutzes beim Pensionsfonds ist für Versorgungsempfänger gleich dem der Unterstützungskasse. Für Versorgungsanwärter mit unverfallbarer Anwartschaft gelten hinsichtlich der Höhe des Anspruchs gegenüber dem PSVaG

die Bestimmungen für unmittelbare Versorgungszusagen entsprechend; bei Beitragszusagen mit Mindestleistung gilt für die Höhe des Anspruchs § 2 Abs. 5 b BetrAVG.

f) Sachleistungen und Nutzungsrechte

515 Versorgungsleistungen in Form von **Sachleistungen** oder **Nutzungsrechten** werden vom PSV durch entsprechende finanzielle Leistungen abgegolten (*vgl. a.: Griebeling, Rn. 744; Höfer, BetrAVG, ArbR, § 7 Rn. 2855*).

4. Persönlicher Geltungsbereich

516 In persönlicher Hinsicht richtet sich der Anwendungsbereich des gesetzlichen Insolvenzschutzes grundsätzlich nach den allgemeinen Bestimmungen über die Anwendbarkeit des Betriebsrentengesetzes. Insolvenzgesichert sind mithin stets die Versorgungsleistungen, die einem **Arbeitnehmer** i.S.v. § 17 Abs. 1 S. 1 BetrAVG (*vgl. hierzu die Ausführungen unter Rn. 650 ff.*) zugesagt worden sind. Darüber hinaus werden über § 17 Abs. 1 S. 2 BetrAVG auch die Versorgungsleistungen derjenigen **Personen** vom gesetzlichen Insolvenzschutz erfaßt, die zwar keine Arbeitnehmer im Sinne der gesetzlichen Definition sind, **denen** aber die **Versorgungsleistungen aus Anlass ihrer Tätigkeit für das** zusagende – **„nicht eigene" – Unternehmen** (*vgl. hierzu die Ausführungen unter Rn. 652 ff.*) **gewährt** worden sind.

517 Damit ist eine **Einstandspflicht des PSV** immer dann **ausgeschlossen**, wenn der Versorgungsberechtigte als Einzelkaufmann, persönlich haftender Gesellschafter einer Personengesellschaft, Alleingesellschafter einer Kapitalgesellschaft oder Mehrheitsgesellschafter einer Personen- oder Kapitalgesellschaft, kurz als **Unternehmer** für das zusagende Unternehmen tätig geworden ist (*vgl.: OLG Köln v. 14.5.1987 – 14 U 24/86 – BB 1987, S. 1393; Ahrend/Förster, BetrAVG, § 7 Anm. 3; Griebeling, Rn. 63; Langohr-Plato, INF 1995, S. 207; Lutz/Langohr-Plato, S. 10, 63; PSV-Merkblatt 300/M1/3.91*).

518 Eine Ausnahme besteht nur für den **echten Minderheitsgesellschafter**, der aufgrund seiner geringen Kapitalbeteiligung und des sich daraus abzuleitenden unmaßgeblichen Stimmrechts keinen Einfluss auf das Unternehmen ausüben kann. Für diesen Minderheitsgesellschafter muss im Insolvenzfalle der PSV in die Verpflichtung zur Leistungsgewährung eintreten (*BGH v. 28.4.1980 – II ZR 254/78 – BB 1980, S. 1046 = DB 1980, S. 1434 = MDR 1980, S. 737; BGH v. 14.7.1980 – II ZR 224/79 – BB 1980, S. 1527 = DB 1980, S. 1993; BGH v. 25.9.1989 – II ZR 259/88 – DB 1989, S. 2425 = MDR 1990, S. 137 = NJW 1990, S. 49; Everhardt, BB 1981, S. 681; Höfer, BetrAVG, ArbR, § 17 Rn. 3746*). Eine echte Minderheitsbeteiligung liegt allerdings dann nicht vor, wenn mehrere Minderheitsgesellschafter gemeinsam eine Mehrheitsbeteiligung halten, wobei in diesem Fall im Zusammenhang mit der Gewährung betrieblicher Versorgungsleistungen regelmäßig gleichgerichtete Interessen unterstellt werden (*BGH v. 9.6.1980 – II ZR 255/78 – BB 1980, S. 1215 = DB 1980, S. 1588 = MDR 1980, S. 688 = NJW 1980, S. 2257; Höfer, BetrAVG, ArbR, § 17 Rn. 3747 ff.*).

519 Bei einem **Wechsel von der Arbeitnehmer- in die Unternehmerstellung** oder umgekehrt ist der nach § 7 BetrAVG insolvenzgesicherte Teil der betrieblichen Altersversorgung nach dem Verhältnis der Zeiträume zu berechnen, in denen der Versorgungsberechtigte in der einen und in der anderen Funktion tätig gewesen ist. Dementsprechend ist die Versorgungsleistung **anteilig zu kürzen**; die Haftung des PSV erstreckt sich nur auf den während der Zeiten als Arbeitnehmer erdienten Teil der Versorgungsleistung (*BGH v. 9.6.1980 – II ZR 255/78 – BB 1980, S. 1215 = DB 1980, S. 1588 = MDR 1980, S. 688 = NJW 1980, S. 2257; BGH v. 2.4.1990 – II ZR 156/89 – BetrAV 1990, S. 206; NJW-RR 1990, S. 800*). Ein etwaiger Einfluss zeitweiliger Unternehmerstellung auf Art und Höhe der versprochenen Versorgungsleistungen ist nur insoweit von Bedeutung, als die vertraglich geschuldete Versorgungsleistung für die Bemessung des Anspruchs gegen den PSV ggf. insoweit zu kürzen sein kann, als sie über den Rahmen dessen hinausgeht, was auch bei einem Nichtunternehmer wirtschaftlich vernünftig und angemessen gewesen wäre (*BGH v. 14.7.1980 – II ZR 224/79 – BB 1980, S. 1527 = DB 1980, S. 1993 = MDR 1981, S. 29*).

5. Leistungsbegrenzungen und -ausschlüsse

a) Leistungshöchstgrenze

520 Gemäß § 7 Abs. 3 S. 1 BetrAVG ist die Einstandspflicht des PSV **begrenzt** auf einen **Höchstbetrag**. Danach beträgt der Maximalanspruch gegen den PSV das **Dreifache** der im Zeitpunkt der ersten Rentenfälligkeit geltenden **monatlichen Bezugsgröße** nach **§ 18 SGB IV**. Bei einer für 2002 festgelegten Bezugsgröße von 2.345,- € (alte Bundesländer) bzw. 1.960,- € (neue Bundesländer) ergibt sich somit für die Einstandspflicht des PSV eine Obergrenze von monatlich 7.035,- € (alte Bundesländer) bzw. 5.880,- € (neue Bundesländer).

521 Hat der Versorgungsberechtigte statt einer monatlichen Rente eine einmalige **Kapitalleistung** zugesagt bekommen, so ist diese im Rahmen der Höchstbegrenzungsermittlung gemäß § 7 Abs. 3 S. 2 BetrAVG mit einem **Verrentungsfaktor 10** in eine entsprechende, anhand der Begrenzungsklausel überprüfbare laufende Rentenleistung **umzurechnen**.

522 Beruht die betriebliche Altersversorgung auf einer Entgeltumwandlung, sieht § 7 Abs. 3 Satz 3 BetrAVG eine nochmals reduzierte Haftungshöchstgrenze des PSV vor. Danach haftet der PSV in diesen Fällen nur bis zu einer maximalen Obergrenze von 3/10 der monatlichen Bezugsgröße gemäß § 18 SGB IV (2002: 2.345,-/1.960,- € x 0,3 = 703,50,-/588,- €). Eine höhere Haftung des PSV bis zur allgemeinen Haftungshöchstgrenze (3-fache Bezugsgröße; 2002 = 7.035,-/5.880,- €) kommt nur dann in Betracht, wenn neben der Entgeltumwandlung eine nach Barwert oder Deckungskapital mindestens gleichwertige, allein arbeitgeberfinanzierte betriebliche Altersversorgung besteht.

523 Diese abgestufte Haftungshöchstgrenze gilt allerdings insoweit nicht, wenn die Versorgungszusage auf einer Entgeltumwandlung im Rahmen des Rechtsanspruchs nach § 1a BetrAVG beruht. Für diese Fälle bleibt es bei der allgemeinen, bei arbeitgeberfinanzierten Zusagen geltenden Haftungshöchstgrenze.

Die vorstehenden Höchstgrenzen gelten nicht nur für die Altersversorgung, sondern für jede Art von Versorgungsleistung. Das hat zur Konsequenz, dass auch für die Hinterbliebenenrente grds. auf den Zeitpunkt der ersten Fälligkeit der vom PSV geschuldeten Versicherungsleistung abzustellen ist (*so auch: Blomeyer/Otto, BetrAVG, § 7 Rn. 279*). Demnach ist wie folgt zu differenzieren: 524

Für den Fall, dass im Zeitpunkt der Insolvenz eine Hinterbliebenenversorgung bereits fällig war, erfasst der gegen den PSV gerichtete Versicherungsanspruch den Betrag der an den Hinterbliebenen gezahlten Versorgungsleistung. Dieser Betrag ist lediglich an den Höchstgrenzen von § 7 Abs. 3 BetrAVG zu messen (*Andresen/Förster/Rößler/Rühmann, BetrAVG, ArbR, Teil 13 A, Rn. 808; Blomeyer/Otto, BetrAVG, § 7 Rn. 279; Höfer, BetrAVG, ArbR, § 7 Rn. 2915*). 525

Verstirbt der orginäre Versorgungsberechtigte dagegen erst nach Eintritt der Insolvenz, damit auch nach Eintritt der Haftung des PSV und löst somit erst den Versorgungsfall Hinterbliebenenrente aus, so wird dadurch der gegen den PSV gerichtete Versicherungsanspruch dem Grunde nach nicht verändert. Die Hinterbliebenenrente begründet nämlich (als aus der Altersversorgung abgeleitetes Recht) keinen neuen Anspruch, sondern richtet sich nach der weiterhin maßgeblichen Zusage des originär Versorgungsberechtigten. Folglich ist die vom PSV – auch nach einer bereits vollzogenen Kürzung gemäß § 7 Abs. 3 BetrAVG – gezahlte Versicherungsleistung entsprechend den Bestimmungen der Versorgungszusage prozentual, d.h. in aller Regel auf 60% zu reduzieren (*Blomeyer/Otto, BetrAVG, § 7 Rn. 279; Paulsdorff, § 7 Rn. 406*). 526

Rechtlich relevant wird die Frage der Haftungsbegrenzung nach § 7 Abs. 3 BetrAVG aber auch dann, wenn der Versorgungsberechtigte mehrere Ansprüche gegen den PSV geltend macht. Dies kann z. B. dann der Fall sein, wenn er von einem insolventen Arbeitgeber Versorgungsversprechen über verschiedene insolvenzgeschützte Durchführungswege erhalten hat, oder er auf Versorgungsversprechen mehrerer insolventer Arbeitgeber zurückgreifen kann. Ausgehend vom Normzweck des gesetzlichen Insolvenzschutzes wird man hier eine **Addition** sämtlicher insolvenzgeschützter Rechte vornehmen. Andernfalls würde derjenige Arbeitnehmer begünstigt, dessen betriebliche Altersversorgung auf verschiedene Durchführungswege verteilt würde, was Manipulationen Tür und Tor öffnen würde. Auch würde bei gleich hoher Gesamtversorgung derjenige Mitarbeiter benachteiligt, der betriebstreu geblieben ist und seine Altersversorgung aus nur einem Arbeitsverhältnis ableitet, während der fluktuationsfreudige Arbeitnehmer insoweit die Haftungshöchstgrenzen umgehen könnte. Von daher ist der Gesamtwert aller insolvenzgeschützten Versorgungsrechte an der Haftungsgrenze des § 7 Abs. 3 BetrAVG zu messen, um eine letztendlich rein zufallsbedingte „Überversorgung" des Versorgungsberechtigten zu vermeiden (*so auch: Andresen/Förster/Rößler/Rüh-mann, BetrAVG, ArbR, Teil 13 A, Rn. 810; Blomeyer/Otto, BetrAVG, § 7 Rn. 273; Höfer, BetrAVG, ArbR, § 7 Rn. 2918*). 527

b) Anzurechnende Leistungen

528 Gemäß § 7 Abs. 4 BetrAVG tritt eine **Anspruchsminderung** insoweit ein, wie der Arbeitgeber oder ein sonstiger Versorgungsträger die Versorgungsleistungen erbringt oder in den Sicherungsfällen des gerichtlichen bzw. außergerichtlichen Vergleichs oder beim Widerruf wegen wirtschaftlicher Notlage auch nach Eintritt des Sicherungsfalls noch zu erbringen hat und hierdurch eine **Erfüllung der Versorgungsverpflichtung** i.S.v. § 362 BGB eintritt. Da nach § 9 Abs. 2 BetrAVG alle Ansprüche auf den PSV übergehen, kommen Leistungen aus der Verwertung von Sicherheiten durch den Versorgungsempfänger nur insofern in Betracht, wie es sich um nichtakzessorische Sicherungsmittel handelt (*Ahrend/Förster, BetrAVG, § 7 Anm. 6; Griebeling, Rn. 783*).

c) Leistungsausschlüsse

529 Gemäß § 7 Abs. 5 S. 1 BetrAVG besteht ein **Haftungsausschluss** des PSV für den Fall einer **rechtsmissbräuchlichen Inanspruchnahme**. Dem PSV obliegt dabei nach den **allgemeinen** zivilprozessualen **Beweisregeln grundsätzlich** die Pflicht, den Missbrauchstatbestand sowie die Missbrauchsabsicht nachzuweisen, wobei sich die Nachweispflicht auch auf ein **kollusives Zusammenwirken** von Arbeitnehmer und Arbeitgeber erstreckt. (*BAG v. 29.11.1988 – 3 AZR 184/77 – BB 1989, S. 1558 = DB 1989, S. 786 = NZA 1989, S. 426; BAG v. 26.6.1990 – 3 AZR 641/88 – BB 1991, S. 482 = DB 1990, S. 2475 = NZA 1991, S. 144 = NJW 1991, S. 717; Griebeling, Rn. 789; Höfer, BetrAVG, ArbR, § 7 Rn. 2944*). Die Umstände des konkreten Einzelfalls müssen insgesamt die Annahme rechtfertigen, dass die Inanspruchnahme des PSV der **alleinige oder überwiegende Zweck** der Versorgungszusage bzw. ihrer Verbesserung gewesen ist (*BAG v. 8.5.1990 – 3 AZR 121/89 – BB 1990, S. 2410 = DB 1990, S. 2375 = NZA 1990, S. 931; Griebeling, Rn. 789; Höfer, BetrAVG, ArbR, § 7 Rn. 2943*).

530 § 7 Abs. 5 S. 1 BetrAVG erfasst auch rechtsmissbräuchliche Verbesserungen im Zusammenhang mit einer nach § 16 BetrAVG durchgeführten **Anpassung laufender Rentenleistungen**, d.h. solche Anpassungen, die über die Erfüllung der aus § 16 BetrAVG folgenden rechtlichen Verpflichtung hinaus erfolgen (*Ahrend/Förster, BetrAVG, § 7 Anm. 7; Griebeling, Rn. 784*). Insoweit gesteht die Rechtsprechung dem Arbeitgeber einen **weiten Ermessensspielraum** zu (*vgl.: BAG v. 29.11.1988 – 3 AZR 184/87 – BB 1989, S. 1558 = DB 1989, S. 786 = NZA 1989, S. 426; BAG v. 8.5.1990 – 3 AZR 121/89 – BB 1990, S. 2410 = DB 1990, S. 2375 = NZA 1990, S. 931; BAG v. 26.4.1994 – 3 AZR 981/93 – BB 1994, S. 1789 = NZA 1995, S. 73 = ZIP 1994, S. 1369; Blomeyer/Otto, BetrAVG, § 7 Rn. 294; Höfer, BetrAVG, ArbR, § 7 Rn. 2963*).

531 Eine unangemessen hohe Versorgungsverpflichtung, geschäftliche oder verwandtschaftliche Verbindungen zwischen Versorgungsberechtigtem und Arbeitgeber sowie die wirtschaftliche Lage des Arbeitgebers bei Erteilung oder Verbesserung der Versorgungszusage können **Indizien** einer rechtsmissbräuchlichen Gestaltung zu Lasten des PSV sein (*vgl.: Ahrend/Förster, BetrAVG, § 7 Anm. 7*). Um dem PSV

insoweit seine Nachweispflichten zu erleichtern, sieht § 7 BetrAVG zwei **Beweiserleichterungen** vor:

Zunächst einmal besteht nach § 7 Abs. 5 S. 2 BetrAVG eine **widerlegbare Missbrauchsvermutung**, wenn bei der Erteilung oder Verbesserung einer Versorgungszusage im Hinblick auf die **wirtschaftliche Lage** des Arbeitgebers zu erwarten ist, dass die Zusage nicht erfüllt werden kann (*Höfer, BetrAVG, ArbR, § 7 Rn. 2955 ff.; Paulsdorff, § 7 Rn. 360*). Dann obliegt es dem Versorgungsberechtigten nachzuweisen, dass der Zweck der Zusageerteilung bzw. -verbesserung nicht auf eine Inanspruchnahme des PSV gerichtet war (*BAG v. 29.11.1988 – 3 AZR 184/87 – BB 1989, S. 1558 = DB 1989, S. 786 = NZA 1989, S. 426; Griebeling, Rn. 791; Höfer, BetrAVG, § 7 Rn. 2955*). 532

Eine bloß **schlechte wirtschaftliche Lage** im Zeitpunkt der Zusageerteilung bzw. ihrer Verbesserung **indiziert** allerdings einen **Versicherungsmissbrauch nicht** (vgl.: *BAG v. 29.11.1988 – 3 AZR 184/87 – BB 1989, S. 1558 = DB 1989, S. 786 = NZA 1989, S. 426; BAG v. 8.5.1990 – 3 AZR 121/89 – BB 1990, S. 2410 = DB 1990, S. 2375 = NZA 1990, S. 931; BAG v. 10.3.1992 – 3 AZR 140/91 – BB 1992, S. 2220 = DB 1992, S. 2251 = NZA 1992, S. 932; Ahrend/Förster, BetrAVG, § 7 Anm. 7*). 533

Die widerlegbare Vermutung des § 7 Abs. 5 S. 2 BetrAVG greift im übrigen mangels ausdrücklicher Erwähnung im Gesetz auch nicht bei der wirtschaftlichen Verwertung einer Direktversicherung, d.h. bei deren Beleihung, Abtretung oder Verpfändung ein (*BAG v. 26.6.1990 – 3 AZR 641/88 – BB 1992, S. 1553 = DB 1990, S. 2475 = NZA 1991, S. 144; Griebeling, Rn. 793 f.; Höfer, BetrAVG, ArbR, § 7 Rn. 2956*). 534

Darüber hinaus enthält § 7 Abs. 5 S. 3 BetrAVG unabhängig von einer tatsächlichen Missbrauchsabsicht der Vertragsparteien eine **unwiderlegbare Missbrauchsvermutung** für Verbesserungen von Versorgungszusagen, die **innerhalb der letzten beiden Jahre vor Eintritt des Sicherungsfalls** erfolgt sind. Dieser **absolute Haftungsausschluss** gilt also auch dann, wenn den Vertragsparteien der Nachweis gelingt, ohne Missbrauchsabsicht gehandelt zu haben. 535

Dieser Haftungsausschluss gilt insbesondere auch für Rentenanpassungen nach § 16 BetrAVG, sofern es sich nicht um eine „automatische“ oder „planmäßige“, d.h. vertraglich vereinbarte Rentenanpassung handelt (*BAG v. 26.4.1994 – 3 AZR 981/93 – BB 1994, S. 1789 = NZA 1995, S. 73 = ZIP 1994, S. 1369*). Dagegen **gilt** die unwiderlegbare Missbrauchsvermutung **nicht** bei Steigerungen der Bemessungsgrundlage (z. B. „ruhegeldfähiges Endgehalt“, *vgl.: BAG v. 20.7.1993 – 3 AZR 99/93 – BB 1994, S. 220 = DB 1994, S. 151 = NZA 1994, S. 121 = NJW 1994, S. 2373*) sowie im Falle der Beleihung einer Direktversicherung durch den Arbeitgeber (*BAG v. 26.6.1990 – 3 AZR 641/88 – BB 1991, S. 482 = DB 1990, S. 2475 = NZA 1991, S. 144 = NJW 1991, S. 717; Griebeling, Rn. 793; Höfer, BetrAVG, ArbR, § 7 Rn. 2960*), und zwar auch dann nicht, wenn das Bezugsrecht unwiderruflich ausgestaltet war (*BAG v. 17.10.1995 – 3 AZR 420/94 – BB 1996, S. 1389 = DB 1996, S. 1426 = ZIP 1995, S. 111*). 536

d) Katastrophenfall

537 Schließlich kann die Einstandspflicht des PSV mit Zustimmung des Bundesaufsichtsamtes für das Versicherungswesen nach billigem Ermessen eingeschränkt werden, wenn der Sicherungsfall auf kriegerische Ereignisse, innere Unruhen, Naturkatastrophen oder Kernenergie zurückzuführen ist.

e) Vertikale und horizontale Leistungsübernahme

538 Nach dem bis Ende 1998 geltenden Recht wurden im Rahmen eines Vergleichs die Versorgungsansprüche „**vertikal**" aufgeteilt: Der Arbeitgeber oder sonstige Träger der betrieblichen Altersversorgung übernahm die Versorgungsleistungen in Höhe der Vergleichsquote und der **PSV haftete** lediglich für die **Ausfallquote**.

539 Die Insolvenzrechtsreform ermöglicht für den Fall, dass im Insolvenzverfahren ein Insolvenzplan erstellt wird, der die Fortführung des Unternehmens vorsieht, neben der bisherigen vertikalen Aufteilung auch eine „**horizontale Verteilung**" der Versorgungsansprüche. Diese horizontale Verteilung führt dazu, dass der **PSV** die Leistungen der betrieblichen Altersversorgung (nur) für einen **bestimmten Zeitraum**, dafür aber **in voller Höhe** übernimmt. **Nach Ablauf** des vereinbarten Zeitraums wird der PSV von der übernommenen Leistungsverpflichtung **freigestellt**; die Versorgungsleistungen sind dann wieder uneingeschränkt vom Arbeitgeber zu tragen.

540 Zunächst einmal bedeutet die horizontale Aufteilung für das Unternehmen, dem durch den Insolvenzplan die Möglichkeit zur Sanierung geboten wird, eine spürbare Liquiditätshilfe, da der Versorgungsschuldner für einen begrenzten Zeitraum von allen Versorgungsleistungen freigestellt wird. Der PSV hat den administrativen Vorteil, dass er nach Ablauf der vereinbarten Leistungsfrist sowohl von den laufenden Rentenzahlungen als auch von den unverfallbaren Anwartschaften freigestellt wird. Zugleich wird vermieden, dass nach einer erfolgreichen Sanierung die Arbeitnehmer und Betriebsrentner des sanierten Unternehmens weiterhin noch vom PSV bedient werden müssen, obgleich der eigentliche Versorgungsschuldner, das sanierte Unternehmen, längst wieder in der Lage wäre, die Versorgungsleistungen selbst in voller Höhe zu erbringen.

541 Das **Risiko** einer solchen horizontalen Aufteilung für den PSV liegt darin, dass die vom Insolvenzplan erwartete **Sanierung** des Unternehmens **misslingen** kann und das Unternehmen in einem weiteren Insolvenzverfahren liquidiert wird. Dann haftet der PSV über den zunächst vereinbarten Zeitraum hinaus zeitlich unbegrenzt für sämtliche Versorgungsverbindlichkeiten in voller Höhe.

542 Lediglich für den Fall, dass **innerhalb von drei Jahren** nach der Aufhebung des Insolvenzverfahrens ein Antrag auf Eröffnung eines neuen Insolvenzverfahrens über das Vermögen des Arbeitgebers gestellt wird, sieht die Insolvenzrechtsreform eine **Erstattungsmöglichkeit** bezüglich der vom PSV erbrachten Leistungen vor, sofern im ursprünglichen Insolvenzplan nichts anderes geregelt worden ist.

f) Besserungsklausel

Nicht alle Sicherungsfälle haben die Liquidation des Unternehmens zur Folge. Gerade der gerichtliche und außergerichtliche Vergleich werden i.d.R. zu dem Zweck abgeschlossen, eine **Sanierung** des Unternehmens zu ermöglichen. Die Insolvenzrechtsreform verlangt daher im Insolvenzplan zwingend eine Besserungsklausel, wonach bei einer **nachhaltigen Besserung der wirtschaftlichen Lage** des Arbeitgebers die vom Träger der Insolvenzsicherung zu erbringenden Leistungen ganz oder zum Teil wieder vom Arbeitgeber oder sonstigen Träger der Versorgung übernommen werden muss. Enthält der Insolvenzplan keine entsprechende Vereinbarung, ohne dass dies durch besondere Umstände gerechtfertigt ist, so hat das Insolvenzgericht den Plan **von Amts wegen zurückzuweisen**. 543

g) Abfindung von Wertsteigerungen nach Insolvenzeröffnung

Ohne Zustimmung des Arbeitnehmers sind gemäß § 3 Abs. 1 Satz 4 BetrAVG solche Versorgungsanwartschaften abfindbar, die auf **Wertsteigerungen nach der Eröffnung** des Insolvenzverfahrens beruhen, wenn das Unternehmen seine **Betriebstätigkeit vollständig eingestellt** hat und das Unternehmen **liquidiert** wird (*vgl. a.: Höfer, BetrAVG, Bd. I – ArbR, § 7 Rn. 2175.42*). 544

Nach dem bisherigen Recht und der ständigen Rechtsprechung des BAG (*vgl. u.a.: BAG v. 12.12.1989 – 3 AZR 540/88 – BB 1990, S. 857 = DB 1990, S. 895 = NZA 1990, S. 475; BAG v. 15.1.1991 – 3 AZR 478/89 – BB 1991, S. 1343 = DB 1991, S. 1579 = NZA 1991, S. 465; vgl. a.: Höfer, BetrAVG, ArbR, § 7 Rn. 2866 ff., 2880*) ist bei der Berechnung des Anwartschaftswertes, den der PSV nach § 7 Abs. 2 BetrAVG zu übernehmen hat, auf den Tag des Eintritts des Sicherungsfalls (z. B. Insolvenzeröffnung) abzustellen. Wertsteigerungen der Anwartschaft, die z. B. nach der Eröffnung des Insolvenzverfahrens bis zu dessen Abschluss erdient werden, bleiben dagegen unberücksichtigt und werden somit nicht von der Einstandspflicht des PSV erfasst. Vielmehr sind sie als Masseschuld gegenüber der Insolvenzmasse geltend zu machen, was die Liquidation des insolventen Unternehmens teilweise erheblich erschwert. Durch die Abfindungsmöglichkeit dieser „Restanwartschaften“ durch den Insolvenzverwalter wird die Liquidation im Insolvenzverfahren also erleichtert. 545

h) Besonderheiten bei der Entgeltumwandlung

Da Ansprüche aus Entgeltumwandlungen künftig ab dem Zeitpunkt der Zusageerteilung gesetzlich unverfallbar sind, bestimmt § 7 Abs. 2 BetrAVG auch, dass diese Ansprüche künftig auch ab Beginn des Insolvenzverfahrens insolvenzgesichert sind. Dieser Anspruch wird allerdings durch die Vorschrift des § 7 Abs. 5 S. 3 BetrAVG dahingehend eingeschränkt, dass der Insolvenzschutz erst zwei Jahre nach Erteilung der Zusage einsetzt (*so auch: Blomeyer, DB 2001, S. 1414; Höfer, DB 2001, S. 1148*). Nach der Vorschrift werden Verbesserungen der Versorgungszusagen bei der Bemessung der Leistungen des PSVaG nicht berücksichtigt, soweit sie in den beiden letzten Jahren vor dem Eintritt des Sicherungsfalls vereinbart worden sind. Es handelt sich um eine unwiderlegbare Vermutung (*BAG v. 26.4.1994 –* 546

3 AZR 981/93 – BB 1994, 1798 = DB 1994, 1831; Blomeyer/Otto, BetrAVG, § 7, Rd. 305). Als Verbesserung gilt nach der Rechtsprechung auch die erstmalige Erteilung einer Zusage (*BAG v. 24.11.1998 – 3 AZR 423/97 – DB 1999, 914*). Dies muss allerdings zwangsläufig auch Auswirkungen auf die Beitragspflicht haben. Eine offizielle Stellungnahme des PSVaG lag bei Redaktionsschluss noch nicht vor.

547 Damit wird man in den ersten zwei Jahren seit Erteilung einer Zusage auf betriebliche Altersversorgung gegen Entgeltumwandlung auf die inzwischen bewährten Instrumente des privatrechtlichen Insolvenzschutzes („Verpfändungsmodelle") zurückgreifen müssen.

548 Die grundsätzliche Höhe des Insolvenzschutzes bestimmt sich nach den Vorschriften über die Höhe der unverfallbaren Anwartschaften aus § 2 BetrAVG; insoweit sind auch die diesbezüglichen neuen Regelungen anwendbar. Bei Pensionsfonds mit Leistungszusagen gelten die Bestimmungen für unmittelbare Versorgungszusagen entsprechend, bei Beitragszusagen mit Mindestleistung gilt die Vorschrift des § 2 Abs. 5 b BetrAVG.

549 Die bereits bekannte Begrenzung der so ermittelten Höhe durch § 7 Abs. 3 BetrAVG erfährt insoweit eine Änderung, dass die bisherige besonders drastische Einschränkung des Insolvenzschutzes bei Entgeltumwandlung für Entgeltumwandlungen bis zur Höhe der Beträge nach § 1a Abs. 1 BetrAVG (Anspruch auf Entgeltumwandlung) durch die für arbeitgeberfinanzierte betriebliche Altersversorgung geltenden Regelungen ersetzt wird *(s.o. Rn. 520).*

6. Anspruchs- und Vermögensübergang

550 Gemäß § 9 Abs. 2 BetrAVG gehen die Ansprüche und Anwartschaften der Versorgungsberechtigten gegen den Arbeitgeber auf Leistungen der betrieblichen Altersversorgung, die einen Anspruch gegen den Träger der Insolvenzsicherung begründen, im Insolvenzfalle auf den PSV über. Dieser **gesetzliche Forderungsübergang** hat zur Konsequenz, dass alle im Insolvenzverfahren noch verwertbaren Forderungsrechte der Versorgungsberechtigten auf den PSV übergehen.

551 Der gesetzliche Forderungsübergang schafft aber auch eine **endgültige Rechtszuweisung** (*Ahrend/Förster, BetrAVG, § 9 Anm. 2; Griebeling, Rn. 803*). Das bedeutet für die nicht auf eine Liquidation des Unternehmens gerichteten Insolvenzfälle des gerichtlichen und außergerichtlichen Vergleichs, dass die Einstandspflicht des PSV nicht mit der beabsichtigten Sanierung wieder endet und nach erfolgter Sanierung die Leistungsverpflichtung des Arbeitgebers wieder auflebt. Vielmehr bleibt der PSV auf Dauer Leistungsschuldner des Versorgungsberechtigten (*BAG v. 12.4.1983 – 3 AZR 607/80 – BB 1983, S. 2055 = DB 1983, S. 1826 = AuR 1983, S. 248*).

552 Aufgrund des Forderungsübergangs nimmt der PSV als neuer Gläubiger der Versorgungsansprüche am Insolvenzverfahren gegen das Vermögen des Arbeitgebers teil, wobei sich allerdings an der Rangstellung der Versorgungsansprüche nichts ändert. Dies gilt insbesondere für **rückständige Versorgungsansprüche** aus dem Zei-

traum von 6 Monaten vor der Insolvenz, die auch nach dem Forderungsübergang auf den PSV weiterhin **Masseschulden** i.S.v. § 55 InsO bleiben (*vgl. zum alten Recht gem. § 59 Abs. 1 Nr. 3d KO: BAG v. 6.9.1988 – 3 AZR 141/87 – BB 1988, S. 2392 = DB 1988, S. 2649 = NZA 1989, S. 143 = NJW 1989, S. 1627; Ahrend/Förster, BetrAVG, § 9 Anm. 2; Griebeling, Rn. 804*).

Der gesetzliche Forderungsübergang erfaßt auch sämtliche **akzessorische Sicherungsrechte**, wie z. B. Pfandrechte oder Ansprüche aus Bürgschaften (*BGH v. 13.5.1993 – IX ZR 166/92 – NJW 1993, S. 2935 = ZIP 1993, S. 903; Blomeyer/Otto, BetrAVG, § 9 Rn. 45; Griebeling, Rn. 808; Höfer, BetrAVG, ArbR, § 9 Rn. 3048*) sowie Forderungen gegen Dritte aus einem **Schuldbeitritt** (*BAG v. 12.12.1989 – 3 AZR 540/88 – BB 1990, S. 857 = DB 1990, S. 895 = NZA 1990, S. 475*) sowie gegen ausgeschiedene ehemals persönlich haftende Gesellschafter oder Einzelunternehmer, sofern diese nicht nach den Regelungen des Nachhaftungsbegrenzungsgesetzes (*vgl. hierzu Rn. 1037 ff.*) aus der Haftung entlassen sind (*BAG v. 23.1.1990 – 3 AZR 171/88 – BB 1990, S. 2412 = DB 1990, S. 1466 = NZA 1990, S. 685*). 553

Gemäß § 9 Abs. 2 S. 2 BetrAVG kann der Forderungsübergang **nicht zum Nachteil** der Versorgungsberechtigten geltend gemacht werden. Diese Regelung ist insbesondere im Zusammenhang mit **akzessorischen Sicherungsrechten**, die dem Versorgungsberechtigten gewährt werden (z. B. verpfändete Rückdeckungsversicherung) und im Sicherungsfall auf den PSV übergehen von Bedeutung. Hat die vom PSV gesicherte Versorgungsleistung z. B. einen die Haftungshöchstgrenzen des PSV übersteigenden Wert, so darf der PSV die Sicherungsrechte nach dieser Vorschrift nur **insoweit verwenden**, als er sie zur **Finanzierung** seiner Übernahmeverpflichtung tatsächlich **benötigt** (*vgl. a.: Blomeyer/Otto, BetrAVG, § 9 Rn. 69; Höfer, BetrAVG, ArbR, § 9 Rn. 3070*). Einen eventuell danach verbleibenden Überschuss hat er an den durch das Sicherungsrecht Begünstigten auszukehren. In diesem Zusammenhang ist eine **individuelle**, d. h. auf den einzelnen Versorgungsberechtigten abgestellte **Betrachtungsweise** geboten. Der PSV kann also einen im Einzelfall vorhandenen Überschuss aus einem solchen Sicherungsrecht nicht dazu verwenden, um eine Unterdeckung bei einem anderen Versorgungsberechtigten aus dem gleichen Sicherungsfall auszugleichen. 554

Für den Fall, dass die betriebliche Altersversorgung über eine **Unterstützungskasse** durchgeführt wird, sieht § 9 Abs. 3 BetrAVG einen **Vermögensübergang** vor, wenn die Insolvenz zur Liquidation des Unternehmens führt. Ist dies nicht der Fall, muss das Vermögen der Unterstützungskasse zur Erfüllung der fortbestehenden Versorgungsverpflichtungen erhalten bleiben (*Griebeling, Rn. 809; Höfer, BetrAVG, ArbR, § 9 Rn. 3080*). 555

Der Vermögensübergang erfolgt selbst dann, wenn die Unterstützungskasse im Zeitpunkt der Insolvenz des Arbeitgebers weder vermögenslos noch zahlungsunfähig ist (*BAG v. 12.2.1991 – 3 AZR 30/90 – BB 1991, S. 1420 = DB 1991, S. 1735 = NZA 1991, S. 723*) und erfasst auch deren **Verpflichtungen** (*Ahrend/Förster, BetrAVG, § 9 Anm. 4; Höfer, BetrAVG, ArbR, § 9 Rn. 3085*) sowie **Darlehensforderungen** der Unterstützungskasse gegen ihr Trägerunternehmen (*BAG v. 6.10.1992* 556

– 3 AZR 41/92 – BB 1993, S. 368 = DB 1993, S. 987 = NZA 1993, S. 455; Höfer, BetrAVG, ArbR, § 9 Rn. 3084).

557 Ist der PSVaG zu Leistungen verpflichtet, die ohne Eintritt des Sicherungsfalls ein **Pensionsfonds** erbringen würde, so geht wie bei der Unterstützungskasse grundsätzlich das diesbezügliche Vermögen des Pensionsfonds einschließlich der Verbindlichkeiten auf den PSVaG über. Gemäß § 9 Abs. 3 a BetrAVG findet die diesbezügliche Vorschrift des § 9 Abs. 3 BetrAVG zur Unterstützungskasse allerdings nur dann entsprechende Anwendung, wenn die zuständige Aufsichtsbehörde nicht eine Genehmigung zur Übertragung der Leistungspflicht des PSVaG auf den Pensionsfonds erteilt.

558 Bei dieser in § 8 Abs. 1 a BetrAVG geregelten Übertragung der Leistungspflicht handelt es sich um einen Anspruch des Pensionsfonds gegenüber dem PSVaG, wonach der PSVaG die gegen ihn gerichteten Ansprüche auf den Pensionsfonds, dessen Trägerunternehmen die Eintrittspflicht nach § 7 BetrAVG ausgelöst hat, übertragen muss. Im Rahmen dieser Übertragung verpflichtet sich der Pensionsfonds gegenüber dem PSVaG, die an sich vom PSVaG zu zahlenden Leistungen zu erbringen; die nach § 7 BetrAVG Berechtigten erhalten insoweit einen unmittelbaren Anspruch gegen den Pensionsfonds. Voraussetzung für die Übertragung ist eine Genehmigung der zuständigen Aufsichtsbehörde (BAV). Die Genehmigung kann vom BAV nur erteilt werden, wenn durch Auflagen des BAV die dauernde Erfüllbarkeit der Leistungen aus dem Pensionsplan sichergestellt werden kann. Die Genehmigung der Aufsichtsbehörde kann der Pensionsfonds nur innerhalb eines Monats nach Eintritt des Versicherungsfalls beantragen.

559 Wird die Genehmigung erteilt und der Arbeitgeber nach Durchführung des Insolvenzverfahrens liquidiert, entsteht insoweit ein „herrenloser" Pensionsfonds; ein Trägerunternehmen ist entgegen der sonstigen Konstruktion des Pensionsfonds nicht existent.

7. Finanzierung der Insolvenzsicherung

560 Die Finanzierung der Insolvenzsicherung erfolgt nach § 10 BetrAVG **ausschließlich** durch **Beitragszahlungen der Arbeitgeber** als Solidargemeinschaft, und zwar nur derjenigen Arbeitgeber, die selbst eine insolvenzsicherungspflichtige betriebliche Altersversorgung in ihrem Unternehmen installiert haben. Sie ist als **gesetzliche Pflichtversicherung** ausgestaltet. Die Beitragsverpflichtung ist **öffentlich-rechtlicher** Natur. Der PSV wird als **beliehenes Unternehmen** hoheitlich tätig, dass seine vollstreckungsfähigen Beitragsbescheide in der Rechtsform von **Verwaltungsakten** erlässt, deren Inhalts- und Rechtskontrolle durch die **Verwaltungsgerichte** erfolgt (*Ahrend/Förster, BetrAVG, § 10 Anm. 1; Griebeling, Rn. 813; Höfer, BetrAVG, ArbR, § 10 Rn. 3097 ff.; Paulsdorff, § 10 Rn. 1*).

561 Das BetrAVG regelt in § 10 Abs. 2 und 3 ausführlich das Finanzierungsverfahren (**Gesamtbeitragsaufkommen**) und seine Berechnungsgrundlagen (**Beitragsbemessungsgrundlage**). In der Praxis wird die Beitragsbemessungsgrundlage durch

ein **versicherungsmathematisches Gutachten** berechnet (ausführlich hierzu: *Höfer, BetrAVG, § 10 Rn. 3103 ff.*) und dem PSV vom Arbeitgeber übermittelt. Auf der Basis dieser Bemessungsgrundlage erlässt dann der PSV seinen Beitragsbescheid. Diese Grundsätze gelten auch für den in das Gesetz neu integrierten Pensionsfonds. Die vom Arbeitgeber für diesen Durchführungsweg an den PSVaG zu entrichtenden Beiträge werden wie bei einer Direktzusage berechnet, § 10 Abs. 3 Nr. 4 BetrAVG.

Frühestens mit Erlass dieses Beitragsbescheides wird der Beitragsanspruch des PSV, spätestens jedoch am Ende eines Kalenderjahres, **fällig** (*OVG NRW v. 25.9.1992 – 13 A 1394/91 – DB 1993, S. 46*). Sie **verjähren** in analoger Anwendung der §§ 169, 170 AO in **4 Jahren** (*BVerwG v. 4.10.1994 – 1 C 41/92 – BB 1995, S. 573 = DB 1995, S. 484 = NJW 1995, S. 1913; VG Schleswig-Holstein v. 10.10.1990 – 12 A 52/89 – ZIP 1990, S. 1606; Ahrend/Förster, BetrAVG, § 10 Anm. 4; Höfer, BetrAVG, ArbR, § 10 Rn. 3267*). 562

Konsequenz eines Verstoßes gegen die Beitragszahlungspflicht des Arbeitgebers ist im Regelfall – soweit der Verstoß nicht auf einer unterbliebenen Anmeldung sicherungspflichtiger betrieblicher Versorgungszusagen beruht – das zivilprozessuale **Zwangsvollstreckungsverfahren**. Hierzu wird der mit der Vollstreckungsklausel versehene Beitragsbescheid an das nach den Vorschriften der ZPO zuständige Vollstreckungsorgan übersandt. Dies ist der am Sitz des für den Beitragsschuldner zuständigen Amtsgerichts tätige Gerichtsvollzieher. 563

Die **Beitragszahlung** ist dagegen **keine Anspruchsvoraussetzung** für die **Eintrittspflicht** des PSV. Auch bei **unterlassener** oder **rückständiger Beitragszahlung besteht** somit der **gesetzliche Insolvenzschutz** (*BAG v. 22.9.1987 – 3 AZR 662/85 – DB 1988, S. 291 = NZA 1988, S. 732; Ahrend/Förster, BetrAVG, § 7 Anm. 1; Griebeling, Rn. 698*). 564

Dagegen kann **allein** die **Beitragszahlung** an den PSV **keinen Leistungsanspruch** gegen den PSV **begründen**, wenn die zugrundeliegende Versorgungszusage nicht in den sachlichen und persönlichen Anwendungsbereich des Gesetzes fällt (*BGH v. 16.2.1981 – II ZR 95/80 – BB 1981, S. 615 = BetrAV 1981, S. 58; BGH v. 4.5.1981 – II ZR 100/80 – BB 1981, S. 1276 = DB 1981, S. 1716; BGH v. 1.6.1981 – II ZR 140/80 – ZIP 1981, S. 892; Ahrend/Förster, BetrAVG, § 7 Anm. 1; Höfer, BetrAVG, ArbR, § 7 Rn. 2979*). 565

8. Mitteilungs- und Mitwirkungspflichten

a) Erstmalige Anmeldung der Versorgungsverpflichtungen

Gemäß § 11 Abs. 1 BetrAVG hat jeder **Arbeitgeber**, der seinen Mitarbeitern eine insolvenzsicherungspflichtige betriebliche Altersversorgung gewährt **innerhalb** einer Frist **von 3 Monaten nach Zusageerteilung** Inhalt und Umfang der insolvenzsicherungspflichtigen Versorgungsverpflichtung dem PSV mitzuteilen. Da sich die gesetzliche Insolvenzsicherung allerdings nur auf laufende Versorgungsverpflichtungen und unverfallbare Versorgungsanwartschaften erstreckt, verlangt der 566

PSV aus Praktikabilitätsgründen **entgegen dem gesetzlichen Wortlaut** eine Anmeldung von Versorgungsanwartschaften **erst mit Erfüllung der gesetzlichen Unverfallbarkeitsfristen** (*PSV-Merkblatt 210/M 21/10.88 unter Ziffer 2.1; vgl. a.: Ahrend/Förster, BetrAVG, § 11 Anm. 1; Höfer, BetrAVG, ArbR, § 11 Rn. 3271; Paulsdorff, § 11 Rn. 5 ff.*).

b) Periodische Mitteilungen

567 Gemäß § 11 Abs. 2 BetrAVG ist der Arbeitgeber, der dem PSV insolvenzsicherungspflichtige Versorgungsverpflichtungen einmal mitgeteilt hat, ab diesem Zeitpunkt zu **periodischen Mitteilung** verpflichtet. Danach hat der Arbeitgeber **jährlich** bis spätestens zum 30. September die für die Ermittlung des PSV-Beitrags maßgebliche **Bemessungsgrundlage** mitzuteilen und durch ein **versicherungsmathematisches Gutachten** zu belegen.

c) Mitteilungen im Insolvenzfall

568 Gemäß § 9 Abs. 1 S. 1 BetrAVG ist der **PSV** verpflichtet, den Versorgungsberechtigten bei Eintritt des Versicherungsfalls **schriftlich** die **Höhe** ihrer Versorgungsleistungen bzw. Versorgungsanwartschaften **mitzuteilen**. Unterbleibt diese Mitteilung, so muss der Versorgungsberechtigte seine Ansprüche binnen einer Frist von einem Jahr nach Eintritt des Sicherungsfalls beim PSV anmelden.

569 Im **Insolvenzfall** bestehen zudem gemäß § 11 Abs. 3 – 5 BetrAVG für alle Beteiligte, d.h. für den Arbeitgeber, den Versorgungsträger, die Versorgungsberechtigten sowie insbesondere für den Insolvenzverwalter umfangreiche **Aufklärungs- und Mitteilungspflichten** gegenüber dem PSV. Diese Mitteilungspflichten beschränken sich allerdings auf die für die Insolvenzabwicklung maßgeblichen **Tatsachen** (vgl.: *Höfer, BetrAVG, ArbR, § 11 Rn. 3297, 3300; Paulsdorff, § 11 Rn. 21*); eine **rechtliche Würdigung**, insbesondere eine Prüfung der den Insolvenzschutz begründenden Voraussetzungen des Betriebsrentengesetzes, wird dabei von den meldepflichtigen Personen **nicht verlangt**. Diese obliegt ausschließlich dem PSV, der seine Einstandspflicht überprüfen, feststellen und ggf. eine Ablehnung gegenüber dem Versorgungsberechtigten begründen muss.

570 Der PSV ist nach § 11 Abs. 7 berechtigt die für ihn erforderlichen Informationen ausschließlich durch von ihm vorgegebene Vordrucke einzuholen und in anderer Form erfolgte Mitteilungen als unzulässig zurückzuweisen (*Höfer, BetrAVG, ArbR, § 11 Rn. 3317; Paulsdorff, § 11 Rn. 27*). Insoweit unterliegen die Beteiligten also einem **Formularzwang**, dessen Nichtbeachtung dazu führt, dass die gesetzlich zwingende Mitteilungspflicht nicht oder nicht fristgerecht erfüllt worden ist (*Blomeyer/Otto, BetrAVG, § 11 Rn. 26; Höfer, BetrAVG, Bd. I – ArbR, § 11 Rn. 3317; Paulsdorff, § 11 Rn. 29*).

571 Nach Eintritt eines gesetzlichen Insolvenzfalles (§ 7 Abs. 1 BetrAVG) ist der PSV als Träger der gesetzlichen Insolvenzsicherung nach § 9 Abs. 1 Satz 1 BetrAVG verpflichtet, dem Versorgungsberechtigten die ihm zustehenden Versorgungsansprüche oder -anwartschaften schriftlich mitzuteilen. Unterbleibt diese Mitteilung,

so sind nicht nur die Ansprüche, sondern auch die Anwartschaften spätestens ein Jahr nach dem Sicherungsfall vom Versorgungsberechtigten anzumelden, § 9 Abs. 1 Satz 2 BetrAVG (*„**Ausschlussfrist**", vgl. BAG v. 21.3.2000 – 3 AZR 72/99 – BB 2000, S. 1356 = DB 2000, S. 1236 = ZIP 2000, S. 935*). Auf den Eintritt des Versorgungsfalles kommt es dabei nicht an.

Hat der Versorgungsberechtigte vom PSV einen Anwartschaftsausweis erhalten, so ist der PSV nur durch die allgemeinen Verjährungsvorschriften (§ 196 Abs. 1 Nr. 8, Nr. 9 BGB) vor der Geltendmachung von Ansprüchen für lange zurückliegende Zeiträume geschützt. 572

d) Ordnungswidrigkeiten/Schadensersatz

Die Mitteilungspflichten sind durch § 12 BetrAVG sanktioniert. Danach werden Verstöße gegen die Mitteilungspflichten des § 11 BetrAVG als **Ordnungswidrigkeit** mit einer **Geldbuße** bis zu 5.000 DM (entspricht 2.556,46 €) geahndet. Zudem kommt, da § 11 BetrAVG ein Schutzgesetz i.S.v. § 823 Abs. 2 BGB ist (*vgl.: AG Stuttgart v. 29.4.1986 – 1 C 14356/85 – DB 1987, S. 692; Blomeyer/Otto, BetrAVG, § 11 Rn. 3; Höfer, BetrAVG, ArbR, § 11 Rn. 3318; Paulsdorff, § 11 Rn. 29*), auch ein entsprechender **Schadenersatzanspruch** des PSV in Betracht 573

Darüber hinaus kann sich der **Insolvenzverwalter** bei unterlassenen oder fehlerhaften Mitteilungen auch nach § 60 InsO **persönlich haftbar** machen (*vgl. a.: Blomeyer/Otto, BetrAVG, § 11 Rn. 99; Höfer, BetrAVG, ArbR, § 11 Rn. 3302*). 574

e) Datenschutz

Die dem PSV mitgeteilten Daten unterliegen gemäß § 15 BetrAVG in vollem Umfang der **Geheimhaltung**. Ein Verstoß gegen diese gesetzliche Geheimhaltungspflicht kann zu einem Schadenersatzanspruch nach § 823 Abs. 2 BGB führen. 575

V. Anpassungsprüfung (§ 16 BetrAVG)

Gemäß § 16 BetrAVG hat der Arbeitgeber alle drei Jahre eine **Anpassung der laufenden Leistungen** zu prüfen und darüber nach **billigem Ermessen** zu entscheiden. Dabei sind einerseits die **Belange des Versorgungsempfängers** und andererseits die **wirtschaftliche Lage** des Arbeitgebers zu berücksichtigen. 576

Kaum ein anderer Paragraph des Betriebsrentengesetzes hat den Arbeitgebern entsprechende unkalkulierbare zusätzliche finanzielle Belastungen auferlegt und zugleich für eine enorme Rechtsunsicherheit gesorgt wie die Anpassungsprüfungsverpflichtung nach § 16 BetrAVG. Die Tatsache, dass die Arbeitgeber „nur" zu einer Prüfung einer eventuellen Anpassung der Betriebsrenten und nicht unmittelbar zu einer Anpassung selbst verpflichtet werden, ist vielfach verkannt worden. Hinzu kommt, dass der Gesetzgeber es lediglich bei der Normierung der abstrakten Anpassungsprüfungsverpflichtung hat bewenden lassen, ohne konkrete Prüfungskriterien hierfür aufzustellen. Insoweit war die Rechtsprechung mehrfach gezwungen, sich eingehend mit der Auslegung und inhaltlichen Konkretisierung von § 16 BetrAVG zu befassen (*vgl. insbesondere: BAG v. 1.7.1976 – 3 AZR 791/75 – BB* 577

1976, S. 1029 = DB 1976, S. 1435 = NJW 1976, S. 1861; BAG v. 1.7.1976 – 3 AZR 37/76 – BB 1976, S. 1129 = DB 1976, S. 1724 ; BAG v. 16.12.1976 – 3 AZR 795/75 – BB 1977, S. 96 = DB 1977, S. 115 = NJW 1977, S. 828; BAG v. 16.12.1976 – 3 AZR 761/75 – BB 1977, S. 146 = DB 1977, S. 169; BAG v. 15.9.1977 – 3 AZR 654/76 – BB 1977, S. 1550 = DB 1977, S. 1903; BAG v. 17.1.1980 – 3 AZR 614/78, 3 AZR 1107/78 und 3 AZR 1018/78 – BB 1980, S. 263, 417 u. 419 = DB 1980, S. 306 u. 499 ; BAG v. 28.4.1992 – 3 AZR 244/91 – BB 1992, S. 2292 = DB 1922, S. 2402 = NZA 1993, S. 72 = ZAP 1992, F. 17 R, S. 37 mit Anm. Langohr-Plato; BAG v. 28.4.1992 – 3 AZR 142/91 – NZA 1993, S. 69 = DB 1992, S. 2401 = BB 1992, S. 2152; BAG v. 17.4.1996 – 3 AZR 56/95 – BB 1996, S. 2573; BAG v. 23.10.1996 – 3 AZR 514/95 – BB 1998, S. 111; BAG v. 23.5.2000 – 3 AZR 146/99 – BB 2000, S. 1248; BAG v. 23.1.2001 – 3 AZR 287/00 – BB 2001, S. 2325). Aus dieser vielfältigen Rechtsprechung haben sich für die gesetzliche Anpassungsprüfungsverpflichtung folgende Grundsätze herauskristallisiert:

1. Prüfungspflicht

578 Nach § 16 BetrAVG trifft die Anpassungsprüfungs- und Entscheidungspflicht **ausschließlich** den **Arbeitgeber** als Schuldner der Versorgungsleistungen, und zwar auch dann, wenn die Durchführung der betrieblichen Altersversorgung nicht über eine unmittelbare Pensionszusage, sondern im Wege der Direktversicherung oder durch Zuschaltung einer Pensions- bzw. Unterstützungskasse extern erfolgt, d.h. die Finanzierung aus dem Unternehmen ausgelagert wird.

579 Der Arbeitgeber hat seine Entscheidung nach dem Wortlaut von § 16 Abs. 1 Satz 1 BetrAVG nach billigem Ermessen zu treffen. Die Anpassungsentscheidung ist also eine Billigkeitsentscheidung. Dies hat zur Konsequenz, dass der zur Ermessensausübung verpflichtete Arbeitgeber einen Entscheidungsspielraum hat, der nur durch den allgemeinen Rechtsbegriff der Billigkeit eingegrenzt wird (*vgl. Palandt/Heinrichs, § 315 BGB, Anm. 10*). Die den Gerichten zustehende Prüfkompetenz bezüglich der Rechtmäßigkeit der vom Arbeitgeber getroffenen Anpassungsentscheidung beschränkt sich daher nur darauf, ob die Grenzen des billigen Ermessens überschritten worden sind.

580 Da sich die Ermessensentscheidung im Rahmen von § 16 Abs. 1 BetrAVG sowohl auf die Anpassungsprüfung, als auch auf die Anpassungsentscheidung des Arbeitgebers erstreckt (*Höfer, BetrAVG, Bd. I – ArbR § 16 Rn. 3606*), bezieht sich der Ermessensspielraum des Arbeitgebers sowohl auf den Prüfvorgang, also die Prüfungsparameter, als auch auf die Ermessensentscheidung selbst.

581 Die Verpflichtung zur Anpassungsprüfung trifft grundsätzlich nicht den PSV, da der PSV als Träger der gesetzlichen Insolvenzsicherung bei einer Insolvenz des Arbeitgebers (*vgl. a.: Rn. 480 ff.*) zwar die Versorgungsverpflichtungen kraft Gesetzes übernimmt, aber durch diese Übernahme keine Arbeitgeberfunktion erhält (*BAG v. 22.3.1983 – 3 AZR 574/81 – BB 1983, S. 1730 = DB 1983, S. 1982 = NJW 1983, S. 2902; LAG Düsseldorf/Köln v. 27.5.1981 – 2 Sa 144/81 – BB 1981, S. 1220 = DB 1981, S. 1471; Griebeling, Rn. 531; Langohr-Plato, BB 1997, S. 1634*).

582 Eine Überprüfungspflicht besteht zudem nur für **laufende Leistungen** (= regelmäßig wiederkehrende Leistungen) der betrieblichen Altersversorgung, und zwar

unabhängig von ihrer Art und Güte. Neben Altersrenten unterliegen damit auch Hinterbliebenen- und Invalidenrenten, ggf. sogar auch laufende Sachleistungen (Deputate) der Anpassungsüberprüfung. Dagegen sind Kapitalzusagen und sonstige Einmalzahlungen (z. B. Abfindungen) ebenso wenig einer Anpassungsprüfung zu unterziehen wie Versorgungsanwartschaften, selbst wenn sie unverfallbar geworden sind (*vgl.: BAG v. 15.9.1977 – 3 AZR 654/76 – BB 1977, S. 1550 = DB 1977, S. 1903 = NJW 1977, S. 2370*).

Die zum 1.1.1999 in Kraft getretene Novellierung des BetrAVG sieht in dem in 583
§ 16 BetrAVG neu eingefügten Abs. 2 vor, dass die Anpassungsprüfungsverpflichtung als erfüllt gilt, wenn die Anpassung mindestens in Höhe des Inflationsausgleichs erfolgt oder der Nettolohnentwicklung vergleichbarer aktiver Arbeitnehmer des Unternehmens im Prüfungszeitraum entspricht.

Die Anpassungsprüfungsverpflichtung **entfällt** nach dem ebenfalls neu eingefüg- 584
ten Abs. 3 sogar gänzlich, wenn sich der Arbeitgeber **vertraglich** verpflichtet hat, die laufenden Renten **jährlich** um wenigstens **1%** anzupassen oder aber – bei Direktversicherungen und Pensionskassenzusagen – ab Rentenbeginn sämtliche **Überschussanteile** ausschließlich zur Rentenerhöhung verwendet werden. Gerade letztere Regelung müsste die Bereitschaft zur Gewährung von Rentendirektversicherungen steigern können und zwar zumindest im Bereich der Gehaltsumwandlung. Dort dann auch unter Einschluss des Invaliditätsrisikos, da das bisherige Kalkulationsrisiko einer möglichen Rentenanpassung durch die Neuregelung vollkommen entschärft wird. Bei diesem Durchführungsweg hat der Arbeitgeber zukünftig gerade die von ihm immer wieder geforderte Kalkulations- und Planungssicherheit, da er seine Verpflichtung auf die Gewährung der Versicherungsprämie beschränken kann.

Diese Änderungen gelten gem. dem neu eingeführten § 30c BetrAVG allerdings 585
nur für Neuzusagen seit dem 1.1.1999 bzw. Anpassungsprüfungszeitpunkte nach dem 1.1.1999 und entfalten damit keine Wirkung für bereits laufende Renten bzw. vergangene Anpassungsprüfungen. Lediglich die für Direktversicherungen und Pensionskassen im Hinblick auf die „Mitgabe“ der Überschussanteile bedingte Sonderregelung gilt auch für bereits bestehende Versorgungsvereinbarungen, die über diese Durchführungswege abgewickelt werden.

Die mit der BetrAVG-Novelle 2001 mit Wirkung zum 1.1.2002 neu eingefügte Re- 586
gelung des § 16 Abs. 3 Nr. 3 BetrAVG bestimmt ferner, dass die Pflicht zur Anpassungsprüfung auch dann entfällt, wenn eine Beitragszusage mit Mindestleistung erteilt wurde. Dies gilt auch im Fall der Entgeltumwandlung. Darüber hinaus entfällt durch § 16 Abs. 3 Nr. 3 2. HS BetrAVG, der die Nichtanwendung des § 16 Abs. 5 BetrAVG für die Beitragszusage mit Mindestleistung bestimmt, in den Durchführungswegen der Pensionskasse und der Direktversicherung auch die Notwendigkeit der Verwendung der Überschüsse nur zur Leistungserhöhung.

Darüber hinaus wird in § 16 Abs. 6 BetrAVG festgehalten, dass monatliche Raten 587
im Rahmen eines nach § 10a EStG steuerlich geförderten Auszahlungsplans nicht

als laufende Leistungen i.S.v. § 16 BetrAVG gelten und damit auch nicht der Anpassungspflicht unterliegen.

588 Schließlich wird mit der Neuregelung des § 16 Abs. 5 BetrAVG aus der bisherigen Kann-Bestimmung im Bereich der Entgeltumwandlung eine gesetzliche Verpflichtung, sofern nicht eine Beitragszusage mit Mindestleistung vorliegt. Das bedeutet, dass der Arbeitgeber die Altersrente zwingend um 1% p.a. bzw. – bei Pensionskassen und Direktversicherung – durch Weitergabe sämtlicher Überschussanteile ab Rentenbeginn dynamisieren muss.

589 Die Vorschrift gilt gemäß § 30c Abs. 5 BetrAVG nur für laufende Leistungen, die auf Zusagen beruhen, die nach dem 31.12.2000 erteilt werden.

Die Regelungen der Absätze 5 und 6 sind rückwirkend zum 1.1.2001 in Kraft getreten.

2. Prüfungszeitpunkt

590 Die Anpassungsprüfung hat **alle drei Jahre** ab Rentenbeginn zu erfolgen. Die Regelung in § 16 BetrAVG über Anpassungsprüfungen und -entscheidungen im Dreijahreszeitraum zwingt nicht zu starren, individuellen Prüfungsterminen. Der Arbeitgeber kann die in einem Jahr fällig werdenden Anpassungsprüfungen **gebündelt** zu einem bestimmten Zeitpunkt innerhalb oder am Ende des Jahres vornehmen (*BAG v. 1.7.1976 – 3 AZR 37/76 – BB 1976, S. 1129 = DB 1976, S. 1724; BAG v. 28.4.1992 – 3 AZR 142/91 – BB 1992, S. 2152 = DB 1992, S. 2401 = NZA 1993, S. 69*). Auch in der gesetzlichen Rentenversicherung werden die Renten unabhängig vom individuellen Rentenbeginn einheitlich am selben Stichtag angehoben (§ 1272 Abs. 1 RVO). Der Betriebsrentner erleidet hierdurch eine maximale Verzögerung von 11 Monaten bei der ersten Anpassung. Die Folgeprüfungen werden dann turnusgemäß im Dreijahresrhythmus durchgeführt. Kommt der Arbeitgeber seiner Prüfungsverpflichtung nicht nach oder verzögert er die Prüfung über einen tolerierbaren Zeitpunkt hinaus, kann er sich regresspflichtig machen (*BAG v. 16.12.1976 – 3 AZR 795/75 – BB 1977, S. 96 = DB 1977, S. 115*).

3. Anpassungsmaßstab

591 Die in § 16 BetrAVG enthaltene Anpassungsprüfungsverpflichtung erfordert grundsätzlich – mit einer Verzögerung von drei Jahren – die kaufkraftstabile Erhaltung der Betriebsrenten. Maßstab hierfür ist der Lebenshaltungskostenpreisindex einer vierköpfigen Arbeitnehmerfamilie mit mittlerem Einkommen (*vgl. BAG v. 16.12.1976 – 3 AZR 795/75 – BB 1977, S. 96 = DB 1977, S. 115; BAG v. 14.2.1989 – 3 AZR 313/87 – BB 1989, S. 1554 = DB 1989, S. 1422 = NZA 1989, S. 675; BAG v. 17.4.1996 – 3 AZR 56/95 – BetrAV 1996, S. 322; BAG v. 23.1.2001 – 3 AZR 287/00 – BB 2001, S. 2325*).

592 Dabei ist von folgender **Berechnungsformel** auszugehen:

$$\frac{\text{Preisindex der Lebenshaltungskosten am Anpassungsstichtag x 100}}{\text{Preisindex für die Lebenshaltungskosten 3 Jahre zuvor}} - 100 = \text{x \%}$$

Die entsprechenden **statistischen Werte** sind allgemein zugängliche und i.S.v. § 291 ZPO auch offenkundige Tatsachen (*BGH v. 4.5.1990 – V ZR 21/89 – NJW 1990, S. 2620, 2622; BGH v. 24.4.1992 – V ZR 52/91 – NJW 1992, S. 2088*). Sie ergeben sich aus den laufenden Berichten des Statistischen Bundesamtes und werden speziell für die Betriebsrentenanpassung von der Fachliteratur jährlich aufbereitet und aktualisiert (*zuletzt: Bode/Grabner/May, DB 2001, S. 198 ff.*). 593

Auf der Grundlage dieser Veröffentlichungen ergeben sich ausgehend vom sog. „Warenkorb“ nach den aktuellen Verhältnissen des Jahres 1995 folgende **Jahresdurchschnittswerte** und daraus abgeleitete **Anpassungsraten** im 3-Jahreszeitraum (*vgl. a.: Langohr-Plato, BB 1997, S. 1635*): 594

Jahr	Preisindex (1995 = 100)		Anpassungsrate in %	
	Alte Bl.	Neue Bl.	Alte Bl.	Neue Bl.
1985	80,3		7,9	
1986	79,9		4,0	
1987	80,0		1,9	
1988	80,8		0,6	
1989	83,2		4,1	
1990	85,5		6,9	
1991	88,7	77,4	9,8	
1992	92,3	86,7	10,9	
1993	95,7	94,9	11,9	
1994	98,4	98,2	10,9	26,9
1995	100,0	100,0	8,3	15,3
1996	101,3	101,8	5,9	7,3
1997	103,1	103,8	4,8	5,7
1998	104,0	104,7	4,0	4,7
1999	104,7	105,1	3,4	3,2
2000	106,5	106,9	3,3	3,0
2001	109,1	109,8	4,9	4,9

Der Warenkorb 1995 ersetzt die bisherigen Preisindizes auf der Grundlage des Warenkorbs 1991 und wurde für den Zeitraum ab Januar 1995 nachträglich bekannt gegeben. Für die Umrechnung des Preisindexes vom Basisjahr 1995 = 100 auf frühere Basisjahre haben die statistischen Ämter folgende **Umrechnungsfaktoren** veröffentlicht, mit denen die Preisindizes im früheren Bundesgebiet (alte Bundesländer) auf der Basis 1995 = 100 umzurechnen sind: 595

1991 = 100: 1,12802
1985 = 100: 1,24899
1980 = 100: 1,50806
1976 = 100: 1,74798.

Für die neuen Bundesländer ist der Preisindex auf der Basis

1991 = 100 mit dem Faktor 1,29263

umzurechnen.

Der hier zugrunde gelegte Index eines bestimmten Haushaltstyps (4-Personen-Haushalt; Arbeiter/Angestellte mit mittlerem Einkommen) wird – ebenso wie die übrigen statistischen Haushaltstypen – allerdings nur noch bis einschließlich zum Jahre 2002 vom statistischen Bundesamt berechnet und veröffentlicht, da sie nur einen geringen Teil aller Haushalte repräsentieren. Ab dem Jahr 2003 wird das statische Bundesamt daher nur noch den Preisindex für die Lebenshaltung aller privater Haushalte veröffentlichen. Gleichzeitig entfällt dann auch die Differenzierung zwischen dem früheren Bundesgebiet und den neuen Bundesländern. Maßgeblich ist dann ein einheitlicher Preisindex, und zwar der Index für die Lebenshaltung aller privater Haushalte für Deutschland insgesamt.

4. Nachholende und nachträgliche Anpassung

596 Wurde in der Vergangenheit kein voller Geldwertausgleich gewährt, ist bei Folgeprüfungen der Kaufkraftverlust seit Rentenbeginn zu berücksichtigen (**nachholende Anpassung**). Das folgt aus dem Zweck des § 16 BetrAVG. Diese Bestimmung soll durch den Ausgleich des Kaufkraftverlustes dazu beitragen, die Gleichwertigkeit von Leistung und Gegenleistung für die Dauer des Rentenbezugs aufrechtzuerhalten. Der Arbeitnehmer kann aufgrund der von ihm bereits erbrachten Leistung erwarten, dass ihm der volle wirtschaftliche Wert der Gegenleistung erhalten bleibt (*BAG v. 28.4.1992 – 3 AZR 142/91 – BB 1992, S. 2152 = NZA 1993, S. 69 = MDR 1993, S. 208 m. Anm. Langohr-Plato, S. 209 f.; BAG v. 28.4.1992 – 3 AZR 244/91 – BB 1992, S. 2292 = NZA 1993, S. 72 = MDR 1993, S. 358 = ZAP 1992, F. 17 R, S. 37 mm. Anm. Langohr-Plato; BAG v. 28.4 1992 – 3 AZR 356/91 – BB 1992, S. 2296 = DB 1993, S. 282 = NZA 1993, S. 74; BAG v. 17.4.1996 – 3 AZR 56/95 – BetrAV 1996, S. 322; Griebeling, Rn. 550; Langohr-Plato, BB 1997, S. 1635*).

597 Andererseits muss dann aber auch eine frühere, über den Kaufkraftverlust hinausgehende Anpassung in den Folgejahren ebenfalls berücksichtigt werden. Hat also der Arbeitgeber in Jahren extrem guter Ertragslage **freiwillig Anpassungen** vorgenommen, die über den Inflationsausgleich hinausgingen, so kann er diese „Überzahlungen" in Jahren schlechterer Ertragslage auf den dann auszugleichenden Kaufkraftverlust anrechnen und eine entsprechend geminderte Anpassung vornehmen (*Griebeling, Rn. 547, 562*). Entsprechendes gilt auch für eine bereits in der Versorgungszusage **vertraglich vereinbarte** garantierte **Rentenindexierung** (*BAG v. 1.7.1976 – 3 AZR 791/75 – BB 1976, S. 1029 = DB 1976, S. 1435; Höfer, BetrAVG, ArbR, § 16 Rn. 3421 ff., 3626 ff.*). Es kommt nämlich – wie das BAG festgestellt hat – nur darauf an, dass die Inflation seit Rentenbeginn an ausgeglichen wird. Damit ist für jeden Prüfungsstichtag die Rentenhöhe auf der Basis der vom Rentenbeginn an eingetretenen Inflation zu ermitteln, und zwar ohne Berücksichtigung der zwischenzeitlich erfolgten bzw. nicht erfolgten Anpassungen. Aus der Differenz der so ermittelten „inflationsneutral fortgeschriebenen Rente" zur zuletzt gezahlten Rente ergibt sich dann der aktuelle Anpassungsbedarf.

598 Der Anspruch auf eine nachholende Anpassung entfällt allerdings unter den nach der Betriebsrentennovelle in § 16 Abs. 4 BetrAVG normierten Rahmenbedingun-

gen; gemäß § 30c Abs. 1 BetrAVG allerdings nur für solche Anpassungsentscheidungen, die nach dem 1.1.1999 zu Recht erfolgt sind.

Voraussetzung ist danach, dass der Arbeitgeber dem Versorgungsempfänger die La- 599
ge des Unternehmens schriftlich darlegen, so dass dieser eine ihm dann zustehendes **Widerspruchsrecht** innerhalb einer 3-monatigen Widerspruchsfrist ausüben kann.

Fraglich sind allerdings die **inhaltlichen Anforderungen an diese Mitteilungs-** 600
pflicht und damit deren rechtliche Einordnung. Hat die Mitteilung nur deklaratorische (die Anpassung ist „auch dann" zu Recht unterblieben) oder aber konstitutive („nur dann" zu Recht unterblieben) Wirkung? Von der Antwort hängt ab, ob im Streitfall den Gerichten nur eine Missbrauchs- oder eine volle Inhaltskontrolle zusteht. Der Gesetzgeber hat es jedenfalls bewusst unterlassen, die Anforderungen an die Detailliertheit der schriftlichen Darlegung der wirtschaftlichen Lage des Arbeitgebers näher zu präzisieren. Dies spricht dafür, dass dem Arbeitgeber insoweit ein Ermessensspielraum zugestanden werden kann, der jedoch durch die bisherige BAG-Rechtsprechung bereits begrenzt ist. Danach muss der Arbeitgeber dem Versorgungsempfänger die „maßgeblichen Gründe" für die unterlassene Anpassung mitteilen. Die Mitteilung muss es einem verständigen Rentner erlauben, die Entscheidung nachzuvollziehen zu können (*vgl. u.a.: BAG, Urteil v. 17.4.1996 – 3 AZR 56/95 – BB 1996, S. 2573; vgl. a. Höfer, BetrAVG, Bd. I – ArbR, § 16 Rn. 3609 ff.; Blumenstein/Krekeler, DB 1998, S. 2600, 2606; Doetsch/Förster/Rühmann, DB 1998, S. 258, 263; Langohr-Plato, ZAP 1998, F. 17, S. 449, 453; ders., INF 1998, S. 592, 594*).

Diese aus Arbeitgebersicht auf den ersten Blick positiven Änderungen entfalten aller- 601
dings gem. dem mit der BetrAVG-Novelle 1999 neu eingeführten § 30c BetrAVG erst zukünftig Wirkung (d.h. für Neuzusagen ab dem 1.1.1999 bzw. Anpassungsprüfungszeitpunkte nach dem 1.1.1999) und gelten nicht für bereits laufende Renten bzw. vergangene Anpassungsprüfungen. Dies hat insbesondere zur Konsequenz, dass der bis zum Jahresende 1998 aufgelaufene „Anpassungsstau" aus früheren Anpassungsentscheidungen auch über den 1.1.1999 hinaus bei zukünftigen Anpassungsprüfungen mit berücksichtigt werden muss.

Von der nachholenden Anpassung zu unterscheiden ist die **nachträgliche Anpas-** 602
sung. Durch eine nachträgliche Anpassung soll die Betriebsrente bezogen auf einen früheren Anpassungsstichtag unter Berücksichtigung der damaligen wirtschaftlichen Lage des Unternehmens erhöht werden (*vgl. hierzu: BAG v. 17.4.1996 – 3 AZR 56/95 – BB 1996, S. 2573 = DB 1996, S. 2496 = BetrAV 1996, S. 322*). Dieser Anspruch ist vom **Anspruch auf die einzelnen erhöhten Rentenraten** zu unterscheiden. Hierbei ist folgendes zu beachten:

- Wenn der Versorgungsempfänger die Anpassungsentscheidung seines Arbeitgebers für **fehlerhaft** hält, muss er dies vor dem nächsten Anpassungsstichtag gegenüber dem Arbeitgeber zumindest außergerichtlich geltend machen. Mit dem nächsten Anpassungsstichtag entsteht ein neuer Anspruch auf Anpassungsprüfung und Anpassungsentscheidung, so dass in diesem Zeitpunkt der Anspruch auf Korrektur einer früheren Anpassungsentscheidung erlischt (BAG *v. 17.4.1996 – 3 AZR 56/95 – BetrAV 1996, S. 322*).

- Hat der Arbeitgeber bis um nächsten Anpassungsstichtag die Betriebsrente weder erhöht, noch sich zur Anpassung ausdrücklich geäußert, so hat er damit stillschweigend erklärt, dass er zum fraglichen Anpassungszeitpunkt **keine Rentenindexierung** vornimmt. Die Erklärung des Versorgungsschuldners, nicht anpassen zu wollen, gilt nach Ablauf von drei Jahren ab Anpassungstermin als abgegeben. Der versorgungsberechtigte Betriebsrentner kann die stillschweigend abgelehnte Anpassungsentscheidung in einem solchen Fall bis zum übernächsten Anpassungstermin gegenüber dem Arbeitgeber oder gerichtlich rügen (*BAG v. 17.4.1996 – 3 AZR 56/95 – BetrAV 1996, S. 322*).

603 Der Betriebsrentner ist also in jedem Fall gezwungen, will er keine Ansprüche verwirken, rechtzeitig sein Anpassungsbegehren gegenüber dem Arbeitgeber geltend zu machen; die Anpassung von Betriebsrenten wird damit quasi zur „**Holschuld**". Die vom BAG aufgestellten „Spielregeln" tragen zwar nach Zeitablauf zur Rechtssicherheit bei. Allerdings darf man nicht verkennen, dass durch diese „Spielregeln" letztendlich auch die mutwillig unterlassene Anpassungsprüfung nach Zeitablauf legitimiert wird.

604 Die in der Vergangenheit getroffenen Entscheidungen haben mithin nur insoweit streitbeendenden Charakter, als mit ihnen die in der Vergangenheit liegenden Zeiträume beurteilt wurden und die Entscheidungen sachlich berechtigt waren und nicht angegriffen wurden (BAG *v. 17.4.1996 – 3 AZR 56/95 – BB 1996, S. 2573 = DB 1996, S. 2496 = BetrAV 1996, S. 322, 325*).

5. Gesamtversorgungsbetrachtung

605 Die Dynamisierung der gesetzlichen Sozialversicherungsrenten hat bei der Anpassungsprüfung und -entscheidung unberücksichtigt zu bleiben. Dagegen können frühere, auf freiwilliger Basis erfolgte Rentenanpassungen bei der Anpassungsprüfung nach § 16 BetrAVG angerechnet werden (*BAG v. 15.9.1977 – 3 AZR 654/76 – BB 1977, S. 1550 = DB 1977, S. 1903 = NJW 1977, S. 2370; BAG v. 17.1.1980 – 3 AZR 1018/78 – BB 1980, S. 419; BAG v. 28.4.1992 – 3 AZR 356/91 – BB 1992, S. 2296 = DB 1993, S. 282 = NZA 1993, S. 74; Griebeling, Rn. 547; Langohr-Plato, BB 1997, S. 1635*).

6. Wahrung der Belange des Versorgungsempfängers: Inflationsausgleich und Nettolohnbegrenzung

606 Die Belange des Versorgungsempfängers werden durch den Anpassungsbedarf bestimmt (*BAG v. 23.1.2001 – 3 AZR 287/00 – BB 2001, S. 2325*) und sind gemäß § 16 Abs. 2 Ziffer 1 BetrAVG immer dann ausreichend gewahrt, wenn der Kaufkraftverlust der Versorgungsleistungen ausgeglichen wird *(Blomeyer/Otto, BetrAVG, § 16 Rn. 128 ff.; Steinmeyer, S. 151)*.

607 Nach den eingangs zitierten Urteilen des BAG (*siehe die Nachweise vor Ziffer 1a*) ist hier davon auszugehen, dass der Arbeitgeber grundsätzlich zur Anhebung der Betriebsrenten in Höhe der eingetretenen vollen Verteuerung verpflichtet ist.

Allerdings ist hierbei auch die Entwicklung der Reallöhne zu berücksichtigen. Erhält die aktive Belegschaft infolge einer gegenüber der Preisentwicklung geringeren Nettolohnsteigerung keinen vollen Kaufkraftausgleich, so müssen sich auch die Betriebsrentner mit einer entsprechend geringeren Rentenanpassung begnügen (= **reallohnbezogene Obergrenze**; *vgl. BAG v. 11.8.1981 – 3 AZR 395/80 – BB 1981, S. 1835 = DB 1981, S. 2331 = NJW 1982, S. 957; BAG v. 14.2.1989 – 3 AZR 313/87 – BB 1989, S. 1554 = DB 1989, S. 1422 = NZA 1989, S. 675; Griebeling, Rn. 561; Langohr-Plato, BB 1997, S. 1636; Steinmeyer, S. 152 f.*). 608

§ 16 Abs. 2 Ziffer 2 BetrAVG stellt insoweit auf die Nettolöhne „vergleichbarer Arbeitnehmergruppen des Unternehmens" ab. Das bedeutet zunächst einmal, dass nicht die individuellen Einkommens- und Vermögensverhältnisse des jeweiligen Arbeitnehmers maßgeblich sind. Abzustellen ist vielmehr auf die **Durchschnittsverdienste** innerhalb eines Unternehmens bzw. auf einen typischen Teil der Belegschaft des Unternehmens (*vgl. BAG v. 30.3.1973 – 3 AZR 26/72 – BB 1973, S. 522 = DB 1973 S. 773 = NJW 1973, S. 959; BAG v. 31.1.1984 – 3 AZR 514/81 – BB 1984, S. 2270 = DB 1984, S. 1833 = NZA 1984, S. 357*). 609

Wie dieser Vergleich exakt vorzunehmen ist, ist bislang weder durch den Gesetzgeber, der die Begrenzung der Nettolohnlimitierung im Rahmen der BetrAVG-Novelle 1999 in § 16 Abs. 2 Ziffer 2 BetrAVG aufgenommen hat, noch durch die höchstrichterliche Rechtsprechung abschließend geklärt. 610

Das BAG gesteht dem Arbeitgeber allerdings bei der Gruppenbildung einen weitgehenden Entscheidungsspielraum zu. Danach genügt es, wenn der Arbeitgeber klare, verdienstgruppenbezogene Abgrenzungskriterien vorsieht (*BAG v. 23.5.2000 – 3 AZR 103/99 – DB 2001, S. 2506*). 611

Im Hinblick auf die vergleichbare Nettolohnentwicklung hat der Gesetzgeber angesichts der verwendeten Wortwahl (Pluralform „Arbeitnehmergruppen") dem Arbeitgeber ebenfalls einen weiten Ermessensspielraum eingeräumt (*vgl.: Ahrend/Förster, BetrAVG, § 16 Rn. 16; Blomeyer/Otto, BetrAVG, § 16 Rn. 151*). Danach dürfte es zulässig sein, eine grobe, aber auch eine feine Gruppeneinteilung nach sachlichen Kriterien vorzunehmen. Die Vergleichsgruppen dürften dabei sowohl auf das Gesamtunternehmen, als auch auf den einzelnen Betrieb bezogen definierbar sein. Sollte keine vergleichbare Arbeitgebergruppe im Unternehmen vorhanden sein, wird man auch auf die Nettolohnentwicklung aller im Unternehmen beschäftigter Aktiver abstellen können. 612

Differenziert man bei der Ermittlung der Nettoeinkommensentwicklung nicht bzw. nicht fein genug nach Belegschaftsgruppen, so kann dies zu entsprechenden Vor- oder Nachteilen für den Versorgungsberechtigten führen, da für ihn dann auch die Nettoeinkommensentwicklung von solchen aktiven Belegschaftsgruppen berücksichtigt wird, zu denen er als Aktiver nicht gehört hat (*Höfer, BetrAVG, Bd. I – ArbR, § 16 Rn. 3478*). Entscheidend ist daher stets, dass der gewählte Ansatz plausibel und sachlich gerechtfertigt und damit nicht willkürlich ist (*vgl. a.: Ahrend/Förster, BetrAVG, §16 Rn. 16; Blomeyer/Otto, BetrAVG, § 16 Rn. 151*). 613

614 Auch die dogmatische Rechtfertigung der reallohnbezogenen Obergrenze als Begrenzung der Belange des Betriebsrentners spricht dafür, dass diese Begrenzung nicht pauschal, sondern dem Billigkeitsgrundsatz folgend möglichst individuell anzuwenden ist (*so auch: Blomeyer/Otto, BetrAVG, § 16 Rn. 152*). Deshalb sind weder der allgemeine Durchschnittsverdienst aller deutschen Arbeitnehmer (*so aber Höfer, BetrAVG, § 16 Rn. 3482*), noch die durchschnittlichen tariflichen Lohn- und Gehaltssteigerungen zugrunde zu legen. Da der Betriebsrentner Mitglied der Belegschaft des Unternehmens gewesen ist, muss auf die Gehaltsentwicklung dieser Belegschaft bzw. einer typischen Belegschaftsgruppe des Unternehmens, in dem der Betriebsrentner beschäftigt gewesen ist, abgestellt werden. Nur eine solche eingeschränkte, individualisierte Vergleichsbasis entspricht der geforderten Billigkeitsprüfung (*ebenso: Blomeyer/Otto, BetrAVG, § 16 Rn. 152, 153; Höfer, BetrAVG, Bd. I – ArbR, § 16 Rn. 3478*). Dies folgt auch unter dem Aspekt, dass die Nettolohnlimitierung im Rahmen der Belange des Versorgungsempfängers zu berücksichtigen ist und gerade nicht einen Teilaspekt der wirtschaftlichen Lage des Arbeitgebers darstellt. Billigkeitsentscheidungen sind stets individualbezogene Entscheidungen (*Blomeyer/Otto, BetrAVG, § 16 Rn. 152*).

615 Auch die Tatsache, dass „der Arbeitgeber" gemäß § 16 BetrAVG zur Anpassung bzw. Anpassungsprüfung verpflichtet ist, spricht dafür, dass grundsätzlich nicht auf den Konzern abzustellen ist, sondern auf das konkrete Arbeitgeberunternehmen.

616 Dies hat aber zur Konsequenz, dass eine pauschale und möglicherweise auch konzernweite Berücksichtigung der Nettolohnentwicklung nur dort zulässig sein kann, wo

- ➪ keine individualisierte Gruppenbildung möglich ist und
- ➪ sich sowohl die Gehaltsentwicklung der Aktiven, als auch die Regelungen zur betrieblichen Altersversorgung nach einheitlichen Kriterien bestimmen.

617 Lediglich ausnahmsweise hat das BAG eine sogar konzernübergreifende, branchenweite einheitliche Betrachtung der Nettolohnentwicklung zugelassen (*BAG v. 27.8.1996 – 3 AZR 466/99 – DB 1997, S. 633 unter Ziffer II 1 der Begründung*). Zu berücksichtigen ist dabei allerdings, dass Grundlage der Entscheidung des BAG eine von § 16 BetrAVG abgekoppelte Sonderregelung in der Leistungsordnung des Bochumer Verbandes war. Im Gegensatz zu § 16 BetrAVG, der auf die wirtschaftliche Lage des einzelnen Arbeitgebers abstellt, verlangt die Leistungsordnung des Bochumer Verbandes eine unternehmens- und konzernübergreifende Anpassungsentscheidung nach einheitlichen, allgemeinen Kriterien. Dies hat das BAG in dem zitierten Urteil nur unter der Bedingung zugelassen, dass die Anpassungsentscheidung nach dieser Satzungsregelung nicht schlechter ausfällt als nach § 16 BetrAVG.

618 Zu beachten ist insoweit ferner, dass das „Versorgungs- bzw. Konditionenkartell" des Bochumer Verbandes „für die erfassten außertariflichen Angestellten eine Ordnungsfunktion entfaltet, vergleichbar der Ordnungsfunktion, die Tarifverträge für andere Arbeitnehmer entfalten" soll (*so: BAG v. 27.8.1996 – 3 AZR 466/99 – DB 1997, S. 633 unter Ziffer I 3c der Begründung*). In diesem Zusammenhang berücksichtigt

das BAG zudem, dass die Leistungsordnung des Bochumer Verbandes nach „Branchen" (Bergwerksunternehmen des Steinkohlebergbaus und anderen Unternehmen und Vereinigungen) differenziert und deren Besonderheiten berücksichtigt. Dies bedeutet aber, dass einerseits der Bochumer Verband keine einheitliche Anpassung bei allen Mitgliedsunternehmen vorsieht und andererseits eine einheitliche Anpassungsentscheidung nur dort zugelassen wird, wo vergleichbare Sachverhalte zugrunde liegen. Dieser vergleichbare Sachverhalt wird in dem zitierten BAG-Urteil in den einem Tarifvertrag vergleichbaren einheitlichen Gehalts- und Versorgungsstrukturen bei einer vergleichbaren Personengruppe – außertariflich Angestellte – gesehen.

Die Prüfung der reallohnbezogenen Obergrenze erfordert also regelmäßig eine weitestgehend typisierte Gruppenbildung. Im Rahmen der Nettolohnlimitierung ist der Arbeitgeber, der sich auf diese Anpassungsbegrenzung berufen will, nach den allgemeinen Prozessregeln für die Darlegungs- und Beweislast also verpflichtet, darzulegen, 619

- ➪ welche Vergleichsgruppen er gebildet hat,
- ➪ die sachlichen Gründe für diese Gruppenbildung,
- ➪ die in dieser Vergleichsgruppe erzielten Nettolohnsteigerungen, und zwar unter Darlegung des insoweit angewandten Berechnungsverfahrens.

Diese reallohnbezogene Anpassungsentwicklung muss auch im Rahmen einer sog. **„nachholenden Anpassung"** maßgeblich sein. Zwar hat das BAG hierzu noch keine Stellung beziehen müssen, jedoch ist die entsprechende Anwendung der BAG-Rechtsprechung zur Limitierung der Rentenanpassung insoweit nur logisch konsequent. Wenn nämlich einerseits die Inflation seit Rentenbeginn berücksichtigt werden muss, ist auch die **Nettolohnentwicklung seit Rentenbeginn** im Rahmen der jeweiligen Anpassungsprüfung zu berücksichtigen. Eine Rentenindexierung unterhalb der Inflationsentwicklung ist daher nur bei einer dauerhaft niedrigeren Nettolohnentwicklung möglich (*so auch: Griebeling, Rn. 562*). 620

Sofern die Nettolohnentwicklung zu einer effektiven Gehaltsreduktion geführt hat (**negative Nettolohnentwicklung**), kann dies allerdings nicht zu einem Eingriff in den gezahlten Rentenbetrag führen. Eine entsprechende Reduzierung laufender Renten verbietet sich vor dem Hintergrund der ständigen Rechtsprechung des BAG zum Besitzstandsschutz und der damit verbundenen Eigentumsgarantie, die einen Eingriff in bereits laufende Rentenverpflichtungen untersagt (*vgl. u.a.: BAG v. 17.4.1985 – 3 AZR 72/83 – BB 1986, S. 1159; BAG v. 22.5.1990 – 3 AZR 128/89 – BB 1990, S. 2047; BAG v. 17.11.1992 – 3 AZR 76/92 – NZA 1993, S. 939*). Dies ergibt sich letztendlich auch aus dem gesetzlichen Insolvenzschutz, wonach selbst bei einer Insolvenz des Arbeitgebers der PSV die zuletzt gezahlte Rente in voller Höhe weiter zahlen muss. 621

7. Die wirtschaftliche Lage des Arbeitgebers

Die Anpassungsprüfung findet nicht einseitig und ausschließlich zur Wahrung der Belange der Versorgungsempfänger statt. Vielmehr sind im Rahmen einer Interes- 622 senabwägung auch wirtschaftliche Aspekte des Arbeitgebers zu berücksichtigen. Vorrangig geht es dabei um die Erhaltung und gesunde **Weiterentwicklung**, d.h. die **Wettbewerbsfähigkeit** des Unternehmens, sowie die **Substanzerhaltung** des **Unternehmens** und der Arbeitsplätze (*vgl. BAG v. 15.9.1977 – 3 AZR 654/76 – BB 1977, S. 1550 = DB 1977, S. 1903 = NJW 1977, S. 2370; BAG v. 17.1.1980 – 3 AZR 1107/87 – BB 1980, S. 417; BAG v. 23.4.1985 – 3 AZR 156/83 – BB 1985, S. 1731 = DB 1985, S. 1642 = NZA 1985, S. 496; BAG v. 23.1.2001 – 3 AZR 287/00 – BB 2001, S. 2325, 2327; Griebeling, Rn. 557; Langohr-Plato, BB 1997, S. 1636*). Die Anpassung der Betriebsrenten an die Kaufkraftentwicklung kann also ganz oder teilweise unterbleiben, wenn und soweit hierdurch eine übermäßige Belastung des Unternehmens verursacht würde.

623 Die Berücksichtigung des Kriteriums der wirtschaftlichen Lage des Arbeitgebers ist allerdings nicht mit der wirtschaftlichen Notlage i.S.v. § 7 Abs. 1 S. 3 Nr. 5 BetrAVG a.F. gleichzusetzen, die den Arbeitgeber zum Widerruf seiner Versorgungszusage legitimiert und den gesetzlichen Insolvenzschutz ausgelöst hat (*vgl. a.: Griebeling, Rn. 557*). Als übermäßig ist vielmehr nur eine solche Belastung zu werten, die es mit einiger Wahrscheinlichkeit unmöglich macht, den Teuerungsausgleich aus dem Wertzuwachs des Unternehmens und seinen Erträgen in der Zeit nach dem Anpassungsstichtag aufzubringen. Die dazu erforderliche Prognose muss auf die Unternehmensentwicklung der zurückliegenden Zeit (repräsentativer Zeitraum von mindestens 3 Jahren) gestützt und durch anerkannte betriebswirtschaftliche Methoden im jeweiligen Einzelfall ermittelt werden (*BAG v. 17.10.1995 – 3 AZR 881/94 – BB 1996, S. 1388; BAG v. 17.4.1996 – 3 AZR 56/95 – BB 1996, S. 2573 = DB 1996, S. 2496 = BetrAV 1996, S. 322;* vgl. hierzu auch *Ahrend/Förster/Rößler; 1. Teil, Rn. 710 ff. m.w.N.; Griebeling, Rn. 558*).

624 Die Rechtsprechung begnügt sich insoweit nicht mit isolierten Aussagen über die Entwicklung der Auftragslage, die Rentabilität, den Investitionsbedarf oder den handelsrechtlichen Gewinn bzw. Steuerbilanzgewinn, sondern verlangt eine vollständige und lückenlose Darstellung der wirtschaftlichen Situation eines Unternehmens. Insoweit obliegt dem Arbeitgeber die volle Darlegungs- und Beweislast. Sofern der Arbeitgeber dieser Darlegungslast in einem eventuellen Gerichtsverfahren nur durch die Veröffentlichung von betrieblichen Interna und Geschäftsgeheimnissen genügen kann, ist er vom Gericht mit den Mitteln des Prozessrechts (Ausschluss der Öffentlichkeit gem. §§ 52 ArbGG, 172 GVG; strafbewehrte Schweigegebote gem. § 174 Abs. 2 GVG) vor nachteiligen Auswirkungen zu schützen (*BAG v. 23.4.1985 – 3 AZR 548/82 – BB 1985, S. 1470 = DB 1985, S. 1645 = NZA 1985, S. 499*).

625 Ist aufgrund einer **nachholenden Anpassung** (s.o. *Rn. 620*) nicht nur der Kaufkraftverlust der letzten drei Jahre, sondern für einen darüber hinausgehenden Zeitraum auszugleichen, kann ein voller Ausgleich den Arbeitgeber wirtschaftlich überfordern. Die wirtschaftliche Leistungsfähigkeit des Arbeitgebers ist daher in Fällen der nachholenden Anpassung besonders sorgfältig zu prüfen. Sofern die wirtschaftliche Lage des Arbeitgebers nur eine teilweise Anpassung zulässt, steht dem Arbeitgeber bei der Verteilung des Anpassungsbudgets ein gewisser **Ermessens-**

spielraum zur Verfügung. Es entspricht insoweit den Grundsätzen billigen Ermessens, wenn der Arbeitgeber die vorhandenen finanziellen Mittel entweder

- zur anteilsmäßigen Befriedigung des Anpassungsbedarfs mit einer einheitlichen Quote,
- zur vorrangigen Schließung länger zurückliegender Versorgungslücken oder
- zunächst zur Erfüllung des Anpassungsbedarfs der letzten drei Jahre verwendet (*BAG v. 17.4.1996 – 3 AZR 56/95 – BB 1996, S. 2573 = DB 1996, S. 2496 = BetrAV 1996, S. 322; Griebeling, Rn. 553*).

Der BAG-Rechtsprechung ist deutlich die Tendenz zu entnehmen, der Erhaltung der Arbeitsplätze Vorrang vor dem Anpassungsbegehren der Betriebsrentner einzuräumen (so ausdrücklich: *BAG v. 17.4.1996 – 3 AZR 56/95 – BB 1996, S. 2573 = DB 1996, S. 2496 = BetrAV 1996, S. 322, 325 m.w.N.*). Damit wird der Substanzerhaltung des Unternehmens eine Vorrangstellung eingeräumt. Das „lebende" Unternehmen als Ertragsfaktor sowie eine sachgerechte Entlohnungspolitik für die noch am Produktionsprozess beteiligten Arbeitnehmer bilden eine wesentliche Grundlage für die Erwirtschaftung der zugesagten betrieblichen Versorgungsleistungen. Da sich auf lange Sicht nur ein Unternehmen, das Gewinne erwirtschaftet, im Wettbewerb behaupten kann, ist eine angemessene **Eigenkapitalverzinsung** in der Regel unerlässlich (*BAG v. 23.4.1985 – 3 AZR 156/83 – BB 1985, S. 1731 = DB 1985, S. 1642 = NZA 1985, S. 496; BAG v. 14.2.1989 – 3 AZR 191/87 – BB 1989, S. 1902 = DB 1989, S. 1471 = NZA 1989, S. 844; BAG v. 17.4.1996 – 3 AZR 56/95 – BB 1996, S. 2573 = DB 1996, S. 2496 = BetrAV 1996, S. 322, 326; BAG v. 23.1.2001 – 3 AZR 287/00 – BB 2001, S. 2325, 2326 ff.; Ahrend/Förster/Rößler, 1. Teil, Rn. 714c; Höfer, BetrAVG, ArbR, § 16 Rn. 3580 ff.; Langohr-Plato, BB 1997, S. 1636*). 626

Die Wettbewerbsfähigkeit des Unternehmens darf also durch eine Anpassungsverpflichtung nicht gefährdet werden. Insoweit ist zu beachten, dass eine entsprechende Gefährdung nicht nur dann vorliegt, wenn keine angemessene Eigenkapitalrendite erzielt wird, sondern auch dann, wenn das Unternehmen nicht über genügend Eigenkapital verfügt. Auch gilt insoweit, dass das Unternehmen die Anpassung nicht aus seiner Substanz finanzieren muss (*BAG v. 23.1.2001 – 3 AZR 287/00 – BB 2001, S. 2325*). 626a

Das BAG hat nunmehr präzisiert, was unter einer „angemessenen Eigenkapitalverzinsung" zu verstehen ist (*Urteile v. 23.5.2000 – 3 AZR 146/99, BB 2000, S. 1248 u. 3 AZR 83/99*). Ausgangspunkt der Überlegungen des BAG ist die handelsrechtliche Definition des Eigenkapitalbegriffs in § 266 Abs. 3 HGB. Danach richtet sich die Höhe des Eigenkapitals nicht nur nach dem Stammkapital und den Gewinnrücklagen, sondern auch nach Gewinnrücklagen, Gewinn-/Verlustvortrag und Jahresüberschuss/Jahresfehlbetrag. Bei der Feststellung des Eigenkapitals und der Ermittlung des Betriebsergebnisses ist von den handelsrechtlichen Jahresabschlüssen, insbesondere Bilanzen sowie Gewinn- und Verlustrechnungen auszugehen. Betriebswirtschaftlich gebotene Korrekturen sind jedoch vorzunehmen. Dies gilt sowohl für die in den Bilanzen enthaltenen Scheingewinne als auch für betriebswirtschaftlich überhöhte Abschreibungen. (*vgl. a.: BAG v. 23.1.2001 – 3 AZR 287/00 – BB 2001, S. 2325*) 627

628 **Unzureichendes Eigenkapital** beeinflusst nicht nur das Unternehmensergebnis (Zinsen für zusätzlich erforderliche Fremdmittel) und die Liquidität, sondern auch die Fähigkeit, Krisen zu bewältigen und Verluste zu verkraften. Dieses Recht auf eine entsprechende Risikovorsorge wird vom BAG ausdrücklich anerkannt (*BAG v. 23.5.2000 – 3 AZR 83/99; BAG v. 23.1.2001 – 3 AZR 287/00 – BB 2001, S. 2325, 2327*).

629 Insoweit ist auf die **wirtschaftliche Leistungsfähigkeit des Unternehmens** nach seiner gesamtwirtschaftlichen Situation abzustellen. Die zu erwartenden Überschüsse sind dabei nur ein Kriterium. Erwirtschaftet ein Unternehmen nach einer Verlustphase wieder Gewinne, so bedeutet dies noch nicht, dass die zurückliegenden wirtschaftlichen Schwierigkeiten keine Spuren hinterlassen haben. Die Betriebsergebnisse können nicht losgelöst von der Eigenkapitalausstattung und dem Investitionsbedarf betrachtet werden. Insbesondere ist zu berücksichtigen, dass Substanzeinbußen eine gesunde wirtschaftliche Entwicklung des Unternehmens und damit auch den Fortbestand von Arbeitsplätzen gefährden können. Ein **Verlustvortrag** ist entsprechend seinen unterschiedlichen Zwecken differenziert zu behandeln. Er führt u.a. dazu, dass ein Teil der späteren Gewinne nicht versteuert werden muss. Soweit es jedoch bei der Anpassungsentscheidung auf die Höhe des Eigenkapitals ankommt, gewinnt der Verlustvortrag, der zu einer Reduktion des Eigenkapitals führt, auch betriebsrentenrechtlich an Bedeutung (*BAG v. 23.5.2000 – 3 AZR 83/99*).

629a Trotz positiver Betriebsergebnisse kann die Eigenkapitalausstattung nämlich im Hinblick auf früher eingetretene Substanzeinbußen unzureichend sein und deshalb die für eine Rentenanpassung erforderliche Belastbarkeit des Unternehmens nach wie vor zu verneinen sein. Der Arbeitgeber kann daher in einer solchen Situation die Rentenanpassung verweigern, wenn er davon ausgehen kann, dass der Eigenkapitalmangel jedenfalls bis zum nächsten Anpassungsstichtag fortbesteht (*BAG v. 23.1.2001 – 3 AZR 287/00 – BB 2001, S. 2325*).

629b Der Arbeitgeber hat also nach einer Eigenkapitalauszehrung grundsätzlich das Recht, sich für eine möglichst bald wieder herbeigeführte ausreichende Eigenkapitalausstattung zu entscheiden und bis dahin von Rentenanpassungen Abstand zu nehmen. Dies gilt jedenfalls dann, wenn das Eigenkapital unter das gezeichnete Kapital absinkt, die Gesellschafter daraufhin eine Kapitalrücklage bilden und die anschließend erzielten Gewinne nicht ausschütten, sondern zur Verbesserung der Eigenkapitalausstattung verwenden (*BAG v. 23.1.2001 – 3 AZR 287/00 – BB 2001, S. 2325*).

630 Darüber hinaus ist ebenfalls zu berücksichtigen, ob die Versorgungsverpflichtungen des Arbeitgebers vollständig in der Bilanz ausgewiesen sind. Ob der Arbeitgeber die Versorgungsleistungen selbst erbringt oder z. B. eine Unterstützungskasse einschaltet, spielt insoweit für seine Versorgungspflicht keine entscheidende Rolle. Eine Inanspruchnahme des Arbeitgebers ist nur insoweit ausgeschlossen, als die Unterstützungskasse über ausreichende eigene Mittel verfügt. Bei einer unzureichenden Ausstattung der Unterstützungskasse hat der Arbeitgeber selbst einzustehen. Dies wird durch die Neuregelung in § 1 Abs. 1 Satz 3 BetrAVG sogar aus-

drücklich hervorgehoben. Für die wirtschaftliche Leistungsfähigkeit des Arbeitgebers spielt es daher im Rahmen der Angemessenheitsprüfung nach § 16 BetrAVG keine Rolle, ob Rückstellungen nach den Vorschriften des Handels- und Steuerrechts unterbleiben dürfen. Einem verständigen Kaufmann kann nicht zugemutet werden, später benötigtes Kapital zusätzlich auszugeben (*BAG v. 23.5.2000 – 3 AZR 83/99*). Mithin sind auch bilanziell nicht ausgewiesene Versorgungsverpflichtungen bzw. bilanzielle Unterdeckungen zu Gunsten des Arbeitgebers zu berücksichtigen.

Eine „angemessene Verzinsung" des Eigenkapitals besteht aus der für festverzinsliche Wertpapiere langfristig erzielbaren Verzinsung (Basiszins) und einem Zuschlag für das Risiko, dem das im Unternehmen investierte Kapital ausgesetzt ist. Als Basiszins ist die bei fest verzinslichen Wertpapieren langfristig erzielbare Verzinsung anzusehen. Dies ist die Umlaufrendite öffentlicher Anleihen, wobei man auf Zeiträume von 10 bis zu 20 Jahren abstellen kann (*vgl. zu diesem Vergleichsansatz: Ludewig/Kube, DB 1998, S. 1725, 1727*). Sie kann den Veröffentlichungen des Statistischen Bundesamtes entnommen werden. Der Risikozuschlag beträgt im Rahmen des § 16 BetrAVG einheitlich 2% (*BAG v. 23.5.2000 – 3 AZR 146/99; BB 2000, S. 1248; BAG v. 23.1.2001 – 3 AZR 287/00 – BB 2001, S. 2325, 2326*). Das BAG ist sich bei dieser Festlegung bewusst gewesen, dass es sich dabei um eine willkürliche Festlegung handelt, die allerdings dem Ziel einer einfachen und der Rechtssicherheit dienenden Handhabung der Anpassungsprüfung dient. 631

8. Anpassungsprüfung bei Rentnergesellschaften

Auch das Unternehmen, das liquidiert wurde und dessen einzig verbleibender Gesellschaftszweck die Abwicklung seiner Versorgungsverbindlichkeiten ist (**Rentnergesellschaft**), hat eine Anpassung der Betriebsrenten zu prüfen und hierüber nach billigem Ermessen zu entscheiden (*BAG v. 23.10.1996 – 3 AZR 514/95 – BB 1998, S. 111*). Zur Finanzierung des Anpassungsbedarfs sind die aus der Verzinsung des Deckungskapitals erzielten Erträge und auch die Vermögenssubstanz teilweise zu verwenden (*LAG Hamm v. 3.2.1998 – 6 Sa 727/96 – DB 1998, S. 931*). 632

Inwieweit ein Eingriff in die Vermögenssubstanz zumutbar ist und der Billigkeit entspricht, richtet sich nach dem zum jeweiligen Anpassungsstichtag ermittelten Barwert sämtlicher Versorgungslasten. Wegen der nicht sicher voraussehbaren **Zinsentwicklung** und etwaiger Steigerungen der Lebenserwartung ist die Abwicklungsgesellschaft berechtigt, von einem sich möglicherweise ergebenden Überschuss einen angemessenen Reservebetrag zurückzuhalten und nicht für die Anpassung bereitzustellen (*LAG Hamm v. 3.2.1998 – 6 Sa 727/96 – DB 1998, S. 931*). 633

9. Anpassungsprüfung im Konzern

Die wirtschaftliche Lage eines Unternehmens lässt sich nur bei einer Gesamtbetrachtung umfassend beurteilen. Das hat bei konzernverbundenen Unternehmen zur Folge, dass nicht nur die wirtschaftlichen Verhältnisse des einzelnen Betriebes, sondern die Vermögensverhältnisse der Konzernobergesellschaft zu prüfen sind, wenn ein Beherrschungs- oder ein Gewinnabführungsvertrag besteht (*Griebeling, Rn. 560*). Das gilt auch dann, wenn die Konzernobergesellschaft ihren Sitz im Ausland hat (*BAG v. 14.2.1989 – 3 AZR 191/87 – BB 1989, S. 1902 = DB 1989, S. 1471 =* 634

NZA 1989, S. 844; BAG v. 28.4.1992 – 3 AZR 244/91 – BB 1992, S. 2292 = DB 1992, S. 2402 = NZA 1993, S. 72).

635 Eine Ausnahme besteht nur für den Fall, dass das in Anspruch genommene Unternehmen entweder wirtschaftlich unbeeinflusst handeln konnte oder trotz der wirtschaftlichen Einbindung in den Konzern so gehandelt hat, wie es unter Wahrung der eigenen Interessen als selbständige Gesellschaft gehandelt hätte (*BAG v. 14.2.1989 – 3 AZR 191/87 – BB 1989, S. 1902 = DB 1989, S. 1471 = NZA 1989, S. 844*).

636 Andererseits kann eine solche enge wirtschaftliche Verknüpfung auch ohne Abschluss eines solchen Vertrages vorliegen, nämlich dann, wenn es sich um einen **qualifiziert faktischen Konzern** handelt. Voraussetzung ist, dass das herrschende Unternehmen die Geschäfte des beherrschten Unternehmens dauernd und umfassend geführt hat (*BAG v. 28.4.1992 – 3 AZR 244/91 – BB 1992, S. 2292 = DB 1992, S. 2402 = NZA 1993, S. 72; BAG v. 14.12.1993 – 3 AZR 519/93 – BB 1994, S. 1428 = DB 1994, S. 1147 = ZIP 1994, S. 729; BAG v. 4.10.1994 – 3 AZR 910/93 – BB 1995, S. 777 = DB 1995, S. 528; BAG v. 17.4.1996 – 3 AZR 56/95 – BB 1996, S. 2573 = DB 1996, S. 2496 = BetrAV 1996, S. 322; Griebeling, Rn. 560*).

10. Rentenanpassung bei der Insolvenz des Arbeitgebers

637 Mit der Insolvenz des Arbeitgebers geht die Verpflichtung zur Zahlung der Betriebsrenten gem. §§ 7 ff. BetrAVG auf den Pensions-Sicherungs-Verein (PSV) über. Dieser gesetzliche Insolvenzschutz erfasst allerdings nur den Anspruch auf die zugesagte Rente, dagegen nicht den sich aus § 16 BetrAVG ergebenden gesetzlichen Anspruch auf die Rentenanpassungsprüfung. § 16 BetrAVG verpflichtet nur die **Arbeitgeber**, dagegen nicht den PSV. Der insolvenzgeschützte Arbeitnehmer soll auch nicht bessergestellt werden als derjenige Versorgungsberechtigte, der in einem wirtschaftlich schwachen Unternehmen beschäftigt wird und aufgrund der wirtschaftlichen Situation keine Anpassung erhält (*vgl. BAG v. 22.3.1983 – 3 AZR 574/81 – BB 1983, S. 1730 = DB 1983, S. 1982 = NJW 1983, S. 2902*).

638 Allerdings ist der PSV nach § 7 Abs. 1 BetrAVG verpflichtet, die Versorgungsberechtigten so zu stellen, wie dies ohne Eintritt des Insolvenzfalles vom Arbeitgeber geschehen wäre. Der PSV muss also eine **vertraglich vereinbarte Rentendynamik** übernehmen, soweit der Insolvenzfall einen **Betriebsrentner** trifft (*BAG v. 3.8.1978 – 3 AZR 19/77 – BB 1978, S. 1571 = DB 1978, S. 2127 = NJW 1979, S. 446; BAG v. 15.2.1994 – 3 AZR 705/93 – BB 1994, S. 1222 = NZA 1994, S. 943; LAG Köln v. 15.6.1988 – 2 Sa 357/88 – BB 1989, S. 357*).

639 Demgegenüber hat das BAG (*Urteil v. 22.11.1994 – 3 AZR 767/93 – ZAP 1995, F. 17 R S. 127 mm. Anm. Langohr-Plato*) die **Haftung des PSV** gegenüber **Versorgungsanwärtern** dahingehend **beschränkt**, dass nach § 7 Abs. 2 S. 3 BetrAVG i.V.m. § 2 Abs. 1, Abs. 2 und Abs. 5 BetrAVG Veränderungen der Bemessungsgrundlage, die nach dem Insolvenzfall eintreten, für den Haftungsumfang des PSV unerheblich sind. Danach ist eine vertraglich versprochenen Anpassung von Rentenanwartschaften nach **variablen Bezugsgrößen nicht insolvenzgesichert**.

640 Das BAG **differenziert** somit beim Haftungsumfang des PSV für die von ihm kraft Gesetzes zu übernehmenden Versorgungsverpflichtungen einerseits nach dem **Sta-**

tus des Versorgungsberechtigten im Zeitpunkt der Insolvenzeröffnung und andererseits nach der **Qualität** einer vorhandenen **vertraglichen** Anpassungsverpflichtung. Bei **Betriebsrentnern**, die bereits laufende Leistungen vom nunmehr insolventen Arbeitgeber erhalten haben, richtet sich die Haftung des PSV vollinhaltlich nach der vertraglich vereinbarten Versorgungsverpflichtung. Eine hierin vereinbarte, von § 16 BetrAVG abweichende dynamische Anpassung der Betriebsrente hat auch der PSV zu erfüllen. Dagegen beschränkt sich die Haftung des PSV bei Ansprüchen von **Versorgungsanwärtern** auf den gesetzlich festgelegten Rahmen, den in § 2 Abs. 5 BetrAVG eine **Veränderungssperre** enthält. Diese Veränderungssperre gilt aber nur für solche Indexierungsvereinbarungen, deren künftige Veränderung bei Eintritt des Insolvenzfalles nicht bekannt und auch nicht berechenbar sind. Damit werden von der Veränderungssperre nur **variable** Dynamikklauseln erfasst, nicht dagegen eine **fest vereinbarte Dynamik**, bei der die zukünftigen Rentenerhöhungen bereits aus der Versorgungszusage (x % der Vorjahresrente) entnommen werden können, so dass der Verpflichtungsumfang jederzeit kalkulierbar ist.

11. Anpassung und Mitbestimmung

Bei der Entscheidungsfindung über eine evtl. Anpassung sind keine Mitbestimmungsrechte des Betriebsrates zu berücksichtigen, da dem Betriebsrat für bereits beendete Arbeitsverhältnisse und damit für den gesamten Rentnerbestand keinerlei Vertretungsbefugnis zusteht (§§ 5, 7 BetrVG). Dem Betriebsrat fehlt somit für eine Interessenvertretung der Betriebsrentner jegliche Legitimation (*BAG v. 18.5.1977 – 3 AZR 371/76 – BB 1977, S. 1353 = DB 1977, S. 1655; Blomeyer/Otto, BetrAVG, § 16 Rn. 254 ff.; Höfer, BetrAVG, ArbR, § 16 Rn. 3617 ff.*). Der Betriebsrat kann sich noch nicht einmal auf eine Informationspflicht des Arbeitgebers i.S.v. § 80 BetrVG berufen, da die Betriebsrentner keine „im Betrieb tätige Personen" sind. 641

Aufgrund der fehlenden Legitimation des Betriebsrates ist auch eine **freiwillige Betriebsvereinbarung** nach § 88 BetrAVG über die Beteiligung des Betriebsrates an der Anpassungsprüfung und -entscheidung grundsätzlich **ausgeschlossen**. Soweit hierbei allerdings eine für die Betriebsrentner günstige Entscheidung getroffen wird, handelt es sich um einen nach § 328 BGB zulässigen **Vertrag zugunsten Dritter** (*so auch: Höfer, BetrAVG, ArbR, § 16 Rn. 3621*). 642

12. Information gegenüber den Betriebsrentnern

§ 2 Abs. 6 BetrAVG enthält eine gesetzliche Auskunftspflicht über das Bestehen von unverfallbaren Anwartschaften und der Höhe dieser Anwartschaften. Diese Auskunftspflicht besteht aber nur gegenüber mit unverfallbaren Anwartschaften ausgeschiedenen Mitarbeitern. Eine entsprechende Regelung für eine Rentnerinformation hat der Gesetzgeber nicht vorgesehen. Zur **Mitteilung und Begründung** der Anpassungsentscheidung ist der Arbeitgeber daher nur aufgrund eines entsprechenden **Auskunftsbegehrens** des Versorgungsempfängers verpflichtet (*LAG Hamm v. 19.3.1991 – 6 Sa 697/90 – BB 1991, S. 1126 = NZA 1991, S. 938*). 643

Für den Fall einer überhaupt nicht durchgeführten Anpassungsprüfung leitet die Rechtsprechung allerdings aus dem entsprechenden Schweigen des Arbeitgebers dessen Erklärung ab, nicht anpassen zu wollen (*BAG v. 17.4.1996 – 3 AZR 56/95 – DB 1996, S. 2496*). 644

645 Grundsätzlich empfiehlt sich daher – auch aus Gründen der Rechtssicherheit – eine Mitteilung über die Rentenanpassung an die Betriebsrentner, zumal es sich bei der Entscheidung über die Anpassung um eine gerichtlich überprüfbare Ermessensentscheidung handelt. Hinzu kommt, dass nur bei einer entsprechend begründeten und nachprüfbaren schriftlichen Mitteilung der in § 16 Abs. 4 BetrAVG geregelte Verzicht auf die nachholende Anpassung greift.

13. Unterlassene Prüfungen

646 Kommt der Arbeitgeber seiner Anpassungsprüfungspflicht nicht nach oder trifft er eine unbillige/willkürliche Entscheidung, so kann der Betriebsrentner eine gerichtliche Entscheidung herbeiführen. In diesem Fall hat das Gericht eine Entscheidung nach **billigem Ermessen** i.S.v. § 315 BGB zu treffen (*BAG v. 17.4.1996 – 3 AZR 56/95 – BB 1996, S. 2573 = DB 1996, S. 2496 = BetrAV 1996, S. 322, 324*). Das Gericht hat dann das „**Letztentscheidungsrecht**". Das Urteil ist ein **Gestaltungsurteil** (*Griebeling, Rn. 563; Langohr-Plato, BB 1997, S. 1637*).

14. Verjährung

647 Die Verjährungsfrist für die dem Arbeitgeber obliegende Rechtspflicht zur Anpassungsprüfung und -entscheidung, die dem **Rentenstammrecht** zuzurechnen ist, beträgt 30 Jahre (*Langohr-Plato, BB 1997, S. 1638*). Diese lange Verjährungsfrist wird durch die zum 1.1.2002 in Kraft getretene Schuldrechtsreform nicht beseitigt, sondern durch die mit dieser Schuldrechtsform in den neu in das BetrAVG integrierten § 18a Satz 1 sogar ausdrücklich manifestiert. Diese Vorschrift ist allerdings gemäß § 17 Abs. 3 BetrAVG tarifdispositiv. Damit können die Tarifvertragsparteien insoweit eine abweichende Frist vereinbaren, diese Frist also auch verkürzen. Dagegen unterliegen laufende Rentenleistungen und damit auch der jeweilige Anpassungsbetrag der kurzen, zwei- bzw. vierjährigen Verjährungsfrist nach §§ 196 Abs. 1 Nr. 8, 197 BGB (*Griebeling, Rn. 564; Langohr-Plato, BB 1997, S. 1638*). Diese kurzen Verjährungsfristen werden allerdings entsprechend der Schuldrechtsreform nach § 18a Satz 2 BetrAVG auf drei Jahre (§§ 195, 197 Abs. 2 BGB n.F.) vereinheitlicht. Gemäß § 201 BGB beginnt dabei die Verjährungsfrist am Ende des Kalenderjahres, in dem die jeweiligen monatlichen Versorgungsleistungen fällig werden.

648 Die kurze Verjährungsfrist gilt auch dann, wenn der Arbeitgeber eine Anpassungsprüfung gänzlich unterlässt oder seine Entscheidung nicht billigem Ermessen entspricht. Der Verjährungsbeginn wird in diesen Fällen auch nicht dadurch gehemmt, dass der Arbeitgeber es unterlässt, dem Versorgungsempfänger das Ergebnis seiner Anpassungsprüfung und -entscheidung mitzuteilen (*LAG Hamm v. 19.3.1991 – 6 Sa 697/90 – BB 1991, S. 1126 = NZA 1991, S. 938*).

15. Vertragliche Anpassungsverpflichtungen

649 § 16 BetrAVG hindert den Arbeitgeber nicht daran, sich vertraglich zu einem bestimmten Anpassungsmodus zu verpflichten. Eine entsprechende vertraglich geregelte Rentenindexierung ist als **garantierte Mindestanpassung** zu werten.

§ 16 Abs. 3 Nr. 1 BetrAVG ermöglicht dem Arbeitgeber insoweit sogar ausdrücklich, sich durch eine entsprechende Garantieanpassung in Höhe von 1% p.a. vollständig von der Anpassungsprüfungspflicht zu befreien (*s.o. Rn. 584*).

Neben der **volldynamischen Rentenzusage**, die eine Rentensteigerung in Höhe eines bestimmten Prozentsatzes der jeweiligen Vorjahresrente vorsieht, 649a

> ***„Die zugesagten Versorgungsleistungen erhöhen sich nach Eintritt des Versorgungsfalls um 2% der Vorjahresrente. Stichtag der Rentenanpassung ist jeweils der 1. Juli eines jeden Jahres.“***

kommen folgende Anpassungsvereinbarungen in Betracht:

- **Wertsicherungs-** oder **Indexklauseln** bestimmen die Höhe der zu zahlenden Betriebsrente in Abhängigkeit von dem Wert anderer Bezugsgrößen wie Realgütern (z. B. Goldpreisentwicklung), Leistungen (z. B. Mietzinssteigerung) oder eines Lebenshaltungsindexes

> ***„Die zugesagten Versorgungsleistungen verändern sich nach Eintritt des Versorgungsfalls jeweils zum 1.1. eines Folgejahres entsprechend der Entwicklung des Lebenshaltungskostenindex eines 4-Personen-Arbeitnehmer-Haushalts mit mittlerem Einkommen.“***

  Derartige Wertsicherungs- und Indexklauseln sind allerdings nach § 3 Währungsgesetz i.V.m. § 49 Abs. 2 Außenwirtschaftsgesetz **genehmigungspflichtig** (*Griebeling, Rn. 523; Langohr-Plato, BB 1997, S. 1639*). Die Genehmigung ist bei der Deutschen Bundesbank über die örtlich zuständige Landeszentralbank einzuholen.

- **Spannungsklauseln** liegen vor, wenn sich die Höhe der betrieblichen Versorgungsleistung in Anlehnung an entsprechende Versorgungsleistungen aus anderen Bereichen ergeben, insbesondere die Anpassung entsprechend der Gehaltsentwicklung der Beamtenbesoldung, Angestelltengehälter, Pensionen oder Renten der Sozialversicherung vorgenommen werden soll.

> ***„Die zugesagten Versorgungsleistungen verändern sich nach Eintritt des Versorgungsfalls im gleichen Verhältnis und zum gleichen Zeitpunkt, wie sich das monatliche Grundgehalt eines verheirateten Bundesbeamten der Besoldungsgruppe A 13 in der höchsten Dienstaltersstufe verändert.“***

  Derartige Klauseln sind **genehmigungsfrei, wenn** die Gleichläufigkeit gewährleistet ist, sich also neben Erhöhungen auch Reduzierungen der benannten Vergleichsgröße auswirken sollen (*BGH v. 17.9.1954 – V ZR 79/53 – BGHZ 14, S. 306 = NJW 1954, S. 1684; BGH v. 1.4.1968 – II ZR 123/66 – DB 1968, S. 1453; Frielingsdorf, DB 1982, S. 790 f.*).

  Verweisen Spannungsklauseln auf beamtenrechtliche Versorgungs- bzw. Besoldungsbestimmungen und sehen sie vor, dass sich die betrieblichen Versorgungsansprüche in der Höhe nach dem „Grundgehalt einer bestimmten beamtenrechtlichen Besoldungsgruppe“ richten, dann sind die **jährlichen Sonderzuwendungen** (insbes. Weihnachtszuwendungen) bei der Berechnung der Betriebsrentenhöhe mit zu berücksichtigen und führen zu einer erhöhten bzw. zusätzlichen Versorgungsleistung (*BAG v. 10.1.1975 – 3 AZR 70/74 – BB 1975, S. 970 = DB 1975, S. 1368; BAG v. 20.10.1975 – 3 AZR 555/74 – BB 1976, S. 137 = DB 1976, S. 200; Griebeling, Rn. 524; Langohr-Plato, BB 1997, S. 1639*).

- Gelegentlich findet man in Versorgungsordnungen auch bloße **Absichtserklärungen** des Arbeitgebers normiert, das betriebliche Versorgungswerk veränderten wirtschaftlichen Verhältnissen anzupassen.

> ***„Der Arbeitgeber verpflichtet sich, nach billigem Ermessen eine Anpassung der laufenden Versorgungsleistungen zu überprüfen, wenn der Anstieg der Lebenshaltungskosten eines 4-Personen-Arbeitnehmer-Haushalts mit mittlerem Einkommen über einen Zeitraum von 3 Jahren hinweg 5% übersteigt."***

Derartige **Entwicklungs-** bzw. **Loyalitätsklauseln** entsprechen im Regelfall der gesetzlichen Anpassungsprüfungsverpflichtung **gemäß** § 16 BetrAVG und sind ohne weiteres zulässig. Hieraus ergeben sich aber keine über § 16 BetrAVG hinausgehenden Ansprüche der Betriebsrentner.

649b Freiwillig erfolgte Anpassungen können auf die gesetzliche Anpassungsprüfung nach § 16 BetrAVG angerechnet werden (*BAG v. 15.9.1977 – 3 AZR 654/76 – BB 1977, S. 1550 = DB 1977, S. 1903 = NJW 1977, S. 2370; BAG v. 17.1.1980 – 3 AZR 1018/78 – BB 1980, S. 419; BAG v. 3.2.1987 – 3 AZR 330/85 – BB 1987, S. 1673 = DB 1987, S. 2046; BAG v. 28.4.1992 – 3 AZR 356/91 – BB 1992, S. 2296 = DB 1993, S. 282 = NZA 1993, S. 74; Blomeyer/Otto, BetrAVG, Einl. Rn. 697; Griebeling, Rn. 547; Höfer, BetrAVG, Bd. I – ArbR, § 16 Rn. 3633; Langohr-Plato, BB 1997, S. 1635*). Dies gilt auch für eine dem Betriebsrentner einmalig gewährte Kapitalzahlung.

VI. Persönlicher Geltungsbereich (§ 17 BetrAVG)

1. Arbeitnehmerbegriff

650 Das Betriebsrentengesetz ist ein **Arbeitnehmerschutzgesetz** (*Lutz/Langohr-Plato, S. 10*). Als solches erstreckt sich sein persönlicher Geltungsbereich in erster Linie auf Arbeitnehmer, wobei § 17 Abs. 1 BetrAVG eine eigenständige **Definition des Arbeitnehmerbegriffs** enthält. Danach sind Arbeitnehmer im betriebsrentenrechtlichen Sinne alle Arbeiter und Angestellte einschließlich der zu ihrer Berufsausbildung Beschäftigten. Nach der gesetzlichen Regelung in § 17 Abs. 1 BetrAVG steht ein Berufsausbildungsverhältnis ausdrücklich einem Arbeitsverhältnis gleich. Mithin werden vom Betriebsrentengesetz alle in einer **abhängigen Tätigkeit** Beschäftigten erfasst, deren Tätigkeit auf einem Dienst- oder Anstellungsverhältnis beruht. Dies sind neben den von § 5 Abs. 1 ArbGG erfassten Arbeitnehmern auch alle Heimarbeiter, Hausgewerbetreibende und selbständige Handelsvertreter, die als Ein-Firmenvertreter mit geringen Einkünften tätig sind (*vgl. a.: Ahrend/Förster, BetrAVG, § 17 Anm. 1; Blomeyer, BetrAVG, § 17 Rn. 8 ff.; Griebeling, Rn. 58; Höfer, BetrAVG, ArbR, § 17 Rn. 3670 ff.*).

651 Lediglich für den nach § 1a BetrAVG bestehenden Rechtsanspruch auf Entgeltumwandlung, der als Ausgleich für Einschnitte im Leistungsniveau der gesetzlichen Rentenversicherung im Rahmen der BetrAVG-Novelle 2001 in das Gesetz eingeführt worden ist, gilt ein modifizierter Arbeitnehmerbegriff. § 17 Abs. 1 S. 3

BetrAVG bestimmt mit Wirkung vom 1.1.2002, dass der Anspruch auf Entgeltumwandlung nach § 1a Abs. 1 BetrAVG nur den Arbeitnehmern zusteht, die in der gesetzlichen Rentenversicherung pflichtversichert sind. Ansonsten bleibt der Arbeitnehmerbegriff in seiner bisherigen Definition erhalten. Bedeutung hat dies für alle nicht in der gesetzlichen Rentenversicherung pflichtversicherten Arbeitnehmer. Sie können keinen Rechtsanspruch auf betriebliche Altersversorgung geltend machen. Dies gilt insbesondere für Mitarbeiter, die in einem berufsständischen Versorgungswerk versichert sind.

Darüber hinaus findet gemäß § 17 Abs. 1 S. 2 BetrAVG das Gesetz aber auch **auf Nichtarbeitnehmer** Anwendung, sofern ihnen vom Arbeitgeber finanzierte betriebliche Versorgungsleistungen **aus Anlass ihrer Tätigkeit für ein fremdes, nicht eigenes Unternehmen** zugesagt worden sind. Entgegen dem ersten Eindruck, dass über diese Generalklausel alle für ein Unternehmen in irgendeiner Art und Weise tätigen Personen erfasst werden könnten, muss die Vorschrift nach ihrem Sinn und Zweck **einschränkend** ausgelegt werden (*so auch: Griebeling, Rn. 62 f.; Höfer, BetrAVG, ArbR, § 17 Rn. 3707 f.*). 652

Versorgungsleistungen eines Unternehmens sind danach nur dann in den Schutzbereich des Betriebsrentengesetzes einzubeziehen, wenn sie als Entgelt für eine einem **fremden Unternehmen** gegenüber erbrachte Tätigkeit gewährt werden. Damit unterfallen **selbständige Unternehmer** (u.a. Einzelkaufleute, Gesellschafter von Personengesellschaften, persönlich haftende Gesellschafter einer KG) und solche **Gesellschafter** eines Unternehmens nicht dem Schutz des Betriebsrentengesetzes, die das Unternehmen kraft ihrer Kapitalanteile oder aufgrund sonstiger Leitungsmacht führen, und zwar unabhängig davon wie ihre Tätigkeit für das Unternehmen steuer- und sozialversicherungsrechtlich zu bewerten ist. Diese Personen werden nicht für ein fremdes, sondern für ihr eigenes Unternehmen tätig (*Ahrend/Förster, BetrAVG, § 17 Anm. 1; Griebeling, Rn. 62 f.; Höfer, BetrAVG, ArbR, § 17 Rn. 3709; Lutz/Langohr-Plato, S. 10*). 653

Demnach erfasst § 17 Abs. 1 S. 2 BetrAVG in erster Linie **arbeitnehmerähnliche** Personen, aber auch Handelsvertreter, Versicherungsvertreter, und die nicht beteiligten Organe einer Kapitalgesellschaft, d.h. die Vorstände und rein angestellten Geschäftsführer, sowie freiberuflich Tätige (*Ahrend/Förster, BetrAVG, § 17 Anm. 1*). Hinsichtlich der **Freiberufler** ist allerdings zu berücksichtigen, dass hier – unabhängig von der Anwendbarkeit des Betriebsrentengesetzes – **standesrechtliche Restriktionen** hinsichtlich der Gewährung betrieblicher Versorgungszusagen durch vom Freiberufler betreute Unternehmen bestehen können. So sieht z. B. die Berufsordnung der Wirtschaftsprüfer ein ausdrückliches Verbot der Entgegennahme betrieblicher Versorgungszusagen vor, da durch entsprechende Versorgungszusagen die Unabhängigkeit des Wirtschaftsprüfers bei seiner Berufsausübung als nicht mehr gewährleistet angesehen wird. 654

Inwieweit der Schutz des Betriebsrentengesetzes für **Gesellschafter-Geschäftsführer** einer Kapitalgesellschaft gilt (*vgl. u.a.: BGH v. 25.9.1989 – II ZR 259/88 – MDR 1990, S. 137 = NJW 1990, S. 49; BGH v. 28.1.1991 – II ZR 29/90 – DB 1991,* 655

S. 1231 = MDR 1991, S. 608 = NJW-RR 1991, S. 746), muss demnach im konkreten Einzelfall anhand der jeweiligen Beteiligungsverhältnisse, Stimmrechte und faktischen Einflussnahme geprüft werden. Die dabei zu beachtenden sonstigen arbeits- und steuerrechtlichen Rahmenbedingungen sind an anderer Stelle ausführlich dargestellt *(vgl. Rn. 1092 ff.)*.

656 Wechselt der Versorgungsberechtigte im Laufe seiner Tätigkeit für ein Unternehmen aus der gesetzlich geschützten Arbeitnehmerposition in eine vom Betriebsrentengesetz nicht erfasste Unternehmerstellung oder umgekehrt (**Statuswechsel**), so ist eine ihm erteilte Versorgungszusage entsprechend in einen geschützten und einen ungeschützten Teil aufzuspalten. Unabhängig vom Status des Versorgungsberechtigten beim Eintritt des Versorgungsfalls unterfallen die Zeiten als Arbeitnehmer dem Betriebsrentengesetz und werden bei den Unverfallbarkeitsfristen sowohl hinsichtlich der Zusagedauer, als auch im Rahmen der Betriebszugehörigkeit mit berücksichtigt (*BGH v. 28.4.1980 – II ZR 254/78 – BB 1980, S. 1046 = DB 1980, S. 1434 = NJW 1980, S. 2254; BGH v. 9.6.1980 – II ZR 255/78 – BB 1980, S. 1215 = DB 1980, S. 1588 = NJW 1980, S. 2257; BGH v. 16.6.1980 – II ZR 185/79 – BB 1980, S. 1425 = DB 1980, S. 1991= NJW 1980, S. 2471; BGH v. 14.7.1980 – II ZR 106/79 – BB 1980, S. 1425 = DB 1980, S. 1991 = NJW 1980, S. 2471; BGH v. 16.2.1981 – II ZR 95/80 – BB 1981, S. 615 = BetrAV 1981, S.58; BGH v. 25.9.1989 – II ZR 259/88 – DB 1989, S. 2425 = MDR 1990, S. 320; Höfer, BetrAVG, ArbR, § 17 Rn. 3774 ff.*). Allein der auf diese Zeiten entfallende Anwartschaftswert unterliegt dem gesetzlichen Insolvenzschutz.

657 Der Ausschluss einer betrieblichen Versorgungszusage aus dem Anwendungsbereich des Betriebsrentengesetzes führt allerdings nicht zu deren arbeits- und zivilrechtlichen Unwirksamkeit. Vielmehr können auch vom Betriebsrentengesetz nicht erfasste Personen rechtswirksam eine betriebliche Altersversorgung erhalten. Soweit auf diese Zusagen dann das Betriebsrentengesetz keine Anwendung findet, können seine wesentlichen Bestimmungen wie z. B. zur Unverfallbarkeit oder zur Anpassungsprüfung zum Inhalt einer entsprechenden **vertraglichen Versorgungsvereinbarung** gemacht werden. Lediglich der gesetzliche Insolvenzschutz kann privatrechtlich nicht herbeigeführt werden, da eine entsprechende Vereinbarung als **Vertrag zu Lasten Dritter** nicht zulässig ist (*vgl. a.: Höfer, BetrAVG, ArbR, § 17 Rn. 3815*).

2. Öffentlicher Dienst

658 Gemäß § 17 Abs. 2 BetrAVG gelten die §§ 7 – 15 BetrAVG geregelten Bestimmungen zum **gesetzlichen Insolvenzschutz** nicht für die Mitarbeiter des öffentlichen Dienstes soweit sie bei einer **Gebietskörperschaft** (Bund, Bundesländer und Gemeinden) oder einer Körperschaft, Stiftung bzw. Anstalt des öffentlichen Rechts, bei der ein **Konkurs nicht zulässig** ist, angestellt sind. Diesen Arbeitgebern gleichgestellt sind solche juristische Personen des öffentlichen Rechts, bei denen der Bund, ein Land oder die Gemeinde kraft Gesetzes die Zahlungsunfähigkeit sichert (z. B. kommunale Sparkassen und Landesbanken, AOK in NRW, Versicherungskammern).

In allen anderen Fällen greift auch im öffentlichen Dienst der gesetzliche Insolvenzschutz ein. Dies gilt insbesondere für die in der Rechtsform einer AG oder GmbH betriebenen Unternehmen (z. B. im Bereich Verkehr und Entsorgung), bei denen die Gebietskörperschaft alleiniger Anteilseigner oder Mehrheitsgesellschafter ist.

Berücksichtigt man ferner, dass gemäß § 18 Abs. 1 BetrAVG die gesetzlichen Re- 659
gelungen zur **Unverfallbarkeit**, zum **Auszehrungsverbot** und zur **Anpassungsprüfungspflicht** für die Mitarbeiter des öffentlichen Dienstes **nicht gelten**, so hat das BetrAVG im öffentlichen Dienst nur einen sehr **begrenzten Anwendungsbereich**, der sich im wesentlichen auf die in § 1 BetrAVG geregelte Unverfallbarkeit betrieblicher Versorgungsanwartschaften dem Grunde nach beschränkt. Im Übrigen regelt sich die betriebliche Altersversorgung des öffentlichen Dienstes nach dem **Satzungsrecht** diverser **Zusatzversorgungskassen**. Die sich hieraus ergebenden Besonderheiten werden im nachfolgenden Kapitel *(Rn. 676 ff.)* dargestellt.

3. Tarifliche Sonderrechte, Tariföffnungsklausel und Tarifvorbehalt

Gemäß § 17 Abs. 3 S. 1 BetrAVG kann von den gesetzlichen Regelungen der §§ 1a, 660
2 – 5, 16, 27 und 28 BetrAVG, d. h. insbesondere den gesetzlichen Regelungen zur **Unverfallbarkeit**, zum **Auszehrungsverbot** und zur **Anpassungsprüfungspflicht** nur in Tarifverträgen abgewichen werden. Im Übrigen, d. h. durch Individual- oder Betriebsvereinbarung, darf gemäß § 17 Abs. 1 S. 3 BetrAVG von den Bestimmungen des BetrAVG nur zugunsten des Versorgungsberechtigten abgewichen werden.

Die Abweichung gilt zunächst nur für die tarifgebundenen Arbeitgeber und Ar- 661
beitnehmer. Sie kann im Wege der Allgemeinverbindlichkeitserklärung nach § 5 TVG auch für nicht tarifgebundene Arbeitnehmer und Arbeitgeber Anwendung finden. Außerdem gelten gemäß § 17 Abs. 3 S. 2 BetrAVG die Abweichungen auch zwischen nicht tarifgebundenen Arbeitgebern und Arbeitnehmern, wenn zwischen diesen die Geltung der einschlägigen tariflichen Regelung vereinbart ist. Dies ist im Wege der einzelvertraglichen Übernahme möglich sowie aufgrund betrieblicher Übung, nicht jedoch durch Betriebsvereinbarung. Grundsätzlich nicht möglich ist die Übernahme einer tarifvertraglichen Regelung in ein Unternehmen, das nicht dem tariflichen Geltungsbereich unterliegt.

Im Rahmen der Vereinbarung kann zudem grundsätzlich nur die gesamte tarifliche 662
Regelung hinsichtlich der betrieblichen Altersversorgung übernommen werden. Eine Übernahme nur der für den Arbeitnehmer ungünstigen Abweichungen ist nicht zulässig (*so auch: Höfer, BetrAVG, Bd. I, ArbR, § 17 Rn. 3804*).

In allen anderen Fällen kann gemäß § 17 Abs. 3 S. 3 BetrAVG nach dem Gesetzes- 663
wortlaut nicht zu Ungunsten des Arbeitnehmers abgewichen werden.

Die vorgestellten Grundsätze gelten auch für außertarifliche und für leitende An- 664
gestellte. Da mit wenigen Ausnahmen für leitende Angestellte keine Tarifverträge bestehen, können nach dem Gesetzeswortlaut Abweichungen zu Ungunsten dieses Personenkreises nur dann vereinbart werden, wenn bereits ein Tarifvertrag für die übrigen Arbeitnehmer existiert und dessen Geltung individuell vereinbart wird.

665 Dieses Ergebnis kann man wegen geringerer Schutzbedürftigkeit des Personenkreises in Frage stellen, wenn und soweit überhaupt für einzelne außertarifliche Angestellte und/oder leitende Angestellte eine betriebliche Altersversorgung existiert bzw. nur für diese von den Vorschriften des BetrAVG abgewichen werden soll. Jedoch fallen auch diese Gruppen unter den Schutz des BetrAVG. Das BetrAVG lässt Abweichungen zu Ungunsten des Arbeitnehmers nur zu, wenn dies in einem Tarifvertrag vereinbart ist. Die Öffnungsklausel beruht auf der Vorstellung, Tarifvertragsparteien seien gleichstarke Partner im Aushandeln arbeitsvertraglicher Bedingungen, so dass staatlicher Schutz des Arbeitnehmers entbehrlich ist. Außertarifliche Angestellte und selbst leitende Angestellte wird man dagegen nicht als gleichstarke Partner des Arbeitgebers ansehen können, die des Schutzes durch das BetrAVG nicht bedürfen. Dementsprechend wird man auch nicht im Wege der entsprechenden Anwendung eine Abweichung durch bloße Vereinbarung mit dem außertariflichen bzw. leitenden Angestellten zulassen können.

666 Konsequenz der gesetzlichen Regelung ist also, dass die als **zwingende Mindestschutznormen** ausgestalteten Vorschriften des BetrAVG außerhalb des Tarifvertragsrechts generell **unabdingbar** sind und nicht zum Nachteil der Versorgungsberechtigten abgeändert werden können und zwar auch nicht mit deren Einverständnis.

667 Ergibt eine Überprüfung einer vertraglich vom BetrAVG abweichenden Versorgungsvereinbarung eine Benachteiligung des Versorgungsberechtigten, so ist die entsprechende, den Versorgungsberechtigten benachteiligende Regelung gemäß **§ 134 BGB nichtig** (*Ahrend/Förster, BetrAVG, § 17 Anm. 3; Höfer, BetrAVG, ArbR, § 17 Rn. 3814*) und wird durch die entsprechende gesetzliche Bestimmung ersetzt (*Blomeyer/Otto, BetrAVG, § 17 Rn. 209; Höfer, BetrAVG, ArbR, § 17 Rn. 3814*).

668 Eine den Versorgungsberechtigten gegenüber den Bestimmungen des Betriebsrentengesetz **begünstigende Regelung**, z. B. die vertragliche Verkürzung der Unverfallbarkeitsfrist, eine über das ratierliche Berechnungsverfahren des § 2 BetrAVG hinausgehende Regelung zur Höhe der unverfallbaren Anwartschaft oder eine vertragliche Rentenanpassungsverpflichtung ist dagegen jederzeit **zulässig**. Auch ein über den gesetzlichen Insolvenzschutz hinausgehender privatrechtlicher Insolvenzschutz ist zulässig, soweit er nicht zu Lasten des PSV, sondern z. B. über die Verpfändung einer Rückdeckungsversicherung gestaltet wird *(vgl. die Ausführungen unter Rn. 1120 ff.).*

669 §17 Abs. 5 BetrAVG sieht zudem vor, dass für Tariflohn nur dann eine Entgeltumwandlung vereinbart werden, soweit dies durch einen Tarifvertrag vorgesehen (tarifvertraglicher Anspruch auf Entgeltumwandlung) oder durch Tarifvertrag zugelassen (sog. „Öffnungsklausel“) ist.

670 Anwendung findet die Vorschrift nach § 30h BetrAVG auf Entgeltumwandlungen, die auf Zusagen beruhen, die nach dem Tag der Verkündung des Gesetzes erteilt werden. Die Vorschriften der §§ 17 Abs. 5, 30h BetrAVG sind dementsprechend am 27.6.2001 in Kraft getreten.

Damit ist ab diesem Tag eine Zusageerteilung im Rahmen der Entgeltumwandlung – insbesondere auch im Durchführungsweg der Direktversicherung – ab diesem Datum ohne entsprechende tarifvertragliche „Genehmigung" nicht mehr möglich, soweit auf Tarifentgelt verzichtet bzw. Tarifentgelt umgewandelt wird. 671

Die Vorschrift stellt auf die einzelne Entgeltumwandlungsvereinbarung zwischen Arbeitgeber und Arbeitnehmer ab. Relevantes Datum ist die Zusageerteilung. Eine solche ist in der Regel mit Abschluss der Entgeltumwandlungsvereinbarung erteilt. Je nach Inhalt der Vereinbarung kann dies auch ein späterer Zeitpunkt sein. Zu beachten sind insbesondere eventuelle aufschiebende Bedingungen (z. B. Zusageerteilung nur bei Abschluss der Direkt- oder Rückdeckungsversicherung), die den Zeitpunkt der Zusageerteilung nach hinten verschieben können. 672

Nicht möglich ist es daher, auf das Datum abzustellen, seit dem eine kollektive Regelung etwa in Gestalt einer Betriebsvereinbarung existiert, die den Rahmen für die einzelne Entgeltumwandlung beschreibt. Auch in diesen Fällen wird eine Zusage regelmäßig frühestens mit Abschluss der Entgeltverzichtsvereinbarung zwischen Arbeitgeber und Arbeitnehmer erteilt. 673

Darüber hinaus ist im Bereich von so genannten Einmal-Verzichtsvereinbarungen (Bausteinsysteme mit jährlich neuem Verzicht) fraglich, ob für das Datum der Zusageerteilung die jeweilige – z. B. jährliche – Verzichtsvereinbarung maßgeblich ist. Damit könnte ein solches System im Tariflohnbereich für Zusagen ab dem obigen Stichtag nur noch mit einer entsprechenden tariflichen Regelung fortgesetzt werden. Vielmehr wird man darüber nachzudenken haben, ob nicht mit Hinweis auf die so genannte Einheitstheorie die Gegenauffassung vertreten werden und demnach ein solches System unabhängig von einer tarifvertraglichen Öffnungsklausel fortgesetzt werden kann. Insoweit wird es jedoch auf den konkreten Einzelfall ankommen. 674

Soweit Tarifvertragsparteien einen detaillierten Tarifvertrag zur betrieblichen Altersversorgung gegen Entgeltumwandlung abschließen wollen, können sie wie schon bisher im Rahmen des § 17 Abs. 3 BetrAVG, von einigen Vorschriften des BetrAVG auch zu Ungunsten der Arbeitnehmer davon abweichen. Insoweit sind jedoch die von der Rechtsprechung hierzu festgelegten Grundsätze zu beachten, wonach eine völlige Aushöhlung der gesetzlichen Regelungen und der darin zum Ausdruck kommenden Wertordnung unzulässig ist (*vgl. das Beispiel bei Höfer, BetrAVG, Bd. I, ArbR, Rn. 3799 sowie BVerfG v.* 15.7.1998 *– 1 BvR 1544/89 – ArbuR 1999, S. 147; Blomeyer, DB 2001, S. 1416*). 675

Letztendlich führt diese Regelung aber zu einem sehr weiten Gestaltungsspielraum der Tarifvertragsparteien (*vgl. a. die ausführliche systematische Abhandlung bei Schliemann, BetrAV 2001, S. 732 und Steinmeyer, BetrAV 2001, S. 727*), da sie es letztendlich in der Hand haben, ob eine Entgeltumwandlung überhaupt in den tarifgebundenen Unternehmen realisiert werden kann. Angesichts der Tatsache, dass kein Zwang zum Abschluss von Versorgungstarifverträgen besteht, die Tarifvertragsparteien also durch bloßes Nichtstun die Entgeltumwandlung verhindern und damit die vom Gesetzgeber beabsichtigte Förderung der betrieblichen Altersver- 675a sorgung durch Entgeltumwandlung aushebeln können, ist jeder Tarifvertrag, der eine Entgeltumwandlung ermöglicht, für die Arbeitnehmer günstiger, als ein nicht existenter Tarifvertrag. Von daher dürfte es auch zulässig sein, über § 17 Abs. 5 i.V.m. § 17 Abs. 3 BetrAVG sehr weit in den Regelungsbereich des gesetzlichen Rechtsanspruchs auf Entgeltumwandlung einzugreifen und z. B. die umwandlungsfähigen Beträge zu reduzieren oder zu erhöhen, die steuerliche Förderung nach § 10a EStG aus der betrieblichen Altersversorgung auszuschließen und auf die Privatvorsorge zu verlagern oder auch steuerlich nicht geförderte Durchführungswege wie die Pensionszusage oder die Unterstützungskasse für die Entgeltumwandlung vorzusehen.

VII. Grundsätze der betrieblichen Altersversorgung im öffentlichen Dienst (§ 18 BetrAVG)

Literatur: *Berger/Kiefer*, Das Versorgungsrecht für die Arbeitnehmer des öffentlichen Dienst, Loseblatt-Ausg., München; *Gilbert/Hesse*, Die Versorgung der Angestellten und Arbeiter des öffentlichen Dienstes, Loseblatt-Ausg., München

676 Die Altersversorgung der Mitarbeiter des öffentlichen Dienstes erfolgt über Zusatzversorgungskassen, die regelmäßig als Pensionskassen in der Rechtsform einer **Anstalt des öffentlichen Rechts** geführt werden. Hierbei handelt es sich zum einen um die Versorgungsanstalt des Bundes und der Länder (VBL) und zum anderen um eine Vielzahl kommunaler Zusatzversorgungskassen (ZVK). Das Leistungsrecht, d.h. Leistungsvoraussetzungen und Leistungsumfang) dieser Versorgungseinrichtungen ist identisch und zeichnet sich durch ein Verbundsystem aus, nach dem Versicherungszeiten aufgrund Vereinbarung zwischen den einzelnen Zusatzversorgungskassen übertragen bzw. aufeinander angerechnet werden können. Ausgehend von diesem einheitlichen rechtlichen Rahmen beschränken sich die nachfolgenden Ausführungen auf die Satzungsbestimmungen der VBL*.

1. Mitgliedschaftsvoraussetzungen

677 Jeder Arbeitnehmer

- des Bundes, der Länder, der Gemeinden und sonstiger Gebietskörperschaften,
- einer juristischen Person des öffentlichen Rechts, die das Tarifrecht des öffentlichen Dienstes anwendet,
- sowie eines Arbeitgebers, der das Tarifrecht des öffentlichen Dienstes anwendet und an dem juristische Personen des öffentlichen Rechts überwiegend beteiligt sind oder maßgeblichen Einfluss ausüben,

ist grundsätzlich in der VBL **pflichtversichert**, sofern er das 17. Lebensjahr vollendet hat und er die Wartezeit von 60 Umlagemonaten bis zur Vollendung des 65. Lebensjahres erfüllen kann.

* §§ ohne nähere Bezeichnung sind solche der VBL-Satzung

Im Rahmen der Satzungsbestimmungen ist für die beteiligten Unternehmen eine **Austrittsmöglichkeit** für den Fall einer **Privatisierung** des Unternehmens geregelt. Danach hat das ausscheidende Unternehmen nach erfolgter Kündigung der Mitgliedschaft für die von der Zusatzversorgungskasse zu erfüllenden Versorgungsverpflichtungen für die im Zeitpunkt des Austritt laufenden Renten und die zukünftig fällig werdenden Zahlungsverpflichtungen gegenüber bereits mit unverfallbaren Anwartschaften ausgeschiedenen Versorgungsberechtigten sowie für deren Hinterbliebene durch eine **Ausgleichszahlung** in Höhe des „**Gegenwertes**" zu erstatten. Dieser Gegenwert ist nach versicherungsmathematischen Grundsätzen auf der Basis eines Rechnungszinses von 5,5% zu ermitteln. 678

2. Finanzierung und Besteuerung der Versorgungsleistungen

Die Leistungen der VBL werden in einem Umlageverfahren, dem sog. **Abschnittsdeckungsverfahren**, finanziert. Als monatliche Umlage ist ein bestimmter Prozentsatz des zusatzversorgungspflichtigen Entgelts (= steuerpflichtiges Entgelt) des Versicherten zu entrichten. 679

Der **Umlagesatz** wird für einen Deckungsabschnitt von fünf Jahren festgesetzt und beträgt derzeit für Versicherungen aus dem alten Bundesgebiet 7,7 %. Für Versicherungen aus dem Beitrittsgebiet - diese haben erst 1997 begonnen - liegt der Umlagesatz im ersten Deckungsabschnitt bei 1 %. 679a

Seit dem 1.1.1999 werden die Arbeitnehmer wieder an der Finanzierung der Zusatzversorgung beteiligt. Bis zu einem Umlagesatz von 5,2 % trägt der Arbeitgeber die Umlage allein. Die darüber hinausgehenden Aufwendungen werden zur Hälfte vom Arbeitgeber durch eine Umlage und zur Hälfte vom Arbeitnehmer durch einen Beitrag zur Umlage getragen. Bei einem Umlagesatz von derzeit 7,86 % beträgt somit der Beitrag des Arbeitnehmers 1,41 %. 679b

Die **Besteuerung** der Umlage erfolgt bis zu einem Betrag von monatlich 92,- € gemäß § 40b EStG im **Pauschalsteuerverfahren** mit einem Pauschalsteuersatz von derzeit 20% zzgl. Kirchensteuer und Solidaritätszuschlag (2002 = 22,9 % insgesamt). Die Pauschalsteuer wird **von den Arbeitgebern getragen**. Über die genannte Pauschalierungsgrenze hinausgehende Beträge sind individuell vom jeweiligen Arbeitnehmer selbst zu versteuern. 680

Die **Versteuerung** der im Leistungsfall ausgezahlten **Renten** erfolgt gemäß § 22 EStG mit dem sog. „**Ertragsanteil**". 681

3. Leistungsumfang

Bei den von den Zusatzversorgungskassen gezahlten Versorgungsleistungen wird zwischen der dynamischen **Versorgungsrente** und der statischen **Versicherungsrente** unterschieden. 682

a) Versorgungsrente

Aus der Zusatzversorgung erhalten pflichtversicherte Arbeitnehmer eine Versorgungsrente im Rahmen einer an **beamtenrechtlichen Grundsätzen** orientierten 683

Gesamtversorgung. Als Grundversorgung steht Arbeitnehmern in der Regel die Rente der gesetzlichen Rentenversicherung zur Verfügung. Diese wird durch die Versorgungsrente bis zur Höhe der Gesamtversorgung aufgestockt.

684 Anspruch auf Versorgungsrente hat der Versicherte, der bei Eintritt des Versicherungsfalles die **Wartezeit** erfüllt hat und in diesem Zeitpunkt pflichtversichert ist oder als pflichtversichert gilt (vgl. § 37 VBL-Satzung)

685 Der Versicherungsfall tritt bei einem Versicherten in der Regel an dem Tag ein, von dem an aufgrund des Bescheides des gesetzlichen Rentenversicherungsträgers (z. B. BfA, LVA) seine Altersrente als Vollrente oder seine Berufs- oder Erwerbsunfähigkeitsrente beginnt. Wird eine Altersrente nur als **Teilrente** gewährt, tritt in der Zusatzversorgung der Versicherungsfall nicht ein.

686 **Altersrente** sind die

- Regelaltersrente (§ 35 SGB VI),
- Altersrente für langjährig Versicherte (§ 36 SGB VI),
- Altersrente für Schwerbehinderte, Berufsunfähige oder Erwerbsunfähige (§ 37 SGB VI),
- Altersrente wegen Arbeitslosigkeit (§ 38 SGB VI),
- Altersrente für Frauen (§ 39 SGB VI),
- Altersrente für langjährig unter Tage beschäftigte Versicherte (§ 40 SGB VI).

687 **Erwerbsunfähige** erhalten 100%, **Berufsunfähige** 70% der dem Versicherten zustehenden Versorgungsrente.

688 Die **Hinterbliebenenversorgung** beträgt für Witwen und Witwer 60% der Erwerbsunfähigkeitsrente. Ist die Witwe bzw. der Witwer jünger als 45 Jahre, besteht nur ein Anspruch auf 70% dieses Betrages sofern keine Kinder zu erziehen sind. Die Waisenrente beträgt 12% für Halbwaisen und 20% für Vollwaisen jeweils bezogen auf die maßgebliche Versorgungsrente.

689 Die **Höhe** der Gesamtversorgung ist abhängig von der **gesamtversorgungsfähigen Zeit** und dem **gesamtversorgungsfähigen Entgelt**.

690 Das **gesamtversorgungsfähige Entgelt** wird in der Regel als **monatlicher Durchschnitt** der zusatzversorgungspflichtigen Entgelte der **letzten drei Kalenderjahre** vor dem Jahr des Eintritts des Versicherungsfalles berechnet.

691 Das Entgelt eines jeden dieser Jahre wird um die Summe der Vomhundertsätze erhöht oder vermindert, um die sich nach Ablauf des jeweiligen Kalenderjahres bis einschließlich des Tages des Beginns der Versorgungsrente die Versorgungsbezüge der maßgeblichen Versorgungsempfänger des Bundes infolge von Veränderungen der wirtschaftlichen Verhältnisse allgemein erhöht oder vermindert haben.

Die Summe dieser Entgelte ist durch die Zahl der Umlagemonate im Berechnungszeitraum zu teilen.

Die Gesamtversorgung wird mit einem von der gesamtversorgungsfähigen Zeit (**maximal 40 anrechenbare Dienstjahre**) abhängigen Vomhundertsatz aus dem gesamtversorgungsfähigen Entgelt berechnet. Sie wird dann auf einen, wiederum von der gesamtversorgungsfähigen Zeit abhängigen Vomhundertsatz eines **fiktiven Nettoarbeitsentgelts** begrenzt. 692

Der Vomhundertsatz der Gesamtversorgung (§ 41 Abs. 2 Satz 1) beträgt im Regelfall seit 1.1.1992 für jedes Jahr der gesamtversorgungsfähigen Zeit 1,875 v.H., insgesamt jedoch **höchstens 75 v.H.** (**Bruttoversorgungssatz**) des gesamtversorgungsfähigen Entgelts. Er ist auf zwei Stellen nach dem Komma gemeinüblich zu runden. **Mindestens** beträgt der Bruttoversorgungssatz **35 v.H.** des gesamtversorgungsfähigen Entgelts (§ 41 Abs. 2 Satz 4). 693

Die Gesamtversorgung ist zu begrenzen, und zwar auf einen von der gesamtversorgungsfähigen Zeit abhängigen Vomhundertsatz eines **fiktiven Nettoarbeitsentgelts** (§ 41 Abs. 2c). Das fiktive Nettoarbeitsentgelt wird errechnet, indem von dem gesamtversorgungsfähigen Entgelt Beträge abgezogen werden, die als Lohnsteuer (ohne Kirchenlohnsteuer) sowie als Arbeitnehmeranteile an den Beiträgen zur gesetzlichen Krankenversicherung, zur gesetzlichen Rentenversicherung und nach dem Arbeitsförderungsgesetz (AFG) am Tag des Beginns der Versorgungsrente zu zahlen wären, wenn der Versorgungsrentenberechtigte mit dem gesamtversorgungsfähigen Entgelt der Lohnsteuerpflicht sowie der Sozialversicherungspflicht – unter Berücksichtigung der jeweils geltenden Beitragssätze und Beitragsbemessungsgrenzen – unterliegen würde. 694

Als Lohnsteuer ist der Betrag abzuziehen, der sich 695

- bei einem am Tag des Beginns der Versorgungsrente nicht dauernd getrennt lebenden verheirateten Versorgungsrentenberechtigten sowie bei einem Versorgungsrentenberechtigten mit Anspruch auf Kindergeld oder eine entsprechende Leistung für mindestens ein Kind als an diesem Tag maßgebende Lohnsteuer nach Steuerklasse III/0 ergibt;
- bei allen übrigen Versorgungsrentenberechtigten ist die an diesem Tag maßgebende Lohnsteuer nach Steuerklasse I/0 zugrunde zu legen.

Lohnsteuer in diesem Sinne ist die Lohnsteuer für Monatsbezüge nach der allgemeinen Lohnsteuertabelle.

Für den Arbeitnehmeranteil am Krankenversicherungsbeitrag ist der nach § 247 SGB V jeweils maßgebende Beitragssatz zugrunde zu legen. 696

Der Vomhundertsatz (§ 41 Abs. 2b) beträgt im Regelfall seit 1.1.1992 für jedes Jahr der gesamtversorgungsfähigen Zeit 2,294 v.H., insgesamt jedoch höchstens **91,75 v.H.** (**Nettoversorgungssatz**) des fiktiven Nettoarbeitsentgelts. Er ist auf zwei Stellen nach dem Komma gemeinüblich zu runden. **Mindestens** beträgt der Nettoversorgungssatz **45 v.H.** des fiktiven Nettoarbeitsentgelts (§ 41 Abs. 2b S. 4). 697

698 Bei der Versorgungsrente handelt es sich um eine **dynamische** Versorgungsleistung. Bei jeder allgemeinen Erhöhung oder Verminderung der Versorgungsbezüge infolge von Veränderungen der wirtschaftlichen Verhältnisse wird die Versorgungsrente neu errechnet. Außerdem erfolgt eine **Neuberechnung** zu jedem Zeitpunkt, zu dem die Renten aus der gesetzlichen Rentenversicherung angepasst werden. Dies ist nach § 65 SGB VI der 1. Juli eines jeden Jahres. Zu diesem Stichtag wird der aktuelle Rentenwert neu definiert. Die Veränderung des aktuellen Rentenwertes, ausgedrückt in einem Vomhundertsatz, ist der Anpassungssatz für die auf die Gesamtversorgung anzurechnenden Bezüge.

b) Versicherungsrente

699 Ist ein Arbeitnehmer nach erfüllter Wartezeit, jedoch **vor Eintritt des Versicherungsfalles** aus dem Arbeitsverhältnis und damit aus der Pflichtversicherung **ausgeschieden**, so behielt er in der Vergangenheit eine von der Berechnungsvorschrift des § 2 BetrAVG abweichende unverfallbare Versorgungsanwartschaft in Form einer der **beitragsfreien Versicherung** entsprechenden Versicherungsrente. Dabei handelt es sich in Abweichung von § 2 BetrAVG nicht um die ratierlich berechnete Anwartschaft, sondern um **den versicherungsmathematischen Gegenwert** der gezahlten Beiträge bzw. des den früheren Beiträgen entsprechenden Anteils der Umlage ähnlich der Verrentung von Lebensversicherungsansprüchen (*ausführlich hierzu die Vorauflage unter Rn. 408 ff.*).

700 Mit Beschluss vom 15.7.1998 hat das BVerfG (*Az.: 1 BvR 1544/89 – ArbuR 1999, S. 147*) festgestellt, dass dieses Berechnungsverfahren, das im Regelfall im Vergleich zum Quotierungsverfahren nach § 2 Abs. 1 BetrAVG zu erheblich niedrigeren Anwartschaftswerten führte, als Verstoß gegen den allgemeinen Gleichheitsgrundsatz verfassungswidrig war. Darüber hinaus führte die Berechnungsformel in § 18 Abs. 2 BetrAVG zu einer Gleichbehandlung unterschiedlich hoher Versorgungsversprechen mit der Konsequenz, dass ausscheidende Mitarbeiter mit hohen Versorgungszusagen gegenüber anderen Mitarbeitern mit nicht so hohen Versorgungszusagen benachteiligt wurden. In der damit verbundenen „Entwertung" der nach § 18 BetrAVG aufrecht zu erhaltenen Versorgungsanwartschaft hat das BVerfG zudem auch einen unzulässigen Eingriff in die durch Art. 12 Abs. 1 GG geschützte freie Wahl des Arbeitsplatzes gesehen. Der Schutzbereich von Art. 12 Abs. 1 GG erstreckt sich nämlich auch auf einen qualitativen Verfall von betrieblichen Versorgungsleistungen. Der Umfang der Sicherung erdienter Versorgungsanwartschaften beeinflusst nämlich regelmäßig in nicht unerheblicher Weise die Entscheidung des Arbeitnehmers über einen Arbeitsplatzwechsel.

701 Der Gesetzgeber hat auf diese Entscheidung mit dem „Ersten Gesetz zur Änderung des Gesetzes zur Verbesserung der betrieblichen Altersversorgung" vom 21.12.2000 (*BGBl. I 2000, S. 1914*) reagiert. Dieses Gesetz besteht ausschließlich in einer Änderung von § 18 BetrAVG und hat zur Folge, dass die öffentlich rechtliche Zusatzversorgung für Leistungen ab dem 1.1.2001 höhere Beträge zahlen muss. Dies gilt gemäß der Übergangsregelung in § 30d BetrAVG auch dann, wenn der Mitarbeiter bereits vor diesem Zeitpunkt sein Arbeitsverhältnis beendet hat.

Die aufrecht zu erhaltene Anwartschaft beträgt nach dieser Neuregelung für jedes Jahr der aufgrund des Arbeitsverhältnisses bestehenden Pflichtversicherung 2,25%, maximal jedoch 100% der Leistung, die dem Arbeitnehmer bei Verbleib im Arbeitsverhältnis als Voll-Leistung (höchstmöglicher Versorgungssatz) zugestanden hätte. 702

4. Übergangsregelung in den neuen Bundesländern

Die Tarifvertragsparteien des öffentlichen Dienstes haben sich am 3.5.1995 über die Einführung einer Zusatzversorgung in den neuen Bundesländern zum 1.1.1997 geeinigt (ausführlich hierzu: *Boehringer, BetrAVG 1996, S. 221*). Arbeitgeber, die das Tarifrecht des öffentlichen Dienstes anwenden, sind daher ab diesem Zeitpunkt zwingend verpflichtet, ihre Arbeitnehmer bei der jeweils zuständigen Zusatzversorgungskasse anzumelden. Die maßgeblichen Einzelheiten hierzu wurden im Tarifvertrag zur Einführung der Zusatzversorgung im Tarifgebiet „Ost“ (VersTV EZV-O) vom 1.2.1996 sowie den Satzungen der neu geschaffenen Zusatzversorgungskassen vereinbart. 703

Mit der damit verbundenen **generellen Übernahme** der bislang nur in den alten Bundesländern geltenden VBL- bzw. ZVK-Satzungsbestimmungen ist auf dem Gebiet des öffentlich-rechtlichen Zusatzversorgungsrechts eine **einheitliche Regelung** für alle Arbeitnehmer des öffentlichen Dienstes in der Bundesrepublik Deutschland entstanden. 704

a) Härtefallregelung

Für Versicherungsfälle vor Ablauf der 5-jährigen Wartezeit gilt eine **Übergangs/Härtefallregelung** für solche Mitarbeiter, 705

- die ab dem 1.1.1992 ununterbrochen in einem Arbeitsverhältnis zu dem jetzigen Arbeitgeber bzw. dessen Rechtsvorgänger gestanden haben und die vor dem 1.1.1997 bis zum Eintritt des Versicherungsfalles pflichtversichert gewesen sind;
- die nach dem 1.1.1997 aus betrieblichen Gründen durch Kündigung oder Auflösungsvertrag aus dem Arbeitsverhältnis ausgeschieden sind, wenn sie vor dem 1.1.2002 Rente wegen Arbeitslosigkeit erhalten.

In diesen Fällen erhalten die Versorgungsberechtigten eine Leistung in der Höhe, wie sie ihnen als **Versicherungsrente** zustehen würde, wenn sie in den vor dem Eintritt des Versicherungsfalls bzw. den dem Ende des Arbeitsverhältnisses vorangegangenen 60 Kalendermonaten pflichtversichert gewesen wären. Die Höhe der Härtefallleistungen errechnet sich aus 0,03125% der Summe der zusatzversorgungspflichtigen Entgelte der letzten 5 Jahre vor dem Versicherungsfall. Diese Härtefallregelung gilt für Altersrenten mit Ausnahme der Regelaltersrente ab Vollendung des 65. Lebensjahres, Hinterbliebenenrenten sowie Berufs- und Erwerbsunfähigkeitsrenten. 706

b) Besonderheiten bei der gesamtversorgungsfähigen Zeit

Als gesamtversorgungsfähige Zeit werden die Umlagemonate – frühestens ab dem 1.1.1997 – bei der Zusatzversorgungskasse sowie grundsätzlich die Hälfte der Bei- 707 tragszeiten und beitragsfreien Zeiten in der gesetzlichen Rentenversicherung, die nicht zugleich Umlagemonate sind, berücksichtigt. Nicht berücksichtigt werden jedoch alle Zeiten, die in der gesetzlichen Rentenversicherung vor dem 3.10.1990 im Beitrittsgebiet zurückgelegt wurden, wenn die Pflichtversicherung erstmals nach dem 2.10.1990 begonnen hat.

5. Neuregelung der Zusatzversorgung

707a Die Tarifvertragsparteien des öffentlichen Dienstes haben am 13.11.2001 die Verhandlungen über die Zukunft der Zusatzversorgung abgeschlossen und eine als „Altersvorsorgeplan 2001“ bezeichnete Vereinbarung abgeschlossen. Nach Bund, Gemeinden und Gewerkschaften hat am 4.12.2001 auch die Tarifgemeinschaft der Länder der Vereinbarung endgültig zugestimmt.

707b Die wesentlichen Punkte des Altersvorsorgeplans 2001 sind:

- Das bisherige Gesamtversorgungssystem wird rückwirkend zum 31.12.2000 geschlossen.
- An dessen Stelle tritt ab 1.1.2002 ein System nach dem sog. Versorgungspunktemodell, dass in seiner Funktionsweise dem Entgeltpunktemodell der gesetzlichen Rentenversicherung ähnelt.
- Mit dem Versorgungspunktemodell wird eine Leistung zugesagt, die sich ergeben würde, wenn eine Gesamtbeitragsleistung von 4. v.H. vollständig in ein kapitalgedecktes System eingezahlt würde. Im Ergebnis werden damit aus dem Verhältnis zwischen dem individuellen zusatzversorgungspflichtigen Jahresentgelt und dem sog. jährlichen Referenzentgelt unter Berücksichtigung eines Altersfaktors für jedes Jahr Versorgungspunkte ermittelt. Bei Eintritt des Versicherungsfalles werden die Versorgungspunkte zusammengezählt und mit einem Messbetrag in Höhe von 0,4 v.H. des monatlichen Referenzentgelts multipliziert; das Ergebnis wird als monatliche Rente gezahlt. Die Renten werden jeweils zum 1. Juli eines Jahres mit 1 v.H. dynamisiert.
- Auch im Versorgungspunktemodell werden als Leistungen Altersrenten, Erwerbsminderungsrenten und Hinterbliebenenrenten gewährt. Die Versicherungsfälle entsprechen denen in der gesetzlichen Rentenversicherung.
- Das Versorgungspunktemodell enthält ferner soziale Komponenten. Sie beziehen sich auf die Berücksichtigung von Zurechnungszeiten für Erwerbsminderungs- und Hinterbliebenenrenten und von Kindererziehungszeiten sowie auf die Anrechnung von Mindestversorgungspunkten für Versicherte mit einer Versicherungszeit von mindestens 20 Jahren und einem monatlichen Entgelt von weniger als 3.600 DM.
- Das Jahr 2001 gilt als Übergangsphase, in dem sich die Anwartschaften nach dem bisherigen Recht weiterentwickeln.
- Die Übergangsregelungen sehen vor, dass Versicherte der rentennahen Jahrgänge ab dem 55. Lebensjahr eine Versorgung in etwa der bisherigen Höhe erhalten.

- Die Anwartschaften der übrigen Pflichtversicherten werden nach Maßgabe des § 18 Abs. 2 BetrAVG ermittelt; der festgestellt Betrag wird in Versorgungspunkte umgerechnet und in das neue System eingestellt.
- Die laufenden Versorgungsrenten werden zum Stand 31.12.2001 festgestellt und in dieser Höhe als Besitzstandsrenten weitergezahlt. Sie werden künftig jeweils zum 1. Juli eines Jahres um 1 % erhöht.
- Durch den Systemwechsel (Wegfall des Gesamtversorgungssystems) erhalten die Arbeitnehmer die Möglichkeit, eine zusätzliche kapitalgedeckte Altersversorgung durch eigene Beiträge unter Inanspruchnahme der steuerlichen Förderung aufzubauen (Riester-Rente).
- Der Altersvorsorgplan 2001 hat eine Laufzeit bis zum 31.12.2007.

VIII. Steuer- und sozialversicherungsrechtliche Rahmenbedingungen

Literatur: *Ahrend/Förster/Rößler*, Steuerrecht der betrieblichen Altersversorgung mit arbeitsrechtlicher Grundlegung, 4. Aufl., Köln 1995; Höfer, BetrAVG, Band II, Steuerrecht, 3. Aufl., München 1997

1. Steuerrechtliche Vorschriften (§§ 19 – 25 BetrAVG)

Das Betriebsrentengesetz enthält nicht nur arbeitsrechtliche Rahmenbedingungen, 708
die bei der Gewährung betrieblicher Versorgungsleistungen zwingend zu beachten sind, sondern normiert in seinem zweiten Teil, den §§ 19 – 25 BetrAVG, **steuerrechtlich flankierende Maßnahmen** (vgl. hierzu: *BT-Drucks. 7/1281, S. 19*), die auf die einzelnen der in § 1b BetrAVG genannten Durchführungswege der betrieblichen Altersversorgung und deren Finanzierungskonzepte zugeschnitten sind. Diese steuerrechtlichen Vorschriften waren als **Anreiz** für die Gewährung betrieblicher Versorgungsleistungen gedacht und sollten auf der steuerlichen Seite beim Arbeitgeber für einen gewissen **Ausgleich** der durch die arbeitsrechtlich festgeschriebenen Verpflichtungen (Aufrechterhaltung unverfallbarer Anwartschaften, Insolvenzsicherung, Anpassungsprüfung) bedingten finanziellen Zusatzkosten dienen.

Neben der einkommensteuerrechtlichen Behandlung der finanziellen **Arbeitgeber-** 709
aufwendungen als **Betriebsausgaben** bei Pensionskassen (§ 4c EStG), Unterstützungskassen (§ 4d EStG) und Pensionsfonds (§ 4e EStG) sowie der **bilanziellen** Berücksichtigung unmittelbarer Pensionszusagen als **Passivwert** in Form von Pensionsrückstellungen (§ 6a EStG) wurde für die **Lohnbesteuerung** der Arbeitgeber- und Arbeitnehmeraufwendungen zu Pensionskassen und Direktversicherungen eine Sondervergünstigung in Form einer einkommensunabhängigen **Pauschalbesteuerung** (§ 40b EStG) geschaffen. Letztere gilt jedoch nur für Aufwendungen in einem begrenzten Umfang von derzeit jährlich 1.752,— €. Die genannten Bestimmungen des Einkommensteuergesetzes werden noch durch diverse **Richtlinien** und **Verordnungen** der Finanzverwaltung ergänzt, die die einzelnen Rahmenbedingungen und den steuerrechtlich zulässigen Umfang betrieblicher Versorgungsleistungen präzisieren, um so einem steuerlichen Gestaltungsmissbrauch entgegenzuwirken.

Soweit die vorgenannten steuerrechtlichen Bestimmungen für die arbeitsrechtliche 710
Gestaltung betrieblicher Versorgungsleistungen wesentlich sind, finden sich ent-

sprechende Ausführungen jeweils im Zusammenhang mit den einzelnen Durchführungswegen sowie mit speziellen Fragestellungen (*vgl. u.a. Rn. 61 ff., 77 ff., 97 ff., 123 ff.*). Im Übrigen sind bedingt durch die BetrAVG Novelle 2001 folgende Aspekte zu beachten (auf die ausführliche steuerrechtliche Spezialkommentierung des Betriebsrentengesetzes bei *Ahrend/Förster/ Rößler* und *Höfer* sowie die entsprechende Kommentierung und Fachliteratur zu den jeweils maßgeblichen Steuervorschriften wird ergänzend verwiesen):

- Ab 2002 sind nach § 3 Nr. 63 EStG Beiträge des Arbeitgebers an eine Pensionskasse oder einen Pensionsfonds – anders als Beiträge an Direktversicherungen – für den Arbeitnehmer steuerfreie Einkünfte, soweit sie insgesamt den Betrag von 4 % der Renten-BBG nicht übersteigen.
- In der Rentenbezugsphase werden Leistungen aus zertifizierten Altersvorsorgeverträgen sowie Leistungen aus Direktversicherungen, Pensionskassen und Pensionsfonds nach § 22 Nr. 5 EStG grundsätzlich in vollem Umfang nachgelagert besteuert. Dies gilt jedoch nur, wenn die Beiträge gemäß § 3 Nr. 63, § 3 Nr. 66 oder § 10a Abs. 1 EStG oder den §§ 79 ff. EStG steuerbefreit oder gefördert waren. Wegen der Besteuerung als sonstige Einkünfte können insoweit jedoch nicht die bei Leistungen aus unmittelbaren Pensionszusagen und Unterstützungskassen gewährten Freibeträge (Arbeitnehmer-Pauschbetrag gem. § 9a S. 1 Nr. 1 EStG bzw. der Versorgungsfreibetrag gem. § 19 Abs. 2 EStG) steuermindernd geltend gemacht werden, sondern nur ein Pauschbetrag von 102,- € aus § 9a Nr. 3 EStG .

711 Erfolgte keine Förderung oder Steuerbefreiung der Beiträge, werden die Leistungen aus Lebensversicherungen einschließlich Direktversicherungen, Pensionsfonds und Pensionskassen mit dem Ertragsanteil gemäß § 22 Nr. 1 Satz 3 Buchstabe a EStG besteuert.

712 Bei der Umstellung von Altverträgen sind Leistungen aus dem einen Vertragsteil, die auf nach neuem Recht steuerfreien oder geförderten Beiträgen beruhen, in vollem Umfang steuerpflichtig; die Leistungen aus dem anderen Vertragsteil, die auf nicht nach neuem Recht steuerbefreiten oder geförderten Beiträgen oder den darauf entfallenden Erträgen beruhen, sind – wie bisher – mit dem Ertragsanteil zu erfassen.

- Für die Durchführungswege Pensionskasse und Direktversicherung ist weiterhin eine Pauschalversteuerung nach § 40b EStG möglich.
- Die unterschiedlichen Förderwege (z. B. bei der Pensionskasse die Förderung nach § 10a EStG, § 3 EStG und Pauschalbesteuerung nach § 40b EStG) können alternativ und additiv angewendet werden. Voraussetzung ist, dass der Arbeitnehmer entsprechend viele Altersversorgungsbeiträge leistet.

713 Zulässig ist demnach, die Förderung nach § 10a EStG im Rahmen eines privaten Vorsorgevertrages in Anspruch zu nehmen und darüber hinaus einen steuerfreien Beitrag von bis zu 4% in einen Pensionsfonds oder eine Pensionskasse und zusätzlich 1.752,- € in eine pauschal dotierte Direktversicherung zu investieren.

Dagegen kann die jeweilige steuerliche Förderung nicht mehrfach über verschiedene Durchführungswege beansprucht werden. Ebenso wenig wie es möglich ist, den pauschalsteuerfähigen Betrag von 1.752,- € einmal über die Direktversicherung und ein zweites Mal über die Pensionskasse auszuschöpfen, kann der 4%-ige Steuerfreibetrag durch eine Investition in die Pensionskasse und den Pensionsfonds verdoppelt werden. 714

Im Bereich Pensionskasse ist zudem zu berücksichtigen, dass § 40b EStG gegenüber den anderen steuerlichen Fördermöglichkeiten nachrangig ist. Das bedeutet, dass hier die Steuerfreiheit nach § 3 Nr. 63 EStG vorrangig ist. Werden an die Pensionskasse nur bis zu 4% der BBG als Beitrag gezahlt, so ist dieser Beitrag regelmäßig steuerfrei. § 3 Nr. 63 EStG lässt insoweit nur eine Ausnahme zugunsten der Steuerförderung nach § 10a EStG zu. Der Wortlaut des § 3 Nr. 63 EStG ist insoweit eindeutig: Es besteht im Rahmen des § 3 Nr. 63 EStG nur im Hinblick auf das Steuerförderkonzept nach § 10a EStG ein Wahlrecht. Im Anwendungsbereich des § 3 Nr. 63 EStG ist die Anwendbarkeit von § 40b EStG somit ausgeschlossen. § 40b EStG kann also bei der Pensionskasse nur dann zur Anwendung kommen, wenn ein Beitrag oberhalb von 4% der BBG gezahlt wird. 715

Dieser Konsequenz müssen sich alle Pensionskassen, bei denen die Beiträge in der Vergangenheit pauschal besteuert worden sind, bewusst sein, bedeutet dies doch eine Umstellung des bislang bestehenden Besteuerungsverfahrens. Der damit verbundene administrative Aufwand wird noch dadurch verschärft, dass sich auch die Besteuerung der zukünftig von der Pensionskasse zu zahlenden Versorgungsleistungen in diesen Fällen ändert. Wurde bislang die aufgrund eines pauschal besteuerten Beitrags gezahlte Versorgungsleistung mit dem Ertragsanteil besteuert, so ist zukünftig eine differenzierte Behandlung erforderlich. Die aus dem bislang pauschal besteuerten Beitrag resultierende Teilleistung unterliegt nach wie vor der Ertragsanteilsbesteuerung. Demgegenüber ist die aus dem zukünftig steuerfrei gestellten Beitrag finanzierte Teilleistung nach § 22 Nr. 5 EStG in vollem Umfang nachgelagert zu besteuern. 716

- Die Dotierung der Durchführungswege Direktzusage und Unterstützungskasse erfolgt aus unversteuertem Einkommen und quasi ohne Obergrenze. Einschränkungen ergeben sich bei der Unterstützungskasse nur aus den körperschaftsteuerlich festgelegten Leistungsgrenzen (*s. hierzu oben Rn. 108*). Das Mindest-Finanzierungsalter für arbeitgeberfinanzierte betriebliche Altersversorgung ist rückwirkend zum 1.1.2001 auf 28 Jahre herabgesetzt worden. Für Entgeltumwandlungsmodelle besteht keine Mindest-Altersgrenze.

2. Die staatlich geförderte Eigenvorsorge (§§ 10a, 79 ff. EStG) im Rahmen der betrieblichen Altersversorgung (§ 1a BetrAVG)

Der Gesetzgeber hat im Jahr 2001 verschiedene Gesetzesvorhaben realisiert, die die rechtlichen Rahmenbedingungen der Altersversorgung generell und der betriebliche Altersversorgung speziell maßgeblich verändert haben. 717

718 Mit dem bereits am 1.1.2001 in Kraft getretenen Gesetz zur Reform der Renten wegen verminderter Erwerbsfähigkeit wurde die Invaliditätsversorgung vollständig neu gestaltet. Mit dem Altersvermögensergänzungsgesetz (AVmEG) vom 26.3.2001 wurden erhebliche Eingriffe in das Leistungsniveau der gesetzlichen Rentenversicherung (Absenkung des Niveaus der Altersrente, Neustrukturierung des Hinterbliebenenrechts) vorgenommen. Das Altersvermögensgesetz (AVmG – BGBl. I 2001, S. 1310) vom 29.6.2001 vollendet vorerst die Vorstellungen des Gesetzgebers, der mit diesen gesamten Gesetzesvorhaben auf eine Strukturverschiebung von der umlagenfinanzierten gesetzlichen hin zur kapitalgedeckten privaten und betrieblichen Altersversorgung abzielt.

719 **Zentraler Bestandteil der Reform** sind die im Rahmen des AVmG als Ausgleich für die Leistungskürzungen in der gesetzlichen Rentenversicherung eingeführten Vorschriften zur staatlich geförderten Einführung einer zusätzlichen kapitalgedeckten Altersversorgung. Die Förderung erfolgt über eine staatliche Altersvorsorgezulage (Grundzulage mit Kinderzulage) bzw. – sofern dies für den Steuerpflichtigen günstiger ist – durch den Abzug als Sonderausgaben.

720 Das Verfahren entspricht der Regelung bei Kindergeld/Kinderfreibetrag. § 10a EStG enthält die Regelungen zum Sonderausgabenabzug. Die Regelungen zur Zulage sind in dem neuen Abschnitt XI des EStG (§§ 79 – 99 EStG) aufgenommen worden. Die Regelungen werden ergänzt durch die Regelungen des Altersvorsorgeverträge-Zertifizierungsgesetzes (AltZertG), in dem die Kriterien für förderfähige Altersvorsorgeverträge enthalten sind. Die Regelungen zur Besteuerung der Leistungen sind in § 22 Nr. 5 EStG enthalten.

721 Zum **Kreis der begünstigten Personen** gehören alle Steuerpflichtigen, die Pflichtbeiträge zur gesetzlichen Rentenversicherung zahlen. Damit sind ein Großteil der Selbständigen, Rentner und freiwillig Versicherte von der Förderung ausgeschlossen. Dies gilt auch für Personen, die in einer berufsständischen Versorgungseinrichtung pflichtversichert sind. Beamte sowie Angestellte im öffentlichen Dienst, die in einer Zusatzversorgungseinrichtung wie z. B. der VBL pflichtversichert sind und die eine den Beamten ähnliche Gesamtversorgung haben, sind ebenfalls von der Förderung ausgenommen.

722 Die maximale Höhe der staatlichen Grundzulage steigt von jährlich 38 ¤ im Jahr 2002 in 2-Jahres-Schritten auf jährlich 154 ¤ ab 2008. Im Falle der Zusammenveranlagung von Ehegatten steht die Grundzulage jedem gesondert zu, sofern beide Ehepartner eigenständige Altersversorgungsverträge erwerben, auch wenn nur ein Ehepartner steuer- und sozialversicherungspflichtige Einnahmen hat. Die maximale Höhe der staatlichen Kinderzulage steigt parallel hierzu für jedes Kind von jährlich 46 ¤ im Jahr 2002 auf 185 ¤ ab dem Jahr 2008. Die Zulagenförderung ist auf maximal zwei Altersvorsorgeverträge einschließlich betrieblicher Altersvorsorge beschränkt. Das Verfahren der Festsetzung und Abwicklung der Zulage erfolgt zentral durch die Bundesversicherungsanstalt für Angestellte.

723 Möglich und im Einzelfall günstiger kann der **Sonderausgabenabzug** für entsprechende Versorgungsbeiträge des Pflichtversicherten sein. Der steuerlich abziehba-

re Betrag inklusive Zulagen beträgt in den Jahren 2002 und 2003 maximal 525,- ¤, in 2004 und 2005 maximal 1.050,- ¤, in 2006 und 2007 maximal 1.575,- ¤ und ab 2008 maximal 2.100,- ¤. Der Sonderausgabenabzug steht beschränkt Steuerpflichtigen nicht zu.

Die volle Förderung steht unter der Bedingung, dass der Pflichtversicherte einen **jährlichen Mindesteigenbeitrag** leistet, der zusammen mit der Altersvorsorgezulage (Grundzulage und Kinderzulage) in den Jahren 2002 und 2003 1 % der im vorangegangenen Kalenderjahr erzielten beitragspflichtigen Einnahmen zur gesetzlichen Rentenversicherung beträgt und in Zwei-Jahres-Schritten um jeweils 1 % auf 4 % in 2008 steigt. Wird der Mindesteigenbeitrag nicht in voller Höhe erbracht, so wird die Zulage anteilig gekürzt. Unabhängig davon muss abhängig von der zu berücksichtigenden Kinderzahl und dem jeweiligen Kalenderjahr ein Sockelbetrag zwischen 30,- und 90,- ¤ gezahlt werden, um überhaupt eine Zulage zu erhalten. Ein nicht pflichtversicherter Ehegatte hat Anspruch auf eine ungekürzte Zulage, wenn der pflichtversicherte Ehegatte seinen Mindesteigenbeitrag unter Berücksichtigung der beiden Ehegatten zustehenden Zulagen erbracht hat. Für den Sonderausgabenabzug ist kein Mindesteigenbetrag erforderlich. 724

Entscheidend für die staatliche Förderung ist, dass der Pflichtversicherte die Beiträge (Mindesteigenbeitrag und staatliche Zulage) in ein Altersversorgungssystem zahlt, dass, soweit es sich um einen privaten Altersversorgungsvertrag handelt, nach dem Altersvorsorgeverträge-Zertifizierungsgesetz (AltZertG) zertifiziert ist. Einige hervorzuhebende Bedingungen für die Zertifizierung des privaten Versorgungsvertrages sind, dass die Auszahlung in Form einer lebenslangen gleich bleibenden oder steigenden monatlichen Leibrente oder in Form eines Auszahlungsplanes mit ggf. zusätzlichen variablen Teilraten und unmittelbar anschließender Teilkapitalverrentung gestaltet sein muss, die Leistungen nicht vor Vollendung des 60. Lebensjahres oder vor Beginn einer Altersrente aus der gesetzlichen Rentenversicherung erbracht werden. Des Weiteren muss der Vertragsanbieter zusagen, dass zu Beginn der Auszahlungsphase mindestens die eingezahlten Beträge einschließlich der zur Hinterbliebenenabsicherung verwendeten Beiträge für die Auszahlungsphase zur Verfügung stehen. Die Beitragserhaltungsgarantie gilt nicht für Beitragsanteile, die zur Absicherung der verminderten Erwerbsfähigkeit verwendet werden, soweit sie 15 % der Gesamtbeiträge nicht übersteigen. 725

Anbieter eines zertifizierbaren Altersversorgungsvertrages können nur Lebensversicherungsunternehmen, Kreditinstitute und Kapitalgesellschaften im Inland sowie vergleichbare Unternehmen im Ausland sein. 726

Staatlich gefördert werden in diesem Zusammenhang auch Aufwendungen in ein betriebliches Pensionsfonds-, Pensionskassen- und/oder Direktversicherungssystem, sofern die Beiträge aus individuell versteuertem Einkommen erbracht werden und die Auszahlung ebenfalls nur in Form einer lebenslangen gleich bleibenden oder steigenden monatlichen Leibrente oder in Form eines Auszahlungsplanes mit ggf. zusätzlichen variablen Teilraten und unmittelbar anschließender Teilkapitalverrentung erfolgt. 727

728 Von besonderer Bedeutung ist insoweit, dass den Arbeitnehmern mit Wirkung vom 1.1.2002 an nicht nur ein einklagbarer Rechtsanspruch auf betriebliche Altersversorgung in Form von Entgeltumwandlung zugestanden wird (§ 1a Abs. 1 BetrAVG). Vielmehr kann der Arbeitnehmer nach § 1a Abs. 3 BetrAVG von seinem Arbeitgeber auch verlangen, dass bei einer Umsetzung dieses Rechtsanspruchs über einen Pensionsfonds, eine Pensionskasse oder eine Direktversicherung die dann zu erteilende Versorgungszusage so gestaltet wird, dass der Arbeitnehmer die steuerliche Förderung nach §§ 10a, 82 Abs. 2 EStG in Anspruch nehmen kann.

729 § 1a BetrAVG ist damit die Schnittstelle zwischen privater und betrieblicher Altersversorgung und ermöglicht die ansonsten nur für private Vorsorge vorgesehene steuerliche Förderung auch im Bereich der betrieblichen Altersversorgung.

730 Eine **Zertifizierung von Verträgen** ist im Bereich der betrieblichen Altersversorgung allerdings nicht erforderlich. Die nach § 10a EStG geförderte betriebliche Altersversorgung muss lediglich das Kriterium der lebenslangen Rentenzahlung erfüllen (§ 82 Abs. 2 EStG). Kapitalzusagen werden also auch im Bereich der betrieblichen Altersversorgung steuerlich nicht gefördert. Darüber hinaus ist zu beachten, dass die nach § 10a EStG zulässige steuerliche Förderung des Wohnungseigentums in Form des „Entnahmemodells" nur für private Altersvorsorgeverträge gilt und damit im Bereich der betrieblichen Altersversorgung nicht anwendbar ist (§ 1 Abs. 1 Nr. 10c AltZertG, § 92a EStG).

3. Sozialversicherungsrechtliche Aspekte

731 Für eine aus **Entgeltumwandlung** finanzierte betriebliche Altersversorgung gilt seit dem 1.1.2002 für eine Übergangszeit bis zum 31.12.2008:

- Für Entgeltumwandlungen in den Durchführungswegen Direktzusage und Unterstützungskasse besteht Beitragsfreiheit, soweit die Entgeltbestandteile 4 % der jeweiligen Renten-BBG nicht übersteigen.
- Entgeltumwandlungen zu Gunsten einer Pensionskasse oder eines Pensionsfonds sind ebenfalls bis zu einer Höhe von 4 % der jeweiligen Renten-BBG beitragsfrei, sofern es sich insoweit um steuerfreie Zuwendungen nach § 3 Nr. 63 EStG handelt.
- Für die Durchführungswege Direktversicherung und Pensionskasse verbleibt es für pauschal versteuerte Einmal- oder Sonderzahlungen bei der Beitragsfreiheit in Höhe von 1.752 € bzw. maximal 2.148 €. Entgeltumwandlungen von laufendem Entgelt sind auch nach 2001 weiterhin beitragspflichtig trotz der möglichen Pauschalversteuerung.

  Ab 1.1.2009 sind Entgeltumwandlungen in allen Durchführungswegen ohne Ausnahme in voller Höhe beitragspflichtig.

732 Für **arbeitgeberfinanzierte** betriebliche Altersversorgung gilt ab 1.1.2002 im Rahmen der steuerlichen Obergrenzen vom Grundsatz her Beitragsfreiheit. Dies bedeutet im Einzelnen:

- Für die Durchführungswege Direktzusage und Unterstützungskasse verbleibt es bei der generellen Beitragsfreiheit ohne eine Begrenzung der Höhe nach.

- Beitragsfreiheit besteht ferner, soweit es sich um steuerfreie Zuwendungen an Pensionskassen oder Pensionsfonds bis zu 4 % der Renten-BBG nach § 3 Nr. 63 EStG handelt.
- Pauschal versteuerte Aufwendungen für Direktversicherungen oder Pensionskassen, die zusätzlich zum Arbeitsentgelt gezahlt werden, bleiben bis zu 1.752 € bzw. 2.148 € beitragsfrei.
- Die Sozialversicherungsfreiheit der Leistungen eines Arbeitgebers oder einer Unterstützungskasse an einen Pensionsfonds zur Übernahme bestehender Versorgungsverpflichtungen oder -anwartschaften durch den Pensionsfonds ist auf den nach § 3 Nr. 66 EStG steuerfreien Betrag beschränkt.

IX. Betriebliche Altersversorgung in den neuen Bundesländern

Grundlage für die Alterssicherung der „Werktätigen" in der ehemaligen DDR 733 war die **Pflichtversicherung in der gesetzlichen Rentenversicherung**. Diese Pflichtversicherung konnte allerdings angesichts einer seit 1947 bis zur Herstellung der sog. „Wirtschafts-, Währungs- und Sozialunion" am 1.7.1990 unverändert bestehenden Beitragsbemessungsgrenze von 600,— Mark und einem durchschnittlichen Monatsverdienst von zuletzt rund 1300,— Mark (*vgl.: Flecken, BetrAV 1990, S. 213*) bei weitem keine ausreichende Alterssicherung bieten. Deshalb wurde die gesetzliche Pflichtversicherung 1971 um eine **freiwillige Zusatzrentenversicherung** für Werktätige mit einem Gehalt von über 600,— Mark monatlich eingeführt. Daneben gab es daher eine Vielzahl von ergänzenden **Zusatzversorgungseinrichtungen** im Regelfall für besonders qualifizierte Berufsschichten, die sog. „Altersversorgung der Intelligenz", sowie für die Mitarbeiter innerhalb der Parteiorganisationen (*vgl.: Flecken, BetrAV 1990, S. 213*).

Die betriebliche Altersversorgung im klassischen westdeutschen Verständnis hat da- 734 gegen in den Betrieben der ehemaligen DDR dagegen nur eine **untergeordnete Rolle** gespielt (*vgl.: Griebeling, Rn. 910; Höfer, BetrAVG, ArbR, ART, Rn. 1259 ff.*). Lediglich einige wenige Unternehmen, die bereits vor der Gründung der DDR existierten (z. B.) die Carl Zeiss-Stiftung in Jena), haben über **traditionell** bestehende betriebliche Versorgungssysteme verfügt und in der DDR fortgeführt. Auch nach der Wiedervereinigung hat sich an dieser Situation bislang nicht viel geändert. Allenfalls solche Unternehmen, die von westdeutschen Firmen ausgegliedert oder neugegründet worden sind, haben einen dort bestehenden Versorgungsstandard übernommen, zumeist allerdings auch nur zum Zwecke der Besitzstandswahrung, wenn bislang bereits versorgte westdeutsche Mitarbeiter in den Osten gewechselt sind.

1. Die Anordnung 54

Eine Besonderheit im Versorgungssystem der ehemaligen DDR stellte die sog. „**An-** 735 **ordnung 54**" (AO 54) dar. Diese „*Anordnung des Ministers für Arbeit zur Einführung einer Zusatzrentenversorgung für die Arbeiter und Angestellten in den wich-*

tigsten volkseigenen Betrieben" vom 9.3.1954 (*DDR-GBl I, S. 301 = BfA-Broschüre „Rentenversicherung im Beitrittsgebiet", 1991, Nr. 34*) erfasste rund **350 Betriebe** mit ca. **400.000** berechtigten **Werktätigen** der ehemaligen DDR. Das Niveau der reinen Altersrenten aus dieser AO 54 war relativ und auch absolut sehr gering und belief sich unter der Voraussetzung einer mindestens 20-jährigen Betriebszugehörigkeit auf 5% des monatlichen Nettodurchschnittsverdienstes der letzten 5 Jahre vor dem Ausscheiden, mindestens aber auf 10,— Mark (*Griebeling, Rn. 911*). Die durchschnittlichen Leistungen beliefen sich auf Beträge zwischen 20 und 50,— Mark monatlich (*vgl.: Flecken, BetrAV 1990, S. 213; Höfer, BetrAVG, ArbR, ART, Rn. 1263*).

736 Nach dem Einigungsvertrag (EV) sollte diese **AO 54** nur bis zum **31.12.1991 anwendbar** sein (*vgl.: Anlage II, Kapitel VIII, Sachgebiet H, Abschnitt III, Nr.4a = BGBl. II 1990, S. 885, 1214*). Die AO 54 wurde im EV aber auch nicht der gesetzlichen Sozialversicherung zugeordnet und in sie übergeleitet (*vgl.: Langohr-Plato, ZAP-DDR, 1991, F. 17, S. 80; Langohr-Plato, ZAP-Ost, 1997, F. 17, S. 257 f.*). Dieser Umstand hat in Rechtsprechung und Literatur zu einem **Meinungsstreit** über die **rechtliche Zuordnung** der Leistungen aus der AO 54 als Leistungen der **betrieblichen Altersversorgung** (*so u.a.: LAG Berlin v. 14.1.1993 – 14 TA 18/92 – AuA 1993, S. 381 = DB 1993, S. 1983; Cisch, DB 1991, S. 2301; Höfer/Küpper, DB 1991, S. 1571; Langohr-Plato, ZAP-DDR 1991, F. 17, S. 80*) oder als Leistungen der **gesetzlichen Rentenversicherung** (*so u.a.: LAG Berlin v. 26.8.1992 – 8 TA 4/92 – BB 1992, S. 2224 = BetrAV 1993, S. 27; Flecken, BetrAVG 1990, S. 214; Niemeyer, BetrAVG 1991, S.9*) geführt.

737 Zwischenzeitlich hat das BAG nicht nur entschieden, dass die Leistungen der AO 54 der **betrieblichen Altersversorgung** zuzuordnen sind und deshalb Streitigkeiten über eine Leistungspflicht und den Leistungsumfang aus der AO 54 der **Arbeitsgerichtsbarkeit** unterfallen (*BAG v. 29.4.1994 – 3 AZB 18/93 – BB 1994, S. 1082 = DB 1994, S. 1247 = NZA 1994, S. 862*), sondern in verschiedenen Folgefällen auch die im EV auf den 31.12.1991 vorgenommene **zeitliche Einschränkung** der Anwendbarkeit der AO 54 konkretisiert. Danach ist die entsprechende Regelung im Einigungsvertrag dahin auszulegen, dass zwar **nach dem 31.12.1991 Versorgungsrechte** nach der AO 54 nicht mehr **entstehen** sollen. Wer bis zu diesem Zeitpunkt noch keinen **Anspruch** auf Zusatzversorgung erworben hat, kann ihn auch in der Folgezeit nicht mehr erwerben. **Wer dagegen bereits einen Anspruch auf Zusatzrente erworben hatte, der behält ihn auch** (*BAG v. 27.2.1996 – 3 AZR 242/95 – BetrAV 1996, S. 260; BAG v. 17.12.1996 – 3 AZR 800/95, 3 AZR 882/95 u. 3 AZR 787/95, Pressemitteilung des BAG Nr. 51/96 = BB 1997, S. 101*).

2. Geltung des Betriebsrentengesetzes

738 Im Zuge der im Einigungsvertrag (EV) vom 31.8.1990 mit der ehemaligen DDR angestrebten Schaffung einer **einheitlichen Rechtsordnung** für das vereinheitlichte Deutschland sind auch die §§ 1 – 18 des BetrAVG vom 19.12.1974 auf das

Gebiet der neuen Bundesländer übertragen worden (*Kapitel VIII, Sachgebiet A, Abschnitt III, Nr. 16 = BGBl. II 1990, S. 885, 1024*). Allerdings erfolgte die Überleitung erst mit **Wirkung ab** dem **1.1.1992** und auch nur für **nach dem 31.12.1991 erteilte Versorgungszusagen**.

Diese zeitlich beschränkte Anwendbarkeit des BetrAVG hat der Gesetzgeber im wesentlichen damit begründet, dass „unkalkulierbare Risiken aus bestehenden Versorgungszusagen" (*Erläuterungen v. 10.9.1990, BT-Drucks. 11/7817, S. 138*), insbesondere für den Pensions-Sicherungs-Verein (PSV) als Träger der in den §§ 7 – 15 BetrAVG normierten gesetzlichen Insolvenzsicherung durch die zum damaligen Zeitpunkt unüberschaubare wirtschaftliche Situation der Betriebe in den neuen Bundesländern und ihrer dadurch nicht bewertbaren Solvenz, vermieden werden sollten (vgl.a.: *Griebeling, Rn. 921; Höfer, BetrAVG, ArbR, ART, Rn. 1273; Höfer/Küpper, DB 1991, S. 1569; Körber, BetrAV 1991, S.7; Langohr-Plato, ZAP-DDR, 1991, F. 17, S. 77; Langohr-Plato, ZAP-Ost, 1997, F. 17, S. 258; Niemeyer, BetrAV 1991, S.9*). 739

a) Arbeitsrechtliche Wirksamkeit von sog. „Altzusagen"

Im Zusammenhang mit der zeitlichen Restriktion im Einigungsvertrag ist in der Literatur die Ansicht vertreten worden, dass unabhängig vom nicht anwendbaren Regelungsbereich des BetrAVG in jedem Fall die vorgesetzliche Rechtsprechung des BAG u.a. zur Unverfallbarkeit, zur Rentenindexierung und zum Besitzstandsschutz zu berücksichtigen ist (*vgl. u.a.: Griebeling, Rn. 918 f.; Langohr-Plato, ZAP-DDR, 1991, F. 17, S. 78; ders. RHB-BAV, Vorauflage, Rn. 428 m.w.N.*). 740

Dieser Ansicht ist das BAG allerdings nicht gefolgt. Sowohl für die Frage der Rentenindexierung (*Urteil v. 24.3.1998 – 3 AZR 778/96 – BB 1998, 1485*), als auch für den Bereich der Unverfallbarkeit (*Urteile v. 27.2.1996 – 3 AZR 242/95 – BetrAV 1996, 122 bzw. v. 17.12.1996 – 3 AZR 800/95 – DB 1997, 1187*) hat das BAG ausdrücklich festgestellt, dass die auf § 242 BGB beruhende vorgesetzliche Rechtsprechung ihre konkrete gesetzliche Ausprägung in den entsprechenden Regelungen des BetrAVG gefunden hat. Eine Anwendung des § 242 BGB ist danach wegen der besonderen Bestimmungen im Einigungsvertrag (*vgl. Anlage I Kap. VIII Sachgebiet A Abschnitt III Nr. 16*) ausgeschlossen. 741

b) Besonderheiten bei „Neuzusagen"

Soweit Versorgungszusagen in den neuen Bundesländern per 1.1.1992 oder zu einem späteren Zeitpunkt **erstmalig erteilt** oder aber vor diesem Zeitpunkt bereits erteilte Zusagen nach dem 1.1.1992 **ausdrücklich bestätigt** (vgl. zu den Anforderungen an eine solche Bestätigung: *Höfer, BetrAVG, ArbR, ART, Rn. 1276 ff.; Höfer/Küpper, DB 1991, S. 1570; Langohr-Plato, ZAP-DDR 1991, F. 17, S. 78; Langohr-Plato, ZAP-Ost, 1997, F 17, S. 259*) worden sind, gilt das BetrAVG mit folgender Maßgabe: 742

- Soweit es für den Eintritt der **gesetzlichen Unverfallbarkeit** nach § 1 BetrAVG auf den **Bestand der Versorgungszusage** ankommt, ist nach dem maßgeblichen

Sinn und Zweck der Überleitungsvorschrift im EV auf den **1.1.1992** oder das **Datum** der **späteren Erteilung der Zusage** abzustellen, da nach dem EV in den neuen Bundesländern keine Versorgungszusagen vor diesem Datum in den Anwendungsbereich des BetrAVG fallen (*vgl.: Körber, BetrAV 1991, S. 7; Langohr-Plato, ZAP-DDR 1991, F. 17, S. 79; Langohr-Plato, ZAP-Ost 1997, F. 17, S. 259*).

- Soweit es dagegen im Rahmen der zweiten Unverfallbarkeitsvariante nach § 1 Abs. 1 BetrAVG (12 Jahre Betriebszugehörigkeit und 3 Jahre Bestand der Versorgungszusage) auf die **Betriebszugehörigkeit** ankommt, enthält der EV in den die Überleitung des BetrAVG regelnden Bestimmungen keinerlei entsprechende Ausführungen, so dass auch **Dienstzeiten**, die **vor dem 1.1.1992** in der ehemaligen DDR abgeleistet wurden, anzurechnen sind, da der nunmehr geltende § 1 BetrAVG insoweit ganz allgemein auf den Diensteintritt und nicht auf das Datum der Anwendbarkeit des BetrAVG abstellt (*vgl.: BAG v. 19.12.2000 – 3 AZR 451/00; Langohr-Plato, ZAP-DDR 1991, F. 17, S. 79*). Dies hat zur Konsequenz, dass die **gesetzliche Unverfallbarkeit** frühestens zum **1.1.1995** eingetreten ist, wenn der Mitarbeiter zu diesem Zeitpunkt eine mindestens 12-jährige Betriebszugehörigkeit nachweisen konnte.

- Hinsichtlich des **gesetzlichen Insolvenzschutzes** ist die **„Jahresfrist“** nach § 7 Abs. 5 S. 3 BetrAVG zu beachten. Danach greift der gesetzliche Insolvenzschutz zur Vermeidung eines rechtsmissbräuchlichen Verhaltens unabhängig von einem entsprechenden Missbrauchsnachweis nicht ein, wenn die Versorgungszusage erst im letzten Jahr vor Eintritt des Sicherungsfalls erteilt worden ist (vgl. insoweit: *BAG v. 26.4.1994 – 3 AZR 981/91 – BB 1994, S. 1789 = DB 1994, S. 1831; LG Köln v. 24.5.1978 – 74 O 25/78 – BB 1978, S. 1118; Höfer, BetrAVG, § 7 Rn. 2961 ff.; Paulsdorff, BetrAVG, § 7 Rn. 432 f.*). Folglich kommen **Haftungsübernahmen** durch den **PSV** erst für Insolvenzfälle **nach dem 1.1.1993** in Betracht (*Höfer, BetrAVG, ArbR, ART, Rn. 1274; Langohr-Plato, ZAP-DDR 1991, F 17, S. 79; Langohr-Plato, ZAP-Ost, 1997, F 17, S. 259 f.*).

c) Sachlicher Anwendungsbereich des BetrAVG

743 Das BetrAVG erfasst alle von den in den neuen Bundesländern ansässigen Unternehmen nach dem 1.1.1992 erteilten oder bestätigten Versorgungszusagen. Demgegenüber sind die vielzähligen und vielfältigen **Zusatz**- und **Sonderversorgungssysteme** der ehemaligen DDR aus dem Anwendungsbereich des BetrAVG auszuschließen. Für diese Versorgungssysteme hat sowohl der EV (*Anlage II, Kap. VIII, Sachgebiet H, Abschnitt III Nr. 9 = BGBl. II 1990, S. 885, 1215*), als auch das **Rentenüberleitungsgesetz** (RÜG) vom 25.7.1991 (*BGBl. I, S. 1606*) eine Sonderregelung vorgesehen, wonach diese als sachlich der Rentenversicherung nahestehenden Versorgungssysteme zum 1.1.1992 in die gesetzliche Rentenversicherung übergeleitet worden sind. Die Rechte und Pflichten der Versorgungsberechtigten aus diesen Sondersystemen sind seit diesem Zeitpunkt nach den Regelungen des **SGB-VI** zu beurteilen.

X. Sonstige allgemeine rechtliche Rahmenbedingungen

Das Betriebsrentengesetz wurde mit dem gesetzgeberischen Willen installiert, „ durch gesetzliche **Mindestnormen** den Inhalt der betrieblichen Altersversorgung berechtigten sozialpolitischen Forderungen“ anzupassen (*BT-Drucks. 7/1281, S. 19; vgl. a.: BAG v. 30.11.1982 – 3 AZR 1266/79 – BB 1983, 904 = DB 1983, S. 999 = AuR 1983, S. 91* unter B II 2c der Gründe). Neben diesen spezialgesetzlichen Rahmenbedingungen wird die betriebliche Altersversorgung aber noch durch diverse allgemeine rechtliche und prozessuale Rahmenbedingungen beeinflusst, die von den Vertragsparteien zu beachten sind. 744

1. Rechtsgeschäftlicher Verzicht

Die Möglichkeiten zur Aufhebung einer Versorgungszusage sind sowohl durch den Gesetzgeber, als auch durch die Rechtsprechung erheblich eingeschränkt worden. Dies gilt nicht nur für die Eingriffsmöglichkeiten des Arbeitgebers (*vgl. hierzu die ausführliche Darstellung unter Rn. 833 ff.*), sondern auch für entsprechende **Verfügungen** des Arbeitnehmers. Verzichts-, Aufhebungs- , Abfindungs- oder Erlassverträge werden in ihrer Rechtswirksamkeit durch die **zwingenden** Regelungen des Betriebsrentengesetzes beschränkt. 745

Nach § 3 BetrAVG sind **Abfindung** und **Verzicht** auf eine gesetzlich unverfallbare Anwartschaft im Sinne der ersten Unverfallbarkeitsvariante des § 1 BetrAVG („10-Jahres-Frist“) nur aufgrund von Tarifverträgen und im übrigen nur im fortbestehenden Arbeitsverhältnis zulässig (*vgl. a.: Griebeling, Rn. 690*). Daraus leitet die Rechtsprechung ab, dass ein Arbeitnehmer auf eine Versorgungsanwartschaft, die schon nicht abgefunden werden darf, erst recht nicht verzichten kann (*BAG v. 22.9.1987 – 3 AZR 194/86 – BB 1988, S. 831 = DB 1988, S. 656 = NZA 1988, S. 470*). 746

Dies gilt auch für sog. allgemeine „**Ausgleichsquittungen**“, bei denen im Rahmen eines Vergleichs die Erklärung abgegeben wird, das alle Ansprüche aus dem Arbeitsverhältnis endgültig erledigt sind, und zwar auch dann, wenn die Vereinbarung im Rahmen eines gerichtlichen Aufhebungsvergleichs protokolliert wird (*BAG v. 9.11.1973 – 3 AZR 66/73 – BB 1974, S. 280 = DB 1974, S. 487; BAG v. 3.5.1983 – 3 AZR 1263/79 – DB 1983, S. 1559 = NJW 1983, S. 2283; BAG v. 20.10.1987 – 3 AZR 200/86 – BB 1988, S. 837 = DB 1988, S. 655 = NZA 1988, S. 396; BAG v. 27.2.1990 – 3 AZR 213/88 – BB 1990, S. 1706 = DB 1990, S. 1870 = NZA 1990, S. 689; LAG Hamm v. 30.10.1979 – 6 Sa 91/79 – BB 1980, S. 113; Griebeling, Rn. 680; Höfer, BetrAVG, ArbR, ART Rn. 302*). Etwas anderes kann – unter Berücksichtigung der von § 3 BetrAVG gesetzten Grenzen – allenfalls dann gelten, wenn der Verzicht des Arbeitnehmers auf seine Versorgungsansprüche vor Abschluss des Vergleichs oder vor Unterzeichnung der Ausgleichsquittung ausführlich erörtert worden ist (*LAG Hamm v. 30.10.1979 – 6 Sa 91/79 – BB 1980, S. 113*) und/oder im Vergleich bzw. der Ausgleichsquittung expressis verbis aufgeführt ist (*BAG v. 9.11.1973 – 3 AZR 66/73 – BB 1974, S. 280 = DB 1974, S. 487*). 747

Diese Auslegungsregelung, wonach **Ausgleichsklauseln in Aufhebungsverträgen** im Zweifel Ansprüche auf betriebliche Altersversorgung nicht umfassen, ist auch dann 748 anzuwenden, wenn der Anspruch auf betriebliche Altersversorgung auf einem sog. „Verschaffungsanspruch" gegen den Arbeitgeber beruht, der Arbeitgeber die Altersversorgung also als Schadensersatz für ein nicht eingehaltenes Versorgungsversprechen schuldet. Ein solcher Verschaffungsanspruch tritt an die Stelle des Versorgungsanspruchs, der ohne die zum Schadenersatz verpflichtende Handlung des Arbeitgebers entstanden wäre. Er hat die gleiche wesentliche Bedeutung für die wirtschaftliche Absicherung des Arbeitnehmers im Alter wie der originär geschuldete Anspruch auf Erfüllung der Versorgungsverbindlichkeit. Es kann daher nicht ohne weiteres davon ausgegangen werden, dass ein Arbeitnehmer durch Abschluss eines Aufhebungsvertrages mit Ausgleichsklausel auch auf einen solchen Anspruch verzichten will (*BAG v. 17.10.2000 – 3 AZR 69/99 – BB 2001, S. 315 = DB 2001, S. 391*).

749 Wird gleichwohl ein entsprechender Verzicht vereinbart, so ist die Vereinbarung insoweit nach § 134 BGB **nichtig** (*Griebeling, Rn. 690*).

750 Abfindungs- und Erlassverträge werden auch des öfteren im Zusammenhang mit einem **Betriebsübergang** vereinbart. Soweit eine solche Vereinbarung gegen die zwingenden Rechtsfolgen des § 613a BGB verstößt, führt dies ebenfalls zur Nichtigkeit (*ausführlich hierzu unter Rn. 984 ff.*).

2. Pfändungsschutz

751 Die **Forderung eines Arbeitnehmers** gegen seinen Arbeitgeber **auf Gehaltszahlung** unterliegt – wie jede andere Geldforderung auch – der Zwangsvollstreckung gemäß §§ 829 ff. ZPO.

752 Insoweit besteht allerdings die Besonderheit, dass Gehaltsforderungen nicht uneingeschränkt in vollem Umfang gepfändet und überwiesen werden können, sondern dass für sie die Pfändungsschutzvorschriften der §§ 850 ff. ZPO zu beachten sind. Dies gilt auch für Leistungsansprüche aus betrieblicher Altersversorgung.

753 Betriebliche Versorgungsleistungen unterfallen nämlich wie der Gehaltsanspruch und sonstige vom Arbeitgeber gezahlte Vergütungen dem gesetzlichen Pfändungsschutz des § 850 Abs.2 S.1 ZPO und sind daher nur pfändbar, soweit der Leistungsumfang die in § 850c ZPO festgelegten **Pfändungsfreigrenzen** übersteigt (*vgl. a.: BAG v. 17. 02. 1998 – 3 AZR 611/97 – DB 1998, 1039; Griebeling, Rn. 674; Höfer, BetrAVG, ArbR, ART Rn. 741; Schaub, NWB 1989, F.26, S. 2161*). Dies gilt auch für solche Versorgungsleistungen, die an **Organmitglieder** einer **Kapitalgesellschaft** oder deren Hinterbliebene gezahlt werden, und zwar selbst dann, wenn diese geringfügig am Kapital der Gesellschaft beteiligt sind (*BGH v. 8.12.1977 – II ZR 219/75 – BB 1978, S. 275 = DB 1978, S. 482 = NJW 1978, S. 756*).

754 **Arbeitseinkommen gemäß § 850 Abs. 2 ZPO** ist jedoch nur das laufende Entgelt. Hierunter fällt dagegen nicht der Beitrag, den ein Arbeitgeber zur Finanzierung einer betrieblichen Altersversorgung aufwendet. Insoweit bestehen keine Ansprüche des Arbeitnehmers gegen den Arbeitgeber auf Arbeitseinkommen i.S.v. § 850 Abs. 2 ZPO. Von daher sind diese Beiträge auch nicht bei der Berechnung des der Pfändung unterliegenden Lohnanspruchs zu berücksichtigen (*BAG v. 17.2.1998 – 3 AZR 611/97 – DB 1998, 1039).*

Etwas anderes gilt nur dann, wenn die betriebliche Altersversorgung durch Entgeltverzicht finanziert wird und die Vereinbarung über diesen Entgeltverzicht gemäß § 138 BGB nichtig ist. Dies kann z. B. dann der Fall sein, wenn sich der Arbeitnehmer mit dem Entgeltverzicht vorsätzlich einer Unterhaltspflicht gegenüber seinen minderjährigen Kindern, seiner Ehefrau oder sonstigen unterhaltsberechtigten Personen entziehen will. In einem solchen Fall besteht der Anspruch auf den Barlohn anstelle des Versorgungslohns fort, und das ursprüngliche, d.h. das ungekürzte Einkommen des Arbeitnehmers kann zur Berechnung des pfändbaren Teils herangezogen werden. 755

In dem Umfang, wie betriebliche Versorgungsleistungen dem gesetzlichen Pfändungsschutz unterfallen, können sie vom Versorgungsberechtigten auch **nicht abgetreten** oder **verpfändet** werden, §§ 400, 1274 Abs. 2 BGB. 756

Versorgungsanwartschaften auf zukünftig fällig werdende Leistungen und damit als „**zukünftige Forderungen**" können selbst dann **nicht verpfändet** werden, wenn sie un-verfallbar i.S.v. § 1 BetrAVG sind und über den Wert der Pfändungsfreigrenzen übersteigen, da das Pfandrecht als akzessorisches Recht stets eine abzusichernde, bereits existente Forderung voraussetzt (*Palandt/Bassenge, BGB, Überblick v. § 1204 Rn. 2; § 1204 Rn. 7*). Zulässig ist insoweit allerdings eine bedingte, auf eine zukünftig rechtswirksam werdende Pfandrechtsbestellung gerichtete rechtsgeschäftliche Vereinbarung. In diesem Falle entsteht das Pfandrecht automatisch mit der Fälligkeit des Anspruchs auf die Versorgungsleistung (*vgl.: Palandt/Bassenge, BGB, § 1273 Rn. 1*). 757

Dagegen ist die **Abtretung** einer **Versorgungsanwartschaft** als Abtretung einer künftigen Forderung ohne weiteres zulässig (*zur generellen Abtretbarkeit zukünftiger Forderungen vgl.: Palandt/Heinrichs, BGB, § 398 Rn. 11 m.w.N.*). 758

3. Aufrechnung

Soweit die betrieblichen Versorgungsleistungen nicht der Pfändung unterliegen, ist nach § 394 S.1 BGB auch eine **Aufrechnung** des Arbeitgebers nicht zulässig (*vgl. a.: Schaub, NWB 1989, F. 26, S. 2161*). Dies gilt grundsätzlich auch bei der Aufrechnung mit **Schadensersatzforderungen** des Arbeitgebers aufgrund eines vorsätzlichen deliktischen Handels des Arbeitnehmers. Die betriebliche Altersversorgung kann in ihrer Funktion als Sozialleistung nicht dazu dienen, schnell und einfach einen Schadensersatzanspruch des Arbeitgebers zu befriedigen. Stehen dem Arbeitgeber entsprechende Ersatzansprüche zu, so ist er insoweit auf die gesetzlichen Klagemöglichkeiten unter Beachtung des Pfändungsschutzes, eines eventuellen mitwirkenden eigenen Verschuldens sowie den Rechtsprechungsgrundätzen zur beschränkten Arbeitnehmerhaftung zu verweisen (*BAG v. 8.5.1990 – 3 AZR 152/88 – DB 1990, S. 2173 = NZA 1990, S. 807; LAG Hamm v. 7.2.1989 – 6 Sa 1160/88 – DB 1989, S. 787; Langohr-Plato, MDR 1994, S. 857*) 759

4. Verjährung

Der Grundanspruch auf die Zahlung betrieblicher Versorgungsleistungen, das sog. „**Rentenstammrecht**" unterliegt der **regelmäßigen Verjährungsfrist** und verjährt 760 somit gemäß § 195 BGB nach **30 Jahren** (*BAG v. 27.2.1990 – 3 AZR 213/88 – BB 1990, S. 1706 = DB 1990, S. 1870 = NZA 1990, S. 689; Ahrend/Förster, BetrAVG, § 1 Anm. 22; Blomeyer/Otto, BetrAVG, Einl., Rn. 703; Griebeling, Rn. 676; Höfer, BetrAVG, ArbR, ART Rn. 732*). Die regelmäßige 30-jährige Verjährungsfrist gilt auch für Zusagen auf einmalige **Kapitalleistungen** (*Blomeyer/Otto, BetrAVG, Einl., Rn. 704; Höfer, BetrAVG, ArbR, ART Rn. 732*), die im **Konkursverfahren** kapitalisierten Versorgungsleistungen (*BAG v. 7.11.1989 – 3 AZR 48/88 – BB 1990, S. 561 = DB 1990, S. 539 = NZA 1990, S. 524*) und die kapitalisierte **Abfindung** betrieblicher Versorgungsleistungen (*BAG v. 28.3.1968 – 3 AZR 54/67 – BB 1968, S. 950 = DB 1968, S. 1406; Blomeyer/Otto, BetrAVG, Einl., Rn. 704*) sowie für den jeweiligen **Anspruch auf Anpassungsprüfung** nach § 16 BetrAVG (*Blomeyer/Otto, BetrAVG, Einl., Rn. 706; Griebeling, Rn. 564; Höfer, BetrAVG, ArbR, § 16 Rn. 3613*).

Diese lange Verjährungsfrist wird durch die zum 1.1.2002 in Kraft getretene **Schuldrechtsreform** nicht beseitigt, sondern durch die mit dieser Schuldrechtsform in den neu in das BetrAVG integrierten § 18a sogar ausdrücklich manifestiert.

761 Demgegenüber verjährt **jede einzelne Rentenrate** und damit auch die nach § 16 BetrAVG zu erhöhende Rentenrate gemäß § 196 Abs.1 Nr. 8 BGB innerhalb von **2 Jahren** seit Fälligkeit soweit sie einem **Arbeitnehmer** geschuldet wird (*st. Rspr., vgl. u.a.: BAG v. 8.5.1956 – 3 AZR 65/54 – BB 1956, S. 465 = DB 1956, S. 479; BAG v. 10.5.1955 – 3 AZR 7/54 – BB 1955, S. 998 = DB 1955, S. 483; BAG v. 29.7.1966 – 3 AZR 20/66 – BB 1966, S. 1397 = DB 1966, S. 1936;* vgl. ferner: *Griebeling, Rn. 677; Höfer, BetrAVG, ArbR, ART Rn. 731*). Die kurze Verjährungsfrist gilt auch dann, wenn der Arbeitgeber die Entscheidung über eine Anpassungsprüfung nach § 16 BetrAVG überhaupt nicht durchgeführt oder eine Mitteilung über das Ergebnis seiner Anpassungsprüfung dem Betriebsrentner gegenüber unterlassen hat (*LAG Hamm v. 19.3.1991 – 6 Sa 697/89 – BB 1991, S. 1126 = DB 1991, S. 1121 = NZA 1991, S. 938*).

762 Ist der Versorgungsempfänger ein ehemaliges **Organmitglied** des die Versorgungsleistung gewährenden Unternehmens oder als **selbständiger Handelsvertreter** für dieses Unternehmen tätig gewesen, so beträgt die Verjährungsfrist gemäß der § 197 BGB, § 88 HGB **4 Jahre** (*BGH v. 7.12.1961 – II ZR 117/60 – BB 1962, S. 72 = NJW 1962, S. 340; BGH v. 14.5.1964 – II ZR 191/61 – NJW 1964, S. 1620; Ahrend/Förster, BetrAVG, § 1 Anm. 22; Blomeyer/Otto, BetrAVG, Einl., Rn. 702; Griebeling, Rn. 677; Höfer, BetrAVG, ArbR, ART Rn. 731*). Gemäß § 201 BGB beginnt die Verjährungsfrist am Ende des Kalenderjahres, in dem die jeweilige monatliche Rentenrate fällig wird.

Diese kurzen Verjährungsfristen werden allerdings entsprechend der **Schuldrechtsreform** nach § 18a Satz 2 BetrAVG auf drei Jahre (§§ 195, 197 Abs. 2 BGB n.F.) vereinheitlicht.

763 Eine **Sonderregelung** gilt allerdings für Direktversicherungen und Pensionskassen. Hier regeln sich Beginn und Dauer der Verjährung nicht nach BGB-Vorschriften, sondern den im Versicherungsvertragsgesetz (VVG) geregelten Sondervorschriften

(*vgl .a.: Andresen/Förster/Rößler/Rühmann, BetrAVG, ArbR, Teil 11 D, Rn. 79*). Die Verjährungsfrist beträgt danach unabhängig vom Status des Versorgungsberechtigten und unabhängig von der Abgrenzung Stammrecht/Rentenrate fünf Jahre, § 12 Abs. 1 VVG und beginnt gemäß § 12 Abs. 1 S. 2 VVG mit dem Schluss des Jahres, in dem die Versicherungsleistung erstmals beansprucht werden kann.

5. Verwirkung

Eine Verwirkung des Zahlungsanspruchs auf die betriebliche Versorgungsleistung 764 wird aufgrund der relativ kurzen Verjährungsfristen als Sonderfall der unzulässigen Rechtsausübung nur in **Ausnahmefällen** überhaupt in Betracht kommen (*vgl. a.: BAG v. 12.12.1989 – 3 AZR 540/88 – BB 1990, S. 857 = DB 1990, S. 895 = NZA 1990, S. 475; BAG v. 15.9.1992 – 3 AZR 438/91 – AuR 1994, S. 74; Blomeyer/Otto, BetrAVG, Einl., Rn. 713; Griebeling, Rn. 679; Höfer, BetrAVG, ArbR, ART Rn. 736*). Voraussetzung ist hierfür, dass der Versorgungsberechtigte bei seinem früheren Arbeitgeber einen **Vertrauenstatbestand** dahingehend erweckt hat, dass er das Rentenstammrecht nicht mehr geltend machen werde und es dem Arbeitgeber auch **unzumutbar** ist, sich hierauf noch einzulassen (*Griebeling, Rn. 678; Palandt/Heinrichs, BGB, § 242 Rn. 87 ff., 98; Schaub, NWB 1989, F. 26, S. 2162*).

6. Ausschlussfristen

Tarifliche Ausschlussfristen als allgemein gehaltene Ausschlussklauseln umfas- 765 sen regelmäßig **nicht** das **Ruhegeldstammrecht**, da es nicht zu den schnell nach Beendigung des Arbeitsverhältnisses zu klärenden Ansprüchen gehört (*Blomeyer/Otto, BetrAVG, Einl. Rn. 719; Griebeling, Rn. 688; Höfer, BetrAVG, ArbR, ART Rn. 735*), keinen Fälligkeitszeitpunkt kennt und hinsichtlich des tatsächlichen Leistungsumfangs oftmals (bei unverfallbaren Anwartschaften) auch erst bei Eintritt des Versorgungsfalls exakt bestimmt werden kann (*BAG v. 26.11.1971 – 3 AZR 86/71 – DB 1972, S. 587 = BetrVG 1972, S. 163; BAG v. 12.1.1974 – 3 AZR 114/73 – BB 1974, S. 370 = DB 1974, S. 680; BAG v. 13.7.1978 – 3 AZR 278/77 – BB 1979, S. 477 = DB 1979, S. 551; BAG v. 15.3.1979 – 3 AZR 859/77 – BB 1979, S. 1455 = DB 1979, S. 1462 = NJW 1979, S. 2533; BAG v. 14.10.1998 – 3 AZR 377/97 – DB 1999, S. 1808 = NZA 1999, S. 876; Andresen/Förster/Rößler/Rühmann; BetrAVG, ArbR, Teil 11 D, Rn. 100 f.*).

Hinsichtlich der einzelnen Betriebsrentenrate ist deren Einbeziehung in tarifliche 766 Ausschlussklauseln je nach Inhalt und Umfang der Ausschlussklausel unterschiedlich zu beurteilen und durch **Auslegung** zu ermitteln (*BAG v. 29.3.1983 – 3 AZR 537/80 – BB 1984, S. 274 = AuR 1983, S. 379; BAG v. 19.7.1983 – 3 AZR 250/81 – BB 1983, S. 1989 = DB 1983, S. 2786 = NJW 1984, S. 751; BAG v. 27.2.1990 – 3 AZR 216/88 – DB 1990, S. 1572 = NZA 1990, S. 627; Höfer, BetrAVG, ArbR, ART Rn. 735*).

Voraussetzung für die Einbeziehung betrieblicher Versorgungsleistungen in eine 767 solche Ausschlussklausel ist dabei stets, dass dies **eindeutig und unmissverständlich** im Tarifvertrag geregelt ist (*BAG v. 13.7.1978 – 3 AZR 278/77 – BB 1979,*

S. 477 = DB 1979, S. 551; BAG v. 19.7.1983 – 3 AZR 250/81 – BB 1983, S. 1989 = DB 1983, S. 2786 = NJW 1984, S. 751; BAG v. 27.2.1990 – 3 AZR 216/88 – DB 1990, S. 1572 = NZA 1990, S. 627; Griebeling, Rn. 689).

7. Schadensersatz

768 Schadensersatzansprüche im Bereich der betrieblichen Altersversorgung kommen insbesondere bei der Verletzung **vertraglicher Nebenpflichten** in Betracht. Dies gilt insbesondere dann, wenn der Arbeitgeber seinen Mitarbeiter nicht oder nicht ausreichend über die Möglichkeit einer gegebenenfalls auch rückwirkenden Teilnahme an einem betrieblichen Versorgungswerk **informiert** hat und deshalb eine Anmeldung zum Versorgungswerk unterblieben ist (*BAG v. 13.12.1988 – 3 AZR 252/87 – BB 1989, S. 1274 = DB 1989, S. 1527; BAG v. 17.12.1991 – 3 AZR 44/91 – BB 1992, S. 2081 = DB 1992, S. 1938; Höfer, BetrAVG, ArbR, ART Rn. 96.1*).

769 Darüber hinaus kommen **Schadenersatzansprüche** dann in Betracht, wenn der Arbeitgeber bei externer Durchführung der betrieblichen Altersversorgung eine Dotierung/Finanzierung der Versorgungsverpflichtung unterlässt und es dadurch zu **Leistungseinbußen** kommt. Dies ist insbesondere dann der Fall, wenn zugesagte Beiträge nicht oder nicht rechtzeitig an eine Pensionskasse oder Direktversicherung abgeführt werden. In diesem Fall reduziert sich automatisch der versicherungsvertragliche Leistungsumfang. Der versorgungsberechtigte Arbeitnehmer hat dann im Wege der **Naturalrestitution** einen Anspruch darauf, so gestellt zu werden, als ob die geschuldeten Beiträge vertragsgemäß entrichtet worden wären (*BAG v. 29.11.1979 – 3 AZR 289/78 – AP Nr. 3 zu § 242 BGB Ruhegehalt-Zusatzversorgung; BAG v. 28.7.1987 – 3 AZR 694/87 – DB 1988, S. 507 = NZA 1988, S. 159; vgl. a.: Höfer, BetrAVG, ArbR, ART Rn. 109*).

8. Datenschutz

770 Das Bundesdatenschutzgesetz (BDSG) enthält zwar keine spezifischen Regelungen zum Datenschutz im Arbeitsverhältnis. Die Vorschriften der §§ 27 ff. BDSG über die Verarbeitung nicht öffentlicher Stellen für eigene Zwecke gelten jedoch auch für Arbeitsverhältnisse. Danach ist die **Verarbeitung**, d.h. die Speicherung, Übermittlung oder Veränderung **personenbezogener Arbeitnehmerdaten grundsätzlich verboten**, auch wenn sie im konkreten Einzelfall keine Verletzung des Persönlichkeitsrechts darstellt. Erlaubt ist die Datenverarbeitung daher nur, wenn ein **gesetzlicher Erlaubnistatbestand** (§§ 28 – 30 BDSG) vorliegt. Dies ist u.a. im Rahmen der Zweckbestimmung des Arbeitsverhältnisses, aber auch zur Wahrung berechtigter Arbeitgeberinteressen der Fall, soweit dadurch keine schutzwürdigen Belange der Arbeitnehmer beeinträchtigt werden.

771 Im Rahmen der **administrativen Abwicklung** betrieblicher Versorgungswerke ist vielfach ein **Datentransfer** aus dem Unternehmen heraus an dritte Stellen **zwingend erforderlich**. So sind z. B. Versorgungsverpflichtungen bilanziell zu erfassen, was je nach Durchführungsweg unterschiedliche versicherungsmathematische Bewertungsansätze erfordert. Diese Bilanzwerte sind im Regelfall durch ein ent-

sprechendes versicherungsmathematisches Gutachten eines unabhängigen Sachverständigen zu belegen. Hierzu müssen entsprechende, individualisierte personenbezogene Daten wie Alter, Diensteintritt, Gehalt etc. vorliegen. Ferner werden **externe Gutachter/Berater** für die Ermittlung der Bemessungsgrundlage für den Beitrag zur gesetzlichen Insolvenzsicherung sowie das hierfür erforderliche PSV-Testat, für die Ermittlung unverfallbarer Anwartschaften, die Berechnung von Versorgungsleistungen bei Rentenbeginn oder im Zusammenhang mit einem Versorgungsausgleich benötigt. Darüber hinaus gehen immer mehr Unternehmen dazu über, den gesamten, mit einem betrieblichen Versorgungswerk verbundenen administrativen Aufwand (u.a. die sehr umfangreiche und kostenintensive Rentnerverwaltung) auf **externe Dienstleister** auszulagern. Um diesen Datentransfer gegenüber den betroffenen Mitarbeitern rechtfertigen zu können, sollte in die Versorgungsordnung oder Versorgungszusage eine entsprechende **Datenschutzklausel** integriert werden.

Eine solche Klausel könnte inhaltlich wie folgt gestaltet werden:

Formulierungsvorschlag:

„Das betriebliche Versorgungswerk wird von einem unabhängigen Sachverständigen (versicherungsmathematischen Gutachter) beraten und betreut. Dieser Gutachter speichert die zur Erfüllung seines Auftrages benötigten personenbezogenen Daten der Versorgungsanwärter und Leistungsempfänger. Hierbei handelt es sich ausschließlich um solche Daten, die zur Erstellung bilanzieller Gutachten, zur Berechnung der dem Pensions-Sicherungs-Verein (PSV) mitzuteilenden Bemessungsgrundlage für die gesetzliche Insolvenzsicherung oder zur internen Renten- bzw. Anwartschaftsberechnung erforderlich sind. Der Gutachter hat sich vertraglich zur vertraulichen Behandlung dieser Daten verpflichtet und ist an die Bestimmungen des Bundesdatenschutzgesetzes gebunden."

9. Prozessuale Besonderheiten

Für **sämtliche** Rechtsstreitigkeiten, die das Ruhestandsverhältnis betreffen, sind die 772
Arbeitsgerichte zuständig (*BAG v. 27.10.1967 – 5 AZR 578/59 – BB 1961, S. 98 = DB 1961, S. 71*). Dies gilt gemäß §§ 2 Abs. 1 Nr. 5 ArbGG, 13 BetrAVG auch für Streitigkeiten mit dem Pensions-Sicherungs-Verein in seiner Funktion als Träger der gesetzlichen Insolvenzsicherung. Einzige **Ausnahme** sind Rechtsstreitigkeiten mit solchen Sozialeinrichtungen, die in der Rechtsform einer **Anstalt des öffentlichen Rechts** betrieben werde, wie z. B. die Versorgungsanstalt der Deutschen Bundespost (*BAG v. 28.4.1981 – 3 AZR 255/80 – BB 1981, S. 1529 = DB 1981, S. 2234; BAG v. 11.11.1986 – 3 AZR 228/86 – BB 1987, S. 1394 = DB 1987, S. 1596; BAG v. 12.2.1991 – 3 AZR 30/90 – BB 1991, S. 1420 = DB 1991, S. 1735 = NZA 1991, S. 723; BAG v. 6.10.1992 – 3 AZR 41/92 – BB 1993, S. 368 = DB 1993, S. 987 = NZA 1993, S. 455*).

Ist ein Arbeitnehmer gleichzeitig **Organ** des Arbeitgebers (z. B. Geschäftsführer 773
oder Vorstand) so kann auch der Rechtsweg zu den Zivilgerichten eröffnet sein. Die Zuständigkeitsfrage ist dann danach zu beurteilen, welche Rechtsbeziehungen für die Versorgungszusage bestimmend waren. Wurde die Zusage nur im Hinblick auf das Arbeitsverhältnis erteilt, so sind die Arbeitsgerichte zuständig (*BAG v. 27.10.1967 – 5 AZR 578/59 – BB 1961, S. 98 = DB 1961, S. 71*).

774 **Nichtarbeitnehmer** i.S.v. § 17 Abs. 1 S. 2 BetrAVG müssen ihre Ansprüche vor den **Zivilgerichten** durchsetzen (*Griebeling, Rn. 992*).

775 Für Streitigkeiten zwischen **Arbeitgeber** und dem **PSV** hinsichtlich der Beitragspflicht, der Höhe der an den PSV zu entrichtenden Umlage sowie der sich aus den §§ 10, 11 BetrAVG ergebenden Mitteilungs- und Auskunftspflichten des Arbeitgebers gegenüber dem PSV ist der Rechtsweg zu den **Verwaltungsgerichten** gegeben (*BayVGH v. 5.2.1982 – 5 B 81 A.691 – BB 1983, S. 199; Blomeyer/Otto, BetrAVG, § 13 Rn. 14*). Der PSV wird insoweit als beliehenes Unternehmen hoheitlich tätig.

776 Des weiteren sind die Arbeitsgerichte nicht zuständig für Rechtsstreitigkeiten mit **Sozialeinrichtungen**, die in der Rechtsform einer **Anstalt des öffentlichen Rechts** betrieben werden, wie z. B. die Versorgungsanstalt der Deutschen Bundespost (*BAG v. 28.4.1981 – 3 AZR 255/80 – BB 1981, S. 1529 = DB 1981, S. 2234*).

777 Der **Streitwert** der Ruhegeldfeststellungsklage sowie einer Klage auf zukünftige Gewährung betrieblicher Versorgungsleistungen gegen den PSV ist nach § 12 Abs. 7 ArbGG auf den **3-fachen Jahresbetrag** des streitigen Rentenbetrages festzusetzen (*BGH v. 7.7.1980 – II ZR 255/78 – BB 1980, S. 1271 = DB 1980, S. 2081*). Maßgeblich ist somit nicht der tatsächliche Betrag der Versorgungsleistung, sondern nur der vom Arbeitgeber bzw. der von diesem eingeschalteten Versorgungseinrichtung bzw. dem PSV bestrittene Rentenbetrag. Folglich richtet sich der Streitwert einer Klage auf Rentenanpassung auch nur nach dem dreifachen Jahresbetrag des vom Betriebsrentner geltend gemachten, über die tatsächlich erfolgte Rentenanpassung hinausgehend Anpassungsbedarfs

778 Eine **Feststellungsklage** gegen den PSV als Träger der gesetzlichen Insolvenzsicherung ist nicht allein deshalb unzulässig, weil auch eine Zahlungsklage möglich wäre (*BAG v. 22.9.1987 – 3 AZR 662/85 – BB 1988, S. 412 = DB 1988, S. 291*). Wird durch die Feststellungsklage der Rechtsstreit insgesamt geklärt, so ist die Feststellungsklage zuzulassen (*BAG v. 8.5.1984 – 3 AZR 68/82 – BB 1984, S. 2194 = DB 1984, S. 2517 = NZA 1985, S. 155*).

C. Spezialfragen

I. Gleichbehandlungsgrundsatz und betriebliche Altersversorgung

779 Versorgungsansprüche gegen den Arbeitgeber, d.h. Ansprüche auf Zahlung betrieblicher Versorgungsleistungen können sich unabhängig vom Bestehen einzelvertraglicher oder kollektivrechtlicher Anspruchsgrundlagen auch aus dem arbeitsrechtlichen **Gleichbehandlungsgrundsatz/Grundsatz der Lohngleichheit** ergeben. Dies hat der Gesetzgeber bei der Einführung des Betriebsrentengesetzes mit einem entsprechenden Hinweis in § 1 Abs. 1 S. 4 BetrAVG ausdrücklich auch berücksichtigt. Danach stehen der Verpflichtung aus einer Versorgungszusagen auch solche Versorgungsverpflichtungen gleich, die auf betrieblicher Übung oder dem Grundsatz der Gleichbehandlung beruhen.

Insoweit gilt ganz allgemein das Verbot, einen Arbeitnehmer bei der Einbeziehung in ein Betriebliches Versorgungswerk sowie hinsichtlich Inhalt und Umfang der gewährten Versorgungsleistungen zu benachteiligen (*vgl. a.: Doetsch, BetrAV 1997, S. 25; Griebeling, Rn. 207*). Voraussetzung für die Anwendung des Gleichbehandlungsgrundsatzes ist dabei jedoch stets die Existenz einer **generellen Versorgungsordnung**, die eine Mehrzahl von Mitarbeitern nach **abstrakten Kriterien** begünstigt. Dagegen können individuelle, im Einzelfall erteilte Versorgungszusagen kein Recht zur Gleichbehandlung begründen (*Griebeling, Rn. 207*).

1. Rechtsgrundlagen

Ausgangspunkt der juristischen Diskussion zum arbeitsrechtlichen Gleichbehand- 780
lungsgrundsatz im Bereich der betrieblichen Altersversorgung war neben verschiedenen Entscheidungen zur Einbeziehung von **Teilzeitbeschäftigten** (*EuGH v. 13.5.1986 – Rs 170/84 – Bilka – BB 1986, S. 1509 = DB 1986, S. 1525 = NJW 1986, S. 3020; BAG v. 6.4.1982 – 3 AZR 134/79 – BB 1982, S. 1176 = DB 1982, S. 1466 = NJW 1982, S. 2013; BAG v. 14.10.1986 – 3 AZR 66/83 – BB 1987, S. 829 = NZA 1987, S. 445 = NJW 1987, S. 2183; BAG v. 14.3.1989 – 3 AZR 490/87 – BB 1989, S. 2115 = DB 1989, S. 2336 = NZA 1990, S. 25; BAG v. 23.1.1990 – 3 AZR 58/88 – BB 1990, S. 1202 = DB 1990, S. 1620 = NZA 1990, S. 778*) insbesondere das sog. **„Witwerrenten-Urteil"** des BAG (*Urteil v. 5.9.1989 – 3 AZR 575/88 – BB 1989, S. 2400 = DB 1989, S. 2615 = NZA 1990, S. 271 = NJW 1990, S. 1008*). Alle diese Entscheidungen, also sowohl die nationalen, auf Art. 3 GG beruhenden BAG-Urteile, als auch die aus Art. 119 des EG-Vertrages abgeleiteten Entscheidungen des EuGH gehen von dem Gedanken aus, dass dem Arbeitgeber die **Ungleichbehandlung von Männern und Frauen bei der Lohngestaltung** verboten ist.

Dieser **Lohngleichheitsgrundsatz** ist von der Rechtsprechung als arbeitsrecht- 781
liches Äquivalent für den in **Art. 3 GG** enthaltenen **Gleichbehandlungsgrundsatz** entwickelt worden und hat sich zwischenzeitlich in einer Vielzahl arbeitsrechtlicher Gesetze niedergeschlagen. So hat der Gesetzgeber in **§ 1 Abs. 1 S. 3 BetrAVG** den Gleichbehandlungsgrundsatz ausdrücklich als Anspruchsgrundlage für die Gewährung betrieblicher Versorgungsleistungen aufgeführt. Ferner verbietet das in **§ 75 Abs. 1 BetrVG** normierte **Differenzierungsverbot** als weitere gesetzliche Ausgestaltung des Gleichbehandlungsgrundsatzes eine willkürliche und damit sachfremde Schlechterstellung einzelner Arbeitnehmer, und zwar u.a. insbesondere auch wegen ihres Geschlechtes. Darüber hinaus hat die EG ihre Mitgliedstaaten verpflichtet, die Gleichstellung von Männern und Frauen im Arbeitsleben gesetzlich zu regeln. Diese Umsetzung in nationales Recht erfolgte in der Bundesrepublik Deutschland durch das **Gesetz über die Gleichbehandlung von Männern und Frauen am Arbeitsplatz** vom 13.8.1980 (*BGBl I 1980, S. 1308*), mit dem der gleichlautende **§ 611a BGB** in das Bürgerliche Gesetzbuch integriert worden ist. Daneben konkretisiert **§ 2 BeschFG** das Gebot der Gleichbehandlung im Rahmen von Teilzeitarbeitsverhältnissen (*BAG v. 28.7.1992 – 3 AZR 173/92 – BB 1993, S. 437 = NZA 1993, S. 215 = NJW 1993, S. 874 = ZAP 1993, F. 17 R, S. 45 m. Anm. Langohr-Plato*).

782 BAG und EuGH haben zudem in ständiger Rechtsprechung den **Entgeltcharakter** betrieblicher Versorgungsleistungen betont und bestätigt (*vgl. u.a.: BAG v. 10.3.1972 – 3 AZR 278/71 – BB 1972, S. 1005 = DB 1972, S. 1486 = MDR 1972, S. 899; EuGH v. 13.5.1986 – Rs 170/84 – Bilka – BB 1986, S. 1509 = DB 1986, S. 1525 = NJW 1986, S. 3020; EuGH v. 17.5.1990 – Rs C-262/88 – Barber – DB 1990, S. 1824 = NJW 1990, S. 203 = NZA 1990, S. 771*). Damit ist der Gleichbehandlungsgrundsatz bei der Gewährung betrieblicher Versorgungsleistungen stets zu berücksichtigen.

783 Inhaltlich wird der arbeitsrechtliche Gleichbehandlungsgrundsatz vom **Grundsatz der Gleichberechtigung** (Art. 3 Abs. 2 GG) und vom **Benachteiligungsverbot** (Art. 3 Abs. 3 GG) geprägt (*so bereits: BAG v. 11.9.1974 – 5 AZR 567/73 – DB 1975, S. 551*).

784 Führt ein Arbeitgeber freiwillige Zulagen, insbesondere betriebliche Versorgungsleistungen, ein, so muss er also die Leistungsvoraussetzungen so **abgrenzen**, dass sie **nicht sachwidrig** oder **willkürlich** einen Teil der Arbeitnehmer von diesen Leistungen ausschließen. Das bedeutet allerdings nicht, dass es dem Arbeitgeber untersagt ist, seine Arbeitnehmer in mehrere, **objektiv abgrenzbare Gruppen** einzuteilen und entweder nur einigen der Gruppen Versorgungsleistungen zu gewähren oder aber die Versorgungsleistungen innerhalb der Gruppenkonstruktion zu **differenzieren**. Der Gleichbehandlungsgrundsatz erfordert lediglich, dass die Entscheidung **sachlich gerechtfertigt** ist. Der Arbeitgeber kann somit z. B. die Stellung im Unternehmen und/oder die Dauer der Betriebszugehörigkeit als Abgrenzungskriterien für die Gewährung und Bemessung betrieblicher Versorgungsleistungen berücksichtigen (*vgl. a.: Ahrend/Förster/Rößler, 1. Teil, Rn. 65; Doetsch, BetrAV 1997, S. 25 f.; Griebeling, Rn. 215 ff.; Höfer, BetrAVG, ArbR, ART, Rn. 218 ff.; Langohr-Plato, MDR 1992, S. 838; Langohr-Plato, MDR 1995, S. 649*).

785 Der oder die Zwecke, die eine unterschiedliche Behandlung bei der Gewährung betrieblicher Versorgungsleistungen rechtfertigen sollen, müssen unter den Gesichtspunkten der Rechtssicherheit sowie der Transparenz des innerbetrieblichen Lohngefüges **aus der Versorgungsordnung erkennbar** sein (*Doetsch, BetrAV 1997, S. 26*). Ist der Grund der Differenzierung nicht ohne weiteres aus der Versorgungsordnung nachvollziehbar, so muss ihn der Arbeitgeber spätestens dann offen legen, wenn ein bei der Leistungsgewährung benachteiligter Mitarbeiter Gleichbehandlung verlangt (*BAG v. 20.7.1993 – 3 AZR 52/93 – BB 1993, S. 2456 = DB 1994, S. 102 = NZA 1994, S. 125; Griebeling, Rn. 220*).

786 Als eine der zentralen Grundregeln des europäischen Gemeinschaftsrechts eröffnet zudem **Art. 141 EG-Vertrag** (Art. 141 EGV ist im Rahmen des Vertrages von Amsterdam vom 2.10.1997 aus Art. 119 EGV übernommen worden. Der neue Art. 141 EGV ist im Wesentlichen inhaltsgleich zu Art. 119 EGV a.F.) den Arbeitnehmern als **unmittelbar geltende Gemeinschaftsnorm** ein **subjektives Recht** auf gleichen Lohn bei gleicher Arbeit, das vor den nationalen Gerichten einklagbar ist (*Borchardt, BetrAV 1993, S. 4; Heither, HwBAR, Nr. 540 – BAV, Rn. 60.; Langohr-Plato, MDR 1994, S. 19*). Dabei verpflichtet Art. 141 EG-Vertrag nicht nur die Mit-

gliedstaaten, für die Lohngleichheit Sorge zu tragen, sondern **bindet** auch unmittelbar die **Tarifvertragsparteien**, soweit es sich um eine geschlechtsspezifische Lohngestaltungsfrage handelt (*EuGH v. 27.6.1990 – Rs C-33/89 – Kowalska – DB 1991, S. 100 = NZA 1990, S. 771*).

Ursprünglich unbekannt war dem deutschen Arbeitsrecht die aus **Artikel 141** des **EG-Vertrages** abgeleitete sogenannte **„mittelbare Diskriminierung“**, die z. B. dann vorliegt, 787

- wenn die betreffende Regelung oder Maßnahme zwar unterschiedslos auf Männer oder Frauen anzuwenden ist, diese aber für das eine oder andere Geschlecht wesentlich nachteiligere Wirkungen entfaltet, und
- wenn diese nachteiligen Wirkungen auf dem Geschlecht oder der Geschlechtsrolle beruhen (*vgl.: EuGH v. 13.5.1986 – Rs 170/84 – Bilka – BB 1986, S. 1509 = DB 1986, S. 1525 = NJW 1986, S. 3020; Griebeling, Rn. 233; Höfer, BetrAVG, ART Rn. 566 ff.; Langohr-Plato, MDR 1995, S. 650*).

Das in Art. 141 EG-Vertrag normierte **Diskriminierungsverbot** kann also auch bei einer **geschlechtsneutral** formulierten Versorgungsregelung verletzt sein, wenn in ihrer faktischen Anwendung Angehörige des einen Geschlechtes gegenüber denen des anderen Geschlechtes wesentlich benachteiligt werden (*Griebeling, Rn. 233; Langohr-Plato, MDR 1992, S. 838*). 788

Liegt ein solcher Tatbestand vor, wird die Diskriminierung **widerlegbar vermutet**. Der Arbeitgeber ist dann gezwungen, die diskriminierende Maßnahme durch objektive Gründe zu rechtfertigen (*BAG v. 23.2.1992 – 4 AZR 30/92 – BB 1993, S. 650*). Dabei ist eine unterschiedliche geschlechterbezogene Lohngestaltung nur dann **objektiv gerechtfertigt**, wenn die unterschiedliche Behandlung einem **realen Bedürfnis** des Arbeitgebers dient, für die Erreichung der unternehmerischen Ziele **geeignet** und nach dem **Verhältnismäßigkeitsgrundsatz** erforderlich ist (*EuGH v. 13.5.1986 – Rs 170/84 – Bilka – BB 1986, S. 1509 = DB 1986, S. 1525 = NJW 1986, S. 3020; BAG v. 23.1.1990 – 3 AZR 58/88 – NZA 1990, S. 778 = DB 1990, S. 1620 m.w.N.; Griebeling, Rn. 235; Langohr-Plato, MDR 1994, S. 119; Langohr-Plato, MDR 1995, S. 650*). 789

Ein Verstoß gegen den arbeitsrechtlichen Gleichbehandlungsgrundsatz hat die **Nichtigkeit** der diskriminierenden Regelung nach § 134 BGB zur Folge (*vgl. a.: Griebeling, Rn. 235; Langohr-Plato, MDR 1994, S. 119*). Dies führt allerdings nicht zur Unwirksamkeit der Versorgungsordnung insgesamt, sondern hat zur Konsequenz, dass an die Stelle der gleichheitswidrigen Versorgungsvereinbarung die gesetzliche Regelung tritt (*BAG v. 5.9.1989 – 3 AZR 575/88 – BB 1989, S. 2400 = DB 1989, S. 2615 = NZA 1990, S. 271 m.w.N.*). Der benachteiligte Mitarbeiter hat also einen entsprechenden **Erfüllungs- bzw. Verschaffungsanspruch** darauf, so gestellt zu werden, wie die von der Versorgungsordnung begünstigten Mitarbeiter (*BAG v. 28.7.1992 – 3 AZR 173/92 – ZAP 1993, F. 17 R, S. 45 m. Anm. Langohr-Plato = NJW 1993, S. 874 = NZA 1993, S. 215*). Dem benachteiligten Mitarbeiter steht also nicht nur ein Schadensersatzanspruch, sondern ein vertraglicher Erfül- 790 lungsanspruch zu, der ggf. vom Arbeitgeber selbst zu erbringen ist (*BAG v. 7.3.1995 – 3 AZR 282/94 – BB 1995, S. 2217 = DB 1995, S. 2020 = NZA 1996, S. 48*).

2. Fallgestaltungen

a) Einbeziehung von Teilzeitbeschäftigten

791 Eine Diskriminierung teilzeitbeschäftigter Arbeitnehmer allein wegen ihrer Teilzeitbeschäftigung ist – unabhängig von einem Verstoß gegen sonstige Rechtsnormen – bereits nach **§ 2 Abs. 1 BeschFG** unzulässig (*BAG v. 29.8.1989 – 3 AZR 370/88 – BB 1989, S. 2116 = DB 1989, S. 2338; BAG v. 28.7.1992 – 3 AZR 173/92 – DB 1993, S. 169 = NZA 1993, S. 215 = NJW 1993, S. 874 = ZAP 1993, F. 17 R, S. 45 m. Anm. Langohr-Plato; Griebeling, Rn. 255*) und regelmäßig als mittelbare Diskriminierung zu werten, wenn diese Maßnahme einen wesentlich höheren Prozentsatz weiblicher als männlicher Arbeitnehmer trifft und nicht durch sachliche Gründe gerechtfertigt ist (*EuGH, Urteile v. 10.2.2000 – Rs C-50/96, Rs C-270/97 und Rs C-271/97, BetrAV 2000, S. 385 ff.*).

792 **Sachliche Gründe**, die eine Differenzierung bei der Einbeziehung teilzeitbeschäftigter Arbeitnehmer in ein betriebliches Versorgungswerk rechtfertigen könnten, müssen anderer Art sein, also z. B. auf Arbeitsleistung, Qualifikation, Berufserfahrung, unterschiedliche Anforderungen am Arbeitsplatz, hierarchische oder Gehaltsgruppen-Einstufung beruhen (*BAG v. 28.7.1992 – 3 AZR 173/92 – DB 1993, S. 169 = NZA 1993, S. 215 = NJW 1993, S. 874 = ZAP 1993, F. 17 R, S. 45 m. Anm. Langohr-Plato; Ahrend/Förster, BetrAVG, § 1 Anm. 5; Griebeling, Rn. 256*).

793 Teilzeitbeschäftigte Arbeitnehmer können allerdings nur eine ihrem **zeitlichen Anteil** der Arbeitsleistung an der Vollzeit **entsprechende** Teilversorgung verlangen (*BAG v. 13.12.1994 – 3 AZR 367/94 – DB 1995, S. 931 = ZIP 1995, S. 667*). Eine am tatsächlichen **Beschäftigungsgrad** orientierte Versorgungsleistung ist daher nicht zu beanstanden (*BAG v. 27.7.1988 – 5 AZR 244/87 – BB 1988, S. 2178 = DB 1988, S. 2519; Höfer, BetrAVG, ArbR, ART Rn. 529*). Im Hinblick auf den administrativen Aufwand einer solchen, nach dem individuellen Beschäftigungsgrad berechneten Versorgungsleistung, wird auch eine Gruppenbildung gebilligt. Insoweit ist die Unterteilung in **voll-, überhalbzeitig** und **unterhalbzeitig Beschäftigte** mit dem arbeitsrechtlichen Gleichbehandlungsgrundsatz und dem Lohngleichheitsgebot des Art. 141 EG-Vertrag vereinbar (*BAG v. 5.10.1993 – 3 AZR 695/92 – DB 1994, S. 739 = NZA 1994, S. 315 = MDR 1994, S. 490*).

794 Bei der Gestaltung von Versorgungsregelungen ist es aber nicht nur unter dem Aspekt der arbeitsrechtlichen Gleichbehandlung notwendig, eine entsprechende Regelung zur Behandlung teilzeitbeschäftigter Arbeitnehmer in die Versorgungsordnung aufzunehmen. Diese Notwendigkeit ergibt sich zudem auch unter dem Aspekt der nach dem **Rentenreformgesetz 1992** zulässigen Inanspruchnahme von sogenannten **„Teilrenten“**. Macht nämlich eine Versorgungsordnung die Höhe der Betriebsrente von den letzten Bezügen (sog. „**Endgehaltsplan**“) abhängig, so muss sie auch den Fall regeln, dass ein Arbeitnehmer in den Jahren vor dem Ruhestand **zwischen Voll- und Teilzeitbeschäftigung wechselt**. Ist dies nicht der Fall, so ist

die entsprechende Vertragslücke im Wege der **ergänzenden Vertragsauslegung** zu schließen. Für diesen Fall kann eine **Durchschnittsberechnung** der ruhegeldfähigen Bezüge in Betracht kommen (*BAG v. 27.9.1983 – 3 AZR 297/81 – BB 1984, S. 1430 = DB 1984, S. 1940 = AuR 1984, S. 313*). Eine mögliche Lösungsformel könnte hier in der **zeitanteiligen Bewertung** der geleisteten Teilzeitarbeit zu einer fiktiven unterstellten Vollzeitarbeit gesehen werden. Dabei sollte allerdings die gesamte Dienstzeit berücksichtigt und nicht etwa auf einen durchschnittlichen Beschäftigungsgrad z. B. der letzten 10 Dienstjahre abgestellt werden, was rechtlich allerdings auch nicht zu beanstanden wäre (*vgl.: BAG v. 27.9.1983 – 3 AZR 297/81 – BB 1984, S. 1430 = DB 1984, S. 1940 = AuR 1984, S. 313*).

Zu beachten ist allerdings, dass ein Verstoß gegen das Diskriminierungsverbot nur 795
dann vorliegt, wenn die sich de facto ergebende Schlechterstellung eines Geschlechtes nicht durch **objektive Gründe der Lohnpolitik** rechtfertigen lässt (*EuGH v. 13.5.1986 – Rs 170/84 – Bilka – BB 1986, S. 1509 = DB 1986, S. 1525 = NJW 1986, S. 3020; BAG v. 14.3.1989 – 3 AZR 490/87 – BB 1989, S. 2115 = DB 1989, S. 2336 = NZA 1990, S. 25 = NJW 1990, S. 68*). **Zulässig** wäre demnach ein **Ausschluss** von Teilzeitbeschäftigten, wenn hierdurch eine generelle und geschlechtsunabhängige Reduzierung der Teilzeitarbeit vor dem Hintergrund unverhältnismäßig hoher Personal- und Allgemeinkosten erreicht werden soll und der Ausschluss hierzu unter Berücksichtigung des Lohngleichheitsgrundsatzes als geeignet, verhältnismäßig und erforderlich anzusehen ist. Insoweit ist der Arbeitgeber verpflichtet, Tatsachen vorzutragen und zu beweisen, die diese unterschiedliche Behandlung rechtfertigen (*vgl. a.: Langohr-Plato, MDR 1992, S. 839*).

In praktischer Hinsicht bedeutet dies, dass der gänzliche Ausschluss von Teilzeit- 796
beschäftigten aus einem betrieblichen Versorgungswerk kaum zu rechtfertigen ist. **Halbzeitbeschäftigte** (*BAG v. 29.8.1989 – 3 AZR 370/88 – BB 1989, S. 2116 = DB 1989, S. 2338 = NZA 1990, S. 37*) und **Teilzeitbeschäftigte** mit einer **30-stündigen** wöchentlichen Arbeitszeit (*BAG v. 23.1.1990 – 3 AZR 58/88 – BB 1990, S. 1202 = DB 1990, S. 1620 = NZA 1990, S. 778*) sind jedenfalls in einem betrieblichen Versorgungswerk aufzunehmen. Dies folgt letztlich auch aus § 2 Abs. 1 BeschFG, wonach der Arbeitgeber einen Teilzeitbeschäftigten nicht wegen seiner Teilzeitarbeit gegenüber vollzeitlich beschäftigten Arbeitnehmern unterschiedlich behandeln darf, es sei denn, dass sachliche Gründe eine unterschiedliche Behandlung rechtfertigen. Dieses Verbot unterschiedlicher Behandlung gilt auch gegenüber teilzeitbeschäftigten Arbeitnehmern, die in **unterschiedlichem zeitlichen Umfang** beschäftigt werden (etwa unter oder über 50 % der regelmäßigen Wochenarbeitszeit). Auch für eine unterschiedliche Behandlung dieser Arbeitnehmer bei der Gewährung betrieblicher Versorgungsleistungen sind daher sachliche Gründe erforderlich (*BAG v. 29.8.1989 – 3 AZR 370/88 – BB 1989, S. 2116 = DB 1989, S. 2338 = NZA 1990, S. 37*).

Verstößt eine betriebliche Versorgungsordnung gegen das Lohngleichheitsgebot, 797
weil sie teilzeitbeschäftigte Arbeitnehmer von der Versorgung ausschließt, so sind nicht die gesamte Versorgungsordnung, sondern nur die ausschließenden, **diskri-**

minierenden Bestimmungen nichtig (*BAG v. 14.3.1989 – 3 AZR 490/87 – BB 1989, S. 2115 = DB 1989, S. 2336 = NZA 1990, S. 25 = NJW 1990, S. 68; BAG v. 23.1.1990 – 3 AZR 58/88 – BB 1990, S. 1202 = DB 1990, S. 1620 = NZA 1990, S. 778; BAG v. 20.11.1990 – 3 AZR 613/89 – BB 1991, S. 1570 = DB 1991, S. 1330 = NZA 1991, S. 635 = NJW 1991, S. 2927*).

798 Diese Nichtigkeit gilt auch unbegrenzt **rückwirkend**, d.h. vom Inkrafttreten der Versorgungsordnung an. Die betroffenen Mitarbeiter brauchen den Verstoß gegen das Lohngleichheitsgebot auch nicht zeitweilig hinzunehmen. Für den Arbeitgeber besteht insoweit **keine Anpassungsfrist zur Beseitigung der mittelbaren Diskriminierung**. Weder das Recht der Europäischen Gemeinschaften noch das aus Art. 20 Abs. 3 GG abgeleitete Rechtsstaatsprinzips oder die Grundsätze zum Wegfall der Geschäftsgrundlage bzw. Vertrauensschutzaspekte können einen solchen Anspruch begründen. Mit der Erkenntnis, dass auch eine mittelbare Diskriminierung unzulässig ist, wird kein neues (Richter-) Recht kreiert, sondern nur dem nach Art. 141 EG-Vertrag bzw. Art. 3 Abs. 2 GG bestehenden Lohngleichheitsgebot Geltung verschafft. Darin besteht kein Verstoß gegen das sich aus dem Rechtsstaatsprinzip ergebende Rückwirkungsverbot (*BAG v. 20.11.1990 – 3 AZR 613/89 – BB 1991, S. 1570 = DB 1991, S. 1330 = NZA 1991, S. 635 = NJW 1991, S. 2927; BVerfG v. 28.9.1992 – 1 BvR 496/87 – NZA 1993, S. 213*).

799 Dies hat letztendlich auch der EuGH so ausdrücklich anerkannt. Sofern nationale Vorschriften existieren, in denen ein Gleichbehandlungsgrundsatz enthalten ist, aufgrund dessen alle teilzeitbeschäftigten Arbeitnehmer einen **Anspruch auf rückwirkenden Anschluss an ein Betriebsrentensystem** und auf **Gewährung einer Rente** haben, sind diese nationalen Vorschriften maßgeblich. Vorschriften des EG – Vertrages einschließlich der beigefügten Protokolle sowie in vergangenen Urteilen des EuGH aufgestellte Formeln zur Begrenzung der Rückwirkung (*vgl. Urteil Barber*, *Urteil Defrenne II*) stehen der vorrangigen Anwendung des nationalen Rechts vor dem Gemeinschaftsrecht nicht entgegen. Die Vorrangigkeit des nationalen Rechts begründet der EuGH mit einem Verweis auf das von der Europäischen Gemeinschaft verfolgte Ziel, den Grundsatz des gleichen Entgelts für Männer und Frauen zu verwirklichen. Diesem Ziel komme eine hohe Bedeutung zu, und es sei die Aufgabe des EuGH zu seiner Verwirklichung beizutragen. Für den Bereich der Bundesrepublik Deutschland folgt der Anspruch auf rückwirkende Gleichbehandlung der teilzeit- und der vollzeitbeschäftigten Arbeitnehmer aus Art. 3 GG, § 612 Abs. 3 BGB und § 2 Abs. 1 BeschFG (*EuGH, Urteile v. 10.2. 2000 – Rs C-50/96, Rs C-270/97 und Rs C-271/97, BetrAV 2000, S. 385 ff.*).

800 Ist der Arbeitgeber aufgrund einer **Verletzung des Gleichbehandlungsgrundsatzes** verpflichtet, dem betroffenen teilzeitbeschäftigten Mitarbeiter nachträglich eine gleichwertige Altersversorgung zu verschaffen und kann der Arbeitnehmer nach den allgemeinen Satzungsbestimmungen der Versorgungseinrichtung nicht aufgenommen und/oder nachversichert werden, so muss der Arbeitgeber für diese Altersversorgung, die sich insoweit dann als unmittelbare Pensionszusage darstellt, selbst eintreten (*BAG v. 28.7.1992 – 3 AZR 173/92 – DB 1993, S. 169 = NZA 1993, S. 215 = NJW 1993, S. 874 = ZAP 1993, F. 17 R, S. 45 m. Anm. Langohr-Plato;*

BAG v. 7.3.1995 – 3 AZR 282/94 – BB 1995, S. 2217 = DB 1995, S. 2020 = RdA 1995, S. 377). Der Inhalt der zugesagten Versorgung lässt sich nämlich nicht auf die bloße Durchführungsform reduzieren. Der Arbeitnehmer hat vielmehr einen sog. „**Verschaffungsanspruch**" auf die zugesagte Versorgungsleistung (*Ahrend/Förster, BetrAVG, § 1 Anm. 5; Langohr-Plato, MDR 1994, S. 120*).

Zulässig ist allerdings der **Ausschluss lediglich befristet beschäftigter Arbeit-** 801
nehmer (*BAG v. 13.12.1994 – 3 AZR 367/94 – NZA 1995, S. 886; Heither, HwBAR, Nr. 540 – BAV, Rn. 41*). Dies kann allerdings nur im Rahmen der arbeitgeberfinanzierten betrieblichen Altersversorgung uneingeschränkt gelten. Sofern der befristet beschäftigte Mitarbeiter in der gesetzlichen Rentenversicherung pflichtversichert ist, wird man auch ihm den Rechtsanspruch auf Entgeltumwandlung nach § 1a BetrAVG zugestehen müssen, da § 1a BetrAVG den Rechtsanspruch nur an die gesetzliche Pflichtversicherung anknüpft und nicht an ein unbefristetes Beschäftigungsverhältnis. Gleiches gilt für geringfügig Beschäftigte Arbeitnehmer, die für die Sozialversicherungspflicht optiert haben.

b) Arbeits- und steuerrechtliche Auswirkungen des Witwerrenten-Urteils 802

Der Gleichbehandlungsgrundsatz verpflichtet den Arbeitgeber, beim Tode einer weiblichen Arbeitnehmerin dem **überlebenden Ehegatten** eine **Witwerrente** zu zahlen, wenn die betriebliche Versorgungsregelung im umgekehrten Falle eine **Witwenrente** vorsieht. Dies ist zunächst lediglich ein redaktionelles Problem; d. h. die Versorgungsordnung ist durch eine redaktionelle Überarbeitung entsprechend zu berichtigen. Die für den Arbeitgeber unliebsame Konsequenz liegt darin, dass das BAG den Arbeitgebern **keine Übergangsfrist** für die Einführung einer Witwerrente zugebilligt hat (*so noch: LAG Hamburg v. 11.1.1984 – 4 Sa 113/83 – DB 1984, S. 1202; LAG Hamm v. 25.1.1983 – 6 Sa 1410/82 – BB 1983, S. 508*), wie sie z. B. der Gesetzgeber der gesetzlichen Rentenversicherung einräumt, sondern Ansprüche auf Witwerrente auch für die **Vergangenheit** bestehen. Ferner wird der Arbeitgeber dadurch finanziell mehr belastet, dass das BAG in dem sog. „Witwerrenten-Urteil" ausgeführt hat, dass die **„Kostenneutralität"** als solche kein rechtlich anzuerkennender Grund sei, bei der nunmehr gebotenen Einführung und Umsetzung der Witwerrente das Versorgungsniveau zu verschlechtern (*BAG v. 5.9.1989 – 3 AZR 575/89 – BB 1989, S. 2400 = DB 1989, S. 2615 = NZA 1990, S. 271*). Das bedeutet, dass bei der Einführung der Witwerrente die vom Arbeitnehmer erworbenen Besitzstände nicht gekürzt werden dürfen. Mithin führt das Witwerrenten-Urteil unweigerlich zu einer **Erhöhung des Dotierungsrahmens**.

In steuerlicher Sicht ist in diesem Zusammenhang auf einen Erlass der Finanzver- 803
waltung, das BMF-Schreiben vom 26.11.1990 (*IV B 2 – S. 2176 – 60/90, BetrAV 1990, S. 266*), hinzuweisen, wonach **Pensionsrückstellungen** gem. § 6a EStG für Witwerrenten nur dann steuerlich anerkannt werden, wenn die Witwerrente in der Versorgungsordnung ausdrücklich als Versorgungsleistung erteilt ist. Auch hier ist das **Schriftformerfordernis** somit zwingende Voraussetzung für die steuerliche Anerkennung der Pensionsrückstellungen. Allein die arbeitsrechtliche Verpflichtung nach dem Witwerrenten-Urteil des BAG und der insoweit zugrundeliegende

Gleichbehandlungsgrundsatz reichen nicht als Rechtsgrundlage für eine entsprechende Rückstellungsbildung aus. In einem ergänzenden Schreiben vom 13.12.1990 (*IV B 2 – S. 2176 – 67/90, BetrAV 1991, S. 17*) hat der BMF unter Vereinfachungsaspekten anerkannt, dass die Schriftform hinsichtlich der Einführung der Witwerrenten bei weiblichen Ausgeschiedenen und Rentnerinnen auch dann gewahrt ist, wenn eine entsprechende Vereinbarung für die aktive Belegschaft getroffen worden ist (*vgl. hierzu auch: Ahrend/Förster/Rößler, 2. Teil, Rn. 126a; Langohr-Plato, MDR 1992, S. 839*).

c) Unterschiedliche Altersgrenzen

804 In seiner für die Altersgrenzenproblematik grundsätzlichen Entscheidung im „Barber-Case" (*EuGH v. 17.5.1990 – Rs. C-262/88 – DB 1990, S. 1824 = NZA 1990, S. 775 = NJW 1991, S. 2204*) hat der EuGH zunächst nochmals ausdrücklich bestätigt, dass die aufgrund eines privaten Betriebsrentensystems gezahlten Renten in den Anwendungsbereich des **Art.119 EG-Vertrag** fallen. Dies gilt auch für solche Versorgungssysteme, die – wie in Deutschland – ihre Leistungen als Ergänzung zur gesetzlichen Sozialversicherung und unter den entsprechenden Leistungsvoraussetzungen wie die gesetzliche Rentenversicherung erbringen (*EuGH v. 14.12.1993 – Rs C-110/91 – Moroni – DB 1994, S. 228 = NJW 1994, S. 645 = NZA 1994, S. 165*).

805 Nach diesem Vorschrift ist jegliche **Diskriminierung** zwischen Männern und Frauen hinsichtlich des **Arbeitsentgelts unzulässig.**

806 In der konkreten Entscheidung hatte der EuGH zu beurteilen, ob dieses Diskriminierungsverbot auch auf **unterschiedliche Bezugszeitpunkte** für betriebliche Versorgungsleistungen anzuwenden ist. Diese Frage hat der EuGH eindeutig dahingehend beantwortet, dass ein Verstoß gegen Artikel 119 auch dann vorliegt, wenn für eine betriebliche Versorgungsleistung **eine nach dem Geschlecht unterschiedliche Altersvoraussetzung** in der betrieblichen Versorgungsordnung definiert ist, und zwar **unabhängig davon**, ob ein derartiges unterschiedliches Rentenalter für Männer und Frauen dem jeweiligen **nationalen gesetzlichen Altersrentensystem** entspricht.

807 Versorgungsordnungen, die unterschiedliche feste Altersgrenzen für Männer (65 Jahre) und Frauen (60 Jahre) vorsehen, verstoßen somit gegen Art. 119 EG-Vertrag (*vgl. a.: BAG v. 18.3.1997 – 3 AZR 759/95 – DB 1997, S. 1475; BAG v. 3.6.1997 – 3 AZR 910/95 – BB 1997, S. 1694 = DB 1997, S. 1778*). Das hat zur Konsequenz, dass der insoweit diskriminierte männliche Mitarbeiter entgegen der Versorgungsordnung seine betriebliche Altersversorgung bereits ab Vollendung des 60. Lebensjahres **unter den gleichen Voraussetzungen** und **Bedingungen** beanspruchen und einklagen kann, wie sie den Frauen gewährt werden. Da die Frauen regelmäßig ihre Rente im Alter 60 **ohne Kürzung durch einen versicherungsmathematischen Abschlag** erhalten, bedeutet das Barber-Urteil nichts weiter, als dass auch die Männer mit Vollendung des 60. Lebensjahres eine **ungekürzte Altersrente** beanspruchen können (*vgl. a.: BAG v. 3.6.1997 – 3 AZR 910/95 – BB 1997, S. 1694 = DB 1997, S. 1778; Hanau/Preis, DB 1991, S. 1276, 1279; Langohr-Plato, MDR 1992, S. 840*).

Selbst in den Fällen, in denen die Versorgungsordnung als zusätzliche Voraussetzung die Inanspruchnahme der gesetzlichen Altersrente vorsieht, besteht vor dem Hintergrund der im Rentenreformgesetz 1992 vorgesehenen Übergangsregelungen bis zur endgültigen Vereinheitlichung der Regelaltersgrenze 65 im Jahre 2012 und der sich daraus noch auf Jahre hinausziehenden unterschiedlichen Rentenbezugszeitpunkte für Männer und Frauen ein akuter Handlungsbedarf, da der EuGH ausdrücklich aus der Existenz unterschiedlicher Altersgrenzen in der gesetzlichen Rentenversicherung nicht die Berechtigung unterschiedlicher Altersgrenzen in betrieblichen Versorgungssystemen folgert. Zwar hat das BAG insoweit entschieden, dass Versorgungsordnungen mit unterschiedlichen Rentenzugangsaltern für Männer und Frauen zur Zeit noch nicht gegen Art. 3 Abs. 3 GG verstoßen. Vielmehr dürfen nach Art. 3 Abs. 2 GG für eine **Übergangszeit** die bisher für Frauen bestehenden Nachteile in der beruflichen Entwicklung durch die Festsetzung eines früheren Rentenalters ausgeglichen werden (*vgl.: BAG v. 18.3.1997 – 3 AZR 759/95 – DB 1997, S. 1475; BAG v. 3.6.1997 – 3 AZR 910/95 – BB 1997, S. 1694 = DB 1997, S. 1778*). Das BAG hat aber auch deutlich gemacht, dass Art. 3 GG durch die **übergeordnete Vorschrift** des Art. 141 EGV verdrängt wird. Das gilt sowohl für die Berechnung einer Invalidenrente, die nach einer fiktiven Altersrente zu berechnen ist, als auch für die Berechnung des Unverfallbarkeitsfaktors nach § 2 Abs. 1 BetrAVG, jedoch auch nach der Rechtsprechung des BAG nur für die nach dem 17.5.1990 zurückgelegten Dienstzeiten (*BAG v. 3.6.1997 – 3 AZR 910/95 – BB 1997, S. 1694 = DB 1997, S. 1778*). 808

Hinsichtlich möglicher Lösungsansätze für diese Problematik ist zunächst einmal festzustellen, dass der EuGH eine **unbeschränkte Rückwirkung** seiner Entscheidung nicht judiziert hat. Vielmehr wirkt sich die Entscheidung aus Gründen der **Rechtssicherheit** und des **finanziellen Gleichgewichts** privater Betriebsrentensysteme grundsätzlich nur für **zukünftige Dienstzeiten**, d.h. solche nach der Verkündung des EuGH-Urteils im Fall Barber vom **17.5.1990** abgeleisteten Dienstzeiten aus (*EuGH v. 6.10.1993 – Rs. C- 109/91 – Ten Oever – BB 1993, S. 2132 = DB 1993, S. 2132 = NZA 1993, S. 1125; EuGH v. 14.12.1993 – Rs. C-110/91 – Moroni – DB 1994, S. 228 = NZA 1994, S. 165 = NJW 1994, S. 645; vgl. a.: Langohr-Plato, EuZW 1995, S. 241 f.; Langohr-Plato, MDR 1995, S. 650 f.*). 809

Zwar gilt der europäische Lohngleichheitsgrundsatz seit der Existenz von Art. 119 EG-Vertrag und damit seit dem 25.3.1957. Da der **Grundsatz des Vertrauensschutzes** aber ebenfalls und zwar sowohl im nationalen Recht als auch im Recht der Europäischen Gemeinschaft als allgemeiner Rechtsgrundsatz anerkannt ist, stellte sich für den EuGH zwingend die Frage nach einer zeitlichen Begrenzung seiner Rechtsprechung. Fakt ist zunächst einmal, dass die Anpassung von Versorgungsregelungen, die bislang auf unterschiedlichen Altersgrenzen basieren, wirtschaftliche wie rechtliche Probleme aufwirft. Fakt ist aber auch, dass die bislang praktizierte Ungleichbehandlung sich an entsprechenden gesetzlichen Normen der gesetzlichen Rentenversicherung orientiert hat, auf deren rechtlichen Bestand auch im Arbeitsrecht bislang jeder vertraut hat. Neue Rechtsentwicklungen sollten daher nur mit Wirkung **für die Zukunft** Anwendung finden (*so auch: Hanau/Preis,* 810

DB 1991, S. 1280 ff.). Dies hat der EuGH so auch in verschiedenen Folgeverfahren bestätigt (*vgl. u.a.: EuGH v. 6.10.1993 – Rs. C-109/91 – Ten Oever – BB 1993, S. 2132 = DB 1993, S. 2132 = NZA 1993, S. 1125; EuGH v. 14.12.1993 – Rs. C-110/91 – Moroni – DB 1994, S. 228 = NZA 1994, S. 165 = NJW 1994, S. 645*).

811 Insoweit besteht der EuGH allerdings dann auf einer **unverzüglichen, unbedingten** und **vollständigen Umsetzung** des Lohngleichheitsgebots und **lehnt** jegliche weitergehende **Übergangsregelungen** ausdrücklich **ab** (*EuGH v. 28.9.1994 – Rs. C-408/92 – Smith – BB 1994, S. 2139 = DB 1994, S. 2086 = NJW 1995, S. 123 = NZA 1994, S. 1126; EuGH v. 28.9.1994 – Rs. C-200/91 – Coloroll – DB 1994, S. 2091 = NJW 1995, S. 117 = NZA 1994, S. 1073; EuGH v. 28.9.1994 – Rs. C-28/93 – Van der Akker – DB 1994, S. 2088 = BetrAV 1994, S. 257*). Damit wird auch einer möglichen Anpassung der Altersgrenzen an die Übergangsregelung in der gesetzlichen Rentenversicherung entsprechend der Altersgrenzenanhebung im **Rentenreformgesetz 1992** eindeutig eine Absage erteilt (*so auch: Langohr-Plato, EuZW 1995, S. 242*).

812 Betriebliche Versorgungsordnungen müssen somit für Dienstzeiten ab dem 17.5.1990 eine für männliche und weibliche Mitarbeiter **einheitliche Altersgrenze** vorsehen. Die Heraufsetzung des Rentenbezugsalters für Frauen auf das Endalter 65 ist allerdings für diese im allgemeinen eine verschlechternde Regelung, die nach der Rechtsprechung des BAG zur verschlechternden Neuordnung von Betriebsrentensystemen (*BAG v. 17.3.87 – 3 AZR 64/84 – BB 1987, S. 1673 = DB 1987, S. 1639 = NZA 1987, S. 855*) nur in wenigen Ausnahmefällen und dann auch nur unter den besonderen Voraussetzungen (vgl. hierzu auch: *Hanau/Preis RdA 1988, S. 69 ff.; Langohr-Plato, MDR 1994, S. 853, 854 ff.; sowie die Ausführungen unter Rn. 916 ff.*) nach der Rechtsprechung (**3-Stufen-Theorie**) zulässig wäre. Gleichwohl sollte eine entsprechende Heraufsetzung des Rentenbezugsalters für Frauen auf das 65. Lebensjahr das Ziel jeglicher Änderungsvorschläge sein. Ob dieses Ziel im Einzelfall de facto auch erreichbar ist, hängt von der jeweiligen Gestaltung des Versorgungswerkes ab; **Musterlösungen**, die für jedes oder zumindest für eine Vielzahl von Versorgungswerken zutreffen, **gibt es nicht**. Vielmehr muss anhand der individuellen Versorgungsordnung geprüft werden, ob hierzu ein entsprechender Handlungsspielraum besteht.

813 Dabei ist allerdings zu berücksichtigen, dass man in der Praxis eine Vielzahl unterschiedlichster Gestaltungsmöglichkeiten vorfindet, die nicht nur einen ebensolchen unterschiedlichen Handlungsbedarf erfordern, sondern wo auch durch die individuelle Problemstellung unterschiedlich hohe Schwierigkeitsgrade zu bewältigen sind.

814 Als Beispiel sei hier eine Versorgungsordnung angeführt, die auf einem **dienstzeitabhängigen Versorgungssystem** beruht und die für die vorgezogene Inanspruchnahme der Altersrente **keine versicherungsmathematischen Abschläge** vorsieht. Hier würde die Hinausschiebung des Rentenbezugszeitpunktes zugleich durch die Anrechnung weiterer Dienstjahre zu einer Erhöhung der Rentenanwartschaft und damit auch zu einer Besserstellung der weiblichen Mitarbeiterin führen. Soweit bei einer vorgezogenen Inanspruchnahme der Altersrente eine m/n-tel-Kürzung zu ei-

nem geringeren Rentenwert als die Inanspruchnahme einer Vollrente im Alter 60 führen würde, ließe sich eine solche Benachteiligung durch Übergangsregelungen bzw. Einzelfallregelungen (Härtefall) auffangen.

Sind dagegen – und das wäre das andere Extrem – **gehaltsabhängige Versorgungsleistungen** verbunden **mit** auf die erreichte Rente abgestellten **versicherungsmathematischen Abschlägen** für die Inanspruchnahme vorgezogener Altersrenten zugesagt, so führt eine Heraufsetzung des Rentenbezugsalters für Frauen stets zu einer Verschlechterung für die weiblichen Mitarbeiter. Das heißt, gerade die vor Jahren allseits geforderte Einführung der versicherungsmathematischen Abschläge wird nunmehr zum Bumerang bzw. zum eigentlichen Problem der Aufarbeitung bisher unterschiedlicher Altersgrenzen. Ebenso problematisch ist eine Festrentenzusage oder auch eine dynamische aber auf z. B. 30 anrechnungsfähige Dienstjahre limitierte Zusage, die bei einer Verlängerung der Lebensarbeitszeit keine Steigerung der Versorgungsanwartschaft mehr zulässt. Auch hier würde eine Heraufsetzung der Altersgrenze zu einem unmittelbaren Verlust für die weiblichen Mitarbeiter führen. 815

Für die **Ermittlung** der zukünftigen **Versorgungsleistungen** sowie für unverfallbare **Anwartschaften** ergibt sich in diesen Fällen somit ein sehr komplexes, nach den einzelnen Beschäftungszeiträumen zu differenzierendes **Berechnungsverfahren**: 816

- Für **Dienstzeiten bis zum 17.5.1990** ist der Anwartschaftswert entsprechend der ratierlichen Berechnungsmethode gemäß § 2 BetrAVG auf der Basis der bis dahin geltenden unterschiedlichen Altersgrenzen zu ermitteln.
- Für **Dienstzeiten zwischen dem 17.5.1990 und einer** später erfolgten **Vereinheitlichung der Altersgrenzen** wird der Anwartschaftswert entsprechend der ratierlichen Berechnungsmethode gemäß § 2 BetrAVG auf der Basis des günstigeren Endalters für i.d.R. weibliche Mitarbeiter und damit ohne versicherungsmathematische Abschläge berechnet.
- Für **Dienstzeiten nach der Vereinheitlichung der Altersgrenzen** wird der Anwartschaftswert entsprechend der ratierlichen Berechnungsmethode gemäß § 2 BetrAVG auf der Basis des nunmehr einheitlichen Endalters berechnet.

Die **Addition** sämtlicher Anwartschaftswerte ergibt dann die Gesamtanwartschaft, die als Rente auszuzahlen bzw. als unverfallbare Versorgungsanwartschaft aufrechtzuerhalten ist. Hinsichtlich deren **Fälligkeit** ist zu beachten, dass die einzelnen Teilbeträge jeweils entsprechend dem für ihre Berechnung maßgeblichen Rentenalter und damit ggf. zu **unterschiedlichen Zeitpunkten** fällig werden. 817

d) Einbeziehung geringfügig beschäftigter Arbeitnehmer

Noch nicht abschließend geklärt ist die Behandlung geringfügig beschäftigter Arbeitnehmer, bei denen nach § 8 SGB IV **keine gesetzliche Versicherungspflicht** besteht (*vgl. a.: Doetsch, BetrAV 1997, S. 28; Griebeling, Rn. 262*). Lediglich für den Bereich des öffentlichen Dienstes hat das BAG entschieden, dass der Ausschluss geringfügig Beschäftigter i.S.v. § 8 SGB IV von der Zusatzversorgung im Hinblick auf die bei **Gesamtversorgungssystemen** übliche Verzahnung der Leis- 818 tungsvoraussetzungen mit den sozialversicherungsrechtlichen Rahmenbedingungen zulässig ist (*BAG v. 27.2.1996 – 3 AZR 886/94 – BB 1996, S. 1561 = DB 1996, S. 1827 = NZA 1996, S. 992; BAG v. 12.3.1996 – 3 AZR 993/94 – DB 1996, S. 2085 = NZA 1996, S. 939; Heither, HwBAR, Nr. 540 – BAV, Rn. 55*).

819 Hinsichtlich einer Übertragung dieser Rechtsprechung auf den privatwirtschaftlichen Bereich wird man allerdings berücksichtigen müssen, dass die Rechtsprechung die jeweiligen Regelungen in der nationalen gesetzlichen Rentenversicherung in Bezug auf betriebsrentenrechtliche Rahmenbedingungen sowohl bei der Einführung der Witwerrente als auch im Zusammenhang mit der Vereinheitlichung der Altersgrenzen ausdrücklich nicht als berücksichtigungsfähig bewertet hat (*vgl. u.a.: EuGH v. 17.5.1990 – Rs. C 262/88 – Barber – DB 1990, S. 1824 = NJW 1991, S. 2204 = NZA 1990, S. 775*), so dass die sozialversicherungsrechtliche Behandlung dieser Personengruppe zumindest in solchen Versorgungssystemen allein nicht maßgeblich sein kann, denen kein Gesamtversorgungssystem zugrunde liegt (*vgl. a.: Ahrend/Förster, BetrAVG, § 1 Anm. 5; Doetsch, BetrAV 1997, S. 28*).

820 Ergibt sich durch **Zusammenrechnung verschiedener geringfügiger Beschäftigungsverhältnisse** gemäß § 8 Abs. 2 SGB IV eine **Versicherungspflicht** in der gesetzlichen Rentenversicherung, so ist der Arbeitnehmer in jedem Fall in das betriebliche Versorgungswerk zu integrieren (*BAG v. 16.3.1993 – 3 AZR 389/92 – BB 1993, S. 1738 = DB 1993, S. 1927 = NZA 1993, S. 942; BAG v. 7.3.1995 – 3 AZR 282/94 – BB 1995, S. 2217 = DB 1995, S. 2020 = RdA 1955, S. 377; BAG v. 16.1. 1996 – 3 AZR 767/94 – BB 1996, S. 1225 = DB 1996, S. 939 = NJW 1996, S. 2052; Griebeling, Rn. 262*). Ist dies satzungsrechtlich nicht möglich, haftet auch hier der Arbeitgeber **unmittelbar** für die Erfüllung der aus dem Gleichbehandlungsgrundsatz abgeleiteten Versorgungsverpflichtung (*BAG v. 7.3.1995 – 3 AZR 282/94 – BB 1995, S. 2217 = DB 1995, S. 2020 = RdA 1995, S. 377*).

821 Soweit der **geringfügig beschäftigte Arbeitnehmer** sozialversicherungspflichtig ist, kann ihm der nach § 1a BetrAVG bestehende Rechtsanspruch auf Entgeltumwandlung nicht versagt werden.

e) Ausschließliche Versorgung leitender Mitarbeiter

822 Eine Versorgungsordnung, die ausschließlich für Mitarbeiter in leitender Position gilt, verstößt nicht gegen den Gleichbehandlungsgrundsatz. Sie verletzt weder das verfassungsrechtliche Gleichberechtigungsprinzip noch das europarechtliche Lohngleichheitsgebot aus Art. 141 EG-Vertrag. Dies gilt auch dann, wenn sie unverhältnismäßig mehr Männer wie Frauen begünstigt, weil Frauen nur in geringer Anzahl als Führungskräfte im Unternehmen vertreten sind. Insoweit steht es dem Arbeitgeber frei, anhand objektiver Kriterien den von den betrieblichen Versorgungsleistungen begünstigten Mitarbeiterkreis zu bestimmen (*BAG v. 11.11.1986 – 3 ABR 74/85 – BB 1987, S. 1116 = DB 1987, S. 994 = NZA 1987, S. 449; Ahrend/Förster, BetrAVG, § 1 Anm. 5; Heither, HwBAR, Nr. 540 – BAV, Rn. 42*).

f) Gleichbehandlung von Arbeitern und Angestellten

823 Eine Ungleichbehandlung von Arbeitern und Angestellten allein wegen deren Zugehörigkeit zu einer dieser Mitarbeitergruppen ist im Hinblick auf die Tatsache, dass auch in anderen Rechtsfragen (Urlaub, Kündigungsfristen, Gratifikationen, Lohnfortzahlung im Krankheitsfall) diese beiden Gruppen gleichbehandelt werden müssen, auch bei der Gewährung betrieblicher Versorgungsleistungen nicht zulässig (*Ahrend/Förster, BetrAVG, § 1 Anm. 5; Doetsch, BetrAV 1997, S. 28; Heither, HwBAR, Nr. 540 – BAV, Rn. 47; Höfer, BetrAVG, ArbR, ART Rn. 518, 520*).

g) Gleichbehandlung bei tarifvertraglich geregelten Versorgungsleistungen

824 Nicht tarifgebundene Arbeitnehmer haben keinen Anspruch auf Verschaffung einer tariflichen Altersversorgung, wenn sie es ablehnen die übrigen tariflichen Bedingungen für ihr Arbeitsverhältnis zu übernehmen und auf einer außertariflichen Vergütung bestehen (*BAG v. 25.2.1999 – 3 AZR 113/97 – BB 1999, S. 2143 = DB 1999, S. 1912 = NZA 1999, S. 986*).

825 Demnach ist die Geltung eines Tarifvertrages ein die Ungleichbehandlung rechtfertigender sachlicher Grund. Es ist nicht zu akzeptieren, dass Arbeitnehmer einerseits einseitig von einer tariflichen Vergünstigung partizipieren wollen, andererseits aber auf einer außertariflichen Vergütung bestehen. Vielmehr darf der Arbeitgeber die Gewährung einer betrieblichen Altersversorgung davon abhängig machen, dass die Mitarbeiter alle Bedingungen eines Tarifvertrages akzeptieren. Mithin ist es dem Arbeitgeber nicht untersagt, bei der Gewährung betrieblicher Versorgungsleistungen zwischen tarifgebundenen und nicht tarifgebundenen Mitarbeitern zu differenzieren.

h) Unterschiedliche Höchsteintritts- bzw. Aufnahmealter

826 Eine Versorgungsordnung, die eine Gewährung betrieblicher Versorgungsleistungen davon abhängig macht, dass bei Beginn des Arbeitsverhältnisses ein bestimmtes **Höchsteintrittsalter** noch nicht überschritten war, verstößt nicht gegen den Gleichbehandlungsgrundsatz (*BAG v. 14.1.1986 – 3 AZR 456/84 – BB 1987, S. 1535 = DB 1986, S. 2237 = NZA 1987, S. 23; Doetsch, BetrAV 1997, S. 28 f.*). **Unzulässig** ist dagegen eine Versorgungsregelung mit für männliche und weibliche Arbeitnehmer **differenzierten Höchsteintrittsaltern** und sich daraus ergebenden unterschiedlichen **anrechnungsfähigen Dienstzeiten** (*BAG v. 31.8.1978 – 3 AZR 313/77 – BB 1979, S. 890 = DB 1979, S. 553 = NJW 1979, S. 2223; Höfer, BetrAVG, ArbR, ART Rn. 555*).

i) Leistungs- und/oder Beitragsidentität

827 Die bei der Gewährung betrieblicher Versorgungsleistungen vom Arbeitgeber zu berücksichtigende Gleichbehandlung erstreckt sich nur auf die zugesagte Versorgungsverpflichtung. Hat also der Arbeitgeber seinen Mitarbeitern eine bestimmte **Versorgungsleistung** versprochen, so muss diese Leistung dem Grundsatz der Lohngleichheit entsprechen. Wie der Arbeitgeber diese Leistung finanziert ist da-

gegen nicht Gegenstand des Gleichbehandlungsgrundsatzes. Nicht zu beanstanden ist daher ein nach dem Geschlecht unterschiedlicher **Finanzierungsaufwand** für die für beide Geschlechter im identischen Umfang zugesagten Versorgungsleistungen (*EuGH v. 22.12.1993 – Rs. C- 152/91 – Neath – DB 1994, S. 484 = AuR 1994, S. 110*).

Etwas anderes gilt jedoch dann, wenn der Versorgungsordnung ein echtes **Beitragsprimat** zugrunde liegt, d.h., der Arbeitgeber sich nicht zur Erbringung einer bestimmten Versorgungsleistung, sondern nur zur Gewährung eines bestimmten Versorgungsaufwandes gegenüber seinen Mitarbeitern verpflichtet hat. Dann unterliegt nur dieser Versorgungsbeitrag dem Gleichbehandlungsgrundsatz, mit der Konsequenz, dass sich nach versicherungsmathematischen Grundsätzen aus diesem Beitrag berechnete geschlechtsspezifisch unterschiedliche Versorgungsleistung nicht zu beanstanden sind (*vgl. a.: Ahrend/Förster, BetrAVG, § 1 Anm. 5; Doetsch, BetrAV 1997, S. 30*). Ein sog. betriebsrentenrechtlicher **„Unisex-Tarif"**, d.h. eine Versorgungsformel, die sowohl auf der Beitrags-, als auch auf der Leistungsebene gleichbehandelt, also für den gleichen Beitrag identische Leistungen für männliche wie weibliche Arbeitnehmer gewährt, ist somit bei ausschließlich **arbeitgeberfinanzierten** Versorgungssystemen nicht erforderlich (*EuGH v. 28.9.1994 – Rs. C-200/91 – Coloroll – DB 1994, S. 2091 = NJW 1995, S. 117 = NZA 1994, S. 1073*).

828 Soweit allerdings das Versorgungssystem mit **Arbeitnehmerbeiträgen**, die Bestandteil deren Entgelts sind, finanziert werden, ist jegliche **geschlechtsspezifische Differenzierung unzulässig**. Hinsichtlich dieser Arbeitnehmerbeiträge ist eine „**absolute Gleichbehandlung**" sowohl auf der Beitrags-, als auch auf der Leistungsseite zu gewährleisten (*EuGH v. 28.9.1994 – Rs. C-200/91 – Coloroll – DB 1994, S. 2091 = NJW 1995, S. 117 = NZA 1994, S. 1073*).

j) Zulässigkeit von Junktim-Klauseln

829 Zur Frage der arbeitsrechtlichen Zulässigkeit von sog. „**Junktim-Klauseln**", d.h. solchen Aufnahmevoraussetzungen, die eine Leistungsgewährung von einer **Eigenbeteiligung** des Mitarbeiters abhängig machen, liegt bislang **keinerlei Judikatur** vor.

830 Insoweit wird man allerdings davon ausgehen können, dass eine mit einer solchen Junktim-Klausel verbundene **Förderung der Eigenvorsorge** der Arbeitnehmer eine im Rahmen der grundsätzlich bestehenden Vertragsfreiheit vom Versorgungszweck her zu billigende Gruppenbildung darstellt und folglich mit dem Lohngleichheitsgrundsatz vereinbar ist (*vgl. a.: Doetsch, BetrAV 1997, S. 27 f.*). Angesichts der in den letzten Jahren zunehmenden Abwertung der gesetzlichen Rentenversicherung ist es dem Arbeitgeber nämlich nicht zumutbar, die hierdurch bedingte „Versorgungslücke" allein durch eine von ihm finanzierte betriebliche Altersversorgung zu schließen. Es muss daher auch im Arbeitgeberinteresse liegen, die Eigenverantwortung des Arbeitnehmers für seine Alterssicherung zu stärken. Letztendlich wird die Ungleichbehandlung auch nicht unmittelbar vom Arbeitgeber bewirkt, sondern beruht auf der **eigenen, freiwilligen Entscheidung** des Arbeitnehmers unter den vom Arbeitgeber vorgegebenen Rahmenbedingungen am Versorgungssystem teilzunehmen oder nicht.

Es ist jedoch darauf zu achten, dass die Höhe der geforderten Arbeitnehmerbeteiligung **nicht rechtsmissbräuchlich** (§ 242 BGB) ist und zu einem faktischen Ausschluss der Mehrzahl der Mitarbeiter führt. Ein insoweit „utopischer" Beteiligungswert würde nämlich den Versorgungszweck der Förderung der Eigenbeteiligung nicht nur gefährden, sondern zugleich auch als willkürliches Abgrenzungskriterium und nicht ernsthaft gewolltes Motiv entlarven. 831

Derartige „**matching-contribution-Konzepte**" sind im übrigen ein sowohl im europäischen Ausland, als auch in den USA sehr häufig praktiziertes und dort auch rechtlich anerkanntes Versorgungsmodell (*Doetsch, BetrAV 1997, S. 27*). 832

II. Widerruf, Einschränkung und Neuordnung betrieblicher Versorgungszusagen

Viele Unternehmen, die in den Zeiten starken Wirtschaftswachstums und Arbeitskräftemangels eine Vielzahl freiwilliger Sozialleistungen (z. B. Gratifikationen, Jubiläumszuwendungen, betriebliche Versorgungsleistungen) eingeführt haben, sind heute unter veränderten wirtschaftlichen und rechtlichen Rahmenbedingungen gezwungen, die entsprechenden betrieblichen Entscheidungsfelder einer **Überprüfung** zu unterziehen. 833

Gerade im Bereich der betrieblichen Altersversorgung hat die Einführung des Betriebsrentengesetzes (BetrAVG) den Unternehmen erhebliche und zu Beginn der 70er Jahre nicht vorhersehbare **finanzielle Mehrbelastungen** auferlegt, die insbesondere durch die nachfolgende Arbeitsrechtsprechung zudem noch erheblich verstärkt worden sind. Hervorzuheben sei hier nur die Anpassung laufender Renten (§ 16 BetrAVG); Unverfallbarkeit betrieblicher Versorgungsanwartschaften (§§ 1 – 4 BetrAVG); flexible Altersgrenze (§ 6 BetrAVG); Insolvenzsicherung (§§ 7 – 15 BetrAVG); Gleichbehandlung der Geschlechter (Witwerrente/Altersgrenze); Ausdehnung der Versorgungszusagen auf Teilzeitbeschäftigte; Durchgriffshaftung bei Unterstützungskassen; Nachhaftung persönlich haftender Gesellschafter oder die Passivierungspflicht von Pensionsrückstellungen bei unmittelbaren Pensionszusagen durch das Bilanzrichtliniengesetz 1986. 834

Neben diesen rechtlichen Änderungen sind viele Unternehmen gleichzeitig durch eine **veränderte Wirtschaftslage** betroffen worden, z. B. durch nachlassende Ertragslage, sinkende Nachfrage, Personalabbau, steigende Lohnkosten und/oder Sanierung, Vergleich und Teilkonkurs. 835

Vor dem Hintergrund dieser Änderungen rechtlicher und wirtschaftlicher Rahmenbedingungen versuchen die Arbeitgeber immer wieder, ihr jeweiliges **betriebliches Versorgungssystem** den geänderten Umständen **anzupassen**. Angesichts dieser Entwicklung nimmt die Rechtsprechung zum **Bestandsschutz** betrieblicher Versorgungszusagen zunehmend für die Entscheidungen der Arbeitgeber zentrale Bedeutung ein. 836

Nachfolgend soll daher aufgezeigt werden, ob, in welchem Umfang und unter welchen Voraussetzungen **Eingriffe** des Arbeitgebers in ein bestehendes Versorgungssystem überhaupt **zulässig** sind. 837

1. Schließung eines betrieblichen Versorgungswerkes

838 Der einfachste und naheliegendste Eingriff in ein betriebliches Versorgungswerk ist dessen **Schließung**. Konsequenz hieraus ist, dass neu eintretende Mitarbeiter keinerlei Versorgungsansprüche mehr erwerben können. Dagegen bleibt die Versorgungsordnung für bereits vor der Schließung eingestellte Mitarbeiter in vollem Umfang bestehen.

a) Stichtagsregelungen und Gleichbehandlungsgrundsatz

839 Eine Versorgungszusage, die hinsichtlich der Leistungsgewährung bzw. eines Leistungsausschlusses auf einer „**Stichtagsregelung**" basiert, ist zulässig, wenn sie dem „**Gleichbehandlungsgrundsatz**" entspricht (*vgl. u.a.: BAG v. 6.6.1974 – 3 AZR 44/74 – BB 1974, S. 1165 = DB 1974, S. 1822 = NJW 1975, S. 78; BAG v. 8.12.1977 – 3 AZR 530/76 – BB 1978, S. 558 = DB 1978, S. 991 = AuR 1978, S. 344; BAG v. 11.9.1980 – 3 AZR 606/78 – BB 1981, S. 851 = DB 1981, S. 943 = NJW 1981, S. 2773; Höfer, BetrAVG, ArbR, ART, Rn. 220 ff., 480, 533 ff.; Hanau, BB 1976, S. 91; Gumpert, BB 1976, S. 605*), also grundsätzlich durch **sachliche Gründe** legitimiert werden kann.

840 Sachliche Gründe müssen allerdings dann **nicht** vorliegen, wenn sich der Arbeitgeber entschließt, das bestehende Versorgungswerk für den Zugang von Arbeitnehmern zu **schließen**, und für diese entweder gar keine oder eine wesentlich geringere betriebliche Altersversorgung vorzusehen (*BAG v. 12.6.1975 – 3 ABR 13/74 – BB 1975, S. 1062 = DB 1975, S. 1559; BAG v. 12.6.1975 – 3 ABR 137/73 – BB 1975, S. 1064 = AuR 1975, S. 377; BAG v. 12.6.1975 – 3 ABR 66/74 – BB 1975, S. 1065 = BetrAV 1975, S. 162; Höfer, BetrAVG, ArbR, ART, Rn. 480; Langohr-Plato, MDR 1994, S. 853; Richardi, Anm. zu AP Nr. 1 § 87 BetrAVG 1972 – Altersversorgung; Westhoff, RdA 1979, S. 417*). Wollte man in diesem Zusammenhang eine Schließung des Versorgungswerkes aus Gründen der Gleichbehandlung für unzulässig erachten, so könnte der Arbeitgeber sich nie mehr seiner Versorgungsverbindlichkeiten entledigen. Mit jedem Neueintritt würde er dann erneut zur Weitergewährung betrieblicher Versorgungsleistungen verpflichtet. Eine solche Endlosbindung würde die Vertragsfreiheit zu sehr einschränken und wird daher auch vom BAG nicht gefordert.

841 Eine stichtagsbezogene Schließung und der daraus resultierende **Ausschluss neu eintretender Mitarbeiter** aus dem betrieblichen Versorgungswerk sind somit ohne weiteres zulässig (*vgl. a.: Ahrend/Förster, BetrAVG, § 1 Anm. 18*) und werden nicht durch den Gleichbehandlungsgrundsatz eingeschränkt. Die gleichwohl bestehende unterschiedliche Absicherung der Mitarbeiter führt allerdings zu einer „Zweiklassengesellschaft" (versorgte/nicht versorgte Mitarbeiter) im Unternehmen und birgt natürlich „sozialen Zündstoff" in sich, der zu Spannungen innerhalb der Belegschaft führen kann. Hierbei handelt es sich allerdings nur um faktische Auswirkungen ohne rechtliche Relevanz. Der Arbeitgeber muss allerdings damit rechnen, dass das Thema – auch ohne rechtlich erzwingbar zu sein – im Forderungskatalog der Arbeitnehmervertreter immer wieder angesprochen werden wird.

b) Mitbestimmungsfragen

Das Wesen der betrieblichen Altersversorgung als „**freiwillige Sozialleistung**“ setzt der erzwingbaren **Mitbestimmung** Grenzen. Der Arbeitgeber ist nicht verpflichtet, seinen Arbeitnehmern eine betriebliche Altersversorgung zu gewähren. Das BetrAVG stellt insoweit nur gesetzliche Mindestanforderungen auf, die zu beachten sind, wenn eine Versorgungszusage erteilt worden ist, regelt also nur gewisse Rahmenbedingungen der Ausgestaltung bestehender Versorgungszusagen. Auch durch die Rechtsprechung wird der Arbeitgeber nicht zur Einführung betrieblicher Versorgungswerke gezwungen (*vgl. a.: BAG v. 12.6.1975 – 3 ABR 13/74 – BB 1975, S. 1976 = DB 1975, S. 1559*). 842

Auch das Betriebsverfassungsrecht lässt Raum für **mitbestimmungsfreie unternehmerische Grundsatzentscheidungen**. Insoweit ist es unerheblich, über welchen der im BetrAVG geregelten vier Durchführungswege (Pensionszusage, Pensionskasse, Unterstützungskasse oder Direktversicherung) die konkrete Versorgungsordnung abgewickelt wird. In jedem Fall verbleiben dem Arbeitgeber folgende Gestaltungs- und Entscheidungsfreiräume, in denen er ohne Mitbestimmung des Betriebsrates frei entscheiden kann. 843

Der Arbeitgeber entscheidet frei darüber, 844

ob er überhaupt eine betriebliche Altersversorgung einführt und hierfür finanzielle Mittel bereitstellt;

➪ in welchem finanziellen **Umfang** (**Dotierungsrahmen**) er Mittel bereitstellt;

➪ welchen **Durchführungsweg** er hierzu auswählt und

➪ welchen **Arbeitnehmerkreis** er versorgen will

(*BAG v. 12.6.1975 – 3 ABR 137/73 – BB 1975, S. 1064 = AuR 1975, S. 377; vgl. a.: Heither DB 1991, S. 700, 701; Langohr-Plato, MDR 1994, S. 853*).

Diese Grundentscheidungen schränken die Mitbestimmungsrechte des Betriebsrates ein. Dessen Mitbestimmung ist auf einen Teilbereich, nämlich die Ausgestaltung der vom Arbeitgeber vorgegebenen Altersversorgung, beschränkt, soweit hierdurch nicht die zuvor genannten Gestaltungsspielräume des Arbeitgebers eingeschränkt werden. 845

Die Entscheidungsfreiheit über das „ob“ der Leistungsgewährung beinhaltet auch das Recht des Arbeitgebers, die Altersversorgung für den Neuzugang an Arbeitnehmern, also für neue Arbeitsverhältnisse, **einseitig** dahingehend zu modifizieren, dass die betroffenen Mitarbeiter nicht mehr oder nur in einem eingeschränkten Umfang an der vorhandenen Altersversorgung partizipieren. (*Höfer, BetrAVG, ArbR, ART, Rn. 768; Ahrend/Förster/Rößler, 1. Teil, Rn. 182*). 846

Die stichtagsbezogene Schließung eines betrieblichen Versorgungswerkes vom Arbeitgeber kann folglich mitbestimmungsfrei und damit einseitig vollzogen werden (*Griebeling, Rn. 893*). Die Schließung muss nur dokumentiert werden, damit sich 847 neu eintretende Mitarbeiter nicht auf einen z. B. durch **betriebliche Übung** oder **Gleichbehandlung** bedingten **Vertrauenstatbestand** berufen können, der die Gewährung betrieblicher Versorgungsleistungen auch ihnen gegenüber bindend macht.

2. Einschränkende Neuordnung

848 Die betriebliche Altersversorgung gehört – wie bereits ausgeführt – zum Bereich der **freiwilligen** betrieblichen Sozialleistungen. Die Freiwilligkeit ihrer Einführung ist trotz der erheblichen Reglementierung durch Arbeits- und Steuerrecht sowie die zum Betriebsrentenrecht ergangene Rechtsprechung im Prinzip nicht aufgehoben worden.

849 Vereinbarungen über die Verschlechterung oder gar Aufhebung von Versorgungszusagen sind daher im **fortbestehenden Arbeitsverhältnis** grundsätzlich nicht unzulässig (*BAG v. 3.7.1990 – 3 AZR 382/89 – BB 1990, S. 142 = DB 1990, S. 2431 = NZA 1990, S. 971; BAG v. 14.8.1990 – 3 AZR 301/89 – DB 1991, S. 501 = NZA 1991, S. 174; Griebeling, Rn. 826*).

850 Allerdings kann ein einmal freiwillig eingeführtes Versorgungswerk **nicht willkürlich** geändert, gekürzt oder gar völlig eingestellt werden. Der betrieblichen Altersversorgung ist nämlich nach der inzwischen gefestigten und ständigen Rechtsprechung des BAG (*grundlegend u.a.: BAG v. 10.3.1972 – 3 AZR 278/71 – BB 1972, S. 1005 = DB 1972, S. 1486 = MDR 1972, S. 899; BAG v. 30.3.1973 – 3 AZR 26/72 – BB 1973, S. 522 = DB 1973, S. 773 = NJW 1973, S. 959; BAG v. 16.12.1976 – 3 AZR 761/75 – BB 1977, S. 146 = DB 1977, S. 169 = AuR 1977, S. 122; BAG v. 17.1.1980 – 3 AZR 614/78 – BB 1980, S. 263 = DB 1980, S. 306 = NJW 1980, S. 1181; BAG v. 28.9.1981 – 3 AZR 181/80 – BB 1982, S. 1303 = DB 1982, S. 126; BAG v. 17.4.1985 – 3 AZR 72/83 – BB 1986, S. 1159 = DB 1986, S. 228 = NZA 1986, S. 57; BAG v. 5.9.1989 – 3 AZR 575/88 – DB 1989, S. 2615 = BB 1989, S. 2400 m. Anm. Höfer/Reiners*; *Blomeyer/Otto, BetrAVG, Einl., Rn. 138 ff.; Griebeling, Rn. 17, 18; Höfer, BetrAVG, ArbR, ART, Rn. 40 ff.*) **Entgeltcharakter** (*siehe hierzu auch die Ausführungen unter Rn. 54 ff.*) beizumessen.

851 Als eine derartige besondere Form der Vergütung ist eine einseitige Reduzierung des Versorgungsniveaus regelmäßig unzulässig. Vielmehr sind **vertragliche Beziehungen** sowohl auf **individualrechtlicher** (Arbeitsvertrag, Einzelvertrag, betriebliche Übung) als auch auf **kollektivrechtlicher** (Betriebsvereinbarung, Tarifvertrag) Ebene zu beachten. Zudem darf das **Mitbestimmungsrecht** des Betriebsrates nicht vernachlässigt werden, das im wesentlichen bei der Gestaltung des betrieblichen Versorgungswerkes zum Zuge kommt. Dazu gehört insbesondere die **Gestaltung des Leistungsplans**, d.h. die Verteilung der vom Arbeitgeber zur Verfügung gestellten finanziellen Mittel.

852 Die **formale Gestaltungsmöglichkeit** zur Änderung und zum Widerruf von Versorgungszusagen richtet sich somit in erster Linie nach dem jeweiligen **Verpflichtungstatbestand** (*Griebeling, Rn. 820 ff.*). So ist ein einseitiger Widerruf von Versorgungsverpflichtungen im Hinblick darauf, dass der Widerruf ein einseitiges, individualrechtliches Gestaltungsmittel ist, formaljuristisch auch nur im Bereich in-

dividualrechtlich ausgestalteter Versorgungsvereinbarungen zulässig (*vgl.: Blomeyer/Otto, BetrAVG, Einl. Rn. 545*). Bei **kollektivrechtlich begründeten Versorgungsverpflichtungen** ist demgegenüber die Möglichkeit der Kündigung dieser kollektivrechtlichen Vereinbarung zu prüfen (*BAG v. 11.5.1999 – 3 AZR 21/98 – BetrAV 2000, S. 210 = BB 2000, S. 517 = DB 2000, S. 525 = ZIP 2000, S. 421; BAG v. 17.8.1999 – 3 ABR 55/98 – NZA 2000, S. 498*). Werden die Beteiligungsrechte der Arbeitnehmervertretung nicht beachtet, so ist die Änderungsmaßnahme bereits aus diesem Grunde rechtlich unwirksam.

a) Rechtsgrundlage der Versorgungsordnung

853 Die Verpflichtung zur Gewährung betrieblicher Versorgungsleistung beruht stets auf einer besonderen **Rechtsgrundlage**, der Versorgungszusage. Diese kann ausdrücklich oder stillschweigend (z. B. durch betriebliche Übung oder aufgrund des Gleichbehandlungsgrundsatzes) erfolgen und individualrechtlich oder kollektivrechtlich begründet werden.

(1) Individualrechtliche Versorgungszusagen

854 Reine individualrechtliche Versorgungszusagen sind nur einzelvertragliche Vereinbarungen über die Gewährung von betrieblichen Versorgungsleistungen (sog. „**Einzelzusagen**") ohne jeglichen kollektiven Bezug. Sie wenden sich also ausschließlich an einzelne Versorgungsberechtigte und nicht an eine näher definierte Gruppe von Arbeitnehmern (*vgl. hierzu: Höfer, BetrAVG, ArbR, ART, Rn. 189 ff.*). Im Gegensatz zu ihrer Erteilung oder Verbesserung bedarf ein Eingriff in bestehende Einzelzusagen stets der **ausdrücklichen Zustimmung** des betroffenen Arbeitnehmers (*Griebeling, ZIP 1993, S. 1056; Höfer, BetrAVG, ArbR, ART, Rn. 292 ff.; Langohr-Plato, MDR 1994, S. 854*). Die bloße Empfangsbestätigung des Änderungsangebots und dessen Kenntnisnahme genügt nicht. Die Zustimmung kann der Arbeitgeber auch nicht durch den Hinweis herbeiführen, dass ein Schweigen des Arbeitnehmers zu der gewünschten Änderung als dessen Zustimmung gewertet wird. Vielmehr gilt das **Schweigen des Arbeitnehmers** grundsätzlich als **Ablehnung** der vom Arbeitgeber gewünschten Änderung (*st. Rspr., vgl. u.a.: BAG v. 8.7.1960 – 1 AZR 72/60 – BB 1960, S. 942 = DB 1960, S. 1070; BAG v. 17.7.1965 – 3 AZR 302/64 – BB 1965, S. 1109 = DB 1965, S. 1445; BAG v. 12.2.1985 – 3 AZR 183/83 – BB 1985, S. 1668 = DB 1985, S. 2055*).

855 Eine Ausnahme vom Grundsatz der ausdrücklichen Zustimmung gilt nach der Rechtsprechung des BAG allenfalls dann, wenn „**besondere Umstände** vorliegen, die nach Treu und Glauben keinen ausdrücklichen Widerspruch erwarten lassen" (*vgl. BAG v. 12.2.1985 – 3 AZR 183/83 – BB 1985, S. 1668 = DB 1985, S. 2055 = NZA 1986, S. 64*), so z. B. bei einem Personalleiter, der selbst als Verhandlungspartner für den Arbeitgeber Eingriffe in Versorgungsanwartschaften anderer Mitarbeiter durchgesetzt hat.

856 Darüber hinaus muss sich nur der **Betriebsrentner unverzüglich erklären**, da sich bei ihm die geplanten Veränderungen **unmittelbar** und nicht erst in Zukunft **auswirken**. Von dem Versorgungsempfänger kann daher erwartet werden, dass er ei-

ne **Ablehnung** des Änderungsangebotes **ausdrücklich äußert**. Verzichtet er auf eine solche Ablehnungserklärung und nimmt er die dann vorgenommenen Eingriffe widerspruchslos hin, kann der Arbeitgeber ein **stillschweigendes Einverständnis** hierzu unterstellen (*Höfer, BetrAVG, ArbR, ART, Rn. 297 m.w.N.; Langohr-Plato, MDR 1994, S. 854*).

857 Verweigert der Arbeitnehmer die Zustimmung zu einer geplanten Verschlechterung seiner Versorgungszusage, kann der Arbeitgeber sein Ziel nur im Wege der „**Änderungskündigung**" des Arbeitsvertrages durchsetzen (*BAG v. 16.9.1986 – GS 1/82 – BB 1987, S. 265 = DB 1987, S. 383; Ahrend/Förster, BetrAVG, § 1 Anm. 18; Blomeyer/Otto, BetrAVG, Einl., Rn. 586; Höfer, BetrAVG, ArbR, ART, Rn. 331 ff.*). Die Änderungskündigung beinhaltet im Gegensatz zur ordentlichen Kündigung ein Angebot zur Fortsetzung des Arbeitsverhältnisses unter veränderten Rahmenbedingungen. Lehnt der Arbeitnehmer dieses Angebot ab, ist sein Arbeitsverhältnis gekündigt. Es greifen jedoch auch hier die Schutzvorschriften des **Kündigungsschutzgesetzes** (soziale Rechtfertigung der Kündigung). Darüber hinaus sind die **Mitwirkungsrechte des Betriebsrates** nach § 102 BetrVG zu beachten. Hinzu kommt, dass die Änderungskündigung **nur gegenüber** den noch **aktiven Versorgungsberechtigten** als Gestaltungsmittel angewandt werden kann; die mit unverfallbaren Anwartschaften ausgeschiedenen Mitarbeiter und die Betriebsrentner können hierüber also nicht zur Zustimmung gezwungen werden.

(2) Individualrechtliche Versorgungszusagen mit kollektivrechtlichem Bezug

858 Bestehen für eine Vielzahl versorgungsberechtigter Arbeitnehmer gleichlautende, individualrechtlich begründete Versorgungszusagen (sog. „**Gesamtzusagen**" bzw. „**vertragliche Einheitsregelung**", *s.o. Rn. 155 ff.*), so scheitert die einzelvertragliche Änderung bereits unter praktischen Erwägungen, da es unwahrscheinlich ist, dass es dem Arbeitgeber gelingt, ausnahmslos jeden betroffenen Versorgungsberechtigten zur Zustimmung in die beabsichtigte Änderung zu bewegen (*Griebeling, ZIP 1993, S. 1056*).

859 Bei einer Gesamtzusage ist eine **Ablösung** durch eine „**nachfolgende Betriebsvereinbarung**" zulässig. Seit der Entscheidung des Großen Senats des BAG v. 16.9.1986 (*GS 1/82 – BB 1987, S. 265 = DB 1987, 383 = NZA 1987, S. 168*) ist diese Gestaltungsmöglichkeit jedoch dahingehend eingeschränkt, dass im Hinblick auf den kollektiven Bezug allgemeiner Arbeitsbedingungen ein sog. „**Günstigkeitsvergleich**" vorgenommen werden muss.

860 Hierbei unterscheidet der Große Senat zwischen **umstrukturierenden** und **verschlechternden Betriebsvereinbarungen**. Unter einer umstrukturierenden Betriebsvereinbarung versteht er eine Vereinbarung, „die im Vergleich zur vorhergehenden vertraglichen Einheitsregelung bei kollektiver Betrachtungsweise insgesamt für die Belegschaft nicht ungünstiger ist (**Günstigkeitsprinzip**)". Das bedeutet, dass der bisherige Dotierungsrahmen nicht angetastet werden darf. Die umstrukturierende Betriebsvereinbarung kann somit lediglich **andere Verteilungs-**

maßstäbe setzen und unpraktikable Regelungen auf den neuesten Stand bringen. Derartige umstrukturierende Betriebsvereinbarungen sind nicht zu beanstanden, wenn sie die Besitzstände der betroffenen Arbeitnehmer wahren und den Grundsätzen von Recht und Billigkeit entsprechen.

Differenzierter ist die Rechtslage zu beurteilen, wenn durch eine neue **Betriebsvereinbarung** die bisher bestehende vertragliche Einheitsregelung insgesamt **verschlechtert** werden soll. Hierbei wird das Günstigkeitsprinzip im allgemeinen verletzt. Ein derartiger Eingriff in ein bestehendes Versorgungswerk ist nur insoweit zulässig, als die vertragliche Rechtsposition in ihrem Bestand (noch) nicht geschützt ist. Eine entsprechend „schutzlose" Rechtsposition des Arbeitnehmers ist bei einer bereits bei Zusageerteilung vorbehaltenen späteren Ablösung ebenso anzunehmen wie bei einem späteren **Wegfall der** bei Zusageerteilung zugrundegelegten **Geschäftsgrundlage** (*BAG v. 26.4.1988 – 3 AZR 277/88 – BB 1988, 2112 = DB 1988, S. 2311 = NZA 1989, S. 305; vgl. auch Lutz, S. 57; Hanau/Preis RdA 1988, 69; Langohr-Plato, MDR 1994, S. 855*). Hiermit begrenzt das BAG die Regelungsbefugnis in Fällen „verschlechternder" Ablösungen auf Fallgestaltungen, in denen es dem Arbeitgeber **individualarbeitsrechtlich** erlaubt wäre, seine Versorgungszusage zu **widerrufen** oder eine Anpassung des Versorgungsversprechens an ein rechtlich oder wirtschaftlich verändertes Umfeld zu verlangen. Die Regelungsbefugnis wird damit im wesentlichen auf den Fall der **wirtschaftlichen Notlage** beschränkt (*so auch Schumann, DB 1990, 2168; Lutz, S. 57; Langohr-Plato, MDR 1994, S. 855*). 861

Zu beachten ist allerdings, dass individualrechtliche Versorgungszusagen mit kollektivem Bezug, und dazu zählt die Gesamtzusage, nur dann unter Kürzung des gesamten Dotierungsrahmens durch eine verschlechternde Betriebsvereinbarung modifiziert werden können, wenn sie „**betriebsvereinbarungsoffen**" sind (*Griebeling, Rn. 869*). Erforderlich ist also, dass die zu überarbeitende Versorgungsordnung den **Vorbehalt** enthält, dass eine spätere Betriebsvereinbarung den Vorrang haben soll (*BAG v. 12.8.1982 – 6 AZR 1117/79 – BB 1982, S. 2183 = DB 1982, S. 2298 = NJW 1983, S. 68; BAG v. 16.9.1986 – GS 1/82 – BB 1987, S. 265 = DB 1987, 383; Ahrend/Förster/Rößler, 1. Teil, Rn. 292 ff.; Doetsch, DB 1993, S. 981, 985; Höfer, BetrAVG, ArbR, ART, Rn. 317 ff.; Langohr-Plato, MDR 1994, S. 855*). 862

Soweit ein solcher Vorbehalt fehlt, bleibt es bei den **individualrechtlichen Gestaltungsmöglichkeiten** bzw. der nur **umstrukturierenden** Betriebsvereinbarung als Eingriffsmöglichkeit. 863

Die Öffnungsklausel muss allerdings **nicht ausdrücklich**, d.h. schriftlich fixiert sein, sondern kann sich auch stillschweigend ergeben, wenn sie dies aus den „**entsprechenden Begleitumständen**" ergibt (*Doetsch, DB 1993, S. 981, 985 m.w.N.*). Der Rechtsprechung des BAG ist jedoch zu entnehmen, dass bei Fehlen eines ausdrücklichen Vorbehalts nicht ohne weiteres vor einer Betriebsvereinbarungsoffenheit ausgegangen werden kann. 864

Darüber hinaus bleibt dem Arbeitgeber als letzte Eingriffsmöglichkeit für die Reduzierung von Versorgungsanwartschaften noch die „**Änderungskündigung**" des 865

Arbeitsvertrages gem. § 2 KSchG. Auf dieses Gestaltungsrecht ist der Arbeitgeber auch in den Fällen angewiesen, wenn z. B. leitende Mitarbeiter nicht von der Vertretungsmacht des Betriebsrates erfasst werden, Betriebsvereinbarungen für diesen Personenkreis also keine Bindungswirkung entfalten, oder wenn eine einzelvertraglich geregelte Zusage abgeändert werden soll (*Hanau/Preis, RdA 1988, 69; Schulin DB 1984, Beilage Nr. 10, S. 4*). Die Änderungskündigung unterliegt allerdings den **Sonderregelungen** des **KSchG**, muss also unterschiedliche Kündigungsfristen sowie den besonderen Kündigungsschutz einzelner Arbeitnehmergruppen (Behinderte, werdende Mütter etc.) beachten. Dadurch wird die Erzielung einer betriebseinheitlichen Lösung erheblich erschwert.

(3) Kollektivrechtliche Zusagen

866 Die Änderung tarifvertraglich geregelter Versorgungsleistungen ist rein theoretischer Natur (*Griebeling, ZIP 1993, S. 1059*), da insbesondere Firmentarifverträge, d.h. solche Tarifverträge, die die betriebliche Altersversorgung für nur ein Unternehmen regeln, nicht praktiziert werden. Überbetrieblich wirkende tarifvertragliche Regelungen zur betrieblichen Altersversorgung sind ebenfalls nur in wenigen Bereichen vorzufinden, so z. B. im öffentlichen Dienst und in der Bauwirtschaft (vgl. hierzu *Ahrend/Förster/Rößler, 1. Teil, Rn. 46*). Soweit derartige tarifvertragliche Regelungen bestehen, ist eine Änderung des Versorgungswerkes nur über die **Kündigung** des bestehenden und den Abschluss eines neuen **Tarifvertrages** realisierbar.

867 Soweit Versorgungsleistungen in Betriebsvereinbarungen normiert worden sind – was in der betrieblichen Praxis häufig vorzufinden ist – können Änderungen der bestehenden Betriebsvereinbarung entweder über den Weg der „**ablösenden Betriebsvereinbarung**“ oder die „**Kündigung**“ der bestehenden Betriebsvereinbarung bewirkt werden.

868 Jede Betriebsvereinbarung kann nach Beendigung ihrer Laufzeit durch eine **abändernde Betriebsvereinbarung** abgelöst werden. Insoweit gilt die von der höchstrichterlichen Rechtsprechung seit Jahren gebilligte **Zeitkollisionsregelung**. Die ältere Norm wird durch die jüngere ersetzt (*BAG v. 16.9.1986 – GS 1/82 – BB 1987, S. 265 = DB 1987, S. 383; BAG v. 17.3.1987 – 3 AZR 64/84 – BB 1987, S. 1673 = DB 1987, S. 1639 = NZA 1987, S. 855; BAG v. 22.5.1990 – 3 AZR 128/89 – BB 1990, S. 2047 = DB 1990, S. 2174 = NZA 1990, S. 813;* vgl. auch: *Dieterich, NZA 1987, S. 545, 549*). Die Rechtsprechung unterzieht allerdings die nachfolgende verschlechternde Betriebsvereinbarung stets einer sog. „**Billigkeitskontrolle**“ (*BAG v. 30.1.1970 – 3 AZR 44/68 – BB 1970, S. 1097 = DB 1970, S. 1393 = NJW 1970, S.1620; BAG v. 14.11.1974 – 3 AZR 547/73 – BB 1975, S. 374 = AuR 1975, S. 155; BAG v. 18.5. 1977 – 3 AZR 371/76 – BB 1977, S. 1353 = DB 1977, S. 1655 = NJW 1977, S. 1982; BAG v. 24.11.1977 – 3 AZR 732/76 – BB 1978, S. 450 = DB 1978, S. 545 = MDR 1978, S. 434; BAG v. 17.1.1980 – 3 AZR 456/78 – BB 1980, S. 941 = DB 1980, S. 1399 = AuR 1980, S. 218; vgl. auch: Griebeling, ZIP 1993, S. 1057; Höfer, BetrAVG, ArbR, ART, Rn. 488 ff.; Langohr-Plato, MDR 1994, S. 855*).

Die **Dienstvereinbarung** ist die „Betriebsvereinbarung im öffentlichen Dienst". 869
Von daher sind die von der Rechtsprechung des BAG entwickelten Rechtsgrundsätze zur Abänderbarkeit von Betriebsvereinbarungen über betriebliche Versorgungsleistungen entsprechend anzuwenden (*vgl. u.a.: BAG v. 17.11.1992 – 3 AZR 432/89 – ZAP 1998 F. 17 R, S. 449; BAG v. 28.7.1998 – 3 AZR 357/97 – DB 1999, S. 750*).

(a) Die Rechtsprechung des BAG zu § 77 Abs. 6 BetrVG

870 Kommt es zu keiner Ablösung der bestehenden Betriebsvereinbarung, so bleibt dem Arbeitgeber nach § 77 Abs. 5 BetrVG die Möglichkeit der **Kündigung** der bisherigen Regelung (*BAG v. 10.3.1992 – 3 AZR 54/91 – NZA 1993, S. 234*), wobei diese Kündigung ohne Angabe von Kündigungsgründen erfolgen kann (vgl. *Blomeyer, DB 1985, S. 2506 ff. und DB 1990, S. 173*) und keiner inhaltlichen Kontrolle unterliegt.

871 Dies gilt unabhängig vom Regelungsgegenstand, also auch dann, wenn es um eine betriebliche Altersversorgung geht (*BAG v. 17.8.1999 – 3 ABR 55/98 – NZA 2000, S. 498*). Das Betriebsverfassungsgesetz hat mit der uneingeschränkten Einräumung eines Kündigungsrechtes in § 77 Abs. 5 BetrVG und der Bestimmung über die Nachwirkung in § 77 Abs. 6 BetrVG eine eigenständige Regelung zum Schutz anspruchsberechtigter Arbeitnehmer getroffen, die einer weitergehenden allgemeinen Kündigungsmöglichkeit entgegensteht.

872 Die Kündigung einer Betriebsvereinbarung über betriebliche Altersversorgung bewirkt daher nicht lediglich eine Schließung des Versorgungswerkes für die Zukunft. Auch Arbeitnehmer, die zum Zeitpunkt des Ausspruchs der Kündigung durch die Betriebsvereinbarung begünstigt wurden, sind von der Kündigung betroffen.

873 Die gekündigte Betriebsvereinbarung entfaltet auch **keine Nachwirkung**, da ihre Fortgeltung durch den Betriebsrat nicht erzwingbar ist (*BAG v. 9.2.1989 – 8 AZR 310/87 – DB 1989, S. 2339; BAG v. 11.5.1999 – 3 AZR 21/98 – BetrAV 2000, S. 210 = BB 2000, S. 517 = DB 2000, S. 525 = ZIP 2000, S. 421; BAG v. 17.8.1999 – 3 ABR 55/98 – NZA 2000, S. 498*). Nach der Rechtsprechung des BAG kann der Arbeitgeber nämlich **mitbestimmungsfrei** entscheiden, **ob** er überhaupt Leistungen der betrieblichen Altersversorgung gewähren will, **welcher Durchführungsweg** hierzu gewählt wird und **welcher Arbeitnehmerkreis** begünstigt werden soll (*grundlegend: BAG v. 12.6.1975 – 3 ABR 13/74 – BB 1975, S. 1062 = DB 1975, S. 1559; BAG v. 12.6.1975 – 3 ABR 137/73 – BB 1975, S. 1064 = AuR 1975, S. 248; vgl. a.: Heither DB 1991, S. 700, 701; Langohr-Plato, MDR 1994, S. 853*).

§ 77 Abs. 6 BetrVG findet ebenfalls keine Anwendung (*BAG v. 18.4.1989 – 3 AZR 688/87 – BB 1990, S. 781 = DB 1989, S. 2232 = NZA 1990, S. 67*), so dass ein Mitbestimmungsrecht des Betriebsrates insoweit ausscheidet. 874

Das Recht des Arbeitgebers, mitbestimmungsfrei über das „ob" einer betrieblichen Altersversorgung, d.h. über deren Einführung zu entscheiden, erfasst auch die mitbestimmungsfreie Entscheidungsbefugnis über deren Abschaffung. 875

(b) Rechtsfolgen der Kündigung einer Betriebsvereinbarung

876 Das BAG unterscheidet allerdings zwischen der Kündbarkeit einer Betriebsvereinbarung und den **Rechtsfolgen einer Kündigung** (*Urteil v. 10.3.1992 – 3 AZR 54/91 – NZA 1993, S. 234; BAG v. 11.5.1999 – 3 AZR 21/98 – BB 2000, S. 517*).

877 Betriebsvereinbarungen über Leistungen der betrieblichen Altersversorgung unterscheiden sich nämlich von den Betriebsvereinbarungen über andere freiwillige Leistungen:

878 **Leistungen der betrieblichen Altersversorgung** erhält der Arbeitnehmer erst, wenn er seinerseits vorgeleistet hat. Die Leistung, die durch Versorgung entgolten wird, ist die dem Arbeitgeber während der gesamten Dauer des Arbeitsverhältnisses erwiesene **Betriebstreue**, also die Gesamtheit der ihm erbrachten Dienste. Die vom Arbeitgeber zugesagte Gegenleistung kann nicht wegfallen, ohne dass es dafür rechtlich billigenswerte Gründe gibt.

879 Somit entfällt mit dem Wegfall der unmittelbaren und zwingenden Wirkung der gekündigten Betriebsvereinbarung die Rechtsgrundlage für die Entstehung von Versorgungsansprüchen für **alle** betriebsangehörigen Arbeitnehmer, die noch keinen Vollanspruch erdient haben. Auch für die betriebliche Altersversorgung gelten die Konsequenzen und Rechtsfolgen des Betriebsverfassungsgesetzes. Der **Erwerb eines Anspruchs auf betriebliche Versorgungsleistungen** setzt nämlich nach der Ansicht des BAG voraus, dass die Voraussetzungen unter der Geltung der Versorgungszusage erfüllt werden. Ist die Zusage jedoch durch Kündigung der Rechtsgrundlage „Betriebsvereinbarung" aufgehoben worden, können auch die dort aufgestellten Leistungsvoraussetzungen nicht mehr erfüllt werden.

880 Die Wirkung der Kündigung einer Betriebsvereinbarung über betriebliche Altersversorgung ist allerdings mit Hilfe der Grundsätze des Vertrauensschutzes und der Verhältnismäßigkeit zu begrenzen. Deshalb werden die aufgrund einer Betriebsvereinbarung erworbenen **Besitzstände** der betroffenen Arbeitnehmer kraft Gesetzes nach den Grundsätzen der Verhältnismäßigkeit und des Vertrauensschutzes geschützt. Je stärker in Besitzstände und Erwerbschancen eingegriffen wird, desto gewichtiger müssen die Änderungsgründe sein.

881 Dies hat zur Konsequenz, dass der Widerruf einer Betriebsvereinbarung über betriebliche Versorgungsleistungen nur in zukünftig erdienbare Rechtspositionen des Versorgungsberechtigten eingreifen kann und der bis zum Widerruf erdiente Besitzstand grundsätzlich aufrecht zu erhalten ist (*a.A.: Roßmanith, Die Kündigung von Betriebsvereinbarungen über betriebliche Altersversorgung, DB 1999, S. 634 ff., der der Kündigung einer Betriebsvereinbarung nur einer der Schließung des Versorgungswerkes vergleichbaren Rechtswirkung beimisst. Danach soll sie ausschließlich bewirken, dass neu eintretende Mitarbeiter aus ihr keine Rechte ableiten können*). Soweit hiernach Versorgungsbesitzstände unangetastet bleiben, ist deren Rechtsgrundlage weiterhin die gekündigte Betriebsvereinbarung (*BAG v. 11.5.1999 – 3 AZR 21/98 – BB 2000, S. 517; BAG v. 17.8.1999 – 3 ABR 55/98 – NZA 2000, S. 498*), die somit zumindest faktisch nachwirkt.

Die nach der Kündigung der Betriebsvereinbarung verbleibende Rechtspositionen genießen also unverändert den Schutz des § 77 Abs. 4 BetrVG. 882

(c) Prüfungsbefugnis des Betriebsrats

Der Betriebsrat ist allerdings befugt, im arbeitsgerichtlichen Beschlussverfahren feststellen zu lassen, welche Wirkungen die Kündigung hat und in welchem Umfang die Betriebsvereinbarung noch fortgilt. Das BAG ist zudem der Ansicht, dass die Entscheidung über einen solchen Antrag auch den Arbeitgeber und die betroffenen Arbeitnehmer im Verhältnis zueinander bindet. Eine konkrete Billigkeitskontrolle im Individualverfahren ist hierdurch nicht jedoch ausgeschlossen (*BAG v. 17.8.1999 – 3 ABR 55/98 – NZA 2000, S. 498*). 883

(4) Betriebliche Übung

Der Gesetzgeber hat in § 1 Abs. 1 S. 3 BetrAVG die aufgrund **betrieblicher Übung** bestehenden Versorgungsansprüche den vertraglich begründeten Versorgungsverpflichtungen gleichgestellt. Schuldrechtlich wäre die aus einer betrieblichen Übung resultierende Versorgungsverpflichtung als **Gesamtzusage** zu bewerten, so dass für entsprechende Eingriffe in Versorgungsrechte die gleichen Grundsätze gelten wie bei den dargestellten Eingriffsmöglichkeiten bei Versorgungswerken, die auf vertraglichen Einheitsregelungen bzw. Gesamtzusagen basieren (*BAG v. 21.8.1990 – 3 AZR 422/89 – BB 1991, S. 1051 = DB 1991, S. 1632 = NZA 1991, S. 507; Höfer, BetrAVG, ArbR, ART, Rn. 213, 305; Langohr-Plato, MDR 1994, S. 856*). 884

b) Widerrufsmöglichkeiten

Betriebliche Versorgungsleistungen stehen unter dem **Eigentumsschutz** von Art. 14 GG; d.h. auf ihren Bestand darf der Versorgungsberechtigte von dem Zeitpunkt an vertrauen, in dem die gesetzlichen **Unverfallbarkeitsfristen** (§ 1 BetrAVG) abgelaufen sind. Sobald also aus einem Versorgungsversprechen unverfallbare Versorgungsanwartschaften bestehen, ist eine einseitige, vom Arbeitgeber vorgenommene Änderung der Versorgungszusage entsprechend dem Rechtsgrundsatz „**pacta sunt servanda**" grundsätzlich unantastbar. Dies gilt um so mehr, als nach der Rechtsprechung betrieblichen Versorgungsleistungen **Entgeltcharakter** beizumessen ist (*grundlegend u.a.: BAG v. 10.3.1972 – 3 AZR 278/71 – BB 1972, S. 1005 = DB 1972, S. 1486 = MDR 1972, S. 899; BAG v. 30.3.1973 – 3 AZR 26/72 – BB 1973, S. 522 = DB 1973, S. 773 = NJW 1973, S. 959; BAG v. 16.12.1976 – 3 AZR 761/75 – BB 1977, S. 146 = DB 1977, S. 169 = AuR 1977, S. 122; BAG v. 17.1.1980 – 3 AZR 614/78 – BB 1980, S. 263 = DB 1980, S. 306 = NJW 1980, S. 1181; BAG v. 28.9.1981 – 3 AZR 181/80 – BB 1982, S. 1303 = DB 1982, S. 126; BAG v. 17.4.1985 – 3 AZR 72/83 – BB 1986, S. 1159 = DB 1986, S. 228 = AuR 1986, S. 57; BAG v. 5.9.1989 – 3 AZR 575/88 – DB 1989, S. 2615 = BB 1989, S. 2400 m. Anm. Höfer/Reiners; Blomeyer/Otto, BetrAVG, Einl., Rn. 138 ff.; Griebeling, Rn. 17, 18; Höfer, BetrAVG, ArbR, ART, Rn. 40 ff.*), die Betriebsrente somit als „**nachvertragliches Gehalt**" zu verstehen ist. Dann aber hat der Versorgungsberechtigte seine Leistung (= Arbeitsleistung) bereits erbracht, so dass sich der Arbeitgeber sei- 885 ner Verpflichtung zur Gegenleistung (= Versorgungslohn) grundsätzlich nicht mehr entziehen kann (*BGH v. 13.12.1999 – II ZR 152/98 – ZIP 2000, S. 380; Langohr-Plato, MDR 1994, S. 854, 856*).

(1) Wegfall der Geschäftsgrundlage

886 Ein **Widerruf** von Versorgungsleistungen kommt – nach bisheriger Rechtsprechung – von daher vornehmlich nur bei einem **Wegfall der bei Zusageerteilung bestehenden Geschäftsgrundlage** in Betracht (*grundlegend BAG v. 10.12.1971 – 3 AZR 190/71 – BB 1972, S. 317 = DB 1972, 491 = NJW 1972, S. 733; BAG v. 8.7.1972 – 3 AZR 481/71 – BB 1972, S. 1409 = DB 1972, 2069*), wobei der Wegfall der Geschäftsgrundlage auf einer **wirtschaftlichen Notlage** beruhen muss.

887 Diese wirtschaftliche Notlage ist dem Sicherungsfall nach § 7 Abs. 1 S. 3 Nr. 5 BetrAVG a.F. (*Mit der Novellierung des BetrAVG zum 1.1.1999 ist der Insolvenzsicherungsgrund der wirtschaftlichen Notlage entfallen)* gleichzusetzen, so dass ein entsprechender Widerruf nur zulässig ist, wenn die Belastungen des Arbeitgebers infolge der wirtschaftlichen Notlage so groß werden, dass ihm als Schuldner der Versorgungszusage nicht zugemutet werden kann, seine vertraglichen Verpflichtungen zu erfüllen (*BAG v. 6.12.1979 – 3 AZR 274/78 – BB 1980, S. 992 = DB 1980, 1172 = NJW 1980, S. 2598; BAG v. 14.8.1980 – 3 AZR 437/79 – BB 1981, S. 979 = DB 1981, 750 = AuR 1981, S. 122; BAG v. 11.9.1980 – 3 AZR 544/79 – BB 1981, S. 792 = DB 1981, 1141; BAG v. 26.4.1988 – 3 AZR 277/87 – BB 1988, S. 2112 = DB 1988, S. 2311 = NZA 1989, S. 305*). Dagegen reichen bloße sachliche Gründe nicht als Legitimation für einen Widerruf aus (*BAG v. 26.4.1988 – 3 AZR 277/87 – BB 1988, S. 2112 = DB 1988, S. 2311 = NZA 1989, S. 305*).

888 Den **Nachweis** der wirtschaftlichen Notlage hat der Arbeitgeber durch ein entsprechendes **betriebswirtschaftliches Gutachten** zu erbringen. Dieses Gutachten muss zwecks einer Situationsanalyse des Unternehmens zwingend ein **Sanierungskonzept** enthalten (*BAG v. 24.4.2001 – 3 AZR 402/00 – BB 2001; S. 1687 = DB 2001, S. 1787 = ZIP 2001, S. 1886; BAG v. 26.4.1988 – 3 AZR 277/87 – BB 1988, S. 2112 = DB 1988, S. 2311 = NZA 1989, S. 305*; *zu den Einzelheiten von Inhalt und Umfang des Gutachtens vgl. Ahrend/Förster/Rößler, 1. Teil, Rn. 254 ff.*). Fehlt ein derartiger Sanierungsplan, ist der Eingriff in die Versorgungsleistungen unwirksam (*st. Rspr., vgl. u.a.: BAG 10.12.1971 – 3 AZR 190/71 – BB 1972, S. 317 = DB 1972, 491; BAG v. 26.11.1985 – 3 AZR 105/84 – DB 1986, 2029; LAG Düsseldorf/Köln v. 3.7.1981 – 13 Sa 536/77 – BB 1982, 312; vgl. ferner: Ahrend/Förster/Rößler, 1. Teil, Rn. 258 ff.*).

889 Darüber hinaus ist der Grundsatz der **Verhältnismäßigkeit** zu beachten, d.h. dass der mildeste Eingriff gewählt werden muss, der zur Sanierung des Unternehmens erforderlich ist (*BAG v. 8.7.1972 – 3 AZR 481/71 – BB 1972, S. 1409 = DB 1972, 2069*). In dem vom Arbeitgeber vorzulegenden Gutachten müssen daher in verschiedenen Abstufungen von einer **Stundung der Leistungen** über **Kürzungen** der Zusagen bis hin zum **Totalentzug** die möglichen **Maßnahmen** geprüft und ihre Auswirkungen auf den Unternehmensbestand **erläutert** werden.

Dies gilt um so mehr, da durch die Novellierung des BetrAVG zum 1.1.1999 und durch die dabei erfolgte **Streichung des Sicherungsfalls der wirtschaftlichen Notlage** der PSV nicht mehr für derartige Fälle einstandspflichtig ist und der gesetzliche Insolvenzschutz insoweit also eingeschränkt wurde (nach früherem Recht konnte der Widerruf wegen wirtschaftlicher Notlage erfolgen, wenn der PSV die Haftung für die widerrufene Altersversorgung übernahm; *vgl. hierzu Griebeling, Rn. 835; Höfer, BetrAVG, ArbR, ART, Rn. 397 ff.; Langohr-Plato, MDR 1994, S. 856*). 890

Gerade vor dem Hintergrund der im Zusammenhang mit der Insolvenzrechtsreform und der BetrAVG-Novelle erfolgten **Streichung des Sicherungsfalls „wirtschaftliche Notlage"** und der damit entfallenden entsprechenden Haftung des PSV ist bereits im Gesetzgebungsverfahren die Frage nach der künftigen Zulässigkeit eines Widerrufs wegen wirtschaftlicher Notlage kontrovers diskutiert worden. 891

So hat die Bundesregierung die Streichung des Sicherungsfalls „wirtschaftliche Notlage" u.a. damit begründet, dass als Folge der Streichung dieses Sicherungsfalls zugleich auch ein einseitiger Widerruf durch den Arbeitgeber mit der Begründung einer wirtschaftlichen Notlage nicht mehr möglich sei. Wörtlich heißt es hierzu in der amtlichen Begründung (*BT-Drucks. 12/3803, S. 121 ff.*): 892

„Durch den Wegfall des Sicherungsfalls „wirtschaftliche Notlage" wird die Rechtsposition des Arbeitnehmers nicht verschlechtert. Denn aufgrund des von der Rechtsprechung hergestellten untrennbaren Zusammenhangs zwischen der Berechtigung zum Widerruf der Anwartschaft auf der einen und der gleichzeitigen Übernahme des widerrufenen Teils der Anwartschaft durch den PSV a.G. auf der anderen Seite ist mit der Streichung des Sicherungsfalls „wirtschaftliche Notlage" auch ein einseitiger Widerruf der Anwartschaft durch den Arbeitgeber aufgrund einer wirtschaftlichen Notlage arbeitsrechtlich nicht mehr zulässig. Die Verweisung des Arbeitgebers auf den außergerichtlichen Vergleich oder das neue Insolvenzverfahren dürfte auch für ihn keine nachhaltige Beeinträchtigung darstellen....."

Demgegenüber hat der Bundesrat die Ansicht vertreten, dass aufgrund der Streichung des Sicherungsfalls „wirtschaftliche Notlage" im Hinblick auf die Rechtsprechung des BAG vor Inkrafttreten des BetrAVG durchaus mit der Anerkennung eines einseitigen Widerrufsrechtes durch die Gerichte zu rechnen sei. Wörtlich heißt es hierzu in der amtlichen Begründung (*BT-Drucks. 12/3803, S. 128 f.; vgl. auch die entsprechenden Bedenken bei Blomeyer/Otto, BetrAVG, § 7 Rn. 343*): 893

„Die Behauptung ..., dass aufgrund der Rechtsprechung auch bei Streichung des Sicherungsfalls „wirtschaftliche Notlage" ein einseitiger Widerruf der Anwartschaft durch den Arbeitgeber aufgrund einer wirtschaftlichen Notlage arbeitsrechtlich nicht mehr zulässig sei, ist nicht nachzuvollziehen. Die Verknüpfung zulässiger Kürzung oder Einstellung von Versorgungsleistungen aufgrund „wirtschaftlicher Notlage" mit dem Insolvenzschutz wurde im Zuge der gesetzlichen Verbesserung der betrieblichen Altersversorgung durch die Vorschriften eingeführt, die nunmehr beseitigt werden sollen. ... Eine Streichung hätte die Wiederherstellung der Rechtslage vor Inkrafttreten des BetrAVG zur Folge. Bei dieser Rechtslage hatte das Bundesarbeitsgericht durchaus den einseitigen Widerruf durch den Arbeitgeber zugelassen (vgl. BAG, AP Nr. 154 zu § 242 BGB Ruhegehalt)."

Gleichwohl hat die Bundesregierung ihre Ansicht aufrechterhalten und dabei ergänzend darauf hingewiesen, dass der Widerruf wegen wirtschaftlicher Notlage in 894 der Vergangenheit keine praktische Relevanz erfahren habe (*BT-Drucks 12/3803, S. 121 ff.*). So wurden nach einer offiziellen Statistik des PSV von den anerkannten Insolvenzfällen im Jahr 1990 nur zwei Fälle und im Jahr 1991 kein Fall mit einer wirtschaftlichen Notlage begründet. Zudem – so die Bundesregierung – habe die Rechtsprechung nach In-Kraft-Treten des BetrAVG die Anforderungen an einen Widerruf erheblich präzisiert und weiterentwickelt und gerade den sog. „Besitzstandsschutz“ (*vgl. hierzu die noch folgenden Ausführungen unter Rn. 915 ff.*) in den Vordergrund gestellt, so dass kaum ein Anwendungsfall vorstellbar sei, der – soweit eine wirtschaftliche Notlage positiv anzuerkennen sei – unter Zugrundelegung dieser restriktiven Rechtsprechung nicht zugleich in den Sicherungsfall des außergerichtlichen Vergleichs einmündet (*BT-Drucks. 12/3803 S. 137 f.*).

895 Vor diesem Hintergrund wird man ein **einseitiges Widerrufsrecht des Arbeitgebers** kaum noch bejahen können. Das BetrAVG ist von seiner Gesamtkonzeption her ein Arbeitnehmerschutzgesetz. Gerade mit den Aspekten des Entgeltcharakters betrieblicher Versorgungsleistungen und deren Unverfallbarkeit wäre es unvereinbar, den Versorgungsberechtigten über eine einseitige Widerrufsmöglichkeit des Arbeitgebers, die keine Ersatzhaftung Dritter – hier des PSV – auslöst, schutzlos zu stellen. Gerade dies war aber (*s.o.*) nicht die Intention des Gesetzgebers. Selbst wenn man unter dem Aspekt des Grundsatzes der Vertragsfreiheit die vertragliche Vereinbarung eines entsprechenden Widerrufsvorbehaltes für zulässig erachtet (*so: Höfer, BetrAVG, Bd. I – ArbR, § 7 Rn. 2812.38*), wird man aber in Anwendung der Rechtsgrundsätze von „Treu und Glauben“ sowie des Verhältnismäßigkeitsgrundsatzes den Arbeitgeber verpflichten können und müssen, in einer solchen wirtschaftlichen Notlagensituation den Weg über den außergerichtlichen Vergleich zu gehen, um so den insoweit nach wie vor möglichen Insolvenzschutz für den Versorgungsberechtigten zu erlangen.

(2) Treuepflichtverletzungen

896 Ein weiterer Ausnahmefall, bei dem ein Widerruf oder eine Kürzung von Versorgungsleistungen nach der Rechtsprechung zulässig sein kann, ist unter bestimmten Voraussetzungen die **Treuepflichtverletzung** des Versorgungsberechtigten.

897 Mangels entsprechender gesetzlicher Regelungen hat das BAG seit seiner Entscheidung v. 18.10.1979 (*3 AZR 550/78 – BB 1980, S. 470 = DB 1980, S. 500 = NJW 1980, S. 1127 = MDR 1980, S. 435*) in einer Vielzahl von weiteren Entscheidungen (*vgl. u.a.: BAG v. 19.6. 1980 – 3 AZR 137/79 – BB 1980, S. 1799 = DB 1980, S. 2341 = NJW 1981, S. 188; BAG v. 8.2.1983 – 3 AZR 10/81 – BB 1983, S. 1100 = DB 1983, S. 1497 = NJW 1983, S. 2048; BAG v. 8.5.1990 – 3 AZR 152/88 – BB 1990, S. 1910 = DB 1990, S. 2173 = NZA 1990, S. 807; vgl. a.: BGH v. 13.12.1999 – II ZR 152/98 – BB 2000, S. 2528*) Grundsätze über den Widerruf von Versorgungszusagen wegen grober Treuepflichtverletzung des Arbeitnehmers aufgestellt.

898 Nach Ansicht des BAG führen die grundlegenden Wertentscheidungen des BetrAVG – Unverfallbarkeit, Auszehrungsverbot, Insolvenzsicherung, Einbeziehung der be-

trieblichen Versorgungsanwartschaft in den Versorgungsausgleich – zu einer starken **Verfestigung der Anwartschaften** als vom Arbeitnehmer kalkulierbaren Äquivalent für die erbrachte Betriebstreue.

Vor diesem Hintergrund kann ein auf ein treuwidriges Verhalten gestützter Widerruf 899
von Versorgungsleistungen nur dann in Betracht kommen, wenn ein Festhalten des Arbeitnehmers an dem Versorgungsanspruch als **rechtsmissbräuchlich** zu werten ist (*Griebeling, Rn. 683 f.*). Der Einwand des Rechtsmissbrauchs ist nach der Rechtsprechung nur bei ungewöhnlich gravierenden Verstößen des Arbeitnehmers zulässig (*BGH v. 22.6.1981 – II ZR 146/80 – BB 1981, S. 1643 = DB 1981, S. 1971*) und das auch nur dann, wenn sich der Arbeitnehmer die Unverfallbarkeit der Anwartschaft erschlichen hat oder durch sein Fehlverhalten dem Arbeitgeber ein erheblicher und unübersehbarer Schaden zugefügt worden ist (*BAG v. 11.5.1982 – 3 AZR 1239/79 – BB 1983, S. 198 = DB 1982, S. 2411*), so dass sich die vom Arbeitnehmer erbrachte Betriebstreue rückwirkend betrachtet als wertlos erweist (*BAG v. 8.5.1990 – 3 AZR 152/88 – BB 1990, S. 1910 = DB 1990, S. 2173 = NZA 1990, S. 807*).

Der Pensionsberechtigte muss also – mit anderen Worten – seine Pflichten in so 900
grober Weise verletzt und seinem Dienstherrn einen so schweren, seine Existenz bedrohenden Schaden zugefügt haben, dass sich die in der Vergangenheit bewiesene Betriebstreue nachträglich als wertlos oder zumindest erheblich entwertet herausstellt (*BGH v. 13.12.1999 – II ZR 152/98 – ZIP 2000, S. 380*).

Eine derartige, einen Versorgungswiderruf rechtfertigende Treuepflichtverletzung 901
des durch die Versorgungszusage Begünstigten hat die Rechtsprechung z. B. in einem Fall anerkannt, bei dem der Versorgungsberechtigte seinem Arbeitgeber, einer Bank, durch sein Verhalten, welches er trotz Beanstandungen nicht abgestellt hatte, einen Schaden von mehr als 13,3 Mio. € (Eigenkapital der Bank ca. 11 Mio. €) zugefügt hatte. Die Bank hätte normalerweise Insolvenz anmelden müssen, wenn nicht andere Sicherungseinrichtungen vorhanden gewesen wären (*BGH v. 13.12.1999 – II ZR 152/98 – ZIP 2000, S. 380*).

Dabei ist zu beachten, dass ein Fehlverhalten, das eine **fristlose Kündigung** recht- 902
fertigen würde, allein nicht den Widerruf einer Versorgungszusage rechtfertigen kann (*BAG v. 8.2.1983 – 3 AZR 463/80 – BB 1983, S. 1416 = DB 1983, S. 1770 = NJW 1984, S. 141; Höfer, BetrAVG, ArbR, ART, Rn. 436*). Der Widerruf einer Versorgungszusage ist weder ein Mittel, pflichtwidriges Verhalten zu sanktionieren noch den pflichtwidrig handelnden Mitarbeiter zu disziplinieren. Hat sich der Arbeitnehmer die Versorgungsanwartschaft auf redliche Weise erdient, so kann er diese Anwartschaft nicht allein durch die Verletzung vertraglicher Pflichten verlieren (*BAG v. 8.5.1990 – 3 AZR 152/88 – BB 1990, S. 1910 = DB 1990, S. 2173 = NZA 1990, S. 807*).

Ebenfalls darf der Widerruf einer Versorgungszusage nicht zu einer **versteckten** 903
Konkurrenzklausel führen oder dazu dienen, schnell und einfach einen **Schadensersatzanspruch** des Arbeitgebers zu befriedigen. Stehen dem Arbeitgeber entsprechende Ersatzansprüche zu, so ist er insoweit auf die **gesetzlichen Klagemöglichkeiten** unter Beachtung des **Pfändungsschutzes**, eines evtl. mitwirkenden Ver-

schuldens des Arbeitgebers sowie der beschränkten Arbeitnehmerhaftung zu verweisen (*BAG v. 8.5.1990 – 3 AZR 152/88 – BB 1990, S. 1910 = DB 1990, S. 2173 = NZA 1990, S. 807; LAG Hamm v. 7.2.1989 – 6 Sa 1160/88 – DB 1989, S. 788*).

904 Bei der Beurteilung des Arbeitnehmerfehlverhaltens sind somit weder die Schädigung als solche noch die Höhe des Schadens für sich allein maßgeblich. Entscheidend sind vielmehr die **konkreten Umstände** im jeweiligen Einzelfall, die insgesamt und im Zusammenhang zu würdigen sind (*Langohr-Plato, MDR 1994, S. 857*).

905 Der **Widerruf einer Versorgungszusage** ist kein an eine bestimmte Frist gebundenes Gestaltungsrecht, sondern findet seine Grundlage in dem Einwand rechtsmissbräuchlichen Verhaltens, den der Verpflichtete dem Begehren des Versorgungsberechtigten mit Rücksicht auf dessen schwerwiegendes Fehlverhalten entgegensetzen kann (*BGH v. 13.12.1999 – II ZR 152/98 – BB 2000, S. 2518*). Allerdings steht es der Ausübung des Widerrufsrechts des Arbeitgebers entgegen, wenn sich das Verhalten des Arbeitgebers dahingehend verstehen lässt, dass er den Verstoß gegen die Dienstpflichten und dessen Folgen nicht als so gravierend empfunden hat.

(3) Allgemeine Widerrufsvorbehalte

906 Behält sich der Arbeitgeber vor, seine Zusagen einzuschränken oder zu widerrufen, dann hat er nach geltendem Vertragsrecht auch die Möglichkeit, sein Recht auszuüben. Solche Regelungen sind von der Vertragsfreiheit gedeckt. In der betrieblichen Praxis finden sich zwei inhaltlich unterschiedlich ausgestaltete **Widerrufsvorbehalte**:

907 Im ersten Fall – anzutreffen in vertraglichen Versorgungsordnungen wie in Betriebsvereinbarungen – wird beschrieben, unter welchen – strengen – Voraussetzungen die Lösung von eingegangenen Verpflichtungen zulässig ist, ohne steuerrechtliche Nachteile fürchten zu müssen. Der Ruhegeldsenat des BAG spricht von den „**steuerunschädlichen Vorbehalten**". Er geht davon aus, dass diese Vorbehalte rechtliche Bedingungen beschreiben, die ohnehin gelten, ein Anspruch nämlich dann nicht mehr durchgesetzt werden darf, wenn der Schuldner über eine Opfergrenze hinaus in Anspruch genommen würde (*BAG v. 8.7.1982 – 3 AZR 481/71 – BB 1972, S. 1409 = DB 1972, S. 2069; BAG v. 2.8.1983 – 3 AZR 241/81 – BB 1984, S. 144 = DB 1984, S. 137; BAG v. 26.4.1988 – 3 AZR 277/87 – BB 1988, S. 2112 = DB 1988, S. 2311; vgl. ferner: Heither, DB 1991, S. 170; Höfer, BetrAVG, ArbR, ART, Rn. 360*).

908 Der zweite Fall betrifft die Durchführung der betrieblichen Altersversorgung über eine Unterstützungskasse. Die **Unterstützungskasse** ist eine rechtlich selbständige, also rechtsfähige Versorgungseinrichtung, „**die auf ihre Leistungen keinen Rechtsanspruch gewährt**" (§ 1 Abs. 4 S. 1 BetrAVG). Was der Gesetzgeber des Betriebsrentengesetzes als geläufige Durchführungsform vorgefunden und in den definitorischen Merkmalen im Gesetz dargestellt hat, bedeutet in der (schon vorgesetzlichen) Auslegung des BAG aber nur, dass sich der Arbeitgeber das Recht vorbehält, die den Arbeitnehmern erteilten Zusagen aus „**sachlichen Gründen**" einzuschränken oder zu widerrufen (*BAG v. 17.5.1973 – 3 AZR 381/72 – BB 1973, S. 1309 = DB 1973, S. 1704 = NJW 1973, S. 1946*). Das BAG geht also entgegen

dem Wortlaut des § 1 Abs. 4 S. 1 BetrAVG davon aus, dass auch die Unterstützungskassenzusage einen **Rechtsanspruch** auf die zugesagte Leistung begründet, obwohl das Regelungswerk einen solchen rechtlich verbindlichen Anspruch gerade leugnet. Immerhin nimmt der Arbeitgeber eine Gestaltungsmöglichkeit wahr, die es ihm erlaubt, **flexibler** als bei Direktzusagen auf Änderungen der Rahmenbedingungen **zu reagieren**. Er darf einseitig **schon aus sachlichen Gründen** in die Rechte der begünstigten Arbeitnehmer eingreifen.

(4) Steuerrechtliche Aspekte

Eine **Pensionszusage,** bei der die Versorgungsverpflichtung jederzeit, d.h. sowohl 909 in der Anwartschaft- wie auch in der Rentenphase in Höhe des nach § 6a Abs. 3 EStG gebildeten Teilwertes abgefunden bzw. widerrufen werden darf, steht nach Auffassung des BFH (*Urteil v. 10.11.1998 – I R 49/97 – DB 1999, S. 617*) unter einem gemäß § 6a Abs. 1 Nr. 2 EStG steuerschädlichen Vorbehalt.

Nach dieser Vorschrift darf eine Pensionsrückstellung für unmittelbare Versor- 910 gungszusagen u.a. nur dann gebildet werden, wenn die zugrunde liegende Versorgungsvereinbarung keinen Vorbehalt enthält, wonach die Pensionsanwartschaft oder die Pensionsleistung gemindert oder entzogen werden kann. Die Rechtsprechung hat in diesem Zusammenhang immer wieder zwischen steuerschädlichen und steuerunschädlichen Vorbehalten differenziert. Ein dieser Rechtsprechung entsprechender enumerativer Katalog der steuerunschädlichen Vorbehalte ist in den Einkommensteuerrichtlinien (R 41 Abs. 4 S. 5 EStR 1996) enthalten. Danach stehen der Bildung von Pensionsrückstellungen solche Vorbehalte nicht entgegen, die dem verpflichteten Arbeitgeber nur in den engen Grenzen des billigen Ermessens eine Reduktion oder gar einen vollständigen Entzug der zugesagten Versorgungsleistungen erlauben. Steuerschädlich ist demnach ein Vorbehalt dann, wenn die Versorgungsanwartschaft oder –leistung ohne sachlichen Grund, d.h. nach freiem Belieben des Arbeitgebers reduziert oder entzogen werden kann.

Erforderlich für die **steuerliche Anerkennung einer Abfindungs- bzw. Wider-** 911 **rufsvereinbarung** ist somit eine Gestaltung, die die Ausübung dieses Rechtes an die Beachtung dieser Ermessensgrundsätze knüpft.

Von daher kann nur empfohlen werden, sich bei der Gestaltung von Vorbehalten in 912 einer Versorgungsvereinbarung strikt an den Wortlaut der Mustervorbehalte der EStR zu halten, wenn man die steuerliche Anerkennung der Pensionsrückstellungen nicht gefährden will.

c) Eingriffsumfang

Ist somit ein Eingriff in das bestehende Versorgungssystem nach den vorstehenden 913 Ausführungen über den **Widerruf** grundsätzlich **zulässig**, so lässt sich daraus noch nichts über den **Eingriffsumfang** ableiten. Insoweit ist vielmehr neben dem **Eingriffsgrund** insbesondere auf den **Besitzstand** der Arbeitnehmer abzustellen.

Der **Besitzstand** ist eine rechtliche Position des Arbeitnehmers, die auf Dauer an- 914 gelegt ist, die also ungeachtet der weiteren Entwicklung im Zeitablauf fortbestehen soll, und die ohne rechtfertigenden Grund nicht wieder entzogen werden darf (*BAG v. 22.9.1987 – 3 AZR 662/85 – DB 1988, S. 291 = NZA 1988, S. 732*). Eine Verschlechterung einer Versorgungszusage ist demnach nur dann zulässig, wenn die bereits erworbenen Rechtspositionen der Versorgungsberechtigten angemessen berücksichtigt werden. Die jeweilige Neuordnung unterliegt damit einer **Rechts-** und **Billigkeitskontrolle** durch die Gerichte (*Hanau, RdA 1988, S. 69 ff.*).

(1) Besitzstandswahrung

915 Der versorgungsrechtliche Besitzstandsschutz markiert zugleich die Wirkungen einer Kündigung der Versorgungsvereinbarung als auch die Untergrenze für eine künftige Neuregelung, und zwar unabhängig davon, ob die Neuregelung einvernehmlich erfolgt oder vor der Einigungsstelle oder gar im gerichtlichen Beschlussverfahren durchgesetzt wird.

916 Das BAG (*vgl. u.a.: Urteil v. 17.4.1985 – 3 AZR 72/83 – BB 1986, S. 1159 = DB 1986, S. 228 = NZA 1986, S. 57; Urteil v. 22.5.1990 – 3 AZR 128/89 – BB 1990, S. 2047 = DB 1990, S. 2174 = NZA 1990, S. 813; Urteil v. 17.11.1992 – 3 AZR 76/92 – BB 1993, S. 1292 = DB 1993, S. 1241 = NZA 1993, S. 939; vgl. ferner: Ahrend/Förster, BetrAVG, § 1 Anm. 18; Griebeling, Rn. 839 ff.; Heither, DB 1991, S. 700, 703 f.; Schumann, DB 1990, S. 2165 f.*) hat in diesem Zusammenhang abstufende Kriterien (**3-Stufen-Theorie**) für den Eingriff in ein bestehendes betriebliches Versorgungswerk aufgestellt. Je nach Stärke des Besitzstandes setzt der Eingriff **zwingende** (erdienter Teilbetrag), **triftige** (erdiente Dynamik) oder **sachliche Gründe** (noch nicht erdiente Steigerungsbeträge) voraus.

- **Erdienter Teilbetrag**

917 Dieser Besitzstand kennzeichnet den Betrag, den der Arbeitnehmer beim Ausscheiden aus dem Arbeitsverhältnis mitnehmen und im späteren Versorgungsfall verlangen kann bzw. den der PSV im Insolvenzfalle zu übernehmen hätte (*Griebeling, Rn. 842 ff.*). Dieser unverfallbare und **insolvenzgeschützte Teilbetrag** ist gemäß § 2 BetrAVG zeitanteilig zu berechnen und verändert sich nach dem Stichtag des Eingriffs bzw. der Neuregelung nicht mehr. Da dieser Teilanspruch voll durch die Betriebstreue belegt ist, der Arbeitnehmer insoweit also seine Vorleistung vollständig erbracht hat, muss dieser Besitzstand besonders stark geschützt sein. Die Beseitigung würde rückwirkend schon verdientes Arbeitsentgelt entschädigungslos entziehen.

918 Dieser Besitzstand greift nicht nur bei halb- oder volldynamischen Versorgungszusagen, die nicht an eine Gesamtversorgung anknüpfen, sondern auch für die variable Entwicklung des Versorgungsbedarfs eines Gesamtversorgungssystems. Auch bei einem solchen, von der Entwicklung der gesetzlichen Rentenversicherung und/oder sonstiger externer Bezugsgrößen (z. B. Steuern) abhängigen Versorgungssystem ist zu berücksichtigen, dass der Arbeitnehmer für seine bereits vorgeleistete Betriebstreue nicht nur feste Steigerungsbeträge erhalten soll, sondern dass diese Anwartschaften auch den geänderten Verhältnissen (Anwachsen der Ver-

sorgungslücke durch Entwicklungen in der Rentenbiographie oder Sozialgesetzgebung) angepasst werden. Diese Wertsteigerung ist ebenfalls, soweit sie zeitlich auf den bereits erdienten Anwartschaftsteil entfällt, Bestandteil des erdienten Besitzstandes (*BAG v. 17.3.1987 – 3 AZR 64/84 – BB 1987, S. 1673 = DB 1987, S. 1639 = NZA 1987, S. 855*).

• **Künftige Zuwächse (erdiente Dynamik/erdienbare Zuwachsraten)**

Wer nur die Aussicht hat, seine Altersversorgung durch weitere Dienste zu steigern, 919
kann nicht den gleichen Bestandsschutz erwarten wie derjenige, der das ihm Mögliche und von ihm Verlangte schon geleistet hat. Zuwächse können aber von **unterschiedlichen Bemessungsfaktoren** abhängig sein. Das BAG nimmt daher eine weitere Differenzierung vor.

Ist der von der Kürzung betroffene Bemessungsfaktor **dienstzeitunabhängig**, zum 920
Beispiel das Endgehalt, dann kann man für eine bis zum Versorgungsfall wachsende Versorgung schon in der Vergangenheit Betriebstreue geleistet haben. Der Arbeitnehmer kann zum Beispiel 20 Jahre Dienst erbracht und so eine bis zum Ruhestandsalter zeitanteilig berechenbare Quote vom Endgehalt erdient haben. Hierfür hat sich die Bezeichnung „**erdiente Dynamik**" eingebürgert (*Griebeling, Rn. 845*).

Der Bemessungsfaktor kann aber auch rein **dienstzeitabhängig** sein, etwa in ei- 921
nem jährlich erst zu erdienenden Festbetrag bestehen oder in einem jährlich anzurechnenden Prozentsatz von einem anderen Faktor, zum Beispiel dem Endgehalt. Auf die Berücksichtigung solcher Faktoren hat der Arbeitnehmer zwar einen Anspruch – die Berechnung ist ja zugesagt – aber dafür hat er **noch keine eigene Vorleistung** erbracht. Dieser Anspruch ist noch weniger bestandsgesichert als die zeitanteilig erdiente Dynamik (*Griebeling, Rn. 847*). Hier werden allgemeine Lebensrisiken manifest.

(2) Eingriffsgrund

Auch die Gründe, die Veranlassung geben, ein bestehendes Versorgungswerk zum 922
Nachteil der Arbeitnehmer einzuschränken, können von ganz unterschiedlichem Gewicht sein. Ein Arbeitgeber kann vor dem wirtschaftlichen Ruin stehen, er kann aber auch „bloß" unternehmenspolitische Ziele verfolgen. Akzeptiert man, dass es sowohl **Besitzstände** als auch **Eingriffsgründe von unterschiedlicher Stärke** gibt, dann muss man auch anerkennen, dass der Eingriffsgrund um so gewichtiger sein muss, je stärker der Besitzstand ist, in den eingegriffen werden soll. Diese „**Je-Desto-Regel**" ist nichts anderes als die zivilrechtliche Ausprägung der Verfassungsgrundsätze der **Verhältnismäßigkeit** und des rechtsstaatlichen **Vertrauensschutzes** (*BAG v. 23.10.1990 – 3 AZR 260/89 – BB 1991, S. 699 = DB 1991, S. 449 = NZA 1991, S. 242*). Hiervon ausgehend unterscheidet die Rechtsprechung die verschiedenen Gewichte der Eingriffsgründe wie folgt (*vgl. u.a.: BAG v. 17.04.1985 – 3 AZR 72/83 – BB 1986, S. 1159 = DB 1986, S. 228 = NZA 1986, S. 57; BAG v. 17.03.1987 – 3 AZR 64/84 – BB 1987, S. 1673 = DB 1987, S. 1639*

= NZA 1987, S. 855; BAG v. 18.04.1989 – 3 AZR 688/87 – BB 1990, S. 781 = DB 1989, S. 2232 = NZA 1990, S. 67; BAG v. 17.11.1992 – 3 AZR 76/92 – BB 1993, S. 1292 = DB 1993, S. 1241 = NZA 1993, S. 939; vgl. a.: Höfer, BetrAVG, ArbR, ART, Rn. 462 ff.; Griebeling ZIP 1993, 1055, 1059 f.; Langohr-Plato, MDR 1994, S. 858).

- **Zwingender Grund**

923 Hierunter versteht das BAG die **schwersten** Gründe, die für einen Eingriff in bestehende Rechte in Frage kommen. Bisher hat der Ruhegeldsenat zu zwei Fallvarianten Stellung genommen, die im Vertragsrecht auch ohne entsprechenden Vorbehalt die Lösung von eingegangenen Verpflichtungen erlauben, weil die **Geschäftsgrundlage** der Zusage **erschüttert** oder weggefallen ist: Der Fall der **schweren wirtschaftlichen Notlage** des Versorgungsschuldners und der Fall der **planwidrigen Überversorgung** durch Änderung der Rahmenbedingungen. Einmal würde – ohne Entlastung – die Opfergrenze des Schuldners überschritten, im anderen Falle würde der mit der Zusage verfolgte Zweck, etwa die Erhaltung des bisherigen Lebensstandards im Ruhestand, massiv verfehlt.

924 Zur Vermeidung von **planwidrigen Überversorgungen** können daher bestehende **Obergrenzen** dahingehend **reduziert** werden, dass die Betriebsrente zusammen mit einem anrechenbaren Teil der gesetzlichen Sozialversicherungsrente **100 % des letzten Nettoeinkommens** nicht übersteigen darf. Das Vertrauen der Versorgungsberechtigten darauf, eine höhere Gesamtversorgung erwarten zu können, ist **nicht schutzwürdig**; insoweit billigt das BAG sogar **Eingriffe in bereits erdiente Anwartschaftswerte** und sogar **in den nach § 2 BetrAVG errechneten Teilbetrag** (*BAG v. 8.12.1981 – 3 ABR 53/80 – BB 1982, S. 186 = DB 1982, S. 336 = NJW 1982, S. 1416; BAG v. 17.3.1987 – 3 AZR 64/84 – BB 1987, S. 1673 = DB 1987, 1639 = NZA 1987, S. 855;* zuletzt bestätigt durch zwei Entscheidungen, und zwar *BAG v. 23.10.1990 – 3 AZR 470/87 – ZAP 1991, F 17 R, S. 23 f. m. Anm. Langohr-Plato* und *BAG v. 23.10.1990 – 3 AZR 260/89 – BB 1991, S. 699 = DB 1991, 449 = NZA 1991, S. 242;* vgl. ferner *Hanau/Preis, RdA 1988, 83 ff.*). Sinn und Zweck der betrieblichen Altersversorgung ist nämlich nicht, dem Arbeitnehmer durch das Zusammenwirken von gesetzlicher und betrieblicher Altersversorgung zu höheren Bezügen im Ruhestand zu verhelfen, als er sie während seiner aktiven Dienstzeit hatte.

925 Eine darüber hinausgehende Absenkung des Versorgungsniveaus auf z. B. 93,5 % der letzten Nettobezüge hat das BAG zwar in seinem Urteil v. 17.11.1992 (*3 AZR 432/89 – ZAP 1993, F. 17 R, S. 49 f. m. Anm. Langohr-Plato*) auch für zulässig erachtet. Dabei handelte es sich jedoch um einen „**Sonderfall**" (*Griebeling, ZIP 1993, S. 1061 in Fn. 35*) eines **öffentlich-rechtlichen** und damit zur sparsamen Haushaltsführung gesetzlich verpflichteten **Arbeitgebers**. In diesem Fall war die Rücknahme der Überversorgung schon deshalb gerechtfertigt, weil bereits die Zusage als solche vom BAG für rechtswidrig erachtet worden ist. Dagegen unterliegt der private Arbeitgeber keinen entsprechenden gesetzlichen Sparzwängen und kann seine Prioritäten freisetzen. Diese Unterschiede rechtfertigen es nach Ansicht des BAG

eine Differenzierung zwischen privatrechtlicher und öffentlich-rechtlicher betrieblicher Altersversorgung. Insoweit bleibt es daher im privaten Arbeitsverhältnis in Zusammenhang mit einem überversorgungsbedingten Abbau der Versorgungsleistungen bei einer Limitierung auf 100 % des letzten Nettoeinkommens.

Diese Eingriffsmöglichkeit besteht allerdings nur für **planwidrig** (z. B. durch Än- 926
derungen in der gesetzlichen Rentenversicherung oder im Steuerrecht) eingetretene Überversorgungen. Versorgungszusagen, die von vornherein die Möglichkeit eröffnen, eine **Gesamtversorgung** zu erreichen, die **über** die **letzten effektiven Arbeitseinkünfte** hinausgeht, können dagegen nicht im Nachhinein allein mit der Begründung eingeschränkt werden, es sei eine sozial unerwünschte Überversorgung eingetreten (*BAG v. 23.10.1990 – 3 AZR 470/87 – ZAP 1991, F. 17 R, S. 23 f. m. Anm. Langohr-Plato*).

Zu beachten ist ferner, dass beim **Abbau einer planwidrigen Überversorgung** 927
sich die Anpassungsregelungen an den Grundprinzipien der bisherigen Versorgungsordnung ausrichten müssen. Das Anpassungsrecht des Arbeitgebers dient nicht dazu, die Versorgungsordnung umzustrukturieren und veränderte Gerechtigkeitsvorstellungen zu verwirklichen. Billigte die Versorgungsordnung allen Versorgungsberechtigten unabhängig von ihrer Dienstzeit einen bestimmten Versorgungsgrad zu, so darf eine neue nach Dienstzeit gestaffelte Gesamtversorgungsobergrenze bei Versorgungsberechtigten mit kürzerer Dienstzeit nicht zu einem geringeren Versorgungsgrad als ursprünglich vorgesehen führen (*BAG v. 28.7.1998 – 3 AZR 357/97 – DB 1999, S. 750*).

- **Triftiger Grund**

Hierbei handelt es sich um eine Wortschöpfung des Bundesverfassungsgerichts 928
(BVerfG v. 19.10.1983 – 2 BvR 298/81 – BB 1984, S. 341 u. 1367 = DB 1984, S. 190 = NJW 1984, S. 476). Welcher Grund ein triftiger ist, hat das Bundesverfassungsgericht nicht näher ausgeführt, aber es hat deutlich gemacht, dass dieser Grund weniger gewichtig sein muss als der vorstehend beschriebene zwingende Grund. Der Ruhegeldsenat hat zunächst als triftigen Grund anerkannt, dass die Versorgungslast **langfristig die Substanz des Unternehmens gefährden** würde (*BAG v. 5.6.1984 – 3 AZR 33/84 – BB 1984, S. 2067 = DB 1984, S. 2461 = NZA 1985, S. 22*).

Als nicht durch die Versorgungslast beeinflussten triftigen Grund nicht wirtschaft- 929
licher Art hat der Senat „**dringende betriebliche Bedürfnisse**" anerkannt, „wenn ohne Schmälerung des Gesamtaufwands für die Versorgung (individuelle) Leistungskürzungen durch Leistungsverbesserungen aufgewogen werden, die dazu dienen sollen, eine Verzerrung des Leistungsgefüges zu beseitigen" (*BAG v. 11.9.1990 – 3 AZR 380/89 – BB 1991, S. 72 = DB 1991, S. 503 = NZA 1991, S. 176*). Bei seinen Überlegungen zum triftigen Grund wirtschaftlicher Art hat sich der Senat an seine Rechtsprechung zur „wirtschaftlichen Lage" des Arbeitgebers in § 16 BetrAVG angelehnt *(BAG v. 5.6.1984 – 3 AZR 33/884 – BB 1984, S. 2067 = DB 1984, S. 2461 = NZA 1985, S. 22)*. Seine Überlegungen zum triftigen Grund

nicht wirtschaftlicher Art sind beeinflusst von der „umstrukturierenden Betriebsvereinbarung“ im Sinne des Beschlusses des Großen Senats des BAG vom 16.9.1986 (*GS 1/82 – BB 1987, S. 265 = DB 1987, S. 383 = NZA 1987, S. 168*).

930 **Dringende Gründe nichtwirtschaftlicher Art** können einen Eingriff danach dann rechtfertigen, wenn ohne Schmälerung des Gesamtaufwands für die Versorgung Leistungskürzungen durch Verbesserungen des Versorgungsschutzes aufgewogen werden. Dabei ist die Zustimmung des Betriebsrats zu der Neuregelung ein wichtiges Indiz für die Ausgewogenheit der Neuregelung (*BAG v. 17.11.1992 – 3 AZR 76/92 – DB 1993, S. 1241*). Anerkannt wird in diesem Zusammenhang auch das Bestreben nach Vereinheitlichung bislang unterschiedlicher Versorgungsordnungen in einem Konzern (*BAG v. 7.7.1992 – 3 AZR 522/91 – DB 1992, S. 2451*).

• **Sachlicher Grund**

931 Das BAG versteht hierunter **willkürfreie**, **nachvollziehbare** und **anerkennenswerte Erwägungen**, die darauf hinzielen, dienstzeitabhängige Zuwächse für die Zukunft neu zu regeln. Das kann eine **wirtschaftlich ungünstige Entwicklung** des Unternehmens sein, aber auch eine **Fehlentwicklung** der Versorgung. Grundsätzlich wird man hierunter **jede Änderung der Sach- und Rechtslage** erfassen können, die nach Einrichtung des betrieblichen Versorgungswerkes aufgetreten ist und einen Eingriff in das Leistungsniveau erforderlich macht (*BAG v. 22.4.1986 – 3 AZR 496/83 – DB 1986, S. 1526; Langohr-Plato, MDR 1994, S. 858*).

Zum Beispiel können die durch eine Renten- oder Steuerreformen bedingten finanziellen Mehrbelastungen als sachliche, willkürfreie Gründe für einen Eingriff in die dritte Besitzstandsstufe herangezogen werden. Derartige wirtschaftliche Argumente hat die Rechtsprechung bislang stets insoweit als Rechtfertigungsgründe ausreichen lassen, als es sich um sehr **erhebliche** Mehrbelastungen durch nicht vorhersehbare, grundlegende Änderungen des Sozialversicherungs- und Steuerrechts gehandelt hat (*vgl. u.a.: BAG v. 22.4.1986 – 3 AZR 496/83 – DB 1986, S. 1526; BAG v. 18.4.1989 – 3 AZR 299/87 – DB 1989, S. 1876; BAG v. 23.9.1997 – 3 ABR 85/96* – DB 1998, S. 779; *BAG v. 28.7.1998 – 3 AZR 357/97 – DB 1999, S. 750, unter Ziffer II 1c der Gründe; BAG v. 11.5.1999 – 3 AZR 21/98 – DB 2000, S. 525; Höfer, BetrAVG, Bd. I, ArbR, ART, Rn. 479*). Allein die Tatsache, dass im Rahmen eines Gesamtversorgungssystems der Arbeitgeber eine negative Entwicklung im Sozialversicherungsrecht durch eine erhöhte Betriebsrentenzahlung ausgleichen muss, reicht insoweit daher nicht aus. Hierbei handelt es sich nämlich nicht um eine atypische oder außergewöhnliche Zweckverfehlung, sondern um eine systemimmanente Entwicklung. Zum System der Gesamtversorgung gehört ja gerade, dass der Arbeitgeber jede nachteilige Veränderung in der Sozialversicherung ausgleichen muss.

932 Darüber hinaus ist auch im Rahmen der dritten Besitzstandsstufe der Grundsatz der **Verhältnismäßigkeit** zu beachten, d.h. dass der mildeste Eingriff gewählt werden muss, der zur Sanierung des Unternehmens erforderlich ist *(BAG v. 8.7.1972 – 3 AZR 481/71 – BB 1972, S. 1409; BAG v. 22.4.1986 – 3 AZR 496/83 – BB 1986, S. 1506 = DB 1986, S. 1526 = NZA 1986, S. 746; Blomeyer/Otto, BetrAVG, Einl. Rn. 620*).

Im Übrigen sind zur **Korrektur besonderer individueller Härtefälle** sog. „Übergangsregelungen" insbesondere für rentennahe Jahrgänge vorzusehen (*BAG v. 17.3.1987 – 3 AZR 64/84 – BetrAV 1987, S. 225; BAG v. 17.11.1992 – 3 AZR 432/89 – ZAP 1998, F. 17 R, S. 449*), die in aller Regel keine Möglichkeit mehr haben, ihre individuelle Altersversorgungsplanung auf die geänderten Versorgungsbedingungen abzustellen. Dies wird von der Rechtsprechung im Rahmen einer konkreten Billigkeitskontrolle überprüft (*vgl.: BAG v. 8.12.1981 – 3 ABR 53/80 – BetrAV 1982, S. 45; BAG v. 8.12.1981 – 3 AZR 518/80 – BetrAV 1982, S. 46; BAG v. 16.9.1986 – GS 1/82 – DB 1987, S. 383; Höfer, BetrAVG, Bd. I, ArbR., ART, Rn. 498 f.*) 933

(3) Einbeziehung verfallbarer Anwartschaften

Nach Auffassung des BAG ist es unerheblich, ob die zu schützende Anwartschaft bereits unverfallbar war. Auch erdiente aber noch **verfallbare Anwartschaften** genießen den Schutz der **ersten** (*BAG v. 26.4.1988 – 3 AZR 277/87 – BB 1988, S. 2112 = DB 1988, S. 2311 = NZA 1989, S. 305; Griebeling, NZA 1989, Beilage 3, S. 26, 32*) und **zweiten** (*BAG v. 17.4.1985 – 3 AZR 72/83 – BB 1986, S. 1159 = DB 1986, S. 228 = NZA 1986, S. 57; BAG v. 26.4.1988 – 3 AZR 168/86 – BB 1988, S. 2249 = DB 1988, S. 2411 = NZA 1989, S. 219; Höfer, BetrAVG, Bd. I – ArbR, ART, Rn. 472*) **Besitzstandsstufe**. Auch verfallbare Anwartschaften dürfen daher nicht ohne entsprechende Rechtfertigung entzogen bzw. eingeschränkt werden (*Langohr-Plato, MDR 1994, S. 858*). 934

Materielle Änderung bestehender Versorgungswerke

3-Stufen-Theorie für Besitzstände

Je stärker die Besitzstände der ArbN, desto gewichtiger müssen die Eingriffsgründe des ArbG sein

Stufe 1: Erdienter Teilbetrag bei Änderung	➪	**Zwingender** Eingriffsgrund
Stufe 2: Dynamik auf den erdienten Teilbetrag	➪	**Triftiger** Eingriffsgrund
Stufe 3: Erdienbarer Teilbetrag ab Änderung	➪	**Sachlicher** Eingriffsgrund

(4) Eingriffsmöglichkeiten bei laufenden Betriebsrenten

Die detaillierten Grundsätze der BAG-Rechtsprechung zur einschränkenden Neuordnung betrieblicher Versorgungszusagen betreffen grundsätzlich nur die Änderung von **Betriebsrentenanwartschaften**. 935

Ein Eingriff in die Rechte von Betriebsrentnern, die sich zur Zeit der beabsichtigten Neuordnung des Versorgungswerks bereits im Ruhestand befinden und bereits 936

Versorgungsleistungen beziehen, ist grundsätzlich unzulässig, da sie bereits die volle Gegenleistung für die zugesagte Betriebsrente erbracht haben (*vgl. BAG v. 25.10.1988 – 3 AZR 483/86 – DB 1989, S. 1195; so auch Höfer, BetrAVG, Bd. I, ArbR, ART, Rn. 344*). Wenn schon für rentennahe Jahrgänge besondere Schutzmechanismen greifen, muss dies erst recht für bereits fällige Rentenzahlungen gelten, denn der Betriebsrentner hat gegenüber dem rentennahen aktiven Versorgungsanwärter noch weniger Gestaltungsmöglichkeiten, um auf die veränderten Versorgungsbedingungen zu reagieren.

937 Lediglich für den Fall einer **planwidrigen Überversorgung** hat die Rechtsprechung anerkannt, dass aufgrund eines fehlenden Vertrauensschutzes in eine übermäßige Versorgung, ein Anpassungsrecht des Arbeitgebers auch gegenüber Betriebsrentnern bestehen kann (*BAG v. 28.7.1998 – 3 AZR 357/97* – DB 1999, S. 751; *BAG v. 24.8.1993 – 3 AZR 313/93 – DB 1994, S. 891*).

938 Dieses Anpassungsrecht erlaubt allerdings nur einen **Abbau der tatsächlich festgestellten Überversorgung**, gestattet aber keine weitergehenden Eingriffe in den Besitzstand, insbesondere keine allgemeine Umstrukturierung des Versorgungswerkes unter reinen Kostenaspekten (*BAG v. 18.7.1977 – 3 AZR 371/76 – BAGE 29. 169, 179; BAG v. 9.7.1985 – 3 AZR 546/82 – AP Nr. 6 zu § 1 BetrAVG-Ablösung; BAG v. 28.7 1998 – 3 AZR 357/97 – DB 1999, S. 751; Blomeyer/Otto, BetrAVG, Einl. Rn. 549 ff.; Höfer, BetrAVG, Bd. I, ArbR, ART, Rn. 380*).

939 In dem dem Urteil v. 28.7.1998 (Az.: 3 AZR 357/97, a.a.O.) zugrunde liegenden Sachverhalt hat das BAG sogar ausdrücklich einen Eingriff in den Besitzstand des Betriebsrentners nicht feststellen können, da hier der Arbeitgeber den Eingriff in die Rentendynamik durch die Zahlung eines Ausgleichsbetrages ausgeglichen und damit den Besitzstand aufrecht erhalten hat. Gerade die Feststellung, dass „in den Besitzstand der Betriebsrentner nicht eingegriffen wurde“ zeigt aber, dass das BAG einen solchen Eingriff auch nicht toleriert hätte.

940 Dies gilt insbesondere auch für **Eingriffe in ein „Gesamtversorgungssystem“**, bei dem die Rechtsprechung ebenfalls nur den Abbau einer Überversorgung als rechtlich zulässigen Eingriffsgrund anerkannt hat.

941 In seiner Entscheidung vom 16.7.1996 (*3 AZR 398/95 – BB 1997, S. 632 = ZIP 1997, S. 428*) führt das BAG hierzu wörtlich aus:

> *„...Außerdem verfügten die Rentner wegen ihrer günstigeren abgabenrechtlichen Situation auch noch über einen höheren Nettoanteil an den Lohnerhöhungen als die aktiven Arbeitnehmer. Damit führte ... (die Versorgungsregelung) verstärkt zu einer planwidrigen Überversorgung ... In* ***diese*** *absehbare Entwicklung konnten die Betriebsparteien eingreifen und die Anpassung auf eine Erhaltung der Kaufkraft beschränken“.*

942 Gerade die Bezugnahme auf „diese absehbare Entwicklung“ verdeutlicht, dass hier nur der Abbau der Überversorgung als einschränkende Maßnahme anerkannt wird. Dies wird zudem noch dadurch verdeutlicht, dass an anderer Stelle des Urteils das BAG ausführt:

„Gegenüber der ursprünglichen Regelung ... ändert sich nichts an der Höhe der von einem Arbeitnehmer ... durch Betriebstreue erreichbaren Betriebsrente. Der aufgrund der ursprünglichen Versorgungszusage erreichbare Versorgungsgrad wir nicht verringert.“

Damit wird deutlich, dass der im Rahmen einer Gesamtversorgung zugesagte prozentuale Versorgungsgrad, den der Betriebsrentner bei Rentenbeginn erdient hat, nach Rentenbeginn nicht eingeschränkt werden darf. 943

Soweit mit einer geplanten Neuordnung zugleich auch ein Eingriff in eine vertraglich zugesagte **Rentendynamik** zukünftig erstmals fällig werdender Versorgungsleistungen verbunden ist, sind allerdings die konkretisierenden Grundsätze der 3-Stufen-Theorie nicht anzuwenden. Insoweit ist der Eingriff regelmäßig bereits dann gerechtfertigt und rechtswirksam, wenn es für ihn **sachlich nachvollziehbare** und eine **Willkür ausschließende Gründe** gibt (*BAG v. 16.7.1996 – 3 AZR 398/95 – BB 1997, S. 632 = DB 1997, S. 631*). Hierunter subsumiert das BAG neben dem Abbau einer Überversorgung u.a. auch eine sinnvollere Gestaltung des Verwaltungs- und Abwicklungsaufwandes, lässt also allein administrative Aspekte schon ausreichen (*BAG v. 16.7.1996 – 3 AZR 398/95 – BB 1997, S. 632 = DB 1997, S. 631 = ZIP 1997, S. 428*). 944

Diese insoweit differenzierte Rechtsprechung zur einschränkenden Neuordnung eröffnet allerdings **keine generelle Möglichkeit**, in die vertraglich vereinbarte Dynamik bereits **laufender Rentenzahlung** einzugreifen. 945

Soweit gegenüber dem Betriebsrentner eine verschlechternde Neuordnung rechtlich zulässig ist, bedarf es hierzu grundsätzlich dessen Zustimmung. Voraussetzung ist also eine entsprechende Vereinbarung mit dem Betriebsrentner. Fraglich ist, ob allein schon aus Praktikabilitätsgründen die Einholung der Zustimmung einer Vielzahl von Betriebsrentnern durch eine entsprechende Betriebsvereinbarung mit dem Betriebsrat ersetzt werden kann. 946

Die Betriebspartner können nach h.M. nicht in die Rechte derjenigen Mitarbeiter eingreifen, die bereits aus dem Unternehmen ausgeschieden sind (*st. Rspr. des BAG vgl. u.a.: BAG v. 28.7.1998 – 3 AZR 357/97 – DB 1999, S. 750 m.w.N.; Blomeyer/Otto, BetrAVG, Einl. Rn. 246; Höfer, BetrAVG, Bd. I, ArbR, ART, Rn. 764; kritisch: Griebeling, Betriebliche Altersversorgung, Rn. 141 ff.*). 947

Auch wenn sich die Zuständigkeit des Betriebsrats nach der h.M. nicht auf die Betriebsrentner ausgedehnt werden kann, kann sich die Verletzung des Mitbestimmungsrechts trotzdem auf die Rentner auswirken. Ist die Neuregelung gegenüber den aktiven Mitarbeitern wegen einer Verletzung des Mitbestimmungsrechts unwirksam, so führt dies entsprechend § 139 BGB zur vollständigen Unwirksamkeit der neuen Versorgungsordnung und zwar auch gegenüber den Betriebsrentnern (*BAG v. 28.7.1998 – 3 AZR 357/97 – DB 1999, S. 750*). 948

Ein Einschnitt allein in die Versorgungsrechte der Arbeitnehmer, die bei Erlass der Neuregelung bereits mit einer unverfallbaren Versorgungsanwartschaft aus dem Unternehmen ausgeschieden sind oder bereits laufende Renten erhalten haben, ist weder mit dem Aspekt des Besitzstandsschutzes noch mit dem Gleichbehandlungsgrundsatz zu vereinbaren. 949

950 Zumindest faktisch kann sich allerdings eine mittelbare Rechtswirkung aus den Mitbestimmungsrechte des Betriebsrats für die Betriebsrentner ergeben, wenn die Betriebsrentner über eine **„Jeweiligkeitsklausel"** an die jeweilige, mit dem Betriebsrat ausgehandelte Versorgungsordnung gebunden sind, so dass insoweit der Betriebsrat über sein Verhandlungsgeschick auch die Rechte der Betriebsrentner mitgestaltet (*so auch: BAG v. 24.8.1993 – 3 AZR 313/93 – DB 1994, S. 891*). Nur so wird aber auch letztendlich eine einheitliche Behandlung von aktiven Mitarbeitern, ausgeschiedenen Versorgungsanwärtern und Betriebsrentnern erreicht.

d) Leitsätze zur Neuordnung

951 Aufgrund dieser von der Rechtsprechung normierten Besitzstandsregelung ergeben sich für die **praktische Durchführung** einschränkender Neuordnungskonzepte folgende Leitsätze (*vgl. hierzu: Langohr-Plato, MDR 1994, S. 858 f.*):

- Bei einer **Änderung von Leistungsrichtlinien** sind die **Argumente**, die für den Eingriff sprechen, gegen die Belange der versorgungsberechtigten Arbeitnehmer **abzuwägen**, in deren Rechtsposition eingegriffen werden soll. Dieser **abstrakten Billigkeitskontrolle** kann dann eine **konkrete Billigkeitskontrolle** folgen, was immer dann geschehen sollte, wenn die Neuregelung zwar insgesamt rechtmäßig erfolgt, jedoch **im Einzelfall** zu negativen Auswirkungen führt. In derartigen Fällen kann dann eine Korrektur durch die Einbeziehung von **Härteklauseln** geboten sein.

- Bereits **erdiente Versorgungsanwartschaften** (zeitanteilig erreichte Anwartschaften) sind grundsätzlich einer ablösenden oder zum Nachteil der Versorgungsberechtigten abändernden Betriebsvereinbarung entzogen. Dies muss dann erst recht auch für bereits **laufende Rentenverpflichtungen** gelten, da hier der Betriebsrentner seine Gegenleistung – Arbeitskraft und Betriebstreue – bereits vorgeleistet, d.h. in vollem Umfang, erbracht hat. Insoweit besteht allerdings noch die **Möglichkeit der Abfindung**, da das Abfindungsverbot des § 3 Abs. 1 BetrAVG nur für gesetzlich unverfallbare Versorgungsanwartschaften Anwendung findet, aber nicht für bereits laufende Renten gilt (*s.o. Rn. 339*). Voraussetzung für eine solche Abfindung ist – sofern die Versorgungsordnung selbst nicht bereits eine generelle Kapitalabfindungsoption für laufende Renten enthält – die Zustimmung des Betriebsrentners. Die **Höhe der Abfindung** richtet sich nach dem Barwert der Rentenverpflichtung entsprechend § 3 Abs. 2 BetrAVG.

- Soweit Anwartschaften auf betriebliche Versorgungsleistungen noch nicht erdient sind (zugesagte Steigerungsbeträge, für die die Leistungsvoraussetzungen noch nicht erfüllt sind), sind auch unter Berücksichtigung des **Vertrauensschutzes** der Versorgungsberechtigten nur „**weniger strenge Maßstäbe**" anzulegen. Ein Eingriff in dynamische Leistungsbeträge für zukünftige Dienstjahre ist regelmäßig dann nicht zu beanstanden, wenn das Änderungskonzept eine **Übergangsregelung** enthält, die die älteren Arbeitnehmer (**rentennahe Jahrgänge**) überhaupt nicht oder nur in Relation zu ihrem Lebensalter milder in die Kürzungen einbezieht.

- Zur Vermeidung von **planwidrigen Überversorgungen** können bestehende **Obergrenzen** dahingehend **reduziert** werden, dass die Betriebsrente zusammen mit einem anrechenbaren Teil der gesetzlichen Sozialversicherungsrente **100 % des letzten Nettoeinkommens** nicht übersteigen darf.

e) Konzernrechtliche Aspekte der Neuordnung

Die vorstehenden Ausführungen gelten grundsätzlich auch bei der Neuordnung in einem konzernangehörigen Unternehmen. Es stellt sich dabei allerdings die Frage, von welcher Basis aus die Beurteilung der insoweit maßgeblichen wirtschaftlichen Leistungskraft aus zu erfolgen hat, ob also Gründe, die bei der Konzernmutter einen verschlechternden Eingriff in das Leistungsniveau rechtfertigen, unmittelbar auch bei der Konzerntochter zu berücksichtigen sind, oder ob es insoweit ausschließlich auf die wirtschaftliche Lage der Konzerntochter ankommt. 952

Eine ähnliche Fragestellung – allerdings aus umgekehrter Sicht – ergibt sich im Zusammenhang mit der **Anpassungsprüfungspflicht nach § 16 BetrAVG**. In diesem Zusammenhang hat das BAG in ständiger Rechtsprechung (*s.o. die Ausführungen unter Rn. 634 ff.*) entschieden, dass bei einer echten Konzernstruktur (Beherrschung- oder Gewinnabführungsvertrag), aber auch bei einem qualifiziert faktischen Konzern (bei nachweislicher dauerhafter und umfassender Einflussnahme auf die Geschäftsabläufe) eine „notleidende" Konzerntochter gleichwohl die Betriebsrenten anpassen muss, wenn der Konzernmutter eine entsprechende wirtschaftlich Leistungsfähigkeit nachgewiesen werden kann (*vgl. u.a.: BAG v. 14.2.1989 – 3 AZR 191/87 – BB 1989, S. 1902; BAG v. 28.4.1992 – 3 AZR 244/91 – BB 1992, S. 2402; BAG v. 14.12.1993 – 3 AZR 519/93 – BB 1994, S. 1428; BAG v. 4.10.1994 – 3 AZR 910/93 – BB 1995, S. 777; BAG v. 17.4.1996 – 3 AZR 56/95 – BB 1996, S. 2573*). Insoweit ist also ein mit der Leitungsmacht der Obergesellschaft begründeter **Haftungsdurchgriff** von „Unten nach Oben" anerkannt. 953

Eine analoge konzernbezogene Betrachtungsweise muss man dann aber auch bei einer einschränkenden Neuordnung zulassen. Dies gilt jedenfalls dann, wenn der leistungsverpflichtete Arbeitgeber so eng mit der Konzernmutter verbunden ist, dass eine wirtschaftliche Notlage der Konzernobergesellschaft auch die derzeit noch leistungsfähige Tochtergesellschaft gefährden kann (*im Ergebnis zustimmend: Höfer, BetrAVG, Bd. I – ArbR, ART, Rn. 387*). Vor diesem Hintergrund hat das BAG jedenfalls die Reduzierung einer über eine Unterstützungskasse gewährten Versorgungszusage mit der schlechten wirtschaftlichen Lage des Konzerns, und nicht der konkreten wirtschaftlichen Situation der formalrechtlich als Arbeitgeber fungierenden Tochtergesellschaft akzeptiert (*BAG v. 18.4.1989 – 3 AZR 299/87 – BB 1989, S. 1984; BAG v. 25.10.1988 – 3 AZR 64/87 – BB 1989, S. 360;* vgl. ferner*: Heither, DB 1991, S. 165, 170*). 954

f) Mitbestimmungsfragen

Nach einhelliger Auffassung des BAG ist die Beachtung **zwingender Mitbestimmungsrechte** des Betriebsrates Wirksamkeitsvoraussetzung für eine im indivi- 955 duellen Arbeitsverhältnis nachteilig wirkende Neuregelung (grundlegend hierzu: *BAG v. 26.4.1988 – 3 AZR 168/86 – BB 1988, S. 2249 = DB 1988, S. 2411 = NZA 1989, S. 219*).

956 Lediglich die Schließung oder die Teilschließung des betrieblichen Versorgungswerkes ist mitbestimmungsfrei (*Griebeling, Rn. 893*). Der Arbeitgeber kann alle neu eintretenden Arbeitnehmer von der Versorgung ausschließen (*s.o. Rn. 838 ff.*). Der Betriebsrat kann die **Fortführung** eines Versorgungswerkes auch **nicht** aus Rechtsgründen **erzwingen** (*BAG v. 16.2.1993 – 3 ABR 29/92 – BB 1993, S. 1291 = DB 1993, S. 1240 = NZA 1993, S. 953*). Schließt der Arbeitgeber das Versorgungswerk also nur für die Zukunft, führt er es aber für die bisher begünstigten Arbeitnehmer unverändert weiter, so werden keine mitbestimmungspflichtigen Angelegenheiten im Sinne von § 87 Abs. 1 Nr. 8 oder Nr. 10 BetrVG berührt.

957 Sobald der Arbeitgeber aber die Rechte der bisher begünstigten Arbeitnehmer beschneiden will, treten **Regelungsfragen** auf; die Zustimmung des Betriebsrates ist dann als Wirksamkeitsvoraussetzung unabdingbar (*Griebeling, Rn. 893 f.*). Einzige Ausnahme hiervon: Es bleibt kein Regelungsspielraum, d.h. es gibt keine verteilbaren Mittel mehr, über deren Verwendung unterschiedliche Regelungen denkbar wären (*BAG v. 3.12.1991 – GS 2/90 – ZIP 1992, S. 1095; BAG v. 10.3.1992 – 3 AZR 221/91 – BB 1992, S. 1431 = DB 1992, S. 1885 = NZA 1992, S. 949; BAG v. 17.8.1999 – 3 ABR 55/98 – DB 2000, S. 777*).

958 In der betrieblichen Altersversorgung ist die Einnahme eines solchen Standpunktes für den Arbeitgeber zumindest riskant. Das BAG hat sogar in einer bloßen **Übergangsregelung** für rentennahe Jahrgänge einen **regelbaren** und deshalb **mitbestimmungspflichtigen** Tatbestand gesehen und als Folge der Verletzung des Mitbestimmungsrechts die gesamte Änderung des Versorgungswerkes als unwirksam betrachtet *(BAG v. 10.3.1992 – 3 AZR 221/91 – BB 1992, S. 1431 = DB 1992, S. 1885 = NZA 1992, S. 949*). Der Personalrat kann seine Mitbestimmungsrechte dann im arbeitsgerichtlichen Beschlussverfahren geltend machen, §§ 2 a, 80 ff. ArbGG. Derartige Fehler sind vermeidbar. Der Arbeitgeber sollte schon vorsorglich und vor allem rechtzeitig seinen Betriebsrat beteiligen und notwendige, wenn auch für die Arbeitnehmer unter Umständen schmerzliche Entscheidungen im wohlverstandenen Interesse aller Beteiligten nicht solchen Risiken aussetzen. Kommt eine **Einigung mit dem Betriebsrat** zustande, so spricht nach Auffassung des BAG viel für die Annahme, dass die **Regelung ausgewogen** ist (*BAG v. 11.9.1990 – 3 AZR 380/90 – BB 1991, S. 72 = DB 1991, S. 503 = NZA 1991, S. 176; BAG v. 7.7.1992 – 3 AZR 522/91 – BB 1992, S. 2224 = DB 1992, S. 2451 = NZA 1993, S. 179*). Kommt eine Einigung zwischen Betriebsrat und Arbeitgeber nicht zustande, entscheidet die Einigungsstelle.

III. Mitbestimmung des Betriebsrats

959 Mitbestimmungsrechte des Betriebsrats bei der Gewährung betrieblicher Versorgungsleistungen können sich aus § 87 BetrVG ergeben. Gemäß § 87 Abs.1 Nr. 8 BetrVG hat der Betriebsrat bei **Form, Ausgestaltung** und **Verwaltung** von **Sozi-**

aleinrichtungen, deren Wirkungsbereich auf den Betrieb, das Unternehmen oder den Konzern beschränkt ist, ein **zwingendes** Mitbestimmungsrecht. Darüber hinaus besteht nach § 87 Abs.1 Nr. 10 BetrVG ein zwingendes Mitbestimmungsrecht in allen Fragen der **betrieblichen Lohngestaltung**, insbesondere bei der Aufstellung von Entlohnungsgrundsätzen, der Einführung und Anwendung von neuen Entlohnungsmethoden sowie deren Änderung (*vgl. a.: BAG v. 12.6.1975 – 3 ABR 13/74 – BB 1975, S. 1062 = DB 1975, S. 1559 = AuR 1975, S. 248; Griebeling, Rn. 875; Schaub, NWB 1989, F 26, S. 2164*).

1. Die gesetzlichen Mitbestimmungstatbestände

Betriebliche Versorgungsleistung sind zusätzliches **Entgelt** für eine vom Arbeitnehmer bereits erbrachte Betriebstreue (*vgl. Rn. 54 ff.*) und unterliegen als solches grundsätzlich der Mitbestimmung nach § 87 Abs.1 Nr. 10 BetrAVG. Dies gilt insbesondere für **unmittelbarer Pensionszusagen** und **Direktversicherungen**. 960

Soweit die betriebliche Altersversorgung über eine **Unterstützungskasse** oder **Pensionskasse** erbracht wird, handelt es sich bei diesen Versorgungsinstitutionen um **Sozialeinrichtungen** i.S.v. § 87 Abs. 1 Nr. 8 BetrVG. Dagegen ist die vom Arbeitgeber zur Finanzierung einer betrieblichen Versorgungszusage abgeschlossene Rückdeckungsversicherung keine Sozialeinrichtung im Sinne dieser Vorschrift (*BAG v. 16.2.1993 – 3 ABR 29/92 – BB 1993, S. 1291 = DB 1993, S. 1240 = NZA 1993, S. 953*), so dass dem Betriebsrat auch kein Mitbestimmungsrecht bezüglich der Verwendung der in diesem Versicherungsvertrag erzielten Gewinnbeteiligung zusteht. 961

Zu beachten ist ferner der auf das Unternehmen bzw. den Konzernverbund **beschränkte Anwendungsbereich** dieses Mitbestimmungsrechtes. Zuständiges Mitbestimmungsorgan ist dann je nach dem Wirkungsbereich der zu treffenden Vereinbarung entweder der Betriebsrat, der Gesamtbetriebsrat oder der Konzernbetriebsrat. 962

Sind dagegen verschiedene, voneinander unabhängige Unternehmen Mitglied bzw. Trägerunternehmen einer sog. „**überbetrieblichen**" Pensions- bzw. Unterstützungskasse, so regelt sich die Mitbestimmung des Betriebsrats über das allgemeine Lohngestaltungs-Mitbestimmungsrecht nach § 87 Abs. 1 Nr. 8 BetrVG (*BAG v. 22.4.1986 – 3 AZR 100/83 – BB 1986, S. 1989 = DB 1986, S. 1343 = NZA 1986, S. 574*). Mitbestimmungspflichtiger Tatbestand ist dabei das **Abstimmungsverhalten** des Arbeitgebers in der Sozialeinrichtung (*BAG v. 9.5.1989 – 3 AZR 439/88 – BB 1989, S. 1982 = DB 1989, S. 2491 = NZA 1989, S. 889*). 963

Inhaltlich besteht zwischen die beiden Mitbestimmungsnormen des § 87 Abs. 1 Nr. 8 und Nr. 10 BetrVG allerdings kein Unterschied (*BAG v. 26.4.1988 – 3 AZR 168/86 – BB 1988, S. 2249 = DB 1988, S. 2411 = AuR 1988, S. 348 = NZA 1989, S. 219*). 964

2. Umfang des Mitbestimmungsrechts

Mitbestimmungsrechte des Betriebsrats beziehen sich zunächst einmal nur auf **Angelegenheiten mit kollektivem Bezug**. Die Vereinbarung einer echten Individual- 965 zusage, d.h. einer Regelung im Einzelfall, unterliegt daher nie dem gesetzlich zwingenden Mitbestimmungsrecht des Betriebsrats.

966 Die Mitbestimmungsrechte des Betriebsrates finden ferner ihre Grenzen dort, wo gesetzliche oder tarifvertragliche Regelungen bestehen, § 87 Abs.1 S.1 BetrVG. **Gesetzes-** und **Tarifrecht** haben somit eine **Vorrangstellung** (*Griebeling, Rn. 876*).

967 Das BAG hat darüber hinaus in seiner Rechtsprechung zu § 87 BetrVG den inhaltlichen Umfang des gesetzlichen Mitbestimmungsrechts **exakt abgegrenzt**. Ausgehend von der Tatsache, dass die Gewährung betrieblicher Versorgungsleistung in Deutschland auf **freiwilliger Basis** erfolgt, hat es dabei zugunsten des Arbeitgebers einen **mitbestimmungsfreien Gestaltungsspielraum** definiert, wonach der Arbeitgeber in vierfacher Hinsicht frei von Mitbestimmungszwängen entscheiden kann: nämlich **ob** er überhaupt finanzielle Mittel für ein betriebliches Versorgungssystem zur Verfügung stellen will, in welchem finanziellen **Umfang** (**Dotierungsrahmen**) er das tun will, welche Versorgungsform (**Durchführungsweg**) er wählen will und welchen **Arbeitnehmerkreis** er versorgen will (*st. Rspr., vgl. u.a.: BAG v. 12.6.1975 – 3 ABR 137/73 – BB 1975, S. 1064 = AuR 1975, S. 377; BAG v. 12.6.1975 – 3 ABR 13/74 – BB 1975, S. 1062 = DB 1975, S. 1559 = AuR 1975, S. 377; BAG v. 12.6.1975 – 3 ABR 66/74 – BB 1975, S. 1065 = AuR 1975, S. 377 = BetrAV 1975, S. 162; BAG v. 18.3.1976 – 3 ABR 34/75 – DB 1976, S. 683; BAG v. 18.3.1976 – 3 ABR 32/75 – BB 1976, S. 1175 = DB 1976, S. 1631 = AuR 1976, S. 345; BAG v. 26.4.1988 – 3 AZR 168/86 – DB 1988, S. 2411 = AuR 1988, S. 184 = NZA 1989, S. 219; BAG v. 16.2.1993 – 3 ABR 29/92 – BB 1993, S. 1291 = DB 1993, S. 1240 = NZA 1993, S. 953 = ZAP 1994, F. 17 R, S. 59 m. Anm. Langohr-Plato*).

Mitbestimmungsfreie Entscheidungen

Der ArbG ist in **vier** Grundentscheidungen mitbestimmungsfrei

1	Einführung, Änderung und Abschaffung	➪	**ob überhaupt**
2	Festlegung des Dotierungsrahmens	➪	**wieviel**
3	Auswahl des Personenkreises	➪	**wer**
4	Wahl des Durchführungsweges	➪	**wie**

(BAG v. 12. 6. 1975 – 3 ABR 13/74, 137/73 und 66/74)

Nicht mitbestimmungspflichtig sind ferner Entscheidungen des Arbeitgebers, die nicht die Lohngestaltung betreffen. Hierzu gehören u.a. der **Wechsel des Durchführungsweges** sowie die **Auswahl** und der **Wechsel des Versicherungsunternehmens** bei einer Direktversicherung (*BAG v. 16.2.1993 – 3 ABR 29/92 – BB 1993, S. 1291 = DB 1993, S. 1240 = NZA 1993, S. 953 = ZAP 1994, F. 17 R, S. 59 m.Anm. Langohr-Plato; Griebeling, Rn. 890*). 968

Im Rahmen dieses Gestaltungsspielraums ist der Arbeitgeber lediglich gem. § 75 Abs.1 BetrVG an die **Grundsätze** von **Recht und Billigkeit** (*vgl. a.: BAG v. 12.6.1975 – 3 ABR 137/73 – BB 1975, S. 1064 = AuR 1975, S. 377*) sowie an den **Gleichbehandlungsgrundsatz** (*Schaub, NWB 1989, F. 26, S. 2164*) gebunden. 969

Bei der einschränkenden Neuordnung entscheidet allein der Arbeitgeber darüber, welche finanziellen Mittel (**Dotierungsrahmen**) er zukünftig für die betriebliche Altersversorgung seiner Mitarbeiter zur Verfügung stellt (*BAG v. 10.3.1992 – 3 AZR 221/91 – BB 1992, S. 1431 = DB 1992, S. 1885 = NZA 1992, S. 949*). Lediglich bei der Verteilung dieser Mittel, der Art der Versorgungsleistung sowie den Leistungsvoraussetzungen, sprich bei der **inhaltlichen Gestaltung der Leistungsordnung**, besteht dann ein Mitbestimmungsrecht des Betriebsrats (*BAG v. 18.3.1976 – 3 ABR 32/75 – BB 1976, S. 1175 = DB 1976, S. 1631 = AuR 1976, S. 345; BAG v. 13.7.1978 – 3 ABR 108/77 – BB 1978, S. 1617 = DB 1978, S. 2129 = NJW 1979, S. 2534; BAG v. 9.7.1985 – 3 AZR 546/82 – BB 1986, S. 1088 = DB 1986, S. 1231 = NZA 1986, S. 517; BAG v. 16.2.1993 – 3 ABR 29/92 – BB 1993, S. 1291 = DB 1993, S. 1240 = NZA 1993, S. 953 = ZAP 1994, F. 17 R, S. 59 m. Anm. Langohr-Plato; Griebeling, Rn. 887*). 970

Über die gesetzlich zwingenden Mitbestimmungsrechte des § 87 BetrVG hinaus steht es jedem Arbeitgeber frei, seine betriebliche Altersversorgung im Rahmen der **freiwilligen Mitbestimmung** nach § 88 Nr. 2 BetrVG zu regeln. 971

In **persönlicher Hinsicht** beschränkt sich die Mitbestimmungskompetenz des Betriebsrats auf die **aktiven Arbeitnehmer** i.S.v. § 5 Abs.1 BetrVG. Dagegen hat der Betriebsrat **kein Vertretungsmandat** für die **Betriebsrentner** und die mit **unverfallbaren Anwartschaften ausgeschiedenen** ehemaligen Mitarbeiter des Unternehmens (*st. Rspr., vgl. u.a.: BAG v. 16.3.1956 – GS 1/55 – NJW 1956, S. 1086 = BB 1956, S. 560 = DB 1956, S. 573; BAG v. 25.10.1988 – 3 AZR 483/86 – BB 1989, S. 1548 = DB 1989, S. 1195 = NZA 1989, S. 522*). Ferner werden die **leitenden Angestellten** i.S.v. § 5 Abs. 3 BetrVG sowie die Organe und Gesellschafter des Unternehmens von der Mitbestimmungskompetenz des Betriebsrats nicht erfasst (*vgl. a.: Griebeling, Rn. 883*). 972

3. Mitbestimmungsverfahren

Hinsichtlich der Durchführung der innerbetrieblichen Mitbestimmung bestehen grundsätzlich keine Besonderheiten gegenüber den übrigen Regelungstatbeständen des § 87 BetrVG. Erforderlich ist stets eine **Einigung** zwischen Arbeitgeber und Betriebsrat, die notfalls gemäß § 87 Abs. 2 BetrVG im **Einigungsstellenverfahren** erwirkt werden muss. 973

974 Wird die betriebliche Altersversorgung über eine rechtlich selbständige Sozialeinrichtung i.S.v. § 87 Abs. 1 Nr. 8 BetrVG, d.h. über eine Unterstützungskasse oder eine Pensionskasse durchgeführt, bestehen insoweit Besonderheiten, als die Mitbestimmung des Betriebsrats in zwei Varianten ausgeübt werden kann (*vgl. hierzu: BAG v. 13.7.1978 – 3 ABR 108/77 – BB 1978, S. 1617 = DB 1978, S. 2129 = NJW 1979, S. 2534; Höfer, BetrAVG, ArbR, ART Rn. 841 ff. m.w.N.*):

975 Wenn nichts anderes vereinbart ist, müssen mitbestimmungspflichtige Fragen zunächst zwischen Arbeitgeber und Betriebsrat ausgehandelt werden; der Arbeitgeber hat dann dafür zu sorgen, dass seine Sozialeinrichtung die getroffene Regelung übernimmt (sog. „**zweistufige Lösung**", *vgl. a.: BAG v. 8.12.1981 – 3 AZR 518/80 – BB 1982, S. 246 = DB 1982, S. 336 = NJW 1982, S. 1773*).

976 Die Betriebspartner können aber auch vereinbaren, dass der Betriebsrat Vertreter in die Organe der Sozialeinrichtung entsendet und mitbestimmungsrechtliche Fragen nur noch in den paritätisch besetzten satzungsgemäß vorgeschriebenen Beschlussgremien (Vorstand, Beirat, Mitgliederversammlung etc.) der Sozialeinrichtung behandelt werden (sog. „**organschaftliche Lösung**").

977 Duldet der Betriebsrat jahrelang schweigend, dass ohne entsprechende Vereinbarung nach der organschaftlichen Lösung verfahren wird, so muss er das jahrelang praktizierte Verfahren bis zu einer Neuregelung gelten lassen, wenn er in den Entscheidungsgremien paritätisch vertreten war. Fehlt es dagegen an einer **paritätischen Besetzung** der Entscheidungsgremien der Sozialeinrichtung, so kann der Betriebsrat jeden aktuellen Streitfall zum Anlass nehmen, unmittelbare Verhandlungen mit dem Arbeitgeber zu verlangen (*BAG v. 13.7.1978 – 3 ABR 108/77 – BB 1978, S. 1617 = DB 1978, S. 2129 = NJW 1979, S. 2534*).

978 Handelt es sich bei der mitbestimmten Sozialeinrichtung um eine **überbetriebliche** Versorgungseinrichtung, an der mehrere Trägerunternehmen beteiligt sind, kann die Verwirklichung der unternehmensbezogenen Mitbestimmung insoweit problematisch werden, als die Gremien der Versorgungskasse ihre Entscheidungen über Form, Ausgestaltung und Verwaltung der Sozialeinrichtung **mehrheitlich** treffen. Dieses Mehrheitsergebnis kann im Einzelfall dazu führen, dass die Interessen eines Trägerunternehmens nicht berücksichtigt werden. In diesen Fällen reduziert sich das gesetzliche Mitbestimmungsrecht nach § 87 Abs.1 BetrVG auf das **Abstimmungsverhalten des Arbeitgebers** innerhalb der Entscheidungsgremien der Versorgungseinrichtung. Kann sich der Arbeitgeber dann mit seinem Votum gegen die Mehrheit der übrigen Entscheidungsträger nicht durchsetzen, ist gleichwohl das gesetzliche Mitbestimmungsrecht des Betriebsrats gewahrt, weil sich die Betriebsparteien mit dem Anschluss an die überbetriebliche Versorgungseinrichtung dem satzungsgemäß zustande gekommenen mehrheitlichen Entscheidungswillen unterworfen haben (*BAG v. 22.4.1986 – 3 AZR 100/83 – BB 1986, S. 1989 = DB 1986, S. 1343 = NZA 1986, S. 574; BAG v. 9.5.1989 – 3 AZR 439/88 – BB 1989, S. 1982 = DB 1989, S. 2491 = NZA 1989, S. 889; Griebeling, Rn. 882*).

979 Hat ein Unternehmen mehrere Betriebe, in denen unabhängig voneinander Betriebsräte existieren, so ist bei der Regelung mitbestimmungsrechtlicher Fragen aus

dem Betriebsrentenrecht grundsätzlich der Betriebsrat des jeweiligen Betriebes zuständig (§ 1 BetrVG). Etwas anderes gilt nach § 50 Abs. 1 Satz 1 BetrVG allerdings dann, wenn in dem Unternehmen ein **Gesamtbetriebsrat** besteht und die zu regelnden Fragen das Gesamtunternehmen oder mehrere Betriebe des Gesamtunternehmens betreffen, so dass die konkrete Regelungsfrage nicht innerhalb der einzelnen Betriebe gelöst werden kann. Insoweit steht also das „**Einheitsprinzip**" einer unternehmens- bzw. konzernweiten Versorgungsordnung im Vordergrund. Etwas anderes wäre vielfach auch nicht mit dem Gleichbehandlungsgrundsatz zu vereinbaren. Hinzu kommt, dass auch unter administrativen, steuerrechtlichen und betriebswirtschaftlichen Aspekten eine unternehmens- bzw. konzerneinheitliche Abwicklung der betrieblichen Altersordnung nicht nur wünschenswert, sondern praktisch unabdingbar ist. Dies hat daher im Regelfall zwangsläufig die Zuständigkeit des Gesamtbetriebsrats, bzw. im Konzern die Zuständigkeit des **Konzernbetriebsrats** (§ 58 Abs. 1 BetrVG) zur Folge (*vgl. a.: BAG v. 19.3.1981 – 3 ABR 38/80 – BB 1981, S. 1952 = DB 1981, S. 2181; BAG v. 8.12.1981 – 3 ABR 53/80 – BB 1982, S. 186 = DB 1982, S. 336; Griebeling, Rn. 895 f.; Höfer, BetrAVG, ArbR, ART, Rn. 849*).

4. Rechtsfolgen bei Verletzung der gesetzlichen Mitbestimmungsrechte

Wird das gesetzlich zwingende Mitbestimmungsrecht nach § 87 Abs.1 Nr. 8 bzw. 980
Nr. 10 BetrVG vom Arbeitgeber nicht beachtet, so kann der Betriebsrat aufgrund seines **Initiativrechts** gemäß §§ 2a, 80 ff. BetrVG seine Rechte im **Beschlussverfahren** vor dem zuständigen Arbeitsgericht geltend machen.

In materiellrechtlicher Hinsicht hat der Verstoß gegen das zwingende Mitbestim- 981
mungsrecht des Betriebsrats grundsätzlich die **Unwirksamkeit** der jeweiligen Maßnahme zur Konsequenz (*Griebeling, Rn. 892*). Dies gilt für alle vier Durchführungswege der betrieblichen Altersversorgung, und damit auch für rechtliche selbständige externe Versorgungseinrichtungen des Arbeitgebers (*BAG v. 26.4.1988 – 3 AZR 168/86 – BB 1988, S. 2249 = DB 1988, S. 2411 = NZA 1989, S. 219*). Eine Ausnahme besteht lediglich im Bereich überbetrieblicher Versorgungseinrichtungen, bei denen diese Unwirksamkeit nur dann eintritt, wenn sich feststellen lässt, dass eine Beachtung des Mitbestimmungsrechts für die betroffenen Arbeitnehmer die nachteilige Änderung von Leistungsrichtlinien ganz oder teilweise verhindert hätte (*BAG v. 9.5.1989 – 3 AZR 439/88 – BB 1989/1982 = DB 1989, S. 2491 = NZA 1989, S. 889; Höfer, BetrAVG, ArbR, ART Rn. 866*).

IV. Betriebliche Altersversorgung beim Betriebsübergang und im Falle der Unternehmensumwandlung

1. Die Rechtsfolgen des § 613a BGB

Gemäß **§ 613a Abs.1 BGB** liegt ein Betriebsübergang vor, wenn ein Betrieb oder 982
Betriebsteil **durch Rechtsgeschäft** auf einen anderen Inhaber übergeht, d.h. wenn die Befugnis, den Betrieb im eigenen Namen zu leiten, hinsichtlich des ganzen Be-

triebes oder eines bestimmten, selbständigen Betriebsteils auf einen Rechtsnachfolger überwechselt (sog. **Einzelrechtsnachfolge/Singularsukzession**). Hierbei wird der Betrieb oder Betriebsteil vom Inhaber (Veräußerer) **durch Rechtsgeschäft** auf einen neuen Inhaber (Erwerber) übertragen, so z. B. durch Verkauf, Verpachtung, Vermietung oder Bestellung eines Nießbrauchs. Dies hat zugleich einen Übergang der im Zeitpunkt des Übergangs bestehenden Arbeitsverhältnisse zur Folge. Mit diesem Übergang der Arbeitsverhältnisse sind im wesentlichen drei Schutzfunktionen verbunden:

- ➪ Im Vordergrund steht die sog. „**Bestandsschutzfunktion**", d.h. der Schutz der einzelnen Arbeitnehmer durch Sicherung und Fortführung des Arbeitsverhältnisses im bisherigen Umfang. Auch die Arbeitsverträge leitender Angestellter werden hiervon erfasst (*vgl.: Höfer, BetrAVG, ArbR, ART, Rn. 892; Langohr-Plato, ZAP 1993, F. 17, S. 205*).
- ➪ Ferner wird die Rechtsstellung und Kontinuität des amtierenden Betriebsrats bzw. des Sprecherausschusses durch den Betriebsübergang nicht beeinträchtigt, zumal die entsprechenden Sondervorschriften (§ 24 BetrVG, § 9 SprAuG) den Betriebsübergang nicht als Erlöschensgrund für die Mitgliedschaft im Betriebsrat bzw. Sprecherausschuss vorsehen (sog. „**Mitbestimmungsfunktion**").
- ➪ Schließlich verfolgt § 613a BGB ebenso wie § 419 BGB oder § 25 HGB auch haftungsrechtliche Ziele (sog. „**Haftungsfunktion**").

a) Übertragung der Versorgungsverbindlichkeiten auf den Betriebserwerber

983 Mit erfolgtem Betriebsübergang tritt der neue Betriebsinhaber in die **Rechte und Pflichten** aus dem im Zeitpunkt des Übergangs bestehenden Arbeitsverhältnis ein, d.h. er erhält die volle **Arbeitgeberstellung**. Konsequenz hieraus ist auch die Fortgeltung der beim bisherigen Betriebsinhaber zurückgelegten Dienstzeiten. Den Betriebserwerber treffen mithin alle Pflichten, die von der Dauer der Betriebszugehörigkeit abhängen, so z. B. bei der Berechnung der Kündigungsfristen oder der **Warte- bzw. Unverfallbarkeitsfristen** im Rahmen betrieblicher Versorgungsleistungen (*vgl. a.: Langohr-Plato, ZAP 1993, F. 17, S. 206*).

984 Diese **Rechtsfolgen** können auch **nicht durch Vertrag** zwischen dem bisherigen Betriebsinhaber und dem Erwerber **ausgeschlossen** werden (*st. Rspr., vgl. u.a.: BAG v. 29.11.1988 – 3 AZR 250/87 – BB 1989, S. 1140 = NZA 1989, S. 425*); ein solcher Vertrag wäre als Vertrag zu Lasten Dritter unwirksam und gemäß § 134 BGB nichtig. § 613a BGB Abs. 4 S. 1 BGB verbietet nach Auffassung des BAG (*Urteil v. 20.7.1982 – 3 AZR 58/78 – BB 1979, S. 1719 = DB 1979, S. 2431; Urteil v. 28.4.1987 – 3 AZR 75/86 – BB 1988, S. 831 = DB 1988, S. 400 = ZIP 1988, S. 120; Urteil v. 12.5.1992 – 3 AZR 247/91 – BB 1993, S. 145 = DB 1993, S. 145 = ZAP 1993, F. 17 R, S. 43 f. m. Anm. Langohr-Plato*) neben der Kündigung auch **Aufhebungsverträge aus Anlass des Betriebsübergangs**, wenn sie vom Betriebsveräußerer oder -erwerber allein deshalb veranlasst werden, um dem beste-

henden Kündigungsverbot auszuweichen. In dem als sog. **„Lemgoer Modell“** in die Rechtsgeschichte eingegangenen Fall hatte der Betriebserwerber den Arbeitnehmern des zu übernehmenden Unternehmens den Abschluss „neuer Arbeitsverträge“ zugesichert, wenn sie ihre bestehenden Arbeitsverhältnisse kündigen würden (u.a. um eine Übernahme der bestehenden betrieblichen Altersversorgung auszuschließen). Auch für diesen Fall der sog. **Eigenkündigung** hat das BAG die Anwendung von § 613a BGB anerkannt, da das Vorgehen des Betriebserwerbers ausschließlich die Umgehung des durch § 613a BGB bezweckten Kündigungsschutzes verfolgte.

Zulässig wäre jedoch ein **Erlassvertrag** zwischen dem neuen Arbeitgeber und den übernommenen Arbeitnehmern z. B. bzgl. rückständiger Löhne. Gegenstand eines solchen Erlassvertrages können auch freiwillig gewährte Sozialleistungen sein, wenn hierfür ein **sachlicher Grund** besteht *(BAG v. 17.1.1980 – 3 AZR 160/79 – BB 1980, S. 319 = DB 1980, S. 308 = NJW 1980, S. 1124*). Ein entsprechender sachlicher Grund wäre zu bejahen, wenn durch den Erlass Arbeitsplätze erhalten werden können (*vgl. a.: BAG v. 18.8.1976 – 5 AZR 95/75 – NJW 1977, S. 1168; BAG v. 26.1.1977 – 5 AZR 302/75 – NJW 1977, S. 1470; BAG v. 29.10.1985 – 3 AZR 485/83 – BB 1986, S. 1644 = DB 1986, S. 1779 = MDR 1986, S. 960*). 985

Mit dem Übergang der Arbeitsverhältnisse auf den Betriebserwerber **enden** die **Arbeitsverhältnisse** zum bisherigen Arbeitgeber. Dieser **haftet** allein für Ansprüche aus bereits **fälligen Versorgungsleistungen** und solchen aus **unverfallbaren Versorgungsanwartschaften** ausgeschiedener Mitarbeiter, da insoweit keine übergangsfähigen Arbeitsverhältnisse mehr bestehen. 986

Dagegen wird der neue Inhaber mit dem Betriebsübergang zugleich auch **Schuldner** der mit den übernommenen Arbeitsverhältnissen zugleich übernommenen **Versorgungsverpflichtungen**. Durch den Betriebsübergang wird der **Inhalt** der Ruhegeldzusagen **nicht verändert**. Für den Erwerber besteht aber die Möglichkeit, im Rahmen einer Neuordnung den Leistungsplan für künftige Dienstjahre anders zu gestalten. 987

Nach inzwischen gefestigter Rechtsprechung des BAG (*so z. B.: Urteil v. 24.3.1977 – 3 AZR 649/76 – BB 1977, S. 1202 = DB 1977, S. 1466 = NJW 1977, S. 1791; Urteil v. 11.11.1986 -3 AZR 194/85 – BB 1987, S. 1392 = DB 1987, S. 1696 = NZA 1987, S. 559; Urteil v. 24.3.1987 – 3 AZR 384/85 – BB 1987, S. 2235 = DB 1988, S. 123*) sind vom Anwendungsbereich des § 613a BGB alle Rentner und Arbeitnehmer mit aufrechterhaltener unverfallbarer Anwartschaft ausgeschlossen, die zum Zeitpunkt des Betriebsübergangs das Unternehmen bereits verlassen haben. Das bedeutet aber, dass sowohl Pensionäre als auch ausgeschiedene Arbeitnehmer mit unverfallbarer Versorgungsanwartschaft ihre Ruhegeldansprüche nach wie vor gegenüber dem Veräußerer geltend machen können, und zwar unabhängig davon, ob daneben auch der Erwerber aus anderen Rechtsgründen, etwa wegen Vermögensübernahme im Sinne des § 419 BGB oder wegen Firmenfortführung gemäß § 25 HGB für die Ruhegeldverpflichtungen in Anspruch genommen werden kann. 988

989 Zur Begründung hat das BAG auf den Zweck des Betriebsrentengesetzes verwiesen, das einen möglichst lückenlosen Insolvenzschutz habe schaffen wollen. Das BAG sieht es für gerechtfertigt an, **private Schuldübernahmen** von bereits entstandenen Ruhegeldverbindlichkeiten für ungültig zu erklären, wenn sie nicht durch in § 4 Abs. 1 BetrAVG genannte Versorgungsträger (z. B. Lebensversicherer) erfolgten oder wenn sie nicht vom Pensions-Sicherungs-Verein (PSVaG) gebilligt worden seien.

990 Lässt sich auf der Grundlage der bisherigen Rechtsprechung somit bei Unternehmensveräußerungen auch keine rechtswirksame **befreiende Schuldübernahme** für die Zukunft mehr vereinbaren, so besteht doch noch nach wie vor die Möglichkeit, die Ruhegeldverbindlichkeiten zumindest mit steuerlicher Wirkung und in verwaltungsmäßiger Hinsicht auf den Betriebserwerber zu übertragen. Hierbei ist an eine private Schuldübernahme gemäß §§ 414, 415 BGB sowie an den – im Gesetz nicht ausdrücklich geregelten – Fall des Schuldbeitritts (kumulative Schuldübernahme) zu denken. Die befreiende Schuldübernahme bedarf nach §§ 414, 415 BGB der Mitwirkung bzw. Zustimmung des Gläubigers, hier also des Versorgungsberechtigten. Dabei ist allerdings zweifelhaft, ob nicht der Wirksamkeit einer solchen Vereinbarung § 4 Abs.1 S. 2 BetrAVG entgegensteht.

991 Für die **kumulative** Schuldübernahme bedarf es auch in den Fällen, in denen der Betriebserwerber bereits nach § 419 BGB oder § 25 HGB für sämtliche Versorgungsverpflichtungen haftet, einer förmlichen Schuldbeitrittserklärung gegenüber den nicht aktiven Pensionsberechtigten (Pensionäre und ausgeschiedene Arbeitnehmer mit unverfallbaren Anwartschaften). Das hängt damit zusammen, dass die Bildung von Pensionsrückstellungen mit steuerlicher Wirkung bei dem Betriebserwerber außer dem gegen ihn gerichteten Rechtsanspruch eine schriftlich erteilte Pensionszusage voraussetzt (§ 6a Abs.1 Nr. 3 EStG). Es empfiehlt sich daher, eine besondere schriftliche Zusage an alle Pensionsberechtigten zu richten, in der außer der Höhe der Pension zugleich mitgeteilt wird, dass ein förmlicher Schuldbeitritt erfolgt ist.

> *„Wir dürfen Ihnen mitteilen, dass wir im Zusammenhang mit dem Übergang des Unternehmens der .... GmbH (Betriebsübergang gemäß § 613a BGB) mit Wirkung vom .... auch einen förmlichen* ***Schuldbeitritt*** *zu den bestehenden und bei der .... GmbH verbleibenden betrieblichen Versorgungsverpflichtungen (unverfallbare Anwartschaften, laufende Betriebsrenten) vereinbart haben; d. h., wir haften für diese Versorgungsverbindlichkeiten neben ihrem früheren Arbeitgeber und übernehmen auch die administrative Abwicklung der Rentenauszahlung. Hierzu dürfen wir Sie bitten, nach Eintritt des Versorgungsfalls/zukünftig Ihre Lohnsteuerkarte an die Personalabteilung unseres Unternehmens zu übersenden.*
>
> *Der Wert Ihrer unverfallbaren Anwartschaft/Die Höhe Ihrer Betriebsrente beträgt nach den uns erteilten Auskünften des versicherungsmathematischen Gutachters Ihres früheren Arbeitgebers .... DM und wird zukünftig, d.h. nach Eintritt des Versorgungsfalls/mit sofortiger Wirkung von uns auf das uns mitgeteilte Konto, Nr. ...., bei der ....-Bank, überwiesen."*

992 Im Ergebnis bleibt der Betriebsveräußerer hiernach zwar in der (gesamtschuldnerischen) Haftung und damit für die Rentenempfänger und ausgeschiedenen Ar-

beitnehmer mit unverfallbarer Anwartschaft gegenüber dem PSV formell melde- und beitragspflichtig, die Verwaltung und tatsächliche Abwicklung hat jedoch vertragsmäßig durch den Betriebserwerber zu erfolgen. Der Betriebserwerber ist berechtigt, gemäß § 6a EStG auch bezüglich dieses Personenkreises Pensionsrückstellungen im bisherigen Umfange zu bilden.

b) Sonderfall: Unterstützungskasse und Pensionskasse

Sollten die Versorgungsleistungen ursprünglich von einer **Unterstützungskasse** 993
des Betriebsveräußerers erbracht werden, wird diese aber nicht zusammen mit dem Betrieb veräußert (ein automatischer Übergang z. B. kraft Gesetzes erfolgt nicht), so wird die Unterstützungskasse zur gleichen Zeit und im gleichen Umfang von der **Haftung frei** wie ihr Trägerunternehmen als Betriebsveräußerer (*BAG v. 15.3.1979 – 3 AZR 859/77 – BB 1979, S. 1455 = DB 1979, S. 1462 = NJW 1979, S. 2533*). In diesem Fall hat der Betriebserwerber die Versorgungsverpflichtungen als unmittelbare Pensionszusagen fortzuführen und zwar mit allen sich daraus ergebenden Konsequenzen, einschließlich deren Bilanzierung nach § 6 EStG.

Wird dagegen die Unterstützungskasse aus Anlass des Betriebsübergangs vom Be- 994
triebserwerber mit übernommen, so muss die Unterstützungskasse die Versorgungsansprüche der bereits **ausgeschiedenen Arbeitnehmer** weiter erfüllen. Der Betriebsveräußerer haftet allerdings nach wie vor dafür, dass der Unterstützungskasse die hier notwendigen finanziellen Mittel zugewendet werden (*BAG v. 28.2.1989 – 3 AZR 29/88 – BB 1989, S. 1557 = DB 1989, S. 1679 = NZA 1989, S. 681*).

Gewährt der Betriebserwerber im Rahmen eines bei ihm bereits bestehenden Ver- 995
sorgungswerkes betriebliche Versorgungsleistungen über eine Unterstützungskasse, so führt ein Betriebsübergang nicht dazu, dass diese Unterstützungskasse nunmehr Schuldnerin übernommener Versorgungsanwartschaften wird. Denn nach ihrer Bestimmung kann und muss sie nur diejenigen Leistungen erbringen, die sich aus ihrem **Leistungsplan** ergeben. Deshalb würde sie ihre satzungsmäßigen Rechte überschreiten, wollte sie Versorgungsansprüche erfüllen, in die ihr Trägerunternehmen aufgrund eines Betriebsübergangs eingetreten ist. Allerdings könnten durch eine entsprechende Satzungsänderung auch diese übernommenen Versorgungsverpflichtungen auf die Unterstützungskasse übertragen werden (*BAG v. 30.8.1979 – 3 AZR 58/78 – BB 1979, S. 1719 = DB 1979, S. 2431 = NJW 1980, S. 416*).

Bei der Durchführung der betrieblichen Altersversorgung über eine **Pensionskas-** 996
se stellt sich zunächst die grundsätzliche Frage, ob der Erwerber auch Trägerunternehmen der Pensionskasse werden kann. Ist dies nicht der Fall, weil dies z. B. bei Firmen-Pensionskassen in der Regel satzungsmäßig nicht vorgesehen ist, ändert dies nichts an der grundsätzlichen Verpflichtung des Arbeitgebers, die beim Betriebsveräußerer bestehenden Versorgungsverpflichtungen vollinhaltlich zu übernehmen und **unmittelbar** zu erfüllen (*Höfer, BetrAVG, ArbR, ART, Rn. 915*). Dies hat zur Konsequenz, dass sich die Pensionskassenversorgung in eine unmittelbare Pensionszusage umwandelt, die ab dem Zeitpunkt des Betriebsübergangs

beim Betriebserwerber dann auch gemäß § 6a EStG zu bilanzieren ist. Alternativ wäre zwar auch eine Überführung in eine mittelbare Versorgung – Unterstützungskasse oder Direktversicherung – denkbar. Dies wird jedoch regelmäßig an steuerlichen Restriktionen (Verbot der Einmalprämienzuwendung bei rückgedeckten Unterstützungskassen; Höchstgrenzen für die Pauschalierung der Steuer nach § 40b EStG bei der Direktversicherung) scheitern.

c) Übernahme von Versorgungsanwartschaften

997 Sowohl die vom Bestand der Zusage als auch die vom Beginn der Betriebszugehörigkeit abhängigen **Unverfallbarkeitsfristen** des § 1 Abs.1 S.1 BetrAVG werden gemäß § 1 Abs.1 S. 2 BetrAVG i.V.m. § 613a Abs.1 BGB durch den Betriebsübergang **nicht unterbrochen**. Diese Rechtsfolge gilt für alle Durchführungswege (Pensionszusage, Direktversicherung, Unterstützungskasse, Pensionskasse) der betrieblichen Altersversorgung. **Verfallbare Anwartschaften** können nach dem Betriebsübergang daher noch zum **Vollrecht** erstarken (*Langohr-Plato, ZAP 1993, F. 17, S. 209*).

998 Andererseits hat das BAG bereits früh erkannt, dass der Betriebserwerber bei einer von **ihm begründeten** Versorgungszusage nicht verpflichtet ist, in Bezug auf eine etwaige Wartezeit und die Höhe der Versorgungsleistungen diejenigen Beschäftigungszeiten anzurechnen, die der Arbeitnehmer bei dem Betriebsveräußerer verbracht hat *(BAG v. 30.8.1979 – 3 AZR 58/75 – BB 1979, S. 1719 = DB 1979, S. 2431 = NJW 1980, S. 416; vgl. a.: BAG v. 8.2.1983 – 3 AZR 229/81 – BB 1984, S. 279 = DB 1984, S. 301 = NJW 1984, S. 1254*). Das BAG hebt dabei zu Recht hervor, dass § 613a BGB den bereits erworbenen Besitzstand der übernommenen Arbeitnehmer schützt, dass aber die Betriebszugehörigkeit für sich allein noch keine Rechte begründet.

d) Konkurrenz bestehender Versorgungssysteme

999 Die durch einen Betriebsübergang bedingte Übernahme eines beim übernommenen Unternehmen bestehenden betrieblichen Versorgungssystems kann nach der Übernahme zu unterschiedlichen Konsequenzen führen, je nachdem, ob das übernehmende Unternehmen ebenfalls seinen Mitarbeitern betriebliche Versorgungsleistungen gewährt oder nicht. Daneben ist auch der Fall denkbar, dass das übernommene Unternehmen keine betrieblichen Versorgungsleistungen gewährt hat, die übernommenen Arbeitnehmer aber nach dem Betriebsübergang in ein Unternehmen mit einem betrieblichen Versorgungssystem zu integrieren sind.

(1) Nur beim Betriebsveräußerer existentes Versorgungssystem

1000 Soweit lediglich beim Betriebsveräußerer ein betriebliches Versorgungssystem besteht, richten sich die rechtlichen Konsequenzen aus der Übernahme dieser Versorgungsleistungen ausschließlich nach den bereits dargestellten Rechtsfolgen des § 613a Abs. 1 Satz 1 BGB. Das bedeutet, dass der Betriebserwerber vollinhaltlich in die Rechte und Pflichten aus den beim Betriebsveräußerer erteilten Versorgungsverpflichtungen eintritt, und zwar unabhängig davon, ob die Versorgungsverpflichtung des Betriebsveräußerers auf einer individualrechtlichen Rechtsgrundlage oder einer Betriebsvereinbarung beruht hat (*vgl.: Höfer, BetrAVG, ArbR, ART, Rn. 897*).

In derartigen Fällen ist der Betriebserwerber **nicht verpflichtet**, die übernommene Altersversorgung auf die bereits vor dem Betriebsübergang in seinem Unternehmen tätigen Arbeitnehmer **auszudehnen**. 1001

(2) Nur beim Betriebserwerber existentes Versorgungssystem

Soweit lediglich beim Betriebserwerber ein betriebliches Versorgungssystem besteht, sind auch keine nach § 613a BGB fortbestehenden Versorgungsverpflichtungen vom Betriebserwerber zu übernehmen Darüber hinaus haben die übernommenen Arbeitnehmer allein aus Anlass des Betriebsübergangs auch **keinen Anspruch** darauf, in das beim Betriebserwerber existierende Versorgungssystem integriert zu werden. Dieser Anspruch ergibt sich grundsätzlich auch nicht aus Gründen der Gleichbehandlung, da die Zugehörigkeit der übernommenen Mitarbeiter zu dem übernommenen Betrieb ein **sachlicher Rechtfertigungsgrund** für die Ungleichbehandlung. Wenn das BAG bereits eine unterschiedliche Behandlung zwischen den Mitarbeitern verschiedener Betriebe eines Unternehmens akzeptiert (*BAG v. 25.8.1976 – 5 AZR 788/75 – BB 1977, S. 145 = DB 1977, S. 358*), dann muss dies erst recht für eine entsprechende Differenzierung im Zusammenhang mit einem Betriebsübergang gelten (*so auch: Griebeling, Rn. 645; Höfer, BetrAVG, ArbR, ART, Rn. 899*). 1002

Etwas anderes gilt nur dann, wenn die Mitarbeiter des übernommenen Betriebes voll in das Unternehmen des Betriebserwerbers integriert werden. In diesem Fall kommt es automatisch zu einer Aufnahme in das bestehende Versorgungswerk, sofern dieses nicht für den Neuzugang geschlossen ist. Insoweit ist es nämlich unerheblich, ob ein Mitarbeiter aufgrund eines Arbeitsvertrages neu eingestellt, oder ob sein bestehender Arbeitsvertrag kraft Gesetzes, nämlich nach § 613a BGB, vom Betriebserwerber übernommen wird. In beiden Fällen tritt der Arbeitnehmer unter den allgemeinen Aufnahmevoraussetzungen in das Versorgungswerk ein. Das bedeutet aber auch, dass der Betriebserwerber die **anrechnungsfähige Dienstzeit** bei den übernommenen Mitarbeitern auf die Zeiten nach dem Betriebsübergang begrenzen kann, und dass diese Dienstzeiten auch für die gesetzliche Unverfallbarkeitsfrist maßgeblich sind. Eine Anrechnung der Vordienstzeiten beim Betriebsveräußerer bedarf daher in jedem Fall einer ausdrücklichen Vereinbarung zwischen den neuen Arbeitsvertragsparteien. 1003

(3) Konkurrenzverhältnis zwischen sowohl beim Betriebsveräußerer als auch beim Betriebserwerber bestehender Versorgungssysteme

Soweit bei beiden Vertragsparteien des Betriebsübergangs, also sowohl beim Betriebsveräußerer, als auch beim Betriebserwerber betriebliche Versorgungssysteme bestehen, stellt sich die Frage nach dem Konkurrenzverhältnis nach erfolgtem Betriebsübergang. Grundsätzlich ist auch in einer solchen Situation zunächst einmal 1004 von der allgemeinen Rechtsfolge des § 613a BGB auszugehen, wonach der Betriebserwerber vollinhaltlich in die Rechte und Pflichten der übernommenen Arbeitsverhältnisse und der damit zugleich übernommenen Versorgungsverpflichtungen eintritt. Dabei gelten allerdings folgende Besonderheiten:

1005 ➪ Soweit die Mitarbeiter in das Unternehmen des Betriebserwerbers integriert werden (s.o.) stellt sich die Frage, ob sie neben den fortzuführenden ursprünglichen Versorgungsansprüchen **zusätzlich** auch noch Ansprüche aus dem Versorgungswerk des Betriebserwerbers erhalten, oder ob lediglich die **bessere Versorgungsleistung** aus beiden Versorgungssystemen zur Auszahlung gelangen soll. Ein hieraus abgeleiteter **individueller Günstigkeitsvergleich** (*vgl. hierzu: Höfer, BetrAVG, ArbR, ART, Rn. 907*) dürfte sich allerdings nicht nur auf die Höhe der zugesagten Versorgungsleistungen beschränken, sondern müsste auch eventuelle Unterschiede bei den abgesicherten biologischen Versorgungsfällen (welche Risiken werden überhaupt gesichert, Dauer der Leistungsgewährung etc.) sowie den allgemeinen und besonderen Leistungsvoraussetzungen (Wartezeiten, Zurechnungszeiten, Begriff der Berufs- bzw. Erwerbsunfähigkeit etc.) berücksichtigen. Dies kann gerade bei unterschiedlichen Versorgungssystemen zu erheblichen Komplikationen führen. Vor diesem Hintergrund ist eine eindeutige und unmissverständliche Regelung des Konkurrenzverhältnisses in jedem Fall zu empfehlen, wobei der Leistungsumfang der übernommenen Versorgungsverpflichtungen nicht unterschritten werden darf.

1006 ➪ Soweit beide Versorgungssysteme auf einer **Betriebsvereinbarung** beruhen, gilt allerdings nicht das Günstigkeitsprinzip. Vielmehr ist § 613a Abs. 1 Satz 3 BGB zu beachten. Nach dem in dieser Vorschrift geregelten **Ordnungsprinzip verdrängen** die Bestimmungen der Betriebsvereinbarung des Betriebserwerbers diejenigen der Betriebsvereinbarung des Betriebsveräußerers. Der Gesetzgeber hat hierbei die Erleichterung der Anpassung und Vereinheitlichung unterschiedlicher Betriebsnormen und Arbeitsbedingungen über die individuellen Arbeitnehmerrechte gesetzt (*vgl. a.: BT-Drucks. 8/3317, S. 11*).

1007 ➪ Im Hinblick auf die Rechtsprechung des BAG zum **Bestandsschutz** betrieblicher Versorgungsrechte bei der einschränkenden Neuordnung von Versorgungssystemen (*vgl. hierzu die ausführliche Darstellung unter Rn. 915 ff.*) kann diese Ordnungsprinzip im Rahmen der betrieblichen Altersversorgung aber nicht uneingeschränkt zur Anwendung kommen. Vielmehr muss auch beim Betriebsübergang – wie bei der Neuordnung auch – der bis zum Betriebsübergang **erdiente Besitzstand** gewahrt werden. Das Ordnungsprinzip kann sich somit nur für die Zeiten nach dem Betriebsübergang auswirken. Dies hat zur Konsequenz, dass entsprechend **dem ratierlichen Berechnungsverfahren** nach § 2 Abs. 1 BetrAVG die Dienstzeiten beim Betriebsveräußerer nach der „alten" Versorgungsordnung und die Dienstzeiten beim Betriebserwerber nach dessen Versorgungsordnung zu bewerten sind. Die sich aus dieser Berechnung ergebenden Anwartschaftswerte sind zu addieren und ergeben dann den vom Betriebserwerber geschuldeten Versorgungsbetrag (*so auch: Höfer, BetrAVG, ArbR, ART, Rn. 909*).

e) Nachhaftung des Betriebsveräußerers

In **haftungsrechtlicher** Hinsicht hat das BAG in seinem Urteil vom 22.6.1978 (*3 AZR 832/76 – BB 1978, S. 1418 = DB 1978, S.1795; vgl. a.: BAG v. 15.3.1979 – 3 AZR 859/77 – BB 1979, S. 1455 = DB 1979, S. 1462 = NJW 1979, S. 2533*) ausdrücklich klargestellt, dass der Betriebsveräußerer nur noch in den engen Grenzen des § 613a Abs. 2 BGB neben dem Erwerber in Anspruch genommen werden kann. Demnach haftet der Veräußerer nur noch für solche Versorgungsverpflichtungen, die vor dem Übergangszeitpunkt entstanden sind und vor Ablauf eines Jahres nach diesem Zeitpunkt fällig werden. Eine **Nachhaftung** kommt mithin nur insoweit in Betracht, als sich im Übergangszeitpunkt vorhandene Anwartschaften (in der in diesem Zeitpunkt erdienten Höhe) innerhalb des folgenden Jahres mit Eintritt eines Versorgungsfalls in fällige Leistungsansprüche verwandeln. 1008

Beispiel:

Ein am 1.1.1962 in die X-GmbH eingetretener Arbeitnehmer erhält ab 1.4.1992 wegen Erreichen der Altersgrenze eine monatliche Altersrente in Höhe von 500,– DM. Am 1.1.1992 ist die X-GmbH durch Rechtsgeschäft auf die Y-AG übertragen worden. Die am 1.1.1992 erdiente Anwartschaft des Mitarbeiters beträgt (quotiert nach der bis dahin zurückgelegten Dienstzeit) 360/363 von 500,– DM = 495,86 DM. Der Betriebsveräußerer haftet neben dem Erwerber lediglich für die 9 Monatsrenten von April bis Dezember 1992 in vorbezeichneter Höhe, also für 9 x 495,86 DM = 4.462,74 DM. Nur dieser Zeitraum (maximal 1 Jahr nach Betriebsübergang) wird von der Haftungsregel des § 613a Abs. 2 S. 1 BGB erfasst.

Das vorstehende Beispiel zeigt zugleich, dass die Nachhaftung des Veräußerers bei **Rentenzusagen** im Gegensatz zu **Kapitalzusagen** nur ein vergleichsweise geringes Haftungsrisiko bedeutet. Auch hier kommt die Nachhaftung nur innerhalb eines Jahres nach dem Übergangszeitpunkt in Betracht; erfasst wird dabei aber nicht nur eine sich auf maximal 12 Monate erstreckende Rentenzahlung, sondern der gesamte erdiente Kapitalbetrag. Wäre also in dem oben beschriebenen Musterfall statt einer Rente von 500,– DM eine dem Altersrentenbarwert entsprechende Kapitalzusage von 55.850,– DM erteilt worden, so würde sich die Nachhaftung auf einen Betrag von 360/363 von 55.850,– DM = 55.388,42 DM erstrecken. 1009

f) Betriebsübergang bei Insolvenz

Früher war es in Rechtsprechung (*vgl. u.a.: LAG Düsseldorf v. 30.12.1977 – 16 Sa 651/77 – BB 1978, S. 614 = DB 1978, S. 702; ArbG Köln v. 29.7.1977 – 14 Ca 3481/77 – DB 1977, S. 2146; LAG Hamm v. 28.3.1979 – 12 Sa 22/78 – DB 1979, S. 1365*) und Literatur (*vgl. u.a.: Riedel, NJW 1975, S. 765; Martens, DB 1977, S. 495; Derleder, AuR 1976, S. 129; Hess, DB 1976, S. 1154; Everhardt, BB 1976, S. 1611; Richardi, RdA 1976, S. 56*) heftig umstritten, ob § 613a BGB auch auf eine **Betriebsveräußerung nach Eröffnung des Insolvenzverfahrens** anzuwenden sei. Nachdem das BAG diese grundsätzliche Frage in seiner Entscheidung vom 15.11.1978 (5 AZR 199/77 – *BB 1979, S. 735 = DB 1979, S. 702 = NJW 1979, S. 2634*) noch ausdrücklich offengelassen hatte, hat es in seinem Urteil vom 17.1.1980 (*3 AZR 160/79 – BB 1980, S.* 1010

319 = DB 1980, S. 308 = NJW 1980, S. 1124) und seither in ständiger Rechtsprechung (*vgl. u.a.: BAG v. 13.11.1986 – 2 AZR 771/85 – DB 1987, S. 990 = NZA 1987, S. 458; BAG v. 28.4.1987 – 3 AZR 75/86 – BB 1988, S. 831 = DB 1988, S. 400 = NZA 1988, S. 198; BAG v. 4.7.1987 – 3 AZR 756/87 – DB 1989, S. 2541*) die Anwendung des § 613a BGB bei einer Betriebsveräußerung in der Insolvenz bejaht, soweit es sich nicht um bei Insolvenzeröffnung bereits entstandene Ansprüche handelt. Insoweit haben die **Verteilungsgrundsätze des Insolvenzverfahrens Vorrang**.

1011 Diese Rechtsprechung ist insbesondere für Leistungen der betrieblichen Altersversorgung von Bedeutung. Der Betriebserwerber tritt zwar als solcher in die bestehenden Versorgungsanwartschaften ein, schuldet im Leistungsfalle jedoch gleichwohl nicht deren volle Höhe. Soweit die Anwartschaft nämlich bei Insolvenzeröffnung bereits unverfallbar i.S.v. § 1 BetrAVG war, haftet hierfür der **Pensions-Sicherungs-Verein (PSV)** als Träger der **gesetzlichen Insolvenzsicherung** für den bis dahin zeitanteilig erdienten Teil nach Maßgabe von § 7 Abs. 2 BetrAVG. Die insolvenzrechtlichen Regelungen des Betriebsrentengesetzes stellen somit eine **lex specialis** zu § 613a BGB dar; der im Insolvenzverfahren die Arbeitsverhältnisse übernehmende Erwerber haftet daher nur insoweit, wie die bestehenden Ansprüche der Arbeitnehmer nicht im Insolvenzverfahren geltend gemacht werden können (*BAG v. 29.10.1985 – 3 AZR 485/83 – BB 1986, S. 1644 = DB 1986, S. 1779*), mithin also nur insoweit, als sie auf Beschäftigungszeiten nach dem Betriebsübergang beruhen (*BAG v. 11.2.1992 – 3 AZR 117/91 – BB 1992, S. 1648 = NJW 1993, S. 157 = NZA 1993, S. 20 = ZAP 1993, F. 17 R, S. 41 m. Anm. Langohr-Plato*).

1012 Das BAG hat mit Urteil vom 28.4.1987 (*3 AZR 75/86 – BB 1988, S. 831 = DB 1988, S. 400 = NZA 1988, S. 198*) zu dem Erwerb eines insolventen Unternehmens weiterhin festgestellt, dass die fristlose Kündigung der Arbeitnehmer oder die Vereinbarung von Auflösungsverträgen und der Abschluss neuer Arbeitsverträge mit dem Erwerber unwirksam sind, da hierin eine Umgehung des § 613a Abs. 4 Satz 1 BGB liegt. Sind unverfallbare Versorgungsanwartschaften betroffen, so liegt darüber hinaus ein Verstoß gegen § 4 Abs. 1 S. 2 BetrAVG vor.

2. Die Reform des Umwandlungsrechts

1013 Die Reform des Umwandlungsrechts basiert auf zwei Gesetzen, nämlich dem Gesetz zur Bereinigung des **Umwandlungsrechts** (*BGBl. I 1994, 3210*) sowie dem Gesetz zur Änderung des **Umwandlungssteuerrechts** (*BGBl. I 1994, 3267; BStBl. I 1994, 839*), deren Regelungen zum 1.1.1995 in Kraft getreten sind.

1014 Das neue Umwandlungsrecht bietet eine **einheitliche Modifizierung** der bislang über verschiedene Gesetze (UmwG, AktG, KapErtrG, GenG, VAG) verstreuten Umwandlungsregelungen. Die mit dieser Zusammenführung einhergehende Flexibilisierung der Umwandlungsmöglichkeiten bietet den Unternehmen eine Vielzahl von Gestaltungsvariationen, um auf unterschiedliche, veränderte wirtschaftliche Rahmenbedingungen zu reagieren und die Unternehmensstruktur ohne steuerliche Nachteile diesen Veränderungen anzupassen. Im wesentlichen handelt es sich dabei um vier Grundarten der Umwandlung (*ausführlich hierzu: Ott, INF 1995, S. 143 ff.*), nämlich der

- **Verschmelzung** (§§ 2 – 122 UmwG);
- **Spaltung** (§§ 123 – 173 UmwG)

  mit ihren Unterformen der
  - Aufspaltung (§ 123 Abs. 1 UmwG),
  - Abspaltung (§ 123 Abs. 2 UmwG) und
  - Ausgliederung (§ 123 Abs. 3 UmwG);
- **Vermögensübertragung** (§§ 174 – 189 UmwG) sowie des
- **Rechtsformwechsels** (§§ 190 – 304 UmwG).

Die haftungsrechtlichen Neuerungen, die aufgrund des Nachhaftungsbegrenzungsgesetzes in das Umwandlungsgesetz einzubringen waren, beschränken sich auf die in den §§ 45, 49 Abs. 4, 56, 56 f. u. 65 UmwG übernommenen Haftungsgrundsätze der §§ 159, 160 HGB (*vgl.: Rn. 1052 ff.*). Darüber hinaus ist aber von besonderem Interesse, welche Möglichkeiten und damit ggf. auch haftungsrechtlichen Konsequenzen die neuen Spaltungsmöglichkeiten für die betriebliche Altersversorgung mit sich bringen. 1015

a) Umwandlungsrecht und Betriebsübergang

Nach bisherigem Recht erfolgte die „**Abspaltung**" von Unternehmensteilen im Wege des Betriebsübergangs nach **§ 613a BGB** mit der Konsequenz, dass die **bestehenden Arbeitsverhältnisse** auf den Erwerber mit allen Rechten und Pflichten **zwingend übergingen**, während die **Ruhestandsverhältnisse** beim „Alt-Arbeitgeber" ebenso verblieben, wie die Haftung für Verbindlichkeiten aus beendeten Arbeitsverhältnissen. Der alte Arbeitgeber konnte sich also durch einen Betriebsübergang oder Teilbetriebsübergang **nicht** seinen bereits laufenden Rentenzahlungsverpflichtungen sowie der Verpflichtungen gegenüber den mit unverfallbaren Anwartschaften ausgeschiedenen Mitarbeitern **entziehen**, während der Erwerber des Unternehmens in vollem Umfang in die Haftung für die betrieblichen Versorgungsversprechungen der übernommenen Mitarbeiter eintreten musste. 1016

Gemäß § 324 UmwG bleibt diese **Haftungsaufteilung** des § 613a BGB von einer handelsrechtlichen Umwandlung grundsätzlich „**unberührt**". Die **Dispositionsfreiheit** des Betriebsinhabers nach dem Umwandlungsgesetz ist daher insoweit eingeschränkt, als die von § 613a BGB erfasste Übernahme der bestehenden Arbeitsverhältnisse zur Diskussion steht. Insoweit bleibt es also bei dem **zwingenden Recht** des § 613a BGB, d.h. die Voraussetzungen des § 613a BGB sind auch im Zusammenhang mit einer Unternehmensumwandlung selbständig zu prüfen (*BAG v. 25.2.2000 – 8 AZR 416/99 – DB 2000, S. 1966; Bauer/Lingemann, NZA 1994, S. 1057, 1061; Boecken, ZIP 1994, S. 1087, 1089 ff.; Hanau ZGR 1990, S. 548 ff.; Hill, BetrAV 1995, S. 115; Langohr-Plato, MDR 1996, S. 328; Schöne, ZAP 1995, F. 15, S. 160; Wlotzke, DB 1995, S. 40, 42*). Die Anwendung des § 613a BGB bedeutet hier, dass es grundsätzlich **nicht im Ermessen der Vertragsparteien** steht, im Spaltungs- und Übernahmevertrag festzulegen, welche Arbeitsverhältnisse auf 1017 welchen neuen Rechtsträger übergehen. Vielmehr sind die Vertragsparteien **nur frei** festzulegen, welche Betriebe oder Betriebsteile auf den/die andere(n) Rechtsträger übertragen werden. **Die Arbeitsverhältnisse folgen dann dieser Entscheidung nach** (*Wlotzke, DB 1995, S. 42; Willemsen, RdA 1993, S. 133, 137;* im Ergebnis zustimmend auch *Hill, BetrAV 1995, S. 115 f.*). Gleichwohl ist zu beachten, dass nach dem neuen Spaltungsrecht der übertragende Rechtsträger das Vermögen seines Unternehmens auf die übernehmenden Rechtsträger auf vertraglicher Basis nach **freiem Ermessen** zuordnen kann und damit eine Sonderrechtsnachfolge in Form einer partiellen Gesamtrechtsnachfolge bewirkt (*Hill, BetrAV 1995, S. 114, 115; Ott, INF 1995, S. 145; Schöne, ZAP 1995, F. 15, S. 157, 160 f.*). Grundlage dieser freien Zuordnung ist der **Spaltungs- und Übernahmevertrag** gem. § 126 UmwG bzw. der **Spaltungsplan** gem. § 136 UmwG bei der Spaltung zur Neugründung.

1018 **Fraglich** ist somit, ob das neue Spaltungsrecht nunmehr auch eine **freie Zuordnung** der bestehenden Rentenverpflichtungen und der Verpflichtungen gegenüber denjenigen Mitarbeitern, die beim übertragenden Rechtsträger mit einer unverfallbaren Anwartschaft ausgeschieden sind, zulässt.

1019 Wie bereits ausgeführt, wird dieser Personenkreis von § 613a BGB **nicht erfasst**. Einer Schuldübernahme i.S.d. §§ 414 ff. BGB steht § 4 BetrAVG gegenüber, der nur unter sehr engen Voraussetzungen eine Übertragung von Versorgungsverpflichtungen zulässt. Zulässig ist danach zwar die **Übertragung auf einen neuen Arbeitgeber**. Dies ist aber nicht das aus der Spaltung entstandene Unternehmen für den hier relevanten Personenkreis der Betriebsrentner und ausgeschiedenen Mitarbeiter.

1020 Nach inzwischen durch das BVerfG (*Beschluss v. 18.12.1987 – 1 BvR 1242/87 – DB 1988, S. 1905 = BetrAV 1989, S. 67*) bestätigter Auffassung des BAG (*Urteil v. 17.3.1987 – 3 AZR 605/85 – BB 1987, S. 2233 = DB 1988, S. 122 = NZA 1988, S. 21*) soll eine Übertragung von Versorgungsverpflichtungen auch an andere als in § 4 BetrAVG aufgezählte Versorgungsträger zulässig sein, wenn der Pensions-Sicherungs-Verein (PSV) hierzu seine **Genehmigung** erteilt. Aufgrund verfassungsrechtlicher Bedenken sieht sich der PSV hierzu allerdings nicht in der Lage und verweigert kategorisch eine entsprechende Genehmigung (*PSV-Merkblatt 300 / M 10 / 1.99*).

1021 Damit wird die Frage nach dem **Konkurrenzverhältnis** von § 4 BetrAVG und dem neuen Umwandlungsrecht aufgeworfen. Ein Lösungsansatz könnte hier § 132 S. 1 UmwG bieten, wonach „allgemeine Vorschriften“ unberührt bleiben, „welche die Übertragbarkeit eines bestimmten Gegenstandes ausschließen oder an bestimmte Voraussetzungen knüpfen oder nach denen die Übertragung eines bestimmten Gegenstandes einer staatlichen Genehmigung bedarf“. Es stellt sich daher die Frage, ob es sich bei § 4 BetrAVG um eine solche allgemeine Vorschrift i.S.v. § 132 UmwG handelt. Nur dann ist eine Übertragung von Versorgungsverpflichtungen im Rahmen eines Umwandlungsprozesses rechtlich zulässig. Mit der Regelung des § 132 UmwG soll verhindert werden, dass der mit einem Übertragungsverbot bei der Einzelübertragung bezweckte Schutz durch die partielle Gesamtrechtsnachfolge unterlaufen werden kann (*Limmer, Umwandlungsrecht, S. 209 f.*). Dieser Schutzzweck führt unbestritten zu einer **Einschränkung der Spaltungsmöglichkeiten** (*Langohr-Plato, MDR 1996, S. 329; Teichmann, ZGR 1993, S. 396, 407*), was dann auch zu einer kontroversen Diskussion in der Literatur über die Reichweite des § 132 UmwG geführt hat (*vgl. u.a.: Hill, BetrAV 1995, S. 116 f.; Heidenhain, ZIP 1995, S. 801, 802 ff.; Hennrichs, ZIP 1995, S. 794, 797 ff.; Langohr-Plato, MDR 1996, S. 329; Schwedhelm/Streck/Mack, GmbHR 1995, S. 8, 9 ff.; Teichmann, ZGR 1993, S. 396, 406 ff.*). Jedenfalls wird das Argument, dass der Gesetzgeber mit dem neuen Umwandlungsrecht die Aufspaltung ermöglichen und nicht verhindern wollte, allein nicht ausreichen (*so aber: Hill, BetrAVG 1995, S. 117*).

Dagegen ist entgegen der in der Vorauflage noch vertretenen Auffassung (*vgl.: Rechtshandbuch Betriebliche Altersversorgung, 1. Auflage, Rn. 636*) die von Hill (*BetrAV 1995, S. 117*) vorgenommene Differenzierung zwischen vertraglicher und gesetzlicher Schuldübernahme zu beachten. § 4 BetrAVG regelt tatbestandlich nur den Fall einer **vertraglichen Schuldübernahme**. Demgegenüber erfolgt der Übergang von Verbindlichkeiten bei einer Spaltung nach dem Umwandlungsgesetz jedoch kraft **Gesetzes**. Auch die Tatsache, dass insoweit ein zivilrechtlicher Vertrag (Spaltungsvertrag) der Übertragung zugrunde liegt, ändert nichts daran, dass eine Anwendung des § 4 BetrAVG auf die Spaltung nach dem Umwandlungsgesetz die Unterschiede zwischen Einzelrechts- und (partieller) Gesamtrechtsnachfolge nicht hinreichend berücksichtigen würde (*Kallmeyer, Umwandlungsgesetz, § 132, Rn. 10*). Eine derartige Unterscheidung ist vom Gesetzgeber aber gewollt. In der Begründung zum Entwurf des Umwandlungsgesetzes wurde gerade die Tatsache, dass – im Gegensatz zur Einzelrechtsnachfolge – bei der Spaltung nach dem Umwandlungsgesetz keine Zustimmung der Gläubiger erforderlich ist, als entscheidender Vorteil hervorgehoben (*vgl. Allgemeinen Teil der Begründung des Regierungsentwurfs bei Schaumburg/Rödder, Umwandlungsgesetz, Seite 10 ff.*). 1022

Auch die Ratio des Gesetzes spricht gegen eine Einbeziehung des § 4 BetrAVG in den Regelungsbereich des § 132 UmwG. Die Vorschriften über die Spaltung sehen nämlich ausdrücklich auch die sogenannte Aufspaltung – vgl. § 123 Abs. 1 UmwG – vor. Dabei wird ein Rechtsträger in mehrere neue Rechtsträger „aufgeteilt", wobei der ursprüngliche Rechtsträger erlischt. Diese Art der Spaltung wäre unmöglich, wenn bestehende Verbindlichkeiten nicht einem der übernehmenden Rechtsträger zugewiesen werden könnten. Man wird dem Gesetzgeber auch kaum unterstellen können, er habe die Problematik der betrieblichen Altersversorgung insoweit nicht erkannt. Gegen eine solche Unterstellung spricht nämlich die Regelung zum Gläubigerschutz in § 134 Abs. 2 UmwG, die gerade für den Fall betrieblicher Versorgungsleistungen eine Sonderhaftung begründet. Wenn dem Gesetzgeber aber die Problematik der betrieblichen Altersversorgung bei der Spaltung nicht nur bewußt, sondern im Zusammenhang mit dem Gläubigerschutz sogar eine Sonderregelung wert war, so hätte er die Norm des § 4 BetrAVG – unterstellt, sie hätte eine gegenüber § 132 UmwG speziellere Wirkung – ausdrücklich erwähnen müssen (vgl. hierzu *Heubeck in: Picot, Unternehmenskauf und Restrukturierung*). 1023

1024 Im Übrigen verlangt auch die Zwecksetzung des § 132 UmwG nicht die Einbeziehung des § 4 BetrAVG. § 132 UmwG soll sicherstellen, dass durch die Spaltungsvorschriften zivilrechtliche Übertragungsbeschränkungen nicht umgangen werden. Diese Gefahr besteht jedoch bei § 4 BetrAVG – der die Arbeitnehmer und insbesondere den PSV vor Vermögenslosigkeit des Arbeitgebers schützen soll – insoweit nicht, als dass aufgrund der im Umwandlungsgesetz für die Fälle der Spaltung vorgesehenen Haftungsnormen – vgl. §§ 133, 134 UmwG – bereits eine Regelung zum Gläubigerschutz getroffen wurde. Gemäß § 134 Abs. 3 UmwG sind Ansprüche der Arbeitnehmer (hierzu zählen lt. § 134 Abs. 2 UmwG auch explizit Versorgungsansprüche) von Rechtsträgern, die ihr Vermögen im wesentlichen auf einen oder mehrere neue Rechtsträger übertragen, besonders geschützt. D.h. die Haftung aller, an der Übertragung beteiligten, Rechtsträger erhöht sich von 5 auf 10 Jahre.

1025 Hintergrund des § 4 BetrAVG ist die Absicht, insbesondere den PSVaG vor Missbrauch zu schützen. Es soll vermieden werden, dass Versorgungsverpflichtungen auf Dritte übertragen werden, die nicht über die notwendige Bonität verfügen. Die Gefahr der Inanspruchnahme des PSVaG durch Insolvenz dieser neuen Versorgungsträger wird durch die Einschränkung des § 4 BetrAVG somit vermieden bzw. eingeschränkt.

1026 Diesem Schutzzweck dient § 134 Abs. 3 UmwG durch die zehnjährige gesamtschuldnerische Haftung aller Beteiligten an der Umwandlung. Insoweit wird man davon ausgehen müssen, dass die Regelung des Umwandlungsgesetzes gegenüber § 4 BetrAVG lex speciales sind (*Willemsen, NZA 1996, S. 791, 801*) bzw. § 4 BetrAVG insoweit im Wege einer teleologischen Reduktion auf das Umwandlungsrecht nicht anwendbar ist (*Blomeyer/Otto, BetrAVG, § 4, Rn. 34*).

1027 Dieses Ergebnis eröffnet im Übrigen auch nicht die Möglichkeit eines Spaltungsvertrages zu Lasten des PSV. Zwar mag insoweit für den PSV künftig ein größeres Haftungsrisiko bestehen, doch gilt dies auch für alle anderen Gläubiger einer Gesellschaft, die sich restrukturiert. Letztlich hat der Gesetzgeber insoweit eine Wertungsentscheidung zugunsten der Umwandlung und zu Lasten der Gläubiger einer sich spaltenden Gesellschaft getroffen. Diese Entscheidung ist hinzunehmen. Im Übrigen ist der PSV zusätzlich durch den Grundsatz der Verhältnismäßigkeit geschützt. Erfolgt nämlich eine Zuweisung der Verbindlichkeiten aus betrieblicher Altersversorgung an eine Gesellschaft, die nicht über ausreichend Deckung durch Aktiva verfügt, so wird dem hierdurch unverhältnismäßig begünstigten, ursprünglichen Arbeitgeber, die Berufung auf die Zuweisung verwehrt sein (*Blomeyer/Otto,* BetrAVG *§ 4, Rn. 34*).

1028 Anzumerken ist in diesem Zusammenhang, dass mit Rücksicht auf den gerade zitierten Verhältnismäßigkeitsgrundsatz zum Teil gefordert wird, die freie Zuordnung der Verbindlichkeiten aus betrieblicher Altersversorgung insoweit einzuschränken, als dass die Zuweisung der Versorgungsverhältnisse grundsätzlich entsprechend der früheren Betriebs(teil)zugehörigkeit erfolgen soll (*Blomeyer/Otto,* BetrAVG *§ 4, Rn. 34*). In der Sache liefe dies darauf hinaus, dass die zweckgerichtete Bildung von inaktiven Gesellschaften (Rentnergesellschaften) nicht ohne weiteres möglich wäre.

Demgegenüber ließe sich vertreten, dass die Bildung von inaktiven Gesellschaften durchaus kein neues Phänomen ist und von der Rechtsprechung grundsätzlich anerkannt ist (*vgl. LAG Hamm v. 25.4.1995 – 6 Sa 1161/94 – BB 1995, 1489*). Zulässig müsste die zielgerichtete Bildung solcher Rentnergesellschaften daher zumindest dann sein, wenn die inaktive Gesellschaft mit genügend Aktiva ausgestattet ist (in diesem Sinne wohl auch *Heubeck in: Picot, a.a.O., Rn. 109*). Es läge dann keine unverhältnismäßige Begünstigung der übertragenden Gesellschaft vor.

Ein weiteres Argument, das gegen die Einbeziehung von § 4 BetrAVG in den Anwendungsbereich des § 132 UmwG spricht, ergibt sich aus den Gestaltungsmöglichkeiten die das UmwG bietet. Laut § 126 UmwG ist eine Zuordnung von Gegenständen des Aktiv- und Passivvermögens auf Rechtsträger möglich, die an der Umwandlung beteiligt sind. Insofern bestünde theoretisch die Option, sämtliche Gegenstände des Aktiv- und des Passivvermögens des bisherigen Arbeitgebers, mit Ausnahme der Pensionsrückstellungen, des Eigenkapitals und des Barvermögens in Höhe des Übernahmebetrages, auf einen anderen Rechtsträger zu übertragen. In diesem Fall verbliebe beim bisherigen Arbeitgeber folglich die Pensionsverpflichtung. Da diese allerdings nicht übertragen worden wäre, fände § 4 BetrAVG keine Anwendung, so dass eine Isolierung der Pensionsverpflichtungen im Rahmen der Gestaltungsmöglichkeiten des UmwG realisierbar wäre. 1029

Im Ergebnis ist somit mit der wohl herrschenden Literaturansicht festzustellen, dass § 4 BetrAVG einer freien Zuordnung von betrieblichen Versorgungsverpflichtungen im Rahmen einer Unternehmensaufspaltung/-abspaltung nach § 132 UmwG nicht entgegensteht. Dementsprechend ist in diesem Zusammenhang auch weder die Zustimmung der Versorgungsberechtigten noch des PSV erforderlich. Die Grenzen der freien Zuordnung der Verbindlichkeiten aus betrieblicher Altersversorgung ergeben sich aus dem Grundsatz der Verhältnismäßigkeit. Insoweit ist zumindest auf eine angemessene Kapitalausstattung der inaktiven Gesellschaft zu achten. 1030

b) Gläubigerschutz und Haftungsfragen

Dem Gläubigerschutz kommt im neuen Umwandlungsrechte eine zentrale Rolle zu (vgl. hierzu die ausführlichen Darstellungen bei *K. Schmidt, ZGR 1993, S. 366 ff.; Heiss, DZWiR 1993, S. 12*). Dies gilt insbesondere bei den einzelnen Spaltungsformen, bei denen die Haftungsmasse des alten Unternehmens grundsätzlich nach freiem Ermessen auf neue Unternehmen aufgeteilt werden kann. Im Rahmen dieser Vermögensverteilung kann den Gläubigern nämlich ein neuer Schuldner „aufgezwungen" werden, und zwar **ohne** dass der Gläubiger diesem Schuldnerwechsel **widersprechen** kann. Bleibt dagegen der übertragende Rechtsträger Schuldner des Gläubigers, so ist dessen Haftungsmasse durch das übertragene Vermögen gemindert. 1031

(1) Allgemeine Regeln zum Gläubigerschutz

Das Umwandlungsgesetz enthält ein **eigenständiges Haftungskonzept** für grundsätzlich alle Gläubigergruppen (§§ 22, 133 UmwG), das der speziellen arbeitsrechtlichen Haftung nach § 613a Abs. 2 BGB als **Sonderrecht** vorgeht. Dies ist 1032 zwar nicht ausdrücklich so im Gesetz geregelt, ergibt sich aber mittelbar aus den §§ 324 und 133 UmwG, nach denen durch das neue Umwandlungsrecht nur die Abs. 1 und 4 von § 613a BGB bzw. die §§ 25, 26 HGB als weitergeltendes Haftungsrecht ausdrücklich unberührt bleiben. Dann müssen aber die nicht genannten Haftungsvorschriften und damit auch § 613a Abs. 2 BGB durch die haftungsrechtlichen Regeln des Umwandlungsrechts verdrängt werden (*Hanau ZGR 1990, S. 551; Langohr-Plato, MDR 1996, S. 329; Wlotzke, DB 1995, S. 43; a.A.: Schöne, ZAP 1995, F. 15, S. 171*). Demnach gelten folgende **Haftungsgrundsätze:**

- Im Falle einer **Verschmelzung** oder **Vermögensvollübertragung haftet der übernehmende Rechtsträger** für alle gegenwärtigen und künftigen Ansprüche der Arbeitnehmer, aus deren Arbeitsverhältnissen die auf ihn im Wege der Gesamtrechtsnachfolge übergegangen sind.

- Zusätzlich bestimmt § 133 Abs. 1 S. 2 UWG i.V.m. § 22 UmwG, dass Gläubigern hinsichtlich noch nicht fälliger Ansprüche, deren Gefährdung glaubhaft gemacht wird, **Sicherheit** zu leisten ist. Dieser Anspruch auf Sicherheitsleistung besteht gem. § 22 Abs. 2 UmwG nur dann nicht, wenn die Gläubiger im Insolvenzfall ein **Recht auf vorzugsweise Befriedigung** aus einer Deckungsmasse haben, die zu ihrem Schutz gesetzlich errichtet und staatlich überwacht ist. Diese Ausnahmeregelung wurde insbesondere im Hinblick auf den **gesetzlichen Insolvenzschutz** des Betriebsrentengesetzes (§§ 7 ff. BetrAVG) und die sich daraus im Insolvenzfall ergebende, **i.d.R. ausreichende Haftung des PSV** aufgenommen (*BR-Drucks. 75/94, S. 92; vgl. a.: Hill, BetrAV 1995, S. 117; Langohr-Plato, MDR 1996, S. 329; Wlotzke, DB 1995, S. 43*). Zu beachten ist in diesem Zusammenhang jedoch, dass der PSV **nicht für jede Verpflichtung** aus einem betrieblichen Versorgungsversprechen einzutreten hat. So haftet der PSV nicht für Zusagen an Unternehmer (insbesondere auch nicht für Gesellschafter-Geschäftsführer von GmbHs), nicht für Zusagen ab einer bestimmten Höhe (Haftungsgrenze ist derzeit noch die dreifache BBG) sowie nicht für die Rentenanpassung nach § 16 BetrAVG und für eine vertraglich vereinbarte Dynamik. Der zuletzt genannte Haftungsausschluss gilt allerdings nur für die im Insolvenzfall übernommenen Anwartschaften und nicht für die zu diesem Zeitpunkt bereits laufenden Rentenleistungen (*BAG v. 22.11.1994 – 3 AZR 767/93 – ZAP 1995, F. 17 R, S. 127 f. m. Anm. Langohr-Plato; vgl. a. Rn. 494*). Soweit hiernach der Insolvenzschutz des PSV nicht greift, wird man den versorgungsberechtigten Mitarbeitern und Betriebsrentnern den Anspruch auf Sicherheitsleistung nach § 22 UmwG gewähren müssen (*Hill, BetrAV 1995, S. 117; Langohr-Plato, MDR 1996, S. 329*).

- Bei **Spaltungen** und **Vermögensteilübertragungen** führt die Rechtsänderung unmittelbar zu einer Änderung der Haftungsmasse. Hier schreibt § 133 Abs. 1 UmwG eine **gesamtschuldnerische Haftung** der an der Spaltung oder Teilübertragung beteiligten Rechtsträger vor, und zwar für die vor der Spaltung oder Teilübertragung begründeten Verbindlichkeiten des übertragenden Rechtsträgers. Diese Haftung ist für den übernehmenden Rechtsträger jedoch gem. § 133 Abs. 3 UmwG insoweit begrenzt, als er – soweit ihm die Verbindlichkeiten im Spaltungs- und Übernahmevertrag nicht ausdrücklich zugewiesen worden sind – für diese Verbindlichkeiten nur haftet, wenn sie vor Ablauf von 5 Jahren nach der Spaltung fällig und entsprechende Ansprüche gegen ihn gerichtlich geltend gemacht worden sind (**Enthaftung nach dem Vorbild des NachhBG**).

(2) Sonderhaftungsrecht für bestimmte Arbeitnehmeransprüche

Für den Fall der sog. „**Betriebsaufspaltung**" hat der Gesetzgeber in § 134 UmwG ein Sonderhaftungsrecht statuiert (*vgl. hierzu die Begr. zum RegE, BR-Drucks. 75/94, S. 71* sowie *Bauer/Lingemann, NZA 1994, S. 1057, 1062*). Diese Betriebsaufspaltung, bei der sich das bisherige Unternehmen in eine Anlage- und eine Betriebsgesellschaft aufspaltet, führt in aller Regelung zu einer erheblichen **Reduzierung der Haftungsmasse** der die Arbeitsverhältnisse übernehmenden Betriebsgesellschaft, da die Vermögenswerte in diesen Fällen nahezu vollständig auf die Anlagegesellschaft übertragen werden. Dieses „**Haftungsproblem**" verdeutlicht sich insbesondere im Zusammenhang mit der **Anpassungsprüfungspflicht** nach § 16 BetrAVG, bei der für die Betriebsrentner eine positive Entscheidung nur dann ergehen kann, wenn der Arbeitgeber, die Betriebsgesellschaft, über entsprechende Vermögenswerte verfügt (*vgl. hierzu die ausführliche Darstellung unter Rn. 622 ff.*). 1033

In diesem Zusammenhang muss dafür Sorge getragen werden, dass die aufnehmende Gesellschaft auch hinsichtlich einer etwaigen Anpassung der betrieblichen Altersversorgung kapitalmäßig hinreichend ausgestattet ist. Die Prüfungs- und Anpassungspflicht gemäß § 16 BetrAVG obliegt nach der Umwandlung der abgespaltenen/ausgegliederten/aufgespaltenen Gesellschaft (*vgl. Blomeyer/Otto, BetrAV, § 16, Rn. 63*). Man wird sich insoweit aber nicht auf den – ansonsten für Rentnergesellschaften anerkannten – Grundsatz berufen können, dass bei inaktiven Gesellschaften mangels Erträgen und Wertzuwachs keine Anpassung stattzufinden braucht (*vgl. hierzu: BAG v. 23.10.1996 – 3 AZR 514/95 – BetrAV 1997, S. 203 = BB 1998, S. 111 = DB 1997, S. 1287 = ZIP 1997, S. 1303; LAG Hamm v. 3.2.1998 – 6 Sa 727/96 – DB 1998, S. 931 = BetrAV 1998, S. 225*). Soweit nämlich die Bildung der Rentnergesellschaft zielgerichtet erfolgt, darf die Spaltung des Unternehmens nicht dazu benutzt werden, die Betriebsrentner von der Anpassung gänzlich auszuschließen. Hier wird man eine zukünftige Anpassung prognostizieren und für eine dementsprechende Kapitalausstattung sorgen müssen. Im Ergebnis steht § 16 BetrAVG daher der Restrukturierung von Unternehmen aber nicht im Wege. 1034

Um hier Manipulationen durch bewusste Vermögensverschiebungen vorzubeugen, hat der Gesetzgeber zudem in § 134 UmwG die **Mithaftung der Anlagegesellschaft** gegenüber der Haftungsregelung des § 133 UmwG ausgedehnt. 1035

Nach § 134 Abs. 1 UmwG erstreckt sich die **gesamtschuldnerische Haftung** der Anlagegesellschaft auch auf solche Forderungen der Arbeitnehmer der Betriebsgesellschaft, die **innerhalb von 5 Jahren** nach der Spaltung begründet werden und 1036 die auf einem Sozialplan oder Nachteilsausgleich (§§ 111 – 113 BetrVG) beruhen. Nach § 134 Abs. 2 gilt diese gesamtschuldnerische Mithaftung zudem für solche Versorgungsverpflichtungen i.S. des BetrAVG, die vor dem Wirksamwerden der Spaltung **begründet**, d.h. erteilt worden sind. In beiden Fällen wirkt die Mithaftung der Anlagegesellschaft jedoch nicht „endlos", sondern wird gem. § 134 Abs. 3 i.V.m. § 133 Abs. 4 UmwG auf einen **Zeitraum von 10 Jahren** ab Spaltung **begrenzt**; erst zu diesem Zeitpunkt tritt die „**Enthaftung**" der Anlagegesellschaft ein.

V. Nachhaftung persönlich haftender Arbeitgeber

1037 Die Bewertung von Haftungsrisiken ist gerade im Bereich der betrieblichen Altersversorgung für die zur Leistung verpflichteten Unternehmen und insbesondere bei Personengesellschaften auch für deren persönlich haftenden Gesellschafter im Hinblick auf die zum Teil nicht unerheblichen finanziellen Verpflichtungen, die zur Erfüllung dieser Leistungszusagen erbracht werden müssen, von zentraler Relevanz. Dies gilt um so mehr, als in der Vergangenheit der tatsächliche Verpflichtungsumfang eines betrieblichen Versorgungswerkes zunächst durch das Betriebsrentengesetz mit der Normierung unverfallbarer Anwartschaften (§§ 1, 2 BetrAVG) und der Anpassungsprüfungspflicht (§ 16 BetrAVG) sowie durch die anschließende Rechtsprechung u.a. zum Gleichbehandlungsgrundsatz (Einbeziehung von Teilzeitbeschäftigten, Gewährung von Witwerrenten, Vereinheitlichung der Altersgrenzen für den Rentenbezug etc.) und zur nachholenden Anpassung nicht unerheblich ausgeweitet worden ist. Es verwundert daher nicht, wenn bei statistischen Erhebungen als Gründe für die Stagnation der betrieblichen Altersversorgung bzw. für erfolgte Leistungseinschränkungen bestehender Versorgungssysteme neben der ungünstigen wirtschaftlichen Entwicklung dieser durch Gesetzgebung und Rechtsprechung verschärfte Haftungsumfang und damit die Unkalkulierbarkeit des tatsächlich mit der Gewährung betrieblicher Versorgungsleistungen eingegangenen Leistungsumfangs verstärkt in den Vordergrund gestellt wird. Von daher sind Haftungsumfang und Haftungsrisiken gerade im Bereich der betrieblichen Altersversorgung stets von besonderer Bedeutung für die Entscheidungsfindung der Arbeitgeber für die zukünftige Gestaltung betrieblicher Versorgungswerke, und zwar sowohl im Bereich der Neueinführung von solchen Versorgungsleistungen, als auch bei der Überarbeitung bereits bestehender Versorgungssysteme.

Vor diesem Hintergrund ist auch das Ende 1993 verabschiedete **Nachhaftungsbegrenzungsgesetz** (NachhBG) zu würdigen.

1. Allgemeine Haftungsgrundsätze nach früherem Recht

1038 Nach der früheren, vorgesetzlichen Rechtslage war die „Nachhaftung" eines ausgeschiedenen, persönlich haftenden Gesellschafters einer Personengesellschaft nicht ausdrücklich geregelt. **Haftungsmaßstab** waren ausschließlich die im **HGB** normierten **Verjährungsbestimmungen**.

1039 Grundlage der Haftung von Komplementären einer KG, der persönlich haftenden Gesellschafter einer KGaA und der Gesellschafter einer OHG waren die §§ 105,

128, 161 Abs. 2 HGB, die eine **unbeschränkte**, sich auf das Privatvermögen der Gesellschafter erstreckende **Haftung** für alle Verbindlichkeiten der Gesellschaft statuierten.

Diese persönliche unbeschränkte Haftung galt insbesondere auch bei **Dauerschuldverhältnissen** wie z. B. den Rentenzahlungsverpflichtungen aus einer betrieblichen Versorgungszusage (*Langohr-Plato, BB 1990, S. 486*). Die besondere Haftungsproblematik bestand allerdings darin, dass es sich bei einem Dauerschuldverhältnis nicht um ein einmaliges Ereignis handelt, sondern über einen längeren Zeitraum hinweg wiederkehrende Leistungen von beiden Vertragsparteien zu erbringen sind. Zwar enthielt § 159 HGB zum Schutze des ausgeschiedenen Gesellschafters eine **5-jährige Verjährungsfrist** für alle **bis zu seinem Ausscheiden begründeten** Verbindlichkeiten, was jedoch angesichts der Regelung der §§ 26 Abs. 2 S. 2, 159 Abs. 3 HGB praktisch zu einer „**Endloshaftung**" des ausgeschiedenen Gesellschafters führte, da **Verjährungsbeginn** entsprechend der vorgenannten Bestimmungen die **Fälligkeit** der jeweiligen Teilleistung war. Dieser Zeitpunkt kann aber gerade bei Versorgungsverpflichtungen, die regelmäßig erst im Rentenalter des Versorgungsberechtigten fällig werden, in ferner Zukunft liegen, so dass der ausgeschiedene Gesellschafter unter Umständen noch lange nach seinem Ausscheiden für das Handeln anderer einstehen musste. Dies konnte sogar bis hin zu einer **persönlichen Haftung** seiner **Erben** führen. 1040

Entsprechende Befürchtungen wurden durch ein Urteil des BAG aus dem Jahre 1977 (*BAG v. 21.7.1977 – 3 AZR 189/76 – BB 1978, S. 156 = DB 1978, S. 303 = NJW 1978, S. 391*) noch verstärkt. In der betreffenden Entscheidung hatte das BAG zur Frage der Nachhaftung für künftig fällig werdenden Lohn eine sowohl **zeitlich als auch der Höhe nach unbegrenzte persönliche Nachhaftung** des ausgeschiedenen Personengesellschafters bestätigt. 1041

Vor dem Hintergrund der durch dieses Urteil ausgelösten Nachhaftungsdiskussion (*vgl. insbesondere: Ulmer/Wiesner, ZHR 1980, S. 393 m.w.N.*) und unter Berücksichtigung der mit einer entsprechenden Nachhaftung einhergehenden finanziellen Auswirkungen hat das BAG (*BAG v. 3.5.1983 – 3 AZR 1263/79 – BB 1983, S. 1539 = DB 1983, S. 1559 = NJW 1983, S. 2283*) als auch der BGH (*BGH v. 19.5.1983 – II ZR 207/81 – BB 1983, S. 1714 = NJW 1983, S. 2914; BGH v. 19.5.1983 – II ZR 49/82 – BB 1983, S. 1369 = DB 1983, S. 1440 = NJW 1983, S. 2256; BGH v. 19.5.1983 – II ZR 50/82 – BB 1983, S. 1367 = DB 1983, S. 1437 = NJW 1983, S. 2254*) im Wege höchstrichterlichen Rechtsfortbildung zugunsten des ausgeschiedenen persönlich haftenden Gesellschafters die Nachhaftung auf eine neue Grundlage gestellt und trotz aller rechtsdogmatischer wie rechtssystematischer Bedenken die **generelle Wertung des § 159 HGB** auch auf arbeitsvertragliche Dauerschuldverhältnisse und damit auf betriebliche Versorgungsverpflichtungen übertragen. 1042

Unter Abwägung der Interessen aller an der betrieblichen Altersversorgung Beteiligter (Arbeitgeber, Arbeitnehmer, Pensions-Sicherungs-Verein) wurde die einzig tragbare Lösung der Haftungsproblematik darin gesehen, § 159 HGB in der Weise anzuwenden, dass der ausgeschiedene Personengesellschafter **5 Jahre nach sei-** 1043

nem Ausscheiden von dem **Risiko einer fortbestehenden Haftung freigestellt** wird (*BGH v. 19.5.1983 – II ZR 50/82 – BB 1983, S. 1367 = DB 1983, S. 1437 = NJW 1983, S. 2254 unter Ziff. 4 der Gründe*), d.h. eine Haftung für erst nach Ablauf dieser Frist fällig werdende Ansprüche entfällt.

1044 Entsprechendes galt nach den Vorschriften des Umwandlungsgesetzes bei der **Umwandlung** einer Personengesellschaft oder eines einzelkaufmännischen Unternehmens in eine Kapitalgesellschaft auch für die Haftung des zum Aktionär oder GmbH-Gesellschafters gewordene bisher persönlich haftenden Gesellschafters oder Einzelkaufmannes.

2. Grenzen der richterlichen Rechtsfortbildung

1045 Die vorstehend dargestellte Rechtsprechung fand nahezu einhelligen Anklang in der Praxis, brachte sie doch für den ausscheidenden persönlich haftenden Gesellschafter in vielen Fällen eine **klar definierte** und damit **kalkulierbare Haftungsbegrenzung**.

1046 Die Rechtsprechung hatte aber auch bestimmte Fälle ausgeklammert bzw. offen gelassen. So hat die Rechtsprechung die Nachhaftungsbegrenzung lediglich für die Haftung aus **fortbestehenden Arbeitsverhältnissen** bestätigt, es aber im übrigen offengelassen, ob eine entsprechende „Enthaftung" auch dann eintritt, wenn ein Arbeitnehmer vor dem persönlich haftenden Gesellschafter oder innerhalb eines Zeitraumes von 5 Jahren danach aus der Gesellschaft ausscheidet.

1047 Ferner hat die höchstrichterliche Rechtsprechung die zeitliche Haftungsbegrenzung nicht auf die Fälle erstreckt, in denen bei der Umwandlung einer OHG bzw. KG in eine GmbH & Co. KG die persönlich haftenden Gesellschafter tatsächlich nicht aus der Gesellschaft ausgeschieden sind, sondern im Wege **gesellschaftsrechtlicher Umgestaltung** ihrer Position weiterhin als Gesellschafter der Komplementär-GmbH und/oder deren Geschäftsführer tätig werden. Sowohl das BAG als auch der BGH haben in den bereits zitierten Urteilen für derartige Fallkonstellationen eine unbegrenzte Nachhaftung für die in der Zeit der Tätigkeit als persönlich haftender Gesellschafter erteilten Versorgungszusagen angenommen, und zwar unabhängig davon, zu welchem Zeitpunkt bei dem Versorgungsberechtigten der Versorgungsfall eintritt.

1048 Entsprechende Konsequenzen galten, wenn der **Inhaber eines Handelsgeschäftes** sein Unternehmen unter Fortführung der Firma an einen Dritten veräußerte. Auch in diesem Fall haftete der ehemalige Inhaber neben dem Erwerber unbegrenzt für die „Alt-Verbindlichkeiten" weiter (*BAG v. 24.3.1987 – 3 AZR 384/85 – BB 1987, S. 2235 = DB 1988, S. 123*).

1049 Darüber hinaus hatte es das BAG auch abgelehnt, die Nachhaftungsbegrenzung dann anzuwenden, wenn ein Einzelunternehmer in eine neu gegründete Gesellschaft (*BAG v. 23.1.1990 – 3 AZR 171/88 – BB 1990, S. 2412 = NZA 1990, S. 685; BAG v. 29.1.1991 – 3 AZR 593/89 – BB 1991, S. 1052 = DB 1991, S. 1330 = NZA 1991, S. 555*) eintritt.

Bei diesen Fallkonstellationen 1050

- Wechsel vom persönlich haftenden Gesellschafter zum geschäftsführenden Kommanditisten,
- Fortführung der Firma durch den Erwerber und
- Einbringung eines Einzelunternehmens in eine neu gegründete Gesellschaft

hafteten nach früherer Rechtslage/Rechtsprechung die betroffenen „Alt-Gesellschafter" mit ihrem **Privatvermögen für alle Versorgungszusagen, die bis zum Wechsel ihrer Gesellschafterstellung begründet worden waren**, d.h. für alle bis zu diesem Zeitpunkt erteilten Versorgungszusagen.

Im Übrigen bestand eine unklare Rechtslage in den Fällen, in denen eine Perso- 1051
nengesellschaft oder ein einzelkaufmännisches Unternehmen nach den Regeln des Umwandlungsgesetzes in eine Kapitalgesellschaft umgewandelt wurde. Sollte hier die Rechtsprechung zur Nachhaftungsbegrenzung analog gelten oder die „Endloshaftung" zur Anwendung gelangen?

3. Die Neuregelung durch das Nachhaftungsbegrenzungsgesetz

Das Gesetz folgt im wesentlichen dem von der Rechtsprechung in den Vordergrund 1052
gestellten Grundprinzip des § 159 HGB, wonach eine persönliche Haftung des Gesellschafters nach Ablauf einer Frist von 5 Jahren seit seinem Ausscheiden enden soll. Die bislang als Verjährungsregelung ausgestaltete Haftungsbegrenzung wird daher rechtssystematisch beim Ausscheiden eines bislang persönlich haftenden Gesellschafters aus der Gesellschaft und dem einen Ausscheiden gleichgestellten Wechsel der Rechtsposition des Gesellschafters (§ 160 HGB) durch eine „**Ausschlussfrist**" ersetzt, während es bei der Auflösung der Gesellschaft (§ 159 HGB) bei der 5jährigen **Sonderverjährung** und der hierzu ergangenen Rechtsprechung (s.o. Rn. 1040) bleibt. Diese Differenzierung wird zutreffenderweise damit begründet, dass im Falle der Auflösung den Gläubigern die Gesellschaft selbst als Haftungssubjekt nicht mehr verbleibt (*vgl.: Begründung, BT-Drucks. 12/1868, S.7* sowie *Reichold, NJW 1994, S. 1619; Seibert, DB 1994, S. 461; Haack, NWB 1994, F. 18, S. 3325*).

Die **Haftungsgrundsätze** des **§ 160 HGB** lassen sich wie folgt zusammenfassen: 1053

- Gegenstand der Haftung sind **alle** Verbindlichkeiten der Gesellschaft, für die der persönlich haftende Gesellschafter aufgrund der gesetzlichen Haftungsanordnung des § 128 HGB mithaftet.
- Für Verbindlichkeiten der Gesellschaft, die nach seinem Ausscheiden entstehen, **haftet** der Gesellschafter (wie bisher) **nicht**.
- Für Verbindlichkeiten, die vorher entstanden sind (Altverbindlichkeiten), führt eine gesetzliche Ausschlussfrist zu einer „**Enthaftung**" nach 5 Jahren.
- Wird eine solche Verbindlichkeit erst nach 5 Jahren fällig (z. B. im Dauerschuldverhältnis betriebliche Altersversorgung die erste Rentenrate), so ist die **Haftung** des ausgeschiedenen Gesellschafters von vornherein **ausgeschlossen**.

- Wird die Verbindlichkeit zwischen Ausscheiden und Ablauf der 5-Jahres-Frist fällig, so **endet die Haftung mit Ablauf der Frist**. Der Gesellschafter haftet also nur für die bis zum Fristablauf fällig werdenden Verbindlichkeiten.
- In **diesem** Fall kann der Gläubiger allerdings die Enthaftung durch gerichtliche Geltendmachung (§ 209 BGB) des Anspruchs ausräumen.
- Die Ausschlussfrist beginnt mit dem Datum der **Eintragung des Ausscheidens** im **Handelsregister** zu laufen.

1054 Diese Haftungsgrundsätze gelten gemäß § 160 Abs. 3 HGB entsprechend auch für den **Wechsel in die Kommanditistenstellung** und den **geschäftsführenden** und damit auf die Geschicke der Gesellschaft Einfluss nehmenden **Kommanditisten** (*vgl. hierzu: Seibert, DB 1994, S. 462; Haack, NWB 1994, F. 18, S. 3329*), gemäß der §§ 26, 28 HGB für den **Veräußerer eines Handelsgeschäftes** bzw. den Eintritt eines Dritten in das Geschäft eines Handelskaufmanns sowie gemäß § 736 Abs. 2 BGB bei der sog. „**BGB-Gesellschaft**".

1055 Im Übrigen werden parallel zum Nachhaftungsbegrenzungsgesetz die Vorschriften des **Umwandlungsgesetzes** (§§ 45, 49 Abs. 4, 56 UmwG) der Enthaftungsregelung des § 160 HGB angeglichen. Die Enthaftung gilt damit auch bei der Umwandlung einer Personengesellschaft in eine AG oder eine GmbH, und zwar ohne Rücksicht darauf, ob der ehemals persönlich haftende Gesellschafter Vorstand oder Geschäftsführer in der neuen Kapitalgesellschaft wird.

4. Übergangsregelungen

1056 Das Nachhaftungsbegrenzungsgesetz gilt uneingeschränkt für die Verbindlichkeiten, die **nach** dem **26.3.1994** (Inkrafttreten des Gesetzes) **entstanden** sind und wo der Wechsel der Gesellschafterstellung ebenfalls nach diesem Zeitpunkt eingetreten und in der dem jeweiligen Unternehmen entsprechenden Form (durch Eintragung ins Handelsregister bzw. durch Information der Gläubiger bei der BGB-Gesellschaft) **publiziert** worden ist.

1057 Sofern der Wechsel im Haftungsstatus zwar nach dem 26.3.1994 eingetreten ist, die entsprechenden Verbindlichkeiten allerdings bereits vor diesem Zeitpunkt begründet worden sind, enthalten für diese **Altverbindlichkeiten** die Art. 35 ff. EGHGB sowie § 65a Abs. 2 UmwG **Übergangsregelungen**.

1058 Diese auf den ersten Blick kompliziert gestalteten Übergangsvorschriften sollen den **Interessenkonflikt** zwischen den Gläubigern von Altverbindlichkeiten und dem ausgeschiedenen Gesellschafter lösen. So liegt das Interesse des ausgeschiedenen Gesellschafters, der zudem im Regelfall keinerlei Einflussnahmemöglichkeiten auf die Unternehmensleitung und damit auf Erfolg und Ertrag der Gesellschaft hat, vornehmlich in einer möglichst kurzfristigen und umfassenden Enthaftung. Demgegenüber musste der Gesetzgeber berücksichtigen, dass der **Übergang von der** bisherigen **Verjährungsfrist zur Ausschlussfrist** sich für die Gläubiger nachteilig auswirken und eine uneingeschränkte Rückwirkung des neuen Rechts auf bereits bestehende Altverbindlichkeiten in **eigentumsrechtlich geschützte**

Rechtspositionen eingreifen kann (*vgl.: BT-Drucks. 12/1868, S. 10* sowie *Seibert, DB 1994, S. 464; Reichold, NJW 1994, S. 1621*). Sinn und Zweck der Übergangsregelungen ist es, hier einen Ausgleich der widerstreitenden Interessen unter Berücksichtigung „des **öffentlichen Interesses an der Herbeiführung einer alsbaldigen Rechtseinheit unter Beachtung des Grundsatzes der Verhältnismäßigkeit**" (*BT-Drucks. 12/1868, S. 10*) zu finden.

Das Gesetz **differenziert** dabei zunächst zwischen **Altverbindlichkeiten im allgemeinen** (Art. 35, EGHGB) und solchen aus **fortbestehenden Arbeitsverhältnissen** (Art. 36 EGHGB), wozu allerdings **nicht** die **Ruhestandsverhältnisse** zählen (*vgl.: Reichold, NJW 1994, S. 1621*). Letztere fallen somit ebenso in den Anwendungsbereich von Art. 35 EGHGB wie die Verpflichtungen gegenüber denjenigen Mitarbeitern, die im Zeitpunkt des Statuswechsels bereits mit **unverfallbaren Anwartschaften** aus den Unternehmen **ausgeschieden** waren (*Höfer, BetrAVG, ArbR, ART Rn. 970 ff.*). 1059

Nach Art. 35 EGBGB hängt die Anwendbarkeit der Enthaftungsregelung des § 160 HGB davon ab, ob der Statuswechsel des ehemals persönlich haftenden Gesellschafters vor oder nach dem 26.3.1994 in das Handelsregister eingetragen worden ist. Erfolgte die Eintragung vor diesem Datum, so bleibt es bei der Anwendung des alten Rechts und der hierzu ergangenen richterrechtlichen Rechtsfortbildung. 1060

Nur in den Fällen, in denen die Eintragung des Statuswechsels nach dem 26.3.1994 erfolgt ist, ist § 160 HGB mit folgender **zusätzlicher Differenzierung** anwendbar: 1061

Der gesetzliche Übergang von der Verjährung, die an die Fälligkeit der Forderung anknüpft, zur Enthaftung, die vom Zeitpunkt des Statuswechsels des Gesellschafters abhängt, beeinträchtigt den Gläubiger der Gesellschaft dann nicht, wenn er in der Lage bleibt, **vor Inkrafttreten der Enthaftungsregeln entstandene Forderungen**, die nach bisherigem Recht erst in ferner Zukunft verjährten, **vor Eintritt der neuen Enthaftung geltend zu machen**. Vor diesem Hintergrund macht Art. 35 Nr. 2 EGHGB die Anwendung des § 160 HGB zusätzlich davon abhängig, dass die Verbindlichkeit **nicht später als 4 Jahre nach der Eintragung des Statuswechsels fällig** wird. Auf später fällig werdende Verbindlichkeiten bleibt das bisherige Recht mit der Maßgabe anwendbar, dass sich die **Verjährungsfrist auf ein Jahr verkürzt**. Die Enthaftungsregelungen kommen somit einem persönlich haftenden Gesellschafter, der bereits vor dem Inkrafttreten des Nachhaftungsbegrenzungsgesetzes ausgeschieden oder in die Stellung eines geschäftsleitenden Kommanditisten gewechselt ist, nicht mehr zugute. 1062

Um hier einen gewissen Ausgleich herbeizuführen, hat der Gesetzgeber bei der Haftung für Verbindlichkeiten aus **fortbestehenden Arbeitsverhältnissen** im Rahmen von Art. 36 EGHGB die vorgenannten Haftungsgrundsätze nicht vollständig übernommen. Nach Art. 36 EGHGB wird die Enthaftung unabhängig vom Zeitpunkt der Eintragung des Statuswechsels gewährt. Maßgeblicher Zeitpunkt ist vielmehr das Inkrafttreten des Nachhaftungsbegrenzungsgesetzes und somit der 26.3.1994. 1063

Art. 37 EGHGB übernimmt die vorstehend dargestellten Haftungsgrundsätze des Übergangsrechts für die Enthaftung des Einzelkaufmannes (§§ 26, 28 Abs. 3 HGB), 1064 während § 65 Abs. 2 UmwG n.F. dieses Übergangsrecht – allerdings eingeschränkt auf Art. 35 EGHGB – für die Umwandlung einer Personengesellschaft bzw. eines einzelkaufmännischen in eine Kapitalgesellschaft nachbildet. Diese Einschränkung hat zur Konsequenz, dass bei diesen Umwandlungsfällen keine Ausnahmeregelung der Enthaftung für Altverbindlichkeiten aus fortbestehenden Arbeitsverhältnissen existiert.

VI. Betriebliche Altersversorgung im Versorgungsausgleich

Literatur: *Glockner/Uebelhack,* Die betriebliche Altersversorgung im Versorgungsausgleich, Bielefeld, 1993; *Höfer,* BetrAVG, ArbR, ART, Rn. 998 ff.

1. Gesetzliche Grundlagen

1065 Seit dem **1.7.1977** (1. EheRG) hat im Falle einer Ehescheidung derjenige Ehegatte, der in der Ehezeit höhere Versorgungsanwartschaften erreicht hat als der andere Ehegatte, an diesen einen Teil seiner Versorgungsanwartschaften abzutreten. Dieser sog. **Versorgungsausgleich** erstreckt sich auch auf Versorgungs**renten**anwartschaften aus **betrieblicher Altersversorgung** (*Griebeling, Rn. 438*), und zwar bei allen vier in § 1 BetrAVG genannten Durchführungswegen. Hingegen werden Anwartschaften auf betriebliche **Hinterbliebenenversorgung** vom Versorgungsausgleich **ebenso wenig erfasst** (*Griebeling, Rn. 438*), wie **Kapitalleistungen** (*BGH v. 9.11.1983 – IVb ZB 887/89 – BB 1984, S. 1432 = FamRZ 1984, S. 156 = NJW 1984, S. 299; Höfer, BetrAVG, ART, Rn. 1011 ff.; a.A.: Glockner/Uebelhack, Rn. 33*).

1066 Für **vor** dem **1.7.1977** geschiedene Ehen gelten diese Regelungen zum Versorgungsausgleich allerdings nicht. In diesen Fällen kann der Versorgungsausgleich auch **nicht durch** einen entsprechenden **Vertrag** nachträglich **vereinbart** werden (*BGH v. 12.5.1982 – IVb ZB 859/80 – FamRZ 1982, S. 795; Höfer, BetrAVG, ArbR, ART, Rn. 998*).

1067 **Ziel** des gesetzlichen Versorgungsausgleichsverfahrens ist nach § 1587 Abs. 1 S. 1 BGB, den **Wert** der in der Ehezeit erdienten Versorgungsanwartschaft auf Altersrente **auszugleichen** (*vgl. a.: Höfer, BetrAVG, ArbR, ART, Rn. 999*). Für die Ermittlung des Wertunterschiedes bezüglich betrieblicher Versorgungsanwartschaften enthält § 1587a Abs. 2 Nr. 3 BGB spezielle Berechnungsvorschriften (*ausführlich hierzu: Glockner/Uebelhack*).

1068 Grundsätzlich ist der Ausgleichsanspruch hinsichtlich einer betrieblichen Versorgungsanwartschaft daher bezogen auf den Zeitpunkt des Endes der Ehezeit zu ermitteln, §§ 1587g Abs. 1 i.V.m. 1587a BGB. Der ausgleichsberechtigte Ehegatte soll von allem, was nicht auf einer gemeinsamen Lebensleistung während des Bestandes der Ehe beruht, ausgeschlossen bleiben.

1069 Nur ausnahmsweise sind gemäß § 1587 Abs. 2 BGB bestimmte Veränderungen in der Versorgungslage, die nach dem Ende der Ehezeit eingetreten sind, bei der Ermittlung des Ausgleichsanspruchs zu berücksichtigen. Danach dürfen nur solche

Veränderungen beachtet werden, die sich rückwirkend auf den Bestand oder den Wert des in der Ehezeit erdienten Versorgungsanrechts auswirken und die Höhe des Ehezeitanteils verändern (insbes. Steigerungen der Bemessungsgrundlagen nach dem Ende der Ehezeit, wie z. B. Gehaltssteigerungen bei lohnabhängigen Versorgungszusagen).

Insoweit ist bezüglich der nachfolgend beschriebenen Einzelfälle zu differenzie- 1070
ren:

➪ **„Karrieresprung"**:

Die nachehezeitliche Wertveränderung eines betrieblichen Versorgungsanrechts aufgrund eines nachehezeitlichen beruflichen Aufstiegs führt nicht zu einer Erhöhung des Ausgleichsanspruchs (statische Behandlung des Ausgleichsanspruchs).

➪ **dynamischer Versorgungsanspruch aus einer Direktzusage**:

Der ausgleichsberechtigter Ehegatte partizipiert an der Dynamik; Argument: nachehezeitlich wird ehezeitlicher Wert verändert (dynamische Behandlung des Ausgleichsanspruchs)

➪ **dynamischer Versorgungsanspruch (Pensionskasse oder Direktversicherung)**

Bei der externen, ausschließlich vom **Arbeitgeber getragenen Finanzierung** der Versorgungsverpflichtung über eine Direktversicherung oder Pensionskasse partizipiert der ausgleichsberechtigter Ehegatte an der dynamischen Wertentwicklung des Deckungskapital (dynamische Behandlung des Ausgleichsanspruchs).

➪ **Beteiligt sich der Arbeitnehmer** an der Beitragszahlung zur Direktversicherung bzw. Pensionskasse ist der Ausgleichsanspruch nur teilweise dynamisch. Der ausgleichsberechtigte Ehegatte wird nicht an der auf einer vor- und nachehezeitlichen Beitragszahlung des ausgleichsverpflichteten Ehegatten beruhenden Dynamik beteiligt (*vgl. a. Glockner/Uebelhack, Rn. 181 ff.*).

1071 Sofern die auszugleichende Versorgungsanwartschaft also auf eigenen Beiträgen des Mitarbeiters beruht ist sie insoweit im schuldrechtlichen Versorgungsausgleich nicht zu dynamisieren. Dynamisiert werden muss hier lediglich der auf den Finanzierungsbeiträgen des Arbeitgebers beruhende Teil der auszugleichenden Anwartschaft.

1072 Beruht die auszugleichende Versorgungsanwartschaft auf einer gehaltsabhängigen Pensionszusage, so ist der Ausgleichsbetrag grundsätzlich dynamisch zu gestalten und lediglich um eventuelle karrierebedingte Steigerungen zu bereinigen.

1073 Das seit dem **1.7.1987** geltende Scheidungsrecht („Gesetz über weitere Maßnahmen auf dem Gebiet des Versorgungsausgleichs" – *VAWMG vom 8.12.1986, BGBl. I 1986, S. 2317*) ermöglicht grundsätzlich zwei Ausgleichsmöglichkeiten von Betriebsrentenansprüchen: Die **Realteilung** gem. § 1 Abs. 2 VAHRG und den **schuld-**

rechtlichen Versorgungsausgleich gem. § 2 VAHRG i.V.m. den §§ 1587g ff. BGB, der nach § 3a VAHRG in eine sog. „Verlängerung" (verlängerter schuldrechtlicher Versorgungsausgleich) einmünden kann.

a) Realteilung

1074 Nach dem **Willen des Gesetzgebers** soll der Ausgleich eines betrieblichen Versorgungsanspruchs **vorrangig** durch die Realteilung erfolgen.

1075 Bei dieser Realteilung wird die Betriebsrente zwischen den beiden Ehegatten aufgeteilt. Eine solche Realteilung ist rechtlich aber nur dann realisierbar, wenn in dem betrieblichen Versorgungswerk oder der individuellen Versorgungszusage des begünstigten Arbeitnehmers eine entsprechende **Regelung** überhaupt vorgesehen ist. Die Realteilung ist also von der **Zustimmung des** die Altersversorgung gewährenden **Arbeitgebers** abhängig; schließlich erhält der Arbeitgeber bei der Durchführung der Realteilung in der Person des geschiedenen Ehegatten seines Mitarbeiters einen **neuen** zusätzlichen **Versorgungsgläubiger**. In der Praxis ist daher überwiegend festzustellen, das aufgrund des mit der Realteilung verbundenen zusätzlichen Verwaltungsaufwandes diese Ausgleichsform nicht zugelassen wird (*vgl. a.: Höfer, BetrAVG, ArbR, ART, Rn. 1099*).

b) Schuldrechtlicher Versorgungsausgleich

1076 Besteht die Möglichkeit einer Realteilung nicht, so kann es zum schuldrechtlichen Versorgungsausgleich kommen. Hierbei hat der ausgleichsberechtigte Ehegatte – wenn bei ihm der Versorgungsfall eingetreten ist **und** der ausgleichsverpflichtete Ehegatte seine betriebliche Versorgungsleistung schon erhält – einen unmittelbaren **Anspruch gegen den ausgleichsverpflichteten Ehegatten** auf Zahlung einer sog. „**Ausgleichsrente**", § 1587g Abs. 1 BGB.

1077 Diese Ausgleichsrente **entfällt** allerdings beim **Tod** des ausgleichsverpflichteten Ehegatten. Um den ausgleichsberechtigten Ehegatten vor einem Verlust seiner Versorgungsansprüche aus dem Versorgungsausgleich zu schützen ermöglicht das Gesetz jedoch einen sog. **verlängerten schuldrechtlichen Versorgungsausgleich** für den Fall des Todes des ausgleichspflichtigen Ehegatten. Der Arbeitgeber des ausgleichspflichtigen Ehegatten hat dann die Ausgleichsrente an den ausgleichsberechtigten Ehegatten **weiter zu zahlen**, wenn und soweit dieser eine **betriebliche Hinterbliebenenrente** (Witwen-/Witwerrente) im Falle des Fortbestandes der Ehe hätte beanspruchen können. Die Ausgleichsrente ist der Höhe nach auf die ohne die Scheidung fällig gewordene Hinterbliebenenrente **begrenzt**.

1078 Der schuldrechtliche Versorgungsausgleich kommt jedoch nur zur Anwendung, wenn die übrigen gesetzlichen Instrumente im Scheidungsverfahren nicht genutzt werden oder nicht ausreichen. Der schuldrechtliche Versorgungsausgleich ist somit nur ein „**Auffangtatbestand**" und damit gegenüber den übrigen Ausgleichsformen nachrangig. Dabei ist allerdings zu beachten, dass **gegen den ausdrücklichen Willen des Ausgleichsberechtigten die Verfahren nach § 3b VAHRG nicht angewendet werden können**.

Bei den in § 3b VAHRG geregelten Verfahren handelt es sich um folgende weitere Gestaltungsmöglichkeiten:

c) Supersplitting (§ 3b Abs. 1 Nr. 1 VAHRG)

Zum Ausgleich für die beim ausgleichspflichtigen Ehegatten verbleibende betriebliche Versorgungsanwartschaft werden dem ausgleichsberechtigten Ehegatten **zusätzliche Werteinheiten** auf dessen **Rentenkonto** in der **gesetzlichen Rentenversicherung** übertragen. Als Gegenleistung dafür, dass ihm die betriebliche Versorgungsanwartschaft ungeschmälert erhalten bleibt, muss der ausgleichspflichtige Ehegatte also eine über das normale Splittingverfahren hinausgehende Übertragung seiner Anwartschaften aus der gesetzlichen Rentenversicherung auf den ausgleichsberechtigten Ehegatten akzeptieren. 1079

d) Beitragszahlung zur gesetzlichen Rentenversicherung (§ 3b Abs. 1 Nr. 2 VAHRG)

Ist die Zahlung „nach den **wirtschaftlichen Verhältnissen zumutbar**", kann das Familiengericht den ausgleichspflichtigen Ehegatten verpflichten, zum Ausgleich der betrieblichen Versorgungsanwartschaften zugunsten des ausgleichsberechtigten Ehegatten **Beiträge** in die gesetzliche Rentenversicherung einzuzahlen. 1080

e) Abfindungsanspruch (§ 1587l BGB)

Der ausgleichsberechtigte Ehegatte kann vom ausgleichspflichtigen Ehegatten zur Vermeidung des schuldrechtlichen Versorgungsausgleichs eine Abfindung der zukünftigen Versorgungsansprüche verlangen. Dies kann z. B. durch Zahlung von Beiträgen in eine **private Lebensversicherung** geschehen. Voraussetzung ist allerdings auch insoweit, dass die Abfindungszahlung „nach den **wirtschaftlichen Verhältnissen zumutbar** ist". 1081

Welche der beschriebenen Gestaltungsmöglichkeiten letztendlich genutzt wird, hängt neben den aus der Versorgungsregelung hervorgehenden Optionen von der Entscheidung des Familiengerichts ab, das im Versorgungsausgleichsverfahren sog. „**Bagatellansprüche**" (§ 3c VAHRG) auch gänzlich vom Versorgungsausgleich **ausschließen** kann. 1082

Unter Umständen, nämlich dann, wenn z. B. die auszugleichende Betriebsrente den Wert der nach dem Supersplitting möglichen Übertragung weiterer Entgeltpunkte übersteigt, können sogar mehrere dieser Möglichkeiten nebeneinander, d.h. ergänzend zur Anwendung kommen. 1083

Dabei ist folgendes zu berücksichtigen: 1084

Das **Supersplitting** hat den Vorteil, dass hierdurch die auszugleichende Betriebsrente vollständig abgedeckt werden kann, und damit bereits heute der Versorgungsausgleich umfassend und abschließend geregelt würde.

Demgegenüber hat der **schuldrechtliche Versorgungsausgleich** zur Konsequenz, dass sich die geschiedenen Ehegatten zu einem späteren, im Scheidungszeitpunkt noch nicht exakt feststehenden Zeitpunkt (Renteneintritt beider ehemaligen Ehe- 1085 partner) noch einmal auseinander setzen und den Ausgleichsanspruch mit anwaltlicher Hilfe gerichtlich geltend machen müssen. Hinzu kommt, dass der schuldrechtliche Versorgungsausgleich dann nachteilig ist, wenn beim ausgleichsberechtigten Ehegatten eine Wiederheirat erfolgt und der nach einem Tode des ausgleichspflichtigen Ehegatten zu zahlende verlängerte schuldrechtliche Versorgungsausgleich aufgrund der Wiederheirat entfällt, was in vielen Versorgungsordnungen in Form von Leistungsausschlüssen bei Wiederheirat so ausdrücklich vorgesehen ist.

1086 Eine wirtschaftlich sinnvolle und dem Bestreben nach einer sofortigen abschließenden Regelung gerecht werdenden Lösung ist daher stets die **Abfindungsvariante**, d.h. der Abschluss einer privaten Rentenversicherung durch den ausgleichsverpflichteten Ehepartner. Dies setzt aber dessen Bereitschaft und Leistungsfähigkeit voraus.

2. Konsequenzen für den Arbeitgeber

1087 Die Realteilung ist zwar die vom Gesetzgeber präferierte Form des Ausgleichs betrieblicher Versorgungsanwartschaften. Ob sie sich jedoch in der Praxis durchsetzen wird, muss angesichts des mit der Realteilung verbundenen Aufwands bezweifelt werden.

1088 Die gesetzlich vorgesehenen Gestaltungsmöglichkeiten zur Vermeidung des schuldrechtlichen Versorgungsausgleichs, insbesondere das Supersplitting und die Abfindungsregelung, dürften in vielen Fällen an der wirtschaftlichen Leistungsfähigkeit und damit der Zumutbarkeit auf Seiten des ausgleichspflichtigen Ehegatten scheitern. Die Bagatellregelung wird aufgrund der gesetzlich festgelegten relativ niedrigen Obergrenzen in der Praxis ebenfalls nur eine untergeordnete und wohl eher zu vernachlässigende Rolle einnehmen. So beläuft sich die **Bagatellobergrenze** gem. § 3c VAHRG auf **0,25%** der **sozialversicherungsrechtlichen Bezugsgröße** gem. **§ 18 SGB IV**. Dies entspricht für das Jahr 2002 bei einer entsprechenden **Bezugsgröße** von **2.345,— €** gerade einmal einem Betrag von **5,86 € monatlich**. Beim **Supersplitting** beträgt die Grenze **2%** der genannten Bezugsgröße, was für 2002 mithin einen Betrag von monatlich **46,90 €** ergibt.

1089 Regelmäßig wird es daher zum schuldrechtlichen Versorgungsausgleich kommen. Die bei dessen „Verlängerung" auf Seiten des Arbeitgebers entstehenden Mehrkosten sollten allerdings durch die ggf. lebenslängliche Kürzung der eigentlichen Witwen(r)rente kompensiert werden können.

3. Berechnungsverfahren

1090 Um einen Ausgleich betrieblicher Versorgungsanwartschaften vornehmen zu können, müssen diese mit Hilfe der Barwertverordnung und der Sozialversicherungsgrößen in eine entsprechende dynamische Rente der gesetzlichen Rentenversicherung umgerechnet werden. Maßgeblich ist zunächst einmal der Barwert der zugesagten Versorgungsleistungen, der auf das Ende der Ehezeit anhand der Barwertverordnung ermittelt wird. Dieser Barwert wird dadurch zu einer dynamischen Rentenanwartschaft, dass er zunächst in Entgeltpunkte und danach in eine gesetzliche Rentenanwartschaft umgerechnet wird. Dabei ergeben sich je nachdem, ob es sich um eine Zusage ohne oder mit Rentendynamik handelt unterschiedliche Rechenansätze.

Hierzu folgendes **Beispiel:**

Die Ehe der beiden 50-jährigen Eheleute wurde im September 1999 geschieden. 1091
Die auszugleichende Betriebsrentenanwartschaft beträgt in Variante 1 monatlich 1.150,- DM. In Variante 2 wird eine vertraglich vereinbarte Rentendynamik berücksichtigt.

Variante 1: statische Betriebsrente

(1)	Ende der Ehezeit	2. Hj. 1999
(2)	Auszugleichende Betriebsrente (mtl.)	1.150,00 DM
(3)	Jahresbetrag (Zeile 2 x 12)	13.800,00 DM
(4)	Vervielfältiger für das Alter 50 gemäß § 2 Abs. 1 BarwertVO	4,4
(5)	Aufschlag für Rentendynamik gemäß § 2 Abs. 2 BarwertVO	0 %
(6)	Umrechnungsfaktor 2. Hj. 1999	0,0000966091
(7)	Aktueller Rentenwert zum Ehezeitende	48,29
(8)	Umrechnung Betriebsrente in fiktive gesetzl. Rente	
	(a) Barwert der Betriebsrente: Jahresbetrag (3) x Vervielfältiger (4) + Aufschlag (5)	60.720,00 DM
	(b) Umrechnung in Entgeltpunkte: Barwert (8a) x Umrechnungsfaktor (6)	5,8655 EP
	(c) gesetzliche Rentenanwartschaft: Entgeltpunkte (8b) x aktueller Rentenwert (7)	283,25 DM

Variante 2: dynamische Betriebsrente

(1)	Ende der Ehezeit	2. Hj. 1999
(2)	Auszugleichende Betriebsrente (mtl.)	1.150,00 DM
(3)	Jahresbetrag (Zeile 2 x 12)	13.800,00 DM
(4)	Vervielfältiger für das Alter 50 gemäß § 2 Abs. 1 BarwertVO	4,4
(5)	Aufschlag für Rentendynamik gemäß § 2 Abs. 2 BarwertVO	60 %
(6)	Umrechnungsfaktor 2. Hj. 1999	0,0000966091
(7)	Aktueller Rentenwert zum Ehezeitende	48,29
(8)	Umrechnung Betriebsrente in fiktive gesetzl. Rente	
	(a) Barwert der Betriebsrente: Jahresbetrag (3) x Vervielfältiger (4) + Aufschlag (5)	97.152,00 DM
	(b) Umrechnung in Entgeltpunkte: Barwert (8a) x Umrechnungsfaktor (6)	9,3848 EP
	(c) gesetzliche Rentenanwartschaft: Entgeltpunkte (8b) x aktueller Rentenwert (7)	453,20 DM

Die Rentendynamik macht in diesem Beispiel also einen Unterschied von rund 170,00 DM monatlicher Rente aus.

VII. Versorgung besonderer Personenkreise

Literatur: *Doetsch*, Steuerliche Behandlung von Versorgungszusagen an (Gesellschafter-) Geschäftsführer einer GmbH, 2. Auflage Karlsruhe 1999; *Heubeck*, Die Altersversorgung der Geschäftsführer bei GmbH und GmbH & Co., 3. Aufl., Köln 1991; *Höfer*, Die Besteuerung der betrieblichen Altersversorgung von Kapitalgesellschaftern, München 1996; *Höfer*, BetrAVG, StR, S. 833 ff.; *Lutz/Langohr-Plato*, Geschäftsführer Altersversorgung, 8. Aufl., Freiburg 1996, *Spitaler/Niemann*, Die Angemessenheit der Bezüge geschäftsführender Gesellschafter einer GmbH, 5. Aufl., Köln 1988; *Straub*, Geschäftsführer Sozialversicherung, 8. Aufl., Freiburg 1995

1. Gesellschafter-Geschäftsführer von Kapitalgesellschaften

1092 Die Einkünfte des Gesellschafter-Geschäftsführers einer GmbH (GGF) im Alter, bei Invalidität und für seine Hinterbliebenen könnten sich wie folgt zusammensetzen:

- Renten der gesetzlichen Rentenversicherung,
- Leistungen der betrieblichen Altersversorgung,
- Einkünfte aus privater Vorsorge.

1093 Dieses sog. „**Drei-Säulen-Konzept**", das grundsätzlich für Arbeitnehmer gilt, ist auch für den GGF anwendbar. Für den GGF ergeben sich jedoch einige Besonderheiten in der gesetzlichen Rentenversicherung (vgl. die umfassende Darstellung bei *Straub* sowie *Lutz/Langohr-Plato, S.1 ff.; Straub, DB 1992, S. 1087*) sowie besondere steuerliche Vorteile, seine Altersversorgung durch die GmbH sicherstellen zu lassen.

1094 Der Gesellschafter-Geschäftsführer einer Kapitalgesellschaft (GmbH, AG, KGaA) hat im Gegensatz zum Einzelunternehmer und zum Gesellschafter-Geschäftsführer einer Personengesellschaft grundsätzlich die Möglichkeit, sich über die Kapitalgesellschaft betriebliche Versorgungsleistungen (Alters-, Hinterbliebenen- und Invaliditätsversorgung) zusagen zu lassen. Steuerliche Vorteile (Bildung von Pensionsrückstellungen, Betriebsausgabenabzug für Prämien einer Rückdeckungsversicherung) machen diese Versorgungsmöglichkeit sowohl für die Gesellschaft als auch für den GGF interessant.

a) Arbeitsrechtliche Besonderheiten

1095 Betriebliche Altersversorgung ist in § 1 Abs. 1 des Gesetzes zur Verbesserung der betrieblichen Altersversorgung (Betriebsrentengesetz, BetrAVG) definiert als Leistungen der Alters-, Invaliditäts- oder Hinterbliebenenversorgung, die einem Arbeitnehmer aus Anlass seines Arbeitsverhältnisses zugesagt worden sind. Über die in § 17 Abs. 1 S. 2 BetrAVG getroffenen Abgrenzungskriterien wird der GmbH-Geschäftsführer vom persönlichen Geltungsbereich des Gesetzes erfasst, soweit ihm aus Anlass seiner Tätigkeit für ein Unternehmen eine betriebliche Versorgungszusage erteilt worden ist.

1096 Das Betriebsrentengesetz stellt ein Arbeitnehmerschutzgesetz dar, daher fällt der Gesellschafter-Geschäftsführer einer GmbH oder einer GmbH & Co. KG nicht unter den Schutzzweck des Gesetzes, soweit die Versorgung aus dem eigenen Betrieb betroffen ist und er nicht nur „unbedeutend" beteiligt ist. Er ist **Unternehmer** im Sinne des Betriebsrentengesetzes (*Lutz/Langohr-Plato, S. 70 ff.*).

Der BGH hat sich mit der Frage des persönlichen Geltungsbereichs des Betriebs- 1097
rentengesetzes für GmbH-Gesellschafter-Geschäftsführer (GGF) insbesondere unter dem Aspekt eines bestehenden gesetzlichen Insolvenzschutzes befasst (*BGH v. 28.4.1980 – II ZR 254/78 – BB 1980, 1046 = DB 1980, S. 1434= NJW 1980, S. 2254; BGH v. 9.6.1980 – II ZR 255/78 – BB 1980, S. 1215 = DB 1980, S. 1588 = NJW 1980, S. 2257; BGH v. 28.1.1991 – II ZR 29/90 – DB 1991, S. 1231 = NJW RR 1991, S. 746*). In seinen Grundsatzentscheidungen hat der BGH die Unternehmereigenschaft für solche GGF angenommen, die nach der Stärke ihrer Kapitalbeteiligung und/oder einer Stimmrechtsbindung auf die Geschicke der Gesellschaft einen bestimmenden Einfluss ausüben können. Dieser bestimmende Einfluss ist bei geschäftsführenden Gesellschaftern mit einer nicht unbedeutenden Beteiligung gegeben, sofern sie entweder allein oder zusammen mit anderen Geschäftsführern über die Mehrheit des Kapitals oder der Stimmrechte verfügen.

Auch wenn die BGH-Entscheidung nur zur Frage der Insolvenzsicherung ergan- 1098
gen ist, so lassen sich die Ergebnisse auch auf die Frage des persönlichen Schutzzwecks des Betriebsrentengesetzes insgesamt übertragen.

Verfügen also die aktiven Gesellschafter einer GmbH über die Mehrheit des Kapitals 1099
und/oder der Stimmrechte, so sind sie von dem persönlichen Geltungsbereich des Betriebsrentengesetzes ausgenommen.

Die Frage, wann eine Unternehmereigenschaft vorliegt, die zu einem Ausschluss 1100
des Versorgungsberechtigten aus dem Schutzzweck des Betriebsrentengesetzes führt, kann immer nur im **Einzelfall** entschieden werden. Der BGH hat bislang keine Beteiligungsgrenze gezogen, die als unbedeutend im Sinne der Anwendung des Betriebsrentengesetzes anzusehen ist.

b) Inhaltliche Ausgestaltung der Versorgungsregelung

(1) Festlegung der versorgungsfähigen Bezüge

Während für Fremdgeschäftsführer die Leistungssysteme so gestaltet werden soll- 1101
ten, dass sie jeweils rechtzeitig und ohne große Schwierigkeiten an nicht vorhersehbare Entwicklungen angepasst werden können (also möglichst keine Eigendynamik des Versorgungswerks), können für Gesellschafter-Geschäftsführer die Aktivbezüge als Bemessungsgrößen herangezogen werden. Durch die Anbindung der Pensionsanwartschaften an die Bezüge ergibt sich keine zusätzliche, extern beeinflusste Dynamik.

Dabei sollte allerdings nach dem Entstehungscharakter der einzelnen Bezügeteile 1102
unterschieden werden. In Abhängigkeit von der Regelmäßigkeit der Bezügeteile kommt z. B. folgende Einteilung in Betracht:

- Erfolgsunabhängige Bezüge,
- regelmäßige Sonderzahlungen, die nur bei besonders ungünstiger Ertragslage entfallen,
- Aufwandsentschädigungen im Zusammenhang mit dem Dienstverhältnis,
- erfolgsabhängige Bezüge (Gewinnanteile, Dividenden usw.)
- sonstige geldwerte Vorteile (Dienstwagen, Dienstwohnung usw.).

1103 Bei der Festlegung betrieblicher Versorgungsleistungen ist nun zu entscheiden, welche dieser Bezügeteile (die insgesamt das Berufseinkommen darstellen) als dauerhafte und den eigentlichen Lebensstandard bestimmende Einkünfte anzusehen sind. Man wird häufig dazu neigen, nur die in den beiden zuerst genannten Kategorien aufgeführten Bezügeteile als „regelmäßiges" Einkommen anzusehen.

(2) Berücksichtigung der Dienstzeit

1104 Die Dienstzeit als Geschäftsführer bis zum normalen Pensionsalter (das hier eher bei 65 und darüber anzusetzen sein wird) wird wegen der längeren Ausbildungszeiten nicht länger als z. B. 30 Jahre sein. Die Rentenformel sollte also den Endanspruch nach Ableistung einer Dienstzeit von 30 Jahren vorsehen. Für Eintrittsalter nach 35 sollten niedrigere erreichbare Altersrenten vorgesehen werden; hier können unverfallbare Anwartschaften aus Tätigkeiten bei Vorarbeitgebern unterstellt werden.

1105 Von besonderer Bedeutung ist noch die Regelung des Mitnahmerechts (Unverfallbarkeit) bei vorzeitigem Ausscheiden, die insbesondere bei Fremdgeschäftsführern wegen der häufig auf 3-5 Jahre befristeten Dienstverträge mit kürzeren Fristen vorgesehen ist, als sie vom Betriebsrentengesetz vorgegeben sind (vertragliche Unverfallbarkeit). Im fortgeschrittenen Alter (z. B. ab Alter 55) und nach wiederholter Verlängerung des Dienstvertrags wird häufig ein Überbrückungsgeld (in Höhe der zugesagten Altersrente) vereinbart für den Fall, dass der Dienstvertrag (nach Ablauf) von Seiten der GmbH nicht mehr verlängert wird und die Veranlassung hierfür nicht durch ein Fehlverhalten des Geschäftsführers ausgelöst wurde.

(3) Beispiele für Rentenformeln

1106 Falls die Versorgungsregelung die gesetzliche Rente nur pauschal berücksichtigen soll, ergeben sich folgende Rentenformeln *(vgl.: Lutz/Langohr-Plato, S. 19 f.)*:

Unteres Versorgungsziel: die Altersrente beträgt pro Dienstjahr 0,75 % des über der BBG liegenden Teils der versorgungsfähigen Bezüge – insgesamt höchstens 22,5 %.

Oberes Versorgungsziel: Die Altersrente beträgt pro Dienstjahr 1 % des unter der BBG zuzüglich 2,5 % des über der BBG liegenden Teils der versorgungsfähigen Bezüge, insgesamt höchstens 30/75 %.

Diese Versorgungsziele führen nach einer versorgungswirksamen Dienstzeit von 30 Jahren zu folgenden Altersrenten (jeweils in T-Euro; BBG 2002 = 54.000 € p.a.).

Pensionsfähige Bezüge in T-Euro p.a.					
	50	75	100	125	150
– /0,75 %	0,0	4,73	10,35	15,98	21,6
1 % /2,5 %	15,0	31,95	50,70	69,45	88,2

Die tatsächlich gewählte Rentenformel wird unter Berücksichtigung der unternehmensspezifischen Gegebenheiten irgendwo in dem breiten Feld zwischen unterem und oberem Versorgungsziel liegen, wobei die untere Grenze häufig aus Versorgungsgesichtspunkten überschritten und das obere Ziel aus Kosten- und Risikogründen in der Regel nicht erreicht wird. 1107

Für die bedarfsgerechte Gestaltung einer betrieblichen Versorgungszusage sind neben der „normalen" Altersrente auch noch die sonstigen Leistungselemente 1108

- vorgezogene Altersrente
- Invalidenrente bei Berufs- und/oder Erwerbsunfähigkeit,
- Hinterbliebenenrenten (Ehegatten-, Waisenrenten)

festzulegen.

c) Insolvenzsicherung

(1) Gesetzlicher Insolvenzschutz

Betriebliche Versorgungsmaßnahmen sind nach Erfüllung der Unverfallbarkeitsfristen (Mindestalter 35, Zusagedauer 10 Jahre oder Zusagedauer 3 Jahre bei einer Betriebszugehörigkeit von 12 Jahren) für den Fall der Insolvenz des Unternehmens gesichert (und zwar in Höhe der unverfallbaren Anwartschaften). Grundlage für die Einbeziehung bzw. den Ausschluss der Altersversorgung eines Gesellschafter-Geschäftsführers in die **Insolvenzsicherung** ist wiederum **§ 17 BetrAVG**. 1109

Der Pensions-Sicherungs-Verein (PSVaG) – als die für die Durchführung der Insolvenzsicherung geschaffene Institution – hat in seinem *Merkblatt 300/M1/10.86* die wesentlichen Kriterien für den Insolvenzschutz der Pensionszusagen an Gesellschafter und Mitglieder von Gesellschaftsorganen dargestellt. Zur Abgrenzung der Insolvenzsicherungspflicht kann auf das Steuer- und Sozialversicherungsrecht wegen der unterschiedlichen gesetzlichen Zielrichtungen nicht schematisch zurückgegriffen werden. Maßgeblich für den Insolvenzschutz ist der Inhalt der Pensionszusage sowie die tatsächliche und rechtliche Ausgestaltung des Beschäftigungsverhältnisses und des Gesellschaftsverhältnisses zum Zeitpunkt der Zusageerteilung im Einzelfall (*vgl. a.: Höfer, Rn. 20 ff.*). 1110

Nach den Grundsätzen des PSVaG bestehen Insolvenzsicherungspflicht und -schutz für Organmitglieder einer GmbH, wenn deren Anteil am Kapital oder Stimmrecht ihnen keine Unternehmer- oder Mitunternehmerstellung einräumt; das gilt insbesondere dann, wenn die Anteile oder Stimmrechte des Geschäftsführers einer GmbH 1111 allein weniger als die Hälfte oder bei mehreren zusammengerechnet gegenüber den nicht geschäftsführenden Gesellschaftern nicht mehr als die Hälfte betragen.

1112 Nicht insolvenzgesichert sind Gesellschafter-Geschäftsführer, die die vorgenannten Voraussetzungen nicht erfüllen (z. B. drei mit jeweils 1/3 am Kapital beteiligte Gesellschafter-Geschäftsführer) oder die aufgrund ihrer maßgebenden Geschäftsführungsbefugnis als eigenverantwortliche Leiter des Unternehmens anzusehen sind.

1113 Nach der Rechtsprechung des BGH (*Urteil v. 28.1.1991 – II ZR 29/90 – DB 1991, S. 1231 = MDR 1991, S. 608*), sind **Versorgungsansprüche mehrheitlich beteiligter GGF** allerdings dann insolvenzgesichert, wenn die Gesellschaftsbeteiligung treuhänderisch für Rechnung eines Dritten gehalten wird; das gilt auch, wenn die Ehefrau die Treugeberin ist und Anhaltspunkte fehlen, die die Annahme rechtfertigen könnten, deren Vermögen sei wirtschaftlich auch dem Ehemann zuzurechnen.

1114 Insoweit ist ferner zu beachten, dass eine betriebliche Altersversorgung nur dann dem Anwendungsbereich des Betriebsrentengesetzes und damit dem gesetzlichen Insolvenzschutz unterfällt, wenn die Versorgungszusage aus Anlass des Arbeitsverhältnisses bzw. der Tätigkeit für ein (fremdes) Unternehmen zugesagt worden ist. Dies ist dann nicht der Fall, wenn eine GmbH nur ihren – ggf. auch nur minderbeteiligten – Gesellschaftern eine Versorgung verspricht und wenn Art und Höhe dieser Versorgung bei Beschäftigten, die nicht Gesellschafter sind, wirtschaftlich nicht vertretbar ist (*so ausdrücklich: BAG v. 25.1.2000 – 3 AZR 769/98 – DB 2001, S. 2102*).

1115 „Aus Anlass“ eines Arbeitsverhältnisses oder einer unter § 17 Abs. 1 S. 2 BetrAVG fallenden Tätigkeit ist eine Zusage nämlich nur dann erteilt, wenn zwischen ihr und dem insoweit maßgeblichen Beschäftigungsverhältnis ein kausaler Zusammenhang besteht. Aus anderen Gründen erteilte Versorgungszusagen werden durch das Betriebsrentengesetz nicht geschützt (*vgl.: BAG v. 8.5.1990 – 3 AZR 121/89 – DB 1990, S. 2375; BAG v. 20.7.1993 – 3 AZR 99/93 – BB 1994, S. 220 = DB 1994, S. 151 = ZIP 1994, S. 53; BAG v. 25.1.2000 – 3 AZR 769/98 – DB 2001, S. 2102*).

1116 Soweit allein die Beteiligung an der Gesellschaft für die Erteilung des Versorgungsversprechens entscheidend ist handelt es sich letztendlich um nicht insolvenzgeschützten „Unternehmerlohn“. Bei der entsprechenden Kausalitätsprüfung sind alle relevanten Umstände des Einzelfalls zu prüfen. Insoweit kommt es u.a. darauf an, ob die zugesagte Versorgung nach Art und Höhe auch bei Fremdkräften wirtschaftlich vernünftig und üblich gewesen wäre. Von daher wertet das BAG eine ausschließlich den Gesellschaftern zugebilligte Altersversorgung als Indiz für einen sachlichen Zusammenhang mit deren Gesellschafterstellung, und zwar völlig unabhängig vom Umfang ihrer Beteiligung am Gesellschaftskapital (*BAG v. 25.1.2000 – 3 AZR 769/98 – DB 2001, S. 2102*).

1117 Wenn nach den vorstehenden Grundsätzen für die Gesellschafter-Geschäftsführer-Pensionszusage Insolvenzschutz besteht, so sind während der Aktivitätszeit aber nur Anwartschaften im Umfang des ratierlichen Anspruchs (zeitanteilig erdiente Anwartschaften bezogen auf den Insolvenzstichtag) insolvenzgeschützt. Außerdem beträgt der Maximalanspruch gegen den Träger der Insolvenzsicherung nach der geltenden Fassung von § 7 Abs. 3 Satz 1 BetrAVG das **Dreifache** der im Zeitpunkt der ersten Rentenfälligkeit geltenden Bezugsgröße nach § 18 SGB IV. Bei einer für 2002 festgelegten Bezugsgröße von 2.345,- € (alte BL) bzw. 1.960,- € (neue BL) ergibt sich somit für die Einstandspflicht des PSV eine Obergrenze von monatlich 7.035,- € (alte BL) bzw. 5.880,- € (neue BL).

Dieser Betrag erscheint auf den ersten Blick – auch für Gesellschafter-Geschäfts- 1118
führer-Pensionen – ausreichend, es ist aber zu beachten, dass er nicht der Dynamisierung gemäß § 16 BetrAVG unterliegt.

Zahlt die GmbH für die Pensionszusage des GGF Beiträge an den PSVaG, ohne 1119
dass die Insolvenzsicherungsfähigkeit eindeutig geklärt wurde, so kann der PSVaG – trotz entgegengenommener Beiträge – im Insolvenzfall die gewünschten Leistungen bei fehlender Leistungspflicht versagen. Er muss lediglich die – rechtsirrtümlich erhobenen – Beiträge zurückerstatten, und das auch nur für einen auf 6 Jahre begrenzten Zeitraum. Selbst mit einer Auskunft des PSVaG, „er neige zu der Auffassung, die Versorgungszusage werde von der Insolvenzsicherung erfasst“, wird **kein** zur Leistung verpflichtender **Vertrauenstatbestand** geschaffen. Die tatsächliche Beitragsentrichtung stellt also keine ausreichende Grundlage für einen Leistungsanspruch dar.

(2) Sicherungsmöglichkeiten für nicht gesetzlich insolvenzgeschützte Pensionen

Für den Fall, dass eine Insolvenzsicherung über den PSVaG nach den vorstehen- 1120
den Ausführungen nicht möglich ist, bietet sich als Ausweg eine Lösung auf privatrechtlicher Basis an (*vgl. a.: Doetsch, S. 19 f.; Höfer, Rn. 21, 201 ff.; Langohr-Plato/Teslau, INF 1999, S. 400 ff.*). Die Gesellschaft schließt – zur Finanzierung der betrieblichen Versorgungszusage – eine Lebensversicherung (Rückdeckungsversicherung) ab und **verpfändet** diese für den Fall der Insolvenz des Unternehmens an den Gesellschafter-Geschäftsführer.

Mit der Verpfändung der Rückdeckungsversicherung erwirbt der Gesellschafter- 1121
Geschäftsführer das Recht, bei Pfandreife die Versicherungsleistung insoweit für sich in Anspruch zu nehmen, wie dies zur vollen Erfüllung seiner Pensionszusage erforderlich ist. Pfandreife bedeutet, dass die zu sichernde Forderung fällig geworden ist und der Pfandgläubiger (Gesellschafter-Geschäftsführer) von der Gläubigerin (GmbH) die Leistung verlangen kann (*OLG Hamm v. 12.5.1995 – 20 U 37/95 – BB 1995, S. 2083; LG Frankfurt v. 24.10.1995 – 2/14 O 199/95 – EWiR § 7 BetrAVG 1/96, 8; Doetsch, S. 20*).

Das Pfandrecht ist ein dingliches Sicherungsrecht, das dem Gläubiger einer bereits 1122
fälligen Versorgungsleistung ein Verwertungsrecht an der verpfändeten Sache einräumt. Im Gegensatz zur Sicherungsabtretung eines Rechts, bei der der Gläubiger

Inhaber des Rechts wird, bleibt bei der Verpfändung der Verpfänder (GmbH) Inhaber des Rechts, d.h. bei der Rückdeckungsversicherung Versicherungsnehmer und Bezugsberechtigter. Für das Pfandrecht besteht der Grundsatz der Akzessorietät (im bürgerlichen Recht die Abhängigkeit eines Nebenrechts von einem Hauptrecht), d.h. für die Begründung und das Fortbestehen des Pfandrechts muss eine zu sichernde Forderung (Pensionsanspruch) bestehen. Mit dem rechtlichen Schicksal dieser Forderung ist das Pfandrecht unumgänglich verbunden. Fällt z. B. die Forderung später weg, so erlischt auch wieder das Pfandrecht.

1123 Die Begründung eines Pfandrechts an einem Recht setzt eine entsprechende Vereinbarung zwischen dem Verpfänder (GmbH) und dem Pfandgläubiger (GGF) voraus. Hinsichtlich der Vertretung der GmbH gilt hierbei:

- Existiert ein **Aufsichtsrat** (zwingend gegeben, wenn die Gesellschaft der Mitbestimmung unterliegt), so wird die GmbH gegenüber ihren Geschäftsführern durch den Vorsitzenden des Aufsichtsrates vertreten.
- Ist kein Aufsichtsrat vorhanden, so wird die GmbH von den übrigen Gesellschaftern oder einem von ihnen Beauftragten vertreten.

1124 Hinsichtlich der Verwertung des Pfandrechts ist zu unterscheiden, ob Pfandreife eingetreten ist oder nicht. Pfandreife bedeutet, dass die zu sichernde Forderung fällig geworden ist und der Pfandgläubiger von dem Verpfänder Leistungen verlangen kann. Vor Eintritt der Pfandreife hat der GGF nur eine **Versorgungsanwartschaft,** deren Erstarken zu einem **Versorgungsanspruch** aber noch vom Eintritt künftiger ungewisser Ereignisse (Versorgungsfall) abhängt. Damit waren Versorgungsanwartschaften nach bisherigem Konkursrecht nicht als betagte Ansprüche i.S.v. § 65 KO, sondern als **aufschiebend bedingte Verpflichtungen** i.S.v. § 67 KO zu bewerten. Forderungen unter einer aufschiebenden Bedingung berechtigten gem. § 67 KO allerdings nicht zur Abtretung, sondern nur zur (bevorzugten) **Sicherung.** Die auf den bedingten Anspruch entfallende Konkursdividende wurde bei der Verteilung zwar grundsätzlich berücksichtigt (§ 154 KO), aber zurückbehalten und anschließend hinterlegt (§§ 168 Nr. 2, 169 KO).

1125 Sofern also bei Konkurseintritt der Versorgungsfall noch nicht eingetreten war (**fehlende Pfandreife**), konnte der Pfandgläubiger aufgrund seines Sicherungsrechts **keine vorrangige Befriedigung** verlangen. Vielmehr stand dem Konkursverwalter das alleinige Verwertungsrecht an der Rückdeckungsversicherung zu, wobei er deren Wert allerdings zunächst nicht zur Konkursmasse ziehen durfte. Vielmehr musste er den für die Befriedigung der künftigen Versorgungsansprüche erforderlichen Betrag aus dem Erlös der Versicherungsforderung nach § 67 KO **vorrangig hinterlegen.** Trat der Versorgungsfall später nicht ein, oder ist bei Eintritt des Versorgungsfalls kein Versorgungsempfänger mehr vorhanden (Vorversterben des begünstigten Hinterbliebenen), könnte der Konkursverwalter den hinterlegten Betrag gemäß § 166 KO zur **Nachtragsverteilung** verwenden (*BGH v. 10.7.1997 – IX ZR 161/96 – DB 1997, S. 2113 = ZAP 1998, F. 15, S. 243 f. m. Anm. Langohr-Plato; Langohr-Plato/Teslau, INF 1999, S. 400 ff.; Fischer/Meyer, DB 2000, S. 1861*).

Diese noch zum alten Konkursrecht ergangene Rechtsprechung ist zwischenzeitlich von den Instanzengerichten zum neuen Insolvenzrecht übernommen worden (*vgl.: LG Tübingen v. 17.11.2000 – 4 O 233/00 – NZI 2001, S. 263*). 1126

Die **Insolvenzordnung** sieht allerdings in § 41 vor, dass nicht fällige Forderungen als fällig fingiert werden und dass gem. § 191 InsO aufschiebend bedingte Forderungen zwar bei der Verteilung mit ihrem vollen Betrag berücksichtigt, aber nicht ausgezahlt sondern zurückbehalten werden. Des Weiteren kann im **Insolvenzplanverfahren** gem. § 217 InsO u.a. die Befriedigung der absonderungsberechtigten Gläubiger abweichend von den Vorschriften der Insolvenzordnung geregelt werden. Damit besteht grundsätzlich die Gefahr, dass im Rahmen des Insolvenzplanverfahrens dem durch eine Verpfändung der Rückdeckungsversicherung hinsichtlich seiner betrieblichen Altersversorgung abgesicherten GGF die mit der Verpfändung beabsichtigte Schutzfunktion (teilweise) unterlaufen werden kann. Die Durchführung eines solchen Insolvenzplanverfahrens ist allerdings nicht obligatorisch und kann von jedem Gläubiger und somit auch vom versorgungsberechtigten GGF im Rahmen von § 251 InsO (Minderheitenschutz) verweigert werden. 1127

Der BGH hat unabhängig von dieser Neuregelung mit dieser Feststellung zugleich höchstrichterlich das **„Verpfändungsmodell“** als privatrechtliches Mittel zur Sicherung gesetzlich nicht insolvenzgeschützter betrieblicher Versorgungsrechte generell anerkannt (*BGH v. 10.7.1997 – IX ZR 161/96 – DB 1997, S. 2113 = ZAP 1998, F. 15, S. 243 f. m. Anm. Langohr-Plato*) und zwar ausdrücklich auch für die Absicherung der einem beherrschenden Gesellschafter-Geschäftsführer einer GmbH erteilten Pensionszusage. Hierzu der BGH wörtlich: 1128

“... verstößt das Bestreben eines Geschäftsführers, seine sachlich angemessene Versorgungsanwartschaft mit zulässigen Mitteln insolvenzfest zu sichern, nicht schon deswegen gegen den Konkurszweck, weil er zugleich mitbeherrschender Gesellschafter ist: Der Grundsatz der Gleichbehandlung aller Gläubiger verbietet es diesem Geschäftsführer nicht schlechthin, seinen Anspruch auf die geschuldete Gegenleistung für einen eigenen, gleichwertigen Einsatz rechtzeitig insolvenzfest zu sichern“.

Nach **Eintritt der Pfandreife** ist der Pfandgläubiger zur alleinigen Verwertung berechtigt. Das Pfandrecht führt hier zu einem unmittelbaren **Absonderungsrecht** (§ 50 InsO). Im Falle der Insolvenz der GmbH darf der Insolvenzverwalter erst dann tätig werden, wenn der Pfandgläubiger in einer ihm gesetzten Frist zur Verwertung der Rückdeckungsversicherung nicht tätig geworden ist. Der Gesellschafter-Geschäftsführer kann verlangen, dass ihm der Insolvenzverwalter die Rechte aus dem Versicherungsvertrag in Höhe seiner Ansprüche (zeitanteilig gekürzte Leistungen) abtritt. Die Rückdeckungsversicherung kann auch durch Kündigung fällig gestellt werden. Der Gesellschafter-Geschäftsführer kann sich dann seinen Anspruch aus dem Rückkaufswert auszahlen lassen. 1129

Aus steuerlicher Sicht ist die **Verpfändung der Rückdeckungsversicherung** unbedenklich. Die Referenten der Obersten Finanzbehörden des Bundes und der Länder haben gemäß Schreiben des Bundesministers der Finanzen vom 16.4.1982 (*IV B 6 – S 2373 – 5/82 – BB 1982, S. 849 = DB 1982, S. 880*) der Auffassung zu- 1130 gestimmt, dass ein lohnsteuerlicher Zufluss nicht angenommen wird, da der Arbeitnehmer bei einer Verpfändung im Gegensatz zur Abtretung gegenwärtig keine Rechte und Ansprüche erwirbt.

1131 Die Pensionszusage mit Rückdeckungsversicherung eröffnet dem GGF also die problemgerechte Absicherung des Insolvenzrisikos für seine Altersversorgung. Für Fremdgeschäftsführer erscheint diese Absicherung aber auch für den Zeitraum sinnvoll, indem noch keine gesetzliche Insolvenzsicherung gegeben ist (vor Erfüllung der Unverfallbarkeitsfristen).

1132 *Die Pensionszusage mit Rückdeckungsversicherung eröffnet dem beherrschenden GGF also die problemgerechte Absicherung des Insolvenzrisikos für seine Altersversorgung. Für Fremdgeschäftsführer oder solche GGF, die dem Anwendungsbereich des BetrAVG unterfallen, erscheint diese Absicherung aber auch dort sinnvoll, wo noch keine gesetzliche Insolvenzsicherung gegeben ist (vor Erfüllung der Unverfallbarkeitsfristen) bzw. wo die Zusage die Haftungshöchstgrenzen des PSV übersteigt.*

1133 Die Versorgungszusage enthält in der Regel neben der **Berechtigtenrente** (Alters-, Invalidenrente) auch eine **Hinterbliebenenrente** (Witwenrente). Ist die Ehefrau Erbin des Gesellschafter-Geschäftsführers, so geht das Pfandrecht beim Tode des Gesellschafter-Geschäftsführers im Wege der Erbfolge auf die Witwe über. Ist dagegen nicht die Ehefrau, sondern ein Kind Erbe des Gesellschafter-Geschäftsführers (was häufig im Unternehmertestament mit dem Ziel der Unternehmensfortführung festgelegt ist), so reicht die Verpfändungsvereinbarung zwischen der GmbH und dem Gesellschafter-Geschäftsführer nicht aus. Das Pfandrecht würde in den Nachlass fallen und nach dem Grundsatz der Akzessorietät erlöschen (das Kind besitzt keine zu sichernde Forderung). Diese Rechtsfolge kann nur vermieden werden, indem eine zweite Verpfändungsvereinbarung zwischen der GmbH und der Ehefrau getroffen wird. Die Rangfolge der Pfandrechte richtet sich nach der Zeit der Bestellung, das vorrangige Pfandrecht des Gesellschafter-Geschäftsführers sollte also zeitlich früher bestellt werden. Für die Begründung des Pfandrechts ist es schließlich erforderlich, dass der Verpfänder (GmbH) dies dem Schuldner (Versicherer) anzeigt.

d) Steuerrechtliche Zulässigkeitsvoraussetzungen für unmittelbare Versorgungszusagen

1134 Pensionszusagen der GmbH gegenüber ihren Gesellschafter-Geschäftsführern unterliegen körperschaftsteuerlich strengeren Rechtsgrundsätzen als Pensionsverpflichtungen gegenüber Fremdgeschäftsführern. Damit soll der Doppelfunktion des GGF als Unternehmer einerseits und Angestellter seiner Gesellschaft andererseits Rechnung getragen werden. Aufgrund dieser Doppelfunktion befürchten nämlich Finanzverwaltung und Rechtsprechung, dass der GGF allein aus steuerlichen und bilanztechnischen Gründen den Zeitpunkt der Zusageerteilung (Einmalrückstellung in Jahren hoher Gewinne, Verzicht auf Zusage in Verlustjahren) und den Inhalt der Versorgungszusage (Leistungsumfang) willkürlich beeinflusst und so das steuerliche Einkommen des Unternehmens manipuliert. Dies gilt verstärkt nach der Änderung des Bewertungsverfahrens (Verankerung des Teilwertes in § 6a EStG durch das BetrAVG 1974), da die Ansätze zur Bewertung der Pensionsverpflichtungen erheblich flexibler sind, die Nachfinanzierung für zurückliegende Dienstjahre ermöglichen und somit eine stärkere Einflussnahme auf das steuerpflichtige Einkommen der GmbH zulassen.

Damit die Pensionsrückstellungen für die einem GGF erteilte Pensionszusage von 1135
der Finanzverwaltung anerkannt wird und die für die Finanzierung dieser Zusage aufgewendeten Mittel als Betriebsausgaben abzugsfähig sind, muss die dem GGF erteilte Zusage **klar** und **eindeutig**, **ernsthaft** sowie **angemessen** sein. Die hierbei im wesentlichen zu beachtenden Kriterien sind:

(1) Klarheit der Vereinbarung

Die Pensionsverpflichtung einer Kapitalgesellschaft gegenüber dem Gesellschaf- 1136
ter-Geschäftsführer setzt ein arbeitsrechtlich anerkanntes Dienstverhältnis und eine klare, eindeutige Vereinbarung voraus. **Unklarheiten** in den Rechtsverhältnissen zwischen Gesellschaft und Gesellschafter gehen **zu Lasten der Steuerpflichtigen** (so bereits: *BFH v. 11.10.1955 – I 47/55 – BStBl. III, S. 397; vgl. a.: Doetsch, S. 28 f.; Höfer, BetrAVG, StR, Rn. 1960 f.*).

Nach § 6a EStG ist für die **Bildung von Pensionsrückstellungen** zwingend 1137
Schriftform erforderlich. Das Schriftformerfordernis gilt auch bei der Rückstellungsbildung für zugesagte Witwerrenten. Diese Zahlungsverpflichtung ist nämlich nicht allein aufgrund ihrer arbeitsrechtlichen Verpflichtung rückstellungsfähig, sondern nur dann, wenn die Versorgungsleistung „Witwerrente" in der einzelnen Versorgungszusage auch tatsächlich schriftlich geregelt ist. Hierauf hat die Finanzverwaltung in zwei gesonderten Erlassen nochmals ausdrücklich hingewiesen (*BMF Schreiben v. 26.11.1990, BetrAV 1990, S. 266 und v. 13.12.1990 BetrAV 1991, S. 17*).

Darüber hinaus lässt eine schriftliche Vereinbarung zugleich den Schluss ihrer in- 1138
haltlichen Vollständigkeit zu, hat also in Streitfällen eine entsprechende **Indizwirkung**.

(2) Verbot des Selbstkontrahierens

Die Versorgungszusage stellt ebenso wie der Anstellungsvertrag eine Vereinbarung 1139
zwischen dem Unternehmen und seinem Geschäftsführer dar, d.h. der Gesellschafter-Geschäftsführer tritt unter Umständen zugleich für sich selbst handelnd und als Vertreter des Unternehmens auf. Die zivil- und steuerrechtliche Rechtswirksamkeit der Pensionszusage setzt deshalb zwingend voraus, dass dem Gesellschafter-Geschäftsführer im Gesellschaftsvertrag „Befreiung vom Verbot des Selbstkontrahierens (§ 181 BGB)" erteilt wird (*Heubeck, Rn. 140 ff.; Höfer, Rn. 44 ff.; Höfer, BetrAVG, StR, Rn. 1951*). Die Befreiung ist eine in das Handelsregister eintragungspflichtige Tatsache (*BGH v. 28.2.1983 – II ZB 8/82 – DB 1983, S. 1192*).

1140 Dies gilt auch für Gesellschafter-Geschäftsführer von Einmanngesellschaften, da sie gemäß § 35 Abs. 4 GmbHG nicht vom Selbstkontrahierungsverbot ausgenommen sind (*Schmidt NJW 1980, S. 1769; Lutter DB 1980, S. 1317*).

1141 Liegt die Befreiung vom Verbot des Selbstkontrahierens zum Zeitpunkt der Zusageerteilung nicht vor, so ist das Rechtsgeschäft **schwebend unwirksam.** Eine nachträgliche Genehmigung wirkt zwar zivilrechtlich auf den Zeitpunkt der Vornahme des Rechtsgeschäftes zurück, entfaltet jedoch keine steuerliche Rückwirkung. Auch insoweit gilt der bereits beschriebene Grundsatz der Klarheit und Eindeutigkeit, d.h. auch die zur Befreiung vom Verbot des Selbstkontrahierens führende Vereinbarung muss in einer Weise erfolgen, dass der Abschluss dieser Vereinbarung und der Zeitpunkt des Abschlusses gegenüber Dritten eindeutig nachgewiesen werden kann.

(3) Zuständigkeit der Gesellschafterversammlung

1142 Des Weiteren ist darauf zu achten, dass die Pensionszusage durch das zuständige Gesellschaftsorgan **unterzeichnet** wird. Der Geschäftsführer einer GmbH hat nämlich eine Doppelfunktion inne. Zum einen ist er **Organ der Gesellschaft** und damit ihr gesetzlicher Vertreter, § 35 Abs. 1 GmbHG. Diese Organstellung wird dem Geschäftsführer durch die Bestellung (§ 6 GmbHG) verliehen. Hiervon zu unterscheiden ist das **schuldrechtliche Dienstverhältnis** des Geschäftsführers, das seinen Niederschlag in seinem Anstellungsvertrag findet, der regelmäßig auch die vertraglichen Vereinbarungen für die Vergütung der Geschäftsführertätigkeit enthält.

1143 Die Bestellung des Geschäftsführers sowie der Abschluss, als auch jede spätere Änderung, Kündigung und vertragliche Aufhebung seines Dienstvertrages fallen gemäß § 46 Nr. 5 GmbHG in den **Zuständigkeitsbereich der Gesellschafter und erfordern damit grds. immer einen Gesellschafterbeschluss,** sofern nicht nach Gesetz oder Gesellschaftervertrag (Satzung) ein anderes Gesellschaftsorgan (z. B. Aufsichtsrat, Beirat, Geschäftsführer) hierfür zuständig ist. (*vgl. a.: Höfer, Rn. 48*).

1144 Mit Schreiben vom 16.5.1994 (*DB 1994, S. 1112*) hat der BMF darauf hingewiesen, dass dieses BGH-Urteil auch bei „Vereinbarungen über die Änderung der Bezüge" eines GGF anzuwenden ist. Damit werden von der BGH-Rechtsprechung auch die Erteilung und Änderung betrieblicher Versorgungsversprechen erfasst.

1145 Die mit einem unzuständigen bzw. nicht vollständig vertretenen Gesellschaftsorgan abgeschlossenen Vergütungsvereinbarungen des GGF sind daher nicht wirksam (*BGH v. 25.3.1991 – II ZR 169/90 – GmbHR 1991, S. 363*). Dies gilt auch für den Vergütungsbestandteil der betrieblichen Altersversorgung, mit der Konsequenz, dass die für eine unmittelbare Pensionszusage gemäß § 6a EStG in der Bilanz eingestellten Pensionsrückstellungen als verdeckte Gewinnausschüttung zu werten sind.

1146 Die Finanzverwaltung hat allerdings im Schreiben des BMF vom 21.12.1995 (*DB 1996, S. 17*) erklärt, dass sie aus einem entsprechenden Vertragsmangel für alle Wirtschaftsjahre, die vor dem 1.1.1997 enden, keine Konsequenzen ziehen wird.

Nach Ablauf dieser Schonfrist ist die steuerliche Anerkennung der gebildeten Pensionsrückstellungen ohne entsprechende vertragliche Grundlage nicht mehr gegeben. Diese gelten dann als verdeckte Gewinnausschüttung. Seit dem 1.1.1997 werden dementsprechend formungültige Versorgungsvereinbarungen von der Finanzverwaltung folglich nicht mehr anerkannt; eine Heilung für die Vergangenheit ist seither nicht mehr möglich.

Dabei ist zu beachten, dass das Erfordernis der Herbeiführung eines Gesellschafterbeschlusses i.S.v. § 48 GmbHG nicht nur für den GGF, sondern auch für den rein angestellten, d.h. kapitalmäßig nicht beteiligten Geschäftsführer sowie für die Einmann-GmbH gilt. 1147

Die Abhaltung einer förmlichen **Gesellschafterversammlung** ist dann **nicht erforderlich**, wenn die Zustimmung zur Erteilung bzw. Änderung der Versorgungszusage schriftlich von allen Gesellschaftern (schriftliches Umlaufverfahren) eingeholt worden ist, § 48 Abs. 2 GmbHG, sofern nicht aufgrund entsprechender Sonderregelungen im Gesellschaftsvertrag ein förmliches Beschlussverfahren ausdrücklich hierfür vorgesehen ist. 1148

Ergänzend ist noch darauf hinzuweisen, dass eine von der Gesellschafterversammlung wirksam beschlossene **Änderung des Geschäftsführervertrages** nicht zwingend zu einer schriftlichen Anpassung der geänderten Vertragspassage führen muss. Vielmehr ist der gefasste Gesellschafterbeschluss bereits für die Rechtsänderung ausreichend und bedarf keiner weiteren Umsetzung mehr, wenn der betroffene GGF an der Beschlussfassung mitgewirkt hat, da diese Mitwirkung zugleich als Annahme des auf eine entsprechende Vertragsänderung hin gerichteten Angebots zu interpretieren ist *(BFH vom 11.12.1991 – I R 49/90 – BB 1992, S. 1124)*. Hinsichtlich der Beteiligung des GGF an der Beschlussfassung ist weder das Abstimmungsverbot nach § 47 Abs. 4 GmbHG, noch das Verbot der Selbstkontrahierung zu beachten (*Langohr-Plato, INF 1996, S. 143*). 1149

Wird somit eine Versorgungszusage ohne die entsprechende Legitimation durch die Gesellschafterversammlung erteilt, so ergeben sich für den Versorgungsberechtigten die folgenden Konsequenzen (*vgl. a.: Langohr-Plato, INF 1996, S. 141 ff.*): 1150

Soweit zugunsten eines GGF eine Direktversicherung abgeschlossen worden ist, ist die arbeitsvertragliche Zusage auf Abschluss einer Direktversicherung im Hinblick auf den fehlenden Gesellschafterbeschluss zivilrechtlich schwebend unwirksam. Die gezahlten Versicherungsprämien sind als **verdeckte Gewinnausschüttung** und damit nicht als Gehaltszahlung zu behandeln, was eine Pauschalversteuerung nach § 40 b EStG ausschließt und zu einer Versteuerung der entsprechenden Einkünfte aus Kapitalvermögen führt. 1151

Bei einer dem GGF erteilten Pensionszusage führt der fehlende Gesellschafterbeschluss zur **gewinnerhöhenden Auflösung** der gebildeten Pensionsrückstellungen. Soweit dann später Versorgungsleistungen fällig werden, sind diese dann vom GGF als Einkünfte aus Kapitalvermögen zu versteuern. 1152

1153 Beim nicht beteiligten Geschäftsführer ergeben sich hinsichtlich einer bestehenden Direktversicherung keine Konsequenzen, da trotz schwebender Unwirksamkeit des zugrundeliegenden Versprechens die Versicherungsprämien zivil- wie auch steuerrechtlich als Arbeitslohn behandelt werden und damit gem. § 40b EStG pauschalierungsfähig bleiben.

1154 Fraglich ist, welche steuerrechtlichen Auswirkungen die einem angestellten GF erteilte Pensionszusage hat, die nicht durch einen entsprechenden Gesellschafterbeschluss zivilrechtlich legitimiert ist. Insoweit ist zu befürchten, dass die bislang gebildeten Pensionsrückstellungen gewinnerhöhend aufzulösen sind, da die Bildung von Pensionsrückstellungen einer rechtsverbindlichen Verpflichtung bedarf (§ 6a Abs. 1 Nr. 1 EStG).

(4) Nachzahlungsverbot

1155 Der Gesellschafter-Geschäftsführer kann für die GmbH mehr oder weniger angemessen entgeltlich tätig sein. Um nachträgliche Gewinnmanipulationen auszuschalten, erkennen Rechtsprechung und Finanzverwaltung rückwirkend vereinbarte Vergütungen an den geschäftsführenden Gesellschafter im Grundsatz nicht an (*Abschn. 31 Abs. 5 KStR; Doetsch, S. 31f.; Heubeck, Rn. 161 ff.; Höfer, Rn. 55 ff.; Höfer, BetrAVG, StR, Rn. 1962 ff.; Langohr-Plato, INF 1995, S. 171, 173 f. m.w.N.*).

1156 Das bedeutet, dass Pensionszusagen nur für künftige Dienstjahre erteilt bzw. erhöht werden dürfen. Rückwirkend vereinbarte Vergütungen sind steuerlich unwirksam und als verdeckte Gewinnausschüttung zu behandeln. Unter Vergütung ist die Gesamtausstattung (z. B. Aktivbezüge, Wert der Pensionszusage) des geschäftsführenden Gesellschafters zu verstehen. Das Nachzahlungsverbot gilt auch für Vergütungen, die nicht unangemessen hoch sind.

1157 Bei der Beantwortung der Frage, ob der begünstigte GGF einen ins Gewicht fallenden Einfluss auf die Willensbildung der Gesellschaft im Sinne der Rechtsprechung des BFH über das Rückwirkungsverbot besitzt, ist die Beteiligungsquote am Gesellschaftskapital ein wichtiger, jedoch nicht immer allein entscheidender Umstand.

1158 Das Nachzahlungsverbot gilt nicht für einen angestellten Geschäftsführer ohne jegliche Beteiligung am Gesellschaftsvermögen, da er keinen unmittelbaren und entscheidenden Einfluss auf die Willensbildung der Gesellschaft ausüben kann.

1159 Ist der Geschäftsführer mit weniger als 25 % am Gesellschaftsvermögen beteiligt, gilt das Nachzahlungsverbot in aller Regel nicht. Hier ist das Nachzahlungsverbot nur dann anwendbar, wenn im konkreten Einzelfall der Gesellschafter-Geschäftsführer aufgrund besonderer Umstände trotz seiner geringen Beteiligung gleichwohl einen beherrschenden Einfluss auf die Willensbildung der Gesellschaft ausüben kann.

1160 Für einen Gesellschafter-Geschäftsführer mit einer Gesellschaftsbeteiligung von bis zu 50% ist das Nachzahlungsverbot ebenfalls nur bei Vorliegen besonderer Umstände anwendbar, z. B. wenn zwei mit je 50% beteiligte Gesellschafter-Geschäftsführer gleichgerichtete Interessen bezüglich eines höheren Einkommens verfolgen.

Bei einer Beteiligung von mehr als 50% kommt das Nachzahlungsverbot allerdings 1161
stets zur Anwendung (*Langohr-Plato, INF 1995, S. 171, 173 f.*).

Damit Pensionszusagen bzw. Erhöhungen von Pensionszusagen **nicht** als verdeck- 1162
te Gewinnausschüttungen qualifiziert werden können, sollten folgende Grundsätze beherzigt werden:

- ➪ Bei der Bemessung des Umfangs der Pensionszusage dürfen Dienstjahre bei der GmbH, die vor dem Zeitpunkt der Zusageerteilung liegen, nicht berücksichtigt werden.
- ➪ Das Nachzahlungsverbot wird verletzt, wenn nicht von vornherein feststeht, ob und in welcher Höhe eine Versorgungsleistung für den GGF gezahlt wird.
- ➪ Rechtzeitig vereinbarte, während der Anwartschaftszeit dynamisch gestaltete Pensionszusagen verstoßen nicht gegen das Nachzahlungsverbot.
- ➪ Rechtzeitig vereinbarte Anpassungsklauseln für laufende Renten verstoßen ebenfalls nicht gegen das Nachzahlungsverbot.
- ➪ Die Versorgungszusage muss **in der ausstehenden Dienstzeit des GGF dem Grunde und der Höhe nach erdienbar** sein (*Urteil v. 21.12.1994 – I R 98/93 – BStBl. II 1995, S. 419 = DB 1995, S. 1005 und v. 5.4.1995 – I R 138/93 – BStBl. II 1995, S. 478 = DB 1995, S. 1255*). Zu beachten ist insoweit allerdings, dass nach neuester Rechtsprechung des BFH der Zeitraum zwischen Zusageerteilung und vertraglich fixiertem Pensionierungsalter **mindestens 10 Jahre** betragen muss und ein **Pensionierungsalter oberhalb von 70 Jahren nicht mehr anerkannt** wird. Mithin ist eine Zusageerteilung spätestens bis zur Vollendung des 55. (Rentenalter 65) bzw. 60. Lebensjahres (Rentenalter 70) vorzunehmen. Zu einem späteren Zeitpunkt zugesagte Versorgungsleistungen sind demnach nicht mehr erdienbar und werden vom BFH als verdeckte Gewinnausschüttung qualifiziert (*ausführlich: Langohr-Plato, INF 1996, S. 141, 145 f.; vgl. a.: Höfer, Rn. 105 f.*).
- ➪ Bei einem nicht beherrschenden Gesellschafter-Geschäftsführer oder lediglich angestellten Geschäftsführer ist die Erdienbarkeit alternativ auch dann gegeben, wenn im vorgesehenen Zeitpunkt des Eintritts in den Ruhestand der Beginn der Betriebszugehörigkeit mindestens 12 Jahre zurückliegt und die Zusage für mindestens 3 Jahre bestanden hat.

Steuerschädlich ist es in jedem Fall, wenn die Pensionszusage einem beherrschen- 1163
den Gesellschafter-Geschäftsführer erst im Zeitpunkt der Pensionierung oder danach erteilt wird.

Aufgrund der bisherigen Rechtsprechung des BFH sind folgende Ausnahmen vom 1164
Nachzahlungsverbot zugelassen worden (*vgl.: Lutz/Langohr-Plato, S. 30*):

➪ Anpassung der laufenden Versorgungsleistungen aus sozialen Gründen (*BFH v. 28.4.1982 – I R 51/76 – BStBl. II, S. 612*).

➪ Anpassung einer Pensionszusage oder laufender Versorgungsbezüge bei wesentlich veränderten Rahmenbedingungen seit Erteilung der Zusage, wenn vergleichbare Zusagen ebenfalls angepasst werden (*BFH v. 22.3.1972 – I R 117/70 – BStBl. II, S. 501; BFH v. 6..1979 – BStBl. II, S. 687*).

➪ Nachträgliche Vereinbarung einer Waisenrente im Zusammenhang mit deren genereller Einführung (*BFH v. 20.3.1974 – I R 197/72 – DB 1974, S. 1319*).

(5) Ernsthaftigkeit

1165 Pensionszusagen an Gesellschafter-Geschäftsführer werden im allgemeinen nur dann steuerlich anerkannt, wenn sie ernsthaft gemeint sind (*Abschn. 32 Abs. 1 KStR*). Die Möglichkeit der mangelnden Ernsthaftigkeit ist nach Auffassung der Finanzverwaltung bei Gesellschafter-Geschäftsführern – insbesondere bei beherrschenden – aufgrund ihres maßgeblichen Einflusses besonders groß.

1166 Im Zusammenhang mit dem Thema „Ernsthaftigkeit" sind folgende Aspekte von Bedeutung:

- Im Grunde genommen hat der Gesellschafter-Geschäftsführer keine Veranlassung, auf die Zusage zu verzichten, denn in Anbetracht des niedrigen Versorgungsniveaus durch die geringen oder sogar fehlenden Ansprüche gegen die gesetzliche Rentenversicherung ist er geradezu auf die Schließung der Versorgungslücke durch die betriebliche Altersversorgung angewiesen.
- Der Abschluss einer Rückdeckungsversicherung ist im übrigen ein eindeutiger Hinweis darauf, dass die zugesagten Leistungen tatsächlich in Anspruch genommen werden sollen. Mit der Erteilung der Pensionszusage geht die GmbH nämlich ein nicht unerhebliches Risiko ein. Der Eintritt eines vorzeitigen Versorgungsfalls (Tod, Invalidität) kann auf Grund der handelsrechtlichen Passivierungspflicht der Pensionsverpflichtungen (**Bilanzsprungrisiko**) u.U. zu einer sofortigen Überschuldung der GmbH führen und sie damit in ihrer Existenz gefährden (*vgl. hierzu auch den Aspekt der Finanzierbarkeit unter Rn. 1199 ff.*).

➪ Ein Pensionsalter von weniger als 65 Jahren erkennt die Finanzverwaltung bei beherrschenden GGF i.d.R. nicht als ernsthaft an. Sie verlangt deshalb, für die Rückstellungsberechnung die vertraglich vorgesehene **Altersgrenze, mindestens** jedoch eine solche von **65 Jahren,** zugrunde zu legen. Für anerkannte Schwerbehinderte wird eine vertragliche Altersgrenze von mindestens 60 Jahren anerkannt (*BFH v. 23.1.1991 – I R 113/88 – BFHE 163, S. 207 = BB 1991, S. 587 = DB 1991, S. 785*).

(6) Angemessenheit der Gesamtbezüge

1167 Die Gesamtbezüge eines GGF einer Kapitalgesellschaft, der selbst oder zusammen mit seinen Angehörigen oder sonst nahestehenden Personen mit 25 % oder mehr am

Kapital der Gesellschaft beteiligt ist, werden grundsätzlich auf ihre Angemessenheit überprüft; dabei ist neben den Aktivbezügen (brutto) auch eine etwaige Pensionsverpflichtung einzubeziehen, wenn sie sich auf den Gewinn der Gesellschaft auswirkt. Wenn Pensionsrückstellungen gebildet werden, so trifft dies bereits während der Anwartschaftszeit zu, obwohl das Einkommen des Begünstigten noch nicht berührt wird. Ohne vorherige Rückstellungsbildung, also aus dem laufenden Ertrag geleistete Pensionszahlungen, sind erst nach Eintritt des Versorgungsfalles im Rahmen der früheren Gesamtbezüge auf die Angemessenheit hin zu prüfen.

In der Vergangenheit wurde von der Finanzverwaltung häufig der Grundsatz ange- 1168
wandt, dass die GGF-Pension einen bestimmten Prozentsatz der Bezüge (etwa 75 % des letzten aktiven Einkommens, Beamtenformel) nicht übersteigen darf. Dieser Ansatz ist zwischenzeitlich vom BFH unter ausdrücklicher Aufhebung seiner Rechtsprechung zur Anerkennung einer durch Barlohnverzicht aufgebesserten Versorgungszusage bestätigt worden (*BFH v. 17.5.1995 – I R 147/93 – BB 1995, S. 2054; vgl. a.: Doetsch, S. 45; Langohr-Plato, INF 1996, S. 141, 144 f.; Lutz/Langohr-Plato, S. 38 ff.*).

In welcher Höhe Gesamtbezüge angemessen sind, ist unter Berücksichtigung aller 1169
Umstände des Betriebs sowie der Person und der Leistungen des GGF im Einzelfall zu schätzen (*ausführlich hierzu: Spitaler/Niemann, S. 26 ff.*). Richtschnur sind dabei die Bezüge, die einem kapitalmäßig nicht beteiligten angestellten Geschäftsführer für die gleichen Leistungen zugebilligt würden. Zu den mit heranzuziehenden betrieblichen Faktoren (*vgl. hierzu die ausführliche Darstellung bei: Lutz/ Langohr-Plato, S. 37 f.* sowie *Spitaler/Niemann, S. 26 ff.*) gehören der Umsatz, die Ertragsaussichten, die Eigenkapitalverzinsung, die Anzahl der Beschäftigten und die Struktur der Top-Ebene, ohne dass es jedoch rechnerische Formeln zur Ermittlung der angemessenen Bezüge gäbe. Ein ganz wesentliches Prüfkriterium ist die Ertragslage des Unternehmens. Als Hilfsmittel der Angemessenheitsprüfung kommen **der äußere Betriebsvergleich** mit gleichartigen oder ähnlichen Betrieben sowie der **innere Betriebsvergleich** in Betracht.

Die **Bezüge mehrerer GGF** derselben Kapitalgesellschaft sind **gesondert für je-** 1170
den Geschäftsführer, die Bezüge eines in mehreren Kapitalgesellschaften tätigen GGF gesondert für jede Gesellschaft zu prüfen. Soweit die tatsächlichen Gesamtbezüge des geschäftsführenden Gesellschafters die angemessenen Bezüge wesentlich überschreiten, lösen sie die steuerlichen Folgen einer verdeckten Gewinnausschüttung aus und werden dem steuerlichen Gewinn des Wirtschaftsjahres wieder zugerechnet, dessen Gewinn sie gemindert haben. Ob ein überhöhter Teil der Gesamtbezüge nur auf die Aktivvergütung oder nur auf die Pensionszusage oder auf beides anzurechnen ist, hängt von den Umständen des Einzelfalles ab. Insoweit steht dem steuerpflichtigen GGF ein Wahlrecht zwischen der Anrechnung bei der Aktivvergütung oder bei der Pensionszusage zu.

Unangemessen sind die Gesamtbezüge nur, wenn sie wesentlich über dem vom 1171
Finanzamt geschätzten Betrag liegen. Nur bei Vorliegen eines **krassen Missverhältnisses** zwischen Vergütung und Arbeitsleistung sind also Beanstandungen der

Finanzbehörde hinsichtlich der materiellen Angemessenheit der Bezüge nach herrschender Ansicht vertretbar. Ein solches krasses Missverhältnis ist dann anzunehmen, wenn die Angemessenheitsgrenze um mehr als 20% überschritten wird.

1172 Aufgrund der großen Bandbreite des Angemessenheitsspielraums ist im Einzelfall die Notwendigkeit einer individuellen Prüfung, z. B. im Rahmen eines sog. „Angemessenheitsgutachtens", gegeben. Bei der Angemessenheitsprüfung ist die Pensionszusage im Rahmen der Gesamtbezüge mit der **„fiktiven Jahresnettoprämie"** anzusetzen. Die fiktive Jahresnettoprämie ist die Prämie, die die GmbH für einen den zugesagten Leistungen entsprechenden Versicherungsvertrag an ein „gedachtes" Versicherungsunternehmen zahlen müsste, wobei der gemäß § 6a EStG maßgebliche Rechnungszinsfuß von z.Z. 6% angewendet wird und keine Kosten eingerechnet werden. Die fiktive Jahresnettoprämie ist im Allgemeinen unter Zugrundelegung des Alters bei Diensteintritt zu ermitteln. Bei beherrschenden GGF ist jedoch – als Folge des Nachzahlungsverbots – das Alter bei Zusageerteilung maßgebend, wobei dem Mindestalter von 30 Jahren – im Gegensatz zur Rückstellungsberechnung – keine Bedeutung zukommt. Die fiktive Jahresnettoprämie richtet sich weiterhin nach dem der Rückstellungsberechnung zugrundeliegenden Endalter. Das bedeutet, je später die Pensionszusage an einen beherrschenden GGF erteilt wird, um so „unangemessener" können die Gesamtbezüge werden, da sich mit zunehmendem Alter die fiktive Nettoprämie nicht unerheblich erhöht.

1173 Hinsichtlich der Angemessenheit von betrieblichen Versorgungsbezügen hat der BFH in zwei Urteilen aus dem Jahre 1995 (*BFH v. 17.5.1995 – I R 105/94 – BB 1995, S. 2740 = DB 1995, S. 2399; BFH v. 17.5.1995 – I R 16/94 – BB 1995, S. 2053 = DB 1995, S. 1992*) exakte Prüfungskriterien entwickelt.

1174 Der BFH erkennt danach Pensionsrückstellungen i.S.v. § 6a EStG nur insoweit an, als die zugesagte Endrente unter Berücksichtigung der Sozialversicherungsrente und einer ggf. bestehenden Direktversicherung im Verhältnis zu den am jeweiligen Bilanzstichtag aktuellen Aktivbezügen (Festgehalt ohne Tantieme) nicht zu einem Missverhältnis zwischen Versorgungszusage und Aktivgehalt (**Überversorgung**) führt. Insoweit erkennt der BFH einen Rentenanspruch in Höhe von 75 % der letzten Aktivbezüge ausdrücklich und als mit der bisherigen Rechtsprechung vereinbar an.

1175 Daraus folgt zugleich die Unzulässigkeit einer an Stelle einer Gehaltszahlung ausschließlich gewährte Versorgungszusage. Der BFH sieht in der „Nur-Pension" in jedem Fall ein Missverhältnis zwischen Aktivbezügen und Versorgungsleistung in Form einer „Überversorgung" in Höhe von 100%. Diesem Urteil lag ein Sachverhalt zugrunde, bei dem die prüfende Finanzverwaltung eine Rückstellungsbildung für den 75% eines fiktiv berechneten angemessenen Gehaltes nicht, den bis zu diesem Grenzwert gebildeten Rückstellungsbetrag jedoch akzeptiert hatte (*BFH v. 17.5.1995 – I R 16/94 – BB 1995, S. 2053 = DB 1995, S. 1992*).

Hierzu führt der BFH aus: 1176

„Soweit diese Beurteilung (durch das FA) mit den obigen Ausführungen (zur Überversorgung in Höhe von 100%) nicht übereinstimmt, ergeben sich daraus für den Steuerpflichtigen keine nachteiligen Folgen, weil insoweit das Verböserungsverbot eingreift (§§ 121, 96, Abs. 1 Satz 2 FGO)“.

Der Hinweis auf das Verböserungsverbot und die Überversorgung in Höhe von 1177
100% gibt zu erkennen, dass der BFH bei dieser Fallkonstellation die Pensionszusage **dem Grunde nach** und damit insgesamt nicht billigt, was in vergleichbaren Fällen zu einer vollständigen Nichtanerkennung der gebildeten Rückstellungen führen würde.

Diese neue Rechtsprechung hat zur Konsequenz, dass neben der Pensionszusage 1178
immer auch eine Gehaltsvereinbarung getroffen werden muss. Dabei ist es unzweifelhaft zulässig, wenn die Pensionszusage 75% der tatsächlich gezahlten Barvergütung beträgt.

(7) Zeitpunkt der Zusageerteilung

Besondere Aufmerksamkeit verdient das Urteil des BFH vom 21.12.1994 (*I R 98/93* 1179
– BB 1995, S. 861 = DB 1995, S. 1005), indem erstmals eine zeitliche Obergrenze für die Erteilung von Pensionszusagen an beherrschende GGF höchstrichterlich festgelegt worden ist. Nach Ansicht des BFH ist *„die Zusage einer Pension an einen beherrschenden GGF dann eine verdeckte Gewinnausschüttung, wenn der Zeitraum zwischen dem Zeitpunkt der Zusage der Pension und dem vorgesehenen Zeitpunkt des Eintritts in den Ruhestand weniger als 10 Jahre beträgt“*. Im Rahmen seiner Urteilsbegründung ergänzt der BFH diese 10-Jahres-Frist um ein *Höchstalter bei Zusageerteilung von 60 Jahren*. Dies wird durch ein neueres Urteil vom 5.4.1995 bestätigt, in dem der BFH die einem beherrschenden GGF im Alter von 64 Jahren erstmals erteilte Pensionszusage als verdeckte Gewinnausschüttung behandelte, obwohl der Geschäftsführer (auch nach richterlicher Erkenntnis) noch rüstig war und vertraglich eine aktive Dienstzeit bis zur Vollendung des 75. Lebensjahres vorgesehen war. Danach ist eine Zusageerteilung nach Vollendung des 60. Lebensjahres grundsätzlich ausgeschlossen.

Der BFH hat dabei die Annahme einer verdeckten Gewinnausschüttung im We- 1180
sentlichen unter dem Aspekt der „Erdienbarkeit“ im Hinblick auf das mit dem Alter steigende Risiko einer kurzfristigen Inanspruchnahme der Pension begründet. Die 10-Jahres-Frist entnimmt der BFH in analoger Anwendung der in § 1 BetrAVG geregelten Unverfallbarkeitsfrist, die er als generelle Zeitvorstellung des Gesetzgebers für die nicht mehr mögliche Entziehung von Versorgungsrechten durch den Arbeitgeber auf die Erdienbarkeit überträgt.

In seinem Urteil vom 24.1.1996 (*I R 41/95 – BB 1996, S. 1713 = DB 1996, S. 1853*) 1181
hat der BFH zudem ausdrücklich bestätigt, dass für den nicht beherrschenden GGF für die Erdienbarkeit der Versorgungszusage alternativ auch die zweite Unverfallbarkeitsfrist des § 1 BetrAVG a.F. gilt. Danach kann die Zusage auch dann erdient werden, wenn der Zeitraum zwischen Zusageerteilung und Rentenbeginn mindes-

tens drei Jahre beträgt und der GF eine Gesamt-Betriebszugehörigkeit von 12 Jahren erreichen kann.

1182 Diese Analogie ist zumindest im Hinblick auf die Nichtanwendbarkeit des BetrAVG auf beherrschende Gesellschafter-Geschäftsführer rechtsdogmatisch höchst fragwürdig. Insbesondere verkennt der BFH dabei, dass die arbeitsrechtlichen Unverfallbarkeitsfristen nur für den Fall normiert sind, dass ein versorgungsberechtigter Arbeitnehmer **vor** Eintritt eines Versorgungsfalls aus dem Unternehmen ausscheidet. Wird das Arbeitsverhältnis durch Eintritt eines Versorgungsfalls, z. B. das erreichen der vereinbarten Altersgrenze, beendet, so ist die Unverfallbarkeitsfrist nicht anwendbar. Dies hat zur Konsequenz, dass auch solche Zusagen unter den Anwendungsbereich des BetrAVG fallen, die erst kurz vor oder sogar erst im Zeitpunkt der Pensionierung erteilt werden. Auch derartige „Kurzläufer" unterliegen dem gesetzlichen Insolvenzschutz sowie der Anpassungsprüfungspflicht nach § 16 BetrAVG. Die Unverfallbarkeitsfristen sind somit keine arbeitsrechtlichen Erdienbarkeitsbestimmungen (*Langohr-Plato, StuB 2000, S. 1023*).

1183 Konsequenterweise müsste in Anwendung der vom BFH vorgenommenen Analogie allerdings nach der mit der BetrAVG-Novelle 2001 erfolgten Reduzierung der gesetzlichen Unverfallbarkeitsfristen in § 1b BetrAVG die Erdienbarkeit einer GGF-Versorgung zukünftig bereits nach 5 Jahren gegeben sein.

1184 Noch nicht abschließend geklärt ist die Frage, ob diese Fristen nur bei der erstmaligen Erteilung einer Zusage oder aber auch bei Erhöhungen bereits bestehender Zusagen zu berücksichtigen sind.

1185 Zu dieser Frage vertritt der Regierungsdirektor im Bundesamt für Finanzen, Herr Riemer, die Auffassung, dass eine gesonderte Erdienbarkeitsprüfung für eine Zusageerhöhung seiner Ansicht nach entbehrlich und eine solche Zusageerhöhung grundsätzlich nur innerhalb der Angemessenheitsprüfung zu berücksichtigen sei. Dies schließe jedoch eine Überprüfung ungewöhnlicher Zusageerhöhungen im Wege des Fremdvergleichs nicht aus (*Riemer, BetrAV 2000, S. 425, 426*).

1186 Dieser Ansicht kann nur zugestimmt werden, zumal sie auch arbeitsrechtlich konsequent ist. So vertritt nämlich das BAG unter dem Stichwort der „Einheitstheorie" in ständiger Rechtsprechung die Auffassung, dass die Erhöhung einer bereits bestehenden Versorgungszusage eine Änderung i.S.v. § 1 Abs. 1 S. 2 BetrAVG darstellt, die keine neue Unverfallbarkeitsfrist in Gang setzt. Der **arbeitsrechtliche Eintritt der Unverfallbarkeitsfrist** richtet sich somit nach dem zeitlichen Bestand der ursprünglichen Versorgungszusage (*BAG v. 12.2.1981 – 3 AZR 163/80 – BB 1981, S. 1338; BAG v. 28.4.1981 – 3 AZR 184/80 – BB 1982, S. 677*).

1187 Wenn man schon die Erdienbarkeitsfristen in Analogie zu § 1 BetrAVG a.F. (§ 1b BetrAVG 2001) begründet, dann muss man konsequenterweise auch die Einheitstheorie entsprechend berücksichtigen, zumal man extreme bzw. unübliche Zusageerhöhungen über andere Prüfungspunkte wie z. B. der Angemessenheit, Üblichkeit oder des Fremdvergleichs in den Griff bekommt (*Langohr-Plato, StuB 2000, S. 1022, 1024*). Es bleibt allerdings abzuwarten, ob sich die Finanzverwaltung dieser Auffassung auch offiziell, d.h. durch entsprechende schriftliche Äußerungen anschließen wird.

(8) Zusageerteilung und Wartezeit

Bei beherrschenden GGF wird von der Finanzverwaltung immer mehr der Aspekt 1188
der **„Üblichkeit“** von Versorgungsvereinbarungen bzw. deren Leistungsvoraussetzungen in den Vordergrund gestellt. Was üblich ist, wird dabei im Regelfall am Leitbild eines nicht an der Gesellschaft beteiligten Fremdgeschäftsführers (sog. **„Fremdvergleich“**) überprüft. Dabei wird auf die allgemeinen Sorgfaltspflichten eines gewissenhaften und ordentlichen Geschäftsleiters i.S. des § 93 AktG bzw. des § 43 Abs. 1 GmbHG abgestellt.

Hinsichtlich der Gewährung von betrieblichen Versorgungsleistungen unterstellen 1189
die KStR insoweit in Abschnitt 32 Abs. 1 Satz 5 in einer recht pauschalen Art und Weise, die die sich im Einzelfall ergebenden Probleme in keiner Weise berücksichtigt, eine Unüblichkeit, als *„die Erteilung einer Pensionszusage **unmittelbar nach der Anstellung** und **ohne** die unter Fremden **übliche Wartezeit** ... in aller Regel nicht betrieblich, sondern durch das Gesellschaftsverhältnis veranlasst ist.“*

Grundsätzlich ist hier zunächst einmal festzustellen, dass eine **dienstzeitunab-** 1190
hängige, d.h. nicht an eine Wartezeit geknüpfte Invaliden- und/oder Hinterbliebenenversorgung arbeitsrechtlich gesehen **keinesfalls unüblich** ist. Sogar im Bereich angestellter, nicht am Unternehmen beteiligter Geschäftsführer und Angestellter geht heute eine weit verbreitete Tendenz dahin, in betrieblichen Versorgungsordnungen auf Wartezeiten bei vorzeitigen Versorgungsfällen gänzlich zu verzichten, zumindest dann, wenn der Todesfall bzw. die Invalidität beruflich bedingt (Berufsunfall, berufsbedingte Krankheit) sind. Die sich bei Verzicht auf eine Wartezeit ergebenden finanziellen Risiken werden dabei regelmäßig durch den Abschluss einer Rückdeckungsversicherung abgesichert, so dass sich das Risiko des Unternehmens auf die Zahlung der Versicherungsprämie reduziert.

Berücksichtigt man ferner, dass Geschäftsführer oftmals nur für eine bestimmte 1191
Zeit bestellt werden (5-Jahres-Verträge), so sind dienstzeitunabhängige Versorgungszusagen sogar typisch und Wartezeitregelungen für diesen Personenkreis eher der Ausnahmefall.

Vor diesem Hintergrund hat sich auch in Teilen der Finanzverwaltung die Auffas- 1192
sung durchgesetzt, dass auf die Vereinbarung einer Wartezeit verzichtet werden kann, wenn eine entsprechende Rückdeckungsversicherung für die Invaliditäts- und Hinterbliebenenversorgung abgeschlossen wird. Alternativ wird eine dienstzeitunabhängige Versorgungszusage auch dann anerkannt, wenn der die Zusage erhaltende GGF bereits mindestens 5 Jahre vor Zusageerteilung in der Kapitalgesellschaft oder im Falle der Einbringung, der Verschmelzung oder Betriebsaufspaltung bei deren Rechtsvorgängerin tätig war oder nachweislich eine entsprechende Qualifikation durch eine mindestens 5jährige geschäftsleitende Tätigkeit in einem anderen Unternehmen erlangt hat.

1193 Gleichwohl will der BFH auf der Einhaltung einer angemessenen Wartezeit bestehen. In einem aktuellen Urteil (*Urteil v. 11.2.1998 – I R 73/97 – DB 1998, S. 2094*) führt er hierzu aus, dass ein ordentlicher und gewissenhafter Geschäftsleiter einer GmbH dem Geschäftsführer eine Pension erst dann zusagen wird, wenn er die **künftige wirtschaftliche Entwicklung** und damit die **künftige wirtschaftliche Leistungsfähigkeit** der GmbH zuverlässig abzuschätzen vermag. Dies sei im Regelfall bei einer 15 Monate nach Gründung einer GmbH erteilten Zusage mangels gesicherter Erkenntnisse über die künftige Ertragsentwicklung der GmbH nicht anzunehmen. Die Tatsache einer in diesem Zusammenhang abgeschlossenen Rückdeckungsversicherung kann dabei nach Ansicht des BFH allein nicht die Annahme rechtfertigen, ein ordentlicher und gewissenhafter Geschäftsleiter eines jungen Unternehmens hätte die Pension gleichermaßen einem Gesellschaftsfremden zugesagt.

1194 Mit Schreiben vom 14.5.1999 (*Az.: IV C 6 – S 2742 – 9/99, BetrAV 1999, S. 208*) hat das BMF noch einmal hervorgehoben, dass die Erteilung einer Pensionszusage „unmittelbar nach der Anstellung und ohne die unter Fremden übliche Wartezeit in der Regel nicht betrieblich, sondern durch das Gesellschaftsverhältnis veranlasst" sei. Dabei wird der Begriff der Wartezeit im Sinne einer Probezeit interpretiert.

1195 Insoweit differenziert das BMF allerdings zwischen der Beurteilung der wirtschaftlichen Leistungsfähigkeit der GmbH einerseits und der persönlichen Leistungsfähigkeit des Gesellschafter-Geschäftsführers andererseits.

1196 Hinsichtlich der **Beurteilung der wirtschaftlichen Leistungsfähigkeit** der GmbH wird nach wie vor auf einen fünfjährigen Prüfungszeitraum abgestellt. Lediglich für den Fall, dass die künftige wirtschaftliche Entwicklung aufgrund der bisherigen unternehmerischen Tätigkeit hinreichend deutlich abgeschätzt werden kann, wie z. B. in Fällen der Betriebsaufspaltung oder der Umwandlung eines Einzelunternehmens in eine Kapitalgesellschaft, soll auch ein kürzerer Prüfungszeitraum ausreichen können (*so mittlerweile auch: BFH v. 15.3.2000 – I R 40/99 – BB 2000, S. 1504*).

1197 Was die Beurteilung der persönlichen Leistungsfähigkeit des Gesellschafter-Geschäftsführers anbelangt, hält das BMF in dem vorgenannten Schreiben eine **Probezeit von zwei bis drei Jahren** für ausreichend. Ausnahmen will man im Einzelfall dann zugestehen, wenn die Leistungsfähigkeit des Gesellschafter-Geschäftsführers aufgrund entsprechender Vortätigkeit beurteilt werden kann, insbesondere in dem bereits bei der wirtschaftlichen Leistungsfähigkeit der GmbH angesprochenen Fall der Unternehmensumwandlung (*vgl. a.: BFH v. 18.2.1999 – I R 51/98 – DStR 1999, S. 631; BFH v. 15.10. 1997 – I R 42/97 – BetrAV 1998, S. 88*).

1198 Rechtsfolge eines Verstoßes gegen diese Probezeitbedingungen ist nach der veröffentlichten Auffassung des BMF die Einordnung der auf einer entsprechenden, fehlerhaften Versorgungszusage in die Bilanz eingestellten Zuführungen zur Pensionsrückstellung als verdeckte Gewinnausschüttung i.S.v. § 8 Abs. 3 S. 2 KStG.

Dieser „Makel“ gilt bis zum Ablauf der angemessenen Probezeit; nach **Ablauf der Probezeit** sind die weiteren Zuführungen aufgrund der ursprünglichen Pensionszusage für die Folgezeit wieder gewinnmindernd zu berücksichtigen.

(9) Finanzierbarkeit

Die Finanzierbarkeit einer einem Gesellschafter-Geschäftsführer erteilten Versorgungszusage wird nach Abschn. 32 Abs. 1 S. 9 KStR dann verneint, „wenn bei einem unmittelbar nach dem Bilanzstichtag eintretenden Versorgungsfall der Barwert der künftigen Pensionsleistungen am Ende des Wirtschaftsjahres auch nach Berücksichtigung einer Rückdeckungsversicherung zu einer Überschuldung in der Bilanz führen würde“. Danach wäre eine **frühzeitige Absicherung der Finanzierung** einer einem Gesellschafter-Geschäftsführer erteilten Pensionszusage zwingend erforderlich (*so auch: BMF Schreiben v. 14.5.1999 – IV C 6 – S 2742 – 9/99, BStBl. I 1999, S.512 = DB 1999, S. 1191; Doetsch, S. 33 f.; Höfer, Rn. 80 ff.; ders., BetrAVG, StR, Rn. 1988 ff.; Langohr-Plato, GmbHR 1992, S. 597; ders. INF 1995, S. 171, 174; Günther, AnwBl. 1991, S. 402; FG Düsseldorf v. 4.7.1991 – 6 K 324/85 – EFG 1992, S. 38*). 1199

Dieser Ansicht ist der BFH nicht gefolgt. In seinem Urteil vom 20.12.2000 (*I R 15/00 – DB 2001, S. 1119*) hat der BFH im Rahmen einer ausdrücklichen Grundsatzentscheidung hinsichtlich der Beurteilung der Finanzierbarkeit einer Zusage zunächst einmal auf den **Zeitpunkt der Zusage** abgestellt (*so auch: BFH v. 8.11.2000 – I R 70/99 – BB 2001, S. 765*). 1200

Selbst bei der Beurteilung der Finanzierbarkeit einer im Invaliditätsfall eintretenden Versorgungsverpflichtung ist danach unter steuerrechtlichen Aspekten nur deren im **Zusagezeitpunkt** gegebene versicherungsmathematische Barwert anzusetzen. Entgegen dem BMF-Schreiben vom 14.5.1999 (a.a.O.) kommt der BFH mit seiner Entscheidung somit zu der Auffassung, dass hinsichtlich der Beurteilung der Finanzierbarkeit nicht von demjenigen Wert auszugehen ist, der sich bei einem fiktiven Eintritt des Versorgungsfalls ergeben würde, sondern von dem zum Zeitpunkt der Zusage maßgeblichen Anwartschaftsbarwert i.S.v. § 6a Abs. 3 S. 2 Nr. 2 EStG. 1201

Eine Versorgungszusage ist demnach immer dann als finanzierbar anzusehen, wenn eine Passivierung des gegenwärtigen Barwerts der Versorgungsverpflichtung nicht zu einer Überschuldung der Gesellschaft führen würde. Der darüber hinausgehenden Berücksichtigung des „Bilanzsprungrisikos“ bedarf es nach Auffassung des BFH nicht. Gleichwohl macht es unter betriebswirtschaftlichen Aspekten nach wie vor Sinn, sich mit diesem Risiko auseinander zu setzen und entsprechende Vorsorgemaßnahmen zu treffen. 1202

In seiner Grundsatzentscheidung hat der BFH sich außerdem damit beschäftigt, dass bei Zusagen, die sowohl eine Altersversorgung als auch vorzeitige Versorgungsfälle abdeckt, die einzelnen Risiken, die gerade nicht als einheitliches Wirtschaftsgut betrachtet werden, getrennt voneinander zu bewerten sind. Die Folgen aus der BFH-Auffassung sind, dass eine Versorgungszusage auch dann, wenn sie 1203 in ihrer Gesamtheit nicht finanzierbar ist, gleichwohl ggf. zumindest teilweise steuerlich anerkannt werden kann. Eine verdeckte Gewinnausschüttung liegt dann nur in derjenigen Zuführung zur Pensionsrückstellung vor, die sich auf den nicht finanzierbaren Teil der Pensionsverpflichtung bezieht.

1204 Darüber hinaus kann nach Ansicht des BFH aus dem **Fehlen einer Rückdeckungsversicherung** für eine Pensionszusage allein nicht darauf geschlossen werden, dass die Zusage eine verdeckte Gewinnausschüttung ist. Vielmehr ist allein die Finanzierbarkeit der Versorgungsverpflichtungen maßgeblich, die auch durch andere Vermögenswerte sichergestellt werden kann (*BFH v. 29.10.1997 – I R 52/97 – BB 1998, S. 730; BFH v. 11.2.1998 – I R 73/97 – DB 1998, S. 2094; BFH v. 22.10.1998 – I R 29/98 – BFH-NV 1999, S. 972*).

1205 Bei der **Finanzierbarkeitsprüfung** sind daher alle materiellen und immateriellen Wirtschaftsgüter einschließlich ihrer stillen Reserven zu berücksichtigen. Ein selbstgeschaffener Firmenwert bleibt dagegen außer Betracht (*Wochinger, BetrAV 1999, S. 86, 88*).

1206 Ist die Finanzierbarkeit bei Zusageerteilung gewährleistet, verschlechtert sich dann allerdings die wirtschaftliche Lage derart, dass die Zusage nicht mehr erfüllt werden kann, kann die Zusage, soweit ihre Finanzierbarkeit entfällt, entsprechend reduziert werden. Andernfalls stellt sich die Frage, ob sie ab dem Zeitpunkt der Verschlechterung als verdeckte Gewinnausschüttung zu behandeln ist.

1207 Zwar führt auch nach Ansicht des BFH die spätere Aufrechterhaltung der Zusage nicht allein deshalb zu einer verdeckten Gewinnausschüttung, weil sich die wirtschaftlichen Verhältnisse der GmbH verschlechtert haben (*BFH v. 8.11.2000 – I R 70/99 – BB 2001, S. 765*). Insoweit ist nämlich zu berücksichtigen dass der Zusageempfänger durch die wirksam erteilte Zusage eine Rechtsposition erlangt hat, die ihm die GmbH arbeits- und zivilrechtlich nicht ohne weiteres entziehen kann. Sowohl der Widerruf als auch die Einschränkung einer Pensionszusage sind arbeits- und dienstvertraglich nur unter bestimmten Voraussetzungen möglich, die insbesondere auch im Verhältnis zu einem Fremdgeschäftsführer zwingend zu beachten sind. Für die Zusage an einen Gesellschafter-Geschäftsführer kann nichts anderes gelten.

1208 Ein ordentlicher und gewissenhafter Geschäftsleiter wird nicht immer dann, wenn die Zuführung zu einer Pensionsrückstellung eine bilanzielle Überschuldung der GmbH bewirkt, sogleich die Zusage anpassen. Er darf in der Regel zunächst abwarten, ob sich die wirtschaftliche Lage der Gesellschaft im weiteren Verlauf bessert und im Vertrauen hierauf die Zusage einstweilen unverändert lassen (*BFH v. 8.11.2000 – I R 70/99 – BB 2001, S. 765*).

1209 Gleichwohl kann eine **Reduzierung der Versorgungsvereinbarung** aber auch betrieblich veranlasst sein, wenn dadurch eine drohende Insolvenz abgewendet werden soll. Ein solcher Eingriff löst im Gegensatz zu einem gesellschaftsrechtlich veranlassten Verzicht (*s.u.*) keinen Zufluss in Höhe des Verzichtsbetrages beim GGF aus. Die bereits für die Versorgungszusage gebildete Pensionsrückstellung ist vielmehr in Höhe der Differenz zwischen dem Betrag der Rückstellung für die ursprüngliche Versorgungsverpflichtung und dem Rückstellungsbetrag für die reduzierte Versorgungsverpflichtung ertragswirksam, d.h. gewinnerhöhend aufzulösen.

Sollte sich nach einer erfolgten Kürzung die wirtschaftliche Lage der Gesellschaft 1210
wieder bessern, kann die Zusage im Rahmen ihrer Finanzierbarkeit wieder erhöht werden, und zwar bis zur Höhe des ursprünglichen Versorgungsniveaus auch ohne erneute Erdienbarkeitsfrist.

(10) Verzicht auf Versorgungsleistungen

Verzichtet ein Gesellschafter auf eine Pensionszusage gegenüber seiner Kapitalge- 1211
sellschaft, ohne dass dieser Verzicht betrieblich veranlasst ist, so ist grundsätzlich eine **Einlage** in Höhe des Teilwerts der Pensionsanwartschaft anzunehmen. Abzustellen ist auf den Teilwert der Pensionsanwartschaft des Gesellschafters und nicht auf den gemäß § 6a EStG ermittelten „Teilwert" der Pensionsverbindlichkeit der Kapitalgesellschaft (*ausführlich hierzu: Langohr-Plato, ZAP 1998, F. 15, S. 249 ff.*).

Sollte der Teilwert der Pensionsanwartschaft unter dem Buchwert der Pensionsan- 1212
wartschaft liegen, so ergibt sich in Höhe des Differenzbetrages ein laufender Gewinn der Kapitalgesellschaft, der sachlich steuerpflichtig ist. Sollte der Teilwert der Pensionsanwartschaft über dem Buchwert der Pensionsanwartschaft liegen, so ist der Differenzbetrag zum Stichtag des Forderungsverzichts gleichzeitig als Aufwand der Kapitalgesellschaft und als Einlage zu behandeln.

(11) Abfindung von Versorgungsleistungen

Sofern der Gesellschafter-Geschäftsführer als Unternehmer nicht dem Anwen- 1213
dungsbereich des BetrAVG unterfällt, unterliegt er auch nicht dem Abfindungsverbot des § 3 BetrAVG. Die GmbH kann ihm also arbeitsrechtlich zulässig seine Versorgungsanwartschaft jederzeit mit seiner Zustimmung abfinden.

Grundsätzlich muss die Finanzverwaltung eine arbeitsrechtlich zulässige Abfin- 1214
dungsvereinbarungen auch anerkennen und darauf das geltende Steuerrecht anwenden. Eine Ausnahme besteht insoweit lediglich unter dem Aspekt der „verdeckten Gewinnausschüttung" (§ 8 Abs. 3 S. 2 KStG), wonach eine missbräuchliche Gestaltung auszuschließen ist (*vgl. a.: Höfer, BetrAVG, Bd. II – StR, Rn. 2098 ff.*).

Problematisch können insoweit insbesondere

➪ die Abfindung verfallbarer Versorgungsanwartschaften sowie

➪ die Höhe des gezahlten Abfindungsbetrages sein.

Scheidet ein beherrschender Gesellschafter-Geschäftsführer zu einem Zeitpunkt 1215
aus dem Unternehmen aus, in dem er – die Anwendbarkeit des BetrAVG einmal unterstellt – die gesetzlichen Unverfallbarkeitsfristen noch nicht erfüllt hat, so würde seine Versorgungsanwartschaft ersatzlos entfallen. Ausgehend von dem im Bereich der Gesellschafter-Geschäftsführer-Versorgung dominanten Aspektes des „Fremdvergleichs" muss hier eine steuerliche Anerkennung der Abfindung versagt werden, weil ein ordentlicher und gewissenhafter Geschäftsleiter im Regelfall die

verfallbare Versorgungsanwartschaft eines nicht beteiligten Geschäftsführers oder reinen Arbeitnehmers auch verfallen lassen würde. Eine gleichwohl, d.h. ohne jegliche rechtliche Verpflichtung gezahlte Abfindung wird daher regelmäßig in der Person des Gesellschafters bzw. dessen Gesellschafterstellung bedingt sein (im Ergebnis zustimmend*: Höfer, BetrAVG, Bd. II – StR, Rn. 2100*).

1216 So wird z. B. eine **Pensionszusage**, bei der die Versorgungsverpflichtung unter dem Vorbehalt einer jederzeitigen Abfindung steht und danach in Höhe des Teilwerts gem. § 6a Abs. 3 EStG abgefunden werden darf, nicht anerkannt, weil es sich bei einer solchen Regelung gem. § 6a Abs. 1 Nr. 2 EStG um einen steuerlich schädlichen Vorbehalt handelt (*BFH v. 10.11.1998 – I R 49/97 – INF 1999, S. 313*).

1217 Für eine betriebliche Versorgungsverpflichtung dürfen nämlich nach § 6a EStG nur dann sog. Pensionsrückstellungen gebildet werden, wenn neben anderen, hier nicht interessierenden Voraussetzungen, die Zusage keinen Vorbehalt enthält, dass die Versorgungsverpflichtung gemindert oder entzogen werden kann oder sich ein solcher Vorbehalt nur auf die in R 41 Abs. 4 EStR definierten sog. „steuerunschädlichen Vorbehalte" beschränkt, bei denen nach allgemeinen Rechtsgrundsätzen und unter Beachtung billigen Ermessens ein (teilweiser) Widerruf der Versorgungsverpflichtung zulässig ist. Stellt allerdings der Vorbehalt den Widerruf in das ausschließliche Ermessen des zusagenden Arbeitgebers, ist also für den Widerruf kein sachlich rechtfertigender Grund erforderlich, so verstößt eine entsprechende Regelung gegen § 6a As. 1 Nr. 2 EStG.

1218 Hinsichtlich der **Höhe der an den Gesellschafter-Geschäftsführer gezahlten Abfindung** wird – ebenfalls unter dem Aspekt des Fremdvergleichs – von der Rechtsprechung eine Anbindung an die Abfindungsregelung in §§ 2 und 3 Abs. 2 BetrAVG gefordert (*BFH v. 10.11.1998 – I R 49/97 – INF 1999, S. 313; FG Nürnberg v. 9.11.1999 – I 332/97 – GmbHR 2000, S. 189*).

1219 **Unzulässig** ist demnach eine Abfindungsvereinbarung, die sich an niedrigeren Werten orientiert, z. B. den steuerlichen Teilwert nach § 6a EStG (*BFH v. 10.11.1998 – I R 49/97 – INF 1999, S. 313*). Beachtlich ist dies insofern, dass der BFH hier eingestehen muss, dass es sich bei dem Bewertungsverfahren nach § 6a EStG letztendlich um ein willkürliches Verfahren handelt, das nicht zu betriebswirtschaftlich korrekten Ergebnissen führt. Oder wie sollte sonst die Aussage zu verstehen sein, dass der nach § 6a EStG berechnete Abfindungsbetrag „dem Wert des Versorgungsversprechens nicht äquivalent ist" (*BFH v. 10.11.1998 – I R 49/97 – INF 1999, S. 313*).

1220 Abzustellen ist vielmehr auf den **Barwert der Versorgungsleistungen**, den der Arbeitgeber künftig ohne die Abfindung hätte aufbringen müssen. Nur dieser Ansatz ist mit der arbeitsrechtlichen Grundwertung des § 3 BetrAVG vereinbar. Ferner ist bei der Bemessung des Abfindungsbetrages auch § 2 BetrAVG zu berücksichtigen. Die Abfindungszahlung muss also exakt dem sich aus der Gegenüberstellung von tatsächlicher zu möglicher Dienstzeit ergebenden unverfallbaren Anwartschaft entsprechen. Eine darüber hinausgehende Abfindung wird als im Fremdvergleich unüblich und damit als verdeckte Gewinnausschüttung angesehen (*FG Nürnberg v. 9.11.1999 – I 332/97 – GmbHR 2000, S. 189*).

(12) Verdeckte Gewinnausschüttung

Eine verdeckte Gewinnausschüttung i.S.v. § 8 Abs. 3 S. 2 KStG i.V.m. Abschnitt 1221
32 KStR ist gegeben, wenn eine Kapitalgesellschaft einem Gesellschafter oder einer ihm nahestehenden Person einen Vermögensvorteil zuwendet, der nicht betrieblich, sondern durch das Gesellschaftsverhältnis veranlasst ist, sich auf die Höhe des Einkommens auswirkt und in keinem Zusammenhang mit einer offenen Ausschüttung steht. Dies ist insbesondere bei solchen Vergütungen der Fall, die ein ordentlicher und gewissenhafter Geschäftsleiter einer Person, die nicht Gesellschafter ist, unter sonst gleichen Umständen nicht gewährt hätte (*Abschnitt 31 Abs. 3 KStR m.w.N.*; *vgl. a.: Doetsch, S. 26 f.; Höfer, Rn. 162 f.; Höfer, BetrAVG, StR, Rn. 2079 ff.*).

Das Vorliegen einer verdeckten Gewinnausschüttung ist aus der Sicht eines or- 1222
dentlichen und gewissenhaften Geschäftsleiters i.S. des § 93 AktG bzw. § 43 Abs. 1 GmbHG zu bestimmen (vgl. u.a.: *BFH v. 7.12.1988 – I R 25/82 – BB 1989, S. 761 = DB 1989, S. 458; BFH v. 16.12.1992 – I R 2/92 – BB 1993, S. 918 = DB 1993, S. 913; Doetsch, S. 38 f.; Höfer, Rn. 85 ff.*). Dieser würde die Zuwendung eines Vermögensvorteils lediglich davon abhängig machen, dass der Leistungsempfänger eine Gegenleistung erbringt, die sich nach den für die Gesellschaft maßgeblichen Bewertungskriterien als mindestens gleichwertig darstellt. Entspricht das Vertragsverhältnis zwischen der Gesellschaft und dem Gesellschafter nicht dem unter Dritten üblichen, so schließt dieser Umstand allein eine betriebliche Veranlassung nicht aus. Die Unüblichkeit einer Vereinbarung ist aber ein Indiz für die mangelnde Ausgewogenheit der gegenseitigen Leistungen, so dass Anlass für eine gezielte Prüfung der Angemessenheit besteht.

Beispielsweise besteht bei einer Invalidenrente von mehr als 100% bzw. bei einer 1223
Witwen/Witwerrenten von mehr als 60% der zugesagten Altersrente die Gefahr, dass die Finanzverwaltung dies als unüblich und somit als verdeckte Gewinnausschüttung ansieht. Der eine verdeckte Gewinnausschüttung darstellende unangemessene Teil der Gesamtbezüge eines GGF wird beim Unternehmen dem Gewinn des Wirtschaftsjahres wieder hinzugerechnet, dessen Gewinn er gemindert hat (§ 8 Abs. 1 S. 2 KStG).

2. Gesellschafter-Geschäftsführer von Personengesellschaften

Die Altersversorgung eines Gesellschafter-Geschäftsführers einer Personengesell- 1224
schaft (z. B. OHG, KG) ist grundsätzlich nur durch **private Maßnahmen** möglich. Bis Anfang 1967 war es unter Beachtung bestimmter Voraussetzungen zwar noch zulässig, dass eine Personengesellschaft ihrem Gesellschafter-Geschäftsführer eine Versorgungszusage mit steuerlicher Wirkung (Bildung von Pensionsrückstellungen) erteilte. Mit Urteil des BFH vom 16.2.1967 (*IV R 62/66 – BStBl. 1967 III, S. 222*) hat der BFH jedoch seine entsprechende Rechtsprechung aufgegeben und die Zulässigkeit der Rückstellungsbildung mit der Begründung verneint, dass die

Versorgungszusage an den Gesellschafter-Geschäftsführer einer Personengesellschaft als **Gewinnverteilungsabrede** zu qualifizieren sei. Dies lasse sich aus der einkommensteuerlichen Behandlung der Personengesellschaft, insbesondere aus § 15 Abs. 1 Ziffer 2 EStG ableiten, wonach auch das einem geschäftsführenden Personengesellschafter gezahlte Gehalt als Vorweggewinn und damit als gewerbliche Einkünfte behandelt wird. Folglich ist der Gesellschafter-Geschäftsführer einer Personengesellschaft einem Einzelunternehmer gleichzustellen (*vgl. a.: BFH v. 21.12.1972 – IV R 53/72 – BStBl. II, S. 298; BFH v. 8.1.1975 – I R 142/72 – BStBl. II 1975, S. 437 = BB 1975, S. 546 = DB 1975, S. 768*).

a) Sonderfall: GmbH & Co. KG

1225 Da die GmbH & Co. KG eine Personengesellschaft ist, ist die einem **Kommanditisten** erteilte **Pensionszusage steuerlich nicht rückstellungsfähig**. Dem entsprechend kann auch für eine Pensionszusage, die von der Komplementär-GmbH ihrem Gesellschafter-Geschäftsführer erteilt wird, keine Pensionsrückstellung gebildet werden, wenn die GmbH die KG verwaltet und der Geschäftsführer zugleich Kommanditist der GmbH & Co. KG ist (*BFH v. 22.1.1970 – IV R 47/68 – BFHE 98, 479*).

1226 Lediglich in den Fällen, wo die **Komplementär-GmbH** eine über die Verwaltung der GmbH & Co. KG hinausgehende **eigenständige** und zur Tätigkeit der Personengesellschaft deutlich abgrenzbare gewerbliche Tätigkeit ausübt, sind die von der GmbH gezahlten Geschäftsführerbezüge steuerlich anzuerkennen. Dies gilt dann auch für eine von der GmbH erteilte Pensionszusage (*vgl. a.: Ahrend/Förster/Rößler, 6. Teil, Rn. 14 a; Lutz/Langohr-Plato, S. 70 f.*).

b) Umwandlungsfälle

1227 Wird ein bislang als **Kapitalgesellschaft** firmierendes Unternehmen in eine **Personengesellschaft** umgewandelt (Gesamtrechtsnachfolge, z. B. § 339 AktG, §§ 359, 360 AktG, §§ 1-56 UmwG), so gelten hinsichtlich einer bereits bei der Kapitalgesellschaft erteilten Versorgungszusage folgende Grundsätze:

1228 Die bei der Kapitalgesellschaft zulässigerweise gebildete **Pensionsrückstellung** ist von der Personengesellschaft **nicht aufzulösen** (*BFH v. 22.6.1977 – I R 8/75 – BStBl. II, S. 798; BMF-Schreiben vom 12.4.1978 – IV B 7 – S. 1978 – 18/78 – BStBl. I, S. 184; Abschnitt 41 Abs. 9 EStR*). Gleiches gilt, wenn ein bei einer Personengesellschaft beschäftigter **Arbeitnehmer** durch die Zuteilung von Gesellschaftsanteilen **Mitunternehmer** der Personengesellschaft wird. Die Pensionsrückstellung bleibt daher auch in der Steuerbilanz der Personengesellschaft **„dem Grunde nach“** bestehen und wird wie jede andere Pensionsrückstellung behandelt.

1229 Da in derartigen Umwandlungsfällen aber das **Dienstverhältnis** im steuerlichen Sinne endet, ist die Rückstellung für die aufrechtzuerhaltende Versorgungsanwartschaft mit dem Barwert der künftigen Versorgungsleistung (**Anwartschaftsbarwert**) zu bilden (§ 6a Abs. 3 Nr. 2 EStG). Dabei ist auf den in der „Arbeitnehmerzeit“ erdienten ratierlichen Versorgungsanspruch abzustellen; d. h. die steuerliche

Behandlung erfolgt in Analogie zum Ausscheiden eines Arbeitnehmers mit unverfallbarem Anspruch (§ 2 BetrAVG; *vgl. a.: Langohr-Plato, Stbg. 1992, S. 311 f.; Lutz/Langohr-Plato, S. 74*).

Wird dagegen in umgekehrter Weise verfahren, wird also eine **Personengesellschaft** in eine **Kapitalgesellschaft** umgewandelt, so kann ab dem Zeitpunkt der Umwandlung dem Gesellschafter-Geschäftsführer der Kapitalgesellschaft eine Pensionszusage mit steuerlicher Wirkung unter Beachtung der bereits an anderer Stelle (Rn. 1134 ff.) erläuterten Kriterien erteilt werden. Als Finanzierungsbeginn für die Bildung der Pensionsrückstellung ist allerdings **nicht der Eintritt** des Gesellschafters in die frühere Personengesellschaft maßgeblich, sondern es ist vor dem Hintergrund der aus steuerlicher Sicht erfolgten Neubegründung eines Dienstverhältnisses auf den Umwandlungszeitpunkt, d.h. den **Gründungszeitpunkt** der Kapitalgesellschaft abzustellen (*Ahrend/Förster/Rößler, 6. Teil, Rn. 13; Langohr-Plato, Stbg. 1992, S. 312; Lutz/Langohr-Plato, S. 74*). 1230

3. Mitarbeitende Ehegatten

Arbeitsverhältnisse zwischen Ehegatten sind wegen ihrer steuerlichen Vorteile insbesondere in mittelständischen Unternehmen und in freiberuflichen Praxen ein weit verbreitetes und beliebtes Gestaltungsmittel. Der Arbeitgeber-Ehegatte kann die Gehaltszahlungen an seinen mitarbeitenden Ehegatten inklusive der Lohnnebenkosten (Sozialversicherungsbeitrag, Arbeitslosenversicherung, Krankenkasse) und sonstiger freiwilliger Sozialleistungen als **Betriebsausgabe** absetzen. Gewährt der Arbeitgeber-Ehegatte dem mitarbeitenden Ehegatten eine **betriebliche Altersversorgung**, so sind hierfür Pensionsrückstellungen nach § 6a EStG zu bilden, sofern er sich hierzu einer unmittelbaren Pensionszusage bedient. Wird die Altersversorgung über eine Direktversicherung oder Unterstützungskasse gewährt, so sind die Auf- bzw. Zuwendungen hierfür als Betriebsausgabe ebenfalls **gewinnmindernd**. 1231

Auf Seiten des Arbeitnehmer-Ehegatten sind die Lohnzahlungen zwar als Einkünfte aus nicht-selbständiger Tätigkeit zu versteuern. Dafür kann der Arbeitnehmer-Ehegatte aber auch den Arbeitnehmer-Pauschbetrag von 2.000,— € beanspruchen und seine Aufwendungen im Zusammenhang mit dem Arbeitsverhältnis als Werbungskosten geltend machen. 1232

Das Motiv zum Abschluss eines Arbeitsverhältnisses ist für die steuerliche Anerkennung ohne Bedeutung; es kann also auch allein steuerlicher Natur sein. Die Vorteile eines Ehegatten-Arbeitsverhältnisses gehen aber noch weiter: der Arbeitnehmer-Ehegatte verschafft sich **eigene** gesetzliche und/oder betriebliche **Versorgungsansprüche** und eigenständigen Krankenversicherungsschutz. Darüber hinaus unterläge ohne ein entsprechendes Arbeitsverhältnis die durch eine gleichwohl und dann unentgeltlich erfolgte Mitarbeit geschaffene Wertsteigerung des Unternehmens im Falle einer Insolvenz dem uneingeschränkten Gläubigerzugriff. Für eine unentgeltlich erbrachte Arbeitsleistung allein auf der Grundlage einer bestehenden Ehe würden im Falle der Ehescheidung auch keine Ausgleichsansprüche geltend gemacht werden können.

1233 Mithin sind neben der faktischen Notwendigkeit einer Mitarbeit des Ehegatten die sich bei Bestehen eines formell wirksamen Arbeitsvertrages steuer-, sozial- und zivilrechtlich ergebenden Rechtsfolgen für beide Vertragsparteien durchaus attraktiv.

1234 Im Rahmen eines steuerlich anzuerkennenden Ehegatten-Arbeitsvertrages *(*vgl. hierzu die ausführliche Darstellung bei *Langohr-Plato, ZAP 1997, F. 20, S. 307 ff; vgl. a.: Höfer, BetrAVG, StR, Rn. 2221 ff.*) kann dem Arbeitnehmer-Ehegatten auch eine Zusage auf Gewährung von **betrieblichen Versorgungsleistungen** erteilt werden (*BVerfG v. 22.7.1970 – 1 BvR 285/66, 1 BvR 445/67, 1 BvR 192/69 – BStBl. II, S. 652*). In arbeitsrechtlicher Hinsicht gelten hierfür die durch das Gesetz zur Verbesserung der betrieblichen Altersversorgung (BetrAVG/Betriebsrentengesetz) vom 19.12.1974 gesetzten Rahmenbedingungen. Danach kommen als Durchführungswege einer betrieblichen Altersversorgung für das Ehegatten-Arbeitsverhältnis die

- unmittelbare Pensionszusage,
- Direktversicherung oder die
- Versorgung über eine Pensions- oder Unterstützungskasse

in Betracht.

1235 In **steuerrechtlicher** Hinsicht gelten für die Anerkennung einer Versorgungszusage im wesentlichen die Vorausberechnungen wie für die Anerkennung des zugrundeliegenden Arbeitsvertrages:

- die Versorgungszusage muss **klar** und **eindeutig formuliert** sein;
- die muss gewahrt sein, d. h. die spätere Zahlung einer Versorgungsleistung muss ernsthaft gewollt sein;
- **Vereinbarung** und **Durchführbarkeit** müssen einem **Fremdvergleich** standhalten

(*BFH v. 14.7.1989 – III R 97/86 – BStBl II 1989, S. 969 = BB 1989, S. 2080 = DB 1989, S. 2308; BFH v. 16.5.1990 – X R 72/80 – BStBl. II 1990, S. 1044; BFH v. 10.3.1993 – I R 118/91 – BStBl II 1993, S. 604 = BetrAV 1994, S. 79*).

1236 Darüber hinaus muss die Versorgungszusage **dem Grunde nach angemessen üblich** sein (*BMF-Schreiben v. 04.09.1984, IV B 1 – S 2176 – 85/84 – BStBl. I 1984, S. 495; BFH v. 8.10.1986 – I R 220/82 – BStBl. II 1987, S. 205 = BB 1987, S. 387 = DB 1987, S. 1330; BFH v. 16.5.1995 – XI R 87/93 – DB 1995, S. 2249, 2250*).

1237 Sind diese Bedingungen erfüllt, so muss der Arbeitgeber im Rahmen einer unmittelbaren Pensionszusage Rückstellungen nach § 6a EStG bilden, die als Passivposten den steuerpflichtigen Unternehmensgewinn ohne jeglichen Liquiditätsverlust mindern. Bei Abschluss einer Direktversicherung oder Gewährung von Versorgungsleistungen über eine Unterstützungskasse ist der jeweilige Aufwand (Versicherungsprämie § 4b EStG; Zuwendung gem. § 4d EStG) als Betriebsausgabe abzugsfähig.

a) Pensionszusagen

1238 Inhalt einer Pensionszusage im Rahmen eines Ehegatten-Arbeitsverhältnisses bei einer Kapitalgesellschaft kann grundsätzlich jede Art von Alters-, Invaliditäts- und Hinterbliebenenversorgung sein. In einem **Einzelunternehmen** oder einer **freiberuflichen Praxis** kommt jedoch nur die Gewährung von Alters-, Invaliden- und Waisenversorgung in Betracht. Eine Zusage auf Gewährung von Witwen-/Witwerversorgung ist dagegen unzulässig (*Abschnitt 41 Abs. 11 S. 6 EStR*), weil hier bei Eintritt des Versorgungsfalles Anspruch und Verpflichtung in einer Person, nämlich der des Arbeitgeber-Ehegatten, zusammenfallen. Soweit die Pensionszusage über eine Rückdeckungsversicherung abgesichert wird, können die Prämienzahlungen nur insoweit als Betriebsausgabe anerkannt werden, wie auch die Pensionszusage rückstellungsfähig ist, ggf. also auch nur unter Ausklammerung des Prämienanteils für die Witwen- bzw. Witwerrente.

1239 Wird die Versorgungszusage von einer **Personengesellschaft** erteilt, in der der Arbeitgeber-Ehegatte Gesellschafter ist, so ist auch die Anwartschaft auf Witwen- bzw. Witwerrente rückstellungsfähig (*BFH v. 21.4.1988 – IV R 80/86 – BStBl. II 1988, S. 883 = BB 1988, S. 2013 = DB 1988, S. 2131*).

1240 Darüber hinaus gelten folgende Besonderheiten:

Eine ernsthafte und angemessene Pensionszusage an den Arbeitnehmer-Ehegatten kann regelmäßig unterstellt werden, wenn **familienfremden Arbeitnehmern** mit vergleichbaren Tätigkeits- und Leistungsmerkmalen oder mit einer dem Arbeitnehmer-Ehegatten gegenüber geringerwertigen Tätigkeit

- eine entsprechende betriebliche Altersversorgung eingeräumt oder zumindest ernsthaft angeboten worden ist,
- sie im Zeitpunkt der Pensionszusage oder des entsprechenden Angebots dem Unternehmen des Arbeitgeber-Ehegatten nicht wesentlich länger angehört haben als der Arbeitnehmer-Ehegatte im Zeitpunkt der Erteilung seiner Pensionszusage und
- sie kein höheres Pensionierungsalter als der Arbeitnehmer-Ehegatte haben.

1241 Die Pensionszusage muss also vollinhaltlich einem „**Fremdvergleich**" standhalten (*vgl. a.: BFH v. 30.3.1983 – I R 162/80 – BStBl II 1983, S. 500 = BB 1983, S. 1455 = DB 1983, S. 1686; BFH v. 14.7.1989 – III R 97/86 – BStBl II 1989, S. 969 = BB 1989, S. 2080 = DB 1989, S. 2308; BFH v. 10.3.1993 – I R 118/91 – BStBl II 1993, S. 604 = DB 1993, S. 1599 = BetrAV 1994, S. 79.; BFH v. 16.5.1995 – XI R 87/93 – DB 1995, S. 2249, 2250*). Deswegen wird eine Pensionszusage an einen Arbeitnehmer-Ehegatten auch nicht anerkannt, wenn sie zu einem Lebensalter erteilt wird, zu dem einem familienfremden Arbeitnehmer keine Pensionszusage mehr erteilt würde (*BFH v. 23.2.1984 – IV R 148/81 – BStBl. II 1984, S. 551 = BB 1984, S. 1277 = DB 1984, S. 1556*).

1242 Die steuerliche Anerkennung einer Pensionszusage an den Arbeitnehmer-Ehegatten setzt aber nicht voraus, dass alle Arbeitnehmer des Unternehmens eine Versorgungszusage erhalten. Es bleibt dem Arbeitgeber-Ehegatten im Rahmen **des**

arbeitsrechtlichen Gleichbehandlungsgrundsatzes unbenommen, den Kreis der Begünstigten einzugrenzen (so auch *BFH v. 30.3.1983 – I R 162/80 – BStBl. II 1983, S. 500 = DB 1983, S. 1686*). Der Arbeitnehmer-Ehegatte muss nur zum Kreis der Begünstigten (z. B. den leitenden Angestellten) gehören.

1243 Ist ein **Fremdvergleich** mangels vergleichbarer familienfremder Arbeitnehmer **nicht möglich**, so ist die Pensionszusage **nur dann angemessen**, wenn die zugesagten Leistungen der betrieblichen Altersversorgung zusammen mit der zu erwartenden gesetzlichen Sozialversicherungsrente **75 % des letzten** steuerlich anzuerkennenden **Gehalts** des Arbeitnehmer-Ehegatten nicht übersteigen (vgl.: *BFH v. 15.7.1976 – I R 124/73 – BStBl II 1977, S. 112 = BB 1976, S. 1643 = DB 1977, S. 892; BFH v. 26.10.1982 – VIII R 50/80 – BStBl II 1983, S. 209 = BB 1983, S. 481 = DB 1983, S. 639; BFH v. 10.11.1982 – I R 135/80 – BStBl II 1983, S. 173 = BB 1983, S. 355 = DB 1983, S. 532; BFH v. 8.10.1986 – I R 220/82 – BStBl II 1987, S. 205 = BB 1987, S. 387 = DB 1987, S. 207; BFH v. 16.5.1995 – XI R 87/93 – DB 1995, S. 2249, 2250*).

1244 Dabei kann – sofern gesetzliche Rentenversicherungspflicht besteht – aus **Vereinfachungsgründen** von der Einhaltung der 75 %-Grenze abgesehen werden, wenn die **laufenden Aufwendungen** (= Arbeitgeber- und Arbeitnehmeranteil zur gesetzlichen Sozialversicherung zzgl. freiwillige Aufwendungen/Beiträge des Arbeitgebers für Zwecke der Altersversorgung zzgl. Zuführungen zu einer Pensionszusage) für die **betriebliche Altersversorgung 30 % des letzten steuerlich anzuerkennenden Gehalts** nicht übersteigen (*BFH v. 8.10.1986 – I R 220/82 – BStBl II 1987, S. 205 = BB 1987, S. 387 = DB 1987, S. 207, BFH v. 5.2.1987 – IV R 198/84 – BStBl. II 1987, S. 557 = BB 1987, S. 1231 = DB 1988, S. 1830; BFH v. 16.5.1995 – XI R 87/93 – DB 1995, S. 2249, 2250*).

1245 Diese Grundsätze der **Überversorgung** gelten auch bei der **Direktversicherung** und sind auch dann zu prüfen, wenn die Versorgungsleistung ganz oder teilweise durch eine **Eigenbeteiligung** (Barlohnumwandlung/Gehaltsverzicht) des versorgten Ehegatten mitfinanziert wird (*BFH v. 11.9.1987 – III R 267/83 – BFH/NV 1988, S. 225; BFH v. 16.5.1995 – XI R 87/93 – DB 1995, S. 2249, 2250*).

1246 Ein Ehegatten-Arbeitsverhältnis muss sich zudem daran messen lassen, ob die **einzelnen Lohnbestandteile** (Aktivbezüge und Altersversorgung) zueinander in etwa dem entsprechen, was bei der Vergütung familienfremder Mitarbeiter betriebsintern üblich ist (*BFH v. 21.8.1984 – VIII R 106/81 – BStBl II 1985, S. 124 = BB 1985, S. 315 = DB 1985, S. 315*). Nicht nur die Höhe, sondern auch die **Zusammensetzung des Entgelts** wird steuerlich überprüft (*BFH v. 16.5.1995 – XI R 87/93 – DB 1995, S. 2249, 2250*).

1247 Die **Ernsthaftigkeit** ist bei nicht realisierbarem Fremdvergleich dann als gegeben anzusehen, wenn nach Würdigung der Gesamtzustände eine hohe Wahrscheinlichkeit dafür spricht, dass der Steuerpflichtige auch einem familienfremden Arbeitnehmer mit den Funktions- und Tätigkeitsmerkmalen des mitarbeitenden Ehegatten die Zusage erteilt hätte (*Stuhrmann, a.a.O., S. 7613*).

Bei einer **Aushilfs- oder Kurzbeschäftigung** wird eine Pensionszusage an den mitarbeitenden Ehegatten von der Finanzverwaltung infolge ihrer **Unüblichkeit** nicht anerkannt (*vgl. BMF-Schreiben v. 09.01.1986, IV B 1 – S 2176 – 2/86, BStBl. I 1986, S. 7*). Dagegen ist im Rahmen einer **Teilzeitbeschäftigung** die Pensionszusage anzuerkennen, wenn auch anderen im Unternehmen beschäftigten Teilzeitmitarbeitern entsprechende Versorgungszusagen erteilt oder ernsthaft angeboten worden sind (*BMF-Schreiben v. 4.9.1984, IV B 1 – S 2176 – 85/84 – BStBl. I 1984, S. 495, Ziffer I Abs. 3*). 1248

Die Anerkennung der Pensionszusage und damit die Zulässigkeit der Bildung von Pensionsrückstellungen hängt ferner von dem Nachweis ab, dass der Arbeitgeber-Ehegatte aller Voraussicht nach auch **tatsächlich** aus der erteilten Pensionszusage **in Anspruch** genommen wird. 1249

Gerade bei Unternehmen, die nach Art und Größe weitgehend von der Arbeitskraft des Arbeitgeber-Ehegatten abhängen und bei denen daher die Vermutung besteht, dass mit der Beendigung der unternehmerischen Tätigkeit des Arbeitgeber-Ehegatten auch der mitarbeitende Ehegatte sein Arbeitsverhältnis beenden wird (z. B. bei Freiberuflern, Handwerkern, Einzelhändlern) und die Zahlung von Versorgungsleistungen dann entfällt, ist für die Anerkennung der Versorgungszusage zwingend der Nachweis der Sicherstellung der späteren Zahlung der zugesagten Versorgungsleistung erforderlich. Anhaltspunkte hierfür können 1250

- der Abschluss einer **Rückdeckungsversicherung** (*BFH v. 15.7.1976 – I R 124/73 – BStBl II 1977, S. 112 = BB 1976, S. 1643 = DB 1977, S. 892; BMF-Schreiben v. 4.9.1984 – IV B 1 – S 2176 – 85/84 – BStBl. I 1984, S. 495 Ziffer 1 Abs. 5; Gosch, BetrAV 1994, S. 268, 271; Stuhrmann, NWB 1990, F. 3 S. 7614*),
- die vertragliche Vereinbarung über die Leistung von Pensionszahlungen durch den Betriebsnachfolger oder
- für den Fall vorzeitiger Betriebsbeendigung die Vereinbarung einer Kapitalabfindung statt laufender Rentenzahlung sein (*vgl. a.: BFH v. 26.10.1982 – VIII R 50/80 – BStBl. II 1983, S. 209 = BB 1983, S. 481 = DB 1983, S. 639*).

Dagegen ist die betriebliche Veranlassung einer Versorgungszusage zu verneinen, wenn der Arbeitnehmer-Ehegatte wesentlich jünger und folglich damit zu rechnen ist, dass das Unternehmen später von ihm selbst fortgeführt werden wird (*BFH v. 29.5.1984 – VIII R 177/78 – BStBl. II 1984, S. 661 = BB 1984, S. 1728 = DB 1984, S. 1963; Ahrend/Förster/Rößler, 6. Teil, Rn. 75*). 1251

b) Direktversicherungen

Direktversicherungen zugunsten eines mitarbeitenden Ehegatten werden unter den gleichen Voraussetzungen anerkannt, die zur Anerkennung einer Pensionszusage erfüllt sein müssen (*vgl.: BFH v. 16.5.1995 – XI R 87/93 – DB 1995, S. 2249, 2250*). Das bedeutet, dass auch hier 1252

- die Grundsätze der Ernsthaftigkeit, Eindeutigkeit und Klarheit der vertraglichen Vereinbarung gewährt werden,

- die Versicherung dem Grunde und der Höhe nach angemessen sein muss und dass
- der Arbeitnehmer-Ehegatte keiner Aushilfstätigkeit nachgeht.

1253 Lediglich hinsichtlich der Ernsthaftigkeit sowie der Wahrscheinlichkeit der tatsächlichen Inanspruchnahme ergeben sich Abweichungen zur Pensionszusage, da hier bereits aufgrund des mit einem Dritten abgeschlossenen Versicherungsvertrages die Ernsthaftigkeit sowie Inhalt und Umfang der Versorgungsverpflichtung klar und eindeutig dokumentiert werden.

Im Übrigen kann auf die obigen Ausführungen zur Pensionszusage verwiesen werden.

1254 Die Prämien für eine Direktversicherung sind auch dann als Betriebsausgabe abziehbar, wenn die Versicherungsleistung beim Tod des Arbeitnehmer-Ehegatten ganz oder teilweise dem Arbeitgeber-Ehegatten zufließt (*BFH v. 10.11.1982 – I R 135/80 – BStBl. II 1983, S. 173 = BB 1983, S. 355 = DB 1983, S. 532; BFH v. 21.8.1984 – VIII R 106/81 – BStBl. II 1985, S. 124 = BB 1985, S. 315 = DB 1985, S. 315*).

Für den Fall einer im Wege der Gehaltsumwandlung finanzierten Direktversicherung sind die vorstehenden Grundsätze ebenfalls in vollem Umfang zu beachten.

c) Pensionskassen und Unterstützungskassen

1255 Die Ausführungen zur Anerkennung von Pensionszusagen und Direktversicherungen gelten sinngemäß auch bei einer Versorgung des mitarbeitenden Ehegatten über eine Pensions- bzw. Unterstützungskasse. Hinsichtlich der Versorgung über eine Unterstützungskasse ist allerdings noch zu berücksichtigen, dass diese als „soziale Einrichtung" nicht überwiegend der Versorgung des Unternehmers und seiner Angehörigen dienen darf, sondern vorrangig eine echte Mitarbeiterversorgung gewährleisten muss §§ 5 Abs. 1 Nr. 3 b KStG, 1 Nr. 1 KStDV (*ausführlich hierzu: Langohr-Plato, Stbg. 1994, S. 321 f.*).

D. Rechtsprechungslexikon

(Leitsätze; nach Stichworten geordnet von A wie Abfindung bis Z wie Zusatzverordnung)

Abfindung 1256

Abfindung im Sozialplan

Durch einen Sozialplan können unverfallbare Versorgungsanwartschaften **nicht** aufgehoben oder kapitalisiert werden.

BAG, *Urteil vom* ***30.10.1980****; Az.: 3 AZR 364/79*
Fundstellen: BB 1981, S. 555 = DB 1981, S. 699 = NJW 1981, S. 1632

Abfindungsverbot

§ 3 BetrAVG enthält ein **Abfindungsverbot** für unverfallbare Versorgungsanwartschaften, die 10 Jahre und länger bestehen.

LAG Düsseldorf*, Urteil vom* ***5.5.1977****; Az.: 14 Sa 1374/76*
Fundstellen: DB 1977, S. 2054

Abfindungsverbot

1. Auch wenn die Abfindung einer Versorgungsanwartschaft gemäß § 3 Abs. 1 Satz 1 BetrAVG möglich ist, muss neben dem Arbeitnehmer auch der Arbeitgeber der Abfindung **zustimmen**.
2. § 3 Abs. 1 BetrAVG begründet für den Arbeitnehmer **keinen** durchsetzbaren **Rechtsanspruch** auf Zustimmung des Arbeitgebers zur Abfindungszahlung.

LAG Düsseldorf*, Urteil vom* ***13.6.1989****; Az.: 3 Sa 449/89 (rkr.)*
Fundstellen: BetrAV 1989, S. 179

Abfindungsverbot

1. Wenn in der Ruhegeldordnung die Auszahlung einer 10 Jahre oder länger bestehenden Versorgungsanwartschaft bei vorzeitigem Ausscheiden vorgesehen ist, so widerspricht dies dem Willen des Gesetzgebers und dem Sinn und Zweck des BetrAVG. Denn gemäß § 17 Abs. 3 BetrAVG sind die §§ 2 – 5 BetrAVG **zwingendes Recht**, von denen nur durch Tarifvertrag abgewichen werden kann.
2. Aber auch allgemein ist eine **Abweichung nur zugunsten des Arbeitnehmers** möglich. Das Wort "zugunsten" kann nur so verstanden werden, dass eine echte Garantie gegeben ist, dass der ausgezahlte Betrag tatsächlich vom Arbeitnehmer als unwiderrufliche Altersversorgung angelegt wird. Dies kann bei einem bloßen Auszahlungsanspruch nicht bejaht werden.

ArbG Köln*, Urteil vom* ***18.9.1975****; Az.: 13/12 Ca 3848/75*
Fundstellen: DB 1976, S. 252

Abfindungszahlung aus Anlass der GmbH-Veräußerung und Steuertarif

Beruht der Entschluss des GGF, auf seine betrieblichen Versorgungsansprüche gegen Gewährung eines Geldbetrages zu verzichten, um den **Verkauf der Ge-**

schäftsanteile zu ermöglichen, auf seiner freien Entscheidung und ist er dabei keiner Zwangslage ausgesetzt, so ist eine Anwendung des **ermäßigten Steuersatzes** gemäß § 34 EStG **nicht gerechtfertigt**.

***BFH**, Urteil vom **7.3.1995**; Az.: XI R 54/94*
Fundstellen: BFH-NV 1995, S. 961

Anforderungen an den Abfindungsbetrag

Ein **Vergleich**, der die Abfindung einer Versorgungsanwartschaft durch einen Kapitalbetrag vorsieht, kann gegen die **guten Sitten verstoßen** und deshalb **nichtig** sein (§ 138 BGB), wenn ein **grobes Missverhältnis** des beiderseitigen Nachgebens besteht. Ein Indiz hierfür ist gegeben, wenn die Abfindungssumme nur einen geringfügigen Bruchteil des zeitanteilig erdienten Anwartschaftswertes bildet und für einen so weitgehenden Verzicht kein Grund ersichtlich ist.

***BAG**, Urteil vom **30.7.1985**; Az.: 3 AZR 401/83*
Fundstellen: BetrAV 1986, S. 70 = BB 1986, S. 531 = NZA 1986, S. 519

Ausgleichsquittung, Rechtswirkungen

Eine Ausgleichsklausel in gerichtlichen Vergleichen oder in Ausgleichsquittungen enthält **generell keinen Verzicht** des Arbeitnehmers **auf Ansprüche aus betrieblicher Altersversorgung**. Die Höhe der Zuwendung ist insoweit unbeachtlich.

***LAG Hamm**, Urteil vom **30.10.1979**; Az.: 6 Sa 91/79*
Fundstellen: BetrAV 1980, S. 209 = DB 1980, S. 113

Bei Einzelvereinbarung kein Anspruch nach der AO 54

Leitsätze nicht amtlich:

1. Bei Unsicherheiten über das Bestehen eines betriebsrentenrechtlichen Versorgungsanspruchs ist auch eine vergleichsweise Einigung dahingehend statthaft, dass keine Versorgungsansprüche bestehen und eine entsprechende Abfindung gezahlt wird.
2. Wer eine Einzelvereinbarung unterschrieben und wie vereinbart Ausgleichsleistungen entgegengenommen hat, hat damit auf alle weiteren Ansprüche aus der AO 54 verzichtet. Die abgeschlossene Vereinbarung ist auch weder sittenwidrig noch nichtig.
3. Nur ausnahmsweise können ein besonders grobes Missverhältnis zwischen Leistung und Gegenleistung oder eine verwerfliche Gesinnung des Arbeitgebers bei Abschluss der Vereinbarung zu ihrer Nichtigkeit führen.

***LAG Brandenburg**, Urteil vom **25.11.1997**; Az.: 2 Sa 407/97*
Fundstellen: BetrAV 1998, S. 224 = AuA 1998, S. 179

Betriebsrentenrechtliches Abfindungsverbot – Verrechnung

Soll die in einem Aufhebungsvertrag vereinbarte Abfindung für den Verlust des Arbeitsplatzes mit der bis zur Vollendung des 60. Lebensjahres entstehenden betrieblichen Invalidenrente verrechnet werden, so ist die in der Verrechnungsabrede enthaltene aufschiebend bedingte Tilgungsbestimmung wegen Verstoßes gegen § 3 Abs. 1 BetrAVG unwirksam. Dem Arbeitgeber kann jedoch nach § 812 Abs. 1 Satz 2 BGB ein Bereicherungsanspruch auf Rückzahlung der Abfindung zustehen. § 817 Satz 2 BGB schließt diesen Anspruch nicht aus.

***BAG**, Urteil vom **17.10.2000**, Az.: 3 AZR 7/00*
Fundstellen: BetrAV 2001, S. 791 = DB 2001, S. 2201 = BB 2001, S. 2117

Keine Tarifbegünstigung bei freiwilliger Umwandlung von Rentenansprüchen in Kapitalzahlung

Eine Tarifbegünstigung für außerordentliche Einkünfte bei Umwandlung zukünftiger Pensionsansprüche in eine Abfindungszahlung ist nicht möglich, wenn die Vertragsänderung vom Berechtigten **aus freien Stücken** herbeigeführt wird.

***BFH**, Urteil vom **9.7.1992**; Az.: XI R 5/91*
Fundstellen: BFHE 168, S. 338 = BStBl II 1993, S. 27 = DB 1993, S. 257

Konsequenzen eines Verstoßes gegen das Abfindungsverbot

1. Eine Versorgungsregelung, wonach unverfallbare Versorgungsanwartschaften bei vorzeitiger Vertragsbeendigung ohne Rücksicht auf die Zusagedauer abzufinden sind, verstößt gegen das Abfindungsverbot des § 3 BetrAVG und ist **nichtig**.
2. Dies gilt auch dann, wenn die Abfindung so bemessen ist, dass sie den Barwert einer nach § 2 BetrAVG berechneten Teilrente übersteigt. In einem solchen Fall ist nicht ohne weiteres anzunehmen, dass die Parteien eine Begünstigung des Arbeitnehmers über die gesetzlich gewährleistete Teilrente hinaus gewählt und neben der gesetzlich vorgeschriebenen Teilrente eine Teilabfindung vereinbart hätten, wenn ihnen die Unzulässigkeit ihrer Abfindungsregelung bewusst gewesen wäre.
3. Die unzulässige Abfindungsregelung wird durch die Teilrentenreglung des Betriebsrentengesetzes vollständig verdrängt.

***BAG**, Urteil vom **22.3.1983**; Az.: 3 AZR 499/80*
Fundstellen: AuR 1984, S. 120 = BetrAV 1984, S. 178 = BB 1984, S. 1168 = DB 1984, S. 727 = NJW 1984, S. 1783

Sozialversicherungspflicht für Abfindungen bei fortbestehendem Arbeitsvertrag

Abfindungen, die im Rahmen eines weiterbestehenden Arbeitsverhältnisses als Ausgleich für verschlechterte Arbeitsbedingungen gezahlt werden, sind sozialversicherungspflichtiges Arbeitsentgelt nach § 14 SGB IV. Die Rechtsprechung zur Beitragsfreiheit von Abfindungen wegen Beendigung des Arbeitsverhältnisses (vgl. BSG v. 21.2.1990 – 12 RK 20/88 – BB 1990, 1350) ist nicht übertragbar, da es an einer Zahlung für eine Zeit nach dem Ende der Beschäftigung und der Versicherungspflicht fehlt.

***BSG**, Urteile vom **28.1.1999**; Az.: B 12 KR 6/98 R und B 12 KR 14/98 R*
Fundstellen: BB 1999, S. 1928

Unzulässigkeit des Verzichts auf Versorgungsanwartschaften

Eine Versorgungsanwartschaft, die gemäß § 3 Abs. 1 BetrAVG nicht abgefunden werden darf, kann nicht wirksam erlassen werden.
***BAG**, Urteil vom **22.9.1987**; Az.: 3 AZR 194/86*
Fundstellen: AuR 1988, S. 153 = BetrAV 1988, S. 179 = BB 1988, S. 831 = DB 1988, S. 656 = NZA 1988, S. 470

Verrechnung von Renten mit einer Abfindung nach KSchG

Vereinbarungen zwischen Arbeitgeber und Arbeitnehmer über die Verrechnung künftiger Rentenansprüche mit Ansprüchen auf eine Abfindung nach §§ 9, 10 KSchG sind nichtig (§ 3 BetrAVG, § 134 BGB). Der Arbeitnehmer kann im Versorgungsfall seine Betriebsrente ungekürzt verlangen.
***BAG,** Urteil vom **24.3.1998**; Az.: 3 AZR 800/96*
Fundstellen: DB 1998, S. 1340 = BB 1998, S. 1423 = BetrAV 1998, S. 219

Voraussetzungen einer steuerbegünstigten Abfindung von Versorgungsleistungen

Eine **steuerbegünstigte Entschädigung** nach § 24 Nr. 1 Buchst. a i.V.m. § 34 Abs. 1 und Abs. 2 EStG kann gegeben sein, wenn der Arbeitnehmer beim Auslaufen eines befristeten Arbeitsvertrages sich dem Verlangen des Arbeitgebers, in eine Kapitalisierung seines fortbestehenden Anspruchs auf laufende Versorgungsleistungen einzuwilligen, **praktisch nicht entziehen** kann.
***BFH**, Urteil vom **16.4.1980**; Az.: VI R 86/77*
Fundstellen: BFHE 130, S. 168 = BStBl II 1980, S. 393 = BB 1980, S. 1195 = DB 1980, S. 1376 = BetrAV 1980, S. 217

Zulässigkeit eines gerichtlichen Tatsachenvergleichs

Ein **gerichtlicher Vergleich** über **tatsächliche Voraussetzungen** eines Versorgungsanspruchs verstößt nicht gegen zwingende Grundsätze des Betriebsrentengesetzes. Auch eine Einigung, wonach keine Versorgungsrechte bestehen, wird weder durch § 17 Abs. 3 Satz 3 BetrAVG noch durch § 3 Abs. 1 BetrAVG verboten.
***BAG**, Urteil vom **18.12.1984**; Az.: 3 AZR 125/84*
Fundstellen: AuR 1985, S. 369 = BetrAV 1985, S. 177 = BB 1985, S. 1603 = DB 1985, S. 1949 = NZA 1986, S. 95

Anpassung 1257

Anpassung der Betriebsrente im Konzern

1. Der Arbeitgeber kann die Anpassung der Betriebsrenten an die Kaufkraftentwicklung nach § 16 BetrAVG ganz oder teilweise ablehnen, wenn und soweit dadurch eine **übermäßige Belastung** des Unternehmens verursacht würde. Übermäßig ist die Belastung dann, wenn es dem Unternehmen mit einiger Wahrscheinlichkeit unmöglich sein wird, den Teuerungsausgleich aus dem **Wertzuwachs** des Unternehmens und dessen **Erträgen** in der Zeit nach dem Anpassungsstichtag aufzubringen (st. Rspr. des Senats).
2. Wegen der wirtschaftlichen Verflechtung von Konzerngesellschaften kann es bei der wirtschaftlichen Leistungsfähigkeit auf die **wirtschaftliche Lage des Konzerns** ankommen. Voraussetzung ist eine **enge wirtschaftliche Verknüpfung** der Unternehmen (Bestätigung von BAGE 61, 94 = AP Nr. 22 zu § 16 BetrAVG).
3. Eine solche enge wirtschaftliche Verknüpfung kann auch ohne Abschluss eines Beherrschungs- oder Gewinnabführungsvertrages bei einem **qualifiziert faktischen Konzern** vorliegen. Voraussetzung dafür ist, dass das herrschende Unternehmen die **Geschäfte** des beherrschten Unternehmens **dauernd** und **umfassend geführt** und die Leitungsmacht in einer Weise ausgeübt hat, die keine angemessene Rücksicht auf die eigenen Belange der abhängigen Gesellschaft nimmt (im Anschluss an BGH Urteil vom 29.3.1993 – II ZR 265/91 – TBB – ZIP 1993, 589; zugleich Bestätigung des Urteils des Senats vom 28.4.1992 – 3 AZR 244/91 – AP Nr. 25 zu § 16 BetrAVG).
4. Eine mangelnde Rücksichtnahme auf die Belange der abhängigen Gesellschaft kann auch darin liegen, dass das herrschende Unternehmen das beherrschte Unternehmen veranlasst, gewinnbringende Geschäftsbereiche auszugliedern und zu verselbständigen. Dagegen ist der Vorwurf der mangelnden Rücksichtnahme auf die Interessen der abhängigen Gesellschaft nicht berechtigt, wenn ein bisher verlustreicher Geschäftsbetrieb ausgegliedert wird oder wenn neugebildete Gesellschaften zur Gewinnabführung an das den Geschäftsbereich abgebende Unternehmen verpflichtet werden.

***BAG**, Urteil vom **14.12.1993**; Az.: 3 AZR 519/93*
Fundstellen: AuR 1994, S. 242 = BetrAV 1994, S. 196 = BB 1994, S. 796 = DB 1994, S. 1147 = NZA 1994, S. 551

Anpassung durch Rentnergesellschaft

1. Eine sog. Rentnergesellschaft, deren einziger Zweck in der Abwicklung von Leistungen der betrieblichen Altersversorgung besteht, hat gleichfalls eine Anpassung der Betriebsrenten zu prüfen und hierüber nach billigem Ermessen zu entscheiden. Zur Finanzierung des Anpassungsbedarfs sind die aus der **Verzinsung des Deckungskapitals erzielten Erträge** und auch die **Vermögenssubstanz** teilweise zu verwenden (Fortführung von BAG-Urteil vom 23.10.1996 – 3 AZR 514/95, DB 1997, S. 1287).

2. Inwieweit ein Eingriff in die Vermögenssubstanz zumutbar ist und der Billigkeit entspricht, richtet sich nach dem zum jeweiligen Anpassungsstichtag ermittelten Barwert sämtlicher Versorgungslasten. Wegen der nicht sicher vorausschaubaren **Zinsentwicklung** und etwaiger **Steigerungen der Lebenserwartung** ist die Abwicklungsgesellschaft berechtigt, von einem sich möglicherweise ergebenden Überschuss einen **angemessenen Reservebetrag zurückzuhalten** und nicht für die Anpassung bereitzustellen.

***LAG Hamm**, Urteil vom **3.2.1998**; Az.: 6 Sa 727/96*
Fundstellen: DB 1998, S. 931 = BetrAV 1998, S. 225

Anpassung von Betriebsrenten durch den PSV

1. Unter § 7 Abs. 1 BetrAVG fallen alle **Versorgungsempfänger** unabhängig davon, ob ihr Arbeitsverhältnis bis zum Versorgungsfall fortbestand oder schon vorher endete.
2. Lediglich der Insolvenzschutz der **Versorgungsanwärter** ist durch die Veränderungssperre des § 7 Abs. 2 Satz 3 i.V.m. § 2 Abs. 5 BetrAVG begrenzt. Für Versorgungsempfänger fehlt eine derartige Einschränkung. Sieht die Versorgungsordnung auch für ausgeschiedene Arbeitnehmer eine von § 16 BetrAVG losgelöste Dynamisierung der laufenden Betriebsrente vor, so hat der Pensions-Sicherungs-Verein nach § 7 Abs. 1 BetrAVG hierfür einzustehen (Fortführung des Urteils vom 22.11.1994 – 3 AZR 767/93 – BAGE 78, S. 279 (286) = DB 1995, S. 582).

***BAG**, Urteil vom **8.6.1999**; Az.: 3 AZR 39/98*
Fundstellen: DB 1999, S. 2071

Anpassung von Betriebsrenten im Beitrittsgebiet

1. Das BetrAVG mit seiner Regelung über die Anpassung laufender Betriebsrenten (§ 16 BetrAVG) ist im Beitrittsgebiet nur anzuwenden, wenn die Zusagen auf Leistungen der betrieblichen Altersversorgung nach dem 31.12.1991 erteilt wurden.
2. Die Erteilung einer Zusage setzt bei vertraglicher Grundlage der Zusage den Abschluss eines Vertrages voraus. Die Erfüllung bereits entstandener Verpflichtung ist keine Begründung eines Anspruchs.
3. Für die bis zum 31.12.1991 erteilten Zusagen schließt der Einigungsvertrag (Anlage I Kap. VIII Sachgebiet A Abschnitt III Nr. 16) nicht nur eine auf § 16 BetrAVG, sondern im Regelfall auch eine auf § 242 BGB gestützte Verpflichtung zur Anpassung laufender Leistungen aus. Die auf § 242 BGB beruhende vorgesetzliche Rechtsprechung des Senats hat in der abschließenden Regelung des § 16 BetrAVG ihre konkrete gesetzliche Ausprägung gefunden.

***BAG**, Urteil vom **24.3.1998**; Az.: 3 AZR 778/96*
Fundstellen: BB 1998, S. 1485 = DB 1998, S. 1621 = AuA 1998, S. 318 = NZA 1991, S. 938

Anpassung von Betriebsrenten nach Stillegung eines einzelkaufmännischen Unternehmens

1. Die Pflicht zur Anpassung einer Betriebsrente nach § 16 BetrAVG trifft auch den Erben des ehemals einzelkaufmännisch tätigen früheren Arbeitgebers, selbst wenn er dessen Geschäft nicht weiterführt.
2. Für die Bewertung seiner Leistungsfähigkeit kommt es ebenso wie für die des einzelkaufmännisch tätigen früheren Arbeitgebers grundsätzlich nur auf die Erträge und Wertzuwächse des dem Unternehmen gewidmeten Vermögens an.
3. Auch nach Einstellung seiner unternehmerischen Aktivitäten sind der frühere Arbeitgeber und sein Rechtsnachfolger nicht verpflichtet, die Anpassungslasten durch Eingriffe in die Vermögenssubstanz zu finanzieren (Klarstellung zu BAG v. 23.10.1996 – 3 AZR 514/95 – BAGE 84/246).
4. Ein Versorgungsschuldner, der seine unternehmerischen Aktivitäten beendet hat, kann ebenso wie ein aktiver Unternehmer eine angemessene Verzinsung seines Eigenkapitals in Anspruch nehmen, bevor er zusätzliche Versorgungslasten durch Anpassung der Betriebsrenten an die Kaufkraftentwicklung übernimmt. Als angemessene Eigenkapitalverzinsung kommt jedoch nur der Zinssatz in Betracht, der sich bei einer langfristigen Anlage festverzinslicher Wertpapiere erzielen lässt. Für einen Risikozuschlag besteht nur bei einem aktiven Unternehmer Anlass. Zum maßgeblichen Eigenkapital zählt nicht das zur Begleichung der Versorgungsverbindlichkeiten erforderliche Kapital. Soweit hieraus Erträge erwirtschaftet werden, sind sie in vollem Umfang zur Finanzierung der Anpassungslast heranzuziehen.

***BAG**, Urteil vom **9.11.1999**; Az.: 3 AZR 420/98*
Fundstellen: DB 2000, S. 1867 = ZIP 2000, S. 1505 = BetrAV 2000, S. 605 (Ls.)

Betriebsrentenanpassung – Eigenkapitalauszehrung

1. Verdiensteinbußen, die sich am Anpassungsstichtag nicht mehr auswirken, spielen für die reallohnbezogene Obergrenze nach § 16 BetrAVG keine Rolle.
2. Die Höhe der Eigenkapitalverzinsung richtet sich nach dem vorhandenen Eigenkapital. Eine unzureichende Eigenkapitalverzinsung ist aber nicht der einzige Grund, der nach § 16 BetrAVG eine Nichterhöhung der Betriebsrente rechtfertigen kann. Die fehlende Belastbarkeit des Unternehmens kann sich auch aus einer Eigenkapitalauszehrung ergeben. Verlustvorträge sind dabei zu berücksichtigen.

***BAG**, Urteil vom **23.5.2000**, Az.: 3 AZR 83/99*
Fundstellen: BetrAV 2001, S. 685 (Ls.)

Betriebsrentenanpassung – Eigenkapitalverzinsung

Eine angemessene Eigenkapitalverzinsung, die für die Anpassung der Betriebsrenten nach § 16 BetrAVG von entscheidender Bedeutung ist, besteht aus einem Basiszins und einem Risikozuschlag. Der Basiszins entspricht der Umlaufrendite öffentlicher Anleihen. Der Risikozuschlag beträgt für alle Unternehmen einheitlich 2%. Ein Geldentwertungsabschlag darf unterbleiben.

***BAG**, Urteil vom **23.05.2000**, Az.: 3 AZR 146/99*
Fundstellen: DB 2001, S. 2255

Betriebsrentenanpassung – reallohnbezogene Obergrenze

1. Bei der Gruppenbildung zur Anwendung der reallohnbezogenen Obergrenze hat der Arbeitgeber einen weitgehenden Entscheidungsspielraum. Es genügt, dass klare, verdienstbezogene Abgrenzungskriterien die Einteilung als sachgerecht erscheinen lassen.
2. Der auf dem Wegfall der Berlinzulage beruhende geringere Anstieg der Nettolöhne kann bei der Ermittlung der reallohnbezogenen Obergrenze zu berücksichtigen sein.

***BAG**, Urteil vom **23.5.2000**, Az.: 3 AZR 103/99*
Fundstellen: DB 2001, S. 2506

Betriebsrentenanpassung durch Rentnergesellschaft

1. Auch das Unternehmen, das liquidiert wurde und dessen einzig verbleibender Gesellschaftszweck die Abwicklung seiner Versorgungsverbindlichkeiten ist (Rentnergesellschaft), hat eine Anpassung der Betriebsrenten zu prüfen und hierüber nach billigem Ermessen zu entscheiden (§ 16 BetrAVG).
2. Es bleibt offen, ob bei einem solchen nicht mehr werbend tätigen Unternehmen zur Finanzierung der Anpassungslasten auch ein angemessener Eingriff in die Vermögenssubstanz geboten ist.
3. Bei einer Anpassungsentscheidung nach § 16 BetrAVG kann es ausnahmsweise auf die wirtschaftliche Lage des herrschenden Unternehmens ankommen. Für einen solchen **Berechnungsdurchgriff** müssen zwei Voraussetzungen erfüllt sein: Zwischen dem Versorgungsschuldner und dem herrschenden Unternehmen muss ein **eine verdichtete Konzernverbindung** bestehen. Darüber hinaus muss die fehlende Anpassungsfähigkeit der Versorgungsschuldnerin darauf zurückzuführen sein, dass sich ein konzerntypisches Risiko realisiert hat; dies ist dann der Fall, wenn die Konzernleitungsmacht in einer Weise ausgeübt worden ist, die auf die Belange des abhängigen Tochterunternehmens keine angemessene Rücksicht genommen und so die mangelnde Leistungsfähigkeit der Versorgungsschuldnerin verursacht hat (Bestätigung von BAGE 78, 87 = AP Nr. 32 zu § 16 BetrAVG; Urteil vom 17. April 1996 – 3 AZR -56/95 – AP Nr. 35 zu § 16 BetrAVG, auch zur Veröffentlichung in der Amtlichen Sammlung vorgesehen).

***BAG**, Urteil vom **23.10.1996**; Az.: 3 AZR 514/95*
Fundstellen: BetrAV 1997, S. 203 = BB 1998, S. 111 = DB 1997, S. 1287 = ZIP 1997, S. 1303

Betriebsrentenanpassung im Konzern

1. Der frühere Arbeitgeber ist Schuldner der Anpassungsverpflichtung nach § 16 BetrAVG. Die Anpassung der Betriebsrente an den eingetretenen Kaufkraftver-

lust ist dann geschuldet, wenn seine wirtschaftliche Lage es erlaubt. Ist der frühere Arbeitgeber aufgrund seiner wirtschaftlichen Lage nicht imstande, die Anpassungsraten aus den **Erträgen** und dem **Wertzuwachs** seines Unternehmens zu bestreiten, braucht er die Betriebsrenten nicht anzupassen.

2. Etwas anderes kann gelten, wenn der Versorgungsschuldner in einen Konzern eingebunden ist. In diesem Fall kann es ausnahmsweise auf die **wirtschaftliche Lage des herrschenden Unternehmens** ankommen. Bei der Anpassungsentscheidung nach § 16 BetrAVG ist dann auf die wirtschaftliche Lage dieses Unternehmens abzustellen (sog. **Berechnungsdurchgriff**).
3. Für einen solchen Berechnungsdurchgriff müssen zwei Voraussetzungen erfüllt sein:
   a) Zwischen dem Versorgungsschuldner und dem herrschenden Unternehmen muss eine **verdichtete Konzernverbindung** bestehen. Diese Voraussetzung ist erfüllt, wenn ein **Beherrschungs- oder Ergebnisabführungsvertrag** besteht. Es reicht aber auch aus, wenn ein Unternehmen die Geschäfte des Versorgungsschuldners **tatsächlich umfassend** und **nachhaltig führt**.
   b) Weiter ist für einen Berechnungsdurchgriff erforderlich, dass die Konzernleitungsmacht in einer Weise ausgeübt worden ist, die auf die Belange des abhängigen Tochterunternehmens keine angemessene Rücksicht genommen und so die mangelnde Leistungsfähigkeit des Versorgungsschuldners verursacht hat.
4. Bei der Beurteilung der wirtschaftlichen Lage des herrschenden Unternehmens im Wege des Berechnungsdurchgriffs kann auch die Konzernbindung dieses Unternehmens an eine weitere Konzernobergesellschaft von Bedeutung sein. Ergibt sich hieraus, dass die Betriebsrentner des Mutterunternehmens sich für einen Anpassungsanspruch auf einen Berechnungsdurchgriff zur Konzernobergesellschaft berufen könnten, kommt dies auch den Betriebsrentnern des Tochterunternehmens zugute (**doppelter Berechnungsdurchgriff**).

***BAG**, Urteil vom **4.10.1994**; Az.: 3 AZR 910/93*
Fundstellen: AuR 1995, S. 149 = BB 1995, S. 777 = DB 1995, S. 528 = NJW 1995, S. 2127 = NZA 1995, S. 368 = RdA 1995, S. 186

Insolvenzschutz für Rentenanpassung

Rentenerhöhungen nach § 16 BetrAVG **im letzten Jahr vor Eintritt** des Insolvenzfalles nehmen am Versicherungsschutz **nicht** teil.

***BAG**, Urteil vom **26.4.1994**; Az.: 3 AZR 981/93*
Fundstellen: BetrAV 1994, S. 274 = BB 1994, S. 1789 = DB 1994, S. 1831

Keine Anpassung durch den PSV

1. Der Pensions-Sicherungs-Verein **ist grundsätzlich nicht verpflichtet**, laufende Renten an den Kaufkraftverlust anzupassen (Bestätigung der st. Rspr., vgl. BAGE 42, 117 = AP Nr. 14 zu § 16 BetrAVG; BAGE 54, 118 = AP Nr. 20 zu § 16 BetrAVG).

2. Eine **Anpassungspflicht** besteht nur, wenn der Arbeitgeber **nach dem Inhalt der Ruhegeldzusage** zur Anpassung verpflichtet war.

***BAG**, Urteil vom **5.10.1993**; Az.: 3 AZR 698/92*
Fundstellen: AuR 1994, S. 158 = BB 1994, S. 864 = DB 1994, S. 687 = MDR 1994, S. 1130 = NJW 1994, S. 1894 = NZA 1994, S. 459

Keine Anpassungsprüfung durch den PSV

Die Verpflichtung zur Anpassungsprüfung trifft nicht den Pensions-Sicherungs-Verein, der als Träger der gesetzlichen Insolvenzsicherung die Versorgungslast notleidender Unternehmen auffängt.

***BAG**, Urteil vom **22.3.1983**; Az.: 3 AZR 574/81*
Fundstellen: AuR 1983, S. 313 = BetrAV 1983, S. 207 = BB 1983, S. 1730 = DB 1983, S. 1982 = NJW 1983, S. 2902

Kriterien der Anpassungsprüfung

1. Die für das billige Ermessen maßgebenden Umstände sind nach dem Zeitpunkt zu beurteilen, in dem über die Anpassung zu entscheiden war.
2. **Betriebswirtschaftliche Kriterien**: Entwicklung des Gewinns, der Umsätze sowie der Rentabilität, wobei es sich um das Verhältnis von Gewinn und Umsatz oder Gewinn zum Eigenkapital oder Gesamtkapitaleinsatz handeln kann.
3. Es kommt auf die wirtschaftliche Situation an; diese muss zum Überprüfungszeitpunkt aber keineswegs eine wirtschaftliche Notlage sein. Bei der in § 16 BetrAVG vorgesehenen Berücksichtigung der wirtschaftlichen Lage des Arbeitgebers muss es für entscheidend angesehen werden, dass **vorrangig** der **Betrieb** und seine **Arbeitsplätze erhalten** bleiben. Es ist deshalb legitim, wenn der Arbeitgeber unter Hinweis auf die sich im April 1978 schon abzeichnende Verschlechterung der wirtschaftlichen Lage eine volle Anpassung der Betriebsrente verweigert.

***LAG Köln**, Urteil vom **15.9.1982**; Az.: 2 Sa 353/82*
Fundstellen: DB 1983, S. 398

Keine Betriebsrentenanpassung bei mangelnder Eigenkapitalausstattung

Der Arbeitgeber darf jedenfalls dann von einer Anpassung der Betriebsrente nach § 16 BetrAVG absehen, wenn das Eigenkapital unter das Stammkapital der Gesellschaft sank, daraufhin die Gesellschafter durch zusätzliche Einlagen eine Kapitalrücklage bildeten, die anschließend erzielten Gewinne nicht ausgeschüttet, sondern zur Verbesserung der Eigenkapitalausstattung verwandt wurden und trotzdem das Stammkapital bis zum nächsten Anpassungsstichtag ohne die Kapitalrücklage voraussichtlich nicht wieder erreicht wird.

***BAG**, Urteil vom **23.01.2001** Az.: 3 AZR 287/00*
Fundstellen: BB 2001, S. 2325 = DB 2001, S. 2507

Maßgeblichkeit des Inflationsausgleichs

Ansatzpunkt für die in § 16 vorgeschriebene Anpassung ist das Ausmaß der Verteuerung. Sie spiegelt sich wieder in dem Preisindex für die Lebenshaltung von 4-

Personen-AN-Haushalten mit mittlerem Einkommen; Basisjahr 1970. Ein Abschlag in der Form eines Sockelprozentsatzes wegen normaler Teuerung ist ebensowenig berechtigt wie eine Bereinigung dieses Preisindexes aus Gründen der veränderten Einkommensverteilung.

***BAG**, Urteil vom **16.12.1976**; Az.: 3 AZR 795/75*
Fundstellen: BB 1977, S. 96 = DB 1977, S. 115

Nachholende Anpassung im Konzernunternehmen

1. Bei der Anpassung von Betriebsrenten an die Kaufkraftentwicklung nach § 16 BetrAVG ist von einem Anpassungsbedarf in Höhe des **Kaufkraftverlustes seit Rentenbeginn** und nicht von einem Anpassungsbedarf lediglich der letzten drei Jahre auszugehen (V. Urteil des Senats vom 28.4.1992 – 3 AZR 142/91).
2. Die Anpassung von Betriebsrenten kann ganz oder teilweise abgelehnt werden, soweit dadurch eine übermäßige Belastung des Unternehmens verursacht würde.
3. Wegen der wirtschaftlichen Verflechtung von Konzerngesellschaften kann es bei der Beurteilung der wirtschaftlichen Leistungsfähigkeit auf die **wirtschaftliche Lage des Konzerns** ankommen. Voraussetzung ist eine **enge wirtschaftliche Verknüpfung** der Unternehmen (Bestätigung von BAGE 61, 94 = AP Nr. 22 zu § 16 BetrAVG).
4. Eine solche enge wirtschaftliche Verknüpfung kann auch ohne Abschluss eines Beherrschungs- oder Gewinnabführungsvertrages bei einem **qualifiziert faktischen Konzern** vorliegen. Voraussetzung dafür ist, dass das herrschende Unternehmen die **Geschäfte** des beherrschten Unternehmens **dauernd** und **umfassend geführt** hat (im Anschluss an BGHZ 95, 330, 346 – Autokran; BGHZ 107, 7, 15 – Tiefbau und BGH, Urteil vom 23.9.1991 – II ZR 135/90 – Video – AP Nr. 1 zu § 303 AktG).

***BAG**, Urteil vom **28.4.1992**; Az.: 3 AZR 244/91*
Fundstellen: BetrAV 1993, S. 108 = BB 1992, S. 2292 = DB 1992, S. 2402 = MDR 1993, S. 358 = NZA 1993, S. 72 = ZAP 1992, F. 17R, S. 37

Nachholende Anpassung von Betriebsrenten

1. Bei der Anpassung von Betriebsrenten an die Kaufkraftentwicklung nach § 16 BetrAVG ist von einem Anpassungsbedarf in Höhe des **Kaufkraftverlustes seit Rentenbeginn** und nicht von einem Anpassungsbedarf lediglich der letzten drei Jahre auszugehen.
2. Der Anpassungsbedarf ist auch dann mit dem Kaufkraftverlust ab Rentenbeginn zu berechnen, wenn der Arbeitgeber die Betriebsrente zunächst stärker erhöht hatte, als er nach § 16 BetrAVG verpflichtet war. Der Arbeitnehmer kann nicht verlangen, dass die Teuerung auf der Grundlage einer überhöhten Rentenzahlung ausgeglichen wird.
3. Bei der ersten nach § 16 BetrAVG vorgeschriebenen Anpassung der betrieblichen Versorgungsleistung zum 1.1.1975 muss sich der Arbeitnehmer mit dem **hälftigen Ausgleich** des Kaufkraftverlustes begnügen. Für die nachfolgenden

Anpassungsprüfungen entspricht die Anhebung der Pension im Umfang der seit 1.1.1975 eingetretenen Verteuerung billigem Ermessen im Sinne von § 16 BetrAVG.

***BAG**, Urteil vom **28.4.1992**; Az.: 3 AZR 356/91*
Fundstellen: AuR 1993, S. 27 = BetrAV 1993, S. 49 = BB 1992, S. 2296 = DB 1993, S. 282 = NZA 1993, S. 74

Nachholende Anpassung von Betriebsrenten

1. Der in § 16 BetrAVG für die Anpassung von Betriebsrenten vorgeschriebene Dreijahresturnus zwingt nicht zu starren, individuellen Prüfungsterminen. Der Arbeitgeber kann die in einem Jahr fälligen **Anpassungsprüfungen gebündelt** zu einem bestimmten Zeitpunkt innerhalb oder am Ende des Jahres vornehmen.
2. Wurde in der Vergangenheit kein voller Geldwertausgleich gewährt, ist bei Folgeprüfungen der **Kaufkraftverlust seit Rentenbeginn** und nicht erst seit den letzten drei Jahren zu berücksichtigen (**nachholende Anpassung**). Das folgt aus dem Zweck des § 16 BetrAVG. Diese Bestimmung soll durch den Ausgleich des Kaufkraftverlustes dazu beitragen, die Gleichwertigkeit von Leistung und Gegenleistung aufrechtzuerhalten. Der Arbeitnehmer kann aufgrund der zuvor erbrachten Leistungen erwarten, dass ihm der volle wirtschaftliche Wert der Gegenleistung während des Bezugs der Rente erhalten bleibt.
3. Die Anpassung von Betriebsrenten an die Kaufkraftentwicklung kann nach § 16 BetrAVG ganz oder teilweise abgelehnt werden, soweit das Unternehmen übermäßig belastet würde. Die Belastung ist übermäßig, wenn es mit einiger Wahrscheinlichkeit unmöglich sein wird, den Teuerungsausgleich aus dem **Wertzuwachs** des Unternehmens und dessen Erträgen in der Zeit nach dem Anpassungsstichtag aufzubringen (Bestätigung von BAGE 48, 272 = AP Nr. 17 zu § 16 BetrAVG).
4. Diese Grundsätze gelten auch, wenn der Arbeitgeber in der Vergangenheit keinen vollen Geldwertausgleich gewährt hat und deshalb eine nachholende Anpassung zu prüfen ist. Da in diesem Fall die Gefahr besteht, dass der Anpassungsstau den wirtschaftlich wieder gestärkten Arbeitgeber überfordert, ist seine **Leistungsfähigkeit besonders sorgfältig** zu prüfen.

***BAG**, Urteil vom **28.4.1992**; Az.: 3 AZR 142/91*
Fundstellen: AuR 1992, S. 377 = BetrAV 1993, S. 222 = BB 1992, S. 2152 = DB 1992, S. 2401 = NZA 1993, S. 69

Nachweispflichten hinsichtlich der wirtschaftlichen Lage des Arbeitgebers

1. Wird die Anpassung von Betriebsrenten nach § 16 BetrAVG mit der Begründung abgelehnt, sie würde zu einer **übermäßigen Belastung** führen, so trägt der **Arbeitgeber** insoweit die **Darlegungs- und Beweislast**.
2. Die Mitteilung von Verlusten, mit denen einzelne Handelsbilanzen oder Betriebsergebnisberechnungen abgeschlossen haben, reicht als Vortrag nicht aus. Solche Ergebnisse erlauben Rückschlüsse auf die wirtschaftliche Lage eines

Unternehmens in der Regel nur in Verbindung mit den übrigen Bilanzdaten, also ihren Berechnungsgrundlagen.

3. Kann der Arbeitgeber seiner Darlegungslast nur genügen, indem er Betriebs- oder Geschäftsgeheimnisse preisgibt, muss ihn das Gericht mit den Mitteln des Prozessrechts schützen. In Betracht kommen: Der zeitweise **Ausschluss der Öffentlichkeit** (§ 52 ArbGG, § 172 GVG) und **strafbewehrte Schweigegebote** (§ 174 Abs. 2 GVG).

***BAG**, Urteil vom **23.4.1985**; Az.: 3 AZR 548/82*
Fundstellen: AuR 1985, S. 228 = BetrAV 1985, S. 184 = BB 1985, S. 1470 = DB 1985, S. 1645 = NZA 1985, S. 499

Reallohnbezogene Obergrenze (Nettolohnlimitierung)

1. Bei der dreijährigen Überprüfung von Betriebsrenten gemäß § 16 BetrAVG widerspricht es nicht der Billigkeit, wenn der Arbeitgeber die Renten nur bis zur durchschnittlichen **Steigerungsrate der Reallöhne** der aktiven Arbeitnehmer anpasst. Die Belange der Versorgungsempfänger sind schon dann ausreichend berücksichtigt, wenn die Renten bis zur „**reallohnbezogenen Obergrenze**" angehoben werden.
2. Der Arbeitgeber ist **nicht verpflichtet**, bei der Anpassung auf die **individuelle Belastung** eines Rentners mit überdurchschnittlich hohen Steuern und mit einem Krankenkassenbeitrag Rücksicht zu nehmen.

***BAG**, Urteil vom **14.2.1989**; Az.: 3 AZR 313/87*
Fundstellen: BetrAV 1989, S. 201 = BB 1989, S. 1554 = DB 1989, S. 1422 = MDR 1989, S. 849 = NZA 1989, S. 675

Rentenanpassung bei späterer Betriebsstillegung

1. Der Arbeitgeber hat bei seiner Anpassungsentscheidung nach § 16 BetrAVG die **Belange der Versorgungsempfänger** und seine **eigene wirtschaftliche Lage** zu berücksichtigen. Er hat, ausgehend von den **Verhältnissen am Prüfungsstichtag** die voraussichtliche wirtschaftliche Entwicklung des Unternehmens und die Auswirkungen eines Teuerungsausgleichs abzuschätzen. Wirtschaftliche Daten nach dem Anpassungsstichtag sind nur insoweit von Bedeutung, als sie eine frühere Prognose bestätigen oder entkräften. Nicht vorhersehbare, veränderte Rahmenbedingungen oder spätere, zum Anpassungsstichtag noch nicht absehbare Betriebsstillegungen spielen keine Rolle (Klarstellung zum Urteil des Senats vom 23.4.1985 – 3 AZR 156/83, BAGE 48, 272, 283 = AP Nr. 17 zu § 16 BetrAVG, zu III 1 der Gründe).
2. Bei einer auf § 16 BetrAVG gestützten Anpassungsklage ist **kein bezifferter Leistungsantrag** nötig. Dem Bestimmtheitsgebot des § 253 Abs. 2 Nr. 2 ZPO ist genügt, wenn der Kläger den anspruchsbegründenden Sachverhalt und einen Mindestbetrag der Anpassung angibt.
3. Die Klage auf Erhöhung der Betriebsrente ab einem bestimmten Tag beschränkt sich auf die zu diesem Zeitpunkt gebotene Anpassung. Wenn auch Anpassun-

gen zu späteren Stichtagen in den Rechtsstreit einbezogen werden sollen, ist eine **Klageerweiterung** erforderlich.

***BAG**, Urteil vom **17.10.1995**; Az.: 3 AZR 881/94*
Fundstellen: AuR 1996, S. 279 = BetrAV 1996, S. 259 = BB 1996, S. 1388 = DB 1996, S. 1425 = NZA 1996, S. 1038 = ZIP 1996, S. 1261

Ruhegeldanpassung nach der Leistungsordnung des Bochumer Verbandes

1. Weder die Satzung noch die Leistungsordnung 1985 (LO 1985) des Bochumer Verbandes schreiben eine für alle Mitgliedsunternehmen einheitliche Anpassung der laufenden Ruhegelder vor. Der Bochumer Verband darf **branchenweiten Unterschieden** bei der wirtschaftlichen Entwicklung und den Gehaltserhöhungen Rechnung tragen. Deshalb durfte er für die steinkohleproduzierenden Bergbauunternehmen einerseits und die übrigen Mitgliedsunternehmen andererseits unterschiedliche Anpassungssätze beschließen.
2. Für Ruhegeldanpassungen nach § 20 LO 1985 gilt die **reallohnbezogene Obergrenze**. Allerdings ist nach § 20 LO 1985 nicht auf die Gehaltsentwicklung im einzelnen Mitgliedsunternehmen, sondern im maßgeblichen Wirtschaftsbereich abzustellen.
3. Die LO 1985 hat die in der LO 1974 enthaltenen Regelungen über die Anpassung laufender Ruhegelder wirksam geändert. Wie gewichtig die Gründe für die Änderung der Anpassungsvorschriften sein müssen, hängt davon ab, wie einschneidend die Eingriffe sind. Danach genügten im vorliegenden Fall sachliche Gründe (Fortführung des Urteils vom 16. Juli 1996 – 3 AZR 398/95, zur Veröffentlichung bestimmt).
4. Ob bei nichtwirtschaftlichen sachlichen Gründen der sog. Dotierungsrahmen beibehalten werden muss, konnte offenbleiben. Das **Ausgabevolumen** kann jedenfalls dann **eingeschränkt** werden, wenn die Änderung der Versorgungsregelungen sowohl auf nichtwirtschaftlichen als auch auf wirtschaftlichen Gründen beruht.
5. Der Gleichbehandlungsgrundsatz gibt Betriebsrentnern keinen Anspruch darauf, dass sie den noch weiter aktiven und erst später in den Ruhestand tretenden Arbeitnehmern gleichgestellt werden. Der Versorgungsfall ist ein Einschnitt, auf den die Versorgungsordnung abstellen darf.

***BAG**, Urteil vom **27.8.1996**; Az.: 3 AZR 466/95*
Fundstellen: BetrAV 1997, S. 96 = BB 1997, S. 424 = DB 1997, S. 633

Zulässigkeit einer branchenweiten reallohnbezogenen Obergrenze

1. Die Leistungsordnung des Bochumer Verbandes 1985 (LO 1985) hat die in der Leistungsordnung 1974 (LO 1974) enthaltenen Regelungen über die Anpassung laufender Ruhegelder wirksam geändert (Bestätigung des Senats-Urteils v. 27.8.1986 – 3 AZR 466/95 – DB 1997, S. 633).

2. Auch für die Ruhegeldanpassung nach § 20 LO 1985 gilt die reallohnbezogene Obergrenze, wobei folgendes zu beachten ist:
   § 20 LO 1985 schreibt eine branchenweite Betrachtung der reallohnbezogenen Obergrenze vor. Dies verstößt nicht gegen § 16 BetrAVG.
   Der Bochumer Verband darf bei der Ermittlung der reallohnbezogenen Obergrenze nicht von der Entwicklung des ruhegeldfähigen Einkommens i.S. des § 3 LO 1985 ausgehen, sondern muss auf den Gesamtverdienst der aktiven Arbeitnehmer abstellen.
3. Der Bochumer Verband darf für Bergbauunternehmen einerseits und die übrigen Mitgliedsunternehmen andererseits unterschiedliche Anpassungssätze beschließen (Fortführung des Urteils vom 27.8.1996 – 3 AZR 466/95 – BAGE 84, 38, 46 ff.). Ordnet der Vorstand des Bochumer Verbandes die Mitgliedsunternehmen in einer Aufstellung einer der beiden Branchen zu, so unterliegt die Liste einer gerichtlichen Kontrolle. Die Zuordnung kann nur dann gebilligt werden, wenn der Aufstellung ein sachgerechtes, branchenbezogenes System zugrunde liegt und dieses system bei den betroffenen Unternehmen berücksichtigt wird.
4. Entspricht die Anpassungsentscheidung des Bochumer Verbandes nicht billigem ermessen, so ist sie unverbindlich. Die erforderliche Leistungsbestimmung erfolgt durch Urteil, wenn nicht der Bochumer Verband bis zur letzten mündlichen Verhandlung in der Tatsacheninstanz eine neue unternehmensfehlerfreie Anpassungsentscheidung trifft.

***BAG**, Urteil vom **9.11.1999**; Az.: 3 AZR 432/98*
Fundstellen: DB 2001, S. 876

Zulässigkeit einer Nettolohnlimitierung

1. Bei der dreijährigen Überprüfung der Betriebsrenten gemäß § 16 BetrAVG muss die **Dynamik der Sozialversicherungsrenten** grundsätzlich **außer Betracht** bleiben. Auch wenn sich das Verhältnis der Gesamtversorgung eines Rentners im Vergleich zu den Nettoverdiensten vergleichbarer Arbeitnehmer verbessert, reicht das allein nicht aus, um die Ablehnung des Teuerungsausgleichs zu rechtfertigen.
2. Wenn die aktive Belegschaft keinen vollen Teuerungsausgleich erhält, müssen sich auch die Betriebsrentner mit einer entsprechend geringeren Anpassungsrate begnügen. Deshalb widerspricht es nicht der Billigkeit, wenn der Arbeitgeber die durchschnittliche **Steigerungsrate der Nettolöhne** als Maßstab bei der Anpassung der Betriebsrenten verwendet.
3. Werden Betriebsrenten wegen einer **strukturellen Änderung** der Altersversorgung angehoben, so ist bei den folgenden Anpassungsprüfungen von dem erhöhten Betrag auszugehen. Der Arbeitgeber kann die Erhöhung dann nicht als vorweggenommenen Teuerungsausgleich behandeln.

***BAG**, Urteil vom **11.8.1981**; Az.: 3 AZR 395/80*
Fundstellen: AuR 1981, S. 351 = BetrAV 1981, S. 219 = BB 1981, S. 1835 = DB 1981, S. 2331 = NJW 1982, S. 957

Zur wirtschaftlichen Lage des Arbeitgebers

1. Die Anpassung der Betriebsrenten an die Kaufkraftentwicklung kann nach § 16 BetrAVG ganz oder teilweise abgelehnt werden, wenn und soweit dadurch eine **übermäßige Belastung** des Unternehmens verursacht würde.
2. Als übermäßig ist die Belastung dann anzusehen, wenn es mit einiger Wahrscheinlichkeit unmöglich sein wird, den Teuerungsausgleich aus dem **Wertzuwachs** des Unternehmens und dessen **Erträgen** in der Zeit nach dem Anpassungsstichtag aufzubringen.
3. Die dazu erforderliche **Prognose** muss auf die **Unternehmensentwicklung der zurückliegenden Zeit** gestützt werden. Hat sich die Anpassungsentscheidung verzögert oder findet eine gerichtliche Nachprüfung statt, so darf die positive oder negative Entwicklung nach dem Anpassungsstichtag nicht außer Betracht bleiben.
4. Die Einschränkung des Personalbestandes erlaubt für sich betrachtet keine Voraussagen für die Unternehmensentwicklung. Ebenso können negative Bilanzergebnisse in einzelnen zurückliegenden Jahren nur in Verbindung mit anderen Daten aussagekräftig sein.
5. Soweit das Unternehmen **Versorgungsrückstellungen** in seiner Bilanz ausweist, sind die steuerlichen und wirtschaftlichen Vorteile, die sich auf diese Weise erzielen lassen, bei der Anpassungsprüfung zu berücksichtigen.

***BAG**, Urteil vom **23.4.1985**; Az.: 3 AZR 156/83*
Fundstellen: AuR 1985, S. 228 = BetrAV 1985, S. 180 = BB 1985, S. 1731 = DB 1985, S. 1642 = MDR 1985, S. 788 = NZA 1985, S. 496

Zur wirtschaftlichen Lage des Arbeitgebers

1. Nach § 16 BetrAVG bilden "laufende Leistungen" der betrieblichen Altersversorgung den Gegenstand der Anpassungsprüfung. Das bedeutet nicht, dass auch der Teuerungsausgleich nur rentenförmig geleistet werden dürfte. Einmalige Zahlungen sind zulässig, wenn die wirtschaftliche Lage des Arbeitgebers eine Anpassung nur in dieser Form erlaubt.
2. Die **wirtschaftliche Lage des Arbeitgebers** lässt sich nicht beschränkt auf einen Stichtag erfassen. Die maßgeblichen Daten können nur **im Zeitablauf** gewürdigt werden. Hat der Arbeitgeber über Jahre hinweg erhebliche Verluste erlitten, oder sind durch **anhaltende wirtschaftliche Schwierigkeiten** sogar einschneidende **Sanierungsmaßnahmen** erforderlich geworden, dann können die Pensionäre keinen Teuerungsausgleich verlangen. Wirtschaftliche Lage im Sinne des § 16 BetrAVG erfordert **keine Notlage** wie bei § 7 BetrAVG.
3. Als **Belange des Versorgungsempfängers** dürfen nur solche Umstände berücksichtigt werden, die durch die Teuerung seit Eintritt des Versorgungsfalles bedingt sind. Besondere Verdienste oder persönliche Opfer während des aktiven Arbeitsverhältnisses müssen außer Betracht bleiben.

***BAG**, Urteil vom **31.1.1984**; Az.: 3 AZR 514/81*
Fundstellen: AuR 1984, S. 345 = BetrAV 1985, S. 21 = BB 1984, S. 2270 = DB 1984, S. 1833 = NJW 1985, S. 165 = NZA 1984, S. 357

Zur wirtschaftlichen Lage einer Konzerngesellschaft

1. Bei der Beurteilung der **wirtschaftlichen Lage** des Unternehmens kommt es auf seine **Ertragskraft im ganzen** an. Der Arbeitgeber ist nicht schon dann zu einer Anpassung der Betriebsrenten verpflichtet, wenn einzelne positive Bilanzposten den Umfang der Anpassungslast übersteigen.
2. Wegen der wirtschaftlichen Verflechtung von Konzerngesellschaften kann es bei der Beurteilung der wirtschaftlichen Ertragskraft auf die **wirtschaftliche Lage des Konzerns** ankommen. Voraussetzung ist eine **enge wirtschaftliche Verknüpfung** der Unternehmen.
3. Besteht zwischen der Konzernobergesellschaft und dem in Anspruch genommenen Unternehmen ein **Beherrschungs- und Gewinnabführungsvertrag**, kommt es in der Regel auf die wirtschaftliche Lage der Konzernobergesellschaft an.
4. Das ist ausnahmsweise dann nicht der Fall, wenn das in Anspruch genommene Unternehmen entweder wirtschaftlich unbeeinflusst handeln konnte oder trotz der wirtschaftlichen Einbindung in den Konzern so gehandelt hat, wie es unter Wahrung der eigenen Interessen als selbständige Gesellschaft gehandelt hätte.

***BAG**, Urteil vom **14.2.1989**; Az.: 3 AZR 191/87*
Fundstellen: AuR 1989, S. 257 = BetrAV 1989, S. 178 = BB 1989, S. 428 = DB 1989, S. 1471 = NZA 1989, S. 844

Anrechnung 1258

Anrechnung anderweitiger Versorgungsbezüge

Klauseln in Betriebsrentenzusagen über die Anrechnung anderweitiger Versorgungsbezüge sind unwirksam, wenn sie dazu führen, dass eine Betriebsrente keinem oder fast keinem Arbeitnehmer gezahlt wird.

***LAG Köln**, Urteil vom **17.6.1993**; Az.: 6 Sa 321/91*
Fundstellen: BetrAV 1994, S. 26 = DB 1993, S. 2391

Anrechnung ausländischer Sozialversicherungsrenten

1. Eine betriebliche Versorgungsordnung kann bestimmen, dass **ausländische Sozialversicherungsrenten** auf betriebliche Versorgungsleistungen anzurechnen sind. Das gilt jedenfalls dann, wenn die ausländische Rente ebenso wie die deutsche Sozialversicherungsrente auf einer **Pflichtversicherung** beruht, **dienstzeit- und beitragsabhängig** ist und je **zur Hälfte vom Arbeitgeber** und Versicherten **finanziert** wird (hier: österreichische Rente).

2. Der Anrechnung steht nicht entgegen, dass der Arbeitnehmer (Versicherte) erst durch freiwillige Beiträge (Nachversicherung) die Voraussetzungen für den Bezug der Rente schafft. Anrechnungsfrei muss nur der Teil der Sozialversicherungsrente bleiben, der allein auf den Nachversicherungsbeiträgen des Arbeitnehmers beruht.

***BAG**, Urteil vom **24.4.1990**; Az.: 3 AZR 309/88*
Fundstellen: AuR 1990, S. 328 = BetrAV 1990, S. 231 = BB 1990, S. 1776 = DB 1990, S. 2172 = NZA 1990, S. 936

Anrechnung der gesetzlichen Rente bei Teilzeitkräften

Nach der VBL-Satzung steht Teilzeitkräften entsprechend ihrer geringeren Arbeitszeit eine niedrigere Gesamtversorgung zu als den Vollzeitkräften. Auf diese Gesamtversorgung ist die Sozialversicherungsrente auch insoweit anzurechnen, wie sie auf früheren Vollzeitbeschäftigungen beruht. Die Anrechnungsregelung verstößt nicht gegen § 5 Abs. 2 BetrAVG. Ebensowenig ergibt sich ein Anrechnungsverbot aus dem Gleichheitssatz (Art. 3 Abs. 1 GG), dem Verbot der Diskriminierung von Teilzeitbeschäftigten (§ 2 Abs. 1 BeschFG) oder dem Eigentumsschutz des Art. 14 Abs. 1 GG. Die Anrechnung der vollen Sozialversicherungsrente entspricht dem Versorgungsziel und der Ergänzungsfunktion der Zusatzversorgung.

***BAG**, Urteil vom **14.10.1998**; Az.: 3 AZR 385/97*
Fundstellen: DB 1999, S. 1123

Anrechnung einer befreienden Lebensversicherung

Zuschüsse des Arbeitgebers zu den Prämien einer befreienden Lebensversicherung können nach § 26 Abs. 10 des Ruhegeldgesetzes in Hamburg ohne zeitliche Beschränkung angerechnet werden.

***BAG**, Urteil vom **3.7.1990**; Az.: 3 AZR 85/89*
Fundstellen: BB 1990, S. 2414 = DB 1990, S. 2332 = NZA 1991, S. 66

Anrechnung von Erwerbseinkünften

1. Eine Versorgungszusage kann vorsehen, dass Einkünfte des Versorgungsberechtigten aus **selbständiger und unselbständiger Tätigkeit** auf die Versorgungsleistungen angerechnet werde. Eine solche Zusage verstößt nicht gegen § 5 Abs. 2 BetrAVG.
2. Die Anrechnung von Erwerbsbezügen auf betriebliche Versorgungsleistungen kann im Einzelfall gegen das Verbot der Willkür oder den Grundsatz der Gleichbehandlung verstoßen.

***BAG**, Urteil vom **9.7.1991**; Az.: 3 AZR 337/90*
Fundstellen: AuR 1991, S. 347 = BetrAV 1992, S. 51 = BB 1991, S. 2164 = DB 1991, S. 2447 = MDR 1992, S. 60 = NZA 1992, S. 65 = ZAP 1991, F. 17R, S. 23

Anrechnung eines Kinderzuschusses

Die Anrechnung des **Kinderzuschusses**, der als Teil **gesetzlichen Rentenversicherung** gewährt wird, auf betriebliche Versorgungsleistungen ist **unzulässig**, weil sie das Gebot der Gleichbehandlung verletzt.

***BAG**, Urteil vom **21.8.1980**; Az.: 3 AZR 63/79*
Fundstellen: AuR 1980, S. 379 = BetrAV 1981, S. 15 = BB 1980, S. 1862 = DB 1981, S. 114

Anrechnung eines Kinderzuschusses

1. In einem Versorgungstarifvertrag kann vorgesehen werden, dass der **Kinderzuschuss** aus der **gesetzlichen Rentenversicherung** (§ 39 AVG; § 1262 RVO) auf betriebliche Altersversorgung angerechnet wird, wenn zugleich in dem Versorgungstarifvertrag ein **Familienzuschlag** vorgesehen ist, der den Kinderzuschuss übersteigt.
2. Die Anrechnung des Kinderzuschusses verstößt jedoch dann gegen den von den Tarifvertragsparteien zu beachtenden Gleichheitssatz (Art. 3 Abs. 1 GG), wenn der Versorgungstarifvertrag für nach dem 1.1.1984 in den Ruhestand getretene Versorgungsberechtigte eine **Anrechnung des Kindergeldes** nicht vorsieht.
3. Hat ein Arbeitgeber während der bestehenden Regelungslücke das Kindergeld nicht angerechnet, muss er nach dem Gleichbehandlungsgrundsatz auch den Kinderzuschuss anrechnungsfrei lassen.

BAG, Urteil vom **16.8.1988**; Az.: 3 AZR 52/87
Fundstellen: AuR 1988, S. 385 = BetrAV 1989, S. 47 = BB 1988, S. 2392 = *DB 1988, S. 2514 = FamRZ 1989, S. 275 = NZA 1989, S. 314*

Anrechnung und Besitzstandsschutz

1. Eine Unterstützungskasse, die ihre Versorgungsrichtlinien dahin ändert, dass **Abgeordnetenpensionen** auf die betrieblichen Versorgungsleistungen angerechnet werden, muss die im Zeitpunkt der Änderung **erreichten Besitzstände** der versorgungsberechtigten Arbeitnehmer wahren.
2. Die Anrechnung ist nicht unbillig, wenn dem Arbeitnehmer der bei der Änderung der Versorgungsrichtlinien **erdiente Teilbetrag** nach § 2 Abs. 1 BetrAVG erhalten bleibt.

***BAG**, Urteil vom **9.5.1989**; Az.: 3 AZR 348/88*
Fundstellen: AuR 1989, S. 320 = BetrAV 1990, S. 54 = BB 1989, S. 1984 = DB 1989, S. 2618 = MDR 1989, S. 1128

Anrechnung von Leistungen einer Krankentagegeldversicherung

Leistungen einer Krankentagegeldversicherung dürfen auf eine wegen Berufsunfähigkeit gewährte Betriebsrente dann nicht angerechnet werden, wenn die Beiträge zur Krankentagegeldversicherung vom Arbeitnehmer allein erbracht werden.

Die Vorschrift einer Versorgungsordnung, die eine entsprechende Anrechnung vorsieht, ist wegen Verstoßes gegen den Gleichbehandlungsgrundsatz unwirksam.

***BAG**, Urteil vom **25.10.1983**; Az.: 3 AZR 137/81*
Fundstellen: AuR 1984, S. 217 = BetrAV 1984, S. 179 = BB 1984, S. 1167 = DB 1984, S. 1484

Anrechnung von Renten der gesetzlichen Unfallversicherung

Die Anrechnung von Renten der gesetzlichen Unfallversicherung auf betriebliche Versorgungsleistungen ist **grundsätzlich unzulässig**, weil damit das Gebot der Gleichbehandlung verletzt würde.

***BAG**, Urteil vom **17.1.1980**; Az.: 3 AZR 504/78*
Fundstellen: AuR 1980, S. 218 = BetrAV 1980, S. 206 = BB 1980, S. 1328 = DB 1980, S. 1354 = NJW 1980, S. 1975

Anrechnung von Renten der gesetzlichen Unfallversicherung

Die Rechtsauffassung des Bundesarbeitsgerichts, dass Renten der gesetzlichen Unfallversicherung auf Ansprüche aus der betrieblichen Altersversorgung nicht anzurechnen sind, verstößt nicht gegen Grundrechte.

***BVerfG**, Urteil vom **15.7.1980**; Az.: 1 BvR 510/80*
Fundstellen: AP Nr. 4 zu § 5 BetrAVG

Anrechnung von Renten der gesetzlichen Unfallversicherung

1. Die Zusage einer Betriebsrente auf der Grundlage eines **Gesamtversorgungssystems** kann die Anrechnung des **Verletztengeldes** der gesetzlichen Unfallversicherung vorsehen.
2. Das gilt auch bei **Schwerbehinderten**. § 42 SchwbG verbietet nicht die Anrechnung von sozialversicherungsrechtlichen Bezügen auf Betriebsrenten.
3. Hingegen dürfen **Unfallrenten** nur insoweit bei der Berechnung betrieblicher Versorgungsleistungen berücksichtigt werden, wie sie dem **Ausgleich der unfallbedingten Verdienstminderung** dienen. Unbillig und unwirksam ist eine betriebliche Versorgungsregelung, die sich darauf beschränkt, bei der Anrechnung von Unfallrenten die Höchstrente der Gesamtversorgung um 10% der ruhegeldfähigen Bezüge anzuheben.

***BAG**, Urteil vom **19.7.1983**; Az.: 3 AZR 88/81*
Fundstellen: AuR 1983, S. 312 = BetrAV 1983, S. 232 = BB 1983, S. 1922 = DB 1983, S. 2423 = NJW 1984, S. 2720

Anrechnung von Renten der gesetzlichen Unfallversicherung

1. Dem Arbeitgeber ist es untersagt, die Unfallrente im Rahmen von Gesamtversorgungssystemen voll zu berücksichtigen. Die **uneingeschränkte Anrechnung verstößt** gegen den **Gleichbehandlungsgrundsatz**.

2. Der Arbeitgeber muss mindestens den **Teil der Verletztenrente** bei der Bemessung der Gesamtversorgung **unberücksichtigt** lassen, der der **Grundrente** eines Versorgungsberechtigten nach dem Bundesversorgungsgesetz entspricht.
3. Das **Anrechnungsverbot** für einen Teil der Verletztenrente darf allerdings nicht dazu führen, dass die anrechenbaren Bezüge bei einem unfallverletzten Arbeitnehmer geringer sind als bei einem vergleichbaren Arbeitnehmer, der keine Rente der gesetzlichen Unfallversicherung bezieht.

***BAG**, Urteil vom **8.11.1983**; Az.: 3 AZR 64/82*
Fundstellen: AuR 1984, S. 88 = BetrAV 1984, S. 46 = BB 1984, S. 1984 = DB 1984, S. 352

Anrechnung von Renten der gesetzlichen Unfallversicherung

Eine betriebliche Versorgungsordnung, die bestimmt, dass **Verletztenrenten** der gesetzlichen Unfallversicherung im Rahmen einer Gesamtversorgung **zur Hälfte angerechnet** werden, ist im allgemeinen **rechtlich nicht zu beanstanden**.

***BAG**, Urteil vom **10.4.1984**; Az.: 3 AZR 39/83*
Fundstellen: AuR 1984, S. 313 = BB 1984, S. 1491 = DB 1984, S. 1887

Anrechnung von gesetzlichen Unfallwitwenrenten

Die Anrechnung von gesetzlichen Unfallwitwenrenten auf Leistungen der betrieblichen Hinterbliebenenversorgung **verstößt** im allgemeinen **nicht** gegen den Gleichbehandlungsgrundsatz; das gilt zumindest dann, wenn Unfallwitwen wenigstens ein **Versorgungsvorsprung** im Vergleich zu solchen Hinterbliebenen, die keine Ansprüche aus der gesetzlichen Unfallversicherung haben, zugebilligt wird. Die **Grundsätze der beschränkten Anrechenbarkeit** von Verletztenrenten sind im Bereich der Hinterbliebenenversorgung **nicht anwendbar**.

***BAG**, Urteil vom **6.8.1985**; Az.: 3 AZR 393/82*
Fundstellen: AuR 1986, S. 183 = BetrAV 1986, S. 184 = BB 1986, S. 1226 = DB 1986, S. 1181 = NZA 1986, S. 748

Anrechnung von Versorgungsbezügen aus einem früheren Arbeitsverhältnis

1. Setzt sich die betriebliche Altersrente aus einem dienstzeitunabhängigen Sockelbetrag und aus dienstzeitabhängigen Steigerungsbeträgen zusammen, dürfen Versorgungsleistungen aus vorausgegangenen Arbeitsverhältnissen auf den Sockelbetrag angerechnet werden.
2. Eine solche Anrechnungsbestimmung verstößt nicht gegen § 5 Abs. 2 BetrAVG und den Gleichbehandlungsgrundsatz. Versorgungsansprüche des Arbeitnehmers gegen eine vom früheren Arbeitgeber finanzierte Unterstützungskasse beruhen nicht auf eigenen Beiträgen des Arbeitnehmers. Es ist nicht willkürlich, wenn derjenige Arbeitnehmer ein höheres Ruhegeld erhält, dem es nicht ge-

lungen ist, in früheren Arbeitsverhältnissen eine betriebliche Altersversorgung mindestens in Höhe des kürzbaren Sockelbetrages zu erwerben.

***BAG**, Urteil vom **20.11.1990**; Az.: 3 AZR 31/90*
Fundstellen: AuR 1991, S. 282 = BetrAV 1991, S. 188 = BB 1991, S. 1718 = DB 1991, S. 1837 = NZA 1991, S. 850

Umfang einer anrechenbaren Sozialversicherungsrente

1. Sieht eine Versorgungsordnung vor, dass die „Rente aus der gesetzlichen Rentenversicherung" bei der Ermittlung einer Gesamtversorgungsobergrenze berücksichtigt werden soll, so ist damit im Zweifel der Betrag der **Bruttorente** gemeint.
2. Bei einer solchen Regelung bleibt ein vom Rentner aufzubringender und von der gesetzlichen Rente einzubehaltender **Krankenversicherungsbeitrag** ohne Einfluss auf die Höhe der Gesamtversorgung.

***BAG**, Urteil vom **10.3.1992**; Az.: 3 AZR 352/91*
Fundstellen: AuR 1992, S. 280 = BetrAV 1992, S. 222 = BB 1992, S. 1432 = DB 1993, S. 283 = NZA 1992, S. 935

Verletzung der Mitwirkungspflichten durch den Arbeitnehmer

1. Kommt ein Ruhegeldberechtigter schuldhaft seiner **Auskunftsverpflichtung** über den Bezug anderweitiger öffentlicher Renten nicht nach, die der Versorgungsträger anrechnen darf, so ist er zum **Schadensersatz** verpflichtet. Der Schadensersatz entspricht der Ruhegeldüberzahlung.
2. Hat der Versorgungsberechtigte seine Auskunftspflicht nur fahrlässig verletzt, so ist der Erstattungsanspruch nicht schon deshalb ausgeschlossen, weil Erstattungsforderungen aus ungerechtfertigter Bereicherung nach § 819 Abs. 1 BGB nur bei Kenntnis des Empfängers vom mangelnden Rechtsgrund ausgeschlossen wären.
3. Erstattungsansprüche des Arbeitgebers wegen Verletzung der Auskunftspflichten des Versorgungsberechtigten **verjähren** in **30 Jahren**.

***BAG**, Urteil vom **27.3.1990**; Az.: 3 AZR 187/88*
Fundstellen: AuR 1990, S. 328 = BetrAV 1990, S. 230 = BB 1991, S. 211 = DB 1990, S. 2123 = NZA 1990, S. 776

Voraussetzungen für eine Anrechnungsklausel

Sollen auf Leistungen der betrieblichen Altersversorgung andere Leistungen angerechnet werden, müssen die **Anrechnungstatbestände** für den Vertragspartner (Arbeitnehmer) **eindeutig** und **unmissverständlich** beschrieben werden(....)

***BAG**, Urteil vom **5.9.1989**; Az.: 3 AZR 654/87*
Fundstellen: AuR 1990, S. 27 = BB 1990, S. 143 = DB 1990, S. 1143 = NZA 1990, S. 269

Ausschlussfristen 1259

Ausschlussfrist für die Anmeldung von Versorgungsansprüchen oder – anwartschaften

1. Der Pensions-Sicherungs-Verein hat die dem Berechtigten zustehenden Versorgungsansprüche oder –anwartschaften schriftlich mitzuteilen (§ 9 Abs. 1 S. 1 BetrAVG). Unterbleibt die Mitteilung, so sind nicht nur Ansprüche, sondern auch Anwartschaften spätestens ein Jahr nach dem Sicherungsfall vom Berechtigten anzumelden (§ 9 Abs. 1 S.2 Hs. 1 BetrAVG). Auf den eintritt des Versorgungsfalls kommt es nicht an.
2. Hat der Berechtigte einen Anwartschaftsausweis erhalten, ist der Pensions-Sicherungs-Verein durch die Verjährungsvorschriften (§ 196 Abs. 1 Nr. 8, 9 BGB) vor der Geltendmachung von Ansprüchen für lange zurückliegende Zeiträume geschützt.

***BAG**, Urteil vom **21.03.2000**; Az.: 3 AZR 72/99*
Fundstellen: ZIP 2000, S. 935

Betriebliche Versorgungsleistungen und Ausschlussfristen

Ansprüche auf Leistungen der betrieblichen Altersversorgung unterliegen nur dann **tariflichen Ausschlussfristen**, wenn sich dies **eindeutig** und **unmissverständlich** aus dem Tarifvertrag ergibt Im Zweifel ist davon auszugehen, dass die Tarifvertragsparteien Versorgungsansprüche keinen tariflichen Ausschlussfristen unterwerfen.

***BAG**, Urteil vom **27.2.1990**; Az.: 3 AZR 216/88*
Fundstellen: AuR 1990, S. 231 = BetrAV 1990, S. 227 = DB 1990, S. 1572 = NZA 1990, S. 627

Kein Verfall laufender Rentenzahlungen aufgrund tarifvertraglicher Ausschlussfristen

Ansprüche auf Leistungen der betrieblichen Altersversorgung unterliegen nur dann tariflichen Ausschlussfristen, wenn sich dies eindeutig und unmissverständlich aus dem Tarifvertrag ergibt. Die Ausschlussklauseln des Tarifvertrages des Baugewerbes enthalten keine derartige Regelung....

***LAG Hamm**, Urteil vom **15.6.1999**; Az.: 6 Sa 1423/98*
Fundstellen: DB 1999, S. 1806 = BB 1999, S. 2088

Zur Bedeutung tariflicher Ausschlussklauseln

Tarifliche Ausschlussfristen gelten grundsätzlich nicht für den Anspruch des Arbeitnehmers gegen den Arbeitgeber auf Verschaffung einer Altersversorgung und auch nicht für einen Schadensersatzanspruch gegen den Arbeitgeber wegen unterlassener Anmeldung zu einem Versorgungswerk. Tarifliche Verfallfristen sollen eine kurzfristige Abwicklung der Ansprüche aus dem Arbeitsverhältnis sicherstellen. Sie sollen dagegen keine Ansprüche beschneiden, die erst entstehen, wenn das Arbeitsverhältnis beendet wurde und der Ruhestand beginnt.

***BAG**, Urteil vom **14.10.1998**; Az.: 3 AZR 377/97*
Fundstellen: DB 1999, S. 1808

1260 Auslegungsregeln

Ausgleichsklausel; Versorgungsschaden durch Verletzung einer Hinweispflicht

Die Auslegungsregel, wonach allgemeine Ausgleichsklauseln im Zweifel Ansprüche auf betriebliche Altersversorgung nicht mit umfassen, ist auch dann anzuwenden, wenn der Verzicht auf einen als Schadensersatz geschuldeten Versorgungsverschaffungsanspruch in Rede steht.

***BAG**, Urteil vom **17.10.2000**; Az.: 3 AZR 69/99*
Fundstellen: BB 2001, S. 315 = DB 2001, S. 391 = ZIP 2001, S. 168

Auslegung einer Höchstbegrenzungsklausel

Eine Höchstbegrenzungsklausel in einer Versorgungsordnung ist im Zweifel dahin auszulegen, dass Voll- oder Teilrenten zunächst unabhängig von der Höchstbegrenzungsklausel zu berechnen sind, und dass diese Renten erst bei Überschreiten der Höchstgrenzen zu kürzen sind.

***BAG**, Urteil vom **8.5.1990**; Az.: 3 AZR 341/88*
Fundstellen: AuR 1990, S. 361 = BetrAV 1991, S. 18 = BB 1990, S. 2052 = DB 1991, S. 99 = NZA 1991, S. 15

Auslegung einer Jeweiligkeitsklausel

1. Verweist ein Arbeitsvertrag auf die jeweils gültigen tariflichen Versorgungsvereinbarungen, handelt es sich um eine **dynamische Verweisung**. Anzuwenden sind die **beim Ausscheiden** des Arbeitnehmers aus dem Arbeitsverhältnis **maßgeblichen** tariflichen **Bestimmungen**.
2. Wollen die Parteien des Arbeitsvertrages keine dynamische Verweisung, sondern bestimmte tarifliche Versorgungsregelungen zum Inhalt des Arbeitsvertrages machen (**statische Verweisung**), müssen sie dies wegen der weitreichenden Folgen einer solchen Verweisung (keine betriebseinheitlichen Versorgungsregelungen) **eindeutig klarstellen**.

***BAG**, Urteil vom **29.1.1991**; Az.: 3 AZR 44/90*
Fundstellen: AuR 1991, S. 250 = BetrAV 1992, S. 49 = BB 1991, S. 1200 = DB 1991, S. 1836 = NZA 1991, S. 563

Auslegung von Betriebsvereinbarungen *(Leitsatz nicht amtlich)*

Betriebsvereinbarungen sind wie Tarifverträge und diese wiederum wie Gesetze auszulegen. Danach ist maßgeblich auf den im Wortlaut der Betriebsvereinbarung zum Ausdruck gelangten Willen der Betriebspartner abzustellen und der von diesen beabsichtigte Sinn und Zweck der Regelung zu berücksichtigen, soweit diese in den Regelungen der Betriebsvereinbarung noch ihren Niederschlag gefunden haben. Die Anwendung der „Unklarheitenregelung" ist insoweit nicht zulässig.

***LAG Niedersachsen**, Urteil vom **8.2.1999**; Az.: 4 Sa 1966/98*
Fundstellen: n.V.

Auslegung von Versorgungsrichtlinien einer Gruppenunterstützungskasse

Bei der Auslegung von Versorgungsrichtlinien einer vom Arbeitgeber zur Durchführung der von ihm versprochenen betrieblichen Altersversorgung eingeschalteten Gruppenunterstützungskasse gilt die Unklarheitenregelung. Bleiben nach der Auslegung von Bestimmungen zum Geltungsbereich der Richtlinien Zweifel, welches von mehreren Auslegungsergebnissen gilt, muss sich der Arbeitgeber an der für ihn ungünstigeren Auslegung festhalten lassen, soweit er nicht die Betroffenen über einen hiervon abweichenden Inhalt belehrt hat. ...

***BAG**, Urteil vom **27.1.1998**; Az.: 3 AZR 444/96*
Fundstellen: DB 1998, S. 1671 = BetrAV 1998, S. 219

Berechnung der Teilrente bei vorzeitigem Ausscheiden und Inanspruchnahme nach § 6 BetrAVG

Für die Berechnung der im Falle eines vorzeitigen Bezuges nach § 6 BetrAVG erreichbaren Betriebsrente kommt es in erster Linie auf die getroffenen Vereinbarungen an. Die vom Senat hierzu aufgestellten Berechnungsregeln (zuletzt: Urteil vom 8. Mai 1990 - 3 AZR 341/88 - AP Nr. 18 zu § 16 BetrAVG) gelten nur, wenn die Versorgungsordnung insoweit lückenhaft ist.

***BAG**, Urteil vom **29.7.1997**; Az.: 3 AZR 134/96*
Fundstellen: BB 1998, S. 377 = DB 1998, S. 935 = BetrAV 1998, S. 51

Berechnung der vorgezogenen Altersrente

1. Nach § 6 BetrAVG kann der Arbeitnehmer unter den im Gesetz genannten Voraussetzungen eine betriebliche Altersrente vorzeitig, vor Vollendung des 65. Lebensjahres, in Anspruch nehmen.
2. Das BetrAVG enthält zur Berechnung dieser vorzeitigen Altersrente keine zwingenden Bestimmungen. Deshalb kommt es in erster Linie auf die Regelungen in der Versorgungsordnung an.
3. Eine Versorgungsregelung, die für die Berechnung der vorzeitigen Altersrente auf die tatsächlich im Zeitpunkt des Ausscheidens erdiente Rente abstellt und auf versicherungsmathematische Abschläge und auf eine zeitratierliche Kürzung verzichtet, ist rechtlich nicht zu beanstanden.

4. Nur wenn die Versorgungsregelung nicht näher bestimmt, wie die vorzeitige Altersrente im Sinne von § 6 BetrAVG zu berechnen ist, müssen die **Auslegungsregeln**, die der Senat für diese Fälle entwickelt hat (vgl. zuletzt Urteil vom 28. März 1995 - 3 AZR 900/94 - AP Nr. 21 zu § 6 BetrAVG), herangezogen werde.

***BAG**, Urteil vom **29.7.1997**; Az.: 3 AZR 114/96*
Fundstellen: BB 1997, S. 2487

Berechnung der vorgezogenen Altersrente

1. Sieht eine Versorgungsordnung Festrenten in Verbindung mit einer **Gesamtversorgungsobergrenze** vor, wird jedoch der Sonderfall der **flexiblen Altersgrenze** nicht geregelt, so ist folgende ergänzende Auslegung geboten:
2. Der Arbeitgeber darf die Renten der vorzeitig pensionierten Arbeitnehmer **zeitanteilig kürzen**, jedoch **keinen versicherungsmathematischen Abschlag** vornehmen (ständige Rechtsprechung). Eine weitere Kürzung auf Grund der Höchstbegrenzungsklausel kommt bei einer solchen Fallgestaltung im Zweifel nur in Betracht, wenn die zeitanteilig gekürzte Festrente die Gesamtversorgungsobergrenze übersteigt.

***BAG**, Urteil vom **24.6.1986**; Az.: 3 AZR 630/84*
Fundstellen: AuR 1986, S. 33 = BetrAV 1987, S. 64 = BB 1987, S. 692 = DB 1987, S. 691 = NZA 1987, S. 200

Ergänzende Auslegung eines Versorgungstarifvertrages

1. Ein Versorgungstarifvertrag, der eine **endgehaltsbezogene** Versorgungsleistung verspricht und deren Berechnung auf das Grundgehalt des letzten Abrechnungsmonats abstellt, ist regelmäßig lückenhaft, soweit es um die Behandlung von Versorgungsberechtigten geht, die während nicht unwesentlicher Teile ihres Beschäftigungsverhältnisses in einem **anderen zeitlichen Umfang** für ihren Arbeitgeber tätig waren als während des letzten Beschäftigungsmonats.
2. Die Gerichte für Arbeitssachen sind jedenfalls befugt, diese Regelungslücke zu schließen, wenn der tatsächliche Regelungswille der Tarifvertragsparteien feststeht.

***BAG**, Urteil vom **3.11.1998**; Az.: 3 AZR 432/97*
Fundstellen: BB 1999, S. 1334 = DB 1999, S. 1809

Höhe der Betriebsrente (Durchschnittsgehaltsplan)

1. Ist eine Betriebsrente nach dem monatlichen Durchschnitt des Arbeitsentgelts für einen längeren Zeitraum zu berechnen, ist der Durchschnitt nur aus den Monaten zu bilden, für die Entgeltansprüche bestanden.
2. Die gesamten Entgeltansprüche des Zeitraums sind durch die Anzahl der Monate zuzüglich Monatsbruchteile zu dividieren, für die Entgeltansprüche bestanden.

***Hessisches LAG**, Urteil vom **26.1.2000**; Az.: 8 Sa 1821/98; rkr.*
Fundstellen: DB 2000, S. 1923

Ruhegeldfähiges Gehalt und Überstundenpauschale

1. Ist dem Arbeitnehmer eine **gehaltsabhängige halbdynamische Versorgungszusage** erteilt worden, so ist im Normalfall davon auszugehen, dass **alle regelmäßigen Leistungen** bei der Berechnung der Betriebsrente erfasst sein sollen, **die nicht ausgenommen** wurden.
2. Gehört zum Entgelt eine im Arbeitsvertrag ausgewiesene **Überstundenpauschale**, so ist diese bei Fehlen entsprechender Nichtanrechnungsbestimmungen **ruhegeldfähig**, auch wenn es der Arbeitnehmer zuvor hingenommen hat, dass die Überstundenpauschale nicht mit dem Grundgehalt angehoben worden und bei Sonderzahlungen unberücksichtigt geblieben ist.

***BAG**, Urteil vom **5.8.1986**; Az.: 3 AZR 515/85*
Fundstellen: NZA 1987, S. 312

Unklarheitenregelung

Die sog. Unklarheitenregelung ist nur dann anwendbar, wenn alle in Betracht kommenden Auslegungsmethoden erschöpft sind und trotzdem nicht behebbare Zweifel bleiben.

***BAG**, Urteil vom **16.4.1997**; Az.: 3 AZR 28/96*
Fundstellen: BetrAV 1997, S. 204 = DB 1997, S. 1575

Unklarheitenregelung *(Leitsatz nicht amtlich)*

Unklarheiten einer Versorgungsordnung gehen im Zweifel **zu Lasten des Arbeitgebers**.

***BAG**, Urteil vom **25.5.1973**; Az.: 3 AZR 405/72*
Fundstellen: AuR 1973, S. 380 = BetrAV 1973, S. 237 = BB 1973, S. 1171 = DB 1973, S. 1355 = MDR 1973, S. 965 = NJW 1973, S. 1948

Wechsel zwischen Voll- und Teilzeitbeschäftigung

1. Macht eine Versorgungsordnung die Höhe der Betriebsrente von den letzten Bezügen des Versorgungsberechtigten abhängig, so muss sie auch den Fall regeln, dass eine Arbeitnehmer in den Jahren vor dem Ruhestand zwischen Voll- und Teilzeitbeschäftigung gewechselt hat. Eine entsprechende Lücke ist im Wege der **ergänzenden Vertragsauslegung** zu schließen.
2. Für diesen Fall kann eine **Durchschnittsberechnung** der ruhegeldfähigen Bezüge in den Jahren vor dem Ruhestand in Betracht kommen. Eine solche Regelung verstößt weder gegen den Gleichbehandlungsgrundsatz noch gegen das Lohngleichheitsgebot.

***BAG**, Urteil vom **27.9.1983**; Az.: 3 AZR 297/81*
Fundstellen: AuR 1984, S. 313 = BB 1984, S. 1430 = DB 1984, S. 1940 = NZA 1994, S. 794

1261 Auszehrungsverbot

Absenkung tariflicher Zusatzrente bei Änderung der Bemessungsgrundlage

1. Eine Auszehrung im Sinne des § 5 Abs. 1 BetrAVG liegt nur dann vor, wenn die Betriebsrenten unter den bei Eintritt des Versorgungsfalls festgesetzten Betrag sinken. Die vom selben Arbeitgeber gewährten Versorgungsleistungen sind dabei in der Regel auch dann als Einheit anzusehen, wenn sie auf verschiedene Versorgungsformen verteilt sind.
2. Nach § 17 Abs. 3 Satz 1 BetrAVG kann in Tarifverträgen vom Auszehrungsverbot des § 5 Abs. 1 BetrAVG abgewichen werden. Eine derartige Abweichung muss nicht als solche gekennzeichnet werden. Es genügt, dass sich dies zweifelsfrei aus den tarifvertraglichen Regelungen ergibt.
3. Abweichungen vom Auszehrungsverbot berühren nicht die Unverfallbarkeitsregelung des § 1 Abs. 1 BetrAVG, an die auch die Tarifvertragsparteien gebunden sind.
4. Wenn bei einer Gesamtversorgungsobergrenze nicht die Brutto-, sondern die Nettovergütung maßgebend sein soll, muss dies in der Versorgungsordnung Ausdruck finden (Bestätigung der bisherigen Rechtsprechung, BAG v. 10.3.1992 – 3 AZR 352/91 – BAGE 70, 36, 39 f.).

***BAG**, Urteil vom **5.10.1999**; Az.: 3 AZR 230/98*
Fundstellen: BB 2000, S. 1248 = DB 2000, S. 1671 = BetrAV 2000, S. 397 (LS)

1262 Begriffsbestimmungen

Abgrenzung zu Hilfeleistungen bei wirtschaftlichen Notlagen

Hilfeleistungen, die von einer Unterstützungskasse bei einer wirtschaftlichen Notlage von Arbeitnehmern oder deren Hinterbliebenen gewährt werden, sind keine Leistungen der betrieblichen Altersversorgung i.S. von § 1 Abs. 1 BetrAVG.

***LAG Berlin**, Urteil vom **15.11.1999**, Az.: 6 Sa 1602/99; rkr.*
Fundstellen: DB 2000, S. 481

Betriebliche Altersversorgung bei Gewinngutschriften

Eine Leistung der betrieblichen Altersversorgung kann auch dann vorliegen, wenn der Arbeitgeber **Gewinnbeteiligungen** eines Arbeitnehmers auf einem **Darlehenskonto** des Arbeitnehmers gutschreibt. Dies ist dann der Fall, wenn die Gewinnbeteiligungen der Altersversorgung des Arbeitnehmers dienen, grundsätzlich erst bei Eintritt eines Versorgungsfalls rückzahlbar werden und durch die Gewinnbeteiligung ohne Bezug auf eine bestimmte Vergütungsperiode die Betriebstreue des Arbeitnehmers abgegolten werden soll.

***BAG**, Urteil vom **30.10.1980**, Az.: 3 AZR 805/79*
Fundstellen: BB 1981, S. 1153 = DB 1981, S. 644 = NJW 1981, S. 1470

Betriebliche Altersversorgung durch Gehaltsumwandlung

1. Eine betriebliche Altersversorgung in Form einer Direktversicherung (§ 1 Abs. 2 Satz 1 BetrAVG) kann auch dann vorliegen, wenn die Prämien der Versicherung auf das Leben des Arbeitnehmers vereinbarungsgemäß anstelle einer Vergütung gezahlt werden sollen (Versicherung nach Gehaltsumwandlung). Auch diese Form der betrieblichen Altersversorgung ist nach § 7 Abs. 2 Satz 1 Nr. 2 BetrAVG insolvenzgeschützt.
2. Zu den Merkmalen einer betrieblichen Altersversorgung gehören das Versprechen einer Leistung zum Zweck der Versorgung, ein den Versorgungsanspruch auslösendes Ereignis wie Alter, Invalidität oder Tod sowie die Zusage an einen Arbeitnehmer durch den Arbeitgeber aus Anlass des Arbeitsverhältnisses (st. Rspr. des Senats, vgl. zuletzt, Urteil vom 8.5.1990 - 3 AZR 121/89, DB 1990, S. 2375). Es gibt kein weiteres einschränkendes, ungeschriebenes Tatbestandsmerkmal „zusätzlich zum Barlohn entrichtete, freiwillige Arbeitgeberleistung"....

***BAG**, Urteil vom **26.6.1990**, Az.: 3 AZR 641/88*
Fundstellen: AuR 1991, S. 27 = BetrAV 1991, S. 67 = BB 1991, S. 482 = DB 1990, S. 2475 = MDR 1991, S. 281 = NJW 1991, S. 717 = NZA 1991, S. 144 = ZAP 1991, F. 17 R, S. 13

Betriebliche Altersversorgung und Sachleistungen

1. Der Begriff der Leistungen der betrieblichen Altersversorgung kann sowohl Geldleistungen als auch Sachleistungen umfassen.
2. Ob eine Deputatleistung jedoch eine Leistung der betrieblichen Altersversorgung darstellt, muss anhand der gegebenen Zusage oder des bestehenden Tarifvertrages im Wege der Einzelauslegung entschieden werden.
3. Beim Kohlebezugsrecht ist das in der Altersversorgung enthaltene Entgeltprinzip nahezu vollständig beseitigt.
4. Atypisch für Leistungen der betrieblichen Altersversorgung ist schon, dass die Sozialzuwendung nur geleistet wird, wenn der Berechtigte vom Kohlebezugsrecht überhaupt Gebrauch macht.

***LAG Düsseldorf**, Urteil vom **5.5.1977**, Az.: 14 Sa 1374/76*
Fundstellen: DB 1977, S. 2054

Betriebliche Altersversorgung und Sachleistungen

1. Der Begriff der Leistungen der betrieblichen Altersversorgung kann sowohl Geldleistungen als auch Sachleistungen umfassen.
2. Ob eine Deputatleistung jedoch eine Leistung der betrieblichen Altersversorgung darstellt, muss anhand der gegebenen Zusage oder des bestehenden Tarifvertrages im Wege der Einzelauslegung entschieden werden.
3. Beim Kohlebezugsrecht ist das in der Altersversorgung enthaltene Entgeltprinzip nahezu vollständig beseitigt.

4. Atypisch für Leistungen der betrieblichen Altersversorgung ist schon, dass die Sozialzuwendung nur geleistet wird, wenn der Berechtigte vom Kohlebezugsrecht überhaupt Gebrauch macht.

***LAG Düsseldorf**, Urteil vom **5.5.1977**, Az.: 14 Sa 1374/76*
Fundstellen: DB 1977, S. 2054

Entschädigungen für den Verlust des Arbeitsplatzes als betriebliche Versorgungsleistungen

1. Rentenansprüche sind nur dann als betriebliche Altersversorgung i.S. des BetrAVG vereinbart worden, wenn sie dazu dienen sollten, die **Versorgung** des Arbeitnehmers nach dessen Ausscheiden aus dem Beruf oder aus dem Erwerbsleben zu **sichern**.
2. Ergibt der Inhalt des Vertrages i.V.m. den Begleitumständen, dass der Arbeitnehmer die Rentenleistungen als Entschädigung für den Verlust des Arbeitsplatzes zusätzlich zu seinem Verdienst aus beruflicher Tätigkeit verlangen kann, so liegt keine betriebliche Altersversorgung vor; dass der Arbeitsvertrag die Renten als „Ruhegeld" bezeichnet ist dann unerheblich.

***BAG**, Urteil vom **28.1.1986**, Az.: 3 AZR 312/84*
Fundstellen: AuR 1987, S. 34 = BetrAV 1987, S. 62 = BB 1987, S. 690 = DB 1987, S. 52 = NZA 1987, S. 126

Krankenversicherungsbeiträge als betriebliche Altersversorgung

Trägt ein Arbeitgeber die Krankenversicherungsbeiträge seiner Pensionäre, so kann das eine Leistung der betrieblichen Altersversorgung gemäß §§ 1, 2 BetrAVG sein.

***Hessisches LAG**, Urteil vom **22.4.1998** – 8 Sa 2150/96; rechtskräftig*
Fundstellen: BB 1999, S. 591 = BetrAV 1999, S. 101

Merkmale einer betrieblichen Altersversorgung

1. Zu den Merkmalen einer betrieblichen Altersversorgung gehören das **Versprechen einer Leistung zum Zwecke der Versorgung**, ein den Versorgungsanspruch **auslösendes Ereignis** wie Alter, Invalidität oder Tod, sowie die Zusage an einen Arbeitnehmer durch einen Arbeitgeber **aus Anlass des Arbeitsverhältnisses**.
   a) Für die rechtliche Beurteilung der Zusage kommt es darauf an, welches **Ereignis** den Anspruch **auslöst**; es kommt nicht darauf an, aus welchem Grund die Zusage erteilt wurde.
   b) Leistungen der betrieblichen Altersversorgung unterscheiden sich durch ihre **Zwecksetzung** von sonstigen Leistungen, etwa zur Vermögensbildung, zur Überbrückung von Arbeitslosigkeit und Abfindungen für den Verlust des Arbeitsplatzes. Wird eine Leistung zur Deckung des Versorgungsmehrbedarfs nach Ausscheiden aus dem Berufsleben (Versorgungsfall Altersrente) zugesagt, dient sie der Altersversorgung.

2. Es gehört **nicht** zu den Merkmalen der betrieblichen Altersversorgung, dass Leistungen in Erwartung erst künftig zu erbringender **Betriebstreue** versprochen werden. Eine insolvenzgeschützte Zusage kann auch dann Vorliegen, wenn der Arbeitgeber eine Rente unabhängig von einer schon erbrachten oder noch zu erbringenden Betriebstreue zusagt.

BAG, *Urteil vom* ***8.5.1990***, *Az.: 3 AZR 121/89*
Fundstellen: AuR 1990, S. 361 = BetrAV 1991, S. 18 = BB 1990, S. 2410 = DB 1990, S. 2375 = NZA 1990, S. 931

Überbrückungshilfen keine insolvenzgesicherten Leistungen

1. Überbrückungshilfen bis zum Erreichen eines in der Versorgungszusage festgelegten Versorgungsfalles „Alter" sind keine insolvenzgesicherten Leistungen der betrieblichen Altersversorgung im Sinne des Betriebsrentengesetzes, selbst wenn sie in der Zusage als Ruhegehälter bezeichnet worden sind.
2. Von einer Überbrückungshilfe, nicht einer Leistung der betrieblichen Altersversorgung, ist auszugehen, wenn die betreffenden Zahlungen zwar nur für den Fall versprochen werden, dass das Arbeitsverhältnis nach Vollendung des 60. Lebensjahres des Arbeitnehmers aufgehoben worden ist, zugleich aber unter die Bedingung gestellt werden, dass das Arbeitsverhältnis unter Mitwirkung der Arbeitgeberin aufgelöst wurde und die Leistungen davon abhängig sind, dass weder Gehälter noch Übergangsgelder gezahlt werden.

BAG, *Urteil vom* ***3.11.1998***, *Az.: 3 AZR 454/97*
Fundstellen: BB 1999, S. 905 = NZA 1999, S. 594 = ZIP 1999, S. 1145

Zum Begriff der Altersversorgung

1. Eine Versorgung, die ein ehemaliger Arbeitnehmer von seinem Arbeitgeber erhält, kann nicht schon deswegen als Altersversorgung im Sinne von § 7 BetrAVG angesehen werden, weil sie von den Vertragsparteien so bezeichnet wird. § 7 BetrAVG stellt nur solche Versorgungen unter den Insolvenzschutz, die wirklich **der Sache nach** Altersversorgungen sind, nicht dagegen solche, die nur so heißen. Davon ganz abgesehen wäre andernfalls einem Missbrauch des § 7 BetrAVG Tür und Tor geöffnet.
2. Eine Versorgung kann nur dann mit Recht als Altersversorgung bezeichnet werden, wenn sie eine Zeit betrifft, in der dem ehemaligen Arbeitnehmer wegen seines Alters eine berufliche Tätigkeit nicht mehr zuzumuten ist. Dies wird gegenwärtig allgemein **frühestens erst ab dem 63. Lebensjahr** angenommen. Versorgungen, die früher (hier: 54. Lebensjahr) gewährt werden, werden nicht wegen dieser besonderen altersbedingten Unzumutbarkeit zugestanden.

LAG Köln, *Urteil vom* ***25.1.1983***; *Az.: 7 Sa 1130/83*
Fundstellen: BB 1984, S. 474 = DB 1984, S. 1788

1263 Betriebliche Übung

Betriebliche Übung im öffentlichen Dienst

Hat der Vorstand einer Anstalt des öffentlichen Rechts in einem internen Beschluss festgelegt, dass jeder Arbeitnehmer von einer bestimmten Eingruppierung an nach vierjähriger Bewährung in der Verbandstätigkeit nach beamtenrechtlichen Grundsätzen versorgt wird, und setzt er diesen Beschluss mehr als acht Jahre lang auch tatsächlich um, entsteht dadurch eine betriebliche Übung. Sie kann Ansprüche auf betriebliche Altersversorgung begründen. In einem solchen Fall stehen einer Anspruchsbegründung weder die einschränkenden Rechtsgrundsätze über die Anwendbarkeit dieses Rechtsinstituts im öffentlichen Dienst noch der Schriftformzwang des § 4 Abs. 2 BAT entgegen.

***BAG**, Urteil vom **16.7.1996**, Az.: 3 AZR 352/95*
Fundstellen: BetrAV 1997, S. 70

13. Ruhegehalt kraft betrieblicher Übung

Zahlt ein Arbeitgeber **jahrelang** (hier 8 Jahre) ein **13. Ruhegehalt**, das in der Versorgungsordnung nicht vorgesehen war, so begründet er damit eine betriebliche Übung zugunsten der Versorgungsberechtigten. Diese erwerben eine entsprechende Anwartschaft schon vor Eintritt des Versorgungsfalls.

***BAG**, Urteil vom **30.10.1984**, Az.: 3 AZR 236/82*
Fundstellen: AuR 1985, S. 259 = BetrAV 1985, S. 176 = BB 1985, S. 1605 = DB 1985, S. 1747 = MDR 1985, S. 873 = NJW 1986, S. 95 = NZA 1985, S. 531

Versorgungsverpflichtung kraft betrieblicher Übung

Eine Versorgungsverpflichtung kann durch betriebliche Übung begründet werden, d.h. durch regelmäßige Wiederholung gleichförmiger Verhaltensweisen im Betrieb, die denjenigen, der sich gleichförmig verhält, gegenüber seinen Vertragspartnern rechtlich bindet. Dabei beginnt die in § 1 bestimmte 10-Jahres-Frist für den einzelnen Arbeitnehmer in dem Zeitpunkt, in dem sein Arbeitsverhältnis von einer betrieblichen Übung, die entweder die Zahlung oder entsprechend der Rechtsprechung des Bundesarbeitsgerichts die Zusage von Ruhegeld betrifft, erfasst wird. Ist die betriebliche Übung jünger als das Arbeitsverhältnis, entscheidet der Zeitpunkt der Entstehung der Übung, ist sie älter, entsteht die Bindungswirkung mit dem Eintritt in den Betrieb.

***LAG Köln**, Urteil vom **17.1.1985**, Az.: 8 Sa 1019/84*
Fundstellen: BetrAV 1985, S. 68 = BB 1985, S. 664 = NZA 1985, S. 398

Versorgungsverpflichtung kraft betrieblicher Übung

Eine betriebliche Übung, wonach alle Arbeitnehmer innerhalb bestimmter Fristen übereinstimmende Versorgungszusagen erhalten, begründet eine Versorgungsanwartschaft und setzt die Unverfallbarkeitsfristen des § 1 Abs. 1 in Lauf. Ob und wann die schriftliche Zusage im Einzelfall erteilt wird, ist unerheblich.

***BAG**, Urteil vom **29.10.1985**, Az.: 3 AZR 462/83*
Fundstellen: BB 1986, S. 1647 = DB 1986, S. 2189 = NZA 1986, S. 786

Weihnachtsgratifikation für Betriebsrentner

1. Eine - für den Arbeitnehmer erkennbar - auf das jeweilige Kalenderjahr bezogene Zusage einer Leistung begründet keine Ansprüche der Leistungsempfänger aus einer betrieblichen Übung.
2. Ein Widerrufsvorbehalt bzw. die Mitteilung, dass die Leistung freiwillig erfolgt, ist in diesem fall nicht erforderlich, um Ansprüche für die Zukunft zu beseitigen bzw. überhaupt nicht entstehen zu lassen.

***BAG**, Urteil vom **16.4.1997**, Az.: 10 AZR 705/96*
Fundstellen: BB 1997, S. 1798

Betriebsübergang 1264

Berechnung der Unverfallbarkeitsfristen nach einem Betriebsübergang

Soweit die Unverfallbarkeit einer Versorgungsanwartschaft von der Dauer der Betriebszugehörigkeit abhängt (§ 1 Abs. 1 Satz 1 BetrAVG), müssen bei einem Betriebsinhaberwechsel die **Beschäftigungszeiten** beim Veräußerer und beim Erwerber **zusammengerechnet** werden, selbst wenn der Betriebsveräußerer keine Versorgungszusage erteilt hatte und diese erst vom Erwerber erteilt worden ist.

***BAG**, Urteil vom **8.2.1983**; Az.: 3 AZR 229/81*
Fundstellen: AuR 1984, S. 89 = BetrAV 1984, S. 44 = BB 1984, S. 279 = DB 1984, S. 301 = NJW 1984, S. 1254

Betriebsübergang und Insolvenzschutz

Bei einer Betriebsveräußerung gehen nach § 613a BGB die **Versorgungslasten** der bereits **ausgeschiedenen Arbeitnehmer** (Renten und unverfallbare Anwartschaften) **nicht** auf den Betriebserwerber über (st. Rspr.). Deshalb richtet sich der gesetzliche Insolvenzschutz nach der wirtschaftlichen Lage des Betriebsveräußerers, und zwar auch dann, wenn dieser keine Arbeitnehmer mehr beschäftigt, also nicht mehr Arbeitgeber ist.

***BAG**, Urteil vom **11.11.1986**; Az.: 3 AZR 194/85*
Fundstellen: AuR 1987, S. 276 = BB 1987, S. 1392 = DB 1987, S. 1696 = NZA 1987, S. 559

Betriebsübergang und Unterstützungskassenversorgung beim Betriebserwerber

Bei einer Betriebsübernahme gemäß § 613a BGB wird die **Unterstützungskasse des Erwerbers nicht Schuldnerin** der übernommenen Versorgungsansprüche. Denn nach ihrer Bestimmung kann und muss sie nur diejenigen Leistungen erbringen, die sich aus ihrem Leistungsplan ergeben. Eine weitergehende Aufgabe ist ihr nicht zugewiesen worden. Deshalb würde sie ihre satzungsmäßigen Rechte überschreiten, wollte sie Versorgungsansprüche erfüllen, in die das Trägerunternehmen aufgrund einer Betriebsübernahme kraft Gesetzes eingetreten ist. Allerdings könnte das Trägerunternehmen seiner Unterstützungskasse auch solche Versorgungslasten zur Abwicklung übertragen.

***BAG**, Urteil vom **30.8.1979**; Az.: 3 AZR 58/78*
Fundstellen: AuR 1980, S. 90 = BetrAV 1979, S. 228 = BB 1979, S. 1719 = DB 1979, S. 2431 = NJW 1980, S. 416

Erlass betrieblicher Versorgungsanwartschaften bei einem geplanten Betriebsübergang

1. § 613a Abs. 1 Satz 1 BGB schützt Arbeitnehmer vor einer unberechtigten Änderung ihrer Arbeitsbedingungen durch Änderungs- und Erlassverträge.
2. Werden Arbeitnehmer mit dem Hinweis auf eine geplante Betriebsveräußerung veranlasst, Erlassverträge über ihre beim Veräußerer erdienten Versorgungsanwartschaften abzuschließen, um dann mit dem Erwerber neue Arbeitsverträge ohne Zusagen einer betrieblichen Altersversorgung abzuschließen, so liegt darin eine Umgehung des § 613a Abs. 1 Satz 1 BGB. Die Erlassverträge sind unwirksam (im Anschluss an BAGE 55, 229 = AP Nr. 5 zu § 1 BetrAVG Betriebsveräußerung).

***BAG**, Urteil vom **12.5.1992**; Az.: 3 AZR 247/91*
Fundstellen: AuR 1992, S. 312 = BetrAV 1993, S. 26 = BB 1993, S. 145 = DB 1993, S. 145 = MDR 1993, S. 59 = NZA 1992, S. 1080 = VersR 1993, S. 82 = ZAP 1993, F. 17R, S. 43

Haftungsbeschränkung des Betriebserwerbers im Konkurs

1. Wird ein Betrieb im Rahmen eines Konkursverfahrens veräußert, ist § 613a BGB insoweit nicht anwendbar, wie die Vorschrift die Haftung des Betriebserwerbers für schon entstandene Ansprüche vorsieht. Das bedeutet für Versorgungsansprüche, dass der **Betriebserwerber nur den Teil** der Leistung **schuldet**, den der Arbeitnehmer bei ihm erdient hat; für die beim Veräußerer bis zum Insolvenzfall erdienten unverfallbaren Anwartschaften haftet der Träger der gesetzlichen Insolvenzsicherung (ständige Rspr. des Senats seit dem Urteil vom 17.1.1980, BAGE 32, 326 = AP Nr. 18 zu § 613a BGB; zuletzt BAGE 62, 224 = AP Nr. 10 zu § 1 BetrAVG Betriebsveräußerung).
2. Diese durch die Eröffnung des Konkursverfahrens eingetretene Haftungsbeschränkung des Betriebserwerbers wird durch die spätere Einstellung des

Konkursverfahrens mangels einer die Kosten des Verfahrens deckenden Masse (§ 204 KO) nicht berührt.

***BAG**, Urteil vom **11.2.1992**; Az.: 3 AZR 117/91*
Fundstellen: AuR 1992, S. 280 = BetrAV 1992, S. 220 = BB 1992, S. 1648 = DB 1992, S. 2559 = NJW 1993, S. 157 = NZA 1993, S. 20 = ZAP 1993, F. 17R, S. 41 = ZIP 1992, S. 1247

Haftung des Betriebserwerbers im Konkurs

1. Wird ein **Betrieb** im Rahmen eines **Konkursverfahrens veräußert**, ist **§ 613 a BGB** soweit **nicht anwendbar**, wie diese Vorschrift die **Haftung des Betriebserwerbers für bereits entstandene Ansprüche** vorsieht. Insoweit haben die Verteilungsgrundsätze des Konkursverfahrens Vorrang.
2. Das bedeutet für die betriebliche Altersversorgung:
   a.) Der **Betriebserwerber** tritt in die Versorgungsanwartschaften der übernommenen Belegschaft ein, er **schuldet** jedoch im Versorgungsfall **nicht die volle Betriebsrente**.
   b.) War die übernommene **Versorgungsanwartschaft** schon bei der Eröffnung des Konkurses **unverfallbar**, **haftet** der **Träger der Insolvenzsicherung** für den bereits erdienten Teil zeitanteilig (§ 7 Abs. 2 BetrAVG).
   c.) Wie der Teil der Versorgungsanwartschaft zu beurteilen ist, der bei der Konkurseröffnung noch verfallbar war, bleibt unentschieden.
3. Wenn ein ausreichender sachlicher Grund vorliegt, kann der Erwerber eines notleidenden Betriebes mit den übernommenen Arbeitnehmern wirksam vereinbaren, dass die betrieblichen Versorgungsgrundsätze für die Zukunft eingeschränkt oder aufgehoben sein sollen.

***BAG**, Urteil vom **17.1.1980**; Az.: 3 AZR 160/79*
Fundstellen: AuR 1980, S. 90 = BetrAV 1980, S. 46 = BB 1980, S. 319 = DB 1980, S. 308 = MDR 1980, S. 523 = NJW 1980, S. 1124

Haftung des Betriebserwerbers vor Eröffnung des Konkursverfahrens

1. Wird ein **Betriebsteil** eines Produktionsunternehmens **vor Eröffnung** des **Konkursverfahrens** auf einen Betriebsnachfolger übertragen, so muss dieser in die Versorgungszusagen eintreten. Dies gilt für die Zusagen aus einer Direktzusage ebenso wie für Zusagen einer Versorgung über eine Unterstützungskasse und durch eine Lebensversicherung.
2. Das Rechtsgeschäft, das nach § 613a Abs. 1 BGB der Betriebsübergabe zugrunde liegen muss, ist die einverständliche Übertragung der Leitungsmacht auf den Betriebserwerber.

***BAG**, Urteil vom **8.11.1988**; Az.: 3 AZR 85/87*
Fundstellen: AuR 1989, S. 185 = BetrAV 1989, S. 176 = BB 1989, S. 1127 = DB 1989, S. 1526 = MDR 1989, S. 846 = NZA 1989, S. 679

Keine Übernahme der Unterstützungskasse

1. Der Erwerber eines Betriebes **erwirbt nicht kraft Gesetzes** auch **Rechte an einer Unterstützungskasse**, mit deren Hilfe der Betriebsveräußerer Versorgungsleistungen erbracht hatte.
2. Er tritt jedoch gemäß § 613a BGB in die **arbeitsvertraglichen Pflichten** ein, die den Betriebsveräußerer selbst bei einer solchen Form der betrieblichen Altersversorgung den übernommenen Arbeitnehmern gegenüber trafen. Soweit die Unterstützungskasse nicht zahlt, muss der neue Arbeitgeber für Versorgungsleistungen einstehen, die die übernommenen Arbeitnehmer aufgrund der Zusage des alten Arbeitgebers erwarten durften.

BAG, *Urteil vom* ***5.5.1977;*** *Az.: 3 AZR 34/76*
Fundstellen: AuR 1978, S. 93 = BetrAV 1977, S. 193 = BB 1977, S. 1251 = DB 1977, S. 1803 = NJW 1977, S. 2236

Keine Übernahme der Unterstützungskasse kraft Gesetzes beim Betriebsübergang

1. Der **Erwerber eines Betriebes** wird gemäß § 613a **BGB Schuldner der Versorgungsansprüche**, die den übernommenen Arbeitnehmern vom Betriebsveräußerer zugesagt worden sind (Bestätigung des Urteils vom 22.6.1978 - 3 AZR 832/76).
2. Sollten die Versorgungsleistungen ursprünglich von **einer Unterstützungskasse des Betriebsveräußerers** erbracht werden, wird aber diese Versorgungseinrichtung **nicht zusammen mit dem Betrieb veräußert**, so wird sie zur gleichen Zeit und im gleichen Umfang von der **Haftung frei** wie ihr Träger als Betriebsveräußerer.

BAG, *Urteil vom* ***15.3.1979;*** *Az.: 3 AZR 859/77*
Fundstellen: AuR 1980, S. 218 = BetrAV 1979, S. 201 = BB 1979, S. 1455 = DB 1979, S. 1462 = NJW 1979, S. 2533

Umfang der Haftung des Betriebserwerbers

1. Der Erwerber eines Betriebs muss nach **§ 613 a BGB** in die Versorgungsanwartschaften der **übernommenen Arbeitnehmer** eintreten. Er ist jedoch nicht gesetzlich verpflichtet, auch die Versorgungsansprüche solcher Arbeitnehmer zu erfüllen, die bereits **vor** dem Betriebsinhaberwechsel in den Ruhestand getreten sind.
2. Zugunsten der Pensionäre bedarf es einer **vertraglichen Schuldübernahme** oder eines **Schuldbeitritts**. Den Schuldbeitritt kann der Betriebserwerber mit dem bisherigen Arbeitgeber und unter Umständen auch mit dem Betriebsrat des übernommenen Betriebes vereinbaren. Eine solche Vereinbarung ist jedoch nicht ohne weiteres zu vermuten.
3. Übernimmt der Betriebserwerber auch die **Firma**, unter der der Betrieb bisher am Rechtsverkehr teilnahm, so haftet er den bereits in den Ruhestand getretenen Pensionären gemäß **§ 25 HGB** für deren Versorgungsansprüche.

4. Das gleiche gilt nach § **419 BGB**, wenn die Betriebsübernahme eine **Vermögensübernahme** darstellt. Das ist dann anzunehmen, wenn bei einer wirtschaftlichen Betrachtungsweise die dem Veräußerer bleibenden Vermögenswerte im Verhältnis zu den übertragenen Vermögensteilen unbedeutend sind.

***BAG**, Urteil vom **24.3.1977**; Az.: 3 AZR 649/76*
Fundstellen: BB 1977, S. 1202 = DB 1977, S. 1466 = NJW 1977, S. 1791

Umfang der Haftung des Betriebserwerbers

1. Der Erwerber eines Betriebs wird nicht nach § **613 a BGB** Schuldner von Versorgungsverpflichtungen des Betriebsveräußerers gegenüber bereits ausgeschiedenen Arbeitnehmern (st. Rspr.).
2. Übernimmt er jedoch die **Firma** des Betriebsveräußerers, so haftet er neben diesem nach § **25 HGB**.

***BAG**, Urteil vom **24.3.1987**; Az.: 3 AZR 384/85*
Fundstellen: BB 1987, S. 2235 = DB 1988, S. 123

Unverfallbarkeitsfristen nach Betriebsinhaberwechsel

Tritt ein Betriebserwerber nach einem Betriebsübergang im Sinne von § 613a Abs. 1 Satz 1 BGB in die Rechte und Pflichten aus diesem Arbeitsverhältnis ein, rechnet die beim Betriebsveräußerer zurückgelegte Dauer der Betriebszugehörigkeit zur Unverfallbarkeitsfrist § 1 Abs. 1 BetrAVG. Die **Dauer der Betriebszugehörigkeit** wird durch den **Betriebsinhaberwechsel nicht unterbrochen**.

***BAG**, Urteil vom **20.7.1993**; Az.: 3 AZR 99/93*
Fundstellen: AuR 1994, S. 32 = BetrAV 1994, S. 51 = BB 1994, S. 220 = DB 1994, S. 151 = NJW 1994, S. 2373 = NZA 1994, S. 121

Unzulässige Übertragung von Versorgungsverbindlichkeiten

1. Eine **Vereinbarung**, wonach der **Veräußerer** eines Betriebes gegenüber der Belegschaft **alleiniger Schuldner** aller Versorgungsverpflichtungen bleibt, verstößt gegen § 613 a BGB in Verbindung mit § 4 BetrAVG und ist auch dann **nichtig**, wenn die versorgungsberechtigten Arbeitnehmer zustimmen.
2. Ob eine solche Regelung von dem Träger der gesetzlichen Insolvenzsicherung ermöglicht werden kann, bleibt offen.

***BAG**, Urteil vom **14.7.1981**; Az.: 3 AZR 517/80*
Fundstellen: AuR 1982, S. 191 = BetrAV 1982, S. 166 = BB 1982, S. 1117 = DB 1982, S. 1067 = NJW 1982, S. 1607

Unzulässige Übertragung von Versorgungsverbindlichkeiten

1. Soweit § 4 BetrAVG die Übernahme von Versorgungsschulden beschränkt, geht es nicht um die **Erhaltung des Insolvenzschutzes**, sondern um die Sicherung der Haftungsmasse. Die Regelung dient dem Schutze des PSV vor unerwünschten Haftungsrisiken.

2. Während der versorgungsberechtigte Arbeitnehmer eine private Schuldübernahme nur in den Grenzen des § 4 BetrAVG genehmigen kann, ist der PSV insoweit nicht beschränkt. Seine **Genehmigung** ist möglich, aber auch **erforderlich**, wenn eine Schuld-übernahme abweichend von § 4 BetrAVG Wirksamkeit erlangen soll.
3. Wird in einem Betriebsübernahmevertrag vereinbart, dass der Betriebserwerber den bereits fälligen Versorgungsschulden beitritt und danach die Betriebsrentner veranlassen muss, den Betriebsveräußerer von der **Haftung freizustellen**, so handelt es sich um eine **Umgehung** von § 4 BetrAVG. Die vorgesehenen **Erlassverträge** zugunsten des Betriebsveräußerers sind nur wirksam, wenn der PSV zustimmt.

***BAG**, Urteil vom **17.3.1987**; Az.: 3 AZR 605/85*
Fundstellen: AuR 1987, S. 417 = BetrAV 1988, S. 20 = BB 1987, S. 2233 = DB 1988, S. 122 = NZA 1988, S. 21

Unzulässigkeit von Eigenkündigungen und Auflösungsverträgen

1. Werden Arbeitnehmer mit dem Hinweis auf eine geplante Betriebsveräußerung und Arbeitsplatzgarantien des Erwerbers veranlasst, ihre Arbeitsverhältnisse mit dem Betriebsveräußerer **selbst fristlos zu kündigen** oder **Auflösungsverträgen** zuzustimmen, so liegt darin eine **Umgehung** des **§ 613a Abs. 4 Satz 1 BGB**. Soweit unverfallbare Versorgungsanwartschaften betroffen sind, wird darüber hinaus **§ 4 Abs. 1 Satz 2 BetrAVG** umgangen. Die fristlosen Kündigungen und Aufhebungsverträge sind unwirksam.
2. Für die speziellen Haftungsgrundsätze der Betriebsveräußerung im Konkurs kommt es nicht darauf an, wann der Besitz an den Betriebsmitteln übertragen und damit der Tatbestand des § 613a BGB erfüllt wird. Maßgebend ist vielmehr, ob bei wirtschaftlicher Betrachtungsweise die Betriebsveräußerung als Masseverwertung anzusehen ist.
3. Hat der Betriebserwerber schon vor Konkurseröffnung nicht nur die tatsächliche Leitungsmacht übernommen, sondern auch mit allen Arbeitnehmern unter Umgehung von § 613a BGB neue Arbeitsverträge abgeschlossen, so kann er sich nicht auf haftungsbeschränkende Grundsätze des Konkursrechts berufen.

***BAG**, Urteil vom **28.4.1987**; Az.: 3 AZR 75/86*
Fundstellen: BetrAV 1988, S. 70 = BB 1988, S. 831 = DB 1988, S. 400 = MDR 1988, S. 344 = NZA 1988, S. 198

Versorgungsschuldner beim Betriebsübergang

1. Bei der Veräußerung eines Betriebes bleiben Versorgungsanwartschaften bestehen, wenn das Arbeitsverhältnis gemäß § 613a BGB fortbesteht.
2. **Schuldner** der übernommenen Versorgungsanwartschaften wird der **Erwerber** des Betriebes.
3. Der **Veräußerer** kann nur noch in den **engen Grenzen des § 613a Abs. 2 BGB** neben dem Erwerber in Anspruch genommen werden.

4. An den **alten Arbeitgeber** können sich nur noch diejenigen **Arbeitnehmer** halten, die zur Zeit der Betriebsübernahme bereits in den **Ruhestand** getreten oder mit einer **unverfallbaren Versorgungsanwartschaft** ausgeschieden waren.

***BAG**, Urteil vom **22.6.1978**; Az.: 3 AZR 832/76*
Fundstellen: AuR 1979, S. 122 = BetrAV 1979, S. 12 = BB 1978, S. 1418 = DB 1978, S. 1795

Zeitpunkt des Betriebserwerbs im Konkurs

1. Ein Betriebserwerb i.S.d. § 613a Abs. 1 BGB liegt vor, sobald der Betriebserwerber aufgrund rechtsgeschäftlicher Übereinkunft in der Lage ist, die **Leitungsmacht** im Betrieb mit dem Ziel der Betriebsfortführung **auszuüben**. Es ist nicht entscheidend, dass die Betriebsleitungsmacht zu diesem Zeitpunkt bereits tatsächlich ausgeübt worden ist.
2. Der Umstand, dass alle für den Betriebsübergang erforderlichen Rechtsgeschäfte bereits vor Konkurseröffnung abschließend verhandelt waren, kann ein **Indiz** dafür sein, dass die tatsächliche Leitungsmacht übertragen worden ist, der Betriebserwerber also rechtlich nicht mehr gehindert ist, die betriebliche Leitungs- und Organisationsgewalt anstelle des Betriebsveräußerers auszuüben.

***BAG**, Urteil vom **26.3.1996**; Az.: 3 AZR 965/94*
Fundstellen: BetrAV 1997, S. 95 = BB 1997, S. 421 = DB 1997, S. 331

Betriebszugehörigkeit 1265

Anrechnung von Dienstzeiten in einer Vorgründungs-GmbH

1. Als anwartschaftsbegründende Zeiten der Betriebszugehörigkeit kommen Zeiten in Betracht, in denen ein Mitarbeiter für eine **Vorgründungs-GmbH** tätig geworden ist.
2. Diese berücksichtigungsfähige Tätigkeit muss **auf Dauer angelegt** sein, einen **nicht ganz unerheblichen Umfang** erreichen und aufgrund einer **vertraglichen Bindung** erbracht worden sein.
3. Tätigkeiten dieser Art sind bei der Ermittlung der Dauer der Betriebszugehörigkeit **zusammenzurechnen**, sofern keine Unterbrechung stattgefunden hat. Es ist unerheblich, ob der Begünstigte als Geschäftsführer der GmbH oder als Arbeitnehmer tätig geworden ist.

***BAG**, Urteil vom **21.8.1990**; Az.: 3 AZR 429/89*
Fundstellen: BetrAV 1991, S. 187 = BB 1991, S. 420 = DB 1991, S. 601 = NJW 1991, S. 1197 = NZA 1991, S. 311 = ZAP 1991, f 17R, S. 21

Keine Zusammenrechnung von Betriebszugehörigkeitszeiten

Die Frist für die Berechnung der Unverfallbarkeit einer Versorgungsanwartschaft nach § 1 Abs. 1 Satz 1 wird unterbrochen, wenn das Arbeitsverhältnis beendet und danach mit zeitlichem Abstand von dem bisherigen Arbeitsverhältnis ein neues begründet worden ist. Die von Versorgungszusagen begleiteten Dienstzeiten im ersten und zweiten Arbeitsverhältnis können **ohne besondere Absprache** dann **nicht zusammengerechnet** werden.

***BAG**, Urteil vom **14.8.1980**; Az.: 3 AZR 1123/78*
Fundstellen: AuR 1981, S. 91 = BetrAV 1981, S. 37 = BB 1981, S. 367 = DB 1981, S. 429 = NJW 1981, S. 1112

Keine Zusammenrechnung von Betriebszugehörigkeitszeiten

Die Grundsätze über die Zusammenrechnung der Betriebszugehörigkeiten bei **kurzfristigen Unterbrechungen** zur Erfüllung der sechsmonatigen Wartezeit für den Kündigungsschutz können auf die Betriebszugehörigkeitszeiten des BetrAVG gemäß § 1 nicht entsprechend angewendet werden.

***BAG**, Urteil vom **17.12.1991**; Az.: 3 AZR 89/91*
Fundstellen: BetrAV 1992, S. 199BB 1992, S. 862

1266 Blankett-Zusagen

Ausgestaltung einer Blankett-Zusage

1. Die Wirksamkeit einer Versorgungszusage wird nicht dadurch beeinträchtigt, dass die **Voraussetzungen** und die **Höhe** der Versorgungsleistungen zunächst noch **offen bleiben**. In einem solchen Fall ist von einer Blankett-Zusage auszugehen. Der **Arbeitgeber** kann die **Einzelheiten einseitig bestimmen**, muss sich dabei aber gemäß § 315 BGB eine **gerichtliche Billigkeitskontrolle** gefallen lassen. Bleibt er untätig, so wird die Blankett-Zusage durch Urteil ausgefüllt.
2. Maßgebend für die Ausfüllung der Blankett-Zusage ist, welche Vorstellungen und Erwartungen durch die Zusage bei den Arbeitnehmern geweckt worden sind.

***BAG**, Urteil vom **23.11.1978**, Az.: 3 AZR 708/77*
Fundstellen: AuR 1979, S. 316 = BetrAV 1979, S. 63 = BB 1979, S. 273 = DB 1979, S. 364

Direktversicherung 1267

Anspruch auf Gewinnbeteiligung

Enthält das in Form einer Direktversicherung abgegebene betriebliche Versorgungsversprechen keine Regelung darüber, wem die Überschussanteile (Gewinnanteile, Dividenden) aus einer Lebensversicherung zufallen, kommt der entsprechende Summenzuwachs dem versorgungsberechtigten Arbeitnehmer zugute.

***LAG Hamm**, Urteil vom **10.11.1987**; Az.: 6 Sa 2047/86*
Fundstellen: BetrAV 1988, S. 72 = BB 1988, S. 1532 = DB 1988, S. 507

Aussonderung der Direktversicherung im Konkurs des Arbeitgebers

1. Der Arbeitgeber kann als Versicherungsnehmer dem Arbeitnehmer, seinen Angehörigen und Erben ein **unwiderrufliches Bezugsrecht** auf Versicherungsleistungen aus einem Lebensversicherungsvertrag einräumen. Im Konkurs des Arbeitgebers gehört der **Anspruch auf die Versicherungsleistungen nicht zur Konkursmasse** (§ 1 Abs. 1 KO). Der Arbeitnehmer oder der an seiner Stelle unwiderruflich Bezugsberechtigte kann **Aussonderung** dieses Vermögensgegenstandes aus der Konkursmasse verlangen (§ 43 KO).
2. Das unwiderrufliche Bezugsrecht kann durch Vorbehalte eingeschränkt werden (**eingeschränkt unwiderrufliches Bezugsrecht**). wenn die Voraussetzungen der Vorbehalte nicht erfüllt sind, hat der eingeschränkt unwiderruflich Bezugsberechtigte im Konkurs des Arbeitgebers die **gleiche Rechtsstellung** wie ein uneingeschränkt unwiderruflich Bezugsberechtigter.
3. Die dem Arbeitgeber vom Arbeitnehmer eingeräumte Ermächtigung, Vorauszahlungen des Versicherers auf die Versicherungsleistungen "während der Dauer des Arbeitsverhältnisses" entgegenzunehmen, erlischt mit der Beendigung des Arbeitsverhältnisses und kann nicht in die Konkursmasse fallen, wenn das Arbeitsverhältnis vorher beendet wurde.

***BAG**, Urteil vom **26.6.1990**; Az.: 3 AZR 2/89*
Fundstellen: BB 1991, S. 72 = NZA 1991, S. 144

Behandlung der Direktversicherung im Konkurs des Arbeitgebers

1. Hat der Arbeitgeber als Versicherungsnehmer in einem Lebensversicherungsvertrag dem Arbeitnehmer lediglich ein **widerrufliches Bezugsrecht** auf die Versicherungsleistungen eingeräumt, so gehört der **Anspruch auf die Versicherungsleistung** im **Konkurs des Arbeitgebers zur Konkursmasse** (§ 1 Abs. 1 KO). Dies gilt auch dann, wenn der Arbeitnehmer nach § 6 BetrAVG vorzeitiges Altersruhegeld aus der gesetzlichen Rentenversicherung in Anspruch nimmt (Fortführung der bisherigen Rechtsprechung des Senats; vgl. Urteil vom 26. Februar 1991 - 3 AZR 213/90, AP Nr. 15 zu § 1 BetrAVG Lebensversicherung).
2. Das Bundesaufsichtsamt für das Versicherungswesen hat zwar den Versicherern empfohlen, auf den sonst üblichen Stornoabschlag wegen vorzeitiger Auflösung des Versicherungsvertrages zu verzichten und auch den regelmäßig anfallenden

Schlussüberschussanteil zu gewähren, wenn der Versicherte das 60. Lebensjahr vollendet hat und der Versicherungsvertrag innerhalb der letzten drei Versicherungsjahre aufgelöst wird. Setzt der zwischen dem Arbeitgeber und dem Versicherer geschlossene Versicherungsvertrag diese Empfehlung um, so ist damit noch **kein zusätzlicher Versicherungsfall** eingeführt und dem versicherten Arbeitnehmer bei vorzeitiger Inanspruchnahme des Altersruhegeldes **kein unmittelbarer Anspruch gegen den Versicherer** auf Auszahlung der Versicherungsleistungen eingeräumt worden.

3. **§ 6 BetrAVG** regelt das arbeitsrechtliche Versorgungsverhältnis, **schafft** jedoch **keinen weiteren Versicherungsfall** im Sinne des § 166 VVG. Dem Arbeitnehmer steht aus dem arbeitsrechtlichen Versorgungsverhältnis lediglich ein **schuldrechtlicher Verschaffungsanspruch** gegen den Arbeitgeber zu.

***BAG**, Urteil vom **28.3.1995**, Az.: 3 AZR 373/94*
Fundstellen: BetrAV 1996, S. 88 = BB 1995, S. 2663 DB 1995, S. 2174

Direktversicherung nach Gehaltsumwandlung im Konkurs

Hat der Arbeitgeber als Versicherungsnehmer in einem Lebensversicherungsvertrag dem Arbeitnehmer lediglich ein **widerrufliches Bezugsrecht** auf die Versicherungsleistungen eingeräumt, so gehört auch bei einer sogenannten Gehaltsumwandlung der **Anspruch auf die Versicherungsleistung** im Konkurs des Arbeitgebers **zur Konkursmasse** (Fortführung der bisherigen Rechtsprechung des Senats, zuletzt im Urteil vom 28. März 1995 - 3 AZR 373/94, EzA § 1 BetrAVG Lebensversicherung). Der Konkursverwalter kommt auch in diesem Fall mit dem Widerruf des Bezugsrechts seinen konkursrechtlichen Pflichten nach § (§ 117 Abs. 1 KO) und haftet deshalb nicht nach § 82 KO.

***BAG**, Urteil vom **17.10.1995**, Az.: 3 AZR 622/94*
Fundstellen: AuR 1996, S. 279 = BetrAV 1996, S. 288 = DB 1996, S. 1240 = RdA 1996, S. 258 = ZIP 1996, S. 965

Einbeziehung von Überschussanteilen bei der Berechnung der unverfallbaren Anwartschaft

1. Sieht eine Versorgungszusage vor, dass dem begünstigten Arbeitnehmer zusätzlich zu einer Rente oder einem Versicherungskapitalbetrag auch die **Überschussanteile** einer Lebensversicherung zustehen sollen, so darf dies nicht unberücksichtigt bleiben, wenn der Arbeitnehmer mit einer unverfallbaren Versorgungsanwartschaft vorzeitig ausscheidet.
2. Wählt der Arbeitgeber nicht die versicherungsförmige Erhaltung der Versorgungsanwartschaft nach § 2 Abs. 2 Satz 2 BetrAVG, sondern sieht die Versorgungszusage vor, dass sich die Höhe der aufrecht erhaltenen Versorgungsleistungen ausschließlich nach § 2 Abs. 1 Satz 1 BetrAVG richtet, so muss der Arbeitgeber die vorgesehene **Vollversorgung ermitteln**, diese **zeitanteilig kürzen** und die entsprechende **Teilanwartschaft aufrecht erhalten**, u.U. mit Hilfe einer Aufstockung nach § 2 Abs. 2 Satz 1 BetrAVG.

3. Bei diesem "**Quotierungsverfahren**" bleiben **Überschussanteile** zunächst ausser Ansatz. Sie stehen **dem Arbeitnehmer** vielmehr **ungekürzt zu, soweit sie während der Dauer des Arbeitsverhältnisses** durch das Versicherungsunternehmen **erwirtschaftet** wurden. Überschussanteile aus der Zeit nach Beendigung des Arbeitsverhältnisses kann der Arbeitnehmer hingegen nicht beanspruchen.

***BAG**, Urteil vom **29.7.1986**; Az.: 3 AZR 15/85*
Fundstellen: AuR 1987, S. 148 = BetrAV 1987, S. 41 = BB 1987, S. 692 = DB 1987, S. 743 = NZA 1987, S. 349

Inanspruchnahme der Versicherungsleistung durch den Arbeitgeber

Räumt der Arbeitgeber dem Arbeitnehmer zwar ein unwiderrufliches Bezugsrecht ein, behält er sich aber vor, alle Versicherungsleistungen für sich in Anspruch zu nehmen, wenn das Arbeitsverhältnis vor Unverfallbarkeit der Versorgungsanwartschaft endet (sog. **eingeschränkt unwiderrufliches Bezugsrecht**), so trifft er mit der Ausübung dieses bereits vertraglich fest umrissenen Rechts keine Leistungsbestimmung i.S. des § 315 BGB. Die Inanspruchnahme der Versicherungsleistungen durch den Arbeitgeber unterliegt daher **keiner Billigkeitskontrolle**.

***BAG**, Urteil vom **23.10.1990**; Az.: 3 AZR 305/89*
Fundstellen: AuR 1991, S. 282 = BetrAV 1991, S. 244 = BB 1991, S. 2226 = DB 1991, S. 2241 = NZA 1991, S. 848

Insolvenzschutz bei Beleihung einer Direktversicherung

1. Ist dem Arbeitnehmer ein sog. **eingeschränkt widerrufliches Bezugsrecht** eingeräumt worden, so kann der Arbeitgeber bereits aufgrund der mit dem Bezugsrecht verbundenen Vorbehalte die Ansprüche aus dem Versicherungsvertrag beleihen. Eine **weitere Zustimmung** des Arbeitnehmers ist **nicht erforderlich**. Auf die Wirksamkeit und damit auch auf die Anfechtbarkeit einer zusätzlich erteilten Zustimmung des Arbeitnehmers zur Beleihung kommt es nicht an.
2. Allein die **Zustimmung des Arbeitnehmers** zur Beleihung der Ansprüche aus dem Versicherungsvertrag **führt nicht zum Wegfall des Insolvenzschutzes**. Die Voraussetzungen eines Versicherungsmissbrauchs sind in § 7 Abs. 5 BetrAVG geregelt (Bestätigung der bisherigen Rechtsprechung des Senats; vgl. BAGE 65, 215, 223 = AP Nr. 11 zu § 1 BetrAVG Lebensversicherung, zu II 2 der Gründe).
3. Nach § 7 Abs. 5 Satz 1 BetrAVG verliert der Arbeitnehmer nur dann den Insolvenzschutz, wenn er mit dem Arbeitgeber **missbräuchlich zusammenwirkt** und den missbilligten Zweck der Beleihung zumindest erkennen kann. Diese Voraussetzung ist nicht erfüllt, wenn dem Arbeitnehmer zwar wirtschaftliche Schwierigkeiten seines Arbeitgebers bekannt sind, er aber angenommen hat und auch annehmen durfte, dass die vorgesehene Sanierung erfolgreich sein werde und die Insolvenzsicherung nicht in Anspruch genommen werden müsse (Fortführung von BAGE 65, 215, 224 = AP Nr. 11 zu § 1 BetrAVG Lebensversicherung, zu III 1 der Gründe).

4. Die **Missbrauchsvermutungen** des § 7 Abs. 5 Sätze 2 und 3 BetrAVG sind auf Beleihungen der Ansprüche aus Direktversicherungsverträgen **nicht anwendbar** (Bestätigung von BAGE 65, 215, 224 = AP Nr. 11 zu § 1 BetrAVG Lebensversicherung, zu III der Gründe).

***BAG**, Urteil vom **17.10.1995**, Az.: 3 AZR 420/94*
Fundstellen: BetrAV 1996, S. 258 = BB 1996, S. 1389 = DB 1996, S. 1426 = ZIP 1996, S. 1052

Kein Anspruch auf den Rückkaufswert einer Direktversicherung im Konkurs des Arbeitgebers

Sehen die Versorgungsbestimmungen vor, dass dem Arbeitgeber das Recht vorbehalten bleibt, alle Versorgungsleistungen in Anspruch zu nehmen, wenn das Arbeitsverhältnis vor Eintritt des Versorgungsfalls und vor Erfüllung der gesetzlichen Unverfallbarkeitsfristen endet, so steht dem Versorgungsberechtigten vor Erfüllung der Unverfallbarkeitsfristen auch kein Aussonderungsrecht an den Ansprüchen aus einem Direktversicherungsvertrag zu. Daran ändert auch die Tatsache nichts, dass die Prämien für die Direktversicherung im Wege der Entgeltumwandlung finanziert worden sind.

***ArbG Frankfurt**, Urteil vom **7.7.1999**; Az.: 7 Ca 9502/98 (n.rkr.)*
Fundstellen: BetrAV 1999, S. 344

Pfändbarkeit einer Direktversicherungsprämie nach Gehaltsumwandlung

Ändern Arbeitgeber und Arbeitnehmer ihre ursprüngliche Lohnvereinbarung dahin, dass in Zukunft anstelle eines Teils des monatlichen Barlohns vom Arbeitgeber eine Versicherungsprämie auf einen Lebensversicherungsvertrag zugunsten des Arbeitnehmers (Direktversicherung) gezahlt werden soll (Gehaltsumwandlung), entstehen insoweit **keine** pfändbaren Ansprüche auf Arbeitseinkommen (§ 850 Abs. 2 ZPO) mehr.

***BAG**, Urteil vom **17.02.1998**; Az.: 3 AZR 611/97*
Fundstellen: BB 1998, S. 1009 = DB 1998, S. 1039

Tragung der Pauschallohnsteuer

Hat der Arbeitgeber jahrelang die Pauschallohnsteuer zu einer Direktversicherung des Arbeitnehmers (§ 40 b EStG) im Innenverhältnis zwischen den Arbeitsvertragsparteien übernommen, so kann er sich hiervon nicht wegen der zum 1. Januar 1996 erfolgten Erhöhung des Pauschsteuersatzes auf 20% ganz oder teilweise wegen Wegfalls bzw. Änderung der Geschäftsgrundlage durch einseitige Erklärung lösen.

***Hess. LAG**, Urteil vom **06.07.1998 - 16 Sa 2267/97** (rkr.)*
Fundstellen: BB 1999, S. 269

Überschussanteile in der betrieblichen Altersversorgung

1. Gewährt der Arbeitgeber Leistungen der betrieblichen Altersversorgung in Form einer **Lebensversicherung**, stehen ihm grundsätzlich darauf anfallende Überschussanteile und Sondergewinne zu.

2. Bei Fehlen einer anderweitigen Vereinbarung kann der versorgungsberechtigte Arbeitnehmer die vorgenannten Erträge nur dann beanspruchen, wenn sie zur Erhöhung der Versicherungssumme verwendet werden oder ihre verzinsliche Ansammlung vorgesehen ist, ohne eine Bestimmung über das Bezugsrecht zu treffen.

***LAG Hamm**, Urteil vom **20.1.1998**, Az.: 6 Sa 992/97 (Rev. nicht zugelassen)*
Fundstellen: BB 1998, S. 542 = DB 1998, S. 631 = BetrAV 1998, S. 98

Unverfallbarkeit einer Direktversicherung

Werden bei einer betrieblichen Altersversorgung in Form einer Direktversicherung (§ 1 Abs. 2 Satz 1 BetrAVG) die Prämien der Versicherung vereinbarungsgemäß anstelle einer Vergütung gezahlt (**Versicherung nach Gehaltsumwandlung**), so ist in der Regel davon auszugehen, dass der Arbeitgeber dem Arbeitnehmer eine **von vornherein unentziehbare Rechtsposition** einräumen und damit die Unverfallbarkeit der Anwartschaft zusagen wollte.

***BAG**, Urteil vom **8.6.1993**, Az.: 3 AZR 670/92*
Fundstellen: AuR 1994, S. 32 = BetrAV 1994, S. 25 = BB 1994, S. 73 = DB 1993, S. 2538 = MDR 1994, S. 1130 = NZA 1994, S. 507 = ZAP 1994, F. 17R, S. 61

Unwirksame Beleihung durch den Arbeitgeber

1. Hat der Versicherungsnehmer ein unwiderrufliches Bezugsrecht dahin eingeschränkt, dass er sich die Beleihung der Versicherung mit Zustimmung des Bezugsberechtigten vorbehalten hat, steht dieses **eingeschränkt widerrufliche Bezugsrecht** einem uneingeschränkten rechtlich gleich, solange die Voraussetzungen des Vorbehalts nicht erfüllt sind.
2. Wenn dem Versicherer die eingeschränkte Unwiderruflichkeit des Bezugsrechts mitgeteilt wurde, ist die **Beleihung** der Versicherung durch ihn gegenüber dem Bezugsberechtigten **unwirksam**, wenn dessen **Zustimmung fehlt**.

***BGH**, Urteil vom **19.6.1996**, Az.: IV ZR 243/95*
Fundstellen: BetrAV 1996, S. 284 = BB 1996, S. 1579

Widerruf des Bezugsrechts im Konkurs

1. Wenn der Konkursverwalter das Bezugsrecht des Versorgungsberechtigten versicherungsvertraglich wirksam widerrufen hat, kann er nach §§ 985, 952 BGB die Herausgabe des Versicherungsscheins verlangen.
2. Der Senat hält daran fest, dass das Versicherungsverhältnis und das zwischen dem Unternehmer und dem Beschäftigten bestehende Versorgungsverhältnis voneinander **unterschieden** werden müssen. Welche Rechte dem Konkursverwalter und dem begünstigten Beschäftigten aus dem Versicherungsverhältnis zustehen, hängt allein von der Ausgestaltung des Versicherungsverhältnisses ab. Auch bei einer Entgeltumwandlung erfüllt der Konkursverwalter mit dem im

Versicherungsvertrag vorbehaltenen Widerruf seine konkursrechtlichen Pflichten nach § 117 Abs. 1 KO (Fortführung des Urteils vom 17.10.1995 – 3 AZR 622/94 – DB 1996, S. 1240).

3. Eine Entgeltumwandlung i.S. des § 1 Abs.5 BetrAVG setzt voraus, dass **im Umwandlungszeitpunkt bereits eine Rechtsgrundlage für den betroffenen Entgeltanspruch bestand**.

***BAG**, Urteil vom **8.6.1999**; Az.: 3 AZR 136/98*
Fundstellen: DB 1999, S. 2069 = BB 1999, S. 2195 = NZA 1999, S. 1103

Widerruf des Bezugsrechts durch Konkursverwalter

1. Der Konkursverwalter kann einen zur betrieblichen Altersversorgung bestimmten Lebensversicherungsvertrag kündigen und den Rückkaufswert zur Konkursmasse einziehen, auch wenn die **Versicherungsbeiträge voll vom Gehalt des Arbeitnehmers** einbehalten wurden, dieser aber **weder ein unwiderrufliches Bezugsrecht noch eine unverfallbare Versorgungsanwartschaft** hatte.
2. Der Arbeitnehmer hat in diesem Fall keine Masseschuldforderung nach § 59 Abs. 1 Nr. 1 KO, sondern nur eine **einfache Konkursforderung**.

***LAG München**, Urteil vom **22.7.1987**; Az.: 4 Sa 60/87*
Fundstellen: BetrAV 1988, S. 194 = BB 1988, S. 837

Zum Begriff des "ersten Dienstverhältnisses" i.S. des § 40b Abs. 2 Satz 1 EStG

Beiträge für eine Direktversicherung des Arbeitnehmers werden nicht aus "seinem ersten Dienstverhältnis" bezogen und dürfen nicht pauschal versteuert werden, wenn der Arbeitnehmer dem Arbeitgeber eine Lohnsteuerkarte mit der Lohnsteuerklasse VI vorgelegt hat.

***BFH**, Urteil vom **12.8.1996**, Az.: VI R 27/96*
Fundstellen: BetrAV 1997, S. 67 = BB 1997, S. 134

1268 Ehegattenversorgung

Angemessenheit einer Pensionszusage im Rahmen eines Ehegatten-Arbeitsver-hältnisses

1. Eine im Rahmen eines Ehegatten-Arbeitsverhältnisses erteilte Pensionszusage kann dem Grunde nach auch dann steuerlich anzuerkennen sein, wenn sie für den Fall gewährt wird, dass mit der Beendigung der selbständigen Tätigkeit des Arbeitgeber-Ehegatten auch das Arbeitsverhältnis des Arbeitnehmer-Ehegatten erlischt.
2. Bei der Prüfung der Angemessenheit einer solchen Pensionszusage der Höhe nach ist zu berücksichtigen, dass bei Betrieben, deren Bestand von der persön-

lichen Arbeitskraft des Inhabers abhängt, Pensionszusagen an fremde Arbeitnehmer nur in eingeschränktem Umfange erteilt zu werden pflegen.

3. Ist die Pensionszusage dem Arbeitnehmer-Ehegatten an Stelle eines Eintritts in die gesetzliche Sozialversicherung erteilt worden, so können die hierdurch veranlassten Aufwendungen des Arbeitgeber-Ehegatten den betrieblichen Gewinn nur in der Höhe mindern, in der sich die im Falle der Sozialversicherungspflicht zu erbringenden Arbeitgeberbeiträge ausgewirkt hätten.

***BFH**, Urteil vom **15.7.1976**; Az.: I R 124/73*
Fundstellen: BFHE 120, S. 167 = BStBl II 1977, S. 112 = BB 1976, S. 1643 = DB 1977, S. 892 = BetrAV 1977, S. 26

Ernsthaftigkeit von Verträgen zwischen nahen Angehörigen

Auch wenn die Gefahr des Missbrauchs zivilrechtlicher Gestaltungsmöglichkeiten bei Verträgen unter nahmen Angehörigen nicht überbewertet werden darf, ist es verfassungsrechtlich grundsätzlich nicht zu beanstanden, dass an den Nachweis der Ernsthaftigkeit des Vertragsabschlusses strenge Anforderungen gestellt werden. Art. 6 Abs. 1 und Art. 3 Abs. 1 GG werden daher nicht verletzt, wenn die Finanzgerichte im Einzelfall prüfen, ob klare und eindeutige Regelungen, wie zwischen Fremden üblich, getroffen und die Vereinbarungen auch tatsächlich durchgeführt worden sind.

***BVerfG**, Beschluss vom **16.7.1991**; Az.: 2 BvR 769/90*
Fundstellen: HFR 1992, S. 23

Fremdvergleich bei Versorgungszusagen im Ehegatten-Arbeitsverhältnis

Eine Versorgungszusage kann im Rahmen eines Ehegatten-Arbeitsverhältnisses steuerlich nicht anerkannt werden, wenn der Arbeitgeber-Ehegatte vergleichbaren anderen Angestellten seines Betriebs keine vergleichbaren Versorgungszusagen erteilt hat.

***BFH**, Urteil vom 10.3.1993; Az.: I R 118/91*
Fundstellen: BFHE 171, S. 53 = BStBl II 1993, S. 604 = DB 1993, S: 1599 = BetrAV 1994, S. 79

Pensionszusage einer GmbH an die Ehefrau des beherrschenden Gesellschafters

Erteilt die GmbH der als Geschäftsführerin angestellten Ehefrau des beherrschenden Gesellschafters unmittelbar nach der Anstellung eine vom ersten Tag des Anstellungsverhältnisses an unverfallbare Pensionszusage, so ist diese und damit die entsprechende Pensionsrückstellung in aller Regel durch das Gesellschaftsverhältnis veranlasst.

***BFH**, Urteil vom **16.12.1992**; Az.: I R 2/92*
Fundstellen: BFHE 170, S. 175 = BStBl II 1993, S. 455 = BB 1993, S. 918 = DB 1993, S. 913 = BetrAV 1993, S. 226

Prüfung der Angemessenheit auch bei Umwandlung von Barlohn in Prämien für eine Direktversicherung

Aufwendungen für eine Direktversicherung, die im Rahmen eines steuerrechtlich anzuerkennenden Ehegatten-Arbeitsverhältnisses im Wege der Umwandlung von Barlohn geleistet werden, sind der Höhe nach nur insoweit betrieblich veranlasst, als sie zu keiner **Überversorgung** führen.

***BFH**, Urteil vom **16.5.1995**; Az.: XI R 87/93*
Fundstellen: BFHE 178, S. 129 = BStBl 1995, S. 873 = BB 1996, S. 191 = DB 1995, S. 2249 = BetrAV 1996, S. 117

Steuerrechtliche Anerkennung von Ehegatten-Arbeitsverhältnissen

Dem Arbeitsverhältnis zwischen einer Personengesellschaft und der Ehefrau ihres beherrschenden Gesellschafters kann die steuerliche Anerkennung **nicht** mit der Begründung versagt werden, der aufgrund mündlicher Abrede geänderte Arbeitslohn sei nicht wirksam vereinbart, weil für Vertragsänderungen im Arbeitsvertrag Schriftform vereinbart worden sei.

***BFH**, Urteil vom **20.4.1999**; Az.: VIII R 81/94*
Fundstellen: BetrAV 2000, S. 230

Zulässigkeit einer Pensionszusage im Ehegatten-Arbeitsverhältnis

1. Weder die neuere Rechtsprechung des BVerfG noch das BFH-Urteil vom 8.10.1986 - I R 220/82 (BFHE 148, 37; BStBl II 1987, S. 205) stehen der Zulässigkeit eines Fremdvergleichs zum Nachweis der betrieblichen Veranlassung einer Pensionszusage an den Arbeitnehmer-Ehegatten entgegen.
2. Wird einem 36-jährigen Arbeitnehmer-Ehegatten eine dienstzeitunabhängige Invalidenrente in Höhe von 75 % der Aktivbezüge zugesagt, so ist die Pensionszusage nicht betrieblich veranlasst.
3. Gilt die Pensionszusage insoweit als betrieblich veranlasst, als sie an die Stelle einer fehlenden Anwartschaft aus der gesetzlichen Rentenversicherung getreten ist, so können fiktive Arbeitgeberbeiträge in der Zeit zwischen dem Beginn des steuerlich anerkannten Arbeitsverhältnisses und der Erteilung der Pensionszusage nicht berücksichtigt werden.

***BFH**, Urteil vom **14.7.1989**; Az.: III R 97/86*
Fundstellen: BFHE 157, S. 565 = BStBl II 1989, S. 969 = BB 1989, S. 2080 = DB 1989, S. 2308 = BetrAV 1990, S. 27

Einigungsstelle 1269

Verschlechternde Ablösung einer Gesamtzusage durch Spruch der Einigungsstelle; Überversorgung

1. Wenn ein Arbeitgeber wegen des von ihm behaupteten **Wegfalls der Geschäftsgrundlage** eines durch **Gesamtzusage** errichteten Versorgungswerks eine verschlechternde Neuregelung schaffen will, ist die **Einigungsstelle zuständig**, falls sich Arbeitgeber und Betriebsrat nicht einigen. **Der Betriebsrat darf seine Mitwirkung an einer Neuregelung nicht verweigern**. Er muss mit dem Arbeitgeber notfalls unter dem **Vorbehalt** der **vertragsrechtlich zulässigen Umsetzung** der Regelung verhandeln (im Anschluss an BAG, Großer Senat, Beschluss vom 16.9.1986 - GS 1/82).
2. Die Frage, ob die Geschäftsgrundlage einer Gesamtzusage über betriebliche Altersversorgung weggefallen ist, ist entscheidend für den **Umfang** der der Einigungsstelle zustehenden **Regelungsbefugnis**. Ist die Geschäftsgrundlage weggefallen, kann die Einigungsstelle eine vorbehaltlose Neuregelung treffen.
3.
   a) Die Geschäftsgrundlage einer Versorgungszusage ist weggefallen, wenn sich die zugrunde gelegte **Rechtslage nach Erteilung der Zusage** ganz **wesentlich** und **unerwartet geändert** hat, und dies beim Arbeitgeber zu **erheblichen Mehrbelastungen** geführt hat.

   b) Die Geschäftsgrundlage ist auch weggefallen, wenn der bei der Versorgungszusage erkennbare **Versorgungszweck** dadurch **verfehlt** wird, dass die unveränderte Anwendung der Versorgungszusage zu einer gegenüber dem ursprünglichen Versorgungsziel **planwidrig eintretenden Überversorgung** führen würde.
4. Ist die Geschäftsgrundlage weggefallen, kann die anpassende Neuregelung auch in zeitanteilig erdiente Besitzstände eingreifen. Sie muss sich dabei an den Zielen der ursprünglichen Regelung orientieren, auf deren Einhaltung die Arbeitnehmer vertrauen durften.

BAG*, Beschluss vom* ***23.9.1997****; Az.: 3 ABR 85/96*
Fundstellen: DB 1998, S. 779 = BB 1998, S. 849

Zuständigkeit der Einigungsstelle für die Neuordnung eines Versorgungswerkes *(Leitsätze nicht amtlich)*

1. Haben die Betriebspartner über ein zu regelnde mitbestimmungspflichtige Angelegenheit ernsthaft miteinander verhandelt und hat dabei die eine Seite die Kernelemente ihrer künftigen Verhandlungsposition gegenüber der anderen Seite dargestellt, kann sie vom Scheitern des innerbetrieblichen Einigungsversuchs ausgehen, wenn die andere Seite keine Verhandlungsbereitschaft zeigt.
2. Die Einigungsstelle ist zur Entscheidung über die Meinungsverschiedenheiten der Betriebspartner offensichtlich unzuständig, wenn ein Mitbestimmungsrecht des Betriebsrats unter keinem rechtlichen Gesichtspunkt in Betracht kommt.

3. Der dem Einigungsstellenverfahren zugrundeliegende Sachverhalt ist **von Amts wegen** zu erforschen. Das entbindet den Antragsteller nicht davon, konkrete Tatsachen vorzutragen, aus denen er sein Begehren herleitet.
4. Nach dem festgestellten Sachverhalt und seiner möglichen mitbestimmungsrechtlichen Relevanz kann sich ergeben, dass die Einigungsstelle nur für Teilbereiche eines Streitkomplexes einzurichten ist.

***LAG Düsseldorf**, Beschluss vom **10.12.1997**; Az.: 12 Ta BV 61/97; rkr.*
Fundstellen: DB 1998, S. 933

1270 Entgeltumwandlung

Direktversicherung: Kein Widerrufsrecht des Konkursverwalters

Beruht eine vom Arbeitgeber zugunsten des Arbeitnehmers vorgenommene Direktversicherung auf einer Gehaltsumwandlung, so steht die Versicherung im Konkurs des Arbeitgebers auch dann dem Arbeitnehmer zu, wenn diesem nur ein widerrufliches Bezugsrecht eingeräumt worden war.

***LG Freiburg**, Urteil vom **19.8.1999**; Az.: 10 O 53/99 (n. rkr.)*
Fundstellen: VersR 2000, S. 1221

Inhalt und Umfang einer Entgeltumwandlung

1. Vereinbaren Arbeitgeber und Arbeitnehmer die Umwandlung eines Gehaltsbestandteils in eine Direktversicherung, ist der Bestand der an Erfüllung statt gegebenen Versorgungszusage vorbehaltlich anderweitiger vertraglicher Vereinbarungen davon abhängig, ob dem Arbeitnehmer weiterhin ein Anspruch auf den entsprechenden Entgeltbestandteil zugestanden hätte.
2. Der Arbeitgeber kann, nachdem er mit dem Arbeitnehmer eine andere Leistung als ein 13. Monatsgehalt vereinbart hat, sich nicht mehr darauf berufen, dass er möglicherweise dieses 13. Gehalt nicht mehr zu zahlen brauchte, wenn er diese Vereinbarung nicht abgeschlossen hätte.
3. Die Nachwirkung des § 4 Abs. 5 TVG erstreckt sich auch auf einen Arbeitgeber, der aus einem Arbeitgeberverband austritt und bei dem die Tarifbindung lediglich über § 3 Abs. 3 TVG aufrechterhalten wird.

***ArbG Limburg**, Urteil vom **23.2.2000**; Az.: 1 Ca 156/99 (n. rkr.)*
Fundstellen: DB 2000, S. 1823

Kein Anspruch auf den Rückkaufswert einer Direktversicherung im Konkurs des Arbeitgebers *(Leitsatz nicht amtlich)*

Sehen die Versorgungsbestimmungen vor, dass dem Arbeitgeber das Recht vorbehalten bleibt, alle Versorgungsleistungen in Anspruch zu nehmen, wenn das Arbeitsverhältnis vor Eintritt des Versorgungsfalls und vor Erfüllung der gesetzlichen Unverfallbarkeitsfristen endet, so steht dem Versorgungsberechtigten vor Erfüllung der Unverfallbarkeitsfristen auch kein Aussonderungsrecht an den Ansprüchen aus einem Direktversicherungsvertrag zu. Daran ändert auch die Tatsache nichts, dass die Prämien für die Direktversicherung im Wege der Entgeltumwandlung finanziert worden sind.

***ArbG Frankfurt**, Urteil vom **7.7.1999**; Az.: 7 Ca 9502/98 (n. rkr.)*
Fundstellen: BetrAV 1999, S. 344

Unverfallbarkeit einer Direktversicherung

Werden bei einer betrieblichen Altersversorgung in Form einer Direktversicherung (§ 1 Abs. 2 Satz 1 BetrAVG) die Prämien der Versicherung vereinbarungsgemäß anstelle einer Vergütung gezahlt (**Versicherung nach Gehaltsumwandlung**), so ist in der Regel davon auszugehen, dass der Arbeitgeber dem Arbeitnehmer eine **von vornherein unentziehbare Rechtsposition** einräumen und damit die Unverfallbarkeit der Anwartschaft zusagen wollte.

***BAG**, Urteil vom **8.6.1993**, Az.: 3 AZR 670/92*
Fundstellen: AuR 1994, S. 32 = BetrAV 1994, S. 25 = BB 1994, S. 73 = DB 1993, S. 2538 = MDR 1994, S. 1130 = NZA 1994, S. 507 = ZAP 1994, F. 17R, S. 61

Widerruf des Bezugsrechts im Konkurs

1. Wenn der Konkursverwalter das Bezugsrecht des Versorgungsberechtigten versicherungsvertraglich wirksam widerrufen hat, kann er nach §§ 985, 952 BGB die Herausgabe des Versicherungsscheins verlangen.
2. Der Senat hält daran fest, dass das Versicherungsverhältnis und das zwischen dem Unternehmer und dem Beschäftigten bestehende Versorgungsverhältnis voneinander **unterschieden** werden müssen. Welche Rechte dem Konkursverwalter und dem begünstigten Beschäftigten aus dem Versicherungsverhältnis zustehen, hängt allein von der Ausgestaltung des Versicherungsverhältnisses ab. Auch bei einer Entgeltumwandlung erfüllt der Konkursverwalter mit dem im Versicherungsvertrag vorbehaltenen Widerruf seine konkursrechtlichen Pflichten nach § 117 Abs. 1 KO (Fortführung des Urteils vom 17.10.1995 – 3 AZR 622/94 – DB 1996, S. 1240).

Eine Entgeltumwandlung i.S. des § 1 Abs.5 BetrAVG setzt voraus, dass **im Umwandlungszeitpunkt bereits eine Rechtsgrundlage für den betroffenen Entgeltanspruch bestand**.

***BAG**, Urteil vom **8.6.1999**; Az.: 3 AZR 136/98*
Fundstellen: DB 1999, S. 2069 = BB 1999, S. 2195 = NZA 1999, S. 1103

1271 Erziehungsurlaub

Aufwendungsersatzanspruch des Arbeitgebers für während des Erziehungsurlaubs gezahlte Versicherungsprämien

1. Nach § 1 Abs. 3, § 4 Abs. 2 und § 6 Abs. 1 des Tarifvertrags Übergangsversorgung Flugbegleiter haben die Arbeitnehmer und Arbeitnehmerinnen auch während eines Erziehungsurlaubs die Versicherungsprämien für die von ihnen abgeschlossene Kapital-Lebensversicherung zu tragen. Dies verstößt weder gegen § 15 Abs. 3 BErzGG noch gegen Art. 6 GG.
2. Die Arbeitgeberin hat nach § 5 Abs. 4 des Tarifvertrags Übergangsversorgung Flugbegleiter lediglich für die ordnungsgemäße Abwicklung des Zahlungsverkehrs mit dem Versicherer zu sorgen. Soweit die Arbeitgeberin die Versicherungsprämien vorfinanziert, steht ihr ein tarifvertraglicher Aufwendungsersatzanspruch zu.

BAG*, Urteil vom* ***15.12.1998****; Az.: 3 AZR 251/97*
Fundstellen: DB 1999, S. 1507

Auswirkungen des Erziehungsurlaubs auf die Höhe der Betriebsrente

Ruht das Arbeitsverhältnis wegen der Inanspruchnahme von Erziehungsurlaub, liegt in der Änderung der Bestimmungen einer Unterstützungsrichtlinie dahingehend, dass Zeiten eines ruhenden Arbeitsverhältnisses **nicht** mehr **anspruchserhöhend** berücksichtigt werden, keine mittelbare Frauendiskriminierung im Sinne von Art. 3 Abs. 2 GG, Art. 119 EWG-Vertrag, da hierfür ein gewichtiger Grund besteht. Dieser Grund liegt darin, dass es dem Arbeitgeber unbenommen bleiben muss, den Maßstab für den Umfang der betrieblichen Versorgungsleistungen an dem Grad der erbrachten Arbeitsleistungen der Beschäftigten auszurichten und als Folge hiervon die Zeiten, in denen ein Arbeitsverhältnis ruht, unberücksichtigt zu lassen.

LAG Düsseldorf*, Urteil vom* ***21.7.1993****; Az.: 4 Sa 219/93*
Fundstellen: BB 1993, S. 2093

Auswirkungen des Erziehungsurlaubs auf die Höhe der Betriebsrente

1. Zeiten des gesetzlichen Erziehungsurlaubs (§§ 15 ff. BErzGG) lassen den Bestand des Arbeitsverhältnisses unberührt; sie führen nur zum Ruhen des Arbeitsverhältnisses.
2. Daraus folgt für die betriebliche Altersversorgung, dass Zeiten des Erziehungsurlaubs den Lauf der **Unverfallbarkeitsfristen** gem. § 1 BetrAVG und die **Dauer der Betriebszugehörigkeit** i.S.d. § 2 BetrAVG **nicht unterbrechen**.
3. Der Arbeitgeber ist nicht gehindert, Zeiten des Erziehungsurlaubs von Steigerungen einer Anwartschaft auf Leistungen der betrieblichen Altersversorgung (**dienstzeitabhängige Berechnung**) auszunehmen. Eine solche Versorgungszusage stellt keine durch Art. 119 EWG-Vertrag verbotene Diskriminierung der Frauen dar.

BAG*, Urteil vom* ***15.2.1994****; Az.: 3 AZR 708/93*
Fundstellen: AuR 1994, S. 310 = BetrAV 1994, S. 222 = BB 1994, S. 1360 = DB 1994, S. 1479 = MDR 1994, S. 924 = NZA 1994, S. 794

Flexible Altersgrenze 1272

Auslegungsregel

1. Sieht eine Versorgungsordnung Festrenten in Verbindung mit einer **Gesamtversorgungsobergrenze** vor, wird jedoch der Sonderfall der flexiblen Altersgrenze nicht geregelt, so ist folgende ergänzende Auslegung geboten:
2. Der Arbeitgeber darf die Renten der vorzeitig pensionierten Arbeitnehmer **zeitanteilig kürzen**, jedoch **keinen versicherungsmathematischen Abschlag** vornehmen (ständige Rechtsprechung). Eine weitere Kürzung auf Grund der Höchstbegrenzungsklausel kommt bei einer solchen Fallgestaltung im Zweifel nur in Betracht, wenn die zeitanteilig gekürzte Festrente die Gesamtversorgungsobergrenze übersteigt.

***BAG**, Urteil vom **24.6.1986**; Az.: 3 AZR 630/84*
Fundstellen: AuR 1986, S. 33 = BetrAV 1987, S. 64 = BB 1987, S. 692 = DB 1987, S. 691 = NZA 1987, S. 200

Berechnung der vorgezogenen Altersrente bei unverfallbaren Anwartschaften

1. Scheidet ein Arbeitnehmer mit einer **unverfallbaren Versorgungsanwartschaft** aus dem Arbeitsverhältnis aus und macht er später von der Möglichkeit des **vorgezogenen Ruhestands** Gebrauch, so sind bei der zeitanteiligen Kürzung seiner Betriebsrente nach § 2 BetrAVG auch **Abschläge zu berücksichtigen**, die die betriebliche Versorgungsordnung für den Fall der Pensionierung zwischen dem 60. und 65. Lebensjahr vorsieht.
2. Solche Kürzungsregelungen bestimmen keine Altersgrenze. Eine „**feste Altersgrenze**" i.S. des § 2 Abs. 1 Satz 1 BetrAVG ist nur dann gegeben, wenn die Versorgungszusage vorsieht, dass der Arbeitnehmer zu einem bestimmten Zeitpunkt vor Vollendung des 65. Lebensjahres mit einer ungekürzten Betriebsrente in den Ruhestand treten soll.

***BAG**, Urteil vom **22.2.1983**; Az.: 3 AZR 546/80*
Fundstellen: AuR 1983, S 312 = BetrAV 1983, S. 206 = BB 1983, S. 1668 = DB 1983, S. 2680 = NJW 1984, S. 996

Berechnung der vorgezogenen Altersrente bei unverfallbarer Anwartschaften

1. Der Arbeitgeber darf die Renten der vorzeitig in Ruhestand getretenen Arbeitnehmer kürzen. Regelt die Versorgungsordnung nicht den Umfang der Kürzung, darf der Arbeitgeber die Renten **zeitanteilig kürzen**; er darf **keinen versicherungsmathematischen Abschlag** vornehmen.
2. Das gilt auch dann, wenn der Arbeitnehmer vorher mit einer unverfallbaren Versorgungsanwartschaft aus dem Arbeitsverhältnis ausgeschieden war. Die ihm bei vorzeitiger Inanspruchnahme zustehende Rente darf dann **noch einmal zeitan-**

teilig um den Unverfallbarkeitsfaktor (§ 2 Abs. 1 BetrAVG) **gekürzt werden**, weil der Arbeitnehmer die erwartete Betriebstreue nur zum Teil erbracht hat.

***BAG**, Urteil vom **13.3.1990**, Az.: 3 AZR 338/89*
Fundstellen: AuR 1990, S. 231 = BetrAV 1990, S. 227 = BB 1991, S. 480 = DB 1990, S. 1619 = NZA 1990, S. 692

Berechnung der vorgezogenen Altersrente bei unverfallbarer Anwartschaften

Scheidet ein Arbeitnehmer vorzeitig mit einer **unverfallbaren Versorgungsanwartschaft** aus dem Arbeitsverhältnis aus und macht der Versorgungsberechtigte später einen Anspruch auf vorzeitige Versorgungsleistungen geltend (wegen Bezugs des vorgezogenen oder flexiblen Altersruhegeldes in der gesetzlichen Rentenversicherung, Invalidität oder Tod), so kann das im (vorzeitigen) Versorgungsfall erreichbare Ruhegeld im Verhältnis von erreichter zu der nach der Versorgungsordnung erreichbaren Dienstzeit gekürzt werden (**Unverfallbarkeitsfaktor**). Maßgebliche Bezugsgröße für die zeitanteilige Kürzung ist damit die **im vorzeitigen Versorgungsfall erreichbare Rente** und nicht die mit Vollendung des 65. Lebensjahres erreichbare Rente.

***BAG**, Urteil vom **12.3.1991**, Az.: 3 AZR 102/90*
Fundstellen: AuR 1991, S. 78 = BetrAV 1992, S. 49 = BB 1991, S. 1420 = DB 1991, S. 1784 = NZA 1991, S. 771

Berechnung der vorgezogenen Altersrente im Insolvenzfalle

1. Beansprucht der Arbeitnehmer das vorgezogene Altersruhegeld nach § 6 BetrAVG und nimmt er dabei gemäß § 7 BetrAVG den Träger der gesetzlichen Insolvenzsicherung in Anspruch, weil sein Arbeitgeber schon vor Eintritt des Versorgungsfalls zahlungsunfähig geworden war, so muss er hinnehmen, dass der monatliche Rentenbetrag um einen **versicherungsmathematischen Abschlag** gekürzt wird.
2. Eine Kürzung **um 0,5% für jeden Monat** des vorgezogenen Rentenbezugs entspricht den allgemeinen Versicherungsbedingungen für die Insolvenzsicherung der betrieblichen Altersversorgung und erscheint **nicht unbillig**.

BAG, Urteil vom **20.4.1982**; Az.: 3 AZR 1137/79
Fundstellen: AuR 1982, S. 291 = BetrAV 1982, S. 239 = BB 1982, S. 1795 = DB 1982, S. 1830 = NJW 1982, S. 1015

Berechnung der vorgezogenen Altersrente

1. Nach § 6 BetrAVG kann der Arbeitnehmer unter den im Gesetz genannten Voraussetzungen eine betriebliche Altersrente vorzeitig, vor Vollendung des 65. Lebensjahres, in Anspruch nehmen.
2. Das BetrAVG enthält zur Berechnung dieser vorzeitigen Altersrente keine zwingenden Bestimmungen. Deshalb kommt es in erster Linie auf die Regelungen in der Versorgungsordnung an.

3. Eine Versorgungsregelung, die für die Berechnung der vorzeitigen Altersrente auf die tatsächlich im Zeitpunkt des Ausscheidens erdiente Rente abstellt und auf versicherungsmathematische Abschläge und auf eine zeitratierliche Kürzung verzichtet, ist rechtlich nicht zu beanstanden.
4. Nur wenn die Versorgungsregelung nicht näher bestimmt, wie die vorzeitige Altersrente im Sinne von § 6 BetrAVG zu berechnen ist, müssen die **Auslegungsregeln**, die der Senat für diese Fälle entwickelt hat (vgl. zuletzt Urteil vom 28. März 1995 - 3 AZR 900/94 - AP Nr. 21 zu § 6 BetrAVG), herangezogen werde.

***BAG**, Urteil vom **29.7.1997**; Az.: 3 AZR 114/96*
Fundstellen: BB 1997, S. 2487

Berechnung der vorgezogenen Altersrente

1. Bei **vorzeitig** in Anspruch genommenen betrieblichen **Altersrenten** ist der Arbeitgeber berechtigt, eine **Kürzung** vorzunehmen. Der Umfang der Kürzung ist danach zu bemessen, was der Arbeitgeber zusätzlich erbringt. Es ist gerechtfertigt, dass der Arbeitgeber nicht mehr belastet wird, als in den Fällen, wo die betriebliche Altersrente erst mit Vollendung des 65. Lebensjahres des Arbeitnehmers gewährt wird.
2. Fehlt es an einer Abrede der Vertragsparteien, so kann die **§ 2 BetrAVG** vorgesehene **ratierliche Berechnungsmethode** angewendet werden. Die Parteien können auch einen **versicherungsmathematischen Wertausgleich** vereinbaren. Es können auch Erfahrungs- bzw. Näherungswerte benutzt werden.

***BAG**, Urteil vom **1.6.1978**; Az.: 3 AZR 216/77*
Fundstellen: AuR 1979, S. 155 = BetrAV 1978, S. 227 = BB 1978, S. 1312 = DB 1978, S. 1793 = NJW 1979, S. 124

Berechnung der vorgezogenen Altersrente

1. Sieht eine Versorgungsordnung ein betriebliches Ruhegeld bei Vollendung des 65. Lebensjahres vor, so kann der Arbeitgeber nach Einführung des flexiblen Altersruhegeldes die Versorgungsordnung ergänzen und Kürzungen für das vorgezogene Ruhegeld nach billigem Ermessen vorsehen. Dabei ist der Betriebsrat zu beteiligen (§ 87 Abs. 1 Nr. 10 BetrVG).
2. Unterlässt es der Arbeitgeber, die Versorgungsordnung zu ergänzen, so kann er das betriebliche Ruhegeld nur **nach** dem **Maßstab** des **§ 2 BetrAVG kürzen**.

***BAG**, Urteil vom **11.9.1980**; Az.: 3 AZR 185/80*
Fundstellen: AuR 1981, S. 140 = BB 1981, S. 737 = DB 1981, S. 944

Berechnung einer vorgezogenen Betriebsrente bei zuvor im Rahmen einer Ablösung garantiertem Versorgungsbesitzstand

1. Ist in einer ablösenden Versorgungsordnung der bis zum Ablösungszeitpunkt erdiente unverfallbare und nach § 2 Abs. 1 BetrAVG berechnete Versorgungsbesitzstand als Mindestrente garantiert worden, ist diese Mindestrente in einem

späteren Insolvenzfall insolvenzgeschützt. Ihre zeitratierliche Kürzung nach § 7 Abs. 2, § 2 Abs. 1 BetrAVG auf den Zeitpunkt der Eröffnung des Insolvenzverfahrens ist ausgeschlossen (Bestätigung von BAG, Urteil v. 22.9.1987 – 3 AZR 662/85 – BAGE 56, 138, 143 f.).

2. Nach der bisherigen Senatsrechtsprechung ist dann, wenn die Versorgungsregelung keine billigenswerte Bestimmung hierzu enthält, der Betriebsrentenanspruch eines vorzeitig ausgeschiedenen Arbeitnehmers, den dieser nach § 6 BetrAVG vorgezogen in Anspruch nimmt, zweifach zeitratierlich zu kürzen; der Unverfallbarkeitsfaktor des § 2 Abs. 1 BetrAVG, der sich aus dem Verhältnis der Dauer der tatsächlichen Betriebszugehörigkeit zur erreichbaren Betriebszugehörigkeit bis zum Erreichen der festen Altersgrenze ergibt, ist mit der zum Zeitpunkt der vorgezogenen Inanspruchnahme erreichbaren Betriebsrente zu multiplizieren. Die fehlende Dienstzeit zwischen der vorgezogenen Inanspruchnahme und der festen Altersgrenze wird damit zweifach anspruchsmindernd berücksichtigt (Senat 13.3.1990 – 3 AZR 338/89 – AP BetrAVG § 6 Nr. 17; 12.3.1991 – 3 AZR 102/90 – BAGE 67, 301, 307 ff.). Der Senat erwägt, diese Rechtsprechung aufzugeben.

***BAG**, Urteil vom **21.03.2000**; Az.: 3 AZR 93/99*
Fundstellen: DB 2001, S. 206 = BB 2001, S. 836 (m. Anm. Neumann)

Die vorgezogene Betriebsrente nach vorzeitigem Ausscheiden mit unverfallbarer Versorgungsanwartschaft

1. Das BetrAVG enthält keine Regel zur Berechnung der vorgezogen in Anspruch genommenen Rente des vorzeitig ausgeschiedenen Arbeitnehmers.
2. Bei der Berechnung der vorgezogen in Anspruch genommenen Betriebsrente des vorzeitig ausgeschiedenen Arbeitnehmers darf die fehlende Betriebstreue zwischen dem vorgezogenen Ruhestand und der in der Versorgungsordnung festgelegten festen Altersgrenze grundsätzlich nicht zweifach mindernd berücksichtigt werden (insoweit Aufgabe der Rechtsprechung des Senats Urteile vom 13. März 1990 – 3 AZR 338/89 – AP BetrAVG § 6 Nr. 17 = EzA BetrAVG § 6 Nr. 13; 12. März 1991 – 3 AZR 102/90 – BAGE 67, 301, 307 ff.).
3. Ausgangspunkt für die Anspruchsberechnung ist die bis zum Erreichen der festen Altersgrenze erreichbare Vollrente. Sie ist im Hinblick auf das vorzeitige Ausscheiden wegen der deshalb fehlenden Betriebstreue nach § 2 BetrAVG zu kürzen, falls die Versorgungsordnung keine für den Arbeitnehmer günstigere Berechnungsweise vorsieht.
4. Der so ermittelte Besitzstand zum Zeitpunkt des vorzeitigen Ausscheidens kann ein zweites Mal wegen des früheren und längeren Bezuges der Altersrente gekürzt werden. Soweit die Versorgungsordnung das vorsieht, kann ein versicherungsmathematischer Abschlag vorgenommen werden. Fehlt eine solche Bestimmung, kann die Kürzung statt dessen in der Weise erfolgen, dass die fehlende Betriebstreue zwischen vorgezogener Inanspruchnahme und fester Al-

tersgrenze zusätzlich mindernd berücksichtigt wird. Diese Kürzung ist als „unechter versicherungsmathematischer Abschlag“ anzusehen.

***BAG**, Urteil vom **23.01.2001**, Az.: 3 AZR 164/00*
Fundstellen: DB 2001, S. 1887 = ZIP 2001, S. 1971

Einführung der flexiblen Altersgrenze

1. Enthält eine Versorgungsordnung keine Regelung für den Fall, dass der Arbeitnehmer die Möglichkeit der flexiblen Altersgrenze nutzt, und will der Arbeitgeber diese Lücke schließen, indem er einen **versicherungsmathematischen Abschlag** einführt, so ist dafür die **Zustimmung des Betriebsrats** erforderlich (ständige Rechtsprechung).
2. Die **einseitige Einführung** eines versicherungsmathematischen Abschlags ist **unwirksam**. Auch eine entsprechende Übung kann diesen Mangel nicht heilen.

***BAG**, Urteil vom **26.3.1985**; Az.: 3 AZR 236/83*
Fundstellen: BB 1986, S. 877 = DB 1985, S. 2617 = NZA 1986, S. 232

Höhe der Betriebsrente bei vorzeitiger Inanspruchnahme

1. Das Betriebsrentengesetz trifft keine Bestimmung dazu, wie die Betriebsrente zu berechnen ist, wenn ein Arbeitnehmer sie nach § 6 BetrAVG mit Eintritt in den vorzeitigen Ruhestand in Anspruch nimmt. Es kommt deshalb darauf an, welche **Regelungen** die jeweiligen **Versorgungsordnungen** hierzu treffen.
2. Die **Auslegungsregeln**, die der Senat für die Berechnung einer nach § 6 BetrAVG vorzeitig in Anspruch genommenen Betriebsrente und die Behandlung einer in einer Versorgungsordnung enthaltenen **Höchstbegrenzungsklausel** aufgestellt hat (vgl. zuletzt Urteil vom 24. Juni 1986 - 3 AZR 630/84 - AP Nr. 12 zu § 6 BetrAVG; Urteil vom 8. Mai 1990 - 3 AZR 341/88 - AP Nr. 18 zu § 6 BetrAVG; Urteil vom 12. November 1991, BAGE 69, 19, 25 = AP Nr. 26 zu § 2 BetrAVG, zu II 3 b der Gründe), gelten nur insoweit, wie die betriebliche Versorgungsregelung keine **eigene billigenswerte Bestimmung** getroffen hat.

***BAG**, Urteil vom **28.3.1995**; Az.: 3 AZR 900/94*
Fundstellen: AuR 1995, S. 329 = BB 1995, S. 1853 = DB 1995, S. 1969

Versorgungsfall kraft Gesetzes

1. Ein Arbeitnehmer hat nur dann Anspruch auf vorzeitige Altersleistungen nach § 6 BetrAVG, wenn er bei weiterer Fortsetzung des Arbeitsverhältnisses einen Anspruch auf endgültiges Altersruhegeld erwerben konnte.
2. Der Arbeitnehmer kann das vorzeitige Altersruhegeld erst nach Erfüllung der Wartezeit und der sonstigen Leistungsvoraussetzungen verlangen, von denen der Bezug des Altersruhegeldes nach der jeweiligen Versorgungsordnung abhängig ist.
3. Der Arbeitnehmer kann diese Anspruchsvoraussetzungen – etwa die Wartezeit – auch nach seinem vorzeitigen Ausscheiden aus dem Arbeitsverhältnis erfüllen.

4. Der Anspruch auf vorzeitiges Altersruhegeld ist nicht davon abhängig, dass die Anwartschaft des Arbeitnehmers auf Leistungen der betrieblichen Altersversorgung beim Ausscheiden aus dem Arbeitsverhältnis und Eintritt in den Ruhestand unverfallbar ist. Das vorzeitige Ausscheiden aus dem Erwerbsleben mit Altersruhegeld aus der gesetzlichen Rentenversicherung ist ein Versorgungsfall.

***BAG**, Urteil vom **28.2.1989**; Az.: 3 AZR 470/87*
Fundstellen: DB 1989, S. 1579

Vorgezogene Altersrente bei nicht rentenversicherungspflichtigen Arbeitnehmern

Ein Arbeitnehmer, der von der Beitragspflicht zur Rentenversicherung befreit ist und vorzeitig in den Ruhestand tritt, ohne seine Lebensversicherung in Anspruch zu nehmen, kann nicht verlangen, dass ihm Leistungen der betrieblichen Altersversorgung gewährt werden. Eine analoge Anwendung des § 6 Satz 1 BetrAVG kommt nicht in Betracht.

***LAG Rheinl.-Pfalz**, Urteil vom **24.7.1990**; Az.: 3 Sa 245/90*
Fundstellen: BetrAV 1991, S. 44 = NZA 1991, S. 939

Vorgezogene Altersrente im Insolvenzfalle

Beantragt der Arbeitnehmer, der mit einer unverfallbaren Versorgungsanwartschaft aus dem Arbeitsverhältnis ausgeschieden ist, nach Eröffnung des Konkursverfahrens über das Vermögen seines Arbeitgebers **vorgezogenes Altersruhegeld**, kann der PSV bei der Bemessung der Versorgungsleistungen **Erhöhungen des Gehalts** nach Beendigung des Arbeitsverhältnisses **ausser Acht lassen** und den in der Leistungsordnung vorgesehenen **versicherungsmathematischen Abschlag** wegen vorzeitigen Bezugs des Altersruhegeldes vornehmen.

***BAG**, Urteil vom **26.4.1988**; Az.: 3 AZR 411/86*
Fundstellen: BetrAV 1988, S. 220 = BB 1988, S. 1671 = DB 1988, S. 1019 = NZA 1989, S. 182

Vorgezogene Altersrente nach vorheriger, nicht abgesicherter Invalidität

Ein Arbeitnehmer, dem betriebliche Versorgungsleistungen lediglich in Form eines Altersruhegeldes zugesagt worden sind, kann bei Eintritt des Versorgungsfalls eine **anteilige Altersrente** auch dann fordern, wenn er zuvor wegen Invalidität ausgeschieden ist. Die Fälligkeit der Betriebsrente wird nicht dadurch berührt, dass eine bisher bezogene Erwerbsunfähigkeitsrente in ein flexibles Altersruhegeld umgewandelt wird.

***LAG Hamm**, Urteil vom **8.11.1988**; Az.: 6 Sa 531/88*
Fundstellen: BB 1989, S. 292 = DB 1989, S. 179 = NZA 1989, S. 216

Vorgezogene Altersrente vor Erfüllung der Unverfallbarkeitsfristen

Ein Arbeitnehmer, der unverzüglich nach Beendigung des Arbeitsverhältnisses flexibles Altersruhegeld aus der gesetzlichen Rentenversicherung in Anspruch nimmt, ohne zu diesem Zeitpunkt die Unverfallbarkeitsfristen des § 1 Abs. 1 Satz 1 BetrAVG erfüllt zu haben, kann gleichwohl eine vorzeitige betriebliche Altersrente verlangen. Wie sich aus dem Wortlaut, der Entstehungsgeschichte und dem Normzweck des § 6 BetrAVG ergibt, besteht **kein Junktim zwischen den Unverfallbarkeitsfristen und dem Anspruch auf die vorzeitige Altersleistung**.

***LAG Hamm**, Urteil vom **26.3.1985**; Az.: 6 Sa 1840/84*
Fundstellen: NZA 1985, S. 502

Gesellschafter-Geschäftsführer-Versorgung 1273

Abfindungsvorbehalt bei Pensionszusagen

Eine Pensionszusage, bei der die Versorgungsverpflichtung in Höhe des Teilwerts gem. § 6a Abs. 3 EStG abgefunden werden darf, steht unter einem gem. § 6a Abs. 1 Nr. 2 EStG steuerlich schädlichen Vorbehalt.

***BFH**, Urteil vom **10.11.1998**; Az.: I R 49/97*
Fundstellen: DB 1999, S. 617 = StuB 1999, S. 319 = BetrAV 1999, S. 102
DStR 1999, S. 313

Anforderungen an die steuerliche Zulässigkeit einer GGF-Versorgungszusage

1. Fehlt es an einer klaren Vereinbarung zwischen einer Kapitalgesellschaft und ihrem beherrschenden Gesellschafter, so kann deswegen eine verdeckte Gewinnausschüttung anzunehmen sein. Die Mehrdeutigkeit einer Vereinbarung schließt es aber nicht aus, ihren Inhalt dennoch durch **Auslegung** oder **Beweiserhebung** zweifelsfrei zu ermitteln.
2. Die übereinstimmende Erteilung von Pensionszusagen an Mitgeschäftsführer, von denen der eine Gesellschafter und der andere Nichtgesellschafter ist, spricht im Rahmen des **Fremdvergleichs** für die betriebliche Veranlassung beider Zusagen.
3. Maßgebender Zeitpunkt für die Beurteilung der Frage, ob eine Pensionszusage im Versorgungsfall erfüllt werden kann, ist der **Zeitpunkt der Zusageerteilung**.
4. Das Fehlen einer **Rückdeckungsversicherung** spricht nicht gegen die Ernsthaftigkeit der Pensionszusage.

***BFH**, Urteil vom **22.10.1998**; Az.: I R 29/98*
Fundstellen: BFH-NV 1999, S. 972

Angemessenheit eines Gesellschafter-Geschäftsführergehalts

1. Die Frage, ob das einem Gesellschafter-Geschäftsführer gezahlte Gehalt angemessen ist, ist keine Rechtsfrage i.S. des § 115 Abs. 2 Nr. 1 FGO.

2. Gegen die Heranziehung von Gehaltsstrukturuntersuchungen zur Beurteilung der Angemessenheit des Gehalts bestehen grundsätzlich keine Bedenken.

***BFH**, Beschluss vom **14.7.1999**; Az.: I B 91/98 R*
Fundstellen: BetrAV 2000, S. 232

Auf 60. Lebensjahr der Gesellschafter-Geschäftsführerin abgestellte Pensionszusage einer GmbH als verdeckte Gewinnausschüttung

1. Rückstellungen für Pensionszusagen an die Gesellschafter-Geschäftsführerin auf das 60. Lebensjahr sind insoweit als verdeckte Gewinnausschüttungen anzusetzen, als regelmäßig von einem Pensionsalter auch für weibliche Geschäftsführer vom 65. Lebensjahr auszugehen ist.
2. Ein geringeres Pensionsalter als 65 Jahre ist nur anzuerkennen, wenn der vorzeitige Eintritt der Geschäftsführerin in den Ruhestand auf Grund konkreter Umstände schlüssig dargetan wird.

***FG Düsseldorf**,* Urteil *v. **7.3.1991**; Az.: 6 K 274/86 (n. rkr.)*
Fundstellen: EFG 1992, S. 36

Auslegung der Pensionszusage bei fehlender Eindeutigkeit

1. Ist ein Vertrag zwischen einem beherrschenden Gesellschafter und seiner Kapitalgesellschaft nicht klar und eindeutig, so ist dieser anhand der allgemein geltenden Auslegungsregeln auszulegen. Ggf. kann Beweis erhoben werden.
2. Sagt eine Kapitalgesellschaft ihrem beherrschenden Gesellschafter eine Pension zu, die aus einer genau bezifferten fiktiven Jahresnettoprämie zu errechnen ist, ist aber in der Zusage der zur Errechnung der Jahresrente notwendige Rechnungszinsfuß nicht angegeben und wird die Jahresrente von einem Versicherungsmathematiker (zeitnah) errechnet, so kann die Höhe des nach dem Parteiwillen anzusetzenden Rechnungszinsfußes auch durch außerhalb des schriftlichen Vertrages liegende Umstände, sei es im Wege der Auslegung, sei es im Wege der Einvernahme des Versicherungsmathematikers, festgestellt werden.

***BFH**, Urteil vom **24.3.1999**; Az.: I R 20/98*
Fundstellen: DStR 1999, S. 1393

Beurteilung der Angemessenheit durch den internen Betriebsvergleich *(Leitsatz nicht amtlich)*

Aus dem Fehlen von Versorgungszusagen für andere Betriebsangehörige ist nicht zwingend auf eine Veranlassung der Zusagen durch das Gesellschaftsverhältnis zu schließen. Ein interner Betriebsvergleich ist nur möglich, wenn Stellung und Tätigkeit des GGF und der übrigen Beschäftigten vergleichbar sind. Das ist jedoch bei einem kleineren Betrieb nicht möglich.

***BFH**, Urteil vom **17.5.1995**; Az.: I R 105/94*
Fundstellen: BFHE 178, S. 313 = BB 1995, S. 2470 = DB 1995, S. 2399

Beurteilung der Angemessenheit *(Leitsatz nicht amtlich)*

Für die Frage, ob das einem Gesellschafter-Geschäftsführer gewährte Gehalt überhöht ist und ob insoweit eine verdeckte Gewinnausschüttung vorliegt, ist allein maßgebend, ob die gewährte Vergütung sich im Rahmen des Angemessenen hält. **Beurteilungkriterien** dafür sind: Art und Umfang der Tätigkeit, künftige Ertragsaussichten des Unternehmens, Verhältnis zum Gesamtgewinn und zur Kapitalverzinsung, Geschäftsführergehälter gleichartiger Betriebe, sowie wirtschaftliche Entwicklung des Unternehmens in Vergangenheit und Zukunft. Dabei gibt es keinen Rechts- und Erfahrungssatz, Gehaltserhöhungen während des ersten Wirtschaftsjahres seien undenkbar.

***BFH**, Urteil vom **4.1.1981**; Az.: I R 141/77*
Fundstellen: (n.v.; JURIS-Datenbank)

Erdienbarkeit einer einem nicht beherrschenden GGF erteilten Pensionszusage

Die Zusage einer Pension an einen nicht beherrschenden GGF ist eine verdeckte Gewinnausschüttung,

- wenn der Zeitraum zwischen dem Zeitpunkt der Zusage der Pension und dem vorgesehenen Zeitpunkt des Eintritts in den Ruhestand weniger als zehn Jahre beträgt oder
- wenn dieser Zeitraum zwar mindestens drei Jahre beträgt, der GGF dem Betrieb aber weniger als zwölf Jahre angehörte.

***BFH**, Urteil vom **24.1.1996**; Az.: I R 41/95*
Fundstellen: BB 1996, S. 1713 = DB 1996, S. 1853

Erdienensdauer für eine einem nicht beherrschenden GGF erteilte Pensionszusage

Dem Erfordernis der Erdienensdauer bei der Zusage einer Pension an den nicht beherrschenden Gesellschafter-Geschäftsführer einer GmbH ist jedenfalls dann genügt, wenn im vorgesehenen Zeitpunkt des Eintritts in den Ruhestand der Beginn der Betriebszugehörigkeit mindestens 12 Jahre zurückliegt und die Zusage für mindestens 3 Jahre bestanden hat. In diese Mindestbetriebszugehörigkeit von 12 Jahren sind nicht nur Zeiträume im Betrieb der GmbH einzubeziehen, sondern auch solche, in denen der Gesellschafter-Geschäftsführer zuvor in einem Einzelunternehmen tätig war, das in die GmbH eingebracht oder das er an diese veräußert hat.

***BFH**, Urteil vom **15.03.2000**; Az.: I R 40/99*
Fundstellen: BB 2000, S. 1504 = DB 2000, S. 1495 = BetrAV 2000, S. 493

Finanzierbarkeit einer Pensionszusage gegenüber einem Gesellschafter-Geschäftsführer

1. Sagt eine Kapitalgesellschaft ihrem Gesellschafter-Geschäftsführer eine Alters- und/oder eine Invaliditätsversorgung zu, so ist diese Zusage im Gesellschaftsverhältnis veranlasst, wenn die Versorgungsverpflichtung im Zeitpunkt der Zusage für die Gesellschaft nicht finanzierbar ist. In diesem Fall stellen die Zuführungen zu der zu bildenden Pensionsrückstellung eine vGA dar.

2. Eine Versorgungszusage ist nicht finanzierbar, wenn die Passivierung des Barwertes der Pensionsverpflichtung zu einer Überschuldung der Gesellschaft führen würde.
3. Auch bei der Beurteilung der Finanzierbarkeit einer im Invaliditätsfall eintretenden Versorgungsverpflichtung ist nur deren im Zusagezeitpunkt gegebener versicherungsmathematischer Barwert (§ 6a Abs. 3 Satz 2 Nr. 2 EStG) anzusetzen. Es ist nicht von demjenigen Wert auszugehen, der sich bei einem Eintritt des Versorgungsfalls ergeben würde (gegen Abschnitt 2.2 des BMF-Schreibens vom 14.5.1999 - IV C 6 - S 2742 - 9/99, BStBl. I 1999, S. 512).
4. Die Finanzierbarkeit einer Zusage, die sowohl eine Altersversorgung als auch vorzeitige Versorgungsfälle abdeckt, ist hinsichtlich der einzelnen Risiken jeweils gesondert zu prüfen.
5. Soweit eine Zusage im Zeitpunkt ihrer Erteilung nicht finanzierbar und damit als vGA zu werten war, kann dieser Mangel nicht durch den späteren Abschluss einer Rückdeckungsversicherung rückwirkend geheilt werden.

***BFH**, Urteil vom **20.12.2000**; Az.: I R 15/99*
Fundstellen: DB 2001, S. 1119 = BB 2001, S. 1135

Forderungsverzicht des GGF: steuerliche Konsequenzen

1. Ein auf dem Gesellschaftsverhältnis beruhender Verzicht eines Gesellschafters auf seine nicht mehr vollwertige Forderung gegenüber seiner Kapitalgesellschaft führt bei dieser zu einer Einlage in Höhe des Teilwerts der Forderung. Dies gilt auch dann, wenn die entsprechende Verbindlichkeit auf abziehbare Aufwendungen zurückgeht.
2. Der Verzicht des Gesellschafters auf eine Forderung gegenüber seiner Kapitalgesellschaft im Wege der verdeckten Einlage führt bei ihm zum Zufluss des noch werthaltigen Teils der Forderung.
3. Eine verdeckte Einlage bei der Kapitalgesellschaft kann auch dann anzunehmen sein, wenn der Forderungsverzicht von einer dem Gesellschafter nahestehenden Person ausgesprochen wird.

***BFH**, Urteil vom **9.6.1997**; Az.: GrS 1/94*
Fundstellen: BetrAV 1998, S. 27 = DB 1997, S. 1693 = NJW 1997, S. 2837

Insolvenzschutz bei Kommanditistenstellung

Ein Kommanditist mit 50% Kommanditanteil und Gesamtprokura ist als Berechtigter im Sinne von § 17 Abs. 1 Satz 2 BetrAVG anzusehen, wenn er nicht eigenverantwortlicher Leiter des Unternehmens ist.

***BGH**, Urteil vom **1.2.1999**; Az.: II ZR 276/97*
Fundstellen: NZA 1999, S. 380

Insolvenzsicherung - Minderheitsgesellschafter einer GmbH

Eine Altersversorgung ist dann nicht „aus Anlass" des Arbeitsverhältnisses oder der Tätigkeit für ein Unternehmen i.S.d. § 1 Abs. 1 Satz 1, § 17 Abs. 1 Satz 2 BetrAVG zugesagt, wenn eine GmbH nur ihren Gesellschaftern eine Versorgung verspricht und wenn Art und Höhe bei Beschäftigten, die nicht Gesellschafter sind, wirtschaftlich nicht vertretbar wäre.

***BAG**, Urteil vom **25.1.2000**; Az.: 3 AZR 769/98*
Fundstellen: BetrAV 2001, S. 575 (Ls.) = DB 2001, 2102

Insolvenzsicherung bei lediglich mittelbarer Beteiligung des GF an der GmbH

Der Geschäftsführer einer GmbH, welcher an dieser Gesellschaft nicht unmittelbar, sondern als Mitglied einer BGB-Gesellschaft und einer Erbengemeinschaft nur mittelbar in Höhe von weniger als 8% beteiligt ist und obendrein die Willensbildung in diesen Gesamthandsgemeinschaften nicht allein bestimmen kann, ist nicht Mitunternehmer, sondern genießt wegen der ihm erteilten Versorgungszusage der Gesellschaft Insolvenzschutz i.S.v. § 17 Abs. 1 Satz 2 BetrAVG.

***BGH**, Urteil vom **2.6.1997**; Az.: II ZR 181/96*
Fundstellen: BB 1997, S. 1653

Mangelnde Erdienbarkeit nach Vollendung des 60. Lebensjahres

Die Erdienbarkeit einer Pensionszusage ist grundsätzlich zu verneinen, sobald der Geschäftsführer das 60. Lebensjahr überschritten hat.

***BFH**, Urteil vom **16.12.1998**; Az.: I R 96/95*
Fundstellen: GmbHR 1999, S. 667 = BFH-NV 1999, S. 1125

Nachträglicher Abschluss einer Rückdeckungsversicherung *(Leitsatz nicht amtlich)*

Eine Pensionszusage ohne entsprechende Absicherung durch eine Rückdeckungsversicherung oder sonstige Mittel ist steuerlich nicht anzuerkennen. Auch der nachträgliche Abschluss einer Rückdeckungsversicherung kann den bei Zusageerteilung vorliegenden Mangel der Ernsthaftigkeit der Versorgungsvereinbarung nicht heilen.

***FG Nürnberg**, Urteil vom **28.3.1996**; Az.: IV (II) 96/94 (rkr.)*
Fundstellen: n.v.

Nicht erfüllbare Pensionszusage als verdeckte Gewinnausschüttung

Ist eine GmbH, die ihrem Gesellschafter-Geschäftsführer eine Pension zusagt, (mangels Rückdeckungsversicherung) wirtschaftlich nicht in der Lage, bei Eintritt des Versorgungsfalls den Pensionsanspruch auch zu erfüllen, liegt in Höhe der Zuführungen zur Pensionsrückstellung eine verdeckte Gewinnausschüttung vor.

***FG Düsseldorf**,* Urteil *v. **4.7.1991**; Az.: 6 K 324/85 (n. rkr.)*
Fundstellen: EFG 1992, S. 38

Pensionsrückstellung: Anrechnung einer Direktversicherung auf die 75%-Grenze *(Leitsatz nicht amtlich)*

1. Für die Ermittlung der steuerlich zulässigen Gesamtversorgung zur Bemessung einer Pensionsrückstellung müssen Direktversicherungen einer GmbH zugunsten ihrer Gesellschafter-Geschäftsführer angerechnet werden.

2. Die feste Zusage einer Erhöhung der Pensionsbezüge ab Rentenbeginn um 3% p.a. ist steuerlich bei der Bemessung der Pensionsrückstellung zu berücksichtigen.

***FG Baden-Württemberg**, Urteil vom **18.2.1998**; Az.: 5 K 255/97*
Fundstellen: BB 1998, S. 945 = BetrAV 1998, S. 225

Pensionsrückstellungen für beherrschenden GmbH-Gesellschafter-Geschäftsführer nur auf das 65. Lebensjahr

Pensionsrückstellungen für beherrschende Gesellschafter-Geschäftsführer sind auch dann grundsätzlich nach einem Ruhestandsalter von 65 Jahren zu berechnen, wenn der Begünstigte auf Antrag bereits ab dem 63. Lebensjahr seine Tätigkeit aufgeben und Pensionsbezüge beanspruchen könnte.

***BFH**, Urteil vom **23.1.1991**; Az.: I R 113/88*
Fundstellen: BFHE 163, S. 207 = BStBl II 1991, S. 379 = BB 1991, S. 587 = DB 1991, S. 785 = BetrAV 1991, S. 73

Pensionsverpflichtung und verdeckte Gewinnausschüttung

1. Wird dem beherrschenden Gesellschafter-Geschäftsführer kurz vor Vollendung des 60. Lebensjahres eine Altersrente ab Vollendung des 65. Lebensjahres zugesagt und verpflichtet sich dieser drei Jahre später zur Dienstleistung bis zur Vollendung seines 70. Lebensjahres, so steht das Erfordernis eines zehnjährigen Erdienenszeitraums jedenfalls für die Folgezeit einer steuerlichen Anerkennung der Pensionszusage nicht entgegen.
2. Der Grundsatz, dass bei der Beurteilung der gesellschaftlichen Veranlassung einer Vermögensminderung auch die Interessenlage eines gesellschaftsfremden Vertragspartners zu berücksichtigen ist, hat nur indizielle Bedeutung. Es besagt nicht, dass jede für einen Gesellschaftsfremden ungünstige, für die Kapitalgesellschaft aber günstige Vereinbarung zu einer vGA führen muss.

***BFH**, Urteil vom **19.5.1998**; Az.: I R 36/97*
Fundstellen: BB 1998, S. 1877 = DB 1998, S. 1893 = BStBl II 1998, S. 689

Pensionszusage bei Personengesellschaften

Der „Gesamtgewinn der MitunternehmerschaftK wird bei Sondervergütungen einer Personengesellschaft an einen ihrer Gesellschafter in der Weise ermittelt, dass die in der Steuerbilanz der Gesellschaft passivierte Verbindlichkeit durch einen gleichhohen Aktivposten in der Sonderbilanz des begünstigten Gesellschafters ausgeglichen wird.

***BFH**, Urteil vom **2.12.1997**; Az.: VIII R 12/96*
Fundstellen: DStR 1998, S. 482

Pensionszusage zugunsten einer nichtehelichen Lebensgefährtin

Erteilt eine Kapitalgesellschaft ihrem Gesellschafter-Geschäftsführer eine Pensionszusage, die eine Hinterbliebenenversorgung zugunsten der nichtehelichen Lebensgefährtin des Geschäftsführers beinhaltet, so sind die Zuführungen zu der entsprechenden Pensionsrückstellung nicht notwendig verdeckte Gewinnausschüttungen. Vielmehr ist im Einzelfall zu prüfen, ob die Zusage der Hinterbliebenenversorgung durch das Gesellschaftsverhältnis oder durch das Anstellungsverhältnis veranlasst ist.

***BFH**, Urteil vom **29.11.2000**; Az.: I R 90/99*
Fundstellen: BB 2001, S. 554

Probezeit vor Erteilung einer Pensionszusage

1. Mehrere geschäftsführende Minderheitsgesellschafter können eine GmbH im Einzelfall dadurch beherrschen, dass sie **gleichgelagerte Interessen** verfolgen. An einer derartigen Übereinstimmung fehlt es regelmäßig, wenn ihnen eine Pensionszusage zwar zeitgleich erteilt wird, ohne dass die Zusagen aber wechselseitig von der Zustimmung des jeweils anderen abhängig wären, und wenn die Zusagen ihrer Höhe nach nicht dem Verhältnis der jeweiligen Beteiligungen entsprechen (Abgrenzung zum Senatsurteil vom 25.5.1988 --I R 107/84 – BFH-NV 1989, S. 195).
2. Wird ein Einzelunternehmen in eine Kapitalgesellschaft umgewandelt und führt ein bisheriger, erprobter Arbeitnehmer des Einzelunternehmens seinen bisherigen Tätigkeitsbereich in der nunmehrigen Kapitalgesellschaft fort, so bedarf es vor Erteilung der Pensionszusage auch dann keiner erneuten Probezeit, wenn der Arbeitnehmer zugleich zum Geschäftsführer bestellt wird (Bestätigung und Fortführung des Senatsurteils vom 29.10.1997 --I R 52/97 – BStBl II 1999, S. 318).
3. Auf die Frage, ob ein Geschäftsführer im Vergleich zu einem Mitgeschäftsführer über eine hinreichende Befähigung verfügt, kann bei Erteilung einer Pensionszusage allenfalls im Rahmen der Frage nach der Dauer der Probezeit abgestellt werden.

***BFH**, Urteil vom **18.2.1999**; Az.: I R 51/98*
Fundstellen: DStR 1999, S. 631

Renten- und Anwartschaftsdynamik

Fest zugesagte prozentuale Erhöhungen von Renten und Rentenanwartschaften sind keine ungewissen Erhöhungen i.S.v. § 6a Abs. 3 Nr. 1 S.4 EStG. Eine vorgesehene Erhöhung der Renten und Rentenanwartschaften um 1 und 2 v.H. jährlich ist nicht ungewiss, sondern klar und fest vereinbart.

***BFH**, Urteil vom **25.10.1995**; Az.: I R 34/95*
Fundstellen: BFHE 179, S. 274 = BB 1996, S. 582 = DB 1996, S. 657 = FR 1996, S. 250

Rückstellungsfähigkeit einer angemessenen Rentendynamik *(Leitsatz nicht amtlich)*

Eine fest zugesagte prozentuale Rentenerhöhung ist keine ungewisse Erhöhung i.S.v. § 6a Abs. 3 S.4 EStG und damit rückstellungsfähig, wenn sie durch reine Multiplikation aus den letzten Aktivgehältern des Begünstigten zu errechnen ist.

***BFH**, Urteil vom **17.5.1995**; Az.: I R 105/94*
Fundstellen: BFHE 178, S. 313 = BB 1995, S. 2470 = DB 1995, S. 2399

Schätzung des unangemessenen Vergütungsteils durch das Finanzamt
(Leitsatz nicht amtlich)

Im Rahmen der Feststellung von verdeckten Gewinnausschüttungen wegen Unangemessenheit der Bezüge von Gesellschaftern-Geschäftsführern einer GmbH muss das Finanzamt die Höhe des seiner Auffassung nach unangemessenen Teils der Vergütungen im Wege der Schätzung ermitteln. Hierbei sind Art und Umfang der Tätigkeit, die künftige Ertragsaussicht des Unternehmens, das Verhältnis des Geschäftsführergehalts zum Gesamtgewinn und zur verbleibenden Kapitalverzinsung sowie Art und Höhe der Vergütungen, welche gleichartige Betriebe ihren Geschäftsführern für entsprechende Leistungen gewähren, zu berücksichtigen.

***BFH**, Urteil vom **28.6.1989**; Az.: I R 89/85*
Fundstellen: BStBl 1989, S. 854 = GmbHR 1989, S. 475 = DB 1989, S. 2049

Sozialversicherungsrechtliche Beurteilung

Auch GmbH-Geschäftsführer ohne Kapitalbeteiligung **können** weisungsfrei und folglich **versicherungsfrei** beschäftigt werden.

***BSG**, Urteil vom **14.12.1999**; Az.: B 2 U 48/98 R*
Fundstellen: BB 2000, S. 674

Steuerliche Behandlung von Abfindungszahlungen an einen GGF
(Leitsätze nicht amtlich)

1. Die Kapitalabfindung des Pensionsanspruchs eines GGF kann eine tarifbegünstigte Entschädigung/Abfindung im Sinne der §§ 24 Nr.1, 34 Abs. 1, 2 EStG sein. Voraussetzung hierfür ist, dass
   - die Abfindung auf der Basis einer neuen Rechtsgrundlage erfolgt,
   - als Gegenleistung für unmittelbar entgehende konkrete Einnahmen gezahlt wird, und
   - der Steuerpflichtige bei der Aufgabe seiner Rechte unter erheblichem wirtschaftlichen, rechtlichen oder tatsächlichen Druck gehandelt hat.
2. Dies ist jedenfalls dann zu bejahen, wenn der GGF keine wirkliche Alternative zur Abfindung seiner Pensionsansprüche hat, z. B. dann, wenn nach dem Ausscheiden des GGF aus dem Unternehmen eine Fortsetzung des Geschäftsbetriebes nicht mehr erfolgt und das Unternehmen liquidiert werden soll.
3. Soweit allerdings an den GGF, der bereits das Pensionsalter erreicht hat, Abfindungszahlungen anlässlich der Beendigung des Beschäftigungsverhältnisses geleistet werden, sind diese als verdeckte Gewinnausschüttung zu werten, da solche Abfindungen üblicherweise nur bei vorzeitiger Beendigung des Arbeitsverhältnisses, nicht aber im Falle der vertragsgemäßen Pensionierung erfolgen.

***FG Düsseldorf**, Urteil vom **30.1.1998**, Az.: 6 V 5644/97 A (rechtskräftig)*
Fundstellen: EFG 1998, S. 878

Unverfallbarkeitsfristen und Erdienbarkeit

1. In den gesetzlichen Unverfallbarkeitsfristen in § 1 Abs. 1 BetrAVG kann allenfalls ein Anhaltspunkt dafür gesehen werden, zu welchem Zeitpunkt ein or-

dentlicher und gewissenhafter Geschäftsleiter üblicherweise eine Versorgungszusage erteilen wird.

2. Die Unverfallbarkeitsfristen in § 1 Abs. 1 BetrAVG sind (nur) als Maßstab für die Arbeitszeit heranzuziehen, die dem begünstigten Gesellschafter-Geschäftsführer verbleiben muss, um die ihm zugesagte Versorgung erdienen zu können. Es ist dennoch möglich, in Einzelfällen vertraglich kürzere Zeiträume bis zum Eintritt der Unverfallbarkeit zu vereinbaren.

***BFH**, Urteil vom **4.5.1998**; Az.: I R 131/97*
Fundstellen: BFH-NV 1998, S. 1530

Unzulässigkeit der Zusage an einen 64-jährigen GGF

Die einem beherrschenden GGF einer GmbH im Alter von 64 Jahren erstmals erteilte Pensionszusage ist auch dann als verdeckte Gewinnausschüttung zu beurteilen, wenn der Geschäftsführer noch rüstig ist und eine aktive Arbeitszeit vertraglich bis zur Vollendung des 75. Lebensjahres vorgesehen ist.

***BFH**, Urteil vom **5.4.1995**; Az.: I R 138/93*
Fundstellen: BFHE 177, S. 427 = BStBl II 1995, S. 478 = BB 1995, S. 1276 = DB 1995, S. 1255

Unzulässigkeit einer Nur-Pension *(Leitsatz nicht amtlich)*

Die Zusage einer sog. Nur-Pension an den beherrschenden GGF einer Kapitalgesellschaft ist unüblich und damit regelmäßig gesellschaftlich und nicht betrieblich veranlasst. Die für die Versorgungszusage gebildete Rückstellung ist steuerlich nicht anzuerkennen.

***BFH**, Urteil vom **17.5.1995**; Az.: I R 147/93*
Fundstellen: BFHE 178, S. 203 = BB 1995, S. 2054 = DB 1995, S. 2296

Unzulässigkeit einer Überversorgung (75%-Grenze)

1. Sind Versorgungsbezüge in Höhe eines festen Betrages zugesagt, der wegen der Annahme eines steigenden säkularen Einkommenstrends im Verhältnis zu den Aktivenbezügen am Bilanzstichtag überhöht ist, so sind die nach § 6a EStG zulässigen Rückstellungen für Pensionsanwartschaften so zu ermitteln, wie wenn Versorgungsbezüge in Höhe eines angemessenen Prozentsatzes der jeweiligen letzten Aktivbezüge zugesagt worden wären.
2. Sollen sich von den jeweils letzten Aktivbezügen abhängige Pensionsanwartschaften wegen der Annahme eines steigenden säkularen Einkommenstrends außerdem jährlich um feste Prozentsätze erhöhen und ergeben sich dadurch Pensionsansprüche, die im Verhältnis zu den Aktivenbezügen am Bilanzstichtag überhöht ist, so sind die nach § 6a EStG zulässigen Rückstellungen für Pensionsanwartschaften so zu ermitteln, wie wenn Versorgungsbezüge in Höhe eines angemessenen Prozentsatzes der jeweiligen letzten Aktivbezüge zugesagt worden wären.

***BFH**, Urteil vom **17.5.1995**; Az.: I R 16/94*
Fundstellen: BFHE 178, S. 134 = BB 1995, S. 2053 = DB 1995, S. 1992

Verdeckte Gewinnausschüttung bei Pensionszusage an beherrschende GGF – Zusageerteilung unmittelbar nach GmbH-Gründung; Bedeutung einer Rückdeckungsversicherung

1. Der ordentliche und gewissenhafte Geschäftsleiter einer GmbH wird dem Geschäftsführer eine Pension erst dann zusagen, wenn er die **künftige wirtschaftliche Entwicklung** und damit die **künftige wirtschaftliche Leistungsfähigkeit** der GmbH zuverlässig abzuschätzen vermag. Wann dies der Fall ist, richtet sich nach den Umständen des Einzelfalls.
2. Im Regelfall ist davon auszugehen, dass 15 Monate nach Gründung einer GmbH noch keine gesicherten Erkenntnisse über die **künftige Ertragsentwicklung** einer GmbH vorliegen.
3. Die Tatsache der Rückdeckung kann allein nicht die Annahme rechtfertigen, ein ordentlicher und gewissenhafter Geschäftsleiter eines jungen Unternehmens hätte die Pension gleichermaßen einem Gesellschaftsfremdem zugesagt.

***BFH**, Urteil vom **11.2.1998**; Az.: I R 73/97*
Fundstellen: DB 1998, S. 2094 = BFH-NV 1998, S. 1262

Verdeckte Gewinnausschüttung bei Verstoß des Anstellungsvertrages gegen § 181 BGB

1. Hat eine GmbH ihren einzigen Gesellschafter nach Bekanntwerden des BGH-Urteils vom 28.2.1983 (II ZB 8/82 = BGHZ 87, 59) als Geschäftsführer angestellt, so muss ein ordentlicher und gewissenhafter Geschäftsleiter wissen, dass ein solcher Anstellungsvertrag zivilrechtlich grundsätzlich dann unwirksam ist, wenn im Gesellschaftsvertrag (in der Satzung) keine Befreiung vom Selbstkontrahierungsverbot des § 181 BGB verankert ist. Trotz Unwirksamkeit des Anstellungsvertrages sind von der GmbH geleistete Geschäftsführervergütungen verdeckte Gewinnausschüttungen.
2. Für eine unter Verletzung des § 181 BGB erteilte Pensionszusage einer GmbH an ihren einzigen Gesellschafter darf keine Rückstellung gebildet werden. Diese Pensionszusage darf auch nicht nach den Regeln über den "faktischen Geschäftsführer" so behandelt werden, als wäre sie wirksam.

***Hessisches FG**, Urteil vom **10.5.1995**; Az.: 4 K 3361/94 (Rev.-Az.: I R 71/95)*
Fundstellen: EFG 1995, S. 849

Verdeckte Gewinnausschüttung bei Zusageerteilung im ersten Jahr nach GmbH-Gründung *(Leitsatz nicht amtlich)*

Die von einer GmbH ihrem Gesellschafter-Geschäftsführer rund 11 Monate nach Gründung der Gesellschaft erteilte Pensionszusage stellt eine verdeckte Gewinnausschüttung dar, da sich ein ordentlicher und gewissenhafter Geschäftsleiter zunächst angemessene Zeit nehmen würde, um die Eignung, Befähigung und fachliche Leistung des Geschäftsführers beurteilen zu können. Zumindest würde er das Risiko eines frühzeitigen Ausfalls des Geschäftsführers durch den Abschluss einer

Rückdeckungsversicherung absichern. Auch würde ein ordentlicher und gewissenhafter Geschäftsleiter dafür Sorge tragen, dass der GmbH ein angemessener Teil des erwirtschafteten Gewinns verbleibt und deshalb mit einer Pensionszusage einige Jahre warten, bis er die Ertragsaussichten der Gesellschaft zuverlässig abschätzen kann.

***BFH**, Urteil vom **30.09.1992**, Az.: I R 75/91*
Fundstellen: BFH-NV 1993, S. 330

Verdeckte Gewinnausschüttung: Pensionszusage an den Geschäftsführer und Ehegatten der Alleingesellschafterin

1. Die Zuführung zu einer Rückstellung wegen einer Pensionszusage kann eine vGA sein, wenn die Zusage auf einer Vereinbarung beruht, die Bedingungen enthält, die fremde Dritte bei im übrigen vergleichbaren oder ähnlichen Verhältnissen nicht abgeschlossen hätten.
2. Die Prüfung der Frage, ob eine Passivierung der sich aus der Pensionszusage ergebenden ungewissen Verbindlichkeit zu einer buchmäßigen Überschuldung der Kapitalgesellschaft führen würde, kann sich immer nur auf den Betrag beziehen, für den eine vGA in Betracht gezogen wird.
3. Es ist mit dem Fremdvergleich unvereinbar, eine Pensionszusage stets dann als nicht ernstlich gemeint zu behandeln, wenn keine Rückdeckungsversicherung abgeschlossen wurde.
4. Ein Zeitraum von fünf Jahren reicht aus, um die Eignung, Befähigung und fachliche Leistung eines Geschäftsführers als Voraussetzung für die Erteilung einer Pensionszusage zu prüfen.
5. Eine Widerrufsklausel, die der Regelung in Abschn. 41 Abs. 4 EStR entspricht, ist kein Indiz für die Annahme einer vGA.

***BFH**, Urteil vom **15.10.1997**; Az.: I R 42/97*
Fundstellen: BetrAV 1998, S. 88 = BB 1998, S. 628 = DB 1998, S. 652 = GmbHR 1998, S. 340 = BStBl II 1999, S. 316 = DStR 1998, S. 418

Verzicht eines GmbH-Gesellschafters auf seine Pensionszusage

1. Verzichtet ein Gesellschafter auf eine Pensionszusage gegenüber seiner Kapitalgesellschaft, so ist eine Einlage in Höhe des Teilwerts der Pensionsanwartschaft anzunehmen. Abzustellen ist auf den Teilwert der Pensionsanwartschaft des Gesellschafters und nicht auf den gemäß § 6a EStG ermittelten "Teilwert" der Pensionsverbindlichkeit der Kapitalgesellschaft.
2. Der Teilwert ist unter Beachtung der allgemeinen Teilwertermittlungsgrundsätze im Zweifel nach den Wiederbeschaffungskosten zu ermitteln. Demnach kommt es darauf an, welchen Betrag der Gesellschafter zu dem Zeitpunkt des Verzichts hätte aufwenden müssen, um eine gleich hohe Pensionsanwartschaft gegen einen vergleichbaren Schuldner zu erwerben. Dabei kann die Bonität des Forderungsschuldners berücksichtigt werden. Außerdem kann von Bedeutung sein, ob die Pension unverfallbar ist oder ob sie voraussetzt, dass der Berechtigte bis zum Pensionsfall für den Verpflichteten nichtselbständig tätig ist.

3. Sollte der Teilwert der Pensionsanwartschaft unter dem Buchwert der Pensionsanwartschaft liegen, so ergibt sich in Höhe des Differenzbetrages ein laufender Gewinn der Kapitalgesellschaft, der sachlich steuerpflichtig ist. Sollte der Teilwert der Pensionsanwartschaft über dem Buchwert der Pensionsanwartschaft liegen, so ist der Differenzbetrag zum Stichtag des Forderungsverzichts gleichzeitig als Aufwand der Kapitalgesellschaft und als Einlage zu behandeln.

***BFH**, Urteil vom **15.10.1997**; Az.: I R 58/93*
Fundstellen: BetrAV 1998, S. 53 = BB 1998, S. 419 = DB 1998, S. 346

Voraussetzungen einer Pensionszusage an Gesellschafter-Geschäftsführer einer Kapitalgesellschaft

1. Sagt eine Kapitalgesellschaft ihrem Gesellschafter-Geschäftsführer eine Pension zu, so hält diese Zusage dem **Fremdvergleich** im allgemeinen stand, wenn aus Sicht des Zusagezeitpunktes die Pension noch **erdient** werden kann, die **Qualifikation** des Geschäftsführers, insbesondere aufgrund einer **Probezeit** feststeht, die voraussichtliche **Ertragsentwicklung** die Zusage erlaubt und keine anderen betrieblichen Besonderheiten der Zusage entgegenstehen (z. B. Wahrung des sozialen Friedens).
2. **Erdient** werden kann eine Pension von einem beherrschenden Gesellschafter, wenn zwischen Zusagezeitpunkt und dem vorgesehenen Zeitpunkt des Eintritts in den Ruhestand mindestens 10 Jahre liegen, und von einem nicht beherrschenden Gesellschafter, wenn im vorgesehenen Zeitpunkt des Eintritts in den Ruhestand der Beginn der Betriebszugehörigkeit mindestens 12 Jahre zurückliegt und die Zusage für mindestens 3 Jahre bestanden hat (Klarstellung BFH-Urteil vom 24. Januar 1996 I R 41/95, BFHE 180, 272, BStBl. II 1997, 440).
3. Wird ein **Einzelunternehmen** in eine Kapitalgesellschaft **umgewandelt** o.ä. und führt der bisherige, bereits erprobte Geschäftsleiter des Einzelunternehmens als Geschäftsführer der Kapitalgesellschaft das Unternehmen fort, so bedarf es vor Erteilung einer Pensionszusage **keiner (erneuten) Probezeit** für den Geschäftsführer.
4. Aus dem **Fehlen einer Rückdeckungsversicherung** für eine Pensionszusage allein ergibt sich noch nicht, dass die Zusage eine vGA ist.

***BFH**, Urteil vom **29.10.1997**; Az.: I R 52/97*
Fundstellen: BB 1998, S. 730 = BetrAV 1998, S. 92 = DB 1998, S. 706 = GmbHR 1998, S. 338 = BStBl II 1999, S. 318 = DStR 1998, S. 487

10-jährige Mindestlaufzeit einer Zusage an einen GGF

Die Zusage einer Pension an einen beherrschenden GGF ist eine verdeckte Gewinnausschüttung, wenn zwischen dem Zeitpunkt der Zusage der Pension und dem vorgesehenen Zeitpunkt des Eintritts in den Ruhestand weniger als 10 Jahre beträgt.

***BFH**, Urteil vom **21.12.1994**; Az.: I R 98/93*
Fundstellen: BFHE 176, S. 413 = BStBl. II 1995, S. 419 = BB 1995, S. 861 = DB 1995, S. 1005

Gleichbehandlung 1274

Altersversorgung für befristet beschäftigte Arbeitnehmer

1. Die Ungleichbehandlung verschiedener Arbeitnehmergruppen bei der Zusage von Leistungen der betrieblichen Altersversorgung ist mit dem Gleichbehandlungsgrundsatz nur dann vereinbar, wenn die Unterscheidung **nach dem Zweck der Leistung gerechtfertigt** ist (Bestätigung des Senatsurteils vom 20. Juli 1993 - 3 AZR 52/93 - AP Nr. 11 zu § 1 BetrAVG Gleichbehandlung).
2. Arbeitnehmer, deren Arbeitsverhältnisse rechtswirksam auf ein Jahr **befristet** sind (hier: ABM-Kräfte nach §§ 91 bis 96 AFG), dürfen von Zusagen auf Leistungen der betrieblichen Altersversorgung ausgenommen werden.

***BAG**, Urteil vom **13.12.1994**; Az.: 3 AZR 367/94*
Fundstellen: AuR 1995, S. 149 = BB 1995, S. 576 = DB 1995, S. 931 = NZA 1995, S. 886 = RdA 1995, S. 191 = ZIP 1995, S. 667

Anrechnung der gesetzlichen Rente bei Teilzeitkräften

Nach der VBL-Satzung steht Teilzeitkräften entsprechend ihrer geringeren Arbeitszeit eine niedrigere Gesamtversorgung zu als den Vollzeitkräften. Auf diese Gesamtversorgung ist die Sozialversicherungsrente auch insoweit anzurechnen, wie sie auf früheren Vollzeitbeschäftigungen beruht. Die Anrechnungsregelung verstößt nicht gegen § 5 Abs. 2 BetrAVG. Ebensowenig ergibt sich ein Anrechnungsverbot aus dem Gleichheitssatz (Art. 3 Abs. 1 GG), dem Verbot der Diskriminierung von Teilzeitbeschäftigten (§ 2 Abs. 1 BeschFG) oder dem Eigentumsschutz des Art. 14 Abs. 1 GG. Die Anrechnung der vollen Sozialversicherungsrente entspricht dem Versorgungsziel und der Ergänzungsfunktion der Zusatzversorgung.

***BAG**, Urteil vom **14.10.1998**; Az.: 3 AZR 385/97*
Fundstellen: BetrAV 1999, S. 342 (Ls.) = DB 1999, S. 1123 = BB 1999, S. 1558 = NZA 1999, S. 874

Anspruch auf Witwerrente

1. Sagt der Arbeitgeber seinen Arbeitnehmern eine Witwenversorgung zu, so muss er auch eine **gleich hohe Witwerversorgung** zusagen. Der Ausschluss der Witwerversorgung verstößt gegen den Grundsatz der Lohngleichheit von Männern und Frauen.
2. Eine **Frist zur Einführung** der Witwerversorgung steht dem Arbeitgeber in einem solchen Fall **nicht zu**. Den Frauen kann nicht - übergangsweise - ein Teil des Lohnes vorenthalten werden, der den Männern unter im übrigen gleichen Voraussetzungen gezahlt wird.

***BAG**, Urteil vom **5.9.1989**; Az.: 3 AZR 575/89*
Fundstellen: AuR 1990, S. 27 = BetrAV 1989, S. 259 = BB 1989, S. 2400 = DB 1989, S. 2615 = MDR 1990, S. 276 = NJW 1990, S. 1008 = NZA 1990, S. 271

Ausschluss eines geringfügig beschäftigten Studenten aus der Zusatzversorgung

1. Eine tarifvertragliche Bestimmung, die den Ausschluss geringfügig beschäftigter studentischer Arbeitnehmer aus der betrieblichen Alters- und Hinterbliebenenversorgung vorsieht, ist unwirksam, weil sie gegen § 2 Abs. 1 BeschFG verstößt.
2. Die Sozialversicherungsfreiheit für Studenten nach § 5 Abs. 3 SGB VI, Nachfolgenorm des § 1228 RVO, ist kein sachlicher Grund im Sinne des § 2 Abs. 1 BeschFG, der eine Schlechterstellung von geringfügig beschäftigten Arbeitnehmern bezüglich der betrieblichen Alters- und Hinterbliebenenversorgung rechtfertigt.

***ArbG Berlin**, Urteil vom **18.3.1993**; Az.: 92 Ca 34503/92*
Fundstellen: BB 1993, S. 1812

Ausschluss geringfügig Beschäftigter aus einem Gesamtversorgungssystem

1. Der tarifvertragliche Ausschluss von geringfügig Beschäftigten aus der Zusatzversorgung im öffentlichen Dienst ist aufgrund des von den Tarifvertragsparteien gewählten Gesamtversorgungssystems jedenfalls bis zum 31.3.1999 sachlich gerechtfertigt.
2. Dies gilt auch, soweit die Geringfügigkeit der Beschäftigung nach der zum 31.3.1999 geltenden Fassung des § 8 Abs. 1 Nr. 1 SGB IV darauf beruhte, dass der Verdienst hieraus ein Sechstel des Gesamteinkommens des Arbeitnehmers nicht überstieg (Ergänzung zu BAG vom 27.2.1996 – 3 AZR 886/94, DB 1996, S. 1827; 12.3.1996 – 3 AZR 993/94, DB 1996, S. 2085)

***BAG**, Urteil vom **22.2.2000**; Az.: 3 AZR 845/98*
Fundstellen: DB 2000, S. 1083 = BB 2000, S. 1199 = BetrAV 2000, S. 398 (LS)

Ausschluss geringfügig Beschäftigter von der Zusatzversorgung

1. Soweit der Versorgungstarifvertrag für Arbeitnehmer kommunaler Verwaltungen und Betriebe Teilzeitkräfte, die rentenversicherungsrechtlich mehr als nur geringfügig beschäftigt werden, aus der Zusatzversorgung des öffentlichen Dienstes ausgenommen hat, ist diese Einschränkung der Versorgungsverpflichtungen wegen Verstoßes gegen den Gleichheitssatz (Art. 3 Abs. 1 GG) unwirksam.
2. Dies gilt auch für den Ausschluss von Teilzeitkräften, die erst aufgrund der **Zusammenrechnung mehrerer geringfügiger Beschäftigungen** der gesetzlichen Rentenversicherungspflicht unterfallen (Bestätigung der bisherigen Rechtsprechung des Senats, vgl. BAGE 72, 345, 349 f. = AP Nr. 6 zu § 1 BetrAVG Teilzeit, zu 3c der Gründe; Urteil vom 7. März 1995 - 3 AZR 282/94, AP Nr. 26 zu § 1 Gleichbehandlung, zu B II der Gründe; Urteil vom 16. Januar 1996 - 3 AZR 767/94, zu C der Gründe).
3. Soweit die Tarifvertragsparteien jedoch **Teilzeitkräfte**, die nur **geringfügig beschäftigt** werden und deshalb nicht der gesetzlichen Rentenversicherungspflicht

unterliegen, von der Zusatzversorgung im öffentlichen Dienst ausgenommen haben, gibt es dafür einleuchtende Gründe. Dieser Ausschluss trägt insbesondere der **Ergänzungsfunktion der Zusatzversorgung** Rechnung. Die Verzahnung mit dem Rentenversicherungsrecht entspricht dem Sinn und Zweck des Gesamtversorgungssystems.

4. Auch für Beschäftigungszeiten bis zum 31. März 1991 kommt es auf die Rentenversicherungspflicht an, obwohl die Versorgungsregelungen damals noch nicht auf die rentenversicherungsrechtliche Geringfügigkeitsgrenze (nunmehr § 8 SGB IV) abstellten, sondern weitergehend Teilzeitbeschäftigte bis zu einer Arbeitszeit von 18 Wochenstunden von der Zusatzversorgung ausnahmen. Die Unwirksamkeitsfolge ist bei Tarifnormen unter Berücksichtigung des zum Ausdruck gebrachten Regelungszwecks auf das rechtlich gebotene zu begrenzen.
5. Solange die Wartezeit von 60 Umlagemonaten (§ 20 Abs. 1 VersTV-G) nicht erfüllt ist, besteht kein **Anspruch auf Verschaffung** einer Zusatzversorgung.

***BAG**, Urteil vom **27.2.1996**, Az.: 3 AZR 886/94*
Fundstellen: BetrAV 1996, S. 261 = BB 1996, S. 1561

Ausschluss von Teilzeitbeschäftigten; Umfang des Erfüllungsanspruchs

1. Teilzeitkräfte, die unzulässigerweise aus der betrieblichen Altersversorgung ausgeschlossen worden sind, steht ein auf den Gleichbehandlungsgrundsatz gestützter **Erfüllungsanspruch** zu. Auf welchem Durchführungsweg der Arbeitgeber den Anspruch verwirklicht, bleibt ihm überlassen.
2. Der Erfüllungsanspruch umfasst in erster Linie die Verpflichtung, dem Arbeitnehmer eine **gleichwertige Versorgung** zu **verschaffen**. Sollten dem Versorgungsberechtigten in diesem Zusammenhang Nachteile erwachsen, indem er im Falle der Nachversicherung mit – angeblich – der Zusatzversorgungskasse entstandenen Zinsverlusten belastet wird, kann er ihre Ausgleichung vom Arbeitgeber verlangen.

***LAG Hamm**, Urteil vom **13.7.1999**; Az.: 6 Sa 2544/97*
Fundstellen: BB 1999, S. 1927

Berücksichtigung von Provisionen bei der Berechnung der Betriebsrente

1. Zu den Grundsätzen, die Arbeitnehmer und Betriebsrat bei dem Aufstellen einer Versorgungsordnung durch Betriebsvereinbarung zu beachten haben, gehört der Grundsatz der **Gleichbehandlung**.
2. Der Grundsatz der Gleichbehandlung gilt auch für die Ermittlung der für die Berechnung einer Betriebsrente maßgeblichen Bemessungsgrundlagen (**rentenfähiger Arbeitsverdienst**).
3. Einzelne Lohnbestandteile können unberücksichtigt bleiben, wenn es hierfür **sachliche Gründe** gibt.
   a) Arbeitgeber und Betriebsrat können den Versorgungsbedarf so beschreiben, dass nur das Festgehalt, nicht auch Provisionen, zum rentenfähigen Arbeitsverdienst gehören.

b) Der Ausschluss von variablen Lohnbestandteilen aus der Bemessungsgrundlage kann auch durch Gründe der Klarheit und der einfacheren Handhabung gerechtfertigt sein.

c) Die **Grenze der zulässigen Gestaltung** einer Betriebsvereinbarung ist überschritten, wenn die Gruppe der **Außendienstmitarbeiter** tatsächlich keine oder keine angemessene Betriebsrente erhalten kann.

***BAG**, Urteil vom **17.2.1998**; Az.: 3 AZR 578/96*
Fundstellen: BB 1998, S. 1267 = DB 1998, S. 1239 = BetrAV 1998, S. 216

Einbeziehung sozialversicherungspflichtiger Mitarbeiter

1. Geht ein Arbeitnehmer mehreren Teilzeitbeschäftigungen nach, die jeweils im Sinne des § 8 Abs. 1 SGB IV geringfügig sind, so kann gleichwohl eine Versicherungspflicht in der gesetzlichen Sozialversicherung bestehen, weil die einzelnen geringfügigen Beschäftigungen nach § 8 Abs. 2 SGB IV zusammenzurechnen sind.
2. Der Ausschluss von Arbeitnehmern, die aufgrund der Zusammenrechnung mehrerer geringfügiger Beschäftigungen der gesetzlichen Rentenversicherung unterliegen, von der Zusatzversorgung im öffentlichen Dienst ist sachlich nicht gerechtfertigt.

***BAG**, Urteil vom **16.3.1993**; Az.: 3 AZR 389/92*
Fundstellen: AuR 1993, S. 304 = BetrAV 1994, S. 242 = BB 1993, S. 1738 = DB 1993, S. 1983 = MDR 1993, S. 1212 = NZA 1993, S. 991

Gleichbehandlung bei Anschluss an ein Betriebsrentensystem

1. Der Anspruch auf Anschluss an ein Betriebsrentensystem fällt in den Anwendungsbereich des Artikels 119 EWG-Vertrag und somit unter das in diesem Artikel niedergelegte Diskriminierungsverbot. Diese Auslegung hängt weder vom Zweck der nationalen Rechtsvorschriften ab, nach denen der Anschluss an ein solches Rentensystem für obligatorisch erklärt werden kann, noch davon, dass der Arbeitgeber gegen die Entscheidung, diesen Anschluss für obligatorisch zu erklären, Beschwerde eingelegt hat, oder davon, dass bei den Arbeitnehmern eine Untersuchung im Hinblick auf die mögliche Beantragung der Befreiung von der Anschlusspflicht durchgeführt worden ist.
2. Die **zeitliche Beschränkung** der Wirkungen des Urteils Barber (C-262/88) gilt weder für den Anspruch auf Anschluss an ein Betriebsrentensystem wie das im Ausgangsverfahren in Rede stehende noch für den Anspruch auf Zahlung einer Altersrente im Fall eines Arbeitnehmers, der unter Verstoß gegen Artikel 119 des Vertrages vom Anschluss an ein solches System ausgeschlossen worden ist.
3. Die **Verwalter** eines Betriebsrentensystems sind ebenso wie der Arbeitgeber gehalten, Artikel 119 des Vertrages zu beachten, und der diskriminierte Arbeitnehmer kann seine **Ansprüche unmittelbar gegen diese Verwalter** geltend machen.
4. Ein Arbeitnehmer, der Anspruch auf den **rückwirkenden Anschluss** an ein Betriebsrentensystem hat, kann sich der Zahlung der Beiträge für den betreffenden Anschlusszeitraum nicht entziehen. .....

6. Das dem Vertrag über die Europäische Union beigefügte **Protokoll Nr. 2 zu Artikel 119** des Vertrages zur Gründung der Europäischen Gemeinschaft **hat keine Auswirkungen** auf den Anspruch auf Anschluss an ein Betriebsrentensystem oder auf den Anspruch auf Zahlung einer Altersrente im Fall eines Arbeitnehmers, der unter Verstoß gegen Artikel 119 des Vertrages vom Anschluss an ein Betriebsrentensystem ausgeschlossen worden ist; für diese Ansprüche ist weiterhin das Urteil vom 13. Mai 1986 in der Rechtssache 170/84 (Bilka) maßgebend.

EuGH**, Urteil vom **24.10.1996**; Rs C 435/93 - **Dietz
Fundstellen: BetrAV 1997, S. 31 = BB 1996, S. 2692 = DB 1996, S. 186

Gleichbehandlung bei der Abgrenzung des zu versorgenden Personenkreises

Es verstößt nicht gegen den Grundsatz der Gleichbehandlung, wenn eine Sozialeinrichtung der Post nur ehemaligen Postbeamten, um diese als Arbeitnehmer zu gewinnen, zusätzlich zum Arbeitsentgelt die Prämien für eine Direktversicherung zahlt, anderen Arbeitnehmern aber nicht.

***BAG**, Urteil vom **20.11.1996**; Az.: 5 AZR 645/95*
Fundstellen: BetrAV 1997, S. 95 = NZA 1997, S. 312 = ZIP 1997, S. 375

Gleichbehandlung bei der Zusatzversorgung im öffentlichen Dienstag

Eine Gemeinde muss Arbeitnehmern die im öffentlichen Dienst tariflich geregelte Zusatzversorgung nicht verschaffen, wenn sie es ablehnen, die übrigen tariflichen Bedingungen für das Arbeitsverhältnis zu übernehmen und auf einer höheren als der tariflichen Vergütung bestehen.

***BAG**, Urteil vom **25.2.1999**; Az.: 3 AZR 113/97*
Fundstellen: DB 1999, S. 1912 = BB 1999, S. 2143

Gleichbehandlung bei unterschiedlichen Tarifverträgen

1. Die **Tarifvertragsparteien** sind bei ihrer rechtssetzenden Tätigkeit an den **Gleichheitssatz der Verfassung gebunden**. Sie haben vergleichbare Arbeitnehmergruppen gleich zu behandeln. Ein Vergleich kann nicht daran scheitern, dass die Rechtsverhältnisse in **unterschiedlichen Tarifverträgen** geregelt werden (im Anschluss an das Urteil des EuGH vom 27. Oktober 1993 - Rs C 127/92 - AP Nr. 50 zu Art. 119 EWG-Vertrag).
2. Die unterschiedliche Behandlung der Fleischbeschautierärzte in Bezug auf Zusagen der betrieblichen Altersversorgung bedarf eines **sachlichen Grundes**. Die **Vereinbarung einer Stückvergütung** rechtfertigt die unterschiedliche Behandlung, wenn die Tierärzte ihr Entgelt für die geleistete Arbeitsstunde in nicht unerheblichem Umfang selbst bestimmen können, andere Fleischbeschautierärzte wegen des festen Stundenlohns diese Möglichkeit nicht haben. Die Möglichkeit, bedeutend höhere Verdienste je Arbeitsstunde erzielen zu können, ist ein Ausgleich für die fehlende Versorgungszusage. Beide Regelungen gehören

zum Regelungsbereich des Arbeitsentgelts; sie sind deshalb in **einen Gesamtvergleich** einzubeziehen.

***BAG**, Urteil vom **17.10.1995**; Az.: 3 AZR 882/94*
Fundstellen: BetrAV 1996, S. 121 = BB 1996, S. 380 = NJW 1996, S. 1980 = NZA 1996, S. 656

Gleichbehandlung bei Witwerrente

1. Die Voraussetzung für die Gewährung einer Witwerrente in der Satzung einer Pensionskasse, die verstorbene Angestellte (Ehefrau) müsse "den **Unterhalt** der Familie **überwiegend bestritten** haben", ist mit **Art. 119 EG-V** unvereinbar, wenn Witwenrenten nicht der gleichen Einschränkung unterliegen.
2. Jedenfalls dann, wenn die Trägerin der Pensionskasse eine Körperschaft des öffentlichen rechts ist, gilt im Verhältnis zu den versicherten Arbeitnehmern und ihren anspruchsberechtigten Angehörigen auch der **Grundrechtsschutz des Art. 3 Abs. 2, Abs. 3 GG**.
3. Versicherungsrechtliche Grundsätze stehen der **unmittelbaren Inanspruchnahme** der Pensionskasse durch die diskriminierten Arbeitnehmer bzw. Angehörigen nicht entgegen.

***LAG Düsseldorf**, Urteil vom **11.6.1997**; Az.: 17 Sa 306/97 (Rev. eingelegt)*
Fundstellen: BB 1998, S. 751

Gleichbehandlung im Unternehmen

Die Begründung und Ausprägung des arbeitsrechtlichen Gleichbehandlungsgrundsatzes durch den allgemeinen Gleichheitssatz (Art. 3 Abs. 1 GG) spricht dafür, den Anwendungsbereich des Gleichbehandlungsgrundsatzes nicht auf den Betrieb zu beschränken, sondern betriebsübergreifend auf das ganze Unternehmen zu erstrecken.

BAG**, Urteil vom **17.11.1998**; Az.: **1 AZR 147/98
Fundstellen: BB 1999, S. 692

Gleichbehandlung in der betrieblichen Altersversorgung – unterschiedliche Altersgrenzen

Jedenfalls, soweit ein Betriebsrentenanspruch auf Beschäftigungszeiten vor dem 17. Mai 1990 beruht, ist ein Arbeitgeber nicht aus Gründen der Gleichbehandlung verpflichtet, einem schwerbehinderten Arbeitnehmer ebenso wie einer Arbeitnehmerin die Möglichkeit zu geben, betriebliche Altersrente mit Vollendung des 60. Lebensjahres in Anspruch zu nehmen (Ergänzung zu BAG, 18. März 1997 – 3 AZR 759/95 – BAGE 85, 284).

***BAG**, Urteil vom **23.5.2000**; Az.: 3 AZR 228/99*
Fundstellen: BB 2001, S. 154 = DB 2001, S. 767

Gleichbehandlung in der betrieblichen Altersversorgung (Einbeziehung von Außendienstmitarbeitern)

1. Ein Arbeitgeber kann bei der Gewährung von Leistungen der betrieblichen Altersversorgung insbesondere wegen eines nachvollziehbaren unterschiedlichen

Interesses an fortdauernder Betriebstreue oder wegen eines typischerweise unterschiedlichen Versorgungsbedarfs einzelner Arbeitnehmergruppen differenzieren.

2. Der Differenzierungsgrund muss sich aus der betrieblichen Versorgungsordnung selbst ergeben. Das bedeutet zumindest, dass die Versorgungsordnung dem behaupteten Differenzierungsgrund nicht widersprechen darf.
3. Die Unterschiede in der Art der Arbeitsleistung und der besonderen Vergütungsstruktur können es nicht sachlich rechtfertigen, Außendienstmitarbeiter aus einer ausschließlich arbeitgeberfinanzierten betrieblichen Altersversorgung auszuschließen, die sämtlichen Innendienstmitarbeitern zugute kommt.
4. Ein Arbeitgeber kann ohne Verstoß gegen den arbeitsrechtlichen Gleichbehandlungsgrundsatz Arbeitnehmer von der betrieblichen Altersversorgung ausschließen, die ein erheblich höheres Einkommen als die in das Versorgungswerk einbezogene Gruppe haben. Er kann aus sozialen Gründen nur solchen Arbeitnehmern einen Zusatzversorgungsanspruch einräumen, die nicht in vergleichbarer Weise wie die von der Versorgung ausgenommenen Arbeitnehmer zur Eigenvorsorge in der Lage sind.
5. Ein Gesamtvergleich der den verschiedenen Arbeitnehmergruppen in unterschiedlicher Form zufließenden Arbeitsentgelte kann allenfalls dann einen Ausschluss von Versorgungsleistungen rechtfertigen, wenn den betrieblichen Entgeltfestlegungen entnommen werden kann, dass in dem laufenden Entgelt der aus dem ausschließlich arbeitgeberfinanzierten betrieblichen Versorgungswerk ausgenommenen Arbeitnehmergruppe Bestandteile enthalten sind, die einen gleichwertigen Ausgleich für die Benachteiligung im Bereich des Versorgungslohns bezwecken.
6. Ein Verstoß gegen den Gleichbehandlungsgrundsatz führt nicht zur Nichtigkeit der gesamten vom Arbeitgeber geschaffenen Ordnung, sondern nur dazu, dass die einschränkenden Bestimmungen entfallen, die eine Arbeitnehmergruppe ohne sachlichen Grund benachteiligen. Dies gilt jedenfalls für in der Vergangenheit abgeschlossene Sachverhalte, bei denen der Arbeitgeber keine andere Möglichkeit, Gleichbehandlung herbeizuführen hat, als durch eine "Anpassung" nach oben.

BAG**, Urteil vom **9.12.1997**; Az.: **3 AZR 661/96
Fundstellen: DB 1998, S. 1823

Gleichbehandlung unterschiedlicher Arbeitnehmergruppen

1. Der arbeitsrechtliche Gleichbehandlungsgrundsatz verbietet die sachfremde Unterscheidung zwischen Arbeitnehmern eines Betriebs nach bestimmten Merkmalen. Die Gruppenbildung muss - gemessen an den mit der Regelung verfolgten Zwecken - sachlich berechtigt sein (st. Rspr. des BAG, vgl. BAGE 78, 288; Urteil vom 9.12.1997 - 3 AZR 355/96 - zur Veröffentlichung vorgesehen).
2. Mit Zusagen von Leistungen der betrieblichen Altersversorgung kann der Arbeitgeber verschiedene Zwecke verfolgen. Die Förderung und Belohnung von

Betriebstreue ist ein zulässiger Zweck. Der Arbeitgeber kann die Zusage auf solche Arbeitnehmer beschränken, die er enger an das Unternehmen binden will.

3. Die Unterscheidung zwischen **Mitarbeitern mit leitenden Aufgaben** und sonstigen Mitarbeitern ist sachlich berechtigt (Bestätigung von BAGE 53, 309).
4. Der Arbeitgeber darf auch **Mitarbeiter im Außendienst** durch Zusagen auf Leistungen der betrieblichen Altersversorgung enger an das Unternehmen binden. Für diese Bevorzugung gibt es gute Gründe.

***BAG**, Urteil vom **17.2.1998**; Az.: 3 AZR 783/96*
Fundstellen: BB 1998, S. 1319 = DB 1998, S. 1139 = AuA 1998, S. 317 = BetrAV 1998, S. 218

Gleichbehandlung von Teilzeitkräften

1. Teilzeitkräfte, die unzulässigerweise aus der betrieblichen Altersversorgung ausgeschlossen worden sind, steht ein auf den Gleichbehandlungsgrundsatz gestützter Erfüllungsanspruch zu. Auf welchem Durchführungsweg der Arbeitgeber den Anspruch verwirklicht, bleibt ihm überlassen.
2. Der Erfüllungsanspruch umfasst in erster Linie die Verpflichtung, dem Arbeitnehmer eine gleichwertige Versorgung zu verschaffen. Sollten dem Versorgungsberechtigten in diesem Zusammenhang Nachteile erwachsen, indem er mit zusätzlich zu entrichtenden Steuern belastet wird, kann er auch ihre Ausgleichung vom Arbeitgeber beanspruchen.

LAG Hamm**, Urteil vom **14.7.1998**; Az.: **6 Sa 2450/97
Fundstellen: BB 1998, S. 1851 = DB 1998, S. 1871

Gleiche Altersgrenzen für Männer und Frauen

1. Wie sich aus dem Urteil vom 17.05.1990 in der Rechtssache C 262/88 (Barber) ergibt, verstößt es gegen Art. 119 EWGV, wenn ein Arbeitnehmer im Rahmen eines ergänzenden betrieblichen Versorgungssystems aufgrund der Festsetzung eines je nach Geschlecht unterschiedlichen Rentenalters erst in einem höheren Alter als eine Arbeitnehmerin in der gleichen Lage Anspruch auf eine Betriebsrente hat.
2. Die Richtlinie 86/378 EWG des Rates vom 24.07.1986 zur Verwirklichung des Grundsatzes der Gleichbehandlung von Männern und Frauen bei den betrieblichen Systemen der sozialen Sicherheit steht ... der unmittelbaren und sofortigen Geltendmachung von Art. 119 EWGV vor den staatlichen Gerichten nicht entgegen.
3. Gemäß dem Urteil vom 17.05.1990 in der Rechtssache C 262/88 Barber kann die unmittelbare Wirkung von Art. 119 EWGV zur Stützung der Forderung nach Gleichbehandlung auf dem Gebiet der betrieblichen Renten nur für Leistungen geltend gemacht werden, die für **Beschäftigungszeiten nach dem 17.05.1990** geschuldet werden, vorbehaltlich der Ausnahme, die für Arbeitnehmer oder deren anspruchsberechtigte Angehörige vorgesehen ist, die vor diesem Zeitpunkt nach dem anwendbaren innerstaatlichen Recht Klage erhoben oder einen entsprechenden Rechtsbehelf eingelegt haben.

EuGH**, Urteil vom **14.12.1993**; Rs C 110/91 - **Moroni
Fundstellen: AuR 1994, S. 23 = DB 1994, S. 228 = NJW 1994, S. 645 = NZA 1994, S. 165

Gleiches Entgelt für Männer und Frauen bei der Gewährung einer Hinterbliebenenversorgung

1. Eine im Rahmen eines beruflichen Rentensystems vorgesehene Hinterbliebenenrente, ..., fällt in den Anwendungsbereich von Art. 119 EWGV.
2. Gemäß dem Urteil vom 17.05.1990 in der Rechtssache C 292/88 Barber kann die unmittelbare Wirkung von Art. 119 EWGV zur Stützung der Forderung nach Gleichbehandlung auf dem Gebiet der beruflichen Renten nur für Leistungen geltend gemacht werden, die für **Beschäftigungszeiten nach dem 17.05.1990** geschuldet werden, vorbehaltlich der Ausnahme, die für Arbeitnehmer oder deren anspruchsberechtigte Angehörige vorgesehen ist, die vor diesem Zeitpunkt nach dem anwendbaren innerstaatlichen Recht Klage erhoben oder einen entsprechenden Rechtsbehelf eingelegt haben.

EuGH**, Urteil vom **6.10.1993**; Rs C 101/91 - **Ten Oever
Fundstellen: BetrAV 1993, S. 240 = BB 1993, S. 2132 = DB 1993, S. 2132 = NZA 1993, S. 1125

Keine Beschränkung der Rückwirkung nationaler Gleichbehandlungsgebote durch die Barber-Formel des EuGH

1. Die sich aus dem Urteil vom 8.4.1976 in der Rechtssache 43/75 (Defrenne II) ergebende zeitliche Beschränkung der Möglichkeit, sich auf die unmittelbare Wirkung von Art. 119 EGV (die Art. 117 bis 120 EGV sind durch die Art. 136 bis 143 EG ersetzt worden) zu berufen, steht nationalen Vorschriften, in denen ein Gleichheitsgrundsatz aufgestellt wird, auf Grund dessen alle teilzeitbeschäftigten Arbeitnehmer unter Umständen wie denen der Ausgangsverfahren einen Anspruch auf rückwirkenden Anschluss an ein Betriebsrentensystem und auf eine Rente aus diesem System haben, nicht entgegen.
2. Art. 119 EGV steht Vorschriften eines Mitgliedstaats, in denen ein Gleichheitsgrundsatz aufgestellt wird, auf Grund dessen alle teilzeitbeschäftigten Arbeitnehmer unter Umständen wie denen der Ausgangsverfahren einen Anspruch auf rückwirkenden Anschluss an ein Betriebsrentensystem und auf eine Rente aus diesem System haben, ungeachtet der Gefahr von Wettbewerbsverzerrungen zwischen Wirtschaftsteilnehmern der verschiedenen Mitgliedstaaten zum Nachteil der im erstgenannten Mitgliedstaat niedergelassenen Arbeitgeber nicht entgegen.
3. Das nationale Gericht ist verpflichtet, das nationale Recht soweit wie möglich unter Berücksichtigung von Wortlaut und Zweck der einschlägigen Gemeinschaftsbestimmungen, insbesondere des Art. 119 EGV, auszulegen, um die Anwendung des Grundsatzes des gleichen Entgelts für Männer und Frauen zu gewährleisten.

***EuGH**, Urteil vom **10.2.2000**; Az.: Rs C 270 u. 271/97*
Fundstellen: ZIP 2000, S. 374 = BetrAV 2000, S. 390

Keine Beschränkung der Rückwirkung nationaler Gleichbehandlungsgebote durch die Barber-Formel des EuGH

1. Der Ausschluss teilzeitbeschäftigter Arbeitnehmer von einem Betriebsrentensystem wie dem im Ausgangsverfahren fraglichen stellt eine nach Art. 119 EGV (die Art. 117 bis 120 EGV sind durch die Art. 136 bis 143 EG ersetzt worden) verbotene Diskriminierung dar, wenn diese Maßnahme einen wesentlich höheren Prozentsatz weiblicher als männlicher Arbeitnehmer trifft und nicht durch sachliche Gründe gerechtfertigt ist, die nichts mit einer Diskriminierung auf Grund des Geschlechts zu tun haben.
2. In einem Fall, in dem der Ausschluss teilzeitbeschäftigter Arbeitnehmer von einem Betriebsrentensystem eine nach Art. 119 EGV verbotene mittelbare Diskriminierung darstellt, ist die Möglichkeit, sich auf die unmittelbare Wirkung dieses Artikels zu berufen, zeitlich in dem Sinne beschränkt, dass die Beschäftigungszeiten dieser Arbeitnehmer für ihren rückwirkenden Anschluss an ein derartiges System und die Berechnung der ihnen zustehenden Leistungen erst ab dem 8.4.1976, dem Tag der Verkündung des Urteils in der Rechtssache 43/75 (Defrenne II), berücksichtigt werden dürfen; dies gilt nicht für Arbeitnehmer oder deren anspruchsberechtigte Angehörige, die vor diesem Zeitpunkt Klage erhoben oder einen entsprechenden Rechtsbehelf eingelegt haben.
3. Die sich aus dem Urteil Defrenne II ergebende zeitliche Beschränkung der Möglichkeit, sich auf die unmittelbare Wirkung von Art. 119 EGV zu berufen, steht nationalen Vorschriften, in denen ein Gleichheitsgrundsatz aufgestellt wird, auf Grund dessen teilzeitbeschäftigte Arbeitnehmer unter Umständen wie denen des Ausgangsverfahrens einen Anspruch auf rückwirkenden Anschluss an ein Betriebsrentensystem und auf eine Rente aus diesem System haben, nicht entgegen.
4. Das Gemeinschaftsrecht und insbesondere das Verbot der Diskriminierung auf Grund der Staatsangehörigkeit und Art. 119 EGV stehen Vorschriften eines Mitgliedstaats, in denen ein Gleichheitsgrundsatz aufgestellt wird, auf Grund dessen teilzeitbeschäftigte Arbeitnehmer unter Umständen wie denen des Ausgangsverfahrens einen Anspruch auf rückwirkenden Anschluss an ein Betriebsrentensystem und auf eine Rente aus diesem System haben, ungeachtet der Gefahr von Wettbewerbsverzerrungen zwischen Wirtschaftsteilnehmern der verschiedenen Mitgliedstaaten zum Nachteil der im erstgenannten Mitgliedstaat niedergelassenen Arbeitgeber nicht entgegen.

***EuGH**, Urteil vom **10.2.2000**; Az.: Rs C 50/96*
Fundstellen: ZIP 2000, S. 379 = BB 2000, S. 983 = NZA 2000, S. 313 = BetrAV 2000, S. 385

Mittelbare Diskriminierung beim Ausschluss Teilzeitbeschäftigter

1. Das Lohngleichheitsgebot des Art. 119 EWG-Vertrag gilt auch für betriebliche Versorgungsleistungen.
2. Der Ausschluss der Teilzeitbeschäftigten von der Versorgung kann Frauen **mittelbar diskriminieren**, wenn die unterschiedliche Behandlung der Voll- und

Teilzeitbeschäftigten nicht einem **unabweisbaren Bedürfnis** des Unternehmens dient (Bestätigung der Rechtsprechung des Senats, zuletzt Urteil vom 14. März 1989 - 3 AZR 490/87 = BB 1989, 2115).

3. Eine mittelbare Diskriminierung kann auch gegeben sein, wenn nur Teilzeitbeschäftigte mit weniger als 30 Wochenstunden ausgeschlossen werden. Es bleibt offen, ob für den Ausschluss von geringfügig Beschäftigten eine Ausnahme gilt.

***BAG**, Urteil vom **23.1.1990**; Az.: 3 AZR 58/88*
Fundstellen: AuR 1990, S. 230 = BetrAV 1990, S. 201 = BB 1990, S. 1202 = DB 1990, S. 1620 = NZA 1990, S. 778

Mittelbare Diskriminierung durch den Ausschluss Teilzeitbeschäftigter im Rahmen einer betrieblichen Versorgungsordnung

1. Das Lohngleichheitsgebot des Art. 119 Abs. 1 EWG-Vertrag ist **unmittelbar geltendes Recht** in den Mitgliedstaaten der EG. Es verbietet nicht nur die unmittelbare, sondern auch eine mittelbare Diskriminierung der Arbeitnehmer wegen ihres Geschlechts.
2. Schließt eine Versorgungsordnung Teilzeitbeschäftigte von der Versorgung aus, so liegt nach der Rechtsprechung des Europäischen Gerichtshofs der objektive Tatbestand einer mittelbaren Diskriminierung vor, wenn mehr Frauen als Männer betroffen sind und die nachteiligen Folgen auf dem Geschlecht oder der Geschlechtsrolle beruhen.
3. Ist der objektive Tatbestand einer mittelbaren Diskriminierung gegeben, muss der Arbeitgeber zur Rechtfertigung seiner Regelung darlegen und beweisen, dass die Differenzierung einem wirklichen **Bedürfnis** des Unternehmens dient und für die Erreichung dieses Ziels **geeignet** und **erforderlich** ist. Nicht jeder noch so geringfügige finanzielle Vor- oder Nachteil stellt ein wirkliches Bedürfnis dar. Vielmehr müssen **erhebliche** Kostenvor- oder -nachteile die differenzierende Regelung erfordern.
4. Werden Teilzeitbeschäftigte unter Verstoß gegen das Lohngleichheitsgebot von der betrieblichen Altersversorgung ausgeschlossen, so ist nicht die gesamte Versorgungsordnung nichtig. Nur der **Ausschlusstatbestand fällt weg**.
5. Die Arbeitnehmer brauchen den Verstoß gegen das Lohngleichheitsgebot auch **nicht zeitweilig** hinzunehmen. Weder nach dem Recht der Europäischen Gemeinschaften noch aufgrund des Rechtsstaatsprinzips (Art. 20 Abs. 3 GG) oder nach den Grundsätzen des Wegfalls der Geschäftsgrundlage kann der Arbeitgeber eine **Anpassungsfrist** zur Beseitigung der mittelbaren Diskriminierung beanspruchen.
   a) Mit der Erkenntnis, dass auch die mittelbare Diskriminierung verboten ist, wird kein Richterrecht geschaffen. Ebensowenig wird eine Normlücke durch Rechtsfortbildung geschlossen. Es wird lediglich dem durch Art. 119 EWG-Vertrag und Art. 3 Abs. 2 GG gewährleisteten Lohngleichheitsgebot Geltung verschafft. Darin liegt **kein Verstoß gegen** das sich aus dem Rechtsstaatsprinzip ergebende **Rückwirkungsverbot**.

b) Die Rechtslage in der Bundesrepublik und die bisherige Rechtsprechung ließen **kein schutzwürdiges Vertrauen** darauf entstehen, dass mittelbar diskriminierende Regelungen in betrieblichen Versorgungsordnungen wenigstens zeitweilig wirksam sind.

c) Mit den Grundsätzen des Wegfalls der Geschäftsgrundlage können Zweck und Geltungsbereich gesetzlicher Verbote nicht unterlaufen werden. Vielmehr sind die **Grenzen der Privatautonomie** zu beachten.

***BAG**, Urteil vom **20.11.1990**; Az.: 3 AZR 613/89*
Fundstellen: AuR 1991, S. 250 = BB 1991, S. 1570 = DB 1991, S. 1330 = MDR 1991, S. 777 = NJW 1991, S. 2927 = NZA 1991, S. 635

Mittelbare Diskriminierung von Teilzeitbeschäftigten

1. Art. 119 EWG-Vertrag verbietet Entgeltregelungen, bei denen das Entgelt unmittelbar vom Geschlecht der Arbeitnehmer abhängt (**unmittelbare Diskriminierung**). Art. 119 EWG-Vertrag verbietet aber auch Entgeltregelungen, durch die eine Arbeitnehmergruppe **mittelbar benachteiligt** wird.
2. Das Lohngleichheitsgebot des Art. 119 EWG-Vertrag gilt auch für betriebliche Versorgungsleistungen.
3. Der objektive Tatbestand einer mittelbaren Diskriminierung ist erfüllt, wenn eine Versorgungsordnung zwar unterschiedslos auf Männer und Frauen anzuwenden ist, ausschließende Bestimmungen aber für die Person eines Geschlechts wesentlich nachteiligere Wirkungen entfalten als bei Personen des anderen Geschlechts, und diese nachteilige Wirkungen auf dem Geschlecht oder der Geschlechtsrolle beruhen.
4. Eine unterschiedliche Behandlung der Personen eines Geschlechts ist nur dann **gerechtfertigt**, wenn sie einem **unabweisbaren Bedürfnis** des Unternehmens dient, für die Erreichung der unternehmerischen Ziele **geeignet** und unter Berücksichtigung der Bedeutung des Grundsatzes der Lohngleichheit nach den Grundsätzen der **Verhältnismäßigkeit erforderlich** ist. **Der Arbeitgeber hat** Tatsachen vorzutragen und **zu beweisen**, die diese unterschiedliche Behandlung rechtfertigen sollen.
5. Die Versorgungsordnung eines Kaufhauses, die Teilzeitbeschäftigte von Leistungen ausschließt, benachteiligt Frauen.
6. Verstößt eine Versorgungsordnung gegen das Lohngleichheitsgebot, weil sie Teilzeitbeschäftigte von der Versorgung ausschließt, sind nicht die gesamte Versorgungsordnung, sondern nur die ausschließenden, **diskriminierenden Bestimmungen nichtig**.

***BAG**, Urteil vom **14.3.1989**; Az.: 3 AZR 490/87*
Fundstellen: AuR 1989, S. 386 = BetrAV 1989, S. 256 = BB 1989, S. 2115 = DB 1989, S. 2336 = NJW 1990, S. 68 = NZA 1990, S. 25

Mittelbare Diskriminierung von Teilzeitbeschäftigten

1. Ein Kaufhausunternehmen, das Teilzeitbeschäftigte von der betrieblichen Altersversorgung ausschließt, verletzt Art. 119 EWG-Vertrag, wenn die Maßnahme

wesentlich mehr Frauen als Männer betrifft, es sei denn, das Unternehmen legt dar, dass diese Maßnahme auf Faktoren beruht, die **objektiv gerechtfertigt** sind und nichts mit einer **Diskriminierung aufgrund des Geschlechts** zu tun haben.

2. Ein Kaufhausunternehmen kann nach Art. 119 EWG-Vertrag die Anwendung einer Lohnpolitik, durch die Teilzeitbeschäftigte unabhängig von ihrem Geschlecht von der betrieblichen Altersversorgung ausgeschlossen werden, damit **rechtfertigen**, dass es möglichst wenig der Teilzeitkräfte beschäftigen will, sofern feststeht, dass die zu diesem **Zweck** gewählten **Mittel** einem **wirklichen Bedürfnis** des Unternehmens dienen und zur Erreichung dieses Ziels **geeignet** und **erforderlich** sind.
3. Der Arbeitgeber ist nach Art. 119 EWG-Vertrag **nicht verpflichtet**, die für seine Beschäftigten vorgesehene Altersversorgung so auszugestalten, dass die für Arbeitnehmer mit familiären Verpflichtungen bestehenden besonderen Schwierigkeiten, die Voraussetzungen für die Gewährung einer Betriebsrente zu erfüllen, berücksichtigt werden.

EuGH**, Urteil vom **13.5.1986**; Rs C 170/84 - **Bilka
Fundstellen: BetrAV 1986, S. 195 = BB 1986, S. 1509 = DB 1986, S. 1525 = NJW 1986, S. 3020 = NZA 1986, S. 599

Mittelbare Diskriminierung von Teilzeitbeschäftigten

1. Nach der Rechtsprechung des Europäischen Gerichtshofs liegt der objektive Tatbestand einer mittelbaren Diskriminierung vor, wenn eine Vergütungsregelung Arbeitnehmer ausnimmt und dabei auf Gruppenmerkmale abstellt, die aus geschlechtsspezifischen Gründen wesentlich mehr Frauen als Männer erfüllen. Das ist z. B. bei einer Versorgungsregelung anzunehmen, wenn sie Teilzeitbeschäftigte generell ausnimmt oder eine 15-jährige Wartezeit verlangt, die nur Vollzeitbeschäftigte erfüllen können.
2. Ist der objektive Tatbestand einer mittelbaren Diskriminierung gegeben, dann muss der Arbeitgeber zur Rechtfertigung seiner Regelung darlegen und beweisen, dass die Differenzierung einem **wirklichen Bedürfnis** des Unternehmens dient und für die Erreichung dieses Ziels **geeignet** und **erforderlich** ist.
3. Verstößt eine Versorgungsordnung gegen das Lohngleichheitsgebot, weil sie Teilzeitbeschäftigte diskriminiert, so ist nicht die gesamte Versorgungsordnung nichtig, sondern nur die diskriminierende Sonderbestimmung. Die Kostensteigerung, die durch die Einbeziehung der Teilzeitbeschäftigten entsteht, kann der Arbeitgeber **nur für die Zukunft** durch eine **anpassende Betriebsvereinbarung** korrigieren; in der Vergangenheit erdiente Versorgungsansprüche und Anwartschaften müssen hingegen nach der alten Versorgungsordnung berechnet werden.

***BAG**, Urteil vom **14.10.1986**; Az.: 3 AZR 66/83*
Fundstellen: AuR 1987, S. 180 = BetrAV 1986, S. 213 = BB 1987, S. 829 = DB 1987, S. 994 = NJW 1987, S. 2183 = NZA 1987, S. 445

– Die vorgenannte Entscheidung des BAG verstößt nach einer Entscheidung des Bundesverfassungsgerichts nicht gegen die Grundrechte des Arbeitgebers.

***BVerfG**, Urteil vom **28.9.1992**; Az.: 1 BvR 496/87*
Fundstellen: BetrAV 1992, S. 265 = NZA 1993, S. 213

Unterschiedliches Rentenzugangsalter für Männer und Frauen

1. Regelungen in Versorgungsverträgen, für Männer und Frauen ein unterschiedliches Rentenzugangsalter (Männer: 65 Jahre; Frauen: 60 Jahre) vorsehen, verstoßen für eine Übergangszeit nicht gegen Art. 3 Abs. 3 GG. Nach Art. 3 Abs. 2 GG dürfen die bisher noch für Frauen bestehenden Nachteile im Berufsleben durch die Festsetzung eines früheren Rentenalters ausgeglichen werden.
2. Solche Regelungen verstoßen jedoch gegen Art. 119 EG-Vertrag. Die Bestimmung **geht** auch deutschen gesetzlichen Regelungen **vor und verdrängt** das entgegenstehende deutsche Recht. Das gilt für die Berechnung einer Invalidenrente, die nach einer theoretischen Altersrente zu berechnen ist, ebenso wie für die Berechnung des Unverfallbarkeitsfaktors nach § 2 Abs. 1 BetrAVG.
3. Auf Art. 119 EG-Vertrag kann sich ein Mann nur mit Erfolg berufen, soweit bei der Berechnung der Betriebsrente und der Anwartschaft **Zeiten nach dem 17. Mai 1990** (Urteil des EuGH vom 17.5.1990 - Rs. C 262/88 - Barber) zu berücksichtigen sind.
4. Der Unverfallbarkeitsfaktor nach § 2 Abs. 1 BetrAVG ist für Beschäftigungszeiten vor und nach dem 17. Mai 1990 unterschiedlich zu berechnen. Für Beschäftigungszeiten vor dem 17. Mai 1990 ist von einer möglichen Betriebszugehörigkeit bis zum 65. Lebensjahr auszugehen, für die Zeit nach dem 17. Mai 1990 von einer möglichen Betriebszugehörigkeit bis zum 60. Lebensjahr (Rentenzugangsalter für Frauen). Entsprechendes gilt für die Berechnung der Invalidenrente, bei deren Berechnung eine erreichbare ("theoretische") Altersrente zu berücksichtigen ist.

***BAG**, Urteil vom **3.6.1997**; Az.: 3 AZR 910/95*
Fundstellen: BB 1997, S. 1694 = DB 1997, S. 1778

Unterschiedliches Rentenzugangsalter für Männer und Frauen

1. Versorgungszusagen mit unterschiedlichem Rentenzugangsalter für Männer und Frauen verstoßen für eine Übergangszeit nicht gegen Art. 3 Abs. 3 GG. Nach Art. 3 Abs. 2 GG dürfen die bisher für Frauen bestehenden Nachteile in der beruflichen Entwicklung durch die Festsetzung eines früheren Rentenalters ausgeglichen werden.
2. Auf Art. 119 EG-Vertrag und dem daraus folgenden Verbot eines unterschiedlichen Rentenzugangsalters für Männer und Frauen kann sich ein Mann nur berufen, soweit es um **Dienstzeiten nach dem 17. Mai 1990** geht (Urteil des EuGH vom 17.5.1990 - Rs. C 262/88 - Barber - EuGHE I 1990, 1889 = AP Nr. 20 zu Art. 119 EWG-Vertrag).

***BAG**, Urteil vom **18.3.1997**; Az.: 3 AZR 759/95*
Fundstellen: BB 1997, S. 1417 = DB 1997, S. 1475 = NZA 1997, S. 824

Ausschluss teilzeitbeschäftigter Fleischbeschautierärzte aus der Zusatzversorgung im öffentlichen Dienst

1. § 20 des Tarifvertrages über die Rechtsverhältnisse der **nicht vollbeschäftigten** amtlichen Tierärzte und Fleischkontrolleure in öffentlichen Schlachthöfen und Einfuhruntersuchungsstellen, der Arbeitnehmer von der Zusatzversorgung des öffentlichen Dienstes ausschließt, die im jeweils vorangegangenen Kalenderjahr nicht mindestens eine Stundenvergütung für 1.000 Stunden erhalten haben, verstößt gegen Art. 3 Abs. 1 GG und ist deshalb nichtig. Nur der Ausschluss von Angestellten, die geringfügig i.S.v. § 8 SGB IV tätig sind, ist zulässig. Dasselbe gilt ab 1. Januar 1997 für § 5 Abs. 3 des Tarifvertrages über die Versorgung der Arbeiter des Bundes und der Länder sowie von Arbeitnehmern kommunaler Verwaltungen und Betriebe.
2. Den zu Unrecht von der Zusatzversorgung ausgeschlossenen Angestellten muss der Arbeitgeber eine den begünstigten Angestellten entsprechende Zusatzversorgung **verschaffen**.

***BAG**, Urteil vom **13.5.1997**; Az.: 3 AZR 66/96*
Fundstellen: DB 1997, S. 2626

Unzulässiger Ausschluss von Außendienstmitarbeitern

1. Der Arbeitgeber muss bei Aufstellung einer Ordnung für den Bezug von Leistungen der betrieblichen Altersversorgung (Versorgungsordnung) den arbeitsrechtlichen Gleichbehandlungsgrundsatz beachten.
2. Auch Arbeitgeber und Betriebsrat müssen den arbeitsrechtlichen Gleichbehandlungsgrundsatz beachten, wenn sie in einer Betriebsvereinbarung Ansprüche der Arbeitnehmer des Betriebes begründen.
3. Der Ausschluss einer Gruppe von Arbeitnehmern von Leistungen der betrieblichen Altersversorgung - hier: Mitarbeiter im Außendienst - ist nur dann mit dem arbeitsrechtlichen Gleichbehandlungsgrundsatz vereinbar, wenn er **nach dem Zweck der Leistung gerechtfertigt** ist (im Anschluss an BAGE 33, 57 = AP Nr. 44 zu § 242 BGB Gleichbehandlung).
4. Der Zweck einer betrieblichen Altersversorgung besteht darin, zur Versorgung der Arbeitnehmer im Alter beizutragen, sowie in der Regel Betriebstreue zu fördern und zu belohnen. Der Arbeitgeber darf Außendienstmitarbeiter von Leistungen der betrieblichen Altersversorgung nicht deshalb ausschließen, weil diese ein höheres Entgelt (Fixum und Provision) als Mitarbeiter im Innendienst erhalten.
5. Die Zwecke, die die unterschiedlichen Behandlungen bei Leistungen der betrieblichen Altersversorgung rechtfertigen sollen, müssen **aus der Versorgungsordnung erkennbar** sein. Ist der Grund der Ungleichbehandlung nicht ohne weiteres erkennbar, muss der Arbeitgeber ihn spätestens dann **offenlegen**, wenn

ein von der Vergünstigung ausgeschlossener Arbeitnehmer Gleichbehandlung verlangt (Bestätigung von BAGE 33, 57 = AP Nr. 44 zu § 242 BGB Gleichbehandlung).

6. Der arbeitsrechtliche Gleichbehandlungsgrundsatz kann zur Begründung von Ruhegeldansprüchen führen. Der Arbeitgeber muss dem benachteiligten Arbeitnehmer das Ruhegeld zahlen, das er einem vergleichbaren begünstigten Arbeitnehmer schuldet.

***BAG**, Urteil vom **20.7.1993**; Az.: 3 AZR 52/93*
Fundstellen: AuR 1994, S. 32 = BetrAV 1994, S. 49 = BB 1993, S. 2456 = DB 1994, S. 102 = FamRZ 1994, S. 308 = MDR 1994, S. 808 = NZA 1994, S. 125

Unzulässiger Ausschluss von Mitarbeitern im zweiten Arbeitsverhältnis

Es verstößt gegen den arbeitsrechtlichen Gleichbehandlungsgrundsatz, Arbeitnehmer allein deshalb aus einem betrieblichen Versorgungswerk auszunehmen, weil sie in einem zweiten Arbeitsverhältnis stehen. Für eine solche Benachteiligung gibt es keinen sachlich rechtfertigenden Grund.

***BAG**, Urteil vom **22.11.1994**; Az.: 3 AZR 349/94*
Fundstellen: AuR 1995, S. 224 = BetrAV 1995, S. 219 = BB 1995, S. 2011 = DB 1995, S. 930 = MDR 1995, S. 724 = NZA 1995, S. 733 = ZIP 1995, S. 668

Unzulässiger Ausschluss von Teilzeitbeschäftigten (Verschaffungsanspruch)

1 § 2 Versorgungs-TV in Verb. mit § 3 Buchst. q BAT in der bis zum 31. Dezember 1987 geltenden Fassung ist wegen Verstoßes gegen den Gleichheitssatz (Art. 3 Abs. 1 GG) jedenfalls insoweit unwirksam, als alle **unterhälftig beschäftigten Teilzeitkräfte** von Leistungen der betrieblichen Altersversorgung ausgeschlossen worden sind. Im übrigen ist der Versorgungs-TV einschließlich der den Versorgungsanspruch begründenden Grundregel wirksam.

   a) Ein Verstoß gegen den Gleichheitssatz liegt vor, wenn im wesentlichen gleichliegende Sachverhalte ohne einleuchtende Gründe unterschiedlich behandelt werden. Für die Verletzung des Gleichheitssatzes ist **kein Verschulden erforderlich**. Entscheidend ist die **objektive Sach- und Rechtslage**.

   b) Für den generellen Ausschluss unterhälftig beschäftigter Teilzeitkräfte aus der betrieblichen Altersversorgung gibt es keine sachlich vertretbaren Gründe (Bestätigung der bisherigen Rechtsprechung, vgl. BAGE 71, 29, 38 ff. = AP Nr. 19 zu § 1 BetrAVG Gleichbehandlung, zu B I 3 c der Gründe).

   c) Dem Gleichheitssatz kann im vorliegenden Fall nur dadurch entsprochen werden, dass auch den unterhälftig beschäftigten Teilzeitkräften **für die Vergangenheit** die vorenthaltene betriebliche Altersversorgung **verschafft** wird.

2. Den von der betrieblichen Altersversorgung zu Unrecht ausgeschlossenen Teilzeitkräften steht nicht lediglich ein Schadensersatzanspruch, sondern ein **Er-**

füllungsanspruch zu. Im Betriebsrentenrecht ist zwischen der **arbeitsrechtlichen Grundverpflichtung** und dem Durchführungsweg zu unterscheiden. Kann die geschuldete Altersversorgung nicht auf dem vorgesehenen Durchführungsweg erbracht werden, so hat der Arbeitgeber aufgrund seiner **Einstandspflicht** erforderlichenfalls selbst die Versorgungsleistungen zu erbringen.

3. Wenn tarifliche Ausschlussfristen unwirksam sind, ergibt sich der Erfüllungsanspruch der Arbeitnehmer nicht aus dem Gleichbehandlungsgrundsatz, sondern aus den verbleibenden wirksamen Versorgungsregelungen des Tarifvertrages.
4. Der sich aus dem **Rechtsstaatsprinzip** (Art. 20 Abs. 3 GG) ergebende **Vertrauensschutz** gegenüber rückwirkenden Belastungen hat jedenfalls im vorliegenden Fall nicht zum Wegfall oder einer Einschränkung der geltend gemachten Versorgungsrechte geführt: Das Interesse des Arbeitgebers, von zusätzlichen finanziellen Belastungen und Verwaltungsaufwand verschont zu bleiben, verdiente keinen Vorrang gegenüber dem Interesse der benachteiligten Teilzeitkräfte an der uneingeschränkten Beachtung des Gleichheitssatzes. Eine Überforderung der Beklagten durch die **rückwirkende Anwendung des Gleichheitssatzes** war nicht ersichtlich.
5. Die in Maastricht beschlossene Protokollerklärung zu Art. 119 EG-Vertrag hat lediglich den zeitlichen Anwendungsbereich des Art. 119 EG-Vertrag, nicht aber die Geltung daneben anwendbarer nationaler Schutzvorschriften wie Art. 3 Abs. 1 GG eingeschränkt.
6. Die Arbeitnehmer haben schon vor Eintritt des Versorgungsfalles ein rechtliches Interesse an der alsbaldigen Feststellung des Inhalts ihrer Versorgungsrechte. Auch wenn der Versorgungsfall eingetreten und eine Leistungsklage möglich ist, kann noch ein **Feststellungsinteresse** (§ 256 Abs. 1 ZPO) bestehen.

BAG*, Urteil vom* ***7.3.1995****; Az.: 3 AZR 282/94*
Fundstellen: BetrAV 1996, S. 122 = BB 1995, S. 2217 = DB 1995, S. 2020 = NZA 1996, S. 48 = RdA 1995, S. 377

Unzulässiger Ausschluss von Teilzeitbeschäftigten

1. Nach dem allgemeinen Gleichbehandlungsgrundsatz, der durch § 2 Abs. 1 BeschFG lediglich eine Konkretisierung erfahren hat, rechtfertigt das unterschiedliche Arbeitspensum der Vollzeit- und der Teilzeitbeschäftigten allein keinen vollständigen Ausschluss des Teilzeitbeschäftigten von Leistungen der betrieblichen Altersversorgung. Die für den Ausschluss der Teilzeitkräfte **maßgeblichen Sachgründe** müssen anderer Art sein, etwa auf Arbeitsleistung, Qualifikation, Berufserfahrung oder unterschiedlichen Anforderungen am Arbeitsplatz beruhen (Fortführung der ständigen Rechtsprechung des BAG, vgl. Urteil vom 28. Juli 1992 - 3 AZR 173/92 - AP Nr. 18 zu § 1 BetrAVG Gleichbehandlung, zu B I 2 a der Gründe).
2. Ausdruck der Gleichbehandlung ist es, dass die Teilzeitarbeit lediglich nach dem **zeitlichen Anteil** der Arbeitsleistung im Vergleich zur Vollzeitarbeit vergütet wird. Dementsprechend können Teilzeitkräfte nicht eine gleich hohe betrieb-

liche Altersversorgung fordern wie Vollzeitkräfte (Bestätigung der bisherigen Senatsrechtsprechung, zuletzt Urteil vom 15. Februar 1994 - 3 AZR 708/93 - AP Nr. 12 zu § 1 BetrAVG Gleichbehandlung, zu III 2 b (3) der Gründe).

***BAG**, Urteil vom **25.10.1994**; Az.: 3 AZR 149/94*
Fundstellen: AuR 1995, S. 224 = BB 1995, S. 832 = NZA 1995, S. 730 = RdA 1995, S. 187 = ZIP 1995, S. 409

Unzulässigkeit geschlechtsspezifisch unterschiedlicher Altersgrenzen beim Bezug betrieblicher Versorgungsleistungen

1. Die von einem Arbeitgeber einem Arbeitnehmer bei dessen Entlassung wegen Arbeitsmangels gewährten Leistungen fallen in den Anwendungsbereich des Art. 119 Abs. 2 EWG-Vertrag, gleichgültig, ob sie aufgrund eines Arbeitsvertrages, aufgrund von Rechtsvorschriften oder freiwillig gewährt werden.
2. Die aufgrund eines privaten Betriebsrentensystems gezahlten Renten fallen in den Anwendungsbereich des Art. 119 EWG-Vertrag.
3. Es verstößt gegen Art. 119 EWG-Vertrag, wenn ein wegen Arbeitsmangel entlassener Mann nur einen Anspruch auf eine im normalen Rentenalter fällige Rente hat, während eine Frau unter gleichen Umständen aufgrund der Anwendung einer **nach dem Geschlecht unterschiedlichen Altersvoraussetzung**, wie sie auch im gesetzlichen Altersrentensystem vorgesehen ist, Anspruch auf eine sofort fällige Altersrente hat. Der **Grundsatz des gleichen Entgelts** muss **für jeden Bestandteil** des Entgelts und nicht nur aufgrund einer globalen Beurteilung der den Arbeitnehmern eingeräumten Vorteile gewährleistet sein.
4. Art. 119 EWG-Vertrag kann von den nationalen Gerichten herangezogen werden. Diese Gerichte haben den Schutz der Rechte zu gewährleisten, die diese Bestimmung den einzelnen einräumt, unter anderem auch dann, wenn ein Betriebsrentensystem einem Mann nach seiner Entlassung nicht die sofort fällige Rente gewährt, die einer Frau im gleichen Fall gewährt würde.
5. Die unmittelbare Wirkung des Art. 119 EWG-Vertrag kann nicht ins Feld geführt werden, um mit Wirkung vor einem Zeitpunkt vor Erlass des vorliegenden Urteils einen Rechtsanspruch geltend zu machen; dies gilt nicht für den Arbeitnehmer oder die anspruchsberechtigten Angehörigen, die vor diesem Zeitpunkt nach dem anwendbaren nationalen Recht eine Klage oder eine gleichwertige Forderung erhoben haben.

EuGH**, Urteil vom **17.5.1990**; Rs C 262/88 - **Barber
Fundstellen: BetrAV 1990, S. 203 = DB 1990, S. 1824 = EuZW 1990, S. 283 = NJW 1991, S. 2204 = NZA 1990, S. 775

Unzulässigkeit geschlechtsspezifischer Unterschiede beim Eintrittsalter, dem regelmäßigen Pensionsalter sowie der ruhegeldfähigen Dienstzeit

1. Eine Versorgungsordnung verstößt gegen den Gleichbehandlungsgrundsatz des Art. 3 Abs. 2 GG, wenn sie bei Frauen ein Eintrittsalter unter 50 Jahren verlangt und ruhegeldfähige Dienstzeiten nur bis zur Vollendung des 60. Lebensjahres an-

erkennt, während Männer noch bis zu ihrem 55. Lebensjahr aufgenommen werden und ihre Rente bis zur Vollendung des 65. Lebensjahres verbessern können.

2. Die betriebliche Regelung des Eintrittsalters, des regelmäßigen Pensionsalters und der ruhegeldfähigen Dienstzeit ist wegen Verletzung des Gleichbehandlungsgrundsatzes unwirksam, soweit sie Frauen gegenüber Männern benachteiligt.
3. Das führt jedoch nicht zur Unwirksamkeit der gesamten Betrieblichen Versorgungsregelung. Die Teilnichtigkeit hat zur Folge, dass die im Arbeitsleben übliche Altersgrenze von 65 Jahren als einheitlich vorgesehen gilt.

BAG*, Urteil vom* ***31.8.1978****; Az.: 3 AZR 313/77*
Fundstellen: AuR 1979, S. 253 = BB 1979, S. 890 = DB 1979, S. 553 = MDR 1979, S. 523 = NJW 1979, S. 2223

Verbot unterschiedlicher Behandlung von Teilzeitbeschäftigten

1. Tarifliche Regelungen, die gegen § 2 Abs. 1 BeschFG verstoßen sind **nichtig**.
2. Nach § 2 Abs. 1 BeschFG darf der Arbeitgeber einen teilzeitbeschäftigten Arbeitnehmer nicht wegen der Teilzeitarbeit gegenüber vollzeitbeschäftigten Arbeitnehmern unterschiedlich behandeln, es sein denn, dass **sachliche Gründe** eine unterschiedliche Behandlung **rechtfertigen**. Das Verbot unterschiedlicher Behandlung gilt auch gegenüber teilzeitbeschäftigten Arbeitnehmern, die in **unterschiedlich zeitlichem Umfang** beschäftigt werden (etwa unter oder über 50% der regelmäßigen Wochenarbeitszeit). Auch für eine unterschiedliche Behandlung dieser Arbeitnehmer sind sachliche Gründe erforderlich.
3. Der Ausschluss teilzeitbeschäftigter Arbeitnehmer von Leistungen der betrieblichen Altersversorgung bedarf daher sachlicher Gründe.
4. Es ist unerheblich, mit welchen rechtstechnischen Mitteln der Ausschluss derjenigen Arbeitnehmer, die weniger als die Hälfte der regelmäßigen Wochenarbeitszeit tätig sind, erreicht wird. Es ist deshalb unerheblich, ob der Ausschluss erreicht wird durch eine Einschränkung des persönlichen Geltungsbereichs eines Tarifvertrages oder durch ausdrückliche Ausnahmeregelung im Tarifvertrag.
5. § 6 Abs. 1 BeschFG gestattet es den Tarifvertragsparteien nicht, vom Grundsatz der Gleichbehandlung, wie er in § 2 Abs. 2 BeschFG konkretisiert und niedergelegt ist, abzuweichen.

BAG*, Urteil vom* ***29.8.1989****; Az.: 3 AZR 370/88*
Fundstellen: AuR 1989, S. 384 = BetrAV 1989, S. 258 = BB 1989, S. 2116 = DB 1989, S. 2338 = NZA 1990, S. 37

Verfassungsrechtliche Zulässigkeit der rückwirkenden Gleichbehandlung unterhälftig Beschäftigter

Die rückwirkende Gleichstellung unterhälftig Beschäftigter mit Vollzeitkräften in der betrieblichen Altersversorgung verletzt den Arbeitgeber nicht in seinen Grundrechten. Dem Grundsatz des Vertrauensschutzes ist um so mehr hinreichend Rechnung getragen, wenn die mit der Gleichstellung verknüpfte finanzielle Belastung den Kriterien der Verhältnismäßigkeit und Zumutbarkeit entspricht.

*BVerfG, **Beschluss vom** 19.5.1999; **Az.:** 1 BvR 263/98*
Fundstellen: DB 1999, S. 1611 = NZA 1999, S. 815 = EWiR 1999, S. 701

Verwendung je nach Geschlecht unterschiedlicher versicherungsmathematischer Faktoren

1. Gemäß dem Urteil vom 17.05.1990 in der Rechtssache C 262/88 (Barber) kann die unmittelbare Wirkung von Artikel 119 EWG-Vertrag zur Stützung der Forderung nach Gleichbehandlung auf dem Gebiet der betrieblichen Renten nur für Leistungen geltend gemacht werden, die für Beschäftigungszeiten nach dem 17. Mai 1990 geschuldet werden, vorbehaltlich der Ausnahme, die für Arbeitnehmer oder deren anspruchsberechtigte Angehörige vorgesehen ist, die vor diesem Zeitpunkt nach dem anwendbaren innerstaatlichen Recht Klage erhoben oder einen entsprechenden Rechtsbehelf eingelegt haben. Die gleiche Wirkung ergibt sich für den Wert von Transferleistungen und Kapitalbetragszahlungen.
2. Die Verwendung je nach dem Geschlecht unterschiedlicher versicherungsmathematischer Faktoren im Rahmen der durch Kapitalansammlung erfolgenden Finanzierung von betrieblichen Versorgungssystemen mit feststehenden Leistungen fällt **nicht** in den Anwendungsbereich von Art. 119 EWGV.

EuGH**, Urteil vom **22.12.1993**; Rs C 152/91 - **Neath
Fundstellen: AuR 1994, S. 110 = BetrAV 1994, S. 23 = DB 1994, S. 484

Vorzeitige Renteninanspruchnahme und versicherungsmathematische Abschläge

Ein auf Männer beschränkter versicherungsmathematischer Abschlag für die vorzeitige Inanspruchnahme von Altersrente ist wirksam, soweit er Beschäftigungszeiten vor dem 17. Mai 1990 betrifft (im Anschluss an die Urteile des Senats vom 18 März 1998 – 3 AZR 759/95 – BAGE 85, 284, 290 und vom 3. Juni 1997 – 3 AZR 910/95 – BAGE 86, 79, 86).

*BAG, **Urteil vom** 23.3.1999; **Az.:** 3 AZR 647/97*
Fundstellen: DB 1999, S. 2119

Zeitlich unbegrenzt rückwirkende Anwendung des Gleichheitsgrundsatzes

1. § 3 Versorgungstarifvertrages für die Arbeitnehmer der Deutschen Bundespost ist wegen Verstoßes gegen den Gleichheitssatz (Art. 3 Abs. 1 GG) jedenfalls insoweit unwirksam, als alle **unterhälftig beschäftigten Teilzeitkräfte** von Leistungen der betrieblichen Altersversorgung ausgeschlossen worden sind. Im übrigen ist der Versorgungs-TV einschließlich der den Versorgungsanspruch begründenden Grundregel wirksam.
2. Der sich aus dem **Rechtsstaatsprinzip** (Art. 20 Abs. 3 GG) ergebende **Vertrauensschutz** gegenüber rückwirkenden Belastungen hat jedenfalls im vorlie-

genden Fall nicht zum Wegfall oder einer Einschränkung der geltend gemachten Versorgungsrechte geführt.

a) **Der Inhalt des Art. 3 Abs. 1 GG hat sich nicht geändert**.
b) Es bleibt offen, ob überhaupt ein Vertrauen darauf entstehen kann, dass die Gerichte trotz besserer Rechtserkenntnisse ihre Rechtsprechung nicht mehr für zurückliegende Zeiträume ändern. Zumindest hat eine **Interessenabwägung** zu erfolgen.
c) Die finanziellen Belastungen der Beklagten sind abzuwägen mit den Interessen der Arbeitnehmer an der Beachtung des Art. 3 Abs. 1 GG, der als verfassungsrechtliche Grundentscheidung für alle Bereiche des Rechts Geltung beansprucht.

3. Die in Maastricht beschlossene Protokollerklärung zu Art. 119 EG-Vertrag hat lediglich den zeitlichen Anwendungsbereich des Art. 119 EG-Vertrag, nicht aber die Geltung daneben anwendbarer nationaler Schutzvorschriften wie Art. 3 Abs. 1 GG eingeschränkt (Bestätigung des Senatsurteils vom 7. März 1995 - 3 AZR 282/94).

***BAG**, Urteil vom **16.1.1996**; Az.: 3 AZR 767/94*
Fundstellen: BetrAV 1996, S. 260 = BB 1996, S. 1225 = DB 1996, S. 939 = NJW 1996, S. 2052 = NZA 1996, S. 607

Zulässige Definition eines Höchsteintrittsalters

Eine Versorgungsregelung, die Leistungen von der Bedingung abhängig macht, dass die Begünstigten bei Beginn des Arbeitsverhältnisses ein bestimmtes Höchsteintrittsalter noch nicht überschritten haben, verstößt nicht gegen den Gleichbehandlungsgrundsatz.

***BAG**, Urteil vom **14.1.1986**; Az.: 3 AZR 456/86*
Fundstellen: AuR 1986, S. 280 = BB 1987, S. 1535 = DB 1986, S. 2237 = NZA 1987, S. 23

Zulässige Gruppenbildung bei einer Differenzierung von Teilzeitbeschäftigten

1. Ein Arbeitgeber, der Leistungen der betrieblichen Altersversorgung über eine Lebensversicherung zusagt (Direktversicherung), kann je nach dem Umfang der regelmäßigen Arbeitszeit der begünstigten Arbeitnehmer Gruppen bilden, die die Höhe der Versicherungsleistung und der dafür aufzubringenden Versicherungsprämien bestimmen.
2. Bei einer **versicherungsförmigen Versorgung** wird die Einteilung der Arbeitnehmer in **voll-, überhalbzeitig und unterhalbzeitig Beschäftigte** dem Lohngleichheitsgebot gerecht.

***BAG**, Urteil vom **5.10.1993**; Az.: 3 AZR 695/92*
Fundstellen: AuR 1994, S. 69 = BetrAV 1994, S. 54 = BB 1994, S. 222 = DB 1994, S. 739 = FamRZ 1994, S. 439 = MDR 1994, S. 490 = NZA 1994, S. 315 = RdA 1994, S. 125 = ZIP 1994, S. 554

Zulässigkeit der Altersgrenze 35 als Voraussetzung für die Unverfallbarkeit

Es ist verfassungsrechtlich nicht zu beanstanden, wenn § 1 Abs. 1 Satz 1 als Voraussetzung für die Unverfallbarkeit von Versorgungsanwartschaften auf die Vollendung des 35. Lebensjahres abstellt. Die Regelung enthält keine mittelbare Diskriminierung von Frauen und ist deshalb sowohl mit dem Grundgesetz als auch mit Artikel 119 EWG-Vertrag vereinbar.

***LAG Hamm**, Urteil vom **19.12.1989**; Az.: 6 Sa 115/89*
Fundstellen: BetrAV 1990, S. 84 = BB 1990, S. 496 = DB 1990, S. 590

Zulässigkeit einer ausschließlichen Versorgung leitender Mitarbeiter

1. Eine Versorgungsordnung, die ausschließlich für Mitarbeiter in gehobenen Positionen gilt, verstößt nicht gegen den Lohngleichheitsgrundsatz. Sie verletzt das verfassungsrechtliche Gleichberechtigungsprinzip oder das Lohngleichheitsgebot des Art. 119 EWG-Vertrag auch dann nicht, wenn sie unverhältnismäßig mehr Männer als Frauen begünstigt, weil Frauen nur in geringerer Zahl in gehobene Positionen gelangt sind.
2. Wenn eine Versorgungsordnung die Gruppe der Begünstigten mit Begriffen kennzeichnet, die nicht **geschlechtsneutral** gefasst sind, sondern nur die männliche Sprachform verwenden (z. B. der Prokurist, Meister, Schichtführer), so sind damit **im Zweifel männliche und weibliche Arbeitnehmer** gleichermaßen gemeint.

***BAG**, Beschluss vom **11.11.1986**; Az.: 3 ABR 74/85*
Fundstellen: AuR 1987, S. 180 = BetrAV 1987, S. 220 = BB 1987, S. 1116 = DB 1987, S. 994 = NZA 1987, S. 449

Zusatzversorgung für Teilzeitbeschäftigte bei der Post

1. § 3 Versorgungstarifvertrages für die Arbeitnehmer der Deutschen Bundespost in den bis zum 31. März 1991 geltenden Fassungen war wegen Verstoßes gegen Art. 3 Abs. 1 GG **nichtig**, soweit er Arbeitnehmer von der Zusatzversorgung bei der Versorgungsanstalt der Deutschen Bundespost (VAP) ausnahm, deren arbeitsvertraglich vereinbarte durchschnittliche Arbeitszeit **weniger als 18 Stunden** oder **weniger als die Hälfte** der jeweils geltenden regelmäßigen Wochenarbeitszeit eines Vollzeitbeschäftigten betrug.
2. Arbeitnehmer, die aufgrund entsprechend geringer Wochenarbeitszeiten nicht bei der VAP versichert worden waren, haben gegen die Deutsche Bundespost und deren Rechtsnachfolger einen **Anspruch auf Verschaffung** von Versorgungsleistungen, wie er ihnen zustünde, wenn sie auch in diesen Zeiten mit geringerer Beschäftigung versichert worden wären (Bestätigung der Senatsurteile vom 7. März 1995 - 3 AZR 282/94, AP Nr. 26 zu § 1 BetrAVG Gleichbehandlung sowie vom 16. Januar 1996 - 3 AZR 767/94).
3. Dies gilt nicht für solche Arbeitnehmer, die im Arbeitsverhältnis bei der Deutschen Bundespost nur in einem derart **geringen Umfang** beschäftigt waren, dass sie dort **nicht in der gesetzlichen Rentenversicherung pflichtversichert** wa-

ren, sowie für Zeiten des Arbeitsverhältnisses, in denen aufgrund des Beschäftigungsumfangs keine Rentenversicherungspflicht bestand. Insoweit war und ist der Ausschluss aus dem Versorgungswerk der Deutschen Bundespost rechtswirksam (Bestätigung und Weiterführung des Senatsurteils vom 27. Februar 1996 - 3 AZR 886/94).

***BAG**, Urteil vom **12.3.1996**; Az.: 3 AZR 993/94*
Fundstellen: BetrAV 1996, S. 261

Zusatzversorgung für Teilzeitbeschäftigte

1. Der arbeitsrechtliche Gleichbehandlungsgrundsatz verbietet die sachfremde Differenzierung zwischen Arbeitnehmern in einer bestimmten Ordnung. Eine Gruppenbildung muss sachlichen Kriterien entsprechen. Eine Differenzierung ist dann sachfremd, wenn es für die unterschiedliche Behandlung keine billigenswerte Gründe gibt.
2. § 2 Abs. 1 BeschFG konkretisiert das Gebot der Gleichbehandlung für den Bereich der Teilzeitarbeit. Eine unterschiedliche Behandlung von Arbeitnehmern allein wegen der Teilzeitarbeit ist unzulässig. Sachliche Gründe, die eine unterschiedliche Behandlung von Teilzeitkräften gestatten, müssen anderer Art sein, etwa auf Arbeitsleistung, Qualifikation, Berufserfahrung oder unterschiedlichen Anforderungen am Arbeitsplatz beruhen.
3. Das Verbot einer Ungleichbehandlung ohne sachliche Rechtfertigung galt auch in bezug auf Teilzeitbeschäftigte nicht erst seit dem Inkrafttreten des Beschäftigungsförderungsgesetzes am 1.5.1985. § 2 Abs. 1 BeschFG konkretisiert lediglich ohnehin geltendes Recht.
4. Die Geltung des Gleichbehandlungsgrundsatzes wird nicht durch den Tarifvorrang gem. § 6 Abs. 1 BeschFG aufgehoben.
5. Der allgemeine und vollständige Ausschluss unterhalbzeitig und unter 18 Wochenstunden beschäftigter Arbeitnehmer von tariflich vorgesehenen Leistungen ist unwirksam, wenn dafür nicht sachlich billigenswerte Gründe bestehen.
6. Hat der Arbeitgeber teilzeitbeschäftigte Arbeitnehmer unter Verletzung des Gleichbehandlungsgrundsatzes von der Zusatzversorgung ausgeschlossen, so ist er verpflichtet, den Arbeitnehmern eine gleichwertige Versorgung zu verschaffen. Kann der Arbeitnehmer nicht nachversichert werden, so muss der Arbeitgeber selbst eintreten.
7. Es bleibt offen, ob Arbeitnehmer, deren Arbeitszeit unter der Geringfügigkeitsgrenze gem. § 8 SGB IV lag, eine Zusatzversorgung verlangen können.

***BAG**, Urteil vom **28.7.1992**; Az.: 3 AZR 173/92*
Fundstellen: AuR 1993, S. 60 = BetrAV 1993, S. 49 = BB 1993, S. 437 = DB 1993, S. 169 = NJW 1993, S. 874 = NZA 1993, S. 215

Zusatzversorgung Teilzeitbeschäftigter

Die Dienstzeit teilzeitbeschäftigter Arbeitnehmer, die aufgrund ihres Geschlechts mittelbar diskriminiert worden sind, ist ab dem 8.4.1976 – dem Tag des Erlasses des Urteils Defrenne – für die Berechnung der ihnen zustehenden Zusatzleistungen zu **berücksichtigen.**

EuGH**, Urteil vom **11.12.1997**; Az.: **Rs. C- 246/96
Fundstellen: ArbuR 1998, S. 125 = BetrAV 1998, S. 216

Härtefallregelung

1275 **Rechtliche Bedeutung von Härtefallregelungen**

1. Härteklauseln in Versorgungsordnungen haben den Zweck, auch für **außergewöhnliche Sonderfälle** befriedigende Lösungswege zu öffnen. Sie begründen keine Pflicht des Arbeitgebers, tragende Entscheidungen der Versorgungsordnung abzuändern.
2. Das Erlöschen einer verfallbaren Versorgungsanwartschaft wenige Monate vor der Altersgrenze ist für sich noch kein Härtefall, und zwar auch dann nicht, wenn das Arbeitsverhältnis aus betrieblichen Gründen beendet wurde.

***BAG**, Urteil vom **29.3.1983**; Az.: 3 AZR 26/81*
Fundstellen: AuR 1983, S. 248 = BetrAV 1984, S. 21 = BB 1983, S. 2119 = DB 1983, S. 1879

1276 Hinterbliebenenversorgung

Anspruch auf Hinterbliebenenversorgung bei gleichzeitigem eigenen Anspruch auf Altersrente

Sind **beide Ehepartner** bei einem Arbeitgeber beschäftigt, so darf nicht einer von der betrieblichen Altersversorgung ausgeschlossen werden, weil er nach dem anderen eine Hinterbliebenenversorgung erhält.

***BAG**, Urteil vom **10.1.1989**; Az.: 3 AZR 308/87*
Fundstellen: AuR 1989, S. 257 = BetrAV 1989, S. 177 = BB 1989, S. 1556 = DB 1989, S. 1472 = FamRZ 1989, S. 968 = MDR 1989, S. 864 = NZA 1989, S. 683

Anspruch auf Witwerrente

1. Sagt der Arbeitgeber seinen Arbeitnehmern eine Witwenversorgung zu, so muss er auch eine **gleich hohe Witwerversorgung** zusagen. Der Ausschluss der Witwerversorgung verstößt gegen den Grundsatz der Lohngleichheit von Männern und Frauen.

2. Eine **Frist zur Einführung** der Witwerversorgung steht dem Arbeitgeber in einem solchen Fall **nicht zu**. Den Frauen kann nicht - übergangsweise - ein Teil des Lohnes vorenthalten werden, der den Männern unter im übrigen gleichen Voraussetzungen gezahlt wird.

***BAG**, Urteil vom **5.9.1989**; Az.: 3 AZR 575/88*
Fundstellen: AuR 1990, S. 27 = BetrAV 1989, S. 259 = BB 1989, S. 2400 = DB 1989, S. 2615 = MDR 1990, S. 276 = NJW 1990, S. 1008 = NZA 1990, S. 271

Ausschluss der Witwenrente trotz Scheidung der Zweitehe

1. Bestimmt eine Versorgungsordnung, dass der Anspruch auf Witwen- oder Witwerrente mit **Wiederverheiratung endet**, ist aber im Gegensatz zu § 46 Abs. 3 SGB VI (früher: § 1291 Abs. 2 RVO und § 68 Abs. 2 AVG) **kein Wiederaufleben** des Anspruchs nach Auflösung der zweiten Ehe vorgesehen, liegt keine Regelungslücke vor.
2. Die Wertmaßstäbe des Art. 3 Abs. 1 und Art. 6 Abs. 1 GG gebieten keine Wiederauflebensvorschrift. Betriebliche Altersversorgungen müssen nicht die in § 46 Abs. 3 SGB VI enthaltene familienpolitische Maßnahme ergänzen.

***BAG**, Urteil vom **16.4.1997**; Az.: 3 AZR 28/96*
Fundstellen: BetrAV 1997, S. 204 = BB 1997, S. 1903 = DB 1997, S. 1575

Ausschluss von Versorgungsehen

1. Eine Versorgungsordnung kann wirksam vorsehen, dass Hinterbliebenenversorgung nur geleistet wird, wenn die Ehe des versorgungsberechtigten Arbeitnehmers zur Zeit seines Todes **mindestens 2 Jahre** bestanden hat.
2. Ob diese Regelung ohne weiteres auch dann gilt, wenn der versorgungsberechtigte Arbeitnehmer seine Frau nach einer Scheidung erneut geheiratet hat, bleibt offen. Jedenfalls müsste eine ergänzende Vertragsauslegung davon ausgehen, dass die Betriebspartner für eine solche Fallgestaltung einen geeigneten Vermögenstatbestand geschaffen hätten, um sog. "**Versorgungsehen**" in der Hinterbliebenenversorgung auszuschließen.

***BAG**, Urteil vom **11.8.1987**; Az.: 3 AZR 6/86*
Fundstellen: AuR 1988, S. 57 = BetrAV 1988, S. 50 = BB 1988, S. 834 = DB 1988, S. 347 = FamRZ 1988, S. 498 = NZA 1988, S. 158

Ausschluss von Versorgungsehen; Umfang der Hinterbliebenenversorgung bei nicht-ehelichen Lebensgemeinschaften

1. Es bestehen keine Bedenken gegen die Wirksamkeit einer Versorgungsordnung, in der für eine Witwenversorgung vorausgesetzt wird, dass die **Ehe** des versorgungsberechtigten Arbeitnehmers **mindestens drei Monate bestanden** hat.
2. Das gilt auch dann, wenn der versorgungsberechtigte Arbeitnehmer seine Frau erneut geheiratet hat und die zweite Ehe die Mindestdauer nicht erreicht.

3. Eine Erstreckung der Witwenversorgung auf die **nicht-eheliche Lebenspartnerin** im Wege der Vertragsergänzung **kommt nicht in Betracht**.

***LAG Hamm**, Urteil vom **17.12.1991**; Az.: 6 Sa 1212/91*
Fundstellen: BB 1992, S. 862 = DB 1992, S. 535

Beschränkung der Hinterbliebenenversorgung auf Anwärtertod

Wenn durch Änderung einer Betriebsvereinbarung die betriebliche Altersversorgung von Rentenleistungen auf Kapitalleistungen umgestellt wird, rechtfertigt dies noch nicht, die Hinterbliebenenversorgung in der neuen Betriebsvereinbarung dahingehend zu beschränken, dass sie nur noch beim Tode eines Versorgungsanwärters und nicht mehr beim Tode eines Betriebsrentners gewährt wird.

***BAG**, Urteil vom **21.11.2000**; Az.: 3 AZR 91/00*
Fundstellen: zur Veröffentlichung vorgesehen

Einschränkung des Anspruchs auf Hinterbliebenenversorgung

Es ist von Rechts wegen nicht zu beanstanden, wenn eine Versorgungsordnung Ansprüche für Hinterbliebene nur einräumt, soweit deren familienrechtliche Beziehungen zu den begünstigten Arbeitnehmern bereits während des Arbeitsverhältnisses bestanden.

***BAG**, Urteil vom **19.12.2000**, Az.: 3 AZR 186/00*
***Fundstellen:** DB 2001, S. 2303 = BetrAV 2001, S. 683 (Ls.)*

Hinterbliebenenversorgung an eine Lebensgefährtin

Eine vertragliche Regelung, wonach Hinterbliebenenversorgung nicht an die ursprünglich begünstigte Ehefrau, sondern an eine Lebensgefährtin ausgezahlt werden soll, **kann** - je nach den Umständen des Einzelfalls - gegen die **guten Sitten verstoßen**. Es gelten ähnliche Grundsätze, wie sie der Bundesgerichtshof für letztwillige Verfügungen bei nichtehelichen Lebensgemeinschaften entwickelt hat.

***BAG**, Urteil vom **16.8.1983**; Az.: 3 AZR 34/81*
Fundstellen: AuR 1984, S. 155 = BetrAV 1984, S. 179 = BB 1984, S. 1168 = DB 1984, S. 887 = FamRZ 1984, S. 691 = NJW 1984, S. 1712

Keine Hinterbliebenenrente für zweite Ehefrau

Ist in einer Versorgungszusage eine Witwenrente für die namentlich genannte Ehefrau des Versorgungsberechtigten vorgesehen, kann er nach Versterben der Ehefrau und seiner Wiederverheiratung keine Witwenrente für seine zweite Ehefrau beanspruchen, es sei denn, die Umstände bei Abschluss der Versorgungsregelung rechtfertigen eine andere Auslegung.

***LAG Hamm**, Urteil vom **29.7.1997**; Az.: 6 Sa 167/97*
Fundstellen: BB 1997, S. 1904

Nachweis einer Versorgungsehe

Sieht eine betriebliche Versorgungsordnung den Ausschluss von Bezug des Witwengeldes vor, “wenn der **Verdacht einer Versorgungsehe** naheliegt”, so muss der Verdacht auf **objektiven** und **nachprüfbaren Tatsachen** beruhen. Der Verdacht kann durch ebenfalls objektive und nachprüfbare Tatsachen erschüttert werden.

Die **Darlegungs- und Beweislast obliegt** dem **Versorgungsberechtigten**.

BAG*, Urteil vom* ***4.7.1989****; Az.: 3 AZR 772/87*
Fundstellen: AuR 1989, S. 352 = BetrAV 1990, S. 57 = BB 1990, S. 494 = DB 1989, S. 2435 = NJW 1990, S. 1008 = NZA 1990, S. 273

Umfang einer Hinterbliebenenversorgung

Aus § 1 Abs. 1 BetrAVG ergibt sich kein Anspruch darauf, dass auch Angehörige bei der Hinterbliebenenversorgung berücksichtigt werden, die erst nach Beendigung des Arbeitsverhältnisses hinzukamen. Diese können in einer Versorgungsordnung von der Hinterbliebenenversorgung ausgeschlossen werden.

Hessisches LAG*, Urteil vom* ***3.11.1999****; Az.: 8 Sa 1808/98; Revision vom BAG mit Urteil v. 19.12.2000 – 3 AZR 186/00 zurückgewiesen*
Fundstellen: DB 2001, S. 712

Versorgungsleistungen nur für Hinterbliebene des „Haupternährers“

1. Es steht mit dem Grundgedanken der betrieblichen Altersversorgung im Einklang, wenn die Gewährung einer betrieblichen Hinterbliebenenrente davon abhängig gemacht wird, dass der Verstorbene den Unterhalt seiner Familie überwiegend bestritten hat. Eine derartige Regelung beinhaltet keine mittelbare Diskriminierung.
2. Hinsichtlich der Feststellung der Haupternährereigenschaft ist nicht auf einen Stichtag wie das Ausscheiden aus dem Betrieb oder den Eintritt des Versorgungsfalles abzustellen, sondern auf den Zeitraum, in dem die Familie bestanden hat.

LAG Hamm*, Urteil vom* ***8.12.1998****; Az.: 6 Sa 674/98; rkr.*
Fundstellen: DB 1999, S. 915 = BB 1999, S. 907

Versorgungsleistungen nur für Hinterbliebene des „Haupternährers“

1. Die Haupternährereigenschaft als Anspruchsvoraussetzung für die Witwenrente liegt vor, wenn der verstorbene Betriebsrentner während des ganz überwiegenden Zeitraums des Bestehens der Ehe (hier 23 ? Jahre) durch sein Einkommen zum Lebensunterhalt der Familie beigetragen, während seine Ehefrau den Haushalt geführt hat.
2. Dass die Ehefrau nach anschließender Trennung eigenes, aber unter dem Einkommen des Ehemanns liegendes Erwerbseinkommen erzielt hat, schadet nicht.

LAG Düsseldorf*, Urteil vom* ***15.4.1999****; Az.: 2 (12) Sa 12/99; n. rkr.*
Fundstellen: DB 1999, S. 1912

Zulässigkeit sog. “Getrenntlebensklauseln”

Eine Versorgungszusage, derzufolge die Zahlung einer Witwenrente davon abhängt, dass die Ehepartner vor dem Tode des Arbeitnehmers nicht dauernd getrennt gelebt haben (**Gerenntlebensklausel**), ist mit Art. 6 Abs. 1 GG vereinbar. Eine Berücksichtigung des Verschuldens am Getrenntleben in einer Getrenntlebensklausel wäre sachwidrig.

***BAG**, Urteil vom **6.9.1979**; Az.: 3 AZR 358/78*
Fundstellen: AuR 1980, S. 90 = BetrAV 1980, S. 19 = BB 1979, S. 1719 = DB 1980, S. 112 = FamRZ 1980, S. 135

Zulässigkeit sog. "Spätehenklauseln" auch bei nachträglicher Einführung

1. Der Arbeitnehmer hat i.S. des § 256 Abs. 1 ZPO ein rechtliches Interesse an der alsbaldigen Feststellung, dass seiner Ehefrau nach seinem Tod eine Witwenrente zusteht.
2. Der Senat hat für Eingriffe in die Höhe der Versorgungsanwartschaften ein dreiteiliges Prüfungsschema entwickelt (st. Rspr. seit dem Urteil v. 17.04.1985 - 3 AZR 72/83 - BAGE 49, 57, 66 ff.) Es lässt sich nicht ohne weiteres auf die Schaffung neuer Ausschlusstatbestände in der Hinterbliebenenversorgung übertragen (Fortführung der Rechtsprechung des Senats in den Urteilen vom 16.07.1996 - 3 AZR 398 - AP Nr. 21 zu § 1 BetrAVG Ablösung, und vom 27.08.1996 - 3 AZR 466/95 - AP Nr. 22 zu § 1 BetrAVG Ablösung). Um festzustellen, welcher Stufe des Prüfungsschemas der Eingriff am ehesten entspricht, ist auf die **allgemeinen Grundsätze** des **Vertrauensschutzes** und der **Verhältnismäßigkeit** zurückzugreifen.
3. Eine **Spätehenklausel**, wonach der Hinterbliebene Ehegatte keine Unterstützung erhält, wenn die Ehe erst nach Eintritt des Arbeitnehmers in den Ruhestand geschlossen wird, ist **rechtlich nicht zu beanstanden**. Soll sie sich auch auf bereits erteilte Versorgungszusagen und schon zurückgelegte Beschäftigungszeiten erstrecken, so reichen dafür **sachliche Gründe** aus. Sie können vorliegen, wenn der Arbeitnehmer im Zusammenhang mit der verfassungsrechtlich und europarechtlich notwendigen Verbesserung der Witwerversorgung zur Verringerung des damit verbundenen Mehraufwandes diese Spätehenklausel einführt.

***BAG**, Urteil vom **26.08.1997**; Az.: 3 AZR 235/96*
Fundstellen: BB 1998, S. 1114 = DB 1998, S. 1190 = BetrAV 1998, S. 222

Zulässigkeit sog. "Spätehenklauseln"

1. Es ist rechtlich zulässig, eine Witwenversorgung an die Bedingung zu knüpfen, dass der Arbeitnehmer bei seiner Heirat noch nicht pensioniert oder nicht 25 Jahre älter als seine Ehefrau sein dürfe.
2. Behält sich der Arbeitgeber vor, in Ausnahmefällen von einer solchen Spätehenklausel abzuweichen, so unterliegt seine Entscheidung einer Billigkeitskontrolle. Dabei muss der Ausnahmecharakter dieser Härteregelung respektiert werden. Dem Anspruchsteller obliegt es, besondere Umstände darzulegen, die mit Rücksicht auf die Billigkeit eine Durchbrechung der Regel gebieten.

***BAG**, Urteil vom **9.11.1978**; Az.: 3 AZR 784/77*
Fundstellen: AuR 1979, S. 283 = BetrAV 1979, S. 63 = BB 1979, S. 273 = DB 1979, S. 410

Hinweis- und Auskunftspflichten 1277

Gesteigerte Hinweispflicht des Arbeitgebers bei drohenden Versorgungsschäden

1. Den Arbeitgeber treffen jedenfalls dann erhöhte Hinweis- und Aufklärungspflichten, wenn er im betrieblichen Interesse den Abschluss eines Aufhebungsvertrags vorschlägt, der Arbeitnehmer offensichtlich mit den Besonderheiten der ihm zugesagten Zusatzversorgung des öffentlichen Dienstes nicht vertraut ist, sich der baldige Eintritt eines Versorgungsfalls (Berufs- oder Erwerbsunfähigkeit nach längerer Krankheit) bereits abzeichnet und durch die vorzeitige Beendigung des Arbeitsverhältnisses außergewöhnlich hohe Versorgungseinbußen drohen (Versicherungsrente statt Versorgungsrente).
2. Unter diesen Umständen reichen der allgemeine Hinweis auf mögliche Versorgungsnachteile und die bloße Verweisung an die Zusatzversorgungskasse unter Einräumung einer Bedenkzeit nicht aus. In einem solchen Fall ist der Arbeitnehmer darauf hinzuweisen, dass sich seine Zusatzversorgung bei Abschluss des Aufhebungsvertrags beträchtlich verringern kann. Auch über die Ursache dieses Risikos (Ausscheiden aus dem Arbeitsverhältnis vor Eintritt eines Versorgungsfalls) hat der Arbeitgeber den Arbeitnehmer in groben Umrissen zu unterrichten.

***BAG**, Urteil vom **17.10.2000**; Az.: 3 AZR 605/99*
Fundstellen: DB 2001, S. 286 = ZIP 2001, S. 472

Haftung des Arbeitgebers des öffentlichen Dienstes wegen unterlassener Aufklärung über Zusatzversorgungsmöglichkeiten

1. Der Arbeitgeber des öffentlichen Dienstes ist verpflichtet, den Arbeitnehmer bei der Begründung des Arbeitsverhältnisses über die bestehenden Zusatzversorgungsmöglichkeiten und die Mittel und Wege zu ihrer Ausschöpfung zu belehren (st. Rspr. Des Senats, vgl. zuletzt Urteil v. 23.5.1989 – 3 AZR 257/88, DB 1989, S. 2492).
2. Dieser Hinweis- und Aufklärungspflicht wird der Arbeitgeber des öffentlichen Dienstes in der Regel dadurch genügen, dass er die Vorschriften der Versorgungsregelung bei Beginn des Arbeitsverhältnisses dem Arbeitnehmer zur Kenntnis bringt, insbesondere ihm ein entsprechendes Satzungsexemplar aushändigt (BAG, Urteil v. 15.10.1985 – 3 AZR 612/83, AP Nr. 12 zu § 1 BetrAVG ZVK).
3. Im Einzelfall kann der Arbeitgeber des öffentlichen Dienstes auch verpflichtet sein, den Arbeitnehmer nach Ablauf einer zweijährigen Betriebszugehörigkeit darauf aufmerksam zu machen, dass er nunmehr innerhalb einer Frist von einem Monat den Antrag auf Aufnahme in die Pensionskasse stellen müsse. Von einem Arbeitnehmer kann nicht erwartet werden, dass er sich zwei Jahre im voraus den Beginn der Antragsfrist notiert oder sich merkt. Dem Arbeitgeber kann die Überwachung einer solchen Frist jedenfalls dann zugemutet werden, wenn er für an-

dere Arbeitnehmer, die Pflichtmitglieder bei der Pensionskasse werden, ohnehin die Frist überwachen muss und wenn der Arbeitnehmer sich bereits zu Beginn des Arbeitsverhältnisses bereit erklärt hat, der Pensionskasse beizutreten.

***BAG**, Urteil vom **17.12.1991**; Az.: 3 AZR 44/91*
Fundstellen: DB 1992, S. 1938

Hinweispflichten bei Auflösung des Arbeitsverhältnisses

1. Vor dem Abschluss eines Auflösungsvertrages muss sich der **Arbeitnehmer**, dessen Arbeitsverhältnis aufgelöst werden soll, **selbst** über die rechtlichen Folgen dieses Schrittes **Klarheit verschaffen**. Dies gilt auch für den Verlust einer Versorgungsanwartschaft.
2. **Ausnahmsweise** kann der Arbeitgeber verpflichtet sein, den Arbeitnehmer über den Verlust einer Versorgungsanwartschaft zu belehren. Eine solche Verpflichtung kommt dann in Betracht, wenn der Arbeitnehmer aufgrund **besonderer Umstände** darauf vertrauen darf, der Arbeitgeber werde bei der vorzeitigen Beendigung des Arbeitsverhältnisses die Interessen des Arbeitnehmers wahren und in redlicher Weise vor unbedachten nachteiligen Folgen des vorzeitigen Ausscheidens, insbesondere bei der Versorgung bewahren.

***BAG**, Urteil vom **3.7.1990**; Az.: 3 AZR 382/89*
Fundstellen: AuR 1990, S. 387 = BetrAV 1991, S. 22 = BB 1991, S. 142 = DB 1990, S. 2431 = NZA 1990, S. 971

Rechtsqualität einer Auskunft nach § 2 Abs. 6 BetrAVG

1. Erteilt der Arbeitgeber eine Auskunft nach § 2 Abs. 6 BetrAVG, so stellt diese **kein** abstraktes oder deklaratorisches **Schuldanerkenntnis** dar.
2. Erteilt der Arbeitgeber eine **unrichtige Auskunft** und richtet sich der Arbeitnehmer im Vertrauen darauf bei der Planung seiner Altersversorgung ein, so können ihm unter bestimmten Voraussetzungen **Schadensersatzansprüche** erwachsen.

***BAG**, Urteil vom **8.11.1983**; Az.: 3 AZR 511/81*
Fundstellen: AuR 1984, S. 120 = BetrAV 1984, S. 75 = BB 1984, S. 601 = DB 1984, S. 836

1278 Insolvenzsicherung

Anpassung von Betriebsrenten durch den PSV

1. Unter § 7 Abs. 1 BetrAVG fallen alle **Versorgungsempfänger** unabhängig davon, ob ihr Arbeitsverhältnis bis zum Versorgungsfall fortbestand oder schon vorher endete.

2. Lediglich der Insolvenzschutz der **Versorgungsanwärter** ist durch die Veränderungssperre des § 7 Abs. 2 Satz 3 i.V.m. § 2 Abs. 5 BetrAVG begrenzt. Für Versorgungsempfänger fehlt eine derartige Einschränkung. Sieht die Versorgungsordnung auch für ausgeschiedene Arbeitnehmer eine von § 16 BetrAVG losgelöste Dynamisierung der laufenden Betriebsrente vor, so hat der Pensions-Sicherungs-Verein nach § 7 Abs. 1 BetrAVG hierfür einzustehen (Fortführung des Urteils vom 22.11.1994 – 3 AZR 767/93 – BAGE 78, S. 279 (286) = DB 1995, S. 582).

***BAG**, Urteil vom **8.6.1999**; Az.: 3 AZR 39/98*
Fundstellen: BB 1999, S. 1983 = DB 1999, S. 2071

Anrechnung von "Nachdienstzeiten" und Insolvenzschutz

1. Der Pensions-Sicherungs-Verein muss **Verbesserungen** der Versorgungszusage durch den Arbeitgeber hinnehmen und für eine unverfallbare Versorgungsanwartschaft Insolvenzschutz leisten, sofern nicht einer der Fälle des Versicherungsmissbrauchs im Sinne des § 7 Abs. 5 BetrAVG vorliegt.
2. Das gilt auch, wenn der Arbeitnehmer vorzeitig aus dem Arbeitsverhältnis ausscheidet, um mit Vollendung des 60. Lebensjahres die vorgezogene Altersrente in der gesetzlichen Rentenversicherung in Anspruch nehmen zu können (§ 25 Abs. 2 AVG; § 1248 Abs. 2 RVO), und der Arbeitgeber die Zeit vom vorzeitigen Ausscheiden bis zur Vollendung des 60. Lebensjahres als versorgungssteigernde Dienstzeit anerkennt.

***BAG**, Urteil vom **10.3.1992**; Az.: 3 AZR 140/91*
Fundstellen: AuR 1992, S. 280 = BetrAV 1992, S. 222 = BB 1992, S. 2220 = DB 1992, S. 2251 = MDR 1993, S. 59 = NZA 1992, S. 932

Anrechnung von Vordienstzeiten und Insolvenzschutz

1. Versorgungsanwartschaften sind nach § 7 Abs. 2 Satz 1 BetrAVG nur insolvenzgeschützt, wenn sie nach § 1 Abs. 1 Satz 1 BetrAVG unverfallbar sind.
2. Wird **vertraglich** eine Betriebszugehörigkeit aus einem Arbeitsverhältnis **angerechnet**, bei dem eine **Versorgungszusage bestand**, so wirkt sich dies für die Betriebszugehörigkeit im Sinne von § 1 Abs. 1 Satz 1 BetrAVG und damit zugleich für ihren Insolvenzschutz nach § 7 Abs. 2 Satz 1 BetrAVG aus.

***BAG**, Urteil vom **3.8.1978**; Az.: 3 AZR 19/77*
Fundstellen: AuR 1979, S. 155 = BetrAV 1978, S. 244 = BB 1978, S. 1571 = DB 1978, S. 2127 = NJW 1979, S. 446

Anrechnung von Vordienstzeiten und Insolvenzschutz

Der **gesetzliche Insolvenzschutz** erstreckt sich **ausnahmsweise** auch auf solche Versorgungsanwartschaften, deren Unverfallbarkeit auf der Anrechnung von Vordienstzeiten beruht. Voraussetzung ist aber, dass die angerechnete Betriebszugehörigkeit bereits von einer **Versorgungszusage begleitet** war und **an das Arbeitsverhältnis heranreicht**, das eine neue Versorgungsanwartschaft begründet. War die verfallbare Versorgungsanwartschaft aus einem früheren Arbeitsverhältnis schon geraume Zeit erloschen, so kann die Anrechnung der entsprechenden Betriebszugehörigkeit zwar zur Unverfallbarkeit, nicht aber zum Insolvenzschutz der neuen Versorgungsanwartschaft führen.

***BAG**, Urteil vom **11.1.1983**; Az.: 3 AZR 212/80*
Fundstellen: AuR 1984, S. 53 = BetrAV 1984, S. 20 = BB 1984, S. 65 = DB 1984, S. 195 = NJW 1984, S. 1199

Anspruchs- und Vermögensübergang

1. Mit der Eröffnung des Konkursverfahrens über das Vermögen eines Arbeitgebers **gehen Ansprüche** eines Arbeitnehmers auf Leistungen der betrieblichen Altersversorgung **auf den PSV über**, soweit der Arbeitnehmer den PSV in Anspruch nehmen kann (§ 9 Abs. 2 Satz 1 BetrAVG).
2. Mit dem Anspruch des Arbeitnehmers auf Betriebsrente gehen auch die zur **Sicherung der Betriebsrente eingeräumten Rechte** auf den neuen Gläubiger, den PSV, über. Die durch den **Schuldbeitritt** eines Dritten entstandene Forderung ist ein solches zur Sicherung der Betriebsrente eingeräumtes Recht.
3. Nach § 7 Abs. 1 Satz 1 BetrAVG hat der PSV bei Eröffnung des Konkursverfahrens über das Vermögen des Arbeitgebers dem Arbeitnehmer die Betriebsrente so zu zahlen, wie sie dem Arbeitnehmer zugesagt worden ist. Der Anspruch des versorgungsberechtigten Arbeitnehmers gegen den PSV **mindert sich nicht** um die Ansprüche des Arbeitnehmers aus dem Schuldbeitritt. Die Ansprüche eines Arbeitnehmers mindern sich im Fall des Konkurses des ursprünglichen Versorgungsschuldners nur um die Leistungen, die ein sonstiger Träger der Versorgung tatsächlich erbringt (§ 7 Abs. 4 BetrAVG).
4. Der Arbeitnehmer erhält mit der Eröffnung des Konkursverfahrens über das Vermögen des Arbeitgebers mit dem PSV **einen neuen, zahlungsfähigen Schuldner**. Dieser Schuldner (PSV) kann sich nach dem Übergang der Forderungen aus dem Versorgungsversprechen und dem Schuldbeitritt an den Versorgungsschuldner und an den dieser Schuld beigetretenen Dritten halten.

***BAG**, Urteil vom **12.12.1989**, Az.: 3 AZR 540/88*
Fundstellen: AuR 1990, S. 163 = BetrAV 1990, S. 179 = BB 1990, S. 857 = DB 1990, S. 895 = NZA 1990, S. 475

Ausschlussfrist für die Anmeldung von Versorgungsansprüchen oder -anwartschaften

1. Der Pensions-Sicherungs-Verein hat die dem Berechtigten zustehenden Versorgungsansprüche oder –anwartschaften schriftlich mitzuteilen (§ 9 Abs. 1 S. 1 BetrAVG). Unterbleibt die Mitteilung, so sind nicht nur Ansprüche, sondern auch Anwartschaften spätestens ein Jahr nach dem Sicherungsfall vom Berechtigten anzumelden (§ 9 Abs. 1 S.2 Hs. 1 BetrAVG). Auf den eintritt des Versorgungsfalls kommt es nicht an.

2. Hat der Berechtigte einen Anwartschaftsausweis erhalten, ist der Pensions-Sicherungs-Verein durch die Verjährungsvorschriften (§ 196 Abs. 1 Nr. 8, 9 BGB) vor der Geltendmachung von Ansprüchen für lange zurückliegende Zeiträume geschützt.

***BAG**, Urteil vom **21.3.2000**; Az.: 3 AZR 72/99*
Fundstellen: ZIP 2000, S. 935 = BB 2000, S. 1356 = DB 2000, S. 1236 = BetrAV 2000, S. 398 (LS)

Aussonderung der Direktversicherung im Konkurs des Arbeitgebers

1. Der Arbeitgeber kann als Versicherungsnehmer dem Arbeitnehmer, seinen Angehörigen und Erben ein **unwiderrufliches Bezugsrecht** auf Versicherungsleistungen aus einem Lebensversicherungsvertrag einräumen. Im Konkurs des Arbeitgebers gehört der **Anspruch auf die Versicherungsleistungen nicht zur Konkursmasse** (§ 1 Abs. 1 KO). Der Arbeitnehmer oder der an seiner Stelle unwiderruflich Bezugsberechtigte kann **Aussonderung** dieses Vermögensgegenstandes aus der Konkursmasse verlangen (§ 43 KO).
2. Das unwiderrufliche Bezugsrecht kann durch Vorbehalte eingeschränkt werden (**eingeschränkt unwiderrufliches Bezugsrecht**). wenn die Voraussetzungen der Vorbehalte nicht erfüllt sind, hat der eingeschränkt unwiderruflich Bezugsberechtigte im Konkurs des Arbeitgebers die **gleiche Rechtsstellung** wie ein uneingeschränkt unwiderruflich Bezugsberechtigter.
3. Die dem Arbeitgeber vom Arbeitnehmer eingeräumte Ermächtigung, Vorauszahlungen des Versicherers auf die Versicherungsleistungen "während der Dauer des Arbeitsverhältnisses" entgegenzunehmen, erlischt mit der Beendigung des Arbeitsverhältnisses und kann nicht in die Konkursmasse fallen, wenn das Arbeitsverhältnis vorher beendet wurde.

BAG, *Urteil vom **26.6.1990**; Az.: 3 AZR 2/89*
Fundstellen: BB 1991, S. 72 = NZA 1991, S. 144

Auswirkungen einer Klageabweisung

Wird die Klage eines Arbeitnehmers gegen den PSV auf Gewährung von Insolvenzschutz abgewiesen, so kann auch ein Hinterbliebener keinen Insolvenzschutz verlangen. **Der Versorgungsanspruch der Hinterbliebenen teilt das Schicksal der Hauptrente**.

***BAG**, Urteil vom **12.6.1990**, Az.: 3 AZR 524/88*
Fundstellen: AuR 1990, S. 361 = BetrAV 1991, S. 22 = BB 1990, S. 2052 = DB 1990, S. 2271 = FamRZ 1991, S. 57 = NZA 1991, S. 20

Behandlung einer Unterstützungskasse bei Insolvenz des Trägerunternehmens

1. Wird eine betriebliche Altersversorgung über eine **Unterstützungskasse** zugesagt, gehen im **Konkurs des Arbeitgebers** (Trägerunternehmens) die Forderungen der Arbeitnehmer gegen den Arbeitgeber nach § 9 Abs. 2 BetrAVG auf

den PSV über (Bestätigung von BAG vom 26.8.1986 - 3 AZR 98/85).

2. Daneben geht nach § 9 Abs. 3 BetrAVG auch das **Vermögen der Unterstützungskasse** einschließlich der Verbindlichkeiten auf den PSV über. Zum Vermögen der Unterstützungskasse kann eine Darlehensforderung gegen das Trägerunternehmen gehören.
3. a) Forderungs- und Vermögensübergang dienen demselben Zweck; der PSV soll schadlos gestellt werden, soweit er Versorgungsleistungen erbringt, die das Trägerunternehmen der Unterstützungskasse nicht mehr sicherstellen kann.
   b) Es geht das **gesamte Vermögen** der Unterstützungskasse auf den PSV über. Bei der Berechnung der nach § 9 Abs. 2 BetrAVG übergehenden Forderungen der Arbeitnehmer ist derjenige Betrag abzusetzen, der tatsächlich aus dem Vermögen der Unterstützungskasse erzielt werden kann.
   c) Im Konkurs des Trägerunternehmens ist daher zunächst das Kassenvermögen festzustellen. Seine Höhe - evtl. in Höhe der Konkursquote - bestimmt die Höhe der von den Arbeitnehmern nach § 9 Abs. 2 BetrAVG auf den PSV übergegangenen Forderungen.

***BAG**, Urteil vom **6.10.1992**; Az.: 3 AZR 41/92*
Fundstellen: BB 1993, S. 368 = DB 1993, S. 987 = NZA 1993, S. 455

Berechnung der Insolvenzsicherung

1. Bei der Berechnung der Insolvenzsicherung kommt es auf die tatsächlichen Verhältnisse im Zeitpunkt des Sicherungsfalles und nicht auf die tatsächlichen Verhältnisse im Zeitpunkt des Versorgungsfalls an.
2. Nach § 7 Abs. 2 Satz 3 Halbsatz 2 i.V.m. § 2 Abs. 5 Satz 1 Halbsatz 1 BetrAVG sind die im Zeitpunkt des Sicherungsfalles bestehenden Bemessungsgrundlagen auf den Zeitpunkt des Versorgungsfalls hochzurechnen. Diese Vorschriften gehen von einem unveränderten Fortbestand des Arbeitsverhältnisses und der Bemessungsgrundlagen aus. Das Risiko, kein gleichwertiges Arbeitsverhältnis mehr eingehen und keine gleichwertige Altersversorgung für die Zeit nach dem Sicherungsfall mehr erwerben zu können, trägt der Arbeitnehmer. Insoweit genießt er keinen Insolvenzschutz.

***BAG**, Urteil vom **12.3.1991**; Az.: 3 AZR 63/90*
Fundstellen: AuR 1991, S. 380 = BetrAV 1992, S. 27 = BB 1991, S. 2532 = DB 1991, S. 2552 = NZA 1992, S. 132

Durchgriffshaftung nach Unternehmensaufspaltung

1. Die Regeln über die konzernrechtliche Durchgriffshaftung gelten auch im Falle einer Unternehmensaufspaltung in einem GmbH & Co. KG-Konzern, wenn die Betriebsgesellschaft von der Besitzgesellschaft umfassend gesteuert wird, die Betriebsgesellschaft nicht für ihre Liquidität vorsorgen kann und die Besitzgesellschaft nicht darzulegen vermag, dass sich eine unabhängige Gesellschaft auf eine derartige Verhaltensweise hätte einlassen können.

2. Bei einer Aufspaltung in eine Vertriebs- und eine Produktions-KG, welche dieselbe Verwaltungs-GmbH als Komplementärin haben, kann neben der Verwaltungs-GmbH auch die Vertriebsgesellschaft wegen Verbindlichkeiten der Produktionsgesellschaft im Wege der Durchgriffshaftung in Anspruch genommen werden, wenn sich die Verwaltungs-GmbH bei ihrer beherrschenden, auf die Interessen der Produktionsgesellschaft unzureichende Rücksicht nehmende Leitung der Vertriebsgesellschaft bedient und bei ihr ihre unternehmerischen und ihre Vermögensinteressen konzentriert hat.

***BAG**, Urteil vom **8.9.1999**; Az.: 3 AZR 185/97*
Fundstellen: NZA 1999, S. 543

Dynamisierung laufender Betriebsrenten

Der Insolvenzschutz für Versorgungsanwärter (§ 7 Abs. 2 BetrAVG) umfasst nicht eine dem Arbeitnehmer zugesagte, nach variablen Größen bemessene Dynamisierung der laufenden Betriebsrente. Diese Begrenzung der Insolvenzsicherung ist verfassungsrechtlich nicht zu beanstanden.

***BAG**, Urteil vom **4.4.2000**; Az.: 3 AZR 458/98*
Fundstellen: zur Veröffentlichung vorgesehen

Feststellungsklage gegen den PSV

Eine gegen den PSV gerichtete Feststellungsklage auf Feststellung, dass der klagende Arbeitgeber zum Widerruf der Versorgungszusage berechtigt und der PSV zur Zahlung der Leistungen aus der Zusage verpflichtet sei, weil ein Fall des § 7 Abs. 1 Nr. 3 BetrAVG n.F. (vollständige Betriebseinstellung im offensichtlich masselosen Unternehmen) vorliege, ist **unzulässig**.

***LAG Köln**, Urteil vom **19.3.1999**; Az.: 4 Sa 1652/98 (rkr.)*
Fundstellen: DB 1999, S. 1964

Haftung des PSV für rückständige Ruhegelder

1. Die Beschränkung der Haftung des PSV für rückständige Ruhegelder auf 6 Monate verstößt nicht gegen die Richtlinie des Rates 80/987/EWG vom 20.10.1980.
2. Weder die Richtlinie noch die Entscheidung des EuGH vom 10.7.1997 (NZA 1997, 988 = NJW 1997, 2586 – Maso) gebieten es, dass der Referenzzeitraum für rückständige Ruhegelder bereits mit dem Zeitpunkt der Stellung des Antrags auf Eröffnung des Insolvenzverfahrens statt mit der Entscheidung über diesen Antrag beginnt.

***LAG Köln**, Urteil vom **10.6.1999**; Az.: 10 Sa 1647/98*
Fundstellen: NZA 1999, S. 1106

Insolvenz nach verschlechternder Neuordnung

1. Der unverfallbare Teil einer Versorgungsanwartschaft ist gegen Insolvenz des Arbeitgebers geschützt. Dieser Schutz wird nicht dadurch geschmälert, dass eine

ablösende Betriebsvereinbarung schon **vor** dem **Insolvenzfall** verringerte Steigerungsraten und dadurch eine gekürzte Vollrente einführt (Bestätigung von BAG vom 22.9.1987 - 3 AZR 662/85).

2. Die ablösende Betriebsvereinbarung muss die Grundsätze der **Verhältnismäßigkeit** und des **Vertrauensschutzes** beachten.
3. Eine ablösende Betriebsvereinbarung braucht jedenfalls dann keine besonderen Regelungen für rentennahe Jahrgänge zu enthalten, wenn eine **allgemeine Härteklausel** vorgesehen ist.
4. Die Verweisung im Arbeitsvertrag eines leitenden angestellten auf eine in einer Betriebsvereinbarung niedergelegte Versorgungsordnung ist im Zweifel als **dynamische Verweisung** auf die jeweils für die Arbeitnehmer des Betriebs geltende Betriebsvereinbarung (Versorgungsordnung) zu verstehen. Eine solche Verweisung wird in der Regel den Interessen beider Parteien eher gerecht als eine Verweisung auf einen im Zeitpunkt der Vereinbarung bestehenden Rechtszustand.

***BAG**, Urteil vom **21.1.1992**; Az.: 3 AZR 21/91*
Fundstellen: AuR 1992, S. 157 = BetrAV 1992, S. 199 = BB 1992, S. 860 = DB 1992, S. 1051 = NZA 1992, S. 659

Insolvenzrechtliche Besonderheiten bei einer Gruppenunterstützungskasse

1. Gemäß § 9 Abs. 3 BetrAVG hat der PSV gegen eine **Unterstützungskasse mit mehreren Trägerunternehmen** einen Anspruch auf Zahlung eines Betrags, der dem **Teil des Vermögens** der Kasse entspricht, der auf das Trägerunternehmen entfällt, bei dem der Sicherungsfall eingetreten ist.
2. Welche Vermögensanteile den einzelnen Trägerunternehmen zustehen, bestimmt sich nach den von den Beteiligten getroffenen Vereinbarungen.
3. Wird der Verpflichtungsumfang der Kasse und die Höhe der Forderungen der Kasse gegen die einzelnen Trägerunternehmen **buchmäßig getrennt** und **gesondert verwaltet**, so entspricht der Vermögensanteil der einzelnen Trägerunternehmen im Zweifel der Höhe des betreffenden Dotierungsanspruchs. Die übrigen Trägerunternehmen **haften** dann **nicht solidarisch** mit ihren Vermögensanteilen für den Ausgleichsanspruch des PSV.

***BAG**, Urteil vom **22.10.1991**; Az.: 3 AZR 1/91*
Fundstellen: AuR 1992, S. 184 = BetrAV 1992, S. 178 = BB 1992, S. 864 = DB 1992, S. 996

Insolvenzschutz bei Beleihung einer Direktversicherung

1. Ist dem Arbeitnehmer ein sog. **eingeschränkt widerrufliches Bezugsrecht** eingeräumt worden, so kann der Arbeitgeber bereits aufgrund der mit dem Bezugsrecht verbundenen Vorbehalte die Ansprüche aus dem Versicherungsvertrag beleihen. Eine **weitere Zustimmung** des Arbeitnehmers ist **nicht erforderlich**. Auf die Wirksamkeit und damit auch auf die Anfechtbarkeit einer zusätzlich erteilten Zustimmung des Arbeitnehmers zur Beleihung kommt es nicht an.

2. Allein die **Zustimmung des Arbeitnehmers** zur Beleihung der Ansprüche aus dem Versicherungsvertrag **führt nicht zum Wegfall des Insolvenzschutzes**. Die Voraussetzungen eines Versicherungsmissbrauchs sind in § 7 Abs. 5 BetrAVG geregelt (Bestätigung der bisherigen Rechtsprechung des Senats; vgl. BAGE 65, 215, 223 = AP Nr. 11 zu § 1 BetrAVG Lebensversicherung, zu II 2 der Gründe).
3. Nach § 7 Abs. 5 Satz 1 BetrAVG verliert der Arbeitnehmer nur dann den Insolvenzschutz, wenn er mit dem Arbeitgeber **missbräuchlich zusammenwirkt** und den missbilligten Zweck der Beleihung zumindest erkennen kann. Diese Voraussetzung ist nicht erfüllt, wenn dem Arbeitnehmer zwar wirtschaftliche Schwierigkeiten seines Arbeitgebers bekannt sind, er aber angenommen hat und auch annehmen durfte, dass die vorgesehene Sanierung erfolgreich sein werde und die Insolvenzsicherung nicht in Anspruch genommen werden müsse (Fortführung von BAGE 65, 215, 224 = AP Nr. 11 zu § 1 BetrAVG Lebensversicherung, zu III 1 der Gründe).
4. Die **Missbrauchsvermutungen** des § 7 Abs. 5 Sätze 2 und 3 BetrAVG sind auf Beleihungen der Ansprüche aus Direktversicherungsverträgen **nicht anwendbar** (Bestätigung von BAGE 65, 215, 224 = AP Nr. 11 zu § 1 BetrAVG Lebensversicherung, zu III der Gründe).

***BAG**, Urteil vom **17.10.1995**, Az.: 3 AZR 420/94*
Fundstellen: BetrAV 1996, S. 258 = BB 1996, S. 1389 = DB 1996, S. 1426 = ZIP 1996, S. 1052

Insolvenzschutz bei Betriebseinstellung und offensichtlicher Masselosigkeit

1. Der Sicherungsfall des § 7 Abs. 1 Satz 3 Nr. 4 BetrAVG setzt voraus, dass der Arbeitgeber seine **Betriebstätigkeit vollständig beendet** und **offensichtlich keine Konkursmasse** vorhanden ist, die zur Deckung der Kosten eines Konkursverfahrens ausreicht.
2. Die **offensichtliche Masselosigkeit** ist eine anspruchsbegründende Tatbestandsvoraussetzung. Es kommt nicht darauf an, über welche Kenntnisse der Betriebsrentner und der PSV verfügen. Entscheidend sind die **objektiven Verhältnisse** (Klarstellung zum Urteil vom 11.9.1980 – 3 AZR 544/79 – BAGE 34, 146).
3. Die Masselosigkeit muss nicht schon bei der Betriebseinstellung vorliegen und offensichtlich sein (Fortführung der bisherigen Rspr., vgl. BAGE 34, 146 und BAGE 47, 229).
4. Die Einstandspflicht des PSV entsteht **in dem Zeitpunkt**, in dem alle Tatbestandsvoraussetzungen des § 7 Abs. 1 Satz 3 Nr. 4 BetrAVG vorliegen. Ein später gestellter Konkursantrag führt nicht dazu, dass der Insolvenzschutz des § 7 Abs. 1 Satz 3 Nr. 4 BetrAVG rückwirkend entfällt.
5. Ansprüche, die nicht gegen den Arbeitgeber oder sonstige Versorgungsträger, sondern gegen Dritte gerichtet sind, wie etwa Schadensersatzansprüche wegen verspäteter Konkursanmeldung, berühren die Insolvenzsicherung nicht (§ 7

Abs. 1 und 4 BetrAVG). Es ist Sache des PSV, sich diese Ansprüche abtreten zu lassen und dann durchzusetzen.

***BAG**, Urteil vom **9.12.1997**; Az.: 3 AZR 429/96*
Fundstellen: BetrAV 1998, S. 219 = ZIP 1998, S. 1156

Insolvenzschutz bei einer durch Gehaltsumwandlung finanzierten und beliehenen Direktversicherung

1. Eine betriebliche Altersversorgung in Form einer Direktversicherung (§ 1 Abs. 2 Satz 1 BetrAVG) kann auch dann vorliegen, wenn die Prämien der Versicherung auf das Leben des Arbeitnehmers vereinbarungsgemäß anstelle einer Vergütung gezahlt werden sollen (**Versicherung nach Gehaltsumwandlung**). Auch diese Form der betrieblichen Altersversorgung ist nach § 7 Abs. 2 Satz 1 Nr. 2 BetrAVG insolvenzgeschützt.
2. Zu den **Merkmalen einer betrieblichen Altersversorgung** gehören das Versprechen einer Leistung zum Zweck der Versorgung, ein den Versorgungsanspruch auslösendes Ereignis wie Alter, Invalidität oder Tod sowie die Zusage an einen Arbeitnehmer durch den Arbeitgeber aus Anlass des Arbeitsverhältnisses (st. Rspr. des Senats, vgl. zuletzt, Urteil vom 8.5.1990 - 3 AZR 121/89, DB 1990, S. 2375). Es gibt **kein** weiteres einschränkendes, ungeschriebenes **Tatbestandsmerkmal "zusätzlich zum Barlohn entrichtete, freiwillige Arbeitgeberleistung**".
3. Erteilt ein unwiderruflich bezugsberechtigter Arbeitnehmer **nachträglich** dem Arbeitgeber die **Zustimmung zur Beleihung** der Ansprüche aus dem Lebensversicherungsvertrag und entsteht durch die Beleihung eine Versorgungslücke, so schließt dies allein den Insolvenzschutz noch nicht wegen fehlender Schutzbedürftigkeit aus.
4. Nach § 7 Abs. 5 BetrAVG besteht dann kein Insolvenzschutz wegen missbräuchlicher Beleihung, wenn der Arbeitnehmer am Missbrauch beteiligt war. Ein **missbräuchliches Zusammenwirken** des Arbeitnehmers mit dem Arbeitgeber ergibt sich nicht allein daraus, dass der Arbeitnehmer dem Arbeitgeber eine Zustimmung zur Beleihung der Ansprüche aus dem Lebensversicherungsvertrag erteilt.
5. § 7 Abs. 5 Satz 3 BetrAVG kann auf Beleihungen einer Lebensversicherung nicht entsprechend angewandt werden.

***BAG**, Urteil vom **26.6.1990**, Az.: 3 AZR 641/88*
Fundstellen: AuR 1991, S. 27 = BetrAV 1991, S. 67 = BB 1991, S. 482 = DB 1990, S. 2475 = MDR 1991, S. 281 = NJW 1991, S. 717 = NZA 1991, S. 144 = ZAP 1991, F. 17 R, S. 13

Insolvenzschutz bei einer Gruppen-Unterstützungskasse

Wenn eine Unterstützungskasse mehrere Trägerunternehmen hat (**Konzern- oder Gruppenkasse**) und nur bei einem Trägerunternehmen ein Sicherungsfall im Sinne von § 7 Abs. 1 BetrAVG eintritt, so genießen nur die Mitarbeiter dieses Trägerunternehmens Insolvenzschutz.

***BAG**, Urteil vom **24.1.1980**; Az.: 3 AZR 502/79*
Fundstellen: BetrAV 1980, S. 183 = BB 1980, S. 941 = DB 1980, S. 1400

Insolvenzschutz bei Kommanditistenstellung

Ein Kommanditist mit 50% Kommanditanteil und Gesamtprokura ist als Berechtigter im Sinne von § 17 Abs. 1 Satz 2 BetrAVG anzusehen, wenn er nicht eigenverantwortlicher Leiter des Unternehmens ist.

***BGH**, Urteil vom **1.2.1999**; Az.: II ZR 276/97*
Fundstellen: NZA 1999, S. 380

Insolvenzschutz bei volldynamischer Versorgungszusage

1. Der Umfang des Insolvenzschutzes für Betriebsrentner und Rentenanwartschaftsberechtigte ergibt sich ausschließlich aus dem Betriebsrentengesetz.
2. Trift der Insolvenzfall einen **Betriebsrentner**, muss der Träger der Insolvenzsicherung nach § 7 Abs. 1 BetrAVG in dem Umfang eintreten, der sich aus der **Versorgungszusage** des Arbeitgebers ergibt. Enthält die Zusage eine unabhängig von § 16 BetrAVG bestehende Anpassungspflicht des Arbeitgebers, wie etwa bei Versorgungsregelungen nach den Richtlinien des Essener Verbandes, besteht diese Pflicht auch für den Pensions-Sicherungs-Verein (Bestätigung der Senatsurteile vom 3.8.1978 - BAGE 31, 45 = AP Nr. 1 zu § 7 BetrAVG; vom 15.2.1994 - 3 AZR 705/93 - AP Nr. 82 zu § 7 BetrAVG).
3. Der Anspruch für den Inhaber einer im Insolvenzfall **unverfallbaren Versorgungsanwartschaft** gegen den Träger der Insolvenzsicherung richtet sich gemäß § 7 Abs. 2 Satz 3 nach § 2 Abs. 1, Abs. und Abs. 5 BetrAVG. Damit sind **Veränderungen der Bemessungsgrundlage** für die Berechnung des Betriebsrentenanspruchs, die nach dem Insolvenzfall eintreten, für die Berechnung des Anspruchs gegen den Träger der Insolvenzsicherung **unerheblich**. Eine **vertraglich versprochene Anpassung** der Rentenanwartschaft **nach variablen Bezugsgrößen**, wie etwa den Gruppenbeträgen des Essener Verbandes, ist damit **nicht insolvenzgesichert**.
4. Die Veränderungssperre des § 2 Abs. 5 BetrAVG wirkt im rahmen des Insolvenzschutzes nach § 7 Abs. 2 BetrAVG nicht nur bis zum Eintritt des Versorgungsfalls. Auch Veränderungen der Bemessungsgrundlagen nach Eintritt des Versorgungsfalls sind für die Berechnung des Teilanspruchs gegenüber dem Träger der Insolvenzsicherung unbeachtlich (insoweit Aufgabe des Senatsurteils vom 3.8.1978 - BAGE 31, 44, 55 = AP Nr. 1 Zu § 7 BetrAVG, zu II 2 a der Gründe).

***BAG**, Urteil vom **22.11.1994**; Az.: 3 AZR 767/93*
Fundstellen: AuR 1995, S. 149 = BB 1995, S. 679 = DB 1995, S. 582 = NZA 1995, S. 887 = RdA 1995, S. 190 = ZAP 1995 F. 17R, S. 127 = ZIP 1995, S. 584

Insolvenzschutz bei wirtschaftlicher Notlage

1. Der Widerruf einer Versorgungszusage wegen wirtschaftlicher Notlage (§ 7 Abs. 1 Satz 3 Nr. 5 BetrAVG) setzt voraus, dass der **Bestand** des Unternehmens

aus wirtschaftlichen Gründen **gefährdet** und die Einstellung oder Kürzung der Versorgungsleistungen ein **geeignetes Mittel** ist, zur Sanierung beizutragen.

2. Die wirtschaftliche Notlage muss durch die **Betriebsanalyse** eines **Sachverständigen** unter Darstellung ihrer Ursachen belegt werden. Ferner muss ein **Sanierungsplan** erstellt werden, der eine **gerechte Lastenverteilung** unter Heranziehung sämtlicher Beteiligten vorsieht.

3. Für die Beurteilung der Frage, ob eine wirtschaftliche Notlage vorliegt, ist der **Zeitpunkt** maßgebend, in dem der Versorgungsschuldner den Pensions-Sicherungs-Verein zur Übernahme der Versorgungsschuld auffordert.

4. Handelt es sich bei dem notleidenden Unternehmen um eine **konzernabhängige** Gesellschaft, so ist die wirtschaftliche Notlage dieser Gesellschaft dem beherrschenden Unternehmen dann **nicht zuzurechnen**, wenn bei der Entstehung der Verluste das **Konzerninteresse keine Rolle** gespielt hat, insbesondere bei der Entstehung der wirtschaftlichen Krise noch **keine Leitungsmacht** der Konzernobergesellschaft bestand.

5. Übernimmt die Konzernobergesellschaft sämtliche Geschäftsanteile eines notleidenden Unternehmens, um dieses weiterzuführen, so muss sich die **Obergesellschaft** in einem **angemessenen Umfang an der Sanierung beteiligen**. Sie wird im Regelfall die Hauptlast der Sanierung zu tragen haben. Die Entscheidung für die Sanierung führt aber nicht dazu, dass die Obergesellschaft bis zur eigenen wirtschaftlichen Erschöpfung Finanzierungsbeiträge leisten muss.

6. Eine im Sanierungsplan vorzusehende gerechte Lastenverteilung scheitert nicht daran, dass der Versorgungsschuldner es unterlassen hat, außenstehende Unternehmensgläubiger (z. B. Banken, Lieferanten) zu Forderungsverzichten zu veranlassen.

7. Der **Pensions-Sicherungs-Verein** hat dem Versorgungsschuldner die Chance einzuräumen, die Sanierung zu erreichen. Der Pensions-Sicherungs-Verein ist jedoch **nicht verpflichtet**, dem notleidenden Unternehmen die **Versorgungslast auf Dauer abzunehmen**. Der **Zeitraum**, in dem der Pensions-Sicherungs-Verein Sanierungsbeiträge zu leisten hat, sowie die **Höhe der Sanierungsbeiträge** in dieser Zeit, hängen von den Umständen des einzelnen Falles ab.

***BAG**, Urteil vom **16.3.1993**; Az.: 3 AZR 299/92*
Fundstellen: AuR 1993, S. 355 = BetrAV 1993, S. 277 = BB 1993, S. 2090 = DB 1993, S. 1927 = MDR 1994, S. 179 = NZA 1993, S. 942 = ZAP 1993 F. 17R, S. 63

Insolvenzschutz einer Gehaltsumwandlungs-Versorgungszusage

Versorgungsleistungen des Arbeitgebers, die aus einer **Umwandlung von Gehaltsbestandteilen** des Arbeitnehmers **finanziert** werden, sind insolvenzgesichert.

***LAG Köln**, Urteil vom **4.12.1996**; Az.: 7 Sa 1068/94 (rkr.)*
Fundstellen: BetrAV 1997, S. 204 = DB 1997, S. 987

Insolvenzschutz für dynamisierte Rente

Verspricht der Arbeitgeber ein Ruhegeld nach Maßgabe der Leistungsordnung des Essener Verbandes, muss er nach jeder Änderung der Gruppenbeträge die Ruhegelder seiner Versorgungsempfänger neu berechnen und bei Festsetzung höherer Gruppenbeträge diese höheren Gruppenbeträge jeweils seiner neuen Berechnung der Ruhegelder zugrunde legen. Diese Verpflichtung hat auch der PSV zu erfüllen.

***BAG**, Urteil vom **15.2.1994**; Az.: 3 AZR 705/93*
Fundstellen: AuR 1994, S. 242 = BetrAV 1994, S. 196 = BB 1994, S. 1016 = DB 1994, S. 1222 = NZA 1994, S. 943

Insolvenzschutz für Ehegatten des Betriebsinhabers

1. Die von der Rechtsprechung vorgenommene teleologische Reduktion des § 17 Abs. 1 BetrAVG führt nicht dazu, dass Organpersonen, die nicht gesellschaftsrechtlich am Unternehmen beteiligt sind, vom Geltungsbereich des Gesetzes ausgenommen werden; hierzu bedarf es zusätzlich einer mitgliedschaftlichen Stellung der Organperson selber; Gesellschaftsanteile ihrer Angehörigen werden hier grundsätzlich selbst dann nicht zugerechnet, wenn ihr Generalvollmacht erteilt worden ist – jedenfalls solange man insoweit vom Grundsatz des § 168 Satz 2 BGB ausgehen muss.
2. Die für erforderlich gehaltene betriebliche Veranlassung einer Versorgungszusage entfällt noch nicht dadurch, dass zusätzlich familiäre Motive im Spiel waren.
3. Der Insolvenzschutz entfällt auch nicht dann, wenn durch den Tod des Versorgungsempfängers eine Witwe bezugsberechtigt wird, die als seinerzeit hundertprozentige Anteilseignerin eine unternehmerähnliche Stellung im Sinne der BGH-Rechtsprechung innehatte und die wirtschaftliche Veranlasserin der Versorgungszusage gewesen ist. Es ist unschädlich, dass in diesem Fall Veranlasser und Nutznießer in einer Person zusammenfallen.

***LAG Köln**, Urteil vom **15.1.1999**; Az.: 11 Sa 886/98 (rkr.)*
Fundstellen: BetrAV 1999, S. 342

Insolvenzschutz für Rentenanpassung

Rentenerhöhungen nach § 16 BetrAVG im letzten Jahr vor Eintritt des Insolvenzfalles nehmen am Versicherungsschutz nicht teil.

***BAG**, Urteil vom **26.4.1994**; Az.: 3 AZR 981/93*
Fundstellen: BetrAV 1994, S. 274 = BB 1994, S. 1789 = DB 1994, S. 1831

Insolvenzschutz für richterrechtlich unverfallbare Anwartschaften

Die Rechtsprechung des BAG, wonach richterrechtlich unverfallbare Anwartschaften in die Insolvenzsicherung einzubeziehen sind, verstößt nicht gegen das Grundgesetz.

***BVerfG**, Beschluss vom **10.3.1988**; Az.: 1 BvR 894/87*
Fundstellen: BB 1988, S. 2469

Insolvenzschutz für richterrechtlich unverfallbare Anwartschaften

1. Die Frage, ob es gegen die Grundsätze der Verfassung verstößt, wenn **kraft Richterrechts unverfallbare Versorgungsanwartschaften** der Insolvenzsicherung des § 7 BetrAVG unterworfen werden, hat das Bundesverfassungsgericht für Unterstützungskassen bejaht.

2. Wenn dagegen eine Versorgungszusage ohne die Klausel "Ausschluss des Rechtsanspruchs", sondern von vornherein verbindlich erteilt worden ist und nur unter der strengen Voraussetzung widerrufen werden konnte, dass der Arbeitgeber sich in einer den Bestand seines Unternehmens gefährdenden Notlage befand, dann gilt für diesen Sachverhalt die Entscheidung des Bundesverfassungsgerichts nicht. In derartigen Fällen bestehen **keine verfassungsrechtlichen Bedenken**, Versorgungsanwartschaften kraft Richterrechts in den Insolvenzschutz mit einzubeziehen.

***BGH**, Urteil vom **7.7.1986**; Az.: II ZR 238/85*
Fundstellen: BetrAV 1987, S. 46 = BB 1986, S. 199 = DB 1986, S. 2239 = MDR 1987, S. 121

Insolvenzschutz für richterrechtlich unverfallbare Anwartschaften

1. Der gesetzliche Insolvenzschutz erstreckt sich auf **unverfallbare Versorgungsanwartschaften**, soweit deren Unverfallbarkeit nicht nur auf einer vertraglichen Zusage, sondern auf zwingenden Rechtsgrundsätzen beruht. Auch die **kraft Richterrechts** unverfallbaren Anwartschaften sind § 7 Abs. 2 Satz 1 BetrAVG insolvenzgeschützt.
2. Diese Auslegung des Betriebsrentengesetzes verstößt nicht gegen die Grundsätze der Verfassung und ist mit dem Beschluss des Bundesverfassungsgerichts vom 19.10.1983 - 2 BvR 298/81 - vereinbar.

***BAG**, Urteil vom **20.1.1987**; Az.: 3 AZR 503/85*
Fundstellen: AuR 1987, S. 310 = BetrAV 1987, S. 222 = BB 1987, S. 1465 = DB 1987, S. 1793 0 NJW 1988, S. 1044

Insolvenzschutz im Konzern

1. Der gesetzliche Insolvenzschutz erstreckt sich auf alle Formen der betrieblichen Altersversorgung. Soweit die §§ 7 und 10 BetrAVG den Arbeitgeber nennen, meinen sie ganz allgemein denjenigen, der selbst oder über Versorgungseinrichtungen Leistungen der betrieblichen Altersversorgung zusagt und erbringt.

2. Um betriebliche Altersversorgung handelt es sich auch dann, wenn der Versorgungsschuldner nicht der unmittelbare Arbeitsvertragspartner des berechtigten Arbeitnehmers ist, weil eine **Konzern-Muttergesellschaft** eine zentrale Unterstützungskasse führt, die konzerneinheitliche Versorgungsleistungen an die Arbeitnehmer ihrer Tochtergesellschaften erbringt.

3. Wird ein Arbeitnehmer von der Konzern-Muttergesellschaft mit einer Versorgungszusage zu einer ausländischen Verkaufsgesellschaft entsandt, die zwar

ihrerseits einen Arbeitsvertrag schließt, aber nicht in die Versorgungsverpflichtung eintritt, und fällt die Konzern-Muttergesellschaft später in Konkurs, so muss der Pensions-Sicherungs-Verein die Versorgungsanwartschaft übernehmen.

***BAG**, Urteil vom **6.8.1985**; Az.: 3 AZR 185/83*
Fundstellen: BetrAV 1986, S. 72 = BB 1986, S. 1506 = DB 1986, S. 131

Insolvenzschutz im Konzern

1. Nach § 7 Abs. 2 Satz 2 BetrAVG erhalten Arbeitnehmer, die zum Kreis der Begünstigten einer **Unterstützungskasse** gehören und im Zeitpunkt der Eröffnung des Konkursverfahrens über das Vermögen des Trägerunternehmens eine unverfallbare Anwartschaft haben, einen Anspruch gegen den Träger der Insolvenzsicherung (PSV).
2. Trägerunternehmen i.S.v. § 7 Abs. 2 Satz 2 BetrAVG ist in der Regel der Arbeitgeber als Gläubiger des Anspruchs auf Arbeitsleistung.
3. Innerhalb eines Konzerns kann die **Konzernobergesellschaft**, die zunächst alleiniger Arbeitgeber war, Trägerunternehmen im Sinne dieser Bestimmung bleiben, wenn der Arbeitnehmer in ihrem Interesse und auf ihre Veranlassung ein Arbeitsverhältnis zu einer Tochtergesellschaft begründet und die Konzernobergesellschaft die Versorgungszusage aufrechterhält.
4. Das gilt auch, wenn das Arbeitsverhältnis zu einer **ausländischen Tochtergesellschaft** begründet wird. In die Berechnung der Unverfallbarkeit nach § 1 BetrAVG werden auch Zeiten einbezogen, in denen der Arbeitnehmer bei einer ausländischen Tochtergesellschaft beschäftigt wurde, die Versorgungsanwartschaft jedoch von der inländischen Konzernobergesellschaft aufrechterhalten wurde.

***BAG**, Urteil vom **25.10.1988**; Az.: 3 AZR 64/87*
Fundstellen: AuR 1989, S. 59 = BetrAV 1989, S. 65 = BB 1989, S. 360 = DB 1989, S. 278 = NZA 1989, S. 177

Insolvenzschutz nach rechtskräftigem Versorgungsprozess

Steht aufgrund eines rechtskräftigen Urteils fest, dass der Arbeitnehmer von seinem Arbeitgeber keine Leistungen der betrieblichen Altersversorgung fordern kann, wirkt sich das Urteil auch auf die Einstandspflicht des Pensions-Sicherungs-Vereins nach § 7 BetrAVG aus. Die Insolvenz des Arbeitgebers führt zu keinem Ausfall von Versorgungsansprüchen. Es fehlt an der in § 7 Abs. 1 und 2 BetrAVG erforderlichen Ursächlichkeit.

***BAG**, Urteil vom **23.3.1999**; Az.: 3 AZR 625/97*
Fundstellen: BB 1999, S. 1169 = DB 1999, S. 2015 = NZA 1999, S. 652

Insolvenzsicherungspflicht kommunaler Eigenbetriebe nach Umwandlung

1. Wandelt eine Kommune einen Eigenbetrieb, dessen Arbeitnehmern eine betriebliche Altersversorgung unmittelbar zugesagt war, in eine Aktiengesellschaft um,

ist diese Gesellschaft verpflichtet, Beiträge zur Insolvenzsicherung zu erbringen; § 17 Abs. 2 BetrAVG findet keine Anwendung.

2. In die Beitragsbemessungsgrundlage sind auch solche Teilwerte einzubeziehen, die auf im Umwandlungszeitpunkt bereits gezahlte Betriebsrenten oder unverfallbare Anwartschaften entfallen, wenn nach dem Umwandlungsgesetz diese Versorgungsverpflichtungen auf die Aktiengesellschaft übergegangen sind.

***BVerwG**, Urteil vom **13.7.1999**; Az.: 1 C 13/98*
Fundstellen: DB 1999, S. 2271

Kein Anspruch auf Sicherheitsleistung bei Insolvenzsicherung

Bei der Umwandlung einer Aktiengesellschaft in eine Gesellschaft mit beschränkter Haftung können die Betriebsrentner keine Sicherheitsleistung nach § 374 AktG verlangen, wenn ihre Versorgungsrechte nach § 7 BetrAVG insolvenzgeschützt sind. Dies ergibt sich aus einer entsprechenden Anwendung von § 225 Abs. 1 Satz 3, § 303 Abs. 2, § 321 Abs. 2 und § 347 Abs. 2 AktG. Die Insolvenzsicherung ist den in diesen Vorschriften genannten Sicherheiten gleichwertig und mit ihnen in den wesentlichen Merkmalen vergleichbar.

***BAG**, Urteil vom **30.7.1996**; Az.: 3 AZR 397/95*
Fundstellen: BetrAV 1997, S. 91 = DB 1997, S. 531

Kein Insolvenzschutz für beitragsgeschädigte Direktversicherung

1. Einbußen bei einer Direktversicherung nach § 1 Abs. 2 BetrAVG (hier: Kapitallebensversicherung), die dem durch ein unwiderrufliches Bezugsrecht begünstigten Arbeitnehmer entstanden sind, weil der Arbeitgeber die Beiträge an den Versicherer nicht vertragsgemäß entrichtet hat, sind nicht insolvenzgesichert.
2. Die Arbeitnehmer haben gegen ihren Arbeitgeber einen Anspruch auf Auskunft, wenn Beiträge zu den genannten Direktversicherungen nicht bei Fälligkeit gezahlt werden. Sie können bei Insolvenz ihres Arbeitgebers vorübergehend die Beiträge selbst zahlen und sie als Konkursausfallgeld geltend machen. Zum Arbeitsentgelt gehören auch Beiträge des Arbeitgebers zur Zukunftssicherung des Arbeitnehmers.
3. Es bleibt offen, ob auch der Versicherer in einem solchen Fall verpflichtet ist, den Arbeitnehmer über Beitragsrückstände und eine bevorstehende außerordentliche Kündigung des Versicherungsvertrages (§ 39 VVG) zu unterrichten und dem Arbeitnehmer das Recht einzuräumen, die Versicherung durch Zahlung eigener Beiträge fortzuführen.

***BAG**, Urteil vom **17.11.1992**; Az.: 3 AZR 51/92*
Fundstellen: AuR 1993, S. 185 = BetrAV 1993, S. 196 = BB 1993, S. 943 = DB 1993, S. 986 = NJW 1994, S. 276 = NZA 1993, S. 843

Kein Insolvenzschutz für richterrechtlich unverfallbare Anwartschaften einer Unterstützungskasse

Ist der Arbeitnehmer bereits **vor Inkrafttreten des BetrAVG** am 22.12.1974 mit einem **kraft Richterrechts unverfallbaren** Versorgungsanspruch gegen eine

Unterstützungskasse bei dem Trägerunternehmen ausgeschieden, dann können diese **Altfälle nicht in die Insolvenzregelung** des BetrAVG **einbezogen werden**.

***BVerfG**, Beschluss vom **19.10.1983**; Az.: 2 BvR 298/81*
Fundstellen: BetrAV 1984, S. 49 = BB 1984, S. 341 = DB 1984, S. 190 = NJW 1984, S. 476

Kein Insolvenzschutz für Unternehmer

1. **Persönlich haftende Gesellschafter** genießen grundsätzlich nicht den Schutz des Betriebsrentengesetzes.
2. Sind mehrere **Gesellschafter-Geschäftsführer** nicht ganz unbedeutend an einer GmbH beteiligt und verfügen sie zusammen über die Mehrheit, so sind ihre Versorgungsansprüche nicht insolvenzgesichert. Das gilt entsprechend in einer GmbH & Co. KG bei gemeinsamer (unmittelbarer oder mittelbarer) Beteiligung an der KG für eine von dieser versprochenen Pension.
3. Für die Frage, ob einem geschäftsführenden Gesellschafter wegen seiner Unternehmereigenschaft der Insolvenzschutz zu versagen ist, kommt es grundsätzlich nicht auf den Zeitpunkt der Versorgungszusage, sondern darauf an, **inwieweit das Ruhegeld** durch eine **Tätigkeit als Arbeitnehmer** und inwieweit es durch eine solche als Unternehmer **verdient** worden ist. Der insolvenzgesicherte Rentenanteil ergibt sich daher aus einer Gegenüberstellung des Zeitraums vom Beginn der Betriebszugehörigkeit bis zum Eintritt des Versorgungsfalles mit der Summe der Zeiten, in denen der Versorgungsberechtigte als Arbeitnehmer oder in ähnlicher Eigenschaft tätig gewesen ist.

***BGH**, Urteil vom **9.6.1980**; Az.: II ZR 255/78*
Fundstellen: BetrAV 1980, S. 213 = BB 1980, S. 1215 = DB 1980, S. 1588 = MDR 1980, S. 688 = NJW 1980, S. 2257

Keine Anpassung durch den PSV

1. Der Pensions-Sicherungs-Verein **ist grundsätzlich nicht verpflichtet**, laufende Renten an den Kaufkraftverlust anzupassen (Bestätigung der st. Rspr., vgl. BAGE 42, 117 = AP Nr. 14 zu § 16 BetrAVG; BAGE 54, 118 = AP Nr. 20 zu § 16 BetrAVG).
2. Eine **Anpassungspflicht** besteht nur, wenn der Arbeitgeber **nach dem Inhalt der Ruhegeldzusage** zur Anpassung verpflichtet war.

***BAG**, Urteil vom **5.10.1993**; Az.: 3 AZR 698/92*
Fundstellen: AuR 1994, S. 158 = BetrAV 1994, S. 194 = BB 1994, S. 864 = DB 1994, S. 687 = MDR 1994, S. 1130 = NJW 1994, S. 1894 = NZA 1994, S. 459

Keine Enthaftung von Betriebsrente bei Statuswechsel des Arbeitgebers

1. Die Verpflichtung eines Arbeitgebers für die von ihm begründete Versorgungsschuld gegenüber einem bereits im Ruhestand befindlichen Arbeitnehmer erlischt nicht dadurch, dass der Arbeitgeber sein Unternehmen in eine neu gegründete KG einbringt.

2. Scheidet der frühere Arbeitgeber anschließend aus der KG als Kommanditist und Geschäftsführer aus der Komplementärin aus der Gesellschaft aus und wird über diese das Insolvenzverfahren eröffnet, bleibt der frühere Arbeitgeber weiterhin Versorgungsschuldner des Betriebsrentners. Eine Enthaftung auf der Grundlage des Nachhaftungsbegrenzungsgesetzes kommt nicht in Betracht. Insoweit bedarf es einer teleologischen Reduktion der 33 26, 28 HGB.

***LAG Düsseldorf**, Urteil vom **9.7.1999**; Az.: 9 Sa 188/99*
Fundstellen: BB 1999, S. 2514

Keine Verzinsung zu viel gezahlter Insolvenzsicherungsbeiträge

1. Ein nach dem Gesetz zur Verbesserung der betrieblichen Altersversorgung Beitragspflichtiger kann mangels Rechtsgrundlage vom PSV keine Verzinsung zuviel gezahlter Beiträge verlangen.
2. Der Anspruch auf Verzinsung kann auch nicht auf den öffentlich-rechtlichen Erstattungsanspruch gestützt werden.

***OVG Nordrhein-Westfalen**, Urteil vom **30.9.1997**; Az.: 24 A 5373/94 (rkr.)*
Fundstellen: BB 1998, S. 377

Missbrauchskontrolle bei Anpassungsprüfung vor Insolvenzeintritt

1. Zusagen eines Arbeitgebers auf Leistungen der betrieblichen Altersversorgung unterliegen der Kontrolle auf Missbrauch der Insolvenzsicherung nach Maßgabe des § 7 Abs. 5 BetrAVG.
2. Zu den Verbesserungen einer Zusage gehören auch Vereinbarungen zwischen Arbeitgeber und Arbeitnehmer über eine Erhöhung laufender Betriebsrenten, die auf Entscheidungen des Arbeitgebers nach § 16 BetrAVG (Anpassungsprüfung für laufende Leistungen) beruhen.
3. Der Versicherungsschutz entfällt nicht, wenn die Entscheidung des Arbeitgebers, die laufende Rente zu erhöhen, vertretbar ist. Dem Arbeitgeber steht bei seinen Entscheidungen nach § 16 BetrAVG ein **Beurteilungsspielraum** hinsichtlich der unbestimmten Rechtsbegriffe und darüber hinaus noch ein **Ermessensspielraum** zu.
4. § 7 Abs. 5 Satz 2 BetrAVG enthält eine **widerlegbare Vermutung**. Der Versicherungsschutz scheidet nicht schon dann aus, wenn die wirtschaftliche Lage des Arbeitgebers im Zeitpunkt der Verbesserung schlecht war. Entscheidend kommt es nach § 7 Abs. 5 Satz 1 BetrAVG darauf an, ob beabsichtigt war, den gesetzlichen Insolvenzschutz zu missbrauchen. Dieser Zweck kann nur unter den Voraussetzungen des § 7 Abs. 5 Satz 2 BetrAVG vermutet werden.

***BAG**, Urteil vom **29.11.1988**; Az.: 3 AZR 184/87*
Fundstellen: AuR 1989, S. 152 = BetrAV 1989, S. 65 = BB 1989, S. 636 = DB 1989, S. 786 = NZA 1989, S. 426

Rahmenbedingungen für einen außergerichtlichen Vergleich durch den PSV

1. Ein außergerichtlicher Vergleich i.S.d. § 7 Abs. 1 S. 3 Nr. 3 BetrAVG a.F. (= § 7 Abs. 1 S. 3 Nr. 2 BetrAVG n.F.) besteht aus einer Vielzahl von Einzelverträgen

zwischen dem Schuldner und seinen Gläubigern. Dies gilt auch im Betriebsrentenrecht. Der PSV hat weder eine gesetzliche Vertretungsmacht noch eine Verfügungsbefugnis für den Abschluss außergerichtlicher Vergleiche über Versorgungsrechte der Arbeitnehmer.

2. § 7 Abs. 2 BetrAVG begrenzt lediglich die gesetzliche Einstandspflicht des PSV. Das Versorgungsverhältnis bleibt unverändert fortbestehen. Den nicht insolvenzgesicherten Teil der Altersversorgung können die Betriebsrentner von ihrem früheren Arbeitgeber verlangen.
3. Eine vertragliche Übernahme der nach § 7 Abs. 2 BetrAVG nicht insolvenzgeschützten Versorgungsverpflichtungen durch den PSV bedarf der Genehmigung des Versorgungsberechtigten gem. § 415 BGB.
4. Die Versorgungsansprüche gehen nach § 9 Abs. 2 BetrAVG nur insoweit auf den PSV über, als er nach § 7 BetrAVG einstandspflichtig ist (Fortführung von BAG vom 12.4.1983 – 3 AZR 607/80 – BAGE, 42, 188, 191).

***BAG**, Urteil vom **9.11.1999**; Az.: 3 AZR 361/98*
***Fundstellen:** VersR 2001, S. 263 = DB 2001, S. 932 (LS)*

Sicherungsfall der wirtschaftlichen Notlage

1. Der Sicherungsfall der wirtschaftlichen Notlage des Versorgungsschuldners setzt voraus, dass vor dem **Widerruf der Versorgungszusagen** der **PSV eingeschaltet** worden ist (§ 7 Abs. 1 Satz 3 Nr. 5, Satz 4 BetrAVG). Ein **vorher erklärter Widerruf** ist **unwirksam** (st. Rspr. des Senats zuletzt vom 24.1.1989 - 3 AZR 519/88).
2. Die gebotene Einschaltung des PSV kann **nicht** mit Wirkung für die Zeit vor der Erklärung des Widerrufs **nachgeholt werden**.

***BAG**, Urteil vom **17.9.1991**; Az.: 3 AZR 413/90*
Fundstellen: AuR 1992, S. 26 = BetrAV 1992, S. 52 = BB 1991, S. 2536 = DB 1992, S. 97 = NZA 1992, S. 219

Übernahme des Vermögens einer Unterstützungskasse

Das Vermögen einer Unterstützungskasse geht auch dann gemäß § 9 Abs. 3 BetrAVG auf den Träger der Insolvenzsicherung über, wenn bei Eintritt des Sicherungsfalls die Kasse weder vermögenslos noch zahlungsunfähig ist.

***LAG Köln**, Urteil vom **18.10.1989**; Az.: 5 Sa 427/89*
Fundstellen: DB 1990, S. 1043

Umfang der Einstandspflicht des PSV

Im Sicherungsfall besteht ein gesetzlicher Anspruch gegen den Pensions-Sicherungs-Verein in der Höhe, wie sie sich aus der **Versorgungsordnung** ergibt. Dieser Anspruch erstreckt sich nicht nur auf die von vornherein zur Höhe bestimmten Versorgungsansprüche, die Einstandspflicht des PSV erstreckt sich auch auf solche Leistungen, deren **künftige angemessene Anpassung** der Arbeitgeber **zugesagt** hatte. Allerdings erstreckt sich die Einstandspflicht **nicht auf die Anpassungsregelung nach § 16 BetrAVG**.

***BAG**, Urteil vom **22.3.1983**; Az.: 3 AZR 574/81*
Fundstellen: AuR 1983, S. 313 = BetrAV 1983, S. 207 = BB 1983, S. 1730 = DB 1983, S. 1982 = NJW 1983, S. 2902

Umfang der Insolvenzsicherung bei Versorgungsanwartschaften

1. Für die Insolvenzsicherung der Versorgungsanwärter gelten die nicht zur Disposition der Vertragspartner stehenden Berechnungsgrundsätze des § 7 Abs. 2 BetrAVG (Bestätigung der bisherigen Rspr., zuletzt BAG v. 9.11.1999 – 3 AZR 361/98, zu IV 2, m.w.N.). Soweit die Berechnungsregel des § 7 Abs. 2 i.V. mit § 2 Abs. 1 BetrAVG jedoch – wie bei der Dauer des Arbeitsverhältnisses – an vertragliche Vereinbarungen anknüpft, sind sie auch vom Pensions-Sicherungs-Verein zu beachten.
2. Eine feste Altersgrenze legt den Zeitpunkt fest, bis zu dem das Arbeitsverhältnis fortbestehen soll. Anlässlich einer Beendigung des Arbeitsverhältnisses vor Eintritt eines Versorgungsfalls kann die feste Altersgrenze nicht mehr herabgesetzt werden.

***BAG**, Urteil vom **14.12.1999**; Az.: 3 AZR 684/98*
***Fundstellen:** DB 2000, S. 2536*

Umfang des gesetzlichen Insolvenzschutzes

1. Die Höhe des insolvenzgeschützten Anspruchs gemäß § 7 Abs. 2 Satz 3 BetrAVG richtet sich nach der Höhe der unverfallbaren Anwartschaft im Sinne des § 2 Abs. 1 BetrAVG. Der **gesetzliche Insolvenzschutz steht insgesamt nicht zur Disposition**, mithin sind auch über die gesetzliche Regelung hinausgehende Erweiterungen des Insolvenzschutzes vom Träger der Insolvenzsicherung nicht zu beachten.
2. Das gilt auch für die zeitanteilige Berechnung der insolvenzgeschützten Anwartschaften nach § 2 Abs. 1 BetrAVG. Ist aber die Vorschrift des § 7 Abs. 2 Satz 3 BetrAVG zwingend, so kann der Träger der Insolvenzsicherung grundsätzlich auch die Anerkennung von **rentensteigernden Vordienstzeiten** durch den letzten Arbeitgeber ablehnen.
3. Dieser Grundsatz verlangt indes eine Ausnahme, soweit die angerechnete Zeit von einer Versorgungszusage begleitet war.

***BAG**, Urteil vom **8.5.1984**; Az.: 3 AZR 68/82*
Fundstellen: AuR 1984, S. 379 = BetrAV 1985, S. 23 = BB 1984, S. 2194 = DB 1984, S. 2518 = NZA 1985, S. 155

Umfang des gesetzlichen Insolvenzschutzes

Nach der eindeutigen Regelung des § 7 Abs. 2 BetrAVG greift die Insolvenzsicherung nur bei Versorgungsanwartschaften ein, bei denen die gesetzlichen Voraussetzungen des § 1 Abs. 1 BetrAVG erfüllt sind. Die vertraglich vereinbarte Unverfallbarkeit führt bei Nichtvorliegen dieser gesetzlichen Voraussetzungen nicht zur Insolvenzsicherung.

***BGH**, Urteil vom **2.7.1984**; Az.: II ZR 259/83*
Fundstellen: BetrAV 1984, S. 245 = BB 1985, S. 338 = DB 1984, S. 2558 = MDR 1985, S. 298 = NJW 1985, S. 385 = NZA 1984, S. 356

Umfang des Insolvenzschutzes bei Weiterarbeit des Versorgungsberechtigten über die feste Altersgrenze hinaus

Bei der Berechnung der Versorgungsanwartschaft nach § 7 Abs. 2, § 2 BetrAVG ist von dem bis zur festen Altersgrenze erreichbaren Versorgungsanspruch auszugehen. Eine Weiterarbeit des Versorgungsanwärters über die feste Altersgrenze hinaus kann den Versorgungsanspruch nicht mehr mindern.

***BAG**, Urteil vom **14.12.1999**; Az.: 3 AZR 722/98*
***Fundstellen:** BB 2000, S. 1789 = DB 2000, S. 1924 = BetrAV 2000, S. 606*

Umfang einer Anpassungsverpflichtung kraft betrieblicher Übung

1. Überprüft ein Arbeitgeber die laufenden Rentenzahlungen in regelmäßigen Abständen, um sie an die Lohn- oder Gehaltsentwicklung anzupassen, obwohl seine Versorgungszusagen das nicht vorsehen, so kann dadurch eine **betriebliche Übung** entstehen (Bestätigung des Urteils vom 3.12.1985 - 3 AZR 577/83).
2. Wie weit die daraus folgenden **Pflichten** reichen, hängt von der Art der Anpassungspraxis ab:
   a) Ist es nur üblich, nach billigem Ermessen zu prüfen, ob eine Anpassung der Betriebsrenten möglich ist, so geht die **Anpassungspflicht nicht weiter als § 16 BetrAVG**. Das ist der **Regelfall**.
   b) Denkbar ist aber auch, dass die Übung **ausnahmsweise** dahin geht, die Betriebsrenten unter feststehenden Voraussetzungen an bestimmte Bezugsgrößen anzupassen; in diesem Falle entsprechen die entstandenen Pflichten denjenigen einer **Spannenklausel**.
3. Im **Insolvenzfall** muss der Pensions-Sicherungs-Verein die Anpassungspflicht nur dann übernehmen, wenn diese auf einer Spannenklausel oder einer entsprechenden betrieblichen Übung beruht (ständige Rechtsprechung)

***BAG**, Urteil vom **3.2.1987**; Az.: 3 AZR 330/85*
Fundstellen: AuR 1987, S. 310 = BetrAV 1987, S. 228 = BB 1987, S. 1673 = DB 1987, S. 2046 = NZA 1987, S. 666

Unzulässigkeit eines Vergleichs zu Lasten des PSV

1. Ein Vergleich zwischen Ruhegeldempfängern und dem Arbeitgeber zu Lasten des PSV ist nicht möglich.
2. Sinn und Zweck des § 7 BetrAVG ist, zu verhindern, dass die Parteien auf eventuelle Einstandspflichten und zu Lasten des PSV disponieren, z. B. Betriebsrenten einvernehmlich kürzen.

***ArbG Köln**, Urteil vom **29.9.1978**; Az.: 12 Ca 5326/78*
Fundstellen: BB 1979, S. 837

Vermögensübergang einer Unterstützungskasse

1. Das Vermögen der (deutschen) Unterstützungskasse eines ausländischen Trägerunternehmens geht kraft Gesetzes (§ 9 Abs. 3 Satz 1 BetrAVG) auf den Träger der gesetzlichen Insolvenzsicherung über, wenn über das inländische Vermögen des Trägerunternehmens das Konkursverfahren eröffnet wird.
2. Dies gilt auch dann, wenn die Unterstützungskasse noch über **hinreichende finanzielle Mittel verfügt**, um die bestehenden Versorgungsverbindlichkeiten zu erfüllen.

***BAG**, Urteil vom **12.2.1991**, Az.: 3 AZR 30/90*
Fundstellen: AuR 1991, S. 282 = BetrAV 1992, S. 49 = BB 1991, S. 1420 = DB 1991, S. 1735 = NZA 1991, S. 723

Versorgungsempfänger im Sinne der Insolvenzsicherung

1. Arbeitnehmer, die bei Eintritt eines Sicherungsfalls im Sinne von § 7 Abs. 1 BetrAVG alle Voraussetzungen für den Bezug einer Leistung der betrieblichen Altersversorgung erfüllt haben, genießen bei Insolvenz ihres Schuldners Versicherungsschutz nach Maßgabe des § 7 Abs. 1 BetrAVG. Diese Arbeitnehmer sind Versorgungsempfänger im Sinne dieser Vorschrift.
2. Nach § 2 der Leistungsordnung des Essener Verbandes ist Voraussetzung für ein Ruhegeld wegen Dienstunfähigkeit nur der Eintritt der Dienstunfähigkeit. Die Zahlungspflicht des Arbeitgebers beginnt mit dem Ende der Lohnzahlungspflicht im Arbeitsverhältnis.

***BAG**, Urteil vom **26.1.1999**; Az.: 3 AZR 464/97*
Fundstellen: DB 1999, S. 1563 = NZA 1999, S. 711 = ZIP 1999, S. 1018

Voraussetzungen für einen Versicherungsmissbrauch

Ein Versicherungsmissbrauch nach § 7 Abs. 5 Satz 1 BetrAVG kommt nur in Betracht, wenn nach **objektiver Beurteilung** der wirtschaftlichen Lage des Arbeitgebers die Annahme gerechtfertigt ist, der alleinige oder überwiegende **Zweck der Zusage** sei es gewesen, den **Träger der Insolvenzsicherung in Anspruch** zu nehmen.

***BAG**, Urteil vom **8.5.1990**, Az.: 3 AZR 121/89*
Fundstellen: AuR 1990, S. 361 = BetrAV 1991, S. 18 = BB 1990, S. 2410 = DB 1990, S. 2375 = NZA 1990, S. 931

Vorgezogene Altersrente im Insolvenzfalle

Beantragt der Arbeitnehmer, der mit einer unverfallbaren Versorgungsanwartschaft aus dem Arbeitsverhältnis ausgeschieden ist, nach Eröffnung des Konkursverfahrens über das Vermögen seines Arbeitgebers **vorgezogenes Altersruhegeld**, kann der PSV bei der Bemessung der Versorgungsleistungen **Erhöhungen des Gehalts** nach Beendigung des Arbeitsverhältnisses **außer Acht lassen** und den in der Leistungsordnung vorgesehenen **versicherungsmathematischen Abschlag** wegen vorzeitigen Bezugs des Altersruhegeldes vornehmen.

***BAG**, Urteil vom **26.4.1988**; Az.: 3 AZR 411/86*
Fundstellen: BetrAV 1988, S. 220 = BB 1988, S. 1671 = DB 1988, S. 1019 = NZA 1989, S. 182

Widerrufliches Bezugsrecht im Konkurs des Arbeitgebers

1. Hat der Arbeitgeber als Versicherungsnehmer dem Arbeitnehmer lediglich ein **widerrufliches Bezugsrecht** auf Versicherungsleistungen aus einem Lebensversicherungsvertrag eingeräumt, so gehört der Anspruch auf die Versicherungsleistungen im Konkurs des Arbeitgebers zur **Konkursmasse** (§ 1 Abs. 1 KO). Der Arbeitnehmer ist **nicht zur Aussonderung** dieses Vermögensgegenstandes aus der Konkursmasse **berechtigt**, § 43 KO.
2. § 1 Abs. 2 Satz 1 BetrAVG ist keine dem Konkursrecht vorgehende Sonderregelung. Diese Vorschrift ist nicht anwendbar, wenn das Bezugsrecht nicht wegen Beendigung des Arbeitsverhältnisses, sondern zur gemeinschaftlichen Befriedigung der Konkursgläubiger widerrufen wird. § 1 Abs. 2 Satz 1 BetrAVG enthält auch kein gesetzliches Verbot im Sinne des § 134 BGB.
3. Wenn der Konkursverwalter das Bezugsrecht zur Verwertung der Konkursmasse widerruft, kommt er seinen konkursrechtlichen Pflichten nach (§ 117 Abs. 1 KO) und haftet deshalb nicht nach § 82 KO.
4. Schadensersatzansprüche der Arbeitnehmer, die durch den Widerruf des Bezugsrechts entstehen, sind keine Masseschulden im Sinne des § 59 Abs. 1 Nr. 1 und 2 KO.
5. Arbeitnehmer, die im Sicherungsfall (hier Konkurs des Arbeitgebers) eine unverfallbare Versorgungsanwartschaft haben, erhalten bei Eintritt des Versorgungsfalls einen Anspruch gegen den Pensions-Sicherungs-Verein (§ 7 Abs. 2 Satz 1 BetrAVG).

***BAG**, Urteil vom **26.2.1991**, Az.: 3 AZR 213/90*
Fundstellen: AuR 1991, S. 317 = BetrAV 1992, S. 49 = BB 1991, S. 1796 = DB 1991, S. 2242 = NZA 1991, S. 845

Zeitpunkt der Fälligkeit und Begrenzung der Einstandspflicht des PSV

1. Der Anspruch gegen den Pensions-Sicherungs-Verein wird mit dem **Eintritt des Sicherungsfalles** fällig, soweit nicht die Fälligkeit nach der Pensionszusage erst später eintritt.
2. Nach § 7 Abs. 3 BetrAVG bestimmt sich der **Höchstbetrag** des insolvenzgesicherten Anspruchs nicht nach der bei Fälligkeit der einzelnen Rentenbeträge jeweils geltenden Beitragsbemessungsgrenze, sondern nach der **Beitragsbemessungsgrenze in dem Zeitpunkt, in dem ein Anspruch gegen den Pensions-Sicherungs-Verein erstmals fällig** wird. Der so ermittelte Rentenbetrag ist für den Fall, dass die Pensionszusage eine **Anpassungsklausel** enthält, Ausgangspunkt für die Berechnung einer bei Eingreifen dieser Klausel geschuldeten erhöhten Rente. Ist er höher als die dreifache Beitragsbemessungsgrenze im Zeitpunkt der ersten Fälligkeit und deshalb der Anspruch gegen den Pensions-

Sicherungs-Verein um den Mehrbetrag zu kürzen, so ist der so ermittelte Ausgangsbetrag bei späterer (vertraglicher) Anpassung in dem selben Verhältnis zu erhöhen, in dem die vertraglich versprochene Rente anzupassen ist, wobei die im Zeitpunkt der Anpassung geltende dreifache Beitragsbemessungsgrenze die Obergrenze bildet.

***BGH**, Urteil vom **21.3.1983**; Az.: II ZR 174/82*
Fundstellen: BetrAV 1984, S. 79 = DB 1983, S. 1261 = MDR 1983, S. 912 = NJW 1984, S. 980

Zwischenfinanzierungslast bei Streit über das Vorliegen einer wirtschaftlichen Notlage

1. Der Arbeitgeber kann gegenüber den versorgungsberechtigten Betriebsrentnern die Versorgungsleistungen wegen wirtschaftlicher Notlage nur einstellen oder kürzen, wenn er **zuvor** den Träger der gesetzlichen Insolvenzsicherung in der gebotenen Form zur Übernahme der Versorgungslast aufgefordert und bei Meinungsverschiedenheiten über den Sicherungsfall Klage erhoben hat. Er braucht ein **rechtskräftiges Urteil**, das das Vorliegen einer wirtschaftlichen Notlage bestätigt, nicht abzuwarten (Bestätigung von BAG Urteil vom 20. Januar 1987 - 3 AZR 313/85 - AP Nr. 12 zu § 7 BetrAVG Widerruf).
2. Im Verhältnis der Arbeitnehmer zum Pensions-Sicherungs-Verein (PSV) gilt:
   a) Die Einstandspflicht des PSV nach § 7 Abs. 1 Satz 3 Nr. 5 BetrAVG setzt grundsätzlich voraus, dass die Kürzung oder Einstellung von Versorgungsleistungen wegen wirtschaftlicher Notlage des Arbeitgebers durch ein **rechtskräftiges Urteil** für zulässig erklärt worden ist.
   b) Der Senat hält eine **Rechtsfortbildung** für möglich: Es spricht viel dafür, dass den PSV eine **vorläufige Einstandspflicht** von dem Augenblick an trifft, zu dem ein Gericht erstmals, wenn auch nicht rechtskräftig, das Vorliegen einer wirtschaftlichen Notlage festgestellt hat. Vor diesem Zeitpunkt ist der PSV nicht zu Zahlungen verpflichtet. Zahlt der Arbeitgeber die Renten vorläufig weiter, kann er vom PSV nicht die Erstattung aufgewendeter Zinsen verlangen.

***BAG**, Urteil vom **16.4.1997**; Az.: 3 AZR 862/95*
Fundstellen: BB 1998, S. 166

1279 Invalidenversorgung

Begriff der Erwerbsunfähigkeit

Bestimmt eine Versorgungsordnung, dass die Anwartschaft auf Altersrente unverfallbar sein soll, wenn ein Arbeitnehmer wegen Erwerbsunfähigkeit vorzeitig ausscheiden muss, ist damit im Zweifel die Erwerbsunfähigkeit i.S. des § 1247 Abs. 2 Satz 1 RVO gemeint. Das Arbeitsrecht kennt keinen eigenständigen Begriff der Erwerbsunfähigkeit. Daher wird dieser Begriff auch im Arbeitsrecht im Sinne der sozialversicherungsrechtlichen Definition verstanden und angewandt. Erwerbsunfähig ist ein Arbeitnehmer, der nur noch geringfügig tätig sein kann, für den aber entsprechende Teilzeitarbeitsplätze auf dem Arbeitsmarkt nicht verfügbar sind.

BAG*, Urteil vom* ***19.4.1983****; Az.: 3 AZR 4/81*
Fundstellen: AuR 1983, S. 312 = BetrAV 1984, S. 44 = BB 1984, S. 279 = DB 1983, S. 2255 = NJW 1983, S. 2959

Eintritt des Versorgungsfalls

Eine betriebliche Ruhegeldordnung kann den Versorgungsfall der Invalidität von der doppelten Voraussetzung abhängig machen, dass nicht nur Berufs- oder Erwerbsunfähigkeit eingetreten ist, sondern darüber hinaus das **Arbeitsverhältnis geendet** hat.

BAG*, Urteil vom* ***5.6.1984****; Az.: 3 AZR 376/82*
Fundstellen: AuR 1984, S. 346 = BetrAV 1984, S. 211 = BB 1984, S. 2006 = DB 1984, S. 2412 = NZA 1985, S. 60

Eintritt des Versorgungsfalls

1. Eine betriebliche Versorgungsordnung kann vorsehen, dass der Versorgungsfall der Invalidität (Berufs- oder Erwerbsunfähigkeit) erst dann eintritt, wenn die **Pflicht** des Arbeitgebers, wegen einer Krankheit des Arbeitnehmers den **Lohn fortzuzahlen, endet**.
2. In einem solchen Fall hat die Feststellung des Rentenversicherungsträgers, Berufs- oder Erwerbsunfähigkeit sei zu einem früheren Zeitpunkt eingetreten, für den Eintritt des Versorgungsfalls keine Bedeutung.

BAG*, Urteil vom* ***6.6.1989****; Az.: 3 AZR 401/87*
Fundstellen: AuR 1989, S. 352 = BB 1989, S. 2119 = DB 1989, S. 2618 = NZA 1990, S. 147

Fälligkeit der Invalidenrente bei Zahlung von Krankengeld

Soll nach dem Wortlaut einer Versorgungsordnung eine betriebliche Invalidenrente ruhen "... bis zum Ablauf des Monats, für den noch andere Bezüge aus dem Arbeitsverhältnis, wie Gehalt oder Lohn, gewährt werden ...", dann ruht sie auch, wenn der Versorgungsberechtigte Krankengeld bezieht, da das Krankengeld **Lohnersatzcharakter** hat.

LAG Köln *, Urteil vom* ***22.5.1985****; Az.: 2 Sa 160/85*
Fundstellen: BetrAV 1985, S. 203 = BB 1985, S. 1535

Fälligkeit der Invalidenrente bei Zahlung eines tariflichen Krankengeldzuschusses

Bei einer Zusage auf Erwerbsunfähigskeitsunterstützung "ab Beginn der Rentenzahlung aus der gesetzlichen Rentenversicherung, wenn von diesem Zeitpunkt an kein Anspruch auf Arbeitsentgelt besteht", entsteht der Anspruch auf Betriebsrente erst dann, wenn der Arbeitgeber den tariflich zu zahlenden Krankengeldanspruch in Höhe des Unterschiedsbetrags zum letzten Nettoverdienst nicht mehr zahlt. Dieser Zuschuss ist als Arbeitsentgelt i.S. der Versorgungszusage zu verstehen; eine **Doppelversorgung** soll **verhindert** werden.

***BAG**, Urteil vom **26.3.1991**; Az.: 3 AZR 47/90*
Fundstellen: AuR 1991, S. 281 = BetrAV 1992, S. 51 = BB 1991, S. 1796 = DB 1991, S. 1991 = NZA 1991, S. 849

Invaliditätsrente bei dauernder Berufsunfähigkeit

1. Sagt der Arbeitgeber eine Betriebsrente wegen Berufsunfähigkeit zu, ohne die Berufsunfähigkeit zu definieren, so will er damit in der Regel den sozialversicherungsrechtlichen Begriff übernehmen. Dies gilt auch insoweit, als in der gesetzlichen Rentenversicherung die Berufsunfähigkeit von den Verhältnissen auf dem Arbeitsmarkt abhängt. Eine ausschließlich medizinische Betrachtung der Berufsunfähigkeit scheidet jedenfalls dann aus, wenn die Versorgungszusage nach Bekanntwerden der Beschlüsse des Großen Senats des Bundessozialgerichts vom 11. Dezember 1969 (GS 4/69, BSGE 30, 167 und – GS 2/68, BSGE 30,192) erteilt wurde.
2. Ist ein Arbeitnehmer erwerbsunfähig, so ist er auch berufsunfähig.
3. In einem Gesamtversorgungssystem sind die Sozialversicherungsrenten im Zweifel mit ihrem Bruttobetrag anzurechnen (Fortführung der bisherigen Rechtsprechung vgl. u.a. BAG v. 10.3.1992 – 3 AZR 352/91 – BAGE 70, 36, 39 f. m.w.N.). Der Zuschuss des Rentenversicherungsträgers zur Kranken- und Pflegeversicherung erhöht den Bruttobetrag nicht.

***BAG**, Urteil vom **14.12.1999**; Az.: 3 AZR 742/98*
Fundstellen: BB 2001, S. 366 = DB 2001, S. 823

Invaliditätsrente nach Auflösungsvertrag

Wird eine betriebliche Invaliditätsrente für den Fall zugesagt, dass der Arbeitnehmer infolge Berufsunfähigkeit ausscheidet, so kommt es auf die **Form der Vertragsbeendigung** nicht an. Stimmt ein schwerbehinderter Arbeitnehmer einem Auflösungsvertrag zu, weil er sich nicht mehr ausreichend leistungsfähig fühlt, und führt sein Leiden schließlich zur Anerkennung der Berufsunfähigkeit, so sind damit die vertraglichen Voraussetzungen der betrieblichen Invaliditätsrente erfüllt.

***BAG**, Urteil vom **13.7.1982**; Az.: 3 AZR 34/80*

Unverfallbare Anwartschaft auf Invalidenversorgung

Eine Unterstützungskasse muss die in ihrer Satzung vorgesehene Versorgung bei **Invalidität** auch dann gewähren, wenn der Arbeitnehmer mit einer unverfallbar gewordenen Anwartschaft ausgeschieden und der Versorgungsfall bei einem **Folgearbeitgeber** eingetreten ist.

***BAG**, Urteil vom **14.8.1980**; Az.: 3 AZR 437/79*
Fundstellen: AuR 1981, S. 122 = BB 1981, S. 979 = DB 1981, S. 750

Unverfallbarkeit einer Invaliditätsrente

1. Anwartschaften auf eine Invaliditätsrente werden unter den Voraussetzungen des § 1 Abs. 1 BetrAVG unverfallbar.
2. Die Parteien können in einem Versorgungsvertrag die Voraussetzungen für die Entstehung eines Anspruchs auf Invaliditätsrente näher bestimmen. Stellen sie auf die Berufsunfähigkeit ab, sind die Voraussetzungen gemeint, die nach dem Recht der gesetzlichen Rentenversicherung zur Berufsunfähigkeit führen (im Anschluss an das Urteil des Senats vom 14. April 1983 – 3 AZR 4/81 – AP Nr. 6 zu § 6 BetrAVG).
3. Vereinbarungen, die den Anspruch auf Invaliditätsrente davon abhängig machen, dass das Arbeitsverhältnis bei Eintritt der Berufsunfähigkeit noch besteht, sind nichtig; sie verstoßen gegen § 17 Abs. 3 Satz 3 BetrAVG.

***BAG**, Urteil vom **24.6.1998**; Az.: 3 AZR 288/97*
Fundstellen: DB 1998, S. 1969

Krankenversicherung der Rentner 1280

Beitragspflicht auch für auf einem Sozialplan beruhende betriebliche Versorgungsleistungen

Eine Rente der betrieblichen Altersversorgung ist als Versorgungsbezug auch dann beitragspflichtig, wenn sie auf einem Sozialplan beruht, der Leistungen für den Fall des vorzeitigen Ausscheidens aus dem Betrieb vorsieht.

***BSG**, Urteil vom **26.3.1996**; Az.: 12 RK 44/94*
Fundstelle BetrAV 1997, S. 33 = DB 1996, S. 1987

Versorgungsbezüge aus einer Direktversicherung

Renten der betrieblichen Altersversorgung sind auch Bezüge aus einer Lebensversicherung, die als Direktversicherung (§ 1 Abs. 2 Satz 1 BetrAVG) abgeschlossen und von dem Arbeitnehmer **durch Verzicht** auf einen Teil seiner Abfindung wegen vorzeitiger Beendigung des Arbeitsverhältnisses **finanziert** worden sind.

***BSG**, Urteil vom **26.3.1996**; Az.: 12 RK 21/95*
Fundstelle BetrAV 1997, S. 33 = DB 1996, S. 1829

1281 Limitierungsklauseln

Berechnung der unverfallbaren Anwartschaft

Sieht eine Versorgungsordnung vor, dass die Betriebsrente zusammen mit der Sozialversicherungsrente eine bestimmte Obergrenze nicht übersteigen darf, so hängt vom Sinn und Zweck einer solchen **Höchstbegrenzungsklausel** ab, wie sie sich bei vorzeitigem Ausscheiden des Arbeitnehmers auf die Berechnung der erdienten Teilrente auswirkt.

a) Handelt es sich um eine **Berechnungsvorschrift** (z. B. im Rahmen eines **Gesamtversorgungssystems**), so muss zunächst die Gesamtversorgung an der Höchstgrenze gemessen und der entsprechend geminderte Betrag nochmals zeitanteilig gekürzt werden.

b) Handelt es sich jedoch um eine **Begrenzung**, die von der eigentlichen Rentenberechnung unabhängig ist und nur dann korrigierend eingreifen soll, wenn eine unerwünschte „Überversorgung" auftritt, so bleibt die Höchstbegrenzungsklausel bei der Berechnung der Vollrente außer Betracht; nur wenn sogar die zeitanteilig gekürzte Teilrente zusammen mit der Sozialversicherungsrente eine überhöhte Gesamtversorgung ergibt, ist dann eine nochmalige Kürzung gerechtfertigt.

***BAG**, Urteil vom **25.10.1983**, Az.: 3 AZR 357/81*
Fundstellen: AuR 1984, S. 53 = BB 1984, S. 213 = DB 1984, S. 193

Berechnung der unverfallbaren Anwartschaft

1. Sieht eine Versorgungsordnung vor, dass die Betriebsrente zusammen mit anderen Versorgungsbestandteilen eine bestimmte Obergrenze nicht übersteigen darf, so hängt vom Sinn und Zweck einer solchen **Höchstbegrenzungsklausel** ab, wie sie sich bei vorzeitigem Ausscheiden des Arbeitnehmers auf die Berechnung der erdienten Teilrente auswirkt.
2. Dient der Gesamtversorgungsbedarf als **Berechnungsfaktor** unabhängig davon, ob der Arbeitnehmer eine hohe oder eine niedrige Betriebsrente erhält, gilt z. B. neben der Höchstgrenze auch eine Mindestgrenze, so muss die zeitanteilig zu kürzende Vollrente an solchen Gesamtversorgungsgrenzen gemessen werden.
3. Dagegen sind Gesamtversorgungsgrenzen **im Zweifel erst auf den zeitanteilig gekürzten Betrag anzuwenden**, wenn die Berechnung der Betriebsrenten grundsätzlich nicht von anderen Versorgungsbezügen abhängen soll, die Obergrenze also nur der **Vermeidung von Überversorgungen** dienen kann.

***BAG**, Urteil vom **10.1.1984**, Az.: 3 AZR 411/81*
Fundstellen: AuR 1984, S. 313 = BetrAV 1984, S. 238 = BB 1984, S. 2134 = DB 1984, S. 2255 = NZA 1984, S. 354

Mitbestimmung 1282

Ablösende Betriebsvereinbarung für Ruheständler

1. Gewährt eine Betriebsvereinbarung Ansprüche auf Beihilfen im Krankheitsfall gleichermaßen für aktive Arbeitnehmer und Pensionäre, so kann eine ablösende Betriebsvereinbarung, die nur noch die aktive Belegschaft begünstigt, nicht mehr in die **Besitzstände** derjenigen Pensionäre eingreifen, die sich bei Inkrafttreten der ablösenden Regelung bereits im Ruhestand befanden.
2. Diese erwerben bei Eintritt in den Ruhestand einen entsprechenden **Individualanspruch**, der betrieblicher Gestaltung nur noch insoweit zugänglich ist, als auch die aktive Belegschaft Kürzungen hinnehmen muss.

***BAG**, Urteil vom **13.5.1997**; Az.: 1 AZR 75/97*
Fundstellen: BB 1997, S. 2328

Durchführung der Mitbestimmung bei Unterstützungskassen

1. Unterstützungskassen sind Sozialeinrichtungen i.S. des § 87 Abs. 1 Nr. 8 BetrVG. Sollen die Leistungen einer Unterstützungskasse gekürzt werden, so ist die Festsetzung des neuen Dotierungsrahmens mitbestimmungsfrei, die Aufstellung des neuen Leistungsplans jedoch mitbestimmungspflichtig. Ob das Trägerunternehmen der Unterstützungskasse die Versorgungszusagen gegenüber denjenigen Arbeitnehmern widerrufen oder kürzen kann, die bereits Versorgungsansprüche oder -anwartschaften erworben haben, richtet sich nicht nach dem Betriebsverfassungsgesetz, sondern nach Vertragsrecht.
2. Bei rechtlich selbständigen, tatsächlich aber abhängigen Sozialeinrichtungen kann das Mitbestimmungsrecht auf zwei Wegen verwirklicht werden:
   a) Wenn nichts anderes vereinbart ist, müssen mitbestimmungspflichtige Fragen zunächst zwischen Arbeitgeber und Betriebsrat ausgehandelt werden; der Arbeitgeber hat dann dafür zu sorgen, dass seine Sozialeinrichtung die getroffene Regelung übernimmt (**zweistufige Lösung**).
   b) Die Betriebspartner können aber auch vereinbaren, dass der Betriebsrat Vertreter in die Organe der Sozialeinrichtung entsendet und mitbestimmungspflichtige Fragen nur noch in den Beschlussgremien der Sozialeinrichtung behandelt werden (**organschaftliche Lösung**).
3. Duldet der Betriebsrat jahrelang stillschweigend, dass nach der organschaftlichen Lösung verfahren wird, so hängen die **rechtlichen Folgen** einer solchen Praxis davon ab, wie die Organe der Sozialeinrichtung besetzt sind:
   a) Ist der Betriebsrat in den Entscheidungsgremien **paritätisch** vertreten, so muss er dass jahrelang praktizierte Verfahren bis zu einer Neuregelung gelten lassen.
   b) **Fehlt** es an einer **paritätischen Leitung** der Sozialeinrichtung, kann der Betriebsrat jeden aktuellen Streitfall zum Anlass nehmen, **unmittelbare Verhandlungen** mit dem Arbeitgeber zu **verlangen**.

4. Die Beschlüsse der Organe einer rechtlich selbständigen Sozialeinrichtung, die mitbestimmungspflichtige Fragen betreffen, sind nicht schon allein deshalb unwirksam, weil der Betriebsrat übergangen wurde.

***BAG**, Beschluss vom **13.7.1978**; Az.: 3 ABR 108/77*
Fundstellen: AuR 1979, S. 154 = BetrAV 1978, S. 244 = BB 1978, S. 1617 = DB 1978, S. 2129 = NJW 1979, S. 2534

Einführung der flexiblen Altersgrenze

1. Enthält eine Versorgungsordnung keine Regelung für den Fall, dass der Arbeitnehmer die Möglichkeit der flexiblen Altersgrenze nutzt, und will der Arbeitgeber diese Lücke schließen, indem er einen **versicherungsmathematischen Abschlag** einführt, so ist dafür die **Zustimmung des Betriebsrats** erforderlich (ständige Rechtsprechung).
2. Die **einseitige Einführung** eines versicherungsmathematischen Abschlags ist **unwirksam**. Auch eine entsprechende Übung kann diesen Mangel nicht heilen.

***BAG**, Urteil vom **26.3.1985**; Az.: 3 AZR 236/83*
Fundstellen: BetrAV 1986, S. 70 = BB 1986, S. 877 = DB 1985, S. 2617 = NZA 1986, S. 232

Erlassvertrag, Zustimmung des Betriebsrats

1. Die nach § 77 Abs. 2 Satz 1 BetrVG für Betriebsvereinbarungen vorgeschriebene Schriftform ist gewahrt, wenn die Betriebsvereinbarung auf eine schriftliche, den Arbeitnehmern bekannt gemachte Gesamtzusage des Arbeitgebers verweist. Der Text der Gesamtzusage muss weder in der Betriebsvereinbarung wiederholt noch als Anlage angeheftet sein.
2. Der Betriebsrat kann seine nach § 77 Abs. 4 Satz 2 BetrVG erforderliche Zustimmung zu dem Verzicht eines Arbeitnehmers auf Rechte aus einer Betriebsvereinbarung formlos erteilen. Er muss aber unmissverständlich zum Ausdruck bringen, dass er mit dem Verzicht einverstanden ist. Es genügt nicht, dass sich der Betriebsrat aus der Angelegenheit heraushalten will und "eine neutrale Haltung" einnimmt.

***BAG**, Urteil vom **3.6.1997**; Az.: 3 AZR 25/96*
Fundstellen: BetrAV 1998, S. 53 = DB 1998, S. 267 = ZIP 1998, S. 218

Mitbestimmung beim Abbau einer Überversorgung

1. Der Gesamtpersonalrat einer kommunalen Gebietskörperschaft hat nach § 79 Abs. 1 Nr. 5 des Personalvertretungsgesetzes für das Land Baden-Württemberg mitzubestimmen, wenn zum Ausbau einer planwidrigen Überversorgung die bisherige Gesamtversorgungsobergrenze in einer Ruhegeldordnung geändert werden soll.
2. Das Mitbestimmungsrecht setzt – wie im Betriebsverfassungsgesetz – einen kollektiven Tatbestand voraus. Er liegt vor, wenn das Versorgungswerk bereits geschlossen war und deshalb der betroffene Personenkreis individualisierbar ist.

   [.......]

3. Wenn eine planwidrige Überversorgung abgebaut werden soll, müssen sich die Anpassungsregelungen an den Grundprinzipien der bisherigen Versorgungsordnung ausrichten. Das Anpassungsrecht des Arbeitgebers dient nicht dazu, die Versorgungsordnung umzustrukturieren und veränderte Gerechtigkeitsvorstellungen zu verwirklichen. Billigte die Versorgungsordnung allen Versorgungsberechtigten unabhängig von ihrer Dienstzeit einen bestimmten Versorgungsgrad zu, so darf eine neue nach Dienstzeit gestaffelte Gesamtversorgungsobergrenze bei Versorgungsberechtigten mit kürzerer Dienstzeit nicht zu einem geringeren Versorgungsgrad als ursprünglich vorgesehen führen.

***BAG**, Urteil vom **28.7.1998**; Az.: 3 AZR 357/97*
Fundstellen: DB 1999, S. 750 = BetrAV 1999, S. 100 = NZA 1999, S. 780

Mitbestimmung des Betriebsrats bei Gruppenunterstützungskassen

1. Der Betriebsrat des Unternehmens, das zusammen mit anderen Unternehmen Leistungen der betrieblichen Altersversorgung über eine Gruppenunterstützungskasse gewährt, hat nach § 87 Abs. 1 Nr. 10 BetrVG über das Abstimmungsverhalten des Unternehmens bei Beschlüssen der Organe der Kasse hinsichtlich der Ausgestaltung des Leistungsplans mitzubestimmen. Der Widerruf von Leistungen oder Anwartschaften ist unwirksam, wenn das Unternehmen das Mitbestimmungsrecht des Betriebsrats bei der Aufstellung des Leistungsplans verletzt.
2. Eine andere Beurteilung ist nur dann gerechtfertigt, wenn feststeht, dass die mitbestimmungspflichtige Entscheidung des Trägerunternehmens in der Gruppenunterstützungskasse nicht durchsetzbar gewesen wäre. Eine derartige Feststellung kann nicht getroffen werden, wenn vernünftige Gründe für eine anderweitige Ausgestaltung des Leistungsplans vorliegen.
3. Ein Nachweis, dass die Organe der Kasse entsprechend entschieden hätten, ist nicht zu verlangen. Es genügt, wenn mit einiger Wahrscheinlichkeit anzunehmen ist, dass die Ablehnung der Änderung des Leistungsplans durch das einzelne Trägerunternehmen die Änderung insgesamt verhindert hätte.

***LAG Hamm**, Urteil vom **10.8.1999**; Az.: 6 Sa 332/99 n. rkr.*
Fundstellen: DB 1999, S. 2371

Mitbestimmung bei der Auswahl von Versicherungsunternehmen

1. Schließt ein Arbeitgeber im Rahmen der betrieblichen Altersversorgung Lebensversicherungsverträge zugunsten seiner Arbeitnehmer bei einem Versicherungsunternehmen ab, unterliegen der **Leistungsplan** und die **Regelungen** über die **Heranziehung der Arbeitnehmer zu Versicherungsbeiträgen** der **Mitbestimmung** des Betriebsrats nach § 87 Abs. 1 Nr. 10 BetrVG. Dagegen gehört die **Auswahl des Versicherungsunternehmens**, mit dem der Arbeitgeber diese Lebensversicherungsverträge abschließt, **nicht** zu den mitbestimmungspflichtigen Angelegenheiten nach § 87 Abs. 1 Nr. 10 BetrVG.
2. Der **Wechsel der Versicherungsgesellschaft** ist **keine mitbestimmungspflichtige** Angelegenheit im Sinne von § 87 Abs. 1 Nr. 10 BetrVG, solange der

Verteilungsplan und die Beitragsbelastung der Arbeitnehmer davon unberührt bleibt.

3. Gegen die Ablösung von Versorgungszusagen, die auf einer betrieblichen Einheitsregelung beruhen, durch einen Tarifvertrag, bestehen jedenfalls dann keine Bedenken, wenn in dem Tarifvertrag die vertraglich bereits erworbene Rente aufrechterhalten und die Leistungen insgesamt verbessert werden.
4. Die tarifliche Regelung schließt ein Mitbestimmungsrecht des Betriebsrats immer dann aus, wenn sie den Bestimmungstatbestand abschließend und aus sich heraus anwendbar regelt (im Anschluss an den Beschluss des 1. Senats vom 5.5.1992 - 1 ABR 69/91 - n.v.). Haben die Arbeitnehmer Anspruch auf Leistungen in bestimmter Höhe (Versicherungssumme) und sollen die etwa anfallenden Gewinnanteile mit Versicherungsbeiträgen des Arbeitgebers verrechnet werden, besteht kein Mitbestimmungsrecht hinsichtlich der Verwendung der Gewinnanteile.

***BAG**, Beschluss vom **16.2.1993**; Az.: 3 ABR 29/92*
Fundstellen: AuR 1993, S. 186 = BetrAV 1993, S. 215 = BB 1993, S. 1291 = DB 1993, S. 1240 = NZA 1993, S. 953 = ZAP F. 17R, S. 59

Mitbestimmungsumfang bei einer Unterstützungskasse

1. Die Leistungsrichtlinien einer Unterstützungskasse stehen unter dem **Vorbehalt** einer **generellen Änderung** und können deshalb in der gleichen Form, in der sie erlassen werden, durch neue Leistungsrichtlinien ersetzt werden (ständige BAG-Rechtspre-chung).
2. Der Betriebsrat hat dabei ein **Mitbestimmungsrecht** nach **§ 87 Abs. 1 Nr. 8 BetrAVG**, das er durch Vertreter in den Organen in der Unterstützungskasse ausüben kann.
3. Bei der Abänderung von Leistungsrichtlinien sind **Recht und Billigkeit**, insbesondere der **Vertrauensschutzgedanke** zu beachten. Die Gründe, die für die Änderung sprechen, sind gegen die Belange derjenigen Arbeitnehmer abzuwägen, deren Besitzstände geschmälert werden.

***BAG**, Beschluss vom **8.12.1981**; Az.: 3 ABR 518/80*
Fundstellen: AuR 1982, S. 98 = BetrAV 1982, S. 46 = BB 1981, S. 2139 = DB 1982, S. 336 = NJW 1982, S. 1773

Mitbestimmungsrechte bei externer Konzeption des Versorgungswerkes

1. Regelt eine Betriebsvereinbarung nur die grundlegenden Fragen der betrieblichen Altersversorgung, während sie die "Ausarbeitung des kompletten Vertragswerkes" einem Beratungsinstitut überlässt, so ist das Mitbestimmungsrecht des Betriebsrats nach § 87 Abs. 1 Nr. 10 BetrVG damit noch nicht ausgeschöpft. Vielmehr bedeutet ein solches **zweistufiges Regelungsverfahren** im Zweifel, dass auch die **endgültige Fassung** der Versorgungsordnung vom Betriebsrat gebilligt werden muss.

2. Verteilt der Arbeitgeber die ausgearbeitete Fassung der Versorgungsordnung an die Belegschaft, bevor der Betriebsrat zugestimmt hat, so können dadurch vertragliche Ansprüche regelmäßig nicht entstehen.

***BAG**, Beschluss vom **4.5.1982**; Az.: 3 ABR 1202/79*
Fundstellen: AuR 1982, S. 388 = BetrAV 1983, S. 61 = BB 1983, S. 697 = DB 1982, S. 2579

Mitbestimmungsrechte bei Teilschließung einer Unterstützungskasse

1. Bei der Teilschließung einer Unterstützungskasse hat der Arbeitgeber die Mitbestimmungsrechte des Betriebsrates nach § 87 Abs. 1 Nr. 8 BetrVG zu beachten.
   a) Der **Arbeitgeber** kann die **Mittel**, die er für die Altersversorgung seiner Mitarbeiter über eine Unterstützungskasse zur Verfügung stellen will (Umfang der finanziellen Verpflichtungen, **Dotierungsrahmen**) **mitbestimmungsfrei kürzen**. Das führt dazu, dass für die zur Verfügung stehenden Mittel ein **neuer Verteilungsplan** aufzustellen ist.
   b) Der Betriebsrat hat bei der **Aufstellung von Grundsätzen** mitzubestimmen, nach denen die vom Arbeitgeber (Trägerunternehmen) zur Verfügung gestellten Mittel an die begünstigten Arbeitnehmer verteilt werden sollen.
2. Das Mitbestimmungsrecht des Betriebsrates kann **ausnahmsweise entfallen**, wenn es an einem **Regelungsspielraum** für die Verteilung der verbleibenden Mittel **fehlt**. Werden jedoch im Rahmen einer Übergangsregelung weitere Mittel verteilt, ist das Mitbestimmungsrecht des Betriebsrats zu beachten.
3. Ein vom Arbeitgeber oder von einer Unterstützungskasse erklärter Widerruf von Versorgungszusagen ist unwirksam, wenn der Arbeitgeber die **Mitbestimmungsrechte** des Betriebsrates **nicht beachtet** hat.
4. Es bleibt offen, ob der Arbeitgeber verpflichtet ist, im Falle einer wirtschaftlichen Notlage (§ 7 Abs. 1 Nr. 5 BetrAVG) den PSV in Anspruch zu nehmen.

***BAG**, Urteil vom **10.3.1992**; Az.: 3 AZR 221/91*
Fundstellen: AuR 1992, S. 281 = BetrAV 1992, S. 263 = BB 1992, S. 1431 = DB 1992, S. 1885 = NJW 1992, S. 3190 = NZA 1992, S. 949

Mitbestimmung im Rahmen einer überbetrieblichen Versorgungseinrichtung

Betreiben **mehrere Trägerunternehmen** gemeinsam eine **Gruppen-Unterstützungskasse**, deren satzungsmäßige Organe über Form, Ausgestaltung und Verwaltung mehrheitlich entscheiden, so besteht insoweit kein Mitbestimmungsrecht nach § 87 Abs. 1 Nr. 8 BetrVG. Vielmehr haben die Betriebsräte der einzelnen Trägerunternehmen gem. § 87 Abs. 1 Nr. 10 BetrVG mitzubestimmen, soweit das **Abstimmungsverhalten** ihres Unternehmens bei Beschlüssen der satzungsmäßigen Unterstützungskassen-Organe über Fragen der Lohngestaltung (insbesondere des Leistungsplans) festzulegen ist. Wird der Betriebsrat eines Trägerunternehmens bei mitbestimmungspflichtigen Fragen übergangen, führt das nicht zur Unwirksamkeit der Beschlüsse, die von den Organen der Gruppen-Unterstützungskasse satzungsgemäß gefasst wurden. welche Folgen die Rechtsverletzung im Verhältnis des Trägerunternehmens zu seinen versorgungsberechtigten Arbeitnehmern hat, bleibt unentschieden.

***BAG**, Urteil vom **22.4.1986**; Az.: 3 AZR 100/83*
Fundstellen: AuR 1986, S. 219 = BetrAV 1986, S. 207 = BB 1986, S. 1989 = DB 1986, S. 1343 = NZA 1986, S. 574

Umfang des Mitbestimmungsrechts bei einschränkender Neuordnung der Leistungsrichtlinien einer Unterstützungskasse

1. Nach § 87 Abs. 1 Nr. 8 BetrVG hat der Betriebsrat bei der **Ausgestaltung der Sozialeinrichtung** mitzubestimmen. Zur Ausgestaltung gehört die **Aufstellung von Grundsätzen**, nach denen die zur Verfügung stehenden Mittel den begünstigten Arbeitnehmern zugewendet werden sollen.
2. Der **Arbeitgeber** kann die **Mittel** für die Sozialeinrichtung **mitbestimmungsfrei einschränken**; er kann die Unterstützungskasse teilweise **schließen**.
3. Nach der Kürzung der Mittel und der teilweisen Schließung einer Unterstützungskasse müssen die gekürzten Mittel auf die begünstigten Arbeitnehmer nach einem **neuen Leistungsplan** verteilt werden. Bei der Aufstellung dieses neuen Leistungsplans hat der Betriebsrat mitzubestimmen.
4. Das Mitbestimmungsrecht entfällt nicht deshalb, weil es sich um freiwillige, jederzeit widerrufliche Leistungen handelt.
5. Der vollständige oder teilweise Widerruf von Leistungen oder Anwartschaften der betrieblichen Altersversorgung ist eine **individual-rechtliche Erklärung** des Arbeitgebers. Diese Erklärung zur Durchsetzung eines neuen Leistungsplans ist unwirksam, wenn der Arbeitgeber bei der Aufstellung des Leistungsplans das Mitbestimmungsrecht des Betriebsrates verletzt hat.
6. Der Widerruf ist auch dann unwirksam, wenn er von einer rechtsfähigen Versorgungseinrichtung im Sinne von § 1 Abs. 4 BetrAVG ausgesprochen wird. Die rechtliche Selbständigkeit dieser Einrichtung, der sich der Arbeitgeber als Träger der Unterstützungskasse für Leistungen der betrieblichen Altersversorgung bedient, findet ihre Grenze in den **zwingenden Mitbestimmungsrechten** des Betriebsrates.

***BAG**, Urteil vom **26.4.1988**; Az.: 3 AZR 168/86*
Fundstellen: AuR 1988, S. 184 = BetrAV 1989, S. 44 = BB 1988, S. 2249 = DB 1988, S. 2411 = NZA 1989, S. 219

Umfang des Mitbestimmungsrechts

1. Eine Sozialeinrichtung mit dem Ziel der betrieblichen Altersversorgung, bei deren Verwaltung der Betriebsrat gem. § 87 Abs. 1 Nr. 8 BetrAVG zu beteiligen

ist, liegt dann vor, wenn die Altersversorgung aus einem **zweckgebundenen Sondervermögen** geleistet wird, z. B. durch **Pensions-** oder **Unterstützungskassen**.

2. Wird die betriebliche Altersversorgung durch generelle **Direktzusagen** oder **-versicherungen** gewährt, so unterliegt diese Art der Altersversorgung dem Mitbestimmungsrecht des Betriebsrats nach § 87 Abs. 1 Nr. 10 BetrVG mit folgendem Inhalt:
   a) Der **Arbeitgeber** ist in **vierfacher Beziehung frei**: Nämlich darin, **ob** er finanzielle Mittel für die betriebliche Altersversorgung zur Verfügung stellen will, in welchem **Umfang** er das tun will, welche **Versorgungsform** er wählen will und welchen **Arbeitnehmerkreis** er versorgen will.
   b) Für ein Mitbestimmungsrecht nach § 87 Abs. 1 Nr. 10 BetrVG ist insoweit kein Raum, als eine gesetzliche oder tarifliche Regelung besteht.
   c) In jedem Fall sind bei der Durchführung einer betrieblichen Altersversorgung Arbeitgeber und Betriebsrat an die Grundsätze von Recht und Billigkeit gebunden, und sie müssen die freie Entfaltung der im Betrieb beschäftigten Arbeitnehmer schützen.
3. Innerhalb des vorstehend abgegrenzten Rahmens hat der Betriebsrat bei der **Gestaltung** der betrieblichen Altersversorgung mitzubestimmen. Dazu gehört auch die Gestaltung des „**Leistungsplans**", soweit nicht der Dotierungsrahmen, die Grundform der Altersversorgung und die Abgrenzung des begünstigten Personenkreises berührt werden. Über den vorstehend gekennzeichneten Rahmen hinaus hat der Betriebsrat das Recht, jede Versorgungsordnung auf ihre Vereinbarkeit mit § 75 BetrVG zu überprüfen. **Vor Einführung** einer betrieblichen Versorgungsordnung muss der Arbeitgeber den Betriebsrat so **rechtzeitig und sachgerecht unterrichten**, dass der Betriebsrat sein Mitbestimmungs- und Überwachungsrecht in der gebotenen Weise sorgfältig ausüben kann.

***BAG**, Beschluss vom **12.6.1975**; Az.: 3 ABR 137/73*
Fundstellen: AuR 1975, S. 377 = BetrAV 1975, S. 162 = BB 1975, S. 1064
sowie
***BAG**, Beschluss vom **12.6.1975**; Az.: 3 ABR 13/74*
Fundstellen: AuR 1975, S. 377 = BetrAV 1975, S. 159 = BB 1975, S. 1062 = DB 1975, S. 1559

sowie
***BAG**, Beschluss vom **12.6.1975**; Az.: 3 ABR 66/74*
Fundstellen: AuR 1975, S. 377 = BetrAV 1975, S. 162 = BB 1975, S. 1065

Zuständigkeit des Gesamtbetriebsrats

1. Nach der Regelung in § 50 Abs. 1 BetrVG erfordert eine vom Arbeitgeber erstrebte Neuordnung einer **unternehmenseinheitlichen** betrieblichen Altersversorgung, welche die in den Betrieben bisher geltenden unterschiedlichen Altersversorgungssysteme ablösen soll, **zwingend die Zuständigkeit des Gesamtbetriebsrats** und nicht der einzelnen Betriebsräte.

2. Dies gilt auch dann, wenn sich der Gesamtbetriebsrat unter Hinweis auf die Zuständigkeit der einzelnen Betriebsräte weigert, dem Arbeitgeber als Verhandlungspartner für eine Neuregelung einer unternehmenseinheitlichen betrieblichen Altersversorgung zur Verfügung zu stehen.

***LAG Düsseldorf**, Beschluss vom **6.2.1991**; Az.: 4 TaBV 106/90*
Fundstellen: BB 1991, S. 1991 = DB 1991, S. 1330

Zustimmung des Betriebsrates

1. Die Zustimmung des Betriebsrats zum Verzicht eines Arbeitnehmers auf rechte aus einer Betriebsvereinbarung über eine betriebliche Altersversorgung muss klar und unmissverständlich erklärt werden und die Möglichkeit ausschließen, daß sich der Betriebsrat lediglich aus der Angelegenheit heraushalten und eine neutrale Haltung einnehmen will. Wirksamkeitsvoraussetzung ist ferner eine ordnungsgemäße interne Beschlußfassung (BAG v. 3.6.1997, EzA Nr. 59 zu § 77 BetrVG).
2. Dem PSV können Erleichterungen seiner Darlegungs- und Beweisführungslast bezüglich einer Zustimmung des Betriebsrates nach § 77 Abs. 4 S. 2 BetrVG jedenfalls dann nicht zugestanden werden, wenn die Darlegungs- und Beweisschwierigkeiten nicht auf seiner besonderen Stellung als Träger der Insolvenzsicherung beruhen, sondern darauf, dass die Geschäftsleitung der Gemeinschuldnerin seinerzeit naheliegende Beweissicherungsobliegenheiten verletzt hat.

***LAG Hamm**, Urteil vom **31.8.1999**; Az.: 13 Sa 402/99*
Fundstellen: HwB AR news 3/00, S. 21

Neue Bundesländer

1283 **Altersübergang und Zusatzrente aus der Anordnung 54**

1. Ein Arbeitnehmer, der bis zum 31. Dezember 1991, die Voraussetzungen eines Zusatzrentenanspruchs nach der Anordnung zur Einführung einer Zusatzrentenversorgung für die Arbeiter und Angestellten in den wichtigsten volkseigenen Betrieben vom 9. März 1954 (Anordnung 54) nicht erfüllt hat, hat weder einen Voll- noch einen Teilrentenanspruch erworben (Bestätigung der Senatsurteile vom 27. Februar 1996 – 3 AZR 242/95 – und vom 17. Dezember 1996 – 3 AZR 800/95 – AP Nrn. 4, 5 zu Einigungsvertrag Anlage II Kap. VIII).
2. Ein Arbeitnehmer, der vor dem 31. Dezember 1991 betriebsbedingt aus dem Arbeitsverhältnis ausgeschieden ist und Altersübergangsgeld bezogen hat, erfüllt die Anspruchsvoraussetzungen der Anordnung 54 nicht. Er hat jedenfalls dann keinen Anspruch auf Zusatzrente, wenn er nicht auch vor dem 31. Dezember 1991 in den gesetzlichen Ruhestand gewechselt ist.

***BAG**, Urteil vom **29.7.1997**; Az.: 3 AZR 72/97*
Fundstellen: DB 1998, S. 2123

Anordnung 54 und Abfindungsvereinbarungen

1 Ein im Jahre 1993 erklärter Verzicht auf etwaige Ansprüche auf Zusatzrente nach der Anordnung zur Einführung einer Zusatzrentenversorgung für die Arbeiter und Angestellten in den wichtigsten volkseigenen Betrieben vom 9. März 1954 (GBl. DDR I 1954 Nr. 30, S. 301 [AO 54]) auf der Grundlage der Rahmenvereinbarungen zwischen der Treuhandanstalt und der Industriegewerkschaft Metall, der Industriegewerkschaft Chemie und der Industriegewerkschaft Bergbau und Energie ist regelmäßig rechtswirksam.

2. Eine solche Vereinbarung ist auch dann nicht sittenwidrig, wenn der Abfindungsbetrag erheblich unterhalb des Kapitalwertes des jeweiligen Zusatzrentenanspruchs liegt. Bei der Bewertung der jeweils erbrachten Leistungen muss wesentlich mitberücksichtigt werden, wie bei Abschluss der Vereinbarung die Chance des Rentners einzuschätzen war, einen Anspruch auf Zusatzrente nach der AO 54 jetzt und auf Dauer durchzusetzen.

***BAG**, Urteil vom **11.5.1999**; Az.: 3 AZR 106/98*
Fundstellen: DB 2000, S. 99

Anpassung von Betriebsrenten im Beitrittsgebiet

1. Das BetrAVG mit seiner Regelung über die Anpassung laufender Betriebsrenten (§ 16 BetrAVG) ist im Beitrittsgebiet nur anzuwenden, wenn die Zusagen auf Leistungen der betrieblichen Altersversorgung nach dem 31.12.1991 erteilt wurden.
2. Die Erteilung einer Zusage setzt bei vertraglicher Grundlage der Zusage den Abschluss eines Vertrages voraus. Die Erfüllung bereits entstandener Verpflichtung ist keine Begründung eines Anspruchs.
3. Für die bis zum 31.12.1991 erteilten Zusagen schließt der Einigungsvertrag (Anlage I Kap. VIII Sachgebiet A Abschnitt III Nr. 16) nicht nur eine auf § 16 BetrAVG, sondern im Regelfall auch eine auf § 242 BGB gestützte Verpflichtung zur Anpassung laufender Leistungen aus. Die auf § 242 BGB beruhende vorgesetzliche Rechtsprechung des Senats hat in der abschließenden Regelung des § 16 BetrAVG ihre konkrete gesetzliche Ausprägung gefunden.

***BAG**, Urteil vom **24.3.1998**; Az.: 3 AZR 778/96*
Fundstellen: BB 1998, S. 1485 = DB 1998, S. 1621 = AuA 1998, S. 318 = BetrAV 1998, S. 222

Bei Einzelvereinbarung kein Anspruch nach der AO 54

1. Bei Unsicherheiten über das Bestehen eines betriebsrentenrechtlichen Versorgungsanspruchs ist auch eine vergleichsweise Einigung dahingehend statthaft, dass keine Versorgungsansprüche bestehen und eine entsprechende Abfindung gezahlt wird.
2. Wer eine Einzelvereinbarung unterschrieben und wie vereinbart Ausgleichsleistungen entgegengenommen hat, hat damit auf alle weiteren Ansprüche aus

der AO 54 verzichtet. Die abgeschlossene Vereinbarung ist auch weder sittenwidrig noch nichtig.

3. Nur ausnahmsweise kann ein besonders grobes Missverhältnis zwischen Leistung und Gegenleistung oder eine verwerfliche Gesinnung des Arbeitgebers bei Abschluss der Vereinbarung zu ihrer Nichtigkeit führen.

***LAG Brandenburg**, Urteil vom **25.11.1997**; Az.: 2 Sa 407/97*
Fundstellen: BetrAV 1998, S. 224 = AuA 1998, S. 179

Erwerb einer unverfallbaren Versorgungsanwartschaft – Vordienstzeiten bei einem übernommenen Betrieb der früheren DDR

Verspricht der Erwerber eines Betriebes aus dem Beitrittsgebiet einem dort beschäftigten Arbeitnehmer nach dem 31. Dezember 1991 Leistungen der betrieblichen Altersversorgung, so sind bei der Prüfung der Unverfallbarkeit nach § 1 Abs. 1 Satz 1 Zweite Alt. BetrAVG auch Beschäftigungszeiten im übernommenen Betrieb vor dem 3. Oktober 1990 zu berücksichtigen.

***BAG**, Urteil vom **19.12.2000**, Az.: 3 AZR 451/00*
Fundstellen: DB 2001, S. 2403 = BetrAV 2001, S. 682 (Ls.)

Insolvenzschutz für Versorgungsversprechen, die in den neuen Bundesländern vor dem 1.1.1992 erteilt wurden

1. Die Regelung im Einigungsvertrag, wonach die §§ 1 bis 18 des Betriebsrentengesetzes in den neuen Bundesländern erst am 1.1.1992 in Kraft getreten sind und demgemäß nur Versorgungsversprechen, die nach dem 31.12.1991 erteilt wurden, gegen Insolvenz geschützt sind, verletzt einen Arbeitnehmer, der sich auf eine vor dem Stichtag erteilte Versorgungszusage beruft, **nicht** in seinen Grundrechten.
2. Die schlichte **Weiterzahlung** einer im Dezember 1991 zugesagten und rückwirkend ab 1.7.1991 gewährten Altersversorgung über den Stichtag hinaus stellt **kein erneutes Versorgungsversprechen** im Sinne des Betriebsrentengesetzes dar.

***LAG Köln**, Urteil vom **30.4.1997**; Az.: 2 Sa 10840/94*
Fundstellen: Juris-Datenbank

Nachhaftung des Komplementärs für Betriebsrenten nach Erlöschen der KG

1. Gehen die Gesellschaftsanteile ohne Liquidation der Gesellschaft auf eine Person über, so haftet der Übernehmer für die Schulden der Gesellschaft nicht nur als früherer Gesellschafter, sondern auch als neuer Schuldner der Gesellschaftsgläubiger (Anschluss an BGH-Urteil vom 10.12.1990 – II ZR 256/89, DB 1991, S. 327).
2. Die Rechtsprechung des Bundesgerichtshofs zur Abkürzung der Sonderverjährungsfrist nach § 159 Abs. 3 HGB a.F. (DB 1983, S. 1437) rechtfertigt keine allgemeine Haftungsbegrenzung.

***BAG**, Urteil vom **24.3.1998**; Az.: 9 AZR 57/97*
Fundstellen: DB 1998, S. 2426

Verjährung von Ansprüchen auf Zusatzrente nach der AO 54

1. Ansprüche auf betriebliche Versorgungsleistungen aus einem privatrechtlich organisierten abhängigen Beschäftigungsverhältnis verjähren nach § 196 Abs. 1 Nr. 8 oder 9 BGB in zwei Jahren.
2. Zu den Ansprüchen zählen auch Zusatzrentenansprüche nach der AO 54, deren Verjährung sich seit dem 3. Oktober 1990 nach den Bestimmungen des Bürgerlichen Gesetzbuches richtet (Art. 231 § 6 Abs. 1 EGBGB).

***BAG**, Urteil vom **25.1.2000**; Az.: 3 AZR 780/98*
Fundstellen: DB 2000, S. 1234 = BetrAV 2000, S. 398 (LS)

Zusatzrente nach der AO 54

Ein Arbeitnehmer, der vor dem 31.12.1991 betriebsbedingt aus dem Arbeitsverhältnis ausgeschieden ist und Vorruhestandsgeld nach der Verordnung über die Gewährung von Vorruhestandsgeld vom 8.2.1990 bezogen hat, hat keinen Anspruch auf Zusatzrente nach der Anordnung über die Einführung einer Zusatzrente für die Arbeiter und Angestellten in den wichtigsten volkseigenen Betrieben vom 9.3.1954, wenn er erst nach dem 31.12.1991 in den gesetzlichen Ruhestand gewechselt ist.

***BAG**, Urteil vom **14.9.1999**; Az.: 3 AZR 655/98*
Fundstellen: DB 2000, S. 579 = BetrAV 2000, S. 219 = NZA 2000, S. 595

Pfändungsschutz 1284

Pfändbarkeit einer Versicherungsprämie nach Gehaltsumwandlung

Ändern Arbeitgeber und Arbeitnehmer ihre ursprüngliche Lohnvereinbarung dahin, dass in Zukunft anstelle eines Teils des monatlichen Barlohns vom Arbeitgeber eine Versicherungsprämie auf einen Lebensversicherungsvertrag zugunsten des Arbeitnehmers (Direktversicherung) gezahlt werden soll (Gehaltsumwandlung), entstehen insoweit **keine pfändbaren Ansprüche** auf Arbeitseinkommen (§ 850 Abs. 2 ZPO) mehr.

***BAG**, Urteil vom **17.2.1998**; Az.: 3 AZR 611/97*
Fundstellen: BB 1998, S. 1009 = DB 1998, S. 1039 = BetrAV 1998, S. 219

1285 Prozessrecht

Rechtsschutzbedürfnis für ausschließlich vergangenheitsbezogene Statusfeststellungsklage

1. Für eine Klage, die ausschließlich auf die Feststellung gerichtet ist, dass in der Vergangenheit ein Arbeitsverhältnis bestanden hat, ist ein Feststellungsinteresse nur gegeben, wenn sich aus der Feststellung Folgen für Gegenwart oder Zukunft ergeben.
2. Die bloße Möglichkeit, dass dem Kläger, wenn er Arbeitnehmer war, Ansprüche auf eine betriebliche Altersversorgung zustehen, reicht zur Bejahung des Feststellungsinteresses nicht aus (Weiterführung von BAGE 85, 347 = AP Nr. 40 zu § 256 ZPO 1977).

***BAG**, Urteil vom **3.3.1999**; Az.: 5 AZR 275/98*
Fundstellen: n.V.

1286 Schadensersatz

Rechtsqualität einer Auskunft nach § 2 Abs. 6 BetrAVG

1. Erteilt der Arbeitgeber eine Auskunft nach § 2 Abs. 6 BetrAVG, so stellt diese **kein** abstraktes oder deklaratorisches **Schuldanerkenntnis** dar.
2. Erteilt der Arbeitgeber eine **unrichtige Auskunft** und richtet sich der Arbeitnehmer im Vertrauen darauf bei der Planung seiner Altersversorgung ein, so können ihm unter bestimmten Voraussetzungen **Schadenersatzansprüche** erwachsen.

***BAG**, Urteil vom **8.11.1983**; Az.: 3 AZR 511/81*
Fundstellen: AuR 1984, S. 120 = BetrAV 1984, S. 75 = BB 1984, S. 601 = DB 1984, S. 836

Schadensersatz wegen fehlerhafter Auskünfte über Versorgungsansprüche

Ein Arbeitgeber, der einem Arbeitnehmer eine vergleichende Modellrechnung voraussichtlicher Versorgungsansprüche anbietet, um dessen tarifvertraglich eingeräumte Wahlentscheidung zu unterstützen, aus einer bestehenden Versorgungszusage in ein anderes Versorgungssystem zu wechseln, haftet für eine etwaige Unrichtigkeit dieser Modellrechnung. Ergibt sich aus einer unrichtigen Modellrechnung zu Unrecht, dass die Versorgungsalternative günstiger ist als die bestehende Zusage, und wechselt der Arbeitnehmer daraufhin in dieses Versorgungssystem, muss der Arbeitgeber ihn so stellen, wie er nach der ursprünglichen Versorgungszusage gestanden hätte.

***BAG**, Urteil vom **21.11.2000**, Az.: 3 AZR 13/00*
Fundstellen: BetrAV 2001, S. 683

Steuernachteile durch Nachversicherung

1. Wenn der Arbeitgeber die bisher zu Unrecht aus der Altersversorgung ausgeschlossenen Teilzeitkräfte bei der zuständigen Zusatzversorgungskasse nachversichert und die Umlagen nachentrichtet, ist deren Verschaffungsanspruch erfüllt. Den Ausgleich steuerlicher Nachteile umfasst der Verschaffungsanspruch nicht.
2. § 10 VersTV-G verpflichtet den Arbeitgeber nur bei einer Pauschalversteuerung zur Übernahme der Lohn- und Kirchensteuer. Diese Verpflichtung erlischt, wenn die Pauschalversteuerung rechtlich nicht mehr möglich ist.
3. Führt der Arbeitgeber Umlagen aufgrund eines unverschuldeten Rechtsirrtums verspätet ab, so steht dem Arbeitnehmer nach §§ 285, 286 BGB kein Schadensersatzanspruch wegen Verzugs zu. Der Arbeitgeber verletzt nicht seine Sorgfaltspflichten, wenn er bei einer unklaren Rechtslage von der Wirksamkeit der tarifvertraglichen Regelungen ausgeht.
4. Soweit der Arbeitgeber durch die verspätete Abführung der Umlage von seiner Verpflichtung zur Übernahme der Pauschalsteuer frei wird, steht dem Arbeitnehmer ein Bereicherungsanspruch nach § 812 Abs. 1 Satz 1 Alt. 2 BGB zu.

***BAG**, Urteil vom **14.12.1999**; Az.: 3 AZR 713/98*
Fundstellen: BB 2000, S. 2209 = DB 2000, S. 2534

Umfang der Aufrechnung mit Schadenersatzansprüchen

1. Die Berufung eines Betriebsrentners auf das **Aufrechnungsverbot** des § 394 Satz 1 BGB ist wegen Rechtsmissbrauchs regelmäßig **unzulässig**, wenn der Arbeitgeber gegen eine Ruhegehaltsforderung mit einer Schadenersatzforderung aus vorsätzlicher unerlaubter Handlung aufrechnen will.
2. Es ist aber stets anhand der Umstände des Einzelfalls zu untersuchen, ob und inwieweit der den gesetzlichen Aufrechnungsgrenzen zu entnehmende **Sozialschutz** gegenüber den schützenswerten **Interessen** des Geschädigten zurücktreten muss. Hierbei sind die Interessen des Versorgungsberechtigten und seiner Angehörigen sowie die Interessen der Allgemeinheit auf der einen und das Ausgleichsinteresse des geschädigten Arbeitgebers auf der anderen Seite miteinander **abzuwägen**.
3. Die individuellen Schutzinteressen des Schädigers müssen jedenfalls dann zurücktreten, wenn der **vorsätzlich verursachte Schaden so hoch ist**, dass er ihn unter normalen Umständen nicht ausgleichen kann, falls ihm der pfändungsfreie Teil seines Einkommens verbleibt.
4. Im **Interesse der Allgemeinheit** darf der Geschädigte regelmäßig jedoch durch Aufrechnung nicht so weit in Versorgungsansprüche eingreifen, dass der Anspruchsberechtigte auf Sozialhilfe angewiesen ist, so dass die Schadensersatzansprüche bei wirtschaftlicher Betrachtung teilweise aus Mitteln der öffentlichen Hand befriedigt werden. Dem Schädiger muss deshalb das **Existenzminimum** verbleiben, das in Anlehnung an § 850d ZPO unter Berücksichtigung sonstiger Einkünfte zu ermitteln ist.

***BAG**, Urteil vom **18.3.1997**; Az.: 3 AZR 756/95*
Fundstellen: BB 1997, S. 1639 = DB 1997, S. 1474 = ZIP 1997, S. 935

Unterlassene Aufklärung über Nachversicherungsmöglichkeiten in der VBL

1. **Versäumt ein Arbeitgeber**, den Arbeitnehmer über die versicherungsrechtlichen Vorteile einer rückwirkenden Versicherung in der VBL **zu belehren**, so ist er wegen der dem Arbeitnehmer daraus erwachsenden Nachteile zum **Schadenersatz** verpflichtet.
2. Der **Schadenersatzanspruch** wegen gebotener, aber unterbliebener Hinweise auf die versicherungsrechtlichen Vorteile einer rückwirkenden Versicherung, **unterliegt nicht** der **tariflichen Ausschlussfrist** des § 67 MTA (§ 70 BAT).

***BAG**, Urteil vom **13.12.1988**; Az.: 3 AZR 252/87*
Fundstellen: AuR 1989, S. 185 = BetrAV 1989, S. 177 = BB 1989, S. 1274 = DB 1989, S. 1527 = NZA 1989, S. 690

Verletzung der Mitwirkungspflichten durch den Arbeitnehmer

1. Kommt ein Ruhegeldberechtigter schuldhaft seiner **Auskunftsverpflichtung** über den Bezug anderweitiger öffentlicher Renten nicht nach, die der Versorgungsträger anrechnen darf, so ist er zum **Schadenersatz** verpflichtet. Der Schadenersatz entspricht der Ruhegeldüberzahlung.
2. Hat der Versorgungsberechtigte seine Auskunftspflicht nur fahrlässig verletzt, so ist der Erstattungsanspruch nicht schon deshalb ausgeschlossen, weil Erstattungsforderungen aus ungerechtfertigter Bereicherung nach § 819 Abs. 1 BGB nur bei Kenntnis des Empfängers vom mangelnden Rechtsgrund ausgeschlossen wären.
3. Erstattungsansprüche des Arbeitgebers wegen Verletzung der Auskunftspflichten des Versorgungsberechtigten **verjähren** in **30 Jahren**.

***BAG**, Urteil vom **27.3.1990**; Az.: 3 AZR 187/88*
Fundstellen: AuR 1990, S. 90 = BetrAV 1990, S. 230 = BB 1991, S. 211 = DB 1990, S. 2123 = NZA 1990, S. 776

Verschaffungsanspruch des Arbeitnehmers bei fehlerhaften Angaben des Arbeitgebers gegenüber dem Versorgungsträger

Hat ein Arbeitgeber durch unrichtige Angaben gegenüber der Versorgungsanstalt des Bundes und der Länder zunächst eine mit Tarifvertrag und Satzung in Widerspruch stehende nachteilige Versorgungslage für seinen früheren Arbeitnehmer geschaffen, muss er diese durch Übermittlung einer Inhaltlich richtigen Mitteilung auch noch nach Ende des Arbeitsverhältnisses beseitigen.

***BAG**, Urteil vom **14.10.1998**; Az.: 3 AZR 377/98*
Fundstellen: DB 1999, S. 1808

Zeitpunkt des Angebots auf Abschluss betrieblicher Altersversorgung

Gewährt der Arbeitgeber Leistungen der betrieblichen Altersversorgung aufgrund eines mit dem Arbeitnehmer zu schließenden Versorgungsvertrages, ist er nach der ihm obliegenden **Fürsorgepflicht** gehalten, dem Arbeitnehmer den Abschluss des Vertrages zum frühestmöglichen Zeitpunkt anzubieten.

Kommt er dieser Verpflichtung nicht nach, kann der Arbeitnehmer im Wege des **Schadenersatzes** verlangen, so gestellt zu werden, als ob der Vertrag zu diesem Zeitpunkt geschlossen worden wäre.

***LAG Hamm**, Urteil vom **13.7.1999**; Az.: 6 Sa 2407/98 (rkr.)*
Fundstellen: BB 1999, S. 2615

Steuerrecht 1287

Abfindungsvorbehalt bei Pensionszusagen

Eine Pensionszusage, bei der die Versorgungsverpflichtung in Höhe des Teilwerts gem. § 6a Abs. 3 EStG abgefunden werden darf, steht unter einem gem. § 6a Abs. 1 Nr. 2 EStG steuerlich schädlichen Vorbehalt.

***BFH**, Urteil vom **10.11.1998**; Az.: I R 49/97*
Fundstellen: DB 1999, S. 617 = StuB 1999, S. 319 = BetrAV 1999, S. 102
DStR 1999, S. 313

Vorbehalt der Übertragung einer Pensionszusage auf eine Unterstützungskasse

Räumt ein Arbeitgeber seinen Betriebsangehörigen einen unmittelbaren Rechtsanspruch auf Invalidenrente ein und wird diese Pensionsverpflichtung aufgrund der getroffenen Vereinbarungen bei Eintritt des Versorgungsfalles aufgehoben und auf eine Unterstützungskasse übertragen, so kann der Arbeitgeber für die bis zum Eintritt des Versorgungsfalles bestehende unmittelbare Verpflichtung eine Pensionsrückstellung bilden.

***BFH**, Urteil vom **19.8.1998**; Az.: I R 92/95*
Fundstellen: BStBl II 1999, S. 387 = DB 1999, S. 73

Tarifrecht 1288

Absenkung tariflicher Zusatzrente bei Änderung der Bemessungsgrundlage

1. Eine Auszehrung im Sinne des § 5 Abs. 1 BetrAVG liegt nur dann vor, wenn die Betriebsrenten unter den bei Eintritt des Versorgungsfalls festgesetzten Betrag sinken. Die vom selben Arbeitgeber gewährten Versorgungsleistungen sind dabei in der Regel auch dann als Einheit anzusehen, wenn sie auf verschiedene Versorgungsformen verteilt sind.
2. Nach § 17 Abs. 3 Satz 1 BetrAVG kann in Tarifverträgen vom Auszehrungsverbot des § 5 Abs. 1 BetrAVG abgewichen werden. Eine derartige Abweichung muss nicht als solche gekennzeichnet werden. Es genügt, dass sich dies zweifelsfrei aus den tarifvertraglichen Regelungen ergibt.

3. Abweichungen vom Auszehrungsverbot berühren nicht die Unverfallbarkeitsregelung des § 1 Abs. 1 BetrAVG, an die auch die Tarifvertragsparteien gebunden sind.
4. Wenn bei einer Gesamtversorgungsobergrenze nicht die Brutto-, sondern die Nettovergütung maßgebend sein soll, muss dies in der Versorgungsordnung Ausdruck finden (Bestätigung der bisherigen Rechtsprechung, BAG v. 10.3.1992 – 3 AZR 352/91 – BAGE 70, 36, 39 f.).

***BAG**, Urteil vom **5.10.1999**; Az.: 3 AZR 230/98*
Fundstellen: BB 2000, S. 1248 = BetrAV 2000, S. 397 (LS)

Keine Nachwirkung von Versorgungstarifverträgen bei Branchenwechsel

Die tarifvertragliche Pflicht eines Arbeitgebers, seinen Arbeitnehmern Leistungen der betrieblichen Altersversorgung seitens der Zusatzversorgungskasse zu verschaffen, erlischt, wenn der Arbeitgeber die Branche wechselt und so aus dem betrieblichen Geltungsbereich der Versorgungstarifverträge des Baugewerbes ausscheidet (Abgrenzung zu BAG v. 5.10.1993 – 3 AZR 586/92 – DB 1994, S. 1683).

***BAG**, Urteil vom **9.11.1999**; Az.: 3 AZR 690/98*
Fundstellen: BB 2000, S. 1999 = DB 2000, S. 776 = BetrAV 2000, S. 217

1289 Teilrente

Berechnung der Teilrente bei vorzeitigem Ausscheiden und Inanspruchnahme nach § 6 BetrAVG

1. Für die Berechnung der im Falle eines vorzeitigen Bezuges nach § 6 BetrAVG erreichbaren Betriebsrente kommt es in erster Linie auf die getroffenen Vereinbarungen an. Die vom Senat hierzu aufgestellten Berechnungsregeln (zuletzt: Urteil vom 8. Mai 1990 – 3 AZR 341/88 – AP Nr. 18 zu § 16 BetrAVG) gelten nur, wenn die Versorgungsordnung insoweit lückenhaft ist.
2. Ist die Zulässigkeit einer Revision zweifelhaft, kann sie ausnahmsweise zugunsten des Rechtsmittelführers unterstellt werden, wenn sie jedenfalls unbegründet ist und eine Klärung der Zulässigkeit die Entscheidung des Rechtsstreits erheblich verzögern würde.

***BAG**, Urteil vom **29.7.1997**; Az.: 3 AZR 134/96*
Fundstellen: BB 1998, S. 377 = BetrAV 1998, S. 51 = DB 1998, S. 935

1290 Übernahme von Versorgungsverpflichtungen

Anspruch auf Übertragung einer Versorgungsverpflichtung

1. **§ 4 Abs. 1 BetrAVG** gibt dem ausgeschiedenen Arbeitnehmer **keinen Anspruch** gegen den bisherigen Versorgungsschuldner, die Versorgungsverpflichtung auf einen anderen Versorgungsschuldner zu übertragen.

2. Ein solcher Anspruch kann sich aus dem Rechtsverhältnis zwischen dem Versorgungsberechtigten und seinem Arbeitgeber (**Arbeitsverhältnis**) oder aus dem Rechtsverhältnis zwischen dem Versorgungsberechtigten und dem Versorgungsträger (**Versicherungsverhältnis**) ergeben.

***BAG**, Urteil vom **21.1.1992**; Az.: 3 AZR 82/91*
Fundstellen: AuR 1992, S. 281 = BetrAV 1992, S. 261 = BB 1992, S. 1648 = DB 1992, S. 2094 = NZA 1992, S. 975

Inhalt des gesetzlichen Übertragungsverbots

1. Bereits erwachsene Ruhegeldverbindlichkeiten können in entsprechender Anwendung von § 4 BetrAVG auch mit Zustimmung des Ruheständlers nur durch solche Versorgungsträger übernommen werden, bei denen ein **ausreichender Insolvenzschutz** besteht. Hierzu gehören regelmäßig nur die in § 4 Abs. 1 Satz 1 BetrAVG genannten Versorgungsträger.
2. Mit Zustimmung des Arbeitnehmers können auch sonstige Versorgungsträger Ruhegeldverbindlichkeiten übernehmen, wenn sich der **Träger der gesetzlichen Insolvenzsicherung** mit der Übernahme durch den Versorgungsträger **einverstanden erklärt**.

***BAG**, Urteil vom **26.6.1980**; Az.: 3 AZR 156/79*
Fundstellen: AuR 1980, S. 379 = BetrAV 1980, S. 260 = BB 1980, S. 1641 = DB 1980, S. 2141 = NJW 1981, S. 189

Inhalt des gesetzlichen Übertragungsverbots

1. Soweit § 4 BetrAVG die Übernahme von Versorgungsschulden beschränkt, geht es nicht um die **Erhaltung des Insolvenzschutzes**, sondern um die Sicherung der Haftungsmasse. Die Regelung dient dem Schutze des PSV vor unerwünschten Haftungsrisiken.
2. Während der versorgungsberechtigte Arbeitnehmer eine private Schuldübernahme nur in den Grenzen des § 4 BetrAVG genehmigen kann, ist der PSV insoweit nicht beschränkt. Seine **Genehmigung** ist möglich, aber auch **erforderlich**, wenn eine Schuldübernahme abweichend von § 4 BetrAVG Wirksamkeit erlangen soll.
3. Wird in einem Betriebsübernahmevertrag vereinbart, dass der Betriebserwerber den bereits fälligen Versorgungsschulden beitritt und danach die Betriebsrentner veranlassen muss, den Betriebsveräußerer von der **Haftung freizustellen**, so handelt es sich um eine **Umgehung** von § 4 BetrAVG. Die vorgesehenen **Erlassverträge** zugunsten des Betriebsveräußerers sind nur wirksam, wenn der PSV zustimmt.

***BAG**, Urteil vom **17.3.1987**; Az.: 3 AZR 605/85*
Fundstellen: AuR 1987, S. 417 = BetrAV 1988, S. 20 = BB 1987, S. 2233 = DB 1988, S. 122 = NZA 1988, S. 21

Übertragung einer nicht insolvenzgeschützten Versorgungsverpflichtung

Der Schuldner einer nicht insolvenzgeschützten Ruhegeldverbindlichkeit oder Versorgungsanwartschaft kann nach dem Belieben der Vertragsparteien ohne die Einschränkungen des § 4 Abs. 1 BetrAVG ausgetauscht werden.

***BAG**, Urteil vom **4.8.1981**; Az.: 3 AZR 441/80*
Fundstellen: AuR 1982, S. 69 = BetrAV 1982, S. 16 = BB 1982, S. 51 = DB 1981, S. 2544

Übertragung eines Versicherungsbestandes

Die satzungsgemäße Übertragung eines Teilbestands von Pensionsversicherungen von einer Pensionskasse auf ein Unternehmen der Lebensversicherung bedarf nach § 14 VAG der Genehmigung des Bundesaufsichtsamts für das Versicherungswesen. Ist diese Genehmigung bestandskräftig erteilt, bedarf es zum Wirksamwerden der Übertragung nicht mehr der Zustimmung der einzelnen Versorgungsanwärter.

***BAG**, Urteil vom **14.12.1999**; Az.: 3 AZR 675/98*
Fundstellen: DB 2000, S. 1719

1291 Unterstützungskasse

Ausschluss des Rechtsanspruchs

Das BAG hält sich im Rahmen zulässiger richterlicher Auslegung, wenn es den **Ausschluss des Rechtsanspruchs** bei Unterstützungskassen in ständiger Rechtsprechung in **ein an sachliche Gründe gebundenes Widerrufsrecht** umdeutet.

***BVerfG**, Beschluss vom **19.10.1983**; Az.: 2 BvR 298/81*
Fundstellen: BetrAV 1984, S. 49 = BB 1984, S. 341 = DB 1984, S. 190 = NJW 1984, S. 476

Bedeutung des Freiwilligkeitsvorbehalts

1. Der Vorbehalt, dass die Leistungen **freiwillig** und **ohne Rechtsanspruch** gewährt werden, **berechtigt** eine Unterstützungskasse **nicht zum Widerruf** der Leistungen mit der Begründung, sie sei vermögenslos. Es kommt vielmehr auf die wirtschaftliche Lage des Trägerunternehmens an.
2. Der Pensionär kann das **Trägerunternehmen anstelle der Unterstützungskasse** in Anspruch nehmen, wenn diese vermögenslos und vom Trägerunternehmen aufgelöst worden ist.

***BAG**, Urteil vom **28.4.1977**; Az.: 3 AZR 300/76*
Fundstellen: AuR 1978, S. 123 = BetrAV 1977, S. 191 = BB 1977, S. 1202 = DB 1977, S. 1665

Bedeutung des Freiwilligkeitsvorbehalts ***(Leitsatz nicht amtlich)***

Die bei Unterstützungskassen übliche Ausschlussklausel „ohne Rechtsanspruch" ist wegen des **Entgeltcharakters** der Altersversorgung und wegen des **Vertrauensschutzes** der Arbeitnehmer nur als ein an ausreichende Gründe gebundenes Widerrufsrecht auszulegen, so dass im Ergebnis ein **Rechtsanspruch auf Versorgung** besteht.

BAG*, Urteil vom* ***26.8.1997****; Az.: 3 AZR 235/96*
Fundstellen: BB 1998, S. 1114; DB 1998, S. 1190; BetrAV 1998, S. 222

Bedeutung des Freiwilligkeitsvorbehalts; Subsidiärhaftung des Arbeitgebers

1. Im Bereich der betrieblichen Altersversorgung bedeutet **„Ausschluss des Rechtsanspruchs"** ein **Widerrufsrecht**, das an **Treu und Glauben**, d.h. an **billiges Ermessen** und damit an **sachliche Gründe** gebunden ist.
2. Deshalb ist die Kürzung von Altersrenten, die eine Unterstützungskasse unter Ausschluss des Rechtsanspruchs zahlt, nur dann zulässig, wenn sachliche Gründe eine Kürzung unumgänglich erscheinen lassen.
3. Der Pensionär oder die Unterstützungskasse haben **keinen Rechtsanspruch** darauf, dass das **Trägerunternehmen der Kasse** bestimmte **Zuwendungen macht**. Es steht dem Trägerunternehmen frei, auf andere Weise dafür Sorge zu tragen, dass die Pensionäre die Leistungen weiter erhalten, mit denen sie entweder aufgrund einer ausdrücklichen Zusage oder aufgrund der bisherigen Handhabung rechnen durften (z. B. Ausgleich von Zinsersparnissen durch Zuschüsse, falls die Kasse ihr Vermögen dem Unternehmer als Darlehen zur Verfügung stellt; Übernahme eines Teils der Renten durch das Trägerunternehmen).
4. Reichen die Erträgnisse der Unterstützungskasse nicht aus, um die an die Pensionäre gezahlten Renten ungekürzt weiterzuzahlen, muss die Unterstützungskasse zunächst ihr **Trägerunternehmen veranlassen**, den **Verpflichtungen nachzukommen**, die es durch sein früheres Verhalten den Pensionären gegenüber übernommen hat. Solange die Kasse diese Möglichkeit nicht ausgeschöpft hat, darf sie die Renten ihrer Pensionäre nicht mit der Begründung kürzen, die Erträge ihres Vermögens reichten nicht aus und die Vermögenssubstanz anzugreifen sei ihr durch die Satzung verwehrt. Dies gilt jedenfalls dann, wenn die Kasse mit dem Trägerunternehmen so eng verflochten ist, dass sie, obwohl rechtlich selbständig, von der Funktion her nur ein Instrument des Unternehmens ist.

BAG*, Urteil vom* ***17.5.1973****; Az.: 3 AZR 381/72*
Fundstellen: AuR 1973, S. 380 = BetrAV 1973, S. 237 = BB 1973, S. 1309 = DB 1973, S. 1704 = MDR 1973, S. 965 = NJW 1973, S. 1946

Einbeziehung von Versorgungslasten aus einem Betriebsübergang

Bei einer Betriebsübernahme gemäß § 613a BGB wird die **Unterstützungskasse des Erwerbers nicht Schuldnerin** der übernommenen Versorgungsansprüche. Denn nach ihrer Bestimmung kann und muss sie nur diejenigen Leistungen erbringen, die sich aus ihrem Leistungsplan ergeben. Eine weitergehende Aufgabe ist ihr nicht zugewiesen worden. Deshalb würde sie ihre satzungsmäßigen Rechte überschreiten, wollte sie Versorgungsansprüche erfüllen, in die das Trägerunternehmen aufgrund einer Betriebsübernahme kraft Gesetzes eingetreten ist. Allerdings könnte das Trägerunternehmen seiner Unterstützungskasse auch solche Versorgungslasten zur Abwicklung übertragen.

***BAG**, Urteil vom **30.8.1979**; Az.: 3 AZR 58/78*
Fundstellen: AuR 1980, S. 90 = BetrAV 1979, S. 228 = BB 1979, S. 1719 = DB 1979, S. 2431 = NJW 1980, S. 416

Keine Übernahme der Unterstützungskasse kraft Gesetzes beim Betriebsübergang

1. Der Erwerber eines Betriebes **erwirbt nicht kraft Gesetzes** auch **Rechte an einer Unterstützungskasse**, mit deren Hilfe der Betriebsveräußerer Versorgungsleistungen erbracht hatte.
2. Er tritt jedoch gemäß § 613a BGB in die **arbeitsvertraglichen Pflichten** ein, die den Betriebsveräußerer selbst bei einer solchen Form der betrieblichen Altersversorgung den übernommenen Arbeitnehmern gegenüber trafen. Soweit die Unterstützungskasse nicht zahlt, muss der neue Arbeitgeber für Versorgungsleistungen einstehen, die die übernommenen Arbeitnehmer aufgrund der Zusage des alten Arbeitgebers erwarten durften.

***BAG**, Urteil vom **5.5.1977**; Az.: 3 AZR 34/76*
Fundstellen: AuR 1978, S. 93 = BetrAV 1977, S. 193 = BB 1977, S. 1251 = DB 1977, S. 1803 = NJW 1977, S. 2236

Keine Übernahme der Unterstützungskasse kraft Gesetzes beim Betriebsübergang

1. Der **Erwerber eines Betriebes** wird gemäß § 613a **BGB Schuldner der Versorgungsansprüche**, die den übernommenen Arbeitnehmern vom Betriebsveräußerer zugesagt worden sind (Bestätigung des Urteils vom 22.6.1978 – 3 AZR 832/76).
2. Sollten die Versorgungsleistungen ursprünglich von **einer Unterstützungskasse des Betriebsveräußerers** erbracht werden, wird aber diese Versorgungseinrichtung **nicht zusammen mit dem Betrieb veräußert**, so wird sie zur gleichen Zeit und im gleichen Umfang von der **Haftung frei** wie ihr Träger als Betriebsveräußerer.

***BAG**, Urteil vom **15.3.1979**; Az.: 3 AZR 859/77*
Fundstellen: AuR 1980, S. 218 = BetrAV 1979, S. 201 = BB 1979, S. 1455 = DB 1979, S. 1462 = NJW 1979, S. 2533

Versorgungsschuldner bei einer Gruppenunterstützungskasse

Scheidet ein Arbeitgeber, der den Arbeitnehmern eine Altersversorgung über eine Unterstützungskasse versprochen hat, aus dem Kreis der Trägerunternehmen der

Unterstützungskasse **aus**, so endet die Leistungspflicht der Kasse. Statt dessen muss **der Arbeitgeber** die Versorgungszusage **unmittelbar erfüllen**.

***BAG**, Urteil vom **22.10.1991**; Az.: 3 AZR 486/90*
Fundstellen: AuR 1992, S. 280 = BetrAV 1992, S. 219= BB 1992, S. 1432 = DB 1992, S. 2095 = MDR 1992, S. 1160 = NJW 1992, S. 86 = NZA 1992, S. 934

Versorgungsschuldner bei einer Gruppenunterstützungskasse

Eine **Gruppenunterstützungskasse**, die das satzungsmäßige Ziel verfolgt, Arbeitnehmer ihrer Trägerunternehmen zu versorgen, muss die entsprechenden Renten nur so lange zahlen, wie die Arbeitgeber der versorgungsberechtigten Arbeitnehmer zu ihren Trägerunternehmen gehören. **Scheidet ein Arbeitgeber** aus dem Kreis der Trägerunternehmen **aus**, so muss er die laufenden Rentenzahlungen anstelle der Gruppenunterstützungskasse **selbst übernehmen**.

***BAG**, Urteil vom **3.2.1987**; Az.: 3 AZR 208/85*
Fundstellen: AuR 1987, S. 377 = BetrAV 1987, S. 228= BB 1987, S. 2307 = DB 1987, S. 2414

Widerruf und Bestandsschutz von Unterstützungskassenleistungen

1. Verspricht ein Arbeitgeber Altersversorgung über eine **Unterstützungskasse**, die auf ihre Leistungen keinen Rechtsanspruch gewährt (§ 1 Abs. 4 BetrAVG), können Unterstützungskasse und Arbeitgeber die Versorgungszusage nicht nach freiem Belieben widerrufen. Der Widerruf der Versorgungszusagen ist nur aus **sachlichen Gründen** berechtigt.
2. Je stärker der **Besitzstand** ist, den die Arbeitnehmer erworben haben, um so gewichtiger muss der Grund sein, der einen Eingriff gestattet. Es gelten die Grundsätze des **Vertrauensschutzes** und der **Verhältnismäßigkeit**.
3. Bei Besitzständen des Arbeitnehmers ist zu unterscheiden zwischen den nur ausnahmsweise antastbaren **insolvenzgeschützten Teilbeträgen**, die sich aus der Berechnung nach § 2 Abs. 1 BetrAVG ergeben, der sog. **„zeitanteilig erdienten Dynamik“** (Schutz des Berechnungsfaktors „ruhegehaltsfähiges Entgelt“) und den **Steigerungsbeträgen**, die ausschließlich von der weiteren Betriebszugehörigkeit des Arbeitnehmers abhängen.
4. Bei den Eingriffsgründen des Arbeitgebers ist zu unterscheiden zwischen **zwingenden**, **triftigen** und **sachlich-proportionalen Gründen**.
5. Bei der Beurteilung dieser Gründe kommt es im Regelfall auf die **wirtschaftliche Lage des Trägerunternehmens** einer Unterstützungskasse an. Dagegen ist auf die **wirtschaftliche Lage des Konzerns** abzustellen, wenn das Trägerunternehmen mit seiner wirtschaftlichen Betätigung in einem Konzern eingebunden und speziell auf die Bedürfnisse des Konzerns zugeschnitten ist.

***BAG**, Urteil vom **18.4.1989**; Az.: 3 AZR 299/87*
Fundstellen: AuR 1989, S. 288 = BetrAV 1990, S. 79= BB 1989, S. 1984 = DB 1989, S. 1876 = NZA 1989, S. 845

1292 Unverfallbarkeit

Anwartschaftsbegründende Zeiten der Betriebszugehörigkeit

1. Als anwartschaftsbegründende Zeiten der Betriebszugehörigkeit und als berücksichtigungsfähige Zeiten der Tätigkeit für ein fremdes Unternehmen im Sinne der §§ 1 Abs. 1 Satz 1, 17 Abs. 1 Satz 2 BetrAVG kommen Zeiten in Betracht, in denen ein Mitarbeiter für eine **Vorgründungs-GmbH** tätig geworden ist.
2. Diese berücksichtigungsfähige Tätigkeit muss **auf Dauer angelegt** sein, einen **nicht ganz unerheblichen Umfang** erreichen und aufgrund einer **vertraglichen Bindung** erbracht worden sein.
3. Tätigkeiten dieser Art sind bei der Ermittlung der Dauer der Betriebszugehörigkeit **zusammenzurechnen**, sofern **keine Unterbrechung** stattgefunden hat. es ist unerheblich, ob der Begünstigte als Geschäftsführer der GmbH oder als Arbeitnehmer tätig geworden ist.

***BAG**, Urteil vom **21.8.1990**, Az.: 3 AZR 429/89*
Fundstellen: BB 1991, S. 420 = DB 1991, S. 601= NZA 1991, S. 311 = ZAP F. 17R, S. 21

Auskunft nach § 2 Abs. 6 BetrAVG – Näherungsverfahren

1. Nach § 2 Abs. 6 BetrAVG hat der Arbeitgeber dem ausgeschiedenen Arbeitnehmer Auskunft darüber zu erteilen, **ob** für ihn die Voraussetzungen einer unverfallbaren betrieblichen Altersversorgung erfüllt sind **und in welcher Höhe** er Versorgungsleistungen bei Erreichen der in der Versorgungsordnung vorgesehenen Altersgrenze beanspruchen kann.
2. Sind bei der Berechnung der Anwartschaft Renten der gesetzlichen Rentenversicherung zu berücksichtigen, so kann, nach § 2 Abs. 5 Satz 2 BetrAVG das bei der Berechnung von Pensionsrückstellungen allgemein zulässige Verfahren (sog. **Näherungsverfahren**) zugrunde gelegt werden, wenn nicht der ausgeschiedene Arbeitnehmer die Anzahl der im Zeitpunkt des Ausscheidens erreichten Entgeltpunkte nachweist.
3. Weder der Arbeitgeber noch die ausgeschiedenen Arbeitnehmer können das Näherungsverfahren gegen den Willen ihres Vertragspartners durchsetzen.
4. Wenn der Arbeitnehmer die Anzahl der im Zeitpunkt seines Ausscheidens erreichten sozialversicherungsrechtlichen Entgeltpunkte nachweist, darf der Arbeitgeber das Näherungsverfahren nicht mehr anwenden.
5. Wenn der Arbeitnehmer diesen Nachweis nicht erbringt, steht dem Arbeitgeber ein Wahlrecht zu, das er gemäß § 315 BGB nach billigem ermessen ausüben muss (Fortführung des Urteils des Senats vom 12.11.1991 – 3 AZR 520/90 – BAGE 69, 19, 27 zu II 4 der Gründe).
6. Hat der Arbeitgeber die individuelle Berechnung gewählt, so trifft den Arbeitnehmer die arbeitsvertragliche Nebenpflicht, dem Arbeitgeber die benötigten sozialversicherungsrechtlichen Unterlagen auf dessen Kosten zu beschaffen.

Solange der Arbeitnehmer dieser Pflicht nicht nachkommt, kann der Arbeitgeber die Auskunft nach § 2 Abs. 6 BetrAVG verweigern.

7. Streiten ausgeschiedene Arbeitnehmer mit dem Arbeitgeber über den Inhalt ihrer Versorgungsansprüche, so darf der Arbeitgeber bei der Auskunft nach § 2 Abs. 6 BetrAVG von den seiner Ansicht nach geltenden Bestimmungen ausgehen. Ein Anspruch auf Erteilung einer neuen Auskunft kommt erst in Betracht, wenn der Inhalt der Versorgungsansprüche durch rechtskräftige gerichtliche Entscheidung oder durch Einigung der Parteien geklärt ist.

***BAG**, Urteil vom **9.12.1997**, Az.: 3 AZR 695/96*
Fundstellen: BB 1998, S. 1537 = BetrAV 1998, S. 220

Berechnung der unverfallbaren Anwartschaft (Anrechnung der SV-Rente)

1. Bei der Berechnung der unverfallbaren Anwartschaft eines aus dem Arbeitsverhältnis ausscheidenden Arbeitnehmers auf Leistungen der betrieblichen Altersversorgung können **Renten aus der gesetzlichen Rentenversicherung zu berücksichtigen** sein. Das ist u.a. der Fall, wenn Betriebsrente und Renten aus der gesetzlichen Rentenversicherung eine **Obergrenze** nicht übersteigen dürfen.
2. Maßgebend für die Berechnung der Anwartschaft sind die **Verhältnisse im Zeitpunkt des Ausscheidens**. Das gilt auch für die Berechnung der zu erwartenden Sozialversicherungsrente.
3. Für die Berechnung der zu erwartenden Sozialversicherungsrente kann der Arbeitgeber auf das in § 2 Abs. 5 Satz 2 BetrAVG beschriebene **Näherungsverfahren** zurückgreifen.
4. Der auf diese Weise ermittelte Wert der Anwartschaft ist mit dem **Zeitwertfaktor** i.S. von § 2 Abs. 1 BetrAVG (Verhältnis von tatsächlicher zu möglicher Betriebszugehörigkeit) zu multiplizieren.
5. Tritt der Versorgungsfall "Alter 65" ein, wird aus der so berechneten Anwartschaft ein Anspruch. Für die Berechnung von Renten für andere Versorgungsfälle gelten diese Grundsätze entsprechend.

***BAG**, Urteil vom **12.11.1991**, Az.: 3 AZR 520/90*
Fundstellen: AuR 1992, S. 123 = BetrAV 1992, S. 179 = BB 1992, S. 360 = DB 1992, S. 638 = NZA 1992, S. 466

Berechnung einer Versorgungsanwartschaft

1. Scheidet ein Arbeitnehmer vor Eintritt des Versorgungsfalls mit einer unverfallbaren Versorgungsanwartschaft aus dem Arbeitsverhältnis aus, so ist seine Anwartschaft auf die in der Versorgungsordnung vorgesehene limitierte Versorgungsleistung auch dann nach einer dem § 2 Abs. 1 BetrAVG nachgebildeten Bestimmung der Versorgungsregelung ratierlich zu kürzen, wenn er nach den Steigerungssätzen zu diesem Zeitpunkt die Höchstbegrenzung überschritten hat.

2. Ein Verzicht auf eine zeitanteilige Kürzung des Höchstbetrages kann nur angenommen werden, wenn dies eindeutig in der Versorgungsregelung zum Ausdruck kommt.

***LAG Hamm**, Urteil vom **3.3.1998**, Az.: 6 Sa 1800/97; Rev. nicht zugelassen*
Fundstellen: BB 1998, S. 959 = BetrAV 1998, S. 98 = DB 1998, S. 1621

Erhöhung einer bestehenden Versorgungszusage

1. Werden die Leistungsbeiträge einer Versorgungszusage im Laufe des Arbeitsverhältnisses erhöht, so handelt es sich um eine Änderung im Sinne des § 1 Abs. 1 Satz 2, die keine neue Unverfallbarkeitsfrist in Lauf setzt. Der Eintritt der Unverfallbarkeit richtet sich nach dem Alter der ursprünglichen Versorgungszusage.
2. Das gleiche gilt bei einer versicherungsförmigen Altersversorgung auch dann, wenn der Arbeitgeber nicht die zunächst abgeschlossene Direktversicherung selbst erhöht, sondern im Laufe des Arbeitsverhältnisses weitere Direktversicherungen für denselben Arbeitnehmer abschließt.
3. Eine Vereinbarung, die vorsieht, dass mit jedem späteren Versicherungsabschluss eine neue Unverfallbarkeitsfrist beginnt, ist nichtig.

***BAG**, Urteil vom **12.2.1981**, Az.: 3 AZR 163/80*
Fundstellen: AuR 1981, S. 250 = BetrAV 1981, S. 174 = BB 1981, S. 1338 = DB 1981, S. 1622 = NJW 1982, S. 463

Erteilung einer weiteren Versorgungszusage

Gehört ein Arbeitnehmer seit Beginn seines Arbeitsverhältnisses zum Kreis der Begünstigten einer Unterstützungskasse und erhält er später eine Direktzusage des Arbeitgebers auf eine wesentlich höhere „**Gesamtpension**", so beginnt mit der späteren Zusage keine neue Unverfallbarkeitsfrist. Das gilt auch dann, wenn die ursprünglich zugesagte Unterstützungskassenrente nicht weggefallen, sondern nur angerechnet werden sollte.

***BAG**, Urteil vom **28.4.1981**, Az.: 3 AZR 184/80*
Fundstellen: AuR 1982, S. 163 = BetrAV 1982, S. 165 = BB 1982, S. 677 = DB 1982, S. 856

Unverfallbarkeit bei Blankettzusagen

Die Wirksamkeit einer Versorgungszusage wird nicht dadurch beeinträchtigt, dass die Voraussetzungen und die Höhe der Versorgungsleistungen zunächst noch offen bleiben. In einem solchen Fall ist von einer Blankett-Zusage auszugehen. Der Arbeitgeber kann die Einzelheiten einseitig bestimmen, muss sich dabei aber gem. § 315 BGB eine gerichtliche Billigkeitskontrolle gefallen lassen. Bleibt er untätig, so wird die Blankett-Zusage durch Urteil ausgefüllt. Maßgebend für die Ausfüllung der Blankett-Zusage ist, welche Vorstellungen und Erwartungen durch die Zusage bei den Arbeitnehmern geweckt worden sind.

***BAG**, Urteil vom **23.11.1978**, Az.: 3 AZR 708/77*
Fundstellen: AuR 1979, S. 316 = BetrAV 1979, S. 63 = BB 1979, S. 273 = DB 1979, S. 364

Unverfallbarkeit bei verschiedenen, unabhängig voneinander erteilten Versorgungsversprechen

Sagt der Arbeitgeber einem Arbeitnehmer, der bereits Versorgungsanwartschaften aus einer betrieblichen Versorgungsordnung hat, später eine **zusätzliche Versorgung** mit dem **Hinweis** zu, "dass bestehende weitere Ansprüche oder Anwartschaften von der neuen Zusage **nicht berührt werden**", dann kann von einem Zusammenhang der Neuzusage mit der alten Versorgungsordnung keine Rede sein. Es handelt sich um eine **neue Zusage** mit **eigenen Unverfallbarkeitsfristen**.

***BAG**, Urteil vom **28.4.1992**, Az.: 3 AZR 354/91*
Fundstellen: BetrAV 1992, S. 229

Unverfallbarkeit einer Anwartschaft auf Hinterbliebenenversorgung

1. Anwartschaften auf eine Hinterbliebenenversorgung werden unter den Voraussetzungen des § 1 Abs. 1 BetrAVG unverfallbar (im Anschluss an das Urteil des Senats vom 24. Juni 1998 – 3 AZR 288/97 – betr. Invalidenrente).
2. Die Höhe der Hinterbliebenenrente ergibt sich aus der Versorgungsvereinbarung. Die Hinterbliebenen eines vorzeitig ausgeschiedenen Arbeitnehmers haben Anspruch auf eine Teilrente, die beim Fehlen günstigerer Vereinbarungen nach § 2 Abs. 1 BetrAVG berechnet wird.

***BAG**, Urteil vom **15.1.1999**; Az.: 3 AZN 816/98*
Fundstellen: BB 1999, S. 592 = BetrAV 1999, S. 101 = DB 1999, S. 916 NZA 1999, S. 488

Unverfallbarkeit einer Direktversicherung

Werden bei einer betrieblichen Altersversorgung in Form einer Direktversicherung (§ 1 Abs. 2 Satz 1 BetrAVG) die Prämien der Versicherung vereinbarungsgemäß anstelle einer Vergütung gezahlt (**Versicherung nach Gehaltsumwandlung**), so ist in der Regel davon auszugehen, dass der Arbeitgeber dem Arbeitnehmer eine **von vornherein unentziehbare Rechtsposition** einräumen und damit die Unverfallbarkeit der Anwartschaft zusagen wollte.

***BAG**, Urteil vom **8.6.1993**, Az.: 3 AZR 670/92*
Fundstellen: AuR 1994, S. 32 = BetrAV 1994, S. 25 = BB 1994, S. 73 = DB 1993, S. 2538 = MDR 1994, S. 1130 = NZA 1994, S. 507 = ZAP F. 17R, S. 61

Unverfallbarkeit einer Invaliditätsrente

1. Anwartschaften auf eine Invaliditätsrente werden unter den Voraussetzungen des § 1 Abs. 1 BetrAVG unverfallbar.

2. Die Parteien können in einem Versorgungsvertrag die Voraussetzungen für die Entstehung eines Anspruchs auf Invaliditätsrente näher bestimmen. Stellen sie auf die Berufsunfähigkeit ab, sind die Voraussetzungen gemeint, die nach dem Recht der gesetzlichen Rentenversicherung zur Berufsunfähigkeit führen (im Anschluss an das Urteil des Senats vom 14. April 1983 – 3 AZR 4/81 – AP Nr. 6 zu § 6 BetrAVG).
3. Vereinbarungen, die den Anspruch auf Invaliditätsrente davon abhängig machen, dass das Arbeitsverhältnis bei Eintritt der Berufsunfähigkeit noch besteht, sind nichtig; sie verstoßen gegen § 17 Abs. 3 Satz 3 BetrAVG.

***BAG**, Urteil vom **24.6.1998**; Az.: 3 AZR 288/97*
Fundstellen: DB 1998, S. 1969

Unverfallbarkeit und Betriebszugehörigkeit

Die für die Unverfallbarkeit einer Versorgungsanwartschaft erforderliche Betriebszugehörigkeit muss voll erreicht sein. Rechtssicherheit und Rechtsklarheit lassen es nicht zu, **geringfügige Unterschreitungen** als unschädlich anzusehen. Nur wenn der Arbeitgeber wider Treu und Glauben verhindert, dass die notwendige Betriebszugehörigkeit erreicht wird, gilt diese Bedingung nach § 162 BGB als eingetreten.

***BAG**, Urteil vom **7.8.1975**, Az.: 3 AZR 12/75*
Fundstellen: AuR 1976, S. 29 = BetrAV 1975, S. 226 = BB 1975, S. 1437 = DB 1975, S. 2088

Unverfallbarkeit vor Inkrafttreten des BetrAVG

1. Einem Arbeitnehmer, der mehr als **20 Jahre** einem Betrieb angehört hat und dem vor dem 65. Lebensjahr vom Arbeitgeber ordentlich gekündigt wird, bleibt die bis zu seinem Ausscheiden erdiente Versorgungsanwartschaft erhalten.
2. Dieser Rechtssatz gilt auch für solche Fälle, in denen **nach dem 1. Januar 1969** derartige Arbeitnehmer ausgeschieden sind und die bis dahin erdiente Versorgungsanwartschaft vom Arbeitgeber klar und eindeutig verlangt haben.
3. Für Fälle, in denen das Arbeitsverhältnis vor dem 1. Januar 1969 geendet hat, gilt der vom Senat aufgestellte Rechtssatz nicht.

***BAG**, Urteil vom **10.3.1972**, Az.: 3 AZR 278/71*
Fundstellen: AuR 1972, S. 382 = BetrAV 1973, S. 3 = BB 1972, S. 403 = DB 1972, S. 1486 = MDR 1972, S. 899

Unverfallbarkeit vor Inkrafttreten des BetrAVG

Das BetrAVG regelt nicht die Unverfallbarkeit von Versorgungsanwartschaften aus Arbeitsverhältnissen, die **vor dem 22.12.1974** geendet haben. Insoweit bleibt es bei den Grundsätzen, die das Bundesarbeitsgericht entwickelt hat.

***BAG**, Urteil vom **20.5.1976**, Az.: 3 AZR 518/75*
Fundstellen: AuR 1976, S. 347 = BetrAV 1976, S. 173 = BB 1976, S. 1076 = DB 1976, S. 1531 = NJW 1976, S. 1863

Unverfallbarkeit vor Inkrafttreten des BetrAVG

Ein Arbeitnehmer, der einem Betrieb mehr als 20 Jahre angehört hat und **nach dem 10.3.1972**, aber vor Inkrafttreten des Gesetzes zur Verbesserung der betrieblichen Altersversorgung aufgrund **eigener Kündigung** ausscheidet, behält die bis zu seinem Ausscheiden erdiente Versorgungsanwartschaft.

***BAG**, Urteil vom **20.2.1975**, Az.: 3 AZR 514/73*
Fundstellen: AuR 1975, S. 378 = BetrAV 1975, S. 155 = BB 1975, S. 881 = DB 1975, S. 1274 = MDR 1975, S. 788

Verbindlichkeit einer Unverfallbarkeitsbescheinigung

1. Der Arbeitgeber ist berechtigt, die Höhe einer unverfallbaren Versorgungsanwartschaft nach dem **Näherungsverfahren** zu berechnen. Die Berechnungsmethode ist für die endgültige Festsetzung der Versorgungsleistung nur verbindlich, wenn der ausgeschiedene Arbeitnehmer sich mit ihr einverstanden erklärt und der Arbeitgeber sich keine anderweitige Berechnung vorbehält.
2. Der Vorbehalt kann sich darauf beschränken, dass eine Neuberechnung nur im Falle der Invalidität oder bei der Inanspruchnahme vorgezogenen Altersruhegeldes erfolgen soll.

***LAG Hamm**, Urteil vom **9.3.1999**; Az.: 6 Sa 1521/97 (noch n. rkr.)*
Fundstellen: BB 1999, S. 1015 = DB 1999, S. 1024

Versorgungsverpflichtung kraft betrieblicher Übung

Eine betriebliche Übung, wonach alle Arbeitnehmer innerhalb bestimmter Fristen übereinstimmende Versorgungszusagen erhalten, begründet eine Versorgungsanwartschaft und setzt die Unverfallbarkeitsfristen des § 1 Abs. 1 in Lauf. Ob und wann die schriftliche Zusage im Einzelfall erteilt wird, ist unerheblich.

***BAG**, Urteil vom **29.10.1985**, Az.: 3 AZR 462/83*
Fundstellen: BB 1986, S. 1647 = DB 1986, S. 2189 = NZA 1986, S. 786

Versorgungsverpflichtung kraft betrieblicher Übung

Eine Versorgungsverpflichtung kann durch betriebliche Übung begründet werden, d.h. durch regelmäßige Wiederholung gleichförmiger Verhaltensweisen im Betrieb, die denjenigen, der sich gleichförmig verhält, gegenüber seinen Vertragspartnern rechtlich bindet. Dabei beginnt die in § 1 bestimmte 10-Jahres-Frist für den einzelnen Arbeitnehmer in dem Zeitpunkt, in dem sein Arbeitsverhältnis von einer betrieblichen Übung, die entweder die Zahlung oder entsprechend der Rechtsprechung des Bundesarbeitsgerichts die Zusage von Ruhegeld betrifft, erfasst wird. Ist die betriebliche Übung jünger als das Arbeitsverhältnis, entscheidet der Zeitpunkt der Entstehung der Übung, ist sie älter, entsteht die Bindungswirkung mit dem Eintritt in den Betrieb.

***LAG Köln**, Urteil vom **17.1.1985**, Az.: 8 Sa 1019/84*
Fundstellen: BetrAV 1985, S. 68 = BB 1985, S. 664 = NZA 1985, S. 398

1293 Verdeckte Gewinnausschüttung

Definition der verdeckten Gewinnausschüttung

Unter dem Begriff der verdeckten Gewinnausschüttung sind alle Vermögenszuwendungen der Gesellschaft an ihren Gesellschafter-Geschäftsführer oder ihm nahestehenden Personen zu verstehen, die die Gesellschaft bei Anwendung der Sorgfalt eines ordentlichen und gewissenhaften Geschäftsleiters einem Nichtgesellschafter nicht gewährt hätte.

***BFH**, Urteil vom **7.12.1983**, Az.: I R 70/77*
Fundstellen: BFHE 140, S. 221 = BB 1984, S. 1084

***BFH**, Urteil vom **23.5.1984**, Az.: I R 294/81*
Fundstellen: BFHE 141, S. 266 = BB 1984, S. 1731

***BFH**, Urteil vom **24.5.1984**, Az.: I R 166/78*
Fundstellen: BFHE 141, S. 176 = BB 1984, S.1531

***BFH**, Urteil vom **11.12.1985**, Az.: I R 164/82*
Fundstellen: BFHE 146, S. 126 = BB 1986, S. 995

***BFH**, Urteil vom **28.10.1987**, Az.: I R 22/84*
Fundstellen: BB 1989, S. 463 = BetrAV 1989, S. 76

Verfahrensfragen

1294 **Feststellungsinteresse**

Der Arbeitnehmer hat i.S. des § 256 Abs. 1 ZPO ein rechtliches Interesse an der alsbaldigen Feststellung, dass seiner Ehefrau nach seinem Tod eine Witwenrente zusteht.

***BAG**, Urteil vom **26.8.1997**; Az.: 3 AZR 235/96*
Fundstellen: BB 1998, S. 1111 = DB 1998, S. 1190 = BetrAV 1998, S. 222

Konsequenzen aus der Erledigungserklärung eines Rechtsstreits

1. Versorgungsanwartschaften oder –ansprüche werden wegen ihres hohen Werts und Gewichts für die Versorgungsberechtigten von Ausgleichsquittungen oder Ausgleichsklauseln in Vergleichen nicht erfasst. Aus den genannten Gründen gilt dasselbe für Erledigungserklärungen, es sei denn, die Versorgungsanwartschaften oder -ansprüche sind in der Erklärung ausdrücklich bezeichnet oder haben nachweisbar den Gegenstand vorangegangener Erörterungen gebildet.
2. Erachtet das Arbeitsgericht einen Rechtsstreit für erledigt, obwohl sich die entsprechende Erklärung der Parteien nur auf einen Teil der gerichtlichen Auseinandersetzung bezieht, ist der Rechtsstreit zur erneuten Verhandlung und Entscheidung zurückzuverweisen, falls eine Sachentscheidung des Berufungsgerichts nicht sachdienlich ist.

***LAG Hamm**, Urteil vom **24.11.1998**; Az.: 6 Sa 416/98; noch n. rkr.*
Fundstellen: DB 1998, S. 491 = BetrAV 1999, S. 67

Verjährung 1295

Erhebung und Verjährung von Beiträgen zur Insolvenzsicherung

1. Eine vom Träger der Insolvenzsicherung der betrieblichen Altersversorgung erstellte „Beitragsrechnung und -abrechnung" der bisher gebräuchlichen Art ist **kein Verwaltungsakt**.
2. Erstattungsansprüche nach Entrichtung nicht geschuldeter Beiträge zur Insolvenzsicherung unterliegen der Verjährung in entsprechender Anwendung der §§ 228 ff. AO 1977. Der Einrede der Verjährung bedarf es nicht.

***BVerwG**, Urteil vom **17.8.1995**; Az.: 1 C 15/94*
Fundstellen: BetrAV 1997, S. 33 = NJW 1996, S. 1073

Verjährung des Anspruchs auf Anpassungsprüfung

1. Unterlässt es der Arbeitgeber, die laufenden Leistungen der betrieblichen Altersversorgung gemäß § 16 BetrAVG anzupassen oder widerspricht seine Entscheidung, nach der die Steigerung der Lebenshaltungskosten nicht voll ausgeglichen wird, billigem Ermessen, unterliegen die Ansprüche des Versorgungsempfängers auf Erhöhung der Betriebsrente der **zweijährigen Verjährung** nach § 196 Abs. 1 Nr. 8 BGB. Der Beginn der Verjährung wird nicht dadurch gehemmt, dass der Arbeitgeber es unterlässt, dem Versorgungsempfänger das Ergebnis der Anpassungsprüfung und -entscheidung mitzuteilen.
2. Zur Mitteilung und Begründung der Anpassungsentscheidung ist der Arbeitgeber nur aufgrund eines entsprechenden **Auskunftsbegehrens** des Versorgungsempfängers verpflichtet

***LAG Hamm**, Urteil vom **19.3.1991**; Az.: 6 Sa 697/90*
Fundstellen: BetrAV 1991, S. 178 = BB 1991, S. 1126 = DB 1991, S. 1121 = NZA 1991, S. 938

Verjährung von Ansprüchen auf Zusatzrente nach der AO 54

1. Ansprüche auf betriebliche Versorgungsleistungen aus einem privatrechtlich organisierten abhängigen Beschäftigungsverhältnis verjähren nach § 196 Abs. 1 Nr. 8 oder 9 BGB in zwei Jahren.
2. Zu den Ansprüchen zählen auch Zusatzrentenansprüche nach der AO 54, deren Verjährung sich seit dem 3. Oktober 1990 nach den Bestimmungen des Bürgerlichen Gesetzbuches richtet (Art. 231 § 6 Abs. 1 EGBGB).

***BAG**, Urteil vom **25.1.2000**; Az.: 3 AZR 780/98*
Fundstellen: DB 2000, S. 1234

Verjährung von Renten nach Insolvenzschutz

Rentenansprüche von Arbeitnehmern an den PSV verjähren in zwei Jahren.

***LAG Köln,** Urteil vom **4.11.1998**; Az.: 7 Sa 132/98; rechtskräftig*
Fundstelle: BB 1999, S. 591

Verletzung der Mitwirkungspflichten durch den Arbeitnehmer

1. Kommt ein Ruhegeldberechtigter schuldhaft seiner **Auskunftsverpflichtung** über den Bezug anderweitiger öffentlicher Renten nicht nach, die der Versorgungsträger anrechnen darf, so ist er zum **Schadensersatz** verpflichtet. Der Schadensersatz entspricht der Ruhegeldüberzahlung.
2. Hat der Versorgungsberechtigte seine Auskunftspflicht nur fahrlässig verletzt, so ist der Erstattungsanspruch nicht schon deshalb ausgeschlossen, weil Erstattungsforderungen aus ungerechtfertigter Bereicherung nach § 819 Abs. 1 BGB nur bei Kenntnis des Empfängers vom mangelnden Rechtsgrund ausgeschlossen wären.
3. Erstattungsansprüche des Arbeitgebers wegen Verletzung der Auskunftspflichten des Versorgungsberechtigten **verjähren** in **30 Jahren**.

BAG*, Urteil vom* ***27.3.1990****; Az.: 3 AZR 187/88*
Fundstellen: AuR 1990, S. 328 = BetrAV 1990, S. 230 = BB 1991, S. 211 = DB 1990, S. 2123 = NZA 1990, S. 776

1296 Verpfändung

Privatrechtlicher Insolvenzschutz durch verpfändete Rückdeckungsversicherung

Verpfändete Ansprüche aus der Lebensversicherung werden zwar mit der Konkurseröffnung über das Vermögen des Versicherungsnehmers gemäß §§ 17, 65 Abs. 1 KO fällig, dürfen aber nicht vom Konkursverwalter zur Masse eingezogen werden, wenn der Pfändungsgläubiger zur Einziehung gemäß § 1282 Abs. 1 BGB berechtigt ist.

OLG Hamm*, Urteil vom* ***12.5.1995****; Az.: 20 U 37/95*
Fundstellen: BB 1995, S. 2083

Privatrechtlicher Insolvenzschutz durch verpfändete Rückdeckungsversicherung *(Leitsatz nicht amtlich)*

Die Verpfändung von Ansprüchen aus einer Rückdeckungsversicherung zur Absicherung einer Zusage auf betriebliche Altersversorgung ist konkursfest, und zwar selbst dann, wenn die gesicherte Versorgungszusage noch nicht unverfallbar i.S.v. § 1 BetrAVG ist.

LG Frankfurt*, Urteil vom* ***24.10.1995*** *(rkr.); Az.: 2/14 O 199/95*
Fundstellen: ZIP 1996, S. 340

Privatrechtlicher Insolvenzschutz durch verpfändete Rückdeckungsversicherung ***(Leitsätze nicht amtlich)***

1. Die Verpfändung einer zur Finanzierung einer betrieblichen Pensionszusage abgeschlossenen Rückdeckungsversicherung ist nicht schon deshalb unzulässig, weil der Versorgungsberechtigte zugleich mitbeherrschender Gesellschafter ist. Der Grundsatz der Gleichbehandlung aller Gläubiger verbietet es diesem Geschäftsführer nicht schlechthin, seinen Anspruch auf die geschuldete Gegenleistung für einen eigenen, gleichwertigen Einsatz rechtzeitig insolvenzfest zu sichern.
2. Unwiderrufliche Versorgungsanwartschaften, die durch das **Pfandrecht** an einer zu ihrer Finanzierung abgeschlossenen **Rückdeckungsversicherung** privatrechtlich abgesichert sind, deren Erstarken zu einem Versorgungsanspruch aber noch vom Eintritt künftiger ungewisser Ereignisse (Versorgungsfall) abhängt, berechtigten außerhalb des Anwendungsbereiches des Betriebsrentengesetzes nach § 67 KO nur zu einer **Hinterlegung**.

***BGH**, Urteil vom **10.7.1997**; Az.: IX ZR 161/96*
Fundstellen: DB 1997, S. 2113 = BB 1997, S. 2657

Unzulässigkeit einer aufschiebend bedingten Verpfändung

Die **Übertragung von Rechten** aus einer **Rückdeckungsversicherung**, die zur Finanzierung einer Versorgungszusage abgeschlossen worden ist, auf den begünstigten Arbeitnehmer unter der **aufschiebenden Bedingung**, dass ein Vergleichs- oder Konkursantrag gestellt wird, **verstößt** gegen konkursrechtlich zwingende Bestimmungen.

***BAG**, Urteil vom **16.6.1978**; Az.: 3 AZR 783/76*
Fundstellen: AuR 1979, S. 122 = BetrAV 1978, S. 228 = BB 1978, S. 1363 = DB 1978, S. 1843

Versorgungsausgleich 1297

Ausgleich der betrieblichen Altersversorgung (Weihnachtsgeld) ***(Leitsatz nicht amtlich)***

Bei einer Anwartschaft der betrieblichen Altersversorgung ist auch die in der Versorgungsordnung zugesagte jährliche Leistung eines Weihnachtsgeldes und einer Treueprämie in die Bewertung der Zusatzversorgung mit einzubeziehen.

***OLG Hamm**, Beschluss vom **16.5.1997**, Az.: 5 UF 269/96*
Fundstellen: BetrAV 1998, S. 227 = FamRZ 1998, S. 628

Berechnung des Ehezeitanteils

Der Ehezeitanteil von Leistungen oder Anwartschaften einer betrieblichen Altersversorgung ist grundsätzlich **pro rata temporis** zu berechnen, auch wenn die Berechnung der Rente nicht nach Anrechnungszeiten erfolgt.

***BGH**, Beschluss vom **13.11.1996**, Az.: XII ZB 131/94*
Fundstellen: BetrAV 1997, S. 69

Keine Versorgungszahlungen vor Vollendung des 65. Lebensjahres

Erhält ein Arbeitnehmer aufgrund der Beendigung seines Arbeitsverhältnisses durch Kündigung Versorgungszahlungen bereits vor dem 60. Lebensjahr (hier: mit Vollendung des 55. Lebensjahres), sind diese erst dann bei der Wertermittlung als laufende Leistungen in den Versorgungsausgleich einzubeziehen, wenn der Versorgungsberechtigte das nach der jeweiligen Verkehrsanschauung niedrigste Eingangsalter für einen Ruhestand erreicht hat. Das betriebliche Ruhegeld stellt in diesem Fall in der Regel eine Überbrückungszahlung dar, die dem Leistungsbegriff einer betrieblichen Altersversorgung nicht entspricht...

***OLG Karlsruhe**, Beschluss vom **10.6.1997**, Az.: 2 UF 71/96*
Fundstellen: BetrAV 1998, S. 228 = FamRZ 1998, S. 629

1298 Verschaffungsanspruch

Ausgleichsklausel; Versorgungsschaden durch Verletzung einer Hinweispflicht

Die Auslegungsregel, wonach allgemeine Ausgleichsklauseln im Zweifel Ansprüche auf betriebliche Altersversorgung nicht mit umfassen, ist auch dann anzuwenden, wenn der Verzicht auf einen als Schadensersatz geschuldeten Versorgungsverschaffungsanspruch in Rede steht.

***LBG**, Urteil vom **17.10.2000**; Az.: 3 AZR 69/99*
Fundstellen: BBB 2001, S. 315 = DB 2001, S. 391 = BetrAV 2001, S. 94 (LS)

Umfang des Versorgungs-Verschaffungsanspruchs

1. § 46 BAT/BAT-O gibt den nach dem Versorgungstarifvertrag versicherungspflichtigen Arbeitnehmern einen Anspruch auf Verschaffung einer Versorgung nach Maßgabe des Versorgungstarifvertrages und der Satzung der Zusatzversorgungskasse. Er richtet sich zwar in erster Linie darauf, dass der Arbeitgeber den Arbeitnehmer in der Zusatzversorgungskasse versichert. Geschieht dies nicht, kann der Arbeitnehmer aber zumindest verlangen, dass der Arbeitgeber ihm die tarifvertraglich geschuldete Zusatzversorgung selbst verschafft oder in anderer Weise für eine nach Art und Umfang gleiche Versorgung sorgt. Auch

insoweit handelt es sich um einen **insolvenzgeschützten** tarifvertraglichen **Erfüllungsanspruch**.

2. Die Versicherungspflicht bei einer öffentlich-rechtlichen Zusatzversorgungskasse kann nach § 5 Abs. 2b VersTV-G dann entfallen, wenn der Arbeitnehmer eine Anwartschaft oder einen Anspruch auf lebenslängliche Versorgung und Hinterbliebenenversorgung hat. Diese Voraussetzungen sind nicht erfüllt, wenn der Arbeitgeber eine Versorgung außerhalb des Versorgungstarifvertrages unter Einschaltung einer Unterstützungskasse verspricht, die zudem alternativ Alterskapital oder eine wertgleiche monatlich lebenslänglich zahlbare Altersrente sowie nur im Fall des Todes des Arbeitnehmers während der aktiven Dienstzeit ein einmalig zu zahlendes Hinterbliebenenkapital vorsieht.

***BAG**, Urteil vom **29.8.2000**, Az.: 3 AZR 201/00*
Fundstellen: BB 2000, S. 2527 = DB 2001, S. 932

Vordienstzeiten 1299

Anrechnung von Vordienstzeiten und Insolvenzschutz

1. Versorgungsanwartschaften sind nach § 7 Abs. 2 Satz 1 nur insolvenzgeschützt, wenn sie nach § 1 Abs. 1 Satz 1 unverfallbar sind.
2. Wird **vertraglich** eine Betriebszugehörigkeit aus einem Arbeitsverhältnis **angerechnet**, bei dem eine **Versorgungszusage bestand**, so wirkt sich dies für die Betriebszugehörigkeit im Sinne von § 1 Abs. 1 Satz 1 und damit zugleich für ihren Insolvenzschutz nach § 7 Abs. 2 Satz 1 aus.

***BAG**, Urteil vom **3.8.1978**; Az.: 3 AZR 19/77*
Fundstellen: AuR 1979, S. 155 = BetrAV 1978, S. 244 = BB 1978, S. 1571 = DB 1978, S. 2127 = NJW 1979, S. 446

Anrechnung von Vordienstzeiten und Insolvenzschutz

Der **gesetzliche Insolvenzschutz** erstreckt sich **ausnahmsweise** auch auf solche Versorgungsanwartschaften, deren Unverfallbarkeit auf der Anrechnung von Vordienstzeiten beruht. Voraussetzung ist aber, dass die angerechnete Betriebszugehörigkeit bereits von einer **Versorgungszusage begleitet** war und **an das Arbeitsverhältnis heranreicht**, das eine neue Versorgungsanwartschaft begründet. War die verfallbare Versorgungsanwartschaft aus einem früheren Arbeitsverhältnis schon geraume Zeit erloschen, so kann die Anrechnung der entsprechenden Betriebszugehörigkeit zwar zur Unverfallbarkeit, nicht aber zum Insolvenzschutz der neuen Versorgungsanwartschaft führen.

***BAG**, Urteil vom **11.1.1983**; Az.: 3 AZR 212/80*
Fundstellen: AuR 1984, S. 53 = BetrAV 1984, S. 20 = BB 1984, S. 65 = DB 1984, S. 195 = NJW 1984, S. 1199

Anrechnung von Vordienstzeiten und Unverfallbarkeit

Die **Anrechnung von Vordienstzeiten** in einer Versorgungszusage **betrifft im Zweifel** auch die **Betriebszugehörigkeit** i.S. von § 1 Abs. 1 Satz 1. Soll die Unverfallbarkeitsfrist trotz der Anrechnung nicht abgekürzt werden, so muss das zum Ausdruck gebracht werden.

***BAG**, Urteil vom **16.3.1982**; Az.: 3 AZR 843/79*
Fundstellen: AuR 1982, S. 291 = BetrAV 1982, S. 211 = BB 1982, S. 1490 = DB 1982, S. 1728

Anrechnung von Vordienstzeiten vor Inkrafttreten des BetrAVG

1. Wenn einem Arbeitnehmer vor der Bejahung der Unverfallbarkeit durch die Rechtsprechung (Entscheidung des BAG vom 10.3.1972) Vordienstzeiten für die betriebliche Altersversorgung angerechnet worden sind, ist in der Regel davon auszugehen, dass die Parteien die Bedeutung der Betriebszugehörigkeit für die Unverfallbarkeit nicht bedacht haben.
2. Wenn Beschäftigungszeiten angerechnet worden sind, die von einer **Versorgungszusage begleitet** waren, sind diese in der Regel auch als Zeiten der Betriebszugehörigkeit als Voraussetzung für die Unverfallbarkeit zu bewerten.

***BAG**, Urteil vom **25.1.1979**; Az.: 3 AZR 1096/77*
Fundstellen: AuR 1980, S. 183 = BetrAV 1979, S. 164 = BB 1979, S. 784 = DB 1979, S. 1183

Anrechnung von Vordienstzeiten

1. Eine Versorgungsordnung, die eine ununterbrochene Beschäftigung von 20 Jahren als Wartezeit fordert, ist nicht unbillig.
2. Mit der Beendigung des Arbeitsverhältnisses werden die Unverfallbarkeitsfristen des § 1 unterbrochen, wenn die Parteien nichts anderes vereinbaren.
3. Die Parteien können bei Begründung eines neuen Arbeitsverhältnisses die Anrechnung von Vordienstzeiten bei der betrieblichen Altersversorgung vorsehen. Eine solche Vereinbarung kann sich auch aus den Umständen ergeben. Eine entsprechende Verpflichtung des Arbeitgebers besteht jedoch im allgemeinen nicht.

***BAG**, Urteil vom **9.3.1982**; Az.: 3 AZR 389/79*
Fundstellen: AuR 1982, S. 291 = BetrAV 1982, S. 238 = BB 1982, S. 1733 = DB 1982, S. 2089

Vorschaltzeit 1300

Keine Verlängerung der Unverfallbarkeitsfrist

1. Eine Versorgungsordnung, wonach alle Betriebsangehörigen nach 2-jähriger Mindestdienstzeit (Vorschaltzeit) eine Versorgungszusage erhalten und nach einer weiteren Wartezeit im Versorgungsfall bestimmte Alters- bzw. Invalidenrenten beanspruchen können, begründet **von Anfang an** Versorgungsanwartschaften, die gem. § 1 Abs. 1 Satz 1 BetrAVG spätestens nach 10 Jahren unverfallbar werden. Die **förmliche Zusage nach Ablauf der Mindestdienstzeit** ist für den Zeitpunkt der Unverfallbarkeit **ohne Bedeutung**.
2. Der Arbeitgeber kann nicht verlangen, dass das aufschiebend bedingte Versprechen eines Ruhegeldes nur deshalb nicht als Versorgungszusage behandelt wird, weil er eine andere Bezeichnung gewählt hat und den Eintritt der Unverfallbarkeit hinausschieben möchte.

BAG*, Urteil vom* ***7.7.1977****; Az.: 3 AZR 572/76*
Fundstellen: AuR 1978, S. 123 = BetrAV 1977, S. 222 = BB 1979, S. 1305 = DB 1977, S. 1704 = MDR 1977, S. 1051 = NJW 1977, S. 2376

Keine Verlängerung der Unverfallbarkeitsfrist

Auch bei Unterstützungskassen sind die sog. Vorschaltzeiten ohne Bedeutung für die Unverfallbarkeit, wenn dem Arbeitgeber für die Erteilung einer förmlichen individuellen Zusage kein Entscheidungsspielraum verbleibt.

BAG*, Urteil vom* ***13.7.1978****; Az.: 3 AZR 278/77*
Fundstellen: AuR 1979, S. 218 = BetrAV 1979, S. 38 = BB 1979, S. 477 = DB 1979, S. 551

Keine Verlängerung der Unverfallbarkeitsfrist

Wenn einem Arbeitnehmer zugesagt wird, er werde eine Versorgungszusage erhalten, falls er eine bestimmte Dauer im Arbeitsverhältnis verbleibt, dann beginnt für die Berechnung der Unverfallbarkeit die in § 1 Abs. 1 Satz 1 Alternative 1 BetrAVG genannte Zehnjahresfrist bereits mit der Vereinbarung der Vorschaltzeit. Das gilt auch dann, wenn eine Unterstützungskasse so verfährt.

BAG*, Urteil vom* ***20.3.1980****; Az.: 3 AZR 697/78*
Fundstellen: BB 1980, S. 1048 = DB 1980, S. 1352

Keine Verlängerung der Unverfallbarkeitsfrist

Auch wenn sogenannte Vorschaltzeiten vereinbart sind, beginnt mit deren Vereinbarung die in § 1 Abs. 1 Satz 1 Alternative 1 BetrAVG geregelte Zehnjahresfrist für die Berechnung der Unverfallbarkeit von Versorgungsanwartschaften.

BAG*, Urteil vom* ***21.8.1980****; Az.: 3 AZR 143/80*
Fundstellen: BetrAV 1980, S. 207 = BB 1981, S. 671 = DB 1981, S. 430 = NJW 1980, S. 2428

Keine Verlängerung der Unverfallbarkeitsfrist

Sieht eine betriebliche Versorgungsordnung vor, dass unter bestimmten zeitlichen Voraussetzungen genau bezeichnete Einzelzusagen förmlich zu erteilen sind, so beginnt der Lauf der Unverfallbarkeitsfrist i.S. des § 1 Abs. 1 BetrAVG nicht erst dann, wenn eine förmliche Einzelzusage tatsächlich erteilt wird. Schon die betriebliche Versorgungsordnung selbst enthält in einem solchen Fall eine Versorgungszusage i.S. des § 1 Abs. 1 BetrAVG (ständige Rechtsprechung).

***BAG**, Urteil vom **15.12.1981**; Az.: 3 AZR 1100/78*
Fundstellen: AuR 1982, S. 163 = BetrAV 1982, S. 188 = BB 1982, S. 1488 = DB 1982, S. 855

1301 Wartezeit

Erfüllbarkeit einer Wartezeit

1. Kann ein Arbeitnehmer die geforderte **Wartezeit** erst **nach Vollendung des 65. Lebensjahres erreichen**, so ist bei seinem vorzeitigen Ausscheiden der Teilwert der Betriebsrente so zu berechnen, dass nicht das 65. Lebensjahr, sondern der Ablauf der vorgesehenen Wartezeit als Höchstdauer des Arbeitsverhältnisses i.S. von § 2 BetrAVG anzusetzen ist.
2. Wird in einer Versorgungszusage die Erfüllung einer bestimmten Wartezeit gefordert, so ist im Zweifel nicht anzunehmen, dass diese bis zum Erreichen einer Altersgrenze erfüllt sein muss. Schweigt die Versorgungsregelung, so ist davon auszugehen, dass keine feste Altersgrenze und keine Begrenzung für die Erfüllung der Wartezeit vorgesehen sind.

***BAG**, Urteil vom **3.5.1983**; Az.: 3 AZR 1263/79*
Fundstellen: AuR 1983, S. 217 = BetrAV 1983, S. 177 = BB 1983, S. 1539 = DB 1983, S. 1259 = NJW 1983, S. 2283

Erfüllung der Wartezeit nach Beendigung des Arbeitsverhältnisses

Ein Arbeitnehmer, der mit einer unverfallbaren Versorgungsanwartschaft vorzeitig ausscheidet, kann eine vorgesehene Wartezeit noch nach Beendigung des Arbeitsverhältnisses erfüllen (§ 1 Abs. 1 Satz 5 BetrAVG). Das gilt auch dann, wenn das Arbeitsverhältnis wegen Erwerbsunfähigkeit des Arbeitnehmers vorzeitig beendet wurde, eine betriebliche Invalidenrente jedoch mit Rücksicht auf die unerfüllte Wartezeit ausscheidet. Bei Erreichen der Altersgrenze entsteht dann ein Anspruch auf zeitanteilig gekürzte Altersrente.

***BAG**, Urteil vom **18.3.1986**; Az.: 3 AZR 641/84*
Fundstellen: AuR 1986, S. 315 = BetrAV 1986, S. 206 = BB 1986, S. 1578 = DB 1986, S. 1930 = NZA 1986, S. 715

Erfüllung der Wartezeit nach Beendigung des Arbeitsverhältnisses

1. Der Arbeitnehmer kann die Anspruchsvoraussetzungen – etwa die Wartezeit – auch nach seinem vorzeitigen Ausscheiden aus dem Arbeitsverhältnis erfüllen.
2. Der Anspruch auf das vorzeitige Altersruhegeld ist nicht davon abhängig, dass die Anwartschaft des Arbeitnehmers auf Leistungen der betrieblichen Altersversorgung beim Ausscheiden aus dem Arbeitsverhältnis und Eintritt in den Ruhestand unverfallbar ist. Das **vorzeitige Ausscheiden** aus dem Erwerbsleben mit Altersruhegeld aus der gesetzlichen Rentenversicherung **ist ein Versorgungsfall**.

***BAG**, Urteil vom **28.2.1989**; Az.: 3 AZR 470/87*
Fundstellen: AuR 1989, S. 257 = BetrAV 1990, S. 78 = BB 1989, S. 1348 = DB 1989, S. 1579 = NZA 1989, S. 676

Rechtliche Konsequenzen einer vereinbarten Wartezeit

1. Sieht eine Versorgungsregelung vor, dass Altersversorgung nur Betriebszugehörige erhalten, die bis zum 65. Lebensjahr eine bestimmte Zeit dem Betrieb angehört haben, so ergeben sich folgende Auswirkungen:
   a) Für die Betriebsangehörigen, die die Voraussetzung (Wartezeit) erfüllen können, entsteht eine Versorgungsanwartschaft.
   b) Für die Betriebsangehörigen, die bei ihrem Eintritt in das Arbeitsverhältnis die erforderliche Betriebszugehörigkeit nicht mehr erreichen können, bedeutet eine solche Klausel, dass sie **nicht versorgungsberechtigt** sind.
2.
   a) Eine derartige Abgrenzung des begünstigten Personenkreises durch Wartezeiten ist zulässig.
   b) Betriebsangehörige, die nicht zu den Versorgungsberechtigten gehören, haben auch dann keinen Teilanspruch, wenn ihr Arbeitsverhältnis endet, nachdem bereits eine unverfallbare Anwartschaft entstanden ist.
   3. Die in § 1 Abs. 1 Satz 4 BetrAVG vorgesehene Möglichkeit, die **Wartezeit** nach Entstehen der Unverfallbarkeitsvoraussetzungen **auch außerhalb des Betriebes zurückzulegen**, gilt nur für die Fälle, in denen die Wartezeit bei Fortbestehen des Arbeitsverhältnisses erreichbar war.

***BAG**, Urteil vom **7.7.1977**; Az.: 3 AZR 570/76*
Fundstellen: AuR 1978, S. 123 = BetrAV 1977, S. 196 = BB 1977, S. 1251 = DB 1977, S. 1608 = MDR 1977, S. 962

Zulässigkeit einer 20-jährigen Wartezeit

1. Eine Versorgungsordnung, die eine ununterbrochene Beschäftigung von 20 Jahren als Wartezeit fordert, ist nicht unbillig.
2. Mit der Beendigung des Arbeitsverhältnisses werden die Unverfallbarkeitsfristen des § 1 BetrAVG unterbrochen, wenn die Parteien nichts anderes vereinbaren.
3. Die Parteien können bei Begründung eines neuen Arbeitsverhältnisses die Anrechnung von Vordienstzeiten bei der betrieblichen Altersversorgung vorsehen.

Eine solche Vereinbarung kann sich auch aus den Umständen ergeben. Eine entsprechende Verpflichtung des Arbeitgebers besteht jedoch im allgemeinen nicht.

***BAG**, Urteil vom **9.3.1982**; Az.: 3 AZR 389/79*
Fundstellen: AuR 1982, S. 291 = BetrAV 1982, S. 238 = BB 1982, S. 1733 = DB 1982, S. 2089

Zulässigkeit einer 25-jährigen Wartezeit

1. Soweit eine Versorgungsordnung eine Versorgung im Falle der Erwerbsunfähigkeit erst nach einer Wartezeit von 25 Jahren vorsieht, ist dies rechtlich nicht zu beanstanden.
2. Wartezeiten für Leistungen aus einer betrieblichen Alters- oder Invalidenversorgung kann der Arbeitgeber grundsätzlich beliebig lang festsetzen und damit die Wahrscheinlichkeit einer Inanspruchnahme wesentlich herabsetzen.

***LAG Frankfurt**, Urteil vom **20.4.1988**; Az.: 8 Sa 923/87*
Fundstellen: BB 1988, S. 2179 = DB 1988, S. 2650

1302 Wettbewerbsverbot

Wirksamkeit eines Wettbewerbsverbots im Rahmen einer Versorgungszusage

1. Ein Übergangsgeld, das für die Zeit bis zum Eintritt des Versorgungsfalls versprochen worden ist und nicht dem Schutz der §§ 1, 17 BetrAVG untersteht, kann unter die Bedingung gestellt werden, dass der Begünstigte von jeder nicht genehmigten Tätigkeit absieht, die geeignet ist, dem Zahlungspflichtigen Konkurrenz zu machen. Die Rechtsprechungsgrundsätze für die rechtlichen Grenzen nachvertraglicher Wettbewerbsverbote sind auf solche Vereinbarungen nicht anzuwenden.
2. Eine entsprechende Bedingung ist jedoch unwirksam, soweit sie nach Eintritt des Versorgungsfalles auch die unverfallbar gewordenen Versorgungsansprüche erfassen soll.

***BGH**, Urteil vom **03.07.2000**; Az.: II ZR 381/98*
Fundstellen: BetrAV 2000, S. 604

1303 Widerruf

Abänderbarkeit einer Gesamtzusage

Versorgungszusagen, die auf einer **Gesamtzusage** beruhen, können durch eine **nachfolgende Betriebsvereinbarung** auch **zum Nachteil der Arbeitnehmer** abgelöst werden, wenn sich der Arbeitgeber eine Änderung durch eine betriebsverfassungsrechtliche Regelung ausdrücklich vorbehalten hat oder wenn aus den Umständen, die den Werdegang des Versorgungswerks und seine weitere Entwicklung begleitet haben, auf eine **Betriebsvereinbarungsoffenheit** zu schließen ist.

***LAG Köln**, Urteil vom **10.8.1989**; Az.: 10/11 Sa 320/89*
Fundstellen: DB 1990, S. 130

Abbau einer planwidrig eingetretenen Überversorgung

1. Der Abbau einer **planwidrig** eingetretenen **Überversorgung** rechtfertigt es, den erdienten Teilwert zu schmälern.
2. Das Vertrauen rentennaher Arbeitnehmer auf eine Gesamtversorgung von mehr als **100% des letzten Nettoeinkommens** ist in einem solchen Fall nicht schutzwürdig.
3. Eine Begrenzung der Gesamtversorgung auf 100% der letzten Nettobezüge als aktiver Arbeitnehmer verstößt nicht deshalb gegen das Übermaßverbot, weil bei der Berechnung der maßgeblichen Bezüge das dem aktiven Arbeitnehmer gezahlte Urlaubsgeld unberücksichtigt bleibt.

***BAG**, Urteil vom **9.4.1991**; Az.: 3 AZR 598/89*
Fundstellen: AuR 1991, S. 281 = BetrAV 1991, S. 245 = BB 1991, S. 2161 = DB 1991, S. 2040 = NZA 1991, S. 730

Abbau einer Überversorgung

1. Durch eine Betriebsvereinbarung kann eine ältere Betriebsvereinbarung abgelöst werden (st. Rspr. des Senats, BAGE 54, 261 = AP Nr. 9 zu § 1 BetrAVG-Ablösung).
2. Bei der Änderung steht den Betriebsparteien ein Regelungsspielraum zu.
3. Führt die **ablösende Betriebsvereinbarung** zu einer Kürzung von Versorgungsrechten, so unterliegt sie einer **Rechtskontrolle**: Die Grundsätze der **Verhältnismäßigkeit** und des **Vertrauensschutzes** sind zu beachten (st. Rspr. des Senats, zuletzt Urteil vom 22.5.1990 – 3 AZR 128/89 – DB 1990, S. 2174).
4. Der erdiente Teilwert einer Versorgungsanwartschaft (§ 2 Abs. 1 BetrAVG) darf nur in seltenen Ausnahmefällen gekürzt werden (sog. **zwingende Gründe**).
   a) Wird die Kürzung auf wirtschaftliche Gründe gestützt, so muss sich der Arbeitgeber in einer schweren, konkursgleichen wirtschaftlichen Notlage befinden.
   b) Auch der Abbau einer **planwidrig eingetretenen Überversorgung** rechtfertigt es, den erdienten Teilwert zu schmälern (im Anschluss an BAGE 54, 261, 273).
   c) Das Vertrauen der Arbeitnehmer auf eine **Gesamtversorgung von mehr als 100% des letzten Nettoeinkommens** ist in einem solchen Fall nicht schutzwürdig (im Anschluss an BAGE 36, 327, 340 f.). Das gilt auch für rentennahe Jahrgänge.

***BAG**, Urteil vom **23.10.1990**; Az.: 3 AZR 470/87*
Fundstellen: ZAP 1991 F. 17R, S. 23
sowie
***BAG**, Urteil vom **23.10.1990**; Az.: 3 AZR 260/89*
Fundstellen: AuR 1991, S. 92 = BetrAV 1991, S. 69 = BB 1991, S. 699 = DB 1991, S. 449 = MDR 1991, S. 564 = NZA 1991, S. 242

Abbau einer Überversorgung

1. Der Wegfall der Geschäftsgrundlage wegen planwidriger Überversorgung löst ein Anpassungsrecht des Arbeitgebers aus. Es besteht auch gegenüber den mit einer unverfallbaren Versorgungsanwartschaft ausgeschiedenen Arbeitnehmern. Die Veränderungssperre des § 2 Abs. 5 BetrAVG steht nicht entgegen.
2. Der Arbeitgeber ist nicht gehindert, bei der Ausübung seines Anpassungsrechts gegenüber den mit einer unverfallbaren Versorgungsanwartschaft ausgeschiedenen Arbeitnehmern die zulässigen Anpassungsregelungen einer Betriebsvereinbarung oder eines Spruchs der Einigungsstelle zu übernehmen. Wie weit die Regelungsbefugnis der Betriebspartner und der Einigungsstelle reicht konnte der Senat offen lassen.
3. Ob eine planwidrige Überversorgung vorliegt, hängt von dem in der jeweiligen Versorgungsordnung angestrebten Versorgungsgrad ab. Wenn das Versorgungsziel einer Gesamtzusage festgestellt werden soll, kommt es nicht auf die tatsächlichen Verhältnisse bei Beginn des einzelnen Arbeitsverhältnisses an. Maßgeblicher Zeitpunkt ist die Erteilung der Gesamtzusage.
4. Scheidet ein Arbeitnehmer vorzeitig aus dem Arbeitsverhältnis aus, so sind die in der Versorgungsordnung festgelegten Gesamtversorgungsobergrenzen bereits bei der Berechnung des Teilanspruchs nach § 2 Abs. 1 BetrAVG zu berücksichtigen. Sie sind nicht erst auf die zeitanteilig ermittelte Rente anzuwenden (Bestätigung der bisherigen Rechtsprechung des Senats, vgl. Urteil vom 12.11.1991 – AZR 520/90 – BAGE 69, 19, 23 ff., zu II 3 der Gründe).

***BAG**, Urteil vom **28.7.1998**; Az.: 3 AZR 100/98*
Fundstellen: DB 1999, S. 389 = BB 1999, S. 536 = BetrAV 1999, S. 66

Abbau einer Überversorgung durch mehrere Maßnahmen

Haben die Arbeitsvertragsparteien zur Vermeidung einer zusätzlichen Überversorgung vereinbart, dass eine neu gewährte übertarifliche Zulage abweichend von der Versorgungsordnung nicht zum ruhegeldfähigen Gehalt zählt, so steht dem Arbeitgeber nur noch wegen der verbleibenden Überversorgung ein Anpassungsrecht zu. Wenn er später die Überversorgung durch Absenkung der Gesamtversorgungsobergrenze vollständig abbaut und bei der Festsetzung der neuen Prozentsätze die bereits vereinbarte Eindämmung der Überversorgung unberücksichtigt lässt, muss er auch die übertarifliche Zulage wieder zum pensionsfähigen Gehalt rechnen.

***BAG**, Urteil vom **9.11.1999**, Az.: 3 AZR 502/98*
Fundstellen: DB 2001, S. 440

Abbau einer Überversorgung: Grenzen des Änderungsrechtes

Wenn eine planwidrige Überversorgung abgebaut werden soll, müssen sich die Anpassungsregelungen an den Grundprinzipien der bisherigen Versorgungsordnung ausrichten. Das Anpassungsrecht des Arbeitgebers dient nicht dazu, die Versorgungsordnung umzustrukturieren und veränderte Gerechtigkeitsvorstellungen zu verwirklichen. Billigte die Versorgungsordnung allen Versorgungsberechtigten unabhängig von ihrer Dienstzeit einen bestimmten Versorgungsgrad zu, so darf eine neue nach Dienstzeit gestaffelte Gesamtversorgungsobergrenze bei Versorgungsberechtigten mit kürzerer Dienstzeit nicht zu einem geringeren Versorgungsgrad als ursprünglich vorgesehen führen.

***BAG**, Urteil vom **28.7.1998**; Az.: 3 AZR 357/97*
Fundstellen: DB 1999, S. 750 = BetrAV 1999, S. 100 = NZA 1999, S. 780

Abbau einer Überversorgung im öffentlichen Dienst

Die Zusage einer **Überversorgung** ist einer **öffentlich-rechtlichen Anstalt** (GEZ), anders als einem privaten Arbeitgeber, **nicht gestattet** und begründet kein schutzwürdiges Vertrauen der begünstigten Arbeitnehmer in den Fortbestand der Zusage. Sie müssen sich entgegenhalten lassen, dass ihr Arbeitgeber den **Grundsätzen sparsamer und wirtschaftlicher Haushaltsführung** verpflichtet ist und hinnehmen, dass ihm die rechtliche Möglichkeit eingeräumt wird, Verstöße gegen diese Prinzipien zu korrigieren und in maßvoller Weise die erteilten Versorgungszusagen zurückzunehmen.

***BAG**, Urteil vom **3.9.1991**; Az.: 3 AZR 369/90*
Fundstellen: AuR 1992, S. 157 = BetrAV 1992, S. 175 = BB 1992, S. 572 = DB 1992, S. 994 = MDR 1992, S. 591 = NZA 1992, S. 515

Abbau einer Überversorgung im öffentlichen Dienst

1. Eine Dienstvereinbarung über die Gewährung betrieblicher Versorgungsleistungen kann durch eine nachfolgende Dienstvereinbarung aufgehoben und inhaltlich verändert werden. Insoweit gilt die Zeitkollisionsregelung.
2. Auch eine nachfolgende Dienstvereinbarung darf **nicht schrankenlos** in die Rechte der bislang begünstigten Mitarbeiter eingreifen. Die Neuregelung muss einer **abstrakten Billigkeitskontrolle** anhand der Maßstäbe der **Verhältnismäßigkeit** und des **Vertrauensschutzes** genügen; im Einzelfall auftretende Härten sind auszugleichen.
3. Der Abbau einer **planwidrig eingetretenen Überversorgung** ist ein gewichtiger Grund, Versorgungszusagen zu schmälern. Aber auch eine **bewusst zugesagte Überversorgung** rechtfertigt einen Eingriff in die bereits erdiente Anwartschaft und die erdiente Dynamik, wenn es sich um einen Arbeitnehmer des öffentlichen Dienstes oder einer öffentlich-rechtlichen Rundfunkanstalt handelt. Einrichtungen des öffentlichen Dienstes sind nämlich zu einem wirtschaftlichen und sparsamen Haushalten verpflichtet, was eine zu einer **Überversorgung** führende Versorgungszusage **generell verbietet**.

***BAG**, Urteil vom **17.11.1992**; Az.: 3 AZR 432/89*
Fundstellen: ZAP 1993 F. 17R, S. 49

Ablösende Betriebsvereinbarung

1. Anwartschaften auf Leistungen der betrieblichen Altersversorgung können durch eine Betriebsvereinbarung eingeschränkt werden, wenn die Neuregelung bei **kollektiver Betrachtung** für die Versorgungsberechtigten insgesamt nicht ungünstiger ist.
2. Im Rahmen der vorzunehmenden **Rechtskontrolle** ist es daher nicht zu beanstanden, wenn der Arbeitgeber in einem Versorgungswerk vorgesehene Steigerungsbeträge durch andere vergleichbare Zuwendungen ersetzt, die die erdiente Versorgungsanwartschaft wertmäßig zumindest ausgleichen.
3. Nicht verrechenbare, dynamisierte feste Zulagen zur tariflichen Vergütung sind geeignet, den erforderlichen Ausgleich herbeizuführen.

***LAG Hamm**, Urteil vom **17.12.1996**; Az.: 6 Sa 643/96 (rkr.)*
Fundstellen: BetrAV 1997, S. 98 = BB 1997, S. 528

Ablösende Betriebsvereinbarung für Ruheständler

1. Gewährt eine Betriebsvereinbarung Ansprüche auf Beihilfen im Krankheitsfall gleichermaßen für aktive Arbeitnehmer und Pensionäre, so kann eine ablösende Betriebsvereinbarung, die nur noch die aktive Belegschaft begünstigt, nicht mehr in die **Besitzstände** derjenigen Pensionäre eingreifen, die sich bei Inkrafttreten der ablösenden Regelung bereits im Ruhestand befanden.
2. Diese erwerben bei Eintritt in den Ruhestand einen entsprechenden **Individualanspruch**, der betrieblicher Gestaltung nur noch insoweit zugänglich ist, als auch die aktive Belegschaft Kürzungen hinnehmen muss.

***BAG**, Urteil vom **13.5.1997**; Az.: 1 AZR 75/97*
Fundstellen: BB 1997, S. 2328

Ablösende Betriebsvereinbarung und Besitzstandsschutz

1. Wird eine Betriebsvereinbarung geschlossen, die eine ältere Betriebsvereinbarung ablösen soll, so gilt die **Zeitkollisionsregel**: Die jüngere Norm ersetzt die ältere.
2. Führt die **ablösende Betriebsvereinbarung** zu einer Kürzung der Versorgungsanwartschaften, so unterliegt sie einer **Rechtskontrolle**. Die Betriebsparteien müssen die Grundsätze des **Vertrauensschutzes** und der **Verhältnismäßigkeit** beachten. Abzuwägen sind die Änderungsgründe gegen die **Besitzstandsschutz**interessen der betroffenen Arbeitnehmer. Je stärker in Besitzstände eingegriffen wird, desto schwerer müssen die Änderungsgründe wiegen.
3. Sind Eingriffe in Versorgungsanwartschaften aus wirtschaftlichen Gründen notwendig, müssen sie in sich ausgewogen und verhältnismäßig sein. Bei den notwendigen Anpassungen haben Arbeitgeber und Betriebsrat einen **Gestaltungsspielraum**.

***BAG**, Urteil vom **22.5.1990**; Az.: 3 AZR 128/89*
Fundstellen: AuR 1990, S. 330 = BetrAV 1991, S. 37 = BB 1990, S. 2047 = DB 1990, S. 2174 = MDR 1990, S. 1145 = NZA 1990, S. 813

Ablösende Betriebsvereinbarung und Besitzstandsschutz (3-Stufen-Theorie)

1. Wird eine Betriebsvereinbarung geschlossen, die eine ältere Betriebsvereinbarung ablösen soll, so gilt nicht das Günstigkeitsprinzip, sondern die **Zeitkollisionsregel**: Die jüngere Norm ersetzt die ältere.
2. Führt die **ablösende Betriebsvereinbarung** zu einer Kürzung von Versorgungsanwartschaften, so unterliegt sie einer **Billigkeitskontrolle**. Abzuwägen sind die Änderungsgründe gegen die **Besitzstandsschutz**interessen der betroffenen Arbeitnehmer. Je stärker in Besitzstände eingegriffen wird, desto schwerer müssen die Änderungsgründe wiegen.
3. Wie der Senat bereits für Unterstützungskassen entschieden hat (zuletzt BAG vom 30.4.1985 – 3 AZR 611/83), lassen sich Versorgungsbesitzstände und die für entsprechende Eingriffe erforderlichen Änderunsgsgründe wie folgt abstufen:
   a) Der bereits **erdiente** und nach den Grundsätzen des § 2 BetrAVG errechnete **Teilbetrag** darf nur in seltenen Ausnahmefällen gekürzt werden.
   b) **Zuwächse**, die sich aus **variablen Berechnungsfaktoren** ergeben, können nur aus **triftigen Gründen** geschmälert werden, soweit sie zeitanteilig erdient sind.
   c) Für Eingriffe in **Zuwachsraten**, die noch **nicht erdient** sind, genügen **sachliche Gründe**.
4. Durch das 20. und das 21. Rentenanpassungsgesetz ist nicht so stark in das System des Sozialversicherungsrechts eingegriffen worden, dass dadurch allein die Aufgabe einer betrieblichen Gesamtversorgungsregelung ohne Rücksicht auf vorhandene Besitzstände sachlich begründet werden könnte.

***BAG**, Urteil vom **17.3.1987**; Az.: 3 AZR 64/84*
Fundstellen: AuR 1987, S. 310 = BetrAV 1987, S. 225 = BB 1987, S. 1673 = DB 1987, S. 1639 = NJW 1987, S. 2607 = NZA 1987, S. 855

Allgemeine Widerrufsvoraussetzungen für Eingriffe in laufende Rentenzahlungen

1. Auch bei **vorbehaltloser** Versorgungszusage kann der Arbeitgeber unter Umständen berechtigt sein, die Versorgungsleistung zu **verweigern**, wenn und solange bei ungekürzter Weiterzahlung der **Bestand des Unternehmens gefährdet** ist. Ein Opfer kann dem Pensionär allerdings nur dann zugemutet werden, wenn Aussicht besteht, dass das Unternehmen mit dieser Hilfe saniert wird.
2. Von dem Pensionär können Zugeständnisse jeweils nur in dem Umfang verlangt werden, wie sie zur Rettung des Unternehmens unerlässlich erscheinen. Das bedeutet, dass – wenigstens zunächst – nur eine **Stundung** in Betracht kommt.
3. Ob die geschilderten Voraussetzungen im Einzelfall vorliegen, muss der Arbeitgeber mit den Mitteln der modernen Betriebswirtschaft prüfen und dem Gericht nachweisen.
4. Zu einem solchen Nachweis gehört, dass eine von einem **unparteiischen** Sachverständigen erstellte **Betriebsanalyse** die wirtschaftliche Notlage des Betriebs

und deren Ursachen im einzelnen darlegt. Der Arbeitgeber muss ferner einen **wirtschaftlichen Sanierungsplan** ausarbeiten, der nach vernünftiger Beurteilung einer dafür sachkundigen Stelle einen Erfolg erwarten lässt.

5. Schließlich muss der Arbeitgeber, evtl. zusammen mit dem Betriebsrat, einen **Sozialplan** ausarbeiten, der die etwa notwendigen Einschränkungen sozial gerecht verteilt und der erkennen lässt, in welcher Weise auch der Arbeitgeber und die aktiven Belegschaftsmitglieder einschließlich der Spitzenkräfte das ihre beitragen.

***BAG**, Urteil vom **10.12.1971**; Az.: 3 AZR 190/71*
Fundstellen: AuR 1972, S. 222 = BetrAV 1972, S. 49 = BB 1972, S. 317 = DB 1972, S. 491 = MDR 1972, S. 450 = NJW 1972, S. 733

Änderung der Anrechnung befreiender Lebensversicherungen

1. Bei einem Eingriff in Versorgungsanwartschaften ist das vom Senat entwickelte Dreistufenmodell zu beachten (st. Rspr. seit dem Urteil vom 17.4.1985, BAGE 49, 57, 66 ff.). Ob ein Eingriff in den bereits erdienten Teilbetrag vorliegt, ist nach § 2 BetrAVG zu ermitteln. Veränderungen der Bemessungsgrundlagen nach dem Ablösungszeitpunkt bleiben entsprechend § 2 Abs. 5 BetrAVG unberücksichtigt. Diese Grundsätze gelten auch bei einer Änderung der Leistungsordnung des Bochumer Verbandes. § 4 der Leistungsordnung in der bis zum 31.12.1972 geltenden Fassung ändert daran nichts. Diese Vorschrift soll die Nachteile mildern, die älteren Arbeitnehmern bei einer Kündigung des Arbeitsverhältnisses durch den Arbeitgeber entstehen.
2. Nach § 10 der seit dem 1.1.1973 geltenden Leistungsordnung des Bochumer Verbandes sind bei der Anrechnung befreiender Lebensversicherungen auch Ausfall- und Ersatzzeiten im Sinne des Rentenversicherungsrechts zu berücksichtigen. Für die Einführung der erweiterten Anrechnung genügen sachlich proportionale Gründe. Sie ergeben sich daraus, dass eine bisher bestehende Ungleichbehandlung beseitigt wird. Die Versorgungsempfänger, die eine befreiende Lebensversicherung abgeschlossen haben, sollen nicht besser gestellt werden als die Versorgungsempfänger, die sozialversichert waren.

***BAG**, Urteil vom **26.8.1997**; Az.: 3 AZR 213/96*
Fundstellen: BB 1998, S. 1369 = BetrAV 1998, S. 222 = ZIP 1998, S. 1008

Anforderungen an einen sachlich begründeten Widerruf

1. Eine **Unterstützungskasse**, die gehalts- und dienstzeitabhängige Betriebsrenten gewährt, kann die dienstzeitabhängigen Zuwachsraten im Rahmen der Billigkeit aus **sachlichen Gründen** kürzen.
2. **Sachliche Gründe** liegen vor, wenn nach Erlass der alten Versorgungsordnung **Änderungen der Sach- und Rechtslage** eingetreten sind, die bei grundsätzlichem Festhalten am Versorgungsziel Kürzungen nahe legen.
3. Diese Gründe müssen im Streitfall so dargelegt werden, dass die **Verhältnismäßigkeit** der Kürzung im Hinblick auf das angestrebte Regelungsziel überprüft werden kann.

4. Wird die Kürzung mit Änderungen der versorgungsrechtlichen Lage und daraus folgenden Kostensteigerungen begründet, so gilt folgendes:
   a) Die gesetzlichen Regelungen der Unverfallbarkeit von Versorgungsanwartschaften (§ 1 BetrAVG) und des Teuerungsausgleichs (§ 16 BetrAVG) sind regelmäßig kein sachlicher Grund für Rentenkürzungen.
   b) Hingegen sind die Einführung einer vorgezogenen Altersgrenze (§ 6 BetrAVG) und die Schaffung eines gesetzlichen Insolvenzschutzes (§ 7 ff. BetrAVG) mit Mehrkosten verbunden, die eine ausgleichende Kürzung der Unterstützungskassenrente nahe legen können.
   c) Änderungen des Sozialversicherungsrechts können sich bei Anrechnungsklauseln mittelbar auf die Kosten der betrieblichen Altersversorgung auswirken, jedoch Kürzungsmaßnahmen nur ausnahmsweise sachlich begründen. Erforderlich ist, dass sich die Rechtslage in grundlegender Weise geändert hat und dass die mittelbar verursachte Mehrbelastung sehr erheblich ist.

***BAG**, Urteil vom **22.4.1986**; Az.: 3 AZR 496/83*
Fundstellen: AuR 1986, S. 315 = BetrAV 1986, S. 210 = BB 1986, S. 1506 = DB 1986, S. 1526 = NZA 1986, S. 746

Bindungswirkung der Leistungsordnung eines Konditionenkartells

1. Die im Aufhebungsvertrag gemachte Zusage, den ausscheidenden Arbeitnehmer hinsichtlich seiner Versorgungszusage so zu behandeln, als bestehe das Arbeitsverhältnis fort, unterliegt dem Widerrufsvorbehalt der Geschäftsgrundlage wie jedes andere Versorgungsversprechen.
2. Bei einer Versorgungszusage nach Maßgabe eines Konditionenkartells (hier: Essener Verband) ist auf die in der Leistungsordnung festgesetzte Höhe der Versorgungsleistungen zum Zeitpunkt des Widerrufs abzustellen.

***LAG Köln**, Urteil vom **25.8.1998**; Az.: 13 Sa 194/98; n. rkr.*
Fundstellen: DB 1999, S. 697

Eigentumsschutz unverfallbarer Versorgungsanwartschaften

1. Unverfallbar gewordene Versorgungsanwartschaften haben **eigentumsähnlichen Vermögenswert**, ihre Wegnahme käme einer Enteignung gleich. Durch Betriebsvereinbarung können Ruhegeldordnungen für die Zukunft in gewissem Rahmen abgeändert werden, der Entzug unverfallbar gewordener Anwartschaften durch Betriebsvereinbarung ist dagegen nicht ohne besonderen Grund möglich.
2. Betriebsvereinbarungen gelten jedoch nur für betriebsangehörige Arbeitnehmer, nicht für bereits ausgeschiedene ehemalige Mitarbeiter. Etwas anderes gilt jedoch, wenn die Voraussetzungen vorliegen, unter denen die Versorgungszusagen wegen besonderer Gründe, insbesondere wegen wirtschaftlicher Notlage des Unternehmens, eingegriffen werden kann.

***BAG**, Urteil vom **17.1.1980**; Az.: 3 AZR 456/78*
Fundstellen: AuR 1980, S. 250 = BetrAV 1980, S. 182 = BB 1980, S. 941 = DB 1980, S. 1399 = NJW 1980, S. 1976

Eingriff in eine zugesagte Rentendynamik durch ablösende Betriebsvereinbarung

1. Betriebsvereinbarungen, die Versorgungsansprüche aus früheren Betriebsvereinbarungen einschränken, unterliegen einer **Rechtskontrolle** nach den Maßstäben der **Verhältnismäßigkeit** und des **Vertrauensschutzes**. Das gilt auch für Betriebsvereinbarungen, in denen eine Rentenanpassung entsprechend der Entwicklung der tariflichen Entgelte der aktiven Arbeitnehmer ersetzt wird durch eine Regelung, nach der die Betriebsrente nur noch entsprechend der Entwicklung der Lebenshaltungskosten steigt.
2. Auf einen solchen nur die Rentenentwicklung betreffenden Eingriffe sind **nicht** die konkretisierenden Grundsätze anzuwenden, die für den Eingriff in Versorgungsanwartschaften entwickelt worden sind. der Eingriff ist regelmäßig bereits dann gerechtfertigt und rechtswirksam, wenn es für ihn **sachlich nachvollziehbare** und **Willkür ausschließende** Gründe gibt.

***BAG**, Urteil vom **16.7.1996**; Az.: 3 AZR 398/95*
Fundstellen: BetrAV 1997, S. 96 = BB 1997, S. 632 = DB 1997, S. 631 =
NZA 1997, S. 533 = ZIP 1997, S. 428

Eingriffsmöglichkeiten bei individualrechtlich begründeten Sozialleistungen mit kollektivrechtlichem Bezug

1. Vertraglich begründete Ansprüche der Arbeitnehmer auf Sozialleistungen, die auf eine vom Arbeitgeber gesetzte **Einheitsregelung** oder eine **Gesamtzusage** zurückgehen, können durch eine **nachfolgende Betriebsvereinbarung** in den Grenzen von Recht und Billigkeit beschränkt werden, wenn die Neuregelung insgesamt bei **kollektiver Betrachtung nicht ungünstiger** ist (sog. "**umstrukturierende Neuordnung**").
2. Ist demgegenüber die nachfolgende Betriebsvereinbarung insgesamt ungünstiger (sog.. "**verschlechternde Neuordnung**"), ist sie **nur zulässig**, soweit der Arbeitgeber wegen eines **vorbehaltenen Widerrufs** oder **Wegfalls der Geschäftsgrundlage** die Kürzung oder Streichung der Sozialleistungen verlangen kann.
3. Es kommt nicht darauf an, ob die in einer solchen Betriebsvereinbarung geregelten Angelegenheiten der erzwingbaren Mitbestimmung unterliegen (§ 87 Abs. 1 BetrVG) oder nur als freiwillige Betriebsvereinbarung (§ 88 BetrVG) zustande kommen.

***BAG**, Urteil vom **16.9.1986**; Az.: GS 1/82*
Fundstellen: AuR 1987, S. 115 = BetrAV 1987, S. 64 = BB 1987, S. 265 =
DB 1987, S. 383 = NZA 1987, S. 168

Einschaltung des PSV

Der Widerruf von Leistungen einer Unterstützungskasse wegen einer Bestandsgefährdung des Trägerunternehmens (Widerruf in Alt- und Übergangsfällen) ist nur wirksam, wenn das Trägerunternehmen **zuvor** den Pensions-Sicherungs-Verein eingeschaltet hat.

***BAG**, Urteil vom **24.1.1989**; Az.: 3 AZR 519/88*
Fundstellen: AuR 1989, S. 92 = BetrAV 1989, S. 229= BB 1989, S. 1128 = DB 1989, S. 1291 = NZA 1989, S. 682

Entzug unverfallbarer Versorgungsansprüche durch Vertragsklausel

Unverfallbare Versorgungsansprüche eines Sparkassendirektors können nicht durch Vertragsklausel entzogen werden, nach welcher der Begünstigte jede Versorgung verliert, wenn er nach Ablauf der Amtsperiode eine Wiederbesetzung ablehnt.

***BGH**, Urteil vom **29.5.2000**, Az.: II ZR 380/98*
Fundstellen: BetrAV 2000, S. 488

Kündbarkeit einer Betriebsvereinbarung

1. **Betriebsvereinbarungen** über eine betriebliche Altersversorgung sind **kündbar**. Die Kündbarkeit wird durch Vereinbarung eines allgemeinen steuerunschädlichen Widerrufsvorbehalts nicht ausgeschlossen.
2. Der Senat unterscheidet zwischen der Kündbarkeit einer Betriebsvereinbarung und den **Rechtsfolgen einer Kündigung**. Betriebsvereinbarungen über Leistungen der betrieblichen Altersversorgung unterscheiden sich von den Betriebsvereinbarungen über andere freiwillige Leistungen:
   a) Leistungen der betrieblichen Altersversorgung erhält der Arbeitnehmer erst, wenn er seinerseits vorgeleistet hat. Die Leistung, die durch Versorgung entgolten wird, ist die dem Arbeitgeber während der gesamten Dauer des Arbeitsverhältnisses erwiesene **Betriebstreue**, die Gesamtheit der ihm erbrachten Dienste. Die vom Arbeitgeber zugesagte Gegenleistung kann nicht wegfallen, ohne dass es dafür rechtlich billigenswerte Gründe gibt.
   b) Das gilt auch dann, wenn die betriebliche Altersversorgung in einer Betriebsvereinbarung zugesagt wird. Deshalb werden die aufgrund einer Betriebsvereinbarung erworbenen **Besitzstände** der betroffenen Arbeitnehmer kraft Gesetzes nach den Grundsätzen der Verhältnismäßigkeit und des Vertrauensschutzes **geschützt**. Je stärker in Besitzstände eingegriffen wird, desto gewichtiger müssen die Änderungsgründe sein.

***BAG**, Urteil vom **10.3.1992**; Az.: 3 AZR 54/91*
Fundstellen: AuR 1992, S. 282 = BetrAV 1992, S. 220 = BB 1992, S. 1928 = DB 1992, S. 1735 = MDR 1992, S. 974 = NZA 1993, S. 234

Kündigung einer Betriebsvereinbarung über betriebliche Altersversorgung

1. Betriebsvereinbarungen sind nach § 77 Abs. 5 BetrVG kündbar. Die Ausübung des Kündigungsrechts bedarf keiner Rechtfertigung und unterliegt keiner inhaltlichen Kontrolle. Dies gilt unabhängig vom Regelungsgegenstand, also auch dann, wenn es um eine betriebliche Altersversorgung geht (Bestätigung von BAG, 18.4.1989 – 3 AZR 688/87, BAGE 61, 323, 328; 10.3.1992 – 3 ABR 54/91, BAGE 70, 41, 45).

2. Die Kündigung einer Betriebsvereinbarung über betriebliche Altersversorgung bewirkt nicht lediglich eine Schließung des Versorgungswerkes für die Zukunft. Auch Arbeitnehmer, die zum Zeitpunkt des Ausspruchs der Kündigung durch die Betriebsvereinbarung begünstigt wurden, sind von der Kündigung betroffen.
3. Die Wirkung der Kündigung einer Betriebsvereinbarung über betriebliche Altersversorgung ist mit Hilfe der Grundsätze des Vertrauensschutzes und der Verhältnismäßigkeit zu begrenzen. Je weiter der Arbeitgeber mit seiner Kündigung in Besitzstände und Erwerbschancen eingreifen will, um so gewichtigere Eingriffsgründe braucht er. Dabei ist auf das Prüfungsschema zurückzugreifen, das der Senat für ablösende Betriebsvereinbarungen entwickelt hat (zuletzt BAG, 26.8.1997 – 3 AZR 235/96, BAGE 86, 216, 221 f.).
4. Soweit hiernach die Wirkungen der Kündigung einer Betriebsvereinbarung über betriebliche Altersversorgung beschränkt sind, bleibt die Betriebsvereinbarung als Rechtsgrundlage erhalten. Die nach der Kündigung der Betriebsvereinbarung verbleibenden Rechtspositionen genießen unverändert den Schutz des § 77 Abs. 4 BetrVG.

***BAG**, Urteil vom **11.5.1999**; Az.: 3 AZR 21/98*
Fundstellen: BB 2000, S. 517 = DB 2000, S. 525 = BetrAV 2000, S. 210 = ZIP 2000, S. 421 = NZA 2000, S. 322

Kündigung einer Betriebsvereinbarung über betriebliche Altersversorgung

1. Betriebsvereinbarungen über betriebliche Altersversorgung sind nach § 77 Abs. 5 BetrVG kündbar. Die Ausübung des Kündigungsrechts bedarf keiner Rechtfertigung und unterliegt keiner inhaltlichen Kontrolle. Die Grundsätze des Vertrauensschutzes und der Verhältnismäßigkeit begrenzen aber die Kündigungswirkungen. Je weiter der Arbeitgeber mit seiner Kündigung in Besitzstände und Erwerbschancen eingreifen will, um so gewichtigere Eingriffsgründe braucht er. Soweit hiernach Versorgungsbesitzstände unangetastet bleiben, ist deren Rechtsgrundlage weiterhin die gekündigte Betriebsvereinbarung (Bestätigung des BAG-Urteils vom 11.5.1999 – 3 AZR 21/98, BB 2000, S. 517).
2. Der Betriebsrat ist befugt, im arbeitsgerichtlichen Beschlussverfahren feststellen zu lassen, welche Wirkungen die Kündigung hat und in welchem Umfang die Betriebsvereinbarung noch fortgilt. Es spricht alles dafür, dass die Entscheidung über einen solchen Antrag auch den Arbeitgeber und die betroffenen Arbeitnehmer im Verhältnis zueinander bindet. Eine konkrete Billigkeitskontrolle im Individualverfahren ist hierdurch nicht ausgeschlossen.

***BAG**, Urteil vom **17.8.1999**; Az.: 3 ABR 55/98*
Fundstellen: BB 2000, S. 774 = DB 2000, S. 777 = BetrAV 2000, S. 214 = NZA 2000, S. 498

Kündigung einer Betriebsvereinbarung und Besitzstandsschutz (3-Stufen-Theorie)

1. Der Arbeitgeber kann eine **Betriebsvereinbarung** über eine betriebliche Altersversorgung, soweit nichts anderes vereinbart ist, mit einer **Frist von drei Monaten kündigen** (§ 77 Abs. 5 BetrVG). Eine **Nachwirkung** (§ 77 Abs. 6 BetrVG) tritt **nicht** ein.
2. Die aufgrund der gekündigten Betriebsvereinbarung erworbenen **Besitzstände** der betroffenen Arbeitnehmer werden kraft Gesetzes nach den Grundsätzen der Verhältnismäßigkeit und des Vertrauensschutzes **geschützt**. Je stärker in Besitzstände eingegriffen wird, desto gewichtiger müssen die Änderungsgründe sein.
3. Die Änderunsgsgründe sind ebenso abzustufen wie bei der Ablösung einer Betriebsvereinbarung durch eine neue Betriebsvereinbarung.
   a) Der bereits **erdiente** und nach den Grundsätzen des § 2 BetrAVG errechnete **Teilbetrag** kann nur in seltenen Ausnahmefällen entzogen werden.
   b) **Zuwächse**, die sich aus **variablen Berechnungsfaktoren** ergeben, können nur aus **triftigen Gründen** geschmälert werden, soweit sie zeitanteilig erdient sind.
   c) Für Eingriffe in **Zuwachsraten**, die noch **nicht erdient** sind, genügen **sachliche Gründe**.

***BAG**, Urteil vom **18.4.1989**; Az.: 3 AZR 688/87*
Fundstellen: AuR 1989, S. 352 = BetrAV 1990, S. 79 = BB 1990, S. 781 = DB 1989, S. 2232 = NZA 1990, S. 67

Kürzung dienstzeitunabhängiger Rentenanteile

1. Bei einer Versorgung über eine Unterstützungskasse darf in **zeitanteilig erdiente dienstzeitunabhängige Zuwächse** einer Versorgungsanwartschaft nur aus **triftigen Gründen** eingegriffen werden.
2. Dringende betriebliche **Bedürfnisse nichtwirtschaftlicher Art** können triftige Gründe sein, wenn ohne Schmälerung des Gesamtaufwands für die Versorgung Leistungskürzungen durch Verbesserungen des Versorgungsschutzes aufgewogen werden.
3. Hat der Betriebsrat einer solchen Änderung der Versorgungsordnung zugestimmt, so kann dies ein Anzeichen dafür sein, dass ein Bedürfnis für die Neuregelung besteht und die Neuregelung ausgewogen ist.

***BAG**, Urteil vom **11.9.1990**; Az.: 3 AZR 380/89*
Fundstellen: BetrAV 1991, S. 42 = BB 1991, S. 72 = DB 1991, S. 503 = MDR 1991, S. 280 = NZA 1991, S. 176

Kürzung von Zusatzkassenversorgungsleistungen bei schwerwiegenden arbeitsvertraglichen Pflichtverletzungen *(Leitsatz nicht amtlich)*

Die geheimdienstliche Tätigkeit eines Referenten einer Parlamentsfraktion für einen anderen Staat beinhaltet eine massive und schwerwiegende arbeitsvertragliche

Pflichtverletzung. Es bedeutet keinen Verstoß gegen den Gleichbehandlungsgrundsatz oder die Eigentumsgarantie und ist deshalb aus verfassungsrechtlichen Gründen nicht zu beanstanden, wenn die Zusatzversorgungskassenleistungen des Arbeitnehmers nach seiner strafrechtlichen Verurteilung gekürzt werden.

***BVerfG**, Beschluss vom **28.6.2000**, Az.: 1 BvR 387/00*
Fundstellen: DB 2001, S. 339

Rechtliche Bedeutung eines vertraglichen Widerrufsvorbehaltes

1. Der Arbeitgeber kann eine Versorgungsvereinbarung, nach der ein Arbeitnehmer bei weiterer Betriebstreue eine höhere Versorgung erreichen kann, nur widerrufen, wenn er sich den Widerruf **vertraglich vorbehalten** hatte, oder wenn die **Geschäftsgrundlage** für diese Vereinbarung **weggefallen** ist.
2. Der **allgemeine Vorbehalt**, die zugesagten Leistungen zu kürzen oder einzustellen, wenn die wirtschaftliche Lage des Unternehmens sich nachhaltig so wesentlich verschlechtert, dass dem Unternehmen eine Aufrechterhaltung der zugesagten Leistungen nicht mehr zugemutet werden kann, enthält nur den Hinweis auf Kürzungs- oder Widerrufsmöglichkeiten wegen Wegfalls der Geschäftsgrundlage.
3. Der Wegfall der Geschäftsgrundlage wegen wirtschaftlicher Schwierigkeiten ist gleichbedeutend mit dem Sicherungsfall der wirtschaftlichen Notlage nach § 7 Abs. 1 Satz 3 Nr. 5 BetrAVG.
4. Danach ist der Widerruf nur berechtigt, wenn die Belastung des Arbeitgebers infolge einer wirtschaftlichen Notlage so groß wird, dass ihm als Schuldner der Versorgungszusage nicht mehr zugemutet werden kann, seine vertraglichen Verpflichtungen zu erfüllen.
5. **Sachliche Gründe reichen nicht aus**, den Widerruf einer Versorgungszusage zu rechtfertigen, die dem Arbeitnehmer einen Rechtsanspruch auf die zugesagten Leistungen einräumt.

***BAG**, Urteil vom **26.4.1988**; Az.: 3 AZR 277/87*
Fundstellen: AuR 1988, S. 347 = BetrAV 1989, S. 46 = BB 1988, S. 2112 = DB 1988, S. 2311 = NZA 1989, S. 305

Tragung der Pauschallohnsteuer

Hat der Arbeitgeber jahrelang die Pauschallohnsteuer zu einer Direktversicherung des Arbeitnehmers (§ 40b EStG) im Innenverhältnis zwischen den Arbeitsvertragsparteien übernommen, so kann er sich hiervon nicht wegen der zum 1. Januar 1996 erfolgten Erhöhung des Pauschsteuersatzes auf 20% ganz oder teilweise wegen Wegfalls bzw. Änderung der Geschäftsgrundlage durch einseitige Erklärung lösen.

***Hess. LAG**, Urteil vom **6.7.1998 – 16 Sa 2267/97** (rkr.)*
Fundstellen: BB 1999, S. 269 = BetrAV 1999, S. 67

Umstellung des Zahlungstermins für Betriebsrenten

Für die Umstellung des Zahlungstermins einer Betriebsrente (vom Anfang auf das Ende eines Monats) in einer Dienst(Betriebs-)vereinbarung genügen **sachliche Gründe**.

***BAG**, Urteil vom **23.9.1997**; Az.: 3 AZR 529/96*
Fundstellen: BB 1998, S. 326 = BetrAV 1998, S. 96 = ZIP 1998, S. 517 = RdA 1998, S. 64 = AP Nr. 23 zu § 1 BetrAVG Ablösung

Verschlechternde Ablösung einer Gesamtzusage durch Spruch der Einigungsstelle; Überversorgung

1. Wenn ein Arbeitgeber wegen des von ihm behaupteten **Wegfalls der Geschäftsgrundlage** eines durch **Gesamtzusage** errichteten Versorgungswerks eine verschlechternde Neuregelung schaffen will, ist die **Einigungsstelle zuständig**, falls sich Arbeitgeber und Betriebsrat nicht einigen. **Der Betriebsrat darf seine Mitwirkung an einer Neuregelung nicht verweigern**. Er muss mit dem Arbeitgeber notfalls unter dem **Vorbehalt** der **vertragsrechtlich zulässigen Umsetzung** der Regelung verhandeln (im Anschluss an BAG, Großer Senat, Beschluss vom 16.9.1986 - GS 1/82).
2. Die Frage, ob die Geschäftsgrundlage einer Gesamtzusage über betriebliche Altersversorgung weggefallen ist, ist entscheidend für den **Umfang** der der Einigungsstelle zustehenden **Regelungsbefugnis**. Ist die Geschäftsgrundlage weggefallen, kann die Einigungsstelle eine vorbehaltlose Neuregelung treffen.
   a) Die Geschäftsgrundlage einer Versorgungszusage ist weggefallen, wenn sich die zugrunde gelegte **Rechtslage nach Erteilung der Zusage** ganz **wesentlich** und **unerwartet geändert** hat, und dies beim Arbeitgeber zu **erheblichen Mehrbelastungen** geführt hat.
   b) Die Geschäftsgrundlage ist auch weggefallen, wenn der bei der Versorgungszusage erkennbare **Versorgungszweck** dadurch **verfehlt** wird, dass die unveränderte Anwendung der Versorgungszusage zu einer gegenüber dem ursprünglichen Versorgungsziel **planwidrig eintretenden Überversorgung** führen würde.
3. Ist die Geschäftsgrundlage weggefallen, kann die anpassende Neuregelung auch in zeitanteilig erdiente Besitzstände eingreifen. Sie muss sich dabei an den Zielen der ursprünglichen Regelung orientieren, auf deren Einhaltung die Arbeitnehmer vertrauen durften.

***BAG**, Beschluss vom **23.9.1997**; Az.: 3 ABR 85/96*
Fundstellen: DB 1998, S. 779 = BB 1998, S. 849 = BetrAV 1998, S. 221

Verschlechterung der Hinterbliebenenversorgung

1. Die Verschlechterung der Hinterbliebenenversorgung durch Ausschluss der bisher begünstigten Rentnerwitwen/-witwer und Beschränkung auf die Hinterbliebenen der im aktiven Dienst verstorbenen Anwärter in einer ablösenden Betriebsvereinbarung unterliegt der richterlichen Inhaltskontrolle. Rechtsverkür-

zende Eingriffe auch in die Hinterbliebenenversorgung durch Reduzierung des Begünstigtenkreises bedürfen mindestens eines sachlichen Grundes. Daran fehlt es, wenn sich die Betriebspartner einer Rechtsverkürzung gar nicht bewusst waren.

2. Es gehört zur Darlegungslast des Arbeitgebers, die sachlichen Gründe vorzutragen. Diese Darlegungslast geht auf den PSV über; sein Vortrag, wegen der Ferne zum betrieblichen Geschehen die Gründe nicht zu kennen, die die Betriebspartner zur Rechtsverkürzung veranlasst haben, befreit ihn nicht von der Darlegungslast.

***LAG Köln**, Urteil vom **19.11.1999**, Az.: 11 Sa 805/99*
Fundstellen: HwB AR news 202/00

Voraussetzungen und Umfang eines Eingriffs in Anwartschaftsrechte

1. Liegen die Voraussetzungen vor, die nach der Rechtsprechung des Bundesarbeitsgerichts den Widerruf von Versorgungszusagen rechtfertigen, so können sich die erforderlichen Kürzungsmaßnahmen auch auf die **Versorgungsanwartschaften** der noch aktiven Belegschaft erstrecken.
2. Wie für die Pensionen gilt auch für die Anwartschaften, dass nur der **mildeste Eingriff** zulässig ist, der zur Rettung des Unternehmens unerlässlich erscheint.
3. Die mildeste Form der Kürzung von Versorgungsanwartschaften besteht regelmäßig darin, lediglich den **erreichten Teilwert** (§ 2 BetrAVG) aufrechtzuerhalten, hingegen auf Zeit oder für dauernd die **Steigerungsbeträge auszuschließen**, die der Arbeitnehmer im Laufe des weiteren Arbeitsverhältnisses erwarten durfte.
4. Zu einer Umstrukturierung oder Nivellierung eines Versorgungssystems darf der Widerruf wegen einer wirtschaftlichen Notlage nicht benutzt werden.
5. Vor einer Kürzung von Pensionen und unverfallbaren Pensionsanwartschaften wegen Liquiditätsschwierigkeiten muss der Arbeitgeber den **Pensions-Sicherungs-Verein einschalten**.
6. Eine **Betriebsvereinbarung** kann **nicht** in Versorgungsanwartschaften eingreifen, die die berechtigten Arbeitnehmer auf Grund einer **individuellen Zusage** erworben haben.

***BAG**, Urteil vom **24.11.1977**; Az.: 3 AZR 732/76*
Fundstellen: AuR 1978, S. 317 = BetrAV 1978, S. 58 = BB 1978, S. 450 = DB 1978, S. 545 = MDR 1978, S. 434 = NJW 1978, S. 1069

Widerruf betrieblicher Versorgungsleistungen einer Unterstützungskasse

1. Verspricht der Arbeitgeber seinen Arbeitnehmern eine betriebliche Altersversorgung nach den Regelungen einer Unterstützungskasse, sind spätere **Eingriffe** in die Versorgungszusagen **nicht beliebig zulässig**. Erworbene Rechte können nur aus besonderem Grund entzogen werden. Es gelten die **Grundsätze** des **Ver-**

trauensschutzes und der **Verhältnismäßigkeit**. Je stärker der **Besitzstand** ist, den die Arbeitnehmer erworben haben, um so gewichtiger muss der Grund sein, der den Eingriff rechtfertigt (ständige Rechtsprechung des Senats, vgl. zuletzt BAGE 61, 273).

2. Der **Ausschluss des Rechtsanspruchs** auf Leistungen der Unterstützungskasse ist nach ständiger, durch das Bundesverfassungsgericht gebilligter Rechtsprechung (BVerfGE 74, 129) nur als ein **an sachliche Gründe gebundenes Widerrufsrecht** anzuerkennen (Bestätigung von BAGE 61, 273).
3. Den Grundsätzen der Verhältnismäßigkeit und des Vertrauensschutzes wird dann genügt, wenn den **abgestuften Besitzständen unterschiedlich gewichtige Eingriffsgründe** des Arbeitgebers gegenübergestellt werden. Das Gewicht des Eingriffsgrundes muss der **Stärke des Besitzstandes** entsprechen. Bei den Besitzständen des Arbeitnehmers ist zu unterscheiden zwischen den nur ausnahmsweise antastbaren, **insolvenzgeschützten Teilbeträgen**, die sich aus der Berechnung nach § 2 Abs. 1 BetrAVG ergeben, der sogenannten „**zeitanteilig erdienten Dynamik**“ (Schutz des Berechnungsfaktors „ruhegehaltfähiges Entgelt“) und den **Steigerungsbeträgen**, die ausschließlich von der weiteren Betriebszugehörigkeit des Arbeitnehmers abhängen. Bei den **Eingriffsgründen** ist zu unterscheiden zwischen **zwingenden**, **triftigen** und **sachlich proportionalen** Gründen (Bestätigung von BAGE 61, 273).
4. Auch für Eingriffe in Versorgungszusagen im Jahre 1968 ist bei der Prüfung aus heutiger Sicht von der vom Senat vorgenommenen **Dreiteilung der Besitzstände** auszugehen. Die Prüfungsmaßstäbe haben sich inhaltlich nicht verändert, sie werden durch die neuere Rechtsprechung nur konkretisiert (Bestätigung von BAGE 66, 39, 43 f.).
5. Wird aus wirtschaftlichen Gründen in die zugesagte Dynamik eingegriffen, ist dieser Eingriff nur berechtigt, wenn der Unternehmer die **Rente nicht** mehr **aus Erträgen und Wertzuwächsen erwirtschaften** kann und deshalb die Gefahr besteht, dass die Entwicklung des Unternehmens beeinträchtigt und seine **Substanz aufgezehrt** wird (Bestätigung von BAGE 61, 273, 280).

***BAG**, Urteil vom **17.11.1992**; Az.: 3 AZR 76/92*
Fundstellen: BB 1993, S. 1292 = DB 1993, S. 1241 = MDR 1994, S. 246 = NZA 1993, S. 939

Widerruf des Bezugsrechts einer Direktversicherung

1. **Widerruft** ein Arbeitgeber das **Bezugsrecht** aus einem Lebensversicherungsvertrag, weil das Arbeitsverhältnis mit dem begünstigten Arbeitnehmer geendet hat, und war die entsprechende Versorgungsanwartschaft bereits **unverfallbar**, so kann der Arbeitnehmer **Schadenersatz** verlangen.
2. Nach dem Grundsatz der **Naturalrestitution** muss der Arbeitgeber dem Arbeitnehmer eine beitragsfreie Versicherungsanwartschaft verschaffen, deren

Wert dem widerrufenen Bezugsrecht bei Beendigung des Arbeitsverhältnisses entspricht.

***BAG**, Urteil vom **28.7.1987**; Az.: 3 AZR 694/85*
Fundstellen: AuR 1988, S. 57 = BetrAV 1988, S. 50 = DB 1988, S. 507 = NZA 1988, S. 159

Widerruf des Bezugsrechts im Konkurs

1. Wenn der Konkursverwalter das Bezugsrecht des Versorgungsberechtigten versicherungsvertraglich wirksam widerrufen hat, kann er nach §§ 985, 952 BGB die Herausgabe des Versicherungsscheins verlangen.
2. Der Senat hält daran fest, dass das Versicherungsverhältnis und das zwischen dem Unternehmer und dem Beschäftigten bestehende Versorgungsverhältnis voneinander **unterschieden** werden müssen. Welche Rechte dem Konkursverwalter und dem begünstigten Beschäftigten aus dem Versicherungsverhältnis zustehen, hängt allein von der Ausgestaltung des Versicherungsverhältnisses ab. Auch bei einer Entgeltumwandlung erfüllt der Konkursverwalter mit dem im Versicherungsvertrag vorbehaltenen Widerruf seine konkursrechtlichen Pflichten nach § 117 Abs. 1 KO (Fortführung des Urteils vom 17.10.1995 – 3 AZR 622/94 – DB 1996, S. 1240).
3. Eine Entgeltumwandlung i.S. des § 1 Abs.5 BetrAVG setzt voraus, dass **im Umwandlungszeitpunkt bereits eine Rechtsgrundlage für den betroffenen Entgeltanspruch bestand**.

***BAG**, Urteil vom **8.6.1999**; Az.: 3 AZR 136/98*
Fundstellen: DB 1999, S. 2069 = BB 1999, S. 2195 = NZA 1999, S. 1103

Widerruf einer nach beamtenrechtlichen Grundsätzen zugesagten Versorgungszusage

Ist dem Angestellten Versorgung entsprechend den beamtenrechtlichen Bestimmungen zugesagt, die ihm außer bei Kündigung aus wichtigem Grund auch bei vorzeitigem Ausscheiden zustehen soll, so verliert er seine Versorgungsansprüche nicht schon allein auf Grund einer rechtskräftigen strafrechtlichen Verurteilung, die bei Beamten zur Beendigung des Beamtenverhältnisses und zum Verlust der Versorgungsansprüche führen Würde (§§ 49 ff. BremBG; §§ 48 f. BBG; § 24 BRRG). Diese Rechtsfolge tritt vielmehr nur dann ein, wenn dem Angestellten deshalb aus wichtigem Grund wirksam gekündigt wird.

***BAG**, Urteil vom **9.11.1999**; Az.: 3 AZR 553/98*
Fundstellen: BB 2000, S. 1578 = DB 2000, S. 2533 = BetrAV 2000, S. 605 (LS)

Widerruf einer Versorgungszusage wegen wirtschaftlicher Notlage

1. Die einseitige Einstellung der Kürzung von Versorgungsleistungen wegen wirtschaftlicher Notlage nach § 7 Abs. 1 Satz 3 Nr. 5 BetrAVG a.F. setzt voraus, dass der Not leidende Versorgungsschuldner einen Sanierungsplan vorlegt, der

eine gerechte Verteilung der Sanierungskosten vorsieht und geeignete Wege zur Überwindung der Unternehmenskrise aufzeigt.

2. Ist der Versorgungsschuldner konzerngebunden, wird das herrschende Unternehmen als Anteilseigner, wenn es sich zur Fortsetzung der Betriebstätigkeit des Tochterunternehmens und zu dessen Sanierung entschließt, die Hauptlast der Sanierung zu tragen haben. Neben den Betriebsrentnern und den vorzeitig ausgeschiedenen Versorgungsanwärtern sind auch die weiteren Gläubiger des Versorgungsschuldners und dessen aktive Arbeitnehmer an den Sanierungslasten zu beteiligen (Bestätigung von BAG, 16.3.1993 – 3 AZR 299/92 – BAGE 72, 329, 340 ff.).
3. Ein Sanierungsplan genügt den Anforderungen an eine gerechte Verteilung der Sanierungslasten nicht, wenn sich der Beitrag der Anteilseigner zur Sanierung des Not leidenden Unternehmens auf den Verzicht auf einen Teil der Sanierungsgewinne beschränkt.
4. Ein Sanierungsplan genügt den Anforderungen auch dann nicht, wenn zumindest ein teil der aktiven Arbeitnehmer weiterhin Zuwächse bei ihren Versorgungsanwartschaften erdienen kann.

***BAG**, Urteil vom **24.4.2001**, Az.: 3 AZR 402/00*
Fundstellen: BB 2001, S. 1687 = DB 2001, S. 1787 = ZIP 2001, S. 1886

Widerruf und Besitzstandsschutz bei Unterstützungskassenleistungen

1. Der Ausschluss des Rechtsanspruchs bei Unterstützungskassen ist nur als Vorbehalt des **Widerrufs aus sachlichen Gründen** anzuerkennen. Der Widerruf muss in genereller Form ausgeübt werden und der Billigkeit entsprechen. Daraus folgt das Gebot einer **Interessenabwägung**: Die Widerrufsgründe müssen um so schwerer wiegen, je stärker die betroffenen **Besitzstände** sind und je tiefer in diese eingegriffen werden soll.
2. Am stärksten geschützt ist der **Teilbetrag** einer Versorgungsanwartschaft, der sich zur Zeit der Neuregelung nach den **Berechnungsgrundsätzen des § 2 BetrAVG** ergibt. Diese Teilanwartschaft ist nach Erreichen der Fristen des § 1 BetrAVG unverfallbar und insolvenzgeschützt. Sie kann nur noch in seltenen Ausnahmefällen gekürzt werden.
3. Die Zuwachsraten sind unterschiedlich stark geschützt je nachdem, ob der Arbeitnehmer bereits seine Gegenleistung für diese erbracht hat:
   a) Soll die Anwartschaft der Gehaltsentwicklung folgen, so erdient der Arbeitnehmer mit seiner Betriebstreue nicht nur den zeitanteilig errechneten Festbetrag, sondern auch die darauf entfallende Dynamik. Diese **zeitanteilig erdiente Dynamik** kann nur aus "**triftigen Gründen**" eingeschränkt werden.
   b) Hingegen sind Eingriffe in die **dienstzeitunabhängigen Steigerungsraten**, die der Arbeitnehmer zur Zeit der Neuregelung noch nicht erdient hat, aus weniger gewichtigen **sachlichen Gründen** zulässig.
4. Steht die verschlechternde Versorgungsregelung der Unterstützungskasse erkennbar im Zusammenhang mit dem Angebot einer neuen zusätzlichen Versor-

gung, so kann die ausdrückliche Annahme dieses Angebots als stillschweigende Zustimmung zu den gleichzeitigen Verschlechterungen der Unterstützungskasse zu verstehen sein.

***BAG**, Urteil vom **17.4.1985**; Az.: 3 AZR 72/83*
Fundstellen: AuR 1986, S. 57 = BB 1986, S. 1159 = DB 1986, S. 228 = NZA 1986, S. 57

Widerruf und Bestandsschutz von Unterstützungskassenleistungen

1. Verspricht ein Arbeitgeber Altersversorgung über eine **Unterstützungskasse**, die auf ihre Leistungen keinen Rechtsanspruch gewährt (§ 1 Abs. 4 BetrAVG), können Unterstützungskasse und Arbeitgeber die Versorgungszusage nicht nach freiem Belieben widerrufen. Der Widerruf der Versorgungszusagen ist nur aus **sachlichen Gründen** berechtigt.
2. Je stärker der **Besitzstand** ist, den die Arbeitnehmer erworben haben, um so gewichtiger muss der Grund sein, der einen Eingriff gestattet. Es gelten die Grundsätze des **Vertrauensschutzes** und der **Verhältnismäßigkeit**.
3. Bei Besitzständen des Arbeitnehmers ist zu unterscheiden zwischen den nur ausnahmsweise antastbaren **insolvenzgeschützten Teilbeträgen**, die sich aus der Berechnung nach § 2 Abs. 1 BetrAVG ergeben, der sog. "**zeitanteilig erdienten Dynamik**" (Schutz des Berechnungsfaktors "ruhegehaltsfähiges Entgelt") und den **Steigerungsbeträgen**, die ausschließlich von der weiteren Betriebszugehörigkeit des Arbeitnehmers abhängen.
4. Bei den Eingriffsgründen des Arbeitgebers ist zu unterscheiden zwischen **zwingenden**, **triftigen** und **sachlich-proportionalen Gründen**.
5. Bei der Beurteilung dieser Gründe kommt es im Regelfall auf die **wirtschaftliche Lage des Trägerunternehmens** einer Unterstützungskasse an. Dagegen ist auf die **wirtschaftliche Lage des Konzerns** abzustellen, wenn das Trägerunternehmen mit seiner wirtschaftlichen Betätigung in einem Konzern eingebunden und speziell auf die Bedürfnisse des Konzerns zugeschnitten ist.

***BAG**, Urteil vom **18.4.1989**; Az.: 3 AZR 299/87*
Fundstellen: AuR 1989, S. 288 = BetrAV 1990, S. 79= BB 1989, S. 1984 = DB 1989, S. 1876 = NZA 1989, S. 845

Widerruf und Mitbestimmung

Ein vom Arbeitgeber oder von der Unterstützungskasse erklärter **Widerruf** von Versorgungszusagen ist **unwirksam**, wenn der Arbeitgeber die **Mitbestimmungsrechte** des Betriebsrats **nicht beachtet** hat.

***BAG**, Urteil vom **10.3.1992**; Az.: 3 AZR 221/91*
Fundstellen: AuR 1992, S. 281 = BetrAV 1992, S. 263 = BB 1992, S. 1431 = DB 1992, S. 1885 = NJW 1992, S. 3190 = NZA 1992, S. 949

Widerruf unverfallbarer Versorgungsansprüche bei treuwidrigem Verhalten

1. Der „Widerruf" einer Versorgungszusage ist kein fristgebunden auszuübendes Gestaltungsrecht, sondern findet seine Grundlage in dem Einwand rechtsmiss-

bräuchlichen Verhaltens, den der Verpflichtete dem Begehren des Berechtigten mit Rücksicht auf dessen schwerwiegendes Fehlverhalten entgegensetzen kann.

2. Nur in besonderen Ausnahmefällen, wenn ein besonders gewichtiger Verstoß gegen Dienstpflichten vorliegt und sich wegen der Zuführung eines schweren, die Existenz bedrohenden Schadens die Betriebstreue des Dienstverpflichteten als wertlos oder erheblich entwertet erweist, kann auch eine unverfallbare Versorgungszusage ganz oder teilweise „widerrufen" werden.

***BGH**, Urteil vom **13.12.1999**; Az.: II ZR 152/98*
Fundstellen: ZIP 2000, S. 380 = DStR 2000, S. 255

Widerruf von Versorgungsleistungen einer Unterstützungskasse

1. Versorgungsleistungen einer **Unterstützungskasse** können nur widerrufen werden, wenn dafür sachliche Gründe vorliegen. Das gilt auch dann, wenn nach Satzung oder Richtlinien auf die Leistungen **kein Rechtsanspruch** besteht.
2. Wird ein Widerruf darauf gestützt, dass das Vermögen und die Erträgnisse der Unterstützungskasse nicht ausreichen, um die Versorgungsleistungen ungekürzt weiterzuzahlen, so hängt die Berechtigung des Widerrufs davon ab, ob die **wirtschaftliche Lage des Trägerunternehmens** es nicht zulässt, der Unterstützungskasse die für die Fortführung der begonnenen Leistungen notwendigen Mittel zur Verfügung zu stellen oder selbst einzutreten. Dabei sind die wirtschaftlichen Verhältnisse des Trägerunternehmens nach den **gleichen Maßstäben** zu prüfen und zu berücksichtigen **wie beim Widerruf** von Versorgungsleistungen auf Grund **von Direktzusagen**.

***BAG**, Urteil vom **10.11.1977**; Az.: 3 AZR 705/76*
Fundstellen: AuR 1978, S. 317 = BetrAV 1978, S. 58 = BB 1978, S. 762 = DB 1978, S. 939 = MDR 1978, S. 434 = NJW 1978, S. 1069

Widerruf wegen Treuepflichtverletzung

1. Die Rechtsprechung des BAG zum Widerruf von Versorgungszusagen wegen **grober Treuepflichtverletzung** des Arbeitnehmers (zusammenfassend: BAG vom 10.2.1968 – 3 AZR 4/67) ist unter der Geltung des BetrAVG nicht mehr uneingeschränkt aufrecht zu erhalten.
2. Verstöße eines Arbeitnehmers können die Verweigerung von Versorgungsleistungen nur noch dann rechtfertigen, wenn sie so **schwer wiegen**, dass die Berufung auf die Versorgungszusage **arglistig** erscheint (BGH vom 7.1.1971 – II ZR 23/70).
3. Der Einwand der Arglist liegt nahe, wenn eine **fristlose Kündigung** möglich gewesen wäre, bevor eine Versorgungsanwartschaft **unverfallbar** wurde, der Arbeitgeber diese Möglichkeit jedoch nur deshalb nicht rechtzeitig genutzt hat, weil der Arbeitnehmer seine Verfehlungen verheimlichen konnte.

***BAG**, Urteil vom **18.10.1979**; Az.: 3 AZR 550/78*
Fundstellen: AuR 1980, S. 90 = BetrAV 1980, S. 90 = BB 1980, S. 470 = DB 1980, S. 500 = MDR 1980, S. 435 = NJW 1980, S. 1127

Widerruf wegen Treuepflichtverletzung

1. Der Widerruf von Versorgungszusagen wegen **Treuepflichtverletzungen** ist nur insoweit zulässig, wie die Berufung des Arbeitnehmers auf die Versorgungszusage **rechtsmissbräuchlich** ist (Bestätigung der Entscheidung vom 18.10.1979 – 3 AZR 550/78).
2. Nach den Umständen des Einzelfalls kann ein **teilweiser Widerruf** mit dem Inhalt gerechtfertigt sein, dass die **Zeit der Treuepflichtverletzung** für die Versorgungshöhe unberücksichtigt bleibt.

***BAG**, Urteil vom **19.6.1980**; Az.: 3 AZR 137/79*
Fundstellen: AuR 1980, S. 346 = BetrAV 1980, S. 259 = BB 1980, S. 1799 = DB 1980, S. 2143 = NJW 1981, S. 188

Widerruf wegen Treuepflichtverletzung

Hat ein leitender Angestellter durch weisungswidriges Verhalten **hohen Schaden** verursacht, so rechtfertigt das allein noch nicht den Widerruf einer Versorgungszusage wegen grober **Treuepflichtverletzung**. Vielmehr kommt es darauf an, ob die gesamten Umstände einen so schwerwiegenden Vorwurf ergeben, dass die Berufung auf die Versorgungszusage als **Rechtsmissbrauch** erschiene.

***BAG**, Urteil vom **11.5.1982**; Az.: 3 AZR 1239/79*
Fundstellen: AuR 1982, S. 354 = BetrAV 1983, S. 45 = BB 1983, S. 198 = DB 1982, S. 2411

Widerruf wegen Treuepflichtverletzung

Ein Pförtner, der nach über 20 Dienstjahren seinen Arbeitsplatz verliert, weil er in den letzten 9 Monaten Unterschlagungen in einer Gesamthöhe von etwa 30.000,- DM gedeckt hat, handelt nicht arglistig, wenn er sich auf seine unverfallbare Versorgungsanwartschaft beruft. Auch ein Teilwiderruf kommt nicht in Betracht.

***BAG**, Urteil vom **8.2.1983**; Az.: 3 AZR 463/80*
Fundstellen: AuR 1983, S. 248 = BetrAV 1983, S. 181 = BB 1983, S. 1416 = DB 1983, S. 1770 = MDR 1983, S. 961 = NJW 1984, S. 141

Widerruf wegen wirtschaftlicher Schwierigkeiten

1. Ein **Widerruf** von Versorgungszusagen wegen **wirtschaftlicher Schwierigkeiten** des Unternehmens kann auch dann gerechtfertigt sein, wenn die dadurch eingesparten Beträge neben den außerdem erforderlichen Sanierungsmaßnahmen gering erscheinen.
2. Ein Widerruf aus wirtschaftlichen Gründen ist immer nur in der **mildesten Form** zulässig, die zur Rettung des Unternehmens unerlässlich erscheint. In der Regel muss eine **vorübergehende Kürzung** oder **Aussetzung** der Leistungen genügen, wenn nicht sogar eine **Stundung** ausreicht.
3. Der Widerruf darf nicht zu einer Umstrukturierung des betrieblichen Versorgungssystems genutzt werden, die mit der wirtschaftlichen Notlage und deren Folgen nichts zu tun hat.

4. Eine **Betriebsvereinbarung** kann **nicht** die Rechte derjenigen **Pensionäre** beschneiden, die sich zur Zeit des Zustandekommens der Neuregelung bereits im Ruhestand befinden.

***BAG**, Urteil vom **18.5.1977**; Az.: 3 AZR 371/76*
Fundstellen: AuR 1978, S. 123 = BetrAV 1977, S. 194 = BB 1977, S. 1353 = DB 1977, S. 1655 = MDR 1977, S. 962 = NJW 1977, S. 1982

Wiederaufleben widerrufener Versorgungsrechte

Der Widerruf einer Versorgungszusage wegen wirtschaftlicher Schwierigkeiten ist nur insoweit und so lange wirksam, wie die geplante Sanierung Erfolg verspricht. Wenn Sanierungsmaßnahmen, die ursprünglich aussichtsreich zu sein schienen, später scheitern, leben die widerrufenen Versorgungsrechte wieder auf (ständige Rechtsprechung).

***BAG**, Urteil vom **10.11.1981**; Az.: 3 AZR 1134/78*
Fundstellen: AuR 1982, S. 227 = BetrAV 1982, S. 187 = BB 1982, S. 994 = DB 1982, S. 1330 = NJW 1982, S. 1829

Zustimmung der Versorgungsberechtigten

1. Ein Arbeitgeber, der durch Rundschreiben seinen Arbeitnehmern eine **verschlechternde Versorgungsregelung** anträgt, darf die **widerspruchslose** Fortsetzung des Arbeitsverhältnisse allein noch **nicht als Annahme** seines Änderungsangebots verstehen. Etwas anderes kann jedoch für einzelne Arbeitnehmer dann gelten, wenn besondere Umstände vorliegen, die nach Treu und Glauben einen ausdrücklichen Widerspruch erwarten lassen.
2. Ein Personalleiter, der Rundschreiben mit Vertragsänderungsangeboten formuliert und mitunterschreibt, stimmt damit der eigenen Vertragsänderung noch nicht zu. Sein Arbeitgeber wird aber u.U. erwarten dürfen, dass er, will er das Änderungsangebot für seine Person ablehnen, darauf ausdrücklich hinweist. Entscheidend ist die Frage, ob er durch sein ganzes Verhalten für den Arbeitgeber einen Vertrauenstatbestand begründet hat, dass er mit dem Inhalt des Rundschreibens einverstanden sei. Dabei kann eine Rolle spielen, von wem die Rundschreiben veranlasst wurden, über welchen Zeitraum er sie versandt hat und inwieweit sie im allgemeinen hingenommen worden sind.

***BAG**, Urteil vom **12.2.1985**; Az.: 3 AZR 183/83*
Fundstellen: AuR 1985, S. 369 = BetrAV 1985, S. 201 = BB 1985, S. 1668 = DB 1985, S. 2055 = NZA 1986, S. 64

Zustimmung des PSV

1. Ein Arbeitgeber, der die Kürzung oder Einstellung von Versorgungsleistungen wegen wirtschaftlicher Notlage anstrebt, muss **vor der Kürzung den PSV** als Träger der Insolvenzsicherung **einschalten**.
2. Wenn der **PSV** einer Kürzung oder Einstellung von Ruhegeldzahlungen **nicht zustimmt**, muss der Arbeitgeber vor Kürzung oder Einstellung im Wege der

Feststellungsklage vor den Gerichten für Arbeitssachen auch gegen den PSV feststellen lassen, ob sein Kürzungsverlangen gerechtfertigt ist oder nicht.

***BAG**, Urteil vom **26.6.1980**; Az.: 3 AZR 156/79*
Fundstellen: AuR 1980, S. 379 = BetrAV 1980, S. 260 = BB 1980, S. 1641 = DB 1980, S. 2141 = NJW 1981, S. 189

Zustimmung des PSV

Der Widerruf einer insolvenzgeschützten Versorgungszusage wegen wirtschaftlicher Notlage setzt voraus, dass der Arbeitgeber **zuvor** den Träger der gesetzlichen Insolvenzsicherung in der erforderlichen Form **zur Übernahme** der Versorgungslast **aufgefordert** und bei Meinungsverschiedenheiten über den Sicherungsfall **Klage erhoben** hat. Ein rechtskräftiges Urteil muss zur Zeit des Widerrufs noch nicht vorliegen.

***BAG**, Urteil vom **20.1.1987**; Az.: 3 AZR 313/85*
Fundstellen: AuR 1987, S. 310 = BetrAV 1987, S. 222 = BB 1987, S. 2307 = DB 1987, S. 1947 = NZA 1987, S. 664

1304 Zusatzversorgung im öffentlichen Dienst

Altersversorgung für befristet beschäftigte Arbeitnehmer

1. Nach § 6 des Tarifvertrages über die Versorgung der Arbeitnehmer des Bundes und der Länder sowie von Arbeitnehmern kommunaler Verwaltung und Betrieb (Vers-TV) braucht der Arbeitgeber des öffentlichen Dienstes Arbeitnehmer nicht bei der Versorgungsanstalt des Bundes und der Länder (**VBL**) zu versichern, wenn die Arbeitnehmer für nicht mehr als zwölf Monate eingestellt werden.
2. Wird das Arbeitsverhältnis über zwölf Monate hinaus verlängert oder fortgesetzt, ist der Arbeitnehmer nach § 6 Abs. 1 Satz 2 Vers-TV **vom Beginn des Arbeitsverhältnisses an**, also **rückwirkend**, zu versichern.
3. Zu dieser rückwirkenden Versicherung ist der Arbeitgeber nicht verpflichtet, wenn der Arbeitnehmer aus anderen Gründen, die nichts mit der zeitlichen Beschränkung des Arbeitsverhältnisses zu tun haben, nicht zu versichern war. Dies ist der Fall, wenn der Arbeitnehmer zunächst im Rahmen einer Arbeitsbeschaffungsmaßnahme beschäftigt wurde und deshalb nicht unter den **persönlichen Geltungsbereich** des Versorgungstarifvertrags fiel.

***BAG**, Urteil vom **12.5.1992**; Az.: 3 AZR 226/91*
Fundstellen: AuR 1992, S. 377 = BetrAV 1992, S. 265 = BB 1992, S. 2296 = DB 1992, S. 2512 = NZA 1993, S. 232

Ausschluss geringfügig Beschäftigter von der Zusatzversorgung

1. Soweit der Versorgungstarifvertrag für Arbeitnehmer kommunaler Verwaltungen und Betriebe Teilzeitkräfte, die rentenversicherungsrechtlich mehr als nur ge-

ringfügig beschäftigt werden, aus der Zusatzversorgung des öffentlichen Dienstes ausgenommen hat, ist diese Einschränkung der Versorgungsverpflichtungen wegen Verstoßes gegen den Gleichheitssatz (Art. 3 Abs. 1 GG) unwirksam.

2. Dies gilt auch für den Ausschluss von Teilzeitkräften, die erst aufgrund der **Zusammenrechnung mehrerer geringfügiger Beschäftigungen** der gesetzlichen Rentenversicherungspflicht unterfallen (Bestätigung der bisherigen Rechtsprechung des Senats, vgl. BAGE 72, 345, 349 f. = AP Nr. 6 zu § 1 BetrAVG Teilzeit, zu 3c der Gründe; Urteil vom 7.3.1995 – 3 AZR 282/94, AP Nr. 26 zu § 1 Gleichbehandlung, zu B II der Gründe; Urteil vom 16.1.1996 – 3 AZR 767/94, zu C der Gründe).
3. Soweit die Tarifvertragsparteien jedoch **Teilzeitkräfte**, die nur **geringfügig beschäftigt** werden und deshalb nicht der gesetzlichen Rentenversicherungspflicht unterliegen, von der Zusatzversorgung im öffentlichen Dienst ausgenommen haben, gibt es dafür einleuchtende Gründe. Dieser Ausschluss trägt insbesondere der **Ergänzungsfunktion der Zusatzversorgung** Rechnung. Die Verzahnung mit dem Rentenversicherungsrecht entspricht dem Sinn und Zweck des Gesamtversorgungssystems.
4. Auch für Beschäftigungszeiten bis zum 31.3.1991 kommt es auf die Rentenversicherungspflicht an, obwohl die Versorgungsregelungen damals noch nicht auf die rentenversicherungsrechtliche Geringfügigkeitsgrenze (nunmehr § 8 SGB IV) abstellten, sondern weitergehend Teilzeitbeschäftigte bis zu einer Arbeitszeit von 18 Wochenstunden von der Zusatzversorgung ausnahmen. Die Unwirksamkeitsfolge ist bei Tarifnormen unter Berücksichtigung des zum Ausdruck gebrachten Regelungszwecks auf das rechtlich gebotene zu begrenzen.
5. Solange die Wartezeit von 60 Umlagemonaten (§ 20 Abs. 1 VersTV-G) nicht erfüllt ist, besteht kein **Anspruch auf Verschaffung** einer Zusatzversorgung.

***BAG**, Urteil vom **27.2.1996**; Az.: 3 AZR 886/94*
Fundstellen: BetrAV 1996, S. 261 = BB 1996, S. 1561

Berechnung der von der VBL gewährten Zusatzrente *(Leitsatz nicht amtlich)*

1. Die Benachteiligung von Rentnern durch die volle Anrechnung der in den Vordienstzeiten erworbenen Rentenansprüche bei hälftiger Berücksichtigung dieses Teils ihrer Lebensarbeitszeit bei der Berechnung der gesamtversorgungsfähigen Dienstzeit kann nicht über den 31.12.2000 hinaus hingenommen werden.
2. Spätestens im Jahr 2001 wird der Satzungsgeber der VBL die Frage der Dynamisierung der Versichertenrente unter dem Gesichtspunkt der Gleichstellung mit dem allgemeinen Betriebsrentenrecht zu überprüfen haben.
3. Im Hinblick auf die anstehenden Neuregelungen ist zu berücksichtigen, dass die Komplexität des Satzungswerkes der VBL bei weiterer Zunahme an verfassungsrechtliche Grenzen stoßen kann, sei es weil die Arbeitnehmer dadurch in der freien Wahl ihres Arbeitsplatzes in unzumutbarer Weise behindert werden, sei es weil sich die sachliche Rechtfertigung für Ausdifferenzierungen im Nor-

mengeflecht nicht mehr nachvollziehen lässt und somit die Beachtung des allgemeinen Gleichheitssatzes nicht mehr gewährleistet werden kann.

***BVerfG**, Beschluss vom **22.3.2000**; Az.: 1 BvR 1136/96*
Fundstellen: BetrAV 2000, S. 394

Steuernachteile durch Nachversicherung

1. Wenn der Arbeitgeber die bisher zu Unrecht aus der Altersversorgung ausgeschlossenen Teilzeitkräfte bei der zuständigen Zusatzversorgungskasse nachversichert und die Umlagen nachentrichtet, ist deren Verschaffungsanspruch erfüllt. Den Ausgleich steuerlicher Nachteile umfasst der Verschaffungsanspruch nicht.
2. § 10 VersTV-G verpflichtet den Arbeitgeber nur bei einer Pauschalversteuerung zur Übernahme der Lohn- und Kirchensteuer. Diese Verpflichtung erlischt, wenn die Pauschalversteuerung rechtlich nicht mehr möglich ist.
3. Führt der Arbeitgeber Umlagen aufgrund eines unverschuldeten Rechtsirrtums verspätet ab, so steht dem Arbeitnehmer nach §§ 285, 286 BGB kein Schadensersatzanspruch wegen Verzugs zu. Der Arbeitgeber verletzt nicht seine Sorgfaltspflichten, wenn er bei einer unklaren Rechtslage von der Wirksamkeit der tarifvertraglichen Regelungen ausgeht.
4. Soweit der Arbeitgeber durch die verspätete Abführung der Umlage von seiner Verpflichtung zur Übernahme der Pauschalsteuer frei wird, steht dem Arbeitnehmer ein Bereicherungsanspruch nach § 812 Abs. 1 Satz 1 Alt. 2 BGB zu.

***BAG**, Urteil vom **14.12.1999**; Az.: 3 AZR 713/98*
Fundstellen: BB 2000, S. 2209

Umfang der Versicherungspflicht in der ZVK

1. § 46 BAT/BAT-O gibt den nach dem Versorgungstarifvertrag versicherungspflichtigen Arbeitnehmern einen Anspruch auf Verschaffung einer Versorgung nach Maßgabe des Versorgungstarifvertrages und der Satzung der Zusatzversorgungskasse. Er richtet sich zwar in erster Linie darauf, dass der Arbeitgeber den Arbeitnehmer in der Zusatzversorgungskasse versichert. Geschieht dies nicht, kann der Arbeitnehmer aber zumindest verlangen, dass der Arbeitgeber ihm die tarifvertraglich geschuldete Zusatzversorgung selbst verschafft oder in anderer Weise für eine nach Art und Umfang gleiche Versorgung sorgt. Auch insoweit handelt es sich um einen **insolvenzgeschützten** tarifvertraglichen **Erfüllungsanspruch**.
2. Die Versicherungspflicht bei einer öffentlich-rechtlichen Zusatzversorgungskasse kann nach § 5 Abs. 2 Buchst. B VersTV-G dann entfallen, wenn der Arbeitnehmer eine Anwartschaft oder einen Anspruch auf lebenslängliche Versorgung und Hinterbliebenenversorgung hat. Diese Voraussetzungen sind nicht erfüllt, wenn der Arbeitgeber eine Versorgung außerhalb des Versorgungstarifvertrages unter Einschaltung einer Unterstützungskasse verspricht, die zudem alternativ

Alterskapital oder eine wertgleiche monatlich lebenslänglich zahlbare Altersrente sowie nur im Falle des Todes des Arbeitnehmers während der aktiven Dienstzeit ein einmalig zu zahlendes Hinterbliebenenkapital vorsieht.

***BAG**, Urteil vom **29.8.2000**, Az.: 3 AZR 201/00*
Fundstellen: BB 2000, S. 2527

Unterlassene Aufklärung über Nachversicherungsmöglichkeiten in der VBL

1. **Versäumt ein Arbeitgeber**, den Arbeitnehmer über die versicherungsrechtlichen Vorteile einer rückwirkenden Versicherung in der VBL **zu belehren**, so ist er wegen der dem Arbeitnehmer daraus erwachsenden Nachteile zum **Schadenersatz** verpflichtet.
2. Der **Schadenersatzanspruch** wegen gebotener, aber unterbliebener Hinweise auf die versicherungsrechtlichen Vorteile einer rückwirkenden Versicherung, **unterliegt nicht** der **tariflichen Ausschlussfrist** des § 67 MTA (§ 70 BAT).

***BAG**, Urteil vom **13.12.1988**; Az.: 3 AZR 252/87*
Fundstellen: AuR 1989, S. 185 = BetrAV 1989, S. 177 = BB 1989, S. 1274 = DB 1989, S. 1527 = NZA 1989, S. 690

Volle Berücksichtigung von Vordienstzeiten bei der Berechnung der gesamtversorgungsfähigen Zeit im öffentlichen Dienst ab 1.1.2001

Die nach § 42 Abs. 2a VBLS lediglich zur Hälfte berücksichtigten gesamtversorgungsfähigen Zeiten müssen ab dem 1.1.2001 bis zur Wirksamkeit einer neuen Satzungsregelung zu den Vordienstzeiten zur Berechnung einer gesamtversorgungsfähigen Zeit in vollem Umfang herangezogen werden (im Anschluss an BVerfG-Beschluss vom 22.3.2000 - NJW 2000, S. 3341).

***LG Karlsruhe**, Urteil vom **9.1.2001**, Az.: 6 S 23/00 – rkr.*
Fundstellen: DB 2001, S. 1099

Zusatzversorgung für Teilzeitbeschäftigte bei der Post

1. § 3 Versorgungstarifvertrages für die Arbeitnehmer der Deutschen Bundespost in den bis zum 31.3.1991 geltenden Fassungen war wegen Verstoßes gegen Art. 3 Abs. 1 GG **nichtig**, soweit er Arbeitnehmer von der Zusatzversorgung bei der Versorgungsanstalt der Deutschen Bundespost (VAP) ausnahm, deren arbeitsvertraglich vereinbarte durchschnittliche Arbeitszeit **weniger als 18 Stunden** oder **weniger als die Hälfte** der jeweils geltenden regelmäßigen Wochenarbeitszeit eines Vollzeitbeschäftigten betrug.
2. Arbeitnehmer, die aufgrund entsprechend geringer Wochenarbeitszeiten nicht bei der VAP versichert worden waren, haben gegen die Deutsche Bundespost und deren Rechtsnachfolger einen **Anspruch auf Verschaffung** von Versorgungsleistungen, wie er ihnen zustünde, wenn sie auch in diesen Zeiten mit geringerer Beschäftigung versichert worden wären (Bestätigung der Senatsurteile

vom 7.3.1995 – 3 AZR 282/94, AP Nr. 26 zu § 1 BetrAVG Gleichbehandlung sowie vom 16.1.1996 – 3 AZR 767/94).

3. Dies gilt nicht für solche Arbeitnehmer, die im Arbeitsverhältnis bei der Deutschen Bundespost nur in einem derart **geringen Umfang** beschäftigt waren, dass sie dort **nicht in der gesetzlichen Rentenversicherung pflichtversichert** waren, sowie für Zeiten des Arbeitsverhältnisses, in denen aufgrund des Beschäftigungsumfangs keine Rentenversicherungspflicht bestand. Insoweit war und ist der Ausschluss aus dem Versorgungswerk der Deutschen Bundespost rechtswirksam (Bestätigung und Weiterführung des Senatsurteils vom 27.2.1996 – 3 AZR 886/94).

***BAG**, Urteil vom **12.3.1996**; Az.: 3 AZR 993/94*
Fundstellen: BetrAV 1996, S. 261

E. Arbeits- und Beratungshilfen

Die nachfolgend aufgeführten Mustertexte sind Beispiele aus der Praxis, die lediglich als Anregung für die Gestaltung betrieblicher Versorgungsvereinbarungen zu verstehen sind.

Für eine individuelle Ausgestaltung der Beitrags- und Leistungsbestimmungen sowie der rechtlichen Rahmenbedingungen sind die jeweiligen Verhältnisse im Einzelfall, insbesondere die betriebswirtschaftlichen, finanziellen, bilanziellen und personalpolitischen Verhältnisse des die Versorgung zusagenden Unternehmens als maßgebliche Entscheidungskriterien zu berücksichtigen.

Inhaltsübersicht

1305
Checkliste/Kriterien für die Auswahl des „geeigneten“ Durchführungsweges zur Umsetzung der betrieblichen Altersversorgung

- ☐ betriebswirtschaftliche Effizienz des Durchführungsweges; Finanzierungseffekte
- ☐ Sicherheit, Liquidität und Rentabilität der Vermögensanlage
- ☐ Flexibilität der Dotierung
- ☐ Haftung/Haftungsbegrenzung des Arbeitgebers
- ☐ Beurteilung biometrischer Risiken und Zinsrisiken
- ☐ gewünschte Zusageform (Leistungs-/Beitragszusage)
- ☐ steuer- und sozialversicherungsrechtliche Behandlung von Versorgungsaufwand und Versorgungsleistungen (vor-/nachgelagerte Besteuerung; Verbeitragung)
- ☐ Renten-/Kapitalzusage
- ☐ bilanzielle Konsequenzen
- ☐ Verwaltungsaufwand
- ☐ Insolvenzsicherungspflicht
- ☐ Behandlung unverfallbarer Versorgungsanwartschaften

II. Aufbau/Checkliste einer Versorgungsordnung für einen leistungsorientierten Pensionsplan 1306

1. Personenkreis und Leistungsvoraussetzungen

§ 1 *Kreis der Versorgungsberechtigten*

Mindest-/Höchstaufnahmealter
Ausschluss/Einbeziehung geringfügig Beschäftigter
Einbeziehung teilzeitbeschäftigter Arbeitnehmer

§ 2 *Versorgungsleistungen*

Art der Leistungen/Rechtsanspruch?

§ 3 *Allgemeine Leistungsvoraussetzungen*

Wartezeit
Bestand/Beendigung des Dienstverhältnisses bei/nach Eintritt des Versorgungsfalles

2. Bemessungsgrößen für die Leistungen

§ 4 *Anrechnungsfähige Dienstzeit*

längstens bis ... (Alter), maximal ... Jahre
Berücksichtigung von Ausbildungszeiten/Erziehungszeiten/entgeltfreien Zeiten
Dienstjahresrundung

§ 5 *Ruhegeldfähiges Einkommen*

genaue Definition
evtl. Durchschnittsbildung
Sonderregelung für Teilzeitbeschäftigte bzw. Wechsel zwischen Teilzeit- und Vollzeitarbeitsverhältnissen

3. Versorgungsfälle und jeweils ausgelöste Leistungen

§ 6 *Altersrente*

Festlegung der Altersgrenze
einheitliche Altersgrenze für Männer und Frauen
Ausscheiden aus dem Unternehmen; Bezug der gesetzlichen Altersrente

§ 7 *Vorzeitige Altersrente*

Kopplung an die gesetzliche Rente (§ 6 BetrAVG)
keine Teilbetriebsrente
Ruhen des Anspruchs bei Wegfall der gesetzlichen Rente

§ 8 *Invaliditätsabsicherung*

Begriffsbestimmung BU-/EU-Rente oder Abstellen auf SGB (Erwerbsminderungsrente)
Vorlage SV-Bescheid oder Attest
jederzeitige Überprüfbarkeit
Sonderregelung für zeitlich begrenzte Invalidität

§ 9 *Hinterbliebenenrenten*

Witwen- und Witwerrente!
Spätehenklausel

Erlöschen bei Wiederverheiratung
Waisenrente bis 18, mindestens bis Ende Berufsausbildung, höchstens bis Kindergeld aufhört

4. Höhe der Leistungen

§ 10 Höhe der Altersrente/vorzeitigen Altersrente

genaue Definition
versicherungsmathematische Kürzung bei vorzeitiger Altersrente?

§ 11 Höhe der BU-/EU-Rente

erdiente/erdienbare Anwartschaft auf Altersrente
evtl. Zurechnungszeit

§ 12 Höhe der Hinterbliebenenrenten

Prozentsätze, z. B. 60% (Witwen bzw. Witwer) /10% Halb- /20% Vollwaisen
Summe höchstens = 100 % der Berechtigtenrente

§ 13 Teilzeitbeschäftigte

Teilzeitgrad über die gesamte oder einen Teil der Dienstzeit
Wechsel von Voll- in Teilzeitbeschäftigung bzw. umgekehrt

§ 14 Anrechnungen

regelmäßige geschäftliche oder berufliche Einkünfte, Schadenersatzansprüche

5. Beendigung des Dienstverhältnisses aus anderen Gründen

§ 15 Teilrente

Teilrente nach vorherigem Ausscheiden: kein Leistungszwang
Teilrente während des Dienstverhältnisses:
Teilrentenzeit anrechnungsfähig, Berechnung der Leistung gemäß § 13

§ 16 Unverfallbare Anwartschaften

Verweis auf oder Zitat von BetrAVG §§ 1b, 2

6. Finanzierung der Leistungen

§ 17 Träger der Versorgung

Beschreibung des Durchführungsweges

§ 18 Rückdeckungsversicherung

Berechtigung der Firma, Verpflichtung der Mitarbeiter zur Zustimmung,
ggf. Anspruch auf Verpfändung der Rückdeckungsversicherung

7. Bestimmungen für den Leistungsfall

§ 19 Beginn, Ende und Auszahlung der Leistungen

§ 20 Pflichten der Versorgungsberechtigten

8. Vorbehalte

§ 21 Sonderfälle
Abweichung zugunsten einzelner Berechtigter (Härtefallregelung)

§ 22 Widerrufsvorbehalte
Steuerliche Mustertexte

9. Weitere Bestimmungen des Betriebsrentengesetzes

§ 23 Insolvenzsicherung

§ 24 Anpassung der laufenden Leistungen

10. Schlussbestimmungen

§ 25 Datenschutzklausel
Übermittlung personenbezogener Daten an einen externen Sachverständigen

§ 26 Erfüllungsort und Gerichtsstand

§ 27 Inkrafttreten / Übergangsregelung

1307 **III. Muster 1: Versorgungsordnung (Gesamtzusage; dienstzeit- und gehaltsabhängiges Renteneckwertsystem)**

§ 1 Kreis der Versorgungsberechtigten

1. Jeder regelmäßig beschäftigte Mitarbeiter (weiblich oder männlich), der bei Inkrafttreten dieser Versorgungsordnung (VO) in einem Arbeitsverhältnis zu unserem Unternehmen steht oder danach mit ihm ein Arbeitsverhältnis begründet, nimmt, mit Ausnahme der in § 1 Abs. 3 dieser Versorgungsordnung genannten Mitarbeiter, vom Zeitpunkt des Inkrafttretens dieser Versorgungsordnung an, frühestens jedoch mit Vollendung des 20. Lebensjahres (Aufnahmealter) an den betrieblichen Versorgungsleistungen nach Maßgabe dieser Versorgungsordnung teil.
2. Für Mitarbeiter, die das Aufnahmealter noch nicht erfüllt haben, ist diese Versorgungsordnung rechtlich unverbindlich und kann für sie keine Versorgungsansprüche begründen.
3. Von der Aufnahme in das Versorgungswerk sind ausgeschlossen:
   a) Mitarbeiter, die bei Eintritt in das Unternehmen das 55. Lebensjahr vollendet haben;
   b) geringfügig Beschäftigte, sofern sie nicht in der gesetzlichen Rentenversicherung versichert sind.
4. Wechselt ein versorgungsberechtigter Mitarbeiter in eine nicht versorgungsberechtigte Tätigkeit im Sinne von § 1 Abs. 3b VO über, so erlischt die Zugehörigkeit zum Kreis der Versorgungsberechtigten. Sind in diesem Zeitpunkt die zeitlichen Voraussetzungen (Betriebszugehörigkeit, Zusagedauer, Mindestalter) nach § 1 Abs. 1 BetrAVG erfüllt, so bleibt der Versorgungsanspruch aufrechterhalten. Die Höhe der Versorgungsleistungen wird dann entsprechend § 14 VO ermittelt.
5. Tritt ein Wechsel im Sinne von § 1 Abs. 4 VO nach Erfüllung der Wartezeit (§ 3 Abs. 1a VO) ein und wird der dann nicht mehr versorgungsberechtigte Mitarbeiter zu einem späteren Zeitpunkt erneut in einer versorgungsberechtigten Tätigkeit beschäftigt, so gilt die Zeit der nicht versorgungsberechtigten Tätigkeit als Unterbrechung der anrechnungsfähigen Dienstzeit im Sinne von § 4 Abs. 1 VO.

§ 2 Versorgungsleistungen

1. Nach Aufnahme in das Versorgungswerk und nach Erfüllung der jeweiligen Anspruchsvoraussetzungen werden als Versorgungsleistungen gewährt:
   a) Altersrenten (§ 6 VO);
   b) vorzeitige Altersrenten (§ 7 VO)
   c) Berufs- und Erwerbsunfähigkeitsrenten (§ 8 VO)
   d) Hinterbliebenenrenten (§ 9 VO).
2. Die Höhe der Versorgungsleistungen richtet sich nach der anrechnungsfähigen Dienstzeit (§ 4 VO), dem ruhegeldfähigen Einkommen (§ 5 VO) und dem persönlichen Rentenfaktor (§ 10 VO).
3. Auf diese Versorgungsleistungen besteht ein Rechtsanspruch.

§ 3 Allgemeine Leistungsvoraussetzungen

1. Versorgungsleistungen werden nur gewährt, wenn die bei den einzelnen Leistungsarten vorgesehenen besonderen Leistungsvoraussetzungen erfüllt sind und der Mitarbeiter

a) bis zum Eintritt des Versorgungsfalls eine anrechnungsfähige Dienstzeit von mindestens fünf Jahren (**Wartezeit**) gemäß § 4 VO bei unserem Unternehmen abgeleistet hat;

b) bei Eintritt des Versorgungsfalls in einem Arbeitsverhältnis zum Unternehmen gestanden hat;

c) nach Eintritt des Versorgungsfalls aus den Diensten des Unternehmens ausgeschieden ist. Als Ausscheidezeitpunkt gilt die rechtliche Beendigung des Arbeitsverhältnisses.

2. Ist der Versorgungsfall auf einen Arbeitsunfall oder eine im Unternehmen zugezogene Berufskrankheit zurückzuführen, so entsteht der Anspruch auf die Berufs- bzw. Erwerbsunfähigkeitsrente sowie die Hinterbliebenenrente(n) ohne die in § 3 Abs. 1a VO geregelte Wartezeit.

3. Vor Eintritt des Versorgungsfalls ausgeschiedene Mitarbeiter erhalten Versorgungsleistungen nach Maßgabe von § 14 VO.

§ 4 Anrechnungsfähige Dienstzeit

1. Anrechenbare Dienstzeiten sind alle Jahre und vollen Monate, in denen der Mitarbeiter ununterbrochen in einem Arbeitsverhältnis zum Trägerunternehmen gestanden hat, längstens bis zum normalen Pensionierungstag.

   Im Falle der Berufs- bzw. der Erwerbsunfähigkeit oder des Todes werden die Zeiten bis zum vollendeten 55. Lebensjahres ebenfalls als anrechnungsfähige Dienstzeit angerechnet (**Zurechnungszeit**).

   Zeiten, in denen der Mitarbeiter kein Gehalt vom Trägerunternehmen bezieht (= nicht entgeltpflichtige Dienstzeiten), werden nicht als anrechenbare Dienstzeiten berücksichtigt. Ausgenommen hiervon sind jedoch Zeiten, in denen der gesetzlich vorgeschriebene Wehrdienst bzw. ein gleichgestellter Ersatzdienst abgeleistet werden, sowie Ausfallzeiten infolge von Krankheit und Unfall, wenn das Beschäftigungsverhältnis hierdurch nicht unterbrochen wird.

2. Beschäftigungsjahre in einem Ausbildungsverhältnis zählen nicht bei der Bestimmung der anrechnungsfähigen Dienstzeit.

3. Die anrechnungsfähige Dienstzeit beträgt maximal 40 Dienstjahre.

4. In begründeten Ausnahmefällen kann das Unternehmen zugunsten des Mitarbeiters eine abweichende anrechnungsfähige Dienstzeit festsetzen. Insbesondere können unverschuldete Unterbrechungen als Dienstzeit angerechnet oder nicht als Unterbrechung angesehen werden. Voraussetzung hierfür ist jedoch stets eine schriftliche Erklärung des Unternehmens.

5. In Zweifelsfällen hat der Mitarbeiter anrechnungsfähige Dienstzeiten nachzuweisen.

§ 5 Ruhegeldfähiges Einkommen

Als ruhegeldfähiges Einkommen gelten die durchschnittlichen Festbezüge (Grundgehalt, Urlaubs- und Weihnachtsgeld, ohne Tantiemen, Provisionen und sonstige variablen Vergütungsbestandteile sowie ohne Sachbezüge) im letzten Jahr vor Eintritt des Versorgungsfalls.

§ 6 Altersrente

1. Scheidet ein Mitarbeiter nach Erreichen der Altersgrenze aus den Diensten des Unternehmens aus, so erhält er lebenslänglich eine Altersrente.

2. Altersgrenze ist das vollendete des 65. Lebensjahr für Männer und Frauen.

§ 7 Vorzeitige Altersrente

1. Ein Mitarbeiter, der vor Erreichen der Altersgrenze durch die Vorlage des Rentenbescheides eines bundesdeutschen Sozialversicherungsträgers nachweist, dass er Altersrente aus der gesetzlichen Rentenversicherung in voller Höhe bezieht und aus den Diensten des Trägerunternehmens ausgeschieden ist, hat Anspruch auf vorzeitige Altersrente.
2. Fällt die volle Altersrente aus der gesetzlichen Rentenversicherung wieder weg, so wird auch die Zahlung der vorzeitigen Altersrente eingestellt.
3. Wird anstelle einer Rente aus der gesetzlichen Rentenversicherung eine Rente aus einem berufsständischen Versorgungswerk bezogen oder liegt eine anderweitige Befreiung von der gesetzlichen Rentenversicherung vor, sind die vorstehenden Absätze analog anzuwenden.

§ 8 Berufs- und Erwerbsunfähigkeitsrente

1. Weist ein Mitarbeiter vor seinem normalen Pensionierungstag nach, dass er berufs- oder erwerbsunfähig ist, so erhält er für die Dauer der Berufs- oder Erwerbsunfähigkeit nach Ablauf der Gehaltszahlung eine Invalidenrente.
2. Dauert die Berufs- bzw. Erwerbsunfähigkeit bis zum Erreichen der Altersgrenze an, so erhält der Mitarbeiter ab diesem Termin eine Altersrente in gleicher Höhe.
3. Ein Anspruch auf Berufs- oder Erwerbsunfähigkeitsrente besteht nicht, wenn der Mitarbeiter die Invalidität vorsätzlich oder grob fahrlässig herbeigeführt hat oder wenn er bereits bei seinem letzten Eintritt in das Unternehmen berufs- oder erwerbsunfähig war.
4. Die Invalidität ist durch Vorlage des Rentenbescheides des Sozialversicherungsträgers oder durch ein ärztliches Attest nachzuweisen. Von jeder Änderung der Feststellung durch den Sozialversicherungsträger bzw. durch den Arzt hat der Versorgungsempfänger dem Unternehmen Kenntnis zu geben. Bei ausländischen Bescheiden, sowohl eines Sozialversicherungsträgers als auch eines Arztes, ist eine beglaubigte Übersetzung beizufügen.
5. Das Unternehmen kann jederzeit den Grad der Invalidität durch ein ärztliches Gutachten überprüfen lassen. Der Versorgungsempfänger hat sich innerhalb der vom Unternehmen gesetzten angemessenen Frist der Untersuchung zu unterziehen. Die Kosten einer solchen Untersuchung trägt das Unternehmen.

§ 9 Hinterbliebenenrenten

1. Beim Tode eines versorgungsberechtigten Mitarbeiters oder eines versorgungsberechtigten ehemaligen Mitarbeiters hat der überlebende Ehegatte Anspruch auf eine Witwen- bzw. Witwerrente.

   Die hinterlassenen Kinder haben Anspruch auf Waisenrente.
2. Der Anspruch auf Witwen- bzw. Witwerrente erlischt mit Ablauf des Monats der Wiederverheiratung. Im Falle der Wiederverheiratung erhält der überlebende Ehegatte eine einmalige Abfindung in Höhe von 24 Monatsrenten. Damit sind alle Ansprüche des überlebenden Ehegatten abgegolten.
3. Die Witwen- bzw. Witwerrente wird nicht gezahlt, wenn
   a) die Ehe mit dem Verstorbenen weniger als drei Monate gedauert hat;
   b) die Ehe nach Vollendung des 60. Lebensjahres des versorgungsberechtigten Mitarbeiters bzw. nach Eintritt eines Versorgungsfalls geschlossen worden ist.
4. Waisenrentenberechtigt sind vor Rentenbeginn bzw. vor dem vorzeitigen Ausscheiden eines Mitarbeiters geborene leibliche (§ 1592 BGB gilt entsprechend) oder adoptierte Kinder, wenn

an sie eine entsprechende Rente aus der gesetzlichen Rentenversicherung geleistet wird, oder eine solche Rente geleistet würde, wenn der Verstorbene in der gesetzlichen Rentenversicherung versichert gewesen wäre und dort die Wartezeit erfüllt gehabt hätte.

5. Waisenrenten werden bis zum vollendeten 18. Lebensjahr gezahlt, darüber hinaus bis zum 25. Lebensjahr, solange sich das Kind in einer Schul- oder Berufsausbildung befindet.

§ 10 Höhe der Alters-, Berufs- oder Erwerbsunfähigkeitsrente

1. Die Höhe der monatlichen Altersrente, vorzeitigen Altersrente, Berufs- oder Erwerbsunfähigkeitsrente ergibt sich aus der Multiplikation der folgenden Bemessungsgrundlagen:
   a) Verhältnis des ruhegeldfähigen Einkommens (§ 5 Abs. 1 VO) zu der bei Eintritt des Versorgungsfalls für die Rentenberechnung maßgeblichen Beitragsbemessungsgrundlage (BBG) in der gesetzlichen Rentenversicherung;
   b) Renteneckwert (§ 10 Abs. 2 VO)
   c) anrechnungsfähige Dienstjahre (§ 4 VO).

   Für die Ermittlung der Höhe der vorgezogenen Altersrente gelten zusätzlich die nachfolgenden Absätze 4 und 5.
2. Der Renteneckwert beträgt für jedes anrechnungsfähige Dienstjahr 25,00 €
3. Der Renteneckwert gem. § 10 Abs. 2 VO gilt, sofern das ruhegeldfähige Einkommen der bei Eintritt des Versorgungsfalls maßgeblichen BBG in der gesetzlichen Rentenversicherung entspricht. Bei einem von dieser BBG abweichenden ruhegeldfähigem Einkommen wird der persönliche Rentenfaktor verändert, wobei die Bezügeteile oberhalb der maßgeblichen BBG 2fach gewichtet werden.
4. Für die Berechnung der Höhe der vorzeitigen Altersrente werden anrechnungsfähige Dienstjahre nur bis zum Zeitpunkt der Inanspruchnahme der vorzeitigen Altersrente berücksichtigt. Die so ermittelte Rente wird für jeden Monat der vorzeitigen Inanspruchnahme um 0,3 % ihres Wertes gekürzt, und zwar für die gesamte Dauer des Rentenbezugs.
5. Bei der Ermittlung der Höhe der Berufs- oder Erwerbsunfähigkeitsrente werden zusätzlich zu den bei Eintritt des Versorgungsfalls abgeleisteten anrechnungsfähigen Dienstzeiten die dem Mitarbeiter bis zur Vollendung des 55. Lebensjahres noch fehlenden Dienstzeiten hinzugerechnet. Durch diese Zurechnungszeit darf jedoch die Höchstgrenze von 40 anrechnungsfähigen Dienstjahren nicht überschritten werden.

§ 11 Höhe der Hinterbliebenenrente

1. Die Witwen- bzw. Witwerrente beträgt 60 % der Rente, die der Versorgungsberechtigte bezog bzw. die er bezogen hätte, wenn er zum Zeitpunkt seines Todes berufs- oder erwerbsunfähig geworden wäre.
2. Die Halbwaisenrente beträgt 10 %, die Vollwaisenrente 20 % der Rente, die der Versorgungsberechtigte bezog bzw. die er bezogen hätte, wenn er zum Zeitpunkt seines Todes berufs- oder erwerbsunfähig geworden wäre.
3. Sind mehrere Hinterbliebene versorgungsberechtigt, so dürfen ihre zusammengerechneten Renten die Altersrente des Verstorbenen nicht übersteigen; andernfalls sind die einzelnen Renten im gleichen Verhältnis zu kürzen.

§ 12 Teilzeitbeschäftigung

1. Die Höhe der Versorgungsleistungen für Mitarbeiter, die ganz oder teilweise während der versorgungsfähigen Dienstzeit teilzeitbeschäftigt waren, bestimmt sich ebenfalls bei sämt-

lichen Rentenarten nach der anrechnungsfähigen Dienstzeit (§ 4 VO) und dem ruhegeldfähigen Einkommen (§ 5 VO), allerdings unter den folgenden Modifizierungen.

2. Bei der Berechnung des ruhegeldfähigen Einkommens (§ 5 VO) wird für die Zeit der Teilzeitbeschäftigung im letzten Jahr vor Eintritt des Versorgungsfalls bzw. vor dem vorzeitigen Ausscheiden des Mitarbeiters das ruhegeldfähige Einkommen eines vergleichbaren vollzeitbeschäftigten Mitarbeiters zugrunde gelegt.

3. Der in § 10 Abs. 2 VO genannte Renteneckwert wird in dem Verhältnis gekürzt, in dem die vertragliche Arbeitszeit des Mitarbeiters zu der vertraglichen Arbeitszeit eines vollzeitbeschäftigten Mitarbeiters während der gesamten anrechnungsfähigen Dienstzeit gestanden hat.

§ 13 Teilrente

1. Der Bezug von Teilrente aus der gesetzlichen Rentenversicherung nach Ausscheiden aus dem Arbeitsverhältnis berechtigt grundsätzlich **nicht** zum Bezug von Altersrente aus dieser Versorgungsordnung.

2. Nimmt der Versorgungsberechtigte jedoch unter gleichzeitiger Beibehaltung seines Arbeitsverhältnisses die Teilrente aus der gesetzlichen Rentenversicherung in Anspruch, so gilt der Zeitraum des Teilrentenbezugs als anrechnungsfähige Dienstzeit im Sinne von § 4 VO. Beim Eintritt des Versorgungsfalls wird die anrechnungsfähige Dienstzeit in diesen Fällen nach dem Berechnungsfaktor des § 12 Abs. 3 VO bewertet.

§ 14 Unverfallbare Anwartschaften bei vorzeitigem Ausscheiden

1. Scheidet ein Mitarbeiter vor Eintritt des Versorgungsfalles aus den Diensten des Trägerunternehmens aus, behält er seine Anwartschaften auf Versorgungsleistungen, sofern die in § 1b Abs. 1 Satz 1 BetrAVG geregelten Voraussetzungen erfüllt sind. Danach behält ein ausscheidender Mitarbeiter seine Anwartschaft, wenn er mindestens das 30. Lebensjahr vollendet hat und die Versorgungszusage mindestens 5 Jahre bestanden hat.

2. Die Renten werden jedoch erst vom Eintritt des Versorgungsfalles an gezahlt, sofern die besonderen Leistungsvoraussetzungen erfüllt sind.

3. Die Höhe der Versorgungsleistung wird gemäß § 2 Abs. 1 BetrAVG aus der Leistung ermittelt, die dem Mitarbeiter bzw. seinen Hinterbliebenen im Versorgungsfall zustände, wenn der Mitarbeiter nicht vorzeitig ausgeschieden wäre. Von dieser Leistung wird der Teil als Rente gezahlt, der dem Verhältnis der Dauer der tatsächlichen Betriebszugehörigkeit zu der Zeit vom Beginn der Betriebszugehörigkeit bis zur Vollendung des 65. Lebensjahres entspricht.

4. Veränderungen der Versorgungsordnung und der Bemessungsgrundlagen für die Versorgungsleistungen, soweit sie nach dem Ausscheiden des Mitarbeiters eingetreten sind, bleiben bei der Bestimmung der Höhe der Versorgungsleistung außer Betracht.

5. Scheiden Mitarbeiter vor Eintritt des Versorgungsfalls aus dem Trägerunternehmen aus, so teilt ihnen die Personalabteilung mit, ob sie die Voraussetzungen der Unverfallbarkeit erfüllt haben und wie hoch ihre Altersrente bei Erreichen der Altersgrenze sein wird.

6. Wird die Altersrente aus der unverfallbaren Anwartschaft vorzeitig in Anspruch genommen (§ 7 VO), so erfolgt eine neue Berechnung. Zum Ausgleich der vorzeitigen Inanspruchnahme wird die erreichbare Altersrente auf Basis der Verhältnisse zum Ausscheidestichtag neu auf den Zeitpunkt der tatsächlichen Inanspruchnahme bestimmt. Der Unverfallbarkeitsfaktor nach § 14 Abs. 3 VO bleibt unverändert. Die danach neu ermittelte unverfallbare Anwartschaft wird entsprechend § 10 Abs. 4 VO versicherungsmathematisch gekürzt.

§ 15 Anrechnungsklausel

1. Soweit sich der Versorgungsempfänger (ehemalige Mitarbeiter) durch das Eingehen von Dienstverhältnissen oder durch regelmäßige geschäftliche oder berufliche Tätigkeit vor Erreichen der Altersgrenze bzw. vor Inanspruchnahme der vorgezogenen Altersrente Einnahmen verschafft, werden diese vom Unternehmen ganz oder teilweise auf die Versorgungsleistungen angerechnet.

2. Ist die Invalidität oder der Tod eines Mitarbeiters auf das schadenersatzpflichtige Verhalten eines Dritten zurückzuführen, so werden die dem Mitarbeiter oder seinen Hinterbliebenen zustehenden Schadenersatzansprüche auf die betrieblichen Versorgungsleistungen angerechnet. Der Mitarbeiter kann statt dessen diese Ansprüche jedoch auch an das Unternehmen abtreten.

§ 16 Rückdeckungsversicherung

1. Das Unternehmen ist berechtigt, zur Finanzierung der Versorgungsverpflichtungen aus dieser Versorgungsordnung Rückdeckungsversicherungen mit einem deutschen Lebensversicherungsunternehmen abzuschließen. Sämtliche Ansprüche aus diesen Versicherungsverträgen stehen ausschließlich dem Unternehmen zu.

2. Die Mitarbeiter sind verpflichtet, dem Unternehmen sämtliche für den Abschluss des Versicherungsvertrages erforderlichen Unterlagen und Angaben zur Verfügung zustellen. Insbesondere sind sie verpflichtet, ihre Einwilligung zum Abschluss der Versicherungen (§ 159 VVG) zu erklären und sich ggf. ärztlich untersuchen zu lassen. Die Einwilligung gilt als erteilt, wenn der Mitarbeiter nicht unverzüglich nach Bekanntgabe der Versorgungsordnung ausdrücklich widerspricht. Auf Verlangen des Versicherers ist die Einwilligung schriftlich zu bestätigen.

§ 17 Beginn, Ende und Auszahlung der Leistungen

1. Der Anspruch auf Zahlung der Versorgungsleistungen entsteht bei Vorliegen der allgemeinen und besonderen Leistungsvoraussetzungen, frühestens jedoch mit der rechtlichen Beendigung des Arbeitsverhältnisses, der Vorlage des Rentenbescheides bzw. des amtsärztlichen Attestes und der Einstellung von Lohnfortzahlungen (wie z. B. Überbrückungsgelder, Karenzentschädigungen etc.). Der Anspruch auf Invalidenrente entsteht frühestens mit der Einstellung von Zahlungen wegen Maßnahmen der Rehabilitation bzw. der Zahlung von Übergangsgeldern oder Vorruhestandsleistungen.

2. Der Anspruch auf Versorgungszahlungen erlischt mit dem Ablauf des Monats, in dem die Voraussetzungen für die Versorgungszahlungen weggefallen sind. Invalidenrenten bleiben auch bei Erreichen der Altersgrenze unverändert bestehen.

3. Die Renten werden am Letzten eines jeden Monats gezahlt, und zwar erstmals für den Monat, der dem Versorgungsfall folgt, letztmalig für den Monat, in dem die Voraussetzungen für die Versorgungszahlungen wegfallen, nach Abzug etwaiger einzubehaltender Steuern sowie sonstiger Abgaben.

4. Die Überweisung erfolgt nach Abzug etwaiger Steuern und Krankenkassenbeiträge bargeldlos nur auf ein Inlandskonto, das von dem Versorgungsberechtigten dem Unternehmen mitgeteilt werden muss.

§ 18 Pflichten der Versorgungsberechtigten

1. Die Versorgungsempfänger haben für die Dauer der Versorgungszahlungen dem Unternehmen die Lohnsteuerkarte vorzulegen und jede Änderung des Personen- oder Familienstan-

des oder der Feststellung der Invalidität durch den Sozialversicherungsträger bzw. durch das berufsständische Versorgungswerk der Personalabteilung unverzüglich anzuzeigen. Weiterhin haben sie dem unternehmen Auskunft über die Höhe der anrechenbaren Einkünfte nach § 15 VO zu erteilen.

2. Ist die Invalidität oder der Tod eines Mitarbeiters auf das schadenersatzpflichtige Verhalten eines Dritten zurückzuführen, so haben die Versorgungsberechtigten dem Unternehmen unverzüglich Art und Umfang der Schadenersatzansprüche mitzuteilen.

3. Kommt ein Versorgungsberechtigter seinen Verpflichtungen nicht nach, so ruht der Rentenzahlungsanspruch. Nach Erfüllung der Auflagen erfolgt die Nachzahlung ohne Zinsen zum nächsten Abrechnungstermin.

4. Die zugesagten Ansprüche dürfen weder abgetreten noch beliehen oder verpfändet werden. Dennoch erfolgte Abtretungen, Beleihungen oder Verpfändungen sind dem Arbeitgeber gegenüber unwirksam.

5. Bei Eintritt des Versorgungsfalles hat der Versorgungsberechtigte dem Arbeitgeber unverzüglich den Rentenbescheid des zuständigen Rentenversicherungsträgers bzw. die Sterbeurkunde vorzulegen.

6. Die Versorgungsberechtigten sind verpflichtet, bei Eintritt des Versorgungsfalles die erforderlichen Angaben zur Gewährung von Versorgungsleistungen zu erbringen und die entsprechenden Unterlagen zur Verfügung zu stellen.

§ 19 Sonderfälle

1. Das Unternehmen ist berechtigt, von den vorstehenden Bestimmungen zugunsten einzelner Versorgungsberechtigter abzuweichen.

2. Auf hierdurch gewährte zusätzliche Leistungen besteht nur dann ein Rechtsanspruch, wenn er ausdrücklich schriftlich zugestanden ist.

§ 20 Vorbehalte

1. Das Unternehmen behält sich vor, die zugesagten Leistungen zu kürzen oder einzustellen, wenn
   a) die wirtschaftliche Lage des Unternehmens sich nachhaltig so wesentlich verschlechtert hat, dass ihm eine Aufrechterhaltung der zugesagten Leistungen nicht mehr zugemutet werden kann, oder
   b) der Personenkreis, die Beiträge, die Leistungen oder das Pensionierungsalter bei der gesetzlichen Sozialversicherung oder bei anderen Versorgungseinrichtungen mit Rechtsanspruch sich wesentlich ändern, oder
   c) die rechtliche, insbesondere die steuerrechtliche Behandlung der Aufwendungen, die zur planmäßigen Finanzierung der Versorgungsleistungen vom Unternehmen gemacht werden oder gemacht worden sind, sich so wesentlich ändert, dass dem Unternehmen die Aufrechterhaltung der zugesagten Leistungen nicht mehr zugemutet werden kann, oder
   d) der Versorgungsberechtigte Handlungen begeht, die in grober Weise gegen Treu und Glauben verstoßen oder zu einer fristlosen Entlassung berechtigen würden.

2. Im übrigen behält sich das Unternehmen vor, die Leistungen zu kürzen oder einzustellen, wenn die bei Erteilung der Versorgungszusage maßgeblichen Verhältnisse sich nachhaltig so wesentlich geändert haben, dass dem Unternehmen die Aufrechterhaltung der zugesag-

ten Leistungen auch unter objektiver Beachtung der Belange der Versorgungsberechtigten nicht mehr zugemutet werden kann.

§ 21 Insolvenzsicherung

Die laufenden Leistungen und die unverfallbar gewordenen Versorgungsanwartschaften sind nach Maßgabe der §§ 7 bis 15 BetrAVG und der Versicherungsbedingungen des Pensions-Sicherungs-Vereins a.G. gegen eine eventuelle Zahlungsunfähigkeit des Unternehmens abgesichert.

§ 22 Anpassung der laufenden Leistungen

Die Anpassung der laufenden Renten wird entsprechend der gesetzlichen Regelung des § 16 BetrAVG vorgenommen.

§ 23 Datenschutzklausel

Das betriebliche Versorgungswerk wird von einem unabhängigen Sachverständigen (versicherungsmathematischen Gutachter) beraten und betreut. Dieser Gutachter speichert die zur Erfüllung seines Auftrages benötigten personenbezogenen Daten der Versorgungsanwärter und Leistungsempfänger. Hierbei handelt es sich ausschließlich um solche Daten, die zur Erstellung bilanzieller Gutachten, zur Berechnung der dem Pensions-Sicherungs-Verein (PSV) mitzuteilenden Bemessungsgrundlage für die gesetzliche Insolvenzsicherung oder zur internen Renten- bzw. Anwartschaftsberechnung erforderlich sind. Der Gutachter hat sich vertraglich zur vertraulichen Behandlung dieser Daten verpflichtet und ist an die Bestimmungen des Bundesdatenschutzgesetzes gebunden.

§ 24 Erfüllungsort und Gerichtsstand

Erfüllungsort für alle Ansprüche aus dieser Versorgungsordnung ist der Sitz des Unternehmens, bei dem der betroffene Mitarbeiter beschäftigt war. Verlegen Versorgungsberechtigte ihren Wohnsitz oder gewöhnlichen Aufenthaltsort ins Ausland, so ist Gerichtsstand für alle Streitigkeiten aus dieser Versorgungsordnung der Sitz des Unternehmens.

§ 25 Inkrafttreten

1. Diese Versorgungsordnung tritt mit Wirkung vom .... in Kraft und ist erstmals anzuwenden auf Versorgungsfälle, die nach dem Zeitpunkt des Inkrafttretens eintreten..
2. Das Rechtsverhältnis zu ehemaligen Mitarbeitern, die zum Zeitpunkt des Inkrafttretens dieser Versorgungsordnung bereits ausgeschieden sind, wird von dieser Versorgungsordnung nicht berührt.
3. Auf diese Versorgungsordnung findet ergänzend das Betriebsrentengesetz (BetrAVG) in seiner jeweils geltenden Fassung Anwendung.
4. Diese als Gesamtzusage ausgestaltete Versorgungsordnung kann jederzeit durch eine nachfolgende Betriebsvereinbarung auch zum Nachteil der Versorgungsberechtigten abgeändert werden.

....	....
Ort, Datum	Unterschrift ArbG

1308
IV. Muster 2: Pensionszusage (Einzelzusage)

Sehr geehrte(r) Frau/Herr ...,

in Ergänzung Ihres Anstellungsvertrages vom .. .. gewähren wir Ihnen eine Alters-, Invaliden- und Hinterbliebenenversorgung (Anm. 1) mit Rechtsanspruch nach Maßgabe der folgenden Bestimmungen:

(1) Das Unternehmen gewährt Ihnen eine lebenslänglich zahlbare monatliche Rente, sofern Sie
a) das 65. Lebensjahr vollendet haben oder
b) berufs- oder erwerbsunfähig sind
und aus den Diensten des Unternehmens ausscheiden (Anm. 2).

(2) Im Falle der Invalidität ist der Grad der Erwerbsminderung durch Vorlage des Rentenbescheides eines Sozialversicherungsträgers oder durch ein amtsärztliches Attest nachzuweisen. Von jeder Änderung der Feststellung der Erwerbsminderung durch den Sozialversicherungsträger ist uns Kenntnis zu geben.
Ein Anspruch auf Berufs- oder Erwerbsunfähigkeitsrente besteht nicht, wenn Sie die Berufs- oder Erwerbsunfähigkeit vorsätzlich oder grob fahrlässig herbeigeführt haben.
Wir können jederzeit den Grad der Erwerbsminderung durch ein ärztliches Gutachten überprüfen lassen. Sie haben sich innerhalb der von uns gesetzten Frist der Untersuchung zu unterziehen. Die Kosten hierfür trägt das Unternehmen.

(3) Die Altersrente kann abweichend von Ziffer 1 bereits vor Vollendung des 65. Lebensjahres gewährt werden, sofern Sie durch Vorlage des Rentenbescheides eines Sozialversicherungsträgers nachweisen, dass Sie vorgezogenes Altersruhegeld aus der gesetzlichen Rentenversicherung beziehen, § 6 BetrAVG (Anm. 3).
Sofern Sie von der Versicherungspflicht in der gesetzlichen Rentenversicherung befreit sind, kann die vorgezogene Altersrente mit Vollendung des 63. Lebensjahres gezahlt werden, sofern Sie aus den Diensten des Unternehmens ausgeschieden sind.

(4) Die monatliche Altersrente, vorgezogene Altersrente, Berufs- oder Erwerbsunfähigkeitsrente beträgt .. % des ruhegeldfähigen Einkommens (Anm. 4 / Anm. 5).

(5) Als ruhegeldfähiges Einkommen gelten 13/12 des monatlichen Brutto-Festgehaltes, das Sie von uns im letzten Monat vor Eintritt des Versorgungsfalles bzw. vor Ihrem vorzeitigen Ausscheiden bezogen haben. Sonstige Vergütungsbestandteile wie z. B. Tantiemen und sonstige außerordentliche Zuwendungen zählen nicht zum ruhe-geldfähigen Einkommen. Sind im letzten Monat vor Ihrem Ausscheiden keine oder keine vollen Bezüge gezahlt worden, wird der letzte Monat mit vollen Bezügen zugrunde gelegt.

(6) Bei Ihrem Ableben erhält Ihr/Ihre Ehegatte/Ehefrau ..., geborene ..., geb. am .. .., eine lebenslange Witwer-/Witwenrente in Höhe von 60 % der Ihnen in Ziffer 4 zugesagten Rente. Voraussetzung ist, dass die Ehe bis zu Ihrem Tode bestanden hat.
Die Witwer-/Witwenrente erlischt mit Ablauf des Monats, in dem die Witwe stirbt oder sich wieder verheiratet. Im letzteren Fall erhält die Witwe-/der Witwer eine einmalige Abfindung in Höhe des 24-fachen Betrages der Witwen-/Witwerrente.

(7) Scheiden Sie vor Eintritt des Versorgungsfalles aus unseren Diensten aus, so behalten Sie Ihre Anwartschaft auf Versorgungsleistungen, sofern diese Zusage mindestens 5 Jahre bestanden hat § 1b Abs. 1 Satz 1 BetrAVG (Anm. 6).
Die Renten werden jedoch erst vom Eintritt des Versorgungsfalles an gezahlt, sofern die Leistungsvoraussetzungen erfüllt sind.

Die Höhe der Rente wird in diesem Fall aus der Leistung ermittelt, die Ihnen bzw. Ihren Hinterbliebenen im Versorgungsfall zustände, wenn Sie nicht vorzeitig ausgeschieden wären. Dabei bleiben Veränderungen der Bemessungsgrundlagen für die Leistung der betrieblichen Altersversorgung, soweit sie nach Ihrem Ausscheiden eingetreten sind, außer Betracht. Von dieser Leistung wird der Teil als Rente gezahlt, der dem Verhältnis der Dauer der tatsächlichen Betriebszugehörigkeit zu der Zeit vom Beginn der Betriebszugehörigkeit bis zur Vollendung des 65. Lebensjahres entspricht (§ 2 Abs. 1 BetrAVG).

Scheiden Sie vor Eintritt des Versorgungsfalles aus unseren Diensten aus, so teilen wir Ihnen mit, wie hoch Ihre Altersrente bei Erreichen der Altersgrenze sein wird.

(8) Soweit Sie sich als Bezieher einer betrieblichen Berufs- oder Erwerbsunfähigkeitsrente durch das Eingehen von Dienstverhältnissen oder durch regelmäßige geschäftliche oder betriebliche Tätigkeiten vor Erreichen der Altersgrenze bzw. vor Inanspruchnahme der vorgezogenen Altersrente Einnahmen verschaffen, werden diese vom Unternehmen ganz oder teilweise auf die Rente angerechnet.

Ist die Invalidität oder der Tod auf das schuldhafte Verhalten eines Dritten zurückzuführen, so können die Ihnen oder Ihren Hinterbliebenen zustehenden Schadenersatzsprüche auf die Rentenleistungen angerechnet werden. Sie können diese Ansprüche jedoch auch an das Unternehmen abtreten.

(9) Die Firma ist berechtigt, zur Rückdeckung dieser Pensionsverpflichtung einen entsprechenden Vertrag mit einem Versicherungsunternehmen abzuschließen. Sämtliche Rechte aus diesem Vertrag stehen ausschließlich der Firma zu.

Sie sind verpflichtet, der Firma sämtliche für den Versicherungsabschluss erforderlichen Unterlagen und Angaben zu überlassen und sich ärztlich untersuchen zu lassen.

Auf Verlangen des Versicherers ist diesem die Einwilligung zum Abschluss einer Versicherung auf Ihr Leben schriftlich zu erteilen.

(10) Der Anspruch auf Zahlung der Renten entsteht mit dem Versorgungsfall.

Der Anspruch auf Rentenzahlung erlischt mit dem Ablauf des Monats, in dem die Voraussetzungen für die Rentenzahlung weggefallen sind.

Die Renten werden am Ersten eines jeden Monats gezahlt, und zwar erstmals für den Monat, für den Ihnen keine Bezüge mehr gezahlt werden, letztmalig für den Monat, in dem die Voraussetzungen für die Rentenzahlung wegfallen, nach Abzug etwaiger vom Unternehmen einzubehaltender Steuern und Sozialabgaben.

(11) Die zugesagten Ansprüche dürfen weder abgetreten noch beliehen oder verpfändet werden. Dennoch erfolgte Abtretungen, Beleihungen oder Verpfändungen sind dem Unternehmen gegenüber unwirksam.

(12) Die Firma behält sich vor, die Leistungen zu kürzen oder einzustellen, wenn die bei Erteilung der Pensionszusage maßgebenden Verhältnisse sich nachhaltig so wesentlich geändert haben, dass der Firma die Aufrechterhaltung der zugesagten Leistungen auch unter objektiver Beachtung Ihrer Belange nicht mehr zugemutet werden kann.

(13) Die Rente verändert sich nach Eintritt des Versorgungsfalles im gleichen Verhältnis und zum gleichen Zeitpunkt, wie sich das monatliche Grundgehalt eines verheirateten Bundesbeamten der Besoldungsgruppe A 13 in der höchsten Dienstaltersstufe verändert (Anm. 7).

(14) Diese Pensionszusage tritt mit Wirkung vom .... in Kraft.

..........................., den ....

....	....
(Unterschrift aller Gesellschafter)	(Unterschrift des Versorgungsberechtigten)

Anmerkungen zum Inhalt der Musterzusage

(1) Der Mustertext umfasst den im Regelfall üblichen Leistungskatalog. Selbstverständlich wäre auch eine Regelung zulässig, die nur eine Alters- und Invalidenversorgung (z. B. unverheirateter Mitarbeiter), eine Alters- und Hinterbliebenenversorgung oder nur eine Altersversorgung vorsieht. Im Bereich der Invaliditätsversorgung wurde bewusst auf die Absicherung der Berufs- und Erwerbsunfähigkeitrisiken abgestellt. Zulässig wäre natürlich auch eine Absicherung nur der sog. „Erwerbsminderung".

(2) Von einer Wartezeit-Regelung wurde bewusst abgesehen. Sie ist bei einer Belegschaftsversorgung unter Fluktuationsaspekten sinnvoll und angebracht; diese Situation ist aber beim Gesellschafter-Geschäftsführer nicht gegeben.

(3) Hinsichtlich der Inanspruchnahme vorgezogener Altersrente wäre auch eine Regelung denkbar, wonach die zu zahlende vorgezogene Altersrente für jeden Monat der früheren Inanspruchnahme um einen bestimmten Prozentsatz (z. B. 0,3 - 0,5 %) gekürzt wird.

(4) Soll statt einer dynamischen Rentenformel ein €-Festbetrag zugesagt werden, so wäre der Zusagetext in Ziffer 4 wie folgt zu ändern:

„Die monatliche Altersrente, vorgezogene Altersrente, Berufs- oder Erwerbsunfähigkeitsrente beträgt ..,.. €."

Ziffer 5 wäre ersatzlos zu streichen.

(5) Die Rentenformel bestimmt sich anhand eines Prozentsatzes zum ruhegeldfähigen Einkommen des Versorgungsberechtigten. Hierdurch wird sichergestellt, dass zukünftige Einkommenssteigerungen gleichzeitig zu einer Erhöhung des Versorgungsanspruchs führen. Viel wichtiger ist aber noch, dass durch eine von vornherein vertraglich vereinbarte Rentendynamik das steuerliche Nachzahlungsverbot nicht tangiert wird.

(6) Hinsichtlich der Unverfallbarkeit der Versorgungszusage ist im Mustertext auf die gesetzliche Regelung des § 1 Abs. 1 BetrAVG abgestellt worden. Dabei handelt es sich um eine gesetzliche Mindestnorm, von der **zugunsten** des betroffenen Mitarbeiters durchaus abgewichen werden kann. Hier wäre also im Einzelfall zu überlegen, ob nicht durch eine entsprechende vertragliche Regelung die gesetzliche Unverfallbarkeitsfrist verkürzt oder gänzlich ausgeschlossen werden soll. Eine entsprechende Formulierung könnte wie folgt lauten:

„Abweichend von den in § 1 BetrAVG geregelten gesetzlichen Unverfallbarkeitsfristen gestalten wir Ihre Versorgungszusage mit Wirkung vom Zeitpunkt ihrer Erteilung sofort als unverfallbar. Im Falle Ihres Ausscheidens aus der Gesellschaft bleibt Ihnen somit eine Versorgungsanwartschaft unabhängig von Ihrer Dienstzeit und dem Bestehen der Versorgungszusage erhalten."

(7) Der zur Anpassung laufender Renten vorgeschlagene Index ist eine in der Praxis übliche Festlegung der Kriterien, anhand der die Anpassung vollzogen werden kann. Statt dessen kann auch fester Dynamiksatz (in der Regel 2 - 3 %) vereinbart werden.

V. Muster 3: Verpfändungsvereinbarung 1309

Verpfändung der Rückdeckungsversicherung

Pfandgläubiger: ______________________

Gläubigerin: ______________________

(1) Zur **Sicherung aller Ansprüche des Pfandgläubigers und seiner Hinterbliebenen** (Anm. 1) aus der ihm am .... erteilten Pensionszusage verpfändet die Gläubigerin aus der mit Wirkung vom .... bei der .... Lebensversicherungs-AG in .... abgeschlossenen Rückdeckungsversicherung Nr. .... ihre Rechte und Ansprüche auf alle im Versicherungsschein genannten Leistungen einschließlich etwaiger Zusatzversicherungen.

(2) Ist die Gläubigerin mit einer fälligen Leistung aus der Pensionszusage länger als zwei Wochen rückständig (Pfandreife), so ist der Pfandgläubiger nach Maßgabe der §§ 1282, 1283 BGB berechtigt, sich aus der verpfändeten Versicherung zu befriedigen. Bei Fälligkeit der Leistung aus dem verpfändeten Versicherungsvertrag vor Pfandreife verbleibt es bei der Regelung des § 1281 BGB, d.h. die Auszahlung erfolgt an die Gläubigerin und den Pfandgläubiger gemeinschaftlich. Die ausgezahlte Versicherungsleistung ist verzinslich anzulegen und dem Pfandgläubiger hieran ein Pfandrecht zu bestellen (§ 1288 BGB).

(3) Die Verpfänderin verpflichtet sich, die Verpfändung dem Versicherer unverzüglich unter Übersendung einer Ausfertigung der Verpfändungserklärung schriftlich anzuzeigen.

............................, den ....

....	....
Unterschrift der Gläubigerin	Unterschrift des Pfandgläubigers (Anm. 2)

Anmerkungen zur Verpfändungserklärung

(1) Für den Ehepartner des Versorgungsberechtigten ist hinsichtlich der Witwen(r)rente eine **gesonderte** inhaltsgleiche Verpfändungserklärung zur Sicherung der Ansprüche auf Witwen(r)rente abzufassen.

(2) Die Verpfändungserklärung ist vom Versorgungsberechtigten als Pfandgläubiger zu unterschreiben. Die Unterschrift des Unternehmens als Gläubigerin erfolgt entsprechend der Regelung im Gesellschaftsvertrag durch seine/seinen Gesellschafter. Dabei ist zu berücksichtigen, dasws bei Personenidentität (z. B. Ein-Mann-GmbH) der unterzeichnende Gesellschafter vom Verbot der Selbstkontrahierung (§ 181 BGB) befreit sein muss.

Besteht in der Gesellschaft ein Aufsichtsrat, so ist die Verpfändungserklärung von diesem zu unterzeichnen.

1310 **VI. Muster 4: Direktversicherung - Arbeitgeberfinanzierte Versicherungszusage**

Vereinbarung zwischen

der Max Mustermann GmbH (Arbeitgeber)

und

Frau Adelheid Beispiel (Mitarbeiter)

Diese Vereinbarung wird in Ergänzung des Arbeitsvertrages vom .... getroffen.

Der Arbeitgeber schließt auf das Leben des versorgungsberechtigten Mitarbeiters eine Lebensversicherung in Form einer Direktversicherung (§ 1 Abs. 2 BetrAVG) über eine Versicherungssumme von

100.000,— Euro (in Worten: Hunderttausend Euro) für den Todes- und Erlebensfall bei der XY-Lebensversicherungs-AG ab.

1. Umfang der Direktversicherung

Der Umfang der Direktversicherung und die Voraussetzungen für die Inanspruchnahme der Versicherungsleistungen ergeben sich aus den nachfolgenden Bestimmungen sowie dem unter der Versicherungsschein-Nr. .... dokumentierten Versicherungsvertrag, von dem der versorgungsberechtigte Mitarbeiter eine Abschrift erhält.

Die von der Versicherungsgesellschaft für diesen Versicherungsvertrag erwirtschafteten Gewinnanteile werden ausschließlich zur Erhöhung der versicherten Leistungen verwendet.

Die vorgesehenen Leistungen werden allerdings nur dann gewährt, wenn die Versicherungsprämien während der im Versicherungsvertrag vorgesehenen Beitragszahlungsdauer ohne Unterbrechung und in voller Höhe gezahlt werden. Während einer Beitragsfreistellung haben Sie im Leistungsfall nur einen Anspruch auf die sich nach versicherungsmathematischen Grundsätzen ggf. ergebende beitragsfreie Versicherungssumme bzw. Rente zuzüglich etwaiger bis zu diesem Zeitpunkt erwirtschafteter Gewinnanteile. Nach Wiederaufnahme der Beitragszahlung entsprechend den versicherungsvertraglichen Vereinbarungen besteht wieder ein erhöhter Versicherungsschutz, der jedoch unter Berücksichtigung des zeitlichen Umfangs der Beitragsfreistellung gegenüber der ursprünglich vorgesehenen Versicherungsleistung reduziert ist. Gleiches gilt für den Fall einer zeitlich begrenzten Prämienreduktion.

2. Versicherungsnehmer

Der Arbeitgeber ist Versicherungsnehmer der auf das leben des versorgungsberechtigten Mitarbeiters abgeschlossenen Direktversicherung. Dem Arbeitgeber stehen daher allein und ausschließlich sämtliche Gestaltungsrechte an dem Versicherungsvertrag und den sich aus dem Versicherungsvertrag ergebenden Leistungen zu.

3. Bezugsberechtigung

Das Bezugsrecht bezüglich sämtlicher Versicherungsleistungen aus diesem Versicherungsvertrag wird unter Berücksichtigung der nachfolgenden Vorbehalte zu Ihren Gunsten unwiderruflich ausgestaltet.

Soweit die Versicherung auf einer Beitragszahlung des Arbeitgebers beruht, hat dieser das Recht, die künftig fällig werdenden Versicherungsleistungen für sich in Anspruch zu nehmen, wenn das

Arbeitsverhältnis vor Eintritt des Versicherungsfalls endet und der versorgungsberechtigte Mitarbeiter zu diesem Zeitpunkt noch keine unverfallbare Versorgungsanwartschaft nach § 1b Abs. 1 BetrAVG erworben hat.

Nach dieser Vorschrift wird eine Versorgungsanwartschaft dann gesetzlich unverfallbar, wenn der versorgungsberechtigte Mitarbeiter im Zeitpunkt des Ausscheidens das 30. Lebensjahr vollendet hat und die Direktversicherung 5 Jahre bestanden hat.

Im übrigen ist der Arbeitgeber berechtigt, den Teil der Versicherung, der auf seiner Beitragszahlung beruht, während der Dauer des Arbeitsverhältnisse mit Ihrer Zustimmung sowie der Zustimmung der XY-Lebensversicherungs-AG zu beleihen. Bei Eintritt des Versicherungsfalls wird der versorgungsberechtigte Mitarbeiter jedoch so gestellt, als ob die Beleihung nicht erfolgt wäre.

Werden beim Tod des versorgungsberechtigten Mitarbeiters Leistungen aus dem Versicherungsvertrag fällig, so sind folgende Personen widerruflich bezugsberechtigt:

- der bei Eintritt des Versicherungsfalls mit dem versorgungsberechtigten Mitarbeiter in gültiger Ehe lebende Ehegatte;
- falls ein anspruchsberechtigter Ehegatte nicht vorhanden ist, die ehelichen und die diesen gesetzlich gleichgestellten Kinder des versorgungsberechtigten Mitarbeiters zu gleichen Teilen;
- falls auch keine anspruchsberechtigten Kinder vorhanden sind, die Eltern des versorgungsberechtigten Mitarbeiters zu gleichen Teilen;
- falls keine der genannten Personen vorhanden ist, die Erben des versorgungsberechtigten Mitarbeiters.

Sämtliche Bezugsrechte sind nicht übertragbar und nicht beleihbar.

4. Laufzeit des Vertrages, Dauer der Prämienzahlungsverpflichtung

Der Vertrag wird für die Dauer des Arbeitsverhältnisses abgeschlossen.

Die Beiträge zur Direktversicherung, d.h. die Prämienzahlung an den Lebensversicherer trägt ausschließlich und in vollem Umfang der Arbeitgeber. Diese Zahlungsverpflichtung besteht allerdings nur insoweit ein entgeltpflichtiges Arbeitsverhältnis besteht. Das hat zur Konsequenz, dass in allen Fällen, in denen die Pflichten aus dem Arbeitsverhältnis kraft Gesetzes oder kraft vertraglicher Vereinbarung suspendiert sind und eine Entgeltfortzahlungspflicht des Arbeitgebers nicht besteht, so z. B. bei der Inanspruchnahme von Erziehungsurlaub oder sonstigem unbezahlten Urlaub, sowie nach Ablauf der gesetzlichen/tarifvertraglichen Lohnfortzahlungsverpflichtung im Krankheitsfall für die Dauer der Krankheit, der Arbeitgeber für den Zeitraum des ruhenden Arbeitsverhältnisses nicht zur Fortzahlung der Versicherungsprämie verpflichtet ist. Der versorgungsberechtigte Arbeitnehmer hat in einem derartigen Fall allerdings das Recht, den Versicherungsvertrag mit eigenen Beiträgen fortzuführen; andernfalls wird der Versicherungsvertrag für den Zeitraum, in dem der Arbeitnehmer keine Gehaltszahlungen erhält, beitragsfrei gestellt. Hierdurch würde sich der aus dem Versicherungsvertrag bei Versicherungsabschluss ergebende Versicherungsschutz ebenso reduzieren, wie die sich aus der Versicherungszusage ergebenden Versorgungsleistungen.

5. Vorzeitige Beendigung des Arbeitsverhältnisses

Scheiden Sie vor Eintritt des Versicherungsfalls mit einer unverfallbaren Anwartschaft aus den Diensten unseres Unternehmens aus, so erklären wir bereits zum jetzigen Zeitpunkt sowohl Ihnen als auch der XY-Lebensversicherungs-AG gegenüber, dass Ihre Versorgungsansprüche aus dieser Zusage auf die Leistungen begrenzt sind, die aufgrund der bis zur Vertragsbeendigung geleisteten Versicherungsprämien fällig werden (§ 2 Abs. 2 Satz 2 BetrAVG). Eine eventuelle Abtretung oder Beleihung der Versicherung werden wir innerhalb von drei Monaten nach Ihrem Ausscheiden rückgängig machen und ggf. auch etwaige Beitragsrückstände ausgleichen. Die Versicherung wird auf Sie übertragen. Sie kann dann von Ihnen oder einem neuen Arbeitgeber nach dem hierfür im Zeitpunkt Ihres Ausscheidens geltenden Versicherungstarif der XY-Lebensversicherungs-AG gegen laufende Beitragszahlung fortgeführt werden.

Sofern Sie bei Ihrem Ausscheiden die gesetzlichen Unverfallbarkeitsfristen (s.o. Ziffer 3) noch nicht erfüllt haben, stehen die Ansprüche aus dem Versicherungsvertrag, soweit sie auf unserer Beitragszahlung beruhen, der Firma zu. Wir werden dann nur den ggf. vorhandenen restlichen, von Ihnen finanzierten Anteil der Versicherung auf Sie übertragen.

Nach Ihrem Ausscheiden ist eine Abtretung, Beleihung und ein Rückkauf der übertragenen Versicherung durch Sie nach § 2 Abs. 2 Satz 4 u. 5 BetrAVG insoweit unzulässig, als die Versicherung auf von der Firma als Versicherungsnehmer gezahlten Beiträgen beruht.

6. Vorgezogene Versorgungsleistung, Auskunftsrecht

Nehmen Sie die vorgezogene Altersrente aus der gesetzlichen Rentenversicherung in voller Höhe in Anspruch und wollen Sie gemäß § 6 BetrAVG auch die Leistungen aus der Direktversicherung vorzeitig erhalten, so vermindert sich die Versicherungsleistung nach versicherungsmathematischen Grundsätzen.

Nach Vollendung Ihres 58. Lebensjahres haben Sie das Recht, die Höhe der versicherten Leistungen bei der XY-Lebensversicherungs-AG abzufragen.

7. Geltung des Betriebsrentengesetzes

Für die Ansprüche des versorgungsberechtigten Mitarbeiters aus dieser Versicherungszusage gelten ergänzend die Bestimmungen des Gesetzes zur Verbesserung der betrieblichen Altersversorgung (Betriebsrentengesetz - BetrAVG) in seiner jeweils gültigen Fassung.

....

Unterschrift Arbeitgeber Unterschrift Arbeitnehmer

VII. Muster 5: Direktversicherung - Arbeitnehmerfinanzierte Versicherungszusage (Gehaltsumwandlungs-Direktversicherung) 1311

Vereinbarung zwischen

der Max Mustermann GmbH (Arbeitgeber)

und

Frau Adelheid Beispiel (Mitarbeiter)

Diese Vereinbarung wird in Abänderung des bestehenden Arbeitsvertrages vom .... und mit Wirkung vom .... getroffen.

1. Gehaltsverzichtsvereinbarung

Der Anspruch des Mitarbeiters auf

☐ laufendes Arbeitsentgelt

☐ ________________________ [1] (Sonderbezüge)

wird in Höhe eines Betrages von .... € monatlich/jährlich[2] zahlbar jeweils zum ...., erstmals zum ...., letztmals zum .... in einen Anspruch auf Versicherungsschutz in Form von Prämienzahlungen zu einer Direktversicherung i.S.v. § 1 Abs. 2 BetrAVG umgewandelt (Barlohnverzicht).

Der Arbeitgeber wird diese Beiträge zur Direktversicherung so lange zahlen, wie der Mitarbeiter einen Anspruch auf Arbeitsentgelt hat. Die Beitragszahlungspflicht des Arbeitgebers entfällt insbesondere auch dann, wenn die Pflichten aus dem Arbeitsverhältnis kraft Gesetzes oder kraft vertraglicher Vereinbarung suspendiert sind und eine Entgeltfortzahlungspflicht des Arbeitgebers nicht besteht, so z. B. bei der Inanspruchnahme von Erziehungsurlaub oder sonstigem unbezahlten Urlaub, sowie nach Ablauf der gesetzlichen/tarifvertraglichen Lohnfortzahlungsverpflichtung im Krankheitsfall für die Dauer der Krankheit, der Arbeitgeber für den Zeitraum des ruhenden Arbeitsverhältnisses nicht zur Fortzahlung der Versicherungsprämie verpflichtet ist. Der versorgungsberechtigte Arbeitnehmer hat in einem derartigen Fall allerdings das Recht, den Versicherungsvertrag mit eigenen Beiträgen fortzuführen; andernfalls wird der Versicherungsvertrag für den Zeitraum, in dem der Arbeitnehmer keine Gehaltszahlungen erhält, beitragsfrei gestellt. Hierdurch würde sich der aus dem Versicherungsvertrag bei Versicherungsabschluss ergebende Versicherungsschutz ebenso reduzieren, wie die sich aus der Versicherungszusage ergebenden Versorgungsleistungen.

Die auf diesen Versicherungsbeitrag nach § 40b EStG entfallende pauschale Lohnsteuer, einschließlich Kirchensteuer und ggf. sonstiger anfallender Steuerbelastungen (z. B. Solidaritätszuschlag) werden

☐ vom Mitarbeiter getragen

☐ vom Arbeitgeber getragen.

---

1 z. B. Weihnachtsgeld, Urlaubsgeld, Bonifikation, Leistungsprämie, Gewinnbeteiligung etc.

2 Nichtzutreffendes bitte streichen

Für Gehaltserhöhungen sowie die Bemessung aller sonstigen vom Gehalt abhängigen Leistungen (z. B. Weihnachtsgeld, Urlaubsgeld, Gratifikationen, Jubiläumszuwendungen, sonstige betriebliche Altersversorgung etc.) wird das Arbeitsentgelt zuzüglich des umgewandelten Versicherungsbeitrages ggf. inklusive der nach § 40b EStG gezahlten Pauschalsteuer als Bemessungsgrundlage herangezogen.

2. Umfang der Direktversicherung

Der Umfang der Direktversicherung und die Voraussetzungen für die Inanspruchnahme der Versicherungsleistungen ergeben sich aus den nachfolgenden Bestimmungen sowie dem unter der Versicherungsschein-Nr. .... dokumentierten Versicherungsvertrag der XY-Lebensversicherungs-AG, von dem der versorgungsberechtigte Mitarbeiter eine Abschrift erhält. Die von der Versicherungsgesellschaft für diesen Versicherungsvertrag erwirtschafteten Gewinnanteile werden ausschließlich zur Erhöhung der versicherten Leistungen verwendet.

2. Versicherungsnehmer

Der Arbeitgeber ist Versicherungsnehmer der auf das leben des versorgungsberechtigten Mitarbeiters abgeschlossenen Direktversicherung. Dem Arbeitgeber stehen daher allein und ausschließlich sämtliche Gestaltungsrechte an dem Versicherungsvertrag und den sich aus dem Versicherungsvertrag ergebenden Leistungen zu.

Im Versicherungsvertrag wird unwiderruflich vereinbart, dass während der Dauer des Arbeitsverhältnisses eine Übertragung der Versicherungsnehmerstellung sowie eine Abtretung von Rechten aus diesem Versicherungsvertrag an den versicherten Mitarbeiter bis zu dem Zeitpunkt, in dieser das 59. Lebensjahr vollendet, insoweit ausgeschlossen ist, als die Beiträge vom Arbeitgeber entrichtet worden sind. Im Versicherungsvertrag wird des Weiteren vereinbart, dass die Abtretung oder Beleihung des unwiderruflichen Bezugsrechts durch den versicherten Mitarbeiter insoweit ebenfalls ausgeschlossen ist.

3. Bezugsberechtigung

Das Bezugsrecht bezüglich sämtlicher Versicherungsleistungen aus diesem Versicherungsvertrag wird zu Ihren Gunsten unwiderruflich ausgestaltet.

Werden beim Tod des versorgungsberechtigten Mitarbeiters Leistungen aus dem Versicherungsvertrag fällig, so sind folgende Personen widerruflich bezugsberechtigt:

- der bei Eintritt des Versicherungsfalls mit dem versorgungsberechtigten Mitarbeiter in gültiger Ehe lebende Ehegatte;
- falls ein anspruchsberechtigter Ehegatte nicht vorhanden ist, die ehelichen und die diesen gesetzlich gleichgestellten Kinder des versorgungsberechtigten Mitarbeiters zu gleichen Teilen;
- falls auch keine anspruchsberechtigten Kinder vorhanden sind, die Eltern des versorgungsberechtigten Mitarbeiters zu gleichen Teilen;
- falls keine der genannten Personen vorhanden ist, die Erben des versorgungsberechtigten Mitarbeiters.

Sämtliche Bezugsrechte sind nicht übertragbar und nicht beleihbar.

4. Vorzeitige Beendigung des Arbeitsverhältnisses

Scheiden Sie vor Eintritt des Versicherungsfalls aus den Diensten unseres Unternehmens aus, so erklären wir bereits zum jetzigen Zeitpunkt sowohl Ihnen als auch der XY-Lebensversicherungs-

AG gegenüber, dass Ihre Versorgungsansprüche aus dieser Zusage auf die Leistungen begrenzt sind, die aufgrund der bis zur Vertragsbeendigung geleisteten Versicherungsprämien fällig werden (§ 2 Abs. 2 Satz 2 BetrAVG), und zwar auch dann, wenn Sie zu diesem Zeitpunkt die gesetzlichen Unverfallbarkeitsfristen des § 1 Abs. 1 BetrAVG noch nicht erfüllt haben sollten (vertragliche Unverfallbarkeit). Eine eventuelle Abtretung oder Beleihung der Versicherung werden wir innerhalb von drei Monaten nach Ihrem Ausscheiden rückgängig machen und ggf. auch etwaige Beitragsrückstände ausgleichen. Die Versicherung wird auf Sie übertragen. Sie kann dann von Ihnen oder einem neuen Arbeitgeber nach dem hierfür im Zeitpunkt Ihres Ausscheidens geltenden Versicherungstarif der XY-Lebensversicherungs-AG gegen laufende Beitragszahlung fortgeführt werden.

5. Vorgezogene Versorgungsleistung, Auskunftsrecht

Nehmen Sie die vorgezogene Altersrente aus der gesetzlichen Rentenversicherung in voller Höhe in Anspruch und wollen Sie gemäß § 6 BetrAVG auch die Leistungen aus der Direktversicherung vorzeitig erhalten, so vermindert sich die Versicherungsleistung nach versicherungsmathematischen Grundsätzen.

Nach Vollendung Ihres 58. Lebensjahres haben Sie das Recht, die Höhe der versicherten Leistungen bei der XY-Lebensversicherungs-AG abzufragen.

6. Geltung des Betriebsrentengesetzes

Für die Ansprüche des versorgungsberechtigten Mitarbeiters aus dieser Versicherungszusage gelten ergänzend die Bestimmungen des Gesetzes zur Verbesserung der betrieblichen Altersversorgung (Betriebsrentengesetz - BetrAVG) in seiner jeweils gültigen Fassung.

7. Schlussbestimmungen

Weitere zwischen den Vertragsparteien bestehende oder zukünftig zu vereinbarende Versorgungsregelungen bleiben von dieser Vereinbarung unberührt.

Sollten sich die bei Abschluss dieser Vereinbarung maßgeblichen Verhältnisse nachhaltig ändern, so kann die Vereinbarung von jedem Vertragspartner unter Einhaltung einer Frist von .... Monaten für die Zukunft gekündigt werden. Soweit der Mitarbeiter nach Wirksamkeit der Kündigung nicht die Zahlung der Versicherungsbeiträge selbst übernimmt und die Vertragsparteien diesbezüglich auch keine andere Regelung treffen, wird die Direktversicherung beitragsfrei gestellt.

....	....
Unterschrift Arbeitgeber	Unterschrift Arbnehmer

1312

VIII. Muster 6: Satzung einer Unterstützungskasse (Firmen-Unterstützungskasse)

§ 1 Name und Sitz

(1) Der Verein führt den Namen:
„....Unterstützungskasse e.V."

(2) Sitz des Vereins ist ....

(3) Der Verein soll in das Vereinsregister beim Amtsgericht in .... eingetragen werden.

(4) Geschäftsjahr ist das Kalenderjahr.

§ 2 Vereinszweck

Der ausschließliche und unabänderliche Zweck des Vereins ist die Führung einer Unterstützungskasse, die im Alter und bei Invalidität freiwillige, einmalige, wiederholte und laufende Unterstützungen an ehemalige Mitarbeiter der Max Mustermann GmbH (Trägerunternehmen) sowie beim Tode von Mitarbeitern an deren Angehörige nach Maßgabe dieser Satzung gewährt. Ein wirtschaftlicher Geschäftsbetrieb ist ausgeschlossen.

§ 3 Mitgliedschaft

(1) Mitglieder können neben den Gründungsmitgliedern diejenigen Mitarbeitern des Trägerunternehmens werden, denen im Rahmen des Versorgungskonzeptes des Vereins Leistungen der betrieblichen Altersversorgung gewährt werden sollen, sowie die Gesellschafter des Unternehmens.

(2) Über den Antrag auf Aufnahme in den Verein entscheidet der Vorstand nach freiem Ermessen. Dabei hat er zu beachten, dass die Geschäftsleitung und die Arbeitnehmervertretung des Trägerunternehmens die gleiche Anzahl an Mitgliedern zu stellen hat (§ 5 Abs. 1).

(3) Die Mitgliedschaft endet bei Ausscheiden aus dem Trägerunternehmen, Austritt oder Ausschluss aus dem Verein, beim Tod des Mitglieds sowie bei Abberufung durch den, der das Mitglied entsandt hat, wenn gleichzeitig ein neues Mitglied in den Verein entsandt wird.

(4) Der Austritt aus dem Verein kann durch schriftliche Erklärung gegenüber dem Vorstand unter Einhaltung einer Frist von drei Monaten zum Schluss eines jeden Jahres erklärt werden.

(5) Ein Mitglied kann durch einstimmigen Vorstandsbeschluss aus wichtigem Grund ausgeschlossen werden. Der Ausschluss bedarf zu seiner Wirksamkeit der Bestätigung durch die Mitgliederversammlung. Bei der Abstimmung ist das betroffene Mitglied nicht stimmberechtigt.

§ 4 Organe des Vereins

Organe des Vereins sind:

1. die Mitgliederversammlung
2. der Vorstand.

§ 5 Mitgliederversammlung

(1) Geschäftsleitung und Arbeitnehmervertretung stellen die gleiche Anzahl an Mitgliedern.

(2) Die ordentliche Mitgliederversammlung findet einmal jährlich statt. Außerordentliche Mitgliederversammlungen finden statt, wenn dies im Interesse des Vereins erforderlich ist oder wenn die Einberufung einer derartigen Versammlung von einem Drittel der Mitglieder schriftlich unter Angaben von Gründen gefordert wird.

(3) Die Mitgliederversammlung wird vom Vorstand unter Angabe der Tagesordnung eingeladen. Die Einladung erfolgt schriftlich mindestens 4 Wochen vor dem Versammlungstermin.

Erweiterungen der vom Vorstand vorgeschlagenen Tagesordnung sind auf Antrag eines Mitglieds vorzunehmen. Ist die Erweiterung bis zu drei Wochen vor dem Termin der Mitgliederversammlung beim Vorstand beantragt worden und mit einem Antrag zur Beschlussfassung an die Mitgliederversammlung verbunden, so hat der Vorstand die Ergänzung der Tagesordnung den Mitgliedern bis zwei Wochen vor dem Termin der Mitgliederversammlung mitzuteilen.

(4) Die Mitgliederversammlung ist beschlussfähig, wenn sie form- und fristgerecht einberufen worden ist.

(5) Der Vorstand oder ein von ihm benannter Vertreter leitet die Mitgliederversammlung.

§ 6 Zuständigkeit der Mitgliederversammlung

(1) Die Mitgliederversammlung beschließt über die Nachwahl und die Entlastung des Vorstandes.

(2) Vorstandsmitglieder, die ihre Pflichten gegenüber dem Verein gröblich verletzen, können von der Mitgliederversammlung unter gleichzeitiger Wahl eines neuen Vorstandes abberufen werden.

(3) Über die Beschlüsse der Mitgliederversammlung ist eine Niederschrift aufzunehmen, die vom Vorstand, der die Versammlung leitet, zu unterzeichnen ist.

(4) Soweit nicht Gesetz oder Bestimmungen dieser Satzung eine andere Regelung enthalten, entscheidet die Mitgliederversammlung mit der Mehrheit der abgegebenen Stimmen. Zur Feststellung einer gröblichen Pflichtverletzung i.S.v. Abs. 2 dieser Bestimmung bedarf es einer Mehrheit von 3/4 der abgegebenen Stimmen. Eine Stimmenthaltung zählt nicht als abgegebene Stimme.

(5) Die Mitgliederversammlung kann Beschlüsse nur zu solchen Themen fassen, die Gegenstand der den Mitgliedern mitgeteilten Tagesordnung sind.

§ 7 Vorstand

(1) Der Vorstand kann aus mehreren Personen bestehen.

(2) Der Vorstand wird von der Gründerversammlung für unbestimmte Zeit gewählt. Wählt die Gründerversammlung mehrere Personen zum Vorstand, so bestimmt sie, welche der Personen geschäftsführender Vorstand ist.

(3) Scheidet ein Vorstandsmitglied aus dem Vorstand aus, so erfolgt durch die Mitgliederversammlung eine Nachwahl.

(4) Der Vorstand führt die Geschäfte des Vereins und vertritt den Verein gerichtlich und außergerichtlich. Soweit mehrere Vorstandsmitglieder gewählt sind, ist das geschäftsführende Vorstandsmitglied zur alleinigen Vertretung berechtigt. Ein jedes der anderen Vorstandsmitglieder vertritt den Verein mit dem geschäftsführenden Vorstandsmitglied gemeinsam.

§ 8 Einnahmen des Vereins

(1) Die Einnahmen des Vereins bestehen aus:

a) Freiwilligen Zuwendungen des Trägerunternehmens sowie

b) den Erträgen des Vereinsvermögens.

Darüber hinaus erzielt der Verein keine weiteren Einnahmen; insbesondere werden keine Mitgliedsbeiträge erhoben.

(2) Der Verein erwirbt gegen das Trägerunternehmen auch dann keinen Rechtsanspruch auf die Gewährung von Zuwendungen, wenn das Trägerunternehmen entsprechende Leistungen über einen längeren Zeitraum hinweg oder regelmäßig erbracht hat.

(3) Die Mitarbeiter oder früheren Zugehörigen des Trägerunternehmens bzw. deren Angehörige dürfen zu Leistungen an den Verein weder unmittelbar noch mittelbar verpflichtet werden. Bei einem Verstoß gegen diese Vorschrift kann der betreffende Mitarbeiter nicht zum Kreis der Leistungsempfänger gehören.

(4) Das Trägerunternehmen kann von dem Verein keine Zuwendungen zurückfordern, soweit die künftigen Versorgungsleistungen nicht ersatzlos entfallen. Sobald künftige Versorgungsleistungen ersatzlos entfallen, entsteht unter den Voraussetzungen von § 9 Abs. 1 dieser Satzung ein Rückforderungsrecht in Höhe der um etwaige Steuern und öffentlichen Abgaben gekürzten Rückkaufswerte der gemäß § 9 Abs. 3 dieser Satzung abgeschlossenen Rückdeckungsversicherungen.

(5) Können aus dem gemäß § 9 Abs. 1 definierten überdotierten Kassenvermögen nicht alle nach dem vorstehenden Abs. 3 entstandenen Rückforderungsansprüche erfüllt werden, wird der Rückforderungsanspruch nach Bestimmung des Trägerunternehmens mit künftigen freiwilligen Zuwendungen verrechnet.

§ 9 Vermögen des Vereins

(1) Die Einnahmen und das Vermögen des Vereins dürfen nur für die in § 2 der Satzung genannten Zwecke verwandt werden. Dies gilt insoweit nicht, als das Gesellschaftsvermögen das um 25 v.H. erhöhte zulässige Kassenvermögen i.S.d. § 4d EStG übersteigt und für den übersteigenden Betrag die steuerliche Zweckbindung entfällt (§ 5 Abs. 1 Nr. 3 e i.V.m. § 6 Abs. 6 KStG)

(2) Der Vorstand hat das Vermögen unter Beachtung der in der Satzung festgelegten Zwecke der Unterstützungskasse gewinnbringend und sicher anzulegen.

(3) Der Verein ist gehalten, zur Finanzierung der im individuellen Leistungsplan vorgesehenen Leistungen Rückdeckungsversicherungen abzuschließen und alle Zuwendungen des Trägerunternehmens als Prämien für Rückdeckungsversicherungen zu verwenden. Das Trägerunternehmen bestimmt die Aufteilung seiner Zuwendungen auf die jeweiligen versicherten Personen.

(4) Die aus den abgeschlossenen Rückdeckungsversicherungsverträgen erwirtschafteten Überschussanteile sind während der Anwartschaftsphase zur Erhöhung der Versicherungsleistung oder zur Anrechnung auf die Prämien, während der Rentenbezugsphase zur Finanzierung einer evtl. gem. § 16 BetrAVG erforderlichen Anpassung zu verwenden.

(5) Die vom Trägerunternehmen der Unterstützungskasse erbrachten Zuwendungen bzw. die Rechte aus den nach Abs. 3 dieser Bestimmung abgeschlossenen Rückdeckungsversicherungen dürfen nicht zugunsten des Trägerunternehmens beliehen, verpfändet oder abgetreten werden. Dies schließt auch eine Darlehensgewährung des Vereins an das Trägerunternehmen aus.

(6) Übersteigen im Fall des § 9 Abs. 3 Satz 2 BetrAVG die auf den Träger der Insolvenzsicherung (Pensions-Sicherungs-Verein) übergegangenen Vermögenswerte die Ansprüche und Anwartschaften gegen den Träger der Insolvenzsicherung, so ist der übersteigende Teil anteilig an die Anwärter, die keine gesetzlich unverfallbare Anwartschaft erreicht haben, entsprechend der ihnen erteilten Versorgungszusage zu verteilen. Soweit sämtliche Versorgungsanwärter gesetzlich unverfallbare Anwartschaften haben, ist der übersteigende Teil zur Verbesserung dieser Versorgungsverpflichtungen zu verwenden.

§ 10 Rechnungslegung

Der Vortand hat für jedes Geschäftsjahr der dem Geschäftsjahr nächstfolgenden Mitgliederversammlung über die Einnahmen und Ausgaben des Vereins sowie dessen Vermögensbestand Rechnung zu legen.

§ 11 Leistungen des Vereins

(1) Der Verein wird im Rahmen der für die Trägerunternehmen geltenden Leistungspläne Alters-, Invaliden- und Hinterbliebenenleistungen gewähren, soweit das Trägerunternehmen dem Verein die hierfür erforderlichen Mittel zur Verfügung gestellt hat.

(2) Werden derartige Leistungen gewährt, so sind die in der Steuergesetzgebung festgelegten Mindest- und Höchstgrenzen (§ 2 Abs. 1, 2 i.V.m. § 3 Nr. 3 KStDV) zwingend zu beachten. Über- bzw. Unterschreitungen, die sich entgegen dieser Bestimmung aus Leistungsplänen ergeben, sind dem Verein gegenüber unwirksam.

(3) Für die Gewährung der Leistungen ist ein Leistungsplan zwischen dem Verein und dem Trägerunternehmen zu vereinbaren.

(4) Die Leistungen der Unterstützungskasse dürfen von den Leistungsempfängern nicht abgetreten oder verpfändet werden.

§ 12 Freiwilligkeit der Leistungen

(1) Die Versorgungsberechtigten haben keinen Rechtsanspruch auf Leistungen des Vereins. Auch durch wiederholte oder regelmäßige Zahlungen von Alters-, Invaliden- oder Hinterbliebenenrenten und anderen Unterstützungen kann weder ein Rechtsanspruch gegen den Verein noch gegen dessen Vorstände begründet werden. Alle Zahlungen erfolgen freiwillig und mit der Möglichkeit des jederzeitigen Widerrufs.

(2) Jeder Versorgungsberechtigte hat bei Anmeldung durch das Trägerunternehmen eine schriftliche Erklärung mit folgendem Wortlaut abzugeben:

„Mir ist bekannt, dass es sich bei der .... Unterstützungskasse e.V. um eine Versorgungseinrichtung handelt, die auf Leistungen keinen Rechtsanspruch gewährt (Unterstützungskasse) und für die die besonderen Bestimmungen des Gesetzes zur Verbesserung der betrieblichen Altersversorgung vom 19. Dezember 1974 (BGBl. I S. 3610) gelten.

Es ist mir ferner bekannt, dass mir auch durch wiederholte oder regelmäßig laufende Leistungen weder ein Anspruch gegen die Unterstützungskasse noch gegen deren Vorstand erwächst. Mit dieser Regelung erkläre ich mich ausdrücklich einverstanden.
Leistungsansprüche werde ich daher auch im Falle eventueller Leistungseinstellungen oder -kürzungen nicht gegenüber der Unterstützungskasse, sondern nur gegenüber meinem Arbeitgeber geltend machen.

Mir ist bekannt, dass die Unterstützungskasse zur Finanzierung ihrer Leistungen Rückdeckungsversicherungen auf das Leben der künftigen Leistungsempfänger abschließen kann. Mit dem Abschluss einer solchen Versicherung auf mein Leben erkläre ich mich einverstanden.

Ich willige ein, dass der Arbeitgeber im erforderlichen Umfang Daten, die der ordnungsgemäßen Abwicklung meiner betrieblichen Altersversorgung dienen, an den mit der vertragsgemäßen Durchführung beauftragten versicherungsmathematischen Gutachter weitergibt und dieser unter Wahrung der Bestimmungen geltender Datenschutzgesetze die Daten in Datensammlungen führt und verarbeitet.“

Das Trägerunternehmen verpflichtet sich, von jedem Versorgungsberechtigten vor Anmeldung eine entsprechende Erklärung einzuholen und das Vorliegen dieser Erklärung gegenüber der Unterstützungskasse zu bestätigen.

§ 13 Satzungsänderung und Auflösung des Vereins

Die Mitgliederversammlung beschließt über Satzungsänderungen mit einer Mehrheit von drei Vierteln der abgegebenen Stimmen. Eine Stimmenthaltung zählt nicht als abgegebene Stimme.

Der Verein kann durch Beschluss der Mitgliederversammlung aufgelöst werden. Zu dem Beschluss ist die Zustimmung aller anwesenden Mitglieder erforderlich. Mitglieder, die sich der Stimme enthalten, zählen insoweit als nicht anwesend.

§ 14 Auflösung und Vermögensverwendung

(1) Im Falle der Auflösung des Vereins erfolgt die Liquidation durch den Vorstand als Liquidator. Die Mitgliederversammlung ist berechtigt, die Durchführung der Liquidation anderen Personen zu übertragen. Ein Auflösungsgrund ist außer in den durch Gesetz geregelten Fällen gegeben, wenn sich die steuerlichen Rahmenbedingungen derart ändern, dass die mit dem Gegenstand des Vereins verfolgten Ziele nicht mehr sinnvoll erreichbar sind.

(2) Im Falle der Auflösung des Vereins ist das Vereinsvermögen - soweit es nicht der steuerlichen Zweckbindung unterfällt - entweder gemäß § 2 dieser Satzung nach einem vom Liquidator aufzustellenden Plan zu verteilen oder zu steuerlich anerkannten gemeinnützigen oder mildtätigen Zwecken i.S.v. §§ 52, 53 der Abgabenordnung zu verwenden. Insoweit wird als gemeinnützige Einrichtung die Deutsche Krebshilfe e.V., Thomas-Mann-Str. 40, 53111 Bonn, bestimmt.

(3) Der Verteilung des Vereinsvermögens auf die Begünstigten i.S.v. Abs. 2 dieser Bestimmung steht es gleich, wenn der Verein unter Wahrung steuerrechtlicher Bestimmungen in eine andere Rechtsform derselben Zweckbestimmung bzw. in eine Pensionskasse überführt oder zugunsten der Begünstigten ein Gruppenversicherungsvertrag abgeschlossen wird.

(4) Jeder Beschluss des Liquidators über die Verwendung des Vereinsvermögens darf erst nach Zustimmung durch das zuständige Finanzamt durchgeführt werden.

§ 15 Schlussbestimmung

(1) Sollten einzelne Bestimmungen dieser Satzung, gleich aus welchem Grunde, ganz oder teilweise unwirksam oder nichtig sein, so wird die Gültigkeit der Satzung im übrigen hierdurch nicht berührt. An die Stelle der ungültigen oder nichtigen Bestimmung tritt eine solche, die dem erstrebten Sinn und Zweck der ungültigen oder nichtigen Bestimmung am nächsten kommt.

(2) Die mit der Gründung des Vereins verbundenen Kosten trägt das Trägerunternehmen.

....

Unterschrift des Vorstandes

IX. Muster 7: Leistungsplan einer Unterstützungskasse (Festrentenzusage) 1313

Aufgabe der Unterstützungskasse ist es, für die versorgungsberechtigten Mitarbeiter der Firma .... die betriebliche Altersversorgung durchzuführen. Zu diesem Zweck wird in Übereinstimmung mit der Vereinssatzung und dem Betriebsrat nachstehender Leistungsplan vereinbart:

§ 1 Allgemeine Leistungsvoraussetzungen

1. Jeder regelmäßig beschäftigte Mitarbeiter (weiblich oder männlich), der bei Inkrafttreten dieses Leistungsplans in einem Arbeitsverhältnis zur Firma .... (= Trägerunternehmen) steht oder danach mit ihr ein Arbeitsverhältnis begründet, nimmt an den betrieblichen Versorgungsleistungen nach Maßgabe dieses Leistungsplans teil.
2. Versorgungsleistungen werden gewährt, wenn der Mitarbeiter bei Eintritt des Versorgungsfalls in einem Arbeitsverhältnis zu dem Krankenhaus gestanden hat.
3. Vor Eintritt des Versorgungsfalls ausgeschiedene Mitarbeiter erhalten Versorgungsleistungen nach Maßgabe des § 11 dieses Leistungsplans.

§ 2 Versorgungsfall und Versorgungsleistungen

1. Der Versorgungsfall im Sinne dieses Leistungsplanes tritt ein, wenn
   a) der Versorgungsberechtigte das 65. Lebensjahr vollendet (§ 4 Altersrente), oder
   die Voraussetzungen für den Bezug der vorzeitigen Altersrente erfüllt hat
   (§ 5 vorzeitige Altersrente),
   b) der Versorgungsberechtigte berufs- oder erwerbsunfähig im Sinne der Vorschriften der gesetzlichen Rentenversicherung (§ 6) oder,
   c) der Versorgungsberechtigte verstorben ist.
2. Nach Aufnahme in das Versorgungswerk und nach Erfüllung der Anspruchsvoraussetzungen werden im Versorgungsfall als Versorgungsleistungen gewährt:
   a) Altersrenten
   b) vorzeitige Altersrenten
   c) Berufs- und Erwerbsunfähigkeitsrenten
   d) Witwen- und Witwerrenten
   e) Waisenrenten.

§ 3 Altersgrenze

Normaler Pensionierungstag (Altersgrenze) ist der Erste des Monats, der auf die Vollendung des 65. Lebensjahres folgt.

§ 4 Altersrente

Scheidet ein Mitarbeiter zu oder nach seinem normalen Pensionierungstag aus den Diensten des Trägerunternehmens aus, so erhält er lebenslänglich eine Altersrente.

§ 5 Vorzeitige Altersrente

1. Ein Mitarbeiter, der vor Erreichen des normalen Pensionierungstages durch die Vorlage des Rentenbescheides eines bundesdeutschen Sozialversicherungsträgers nachweist, dass er Al-

tersrente aus der gesetzlichen Rentenversicherung in voller Höhe bezieht und aus den Diensten des Trägerunternehmens ausgeschieden ist, hat Anspruch auf vorzeitige Altersrente.

2. Fällt die volle Altersrente aus der gesetzlichen Rentenversicherung wieder weg, so wird auch die Zahlung der vorzeitigen Altersrente eingestellt.
3. Zum Ausgleich des früheren Zahlungsbeginns vermindert sich die Altersrente für jeden Monat der vorzeitigen Inanspruchnahme um 0,5 %.
4. Wird anstelle einer Rente aus der gesetzlichen Rentenversicherung eine Rente aus einem berufsständischen Versorgungswerk bezogen oder liegt eine anderweitige Befreiung von der gesetzlichen Rentenversicherung vor, sind die Absätze (1) bis (3) analog anzuwenden.

§ 6 Berufs- und Erwerbsunfähigkeitsrente

1. Weist ein Mitarbeiter vor seinem normalen Pensionierungstag nach, dass er berufs- oder erwerbsunfähig ist, so erhält er für die Dauer der Berufs- oder Erwerbsunfähigkeit nach Ablauf der Gehaltszahlung eine Invalidenrente.
2. Dauert die Berufs- bzw. Erwerbsunfähigkeit bis zum normalen Pensionierungstag an, so erhält der Mitarbeiter ab diesem Termin eine Altersrente in gleicher Höhe.
3. Ein Anspruch auf Berufs- oder Erwerbsunfähigkeitsrente besteht nicht, wenn der Mitarbeiter die Invalidität vorsätzlich oder grob fahrlässig herbeigeführt hat oder wenn er bereits bei seinem letzten Eintritt in das Krankenhaus berufs- oder erwerbsunfähig war.
4. Die Invalidität ist durch Vorlage des Rentenbescheides des Sozialversicherungsträgers oder durch ein ärztliches Attest nachzuweisen. Von jeder Änderung der Feststellung durch den Sozialversicherungsträger bzw. durch den Arzt hat der Versorgungsempfänger dem Trägerunternehmen und der Unterstützungskasse Kenntnis zu geben. Bei ausländischen Bescheiden, sowohl eines Sozialversicherungsträgers als auch eines Arztes, ist eine beglaubigte Übersetzung beizufügen.
5. Die Unterstützungskasse kann jederzeit den Grad der Invalidität durch ein ärztliches Gutachten überprüfen lassen. Der Versorgungsempfänger hat sich innerhalb der von der Unterstützungskasse gesetzten angemessenen Frist der Untersuchung zu unterziehen.

§ 7 Hinterbliebenenrenten

1. Beim Tode eines versorgungsberechtigten Mitarbeiters oder eines versorgungsberechtigten ehemaligen Mitarbeiters hat der überlebende Ehegatte Anspruch auf eine Witwen- bzw. Witwerrente.
2. Die hinterlassenen Kinder haben Anspruch auf Waisenrente.
3. Der Anspruch auf Witwen- bzw. Witwerrente erlischt mit Ablauf des Monats der Wiederverheiratung.

   Die Witwen- bzw. Witwerrente wird nicht gezahlt, wenn

   a) die Ehe mit dem Verstorbenen weniger als drei Monate gedauert hat.
   b) die Ehe nach Rentenbeginn geschlossen worden ist und der Verstorbene zur Zeit der Eheschließung das 65. Lebensjahr vollendet hatte.
4. Waisenrentenberechtigt sind vor Rentenbeginn bzw. vor dem vorzeitigen Ausscheiden eines Mitarbeiters geborene leibliche (§ 1592 BGB gilt entsprechend) oder adoptierte Kinder, wenn an sie eine entsprechende Rente aus der gesetzlichen Rentenversicherung geleistet wird, oder eine solche Rente geleistet würde, wenn der Verstorbene in der gesetzlichen Rentenversicherung versichert gewesen wäre und dort die Wartezeit erfüllt gehabt hätte.
5. Waisenrenten werden bis zum vollendeten 18. Lebensjahr gezahlt, darüber hinaus bis zum 25. Lebensjahr, solange sich das Kind in Schul- oder Berufsausbildung befindet.

§ 8 Höhe der Versorgungsleistungen

1. Die Alters- und Invalidenrente beträgt 1.000,00 €.

2. Die Witwen- bzw. Witwerrente beträgt 60 % der Rente, die der Versorgungsberechtigte bezog bzw. die er bezogen hätte, wenn er zum Zeitpunkt seines Todes berufs- oder erwerbsunfähig geworden wäre.

3. Die Halbwaisenrente beträgt 10 %, die Vollwaisenrente 20 % der Rente aus der Unterstützungskasse, die der Versorgungsberechtigte bezog bzw. die er bezogen hätte, wenn er zum Zeitpunkt seines Todes berufs- oder erwerbsunfähig geworden wäre.

4. Sind mehrere Hinterbliebene versorgungsberechtigt, so dürfen ihre zusammengerechneten Renten die Altersrente des Verstorbenen nicht übersteigen. In diesem Falle sind die einzelnen Renten im gleichen Verhältnis zu kürzen.

§ 9 Anrechnungsklausel

Auf die Leistungen der Unterstützungskasse werden keine anderweitigen Leistungen angerechnet.

§ 10 Teilzeitbeschäftigung

Die Höhe der Versorgungsleistungen für Mitarbeiter, die ganz oder teilweise teilzeitbeschäftigt waren, bestimmt sich unter den folgenden Modifizierungen: Der zugesagte Rentenbetrag wird um den Teilzeitfaktor, der sich aus dem Verhältnis von tatsächlicher Arbeitszeit zur Arbeitszeit eines Vollzeitbeschäftigten vom Beginn der anrechnungsfähigen Dienstzeit bis zum Ausscheiden ergibt, gekürzt.

§ 11 Leistungen bei vorzeitigem Ausscheiden/Unverfallbarkeit der Versorgungsansprüche

1. Scheidet ein Mitarbeiter vor Eintritt des Versorgungsfalles aus den Diensten des Trägerunternehmens aus, behält er seine Anwartschaften auf Versorgungsleistungen, sofern die in § 1b Abs. 1 BetrAVG geregelten Voraussetzungen erfüllt sind. Danach behält ein ausscheidender Mitarbeiter seine Anwartschaft, wenn er mindestens das 30. Lebensjahr vollendet hat und die Versorgungszusage mindestens 5 Jahre bestanden hat

2. Die Renten werden jedoch erst vom Eintritt des Versorgungsfalles an gezahlt, sofern die Leistungsvoraussetzungen erfüllt sind.

3. Die Höhe der Versorgungsleistung wird aus der Leistung ermittelt, die dem Mitarbeiter bzw. seinen Hinterbliebenen im Versorgungsfall zustände, wenn der Mitarbeiter nicht vorzeitig ausgeschieden wäre. Von dieser Leistung wird der Teil als Rente gezahlt, der dem Verhältnis der Dauer der tatsächlichen Betriebszugehörigkeit zu der Zeit vom Beginn der Betriebszugehörigkeit bis zur Vollendung des 65. Lebensjahres entspricht.

4. Veränderungen der Versorgungsordnung und der Bemessungsgrundlagen für die Versorgungsleistungen, soweit sie nach dem Ausscheiden des Mitarbeiters eingetreten sind, bleiben bei der Bestimmung der Höhe der Versorgungsleistung außer Betracht.

5. Scheiden Mitarbeiter vor Eintritt des Versorgungsfalls aus dem Trägerunternehmen aus, so teilt ihnen die Unterstützungskasse mit, ob sie die Voraussetzungen der Unverfallbarkeit erfüllt haben und wie hoch ihre Altersrente bei Erreichen der Altersgrenze sein wird.

§ 12 Insolvenzsicherung

Die laufenden Leistungen und die unverfallbar gewordenen Versorgungsanwartschaften sind nach Maßgabe der §§ 7 bis 15 BetrAVG und der Versicherungsbedingungen des Pensions-Sicherungs-Vereins a.G. gegen eine eventuelle Zahlungsunfähigkeit des Trägerunternehmens abgesichert.

§ 13 Anpassung der laufenden Leistungen

Die Anpassung der laufenden Renten wird entsprechend der gesetzlichen Regelung des § 16 BetrAVG vorgenommen.

§ 14 Rückdeckungsversicherung

Die Unterstützungskasse ist satzungsgemäß gehalten, Rückdeckungsversicherungen abzuschließen, um die Finanzierung der Versorgungsleistungen sicherzustellen.

§ 15 Freiwilligkeit der Leistungen

Dem Versorgungsberechtigten und seinen Angehörigen steht weder gegen die Unterstützungskasse noch gegen deren Vorstand ein Rechtsanspruch auf die zugesagten Leistungen zu. Ein solcher Rechtsanspruch wird auch nicht durch wiederholte oder regelmäßige Gewährung von Leistungen erworben.

§ 16 Beginn, Ende und Auszahlung der Leistungen

1. Der Anspruch auf Zahlung der Versorgungsleistungen entsteht bei Vorliegen der Leistungsvoraussetzungen.

2. Der Anspruch auf Versorgungszahlungen erlischt mit dem Ablauf des Monats, in dem die Voraussetzungen für die Versorgungszahlungen weggefallen sind.

3. Die Renten werden am Letzten eines jeden Monats gezahlt, und zwar erstmals für den Monat, der dem Versorgungsfall folgt, letztmalig für den Monat, in dem die Voraussetzungen für die Versorgungszahlungen wegfallen. Die auf die Versorgungsbezüge entfallenden Steuern und Abgaben trägt jeder Versorgungsberechtigte selbst. Die Leistungsempfänger sind insoweit verpflichtet, der Unterstützungskasse ihre Lohnsteuerkarte rechtzeitig vor der ersten Auszahlung und anschließend jährlich nach Erhalt unverzüglich vorzulegen.

4. Die Überweisung erfolgt bargeldlos nur auf ein Inlandskonto, das von dem Versorgungsberechtigten der Unterstützungskasse mitgeteilt werden muss.

§ 17 Pflichten der Versorgungsberechtigten

1. Jeder Leistungsempfänger hat folgende schriftliche Erklärung darüber abzugeben, dass ihm der Ausschluss des Rechtsanspruches sowie die Freiwilligkeit der Leistungen bekannt sind:

   „Mir ist bekannt, dass es sich bei der .... Unterstützungskasse e.V. um eine Versorgungseinrichtung handelt, die auf Leistungen keinen Rechtsanspruch gewährt (Unterstützungskasse) und für die die besonderen Bestimmungen des Gesetzes zur Verbesserung der betrieblichen Altersversorgung vom 19. Dezember 1974 (BGBl. I S. 3610) gelten.

   Es ist mir ferner bekannt, dass mir auch durch wiederholte oder regelmäßig laufende Leistungen weder ein Anspruch gegen die Unterstützungskasse noch gegen deren Vorstand erwächst. Mit dieser Regelung erkläre ich mich ausdrücklich einverstanden. Leistungsansprüche werde ich daher auch im Falle eventueller Leistungseinstellungen oder -kürzungen nicht gegenüber der Unterstützungskasse, sondern nur gegenüber dem Trägerunternehmen geltend machen.

   Mir ist bekannt, dass die Unterstützungskasse zur Finanzierung ihrer Leistungen satzungsgemäß gehalten ist, Rückdeckungsversicherungen auf das Leben der künftigen Leistungsempfänger abzuschließen. Mit dem Abschluss einer solchen Versicherung auf mein Leben erkläre ich mich einverstanden. Ich verpflichte mich, die von der Versicherungsgesellschaft für den Versicherungsabschluss etwa verlangten Auskünfte zu erteilen und mich einer evtl. als notwendig erachteten ärztlichen Untersuchung zu unterziehen.

Ich willige ein, dass das Trägerunternehmen im erforderlichen Umfang Daten, die der ordnungsgemäßen Abwicklung meiner betrieblichen Altersversorgung dienen, an den mit der vertragsgemäßen Durchführung beauftragten versicherungsmathematischen Gutachter weitergibt und dieser oder eine andere beauftragte Stellen - unter Wahrung der Bestimmungen geltender Datenschutzgesetze - die Daten in Datensammlungen führt und verarbeitet.“

2. Die Versorgungsempfänger haben jede Änderung des Personen- oder Familienstandes oder der Feststellung der Invalidität durch den Sozialversicherungsträger bzw. durch das berufsständische Versorgungswerk der Unterstützungskasse unverzüglich anzuzeigen.
3. Kommt ein Versorgungsberechtigter seinen Verpflichtungen nicht nach, so ruht der Rentenzahlungsanspruch. Nach Erfüllung der Auflagen erfolgt die Nachzahlung ohne Zinsen zum nächsten Abrechnungstermin.
4. Die zugesagten Ansprüche dürfen weder abgetreten noch beliehen oder verpfändet werden. Dennoch erfolgte Abtretungen, Beleihungen oder Verpfändungen sind der Unterstützungskasse gegenüber unwirksam.
5. Bei Eintritt des Versorgungsfalles hat der Versorgungsberechtigte der Unterstützungskasse unverzüglich den Rentenbescheid des zuständigen Rentenversicherungsträgers bzw. die Sterbeurkunde vorzulegen.
6. Die Versorgungsberechtigten sind verpflichtet, bei Eintritt des Versorgungsfalles die erforderlichen Angaben zur Gewährung von Versorgungsleistungen zu erbringen und die entsprechenden Unterlagen zur Verfügung zu stellen.

§ 18 Schlussbestimmungen

1. Ergänzend finden die Regelungen des Betriebsrentengesetzes (BetrAVG) in seiner jeweilig geltenden Fassung Anwendung.
2. Die Leistungen nach diesen Versorgungsrichtlinien werden unabhängig von etwa schon bestehenden oder künftigen Versorgungszusagen erteilt. Rechte, Anwartschaften und Unverfallbarkeitsfristen aus verschiedenen Versorgungsversprechen sind voneinander unabhängig.
3. Sollten eine oder mehrere Bestimmungen dieses Leistungsplans unwirksam sein oder werden, bleiben die übrigen Bestimmungen hiervon unberührt. Anstelle der unwirksamen Regelungen oder zur Ausfüllung einer Regelungslücke ist eine Vereinbarung zu treffen, die dem wirtschaftlich Gewollten am nächsten kommt.

§ 19 Erfüllungsort und Gerichtsstand

Erfüllungsort für alle Ansprüche aus diesem Leistungsplan ist der Sitz des Trägerunternehmens, bei dem der betroffene Mitarbeiter beschäftigt war. Verlegen Versorgungsberechtigte ihren Wohnsitz oder gewöhnlichen Aufenthaltsort ins Ausland, so ist Gerichtsstand für alle Streitigkeiten aus diesem Leistungsplan der Sitz des Trägerunternehmens.

§ 20 Inkrafttreten

Dieser Leistungsplan tritt mit Wirkung vom .... in Kraft.

....

Ort, Datum

....

Unterschrift Arbeitgeber

....

Unterschrift Betriebsrat

1314 **X. Muster 8: Satzung einer Pensionskasse**

§ 1 Name und Sitz

1. Die Kasse führt den Namen:
„Pensionskasse für die Betriebsangehörigen der Firma ...." und hat ihren Sitz in ....

2. Geschäftsgebiet der Kasse ist die Bundesrepublik Deutschland.

3. Geschäftsjahr ist das Kalenderjahr.

4. Die Kasse ist ein kleiner Versicherungsverein auf Gegenseitigkeit (VVaG) im Sinne von § 53 des Gesetzes über die Beaufsichtigung der privaten Versicherungsunternehmungen und Bausparkassen (VAG).

§ 2 Zweck der Kasse

Der ausschließliche und unabänderliche Zweck der Pensionskasse ist die Gewährung betrieblicher Versorgungsleistungen im Alter und bei Invalidität an ehemalige Mitarbeiter der Firma .... sowie beim Tode von Mitarbeitern an deren Angehörige nach Maßgabe dieser Satzung. Einkünfte und Vermögen der Kasse dürfen nur ausschließlich und unmittelbar für diesen Zweck verwendet werden.

§ 3 Mitgliedschaft

1. Mitglieder der Kasse können alle Mitarbeiter der Firma ....werden, die bei Beginn der Mitgliedschaft das 20. Lebensjahr vollendet und ein Höchstbeitrittsalter von 55 Jahren noch nicht überschritten haben.

2. Über den Antrag auf Aufnahme in den Verein entscheidet der Vorstand durch schriftlichen Bescheid.

3. Der Vorstand kann vor der Aufnahme eine ärztliche Untersuchung fordern und bei nicht einwandfreiem Befund erschwerende Bedingungen festsetzen. Die Kasse trägt die Kosten der Untersuchung.

4. Jedem Mitglied wird mit erfolgter Aufnahme, die vom Vorstand schriftlich bestätigt wird, ein Abdruck der Satzung und ein Mitgliedsausweis ausgestellt.

5. Die Mitgliedschaft beginnt grundsätzlich mit dem ersten Tag des Monats, der auf die Mitteilung über die Aufnahme erfolgt, frühestens jedoch mit Ablauf der bei Einstellung vereinbarten Probezeit.

6. Die Mitgliedschaft endet bei Ausscheiden aus der Firma ...., mit Beginn der Rentenzahlungen, beim Tod des Mitglieds oder bei seinem Ausschluss.

7. Der Ausschluss kann nur vom Vorstand beschlossen werden, und zwar auch nur dann, wenn das Mitglied die Kasse in rechtswidriger Absicht getäuscht oder zu täuschen versucht hat oder mit eigenen Beiträgen auch nach Durchführung des Mahnverfahrens im Rückstand ist.

   Über den Beschluss ist das Mitglied schriftlich zu benachrichtigen. Gegen den Ausschluss steht dem betroffenen Mitglied innerhalb einer Frist von 4 Wochen nach Zugang der Mitteilung das Rechtsmittel des Einspruchs an die Mitgliederversammlung zu, die vorbehaltlich des Rechtsweges endgültig entscheidet.

§ 4 Organe der Pensionskasse

Organe der Kasse sind:

1. die Mitgliederversammlung
2. der Vorstand
3. der Verwaltungsleiter.

§ 5 Mitgliederversammlung

1. Die ordentliche Mitgliederversammlung findet einmal jährlich statt. Außerordentliche Mitgliederversammlungen finden statt, wenn dies im Interesse der Kasse erforderlich ist oder wenn die Einberufung einer derartigen Versammlung von einem Drittel der Mitglieder schriftlich unter Angaben von Gründen oder von der Aufsichtsbehörde gefordert wird.
2. Die Mitgliederversammlung wird vom Vorstand unter Angabe der Tagesordnung eingeladen. Die Einladung erfolgt schriftlich mindestens 4 Wochen vor dem Versammlungstermin. Regelmäßige Gegenstände der Beratung und Beschlussfassung durch die Mitgliederversammlung sind der Rechnungsabschluss, der Rechnungsbericht, die Entlastung des Vorstandes, die Wahl des Vorstandes sowie die Wahl des Rechnungsprüfers.
3. Erweiterungen der vom Vorstand vorgeschlagenen Tagesordnung sind auf Antrag eines Mitglieds vorzunehmen. Ist die Erweiterung bis zu drei Wochen vor dem Termin der Mitgliederversammlung beim Vorstand beantragt worden und mit einem Antrag zur Beschlussfassung an die Mitgliederversammlung verbunden, so hat der Vorstand die Ergänzung der Tagesordnung den Mitgliedern bis zwei Wochen vor dem Termin der Mitgliederversammlung mitzuteilen.
4. Die Mitgliederversammlung ist beschlussfähig, wenn sie form- und fristgerecht einberufen worden ist.

   Über Anträge - mit Ausnahme des Antrags auf Satzungsänderung - wird mit einfacher Mehrheit der abgegebenen Stimmen entschieden. Jedes Mitglied hat das Recht, sich bei der Abstimmung durch ein anderes Mitglied vertreten zu lassen. Eine entsprechende schriftliche Vollmacht ist dem Versammlungsleiter bis spätestens zum Beginn der Mitgliederversammlung auszuhändigen.
5. Der Vorstand oder ein von ihm benannter Vertreter leitet die Mitgliederversammlung.

§ 7 Vorstand

1. Der Vorstand wird von der Mitgliederversammlung für unbestimmte Zeit gewählt. Der Vorstand besteht aus fünf Mitglieder der Kasse. Davon müssen drei der Geschäftsleitung des Unternehmens angehören. Ein Vorstand muss Mitglied des Betriebsrates sein. Ein weiteres Vorstandsmitglied wird aus dem Kreis der Kassenmitglieder gewählt.
2. Der Vorstand wählt aus seiner Mitte einen Vorsitzenden und dessen Stellvertreter sowie einen Schriftführer und dessen Stellvertreter.
3. Scheidet ein Vorstandsmitglied aus dem Vorstand aus, so erfolgt durch die nächstfolgende Mitgliederversammlung eine Nachwahl.
4. Der Vorstand führt die Geschäfte der Kasse einschließlich ihrer Vermögensverwaltung und vertritt die Kasse gerichtlich und außergerichtlich. Schriftliche Willenserklärungen des Vorstandes sind gültig, wenn sie die Unterschrift von mindestens zwei Vorstandsmitgliedern, darunter dem Vorstandsvorsitzenden oder dessen Stellvertreter, erhalten.
5. Der Vorstand hat regelmäßige Vorstandssitzungen abzuhalten. Er ist beschlussfähig, wenn drei seiner Mitglieder und unter diesen der Vorsitzende oder sein Stellvertreter anwesend

sind. Die Beschlüsse werden nach Stimmenmehrheit gefasst; bei Stimmengleichheit entscheidet die Stimme des Vorsitzenden.

6. Der Schriftführer hat über jede Vorstandssitzung und der Mitgliederversammlung ein schriftliches Protokoll zu führen, das vom Vorstandsvorsitzenden und vom Schriftführer zu unterzeichnen ist.
7. Der Vorstand kann sich bei den mit der Pensionskasse verbundenen administrativen Tätigkeiten und der Vermögensverwaltung durch einen von ihm bestellten Verwaltungsleiter vertreten lassen.

§ 8 Geschäftsgrundsätze

1. Nach Schluss eines jeden Geschäftsjahres hat der Vorstand der Kasse gemäß den Rechnungslegungsvorschriften den Rechnungsabschluss und den Jahresbericht nach den vorgeschriebenen Formblättern und Nachweisungen sowie den hierzu ergangenen Richtlinien der Aufsichtsbehörde aufzustellen und der Mitgliederversammlung vorzulegen.
2. Alle drei Jahre, auf Verlangen der Aufsichtsbehörde auch zu anderen Zeitpunkten, hat der Vorstand durch einen versicherungsmathematischen Sachverständigen im Rahmen eines der Aufsichtsbehörde einzureichenden Gutachtens eine versicherungstechnische Prüfung der Vermögenslage der Kasse vornehmen zu lassen und in den nach Abs. 1 zu erstellenden Rechnungsabschluss die hierfür ermittelten versicherungstechnischen Werte zu übernehmen. Ergibt die versicherungstechnische Bilanz einen Überschuss, so fließt dieser Überschuss in eine Verlustrücklage, bis diese 2% der Deckungsrückstellung erreicht oder nach Inanspruchnahme wieder erreicht hat. Ein weiterer Überschuss ist der Rückstellung für Überschussbeteiligung zuzuführen. Die Überschussverteilung erfolgt durch Erhöhung der Leistungen oder Herabsetzung der Beiträge; näheres hierzu ist im Geschäftsplan der Kasse zu regeln.
3. Übersteigen die in der versicherungstechnischen Bilanz unter Berücksichtigung der Einnahmen gemäß § 9 der Satzung die Passiva die Aktiva, so gleicht die Firma den Unterschiedsbetrag aus. Soweit jedoch die Unterdeckung durch eine Änderung der Rechnungsgrundlagen entstanden ist, ist die Verlustrücklage zunächst hierfür zu verwenden. Reicht diese nicht aus, so bleibt die Deckung des Unterschiedsbetrages einer anderen Regelung im Einvernehmen mit der Aufsichtsbehörde vorbehalten.
4. Bekanntmachungen der Kasse an ihre Mitglieder erfolgen durch Rundschreiben.
5. Das Kassenvermögen ist nach den Bestimmungen der §§ 54 ff. VAG und der von der Aufsichtsbehörde hierzu erlassenen Richtlinien anzulegen.
6. Das Vermögen der Kasse und deren Erträge sind ausschließlich und unmittelbar für die Zwecke der Kasse zur Verwenden.
7. Alle Verwaltungs- und Personalkosten der Kasse, einschließlich der Kosten für ärztliche Untersuchungen erstattet die Firma der Kasse.

§ 9 Einnahmen des Vereins

Die Einnahmen des Vereins bestehen aus:

a) Beiträgen des Unternehmens;
b) Beiträgen der Mitglieder sowie
c) den Vermögenserträgen.

§ 10 Beitragsgrundsätze

1. Die Firma .... sowie jedes Kassenmitglied zahlen einen monatlichen Beitrag in Höhe von 3% des auf das jeweilige Kassenmitglied entfallenden monatlichen Bruttogehaltes (Vertragsgehalt ohne Zulagen, Zuschläge, Sonderleistungen und Sachbezüge). Die vom Mitglied

zu entrichtenden Beitragsanteile werden von der Firma im rahmen der monatlichen Lohn- und Gehaltsabrechnung einbehalten und an die Kasse abgeführt. Mit diesem Einzugsverfahren hat sich das Mitglied mit Stellung seines Aufnahmeantrages einverstanden erklärt.

2. Die Erhebung von Nachschüssen ist den Mitgliedern gegenüber ausgeschlossen.

3. Für die Verbindlichkeiten der Kasse haftet ausschließlich deren Vermögen.

§ 11 Austrittsvergütung

1. Scheidet ein Mitglied durch Beendigung des Dienstverhältnisses aus der Kasse aus, so erhält es, sofern keine Rentenzahlungen erfolgen und auch keine unverfallbare Anwartschaft nach den §§ 1, 2 BetrAVG aufrecht zu erhalten ist, die eingezahlten Beiträge einschließlich einer Verzinsung von 3% zurück.

2. Wird die Austrittsvergütung aufgrund eines Ausschlusses nach § 3 Abs. 7 dieser Satzung fällig, so erfolgt die Rückzahlung der vom Mitglied eingezahlten Beiträge ohne Verzinsung.

§ 12 Beitragsfreie Mitgliedschaft

Hat das aus den Diensten der Firma vor Eintritt eines Versicherungsfalls ausscheidende Mitglied die Voraussetzungen der gesetzlichen Unverfallbarkeit nach § 1 Abs. 1 BetrAVG erfüllt, so wird eine beitragsfreie Versicherung in Höhe der nach § 17 dieser Satzung erreichten Anwartschaft gewährt.

§ 13 Versicherte Leistungen

1. Die Kasse gewährt als betriebliche Versorgungsleistungen Alters-, Invaliden- und Hinterbliebenenrenten.

2. Die Leistungen der Pensionskasse sind für die Altersversorgung zweckgebunden und dürfen daher von den Versorgungsberechtigten nicht abgetreten, beliehen oder verpfändet werden.

§ 14 Altersrente

1 Scheidet ein Mitarbeiter nach Erreichen der Altersgrenze aus den Diensten des Unternehmens aus, so erhält er lebenslänglich eine Altersrente.

2. Altersgrenze ist das vollendete des 65. Lebensjahr für Männer und Frauen.

§ 15 Vorzeitige Altersrente

1. Ein Mitarbeiter, der vor Erreichen der Altersgrenze durch die Vorlage des Rentenbescheides eines bundesdeutschen Sozialversicherungsträgers nachweist, dass er Altersrente aus der gesetzlichen Rentenversicherung in voller Höhe bezieht und aus den Diensten des Trägerunternehmens ausgeschieden ist, hat Anspruch auf vorzeitige Altersrente.

2. Fällt die volle Altersrente aus der gesetzlichen Rentenversicherung wieder weg, so wird auch die Zahlung der vorzeitigen Altersrente eingestellt.

3. Wird anstelle einer Rente aus der gesetzlichen Rentenversicherung eine Rente aus einem berufsständischen Versorgungswerk bezogen oder liegt eine anderweitige Befreiung von der gesetzlichen Rentenversicherung vor, sind die vorstehenden Absätze analog anzuwenden.

§ 16 Berufs- und Erwerbsunfähigkeitsrente

1. Weist ein Mitarbeiter vor seinem normalen Pensionierungstag nach, dass er berufs- oder erwerbsunfähig ist, so erhält er für die Dauer der Berufs- oder Erwerbsunfähigkeit nach Ablauf der Gehaltszahlung eine Invalidenrente.

2. Dauert die Berufs- bzw. Erwerbsunfähigkeit bis zum Erreichen der Altersgrenze an, so erhält der Mitarbeiter ab diesem Termin eine Altersrente in gleicher Höhe.

3. Ein Anspruch auf Berufs- oder Erwerbsunfähigkeitsrente besteht nicht, wenn der Mitarbeiter die Invalidität vorsätzlich oder grob fahrlässig herbeigeführt hat oder wenn er bereits bei seinem letzten Eintritt in das Krankenhaus berufs- oder erwerbsunfähig war.

4. Die Invalidität ist durch Vorlage des Rentenbescheides des Sozialversicherungsträgers oder durch ein ärztliches Attest nachzuweisen. Von jeder Änderung der Feststellung durch den Sozialversicherungsträger bzw. durch den Arzt hat der Versorgungsempfänger der Kasse Kenntnis zu geben. Bei ausländischen Bescheiden, sowohl eines Sozialversicherungsträgers als auch eines Arztes, ist eine beglaubigte Übersetzung beizufügen.

5. Die Kasse kann jederzeit den Grad der Invalidität durch ein ärztliches Gutachten überprüfen lassen. Der Versorgungsempfänger hat sich innerhalb der vom Unternehmen gesetzten angemessenen Frist der Untersuchung zu unterziehen. Die Kosten einer solchen Untersuchung trägt die Kasse.

§ 17 Hinterbliebenenrenten

1. Beim Tode eines versorgungsberechtigten Mitarbeiters oder eines versorgungsberechtigten ehemaligen Mitarbeiters hat der überlebende Ehegatte Anspruch auf eine Witwen- bzw. Witwerrente.

   Die hinterlassenen Kinder haben Anspruch auf Waisenrente.

2. Der Anspruch auf Witwen- bzw. Witwerrente erlischt mit Ablauf des Monats der Wiederverheiratung. Im Falle der Wiederverheiratung erhält der überlebende Ehegatte eine einmalige Abfindung in Höhe von 24 Monatsrenten. Damit sind alle Ansprüche des überlebenden Ehegatten abgegolten.

3. Die Witwen- bzw. Witwerrente wird nicht gezahlt, wenn
   a) die Ehe mit dem Verstorbenen weniger als drei Monate gedauert hat;
   b) die Ehe nach Vollendung des 60. Lebensjahres des versorgungsberechtigten Mitarbeiters bzw. nach Eintritt eines Versorgungsfalls geschlossen worden ist.

4. Waisenrentenberechtigt sind vor Rentenbeginn bzw. vor dem vorzeitigen Ausscheiden eines Mitarbeiters geborene leibliche (§ 1592 BGB gilt entsprechend) oder adoptierte Kinder, wenn an sie eine entsprechende Rente aus der gesetzlichen Rentenversicherung geleistet wird, oder eine solche Rente geleistet würde, wenn der Verstorbene in der gesetzlichen Rentenversicherung versichert gewesen wäre und dort die Wartezeit erfüllt gehabt hätte.

5. Waisenrenten werden bis zum vollendeten 18. Lebensjahr gezahlt, darüber hinaus bis zum 25. Lebensjahr, solange sich das Kind in einer Schul- oder Berufsausbildung befindet.

§ 18 Höhe der Alters-, Berufs- oder Erwerbsunfähigkeitsrente

1. Die Höhe der monatlichen Altersrente, vorzeitigen Altersrente, Berufs- oder Erwerbsunfähigkeitsrente richtet sich nach dem versorgungsberechtigten Monatseinkommen während der gesamten Dienstzeit, der Zahl der Beitragsjahre und dem Beitrittsalter zur Kasse. Als versorgungsberechtigtes Monatseinkommen gilt das jeweilige der Beitragszahlung zugrundeliegende Monatsgehalt gemäß § 9 Abs. 1 dieser Satzung.

2. Für die Berechnung der Höhe der vorzeitigen Altersrente werden anrechnungsfähige Dienstjahre nur bis zum Zeitpunkt der Inanspruchnahme der vorzeitigen Altersrente berücksich-

tigt. Die so ermittelte Rente wird für jeden Monat der vorzeitigen Inanspruchnahme um 0,4 % ihres Wertes gekürzt, und zwar für die gesamte Dauer des Rentenbezugs.

3. Das Ruhegehalt ergibt sich aus dem nach versicherungsmathematischen Grundsätzen kalkulierten Tarif der Pensionskasse und der nachfolgenden, hieraus abgeleiteten und nach Beitragsjahren gestaffelten Rententabelle[1].

§ 19 Höhe der Hinterbliebenenrente

1. Die Witwen- bzw. Witwerrente beträgt 60 % der Rente, die der Versorgungsberechtigte bezog bzw. die er bezogen hätte, wenn er zum Zeitpunkt seines Todes berufs- oder erwerbsunfähig geworden wäre.

2. Die Halbwaisenrente beträgt 10 %, die Vollwaisenrente 20 % der Rente, die der Versorgungsberechtigte bezog bzw. die er bezogen hätte, wenn er zum Zeitpunkt seines Todes berufs- oder erwerbsunfähig geworden wäre.

3. Sind mehrere Hinterbliebene versorgungsberechtigt, so dürfen ihre zusammengerechneten Renten die Altersrente des Verstorbenen nicht übersteigen; andernfalls sind die einzelnen Renten im gleichen Verhältnis zu kürzen.

§ 20 Beginn, Ende und Auszahlung der Leistungen

1. Der Anspruch auf Zahlung der Versorgungsleistungen entsteht bei Vorliegen der allgemeinen und besonderen Leistungsvoraussetzungen, frühestens jedoch mit der rechtlichen Beendigung des Arbeitsverhältnisses, der Vorlage des Rentenbescheides bzw. des amtsärztlichen Attestes und der Einstellung von Lohnfortzahlungen (wie z. B. Überbrückungsgelder, Karenzentschädigungen etc.). Der Anspruch auf Invalidenrente entsteht frühestens mit der Einstellung von Zahlungen wegen Maßnahmen der Rehabilitation bzw. der Zahlung von Übergangsgeldern oder Vorruhestandsleistungen.

2. Der Anspruch auf Versorgungszahlungen erlischt mit dem Ablauf des Monats, in dem die Voraussetzungen für die Versorgungszahlungen weggefallen sind. Invalidenrenten bleiben auch bei Erreichen der Altersgrenze unverändert bestehen.

3. Die Renten werden am Letzten eines jeden Monats gezahlt, und zwar erstmals für den Monat, der dem Versorgungsfall folgt, letztmalig für den Monat, in dem die Voraussetzungen für die Versorgungszahlungen wegfallen.

4. Die Überweisung erfolgt bargeldlos nur auf ein Inlandskonto, das von dem Versorgungsberechtigten der Kasse mitgeteilt werden muss.

§ 21 Pflichten der Versorgungsberechtigten

1. Die Versorgungsempfänger haben für die Dauer der Versorgungszahlungen jede Änderung des Personen- oder Familienstandes oder der Feststellung der Invalidität durch den Sozialversicherungsträger bzw. durch das berufsständische Versorgungswerk der Unterstützungskasse unverzüglich anzuzeigen.

2. Kommt ein Versorgungsberechtigter seinen Verpflichtungen nicht nach, so ruht der Rentenzahlungsanspruch. Nach Erfüllung der Auflagen erfolgt die Nachzahlung ohne Zinsen zum nächsten Abrechnungstermin.

---

1 Die Rententabelle ist versicherungsmathematisch zu berechnen; der hierfür maßgebliche Versicherungstarif ist im Geschäftsplan der Pensionskasse niederzulegen.

3. Die zugesagten Ansprüche dürfen weder abgetreten noch beliehen oder verpfändet werden. Dennoch erfolgte Abtretungen, Beleihungen oder Verpfändungen sind der Pensionskasse gegenüber unwirksam.
4. Bei Eintritt des Versorgungsfalles hat der Versorgungsberechtigte der Pensionskasse unverzüglich den Rentenbescheid des zuständigen Rentenversicherungsträgers bzw. die Sterbeurkunde vorzulegen.
5. Die Versorgungsberechtigten sind verpflichtet, bei Eintritt des Versorgungsfalles die erforderlichen Angaben zur Gewährung von Versorgungsleistungen zu erbringen und die entsprechenden Unterlagen zur Verfügung zu stellen.

§ 22 Satzungsänderung und Auflösung des Vereins

1. Die Mitgliederversammlung beschließt über Satzungsänderungen mit einer Mehrheit von drei Vierteln der abgegebenen Stimmen. Eine Stimmenthaltung zählt nicht als abgegebene Stimme. Satzungsänderungen bedürfen zu ihrer Rechtswirksamkeit daneben der Genehmigung durch die Aufsichtsbehörde.
2. Satzungsänderungen, die sich auf die §§ 9 - 18 der Satzung erstrecken, haben auch für die bestehenden Versicherungsverhältnisse Gültigkeit, sofern der Beschluss nicht etwas anderes besagt.
3. Die Auflösung der Kasse kann nur durch einen Beschluss der eigens zu diesem Zweck einberufenen außerordentlichen Mitgliederversammlung erfolgen. Zu dem Beschluss ist eine Mehrheit von 3/4 der abgegebenen Stimmen sowie die Zustimmung der Geschäftsleitung erforderlich.
4. Im Falle der Auflösung des Vereins erfolgt die Liquidation durch den Vorstand als Liquidator. Die Mitgliederversammlung ist berechtigt, die Durchführung der Liquidation anderen Personen zu übertragen. Jeder Beschluss des Liquidators über die Verwendung des Vereinsvermögens darf erst nach Zustimmung durch die Aufsichtsbehörde durchgeführt werden. Das vorhandene Kassenvermögen darf nur zur Sicherung der Ansprüche der Kassenmitglieder und der Betriebsrentner verwendet werden.

§ 23 Schlussbestimmung

1. Sollten einzelne Bestimmungen dieser Satzung, gleich aus welchem Grunde, ganz oder teilweise unwirksam oder nichtig sein, so wird die Gültigkeit der Satzung im übrigen hierdurch nicht berührt. An die Stelle der ungültigen oder nichtigen Bestimmung tritt eine solche, die dem erstrebten Sinn und Zweck der ungültigen oder nichtigen Bestimmung am nächsten kommt.
2. Die mit der Gründung der Pensionskasse Kosten trägt das Trägerunternehmen.
3. Für den Gerichtsstand ist der Sitz der Kasse maßgebend. Die sachliche Zuständigkeit richtet sich nach § 2 Abs. 4 ArbGG.

....

Ort, Datum

....

Unterschrift des Vorstandes

XI. Checkliste zur Gründung eines Pensionsfonds 1315

1. Wahl der Rechtsform: Aktiengesellschaft (AG) oder Pensionsfondsverein (PfVaG)

➔ Bereitstellung von Eigenkapital

➔ Aufstellung von Satzung, Geschäftsplan und Pensionsplänen

➔ Notarielle Beurkundung der Satzung

➔ Bestimmung der maßgeblichen Gremien (Vorstand, Aufsichtsrat)

➔ Anmeldung und Eintragung zum Handelsregister

➔ Bestellung des verantwortlichen Aktuars

2. Anforderungen an die Pensionspläne

➔ Leistungszusage/Beitragszusage mit Mindestgarantie

➔ Ausschließliche Erbringung von Altersversorgungsleistungen, ggf. inklusive Invaliditäts- und Todesfallabsicherung

➔ Lebenslage Altersrenten

3. Beantragung der Erlaubnis zur Aufnahme des Geschäftsbetrieb bei der zuständigen Aufsichtsbehörde (= Bundesaufsichtsamt für das Versicherungswesen)

➔ Vorlage der Geschäftsunterlagen (Satzung, Geschäftsplan und Pensionspläne)

➔ Angaben über Zweck und Einrichtung des Unternehmens (betriebsbezogen/ überbetrieblich); Nachweis der dauerhaften Erfüllbarkeit der künftigen Verpflichtungen

➔ Nachweis von Eigenmitteln in Höhe des Mindestgarantiefonds

➔ Vorlage des Businessplans; Schätzung über die ersten drei Geschäftsjahre (Geschäftsentwicklung, Aufwendungen, Liquiditätslage)

➔ Unternehmensverträge und Funktionsausgliederungsverträge

➔ Angaben über beabsichtigte Rückdeckungsversicherungen

➔ Angaben über der benötigten Orga-Fonds

➔ Angaben über Vorstand und Aktuar die für die Beurteilung der fachlichen Qualifikation (Fit and Proper Test) erforderlich sind

➔ Angaben über bedeutende Beteiligungen und enge Verbindungen zu anderen natürlichen oder juristischen Personen

➔ Anzeige der Grundsätze der Anlagepolitik einschließlich der Verfahren zur Risikobewertung und zum Risikomanagement sowie der Grundlagen der Berechnung von Prämien und Deckungsrückstellung

➔ Mitteilung des vom Aufsichtsrats zu bestimmenden Abschlussprüfers

1316 **XII. Muster 9: Rahmenrichtlinie zur deferred compensation**

§ 1 Kreis der Versorgungsberechtigten

Anspruch auf die zusätzliche betriebliche Altersversorgung erwerben die Mitarbeiter, die eine entsprechende vertragliche Regelung zur zusätzlichen betrieblichen Altersversorgung (deferred compensation\ mit der Firma .... vereinbart haben.

§ 2 Leistungskatalog

(1) Die zusätzliche betriebliche Altersversorgung gewährt

1. nach Vollendung des 65. Lebensjahres oder zu einem vereinbarten späteren Fälligkeitstermin ein einmaliges Altersversorgungskapital;
2. ein vorzeitiges einmaliges Altersversorgungskapital, sofern der Mitarbeiter die vorzeitige Altersrente aus der gesetzlichen Rentenversicherung in Anspruch nimmt und aus dem Unternehmen ausscheidet;
3. ein einmaliges Todesfallkapital, sofern der Mitarbeiter vor Inanspruchnahme des zugesagten (vorzeitigen) Altersversorgungskapitals verstirbt.

(2) Auf die Versorgungsleistungen besteht ein Rechtsanspruch.

§ 3 Höhe der zugesagten Versorgungsleistungen

(1) Die zugesagten Versorgungsleistungen ergeben sich aus einer Tabelle, die altersabhängig für je 1.000,- € des Barlohnverzichts die einmalige Alters- bzw. Hinterbliebenenleistung ausweist.

(2) Sofern der Mitarbeiter das vorzeitige Altersversorgungskapital beantragt, wird das zugesagte Altersversorgungskapital gemäß Abs. 1 unter entsprechender Kürzung ausgezahlt. Bei der Berechnung des gekürzten Anspruchs sind die anerkannten Regeln der Versicherungsmathematik anzuwenden. Hierbei ist ein Rechnungszinsfuß von 7,0% sowie als fiktiver Finanzierungsbeginn der Zeitpunkt der Erteilung der Zusage zugrunde zu legen.

(3) Sofern der Mitarbeiter die Voraussetzungen nach § 2 Abs. 1 Nr. 1 bzw. 2 dieser Vereinbarung erfüllt, kann er das zugesagte Altersversorgungskapital als Ratenzahlung beantragen. Die Ratenzahlung ist auf das Jahr der Inanspruchnahme und die folgenden 4 Kalenderjahre begrenzt. Der Ratenzahlungsbetrag entspricht pro Kalenderjahr jeweils 1/5 des zugesagten Altersversorgungskapitals.

(4) Auf Wunsch des Mitarbeiters können die zugesagten Leistungen in eine wertgleiche Altersrente, auf Wunsch mit oder ohne Witwen-/Witwerrentenanwartschaft, umgewandelt werden. Die Verrentung erfolgt unter Zugrundelegung der für Rentenversicherungen gebräuchlichen Rechnungsgrundlagen der deutschen Lebensversicherungswirtschaft und den anerkannten Regeln der Versicherungsmathematik.

(5) Der Antrag auf Ratenzahlung bzw. das Rentenwahlrecht ist spätestens ein Jahr vor der in § 1 Abs. 1 Nr. 1 dieser Vereinbarung geregelten Altersgrenze geltend zu machen.

(6) Bei Tod des Mitarbeiters vor Inanspruchnahme des Altersversorgungskapitals wird das zugesagte Altersversorgungskapital dem hinterbliebenen Ehegatte, mit dem der versorgungsberechtigte Mitarbeiter im Zeitpunkt seines Todes in gültiger Ehe verheiratet war, ausgezahlt. Sofern der Mitarbeiter von den Wahlmöglichkeiten nach § 3 Abs. 3 bis 5 dieser Vereinbarung Gebrauch gemacht hat, stehen dem hinterbliebenen Ehegatten die noch offenen Ratenzahlungen zu bzw. wird die Hinterbliebenenrente fällig.

§ 4 Leistungshöhe bei vorzeitigem Ausscheiden

(1) Scheidet ein Versorgungsberechtigter vor Eintritt eines Versorgungsfalles aus den Diensten des Unternehmens aus, so bleiben die zugesagten Versorgungsleistungen gemäß §§ 1b Abs. 5, 2 Abs. 5a BetrAVG für alle vereinbarten Leistungsfälle in voller Höhe bestehen.

(2) Die Versorgungsleistungen werden jedoch erst nach Eintritt eines Versorgungsfalles gewährt, d.h. sofern die Voraussetzungen nach § 2 dieser Vereinbarung erfüllt sind.

§ 5 Rückdeckungsversicherung

(1) Das Unternehmen ist berechtigt, zur Rückdeckung der Versorgungsleistungen aus dieser Rahmenrichtlinie einen oder mehrere entsprechende Verträge mit einem Lebensversicherungsunternehmen abzuschließen. Sämtliche Rechte aus diesem Verträgen stehen ausschließlich dem Unternehmen zu.

(2 Der Versorgungsberechtigte ist verpflichtet, dem Unternehmen sämtliche für den Versicherungsabschluss erforderlichen Unterlagen und Angaben zur Verfügung zu stellen. Insbesondere ist er verpflichtet, die Einwilligung zum Abschluss der Versicherungen zu erklären und sich gegebenenfalls ärztlich untersuchen zu lassen. Die Einwilligung gilt als erteilt, wenn der Versorgungsberechtigte nicht unverzüglich nach Bekanntgabe der Rahmenrichtlinie ausdrücklich widerspricht. Auf Verlangen des Versicherers ist die Einwilligung diesem schriftlich zu erklären.

§ 6 Insolvenzsicherung

Die Firma verpflichtet sich, die Versorgungsansprüche des Mitarbeiters durch eine Verpfändung der abgeschlossenen Rückdeckungsversicherung gegen Fälle der Insolvenz oder sonstiger Zahlungsunfähigkeit abzusichern.

§ 7 Abtretung, Beleihung, Verpfändung

Die zugesagten Versorgungsleistungen dürfen vom Mitarbeiter weder abgetreten, noch beliehen oder verpfändet werden. Dennoch erfolgte Abtretungen, Beleihungen oder Verpfändungen sind dem Unternehmen gegenüber unwirksam.

§ 8 Datenschutzklausel

Das Unternehmen ist berechtigt, das Versorgungswerk von einem unabhängigen Sachverständigen gutachterlich betreuen zu lassen. Im Rahmen dieses Auftrages verarbeitet der Sachverständige personenbezogene Daten der Versorgungsberechtigten. Hierbei handelt es sich ausschließlich um solche Daten, die in einem unmittelbaren Zusammenhang mit zwingenden steuerrechtlichen Bewertungsvorschriften stehen und für die entsprechenden Berechnungen erforderlich sind.

Der Sachverständige wird vom Unternehmen auf das Datengeheimnis verpflichtet und hat sämtliche ihm anvertraute Daten vertraulich und ausschließlich im durch die einschlägigen Datenschutzgesetze vorgegebenen Rahmen zu verarbeiten.

§ 9 Inkrafttreten

(1) Diese Rahmenrichtlinie tritt mit Wirkung vom .... in Kraft.

(2) Auf die Rahmenrichtlinie findet das Betriebsrentengesetz in seiner jeweils gültigen Fassung Anwendung

....	....
Ort, Datum	Unterschrift Firmenleitung

1317 XIII. Muster 10: Vereinbarung zur Entgeltumwandlung

Die Max Mustermann GmbH - im folgenden kurz Firma genannt -

und

Herr/Frau ....

schließen in Ergänzung des Arbeitsvertrages vom .... folgende Vereinbarung zur

Gewährung betrieblicher Versorgungsleistungen
im Rahmen der Barlohnumwidmung

1. Herr/Frau ..... erklärt sich damit einverstanden, dass sein/ihr Gehalt für den Monat ..... in Höhe von .... € einmalig/laufend herabgesetzt wird. Die Barlohnumwidmung ist letztmalig in dem Jahr möglich, das dem Versorgungsfall vorausgeht.

   Die Firma erteilt auf der Grundlage dieser Barlohnumwidmung eine unmittelbare, mit Rechtsanspruch ausgestattete betriebliche Versorgungsleistung nach der Rahmenrichtlinie zur deferred compensation vom ...... Das danach zugesagte Versorgungskapital wird spätestens bei Vollendung des 65. Lebensjahres fällig. Der Mitarbeiter hat allerdings das Recht, mit der Firma einen späteren Fälligkeitstermin zu vereinbaren.

2. Bei vorzeitiger Beendigung des Arbeitsverhältnisses vor Eintritt eines Versorgungsfalls bleiben die zugesagten Versorgungsleistungen für alle vereinbarten Leistungsfälle in voller Höhe bestehen.

3. Alle betrieblichen Leistungen, für die die vertraglich vereinbarten Bezüge die Bemessungsgrundlage bilden, sind von dieser Vereinbarung nicht betroffen.

4. Die aus dieser Vereinbarung resultierenden Versorgungsleistungen werden in einem gesonderten Leistungsausweis dokumentiert.

5. Die zugesagten Versorgungsleistungen stehen ausschließlich für Versorgungszwecke zur Verfügung. Eine Abtretung, Beleihung oder Verpfändung der Versorgungsansprüche ist nicht zulässig.

6. Die Parteien sind sich darüber einig, dass der steuerliche Zufluss der vereinbarten Versorgungsleistungen erst nach Eintritt des Versorgungsfalls erfolgt. Eine Lohnversteuerung ist demnach erst vorzunehmen, wenn die Versorgungsleistungen gezahlt werden.

....
Ort, Datum

....
Unterschrift Firmenleitung Unterschrift Mitarbeiter

XIV. Muster 11: Positive Unverfallbarkeitsbescheinigung 1318

Berechnung der unverfallbaren Versorgungsanwartschaft

Sehr geehrte(r) Herr/Frau ....,

wir bescheinigen Ihnen hiermit nach § 2 Abs. 6 BetrAVG, dass Sie aus dem betrieblichen Versorgungswerk unseres Unternehmens eine unverfallbare Versorgungsanwartschaft auf Ruhegeldleistungen erworben haben.

Diese Versorgungsanwartschaft wird mit Vollendung des 65. Lebensjahres fällig. Die Höhe der dann zu zahlenden Versorgungsleistung bestimmt sich nach § 2 Abs. 1 BetrAVG. Danach haben Sie einen Anspruch in Höhe des Teils der Versorgungsleistung, die Sie bekommen würden, wenn Sie die Vollendung des 65. Lebensjahres in Diensten unseres Unternehmens erleben würden, der dem Verhältnis der Dauer Ihrer tatsächlichen Betriebszugehörigkeit zu der Dauer Ihrer bis zur Vollendung des 65. Lebensjahres rechnerisch möglichen Betriebszugehörigkeit entspricht.

Danach sind für die Berechnung der unverfallbaren Versorgungsanwartschaft folgende Faktoren maßgeblich:

1. Geburtsdatum
2. Eintrittsdatum
3. Austrittsdatum
4. Effektive Betriebszugehörigkeit:
5. Theoretisch mögliche Betriebszugehörigkeit bis zur Vollendung des 65. Lebensjahres
6. Kürzungsfaktor (= Ziff. 4 : Ziff. 5)
7. Anspruch auf mtl. Altersrente bei Vollendung des 65. Lebensjahres ohne vorzeitiges Ausscheiden
8. Teilanspruch auf monatliche Altersrente nach § 2 BetrAVG (= Ziffer 7 x Ziff. 6)

Sollten Sie das vorzeitige Altersruhegeld aus der gesetzlichen Rentenversicherung in Anspruch nehmen und aufgrund dessen nach § 6 BetrAVG auch das betriebliche Altersruhegeld vorzeitig beziehen wollen, oder sollte ein sonstiger vorzeitiger Versorgungsfall (Tod, Invalidität) eintreten, müsste der vorgenannte Teilanspruch bei Eintritt des Versorgungsfalls neu berechnet werden, da die Höhe der Versorgungsleistungen vom jeweiligen Zeitpunkt der vorgesehenen Leistung abhängt. Darüber hinaus sieht unsere Versorgungsordnung für den vorzeitigen Bezug von Versorgungsleistungen auch einen versicherungsmathematischen Abschlag vor, der ebenfalls zu berücksichtigen wäre. Der in Ziffer 6 ausgewiesene Kürzungsfaktor kommt bei allen vorgenannten Versorgungsleistungen zur Anwendung.

Im Übrigen gelten die Bestimmungen unserer Versorgungsordnung in der derzeit gültigen Fassung vom ....

Wir bitten Sie, sich zu gegebener Zeit wegen der Zahlung der Altersrente an unsere Personalabteilung zu wenden. Gleiches gilt entsprechend für einen etwaigen Anspruch auf Invaliden- oder Hinterbliebenenrenten.

Den Empfang dieser Auskunft, von der wir eine Abschrift dem Betriebsrat zur Kenntnis übersandt haben, bitten wir auf der beigefügten Zweitschrift zu bestätigen.

....

Ort, Datum

....

Unterschrift Arbeitgeber

Zusatz für Arbeitnehmer-Duplikat:

Hiermit bestätige ich, die vorstehende Auskunft über meine unverfallbare Versorgungsanwartschaft nach § 2 Abs. 6 BetrAVG erhalten zu haben.

....

Ort, Datum

....

Unterschrift Arbeitnehemer

XV. Muster 12: Negative Unverfallbarkeitsbescheinigung 1319

Ablehnung einer unverfallbaren Versorgungsanwartschaft

Sehr geehrte(r) Herr/Frau ....,

nach § 2 Abs. 6 BetrAVG teilen wir Ihnen hiermit mit, dass Sie aus dem betrieblichen Versorgungswerk unseres Unternehmens keine unverfallbare Versorgungsanwartschaft auf Ruhegeldleistungen erworben haben, da Sie die gesetzlichen Voraussetzungen nach § 1 Abs. 1 BetrAVG im Zeitpunkt Ihres Ausscheidens aus unserem Unternehmen nicht erfüllt haben und ein Anspruch auf eine vertragliche Unverfallbarkeit nicht besteht.

Voraussetzungen für die gesetzliche Unverfallbarkeit sind nach § 1b Abs. 1 BetrAVG, dass der Arbeitnehmer bei Beendigung des Arbeitsverhältnisses

☐ mindestens das 30. Lebensjahr vollendet hat und

☐ die Versorgungszusage für ihn mindestens 5 Jahre bestanden hat.

Ausgehend von den für Sie maßgeblichen Daten:

1. Geburtsdatum
2. Eintrittsdatum (Beginn der Betriebszugehörigkeit)
3. Austrittsdatum (Ende der Betriebszugehörigkeit)
4. Erteilung der Versorgungszusage

aus denen folgt:

➔ Alter bei Austritt Jahre

➔ Dauer des Bestehens der Versorgungszusage Jahre

➔ Dauer der Betriebszugehörigkeit Jahre

sind die oben genannten gesetzlichen Voraussetzungen für die Unverfallbarkeit nicht erfüllt, weil Sie im Zeitpunkt des Ausscheidens .... (Begründung).

Wir bitten Sie, den Empfang dieser Auskunft, von der wir eine Abschrift dem Betriebsrat zur Kenntnis übersandt haben, auf der beigefügten Zweitschrift zu bestätigen.

....

Ort, Datum Unterschrift Arbeitgeber

Zusatz für Arbeitnehmer-Duplikat:

Hiermit bestätige ich, die vorstehende Auskunft nach § 2 Abs. 6 BetrAVG erhalten zu haben.

....

Ort, Datum Unterschrift Arbeitnehmer

1320

XVI. Muster 13: Mitteilungen zur Anpassungsprüfung gemäß § 16 BetrAVG

(1) Nettolohnlimitierung

Sehr geehrte(r) Frau / Herr ....,

als ehemalige(r) Mitarbeiter(in) der Firma Mustermann GmbH beziehen Sie eine Betriebsrente. Diese Betriebsrente ist durch uns gemäß § 16 BetrAVG alle drei Jahre auf eine mögliche Anpassung hin zu überprüfen.

Gemäß § 16 Abs. 2 BetrAVG sind Ihre Interessen als Versorgungsberechtigter dann ausreichend gewahrt, wenn die Anpassung in Höhe der Inflation gewährt wird (Inflationsausgleich) oder zumindest dem Anstieg der Nettolöhne vergleichbarer aktiver Mitarbeiter im Unternehmen entspricht (Nettolohnlimitierung). Demgegenüber ist eine niedrigere Anpassung oder gar ein vollständiger Verzicht auf die Anpassung nur dann zulässig, wenn die wirtschaftliche Lage unseres Unternehmens uns hierzu berechtigt.

Unter Berücksichtigung dieser rechtlichen Rahmenbedingungen hat die von uns turnusmäßig, d.h. alle drei Jahre zum 1. Juli durchgeführte Prüfung, ob die Versorgungsleistungen nach § 16 BetrAVG zu erhöhen sind, folgendes ergeben:

Im maßgeblichen Anpassungszeitraum (Dezember 1998 bis Dezember 2001) belief sich die Inflationsrate nach den Angaben des statistischen Bundesamtes auf 3,5%. Demgegenüber betrug die Nettolohnentwicklung vergleichbarer Mitarbeiter in unserem Unternehmen lediglich 2,4%. Vor diesem Hintergrund werden wir Ihre Betriebsrente daher mit Wirkung zum **1.1.2002** um **2,4%** (= xx,xx €) erhöhen.

Das bedeutet, dass Sie ab dem 1. Januar 2002 eine monatliche Rente in Höhe von
xxx,xx €

erhalten werden. Hinsichtlich der Differenz zu der seit Dezember 2001 tatsächlich gezahlten Rente erhalten Sie eine entsprechende Nachzahlung mit Ihrer Märzrente.
Nach der novellierten Fassung des Betriebsrentengesetzes, die seit dem 1.1.1999 gilt, sind wir verpflichtet, Ihnen unsere Anpassungsentscheidung schriftlich mitzuteilen. Sollten Sie nicht binnen drei Monaten nach Zugang dieser Mitteilung schriftlich gegen diese Anpassungsentscheidung widersprochen haben, wird dieser Bescheid gemäß § 16 Abs. 4 BetrAVG unwiderruflich wirksam. Dies hat zur Konsequenz, dass wir nach widerspruchslosem Ablauf der vorgenannten Frist nicht verpflichtet sind, eine über die hier gewährte Anpassung hinausgehende Anpassung nachzuholen.

Mit freundlichen Grüßen

Firma Mustermann

(2) Anpassungsverzicht

Sehr geehrte(r) Frau / Herr ....,

als ehemalige(r) Mitarbeiter(in) der Firma Mustermann GmbH beziehen Sie eine Betriebsrente. Diese Betriebsrente ist durch uns gemäß § 16 BetrAVG alle drei Jahre auf eine mögliche Anpassung hin zu überprüfen.

Gemäß § 16 Abs. 2 BetrAVG sind Ihre Interessen als Versorgungsberechtigter dann ausreichend gewahrt, wenn die Anpassung in Höhe der Inflation gewährt wird (Inflationsausgleich) oder zumindest dem Anstieg der Nettolöhne vergleichbarer aktiver Mitarbeiter im Unternehmen entspricht (Nettolohnlimitierung). Demgegenüber ist eine niedrigere Anpassung oder gar ein vollständiger Verzicht auf die Anpassung nur dann zulässig, wenn die wirtschaftliche Lage unseres Unternehmens uns hierzu berechtigt. Dies ist insbesondere dann der Fall, wenn durch eine Anpassung nachhaltig die Substanz des Unternehmens gefährdet würde. Insoweit hat die Rechtsprechung einen Anpassungsverzicht legitimiert, wenn das Unternehmen keine angemessene Eigenkapitalverzinsung erzielt, wobei auf die bei festverzinslichen Wertpapieren langfristig zu erzielende Verzinsung abzustellen ist.

Unter Berücksichtigung dieser rechtlichen Rahmenbedingungen hat die von uns turnusmäßig, d.h. alle drei Jahre zum 1. Juli durchgeführte Prüfung, ob die Versorgungsleistungen nach § 16 BetrAVG zu erhöhen sind, folgendes ergeben:

Im maßgeblichen Anpassungszeitraum (Juni 1996 bis Juni 1999) belief sich die Inflationsrate nach den Angaben des statistischen Bundesamtes auf 3,5%. Angesichts der wirtschaftlichen Lage unseres Unternehmens sehen wir uns allerdings außerstande, Ihnen eine entsprechende oder auch geringere Rentenanpassung gewähren zu können.

(individuelle Begründung, z. B.: *Aufgrund eines erheblichen Umsatzrückgangs, bedingt durch den Wegfall des osteuropäischen Marktes sowie der Auftragskündigung durch zwei Großkunden, mussten wir den Produktionsstandort Musterkleinstadt schließen. Um überhaupt weiter existieren zu können, mussten diverse Rationalisierungsmaßnahmen umgesetzt werden. U.a. mussten wir 35 Mitarbeiter in Mustergroßstadt entlassen. Vor diesem Hintergrund erklärt sich auch das seit 1994 stetig sinkende Geschäftsergebnis, das 1998 erstmalig zu einem 6-stelligen Bilanzverlust geführt hat. Hierdurch ist auch die schlechte Eigenkapitalverzinsung, die im Anpassungsprüfungszeitraum durchschnittlich nur 1,5% betragen hat, zu erklären.)*

Nach der novellierten Fassung des Betriebsrentengesetzes, die seit dem 1.1.1999 gilt, sind wir verpflichtet, Ihnen unsere Anpassungsentscheidung schriftlich mitzuteilen. Sollten Sie nicht binnen drei Monaten nach Zugang dieser Mitteilung schriftlich gegen diese Anpassungsentscheidung widersprochen haben, wird dieser Bescheid gemäß § 16 Abs. 4 BetrAVG unwiderruflich wirksam. Dies hat zur Konsequenz, dass wir nach widerspruchslosem Ablauf der vorgenannten Frist nicht verpflichtet sind, die unterlassene Anpassung nachzuholen.

Mit freundlichen Grüßen

Firma Mustermann

1321 **XVII. Muster 14: Schließungsbeschluss für ein betriebliches Versorgungswerk**

Form: Briefbogen der GmbH, Beschluss der Gesellschaftsleitung; Aushang am schwarzen Brett; Auslage in der Personalabteilung

Inhalt: Hiermit gibt die Geschäftsleitung bekannt, dass das betriebliche Versorgungswerk in der Fassung der Gesamtzusage vom 27.2.1997 (Versorgungsordnung II) mit sofortiger Wirkung für den Neuzugang geschlossen wird. Dies gilt für alle in der Versorgungsordnung geregelten Durchführungswege der betrieblichen Altersversorgung, d.h. sowohl für die Direktversicherung, als auch für die Unterstützungskasse und Pensionszusage.

Die bestehenden Versorgungsrechte der bereits vor dem Schließungsbeschluss in die Firma eingetretenen Mitarbeiter wird von dieser Schließung nicht berührt.

Datum und Unterschrift der Geschäftsleitung

XVIII. Muster 15: Ablösende Betriebsvereinbarung 1322

(Nachtrag zur bestehenden Betriebsvereinbarung)

Präambel:

Vor dem Hintergrund der von der Firmenleitung vorgetragenen und dem Betriebsrat bekannten betriebswirtschaftlichen Gründe sollen die betrieblichen Versorgungsleistungen auf dem per .... (*Datum der Neuordnung*) erdienten Besitzstand eingefroren werden. Dies hat zur Konsequenz, dass die Versorgungsanwartschaften weder durch zukünftige Dienstjahre noch durch zukünftige Gehaltssteigerungen über das zum vorgenannten Termin erreichte Niveau hinaus ansteigen werden. Für die somit als notwendig und unumgänglich erachtete Reduzierung des Leistungsumfangs des betrieblichen Versorgungswerkes in Form

der Versorgungsordnung vom .... in der zuletzt gültigen Fassung vom ....,

die bereits per Betriebsvereinbarung vom .... für den Neuzugang geschlossen worden sind, beschließen Firmenleitung und Betriebsrat der .... (*Name des Unternehmens*), folgenden

Nachtrag zur Versorgungsordnung:

(1) Das gemäß Ziffer .... der Versorgungsordnung (VO) für die Berechnung sämtlicher Versorgungsleistungen maßgebliche pensionsfähige Arbeitseinkommen/rentenfähige Arbeitsverdienst wird mit dem Wert des im .... (*Monat vor Neuordnung*) gezahlten Gehaltes festgeschrieben, d.h. zukünftige Gehaltssteigerungen führen nicht mehr zu einer Erhöhung der Versorgungsanwartschaften.

(2) Die anrechenbare Dienstzeit gemäß Ziffer .... der VO endet zum .... (*Datum der Neuordnung*). Ferner wird der gemäß Ziffer .... der VO zu berücksichtigende Versorgungsteilbetrag pro anrechnungsfähigem Dienstjahr für alle zukünftigen Dienstjahre, beginnend mit dem .... (*Datum der Neuordnung*), auf 0,— € herabgesetzt; d.h. für zukünftige Dienstjahre erfolgt keine weitere Steigerung der Versorgungsanwartschaften.

(3) Die bis zum Neuordnungsstichtag (...............) nach der für den einzelnen Mitarbeiter maßgeblichen Versorgungsordnung erdienten Versorgungsanwartschaften werden - unter Berücksichtigung der Anrechnungsklausel in Ziffer .... VO – jeweils als Mindestanwartschaft (€-Festbetrag) aufrechterhalten. Hierüber erhält jeder Mitarbeiter einen entsprechenden Berechnungsnachweis, in dem neben der Anwartschaft auf Altersrente auch die entsprechend aufrechtzuerhaltenden Besitzstände aus der Invaliden- und Hinterbliebenenversorgung zu dokumentieren sind.

(4) Voraussetzung für die Gewährung der den Mitarbeitern nach dieser Besitzstandsregelung verbleibenden Versorgungsleistungen ist jedoch die Erfüllung der in den Pensionsordnungen geregelten jeweiligen allgemeinen und besonderen Leistungsvoraussetzungen. Dies gilt insbesondere für die Erfüllung der vertraglichen Wartezeit und der gesetzlichen Unverfallbarkeitsfristen.

(5) Die Firma behält sich vor, in Abstimmung mit dem Betriebsrat, in besonderen Härtefällen eine von den hier getroffenen Vereinbarungen abweichende Regelung zu treffen. Dies gilt insbesondere für den Fall, dass durch die Neuregelung bei Mitarbeitern eines rentennahen Jahrgangs (im Neuordnungszeitpunkt älter als 57 Jahre) soziale Härten auftreten.

Dieser Nachtrag tritt mit Wirkung zum .... in Kraft und ersetzt in seinen entsprechenden Passagen die eingangs genannten Versorgungsordnungen, die im übrigen unverändert fortgelten.

....

Ort/Datum

....

Geschäftsleitung Betriebsrat

XIX. Muster 16: Kündigung einer Betriebsvereinbarung 1323

Form: Briefbogen der GmbH; Beschluss der Geschäftsleitung; Aushändigung/Zustellung an den BR; Frist gem. § 77 Abs. V BetrVG beachten (i.d.R. 3 Monate)

Inhalt: Kündigung der Betriebsvereinbarung über die Gewährung betrieblicher Versorgungsleistungen (*ggf. andrer Name der BV bzw. des Versorgungswerkes*) vom .... (*Datum der ursprünglichen BV*) in der letzten Fassung vom .... (*Datum der letzten Änderung*)

Hiermit kündigen wir die o.g. Betriebsvereinbarung fristgerecht zum .... (*Datum; Frist gem. § 77 V BetrVG*).

Ziel dieser Kündigung ist die betriebliche Altersversorgung zukünftig für die gesamte Unternehmensgruppe einheitlich zu gestalten und insoweit zugleich ein neues, für ein mittelständisches Unternehmen unserer Größenordnung betriebswirtschaftlich kalkulierbares und verwaltbares Versorgungssystem einzuführen (*oder alternative Begründung*).

Diese Kündigung beinhaltet somit das Angebot an den Betriebsrat zu entsprechenden Verhandlungen über eine Neuordnung des betrieblichen Versorgungswerkes. Die Kündigung wirkt sich daher – auch unter Berücksichtigung der höchstrichterlichen Rechtsprechung – ausschließlich als „Schließung des bestehenden Versorgungswerkes“ aus.

Die bestehenden Versorgungsrechte der bereits vor dem Kündigungstermin in die Firma eingetretenen Mitarbeiter werden von dieser Schließung nicht berührt.

Sollte es allerdings zu keiner Neuordnung des bestehenden Versorgungssystems kommen, kündigen wir schon jetzt an, dass dann ein weiterer Eingriff in die bestehenden Versorgungsverpflichtungen – unter Berücksichtigung der Besitzstandsrechtsprechung des BAG – unumgänglich ist. Insoweit weisen wir nochmals auf die mit Ihrer Gewerkschaft geführten Gespräche hin, in denen der Gewerkschaftsvertreter ausdrücklich bestätigt hat, dass die bestehende und vom ehemaligen Grundig-Konzern übernommene Altersversorgung für ein Unternehmen unserer Größenordnung nicht üblich und nicht finanzierbar ist.

Datum und Unterschrift der Geschäftsleitung

1324

XX. Merkblätter des Pensionssicherungsvereins

Über die Internetpräsens des Pensionsicherungsvereins (http://www.psvag.de) können die in der nachfolgenden Übersicht aufgeführten Muster kostenlos von der entsprechenden Seite der Internetpräsens (Rubrik; Service) heruntergeladen werden. Da die Merkblätter des PSV fortlaufend aktualisiert werden ist von einem Abdruck abgesehen worden.

Lfd. Nr.	Merkblätter Allgemein/300	Stand
300/M 1	Insolvenzsicherung für Versorgungszusagen an (Mit-) Unternehmer (persönlicher u. sachlicher Geltungsbereich BetrAVG)	6.99
300/M 2	Arbeitnehmer-Ehegatten	1.99
300/M 3	Insolvenzsicherung der betrieblichen Altersversorgung	1.99
300/M 4	Sachlicher Geltungsbereich	1.99
300/M 5	Begriff der „Betriebszugehörigkeit" als Voraussetzung	9.95
300/M 6	Arbeitgeberbegriff	1.99
300/M 7	Anwendung des BetrAVG bei Arbeitsverhältnissen mit Auslandsbeziehung	1.99
300/M 8	Abwicklung betrieblicher Versorgungsverpflichtungen im Falle der Liquidation	1.99
300/M 9	Der gesetzliche Insolvenzschutz bei Änderung des Durchführungsweges bereits bestehender betrieblicher Altersversorgung in Direktversicherungen	1.99
300/M 10	Schuldbefreiende Übertragung von Versorgungsverpflichtungen auf Dritte	1.99
300/M 11	Insolvenzsicherung von Versorgungsleistungen aufgrund Entgeltumwandlung	6.98

Lfd. Nr.	Merkblätter Abteilung Insolvenz und Leistung/110	Stand	
		alt	neu
110/M 1	Die wesentlichen Grundsätze für die Übernahme betrieblicher Versorgungsleistungen aufgrund eigener Zustimmung des PSVaG im Rahmen eines außergerichtlichen Vergleichs	–	1.99
110/M 3	Flexible Altersgrenze in der betrieblichen Altersversorgung	–	1.99
110/M 4	Merkblatt für Konkursverwalter/Insolvenzverwalter	6.98	1.99
110/M 5	Erläuterungen zur unmittelbaren Versorgungszusage	6.89	1.99
110/M 6	Erläuterungen zur Direktversicherung	6.98	1.99
110/M 7	Erläuterungen zur Unterstützungskasse	6.89	1.99

Lfd. Nr.	Merkblätter Abteilung Mitglieder und Beiträge/210	Stand
210/M 10	Übertragung von Versorgungsverpflichtungen gegenüber ausgeschiedenen Arbeitnehmern bei Betriebsübergang nach § 613 a BGB	1.99
210/M 11	Hinweise zur Beurteilung der Melde- und Beitragspflicht von Versorgungszusagen an Gesellschafter durch den PSVaG	1.98
210/M 20	Insolvenzsicherung der betrieblichen Altersversorgung in den neuen Bundesländern durch den PSVaG	1.99
210/M 21	Durchführung der Meldepflichten für die Insolvenzsicherung	1.99
210/M 21a	Wichtige Hinweise für die Meldungen der Arbeitgeber	1.99
210/M 21b	Hinweise für den Arbeitgeber bei einer Beitragsbemessungsgrundlage bis DM 100.000,–	1.99

F. Gesetzestexte

I. Gesetz zur Verbesserung der betrieblichen Altersversorgung (BetrAVG)*

Erster Teil
Arbeitsrechtliche Vorschriften

Erster Abschnitt
Durchführung der betrieblichen Altersversorgung

§ 1 Zusage des Arbeitgebers auf betriebliche Altersversorgung

(1) Werden einem Arbeitnehmer Leistungen der Alters-, Invaliditäts- oder Hinterbliebenenversorgung aus Anlass seines Arbeitsverhältnisses vom Arbeitgeber zugesagt (betriebliche Altersversorgung), gelten die Vorschriften dieses Gesetzes. Die Durchführung der betrieblichen Altersversorgung kann unmittelbar über den Arbeitgeber oder über einen der in § 1b Abs. 2 bis 4 genannten Versorgungsträger erfolgen. Der Arbeitgeber steht für die Erfüllung der von ihm zugesagten Leistungen auch dann ein, wenn die Durchführung nicht unmittelbar über ihn erfolgt.

(2) Betriebliche Altersversorgung liegt auch vor, wenn

1. der Arbeitgeber sich verpflichtet, bestimmte Beiträge in eine Anwartschaft auf Alters, Invaliditäts- oder Hinterbliebenenversorgung umzuwandeln (beitragsorientierte Leistungszusage),
2. der Arbeitgeber sich verpflichtet, Beiträge zur Finanzierung von Leistungen der betrieblichen Altersversorgung an einen Pensionsfonds, eine Pensionskasse oder eine Direktversicherung zu zahlen und für Leistungen zur Altersversorgung das planmäßig zuzurechnende Versorgungskapital auf der Grundlage der gezahlten Beiträge (Beiträge und die daraus erzielten Erträge), mindestens die Summe der zugesagten Beiträge, soweit sie nicht rechnungsmäßig für einen biometrischen Risikoausgleich verbraucht wurden, hierfür zur Verfügung zu stellen (Beitragszusage mit Mindestleistung) oder
3. künftige Entgeltansprüche in eine wertgleiche Anwartschaft auf Versorgungsleistungen umgewandelt werden (Entgeltumwandlung).

§ 1a Anspruch auf betriebliche Altersversorgung durch Entgeltumwandlung

(1) Der Arbeitnehmer kann vom Arbeitgeber verlangen, dass von seinen künftigen Entgeltansprüchen bis zu 4 vom Hundert der jeweiligen Beitragsbemessungsgrenze in der Rentenversicherung der Arbeiter und Angestellten durch Entgeltumwandlung für seine betriebliche Altersversorgung verwendet werden. Die Durchführung des Anspruchs des Arbeitnehmers wird durch Vereinbarung geregelt. Ist der Arbeitgeber zu einer Durchführung über einen Pensionsfonds oder eine Pensionskasse (§ 1b Abs. 3) bereit, ist die betriebliche Altersversorgung dort durchzuführen; andernfalls kann der Arbeitnehmer verlangen, dass der Arbeitgeber für ihn eine Direktversicherung (§ 1b Abs. 2) abschließt. Soweit der Anspruch geltend gemacht wird, muss der Arbeitnehmer jährlich einen Betrag in Höhe von mindestens einem Hundertsechzigstel der Bezugsgröße nach § 18 Abs. 1 des Vierten Buches Sozialgesetzbuch für seine betriebliche Alters-

---

* Die Gesetzestexte wurden zuletzt durch das Gesetz zur Reform der gesetzlichen Rentenversicherung und zur Förderung eines kapitalgedeckten Altersvorsorgevermögens (Altersvermögensgesetz – AVmG) vom 26. Juni 2001 (BGBl. I S. 1310 ff.) geändert und sind in der ab **1.1.2002** geltenden Fassung dargestellt.

versorgung verwenden. Soweit der Arbeitnehmer Teile seines regelmäßigen Entgelts für betriebliche Altersversorgung verwendet, kann der Arbeitgeber verlangen, dass während eines laufenden Kalenderjahres gleichbleibende monatliche Beträge verwendet werden.

(2) Soweit eine durch Entgeltumwandlung finanzierte betriebliche Altersversorgung besteht, ist der Anspruch des Arbeitnehmers auf Entgeltumwandlung ausgeschlossen.

(3) Soweit der Arbeitnehmer einen Anspruch auf Entgeltumwandlung für betriebliche Altersversorgung nach Absatz 1 hat, kann er verlangen, dass die Voraussetzungen für eine Förderung nach §§ 10a, 82 Abs.2 des Einkommensteuergesetzes erfüllt werden, wenn die betriebliche Altersversorgung über einen Pensionsfonds, eine Pensionskasse oder eine Direktversicherung durchgeführt wird.

§ 1b Unverfallbarkeit und Durchführung der betrieblichen Altersversorgung

(1) Einem Arbeitnehmer, dem Leistungen aus der betrieblichen Altersversorgung zugesagt worden sind, bleibt die Anwartschaft erhalten, wenn das Arbeitsverhältnis vor Eintritt des Versorgungsfalls, jedoch nach Vollendung des 30. Lebensjahres endet und die Versorgungszusage zu diesem Zeitpunkt mindestens 5 Jahre bestanden hat (unverfallbare Anwartschaft). Ein Arbeitnehmer behält seine Anwartschaft auch dann, wenn er aufgrund einer Vorruhestandsregelung ausscheidet und ohne das vorherige Ausscheiden die Wartezeit und die sonstigen Voraussetzungen für den Bezug von Leistungen der betrieblichen Altersversorgung hätte erfüllen können. Eine Änderung der Versorgungszusage oder ihre Übernahme durch eine andere Person unterbricht nicht den Ablauf der Fristen nach Satz 1. Der Verpflichtung aus einer Versorgungszusage stehen Versorgungsverpflichtungen gleich, die auf betrieblicher Übung oder dem Grundsatz der Gleichbehandlung beruhen. Der Ablauf einer vorgesehenen Wartezeit wird durch die Beendigung des Arbeitsverhältnisses nach Erfüllung der Voraussetzungen der Sätze 1 und 2 nicht berührt[1]. Wechselt ein Arbeitnehmer vom Geltungsbereich dieses Gesetzes in einen anderen Mitgliedstaat der Europäischen Union, bleibt die Anwartschaft in gleichem Umfange wie für Personen erhalten, die auch nach Beendigung eines Arbeitsverhältnisses innerhalb des Geltungsbereichs dieses Gesetzes verbleiben.

(2) Wird für die betriebliche Altersversorgung eine Lebensversicherung auf das Leben des Arbeitnehmers durch den Arbeitgeber abgeschlossen und sind der Arbeitnehmer oder seine Hinterbliebenen hinsichtlich der Leistungen des Versicherers ganz oder teilweise bezugsberechtigt (Direktversicherung), so ist der Arbeitgeber verpflichtet, wegen Beendigung des Arbeitsverhältnisses nach Erfüllung der in Absatz 1 Satz 1 und 2 genannten Voraussetzungen das Bezugsrecht nicht mehr zu widerrufen. Eine Vereinbarung, nach der das Bezugsrecht durch die Beendigung des Arbeitsverhältnisses nach Erfüllung der in Absatz 1 und 2 genannten Voraussetzungen auflösend bedingt ist, ist unwirksam. Hat der Arbeitgeber die Ansprüche aus dem Versicherungsvertrag abgetreten oder beliehen, so ist er verpflichtet, den Arbeitnehmer, dessen Arbeitsverhältnis nach Erfüllung der in Absatz 1 Satz 1 und 2 genannten Voraussetzungen geendet hat, bei Eintritt des Versicherungsfalles so zu stellen, als ob die Abtretung oder Beleihung nicht erfolgt wäre. Als Zeitpunkt der Erteilung der Versorgungszusage im Sinne des Absatzes 1 gilt der Versicherungsbeginn, frühestens jedoch der Beginn der Betriebszugehörigkeit.

(3) Wird die betriebliche Altersversorgung von einer rechtsfähigen Versorgungseinrichtung durchgeführt, die dem Arbeitnehmer oder seinen Hinterbliebenen auf ihre Leistungen einen Rechtsanspruch gewährt (Pensionskasse und Pensionsfonds), so gilt Absatz 1 entsprechend. Als Zeitpunkt der Erteilung der Versorgungszusage im Sinne des Absatzes 1 gilt der Versicherungsbeginn, frühestens jedoch der Beginn der Betriebszugehörigkeit.

---

1 Dieser Text war zuvor in § 1 Abs. 1 S. 2 enthalten.

(4) Wird die betriebliche Altersversorgung von einer rechtsfähigen Versorgungseinrichtung durchgeführt, die auf ihre Leistungen keinen Rechtsanspruch gewährt (Unterstützungskasse), so sind die nach Erfüllung der in Absatz 1 Satz 1 und 2 genannten Voraussetzungen und vor Eintritt des Versorgungsfalles aus dem Unternehmen ausgeschiedenen Arbeitnehmer und ihre Hinterbliebenen den bis zum Eintritt des Versorgungsfalles dem Unternehmen angehörenden Arbeitnehmern und deren Hinterbliebenen gleichgestellt. Die Versorgungszusage gilt in dem Zeitpunkt als erteilt im Sinne des Absatzes 1, von dem an der Arbeitnehmer zum Kreis der Begünstigten der Unterstützungskasse gehört.

(5) Soweit betriebliche Altersversorgung durch Entgeltumwandlung erfolgt, behält der Arbeitnehmer seine Anwartschaft, wenn sein Arbeitsverhältnis vor Eintritt des Versorgungsfalles endet; in den Fällen der Absätze 2 und 3

1. ist dem Arbeitnehmer mit Beginn der Entgeltumwandlung ein unwiderrufliches Bezugsrecht einzuräumen,
2. dürfen die Überschussanteile nur zur Verbesserung der Leistung verwendet,
3. muss dem ausgeschiedenen Arbeitnehmer das Recht zur Fortsetzung der Versicherung oder Versorgung mit eigenen Beiträgen eingeräumt und
4. muss das Recht zur Verpfändung, Abtretung oder Beleihung durch den Arbeitgeber ausgeschlossen werden.

§ 2 Höhe der unverfallbaren Anwartschaft

(1) Bei Eintritt des Versorgungsfalles wegen Erreichen der Altersgrenze, wegen Invalidität oder Tod haben ein vorher ausgeschiedener Arbeitnehmer, dessen Anwartschaft nach § 1b fortbesteht, und seine Hinterbliebenen einen Anspruch mindestens in Höhe des Teiles der ohne das vorherige Ausscheiden zustehenden Leistung, der dem Verhältnis der Dauer der Betriebszugehörigkeit zu der Zeit vom Beginn der Betriebszugehörigkeit bis zur Vollendung des 65. Lebensjahres entspricht; an die Stelle des 65. Lebensjahres tritt ein früherer Zeitpunkt, wenn dieser in der Versorgungsregelung als feste Altersgrenze vorgesehen ist. Der Mindestanspruch auf Leistungen wegen Invalidität oder Tod vor Erreichen der Altersgrenze ist jedoch nicht höher als der Betrag, den der Arbeitnehmer oder seine Hinterbliebenen erhalten hätten, wenn im Zeitpunkt des Ausscheidens der Versorgungsfall eingetreten wäre und die sonstigen Leistungsvoraussetzungen erfüllt gewesen wären.

(2) Ist bei einer Direktversicherung der Arbeitnehmer nach Erfüllung der Voraussetzungen des § 1b Abs. 1 und 5 vor Eintritt des Versorgungsfalles ausgeschieden, so gilt Absatz 1 mit der Maßgabe, dass sich der vom Arbeitgeber zu finanzierende Teilanspruch nach Absatz 1, soweit er über die von dem Versicherer nach dem Versicherungsvertrag auf Grund der Beiträge des Arbeitgebers zu erbringende Versicherungsleistung hinausgeht, gegen den Arbeitgeber richtet. An die Stelle der Ansprüche nach Satz 1 tritt auf Verlangen des Arbeitgebers die von dem Versicherer auf Grund des Versicherungsvertrages zu erbringende Versicherungsleistung, wenn

1. spätestens nach 3 Monaten seit dem Ausscheiden des Arbeitnehmers das Bezugsrecht unwiderruflich ist und eine Abtretung oder Beleihung des Rechts aus dem Versicherungsvertrag durch den Arbeitgeber und Beitragsrückstände nicht vorhanden sind,
2. vom Beginn der Versicherung, frühestens jedoch vom Beginn der Betriebszugehörigkeit an, nach dem Versicherungsvertrag die Überschussanteile nur zur Verbesserung der Versicherungsleistung zu verwenden sind und
3. der ausgeschiedene Arbeitnehmer nach dem Versicherungsvertrag das Recht zur Fortsetzung der Versicherung mit eigenen Beiträgen hat.

Der Arbeitgeber kann sein Verlangen nach Satz 2 nur innerhalb von 3 Monaten seit dem Ausscheiden des Arbeitnehmers diesem und dem Versicherer mitteilen. Der ausgeschiedene Arbeitnehmer darf die Ansprüche aus dem Versicherungsvertrag in Höhe des durch Beitragszahlungen des Arbeitgebers gebildeten geschäftsplanmäßigen Deckungskapitals oder, soweit die Berechnung des Deckungskapitals nicht zum Geschäftsplan gehört, das nach § 176 Abs. 3 des Gesetzes über den Versicherungsvertrag berechneten Zeitwerts weder abtreten noch beleihen. In dieser Höhe darf der Rückkaufswert auf Grund einer Kündigung des Versicherungsvertrages nicht in Anspruch genommen werden; im Falle einer Kündigung wird die Versicherung in eine prämienfreie Versicherung umgewandelt. § 176 Abs. 1 des Gesetzes über den Versicherungsvertrag findet insoweit keine Anwendung.

(3) Für Pensionskassen gilt Absatz 1 mit der Maßgabe, dass sich der vom Arbeitgeber zu finanzierende Teilanspruch nach Absatz 1, soweit er über die von der Pensionskasse nach dem aufsichtsbehördlich genehmigten Geschäftsplan oder, soweit eine aufsichtsbehördliche Genehmigung nicht vorgeschrieben ist, nach den allgemeinen Versicherungsbedingungen und den fachlichen Geschäftsunterlagen im Sinne des § 5 Abs. 3 Nr. 2 Halbsatz 2 des Versicherungsaufsichtsgesetzes (Geschäftsunterlagen) auf Grund der Beiträge des Arbeitgebers zu erbringende Leistung hinausgeht, gegen den Arbeitgeber richtet. An die Stelle der Ansprüche nach Satz 1 tritt auf Verlangen des Arbeitgebers die von der Pensionskasse auf Grund des Geschäftsplanes oder der Geschäftsunterlagen zu erbringende Leistung, wenn nach dem aufsichtsbehördlich genehmigten Geschäftsplan oder den Geschäftsunterlagen

1. vom Beginn der Versicherung, frühestens jedoch vom Beginn der Betriebszugehörigkeit an, Überschussanteile, die auf Grund des Finanzierungsverfahrens regelmäßig entstehen, nur zur Verbesserung der Versicherungsleistung zu verwenden sind oder die Steigerung der Versorgungsanwartschaften des Arbeitnehmers der Entwicklung seines Arbeitsentgeltes, soweit es unter den jeweiligen Beitragsbemessungsgrenzen der gesetzlichen Rentenversicherungen liegt, entspricht und
2. der ausgeschiedene Arbeitnehmer das Recht zur Fortsetzung der Versicherung mit eigenen Beiträgen hat.

Der Absatz 2 Satz 3 bis 6 gilt entsprechend.

(3a) Für Pensionsfonds gilt Absatz 1 mit der Maßgabe, dass sich der vom Arbeitgeber zu finanzierende Teilanspruch, soweit er über die vom Pensionsfonds auf der Grundlage der nach dem geltenden Pensionsplan im Sinne des § 112 Abs.1 Satz 2 in Verbindung mit § 113 Abs.2 Nr.5 des Versicherungsaufsichtsgesetzes berechnete Deckungsrückstellung hinausgeht, gegen den Arbeitgeber richtet.

(4) Eine Unterstützungskasse hat bei Eintritt des Versorgungsfalles einem vorzeitig ausgeschiedenen Arbeitnehmer, der nach § 1b Abs. 4 gleichgestellt ist, und seinen Hinterbliebenen mindestens den nach Absatz 1 berechneten Teil der Versorgung zu gewähren.

(5) Bei der Berechnung des Teilanspruchs nach Absatz 1 bleiben Veränderungen der Versorgungsregelung und der Bemessungsgrundlagen für die Leistung der betrieblichen Altersversorgung, soweit sie nach dem Ausscheiden des Arbeitnehmers eintreten, außer Betracht; dies gilt auch für die Bemessungsgrundlagen anderer Versorgungsbezüge, die bei der Berechnung der Leistung der betrieblichen Altersversorgung zu berücksichtigen sind. Ist eine Rente der gesetzlichen Rentenversicherung zu berücksichtigen, so kann das bei der Berechnung von Pensionsrückstellungen allgemein zulässige Verfahren zugrunde gelegt werden, wenn nicht der ausgeschiedene Arbeitnehmer die Anzahl der im Zeitpunkt des Ausscheidens erreichten Entgeltpunkte nachweist; bei Pensionskassen sind der aufsichtsbehördlich genehmigte Geschäftsplan oder die Geschäftsunterlagen maßgebend. Bei Pensionsfonds sind der Pensionsplan und die sonstigen Geschäftsunterlagen maßgebend. Versorgungsanwartschaften, die der Arbeitnehmer nach seinem Ausscheiden erwirbt, dürfen zu keiner Kürzung des Teilanspruchs nach Absatz 1 führen.

(5a) Bei einer unverfallbaren Anwartschaft aus Entgeltumwandlung tritt an die Stelle der Ansprüche nach den Absätzen 1 oder 4 die vom Zeitpunkt der Zusage auf betriebliche Altersversorgung bis zum Ausscheiden des Arbeitnehmers erreichte Anwartschaft auf Leistungen aus den bis dahin umgewandelten Entgeltbestandteilen; dies gilt entsprechend für eine unverfallbare Anwartschaft aus Beiträgen im Rahmen einer beitragsorientierten Leistungszusage.

(5b) An die Stelle der Ansprüche nach den Absätzen 1 bis 4 und 5a tritt bei einer Beitragszusage mit Mindestleistung das dem Arbeitnehmer planmäßig zuzurechnende Versorgungskapital auf der Grundlage der bis zu seinem Ausscheiden geleisteten Beiträge (Beiträge und die daraus erzielten Erträge), mindestens die Summe der bis dahin zugesagten Beiträge, soweit sie nicht rechnungsmäßig für einen biometrischen Risikoausgleich verbraucht wurden.

(6) Der Arbeitgeber oder der sonstige Versorgungsträger hat dem ausgeschiedenen Arbeitnehmer Auskunft darüber zu erteilen, ob für ihn die Voraussetzungen einer unverfallbaren Altersversorgung erfüllt sind und in welcher Höhe er Versorgungsleistungen bei Erreichen der in der Versorgungsregelung vorgesehenen Altersgrenze beanspruchen kann.

§ 3 Abfindung

(1) Eine nach § 1b Abs. 1 bis 3 und 5 unverfallbare Anwartschaft kann im Falle der Beendigung des Arbeitsverhältnisses nur nach den Sätzen 2 bis 6 abgefunden werden. Die Anwartschaft ist auf Verlangen des Arbeitgebers oder des Arbeitnehmers abzufinden, wenn der bei Erreichen der vorgesehenen Altersgrenze maßgebliche Monatsbetrag der laufenden Versorgungsleistung eins vom Hundert der monatlichen Bezugsgröße (§ 18 Viertes Buch Sozialgesetzbuch), bei Kapitalleistungen zwölf Zehntel der monatlichen Bezugsgröße nicht übersteigt. Die Anwartschaft kann nur mit Zustimmung des Arbeitnehmers abgefunden werden, wenn

1. ihr monatlicher Wert zwei vom Hundert der monatlichen Bezugsgröße, bei Kapitalleistungen vierundzwanzig Zehntel der monatlichen Bezugsgröße nicht übersteigt,
2. ihr monatlicher Wert vier vom Hundert der monatlichen Bezugsgröße, bei Kapitalleistungen achtundvierzig Zehntel der monatlichen Bezugsgröße nicht übersteigt und der Abfindungsbetrag vom Arbeitgeber unmittelbar zur Zahlung von Beiträgen zur gesetzlichen Rentenversicherung oder zum Aufbau einer Versorgungsleistung bei einer Direktversicherung. Pensionskasse oder einem Pensionsfonds verwendet wird.
3. die Beiträge zur gesetzlichen Rentenversicherung erstattet worden sind oder
4. sie auf einer Entgeltumwandlung beruht und die Grenzwerte nach den Nummern 1 oder 2 nicht überschritten werden.

Der Teil einer Anwartschaft, der während eines Insolvenzverfahrens erdient worden ist, kann ohne Zustimmung des Arbeitnehmers abgefunden werden, wenn die Betriebstätigkeit vollständig eingestellt und das Unternehmen liquidiert wird. Die Abfindung ist gesondert auszuweisen und einmalig zu zahlen. Für Versorgungsleistungen, die gemäß § 2 Abs. 4 von einer Unterstützungskasse zu erbringen sind, gelten die Sätze 1 bis 5 entsprechend.

(2) Die Abfindung wird nach dem Barwert der nach § 2 bemessenen künftigen Versorgungsleistungen im Zeitpunkt der Beendigung des Arbeitsverhältnisses berechnet. Soweit sich der Anspruch auf die künftigen Versorgungsleistungen gegen ein Unternehmen der Lebensversicherung, einen Pensionsfonds oder eine Pensionskasse richtet, berechnet sich die Abfindung nach dem geschäftsplanmäßigen Deckungskapital im Zeitpunkt der Beendigung des Arbeitsverhältnisses oder, soweit die Berechnung des Deckungskapitals nicht zum Geschäftsplan gehört, nach dem Zeitwert gemäß § 176 Abs. 3 des Gesetzes über den Versicherungsvertrag. Hierbei sind der bei der jeweiligen Form der betrieblichen Altersversorgung vorgeschriebene Rechnungszinsfuß und die Rechnungsgrundlagen sowie die anerkannten Regeln der Versicherungsmathematik, bei Direktversicherungen und Pensionskassen deren Geschäftsplan oder Geschäftsunterlagen, maßgebend.

§ 4 Übernahme

(1) Die Verpflichtung, bei Eintritt des Versorgungsfalles Versorgungsleistungen nach § 2 Abs. 1 bis 3 zu gewähren, kann von jedem Unternehmen, bei dem der ausgeschiedene Arbeitnehmer beschäftigt wird, von einer Pensionskasse, von einem Unternehmen der Lebensversicherung oder

einem öffentlich-rechtlichen Versorgungsträger mit Zustimmung des Arbeitnehmers übernommen werden. Eine vertragliche Schuldübernahme durch andere Versorgungsträger ist dem Arbeitnehmer gegenüber unwirksam. Bei einer Schuldübernahme durch ein Unternehmen der Lebensversicherung gilt § 2 Abs. 2 Satz 4 bis 6 entsprechend.

(2) Hat eine Unterstützungskasse einem vorzeitig ausgeschiedenen Arbeitnehmer Versorgungsleistungen nach § 2 Abs. 1 zu gewähren, kann diese Verpflichtung mit Zustimmung des Arbeitnehmers von den in Absatz 1 genannten Trägern oder von einer anderen Unterstützungskasse übernommen werden.

(3) Wird die Betriebstätigkeit eingestellt und das Unternehmen liquidiert, kann eine Versorgungsleistung aufgrund einer Zusage oder einer unverfallbaren Anwartschaft nach § 1b Abs. 1 oder eine Versorgungsleistung, die gemäß § 1b Abs. 4 von einer Unterstützungskasse erbracht wird oder zu erbringen ist, von einer Pensionskasse oder einem Unternehmen der Lebensversicherung ohne Zustimmung des Versorgungsempfängers oder Arbeitnehmers übernommen werden, wenn sichergestellt ist, dass die Überschussanteile ab Rentenbeginn entsprechend § 16 Abs. 3 Nr. 2 verwendet werden. § 2 Abs. 2 Satz 4 bis 6 gilt entsprechend.

(4) Der Arbeitgeber ist verpflichtet, auf Verlangen des Arbeitnehmers frühestens ab Beendigung des Arbeitsverhältnisses den Barwert der nach § 1b Abs. 5 unverfallbaren Anwartschaft auf einen neuen Arbeitgeber, bei dem der ausgeschiedene Arbeitnehmer beschäftigt ist oder einen Versorgungsträger des neuen Arbeitgebers zu übertragen, wenn der neue Arbeitgeber dem Arbeitnehmer eine dem übertragenden Barwert wertmäßig entsprechende Zusage erteilt. Für die Höhe des Barwertes gilt § 3 Abs. 2 entsprechend mit der Maßgabe, dass an die Stelle des Zeitpunktes der Beendigung des Arbeitsverhältnisses der Zeitpunkt der Übertragung tritt. Mit der Erteilung der Zusage durch den neuen Arbeitgeber erlischt die Verpflichtung des alten Arbeitgebers.

Zweiter Abschnitt: Auszehrungsverbot

§ 5 Auszehrung und Anrechnung

(1) Die bei Eintritt des Versorgungsfalles festgesetzten Leistungen der betrieblichen Altersversorgung dürfen nicht mehr dadurch gemindert oder entzogen werden, dass Beiträge, um die sich andere Versorgungsbezüge nach diesem Zeitpunkt durch Anpassung an die wirtschaftliche Entwicklung erhöhen, angerechnet oder bei der Begrenzung der Gesamtversorgung auf einen Höchstbetrag berücksichtigt werden.

(2) Leistungen der betrieblichen Altersversorgung dürfen durch Anrechnung oder Berücksichtigung anderer Versorgungsbezüge, soweit sie auf eigenen Beiträgen des Versorgungsempfängers beruhen, nicht gekürzt werden. Dies gilt nicht für Renten aus den gesetzlichen Rentenversicherungen, soweit sie auf Pflichtbeiträgen beruhen, sowie für sonstige Versorgungsbezüge, die mindestens zur Hälfte auf Beiträgen oder Zuschüssen des Arbeitgebers beruhen.

Dritter Abschnitt: Altersgrenze

§ 6 Vorzeitige Altersleistung

Einem Arbeitnehmer, der die Altersrente aus der gesetzlichen Rentenversicherung vor Vollendung des 65. Lebensjahres in voller Höhe in Anspruch nimmt, sind auf sein Verlangen nach Erfüllung der Wartezeit und sonstiger Leistungsvoraussetzungen Leistungen der betrieblichen Altersversorgung zu gewähren. Fällt die Altersrente aus der gesetzlichen Rentenversicherung wieder weg oder wird sie auf einen Teilbetrag beschränkt, so können auch die Leistungen der betrieblichen Altersversorgung eingestellt werden. Der ausgeschiedene Arbeitnehmer ist verpflichtet, die Aufnahme oder Ausübung einer Beschäftigung oder Erwerbstätigkeit, die zu einem Wegfall oder zu einer Beschränkung der Altersrente aus der gesetzlichen Rentenversicherung führt, dem Arbeitgeber oder sonstigen Versorgungsträger unverzüglich anzuzeigen.

Vierter Abschnitt: Insolvenzsicherung

§ 7 [Umfang des Versicherungsschutzes]

(1) Versorgungsempfänger, deren Ansprüche aus einer unmittelbaren Versorgungszusage des Arbeitgebers nicht erfüllt werden, weil über das Vermögen des Arbeitgebers oder über seinen Nachlass das Insolvenzverfahren eröffnet worden ist, und ihre Hinterbliebenen haben gegen den Träger der Insolvenzsicherung einen Anspruch in Höhe der Leistung, die der Arbeitgeber aufgrund der Versorgungszusage zu erbringen hätte, wenn das Insolvenzverfahren nicht eröffnet worden wäre. Satz 1 gilt entsprechend,

1. wenn Leistungen aus einer Direktversicherung aufgrund der in § 1b Abs. 2 Satz 3 genannten Tatbestände nicht gezahlt werden und der Arbeitgeber seiner Verpflichtung nach § 1b Abs. 2 Satz 3 wegen der Eröffnung des Insolvenzverfahrens nicht nachkommt,
2. wenn eine Unterstützungskasse oder ein Pensionsfonds die nach ihrer Versorgungsregelung vorgesehene Versorgung nicht erbringt, weil über das Vermögen oder den Nachlass eines Arbeitgebers, der der Unterstützungskasse oder dem Pensionsfonds Zuwendungen leistet (Trägerunternehmen), das Insolvenzverfahren eröffnet worden ist.

§ 11 des Versicherungsvertragsgesetzes findet entsprechende Anwendung. Der Eröffnung des Insolvenzverfahrens stehen bei der Anwendung der Sätze 1 bis 3 gleich

1. die Abweisung des Antrags auf Eröffnung des Insolvenzverfahrens mangels Masse,
2. der außergerichtliche Vergleich (Stundungs-, Quoten- oder Liquidationsvergleich) des Arbeitgebers mit seinen Gläubigern zur Abwendung eines Insolvenzverfahrens, wenn ihm der Träger der Insolvenzsicherung zustimmt,
3. die vollständige Beendigung der Betriebstätigkeit im Geltungsbereich dieses Gesetzes, wenn ein Antrag auf Eröffnung des Insolvenzverfahrens nicht gestellt worden ist und ein Insolvenzverfahren offensichtlich mangels Masse nicht in Betracht kommt.

(1a) Der Anspruch gegen den Träger der Insolvenzsicherung entsteht mit dem Beginn des Kalendermonats, der auf den Eintritt des Sicherungsfalles folgt. Der Anspruch endet mit Ablauf des Sterbemonats des Begünstigten, soweit in der Versorgungszusage des Arbeitgebers nicht etwas anderes bestimmt ist. In den Fällen des Absatzes 1 Satz 1 und 4 Nr. 1 und 3 umfasst der Anspruch auch rückständige Versorgungsleistungen, soweit diese bis zu sechs Monaten vor Entstehen der Leistungspflicht des Trägers der Insolvenzsicherung entstanden sind.

(2) Personen, die bei Eröffnung des Insolvenzverfahrens oder bei Eintritt der nach Absatz 1 Satz 4 gleichstehenden Voraussetzungen (Sicherungsfall) eine nach § 1b unverfallbare Versorgungsanwartschaft haben, und ihre Hinterbliebenen haben bei Eintritt des Versorgungsfalls einen Anspruch gegen den Träger der Insolvenzsicherung, wenn die Anwartschaft beruht

1. auf einer unmittelbaren Versorgungszusage des Arbeitgebers oder
2. auf einer Direktversicherung und der Arbeitnehmer hinsichtlich der Leistungen des Versicherers widerruflich bezugsberechtigt ist oder die Leistungen aufgrund der in § 1b Abs. 2 Satz 3 genannten Tatbestände nicht gezahlt werden und der Arbeitgeber seiner Verpflichtung aus § 1b Abs. 2 Satz 3 wegen der Eröffnung des Insolvenzverfahrens nicht nachkommt.

Satz 1 gilt entsprechend für Personen, die zum Kreis der Begünstigten einer Unterstützungskasse oder eines Pensionsfonds gehören, wenn der Sicherungsfall bei einem Trägerunternehmen eingetreten ist. Die Höhe des Anspruchs richtet sich nach der Höhe der Leistungen gemäß § 2 Abs. 1, 2 Satz 2 und Abs. 5, bei Unterstützungskassen nach dem Teil der nach der Versorgungsregelung vorgesehenen Versorgung, der dem Verhältnis der Dauer der Betriebszugehörigkeit zu der Zeit vom Beginn der Betriebszugehörigkeit bis zum Erreichen der in der Versorgungsregelung vorgesehenen festen Altersgrenze entspricht, es sei denn § 2 Abs. 5a ist anwendbar. Für die Berechnung der Höhe des Anspruchs nach Satz 3 wird die Betriebszugehörigkeit bis zum Eintritt des Sicherungsfalls berücksichtigt. Bei Pensionsfonds mit Leistungszusagen gelten für die Höhe des Anspruches die Bestimmungen für unmittelbare Versorgungszusagen entsprechend, bei Beitragszusagen mit Mindestleistung gilt für die Höhe des Anspruches § 2 Abs. 5 b.

(3) Ein Anspruch auf laufende Leistungen gegen den Träger der Insolvenzsicherung beträgt im Monat höchstens das Dreifache der im Zeitpunkt der ersten Fälligkeit maßgebenden monatlichen Bezugsgröße gemäß § 18 des Vierten Buches Sozialgesetzbuch. Satz 1 gilt entsprechend bei einem Anspruch auf Kapitalleistungen mit der Maßgabe, dass zehn vom Hundert der Leistung als Jahresbetrag einer laufenden Leistung anzusetzen sind. Im Falle einer Entgeltumwandlung (§ 1 Abs. 2) treten anstelle der Höchstgrenzen drei Zehntel der monatlichen Bezugsgröße gemäß § 18 des Vierten Buches Sozialgesetzbuch, wenn nicht eine nach Barwert oder Deckungskapital mindestens gleichwertige vom Arbeitgeber finanzierte betriebliche Altersversorgung besteht. Satz 3 findet keine Anwendung auf die nach § 1b Abs. 5 unverfallbaren Anwartschaften, soweit sie auf einer Entgeltumwandlung in Höhe der Beträge nach § 1a Abs. 1 beruhen.

(4) Ein Anspruch auf Leistungen gegen den Träger der Insolvenzsicherung vermindert sich in dem Umfang, in dem der Arbeitgeber oder sonstige Träger der Versorgung die Leistungen der betrieblichen Altersversorgung erbringt. Wird im Insolvenzverfahren ein Insolvenzplan bestätigt, vermindert sich der Anspruch auf Leistungen gegen den Träger der Insolvenzsicherung insoweit, als nach dem Insolvenzplan der Arbeitgeber oder sonstige Träger der Versorgung einen Teil der Leistungen selbst zu erbringen hat. Sieht der Insolvenzplan vor, dass der Arbeitgeber oder sonstige Träger der Versorgung die Leistungen der betrieblichen Altersversorgung von einem bestimmten Zeitpunkt an selbst zu erbringen hat, entfällt der Anspruch auf Leistungen gegen den Träger der Insolvenzsicherung von diesem Zeitpunkt an. Die Sätze 2 und 3 sind für den außergerichtlichen Vergleich nach Absatz 1 Satz 4 Nr. 2 entsprechend anzuwenden. Im Insolvenzplan soll vorgesehen werden, dass bei einer nachhaltigen Besserung der wirtschaftlichen Lage des Arbeitgebers die vom Träger der Insolvenzsicherung zu erbringenden Leistungen ganz oder zum Teil vom Arbeitgeber oder sonstigen Träger der Versorgung wieder übernommen werden.

(5) Ein Anspruch gegen den Träger der Insolvenzsicherung besteht nicht, soweit nach den Umständen des Falles die Annahme gerechtfertigt ist, dass es der alleinige oder überwiegende Zweck der Versorgungszusage oder ihre Verbesserung oder der für die Direktversicherung in § 1b Abs. 2 Satz 3 genannten Tatbestände gewesen ist, den Träger der Insolvenzsicherung in Anspruch zu nehmen. Diese Annahme ist insbesondere dann gerechtfertigt, wenn bei Erteilung oder Verbesserung der Versorgungszusage wegen der wirtschaftlichen Lage des Arbeitgebers zu erwarten war, dass die Zusage nicht erfüllt werde. Verbesserungen der Versorgungszusagen werden bei der Bemessung der Leistungen des Trägers der Insolvenzsicherung nicht berücksichtigt, soweit sie in den beiden letzten Jahren vor dem Eintritt des Sicherungsfalls vereinbart worden sind.

(6) Ist der Sicherungsfall durch kriegerische Ereignisse, innere Unruhen, Naturkatastrophen oder Kernenergie verursacht worden, kann der Träger der Insolvenzsicherung mit Zustimmung des Bundesaufsichtsamtes für das Versicherungswesen die Leistungen nach billigem Ermessen abweichend von den Absätzen 1 bis 5 festsetzen.

§ 8 Übertragung der Leistungspflicht und Abfindung

(1) Ein Anspruch gegen den Träger der Insolvenzsicherung auf Leistungen nach § 7 besteht nicht, wenn eine Pensionskasse, ein Pensionsfonds oder ein Unternehmen der Lebensversicherung sich dem Träger der Insolvenzsicherung gegenüber verpflichtet, diese Leistungen zu erbringen, und die nach § 7 Berechtigten ein unmittelbares Recht erwerben, die Leistungen zu fordern.

(1a) Der Träger der Insolvenzsicherung hat die gegen ihn gerichteten Ansprüche auf den Pensionsfonds, dessen Trägerunternehmen die Eintrittspflicht nach § 7 ausgelöst hat, im Sinne von Absatz 1 zu übertragen, wenn die zuständige Aufsichtsbehörde hierzu die Genehmigung erteilt. Die Genehmigung kann nur erteilt werden, wenn durch Auflagen der Aufsichtsbehörde die dauernde Erfüllbarkeit der Leistungen aus dem Pensionsplan sichergestellt werden kann. Die Genehmigung der Aufsichtsbehörde kann der Pensionsfonds nur innerhalb eines Monats nach Eintritt des Sicherungsfalls beantragen.

(2) Eine Abfindung von Anwartschaften ist ohne Zustimmung des Arbeitnehmers möglich, wenn die Voraussetzungen nach § 3 Abs. 1 Satz 2 oder 3 erfüllt sind. Die Abfindung ist über die nach § 3 Abs. 1 bestimmten Beträge hinaus möglich, wenn sie an ein Unternehmen der Lebensversicherungswirtschaft, Pensionsfonds oder Pensionskassen gezahlt wird, bei dem der Versorgungsberechtigte im Rahmen eines Versicherungsvertrages nach § 1b Abs. 2 oder 3 versichert ist. § 2 Abs. 2

Satz 4 bis 6 und § 3 Abs. 2 gelten entsprechend.

§ 9 Mitteilungspflicht; Forderungs- und Vermögensübergang

(1) Der Träger der Insolvenzsicherung teilt dem Berechtigten die ihm nach § 7 oder § 8 zustehenden Ansprüche oder Anwartschaften schriftlich mit. Unterbleibt die Mitteilung, so ist der Anspruch oder die Anwartschaft spätestens ein Jahr nach dem Sicherungsfall bei dem Träger der Insolvenzsicherung anzumelden; erfolgt die Anmeldung später, so beginnen die Leistungen frühestens mit dem Ersten des Monats der Anmeldung, es sei denn, dass der Berechtigte an der rechtzeitigen Anmeldung ohne sein Verschulden verhindert war.

(2) Ansprüche oder Anwartschaften des Berechtigten gegen den Arbeitgeber auf Leistungen der betrieblichen Altersversorgung, die den Anspruch gegen den Träger der Insolvenzsicherung begründen, gehen im Falle eines Insolvenzverfahrens mit dessen Eröffnung, in den übrigen Sicherungsfällen dann auf den Träger der Insolvenzsicherung über, wenn dieser nach Absatz 1 Satz 1 dem Berechtigten die ihm zustehenden Ansprüche oder Anwartschaften mitteilt. Der Übergang kann nicht zum Nachteil des Berechtigten geltend gemacht werden. Die mit der Eröffnung des Insolvenzverfahrens übergegangenen Anwartschaften werden im Insolvenzverfahren als unbedingte Forderungen nach § 45 der Insolvenzordnung geltend gemacht.

(3) Ist der Träger der Insolvenzsicherung zu Leistungen verpflichtet, die ohne den Eintritt des Sicherungsfalles eine Unterstützungskasse erbringen würde, geht deren Vermögen einschließlich der Verbindlichkeiten auf ihn über; die Haftung für die Verbindlichkeiten beschränkt sich auf das übergegangene Vermögen. Wenn die übergegangenen Vermögenswerte den Barwert der Ansprüche und Anwartschaften gegen den Träger der Insolvenzsicherung übersteigen, hat dieser den übersteigenden Teil entsprechend der Satzung der Unterstützungskasse zu verwenden. Bei einer Unterstützungskasse mit mehreren Trägerunternehmen hat der Träger der Insolvenzsicherung einen Anspruch gegen die Unterstützungskasse auf einen Betrag, der dem Teil des Vermögens der Kasse entspricht, der auf das Unternehmen entfällt, bei dem der Sicherungsfall eingetreten ist. Die Sätze 1 bis 3 gelten nicht, wenn der Sicherungsfall auf den in § 7 Abs. 1 Satz 3 Nr. 2, 3 oder 5 genannten Gründen beruht, es sei denn, dass das Trägerunternehmen seine Betriebstätigkeit nach Eintritt des Sicherungsfalls nicht fortsetzt und aufgelöst wird (Liquidationsvergleich).

(3a) Absatz 3 findet entsprechende Anwendung auf einen Pensionsfonds, wenn die zuständige Aufsichtsbehörde die Genehmigung für die Übertragung der Leistungspflicht durch den Träger der Insolvenzsicherung nach § 8 Abs. 1 a nicht erteilt.

(4) In einem Insolvenzplan, der die Fortführung des Unternehmens oder eines Betriebes vorsieht, kann für den Träger der Insolvenzsicherung eine besondere Gruppe gebildet werden. Sofern im Insolvenzplan nichts anderes vorgesehen ist, kann der Träger der Insolvenzsicherung, wenn innerhalb von drei Jahren nach der Aufhebung des Insolvenzverfahrens ein Antrag auf Eröffnung eines neuen Insolvenzverfahrens gestellt wird, in diesem Verfahren als Insolvenzgläubiger Erstattung der von ihm erbrachten Leistungen verlangen.

(5) Dem Träger der Insolvenzsicherung steht gegen den Beschluss, durch den das Insolvenzverfahren eröffnet wird, die sofortige Beschwerde zu.

§ 10 Beitragspflicht und Beitragsbemessung

(1) Die Mittel für die Durchführung der Insolvenzsicherung werden auf Grund öffentlich-rechtlicher Verpflichtung durch Beiträge aller Arbeitgeber aufgebracht, die Leistungen der betrieblichen Altersversorgung unmittelbar zugesagt haben oder eine betriebliche Altersversorgung über eine Unterstützungskasse, eine Direktversicherung der in § 7 Abs. 1 Satz 2 und Absatz 2 Satz 1 Nr. 2 bezeichneten Art oder einen Pensionsfonds durchführen.

(2) Die Beiträge müssen den Barwert der im laufenden Kalenderjahr entstehenden Ansprüche auf Leistungen der Insolvenzsicherung, die im gleichen Zeitraum entstehenden Verwaltungskosten und sonstigen Kosten, die mit der Gewährung der Leistungen zusammenhängen, und die Zuführung zu einem vom Bundesaufsichtsamt für das Versicherungswesen festgesetzten Ausgleichsfonds decken; § 37 des Gesetzes über die Beaufsichtigung der privaten Versicherungsunternehmungen bleibt unberührt. Der Rechnungszinsfuß bei der Berechnung des Barwertes bestimmt sich nach § 65 des Versicherungsaufsichtsgesetzes. Auf die am Ende des Kalenderjahres fälligen Beiträge können Vorschüsse erhoben werden; reichen die Vorschüsse zur Deckung der Aufwendungen nach Satz 1 nicht aus, so kann der Ausgleichsfonds in einem vom Bundesaufsichtsamt für das Versicherungswesen zu genehmigenden Umfang zur Ermächtigung der Beiträge herangezogen werden.

(3) Die nach Absatz 2 erforderlichen Beiträge werden auf die Arbeitgeber nach Maßgabe der nachfolgenden Beträge umgelegt, soweit sie sich auf die laufenden Versorgungsleistungen und die nach § 1b unverfallbaren Versorgungsanwartschaften beziehen (Beitragsbemessungsgrundlage); diese Beträge sind festzustellen auf den Schluss des Wirtschaftsjahres des Arbeitgebers, das im abgelaufenen Kalenderjahr geendet hat:

1. Bei Arbeitgebern, die Leistungen der betrieblichen Altersversorgung unmittelbar zugesagt haben, ist Beitragsbemessungsgrundlage der Teilwert der Pensionsverpflichtung (§ 6 Abs. 3 des Einkommensteuergesetzes).
2. Bei Arbeitgebern, die eine betriebliche Altersversorgung über eine Direktversicherung mit widerruflichem Bezugsrecht durchführen, ist Beitragsbemessungsgrundlage das geschäftsplanmäßige Deckungskapital oder, soweit die Berechnung des Deckungskapitals nicht zum Geschäftsplan gehört, die Deckungsrückstellung. Für Versicherungen, bei denen der Versicherungsfall bereits eingetreten ist, und für Versicherungsanwartschaften, für die ein unwiderrufliches Bezugsrecht eingeräumt ist, ist das Deckungskapital oder die Deckungsrückstellung nur insoweit zu berücksichtigen, als die Versicherungen abgetreten oder beliehen sind.
3. Bei Arbeitgebern, die eine betriebliche Altersversorgung über eine Unterstützungskasse durchführen, ist Beitragsbemessungsgrundlage das Deckungskapital für die laufenden Leistungen (§ 4 d Abs. 1 Nr. 1 Buchstabe a des Einkommensteuergesetzes) zuzüglich des Zwanzigfachen der nach § 4 d Abs. 1 Nr. 1 Buchstabe b Satz 1 des Einkommensteuergesetzes errechneten jährlichen Zuwendungen für Leistungsanwärter im Sinne von § 4 d Abs. 1 Nr. 1 Buchstabe b Satz 2 des Einkommensteuergesetzes.
4. Bei Arbeitgebern, soweit sie betriebliche Altersversorgung über einen Pensionsfonds durchführen, ist für die Beitragsbemessungsgrundlage die Nummer 1 entsprechend anzuwenden.

(4) Aus den Beitragsbescheiden des Trägers der Insolvenzsicherung findet die Zwangsvollstreckung in entsprechender Anwendung der Vorschriften der Zivilprozessordnung statt. Die vollstreckbare Ausfertigung erteilt der Träger der Insolvenzsicherung.

§ 10a Säumniszuschläge; Zinsen; Verjährung

(1) Für Beiträge, die wegen Verstoßes des Arbeitgebers gegen die Meldepflicht erst nach Fälligkeit erhoben werden, kann der Träger der Insolvenzsicherung für jeden angefangenen Monat

vom Zeitpunkt der Fälligkeit an einen Säumniszuschlag in Höhe von bis zu 1 vom Hundert der nacherhobenen Beiträge erheben.

(2) Für festgesetzte Beiträge und Vorschüsse, die der Arbeitgeber nach Fälligkeit zahlt, erhebt der Träger der Insolvenzsicherung für jeden Monat Verzugszinsen in Höhe von 0,5 vom Hundert der rückständigen Beiträge. Angefangene Monate bleiben außer Ansatz.

(3) Vom Träger der Insolvenzsicherung zu erstattende Beiträge werden vom Tag der Fälligkeit oder bei Feststellung des Erstattungsanspruchs durch gerichtliche Entscheidung vom Tage der Rechtshängigkeit an für jeden Monat mit 0,5 vom Hundert verzinst. Angefangene Monate bleiben außer Ansatz.

(4) Ansprüche auf Zahlung der Beiträge zur Insolvenzsicherung gemäß § 10 sowie Erstattungsansprüche nach Zahlung nicht geschuldeter Beiträge zur Insolvenzsicherung verjähren in sechs Jahren. Die Verjährungsfrist beginnt mit Ablauf des Kalenderjahres, in dem die Beitragspflicht entstanden oder der Erstattungsanspruch fällig geworden ist. Auf die Verjährung sind die Vorschriften des Bürgerlichen Gesetzbuchs anzuwenden.

§ 11 Melde-, Auskunfts- und Mitteilungspflichten

(1) Der Arbeitgeber hat dem Träger der Insolvenzsicherung eine betriebliche Altersversorgung nach § 1b Abs. 1 bis 4 für seine Arbeitnehmer innerhalb von 3 Monaten nach Erteilung der unmittelbaren Versorgungszusage, dem Abschluss einer Direktversicherung oder der Errichtung einer Unterstützungskasse oder eines Pensionsfonds mitzuteilen. Der Arbeitgeber, der sonstige Träger der Versorgung, der Insolvenzverwalter und die nach § 7 Berechtigten sind verpflichtet, dem Träger der Insolvenzsicherung alle Auskünfte zu erteilen, die zur Durchführung der Vorschriften dieses Abschnittes erforderlich sind, sowie Unterlagen vorzulegen, aus denen die erforderlichen Angaben ersichtlich sind.

(2) Ein beitragspflichtiger Arbeitgeber hat dem Träger der Insolvenzsicherung spätestens bis zum 30. September eines jeden Kalenderjahres die Höhe des nach § 10 Abs. 3 für die Bemessung des Beitrages maßgebenden Betrages bei unmittelbaren Versorgungszusagen auf Grund eines versicherungsmathematischen Gutachtens, bei Direktversicherungen auf Grund einer Bescheinigung des Versicherers und bei Unterstützungskassen und Pensionsfonds auf Grund einer nachprüfbaren Berechnung mitzuteilen. Der Arbeitgeber hat die in Satz 1 bezeichneten Unterlagen mindestens 6 Jahre aufzubewahren.

(3) Der Insolvenzverwalter hat dem Träger der Insolvenzsicherung die Eröffnung des Insolvenzverfahrens, Namen und Anschriften der Versorgungsempfänger und die Höhe ihrer Versorgung nach § 7 unverzüglich mitzuteilen. Er hat zugleich Namen und Anschriften der Personen, die bei Eröffnung des Insolvenzverfahrens eine nach § 1 unverfallbare Versorgungsanwartschaft haben, sowie die Höhe ihrer Anwartschaft nach § 7 mitzuteilen.

(4) Der Arbeitgeber, der sonstige Träger der Versorgung und die nach § 7 Berechtigten sind verpflichtet, dem Insolvenzverwalter Auskünfte über alle Tatsachen zu erteilen, auf die sich die Mitteilungspflicht nach Absatz 3 bezieht.

(5) In den Fällen, in denen ein Insolvenzverfahren nicht eröffnet wird (§ 7 Abs. 1 Satz 3) oder nach § 207 der Insolvenzordnung eingestellt worden ist, sind die Pflichten des Insolvenzverwalters nach Absatz 3 vom Arbeitgeber oder dem sonstigen Träger der Versorgung zu erfüllen.

(6) Kammern und andere Zusammenschlüsse von Unternehmern oder anderen selbständigen Berufstätigen, die als Körperschaften des öffentlichen Rechts errichtet sind, ferner Verbände und andere Zusammenschlüsse, denen Unternehmer oder andere selbständige Berufstätige kraft Gesetzes angehören oder anzugehören haben, haben den Träger der Insolvenzsicherung bei der Ermittlung der nach § 10 beitragspflichtigen Arbeitgeber zu unterstützen.

(7) Die nach den Absätzen 1 bis 3 und 5 zu Mitteilungen und Auskünften und die nach Absatz 6 zur Unterstützung Verpflichteten haben die vom Träger der Insolvenzsicherung vorgesehenen Vordrucke zu verwenden.

(8) Zur Sicherung der vollständigen Erfassung der nach § 10 beitragspflichtigen Arbeitgeber können die Finanzämter dem Träger der Insolvenzsicherung mitteilen, welche Arbeitgeber für die Beitragspflicht in Betracht kommen. Die Bundesregierung wird ermächtigt, durch Rechtsverordnung mit Zustimmung des Bundesrates das Nähere zu bestimmen und Einzelheiten des Verfahrens zu regeln.

§ 12 Ordnungswidrigkeiten

(1) Ordnungswidrig handelt, wer vorsätzlich oder fahrlässig

1. entgegen § 11 Abs. 1 Satz 1, Abs. 2 Satz 1, Abs. 3 oder Abs. 5 eine Mitteilung nicht, nicht richtig, nicht vollständig oder nicht rechtzeitig vornimmt,
2. entgegen § 11 Abs. 1 Satz 2 oder Abs. 4 eine Auskunft nicht, nicht richtig, nicht vollständige oder nicht rechtzeitig erteilt oder
3. entgegen § 11 Abs. 1 Satz 2 Unterlagen nicht, nicht richtig, nicht vollständig oder nicht rechtzeitig vorlegt oder entgegen § 11 Abs. 2 Satz 2 Unterlagen nicht aufbewahrt.

(2) Die Ordnungswidrigkeit kann mit einer Geldbuße bis zu 5.000 Deutsche Mark geahndet werden.

(3) Verwaltungsbehörde im Sinne des § 36 Abs. 1 Nr. 1 des Gesetzes über Ordnungswidrigkeiten ist das Bundesaufsichtsamt für das Versicherungswesen.

§ 13 wird aufgehoben

§ 14 Träger der Insolvenzsicherung

(1) Träger der Insolvenzsicherung ist der Pensions-Sicherungs-Verein Versicherungsverein auf Gegenseitigkeit; er unterliegt der Aufsicht durch das Bundesaufsichtsamt für das Versicherungswesen. Die Vorschriften des Versicherungsaufsichtsgesetzes gelten, soweit dieses Gesetz nichts anderes bestimmt.

(2) Der Bundesminister für Arbeit und Sozialordnung weist durch Rechtsverordnung mit Zustimmung des Bundesrates die Stellung des Trägers der Insolvenzsicherung der Deutschen Ausgleichsbank zu, bei der ein Fonds zur Insolvenzsicherung der betrieblichen Altersversorgung gebildet wird, wenn

1. bis zum 31. Dezember 1974 nicht nachgewiesen worden ist, dass der in Absatz 1 genannte Träger die Erlaubnis der Aufsichtsbehörde zum Geschäftsbetrieb erhalten hat,
2. der in Absatz 1 genannte Träger aufgelöst worden ist oder
3. die Aufsichtsbehörde den Geschäftsbetrieb des in Absatz 1 genannten Trägers untersagt oder die Erlaubnis zum Geschäftsbetrieb widerruft.

In den Fällen der Nummern 2 und 3 geht das Vermögen des in Absatz 1 genannten Trägers einschließlich der Verbindlichkeiten auf die Deutsche Ausgleichsbank über, die es dem Fonds zur Insolvenzsicherung der betrieblichen Altersversorgung zuweist.

(3) Wird die Insolvenzsicherung von der Deutschen Ausgleichsbank durchgeführt, gelten die Vorschriften dieses Abschnittes mit folgenden Abweichungen:

1. In § 7 Abs. 6 entfällt die Zustimmung des Bundesaufsichtsamtes für das Versicherungswesen.
2. § 10 Abs. 2 findet keine Anwendung. Die von der Deutschen Ausgleichsbank zu erhebenden Beiträge müssen den Bedarf für die laufenden Leistungen der Insolvenzsicherung im laufenden Kalenderjahr und die im gleichen Zeitraum entstehenden Verwaltungskosten und sonstigen Kosten, die mit der Gewährung der Leistungen zusammenhängen, decken. Bei einer Zuweisung nach Absatz 2 Nr. 1 beträgt der Beitrag für die ersten 3 Jahre mindestens 0,1 vom Hundert der Beitragsbemessungsgrundlage gemäß § 10 Abs. 3; der nicht benötigte Teil dieses Beitragsaufkommens wird einer Betriebsmittel-

reserve zugeführt. Bei einer Zuweisung nach Absatz 2 Nr. 2 oder 3 wird in den ersten 3 Jahren zu dem Beitrag nach Nummer 2 Satz 2 ein Zuschlag von 0,08 vom Hundert der Beitragsbemessungsgrundlage gemäß § 10 Abs. 3 zur Bildung einer Betriebsmittelreserve erhoben. Auf die Beiträge können Vorschüsse erhoben werden.

3. In § 12 Abs. 3 tritt an die Stelle des Bundesaufsichtsamtes für das Versicherungswesen die Lastenausgleichsbank (Bank für Vertriebene und Geschädigte).

Die Deutsche Ausgleichsbank verwaltet den Fonds im eigenen Namen. Für Verbindlichkeiten des Fonds haftet sie nur mit dem Vermögen des Fonds. Dieser haftet nicht für die sonstigen Verbindlichkeiten der Bank. § 14 Abs. 1 Satz 1 des Gesetzes über die Lastenausgleichsbank vom 28. Oktober 1954 (BGBl. I S. 293), geändert durch das Einundzwanzigste Gesetz zur Änderung des Lastenausgleichsgesetzes vom 18. August 1969 (BGBl. I S. 1232), gilt auch für den Fonds.

§ 15 Verschwiegenheitspflicht

Personen, die bei dem Träger der Insolvenzsicherung beschäftigt oder für ihn tätig sind, dürfen fremde Geheimnisse, insbesondere Betriebs- oder Geschäftsgeheimnisse, nicht unbefugt offenbaren oder verwerten. Sie sind nach dem Gesetz über die förmliche Verpflichtung nichtbeamteter Personen vom 2. März 1971 (BGBl. I S. 469, 547) vom Bundesaufsichtsamt für das Versicherungswesen auf die gewissenhafte Erfüllung ihrer Obliegenheiten zu verpflichten.

Fünfter Abschnitt: Anpassung

§ 16 Anpassungsprüfungspflicht

(1) Der Arbeitgeber hat alle drei Jahre eine Anpassung der laufenden Leistungen der betrieblichen Altersversorgung zu prüfen und hierüber nach billigem Ermessen zu entscheiden; dabei sind insbesondere die Belange des Versorgungsempfängers und die wirtschaftliche Lage des Arbeitgebers zu berücksichtigen.

(2) Die Verpflichtung nach Absatz 1 gilt als erfüllt, wenn die Anpassung nicht geringer ist als der Anstieg

1. des Preisindexes für die Lebenshaltung von 4-Personen-Haushalten von Arbeitern und Angestellten mit mittlerem Einkommen oder
2. der Nettolöhne vergleichbarer Arbeitnehmergruppen des Unternehmens im Prüfungszeitraum.

(3) Die Verpflichtung nach Absatz 1 entfällt, wenn

1. der Arbeitgeber sich verpflichtet, die laufenden Leistungen jährlich um wenigstens eins vom Hundert anzupassen,
2. die betriebliche Altersversorgung über eine Direktversicherung im Sinne von § 1b Abs. 2 oder über eine Pensionskasse im Sinne von § 1b Abs. 3 durchgeführt wird, ab Rentenbeginn sämtliche auf den Rentenbestand entfallende Überschussanteile zur Erhöhung der laufenden Leistungen verwendet werden und zur Berechnung der garantierten Leistung der nach § 65 Abs. 1 Nr. 1 Buchstabe a des Versicherungsaufsichtsgesetzes festgesetzte Höchstzinssatz zur Berechnung der Deckungsrückstellung nicht überschritten wird oder
3. eine Beitragszusage mit Mindestleistung erteilt wurde; Absatz 5 findet insoweit keine Anwendung.

(4) Sind laufende Leistungen nach Absatz 1 nicht oder nicht in vollem Umfang anzupassen (zu Recht unterbliebene Anpassung), ist der Arbeitgeber nicht verpflichtet, die Anpassung zu einem

späteren Zeitpunkt nachzuholen. Eine Anpassung gilt als zu Recht unterblieben, wenn der Arbeitgeber dem Versorgungsempfänger die wirtschaftliche Lage des Unternehmens schriftlich dargelegt, der Versorgungsempfänger nicht binnen drei Kalendermonaten nach Zugang der Mitteilung schriftlich widersprochen hat und er auf die Rechtsfolgen eines nicht fristgemäßen Widerspruchs hingewiesen wurde.

(5) Soweit betriebliche Altersversorgung durch Entgeltumwandlung finanziert wird, ist der Arbeitgeber verpflichtet, die Leistungen mindestens entsprechend Absatz 3 Nr. 1 anzupassen oder im Falle der Durchführung über eine Direktversicherung oder eine Pensionskasse sämtliche Überschussanteile entsprechend Absatz 3 Nr. 2 zu verwenden.

(6) Als laufende Leistung gelten nicht monatliche Raten im Rahmen eines Auszahlungsplans.

Sechster Abschnitt: Geltungsbereich

§ 17 Persönlicher Geltungsbereich und Tariföffnungsklausel

(1) Arbeitnehmer im Sinne der §§ 1 bis 16 sind Arbeiter und Angestellte einschließlich der zu ihrer Berufsausbildung Beschäftigten; ein Berufsausbildungsverhältnis steht einem Arbeitsverhältnis gleich. Die §§ 1 bis 16 gelten entsprechend für Personen, die nicht Arbeitnehmer sind, wenn ihnen Leistungen der Alters-, Invaliditäts- oder Hinterbliebenenversorgung aus Anlass ihrer Tätigkeit für ein Unternehmen zugesagt worden sind. Arbeitnehmer im Sinne von § 1a Abs. 1 sind nur Personen nach den Sätzen 1 und 2, soweit sie aufgrund der Beschäftigung oder Tätigkeit bei dem Arbeitgeber, gegen den sich der Anspruch nach § 1a richten würde, in der gesetzlichen Rentenversicherung pflichtversichert sind.

(2) Die §§ 7 bis 15 gelten nicht für den Bund, die Länder, die Gemeinden sowie die Körperschaften, Stiftungen und Anstalten des öffentlichen Rechts, bei denen das Insolvenzverfahren nicht zulässig ist, und solche juristische Personen des öffentlichen Rechts, bei denen der Bund, ein Land oder eine Gemeinde kraft Gesetzes die Zahlungsfähigkeit sichert.

(3) Von den §§ 1a, 2 bis 5, 16, 18a Satz 1, §§ 27 und 28 kann in Tarifverträgen abgewichen werden. Die abweichenden Bestimmungen haben zwischen nichttarifgebundenen Arbeitgebern und Arbeitnehmern Geltung, wenn zwischen diesen die Anwendung der einschlägigen tariflichen Regelung vereinbart ist. Im übrigen kann von den Bestimmungen dieses Gesetzes nicht zuungunsten des Arbeitnehmers abgewichen werden.

(4) Gesetzliche Regelungen über Leistungen der betrieblichen Altersversorgung werden unbeschadet des § 18 durch die §§ 1 bis 16 und 26 bis 30 nicht berührt.

(5) Soweit Entgeltansprüche auf einem Tarifvertrag beruhen, kann für diese eine Entgeltumwandlung nur vorgenommen werden, soweit dies durch Tarifvertrag vorgesehen oder durch Tarifvertrag zugelassen ist.

§ 18 Sonderregelungen für den öffentlichen Dienst

(1) Für Personen, die

1. bei der Versorgungsanstalt des Bundes und der Länder (VBL) oder einer kommunalen oder kirchlichen Zusatzversorgungseinrichtung pflichtversichert sind, oder
2. bei einer anderen Zusatzversorgungseinrichtung pflichtversichert sind, die mit einer der Zusatzversorgungseinrichtungen nach Nummer 1 ein Überleitungsabkommen abgeschlossen hat oder aufgrund satzungsrechtlicher Vorschriften von Zusatzversorgungseinrichtungen nach Nummer 1 ein solches Abkommen abschließen kann, oder
3. unter das Gesetz über die zusätzliche Alters- und Hinterbliebenenversorgung für Angestellte und Arbeiter der Freien und Hansestadt Hamburg (Erstes Ruhegeldgesetz –

1. RGG), das Gesetz zur Neuregelung der zusätzlichen Alters- und Hinterbliebenenversorgung für Angestellte und Arbeiter der Freien und Hansestadt Hamburg (Zweites Ruhegeldgesetz – 2. RGG) oder unter das Bremische Ruhelohngesetz in ihren jeweiligen Fassungen fallen oder auf die diese Gesetze sonst Anwendung finden,

gelten §§ 2, 5, 16, 27 und 28 nicht, soweit sich aus den nachfolgenden Regelungen nichts Abweichendes ergibt.

(2) Bei Eintritt des Versorgungsfalles erhalten die in Absatz 1 Nr. 1 und 2 bezeichneten Personen, deren Anwartschaft nach § 1b fortbesteht und deren Arbeitsverhältnis vor Eintritt des Versorgungsfalles geendet hat, von der Zusatzversorgungseinrichtung eine Zusatzrente nach folgenden Maßgaben:

1. Der monatliche Betrag der Zusatzrente beträgt für jedes Jahr der aufgrund des Arbeitsverhältnisses bestehenden Pflichtversicherung bei einer Zusatzversorgungseinrichtung 2,25 vom Hundert, höchstens jedoch 100 vom Hundert der Leistung, die bei dem höchstmöglichen Versorgungssatz zugestanden hätte (Voll-Leistung). Für die Berechnung der Voll-Leistung
   a) ist der Versicherungsfall der Regelaltersrente maßgebend,
   b) ist das Arbeitsentgelt maßgebend, das nach der Versorgungsregelung für die Leistungsbemessung maßgebend wäre, wenn im Zeitpunkt des Ausscheidens der Versicherungsfall im Sinne der Versorgungsregelung eingetreten wäre,
   c) finden § 2 Abs. 5 Satz 1 und § 2 Abs. 6 entsprechend Anwendung,
   d) ist im Rahmen einer Gesamtversorgung der im Falle einer Teilzeitbeschäftigung oder Beurlaubung nach der Versorgungsregelung für die gesamte Dauer des Arbeitsverhältnisses maßgebliche Beschäftigungsquotient nach der Versorgungsregelung als Beschäftigungsquotient auch für die übrige Zeit maßgebend,
   e) finden die Vorschriften der Versorgungsregelung über eine Mindestleistung keine Anwendung und
   f) ist eine anzurechnende Grundversorgung nach dem bei der Berechnung von Pensionsrückstellungen für die Berücksichtigung von Renten aus der gesetzlichen Rentenversicherung allgemein zulässigen Verfahren zu ermitteln. Hierbei ist das Arbeitsentgelt nach Buchstabe b zugrunde zu legen und – soweit während der Pflichtversicherung Teilzeitbeschäftigung bestand – diese nach Maßgabe der Versorgungsregelung zu berücksichtigen.
2. Die Zusatzrente vermindert sich um 0,3 vom Hundert für jeden vollen Kalendermonat, den der Versorgungsfall vor Vollendung des 65. Lebensjahres eintritt, höchstens jedoch um 18 vom Hundert.
3. Übersteigt die Summe der Vomhundertsätze nach Nummer 1 aus unterschiedlichen Arbeitsverhältnissen 100, sind die einzelnen Leistungen im gleichen Verhältnis zu kürzen.
4. Die Zusatzrente muss monatlich mindestens den Betrag erreichen, der sich aufgrund des Arbeitsverhältnisses nach der Versorgungsregelung als Versicherungsrente aus den jeweils maßgeblichen Vomhundertsätzen der zusatzversorgungspflichtigen Entgelte oder der gezahlten Beiträge und Erhöhungsbeträge ergibt.
5. Die Vorschriften der Versorgungsregelung über das Erlöschen, das Ruhen und die Nichtleistung der Versorgungsrente gelten entsprechend. Soweit die Versorgungsregelung eine Mindestleistung in Ruhensfällen vorsieht, gilt dies nur, wenn die Mindestleistung der Leistung im Sinne der Nummer 4 entspricht.
6. Verstirbt die in Absatz 1 genannte Person, erhält eine Witwe oder ein Witwer 60 vom Hundert, eine Witwe oder ein Witwer im Sinne des § 46 Abs. 1 des Sechsten Buches

Sozialgesetzbuch 42 vom Hundert, eine Halbwaise 12 vom Hundert und eine Vollwaise 20 vom Hundert der unter Berücksichtigung der in diesem Absatz genannten Maßgaben zu berechnenden Zusatzrente; die §§ 46, 48, 103 bis 105 des Sechsten Buches Sozialgesetzbuch sind entsprechend anzuwenden. Die Leistungen an mehrere Hinterbliebene dürfen den Betrag der Zusatzrente nicht übersteigen; gegebenenfalls sind die Leistungen im gleichen Verhältnis zu kürzen.

7. Versorgungsfall ist der Versicherungsfall im Sinne der Versorgungsregelung.

(3) Personen, auf die bis zur Beendigung ihre Arbeitsverhältnisses die Regelungen des Ersten Ruhegeldgesetzes, des Zweiten Ruhegeldgesetzes oder des Bremischen Ruhelohngesetzes in ihren jeweiligen Fassungen Anwendung gefunden haben, haben Anspruch gegenüber ihrem ehemaligen Arbeitgeber auf Leistungen in sinngemäßer Anwendung des Absatzes 2 mit Ausnahme von Absatz 2 Nr. 3 und 4 sowie Nr. 5 Satz 2; bei Anwendung des Zweiten Ruhegeldgesetzes bestimmt sich der monatliche Betrag der Zusatzrente abweichend von Absatz 2 nach der nach dem Zweiten Ruhegeldgesetz maßgebenden Berechnungsweise.

(4) Die Leistungen nach den Absätzen 2 und 3 werden, mit Ausnahme der Leistungen nach Absatz 2 Nr. 4, jährlich zum 1. Juli um 1 vom Hundert erhöht, soweit in diesem Jahr eine allgemeine Erhöhung der Versorgungsrenten erfolgt.

(5) Besteht der Eintritt des Versorgungsfalles neben dem Anspruch auf Zusatzrente oder auf die in Absatz 3 oder Absatz 7 bezeichneten Leistungen auch Anspruch auf eine Versorgungsrente oder Versicherungsrente der in Absatz 1 Satz 1 Nr. 1 und 2 bezeichneten Zusatzversorgungseinrichtungen oder Anspruch auf entsprechende Versorgungsleistungen der Versorgungsanstalt der deutschen Kulturorchester oder der Versorgungsanstalt der deutschen Bühnen oder nach den Regelungen des Ersten Ruhegeldgesetzes, des Zweiten Ruhegeldgesetzes oder des Bremischen Ruhelohngesetzes, in deren Berechnung auch die der Zusatzrente zugrunde liegenden Zeiten berücksichtigt sind, ist nur die im Zahlbetrag höhere Rente zu leisten.

(6) Eine Anwartschaft auf Zusatzrente nach Absatz 2 oder auf Leistungen nach Absatz 3 kann bei Übertritt der anwartschaftsberechtigten Person in ein Versorgungssystem einer überstaatlichen Einrichtung in das Versorgungssystem dieser Einrichtung übertragen werden, wenn ein entsprechendes Abkommen zwischen der Zusatzversorgungseinrichtung oder der Freien und Hansestadt Hamburg oder der Freien Hansestadt Bremen und der überstaatlichen Einrichtung besteht.

(7) Für Personen, die bei der Versorgungsanstalt der deutschen Kulturorchester oder der Versorgungsanstalt der deutschen Bühnen pflichtversichert sind, gelten die §§ 2 bis 5, 16, 27 und 28 nicht. Bei Eintritt des Versorgungsfalles treten an die Stelle der Zusatzrente und der Leistungen an Hinterbliebene nach Absatz 2 und an die Stelle der Regelung in Absatz 4 die satzungsgemäß vorgesehenen Leistungen; Absatz 2 Nr. 5 findet entsprechend Anwendung. Die Höhe der Leistungen kann nach dem Ausscheiden aus dem Beschäftigungsverhältnis nicht mehr geändert werden. Als pflichtversichert gelten auch die freiwillig Versicherten der Versorgungsanstalt der deutschen Kulturorchester und der Versorgungsanstalt der deutschen Bühnen.

(8) Gegen Entscheidungen der Zusatzversorgungseinrichtungen über Ansprüche nach diesem Gesetz ist der Rechtsweg gegeben, der für Versicherte der Einrichtung gilt.

(9) Bei Personen, die aus einem Arbeitsverhältnis ausscheiden, in dem sie nach § 5 Abs. 1 Satz 1 Nr. 2 des Sechsten Buches Sozialgesetzbuch versicherungsfrei waren, dürfen die Ansprüche nach § 2 Abs. 1 Satz 1 und 2 nicht hinter dem Rentenanspruch zurückbleiben, der sich ergeben hätte, wenn der Arbeitnehmer für die Zeit der versicherungsfreien Beschäftigung in der gesetzlichen Rentenversicherung nachversichert worden wäre; die Vergleichsberechnung ist im Versorgungsfall aufgrund einer Auskunft der Bundesversicherungsanstalt für Angestellte vorzunehmen.

§ 18a Verjährung

Der Anspruch auf Leistungen aus der betrieblichen Altersversorgung verjährt in 30 Jahren. Ansprüche auf regelmäßig wiederkehrende Leistungen unterliegen der regelmäßigen Verjährungsfrist nach den Vorschriften des Bürgerlichen Gesetzbuches.

Zweiter Teil

Steuerrechtliche Vorschriften

§ 19 Änderung des Einkommensteuergesetzes

§ 20 Änderung des Körperschaftsteuergesetzes

§ 21 Änderung des Gewerbesteuergesetzes

§ 22 Änderung des Vermögensteuergesetzes

§ 23 Änderung des Versicherungsteuergesetzes

§ 24 Änderung des Umsatzsteuergesetzes

§ 25 Aufhebung des Zuwendungsgesetzes

Das Gesetz über die Behandlung von Zuwendungen an betriebliche Pensionskassen und Unterstützungskassen bei den Steuern vom Einkommen und Ertrag vom 26. März 1952 (BGBl. I S. 206) wird hinsichtlich der Unterstützungskassen mit Wirkung für Wirtschaftsjahre, die nach dem 31. Dezember 1974 enden, im übrigen mit Wirkung für Wirtschaftsjahre, die nach dem 21. Dezember 1974 enden, aufgehoben.

Dritter Teil

Übergangs- und Schlussvorschriften

§ 26 Ausnahme von der Geltung der § 1 bis 4 und 18

Die §§ 1 bis 4 und 18 gelten nicht, wenn das Arbeitsverhältnis oder Dienstverhältnis vor dem Inkrafttreten des Gesetzes beendet worden ist.

§ 27 Geltung des § 2 Abs. 2 und Abs. 3 in besonderen Fällen

Abs. 2 Satz 2 Nr. 2 und 3 und Abs. 3 Satz 2 Nr. 1 und 2 gelten in Fällen, in denen vor dem Inkrafttreten des Gesetzes die Direktversicherung abgeschlossen worden ist oder die Versicherung des Arbeitnehmers bei einer Pensionskasse begonnen hat, mit der Maßgabe, dass die in diesen Vorschriften genannten Voraussetzungen spätestens für die Zeit nach Ablauf eines Jahres seit dem Inkrafttreten des Gesetzes erfüllt sein müssen.

§ 28 Geltung des § 5 in besonderen Fällen

§ 5 gilt für Fälle, in denen der Versorgungsfall vor dem Inkrafttreten des Gesetzes eingetreten ist, mit der Maßgabe, dass diese Vorschrift bei der Berechnung der nach dem Inkrafttreten des Gesetzes fällig werdenden Versorgungsleistungen anzuwenden ist.

§ 29 Geltung des § 6 in besonderen Fällen

§ 6 gilt für die Fälle, in denen das Altersruhegeld der gesetzlichen Rentenversicherung bereits vor dem Inkrafttreten des Gesetzes in Anspruch genommen worden ist, mit der Maßgabe, dass die Leistungen der betrieblichen Altersversorgung vom Inkrafttreten des Gesetzes an zu gewähren sind.

§ 30 Anspruch gegen den Träger der Insolvenzsicherung

Ein Anspruch gegen den Träger der Insolvenzsicherung nach § 7 besteht nur, wenn der Sicherungsfall nach dem Inkrafttreten der §§ 7 bis 15 eingetreten ist; er kann erstmals nach dem Ablauf von sechs Monaten nach diesem Zeitpunkt geltend gemacht werden. Die Beitragspflicht des Arbeitgebers beginnt mit dem Inkrafttreten der §§ 7 bis 15.

§ 30a

(1) Männlichen Arbeitnehmern,

1. die vor dem 1. Januar 1952 geboren sind,
2. die das 60. Lebensjahr vollendet haben,
3. die nach Vollendung des 40. Lebensjahres mehr als 10 Jahre Pflichtbeiträge für eine in der gesetzlichen Rentenversicherung versicherte Beschäftigung oder Tätigkeit nach den Vorschriften des Sechsten Buches Sozialgesetzbuch haben,
4. die die Wartezeit von 15 Jahren in der gesetzlichen Rentenversicherung erfüllt haben und
5. deren Arbeitsentgelt oder Arbeitseinkommen die Hinzuverdienstgrenze nach § 34 Abs. 3 Nr. 1 des Sechsten Buches Sozialgesetzbuch nicht überschreitet,

sind auf deren Verlangen nach Erfüllung der Wartezeit und sonstiger Leistungsvoraussetzungen der Versorgungsregelung für nach dem 17. Mai 1990 zurückgelegte Beschäftigungszeiten Leistungen der betrieblichen Altersversorgung zu gewähren. § 6 Satz 3 gilt entsprechend.

(2) Haben der Arbeitnehmer oder seine anspruchsberechtigten Angehörigen vor dem 17. Mai 1990 gegen die Versagung der Leistungen der betrieblichen Altersversorgung Rechtsmittel eingelegt, ist Absatz 1 für Beschäftigungszeiten nach dem 8. April 1976 anzuwenden.

(3) Die Vorschriften des Bürgerlichen Gesetzbuchs über die Verjährung von Ansprüchen aus dem Arbeitsverhältnis bleiben unberührt.

§ 30b

§ 7 Abs. 3 Satz 3 gilt nur für Leistungen gegen den Träger der Insolvenzsicherung, die auf Zusagen beruhen, die nach dem 31. Dezember 1998 erteilt werden.

§ 30c

(1) § 16 Abs. 3 Nr. 1 gilt nur für laufende Leistungen, die auf Zusagen beruhen, die nach dem 31. Dezember 1998 erteilt werden.

(2) § 16 Abs. 4 gilt nicht für vor dem 1. Januar 1999 zu Recht unterbliebene Anpassungen.

(3) § 16 Abs. 5 gilt nur für laufende Leistungen, die auf Zusagen beruhen, die nach dem 31. Dezember 2000 erteilt werden.

§ 30d Übergangsregelung zu § 18

(1) Ist der Versorgungsfall vor dem 1. Januar 2001 eingetreten oder ist der Arbeitnehmer vor dem 1. Januar 2001 aus dem Beschäftigungsverhältnis bei einem öffentlichen Arbeitgeber ausgeschieden und der Versorgungsfall nach dem 31. Dezember 2000 eingetreten, sind für die Berechnung der Voll-Leistung die Regelungen der Zusatzversorgungseinrichtungen nach § 18 Abs. 1 Satz 1 Nr. 1 und 2 oder die Gesetze im Sinne des § 18 Abs. 1 Nr. 3 sowie die weiteren Berechnungsfaktoren jeweils in der am 31. Dezember 2000 geltenden Fassung maßgebend; § 18 Abs. 2 Nr. 1 Buchstabe b bleibt unberührt. Die Steuerklasse III/0 ist zugrunde zu legen.

Ist der Versorgungsfall vor dem 1. Januar 2001 eingetreten, besteht der Anspruch auf Zusatzrente mindestens in der Höhe, wie er sich aus § 18 BetrAVG in der Fassung vom 16. Dezember 1997 (BGBl. I S. 2998) ergibt.

(2) Die Anwendung des § 18 ist in den Fällen des Absatzes 1 ausgeschlossen, soweit eine Versorgungsrente der in § 18 Abs. 1 Satz 1 Nr. 1 und 2 bezeichneten Zusatzversorgungseinrichtun-

gen oder eine entsprechende Leistung aufgrund der Regelungen des Ersten Ruhegeldgesetzes, des Zweiten Ruhegeldgesetzes oder des Bremischen Ruhelohngesetzes bezogen wird, oder eine Versicherungsrente abgefunden wurde.

(3) Für Arbeitnehmer im Sinne des § 18 Abs. 1 Satz 1 Nr. 4, 5 und 6 in der bis zum 31. Dezember 1998 geltenden Fassung, für die bis zum 31. Dezember 1998 ein Anspruch auf Nachversicherung nach § 18 Abs. 6 entstanden ist, gilt Absatz 1 Satz 1 entsprechend mit der Maßgabe, dass sich der nach § 2 zu ermittelnde Anspruch gegen den ehemaligen Arbeitgeber richtet; Leistungen der gesetzlichen Rentenversicherung, die auf einer Nachversicherung wegen Ausscheidens aus einem Dienstordnungsverhältnis beruhen, und Leistungen, die die zuständige Versorgungseinrichtung aufgrund von Nachversicherungen im Sinne des § 18 Abs. 6 gewährt, werden angerechnet.

§ 30e gestrichen

§ 30f

Wenn Leistungen der betrieblichen Altersversorgung vor dem 1. Januar 2001 zugesagt worden sind, ist § 1b Abs. 1 mit der Maßgabe anzuwenden, dass die Anwartschaft erhalten bleibt, wenn das Arbeitsverhältnis vor Eintritt des Versorgungsfalles, jedoch nach Vollendung des 35. Lebensjahres endet und die Versorgungszusage zu diesem Zeitpunkt

1. mindestens zehn Jahre oder
2. bei mindestens 12-jähriger Betriebszugehörigkeit mindestens drei Jahre bestanden hat (unverfallbare Anwartschaft); in diesen Fällen bleibt die Anwartschaft auch erhalten, wenn die Zusage ab dem 1. Januar 2001 fünf Jahre bestanden hat und bei Beendigung des Arbeitsverhältnisses das 30. Lebensjahr vollendet ist. § 1b Abs. 5 findet für Anwartschaften aus diesen Zusagen keine Anwendung.

§ 30g

(1) § 2 Abs. 5a gilt nur für Anwartschaften, die auf Zusagen beruhen, die nach dem 31. Dezember 2000 erteilt worden sind. Im Einvernehmen zwischen Arbeitgeber und Arbeitnehmer kann § 2 Abs. 5a auch auf Anwartschaften angewendet werden, die auf Zusagen beruhen, die vor dem 1. Januar 2001 erteilt worden sind.

(2) § 4 Abs. 4 und § 3 Abs. 1 Satz 3 Nr. 4 gelten nicht für Anwartschaften, die auf Zusagen beruhen, die vor dem 1. Januar 2001 erteilt worden sind.

§ 30h

§ 17 Abs. 5 gilt für Entgeltumwandlungen, die auf Zusagen beruhen, die nach dem (einsetzen: Tag der Verkündung) erteilt werden.

§ 31

Auf Sicherungsfälle, die vor dem 1. Januar 1999 eingetreten sind, ist dieses Gesetz in der bis zu diesem Zeitpunkt geltenden Fassung anzuwenden.

§ 32 [Inkrafttreten]

§ 7 Abs. 3 Satz 3 gilt nur für Leistungen gegen Dieses Gesetz tritt vorbehaltlich des Satzes 2 am Tage nach seiner Verkündung* in Kraft. Die §§ 7 bis 15 treten am 1. Januar 1975 in Kraft.

* Verkündet am 21.12.1974

II. Einkommensteuergesetz (EStG) – Auszug –

§ 3 [Steuerfreie Einnahmen]

Steuerfrei sind:

...

63. Beiträge des Arbeitgebers aus dem ersten Dienstverhältnis an eine Pensionskasse oder einen Pensionsfonds, soweit sie insgesamt im Kalenderjahr 4 vom Hundert der Beitragsbemessungsgrenze in der Rentenversicherung der Arbeiter und Angestellten nicht übersteigen. Dies gilt nicht für Beiträge an eine Zusatzversorgungseinrichtung für eine betriebliche Altersversorgung im Sinne des § 10a Abs. 1 Satz 4 oder soweit der Arbeitnehmer nach § 1a Abs. 3 des Gesetzes zur Verbesserung der betrieblichen Altersversorgung verlangt hat, dass die Voraussetzungen für eine Förderung nach § 10a oder Abschnitt XI erfüllt werden;

...

66. Leistungen eines Arbeitgebers oder einer Unterstützungskasse an einen Pensionsfonds zur Übernahme bestehender Versorgungsverpflichtungen oder Versorgungsanwartschaften durch den Pensionsfonds, wenn ein Antrag nach § 4d Abs. 3 oder § 4e Abs. 3 gestellt worden ist;

§ 4d Zuwendungen an Unterstützungskassen

(1) Zuwendungen an eine Unterstützungskasse dürfen von dem Unternehmen, das die Zuwendungen leistet (Trägerunternehmen), als Betriebsausgaben abgezogen werden, soweit die Leistungen der Kasse, wenn sie vom Trägerunternehmen unmittelbar erbracht würden, bei diesem betrieblich veranlasst wären und sie die folgenden Beiträge nicht übersteigen:

1. bei Unterstützungskassen, die lebenslänglich laufende Leistungen gewähren:
   a) das Deckungskapital für die laufenden Leistungen nach der dem Gesetz als Anlage 1 beigefügten Tabelle. Leistungsempfänger ist jeder Arbeitnehmer oder ehemalige Arbeitnehmer des Trägerunternehmens, der von der Unterstützungskasse Leistungen erhält; soweit die Kasse Hinterbliebenenversorgung gewährt, ist Leistungsempfänger der Hinterbliebene eines ehemaligen Arbeitnehmers des Trägerunternehmens, der von der Kasse Leistungen erhält. Dem Arbeitnehmer oder ehemaligen Arbeitnehmer stehen andere Personen gleich, denen Leistungen der Alters-, Invaliditäts- oder Hinterbliebenenversorgung aus Anlass ihrer ehemaligen Tätigkeit für das Trägerunternehmen zugesagt worden sind;
   b) in jedem Wirtschaftsjahr für jeden Leistungsanwärter,
      aa) wenn die Kasse nur Invaliditätsversorgung oder nur Hinterbliebenenversorgung gewährt, jeweils 6 vom Hundert,
      bb) wenn die Kasse Altersversorgung mit oder ohne Einschluss von Invaliditätsversorgung oder Hinterbliebenenversorgung gewährt, 25 vom Hundert der jährlichen Versorgungsleistungen, die der Leistungsanwärter oder, wenn nur Hinterbliebenenversorgung gewährt wird, dessen Hinterbliebene nach den Verhältnissen am Schluss des Wirtschaftsjahrs der Zuwendung im letzten Zeitpunkt der Anwartschaft, spätestens im Zeitpunkt der Vollendung des 65. Lebensjahrs erhalten können. Leistungsanwärter ist jeder Arbeitnehmer oder ehemalige Arbeitnehmer des Trägerunternehmens, der von der Unterstützungskasse schriftlich zugesagte Leistungen erhalten kann und am Schluss des Wirtschaftsjahrs, in dem die Zuwendung erfolgt, das 28. Lebensjahr vollendet hat; soweit die Kasse nur Hinterbliebenenversorgung gewährt, gilt als Leistungsanwärter jeder Arbeitnehmer oder ehemalige Arbeitnehmer des Trägerunternehmens, der am Schluss des Wirtschaftsjahrs, in dem die Zuwendung erfolgt, das 28. Lebensjahr vollendet hat und dessen Hinterbliebene die Hinterbliebenenversorgung erhalten können. Das

Trägerunternehmen kann bei der Berechnung nach Satz 1 statt des dort maßgebenden Betrags den Durchschnittsbetrag der von der Kasse im Wirtschaftsjahr an Leistungsempfänger im Sinne des Buchstabens a Satz 2 gewährten Leistungen zugrunde legen. In diesem Fall sind Leistungsanwärter im Sinne des Satzes 2 nur die Arbeitnehmer oder ehemaligen Arbeitnehmer des Trägerunternehmens, die am Schluss des Wirtschaftsjahrs, in dem die Zuwendung erfolgt, das 50. Lebensjahr vollendet haben. Dem Arbeitnehmer oder ehemaligen Arbeitnehmer als Leistungsanwärter stehen andere Personen gleich, denen schriftlich Leistungen der Alters-, Invaliditäts- oder Hinterbliebenenversorgung aus Anlass ihrer Tätigkeit für das Trägerunternehmen zugesagt worden sind;

c) den Betrag des Beitrags, den die Kasse an einen Versicherer zahlt, soweit sie sich die Mittel für ihre Versorgungsleistungen, die der Leistungsanwärter oder Leistungsempfänger nach den Verhältnissen am Schluss des Wirtschaftsjahrs der Zuwendung erhalten kann, durch Abschluss einer Versicherung verschafft; die Zuwendungen nach den Buchstaben a oder b sind in diesem Fall in dem Verhältnis zu vermindern, in dem die Leistungen der Kasse durch die Versicherung gedeckt sind. Bei Versicherungen für einen Leistungsanwärter ist der Abzug des Beitrags nur zulässig, wenn der Leistungsanwärter die in Buchstabe b Satz 2 und 5 genannten Voraussetzungen erfüllt, die Versicherung für die Dauer bis zu dem Zeitpunkt abgeschlossen ist, für den erstmals Leistungen der Altersversorgung vorgesehen sind, mindestens jedoch bis zu dem Zeitpunkt, an dem der Leistungsanwärter das 55. Lebensjahr vollendet hat, und während dieser Zeit jährlich Beiträge gezahlt werden, die der Höhe nach gleichbleiben oder steigen. Das gleiche gilt für Leistungsanwärter, die das 28. Lebensjahr noch nicht vollendet haben, für Leistungen der Invaliditäts- oder Hinterbliebenenversorgung, für Leistungen der Altersversorgung unter der Voraussetzung, dass die Leistungsanwartschaft bereits unverfallbar ist. Ein Abzug ist ausgeschlossen, wenn die Ansprüche aus der Versicherung der Sicherung eines Darlehens dienen. Liegen die Voraussetzungen der Sätze 1 bis 4 vor, sind die Zuwendungen nach den Buchstaben a und b in dem Verhältnis zu vermindern, in dem die Leistungen der Kasse durch die Versicherung gedeckt sind; ...

(2) ...

(3) Abweichend von Absatz 1 Satz 1 Nr. 1 Satz 1 Buchstabe d und Absatz 2 können auf Antrag die insgesamt erforderlichen Zuwendungen an die Unterstützungskasse für den Betrag, den die Kasse an einen Pensionsfonds zahlt, der eine ihr obliegende Versorgungsverpflichtung ganz oder teilweise übernommen hat, nicht im Wirtschaftsjahr der Zuwendung, sondern erst in den dem Wirtschaftsjahr der Zuwendung folgenden zehn Wirtschaftsjahren gleichmäßig verteilt als Betriebsausgaben abgezogen werden. Der Antrag ist unwiderruflich; der jeweilige Rechtsnachfolger ist an den Antrag gebunden.

§ 4e Beiträge an Pensionsfonds

(1) Beiträge an einen Pensionsfonds im Sinne des § 112 des Versicherungsaufsichtsgesetzes dürfen von dem Unternehmen, das die Beiträge leistet (Trägerunternehmen), als Betriebsausgaben abgezogen werden, soweit sie auf einer festgelegten Verpflichtung beruhen oder der Abdeckung von Fehlbeträgen bei dem Fonds dienen.

(2) Beiträge im Sinne des Absatzes 1 dürfen als Betriebsausgaben nicht abgezogen werden, soweit die Leistungen des Fonds, wenn sie vom Trägerunternehmen unmittelbar erbracht würden, bei diesem nicht betrieblich veranlasst wären.

(3) Der Steuerpflichtige kann auf Antrag die insgesamt erforderlichen Leistungen an einen Pensionsfonds zur teilweisen oder vollständigen Übernahme einer bestehenden Versorgungsverpflichtung oder Versorgungsanwartschaft durch den Pensionsfonds erst in den dem Wirt-

schaftsjahr der Übertragung folgenden zehn Wirtschaftsjahren gleichmäßig verteilt als Betriebsausgaben abziehen. Der Antrag ist unwiderruflich; der jeweilige Rechtsnachfolger ist an den Antrag gebunden. Ist eine Pensionsrückstellung nach § 6a gewinnerhöhend aufzulösen, ist Satz 1 mit der Maßgabe anzuwenden, dass die Leistungen an den Pensionsfonds im Wirtschaftsjahr der Übertragung in Höhe der aufgelösten Rückstellung als Betriebsausgaben abgezogen werden können; der die aufgelöste Rückstellung übersteigende Betrag ist in den dem Wirtschaftsjahr der Übertragung folgenden zehn Wirtschaftsjahren gleichmäßig verteilt als Betriebsausgaben abzuziehen. Satz 3 gilt entsprechend, wenn es im Zuge der Leistungen des Arbeitgebers an den Pensionsfonds zu Vermögensübertragungen einer Unterstützungskasse an den Arbeitgeber kommt.

§ 6a Pensionsrückstellungen

...

(2) Eine Pensionsrückstellung darf erstmals gebildet werden

1. Vor Eintritt des Versorgungsfalls für das Wirtschaftsjahr, in dem die Pensionszusage erteilt wird, frühestens jedoch für das Wirtschaftsjahr, bis zu dessen Mitte der Pensionsberechtigte das 28. Lebensjahr vollendet oder für das Wirtschaftsjahr, in dessen Verlauf die Pensionsanwartschaft gemäß den Vorschriften des Gesetzes zur Verbesserung der betrieblichen Altersversorgung unverfallbar wird,
2. nach Eintritt des Versorgungsfalls für das Wirtschaftsjahr, in dem der Versorgungsfall eintritt.

(3) Eine Pensionsrückstellung darf höchstens mit dem Teilwert der Pensionsverpflichtung angesetzt werden. Als Teilwert einer Pensionsverpflichtung gilt

1. vor Beendigung des Dienstverhältnisses des Pensionsberechtigten der Barwert der künftigen Pensionsleistungen am Schluss des Wirtschaftsjahrs abzüglich des sich auf denselben Zeitpunkt ergebenden Barwerts betragsmäßig gleichbleibender Jahresbeträge, bei einer Entgeltumwandlung im Sinne von § 1 Abs. 2 des Gesetzes zur Verbesserung der betrieblichen Altersversorgung mindestens jedoch der Barwert gemäß den Vorschriften des Gesetzes zur Verbesserung der betrieblichen Altersversorgung unverfallbaren künftigen Pensionsleistungen am Schluss des Wirtschaftsjahres. Die Jahresbeträge sind so zu bemessen, dass am Beginn des Wirtschaftsjahrs, in dem das Dienstverhältnis begonnen hat, ihr Barwert gleich dem Barwert der künftigen Pensionsleistungen ist; die künftigen Pensionsleistungen sind dabei mit dem Betrag anzusetzen, der sich nach den Verhältnissen am Bilanzstichtag ergibt. Es sind die Jahresbeträge zugrunde zu legen, die vom Beginn des Wirtschaftsjahrs, in dem das Dienstverhältnis begonnen hat, bis zu dem in der Pensionszusage vorgesehenen Zeitpunkt des Eintritts des Versorgungsfalls rechnungsmäßig aufzubringen sind. Erhöhungen oder Verminderungen der Pensionsleistungen nach dem Schluss des Wirtschaftsjahrs, die hinsichtlich des Zeitpunkts ihres Wirksamwerdens oder ihres Umfangs ungewiss sind, sind bei der Berechnung des Barwerts der künftigen Pensionsleistungen und der Jahresbeträge erst zu berücksichtigen, wenn sie eingetreten sind. Wird die Pensionszusage erst nach dem Beginn des Dienstverhältnisses erteilt, so ist die Zwischenzeit für die Berechnung der Jahresbeträge nur insoweit als Wartezeit zu behandeln, als sie in der Pensionszusage als solche bestimmt ist. Hat das Dienstverhältnis schon vor der Vollendung des 28. Lebensjahrs des Pensionsberechtigten bestanden, so gilt es als zu Beginn des Wirtschaftsjahrs begonnen, bis zu dessen Mitte der Pensionsberechtigte das 28. Lebensjahr vollendet; in diesem Fall gilt für davor liegende Wirtschaftsjahre als Teilwert der Barwert der gemäß den Vorschriften des Gesetzes zur Verbesserung der betrieblichen Altersversorgung unverfallbaren künftigen Pensionsleistungen am Schluss des Wirtschaftsjahrs;

...

§ 10 a Zusätzliche Altersversorgung

(1) In der gesetzlichen Rentenversicherung Pflichtversicherte können Altersvorsorgebeiträge (§ 82) zuzüglich der dafür nach Abschnitt XI zustehenden Zulage

in den Veranlagungszeiträumen 2002 und 2003 bis zu	525 Euro,
in den Veranlagungszeiträumen 2004 und 2005 bis zu	1 050 Euro,
in den Veranlagungszeiträumen 2006 und 2007 bis zu	1 575 Euro,
ab dem Veranlagungszeitraum 2008 jährlich bis zu	2 100 Euro

als Sonderausgaben abziehen. Für Versicherungspflichtige nach dem Gesetz über die Alterssicherung der Landwirte, die im Veranlagungszeitraum nicht auch in der gesetzlichen Rentenversicherung pflichtversichert sind, gilt Satz 1 entsprechend. Personen, die wegen Arbeitslosigkeit bei einem inländischen Arbeitsamt als Arbeitsuchende gemeldet sind und der Versicherungspflicht in der Rentenversicherung nicht unterliegen, weil sie eine Leistung nach dem Dritten Buch Sozialgesetzbuch nur wegen des zu berücksichtigenden Einkommens oder Vermögens nicht beziehen, stehen Pflichtversicherten gleich. Satz 1 gilt nicht für Pflichtversicherte, die kraft zusätzlicher Versorgungsregelung in einer Zusatzversorgung pflichtversichert sind und bei denen eine der Versorgung der Beamten ähnliche Gesamtversorgung aus der Summe der Leistungen der gesetzlichen Rentenversicherung und der Zusatzversorgung gewährleistet ist.

(2) Ist der Sonderausgabenabzug nach Absatz 1 für den Steuerpflichtigen günstiger als der Anspruch auf die Zulage nach Abschnitt XI, erhöht sich die unter Berücksichtigung des Sonderausgabenabzugs ermittelte tarifliche Einkommensteuer um den Anspruch auf Zulage. In den anderen Fällen scheidet der Sonderausgabenabzug aus. Die Günstigerprüfung wird von Amts wegen vorgenommen; hierbei sind zur Berücksichtigung eines Kindes immer die Freibeträge nach § 32 Abs. 6 abzuziehen.

(3) Der Abzugsbetrag nach Absatz 1 steht im Falle der Veranlagung von Ehegatten nach § 26 Abs. 1 jedem Ehegatten unter den Voraussetzungen des Absatzes 1 gesondert zu. Gehört nur ein Ehegatte zu dem nach Absatz 1 begünstigten Personenkreis und ist der andere Ehegatte nach § 79 Satz 2 zulageberechtigt, sind bei dem nach Absatz 1 abzugsberechtigten Ehegatten die von beiden Ehegatten geleisteten Altersvorsorgebeiträge und die dafür zustehenden Zulagen bei der Anwendung der Absätze 1 und 2 zu berücksichtigen.

(4) Im Falle des Absatzes 2 Satz 1 stellt das Finanzamt die über den Zulageanspruch nach Abschnitt XI hinausgehende Steuerermäßigung gesondert fest und teilt diese der zentralen Stelle (§ 81) mit; § 10d Abs. 4 Satz 3 bis 5 gilt entsprechend. Sind Altersvorsorgebeiträge zu Gunsten von mehreren Verträgen geleistet worden, erfolgt die Zurechnung im Verhältnis der nach Absatz 1 berücksichtigten Altersvorsorgebeiträge. Ehegatten ist der nach Satz 1 festzustellende Betrag auch im Falle der Zusammenveranlagung jeweils getrennt zuzurechnen; die Zurechnung erfolgt im Verhältnis der nach Absatz 1 berücksichtigten Altersvorsorgebeiträge. Die Übermittlung an die zentrale Stelle erfolgt unter Angabe der Vertrags- und Steuernummer.

(5) Der Steuerpflichtige hat die zu berücksichtigenden Altersvorsorgebeiträge durch eine vom Anbieter auszustellende Bescheinigung nach amtlich vorgeschriebenem Vordruck nachzuweisen. Die übrigen Voraussetzungen für den Sonderausgabenabzug nach den Absätzen 1 bis 3 werden im Wege des automatisierten Datenabgleichs nach § 91 überprüft.

§ 22 Arten der sonstigen Einkünfte

Sonstige Einkünfte sind

...

[Nr. 1 S. 3 Buchstabe a = Ertragsanteilbesteuerung]

...

5. Leistungen aus Altersvorsorgeverträgen (§ 1 Abs. 1 des Altersvorsorgeverträge-Zertifizierungsgesetzes), auch wenn sie von inländischen Sondervermögen oder ausländischen

Investmentgesellschaften erbracht werden, sowie aus Direktversicherungen, Pensionsfonds und Pensionskassen mit Ausnahme der Leistungen aus einer Zusatzversorgungseinrichtung für eine betriebliche Altersversorgung im Sinne des § 10a Abs. 1 Satz 4, soweit die Leistungen auf Altersvorsorgebeiträgen im Sinne des § 82, auf die § 3 Nr. 63, § 10a oder Abschnitt XI angewendet wurden, oder auf steuerfreien Leistungen im Sinne des § 3 Nr. 66 beruhen. Auf Leistungen aus Lebensversicherungsverträgen einschließlich der Direktversicherungen, Pensionsfonds und Pensionskassen mit Ausnahme der Leistungen aus einer Zusatzversorgungseinrichtung für eine betriebliche Altersversorgung im Sinne des § 10a Abs. 1 Satz 4, die auf Kapital beruhen, das nicht aus nach § 3 Nr. 63 oder 66 von der Einkommensteuer befreiten oder nicht nach § 10a oder Abschnitt XI geförderten Beiträgen gebildet wurde, ist Nummer 1 Satz 3 Buchstabe a anzuwenden. Bei allen anderen Altersvorsorgeverträgen gehören zu den Leistungen im Sinne des Satzes 1 auch Erträge, soweit sie auf Kapital beruhen, das nicht aus nach § 3 Nr. 63 von der Einkommensteuer befreiten oder nicht nach § 10a oder Abschnitt XI geförderten Beiträgen gebildet wurde. In den Fällen des § 93 Abs. 1 Satz 1 bis 5 und § 95 gelten als Leistungen im Sinne des Satzes 1 die ausgezahlten Beträge nach Abzug der Eigenbeiträge und der Beträge der steuerlichen Förderung nach Abschnitt XI. Dies gilt auch in den Fällen des § 92a Abs. 3 und 4 Satz 1 und 2; darüber hinaus gilt in diesen Fällen als Leistung im Sinne des Satzes 1 der Betrag, der sich aus der Verzinsung (Zins und Zinseszins) des nicht zurückgezahlten Altersvorsorge-Eigenheimbetrags mit 5 vom Hundert für jedes volle Kalenderjahr zwischen dem Zeitpunkt der Verwendung des Altersvorsorge-Eigenheimbetrags (§ 92a Abs. 2) und dem Eintritt des Zahlungsrückstandes oder dem Zeitpunkt ergibt, ab dem die Wohnung auf Dauer nicht mehr zu eigenen Wohnzwecken dient. Zu den Leistungen im Sinne des Satzes 1 gehören in den Fällen des § 93 Abs. 1 Satz 1 bis 5 und § 95 auch die Erträge aus Versicherungen auf den Erlebens- oder Todesfall, wenn vor dem Zeitpunkt der schädlichen Verwendung die Laufzeit des Versicherungsvertrages insgesamt weniger als zwölf Jahre betragen hatte oder Ansprüche aus dem Versicherungsvertrag entgeltlich erworben worden waren, und bei anderen Verträgen angesammelte, noch nicht besteuerte Erträge. Bei erstmaligem Bezug von Leistungen, in den Fällen des § 93 Abs. 1 Satz 1 bis 6 und § 95 sowie bei Änderung der im Kalenderjahr auszuzahlenden Leistung hat der Anbieter (§ 80), der Pensionsfonds oder die Pensionskasse mit Ausnahme einer Zusatzversorgungseinrichtung für eine betriebliche Altersversorgung im Sinne des § 10a Abs. 1 Satz 4 nach Ablauf des Kalenderjahrs dem Steuerpflichtigen nach amtlich vorgeschriebenem Vordruck den Betrag der im abgelaufenen Kalenderjahr zugeflossenen Leistungen im Sinne der Sätze 1 bis 6 je gesondert mitzuteilen.

§ 52 Anwendungsvorschriften

...

(12a) § 4d Abs. 1 Satz 1 Nr. 1 Satz 1 Buchstabe b Satz 2 und Buchstabe c Satz 3 in der Fassung des Artikels 6 des Gesetzes vom 26. Juni 2001 (BGBl. I S. 1310) [AVmG] ist bei Begünstigten anzuwenden, denen das Trägerunternehmen erstmals nach dem 31. Dezember 2000 Leistungen der betrieblichen Altersversorgung zugesagt hat.

(12b) § 4e in der Fassung des Artikels 6 des Gesetzes vom 26. Juni 2001 (BGBl. I S. 1310) [AVmG] ist erstmals für das Wirtschaftsjahr anzuwenden, das nach dem 31. Dezember 2001 endet.

...

(16b) § 6a Abs. 2 Nr. 1 erste Alternative und Abs. 3 Satz 2 Nr. 1 Satz 6 erster Halbsatz in der Fassung des Artikels 6 des Gesetzes vom 26. Juni 2001 (BGBl. I S. 1310) [AVmG] ist bei Pensionsverpflichtungen gegenüber Berechtigten anzuwenden, denen der Pensionsverpflichtete erstmals eine Pensionszusage nach dem 31. Dezember 2000 erteilt hat; § 6a Abs. 2 Nr. 1 zweite Alternative sowie § 6a Abs. 3 Satz 2 Nr. 1 Satz 1 und § 6a Abs. 3 Satz 2 Nr. 1 Satz 6 zweiter Halbsatz sind bei Pensionsverpflichtungen anzuwenden, die auf einer nach dem 31. Dezember 2000 vereinbarten Entgeltumwandlung im Sinne von § 1 Abs. 2 des Gesetzes zur Verbesserung der betrieblichen Altersversorgung beruhen.

...

(34b) Bezieht ein Steuerpflichtiger Einnahmen im Sinne des § 22 Nr. 5 aus einem Pensionsfonds in Folge einer Versorgungsverpflichtung oder einer Versorgungsanwartschaft, die bereits vor dem 1. Januar 2002 zu entsprechenden Leistungen aufgrund einer Versorgungszusage im Sinne des § 1b Abs. 1 des Gesetzes zur Verbesserung der betrieblichen Altersversorgung oder durch eine Unterstützungskasse im Sinne des § 1b Abs. 4 des Gesetzes zur Verbesserung der betrieblichen Altersversorgung geführt hatten, sind hierauf § 9a Satz 1 Nr. 1 und § 19 Abs. 2 anzuwenden. Bezieht ein Steuerpflichtiger Einnahmen im Sinne des § 22 Nr. 5 aufgrund eines Rechtsanspruchs im Sinne des § 1b Abs. 2 oder 3 des Gesetzes zur Verbesserung der betrieblichen Altersversorgung, der bereits vor dem 1. Januar 2002 zu entsprechenden Leistungen geführt hat, ist hierauf § 22 Nr. 1 Satz 3 Buchstabe a weiter anzuwenden, auch wenn der Rechtsanspruch auf einen Pensionsfonds übertragen worden ist.

§ 79 Zulageberechtigte

Nach § 10a Abs. 1 begünstigte Personen haben Anspruch auf eine Altersvorsorgezulage (Zulage) nach Maßgabe der folgenden Vorschriften. Liegen bei Ehegatten die Voraussetzungen des § 26 Abs. 1 vor und ist nur ein Ehegatte nach Satz 1 begünstigt, so ist auch der andere Ehegatte zulageberechtigt, wenn ein auf seinen Namen lautender Altersvorsorgevertrag besteht.

§ 80 Anbieter

Anbieter im Sinne dieses Gesetzes sind Anbieter von Altersvorsorgeverträgen gemäß § 1 Abs. 2 des Altersvorsorgeverträge-Zertifizierungsgesetzes.

§ 81 Zentrale Stelle

Zentrale Stelle im Sinne dieses Gesetzes ist die Bundesversicherungsanstalt für Angestellte.

§ 82 Altersvorsorgebeiträge

(1) Nach diesem Abschnitt geförderte Altersvorsorgebeiträge sind im Rahmen der in § 10a genannten Grenzen Beiträge, die der Zulageberechtigte (§ 79) zu Gunsten eines auf seinen Namen lautenden Vertrags leistet, der nach § 5 des Altersvorsorgeverträge-Zertifizierungsgesetzes zertifiziert ist (Altersvorsorgevertrag). Die Zertifizierung ist Grundlagenbescheid im Sinne des § 171 Abs. 10 der Abgabenordnung.

(2) Zu den Altersvorsorgebeiträgen gehören auch die aus dem individuell versteuerten Arbeitslohn des Arbeitnehmers geleisteten Zahlungen in einen Pensionsfonds, eine Pensionskasse oder eine Direktversicherung, wenn diese Einrichtungen für den Zulageberechtigten eine lebenslange Altersversorgung im Sinne des § 1 Abs. 1 Nr. 4 und 5 des Altersvorsorgeverträge-Zertifizierungsgesetzes gewährleisten. § 3 des Gesetzes zur Verbesserung der betrieblichen Altersversorgung steht dem vorbehaltlich des § 93 nicht entgegen.

(3) Zu den Altersvorsorgebeiträgen gehören auch die Beitragsanteile, die zur Absicherung der verminderten Erwerbsfähigkeit des Zulageberechtigten und zur Hinterbliebenenversorgung verwendet werden, wenn in der Leistungsphase die Auszahlung in Form einer Rente erfolgt.

(4) Nicht zu den Altersvorsorgebeiträgen zählen Aufwendungen, für die eine Arbeitnehmer-Sparzulage nach dem Fünften Vermögensbildungsgesetz gewährt wird oder die im Rahmen des § 10 als Sonderausgaben geltend gemacht werden, oder Rückzahlungsbeträge nach § 92a Abs. 2.

§ 83 Altersvorsorgezulage

In Abhängigkeit von den geleisteten Altersvorsorgebeiträgen wird eine Zulage gezahlt, die sich aus einer Grundzulage (§ 84) und einer Kinderzulage (§ 85) zusammensetzt.

§ 84 Grundzulage

Jeder Zulageberechtigte erhält eine Grundzulage; diese beträgt

in den Jahren 2002 und 2003 38 Euro,
in den Jahren 2004 und 2005 76 Euro,
in den Jahren 2006 und 2007 114 Euro,
ab dem Jahr 2008 jährlich 154 Euro.

§ 85 Kinderzulage

(1) Die Kinderzulage beträgt für jedes Kind, für das dem Zulageberechtigten Kindergeld ausgezahlt wird,

in den Jahren 2002 und 2003 46 Euro,
in den Jahren 2004 und 2005 92 Euro,
in den Jahren 2006 und 2007 138 Euro,
ab dem Jahr 2008 jährlich 185 Euro.

Der Anspruch auf Kinderzulage entfällt für den Veranlagungszeitraum, für den das Kindergeld insgesamt zurückgefordert wird. Erhalten mehrere Zulageberechtigte für dasselbe Kind Kindergeld, steht die Kinderzulage demjenigen zu, dem für den ersten Anspruchszeitraum (§ 66 Abs. 2) im Kalenderjahr Kindergeld ausgezahlt worden ist.

(2) Bei Eltern, die die Voraussetzungen des § 26 Abs. 1 erfüllen, wird die Kinderzulage der Mutter zugeordnet, auf Antrag beider Eltern dem Vater. Der Antrag kann jeweils nur für ein Beitragsjahr gestellt und nicht zurückgenommen werden.

§ 86 Mindesteigenbeitrag

(1) Die Zulage nach den §§ 84 und 85 wird gekürzt, wenn der Zulageberechtigte nicht den Mindesteigenbeitrag leistet. Dieser beträgt

in den Jahren 2002 und 2003 1 vom Hundert,
in den Jahren 2004 und 2005 2 vom Hundert,
in den Jahren 2006 und 2007 3 vom Hundert,
ab dem Jahr 2008 jährlich 4 vom Hundert

der in dem Kalenderjahr vorangegangenen Kalenderjahr erzielten beitragspflichtigen Einnahmen im Sinne des Sechsten Buches Sozialgesetzbuch, jedoch nicht mehr als die in § 10a Abs. 1 Satz 1 genannten Beträge, vermindert um die Zulage nach den §§ 84 und 85. Als Sockelbetrag sind zu leisten in jedem der Jahre von 2002 bis 2004

45 Euro von Zulageberechtigten, denen keine Kinderzulage zusteht,
38 Euro von Zulageberechtigten, denen eine Kinderzulage zusteht,
30 Euro von Zulageberechtigten, denen zwei oder mehr Kinderzulagen zustehen,
und ab dem Jahr 2005 jährlich

90 Euro von Zulageberechtigten, denen keine Kinderzulage zusteht,
75 Euro von Zulageberechtigten, denen eine Kinderzulage zusteht und
60 Euro von Zulageberechtigten, denen zwei oder mehr Kinderzulagen zustehen.

Ist der Sockelbetrag höher als der Mindesteigenbeitrag nach Satz 2, so ist der Sockelbetrag als Mindesteigenbeitrag zu leisten. Die Kürzung der Zulage ermittelt sich nach dem Verhältnis der Altersvorsorgebeiträge zum Mindesteigenbeitrag.

(2) Ein nicht pflichtversicherter Ehegatte hat Anspruch auf eine ungekürzte Zulage, wenn der pflichtversicherte Ehegatte seinen Mindesteigenbeitrag unter Berücksichtigung der den Ehegat-

ten insgesamt zustehenden Zulagen erbracht hat. Werden bei einer in der gesetzlichen Rentenversicherung pflichtversicherten Person beitragspflichtige Einnahmen zugrunde gelegt, die höher sind als das tatsächlich erzielte Entgelt oder die Lohnersatzleistung, ist das tatsächlich erzielte Entgelt oder der Zahlbetrag der Lohnersatzleistung, mindestens jedoch die bei geringfügiger Beschäftigung zu berücksichtigende Mindestbeitragsbemessungsgrundlage für die Berechnung des Mindesteigenbeitrags zu berücksichtigen. Satz 2 gilt auch in den Fällen, in denen im vorangegangenen Jahr keine beitragspflichtigen Einnahmen oder kein tatsächliches Entgelt erzielt worden ist.

(3) Für Versicherungspflichtige nach dem Gesetz über die Alterssicherung der Landwirte ist Absatz 1 mit der Maßgabe anzuwenden, dass auch die Einkünfte aus Land- und Forstwirtschaft im Sinne des § 13 des zweiten dem Beitragsjahr vorangegangenen Veranlagungszeitraums als beitragspflichtige Einnahmen des vorangegangenen Kalenderjahres gelten.

(4) Wird nach Ablauf des Beitragsjahres festgestellt, dass die Voraussetzungen für die Gewährung einer Kinderzulage nicht vorgelegen haben, ändert sich dadurch die Berechnung des Mindesteigenbeitrags für dieses Beitragsjahr nicht.

§ 87 Zusammentreffen mehrerer Verträge

Zahlt der Zulageberechtigte Altersvorsorgebeiträge zu Gunsten mehrerer Verträge, so wird die Zulage nur für zwei dieser Verträge gewährt. Der insgesamt nach § 86 zu leistende Mindesteigenbeitrag muss zu Gunsten dieser Verträge geleistet worden sein. Die Zulage ist entsprechend dem Verhältnis der auf diese Verträge geleisteten Beiträge zu verteilen.

§ 88 Entstehung des Anspruchs auf Zulage

Der Anspruch auf die Zulage entsteht mit Ablauf des Kalenderjahres, in dem die Altersvorsorgebeiträge geleistet worden sind (Beitragsjahr).

§ 89 Antrag

(1) Der Antrag auf Zulage ist nach amtlich vorgeschriebenem Vordruck bis zum Ablauf des zweiten Kalenderjahres, das auf das Beitragsjahr (§ 88) folgt, bei dem Anbieter einzureichen, an den die Altersvorsorgebeiträge geleistet worden sind. Hat der Zulageberechtigte im Beitragsjahr Altersvorsorgebeiträge für mehrere Verträge gezahlt, so hat er mit dem Zulageantrag zu bestimmen, auf welche Verträge die Zulage überwiesen werden soll. Beantragt der Zulageberechtigte die Zulage für mehr als zwei Verträge, so wird die Zulage nur für die zwei Verträge mit den höchsten Altersvorsorgebeiträgen gewährt. Der Antragsteller ist verpflichtet, dem Anbieter unverzüglich eine Änderung der Verhältnisse mitzuteilen, die zu einer Minderung oder zum Wegfall des Zulageanspruchs führt.

(2) Der Anbieter ist verpflichtet,

a) die Vertragsdaten,

b) die Sozialversicherungsnummer des Zulageberechtigten und dessen Ehegatten,

c) die Bemessungsgrundlage gemäß § 86 Abs. 1 Satz 2, Abs. 2 Satz 2 und Abs. 3, die für die Gewährung der Kinderzulage erforderlichen Daten und

d) die Höhe der geleisteten Altersvorsorgebeiträge

als die für die Ermittlung und Überprüfung des Zulageanspruchs erforderlichen Daten zu erfassen. Er hat die Daten der bei ihm im Laufe eines Kalendervierteljahres eingegangenen Anträge bis zum Ende des folgenden Monats nach amtlich vorgeschriebenem Datensatz durch Datenübermittlung auf amtlich vorgeschriebenem maschinell verwertbarem Datenträger oder durch amtlich bestimmte Datenfernübertragung an die zentrale Stelle zu übermitteln. Dies gilt auch im Fall des Absatzes 1 Satz 4.

§ 90 Verfahren

(1) Die zentrale Stelle ermittelt auf Grund der ihr übermittelten Daten, ob und in welcher Höhe ein Zulageanspruch nach Maßgabe dieses Gesetzes oder nach einer auf Grund dieses Gesetzes erlassenen Rechtsverordnung besteht.

(2) Die zentrale Stelle veranlasst die Auszahlung an den Anbieter zu Gunsten der Zulageberechtigten durch die zuständige Kasse. Ein gesonderter Zulagenbescheid ergeht vorbehaltlich des Absatzes 4 nicht. Der Anbieter hat die erhaltenen Zulagen unverzüglich den begünstigten Altervorsorgeverträgen gutzuschreiben. Besteht kein Zulageanspruch, so teilt die zentrale Stelle dies dem Anbieter durch Datensatz mit.

(3) Erkennt die zentrale Stelle nachträglich, dass der Zulageanspruch ganz oder teilweise nicht besteht oder weggefallen ist, so hat sie zu Unrecht gutgeschriebene oder ausgezahlte Zulagen zurückzufordern und dies dem Anbieter durch Datensatz mitzuteilen. Bei bestehendem Vertragsverhältnis hat der Anbieter das Konto zu belasten. Die ihm im Kalendervierteljahr mitgeteilten Rückforderungsbeträge hat er bis zum 10. Tag des dem Kalendervierteljahr folgenden Monats in einem Betrag bei der zentralen Stelle anzumelden und an diese abzuführen. Die Anmeldung nach Satz 3 ist nach amtlich vorgeschriebenem Vordruck abzugeben. Sie gilt als Steueranmeldung im Sinne der Abgabenordnung.

(4) Eine Festsetzung der Zulage erfolgt nur auf besonderen Antrag des Zulageberechtigten. Der Antrag ist schriftlich innerhalb eines Jahres nach Erteilung der Bescheinigung nach § 92 durch den Anbieter vom Antragsteller an den Anbieter zu richten. Der Anbieter leitet den Antrag der zentralen Stelle zur Festsetzung zu. Er hat dem Antrag eine Stellungnahme und die zur Festsetzung erforderlichen Unterlagen beizufügen. Die zentrale Stelle teilt die Festsetzung auch dem Anbieter mit.

§ 90a Anmeldeverfahren

(1) Abweichend von § 90 Abs. 1 und 2 kann der Anbieter die Zulagen auf Grund der ihm vorliegenden Anträge für die Beitragsjahre 2002 bis 2005 selbst errechnen. Dabei hat er die im Rahmen des Zulageverfahrens gemachten Angaben des Zulageberechtigten zu berücksichtigen. Die Entscheidung nach Satz 1 gilt jeweils für ein Beitragsjahr und ist der zentralen Stelle mitzuteilen.

(2) Der Anbieter hat nach Ablauf eines Kalendervierteljahres die in diesem Zeitraum errechneten Zulagen in die Anmeldung nach § 90 Abs. 3 aufzunehmen. Hierbei ist zu bestätigen, dass die Voraussetzungen für die Auszahlung des angemeldeten Zulagenbetrags vorliegen. Die zentrale Stelle veranlasst die Auszahlung an den Anbieter zu Gunsten der Zulageberechtigten durch die zuständige Kasse. Der Anbieter hat die erhaltenen Zulagen unverzüglich den begünstigten Altervorsorgeverträgen gutzuschreiben. § 89 Abs. 2 gilt mit der Maßgabe, dass die Daten innerhalb von einem Jahr nach Ablauf des Beitragsjahres zu übermitteln sind.

(3) Zu Unrecht gutgeschriebene oder ausgezahlte Zulagen hat der Anbieter zurückzufordern. Bei bestehendem Vertragsverhältnis hat er das Konto zu belasten und die Rückforderungsbeträge in der nächsten Altersvorsorgezulagen-Anmeldung abzusetzen. Die Sätze 1 und 2 gelten auch im Fall der Vertragsübertragung im Sinne des § 1 Abs. 1 Nr. 10 Buchstabe b des Altersvorsorgeverträge-Zertifizierungsgesetzes. § 90 Abs. 3 und 4 gilt entsprechend.

§ 91 Datenabgleich

Für die Überprüfung der Zulage und des Sonderausgabenabzugs nach § 10a teilen die Träger der gesetzlichen Rentenversicherung, die Bundesanstalt für Arbeit, die Meldebehörden, die Familienkassen und die Finanzämter der zentralen Stelle auf Anforderung die bei ihnen vorhandenen Daten im Sinne des § 89 Abs. 2 nach amtlich vorgeschriebenem Datensatz durch Datenübermittlung auf amtlich vorgeschriebenem maschinell verwertbarem Datenträger oder durch amtlich bestimmte Datenfernübertragung mit. Für Zwecke des Satzes 1 ist die zentrale Stelle berechtigt, die ihr von diesen Stellen übermittelten Daten mit den ihr nach § 89 Abs. 2 übermittelten Daten im Wege des automatisierten Datenabgleichs zu überprüfen. Führt die Überprüfung zu einer Änderung der ermittelten oder festgesetzten Zulage, ist dies dem Anbieter mitzuteilen; sind nach dem Ergebnis der Überprüfung der Sonderausgabenabzug nach § 10a oder die gesonderte Feststellung nach § 10a Abs. 4 zu ändern, ist dies dem Finanzamt mitzuteilen.

§ 92 Bescheinigung

Der Anbieter hat dem Zulageberechtigten jährlich eine Bescheinigung nach amtlich vorgeschriebenem Vordruck zu erteilen über

1. die Höhe der im abgelaufenen Beitragsjahr geleisteten Altersvorsorgebeiträge,
2. die im abgelaufenen Beitragsjahr getroffenen, aufgehobenen oder geänderten Ermittlungsergebnisse (§ 90) oder Berechnungsergebnisse (§ 90a),
3. die Summe der bis zum Ende des abgelaufenen Beitragsjahres dem Altersvorsorgevertrag gutgeschriebenen Zulagen,
4. die Summe der bis zum Ende des abgelaufenen Beitragsjahres geleisteten Altersvorsorgebeiträge und
5. den Stand des Altersvorsorgevermögens.

§ 92a Verwendung für eine eigenen Wohnzwecken dienende Wohnung im eigenen Haus

(1) Der Zulageberechtigte kann das in einem Altersvorsorgevertrag gebildete und nach § 10a oder diesem Abschnitt geförderte Kapital in Höhe von insgesamt mindestens 10.000 Euro unmittelbar für die Anschaffung oder Herstellung einer zu eigenen Wohnzwecken dienenden Wohnung in einem im Inland belegenen eigenen Haus oder einer im Inland belegenen, zu eigenen Wohnzwecken dienenden, eigenen Eigentumswohnung verwenden (Altersvorsorge-Eigenheimbetrag). Insgesamt dürfen höchstens 50 000 Euro nach Satz 1 verwendet werden.

(2) Der Zulageberechtigte hat den Altersvorsorge-Eigenheimbetrag bis zur Vollendung seines 65. Lebensjahrs beginnend mit dem zweiten auf das Jahr der Verwendung folgenden Jahr auf einen von ihm im Zeitpunkt der Verwendung zu bestimmenden Altersvorsorgevertrag in monatlich gleichen Raten jeweils am ersten Tag eines Monats zurückzuzahlen. Zahlungen auf diesen Altersvorsorgevertrag gelten bis zur Höhe dieser Monatsraten als zur Erfüllung der Rückzahlungsverpflichtung geleistet. Eine darüber hinausgehende Rückzahlung ist zulässig. Als Zeitpunkt der Verwendung im Sinne des Satzes 1 gilt der Zeitpunkt der Auszahlung des Altersvorsorge-Eigenheimbetrags.

(3) Gerät der Zulageberechtigte mit der Rückzahlung von mehr als zwölf Monatsraten im Sinne des Absatzes 2 Satz 1 in Rückstand, sind die auf den nicht zurückgezahlten Altersvorsorge-Eigenheimbetrag entfallenden Zulagen und die nach § 10a Abs. 4 gesondert festgestellten Beträge zurückzuzahlen.

(4) Dient die Wohnung dem Zulageberechtigten nicht nur vorübergehend nicht mehr zu eigenen Wohnzwecken, bevor er den Altersvorsorge-Eigenheimbetrag vollständig zurückgezahlt hat, ist Absatz 3 entsprechend anzuwenden. Dies gilt auch, wenn der Zulageberechtigte verstirbt, bevor er den Altersvorsorge-Eigenheimbetrag vollständig zurückgezahlt hat. Die Sätze 1 und 2 sind nicht anzuwenden, wenn

1. der Zulageberechtigte den nicht zurückgezahlten Altersvorsorge-Eigenheimbetrag innerhalb eines Jahres vor und eines Jahres nach Ablauf des Veranlagungszeitraums, in dem ihm die Wohnung letztmals zu eigenen Wohnzwecken gedient hat, für eine weitere Wohnung im Sinne des Absatzes 1 verwendet,
2. der Zulageberechtigte den nicht zurückgezahlten Altersvorsorge-Eigenheimbetrag innerhalb eines Jahres nach Ablauf des Veranlagungszeitraums, in dem ihm die Wohnung

letztmals zu eigenen Wohnzwecken gedient hat, auf einen auf seinen Namen lautenden zertifizierten Altersvorsorgevertrag zurückzahlt oder

3. der Ehegatte des verstorbenen Zulageberechtigten Eigentümer der Wohnung im Sinne des Absatzes 1 ist, sie ihm zu eigenen Wohnzwecken dient und die Ehegatten im Zeitpunkt des Todes des Zulageberechtigten die Voraussetzungen des § 26 Abs. 1 erfüllt haben. In diesem Fall tritt der überlebende Ehegatte für die Anwendung der Absätze 2 bis 4 in die Rechtsstellung des Zulageberechtigten. Er hat einen Altersvorsorgevertrag für die weitere Rückzahlung zu bestimmen.

§ 92b Verfahren bei Verwendung für eine eigenen Wohnzwecken dienende Wohnung im eigenen Haus

(1) Der Zulageberechtigte hat die Verwendung nach § 92a bei der zentralen Stelle zu beantragen und dabei die notwendigen Nachweise zu erbringen. Er hat zu bestimmen,

1. aus welchen Altersvorsorgeverträgen welche Beträge ausgezahlt werden sollen und
2. auf welchen Altersvorsorgevertrag die Rückzahlung nach § 92a Abs. 2 erfolgen soll.

(2) Die zentrale Stelle teilt dem Zulageberechtigten und den Anbietern der in Absatz 1 Nr. 1 genannten Altersvorsorgeverträgen mit, welche Beträge förderunschädlich ausgezahlt werden können. Sie teilt dem Zulageberechtigten und dem Anbieter des in Absatz 1 Nr. 2 genannten Altersvorsorgevertrags mit, welche Beträge der Zulageberechtigte nach § 92a Abs. 2 zurückzuzahlen hat.

(3) Die Anbieter der in Absatz 1 Nr. 1 genannten Altersvorsorgeverträge dürfen den Altersvorsorge-Eigenheimbetrag auszahlen, sobald sie die Mitteilung nach Absatz 2 erhalten haben. Sie haben der zentralen Stelle nach amtlich vorgeschriebenem Datensatz durch Datenübermittlung auf amtlich vorgeschriebenem maschinell verwertbarem Datenträger oder durch amtlich bestimmte Datenfernübertragung Folgendes anzuzeigen:

1. den Auszahlungszeitpunkt,
2. die Summe der bis zum Auszahlungszeitpunkt dem Altersvorsorgevertrag gutgeschriebenen Zulagen,
3. die Summe der bis zum Auszahlungszeitpunkt geleisteten Altersvorsorgebeiträge und
4. den Stand des geförderten Altersvorsorgevermögens im Zeitpunkt der Auszahlung.

(4) Der Anbieter des in Absatz 1 Nr. 2 genannten Altersvorsorgevertrages hat die zentrale Stelle unverzüglich zu benachrichtigen, wenn der Zulageberechtigte mit der Rückzahlung des Altersvorsorge-Eigenheimbetrages mit mehr als zwölf Monatsraten in Rückstand geraten ist, und ihr den nicht zurückgezahlten Betrag mitzuteilen.

(5) Die zentrale Stelle unterrichtet das für den Zulageberechtigten zuständige Finanzamt darüber, für welche Wohnung im Sinne des § 92a Abs. 1 der Zulageberechtigte einen Altersvorsorge-Eigenheimbetrag verwendet hat. Das Finanzamt benachrichtigt die zentrale Stelle, wenn die Voraussetzungen des § 92a Abs. 1 nicht oder nicht mehr erfüllt sind. In den Fällen des § 92a Abs. 3 und 4 Satz 1 und 2 unterrichtet die zentrale Stelle das zuständige Finanzamt über die Besteuerungsgrundlagen. Im Übrigen gilt § 94 Abs. 2 entsprechend.

§ 93 Schädliche Verwendung

(1) Wird Altersvorsorgevermögen nicht unter den in § 1 Abs. 1 Satz 1 Nr. 4, 5 und 10 Buchstabe c des Altersvorsorgeverträge-Zertifizierungsgesetzes genannten Voraussetzungen an den Zulageberechtigten ausgezahlt (schädliche Verwendung), sind die auf das ausgezahlte Altersvorsorgevermögen entfallenden Zulagen und die nach § 10a Abs. 4 gesondert festgestellten Beträge (Rückzahlungsbetrag) zurückzuzahlen. Dies gilt auch bei einer Auszahlung nach Beginn der Auszahlungsphase (§ 1 Abs. 1 Nr. 2 des Altersvorsorgeverträge-Zertifizierungsgesetzes). Eine Rückzahlungsverpflichtung besteht nicht für den Teil der Zulagen, der auf nach § 1 Abs. 1

Nr. 6 des Altersvorsorgeverträge-Zertifizierungsgesetzes angespartes Altersvorsorgevermögen entfällt, wenn es in Form einer Hinterbliebenenrente an die dort genannten Hinterbliebenen ausgezahlt wird. Satz 3 gilt auch für Leistungen im Sinne des § 82 Abs. 3 an Hinterbliebene des Steuerpflichtigen. Wird im Falle des Todes des Zulageberechtigten das zur Altersvorsorge angesammelte Kapital ausgezahlt, gelten die Sätze 1 und 2 entsprechend. Die Verpflichtung nach Satz 1 entfällt, soweit im Falle des Todes des Zulageberechtigten das angesparte Altervorsorgevermögen auf einen auf den Namen des Ehegatten lautenden Altersvorsorgevertrag übertragen wird und im Zeitpunkt des Todes des Zulageberechtigten die Ehegatten die Voraussetzungen des § 26 Abs. 1 erfüllt haben.

(2) In den Fällen des § 1 Abs. 1 Nr. 10 Buchstabe b des Altersvorsorgeverträge-Zerti-fizierungsgesetzes stellt die Übertragung von Kapital auf einen anderen begünstigten Altersvorsorgevertrag keine schädliche Verwendung dar. Dies gilt sinngemäß in den Fällen des § 3 Abs. 1 Satz 3 Nr. 2 zweite Alternative und § 4 Abs. 4 des Gesetzes zur Verbesserung der betrieblichen Altersversorgung, wenn eine lebenslange Altersversorgung im Sinne des § 1 Abs. 1 Nr. 4 und 5 des Altersvorsorgeverträge-Zertifizierungsgesetzes gewährleistet wird. In den übrigen Fällen des § 3 Abs. 1 des Gesetzes zur Verbesserung der betrieblichen Altersversorgung gilt dies, soweit der Abfindungsbetrag zu Gunsten eines auf den Namen des Zulageberechtigten lautenden Altersvorsorgevertrages geleistet wird.

§ 94 Verfahren bei schädlicher Verwendung

(1) In den Fällen des § 93 Abs. 1 hat der Anbieter der zentralen Stelle vor der Auszahlung des Altersvorsorgevermögens die schädliche Verwendung nach amtlich vorgeschriebenem Datensatz durch Datenübermittlung auf amtlich vorgeschriebenem maschinell verwertbarem Datenträger oder durch amtlich bestimmte Datenfernübertragung anzuzeigen. Die zentrale Stelle ermittelt den Rückzahlungsbetrag und teilt diesen dem Anbieter durch Datensatz mit. Der Anbieter hat den Rückzahlungsbetrag einzubehalten, mit der nächsten Anmeldung nach § 90 Abs. 3 anzumelden und an die zentrale Stelle abzuführen. Der Anbieter hat die einbehaltenen und abgeführten Beträge sowie die dem Vertrag bis zur schädlichen Verwendung gutgeschriebenen Erträge dem Zulageberechtigten nach amtlich vorgeschriebenem Vordruck zu bescheinigen und der zentralen Stelle nach amtlich vorgeschriebenem Datensatz durch Datenübermittlung auf amtlich vorgeschriebenem maschinell verwertbarem Datenträger oder durch amtlich bestimmte Datenfernübertragung mitzuteilen. Die zentrale Stelle unterrichtet das für den Zulageberechtigten zuständige Finanzamt.

(2) Eine Festsetzung des Rückzahlungsbetrags erfolgt durch die zentrale Stelle auf besonderen Antrag des Zulageberechtigten oder sofern die Rückzahlung nach Absatz 1 ganz oder teilweise nicht möglich oder nicht erfolgt ist. § 90 Abs. 4 Satz 2 bis 5 gilt entsprechend. Im Rückforderungsbescheid sind auf den Rückzahlungsbetrag die vom Anbieter bereits einbehaltenen und abgeführten Beträge nach Maßgabe der Bescheinigung nach Absatz 1 Satz 4 anzurechnen. Der Zulageberechtigte hat den verbleibenden Rückzahlungsbetrag innerhalb eines Monats nach Bekanntgabe des Rückforderungsbescheids an die zuständige Kasse zu entrichten. Die Frist für die Festsetzung des Rückzahlungsbetrags beträgt vier Jahre und beginnt mit Ablauf des Kalenderjahres, in dem die Auszahlung im Sinne des § 93 Abs. 1 erfolgt ist.

§ 95 Beendigung der unbeschränkten Einkommensteuerpflicht des Zulageberechtigten

(1) Endet die unbeschränkte Steuerpflicht des Zulageberechtigten durch Aufgabe des inländischen Wohnsitzes oder gewöhnlichen Aufenthalts oder wird für das Beitragsjahr kein Antrag nach § 1 Abs. 3 gestellt, gelten die §§ 93 und 94 entsprechend.

(2) Auf Antrag des Zulageberechtigten ist der Rückzahlungsbetrag (§ 93 Abs. 1 Satz 1) zunächst bis zum Beginn der Auszahlung (§ 1 Abs. 1 Nr. 2 des Altersvorsorgeverträge-Zertifizierungsgesetzes) zu stunden. Die Stundung ist zu verlängern, wenn der Rückzahlungsbetrag mit mindestens 15 vom Hundert der Leistungen aus dem Altersvorsorgevertrag getilgt wird. Stun-

dungszinsen werden nicht erhoben. Die Stundung endet, wenn das Altersvorsorgevermögen nicht unter den in § 1 Abs. 1 Nr. 4 und 5 des Altersvorsorgeverträge-Zerti-fizierungsgesetzes genannten Voraussetzungen an den Zulageberechtigten ausgezahlt wird. Der Stundungsantrag ist über den Anbieter an die zentrale Stelle zu richten. Die zentrale Stelle teilt ihre Entscheidung auch dem Anbieter mit.

(3) Wird in den Fällen des Absatzes 1 die unbeschränkte Steuerpflicht erneut begründet oder der Antrag nach § 1 Abs. 3 gestellt, ist bei Stundung des Rückzahlungsbetrags dieser von der zentralen Stelle zu erlassen. Wird die unbeschränkte Steuerpflicht des Zulageberechtigten nach einer Entsendung im Sinne des § 4 des Vierten Buches Sozialgesetzbuch oder nach überstaatlichem oder zwischenstaatlichem Recht erneut begründet, ist die Zulage für die Kalenderjahre der Entsendung unter den Voraussetzungen der §§ 79 bis 87 und des § 89 zu gewähren. Die Zulagen sind nach amtlich vorgeschriebenem Vordruck bis zum Ablauf des zweiten Kalenderjahres zu beantragen, das auf das Kalenderjahr folgt, in dem letztmals keine unbeschränkte Steuerpflicht bestand.

§ 96 Anwendung der Abgabenordnung, allgemeine Vorschriften

(1) Auf die Zulagen und die Rückzahlungsbeträge sind die für Steuervergütungen geltenden Vorschriften der Abgabenordnung entsprechend anzuwenden. Dies gilt nicht für § 163 der Abgabenordnung.

(2) Der Anbieter haftet als Gesamtschuldner neben dem Zulageempfänger für die Zulagen und die nach § 10a Abs. 4 gesondert festgestellten Beträge, die wegen seiner vorsätzlichen oder grob fahrlässigen Pflichtverletzung zu Unrecht gezahlt, nicht einbehalten oder nicht zurückgezahlt worden sind. Für die Inanspruchnahme des Anbieters ist die zentrale Stelle zuständig.

(3) Die zentrale Stelle hat auf Anfrage des Anbieters Auskunft über die Anwendung des Abschnitts XI zu geben.

(4) Die zentrale Stelle kann beim Anbieter ermitteln, ob er seine Pflichten erfüllt hat. Die §§ 193 bis 203 der Abgabenordnung gelten sinngemäß. Auf Verlangen der zentralen Stelle hat der Anbieter ihr Unterlagen, soweit sie im Ausland geführt und aufbewahrt werden, verfügbar zu machen.

(5) Der Anbieter erhält vom Bund oder den Ländern keinen Ersatz für die ihm aus diesem Verfahren entstehenden Kosten.

(6) Der Anbieter darf die im Zulageverfahren bekannt gewordenen Verhältnisse der Beteiligten nur für das Verfahren verwerten. Er darf sie ohne Zustimmung der Beteiligten nur offenbaren, soweit dies gesetzlich zugelassen ist.

(7) Für die Zulage gelten die Strafvorschriften des § 370 Abs. 1 bis 4, der §§ 371, 375 Abs. 1 und des § 376 sowie die Bußgeldvorschriften der §§ 378, 379 Abs. 1 und 4 und der §§ 383 und 384 der Abgabenordnung entsprechend. Für das Strafverfahren wegen einer Straftat nach Satz 1 sowie der Begünstigung einer Person, die eine solche Tat begangen hat, gelten die §§ 385 bis 408, für das Bußgeldverfahren wegen einer Ordnungswidrigkeit nach Satz 1 die §§ 409 bis 412 der Abgabenordnung entsprechend.

§ 97 Übertragbarkeit

Das nach § 10a oder Abschnitt XI geförderte Altersvorsorgevermögen einschließlich seiner Erträge, die geförderten laufenden Altersvorsorgebeiträge und der Anspruch auf die Zulage sind nicht übertragbar.

§ 98 Rechtsweg

In öffentlich-rechtlichen Streitigkeiten über die aufgrund des Abschnitts XI ergehenden Verwaltungsakte ist der Finanzrechtsweg gegeben.

§ 99 Ermächtigung

(1) Das Bundesministerium der Finanzen wird ermächtigt, die Vordrucke für die Anträge nach den §§ 89 und 95 Abs. 3 Satz 3, für die Anmeldung nach § 90 Abs. 3 und für die in den §§ 92 und 94 Abs. 1 Satz 4 vorgesehenen Bescheinigungen zu bestimmen.

(2) Das Bundesministerium der Finanzen wird ermächtigt, im Einvernehmen mit dem Bundesministerium für Arbeit und Sozialordnung durch Rechtsverordnung mit Zustimmung des Bundesrates Vorschriften zur Durchführung dieses Gesetzes über das Verfahren für die Ermittlung, Festsetzung, Auszahlung, Rückzahlung und Rückforderung der Zulage sowie die Rückzahlung und Rückforderung der nach § 10a Abs. 4 festgestellten Beträge zu erlassen. Hierzu gehören insbesondere

1. Vorschriften über Aufzeichnungs-, Aufbewahrungs-, Bescheinigungs- und Anzeigepflichten des Anbieters und
2. Einzelheiten des vorgesehenen Datenaustausches zwischen den Anbietern, der zentralen Stelle, den Trägern der gesetzlichen Rentenversicherung, der Bundesanstalt für Arbeit, den Meldebehörden, den Familienkassen und den Finanzämtern, insbesondere über die nach § 89 Abs. 2 und § 91 vorgesehenen Datensätze, die Datenträger und die Art und Weise der Datenfernübertragung sowie über die Datensicherung.

III. Gesetz über die Zertifizierung von Altersvorsorgeverträgen

(Altersvorsorgeverträge-Zertifizierungsgesetz – AltZertG)

§ 1 Begriffsbestimmungen

(1) Ein Altersvorsorgevertrag im Sinne dieses Gesetzes liegt vor, wenn zwischen dem Anbieter und einer natürlichen Person (Vertragspartner) eine Vereinbarung in deutscher Sprache geschlossen wird,

1. in der sich der Vertragspartner verpflichtet, in der Ansparphase laufend freiwillige Aufwendungen (Altersvorsorgebeiträge) zu erbringen;
2. die vorsieht, dass Leistungen für den Vertragspartner zur Altersversorgung nicht vor Vollendung des 60. Lebensjahres oder dem Beginn einer Altersrente des Vertragspartners aus der gesetzlichen Rentenversicherung oder nach dem Gesetz über die Alterssicherung der Landwirte erbracht werden (Beginn der Auszahlungsphase); im Fall des Bezugs einer Rente wegen verminderter Erwerbsfähigkeit aus der gesetzlichen Rentenversicherung oder nach dem Gesetz über die Alterssicherung der Landwirte können Rentenleistungen aus einer Zusatzversicherung gemäß Nummer 3 erbracht werden;
3. in welcher der Anbieter zusagt, dass zu Beginn der Auszahlungsphase zumindest die eingezahlten Altersvorsorgebeiträge für die Auszahlungsphase zur Verfügung stehen; sofern Beitragsanteile zur Absicherung der verminderten Erwerbsfähigkeit verwendet werden, sind bis zu 15 vom Hundert der Gesamtbeiträge in diesem Zusammenhang nicht zu berücksichtigen;
4. die vorsieht, dass die Auszahlung ab Beginn der Auszahlungsphase in Form einer lebenslangen gleichbleibenden oder steigenden monatlichen Leibrente oder eines Auszahlungsplans mit unmittelbar anschließender lebenslanger Teilkapitalverrentung im Sinne der Nummer 5 erfolgt; Anbieter und Vertragspartner können vereinbaren, dass bis zu drei Monatsrenten in einer Auszahlung zusammengefasst werden können;
5. die im Falle der Vereinbarung eines Auszahlungsplans bestimmt, dass die Auszahlung ab Beginn der Auszahlungsphase bis zur Vollendung des 85. Lebensjahrs entweder in zugesagten gleichbleibenden oder steigenden monatlichen Raten oder in zugesagten gleichbleibenden oder steigenden monatlichen Teilraten und zusätzlich in variablen Teilraten erfolgt und ein Anteil des zu Beginn der Auszahlungsphase zur Verfügung stehenden Kapitals zu Beginn der Auszahlungsphase in eine Rentenversicherung eingebracht wird, die dem Vertragspartner ab Vollendung des 85. Lebensjahres eine gleichbleibende oder steigende lebenslange Leibrente gewährt, deren erste monatliche Rate mindestens so hoch ist wie die letzte monatliche Auszahlung aus dem Auszahlungsplan unter Außerachtlassung variabler Teilraten; Anbieter und Vertragspartner können vereinbaren, dass bis zu drei Monatsraten oder drei Monatsrenten in einer Auszahlung zusammengefasst werden können;
6. die eine ergänzende Hinterbliebenenabsicherung (Hinterbliebenenrente) vorsehen kann; Hinterbliebene in diesem Sinne sind der Ehegatte und die in seinem Haushalt lebenden Kinder, für die er Kindergeld oder einen Freibetrag nach § 32 Abs. 6 des Einkommensteuergesetzes erhält; der Anspruch auf Waisenrente darf längstens für den Zeitraum bestehen, in dem der Rentenberechtigte die Voraussetzungen für die Berücksichtigung als Kind im Sinne des § 32 des Einkommensteuergesetzes erfüllt;
7. die bestimmt, dass die Altersvorsorgebeiträge, die erwirtschafteten Erträge und Veräußerungsgewinne in
   a) Rentenversicherungen und Kapitalisierungsprodukten im Sinne des § 1 Abs. 4 Satz 2 des Versicherungsaufsichtsgesetzes,

b) Bankguthaben mit Zinsansammlung oder mit kostenfreier Anlage der Zinserträge in den unter Buchstabe c genannten Investmentfonds unter Vereinbarung einer Rückübertragung dieser Beträge zu Beginn der Auszahlungsphase,

c) Anteilen an in- und ausländischen thesaurierenden oder ausschüttenden Investmentfonds angelegt werden, für deren Rechnung gemäß Vertragsbedingungen oder Satzung nur solche Derivatgeschäfte abgeschlossen werden dürfen, die der Absicherung des Fondsvermögens, dem späteren Erwerb von Wertpapieren oder zur Erzielung eines zusätzlichen Ertrags aus bereits vorhandenen Vermögensgegenständen dienen; bei ausschüttenden Investmentfonds muss die Vereinbarung bestimmen, dass die Ausschüttungen zum Wert des Anteils (Inventarwert pro Anteil) kostenfrei unverzüglich wieder angelegt werden; inländische Investmentfonds müssen Sondervermögen nach dem Gesetz über Kapitalanlagegesellschaften sein; bei ausländischen Investmentanteilen muss es sich um Investmentanteile handeln, die der Richtlinie 85/611/EWG des Rates vom 20. Dezember 1985 zur Koordinierung der Rechts- und Verwaltungsvorschriften betreffend bestimmte Organismen für gemeinsame Anlagen in Wertpapieren (OGAW) (ABl. EG Nr. L 375 S. 3), zuletzt geändert durch die Richtlinie 95/26/EG des Europäischen Parlaments und des Rates vom 29. Juni 1995 (ABl. EG Nr. L 168 S. 7), unterliegen und die nach dem Auslandinvestment-Gesetz öffentlich vertrieben werden dürfen;

die genannten Produkte können mit einer Zusatzversicherung für verminderte Erwerbsfähigkeit kombiniert sein;

8. die vorsieht, dass die in Ansatz gebrachten Abschluss- und Vertriebskosten über einen Zeitraum von mindestens zehn Jahren in gleichmäßigen Jahresbeträgen verteilt werden, soweit sie nicht als Vomhundertsatz von den Altersvorsorgebeiträgen abgezogen werden;

9. in der sich der Anbieter verpflichtet, den Vertragspartner jährlich schriftlich über die Verwendung der eingezahlten Altersvorsorgebeiträge, das bisher gebildete Kapital, die einbehaltenen anteiligen Abschluss- und Vertriebskosten, die Kosten für die Verwaltung des gebildeten Kapitals, die erwirtschafteten Erträge sowie bei Umwandlung eines bestehenden Vertrags in einen Altersvorsorgevertrag die bis zum Zeitpunkt der Umwandlung angesammelten Beiträge und Erträge zu informieren; der Anbieter muss auch darüber schriftlich informieren, ob und wie er ethische, soziale und ökologische Belange bei der Verwendung der eingezahlten Altersvorsorgebeiträge berücksichtigt;

10. die dem Vertragspartner während der Ansparphase einen Anspruch gewährt,

    a) den Vertrag ruhen zu lassen,

    b) den Vertrag mit einer Frist von drei Monaten zum Ende eines Kalendervierteljahres zu kündigen, um das gebildete Kapital auf einen anderen auf seinen Namen lautenden Altersvorsorgevertrag desselben oder eines an deren Anbieters übertragen zu lassen oder

    c) mit einer Frist von drei Monaten zum Ende eines Kalendervierteljahres die teilweise oder vollständige Auszahlung des gebildeten Kapitals für eine Verwendung im Sinne des § 92a des Einkommensteuergesetzes zu verlangen und

11. die die Abtretung oder Übertragung von Forderungen oder Eigentumsrechten aus dem Vertrag an Dritte ausschließt.

Altersvorsorgeverträge können auch Verträge sein, die die Förderung selbst genutzten Wohnungseigentums ermöglichen, sofern sie die Anforderungen des Satzes 1 gleichartig erfüllen. Altersvorsorgeverträge können auch Verträge mit Anbietern im Sinne des Absatzes 2 sein, die vor Inkrafttreten dieses Gesetzes abgeschlossen worden sind, wenn diese, im Bedarfsfall nach einer entsprechenden Änderung, die Voraussetzungen für eine Zertifizierung im Sinne dieses Gesetzes erfüllen.

(2) Anbieter eines Altersvorsorgevertrags im Sinne dieses Gesetzes ist, wer die Zusage nach Absatz 1 Satz 1 Nr. 3 abgibt. Zertifizierungsfähig kann die Zusage nur abgegeben werden von

1. Lebensversicherungsunternehmen, soweit ihnen hierfür eine Erlaubnis nach dem Versicherungsaufsichtsgesetz erteilt worden ist, Kreditinstituten, die eine Erlaubnis zum Betreiben des Einlagengeschäftes im Sinne von § 1 Abs. 1 Satz 2 Nr. 1 des Gesetzes über das Kreditwesen haben, und Kapitalanlagegesellschaften mit Sitz im Inland oder
2. Lebensversicherungsunternehmen im Sinne der Richtlinie 92/96/EWG des Rates vom 10. November 1992 zur Koordinierung der Rechts- und Verwaltungsvorschriften für die Direktversicherung (Lebensversicherung) sowie zur Änderung der Richtlinien 79/267/EWG und 90/619/EWG (Dritte Richtlinie Lebensversicherung), (ABl. EG Nr. L 360 S. 1) sowie Kreditinstituten im Sinne der Richtlinie 89/646/EWG des Rates vom 15. Dezember 1989 zur Koordinierung der Rechts- und Verwaltungsvorschriften über die Aufnahme und Ausübung der Tätigkeit der Kreditinstitute und zur Änderung der Richtlinie 77/780/EWG (ABl. EG Nr. L 386 S. 1; Korrigendum ABl. EG Nr. L 15 S. 30 und 77/780/EWG des Rates vom 12. Dezember 1977 zur Koordinierung der Rechts- und Verwaltungsvorschriften über die Aufnahme und Ausübung der Tätigkeit der Kreditinstitute ABl. EG Nr. L 322 S. 30), mit Sitz in einem anderen Staat des Europäischen Wirtschaftsraums, soweit sie gemäß § 110a Abs. 2 des Versicherungsaufsichtsgesetzes oder § 53b Abs. 1 Satz 1 des Gesetzes über das Kreditwesen entsprechende Geschäfte im Inland betreiben dürfen, oder von Verwaltungs- oder Investmentgesellschaften im Sinne der Richtlinie 85/611/EWG mit Sitz in einem anderen Staat des Europäischen Wirtschaftsraums oder
3. inländischen Zweigstellen von Lebensversicherungsunternehmen oder Kreditinstituten, die eine Erlaubnis zum Betreiben des Einlagengeschäftes im Sinne von § 1 Abs. 1 Satz 2 Nr. 1 des Gesetzes über das Kreditwesen haben, mit Sitz außerhalb des Europäischen Wirtschaftsraums, soweit die Zweigstellen die Voraussetzungen des § 105 Abs. 1 des Versicherungsaufsichtsgesetzes oder des § 53, auch in Verbindung mit § 53c des Gesetzes über das Kreditwesen, erfüllen.

Finanzdienstleistungsinstitute sowie Kreditinstitute mit Sitz im Inland, die keine Erlaubnis zum Betreiben des Einlagengeschäftes im Sinne von § 1 Abs. 1 Satz 2 Nr. 1 des Gesetzes über das Kreditwesen haben, und Wertpapierdienstleistungsunternehmen im Sinne der Richtlinie 93/22/EWG des Rates vom 10. Mai 1993 über Wertpapierdienstleistungen (ABl. EG Nr. L 141 S. 27) mit Sitz in einem anderen Staat des Europäischen Wirtschaftsraums können Anbieter sein, wenn sie

1. nach ihrem Erlaubnisumfang nicht unter die Ausnahmeregelungen nach § 2 Abs. 7 oder 8 des Gesetzes über das Kreditwesen fallen oder im Falle von Wertpapierdienstleistungsunternehmen vergleichbaren Einschränkungen der Solvenzaufsicht in dem anderen Staat des Europäischen Wirtschaftsraums unterliegen,
2. ein Anfangskapital im Sinne von § 10 Abs. 2a Satz 1 Nr. 1 bis 7 des Gesetzes über das Kreditwesen (Anfangskapital) in Höhe von mindestens 730 000 Euro nachweisen und
3. nach den Bedingungen des Altersvorsorgevertrages die Gelder nur anlegen
   a) bei Kreditinstituten im Sinne des Satzes 2 oder
   b) in Anteilen an thesaurierenden Investmentfonds im Sinne von Absatz 1 Satz 1 Nr. 7.

(3) Die Zertifizierung eines Altersvorsorgevertrages nach diesem Gesetz ist die Feststellung, dass die Vertragsbedingungen des Altersvorsorgevertrages des Anbieters den Anforderungen der Absätze 1 und 2 entsprechen. Eine Zertifizierung im Sinne des § 4 Abs. 2 Satz 1 stellt ausschließlich die Übereinstimmung des Vertrages mit den Anforderungen des Absatzes 1 fest.

(4) Zertifizierungsstelle ist die in § 2 Abs. 1 bestimmte Behörde oder die nach § 3 Abs. 1 bestimmte sonstige Stelle.

§ 2 Zertifizierungsbehörde, Aufgaben

(1) Zertifizierungsbehörde ist das Bundesaufsichtsamt für das Versicherungswesen.

(2) Die Zertifizierungsstelle entscheidet durch Verwaltungsakt über die Zertifizierung sowie über die Rücknahme und den Widerruf der Zertifizierung.

(3) Die Zertifizierungsstelle prüft nicht, ob ein Altersvorsorgevertrag wirtschaftlich tragfähig und die Zusage des Anbieters erfüllbar ist und ob die Vertragsbedingungen zivilrechtlich wirksam sind.

(4) Die Zertifizierungsbehörde nimmt die ihr nach diesem Gesetz zugewiesenen Aufgaben nur im öffentlichen Interesse wahr.

§ 3 Beleihung von privaten Zertifizierungsstellen

(1) Das Bundesministerium der Finanzen wird ermächtigt, durch Rechtsverordnung, die nicht der Zustimmung des Bundesrates bedarf, Aufgaben und Befugnisse der Zertifizierungsbehörde einer oder mehreren juristischen Personen des Privatrechts, die von Spitzenverbänden der Kreditinstitute oder Versicherungsunternehmen oder anderen geeigneten unabhängigen Einrichtungen errichtet werden, ganz oder teilweise zu übertragen. Diese haben die Aufgaben der Zertifizierungsbehörde ohne Ansehen des Antragstellers zu übernehmen und die notwendige Gewähr für die Erfüllung der Aufgaben nach diesem Gesetz zu bieten. Eine juristische Person bietet die notwendige Gewähr, wenn

1. die Personen, die nach Gesetz oder Satzung die Geschäftsführung und Vertretung der juristischen Person ausüben, zuverlässig und fachlich geeignet sind,
2. sie die zur Erfüllung ihrer Aufgaben notwendige Ausstattung und Organisation und ein Anfangskapital im Gegenwert von mindestens 1 Million Euro hat.

Durch die Rechtsverordnung nach Satz 1 kann sich das Bundesministerium der Finanzen die Genehmigung der Satzung und von Satzungsänderungen der juristischen Person vorbehalten.

(2) Zertifizierungsstellen nach Absatz 1 Satz 1 unterliegen der Rechts- und Fachaufsicht des Bundesaufsichtsamtes für das Versicherungswesen.

§ 4 Antrag, Ergänzungsanforderungen, Ergänzungsanzeigen, Ausschlussfristen

(1) Die Zertifizierung erfolgt auf Antrag des Anbieters. Mit dem Antrag sind vorzulegen:

1. Unterlagen, die belegen, dass der Vertrag die in § 1 Abs. 1 genannten Voraussetzungen erfüllt;
2. eine Bescheinigung der zuständigen Aufsichtsbehörde über den Umfang der Erlaubnis und bei Unternehmen im Sinne des § 1 Abs. 2 Satz 3 zusätzlich über den Umfang der Aufsicht und die Höhe des Anfangskapitals (§ 1 Abs. 2 Satz 3 Nr. 1 und 2).

(2) Auf Antrag eines Spitzenverbandes der in § 1 Abs. 2 genannten Anbieter kann die Zertifizierung eines ausschließlich als Muster verwendbaren Vertrages erfolgen. Mit dem Antrag sind die Unterlagen vorzulegen, die belegen, dass der Mustervertrag die in § 1 Abs. 1 genannten Voraussetzungen erfüllt.

(3) Ein Spitzenverband der in § 1 Abs. 2 genannten Anbieter kann als Bevollmächtigter seiner Mitgliedsunternehmen für diese die Anträge nach Absatz 1 stellen. Von der Vorlage der Unterlagen nach

1. Absatz 1 Satz 2 Nr. 1 kann abgesehen werden, wenn es sich bei dem Vertrag um einen bereits zertifizierten Mustervertrag nach Absatz 2 handelt;
2. Absatz 1 Satz 2 Nr. 2 kann abgesehen werden, wenn der Spitzenverband schriftlich versichert, dass ihm für sein Mitgliedsunternehmen die dort genannte Bescheinigung vorliegt.

Der Bevollmächtigte hat auf Verlangen der Zertifizierungsbehörde seine Vollmacht schriftlich nachzuweisen sowie die Unterlagen nach § 4 Abs. 1 Satz 2 Nr. 1 und 2 vorzulegen.

(4) Die Gebühr nach § 12 ist bei Stellung des Antrags zu entrichten.

(5) Fehlende Angaben oder Unterlagen fordert die Zertifizierungsstelle innerhalb von drei Monaten als Ergänzungsanzeige an (Ergänzungsanforderung). Innerhalb von drei Monaten nach Zugang der Ergänzungsanforderung ist die Ergänzungsanzeige der Zertifizierungsstelle zu erstatten; andernfalls lehnt die Zertifizierungsstelle den Zertifizierungsantrag ab. Die Frist nach Satz 2 ist eine Ausschlussfrist.

§ 5 Zertifizierung

Die Zertifizierungsstelle erteilt die Zertifizierung mit Wirkung zum ersten Werktag des übernächsten Kalendermonats, wenn ihr die nach diesem Gesetz erforderlichen Angaben und Unterlagen vorliegen und die Voraussetzungen des § 1 Abs. 1 und 2 erfüllt sind, frühestens jedoch zum 1. Januar 2002."

§ 6 Rechtsverordnung

Das Bundesministerium der Finanzen kann durch Rechtsverordnung, die nicht der Zustimmung des Bundesrates bedarf, nähere Bestimmungen über das Zertifizierungsverfahren und die Informationspflichten gemäß § 1 Abs. 1 Satz 1 Nr. 9 treffen. Das Bundesministerium der Finanzen kann die Ermächtigung durch Rechtsverordnung, die nicht der Zustimmung des Bundesrates bedarf, auf das Bundesaufsichtsamt für das Versicherungswesen übertragen.

§ 7 Informationspflicht des Anbieters

(1) Der Anbieter informiert den Vertragspartner schriftlich vor Vertragsabschluss, im Falle eines Versicherungsvertrages vor Antragstellung, über

1. die Höhe und zeitliche Verteilung der vom Vertragspartner zu tragenden Abschluss- und Vertriebskosten,
2. die Kosten für die Verwaltung des gebildeten Kapitals und
3. die Kosten, die dem Vertragspartner im Falle eines Wechsels in ein anderes begünstigtes Anlageprodukt oder zu einem anderen Anbieter unter Mitnahme des gebildeten Kapitals entstehen.

Sofern zwischen Anbieter und Vertragspartner bereits ein Vertragsverhältnis besteht, hat der Anbieter über die Möglichkeit einer Umstellung aufzuklären. Wird ein beim Anbieter bestehender Vertrag auf einen Altersvorsorgevertrag im Sinne dieses Gesetzes umgestellt, so treten an die Stelle der Abschluss- und Vertriebskosten die aus Anlass der Vertragsumstellung entstehenden Kosten.

(2) In der Information nach Absatz 1 hat der Anbieter die Zertifizierungsstelle mit ihrer Postanschrift, die Zertifizierungsnummer, das Datum, zu dem die Zertifizierung wirksam geworden ist, und einen deutlich hervorgehobenen Hinweis folgenden Wortlauts aufzunehmen:

„Der Altersvorsorgevertrag ist zertifiziert worden und damit im Rahmen des § 10a des Einkommensteuergesetzes steuerlich förderungsfähig. Bei der Zertifizierung ist nicht geprüft worden, ob der Altersvorsorgevertrag wirtschaftlich tragfähig, die Zusage des Anbieters erfüllbar ist und die Vertragsbedingungen zivilrechtlich wirksam sind."

(3) Erfüllt der Anbieter die ihm gemäß Absätzen 1 und 2 obliegenden Verpflichtungen nicht, kann der Vertragspartner binnen eines Monats nach Zahlung des ersten Beitrages vom Vertrag zurücktreten.

§ 8 Rücknahme, Widerruf und Verzicht

(1) Die Zertifizierungsbehörde kann den Antrag auf Zertifizierung ablehnen oder die Zertifizierung gegenüber dem Anbieter widerrufen, wenn Tatsachen die Annahme rechtfertigen, dass der Anbieter die für die Beachtung der Vorschriften dieses Gesetzes sowie des Abschnitts XI des

Einkommensteuergesetzes erforderliche Zuverlässigkeit nicht besitzt. Die Zertifizierungsbehörde hat die Zertifizierung gegenüber dem Anbieter zu widerrufen, wenn der Anbieter die Voraussetzungen des § 1 Abs. 2 nicht mehr erfüllt. Die Aufhebung der Zertifizierung nach den allgemeinen Bestimmungen des Verwaltungsverfahrensgesetzes bleibt unberührt.

(2) Der Anbieter kann auf die Zertifizierung unbeschadet seiner vertraglichen Verpflichtungen für die Zukunft durch schriftliche Erklärung gegenüber der Zertifizierungsstelle verzichten.

(3) Der Anbieter ist verpflichtet, den Vertragspartner, mit dem er einen Altersvorsorgevertrag abgeschlossen hat, über Rücknahme oder Widerruf der Zertifizierung oder über den Verzicht auf die Zertifizierung unverzüglich zu unterrichten.

(4) Die Zertifizierungsbehörde unterrichtet die obersten Finanzbehörden der Länder und die zentrale Stelle im Sinne des § 81 des Einkommensteuergesetzes unverzüglich über Rücknahme oder Widerruf der Zertifizierung oder über den Verzicht auf die Zertifizierung. Dabei ist auch mitzuteilen, ab welchem Zeitpunkt Rücknahme, Widerruf oder Verzicht wirksam sind. Im Fall einer Antragsablehnung oder eines Widerrufs nach Absatz 1 Satz 1 ist die für den Anbieter zuständige Aufsichtsbehörde zu unterrichten.

§ 9 Sofortige Vollziehung

Widerspruch und Anfechtungsklage gegen den Widerruf oder die Rücknahme einer Zertifizierung haben keine aufschiebende Wirkung.

§ 10 Veröffentlichung

Die Zertifizierungsbehörde macht die Zertifizierung sowie den Widerruf, die Rücknahme oder den Verzicht durch eine Veröffentlichung des Namens und der Anschrift des Anbieters und dessen Zertifizierungsnummer im Bundesanzeiger bekannt. Das Gleiche gilt sinngemäß für die Zertifizierung von Verträgen im Sinne des § 4 Abs. 2 Satz 1.

§ 11 Verschwiegenheitspflicht und Datenschutz

(1) Die bei der Zertifizierungsbehörde beschäftigten oder von ihr beauftragten Personen dürfen bei ihrer Tätigkeit erhaltene vertrauliche Informationen nicht unbefugt offenbaren oder verwerten, auch wenn sie nicht mehr im Dienst sind oder ihre Tätigkeit beendet ist (Schweigepflicht). Dies gilt auch für andere Personen, die durch dienstliche Berichterstattung Kenntnis von den in Satz 1 bezeichneten Tatsachen erhalten.

(2) Ein unbefugtes Offenbaren oder Verwerten im Sinne des Absatzes 1 liegt insbesondere nicht vor, wenn Tatsachen weitergegeben werden an

1. kraft Gesetzes oder im öffentlichen Auftrag mit der Überwachung von Versicherungsunternehmen, Kreditinstituten, Finanzdienstleistungsinstituten oder Investmentgesellschaften betraute Stellen sowie von diesen beauftragte Personen,
2. die Finanzbehörden oder
3. die Zertifizierungsbehörde oder
4. nach § 3 beliehene Stellen,

soweit diese Stellen die Informationen zur Erfüllung ihrer Aufgaben benötigen. Für die bei diesen Stellen beschäftigten Personen gilt die Verschwiegenheitspflicht nach Absatz 1 Satz 1 entsprechend.

(3) Personen, die bei den nach § 3 beliehenen Stellen beschäftigt oder für sie tätig sind, sind nach dem Gesetz über die förmliche Verpflichtung nichtbeamteter Personen vom 2. März 1974 (BGBl. I S. 469, 547) vom Bundesaufsichtsamt für das Versicherungswesen auf die gewissenhafte Erfüllung ihrer Obliegenheiten zu verpflichten.

(4) Sofern personenbezogene Daten erhoben, verarbeitet oder genutzt werden, gelten die Vorschriften des Bundesdatenschutzgesetzes.

§ 12 Gebühren

Die Zertifizierungsstellen erheben für die Bearbeitung eines Antrags, einen Altersvorsorgevertrag zu zertifizieren, Gebühren in Höhe von 5 000 Euro. Für Anbieter, die ihrem Antrag nach § 4 Abs. 1 einen zertifizierten Vertrag eines Spitzenverbandes zugrunde legen, beträgt die Gebühr 500 Euro, wenn der Vertrag des Anbieters bezüglich der Anforderungen des § 1 Abs. 1 von dem zertifizierten Muster in Reihenfolge und Inhalt nicht abweicht und wenn der Anbieter bei seinem Antrag zusätzlich die Zertifizierungsstelle mit ihrer Postanschrift, die Zertifizierungsnummer und das Datum, zu dem die Zertifizierung wirksam geworden ist, mitteilt. Für Anträge nach § 4 Abs. 3 Satz 1 und 2 beträgt die Gebühr 250 Euro.

§ 13 Bußgeldvorschriften

(1) Ordnungswidrig handelt, wer vorsätzlich oder fahrlässig den vertraglichen Pflichten nach § 1 Abs. 1 Satz 1 Nr. 9 nicht, nicht richtig, nicht rechtzeitig oder nicht vollständig nachkommt.

(2) Die Ordnungswidrigkeit kann mit einer Geldbuße bis zu 2 500 Euro geahndet werden.

(3) Verwaltungsbehörde im Sinne des § 36 Abs. 1 Nr. 1 des Gesetzes über Ordnungswidrigkeiten ist die Zertifizierungsbehörde."

§ 14 Übergangsvorschrift

Für vor dem 1. Januar 2002 abgeschlossene Verträge, die in Altersvorsorgeverträge geändert werden sollen (§ 1 Abs. 1 Satz 3), gelten die Vorschriften dieses Gesetzes entsprechend.

IV. Versicherungsaufsichtsgesetz (VAG) – Auszug –

Pensionsfonds

§ 112 Definition

(1) Ein Pensionsfonds ist eine rechtsfähige Versorgungseinrichtung, die

1. im Wege des Kapitaldeckungsverfahrens je nach Ausgestaltung der zugrundeliegenden Pensionspläne beitragsbezogen mit der Zusage einer Mindestleistung oder leistungsbezogen ausschließlich Altersversorgungsleistungen für einen oder mehrere Arbeitgeber zugunsten von Arbeitnehmern erbringt,
2. die Höhe der Altersversorgungsleistungen oder die Höhe der für diese Leistungen zu entrichtenden künftigen Beiträge nicht für alle im Pensionsplan vorgesehenen Leistungsfälle zusagt,
3. den Arbeitnehmern einen eigenen Anspruch auf Leistung gegen den Pensionsfonds einräumt und
4. verpflichtet ist, zugunsten des Arbeitnehmers die Altersversorgungsleistung in jedem Fall als lebenslange Altersrente zu erbringen.

Pensionspläne sind die im Rahmen des Geschäftsplanes ausgestalteten Bedingungen zur planmäßigen Leistungserbringung im Versorgungsfall. Sie können vorsehen, dass Altersversorgungsleistungen Leistungen in Form der Invaliditäts- oder Hinterbliebenenversorgung beinhalten. Pensionspläne sind

1. beitragsbezogen mit Zusage einer Mindestleistung, wenn dem Arbeitnehmer im Versorgungsfall für die Altersversorgungsleistung zumindest die Summe der zu seinen Gunsten dem Pensionsplan zugeführten Beiträge, soweit sie nicht rechnungsmäßig für einen biometrischen Risikoausgleich verbraucht wurden, zur Verfügung steht;
2. leistungsbezogen, wenn dem Arbeitnehmer die ihm vom Arbeitgeber zugesagte Leistung im Versorgungsfall zur Verfügung steht.

(2) Pensionsfonds bedürfen zum Geschäftsbetrieb der Erlaubnis der Aufsichtsbehörde.

§ 113 Anzuwendende Vorschriften

(1) Für Pensionsfonds im Sinne des § 112 gelten die auf die Lebensversicherungsunternehmen anzuwendenden Vorschriften dieses Gesetzes entsprechend, soweit dieses Gesetz keine abweichenden Regelungen oder Maßgaben enthält.

(2) Von den auf die Lebensversicherungsunternehmen anzuwendenden Vorschriften dieses Gesetzes gelten für Pensionsfonds die folgenden Vorschriften nur mit einer Maßgabe entsprechend:

1. § 5 Abs. 3 Nr. 2 mit der Maßgabe, dass mit dem Antrag auf Erlaubnis nur die Pensionspläne einzureichen sind;
2. § 5 Abs. 4 mit der Maßgabe, dass § 114 Abs. 2 an die Stelle des § 53c Abs. 2 tritt;
3. § 7 Abs. 1 mit der Maßgabe, dass die Erlaubnis nur Aktiengesellschaften und Pensionsfondsvereinen auf Gegenseitigkeit erteilt werden darf; für Pensionsfondsvereine auf Gegenseitigkeit gelten die Vorschriften über Versicherungsvereine auf Gegenseitigkeit entsprechend, soweit nichts anderes bestimmt ist;
4. § 10a mit der Maßgabe, dass der Arbeitnehmer die Angaben der Anlage Teil D Abschnitt III erhält;
5. § 13 Abs. 1 mit der Maßgabe, dass die Genehmigungspflicht nicht für Pensionspläne gilt; Änderungen und die Einführung neuer Pensionspläne werden erst nach drei Monaten wirksam, falls die Aufsichtsbehörde nicht aus den Gründen des § 8 Abs. 1 widerspricht oder vorher die Unbedenklichkeit feststellt;

6. § 13 Abs. 3 mit der Maßgabe, dass diese Vorschrift auch für das Pensionsgeschäft in den anderen Vertragsstaaten des Abkommens über den Europäischen Wirtschaftsraum anzuwenden ist;
7. § 81 mit der Maßgabe, dass an die Stelle der „Belange der Versicherungsnehmer" die „Belange der Versorgungsanwärter und Versorgungsempfänger" tritt;
8. § 81a mit der Maßgabe, dass an die Stelle der „Belange der Versicherungsnehmer" die „Belange der Versorgungsanwärter und Versorgungsempfänger" und an die Stelle der Versicherungsverhältnisse die „Versorgungsverhältnisse" treten;
9. § 81c mit der Maßgabe, dass an die Stelle der „Belange der Versicherungsnehmer" die „Belange der Versorgungsanwärter und Versorgungsempfänger" tritt;
10. § 81e mit der Maßgabe, dass an die Stelle der „Versicherungsnehmer" die „Versorgungsanwärter und Versorgungsempfänger" treten;
11. § 101 mit der Maßgabe, dass an Stelle der Versicherungsentgelte die Pensionsfondsbeiträge maßgeblich sind.

(3) Nicht anwendbar sind § 6 Abs. 4, §§ 13a bis 13c, § 14 Abs. 1a, § 21 Abs. 2, §§ 53, 53b und 53c, 54 Abs. 1 bis 3, §§ 54b und 54c, 64 und 65, 85 Satz 2, §§ 105 bis 111g, sowie §§ 122,123.

§ 114 Kapitalausstattung

(1) Pensionsfonds sind verpflichtet, zur Sicherstellung der dauernden Erfüllbarkeit der Verträge freie und unbelastete Eigenmittel mindestens in Höhe einer Solvabilitätsspanne zu bilden, die sich nach dem gesamten Geschäftsumfang bemisst. Ein Drittel der Solvabilitätsspanne gilt als Garantiefonds.

(2) Das Bundesministerium der Finanzen wird zur Sicherstellung einer ausreichenden Solvabilität von Pensionsfonds ermächtigt, durch Rechtsverordnung Vorschriften zu erlassen

1. über die Berechnung und die Höhe der Solvabilitätsspanne unter Berücksichtigung der Einstandspflicht des Arbeitgebers gemäß § 1 Abs.1 Satz 3 des Gesetzes zur Verbesserung der betrieblichen Altersvorsorge;
2. über den für Pensionsfonds maßgeblichen Mindestbetrag des Garantiefonds und
3. darüber, was als Eigenmittel im Sinne von Absatz 1 anzusehen ist und in welchem Umfang sie auf die Solvabilitätsspanne angerechnet werden dürfen.

§ 115 Vermögensanlage

(1) Pensionsfonds haben unter Berücksichtigung der jeweiligen Pensionspläne Deckungsstöcke zu bilden. Die Bestände eines Deckungsstocks und des übrigen gebundenen Vermögens (gebundenes Vermögen) sind in einer der Art und Dauer der zu erbringenden Altersversorgung entsprechenden Weise unter Berücksichtigung der Festlegungen des jeweiligen Pensionsplans so anzulegen, dass möglichst große Sicherheit und Rentabilität bei ausreichender Liquidität des Pensionsfonds unter Wahrung angemessener Mischung und Streuung insgesamt erreicht wird.

(2) Die Bundesregierung wird ermächtigt, zur Sicherstellung der dauernden Erfüllbarkeit des jeweiligen Pensionsplans unter Berücksichtigung der Anlageformen des Artikels 21 der Dritten Richtlinie Lebensversicherung und der Festlegungen im Pensionsplan hinsichtlich des Anlagerisikos und des Trägers dieses Risikos durch Rechtsverordnung Einzelheiten nach Maßgabe des Absatzes 1 festzulegen. Dies beinhaltet insbesondere, quantitative und qualitative Vorgaben nach Maßgabe des Artikels 21 der Dritten Richtlinie Lebensversicherung zur Anlage des gebundenen Vermögens, zu seiner Kongruenz und Belegenheit festzulegen sowie Anlagen beim Trägerunternehmen zu beschränken. Die dauernde Erfüllbarkeit eines Pensionsplans kann auch bei einer vorübergehenden Unterdeckung als gewährleistet angesehen werden, wenn diese 5 vom Hundert des Betrags der Rückstellungen nicht übersteigt und die Belange der Versorgungsanwärter und -empfänger gewährleistet sind. Zur Absicherung der vollständigen Bedeckung der Rück-

stellungen ist eine Vereinbarung zwischen Arbeitgeber und Pensionsfonds erforderlich, die der Genehmigung der Aufsichtsbehörde bedarf. Die Genehmigung ist zu erteilen, wenn durch den Arbeitgeber die Erfüllung der Nachschusspflicht zur vollständigen Deckung der Rückstellungen durch Bürgschaft oder Garantie eines geeigneten Kreditinstituts oder in anderer geeigneter Weise sichergestellt ist. Der Pensionsfonds hat dem Pensionssicherungsverein die Vereinbarung unverzüglich zur Kenntnis zu geben.

(3) Die Pensionsfonds sind verpflichtet, jährlich, nach einer wesentlichen Änderung der Anlagepolitik zudem unverzüglich, ihre Anlagepolitik gegenüber der Aufsichtsbehörde darzulegen. Hierzu haben sie eine Erklärung über die Grundsätze der Anlagepolitik zu übersenden, die Angaben über das Verfahren zur Risikobewertung und zum Risikomanagement sowie zur Strategie in Bezug auf den jeweiligen Pensionsplan, insbesondere die Aufteilung der Vermögenswerte je nach Art und Dauer der Altersversorgungsleistungen, enthält.

(4) Der Pensionsfonds muss die Versorgungsberechtigten schriftlich darüber informieren, ob und wie er ethische, soziale und ökologische Belange bei der Verwendung der eingezahlten Beiträge berücksichtigt.

§ 116 Deckungsrückstellung

(1) Das Bundesministerium der Finanzen wird ermächtigt, durch Rechtsverordnung zur Berechnung der Deckungsrückstellung unter Beachtung der Grundsätze ordnungsmäßiger Buchführung

1. einen oder mehrere Höchstwerte für den Rechnungszins festzusetzen;
2. die Grundsätze der versicherungsmathematischen Rechnungsgrundlagen für die Berechnung der Deckungsrückstellung festzulegen.

Die Ermächtigung kann durch Rechtsverordnung auf das Bundesaufsichtsamt für das Versicherungswesen übertragen werden. Dieses erlässt die Vorschriften im Benehmen mit den Aufsichtsbehörden der Länder.

(2) Die Rechtsverordnungen nach Absatz 1 sind im Einvernehmen mit dem Bundesministerium der Justiz zu erlassen.

§ 117 Grenzüberschreitende Zusammenarbeit der Aufsichtsbehörden

Die Bundesregierung wird ermächtigt, durch Verwaltungsabkommen mit einem Mitgliedstaat der Europäischen Gemeinschaft oder einem anderen Vertragsstaat des Abkommens über den Europäischen Wirtschaftsraum jeweils zu vereinbaren, dass in Anlehnung an die für Lebensversicherungsunternehmen geltenden Bestimmungen der Dritten Richtlinie Lebensversicherung die Finanzaufsicht in alleiniger Zuständigkeit, die Aufsicht im übrigen im Zusammenwirken mit der Aufsichtsbehörde des anderen Mitglied- oder Vertragsstaates wahrgenommen wird.

§ 118 Gesonderte Verordnungen

§ 5 Abs. 6, § 11a Abs. 6, § 55a, § 57 Abs. 2, § 81c Abs. 3, § 104 Abs. 6 und § 104g Abs. 2 finden mit der Maßgabe Anwendung, dass das Bundesministerium der Finanzen ermächtigt wird, auf ihrer Grundlage gesonderte Rechtsverordnungen für Pensionsfonds zu erlassen.

V. Sozialgesetzbuch IV (SGB IV) – Auszug –

§ 18a SGB IV Art des zu berücksichtigenden Einkommens

(1) Bei Renten wegen Todes sind als Einkommen zu berücksichtigen

1. Erwerbseinkommen,
2. Leistungen, die erbracht werden, um Erwerbseinkommen zu ersetzen (Erwerbsersatzeinkommen) und
3. Vermögenseinkommen.

Nicht zu berücksichtigen sind

1. steuerfreie Einnahmen nach § 3 des Einkommensteuergesetzes mit Ausnahme der Aufstockungsbeträge und Zuschläge nach dessen Nummer 28 und der Einnahmen nach dessen Nummer 40 sowie Erwerbsersatzeinkommen nach Absatz 3 Satz 1 Nr. 1 und 8 und
2. Einnahmen aus Altersvorsorgeverträgen, soweit sie nach § 10a oder Abschnitt XI des Einkommensteuergesetzes gefördert worden sind.

Die Sätze 1 und 2 gelten auch für vergleichbare ausländische Einkommen.

(2) Erwerbseinkommen im Sinne des Absatzes 1 Nr. 1 sind Arbeitsentgelt, Arbeitseinkommen und vergleichbares Einkommen. Nicht als Erwerbseinkommen im Sinne des Absatzes 1 Nr. 1gelten Arbeitsentgeltteile, die durch Entgeltumwandlung bis zu 4 vom Hundert der Beitragsbemessungsgrenze in der Rentenversicherung der Arbeiter und Angestellten für betriebliche Altersversorgung verwendet werden, sowie das Arbeitsentgelt, das eine Pflegeperson von dem Pflegebedürftigen erhält, wenn das Entgelt das dem Umfang der Pflegetätigkeit entsprechende Pflegegeld im Sinne des § 37 des Elften Buches nicht übersteigt.

(2a) Arbeitseinkommen im Sinne des Absatzes 2 Satz 1 ist die positive Summe der Gewinne oder Verluste aus folgenden Arbeitseinkommensarten:

1. Gewinne aus Land- und Forstwirtschaft im Sinne der §§ 13, 13a und 14 des Einkommensteuergesetzes in Verbindung mit § 15 Abs. 2,
2. Gewinne aus Gewerbebetrieb im Sinne der §§ 15, 16 und 17 des Einkommensteuergesetzes und
3. Gewinne aus selbständiger Arbeit im Sinne des § 18 des Einkommensteuergesetzes.

(3) Erwerbsersatzeinkommen im Sinne des Absatzes 1 Nr. 2 sind

1. das Krankengeld, das Verletztengeld, das Versorgungskrankengeld, das Mutterschaftsgeld, das Übergangsgeld, das Unterhaltsgeld, das Kurzarbeitergeld, das Winterausfallgeld, das Arbeitslosengeld, das Insolvenzgeld und vergleichbare Leistungen,
2. Renten der Rentenversicherung wegen Alters oder verminderter Erwerbsfähigkeit, die Erziehungsrente, die Knappschaftsausgleichsleistung, das Anpassungsgeld für entlassene Arbeitnehmer des Bergbaus und Leistungen nach den §§ 27 und 28 des Sozialversicherungs-Angleichungsgesetzes Saar,
3. Altersrenten und Renten wegen Erwerbsminderung der Alterssicherung der Landwirte, die an ehemalige Landwirte oder mitarbeitende Familienangehörige gezahlt werden,
4. die Verletztenrente der Unfallversicherung, soweit sie den Betrag übersteigt, der bei gleichem Grad der Minderung der Erwerbsfähigkeit als Grundrente nach dem Bundesversorgungsgesetz gezahlt würde; eine Kürzung oder ein Wegfall der Verletztenrente wegen Anstaltspflege oder Aufnahme in ein Alters- oder Pflegeheim bleibt unberücksichtigt; bei einer Minderung der Erwerbsfähigkeit um 20 vom Hundert ist ein Betrag in Höhe von zwei Dritteln, bei einer Minderung der Erwerbsfähigkeit um 10 vom Hundert ist ein Betrag in Höhe von einem Drittel der Mindestgrundrente anzusetzen,

5. das Ruhegehalt und vergleichbare Bezüge aus einem öffentlich-rechtlichen Dienst- oder Amtsverhältnis oder aus einem versicherungsfreien Arbeitsverhältnis mit Anspruch auf Versorgung nach beamtenrechtlichen Vorschriften oder Grundsätzen sowie vergleichbare Bezüge aus der Versorgung der Abgeordneten,
6. das Unfallruhegehalt und vergleichbare Bezüge aus einem öffentlich-rechtlichen Dienst- oder Amtsverhältnis oder aus einem versicherungsfreien Arbeitsverhältnis mit Anspruch auf Versorgung nach beamtenrechtlichen Vorschriften oder Grundsätzen sowie vergleichbare Bezüge aus der Versorgung der Abgeordneten; wird daneben kein Unfallausgleich gezahlt, gilt Nummer 4 letzter Teilsatz entsprechend,
7. Renten der öffentlich-rechtlichen Versicherungs- oder Versorgungseinrichtungen bestimmter Berufsgruppen wegen Minderung der Erwerbsfähigkeit oder Alters,
8. der Berufsschadensausgleich nach § 30 Abs. 3 bis 11 des Bundesversorgungsgesetzes und anderen Gesetzen, die die entsprechende Anwendung der Leistungsvorschriften des Bundesversorgungsgesetzes vorsehen,
9. Renten wegen Alters oder verminderter Erwerbstätigkeit, die aus Anlass eines Arbeitsverhältnisses zugesagt worden sind,
10. Renten wegen Alters oder verminderter Erwerbsfähigkeit aus privaten Lebens- und Rentenversicherungen, allgemeinen Unfallversicherungen sowie sonstige private Versorgungsrenten.

Kinderzuschuß, Kinderzulage und vergleichbare kindbezogene Leistungen bleiben außer Betracht. Wird eine Kapitalleistung oder anstelle einer wiederkehrenden Leistung eine Abfindung gezahlt, ist der Betrag als Einkommen zu berücksichtigen, der bei einer Verrentung der Kapitalleistung oder als Rente ohne die Abfindung zu zahlen wäre.

(4) Vermögenseinkommen im Sinne des Absatzes 1 Satz 1 Nr. 3 ist die positive Summe der positiven oder negativen Überschüsse, Gewinne oder Verluste aus folgenden Vermögenseinkommensarten:

1. Einnahmen aus Kapitalvermögen im Sinne des § 20 des Einkommensteuergesetzes sowie Einnahmen aus Versicherungen auf den Erlebens- oder Todesfall im Sinne von § 10 Abs. 1 Nr. 2 Buchstabe b Doppelbuchstabe cc und dd des Einkommensteuergesetzes, es sei denn, sie werden wegen Todes geleistet, nach Abzug der Werbungskosten und des Sparer-Freibetrages,
2. Einnahmen aus Vermietung und Verpachtung im Sinne des § 21 des Einkommensteuergesetzes nach Abzug der Werbungskosten und
3. Gewinne aus privaten Veräußerungsgeschäften im Sinne des § 23 des Einkommensteuergesetzes, soweit sie mindestens 512 Euro im Kalenderjahr betragen.

§ 14 SGB IV Arbeitsentgelt

(1) Arbeitsentgelt sind alle laufenden oder einmaligen Einnahmen aus einer Beschäftigung, gleichgültig, ob ein Rechtsanspruch auf die Einnahmen besteht, unter welcher Bezeichnung oder in welcher Form sie geleistet werden und ob sie unmittelbar aus der Beschäftigung oder im Zusammenhang mit ihr erzielt werden. Arbeitsentgelt sind auch Entgeltteile, die durch Entgeltumwandlung nach § 1 Abs. 2 des Gesetzes zur Verbesserung der betrieblichen Altersversorgung für betriebliche Altersversorgung in den Durchführungswegen Direktzusage oder Unterstützungskasse verwendet werden. Steuerfreie Aufwandsentschädigungen und die in § 3 Nr. 26 Einkommensteuergesetzes genannten steuerfreien Einnahmen gelten nicht als Arbeitsentgelt.

(2) Ist ein Nettoarbeitsentgelt vereinbart, gelten als Arbeitsentgelt die Einnahmen des Beschäftigten einschließlich der darauf entfallenden Steuern und der seinem gesetzlichen Anteil entsprechenden Beiträge zur Sozialversicherung und zur Arbeitsförderung.

(3) Bei Verwendung eines Haushaltsschecks (§ 28a Abs. 7) gilt der ausgezahlte Betrag zuzüglich der durch Abzug vom Arbeitslohn einbehaltenen Steuern als Arbeitsentgelt.

(4) In den Fällen des § 7 Abs. 4 gilt bei einer Beschäftigung, die nach dem Einkommensteuerrecht als selbständige Tätigkeit bewertet wird, als Arbeitsentgelt ein Einkommen in Höhe der Bezugsgröße, bei Nachweis eines niedrigeren oder höheren Einkommens jedoch dieses Einkommen. § 165 Abs. 1 Satz 2 bis 10 des Sechsten Buches gilt entsprechend.

§ 115 SGB IV Entgeltumwandlung

Die für eine Entgeltumwandlung verwendeten Entgeltbestandteile gelten nicht als Arbeitsentgelt im Sinne des § 14 Abs. 1 Satz 2, soweit der Anspruch auf die Entgeltbestandteile bis zum 31. Dezember 2008 entsteht und soweit die Entgeltbestandteile 4 vom Hundert der jährlichen Beitragsbemessungsgrenze der Rentenversicherung der Arbeiter und Angestellten nicht übersteigen.

VI. Verordnung über die Bestimmung des Arbeitsentgelts in der Sozialversicherung

(Arbeitsentgeltverordnung – ArEV)

§ 2 ArEV

(1) Dem Arbeitsentgelt sind nicht zuzurechnen

1. sonstige Bezüge nach § 40 Abs. 1 Satz 1 Nr. 1 des Einkommensteuergesetzes, die nicht einmalig gezahltes Arbeitsentgelt nach § 23a des Vierten Buches Sozialgesetzbuch sind,
2. Einnahmen nach § 40 Abs. 2 des Einkommensteuergesetzes,

[ab 1.1.2009:

3. Beiträge und Zuwendungen nach § 40b des Einkommensteuergesetzes, die zusätzlich zu Löhnen oder Gehältern gewährt werden und nicht aus einer Entgeltumwandlung (§ 1 Abs. 2 des Gesetzes zur Verbesserung der betrieblichen Altersversorgung) stammen, soweit Satz 2 nichts Abweichendes bestimmt,]

...

(2) Dem Arbeitsentgelt sind ferner nicht zuzurechnen

1. Beträge nach § 10 des Entgeltfortzahlungsgesetzes,
2. Zuschüsse zum Mutterschaftsgeld nach § 14 des Mutterschutzgesetzes,
3. in den Fällen des § 6 Abs. 3 der Sachbezugsverordnung der vom Arbeitgeber insoweit übernommene Teil des Gesamtsozialversicherungsbeitrags,
4. Zuschüsse des Arbeitgebers zum Kurzarbeitergeld, soweit sie zusammen mit dem Kurzarbeitergeld 80 vom Hundert des Unterschiedsbetrages zwischen dem Sollentgelt und dem Istentgelt nach § 179 des Dritten Buches Sozialgesetzbuch nicht übersteigen.
5. steuerfreie Zuwendungen an Pensionskassen und Pensionsfonds nach § 3 Nr. 63 Einkommensteuergesetz; soweit diese Zuwendungen aus einer Entgeltumwandlung (§ 1 Abs. 2 des Gesetzes zur Verbesserung der betrieblichen Altersversorgung) stammen, besteht Beitragsfreiheit nur bis zum 31. Dezember 2008,
6. Leistungen eines Arbeitgebers oder einer Unterstützungskasse an einen Pensionsfonds zur Übernahme bestehender Versorgungsverpflichtungen oder Versorgungsanwartschaften durch den Pensionsfonds, soweit diese nach § 3 Nr. 66 des Einkommensteuergesetzes steuerfrei sind.

Stichwortverzeichnis

Die Zahlenangaben verweisen auf die jeweiligen Randnummern.